厦門碑志滙编

丹青題

增訂本

厦門市文化和旅遊局——主編
何丙仲——編纂

厦门大学出版社
XIAMEN UNIVERSITY PRESS
国家一级出版社
全国百佳图书出版单位

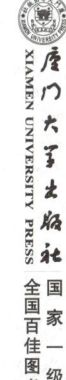

圖書在版編目（CIP）數據

廈門碑志滙編 / 廈門市文化和旅遊局主編；何丙仲編纂. -- 增訂本. -- 廈門：廈門大學出版社，2024.11. -- ISBN 978-7-5615-9581-7

Ⅰ. K877.42

中國國家版本館 CIP 數據核字第 20246GN736 號

責任編輯	章木良
美術編輯	蔣卓群
技術編輯	朱　楷

出版發行　廈門大學出版社
社　　址　廈門市軟件園二期望海路 39 號
郵政編碼　361008
總　　機　0592-2181111　0592-2181406（傳真）
營銷中心　0592-2184458　0592-2181365
網　　址　http://www.xmupress.com
郵　　箱　xmup@xmupress.com
印　　刷　廈門集大印刷有限公司

開本　787 mm×1 092 mm　1/16
印張　49.75
字數　840 千字
版次　2024 年 11 月第 1 版
印次　2024 年 11 月第 1 次印刷
定價　218.00 元

本書如有印裝質量問題請直接寄承印廠調换

廈門大學出版社
微信二維碼

廈門大學出版社
微博二維碼

《廈門碑志滙編（增訂本）》編委會

主　　　編：廈門市文化和旅遊局

編委會主任：黃碧珊
副　主　任：李雲麗　蘇　克
成　　　員：鄭敏慧　王偉東　李芸華　宋智峰
　　　　　　陳悠帆　王　潔　戴碧強　宋　葉
　　　　　　王　蒙　逯　鵬
編　　務：王　潔　陳悠帆

增訂本序

《廈門碑志滙編（增訂本）》出版在即，丙仲先生一再囑我說幾句話為序，盛意難卻。

碑是刻在石頭上的文字，志是埋在墓葬裏的歷史。俗話說千年的文字會說話，碑志就是會說話的文物，具有重要的存史、證史的文獻價值，歷來得到學術界的重視，被視為"石刻《春秋》"。

二十年前，丙仲先生主持編纂出版《廈門碑志滙編》（廈門市文物管理委員會、廈門市文化局主編，中國廣播電視出版社2004年版）一書。這部碑志滙編收錄了廈門歷代碑碣和墓誌共500多方，每方碑志都詳細記錄了出土地點、石質、規格和現狀等情況。汪毅夫先生在序言中認為它是廈門"第一部具有集大成性質的著作"，現今已一冊難求。

近二十年來，隨着廈門城市建設的發展，又有不少碑志文物被發現。如海滄出土的明隆慶元年（1567年）涂澤民等的題名碑，是研究月港開海難得的實物見證。又如海滄鼎美發現的告示碑，對研究清末地方社會經濟有重要的參考價值。為完整保留地方史料、賡續地方文脈，丙仲先生不忘初衷，以一己之力把這些寶貴資料徵集到手，雖著述任務繁重、疾病纏身，但仍堅持加以整理，終於有了這部《廈門碑志滙編（增訂本）》的問世。

我與丙仲先生共事多年。我2003年來廈門市文化局工作時他就是廈門鄭成功紀念館的副館長、文博系統首批由國家文物局評定的研究館員，對鄭成功和廈門地方歷史頗有研究。丙仲先生多次非常真誠地告訴我，他是党和人民培養的知識分子。他曾當過十幾年的工人，20世紀80年代初調入廈門市文博部門工作。趕上改革開放的春風，他在1983年考上復旦大學歷史系文物博物館學專業，得到系統的專業訓練。1998年參加廈門市文物普查工作時，對遺存的石刻文物產生濃厚的興趣。他遂利用節假日走遍廈門的山山水水，自費對所搜尋到的碑碣進行轉拓、拍照，然後加以錄存、歸類。先後出版了《廈門摩崖石刻》《廈門碑志滙編》，嘉惠士林。

2008年，鼓浪嶼開始申報世界文化遺產。丙仲先生是積極的宣導者。2015年，國家文物局正式確定鼓浪嶼作為2017年的申報項目，我負責遺產的展示闡釋工作，與丙仲先生有了更多的接觸。當時他已退休，且經過幾次大手術，身體不是很好。但作為申遺顧問，他仍一如既往地投入申遺的各項工作，如鼓浪嶼文化遺產核心要素的組成、申遺文本的討論，突出普遍價值的論證等，都有他的參與和貢獻。鼓浪嶼歷史文化陳列館的展陳文本，更是他的心血結晶。我曾多次到他家，每次都看到他在伏案寫作，書桌上堆滿關於鼓浪嶼的資料文獻和舊照片，深深為老先生這種鍥而不捨、無私奉獻的精神所感動。

　　2017年，丙仲先生又經歷了一場惡疾，經過診療後，他對學術生命更為珍惜。其後成果纍纍，先後出版了《何丙仲學術文集》《周起元傳疏輯補》《一燈精舍隨筆》等一批著作，抒寫新時代新篇章。同時，也爭撥片暇，將陸續徵集到的碑志文字，增補進原先的滙編中。

　　捧讀這部沉甸甸的書稿，感慨萬千。"擇一事終一生"這種文物工作者的良好品德在丙仲先生身上得到了最好的體現。文物保護和考古工作在四十年前還是邊緣性的工作，丙仲先生進入這個領域後沒有心生旁騖，而是全身心地投入其中，為廈門文物保護、研究、弘揚事業奉獻了一生的心血和精力，正是這種不屈不撓、不計得失的精神，成就了丙仲先生非凡的成就。

　　同時，我再一次感受到了春蠶到死絲方盡的奉獻精神。丙仲先生今年已近八十高齡，身體非常不好。但為了文物事業，仍是終日青燈黃卷，孜孜以求，在他身上，完美地體現了文物工作者"堅守大漠，甘於奉獻，勇於擔當，開拓進取"的"莫高精神"。

　　黨的十八大以來，以習近平同志為核心的黨中央高度重視文化遺產保護利用工作，強調要像愛惜自己的生命一樣保護好歷史文化遺產。2017年，鼓浪嶼申遺成功，習近平總書記作出重要指示："要總結成功經驗，借鑒國際理念，健全長效機制，把老祖宗留下的文化遺產精心守護好，讓歷史文脈更好地傳承下去。"這就需要更多的文物工作者學習丙仲先生等老一輩文物工作者的優良品德，擇一事終一生，執着堅守，甘願奉獻，守護文化家園、傳承中華文明，在新時代開創文物工作新局面。

李雲麗
二〇二四年九月一日

原版序一

歷代碑志是社會制度、社會生產、社會生活遺存的實物見證,具有文物和文獻的雙重價值。每一個碑志都留下一個特定的歷史記憶,蘊藏着先人經歷的履痕;每一個地方的碑志都體現了該地的文化生態,背負着文明的纍積。所以,世界各國都把它作為文化遺產的一部分,努力加以保護。

厦門古為同安地,開發較遲,向被視為蠻鄉。南唐置同安縣,宋為紫陽過化之邑,海岸帶人文具有陸地與海洋雙重性格。厦門島在中國以至世界歷史舞臺扮演角色,登錄於史冊,當在16世紀西方海洋勢力東來以後。即便如是,歷盡滄桑,文獻、檔案的遺存也是極其不完備的。以至今日的厦門人,要拷問"我們從哪裏來,將往何處去",都感到失去依憑。當開發商造勢要讓麥哲倫、哥倫布登陸未來海岸,或把馬鑾灣打造成威尼斯水城的時候,他們不知道這塊熱土本來就有讓西方人汗顏的海上英雄和歷史的輝煌,這樣做豈不等於失守了自己的精神家園?

古代同安人從陸地走向海洋,成就了厦門的興起,當代厦門灣鄉村的城市化進程,又將造就厦門的新輝煌。傳統與變革的連續性是社會轉型成功的標誌,保護自己的根,比過去任何時代都更為緊迫了。可喜的是,厦門市政府加大了保護文化遺產的力度,厦門人也不甘心自己文化傳統的沉淪,自發地興起探索、發現之旅。何丙仲先生就是其中的一位。他五年堅持不懈,利用節假日自費遍走城鄉訪尋碑碣,將捶拓、拍照或抄錄所得,加以地志、文獻錄存,滙編成集,期與各界人士共用,其用心之良苦,用功之勤勉,令人敬佩不已。

我有幸先睹了何丙仲先生發掘的寶藏。單體觀之,並不是什麼驚人的大巨制,綜而視之,卻關乎厦門灣跳動的人文血脈,不少在社會變遷中毀滅的歷史資訊,因殘碑斷碣的清理而再現,增加了修補歷史斷裂的可能,印證了"當人類沉默時,石頭開始說話"的名言。它的學術價值和社會價值,也許要後人纔看得清楚,現在刊布出來,至少具有保存人文血脈的現實意義。如果因為它的刊布,能喚醒人們的文物保護意識,阻止開發中的人為破壞,那更是功德無量了。

因此,我熱烈地祝賀《廈門碑志滙編》的出版,更熱烈地期待有更多高品質的研究成果出現。

楊國楨
二〇〇三年十二月十五日

原版序二

厦門市文物工作者何丙仲先生經多年努力，成就《厦門碑志滙編》一書。

閱讀書稿，心存感念。

20世紀20年代，厦門大學國學研究院顧頡剛、張星烺、陳萬里諸教授在厦門學界開田野調查之風，倡言"我們要掘地看古人的生活，要旅行看現代一般人的生活"。他們于碑碣一項，尤加留意。我在史料裏曾見顧頡剛教授以"厦門的墓碑"為研究課題的記載，又在陳萬里《閩南遊記》、張星烺《泉州訪古記》等著述裏見其"搥拓碑刻"的工作照片和工作記錄。當年厦大的青年學生吴文良、青年教師林惠祥受其感召，自茲亦留心此道。吴文良積二十餘年之功，收集泉州古代石刻。1949年厦門某報載文指出：1927年，"厦大考古團張星烺、顧頡剛、陳萬里、孫伏園諸氏，及德人艾克博士到泉考古……張星烺氏並在厦大生物院作專題演講，其時吴氏尚在厦大求學，使吴氏印象更加深刻"；並報告："吴氏今次頗受厦大教授林惠祥、莊為璣……之鼓勵，欲將現存吴氏家中及散見於泉城内外唐宋元三代之石刻……加以照相著成專集"。1955年，林惠祥教授（時兼任福建省文物管理委員會副主任）在《為什麼要保護古物》中指出："漢代以後歷朝都有刻字的石碑，種類有墓碑、墓誌銘、紀念碑、石刻經書等，數量極多，書法常很精妙，故自宋以來拓印著錄頗多，成為金石學的一半資料。石碑時代古的必須保存，時代不古但有關於歷史事件的，也應保存。書法精美的也應保存。……福建石刻自唐宋起漸多，時代不及北方古，但也有重要的。又泉州有宋元時阿剌伯等外國文的碑很多，這是很特殊的。"

何丙仲先生秉承前輩學人的遺風和遺訓，忠於職守，自謂"視學術研究為個人之生命"。其《厦門碑志滙編》收錄厦門歷代碑志共554方（其中田野考古所得446方，文獻抄錄所得108方），收錄的範圍遠遠超出顧頡剛教授當年的

《廈門的墓碑》之計畫,是有關廈門碑志之第一部具有集大成性質的著作。《廈門碑志滙編》收錄的碑志包含了多學科、多方面的文獻價值。以明人蔡獻臣的史料為例,據我聞見所及,《廈門碑志滙編》收錄的《司李姜公署同捐俸振飭四事碑記》(蔡獻臣撰,碑存同安博物館)為蔡獻臣《清白堂集》未收,《蔡虛台先生築海豐朱埭堤岸功德碑頌》(何喬遠撰,碑存後溪鎮政府院內),則是有關蔡獻臣生平史實的文獻,足補志乘之缺。

近30年前,我在廈門市圖書館、廈門大學李拓之教授寓所同何丙仲先生有數面之緣。我知道,他是很用功的。祝賀他在文物保護和學術研究方面都取得了成績,祝賀《廈門碑志滙編》一書的出版!

汪毅夫

二〇〇三年十一月二十五日

目 錄

第一篇 銘功紀念

宋·知縣毛當時建朱子祠碑記[嘉定年間]葉通撰 ………………………………… 003
 明·重修文公祠碑記(一)[萬曆壬子(1612年)]李光縉撰 ………………………… 003
 明·重修文公祠碑記(二)[萬曆壬子(1612年)]張瑞圖記 ………………………… 004
 清·紫陽祠碑記[雍正二年(1724年)] ……………………………………………… 006
 清·重修紫雲岩文昌閣記[嘉慶丙子(1816年)]蘇廷玉記 ………………………… 006
 民國·重建白鹿洞朱子樓記[民國六年(1917年)]葉崇祿等立 …………………… 007
 民國·重修梵天朱子祠碑記[民國十二年(1923年)]吳錫璜記 …………………… 007
明·嘉靖癸巳重建蘇魏公祠碑[嘉靖癸巳(1533年)]蘇信撰 ………………………… 008
 明·重建蘇丞相祠堂碑[嘉靖年間]劉定一撰 ……………………………………… 009
明·榕溪卻金亭記[嘉靖十九年(1540年)]傅鑰記 …………………………………… 010
明·馬鑾杜氏復業記[嘉靖二十五年(1546年)]林希元撰 …………………………… 011
明·西濱陳氏復業記[嘉靖癸亥(1563年)]林某撰 …………………………………… 012
明·邑父母譚公功德碑[嘉靖四十三年(1564年)]劉存德撰 林叢槐書 …………… 013
明·瓶台譚侯平寇碑[嘉靖年間]洪朝選撰 …………………………………………… 015
明·漳貳守沈公惠民泥泊德政碑[萬曆四年(1576年)] ……………………………… 019
明·海滄芸美金爺徐爺為國為民碑記[萬曆二十八年(1600年)] …………………… 020
明·邑侯李公德政碑[萬曆三十八年(1610年)]林應翔撰 …………………………… 022
明·侍御綿貞周公頌德碑記[萬曆四十五年(1617年)]丘懋煒撰 …………………… 023
明·嘉禾惠民碑[萬曆年間]何喬遠撰 ………………………………………………… 025
明·姚侯大岩寺山南北惠民頌德碑[萬曆年間]柯挺撰 ……………………………… 026
明·邑令劉公惠民泥泊碑[萬曆年間]謝宗澤撰 ……………………………………… 026

明·邑侯寧州陳公惠民海泊碑[萬曆年間]葉廷推撰··············027
明·鴻山寺徐一鳴攻剿紅夷石刻[天啓二年(1622年)]··············028
　明·白鹿洞寺趙紓攻剿紅夷石刻[天啓癸亥(1623年)]··············028
　明·白鹿洞寺朱一馮攻剿紅夷石刻[天啓癸亥(1623年)]··············028
明·廈門打石字銃城摩崖石刻[天啓三年(1623年)]林懋時書··············029
明·蔡虛台先生築海豐朱埭堤岸功德碑頌
　[崇禎元年(1628年)]何喬遠撰　周家椿書··············029
明·院司道府革除私抽海稅禁諭[崇禎六年(1633年)]黃奇珍等立······031
明·邑侯李公生祠碑記[崇禎八年(1635年)]周家椿撰　蔡獻臣書······033
明·司李姜公署同捐俸振飭四事碑記[崇禎庚辰(1640年)]蔡獻臣撰···035
明·守道施爺惠民德碑[崇禎年間]溫爾惟等立··············038
明·頌崇明伯甘老爺功德碑(殘)[永曆年間(1658年左右)]郭貞一撰···039
清·澎湖陣亡將士祠捐金置產碑記[康熙五十三年(1714年)]訥果立石···040
清·康熙重修高士軒碑記[康熙癸巳(1713年)]朱奇珍撰並書··············041
　清·雍正重修高士軒記[雍正九年(1731年)]蔣廷重撰··············041
　清·乾隆重修高士軒記[乾隆八年(1743年)]李芬撰··············042
清·唐侯功德碑[雍正癸丑(1733年)]三魁合鄉仝立··············043
清·豪山祈雨道場題刻[乾隆乙丑(1745年)]張荃等立··············044
清·海澄邑侯汪公惠民泥泊德政碑[乾隆十三年(1748年)]··············044
清·建黃亭小引[乾隆庚辰(1760年)]僧月松記··············045
清·同安縣知縣吳君功德碑[乾隆三十年(1765年)]··············046
清·邑侯劉功德碑[乾隆四十九年(1784年)]劉甫德等立··············047
清·御制剿滅臺灣逆賊生擒林爽文記事語[乾隆五十三年(1788年)]···048
　清·御制平定臺灣告成熱河文廟碑文[乾隆五十三年(1788年)]··············050
　清·御制平定臺灣二十功臣像贊序[乾隆五十三年(1788年)]··············052
　清·御制福康安奏報生擒莊大田紀事語[乾隆五十三年(1788年)]··············054
清·胡亭記[乾隆辛亥(1791年)]郭邁撰··············055
清·心一葉公戴德碑[乾隆年間]呂公望撰··············056
清·李忠毅公祠堂碑記[嘉慶十三年(1808年)]王宗炎撰··············056
清·高浦騰飛公功德碑[嘉慶辛未(1811年)]本族公立··············058
清·周公祠記[道光年間]高澍然記··············059

清·平定閩南小刀會起義記事石刻[咸豐三年(1853年)]李廷鈺記	060
清·張公去思碑[咸豐年間]呂世宜撰	060
清·(馬巷)廳主桐軒程公去思碑[同治二年(1863年)]部民公立	061
清·孫開華籌防閩嶠題刻[同治十三年(1874年)]孫開華立	061
清·鎦江協戎曾公去思碑[光緒二年(1876年)]紳矜等立	062
清·(馬巷)廳主丁公紉臣德政碑[光緒九年(1883年)]陳旭升等立	062
清·重修林次崖公祠[光緒十五年(1889年)]林玉堂記	063
清·海滄山仰陳氏獎勸碑[光緒二十七年(1901年)]陳苞撰	064
清·歡迎美國艦隊訪問廈門記事石刻[宣統二年(1910年)]洪永安等立	065
清·美國東方艦隊回訪記事石刻[宣統二年(1910年)]閩廈官紳志	065
清·廈門商務總會歡迎美國商會代表團記事石刻[宣統二年(1910年)]葉崇祿識	066
民國·雲頂岩住持覺儀和尚記[民國戊寅(1938年)]甦僧識	066

第二篇　社會建置

橋樑 …… 071

宋·建造太師橋碑記[建隆四年(963年)]	071
清·重修太師橋記[光緒十五年(1889年)]陳耀礌記	071
明·重建深青橋碑記[正德十一年(1516年)]	072
清·重建深青橋誌[康熙三十八年(1699年)]陳寶篋撰　蘇用楫書	072
清·重建深青橋題刻[康熙三十八年(1699年)]	073
清·續建深青新橋並修舊橋碑誌[嘉慶九年(1804年)]蘇昌期撰　蘇汝方書	074
明·邑侯葉允昌重修便安橋記[嘉靖十四年(1535年)]林希元撰	075
明·同安五顯第二橋碑[萬曆九年(1581年)]	076
明·九溪橋重復記[萬曆丁酉(1597年)]黃文炳撰	076
明·邑侯熊汝霖重修西安橋記[崇禎癸酉(1633年)]蔡獻臣撰	077
清·重建飲亭橋碑記[康熙四十年(1701年)]陳淑選等立	078
清·店頭橋碑記[乾隆元年(1736年)]	079
清·青雲石橋記[乾隆庚申(1740年)]許琛撰　沈濟世跋	080
清·重修日東橋碑記(一)[乾隆庚辰(1760年)]陳思敬記	081

清·重修日東橋碑記(二)[嘉慶元年(1796年)]陳克家記 ……………… 081
　清·重修湯溪橋碑記[乾隆丁亥(1767年)]黃濤記 …………………… 082
　清·重修鼓浪嶼三和宮口橋碑記(殘)
　　　[乾隆五十年(1785年)]黃俊千等立 ………………………………… 082
　清·喜濟橋碑記[嘉慶癸酉(1813年)]眾董事立 ……………………… 083
　清·行軍橋碑記[道光十八年(1838年)]沈功枚重修 ………………… 083
　清·利濟橋碑[道光十八年(1838年)]俞益重建 ……………………… 084
　清·重修如意橋碑記[咸豐二年(1852年)]蘇士榮重修 ……………… 084
　清·五塘橋碑記[同治三年(1864年)]王文祥重修 …………………… 084
　清·建造汛前橋碑記[光緒五年(1879年)]董事公立 ………………… 085
　清·重修過路壩橋碑記[光緒乙未(1895年)]明大等立 ……………… 085
　清·重修西安橋碑記[光緒二十八年(1902年)]西驛保紳董立 ……… 086
　清·重修雲頭紫雲橋捐資芳名碑[光緒丁未(1907年)]陳玉書立 …… 086
　民國·重修銅魚橋碑記[民國八年(1919年)]吳煌樞撰並書 ………… 087

津渡 …………………………………………………………………………… 088

　清·利濟渡碑記[約乾隆三十年(1765年)]王國鑒撰 ………………… 088
　清·重建五通路亭碑[乾隆三十九年(1774年)]凌蒼岩等立 ………… 088
　清·重修洪本部渡頭碑記[乾隆四十五年(1780年)]官商仝立 ……… 089
　　　清·增修洪本部渡頭碑記[光緒丙子(1876年)]陳采撰 …………… 090
　清·重修打鐵路頭碑記[乾隆五十八年(1793年)]徐委觀等立 ……… 091
　清·重修新路頭碑記[嘉慶十三年(1808年)]曾必慶立 ……………… 092
　清·蓮河渡碼頭建造捐金碑[道光三年(1823年)]董事公立 ………… 093

道路 …………………………………………………………………………… 095

　宋·古道十八彎修路石刻[景定元年(1260年)] ……………………… 095
　清·西山修路誌[乾隆辛巳(1761年)] ………………………………… 095
　清·捐修嶺頭崎下道路碑記[乾隆四十八年(1783年)]葉敏官等立 … 096
　清·董內岩後山修路石刻[嘉慶二十年(1815年)]張永標立 ………… 096
　清·雪山岩修路石刻[道光七年(1827年)] …………………………… 097
　清·新築石路碑記[道光戊戌(1838年)]李應瑞等立 ………………… 097
　清·海滄天竺山重修路碑[光緒十年(1884年)]陳宗權等記 ………… 097

清·重修小嶺路記［光緒丁亥（1887年）］ …………………………………… 098

清·太平岩捐修道路題刻［清末］ ………………………………………………… 098

其他設施 ……………………………………………………………………… 099

明·寧店村龍興亭填庫市園記［嘉靖十八年（1539年）］僧飛璿記 …………… 099

明·醉仙岩記［萬曆癸未（1583年）］倪涷撰 …………………………………… 100

明·大帽山石幫記題刻［萬曆辛卯（1591年）］李韜撰 ………………………… 100

明·鳳山新建石塔記［萬曆庚子（1600年）］黃鳳翔撰 ………………………… 101

明·稜層石室記［萬曆己未（1619年）］李化龍記 ……………………………… 102

清·集美後溪城內城額匾［康熙元年（1662年）］施琅立 ……………………… 103

清·重修銅魚亭碑記［康熙癸巳（1713年）］朱奇珍撰 ………………………… 103

清·郎公祖捐俸興建改圖碑記［康熙壬寅（1722年）］葉心朝撰 ……………… 104

清·同安西員保大小溪義山碑記［雍正年間］李蘭記 ………………………… 105

清·唐公堤［乾隆二年（1737年）］同邑士民共勒 ……………………………… 106

清·闔邑紳士公禁應城山羅漢峰掘沙傷壞縣脈碑
　　［乾隆十七年（1752年）］闔邑紳士立 ……………………………………… 106

清·同歸所碑記［乾隆二十五年（1760年）］林道正重修 ……………………… 107

清·日光岩旭亭記［乾隆庚辰（1760年）］石國球記 …………………………… 108

清·普濟堂碑記［乾隆甲申（1764年）］蔡琛撰 ………………………………… 108

清·改建同民安坊為關記［乾隆戊子（1768年）］吳鏞撰 ……………………… 109

清·南山石堤記［乾隆四十一年（1776年）］林為洛記 ………………………… 110

清·疏通水道碑記［乾隆五十六年（1791年）］ ………………………………… 111

清·榕林別墅記［乾隆年間］薛起鳳撰 ………………………………………… 112

清·建蓋大小擔山寨城記略［嘉慶八年（1803年）］玉德記 …………………… 112

清·銅魚館捐俸碑記［嘉慶乙亥（1815年）］ …………………………………… 113

清·海屍寺骸廠記［道光元年（1821年）］林祖賢撰 …………………………… 114

清·浯嶼新築營房墩臺記［道光四年（1824年）］許松年書 …………………… 114

清·新建廈門義倉碑記［道光己丑（1829年）］倪琇撰 ………………………… 115

清·義倉埭田碑記［道光十五年（1835年）］周凱撰 …………………………… 116

清·重修南普陀寺後迎勝軒扇亭記［咸豐十一年（1861年）］ ………………… 117

清·鼎建提署兵房碑記［同治十二年（1873年）］羅大春撰 …………………… 117

清·育嬰堂記［光緒八年（1882年）］葉文瀾撰 ………………………………… 118

清·重修張埭碑記[光緒甲申(1884年)] …………………………………… 119
清·鼓浪嶼通商局遷墳碑記[光緒十三年(1887年)]通商局立 ………… 120
清·重修海岸碑記[光緒十四年(1888年)]邱曾鴻玉記 ………………… 120
清·馬巷育嬰堂碑記[光緒癸巳(1893年)]黃家鼎撰 …………………… 121
民國·建造菽莊記題刻[民國己未(1919年)]林爾嘉記 ………………… 124
    民國·建造菽莊藏海園記題刻[民國辛未(1931年)]林爾嘉記 …… 124
    民國·修建菽莊記題刻[民國年間] ………………………………… 125
民國·廈門商會建立會場記[民國三年(1914年)]原鴻逵撰 …………… 125
民國·思明縣建築監獄碑[民國五年(1916年)] ………………………… 126
民國·曾營公益豐碑[民國五年(1916年)] ……………………………… 128
民國·重修老年會所題刻[民國十一年(1922年)]諸董事立 …………… 129
民國·廈門自來水公司上李堤壩奠基題刻
    [民國十四年(1925年)]黃奕住等立 ……………………………… 130
民國·建造同安中山公園辦事處碑[民國丁卯(1927年)] ……………… 130
民國·王永朝襄建中山公園華表碑記
    [民國二十一年(1932年)]中山公園辦事處撰 …………………… 131
民國·南普陀寺水池區建築記[民國二十二年(1933年)]太虛撰　法空書 … 131
民國·廈門中山醫院紀念碑文[民國二十四年(1935年)]董事會立 …… 132
民國·後柯鄉豐林實業股份公司之緣起碑記
    [民國二十四年(1935年)]柯思知題書 …………………………… 133
民國·修建蓮花鄉水利碑記[民國二十五年(1936年)]董事仝立 ……… 134

第三篇　學宮·官廨

書院 …………………………………………………………………………… 137
元·孔公俊築大同書院記[至正十六年(1356年)]林全生撰 …………… 137
明·安邊館社學記[嘉靖丁酉(1537年)]朱浙撰 ………………………… 138
明·重建文公書院記[嘉靖二十八年(1549年)]林希元撰 ……………… 139
    明·文公書院增修書舍建亭記[隆慶四年(1570年)]洪朝選撰 …… 140
    清·興建文公書院記[乾隆五十九年(1794年)]石國琛撰 ………… 142
    清·文公書院復建仰止亭碑記[乾隆乙卯(1795年)]劉有敬撰 …… 143

清·集德堂碑記［康熙五十九年（1720年）］雅奇撰 …………………………………… 143
清·雙溪書院田地公立碑記［乾隆年間］ ………………………………………………… 144
清·舫山書院碑記［乾隆年間］何蘭撰 …………………………………………………… 145
清·玉屏書院碑記［乾隆十八年（1753年）］白瀛撰　陳昂泰書 ……………………… 146
　　清·重修玉屏書院碑記［道光十五年（1835年）］周凱撰 ………………………… 147
　　清·玉屏紫陽二書院經費碑記［道光己酉（1849年）］陳慶鏞撰 ………………… 148
清·重建鰲江書院碑記［乾隆癸酉（1753年）］陳思敬撰 ……………………………… 149
清·興建華圃書院碑記［乾隆壬午（1762年）］黃濤撰 ………………………………… 149
　　清·華圃講堂碑記［乾隆二十七年（1762年）］譚尚忠撰　張書勳書 …………… 150
　　清·華圃記遊碑記［乾隆丁亥（1767年）］官獻撰並書 …………………………… 151
　　清·重修華圃書院碑記［道光三年（1823年）］陳貽琨撰 ………………………… 152
清·紫陽書院記［乾隆辛丑（1781年）］紳士公立 ……………………………………… 153
清·官山入書院碑記［乾隆四十八年（1783年）］劉光鼎撰 …………………………… 154
清·重建金山書院碑記［道光乙未（1835年）］楊秉均撰並書 ………………………… 155
清·浯江書院碑記［道光十六年（1836年）］周凱撰 …………………………………… 156
清·創建同安考棚兼重修雙溪書院碑記［同治四年（1865年）］白冠玉撰 …………… 157
　　清·續建考棚記［光緒三年（1877年）］董事仝立 ………………………………… 158
　　清·修建書院考棚學舍碑記［光緒二十六年（1900年）］諸董仝立 ……………… 158
清·重修禾山書院碑記［光緒十一年（1885年）］孫欽昂撰 …………………………… 159
民國·創建馬巷啓智學校碑記［民國十四年（1925年）］洪鴻儒撰並書 ……………… 159
民國·同安內厝寬裕學校碑記［民國十九年（1930年）］董事部立 …………………… 160
民國·廖悅發昆仲捐建竹樹教會學校
　　　［民國二十二年（1933年）］竹樹堂立 ……………………………………………… 160
民國·獨資建築新近落成澳頭覺民學校校會題詞
　　　［民國二十五年（1936年）］蔣驥甫撰 ……………………………………………… 161

孔廟、明倫堂等 …………………………………………………………………………… 163

明·重修孔子廟碑記［正統九年（1444年）］李賢佑記 ………………………………… 163
清·重建同安縣學大成殿碑記［乾隆三十二年（1767年）］王傑撰 …………………… 164
清·捐修明倫堂碑記［嘉慶元年（1796年）］初彭齡撰 ………………………………… 165
清·重修同安縣儒學碑記［嘉慶二年（1797年）］陳嗣龍撰　吳堂書 ………………… 166
清·邑紳高以彰倡修明倫堂［嘉慶三年（1798年）］王增錞記 ………………………… 167

清·重修縣學碑記[嘉慶十八年(1813年)]汪潤之記 …………………… 167
清·同安重修文廟等處捐題姓名碑[嘉慶戊寅(1818年)]董事全立 …… 168
民國·重修大成殿右廡碑記[民國十二年(1923年)]吳錫璜撰 ………… 170

官廨 ……………………………………………………………………… 171

明·安邊館記[嘉靖庚寅(1530年)]林魁撰 ………………………………… 171
明·同安縣官題名碑[隆慶元年(1567年)]鄧一相撰 ……………………… 172
明·同安公署題名碑記[嘉靖年間]黃偉撰 ………………………………… 173
明·同安知縣彭士卓建歲貢題名碑[嘉靖年間]劉汝楠撰………………… 173
清·興泉永道內署記[乾隆五十九年(1794年)]德泰記 ………………… 174
　　清·重修興泉永道署碑記[同治三年(1864年)]曾憲德撰 …………… 175
清·重建馬家巷廳衙署碑記[同治六年(1867年)]鮑復康撰並書 ……… 176
清·興泉永道署內崎山題刻[同治十年(1871年)]潘駿章撰 …………… 177

第四篇　宗教寺院

佛教 ……………………………………………………………………… 181

宋·銅鉢岩石刻[紹興三十一年(1161年)]僧法空等立 ………………… 181
　　宋·銅鉢岩石佛造像記[開禧乙丑(1205年)]僧祖成等立 ………… 181
元·龍山聖果院祠堂內碑記[至正十九年(1359年)]張仲復撰 ………… 181
　　明·重立聖果院祠堂內碑記[天啓三年(1623年)]鍾岳立 ………… 182
明·重建梵天寺法堂及寢堂記[洪武庚申(1380年)]趙道生記 ………… 183
　　明·重建同安梵天寺大雄寶殿碑記[洪武十九年(1386年)]陳仲述記 … 184
明·石室院碑記[隆慶辛未(1571年)]丘耀撰 …………………………… 184
　　清·重修石室院碑記[光緒二十八年(1902年)]楊鶴齡撰並書 …… 186
　　民國·重修石室院碑[民國辛酉(1921年)]盧維岳撰 ……………… 187
明·重建龍池岩記[年代未詳]盧岐嶷撰………………………………… 188
　　清·重興龍池古刹碑記[康熙三十五年(1696年)]鄭文茂撰………… 189
　　清·重興龍池碑記[乾隆二十七年(1762年)]黃濤撰並書………… 190
　　清·龍池寺檀樾楊公祀田記[道光五年(1825年)]謝亨記………… 191
　　清·重修寂光樓碑記[道光十八年(1838年)] ……………………… 192

清・重修龍池岩[光緒二年(1876年)] ……………………………………… 192

　　　清・重修開山並改石樓碑記[光緒十七年(1891年)] ………………………… 194

明・田租入寺志[崇禎十三年(1640年)]林宗載撰並書 ……………………………… 195

　　　清・南普陀西偏建龍廟碑記[乾隆二十九年(1764年)]覺羅四明撰並書 ……… 196

　　　清・普陀寺前捐廉塽地樹柵碑記[乾隆五十五年(1790年)]劉嘉會撰 ………… 197

　　　清・重修南普陀寺記[乾隆五十六年(1791年)]胡世銓撰　許溫其書 ………… 198

　　　清・重修南普陀寺捐題碑記[乾隆五十六年(1791年)] ……………………… 199

　　　清・南普陀寺捐置寺田記[光緒元年(1875年)]張士沅撰 …………………… 200

　　　清・孫開華等官兵捐題南普陀寺置產碑[光緒年間] ………………………… 201

　　　清・重修南普陀碑記(一)[光緒十三年(1887年)]奎俊撰並書 ……………… 202

　　　清・重修南普陀碑記(二)[光緒十四年(1888年)]本寺立 …………………… 203

　　　清・六湛大師置業供佛碑記[光緒甲辰(1904年)]主持喜參等立 …………… 204

　　　清・南普陀放生池碑記[光緒三十四年(1908年)]劉慶汾等立 ……………… 205

　　　清・南普陀放生池捐緣芳名碑[光緒三十四年(1908年)]劉慶汾等立 ……… 206

　　　清・常住收管瑞波大師所遺鉢銀田產碑記[宣統二年(1910年)]本寺立 …… 206

　　　清・重修普照寺題刻[宣統三年(1911年)]喜參立 …………………………… 207

　　　民國・廈門潁川陳氏經始南普陀寺題刻

　　　　[民國二十年(1931年)]陳秉璋撰　陳宗書書 ……………………………… 207

清・晃岩檀越發願碑文[順治壬辰(1652年)]池顯方撰並立 ……………………… 208

清・雲頂岩何氏建造僧舍題刻[康熙己卯(1699年)]何廷鳳志 …………………… 209

清・松柏林觀音堂檀樾碑[雍正十三年(1735年)]李郁文書 ……………………… 209

　　　清・重修松柏林觀音堂碑記[乾隆四十一年(1776年)]莊光前書 …………… 210

清・盈嶺大士寺業碑記[乾隆十七年(1752年)]李孕昌撰 ………………………… 211

清・重修梅山古寺碑記[乾隆二十年(1755年)]明新撰 …………………………… 211

清・萬壽岩記[乾隆二十三年(1758年)]普蔭隱樹氏記 …………………………… 212

　　　清・萬壽岩信士捐田記石刻[道光二十七年(1847年)]陳立德立 …………… 213

清・重修金雞亭捐資置業碑記[乾隆二十五年(1760年)]寺僧仝立 ……… 214

　　　清・普光寺碑記[嘉慶二十四年(1819年)]董事公立 ………………………… 215

　　　清・重修金雞亭並路碑記(上)[光緒二十九年(1903年)]葉大年等立 ……… 217

　　　清・重修金雞亭並路碑記(下)[光緒二十九年(1903年)]葉大年等立 ……… 218

清・信官黃日紀捐銀置齋田記石刻[乾隆三十二年(1767年)]僧月松記 … 219

清·信士捨銀置齋田記石刻[乾隆年間]僧月松立 ……………… 220

　　清·重修醉仙岩碑文(上)[光緒四年(1878年)]黃傳芳等立 …… 220

　　清·重修醉仙岩碑文(下)[光緒四年(1878年)]黃傳芳等立 …… 222

　　清·重修醉仙岩碑記[光緒戊戌(1898年)]葉崇祿等立 ………… 223

　　清·重修天界寺碑記[光緒三十三年(1907年)]黃慶清等記 …… 224

清·重建白雲岩碑記[乾隆四十五年(1780年)]陳德輝撰 ………… 225

清·後溪定琳院捐建碑記[乾隆五十六年(1791年)]吳廷恩等立 … 226

　　清·重修後溪定琳院碑記[嘉慶四年(1799年)]吳廷信等立 …… 227

清·重修白鹿洞序[道光甲申(1824年)]襄事諸君立 ……………… 227

　　清·白鹿洞寺石泉岩題刻[年代未詳] ……………………………… 228

清·圓通堂靜室碑記[道光庚寅(1830年)]吳時芳等立 …………… 228

清·重修中岩並治蟻患題刻[道光辛丑(1841年)]董事公立 ……… 229

清·重修萬石寺宇題緣碑[道光二十七年(1847年)] ……………… 229

清·重修紫雲岩記[咸豐八年(1858年)]葉化成撰　李榮禧書 …… 230

清·重修鴻山寺大殿碑記[同治辛未(1871年)]董事立石 ………… 231

　　清·重修鴻山寺碑記[光緒二十一年(1895年)]李清珍等立 …… 232

　　清·重修鴻山寺將諸紳商等各處捐題列左芳名碑記(上)

　　　　[光緒乙未(1895年)]葉崇祿等立 …………………………… 233

　　清·鴻山寺各處捐題列左芳名碑記(下)[光緒乙未(1895年)]葉崇祿等立 …… 234

　　民國·重修鴻山寺由志[民國二十四年(1935年)]蔣以德撰 …… 235

清·重修太平岩寺題刻[同治十一年(1872年)]黃仕德立 ………… 235

　　清·太平岩寺祀業石刻[嘉慶辛未(1811年)] …………………… 236

清·重興雲塔寺碑記(上)[同治癸酉(1873年)] …………………… 236

　　清·重興雲塔寺碑記(下)[同治癸酉(1873年)] ………………… 237

　　清·重修雲塔寺碑記[光緒九年(1883年)]邱曾珍等立 ………… 238

清·香山岩碑記[光緒戊寅(1878年)]蔡念宗立 …………………… 239

清·建房收租敬贈各廟香資碑記[光緒壬辰(1892年)]彭楚漢志 … 240

清·塘邊雲岫庵題緣碑[光緒壬寅(1902年)] ……………………… 241

道教 ……………………………………………………………………… 242

明·重修朝元觀記[永樂十九年(1421年)]黃文史撰　劉時道書 … 242

　　明·重建朝元觀記[嘉靖十九年(1540年)]謝復春撰　黃宗會書 …… 243

清·重修大元殿碑記(一)[同治八年(1869年)]葉成等立 …………………… 244
　　　　清·重修大元殿碑記(二)[光緒三十一年(1905年)]曾廷圭等立 ………… 246

伊斯蘭教 …………………………………………………………………… 248
　　清·廈門清真寺碑記[光緒二十八年(1902年)] ………………………………… 248
　　　　民國·重修清真寺碑記[民國十三年(1924年)] …………………………… 249

第五篇　宮廟殿宇

吳真人廟 …………………………………………………………………… 253
宋·慈濟宮碑(一)[嘉定二年(1209年)]楊志撰 ………………………………… 253
　　宋·慈濟宮碑(二)[嘉定九年(1216年)]莊夏撰 ……………………………… 254
　　清·吧國緣主碑記[康熙三十六年(1697年)]吳鐘撰並書 …………………… 256
　　清·重修慈濟祖宮碑記[嘉慶十九年(1814年)]蔡畫山撰　顏清楊書 ……… 257
　　清·重修東宮碑記[嘉慶十九年(1814年)]顏仲英立 ………………………… 258
　　清·重修慈濟祖宮碑記[咸豐甲寅(1854年)]楊開天等立 …………………… 259
　　清·重修慈濟祖宮碑記(上)[光緒二十二年(1896年)]顏矜者立 …………… 261
　　清·重修慈濟祖宮碑記(下)[光緒二十二年(1896年)]顏矜者立 …………… 263
清·重修海印堂眾善信刻石題名記[乾隆五十七年(1792年)]董事公立 … 266
　　清·重修海印堂題名碑[道光十四年(1834年)]柯星輝撰 …………………… 268
清·重修鷺峰堂碑記(一)[道光三年(1823年)]鄭世興等立 …………………… 269
　　民國·重修鷺峰堂碑記(二)[民國十六年(1927年)]鄭俊鳳等立 ……………… 270
清·重修高崎萬壽宮碑記(一)[道光丙戌(1826年)]何求可撰 ………………… 270
　　清·重修高崎萬壽宮碑記(二)[光緒癸卯(1903年)]林神擇等立 …………… 272
清·辟西街西亭外庭碑記(殘)[道光九年(1829年)]陳紹濂撰 ………………… 273
清·慈濟北宮碑記[道光十三年(1833年)]董事仝立 ………………………… 274
　　清·重修北宮碑記[道光十八年(1838年)]溫茂盛等立 ……………………… 276
清·重修丙洲昭應廟碑記[道光癸巳(1833年)]陳朝鳳等立 ………………… 277
清·海滄許厝重修崇真宮碑記(一)[道光十五年(1835年)]楊連捷等立 … 277
　　清·海滄許厝重修崇真宮碑記(二)[咸豐三年(1853年)]許畏等立 ………… 278

清·馬鑾社重修昭應宮碑記

　　[道光二十年(1840年)]杜奮庸撰　杜文森書 ……………… 279

　清·重修馬鑾昭應宮捐題碑記[道光二十年(1840年)] ……… 280

　民國·重修馬鑾昭應宮碑記[民國壬戌(1922年)] ………………… 282

清·重修篔津宮廟序[道光辛丑(1841年)]鄉耆眾等公立 …… 283

　清·重修篔津宮廟記[光緒十三年(1887年)] ……………………… 284

清·重修玉真法院拜亭捐題姓氏碑記[道光七年(1827年)] ……… 285

　清·重修玉真法院碑誌[同治十年(1871年)]董事仝立 …………… 285

　清·重修玉真法院碑記[同治十年(1871年)]列董公立 …………… 286

清·重興瑞青宮碑記[道光二十三年(1843年)]呂世宜撰並書 …… 287

　清·重修瑞青宮碑記(一)[光緒十八年(1892年)]林文炳撰　林慶捷書 …… 288

　清·重修瑞青宮碑記(二)[光緒十八年(1892年)]林向辰書 ……… 290

清·惠佐重修大覺堂碑記[光緒三年(1877年)]董事立 …………… 291

　清·大覺堂記事碑[光緒六年(1880年)]林再辦等立 ……………… 291

清·重修龍山宮碑記[光緒十年(1884年)]李媽賽撰並書 ………… 292

清·重修昭塘宮碑記[光緒丙戌(1886年)]董事仝立 ……………… 293

清·重修圓塘宮碑[光緒十二年(1886年)]林瑞宗等立 …………… 295

清·重興延壽堂倡捐序文[光緒十五年(1889年)]盧川澤等立 …… 296

清·重修塔厝長興宮捐緣碑記[光緒十九年(1893年)]眾董事公立 … 297

清·重修靈鷲堂志[光緒二十四年(1898年)]盧雪漁等立 ………… 297

清·海滄祥露重修廣惠宮碑記[光緒癸卯(1903年)]莊文釪等立 … 298

清·海滄貞庵霞美宮碑記[光緒己酉(1909年)]黃清浮等立 ……… 299

民國·重修興賢宮碑記[民國乙卯(1915年)]陳益廷等立 ………… 300

民國·種德宮置產以補香資碑記[民國十二年(1923年)]眾董事公立 … 302

其他神廟 ……………………………………………………………… 303

宋·同安豪山廟碑記[咸淳丙寅(1266年)]王明叟撰 ……………… 303

明·灌口萬壽宮題緣碑[弘治庚申(1500年)] ……………………… 304

明·重興介谷殿碑記[萬曆十年(1582年)]黃文炤(毓源)撰並書 … 304

明·重修外關帝廟碑記[萬曆己丑(1589年)]許師古撰　俞國輔書 … 305

清·重興上宮碑記[康熙二十七年(1688年)]施琅立 ……………… 305

清·重修深青茂林庵功德碑[康熙三十年(1691年)]彭岩駐僧立 … 305

　　　　清·鳳尾山並外鄉碑［光緒十九年（1893年）］眾鄉耆立 …………………… 306
　　　　清·重修深青茂林庵（深青）海外題緣碑［光緒十九年（1893年）］ ……… 307
　　　　清·重修深青茂林庵（貞岱）海外題緣碑［光緒十九年（1893年）］ ……… 308
清·鍾山重修水陸北宮［康熙戊寅（1698年）］合社仝立 …………………………… 310
　　　　清·鍾山水陸北宮碑［乾隆二十九年（1764年）］眾弟子公立 ………………… 310
清·高明宮緣地記［雍正三年（1725年）］ …………………………………………… 310
清·重修真君廟碑記［雍正己酉（1729年）］ ………………………………………… 311
清·重修靈惠廟碑記（一）
　　　　［乾隆二十五年（1760年）］庠生某撰　六社鄉耆立 …………………… 312
　　　　清·重修靈惠廟碑記（二）［乾隆壬午（1762年）］舉人杜某撰 ……………… 312
　　　　清·重修靈惠廟碑記（殘）［光緒年間］ ………………………………………… 313
清·重修水仙宮碑記［乾隆三十一年（1766年）］莫鳳翔撰 ………………………… 314
清·重修馬巷廳三忠宮記［乾隆四十年（1775年）］萬友正撰 ……………………… 314
　　　　清·重修三忠宮碑記［咸豐十年（1860年）］董事公立 ………………………… 315
清·廈島後崎尾岐西保岐山古地土地公祖廟碑記
　　　　［乾隆四十三年（1778年）］石世海等立 ………………………………… 316
清·灌口鳳山祖廟碑記［乾隆年間］ …………………………………………………… 316
清·重修武西殿碑記（一）［嘉慶壬戌（1802年）］諸行商立 ……………………… 317
　　　　清·重修武西殿碑記（二）［道光十四年（1834年）］凌瀚撰 ………………… 318
清·重修龍王廟碑記（一）［嘉慶壬戌（1802年）］張春山撰 ……………………… 320
　　　　清·重修龍王廟碑記（二）［同治十年（1871年）］顏淳年志 ………………… 321
清·重修城隍廟碑記［嘉慶八年（1803年）］孫樹楠記 ……………………………… 323
　　　　清·重修城隍廟捐銀肆元以上姓名碑［嘉慶八年（1803年）］孫樹楠等立 …… 323
　　　　清·廈門城隍廟碑記［道光六年（1826年）］升實撰 …………………………… 324
清·重建馬巷廟宇記［嘉慶壬申（1812年）］閩邑紳士仝立 ………………………… 325
清·重興鼓浪嶼三和宮記［嘉慶癸酉（1813年）］王得祿撰 ………………………… 326
清·重建和鳳宮行商匯館祠業碑記［嘉慶二十二年（1817年）］董事仝立 ………… 327
清·重修正順宮碑記（一）［嘉慶二十三年（1818年）］邱威撰　邱炳元書 ……… 328
　　　　清·重修正順宮碑記（二）［同治十三年（1874年）］邱守恒撰　邱曾琛書 …… 328
清·重修協德宮碑記［道光元年（1821年）］林紀國等立 …………………………… 329
清·重修龍華堂碑記［道光元年（1821年）］葉文山撰 ……………………………… 330

清·新垵重修威惠廟碑記(一)[道光三年(1823年)]林美厚等立 ········· 331
　　清·新垵重修威惠廟碑記(二)[光緒十三年(1887年)]曾祐撰並書 ········ 332
　　清·新垵威惠廟碑記[光緒十三年(1887年)]曾祐撰並書 ············· 333
清·重修朝宗宮暨聖母廟碑記[咸豐元年(1851年)]陳世榮立石 ········· 334
清·鷺江普佑殿碑記[咸豐二年(1852年)]董事仝立 ················· 335
清·重修福海宮碑記[咸豐七年(1857年)]曾擬生等立 ················ 336
清·重建廣利廟碑記[咸豐己未(1859年)]王文祥等立 ················ 337
清·重修文靈宮碑記[同治三年(1864年)]李布卿等立 ················ 338
清·五岳宮填池作埕興蓮宮添造前進合碑記
　　[光緒四年(1878年)]葉錫舜等立 ··························· 339
清·重修集福堂呂宋等地華僑捐資碑[光緒九年(1883年)] ············ 340
　　民國·重修集福堂外洋募捐碑記[民國二年(1913年)]葉復生等仝立 ···· 340
清·重修桐山泗洲明覺院記[光緒十八年(1892年)]陳柏芬撰 ··········· 341
清·重修中元宮碑記[光緒十九年(1893年)]李媽呂立 ················ 342
清·碧山岩新樓記[光緒二十年(1894年)]吳蔭棠等撰　郭鴻飛書 ······· 343
清·重修赫靈殿碑記[光緒二十一年(1895年)]吳贊官等立 ············ 344
清·重修財山社同興宮題緣石刻[光緒二十一年(1895年)]白青地等立 ··· 345
清·重修後河宮聖母廟記[光緒二十二年(1896年)]諸弟子立 ·········· 347
清·青雲堂碑牌[光緒戊戌(1898年)] ···························· 348
民國·重建崙峰宮碑記[民國元年(1912年)]周金樅撰 ················ 349
民國·重修馬巷元威殿碑記[民國六年(1917年)]陳錫箴撰 ············ 350
民國·馬鑾忠惠廟碑文[民國己未(1919年)]楊其玉等立 ·············· 351
　　民國·馬鑾忠惠廟捐款碑[民國己未(1919年)]杜啓榮等立 ········· 352
民國·重修昭惠宮碑記[民國十年(1921年)] ······················ 353
　　民國·重修昭惠宮增築前埕記[民國十年(1921年)]黃瀋記 ········· 354
民國·岐西祖廟記[民國十一年(1922年)]王邵年等立 ················ 354
民國·重修泗洲明覺院碑記[民國二十六年(1937年)]陳穿蓮等立 ······ 355

第六篇　宗祠家廟

明·黃氏重興祖祠碑記[萬曆二十八年(1600年)]黃文炳等立 ·········· 359

明·海滄漸美世饗堂業產碑［崇禎三年(1630年)］ …………………… 359
明·顏氏家廟從祀碑記［崇禎十年(1637年)］閤族仝立 …………… 360
　清·顏氏家廟從祀碑記［乾隆三十年(1765年)］閤族仝立 ………… 361
　清·顏氏家廟重修碑記(一)［嘉慶二十年(1815年)］閤族仝立……… 362
　清·顏氏家廟重修碑記(二)［光緒元年(1875年)］閤族仝立………… 362
　民國·顏氏家廟重修碑記［民國甲子(1924年)］閤族仝立 ………… 363
清·陳氏五祖回堂記［康熙二十八年(1689年)］陳昌國立 ………… 364
清·重建祖廟碑記(殘)［康熙五十年(1711年)］徐登甲撰 ………… 365
清·馬鑾杜氏清理海利屯地等稅碑記
　　［康熙五十一年(1712年)］杜世鎧撰 …………………………… 366
清·海滄芸美重修明德堂碑記(一)［乾隆壬戌(1742年)］ ………… 367
　清·海滄芸美重修明德堂碑記(二)［乾隆癸卯(1783年)］眾裔孫立 … 368
　清·海滄芸美重修明德堂碑記(三)［光緒十八年(1892年)］陳克淵立 … 368
清·重修鋪後祠堂碑記［乾隆十五年(1750年)］葉德芳、恪庵公記 … 369
清·修建後柯村柯氏時思堂碑記［乾隆丙子(1756年)］洪敬潢撰 … 371
清·建立祀田碑記［乾隆二十六年(1761年)］林翼池撰 …………… 372
清·嘉禾縣後陳氏廟碑記［乾隆三十六年(1771年)］陳士琇等撰 … 372
清·海滄柯井詒德堂碑文［乾隆三十八年(1773年)］張志董撰 …… 374
　清·柯井張氏重修詒德堂捐題條約碑記［光緒十六年(1890年)］張紹莘撰 …… 375
清·重修鑾井祖祠碑記［乾隆癸巳(1773年)］陳天拱撰　李元跨書 …… 376
　清·馬鑾重修鑾井祖祠碑記［光緒丁亥(1887年)］陳逢撰 ………… 377
清·呀建神廟祖祠碑記［乾隆己亥(1779年)］白礁合族家長立 …… 378
清·五通孫氏僉約碑記(殘)［乾隆癸卯(1783年)］ ………………… 379
清·海滄東嶼李氏二房蒼霞祖居碑記［乾隆壬子(1792年)］李聲遠撰 … 379
清·重建許氏季房小宗碑記［乾隆五十七年(1792年)］族眾公立 … 380
清·許氏季房祠堂碑記［乾隆六十年(1795年)］族人仝立 ………… 381
清·海滄上瑤楊氏重興祠堂記［道光六年(1826年)］楊丹桂題 …… 382
　清·重興海滄楊氏瑤山祠堂記［咸豐十年(1860年)］楊春撰 ……… 383
清·石潯吳氏溯恩圖報記［道光九年(1829年)］吳彰國撰 ………… 384
清·重修甘氏祠堂碑記［道光二十一年(1841年)］董事仝立 ……… 386
清·蘇氏孝思堂題刻［道光癸卯(1843年)］ ………………………… 387

清·海滄貞岱重修蘇氏紹珪堂序[咸豐七年(1857年)]蘇凱旋撰 ········· 387

    清·海滄貞岱重修蘇氏紹珪堂碑[光緒己亥年(1899年)]蘇昌辰撰 ······ 388

清·重修寧店李氏宗祠碑[咸豐九年(1859年)] ······················ 389

清·重建詒燕堂碑記[咸豐十年(1860年)]闔族公立 ················· 390

清·海滄祥露重修懷恩堂碑記[同治癸酉(1873年)]莊咸亨撰並書 ····· 391

清·重修世德堂碑記[光緒七年(1881年)]謝邦元撰 ················· 392

清·鍾山蔡氏穀詒堂碑記[光緒八年(1882年)]蔡得喜等立 ··········· 393

清·圍里善繼堂碑[光緒十一年(1885年)]庠生某撰 ················· 393

清·東嶼李氏重修世德堂碑文[光緒十二年(1886年)]眾家長全立 ····· 394

清·海滄新垵重修邱曾氏金山堂支祠記

    [光緒戊子(1888年)]曾宗彥撰並書 ··························· 395

清·重修龍潛宗祠及龍山宮碑記題後

    [光緒二十四年(1898年)]李清琦撰並書 ······················· 396

清·積慶堂碑文[光緒三十一年(1905年)]李媽呂立 ················· 397

清·海滄祥露建造五福堂石碑[光緒丁未(1907年)]莊清建立 ········· 398

民國·蓮河楊氏重建宗祠碑記[民國三年(1914年)]楊廷綸撰 ········· 399

民國·西亭重修後祖厝碑記[民國五年(1916年)]李笑山撰　蔡傳衡書 ··· 399

民國·殿前地房祠堂記[民國十六年(1927年)]地房眾裔孫立 ········· 400

民國·石湖陳氏昭穆碑記[民國十六年(1927年)]陳通立 ············· 401

民國·馬巷曾厝重修追遠堂記

    [民國二十三年(1934年)]陳睿卿撰　陳宗器書 ················ 401

民國·廈門侖後社王氏宗祠捐資碑記

    [民國二十四年(1935年)]王連利等立 ························ 402

第七篇　示禁鄉規

示禁 ··· 405

明·塔頭院禁石刻[嘉靖五年(1526年)] ·························· 405

明·海滄青礁察院禁約碑記[萬曆二十五年(1597年)] ·············· 405

明·同安縣禁諭[萬曆三十二年(1604年)] ························ 406

清·奉督憲禁革水手圖[賴]碑[雍正五年(1727年)] ················ 407

清·同安縣從順里勘斷睦命塘讞語碑記[乾隆元年(1736年)]	408
清·仁明太老爺唐勘斷馬塘讞語[乾隆二年(1737年)]	409
清·萬石岩興泉永道示禁石刻[乾隆三年(1738年)]	410
清·麻灶鄉廈防分府示禁碑[乾隆十二年(1747年)]	411
清·督撫提臬道府列憲批縣審詳讞案[乾隆十四年(1749年)]	411
清·後溪許莊奉憲石刻[乾隆十九年(1754年)]	414
清·西邊社廈防分府示禁石刻[乾隆二十三年(1758年)]	415
清·邑侯陳公憲斷海泊示禁碑記[乾隆二十四年(1759年)]	416
清·水漲上帝宮奉憲示禁碑記[乾隆二十八年(1763年)]	417
清·廈港廈門海防分府示禁碑[乾隆三十二年(1767年)]	418
清·東邊社廈防分府示禁石刻[乾隆四十一年(1776年)]	419
清·奉憲示禁永遠不許起蓋房屋碑[乾隆四十二年(1777年)]	420
清·打鐵路頭廈門海防分府奉憲示禁[嘉慶七年(1802年)]	421
清·同安縣教諭訓導示禁碑[嘉慶九年(1804年)]吳若海等立	422
清·東坪山示禁石刻[嘉慶十四年(1809年)]	422
清·碧山岩歌功頌德碑[嘉慶二十年(1815年)]	423
清·審勘柯挺書館舊基示禁石刻[嘉慶二十三年(1818年)]	424
清·義倉埭田告示碑[道光十五年(1835年)]	425
清·同安美埔溝涵告示碑記[道光二十一年(1841年)]	425
清·同安縣積善里白礁鄉示禁碑記[道光二十九年(1849年)]	426
清·禾山呂厝示禁碑[咸豐元年(1851年)]	427
清·江頭廣源宮巡道示禁碑記[咸豐十年(1860年)]	428
清·茂後山廈門海防分府示禁石刻[同治六年(1867年)]	428
清·海滄寧店署漳州府海澄縣正堂示禁碑[同治十年(1871年)]	429
清·同安美埔行壩告示碑記[同治十一年(1872年)]	430
清·殿前社示禁碑記[光緒二年(1876年)]	431
清·洪本部路頭告示(殘)[光緒二年(1876年)]	433
清·同安後肖鄉告示[光緒三年(1877年)]	434
清·積慶堂牌文[光緒七年(1881年)]	434
清·林後村薛氏公告[光緒九年(1883年)]沈志中等立	435
清·漸美社海澄縣曉諭轎資告示[光緒二十年(1894年)]	436

清·高崎告示碑［光緒二十二年（1896年）］ ……………………… 437

清·海滄鼎美告示碑［光緒二十二年（1896年）］ ……………………… 438

清·翔安軍嶺山示禁碑［光緒二十八年（1902年）］ ……………………… 439

清·陽臺山廈防華洋分府示禁石刻［光緒二十九年（1903年）］ ……… 440

清·西溪渡船頭碼頭告示［光緒三十二年（1906年）］ ………………… 441

清·鴻山文武憲示禁石刻［年代未詳］ …………………………………… 443

民國·塔頭後山思明府示禁石刻［民國元年（1912年）］ ……………… 443

民國·沈氏祖墓告示碑［民國九年（1920年）］ ………………………… 444

民國·同安縣保護水利示禁碑［民國十一年（1922年）］ ……………… 445

鄉規 …………………………………………………………………………… 446

明·祖林垂示碑［萬曆三十年（1602年）］黃文焰立 …………………… 446

清·同安縣六寮鄉垂戒後世碑記
　　［乾隆三十七年（1772年）］族、房長仝立 ……………………………… 446

清·同安大路尾保公禁碑記［乾隆五十六年（1791年）］闔保仝立 …… 447

清·灌口鳳山祖廟規條碑記［乾隆年間］ ………………………………… 448

清·同安後塘澹齋小宗祠規約記［嘉慶七年（1802年）］顏賓等立 …… 448

清·同安雲洋村後洋社公禁碑記［嘉慶辛未（1811年）］族眾等立 …… 449

清·海滄龍門社禁賭鄉約［道光元年（1821年）］家長公立 …………… 450

清·黃厝溪頭下社公禁碑記［道光三年（1823年）］林世等立 ………… 451

清·同安澳溪安樂村公議［道光五年（1825年）］諸鄉耆立 …………… 451

清·海滄楊氏祠堂禁戒族人規條［道光六年（1826年）］楊肇昌等立 … 452

清·同安後塘顏氏祖祠禁約規條［道光十五年（1835年）］族眾公立 … 453

清·灌口垂裕堂公約碑［道光十七年（1837年）］ ……………………… 453

清·曾厝垵西河林氏公禁碑記［道光二十年（1840年）］林俊傑等立 … 454

清·本鄉海地牌記［咸豐四年（1854年）］黃子克等立 ………………… 455

清·杏林後浦公斷碑記［同治元年（1862年）］蔡瓊老等立 …………… 456

清·禾山嶺下社贖典里書代理合約［同治七年（1868年）］立約人立 … 456

清·太平岩永禁寄厝棺骸題刻［同治十一年（1872年）］黃仕德立 …… 457

清·灌口人和堂碑記［光緒三年（1877年）］ …………………………… 458

清·同安朝拜埔示禁碑［光緒十二年（1886年）］ ……………………… 458

清·灌口三社東蔡村興仁碑［光緒十二年（1886年）］蔡丕烈立 ……… 459

清·石㟀村房產契約［光緒十九年（1893年）］ ………………………… 460

清·櫃下二三公議［光緒十九年（1893年）］ …………………………… 460

清·海滄山仰陳氏魚利還公記［光緒辛丑（1901年）］陳志拋等立 ……… 461

清·洪氏禁止買賣典借祖業碑記［光緒丁酉（1897年）］洪門顏氏立 …… 462

清·萬石岩產業契約石刻［光緒二十八年（1902年）］陳宗超等立 ……… 462

清·灌口鐵山村公約碑記［光緒乙巳（1905年）］眾家長等立 …………… 463

民國·廈門自來水公司租地契約［民國十四年（1925年）］黃奕住等立 … 463

民國·同安蓮花鎮雲洋村後洋社公禁碑記

　　［民國十九年（1930年）］各房長公立 ……………………………… 465

第八篇　墓誌墓表

唐·故奉義郎前歙州婺源縣令陳公墓誌銘並序

　　［大中十年（856年）］歐陽偃撰 …………………………………… 469

唐·許氏故陳夫人墓誌［大中十一年（857年）］許元簡撰 ……………… 470

唐·故陳府君汪夫人墓誌［咸通三年（862年）］陳過庭撰 ……………… 471

宋·故太夫人蘇氏墓誌銘［崇寧三年（1104年）］陳玠撰 ………………… 472

宋·林公孺人姜氏壙誌銘［寶祐元年（1253年）］謝圖南撰 ……………… 473

宋·故致政陳君夫人鄭氏壙銘［景定庚申（1260年）］呂大圭撰 ………… 474

宋·顏省庵墓誌［景定辛酉（1261年）］顏中立等立 …………………… 475

宋·先考雲岩陳公壙誌［咸淳九年（1273年）］陳一正撰 ………………… 476

元·辜僅娘壙誌銘［大德九年（1305年）］孫金鐘等立 ………………… 476

元·鶴浦高府君墓誌銘［至正壬辰（1352年）］ ………………………… 477

元·葉豐叔買地券［至正二十一年（1361年）］ ………………………… 478

明·南監重修柳氏先塋墓表［弘治十五年（1502年）］緯鼎撰 …………… 478

明·處士林秋圃墓誌銘［正德元年（1506年）］葉中聚撰 ………………… 479

明·故沈公余氏誌銘［嘉靖六年（1527年）］蔡炳撰　黃錫書 …………… 481

明·林茂年處士墓誌［嘉靖十年（1531年）］林希元撰 …………………… 482

明·劉鈍齋夫妻合葬墓誌銘［嘉靖庚戌（1550年）］劉汝楠撰 …………… 483

明·重修宋儒許存齋先生墓道碑

　　［嘉靖三十六年（1557年）］劉汝楠撰　洪朝選書 ………………… 483

明·蘇省翁夫婦壙誌[嘉靖戊午(1558年)]蘇瀾撰 …………………………… 485
明·葉亨衢夫婦墓誌銘[嘉靖三十八年(1559年)]林希元撰　劉汝楠書 … 486
明·劉秀峰夫妻合葬墓誌銘[嘉靖四十二年(1563年)]呂洞賓撰 ……… 487
明·劉汝楠夫妻合葬墓誌銘[嘉靖甲子(1564年)]雷禮撰 ……………… 488
明·周仕望墓誌銘[嘉靖四十三年(1564年)]林希元撰 ………………… 490
明·亡室宜人端淑蔡氏壙誌[嘉靖甲子(1564年)]洪朝選撰 …………… 491
明·黃廣堂夫妻合葬墓誌銘[嘉靖年間]林希元撰……………………… 493
明·黃質庵墓誌銘[嘉靖年間]林希元撰………………………………… 494
　　明·黃質庵妻蘇氏墓誌銘[嘉靖年間]黃光升撰………………………… 495
明·池春台墓誌銘[隆慶辛未(1571年)]洪朝選撰……………………… 496
明·繼母慈淑孺人朱氏壙誌[萬曆丁亥(1587年)]洪兢等立…………… 498
明·林竹石墓誌銘[萬曆十六年(1588年)]吳文華撰…………………… 499
明·林愛松夫婦合葬墓誌銘[萬曆己亥(1599年)]邵應楨撰…………… 502
明·蔡貴易墓誌銘[萬曆己亥(1599年)]黃鳳翔撰　王道顯書 ………… 503
明·劉蓉石夫妻合葬墓誌銘[萬曆癸卯(1603年)]劉光國等立………… 506
明·蔡見南夫婦墓誌銘[萬曆三十三年(1605年)]郭惟賢撰　蔡獻臣書 … 508
明·李獻可墓誌銘[萬曆三十三年(1605年)]王道顯撰　林應翔書 …… 510
明·張道軒夫婦合葬墓誌銘[萬曆三十四年(1606年)]洪纖若撰 ……… 513
明·林學海夫妻合葬行實誌[萬曆年間]林通推撰　林一柱書………… 514
明·黃韋吾夫妻合葬墓誌銘[萬曆三十六年(1608年)]黃而煒撰 ……… 516
明·林瀠川夫妻合葬墓誌銘
　　[萬曆三十六年(1608年)]蔡復一撰　洪纖若書 …………………… 518
明·陳新麓夫妻合葬墓誌銘[萬曆四十四年(1616年)]蔡喬登撰 ……… 520
明·黃文炳墓誌銘[萬曆丁巳(1617年)]李開芳撰 ……………………… 521
明·我橋府君夫妻行狀[萬曆丁巳(1617年)]士管撰 …………………… 524
明·洪印石夫妻合葬墓誌銘[萬曆丁巳(1617年)]張廷拱撰 …………… 526
明·洪懷質夫婦合葬壙誌[萬曆戊午(1618年)]洪纖若撰 ……………… 527
明·陳古峰夫妻合葬墓誌銘[萬曆戊午(1618年)]龔雲致撰 …………… 529
明·洪見泉夫妻合葬墓誌銘[萬曆己未(1619年)]蔡復一撰　林應翔書 … 531
明·許孺人暨男吳澤泉墓誌銘
　　[天啓二年(1622年)]鄭之玄撰　陳烜奎書 ………………………… 533

明·葉星洲墓誌銘[天啟二年(1622年)]葉向高撰　葉成章書 ………… 535
明·王實軒墓誌[天啟二年(1622年)]王同寶等立 ………………… 537
明·處士黃振山墓誌[天啟二年(1622年)]黃受采撰 ………………… 538
明·康止軒夫妻合葬誌銘[天啟四年(1624年)]林釬撰　林一柱書 …… 539
明·林隱君原配謝孺人墓誌銘
　　[天啟六年(1626年)]張瑞圖撰　何喬遠書 ………………… 541
明·郭謙齋夫妻墓誌銘[天啟六年(1626年)]郭士璋撰 ……………… 542
明·陳禾崗夫妻合葬墓誌銘[天啟丁卯(1627年)]陳一經撰 ………… 544
明·周綿貞先生墓誌銘[崇禎元年(1628年)]黃道周撰 ……………… 545
明·許石泉夫妻合葬壙誌[崇禎三年(1630年)]許明廷等撰 ………… 547
明·黃湛軒夫婦壙銘[崇禎辛未(1631年)]陳大廷撰 ………………… 548
明·黃俊仁夫妻墓誌[崇禎七年(1634年)]黃仲曄等撰 ……………… 549
明·蔡貴易夫人墓誌銘[崇禎甲戌(1634年)]蔡獻臣立 ……………… 549
明·尤母呂孺人墓誌銘[崇禎十二年(1639年)]黃朱勛撰　黃朱鼎書 … 551
明·池三洲夫妻合葬墓誌銘[崇禎十二年(1639年)]蔡獻臣撰 ……… 553
明·張及我夫妻合葬墓誌銘
　　[崇禎十三年(1640年)]陳文瑞撰　張朝綖書 ………………… 554
明·林廷超夫妻合葬墓誌銘
　　[崇禎十七年(1644年)]林志遠撰　盧若騰書 ………………… 556
明·蔡君衮卿墓誌銘[崇禎十七年(1644年)]池顯方撰　蔡國光書 …… 559
明·紀崇岩墓誌銘[隆武二年(1646年)]紀文疇撰　紀許國書 ……… 560
明·黃文焰壙誌(殘)[隆武四年(1648年)] …………………………… 561
明·江心仰墓誌銘[永曆戊子(1648年)]曾櫻撰　洪全斌書 ………… 562
明·紀文疇墓誌銘[永曆己丑(1649年)]曾櫻撰 ……………………… 564
明·林嘉采夫妻合葬墓誌銘[永曆己丑(1649年)]徐孚遠撰 ………… 565
清·春庭鄭公暨繼室黃孺人合葬嗣誌
　　[順治庚寅(1650年)]鄭芝龍撰　鄭芝豹書 …………………… 567
明·鄭彥千鄭濤千合葬墓誌銘
　　[永曆四年(1650年)]王忠孝撰　沈佺期書 …………………… 568
明·林開勳壙誌[永曆庚寅(1650年)]林夢官撰　蕭永書 …………… 570
清·蔡復一妻李氏墓誌[順治年間]林炳憲等立 ……………………… 571

明·鄭德墓誌銘［永曆癸巳（1653年）］路振輝撰 …………………… 572

明·林開特母夫人丘氏誌銘［永曆癸巳（1653年）］林蘭友撰　陳輝書 … 573

明·楊權壙誌銘［永曆八年（1654年）］楊士焰等立 …………………… 575

清·劉夢潮夫妻合葬誌銘［順治十一年（1654年）］張璀撰　李其蔚書 … 576

明·黃母莊勤孺人墓誌銘［永曆十年（1656年）］方文熠撰　薛聯桂書 … 580

明·林朝陽墓誌銘［永曆丁酉（1657年）］黃其晟撰　林志遠書 ………… 581

明·王太孺人墓誌銘［永曆戊戌（1658年）］沈佺期撰　黃廷書 ………… 584

明·黃府蔡太孺人曾孺人合葬誌銘［永曆十二年（1658年）］張金標撰 … 585

明·大總戎蘇濱泉墓誌銘［永曆庚子（1660年）］蘇向桂等立 …………… 587

明·蔡進福墓誌銘［永曆辛丑（1661年）］盧某撰 ……………………… 588

清·唐自明壙誌［康熙甲辰（1664年）］陳濂撰 ………………………… 589

明·周長庵夫妻合葬墓誌銘［康熙十年（1671年）］林鳳儀撰　蘇寅賓書 … 590

明·楊雪堂夫妻壙誌［永曆二十八年（1674年）］楊秉模撰 …………… 593

明·紀石青夫妻合葬墓誌銘［永曆三十一年（1677年）］鄭郊撰 ………… 594

明·薛濬薛進思合葬墓誌［永曆三十一年（1677年）］ ………………… 596

清·紀母葉太君墓誌銘［康熙壬申（1692年）］洪思撰　林思銳書 ……… 596

清·王貴良夫妻合葬墓誌銘［康熙壬申（1692）］陳睿思撰　施德馨書 … 599

清·陳太夫人王氏墓表［康熙癸酉（1693年）］方苞撰 ………………… 600

清·賴爾樞墓誌銘［康熙庚辰（1700年）］林煥文撰 …………………… 601

清·張天和墓誌銘［康熙壬午年（1702年）］鄭中階撰　張鯤美書 ……… 602

清·葉茂齋墓誌銘［康熙五十年（1711年）］許必達撰 ………………… 604

清·蘇魏庵夫妻合葬墓誌銘［康熙癸巳（1713年）］林洪烈撰　葉道坦書 … 605

清·陳昂墓誌銘［康熙年間］方苞撰 …………………………………… 607

清·吳英墓誌銘［康熙年間］李光地撰 ………………………………… 608

清·王勿藥墓誌銘［乾隆年間］王有嘉撰 ……………………………… 610

清·吳必達夫人汪氏墓誌銘［乾隆壬申（1752年）］吳蒸撰 …………… 611

清·許穆齋墓誌［乾隆甲戌（1754年）］許登宇等立 …………………… 612

清·農官洪應聰墓誌銘［乾隆丙子（1756年）］林和聲撰　任應心書 …… 613

清·水師提督林君陞墓誌銘
　　［乾隆丙子（1756年）］莊友恭撰　陳德厚書 …………………… 614

清·許門陳太君墓誌［乾隆戊寅（1758年）］許登宇等立 ……………… 616

清·葉恕堂夫妻合葬墓誌銘［乾隆辛巳(1761年)］柯菁莢撰 ………… 617

清·藍可齋墓誌銘［乾隆辛巳(1761年)］覺羅四明撰　藍應元書 ……… 619

清·洪母懿惠林太夫人墓誌銘

　　［乾隆甲申(1764年)］陳冕世撰　黃錫申書 ………………… 620

清·陳南洲夫妻合葬墓誌銘［乾隆己丑(1769年)］黃濤撰　陳元錫書 … 623

清·吳時亭墓誌［乾隆庚寅(1770年)］吳啓泰等立 …………………… 624

清·陳代淵墓誌銘［乾隆壬辰(1772年)］陳英育撰　陳天民書 ……… 625

清·黃門陳孺人墓誌［乾隆丁酉(1777年)］黃鼎榮撰 ………………… 627

清·林仁圃夫妻合葬墓誌銘

　　［乾隆四十二年(1777年)］李宗文撰　林朝紳書 ……………… 627

清·陳容齋夫妻合葬墓誌銘［乾隆己亥(1779年)］張允和撰　楊道成書 … 632

清·葉峻園夫妻合葬墓誌銘［乾隆甲辰(1784年)］莊明呈撰　王一鳴書 … 633

清·張紀臣墓誌銘［乾隆甲辰(1784年)］曾朝英撰　林為洛書 ……… 635

清·陳門彭太君墓誌銘［乾隆五十三年(1788年)］莊有儀撰　莊士昂書 … 636

清·李敦化墓誌銘［乾隆五十九年(1794年)］李廷繡撰 ……………… 638

清·吳霞圃父子合葬墓誌銘［乾隆五十九年(1794年)］陳元章撰並書 … 639

清·陳心堂暨子灞亭附葬墓誌銘(殘)［乾隆年間］李長庚撰　劉逢升書 … 640

清·蔡淳圃夫妻合葬墓誌銘［嘉慶庚申(1800年)］蔡鴻捷撰　蔡龍登書 … 641

清·杜靜園墓誌銘［嘉慶甲子(1804年)］杜朝錦撰　杜尚保書 ……… 642

清·洪晴嵐墓誌銘［嘉慶丙寅(1806年)］洪玉帶等立 ………………… 643

清·李長庚墓誌銘［嘉慶十三年(1808年)］洪亮吉撰 ………………… 644

清·蘇門葉太宜人墓誌銘［嘉慶辛未(1811年)］蘇篤志撰並書 ……… 647

清·許門吳孺人墓誌銘［嘉慶二十四年(1819年)］許某撰並書 ……… 648

清·黃植圃墓誌銘［道光辛巳(1821年)］林英才撰　楊忠書 ………… 650

清·曾花棚墓誌銘［道光二年(1822年)］黃如霖撰　葉廷華書 ……… 651

清·鍾如川夫妻合葬墓誌銘［道光四年(1824年)］葉文舟撰　鍾南書 … 653

清·黃母林孺人墓誌銘［道光六年(1826年)］呂世宜撰 ……………… 655

清·陳從周墓誌銘［道光己丑(1829年)］呂世宜撰 …………………… 655

清·黃贊謀墓誌銘［道光九年(1829年)］黃煌格等撰 ………………… 656

清·曾允福墓誌銘［道光庚寅(1830年)］戴炳奎撰 …………………… 656

清·林門張孺人墓誌銘［道光十二年(1832年)］林柯撰 ……………… 658

清·黃廉明墓誌銘［道光年間］呂世宜撰 …………………………………… 659
清·陳雪航墓誌銘［道光年間］周凱撰 ……………………………………… 660
清·王輝山墓誌銘［道光年間］呂世宜撰 …………………………………… 660
清·李增階妻朱氏壙誌［道光年間］李廷鈺撰並書 ………………………… 661
清·林長清墓誌銘［道光十五年（1835 年）］周凱撰 ……………………… 662
清·蒲立勳墓誌銘［道光丙申（1836 年）］周凱撰 ………………………… 663
清·周凱墓誌銘［道光十九年（1839 年）］吳德旋撰 ……………………… 665
清·李府劉安人墓誌銘［道光十九年（1839 年）］曾紹芳撰　林舒華書 … 667
清·吳母王太宜人墓誌銘［道光二十年（1840 年）］巫宜禊撰　陳慶鏞書 … 668
清·吳門黃宜人墓誌銘［道光二十年（1840 年）］吳文昭撰　吳慶禧書 … 670
清·陳化成墓誌銘［道光癸卯（1843 年）］蘇廷玉撰 ……………………… 671
清·陳化成神道碑［道光癸卯（1843 年）］蘇廷玉撰 ……………………… 673
清·黃宜軒墓誌銘［道光二十四年（1844 年）］葉化成撰並書 …………… 676
清·許原清墓誌銘［道光十六年（1846 年）］周凱撰 ……………………… 677
清·鍾端軒夫妻合葬墓誌銘［咸豐二年（1852 年）］曾暉春撰並書 ……… 680
清·呂世宜自作墓記［咸豐四年（1854 年）］呂世宜撰 …………………… 681
清·柯立軒墓誌銘［咸豐七年（1857 年）］蘇學健撰　蘇時英書 ………… 682
清·水師提督林建猷墓誌銘［咸豐七年（1857 年）］陳慶鏞撰 …………… 683
清·廈門五通崙後社石氏宅買地券［咸豐丁巳（1857 年）］ ……………… 685
清·黃崑石墓誌［咸豐九年（1859 年）］黃景濂等撰 ……………………… 686
清·邱聯恩墓誌銘［同治七年（1868 年）］陳駿三撰 ……………………… 687
清·劉韻石夫妻合葬墓碑［同治辛未（1871 年）］ ………………………… 689
清·顏母李太夫人墓誌銘［同治壬申（1872 年）］顏元徽撰　黃淑書 …… 689
清·吳太夫人墓表［同治十二年（1873 年）］孫鏘鳴撰　黃體芳書 ……… 690
清·陳宗凱夫妻合葬墓誌銘
　　［光緒二十一年（1895 年）］呂澄撰　歐陽蓂書 …………………… 692
清·耿室王恭人于貞墓碑［光緒二十六年（1900 年）］耿翰臣撰並書 …… 694
清·黃母陳太宜人墓誌銘［光緒二十九年（1903 年）］陳綱撰　葉大年書 … 695
清·陳有文墓誌銘［光緒乙巳（1905 年）］施士洁撰 ……………………… 696
清·林維源壙誌［光緒丁未（1907 年）］施士洁撰 ………………………… 697
清·呂緯堂墓誌銘［光緒戊申（1908 年）］陳學聖撰並書 ………………… 699

民國·盧國櫟墓誌銘[民國二年(1913年)]翁炳文撰並書 …………… 700
民國·柯母李孺人墓誌銘[民國乙卯(1915年)]施士洁撰 …………… 702
民國·劉福園墓誌銘[民國四年(1915年)] …………………………… 702
民國·新埯邱得魏墓誌銘[民國五年(1916年)]邱緝臣等撰 ………… 703
民國·黃仲訓母鄭太夫人墓誌銘
　[民國五年(1916年)]吳增撰　黃摶扶書 ………………………… 704
民國·林彭壽墓誌銘[民國丙辰(1916年)]施士洁撰 ………………… 706
民國·陳炳猷墓表[民國丁巳(1917年)] ……………………………… 707
民國·陳茉莉墓誌銘[民國七年(1918年)]陳清渠撰並書 …………… 707
民國·廈門翔安沈井買地券[民國十年(1921年)] …………………… 709
民國·吳天樸墓誌銘[民國十年(1921年)]施之東撰　黃鶴書 ……… 709
民國·陳允濟墓誌銘[民國十一年(1922年)]陳培錕撰並書 ………… 711
民國·陳母張太君墓誌銘[民國乙丑(1925年)]邱菽園撰　秦汝欽書 … 712
民國·蘇敬庭墓誌銘[民國丙寅(1926年)]盧文啓撰　廖翰書 ……… 713
民國·吳奕聰墓誌[民國十九年(1930年)]方織雲撰 ………………… 714
民國·周墨史先生墓表[民國十九年(1930年)]黃慶庸撰　歐陽楨書 … 715
民國·許卓然墓誌銘[民國十九年(1930年)]黃展雲撰　李愛黃書 …… 716
民國·杜母曾太恭人墓誌銘[民國辛未(1931年)] …………………… 717
民國·孫道仁墓碣[民國二十一年(1932年)]地方人士立 …………… 718
民國·陳耀臣墓表[民國二十三年(1934年)]薩鎮冰撰 ……………… 719
民國·王玉深墓誌銘[民國乙亥(1935年)]王人驥撰　歐陽楨書 …… 720
民國·陳慶琛墓表[民國二十四年(1935年)]陳清渠撰 ……………… 721
民國·林琢其夫妻合葬墓誌銘[民國庚辰(1940年)]林豪撰　汪景朱書 … 722
民國·黃奕住先生墓誌銘[民國三十四年(1945年)]蘇大山撰　曾道書 … 723
現代·蔡母李太君墓誌銘[辛卯(1951年)]汪煌輝撰　虞愚書 ……… 725
現代·廈門大學方虞田副教授墓表[1958年]盧嘉錫識　盧雨亭書 … 726

第九篇　其他

墓碑　墓道　神道 …………………………………………………… 731
宋·郭巖隱安樂窩[年代未詳]朱熹題 ………………………………… 731

明·宋理學先賢順之許先生墓道［弘治甲寅(1494年)］方氾撰 ………… 731

明·陳滄江墓道碑［嘉靖丙辰(1556年)］…………………………………… 732

明·劉汝楠墓碑［年代未詳］………………………………………………… 732

明·蔣鯨台墓碑［年代未詳］………………………………………………… 732

明·洪儼思(觀光)夫婦墓碑［年代未詳］…………………………………… 733

明·蔡貴易墓碑［萬曆辛亥(1611年)］……………………………………… 733

明·林璧峰暨祖母墓道［崇禎五年(1632年)］……………………………… 733

明·紀石青墓碑［永歷年間］………………………………………………… 734

明·承德郎李公墓道［年代未詳］…………………………………………… 734

清·同安水殤男女十八人墓墓碑［康熙戊寅(1698年)］…………………… 734

清·曾位齋夫婦神道［乾隆壬午(1762年)］………………………………… 735

清·副總兵何申侯夫婦墓道［乾隆年間］…………………………………… 735

清·黃晦園夫婦神道碑［乾隆年間］………………………………………… 735

清·陳化成墓道［道光二十三年(1843年)］………………………………… 736

清·陳化成神主牌墨書題記［道光二十三年(1843年)］…………………… 736

民國·民主革命烈士李扁星等墓碑［民國十九年(1930年)］……………… 737

坊表 …………………………………………………………………………… 738

明·蔡宗德妾貞節坊［萬曆三十八年(1610年)］…………………………… 738

明·洪儼思(觀光)夫婦墓道坊［年代未詳］………………………………… 738

明·蔡貴易望洋阡表［萬曆三十九年(1611年)］…………………………… 738

清·"績光銅柱"思永峴碑坊［康熙年間］…………………………………… 739

清·提督吳陞坊額石刻［雍正六年(1728年)］……………………………… 740

清·許門江氏貞壽坊［乾隆丁未(1787年)］………………………………… 740

清·許廷桂欽賜祭葬坊、墓碑［乾隆年間］………………………………… 741

清·欽賜祭葬林君陞坊［乾隆年間］………………………………………… 741

清·許門陳氏節孝坊［嘉慶己未(1799年)］………………………………… 741

清·傅士淵妻貞壽之門坊［道光二十一年(1841年)］……………………… 742

清·陳日升妻節孝坊［年代未詳］…………………………………………… 742

清·王門陳氏節孝坊［道光年間］…………………………………………… 742

清·王門何氏節孝坊［年代未詳］…………………………………………… 743

題名石刻 ··· 744
- 明・南普陀陳第、沈有容題名石刻［萬曆辛丑(1601年)］ ·················· 744
- 清・雲頂岩周凱等題名石刻［道光十二年(1832年)］ ······················· 744
- 清・南普陀曾憲德、李成謀等題名石刻［同治己巳(1869年)］ ·············· 745
- 清・南普陀鄭觀應等題名石刻［光緒十九年(1893年)］ ····················· 745
- 清・南普陀易順鼎等題名石刻［光緒乙未(1895年)］ ······················· 745
- 清・南普陀貝勒載洵等題名石刻［宣統元年(1909年)］ ····················· 746

其他選錄 ··· 747
- 宋・海滄石室院石構件題刻［治平二年(1065年)］ ························· 747
- 明・海滄後井旌義民碑［天順二年(1458年)］ ······························ 747
- 明・溫泉銘［隆慶元年(1567年)］丁一中撰並書 ··························· 747
- 明・柯挺為父卜兆並敘宦跡題刻［萬曆丙申(1596年)］ ····················· 748
- 明・黃氏祖林垂示碑［萬曆三十年(1602年)］黃文焰立 ····················· 748
- 清・欽賜祭葬林君陞碑文［乾隆二十年(1755年)］ ························· 749
- 清・儒門芳節碑［乾隆年間］ ··· 749
- 清・明監國魯王墓碑陰［道光壬辰(1832年)］呂世宜撰 ····················· 750
- 清・書明監國魯王墓碑［道光十五年(1835年)］呂世宜撰 ·················· 750
- 清・小桃源碑記附林鶴年題跋
  ［道光丙戌(1826年)、光緒丙申(1896年)］ ····························· 751
- 清・皇帝井詩碑［道光年間］陳上章撰 ····································· 751
- 清・日光岩記事石刻［同治壬辰(1868年)］林弟子撰 ······················· 752
- 清・同安馬巷界址碑［光緒元年(1875年)］ ································ 752
- 清・蘇頌故里碑［光緒六年(1880年)］八十四立 ··························· 753
- 清・雲岫庵立界碑［宣統庚戌(1910年)］ ·································· 753
- 民國・日光岩鄭成功墨蹟題跋石刻［民國戊午(1918年)］ ··················· 753
- 民國・建立日本領事館警察署碑記［民國十八年(1929年)］ ················· 754

後　記 ··· 755

第一篇 銘功紀念

宋·知縣毛當時建朱子祠碑記

初,新安先生朱公為同安主簿,今知縣事毛君當時祀公學宮。昔孔子既修明堯舜三代紀法垂後世,而黃、老、申、韓之流亦各自為書,學者蕩析畔離。苟私所受,未有博採詳考,務合本統也。及董仲舒稍推明之,與人主意合則離家異學,始絀而一歸於孔氏矣。姑設祿利,殿廡使從,豈道德果盡信哉!故經師句:生無有知者,徒為短挾,蔽大義而已。獨司馬遷採《論語》,發明孟子不言利,為傳世家。孔安國解古文《論語》;揚雄數稱顏淵篤好孟軻。《小戴集記》《大學》《中庸》,鄭玄並注之。孟子有趙岐《論語》,又有何晏、韓愈、李翱,文人也。愈大曾三,翱尊子思矣。噫!三千年間,萌蘗氾濫若無所底,而大義之難明如此,則其博採詳考知本統所由,而後能標顏、曾、孟子為之傳,揭《大學》《中庸》為之教,語學者必不如是不足達孔子之道。然後序次不差,而道德幾盡,信矣,非程、張暨朱、呂數君子之力歟?今夫箋傳衰歇,而士之聰明亦益以放恣。夷夏同指,科舉冒沒,淺識而深守,正說而偽受,交背於一室之內,而不以是心為殘賊,無幾矣。余每見朱公極辨於毫厘之微,尤激切而殷勤,未嘗不為之歎息也。夫學莫熟於好,道莫大於樂,顏、曾、孟子所以潛其心也,行莫如誠,止莫如善;《大學》《中庸》所以致其意也,夷佛疾痛也,科舉癥痏也,公所甚懼也。毛君嘗與予學,去而宰同安,有惠政。夫政之得民速,不如教之及民遠也。

宋嘉定年間,葉通撰。

錄自民國《同安縣誌》卷七"建築"

明·重修文公祠碑記(一)

文公發明孔孟之道學,以居敬窮理為宗,其書切近而精實,明白而易曉,使天下後世遵之。今自王公卿相,下至宿儒童憹,何人不讀文公之書,守文公之訓,奚獨閩人然?自文公始仕入同,而同安為過化之地,其後刺史清漳,徙居建陽,文公之學遂以閩名,列於周、程、張四夫子之間,曰"濂、洛、關、閩",而閩人至今守其學尤恪,則同之祀文公,謂畏壘可,謂桐鄉可,謂祭先哲於社可,是宜其書院不廢,雖既廢而復興也。林先生推文公佛教歸儒之意,而梵天與開元並設講所,亦欲使人知朱氏學為孔孟正脈,而西方佛盛,不至與鄒魯同壇耳。乃餂文公之教者,不在於緇黃涅盤之輩,而反出於縉紳道學之口。自良知之說興,人希頓悟之學至。有廢格物窮理為不足事者,專門裂戶,異說競新,往往自詫於紫陽之忠臣,而文公之注箋幾為掩抑。但使上士覓之,無可據之地,而下士茫乎莫知所適從。入室之戈,竟與社稷而俎豆者,果孰為得也?吾又以知林先生之見卓矣。時有沿革,事有興廢,而惟山川形勝與道脈為不壞。大輪山如故,文公之事、遺跡如故,可憑而吊,亦可步而趨。然當書院始議時,有林先生倡於前,一二學使者主於後,是宜其易為力,然猶築室於更令,停閣於數年,缺而莫肯舉,舉而不即成。今李侯一動念耳,不煩民力,不費公帑,捐數月之俸,新六十年未葺之規,令林先生而今日在,當何如?其樂觀厥成矣。

李侯雅意興文,以經術飾吏事,簿書之暇,與諸生講說經義,士斌斌向風,為政多遵古法,而茲尤其明正學之大者,不可無記,故記之。

晉江李光縉撰。

錄自民國《同安縣誌》卷七"建築・學宮"

明・重修文公祠碑記(二)

邑何以有紫陽書院也?以其為紫陽始仕之邦,教化之澤存焉也。其在學宮之東也,自元至正庚寅始也。其徙而學宮之西也,自洪武甲午始也。其又徙而東門之內也,自成化壬辰始也。其又徙而梵天之頂、禪剎之後也,自嘉靖壬子始也。倡其議者,前輩林公次崖;任其事者,學憲朱公鎮山也。又六十年而毀,毀而復新者,自萬曆壬子始也。任其事者,邑侯李公;董其役者,國子生陳士鷟也。李侯之為同安也,若試龍淵於一觀也。吏稱神明,民稱愷悌。下車三載,雨暘時若,歲頻有秋。暇則延見諸生,與譚說道業,商略藝文,若照膽列眉,無不各極意。去而又以為無當於教化之原,作《正俗篇》與士民更始椎雕為樸,抑競為恬,摧剛為柔,還薄為厚,一時翟然顧化,而又以為未盡感孚之旨,則捐俸而襄斯役。賈生有言,俗吏之務在於刀筆、筐篋而不知大體。若侯則真可謂知大體者也。

既竣事，而諸生陳世策、世勳走使溫陵山中，謂不佞瑞圖曰："前壬子之役，則次崖林先生碑之；今壬子之役，則吾子言矣。"予讀林先生文，其敘次山川之勝，真以文章為繪事，即余未及錯趾，已歷歷若在目前。惟是紫陽之學，其於道術毫厘之際，斷斷如也。今其書院三徙，而乃鄰於化人之宮；維摩之室，而又為壺檻嘯歌、遊戲流連之場。而林先生實倡其議，故其所為記，不能無費解脫之言，中間稱引用文公守漳日故事，其說良美，而其旨歸於藏修、息遊，而援浴沂、舞雩，以為宜僚之丸。後學主臣竊以為先生求其說而未得也。不佞謂自有天壤以來，聖賢之道流行而不息，而禪釋之教亦蔓延而未絕。夫四方上下，無窮無盡，而通達之國，若存若亡。然則吾儒之與異端，縱使別戶而居，畫地而守，惟之與呵相去幾何？固不必爭於遠近之間，蠻觸之際也。要在吾黨之灼然不惑者謂何耳。孿子之似者，惟其母能辨之。何則？真知其所由生也。聖人之教生於實，而釋氏之教生於虛。生於虛者，倘恍權譎，令人可喜可愕而竟無所歸宿。生於實者，其說甚迂而為途甚夷，其教若拘而其為規矩準繩實一定而不可易。紫陽之學，真知聖人之教之所由生者也。後之君子，苟不能真知紫陽之學之所由生，則雖浸假而在東門之內，峻藩垣以為固；浸假而在學宮之旁，托宮牆以為堅，猶將心戰而出，操戈而入也。苟真知紫陽之學之所由生，則雖邅廬於志嶺，布席於淨土，交臂於瞿曇，而其灼然不惑者，自若也。梵天之頂，禪剎之後，而巋然為紫陽之宮，何不可也！

　　聖學既湮，世儒憚於規矩準繩之嚴，而好言鳶魚活潑、吟風弄月之趣，其流之弊不至於七賢八達則不止。起於宋儒張惶與點之言，為之嚆矢也。紫陽晚年，有門人問與點之意，曰："某平生不喜說此話，《論語》自學而至堯曰，都是工夫。又易簀之前，悔不改浴沂註一章，留為後學病根。"不佞謂紫陽斷斷於毫厘者以此，以是推先生所稱文公故事之本意，而發其未盡之說，使邑人士之至於斯者，真見紫陽雖來，且去於黃面之鄉，而燭然不惑焉。陳生兄弟其持不佞此說，以質諸李侯，倘不以為無當，則三尺之石姑取記歲月焉，可也！李侯名春開，字晦美，別號青岱，江右廣昌縣人。

　　萬曆壬子，張瑞圖記。

錄自民國《同安縣誌》卷七"建築·學宮"

清·紫陽祠碑記

鷺江有紫陽祠,始於前司馬范公捐金作倡,廣集廈士,合力成裘,卜地於斯,中蓋祠宇,虛其左半蓋廂房以為義學,半為庭院以通塞氣。後因其地而更之,於大門兩旁建二小店,年收租賃,充作燈窗之用。時文運聿新,人才蔚起,日久弊生,漸為門外人潛蹤托跡,肆裂門戶;或為豢馬之場,或作牧奴之地。毀瓦斷磚,摧櫺折檻,四十餘年賢關聖域,一旦穢墟。幸逢觀察朱公來蒞斯土,仰體皇上崇儒重道之衷,隆禮先賢,推心愛士,屢諄義學之令。司馬梁公雅懷樂育,厚聘延師,文風復振,多士奮興。是歲上元,群向祠中明燈綴彩,恭迎大魁,而更於壞者修之,缺者補之,稍葺而新,以俟後之君子留心並力,以繼其功焉。

雍正二年穀旦立。

錄自黃日紀《嘉禾名勝記》卷二

清·重修紫雲岩文昌閣記

嘉慶戊辰年元月重建紫雲岩文昌閣記(楷書碑題)/

紫雲岩左有峰,下有洞,鐫騰蛟起鳳四字,□□□□□/兆文明也。乾隆丙申,張君維寅、維珪更建文昌閣,□□□/學浩、迪元捐資重建,曾君必慶督修,工造 □□□□□/六百五十六元一角半。中塑文昌尊神、紫陽□□□□□/余,余以鷺島名區,比戶奉佛,凡廟觀寺院,皆修□□□□/閣久廢,罕過而問之。今竟相與有成,更擴舊規□□□□/異日,人文蔚起,仰賴神庥,未必非茲閣之□□□□□□/為記。/

賜進士出身、翰林院庶吉士、加一級蘇廷玉記。/

嘉慶丙子潤月之吉,廩生蘇學浩捐銀貳百□□□,/貢生蘇迪元、/董事曾必慶捐銀貳百元。/

此摩崖石刻位於廈門市紫雲岩佛殿前。字幅殘高180厘米,寬134厘米。楷書陰刻。石刻下端被路面覆蓋。

民國·重建白鹿洞朱子樓記

重建白鹿洞朱子樓記(楷書碑題)/

鹿洞之名沿於宋,之子朱子為講學之所,天下宗之。厦之白鹿洞/舊有樓,亦祀紫陽於其中。厦舊隸於同,乃其過化地,祀之者宜也。/樓久圮,後建為室三楹,以仍祀紫陽,亦不忘所自始之義。乙卯夏,/樑棟垂傾折,復有將塌之患。祿思廓而大之,去室後巨石,重建一/樓,以復舊觀,存古跡,我厦人亦得於春秋佳日遊息其中,是又隱/寓公園之意也。按誌:洞於明時與虎溪岩為一,大觀樓、宛在洞、接/因亭諸勝半皆湮沒不可考。然登臨縱目,則鷺江如帶,檣帆往來,/歷歷可數,市廛廬舍,櫛比鱗次,收於一覽,亦厦中之名勝地也。斯/樓之成,又惡可緩哉?希同人各題巨款,山川有靈,應喜為之生色/矣。是敘。

茲將捐款芳名列左:葉崇祿壹仟元,楊在田三百元,蔡庸成三百元,/林爾嘉貳百元,王振煌貳百元,邱世喬貳百元,/黃仁記、林仰高、黃秀琅、吳頌三、洪啓瑞、/鄭位卿、黃乃川、天乙局、佳記行、阮文華、/張清華、陳慶餘以上各捐銀壹百元,/黃建源莊、楊廷梁、呂煥臣、莊春成、合興隆以上各捐銀伍拾元。/

民國六年丁巳清和月　日,董事葉崇祿、邱世喬、陳慶餘仝勒石。/

此摩崖石刻位於白鹿洞寺祖堂東北側。字幅高135厘米,寬128厘米。楷書陰刻。現狀完好。

民國·重修梵天朱子祠碑記

民國五年,邑屢遭兵燹,朱子祠被毀折,門戶、瓦屋無有存者。錫璜目擊心傷,意欲倡修者久之。同時鐘樓亦圮,夫人廟棟桷朽腐,亦勢將傾壞。八年秋,因與邑紳許榮、洪鴻儒及周江達昆季共謀修葺。適僑商楊克聿等暨吳蘊甫、吳省三諸昆季首先捐倡,同時修築,鳩工庀材,凡費銀四千有奇,特泐諸石,以為好義者勸。

民國十二年,吳錫璜記。

錄自民國《同安縣誌》卷七"建築·寺觀"

明·嘉靖癸巳重建蘇魏公祠碑

宋太師魏國公頌登慶曆進士,初知江寧,有神明譽為熙寧諫官,封還辭頭,與宋次道輩聯肩落職,時稱三舍人。在元豐講筵日,進唐書主臣故事十餘條。迨及元祐入相,哲宗反復弭兵息民,議手實告捕,非先帝意,銓升功過,引合條格無漏落,則以相業聞。顧平時不通呂吉甫,鄉里私召神考,亟以直道稱之。其大節凜立又若此。既歿,而紫陽夫子治同安,即邑學建祠宇,記稱公能,為士君子所難能。嘗以公所為訊其鄉人,且怪泉人往往喜談曾宣靖、蔡新州、呂太尉事以為盛者,深為不然。觀此則公以正直冠泉南而祠之,遹復於百世也,宜哉!

嘉靖癸巳,信奉命巡視於閩,歷泉,銀同儒官蘇子潤持譜來言曰:"先太師,潤顯祖也,名在宋紀,祠若像在葫蘆山下,既已蕪沒,移主邑庠,肩於厥父,禮若不以序,請更之。"予按譜,蘇出光州固始,自祖益入閩,刺漳家泉,一傳將軍光誨,再傳知州仲昌,三傳學士紳,實生公。晚以不附呂黨,引去,徙潤州,葬丹陽。其族蔓於閩粵。信,潮產也,何敢謬尾名德以愧狄青?第以宗賢在望,仰止高山,當與海內共之。亟謀郡,推桐鄉譚君鎧君明爽而練於事,毅然為己任,遂捐俸而改創之。三旬役就,像設其中,俾縣官率其族家子世世祀焉。

予嘉譚君之義,思表先烈以貽來者,乃述史跡而銘之,銘曰:"蘇自固始,遷於泉里。光徽旁礴,丞相攸啟。慶元登瀛,顯於熙寧。失其神譽,震臣直聲。推刃血邪,時稱三聖。駁封詔麻,於恤宋社。左史有誦,轉對元豐。漢唐故事,日沃四聰。迨相聖哲,百寮敘職。遏密邊功,深詆手實。鄉里丈人,不謁呂門。神考亟稱,直道自存。太子太師,歷事四主。親則無黨,疏亦不忤。正道屹立,萬丈絕壁。祠於百世,圮廢遹輯。紫陽文公,表記推崇。恥談曾蔡,彼然下風。曰予膺命,爰來褒評。尾附名德,敢愧狄青。親賢在廟,永薦不祧。式於邦人,景行迢迢。"

蘇信撰。

錄自《同安縣誌》卷二十五"藝文"

明·重建蘇丞相祠堂碑

所尚於君子，其大端四者焉：言有章也，行有則也，孝於家也，忠於國也。然而文章非特榮於見用，以不輕其用為榮；行己非特求於合時，以能合於賢為美。子官繼父，非孝也。德業足顯揚，斯謂之孝。相位承主，非忠也；進退關盛衰，斯謂之忠。稽之近古，若宋同安蘇公有之。

公名頌，字子容。當王安石執政，欲擢憸黨李定，公掌外制，堅不肯摘辭，卒就貶謫，可謂文見用而不輕用焉。既以是忤王，而繼王操柄能致士霄漢者呂惠卿，使來告曰："吾鄉丈苟能從吾言，便可同升。"公笑而不答。平生合志者廬陵永叔，嘗為寮（按："寮"當是"僚"，下同）曰："公處事精審，吾可不復省閱。"眉山子瞻嘗為寮曰："見公文德殿，為三舍人之冠。陪公邇英殿，為五學士之首。雖陵厲高躅，不敢言同，而出處大節無甚相異。"可謂時不合而合於賢焉。公之先君紳箆跡玉堂，而公踵武。然公尤操行潔特，學問該博。蓋頎之獻替逾於其父瓌，軾之波瀾宏於其父洵。蘇有宗風，子光乃考，公豈不為孝乎？拜相以元祐壬申夏，其罷以明歲癸酉春。逾年而紹聖紀元，新法復用，群奸起，眾正仆，然則公進焉匡朝寧邦，退焉先幾知正，公豈不謂忠乎？凡是四者，公皆有之，可謂君子也。

昔者紫陽朱文公簿同安，嘗飭公祠，廢不復存。予見公邑士族裔，每問其遺跡莫能知，為之歎息。今其邑貳令永新劉珣器謀欲重構之。珣器由賢良舉，明練政務。既修文公舊所居高士軒，乃及茲，良可嘉也。予為之記而繫以楚辭，使供祠香火者歌以祀公。其辭曰："公昔存兮抱義懷仁，攄才華兮邁昌辰。居薇垣兮躡蓬島，燦辭命兮星羅蒼旻。淹振兮隨時，泉屈兮雲升。蟬貂冠兮降龍衣，入侍丹宸兮出蔽黃扉。萬錢廚兮百炬火城，匪為侈兮期吾道之可行。忽齟齬歸去，林巒優遊兮歲雲莫。完璧無玷，珠藏泥兮匪污。神遊太清兮祠故里，奕世雲礽兮企慕。豈苗裔兮獨敬恭，儀士林兮近遠清風。奠桂醪兮蘭羞，鼓紞紞兮笙幽幽。公來格兮以享，庶有興兮後修。"

明劉定之撰。

錄自《同安縣誌》卷二十五"藝文"

明·榕溪卻金亭記

　　縣治迤東五里許，是為榕溪，即今迎送之路，相傳故令尹張公卻金處也。榕溪荒落無亭，由令尹公卻金始亭，亭因以名。按：公諱遜，字時敏，常之毗陵人也，成化九年，歌鹿鳴而來。開誠布公，湛恩貞守，都鄙不凡，上下和洽。於是，始謁於匾曰："民不畏吾嚴而畏吾廉，不服吾能而服吾公。公則能生明，廉則民不擾。"斯足以知公之政已。未幾，銓司嘉其賢，擢知福寧州，去去之日，百姓攀號不欲去。行間，有數十老人為齎金數斤，從榕溪來贐之，公辭焉。既又至洛陽、至三山，公皆一一慰遣之。今亭下有碑，大書張公愛民父母數字，乃耆老蘇存明輩所樹也。惜時無能張大其事公之德政於石，竟不傳。嗣吏有聲於郡若縣又概為之立石，參附其中，遂使四方賓客往來歷於斯亭，雖欲循名核實，莫知是誰，誠可恨也。

　　嘉靖十九年，侍御王君按治之三月，道經焉。顧以問楊丞清曰："卻金為誰？得非余鄉先達時敏公者乎？往太保秦鳳翁為余言之，不虞今之歷於是邦也，厥徽備矣，而使之浸久無傳，可乎？"於是，傅子聞之，曰："美哉觀風乎！為善者力矣。夫風者，勸之所由生也，勸將來而以勸諸往者也。故聞風激烈，廉貪立懦者，君子之介行也。入疆問俗，吊古懷賢者，上士之達觀也。且夫感動之義是烏可少哉！"

　　余閱漢紀，蓋至於劉寵被徵，去而與會稽父老相慰勞，雖問遺不以為嫌。今讀其書，想見其人。以榕溪事觀之，古今人用心豈異也。夫同，敝也久矣，往長吏誅求日富，龜貝、金玉、錢帛之徵有不當意，即日撻而求其應也，而況不受其饋乎！百姓苦於輸給，惟恐其長吏去之不遠也，而況攀號與相慰乎？嗟夫，前事不遠，後事之師。吏茲土者，可以聞風而起矣。

　　今天子擇令以牧其民，如植苗望其達也。王君奉命誅墨褫奸，以肅百僚，闢之力田培植芟夷，勿使其或妨之。而又表往以勸來，揚一以風百。登斯亭也，循名撫實，勃焉若有興者，伊誰之使哉！或曰："張侯距今七十餘歲，若政與行又時時見於故老論說，觀風氏而有採也，以登之史，俾後君子得覽觀焉，為劉為張亦可也。公仕至福州守，同人春秋祀之，今不朽云。"

　　嘉靖十九年，傅鑰記。

錄自民國《同安縣誌》卷七"建築"

明·馬鑾杜氏復業記

復業記（篆書碑額）
杜氏復業記（楷書碑題）/

安人杜氏之先，有曰得祿者，從戎遠衛，宣德中寄操吾泉，出屯種於德化。其田在德化萬山中，土豪虎食其地，吏治弗能究，屯田/沒者什之六，屯軍郭良觀絕。正德十有三年，軍餘杜楚又頂種其田，田盡沒於豪右，實則空名。二田稅糧，每歲族人輪輸，有因之/傾產者，後先胥沿，莫能改也。嘉靖一十九年，其家之老曰日嚴者毅然曰：「田在豪右，稅在吾家，/國法其謂何？杜氏子孫誰任其咎？子不能甘而食矣。」乃選其族之才者三人，曰喬繹、曰汝椿、曰庸朝，以脩復之事責成之，以親楊旺/為之相，三子欣然惟命，相與謀曰：「田不復，咎誠在我。然訟形靡常，費不可豫，族產貧富弗一，頭會門斂不亦艱乎？」日嚴曰：「必待眾/舉，終弗舉矣。吾四人者當任之耳。」乃以身先之，於是咸捐囊以應，遂訟於/屯道僉憲曾公。公受牒，下縣推理，土豪機變，事沿之，枉羈累三年，匪特糜財，幾亡其身。日嚴語三子曰：「功不成，匪特吾家世受其敝，/且取笑於人。子其勉之。」迺益勵志，懇訴於/曾公，案行二府尹侯，始執其豪，鞫還荒熟田壹百三十六畝。由是故物始復，官租歲輸，無空販之患。房長日信將相與，議曰：「非四人，/不及此。吾儕受其敝，寧有既乎？今其免矣，功不可泯，盍以田歷年與之，其租所入皆歸焉，匪特償費目，酬功也。」日嚴與三子曰：「始/議復田，本為門戶除敝耳。受若田，是商賈也。」固讓不可。日信等曰：「田復而賞不受，匪特有功，義可尚也，其可忘乎？」乃相與詣予，乞/言勒之石，以彰其功。次崖子聞而歎曰：「四子其賢乎！復百有餘年之業，勞己之力，費己之財，而不自以為功，非賢而能之乎？昔魯/仲連卻帝秦之議，下聊城之將，封爵不受，萬世高之。予觀四子其聞仲連之風而興者乎？昔孔子相魯，齊人懼，乃歸所侵魯鄆汶/陽、龜陰之田以謝過，魯築城於此，以旌孔子之功，因名謝城。今勒石以記，嚴及四子之功，亦魯人意也。予奚辭？」乃備始末，為之記。/

嘉靖二十五年歲次丙午十月吉旦。/
賜同進士出身、奉政大夫、廣東按察司僉事、前兩京大理寺丞林希元撰。/

房長杜日信、日忠、日華、日燦、日拱、旋厚、日鑒、日敏、/旋泰、朝儞、日望、寵顯、賢佐、日熙、日矩、喬偉仝立。/

碑存集美區馬鑾社區杜氏家廟內。嵌砌牆上。花崗岩質，高 232 厘米，寬 85 厘米。楷書陰刻。現狀基本完好。

明·西濱陳氏復業記

復業記（楷書碑額）

陳氏碑誌，誌陳氏之尚義也。世降嗜利，舊俗之自若耳。茲陳氏興翁，恐□德。遇/族事，賴以濟弟甫康。曩往里役與管下軍餘鄭若產構訟□，捐己資□先倡造，/費不敷，以屯田權典子禮等，其金肆拾捌兩。庶完訟事，遇徵糧，族眾□□□□/患。翁召子侄而語之曰："古設屯田，以重軍國之需，宜贖供稅。然此□□□□/若何？"其子懿、範，侄子禮、子化、子威考言，體翁之意，議其償積亦□□眾諮□□/實子，集養立碑，請予記，以獎其義也。范文正公置義田，僉□□□□□□/不同，似亦竊效其遺意，予甚取焉。詢及全典，蔡世鑒、周喬守、陳德和、□□□□/都泮宮之翹楚，亦成其美，更可加尚。是碑也，山斗之瞻，□□□因碑以□□/後，因碑以為戒，因名稽實，而獎戒之意寓是，大有關於世教。予因記而不辭。/
時嘉靖癸亥年秋月朔日，白礁林□撰。/

碑存集美區西濱社區清惠宮內。花崗岩質，尺寸未詳，字跡多漫漶。今據吳吉堂編《杏林史話》（鷺江出版社，2011 年）中"碑刻"一章的照片和文字點校過錄。

明·邑父母譚公功德碑

邑父母譚公功德碑（篆書碑額）

賜進士出身、中憲大夫、廣東按察司副使、前浙江監察御史，邑人劉存德撰文；/

賜進士出身、中順大夫、南京太僕寺少卿、前四川按察司副使、提督學校，邑人洪朝選篆額；/

賜同進士出身、承德郎、南京戶部廣西清吏司主事，邑人林叢槐書丹。/

世治，周為盛矣。獫狁內侵，整居焦獲，至煩卿士而後定。時維吉甫，以文武居其成功，猶謂薄伐，以至於太原而已。明德克類，奄覆無外，倭夷匪茹，肆其弗靖，非誠有志於中國者。初以島民私其市易，誘置內地，多所侵漫，以致其窮憊，至於攻剿踐踩之變成，則揭竿之子又起而從亂，蔓延郡邑，芟薙不施，動有損軍陷城之虞，是謂中國之人脅夷狄以禍中國耳。論者易之而不知事勢所難，非周比也。蓋獫狁以夷狄侵中國，待之以夷狄可也，來則同仇，去不窮追，以三公涖其軍，盡民力而餉之，以為當。然中國脅夷以逞，雖禦之以夷狄，而終不可失其待中國之意。欲究其/武，是仇民也；欲捨其辜，是縱逆也。勞及卿士，即守令失其官；費及正供，則大農虧其藏。古人所謂不患夷狄者，以名義與勢皆得也。而今皆失之矣。當此者，不亦難乎？

同安介於漳、泉，負山襟海，盜賊常藪其間以伺進退。公至於/嘉靖己未冬十月，時倭、饒二寇縱橫境上，漳民如林三顯、馬三岱、黃大壯、洪治、楊三諸逆乘機倡難，所在竊發，皆能雄長萬夫，助倭為亂，以辛酉夏五月大舉圍晉安。前是年餘，部落散居，期得間於同者屢矣。公至而勸民，使自為守，旬月之間築堡百十有餘，連以什五之法，為社百有六十，相助守望。時其耕穫，遂使野無所掠。復結倭酋阿士機尾、安嗒進薄浯州嶼，意公必阻海不至也。而公攻之愈急，遂得其酋以歸。逾歲，賊復擁眾突犯，挫衄尤甚，故解而/向晉安，馬三岱負其智狡，謂晉既受敵則同必懈，乃率倭雜其所部，直趨同安。公出民兵擊之，擒斬殆盡，三岱僅以身免。自是膽落，不復再至。公曰："維是可以戰，而後可以撫，不撫則黷矣。"於是，條請當道廣布懷柔，得偵者輒釋不/殺，令歸諭意，且寬及從亂家眾,曰:"可來則來之,不可來則自致而執之。"自是日就解散,林三顯首以部眾自詣,用其策破楊三、擒黃大壯、奔鄭大果、王子琪於安溪,鹹之。獨馬三岱驍絕負固,且有宿怨於同,懷之不至。公聞其妻與母嘗力貧,不有所掠。三岱甚以為念。乃致而遣之,至則涕泣不食,誓以必死。岱為動其天性,且愧且悔,夜以數騎攜母妻偕遁,達旦伏辜庭下。時值疫作,民怯於戰。朝處岱城下,暮則賊攻其南關,莫不以為變生不測矣。公下令,令勿疑,且以兵授岱,立解其圍。晉安劇寇數萬所以效順於一朝者,皆風聲所被也,豈功在於同而已哉。

公諱維鼎,字朝鉉,長於粵之新會,以明經魁於鄉,屈就百里,將以文教成俗,顧以武功顯者,時為之也。公愛人下士,出於天性,雖在干戈倥傯,無所虐謾。民有訟於庭者,必誨諭所不能釋而後以理平之,必刑罰所不能宥而後以法治之。既往必復教之,示無棄也。同之民無厚貲,率以力作給公上。數年奪於兵荒、困於徵求,公為之停調計處,與監司爭其可否,不寬不已。故雖以之從事於危,而民不怨者,其力贍也。未可以戰,則謀所以守;既可以戰,則謀所以撫。皆視民之念重而功利之念輕,豈徒以權示羈縻而已。讀其露布之詞,真惻然有哀憐無辜之意,神人莫不鑒之。故公有所疑輒決於夢寐,如釋王元景、阮崇德之獄,人爭異之,豈非神所助耶?撫按集議,謂公當一令之寄,謀全軍之事,神閒氣定,算無遺策,未論所斬獲而計其所全活,蓋不下百萬,功可首論。疏上,而公已奉朝議,擢貳本郡,謂非是無以借公也。甲子冬,又以觀行,同民思念其功德,俾德為紀其事。德初來歸,托有徑處室家如故,皆公所畀,敢不據實書之以遺後人?使知當吉甫之事易,當公之事難;成公之功易,有公之德難,民其永思於無斁。

嘉靖四十三年甲子冬十一月朔旦。

鄉官:臨安府知府蔡煥、光祿寺監事林有松、廣東按察司僉事林希元、南京戶部主事許廷用、潮州府知府李春芳、兩淮鹽運司運同王佐(第一欄)、潞南州知州林□□、萬州知府許大來、太平府同知林可棟、簡州知州呂文緯、樂昌縣知縣蘇灡、萬載縣知縣張文祿(第二欄)、□□□□□、湖廣布政司司理郭□□、□城縣知縣林大樑、□□縣知縣郭夢得、□□□□正葉文科、□□□□□□□(第三欄)、(第四欄不清)、許成材、陳榮選、池浴德、郭尹、楊士迪、楊士遷、林學孟、葉時春、葉經(第五欄)、劉從龍、陳俊、葉日煥、陳榮弼、葉峰南、蔡仲賓(第六欄)、郭祥麟、鄭維新、李聖基、李汝采、李燦章、詹禧(第七欄)、陳榮仁、林雲映、洪朝聲、許思楷、蘇相隆、張會陽(第八欄,以下不分欄)。典儀:郭頓。省祭：吳棟。散官：葉子孝、劉汝槐。陰陽：陳魁選。典膳：王祿。醫官：葉敬甫。老人：洪道盛、何洪、陳就、郭廷蘊、賴子乾、卓大有。坊里長：謝鍾仁、王贊白、林宗道、僧甫制、許喬、林寧、李興宇、莊馥、葉廷輝、楊密秀、許進元、余昭、蘇質溫、陳潛淮、朱太武、王思復、洪時序、陳邦音、王勝、張春、莊子祿、楊元季、王記翼、曾延□、王蕩、張元雷、□華、黃顯、林甘科、劉琱、胡弘度、杜輝壁、陳任、李密、陳天□、林□□、郭貴、林廷、吳廷秀、林佑、□禮、呂腆。耆民：鄭敦會、王鳴道、吳□、郭敦白、葉廷寬、葉廷樂、楊中美、彭甫邦、葉子孚、葉振、陳友仁、葉廷夷、劉君厚、葉光海、劉君朝、劉汝福、李貴望、劉崇□、□昭□、劉才卿、葉一樹、黃有恒、□□□、邵文可、李惟□、張宜美、吳養武、劉□中、□□□、孫子振、彭甫梅、劉春明、彭大選、□□□、郭□玉、□□□、□□□、陳世發、郭□民、鄭□裕、張汝楫、莊汝邦、陳永朝、吳道升、張鳳、周仁□、郭□觀、張臣□、張□觀、葉子□、蔡□觀、□□樹、蔡□光。義總：陳有任、康思謨、陳以明、莊□貴、陳文德、郭□□、□□靖、郭朝興、張並舉、張伯俊、李□□、□□□、□□□。

　　碑存同安區大同街道碧岳社區的譚恩亭內。嵌砌牆上。花崗岩質，高202厘米，寬104厘米。楷書陰刻。部分字跡已經風化，且下端被鋪地磚掩蓋。

明·瓶台譚侯平寇碑

　　中國守其所以為中國之道，則華自華，夷自夷。失則華入於夷，而夷反乘之，自古及今不易之理也。昔辛有見伊川被髮而祭於野者，曰："不十年此地其戎乎！"其後晉遷陸渾，而伊川之地遂淪於戎。夫被髮而祭，何預於召戎？而辛有逆知其必然，而其言卒驗者。以中華之人，行戎狄之禮，其習戎矣如之何？禁戎之不至也，甚哉！風聲氣習之感召，捷於禁令刑法之驅使也。
　　倭寇為國，在扶桑之東，去中國蓋萬餘里，限隔大海。自國家受命，混一區宇。四夷君長雖在鯨波萬里之外，靡不奉貢獻琛，請吏錫封。獨倭奴以桀驁屏斥棄外，不使預於荒服之列。又慮其伺吾邊吏之怠，阻兵犯順。自遼左以南至於嶺嶠並海州郡，列屯置障，烽燧相望，島夷讋焉。自是以後，髡髮帶刀之夷窮竄於海隅；巾幘冠帶之民恬熙於函夏。夷夏之防，一何嚴也。

嘉靖甲辰，忽有漳通西洋番舶為風飄至彼島，回易得利，歸告其黨，轉相傳語，於是漳泉始通倭。異時販西洋，類惡少無賴，不事生業。今雖富家子及良民，靡不奔走。異時維漳緣海居民習奸闌出物，雖往，僅什二三得返，猶幾幸少利。今雖山居谷汲，聞風爭至；農畝之夫，輟未不耕。齎貸子母錢往市者，握籌而算，可坐致富也。於是中國有倭銀，人搖倭奴之扇，市習倭奴之語，甚豪者佩倭奴之刀。其俗之偭仁棄義，自叛於中國聲明文物之教如此，彼島夷者惡得而不至哉？曾未數年，弓船蜈櫓，逗沙艤岸；偏裠禿髮，瀰川亙野。手揮九尺之刀，足圓三石之弦者，跳躍於雉堞之前；扇搖蝴蝶之軍，旗舉長蛇之陣者，指揮於高原之上。已遂隳中國之名城，辱中國之衣冠，包裹中國之財帛，僕妾中國之士女，虔劉中國之人民。積骸成山，殷血丹水。

嗚呼！自承平以來，中國之慘未有如斯之甚者也。而孰知其始於中國之人失其所以為中國之道，風聲氣習有以召寇哉？水道既通，夷心漸廣。猩猱之群歲歲不窮，鳧鴨之泛汛汛如期。內兵不足以禦之也，於是益之以召募；召募不足以禦之也，於是益之以客兵。杼軸罄於徵輸，積聚竭於剽掠。始以倭奴內逆虜辱殺掠之慘，濟以狼廣召募剽奪剝撻之威。由是千里無煙，蒿萊極目，榽櫨長於田間，狐狸嗥於戶下。冤橫之氣塞於慘黷，沴毒之災蒸為疫癘。遺黎殘民非斃於鋒鏑，則死於疾病；非死於疾病，則殫於凶荒。雖有幸而脫者，而生理盡矣。於是奸雄生心，乘隙而動，因思亂。不逞之民連郡國豪傑之眾，奮袂一呼而群兇蟻付，挺臂相續而肱髀互依。桀黠之長鼓眾橫行，饑饉之民掃境從賊。豪帥悍然有虎噬諸邑之心，闔郡騷然有覆亡可待之恐。

於斯之時，雖負匡濟之才，未易圖也。新會瓶台譚侯適奉命來令吾邑，於是歲為己未矣。邑據漳泉之衝，綰山海之要，為諸邑走集控扼之所，南北寇至咸受敵。侯至，固預以為憂，而尤以民政為首務。搜訪逮求，不遺興賤。於凡地方之利病休戚，靡不悉知，而持重不妄發。一日，於故牘中得弓兵事，奮曰："為同安之民病，孰有大於此者乎？凡為通省之巡司九十九，而同安得其八；為通省之弓兵六千二百，而同安得四百；為通省軍餉加額弓兵之銀若干兩，而同安得若干兩。是不待倭而自困也。"於是請於當道，均其役通省，又請蠲其加額之銀若干兩。一縣弓兵之徭遂減什之七。

縣臨海，城南地即為舟楫輳。奸人緣軍興，詭輸稅助餉而實自罔利且惑上。人已得官給文書，許其為儈矣。侯再三執不可，因割以予商。商民翕然稱侯為循良吏。鄉間盜巫發，獲盜者言侯冀得掠劫治罪。侯一縱釋無所問。民固疑侯甚。至大盜從賊壘中出，遇有獲，縱如初，一均不問。諸盜往往德侯，陰欲報之。而民固望侯，至出怨語，侯亦不以介意。於是，歲辛酉，盜蝟起。久駐長泰之倭寇，饒賊張璉，漳賊林三顯、楊亂山，土賊葉子溢、黃大壯、鄭大果自南而北攻。新駐晉江、南安之倭寇，漳賊馬三岱，晉南賊呂尚四、謝半番自北而南攻。或擁眾數千，或聚黨數萬；或徑薄城下，或深入內地；或踐蹂村落，或駐攻堡寨；或去而復來，或撲而復起。一日而南北羽書交馳至。自三月至壬戌正月，盜不止。最後群盜平，而土豪王出類又倡亂。

侯自蒞任以來，晝度夜思得兵之要。首令鄉各團結子弟義勇以為兵，而藉其長，陰察其為人以待調發。城兵五百餘，侯核其堪戰者三百，督以義總若干名。而於義總中，汛召特委以得其勇怯駛智，有應援發以行其勇且智者，撫待之恩尤厚。又諸盜魁故不出鄉井中，人雖為盜，尚畜戀家心。操兵敵殺時，誠不可與人語。一見父母妻子，心固如割，不殊人意。以壯士挾質入營中緩頰，固可撫諭歸。且兵法有以賊攻賊，若純用吾兵，以我之脆當敵之強，其敗可立待也。又賊糧寄於民間，資出哨以飽。大營堅不可猝破，官兵每戰輒北，難以得志。獨要擊其哨，使急卒無所得，則其勢自不能久駐此坐困也。而賊晝攻剽，夜固沉酣熟寐，官兵惟劫營，每得利。侯破賊方略固已素定矣，而侯才高有心計，慷慨敢任事。聞賊至，即據鞍策馬出城耀兵，賈勇作氣。每遣間至賊中，侯親授以方略。賊雖桀黠，往往墜侯計。善用人，其使人譎賊或令人說賊，悉識其才之所宜，故咸得其力用。臨當遣人，雖顧盼間莫不有意。賊素倚為心腹之人，亦密送款於侯，為侯詗賊。其投戈歸附者，侯接待之恩意尤備。有讒者，一不用。以是賊憚侯之多算。於是南北寇次第平。侯一用此策而降三顯、亂山，使內相圖殺，至盡降三岱。使敗夷兵護城援堡以濟大功。偽以接濟餉倭，而伏兵擒倭；密結夷酋腹心殺其酋；倭遂絕。其功尤奇。

始三顯與亂山同起事，各有眾二三千人，黨與蕃熾，連吾邑近漳之人俱從。賊屢攻剽內地，勢披猖甚。侯多方說誘，始同聽招。而各令殺賊立功以自贖。於是兩人各懷相圖心。會三顯上殺饒賊功，亂山獨否。亂山心不能無忿，語言籍籍。而三顯部黨多邑之鄉漳人，勸三顯先發。於是殺亂山。亂山既殺，三顯勢不能獨全，三顯又殺。三顯與亂山既殺，二黨勢又不能不相仇殺，於是相圖殺至盡，巨魁殲焉，而大盜遂平。

馬三岱者，桀黠雄果，為倭所服，推為帥。倭攻城時，合眾至二萬。侯固聞三岱雖為賊酋，而性孝，其妻良家女也。遣其母至營中說三岱，而妻亦抱幼兒以從。三岱計猶豫未決，因激於母妻，竟歸附。賊方攻城南隘甚急，不虞三岱之貳己也。忽見三岱袒而麾刀大呼陷陣，驚曰："馬酋降矣！"哄而奔。三岱發矢射倭酋，中其左目。賊遂遁退。攻石潯堡，侯又俾三岱往援。賊方陣，見三岱至陣囂，又遁。是時城與堡危甚，微三岱歸，國倚為鋒，幾不全。往時，賊營處，奸民往往載米酒以餉賊，而賊厚以銀貨售之，雖厲禁不止。侯潛令與賊通者往餉如舊，而伏兵於旁。倭至伏發，擒真倭二人以歸。其後凡奸民實以接濟，往者咸以為侯遣，皆不信。而漳之新安，舊與賊往來交結最厚，以其地界於漳泉間，不嚴，其通賊一如故時態，以兩舟往，倭悉殺之盡，無一人歸。遂拔營往南安。彭高四老者，夷大酋也。有少年邑子虜營中，與臥起，因用為心膂。侯令其舅潛入營中，說以殺酋。少年密許侯矣，而軟怯不能手刃，且戀舊恩，不忍，僅攜其鏊以歸。於是賊疑左右皆侯間，愈不敢近吾邑，而邑境遂無一倭。

　　於是闔邑士民胥頌侯功，而鄰漳居民某某等以迫近亂區，侯親脫之湯火，德侯尤至。相率刻石以紀侯功，而徵文於余。余嘗讀史，見祖逖英慨義烈，有贊世才具，而義從賓客，皆暴桀勇士。盜賊攻剽，逖非惟不戢，反慰問之。或為吏所繩，逖輒擁護救解。賀若敦與侯瑱對壘湘羅間，患土人乘輕船載米粟、籠雞鴨以餉瑱軍，乃偽為土人裝船，伏甲士於中。瑱軍望見，謂餉船之至，逆來爭取。敦甲士遂擒之。此後實有饋餉瑱，猶謂敦之詐。李元直、岳武穆，一代中興名將，而取元濟、擒楊么，咸用賊將以成厥功。以謂自昔大度之士，其所規為建立，皆出人意表。而今世喜用繩墨以概天下士，此宜無成功。然士於今亦未見有恢廓大度，可以比方古人者。豈天生才之難歟？抑有之而人莫之識也？然則侯之功，其可無紀？於是不辭而為之文。

　　侯名維鼎，字朝鉉，廣東新會人，以鄉進士來令吾邑。其辭曰："蠢彼倭奴，國於海東。自我受命，萬國來同。彼獨弗順，逞其梟雄。明明聖祖，絕弗與通。乃見海城，崇崇其墉。乃置墩徼，聯絡其烽。島夷屏跡，海氛以空。於萬斯年，聖祖之功。誰引彼逆，入我中國？海濱奸民，居華而狄。以身死貸，不畏復溺。遂令髡徒，麇至蠅集。麇其長刀，電光閃射，彀其大弓，如月滿魄。豈無我兵，荷戈負戟。陣則怯鬥，以背嚮敵。戰則亟走，以足為翮。愈驕彼夷，擇肉而食。墟我村落，屠我家室。陷我城池，捲我郡邑。天未悔禍，加以疾疫。人不聊生，相勸從賊。奸雄生心，群起草澤。惟饒有寇，亦來侵逼。於古有言，一器猶難。其來滔滔，誰敢與干？桓桓譚侯，有勇有略。十步百計，方之未足。豈惟勇略，知政之首。民信兵食，其孰先後。乃蠲煩苛，與民休息。乃除市徵，便商貿易。民既大信，侯果吾仁。商船四來，吾市不貧。歲在辛酉，群盜蝟興。凡我四封，其免侵陵。上天降割，亂無已太。匜膚皆瘡，醫以炷艾。惟侯胸中，百萬甲卒。使詐使貪，群策畢屈。寄我耳目，於賊心腹。置我軻政，於賊童僕。顯我段煨，使夷賊族。岱吾卻錡,使射敵目。豈彼之能,機自相激。人發殺機,夷胡能識？百樓不攻,況我千堡。漢一當五,況我萬旅。其告爾賊,各還爾家。縛彼島夷,兩項一枷。來效來獻,以滌罪瑕。其告吾民,各安爾宅。爾田爾耕,爾鹽爾織。祭祀宴衎,祖考賓客。偉哉譚侯,其施何極？一時之功,萬世之績。何以徵之,視此刻石。"

錄自明洪朝選著、方友義編注《芳洲先生文集》

明·漳貳守沈公惠民泥泊德政碑

漳貳/守沈/公惠/民泥/泊德/政碑（篆書碑額）
漳貳守沈公惠民泥泊德政碑（楷書碑題）/
癸酉順天府解元,海澄立台柯挺□□□;/
賜進士出身、奉直大夫、吏部驗封司員外郎,同安胡洲池□□□;/
賜進士出身、承直郎、應天府通州通判,平和西□□□□□。/

長江地跨海,海時潮汐,不可以耕,故其民居類多藉泥泊□□□□。泥泊者,水汐泥沙而為泊□□□□□,則□□□□□□□鮮,貧而孤鰥者,朝夕取/自給,故群然呼之為海田,非此則吾長民之為生亦蹙矣。□之界,則自大埭迤邐而南抵陳公嶼。□□□□□□,泥泊界東,則吾長民有也,長舊輸課。/蓋其時,民事漁,魚鬻於浙之溫等州鄉,魚艘以百計,故課□。今則此漁者艘廢矣,米無所□,□則以泊□□陳公嶼□□洲者,取其所產抵辦之,大都此□。/吾長民以之為生,亦國課之所關係,其不可以豪右擅也,較然矣。

有蔡姓汝洞者,鍾林社人也,與吾長鄰里,許其族豪其□交□往□□人以自利植,蹈於法不憚。始者擅吾界,/長民巽軟,莫彼何也。既則入罪民林先春,奸擅吾中洲泊,□□無所資給,而所輸米不前矣。□方□□□□之,則有慨於中,曰："有能步而前,言為有司。"/未幾,而□□□□□/帝畿,鄉書上春官,偶□歸。吾長父老則與喁然,喜曰："今兩步且前矣,其必能為吾儕伸之有司矣。"顧挺猶□,必言/橫公,然鞭撻吾民,□□□□□抑不能平也。則相率訟之/巡海陶公,陶公曰："□□□□□□之。"命/海防沈公鞫其□□□□□□□諸輿論,得蔡佼詰狀,果如長民訟,則以法坐。□光者,揭為榜，□□□□，□/者獲蘇，其產之□□□□□，供公不廢。僉曰："公之德，在吾長民，不可泯也！"相與伐石記之。

夫古循良/之吏，多者□□□□□□□□□，土人亟念之，而為之所。乃沿海之民資舟楫、冒叵測，以□求生計，□□哉。甘/□寒□□□□□□沙，不足以盡其狀，而竟不得博一飽之歡，此其為生，尚何可言？彼佼/訟者，□□□□□□□□者，如疏□之入以膏脂。吾民歲入以倍，倍而於泊，則每每嚴擅者之懲，□/□□□□□□□□□□□□□生，亦與事稼穡者均可朝夕而無憂，此之德跡，視彼詳溝渠陂湖/者，豈□□□□□□□□□□□□□以廉於法云。/

公諱植，別號二思，丙午鄉進士，湖廣臨湘人也。/武進士李佐，庠生李□、李□、曾從吉、張富、曾唯道、李洪、楊鳳呈、柯完甫、劉養性，耆民張□□、張惠、李景、柯惟澄、曾幹曉、柯長、柯喬缶、李從學、柯時佐、林池、李玄□、柯朋。

萬曆四年□月吉日。

此碑原在海滄區東嶼村，2017年出土時已斷裂成5塊（僅存4塊）。花崗岩質，原高120厘米，寬59厘米，厚13厘米。部分字跡已殘缺或漫漶。今移置海滄區金沙書院內保存。

明·海滄芸美金爺徐爺為國為民碑記

金爺/徐爺/為國/為民/碑記（楷書碑額）

同安縣莊阪尾澳承/太祖高皇帝三年額數，本澳漁甲十一戶，共受課米七十四石，載舡繒海所捕魚，灣泊舡□，亙古無滯。至隆慶間仍加餉銀□十兩之□□□□□□□□□□□/所，逃亡至半，僅存六戶輪賠，受害淵深。至隆慶伍年，富豪張恒範謀買張舜翰傍海魚塘一口，載鈔米一斗二升□□□□□□□□□□□□□□□□□□□/田，使灣泊無地。漁甲陳德旺、日洵等勸其照古□築，仍受勢害。無奈姑請連僉，□□四年三月初二日□赴/欽差都爺金台，呈送/欽差分守道爺徐，蒙行本府糧館陸，仍行本縣老爺洪，到所親勘。見其風浪洶湧，天理公心，勸其勿築。範恃財勢，

不遵。□館□□□□□□借□□□□。/

　　本道爺徐天心冰鑒，為國為民，駁回糧館覆審由報。駁語云："漁課其來已久，漁舡灣泊必有其地。彼陞糧者既□□□，則築岸者□□□，以舊日之□泊者，而曰借今日之所築者/於理外矣。□□一十一戶之舡，一向安頓何處乎！張恒範既納田糧，□應管塘損壞，陳德旺等自有漁課，仍應泊塘以□。□人皆吾民也，□□試一酌處之。"

　　另□報，蒙糧館陸爺□/覆審云："看得海濱之利與物共之。張恒範竊據覓魚，已屬私殖，況築□港口，阻絕潮路，欲變海為田乎！原其初買之意，祇以取魚見利。一旦以一斗二升之稅，而欲絕十一戶往來之舡，/損人利己，當不至此。且方告陞科，並未入冊，不如仍舊貫之，為□爭□。若曰徒費工□，乃其自取。然亦姑容拾其舊田緣岸，從便築□，計畝陞科。其通潮海港，並陳德旺等原泊之處，□/不許阻截，以妨課業而爭端可息矣。"

　　呈報/本道，復審無異："蒙看得陳德旺等俱濱海舡戶，各承租課舡灣泊阪尾澳海塘，其來已久。張恒範承買前塘，止向收漁利。其一旦藉告陞科，遽欲塞港為田，阻陳德旺等一十一戶往/來之舡，奸貪已甚。及查德旺等各戶年輸課米七十四石，又加餉銀三十兩。恒範前塘僅受鈔米一斗二升耳。夫專一人一時之利，而奪數百年十一戶之生理，以升斗之糧，而妨七十/四石、三十兩之課餉，此情法之所必不堪。而德旺等之有詞，且已□□□館糧官覆查，恒範方告陞科，且未入冊。斷令前塘通潮港口，並德旺等原泊舡處所，仍復照舊，不許阻截以邀/訟端。惟舊田緣岸，聽從築墾，計畝□糧，似應俯就。"/

　　軍門金批議："張恒範向納稅一斗二升，止為取魚利耳，非並□□□□也。今一旦築堤塞港，大非彼所應有。矧置諸漁舡於何地乎！□□□墾田，亦應另行告佃，計畝□□。陳德旺等/魚舡仍照舊停泊，恒範安得逐之？姑依擬：旺等思有泰山招案□□□範後代復□□□，貧漁雖訴立石，未敢擅便。姑將前詞語，前赴給/欽差福建布政使司、分守福寧、帶管分巡興泉道、左參政爺徐，金印朱批，准立石，為萬古不磨碑記。"/

　　萬曆二十八年二月吉日立。

　　功德碑主：泉州府學生員：陳金鑒。/同安縣學生員：陳道恩、楊魁春、林□理、陳應明、陳火順（第一欄）、陳可澄、陳守益、陳金鍔、陳聘萬、陳金得（第二欄）、林鳳儀、陳士鉞、陳線棐、柯攀（第三欄）。里□：柯興旺、顏崇守、柯可材、吳天益。資漁甲、侯各勘官統□□□□□。□甲：陳永修、陳德旺、陳日洵、陳□□（第四欄）、繼丁□□、陳永吉、吳宗宇、陳□□（第五欄）。仝事耆民：吳魁賢、王英、陳宗寶、□□□。協贊耆民（第六欄，字跡漫漶）仝立。

碑存海滄區芸美村通濟宮內。花崗岩質，圭首，高285厘米，寬116厘米。楷書。整體基本完好，但部分字跡已經漫漶。

明·邑侯李公德政碑

邑侯李公德政碑（篆書碑額）

邑之□以西，閭閻撲地，□相望也。文圃之麓，地連水頭，可千餘家。其民負海而居，螺蚶蜆蛤之利，火耕水/耨之需，乘潮汐以為便，率取道於二衣帶之官港，而其它旁近海壖，多□入於大姓強宗，築堰射利，相吞/食之，傳之官港而止爾。甚者如胡時、章庚，欲並官港而有之，雍居民揚帆採捕之路，居民豈有賴焉？因命/之鄉先生胡公拱柱、蔡公虛台，丐其牒記，毋令有所侵軼，乃耽耽者猶穴據是常。鄉之父兄子弟顏布煥、/黃郁甫等以為患，若遮道自言邑父母/李侯。侯即親跡其地，灼見利害苦樂之原而斧斷之，麾鄉眾仍舊開港二條，橫闊各七丈餘，直通漳、泉二郡，/令豪強者旁睨而勿敢問。

昔漢召信臣治行常為第一，吏民親愛，至號為召父。然不越為百姓興利。稍安，/其不法豪右以視好惡而止，卒之徵為少府，列於九卿，乃其哆口摘□，赫赫稱神君者，不與焉，則治之大/端可睹矣。侯之政，興利厘害，循循殆類是歟！而令行禁止，至於睥睨不敢生心，則亦孰有如其神明者□，/方之信臣，何多讓焉。

嘗聞嘉靖間有葉姓者，規此鄉欲為塋域。鄉耆顏國宣等曾控於/觀察余公。時亦有有力者為葉左袒。余公曰："此斷一鄉地脈也。"竟不觖法徇之。近復有以此地慫惠鄉先生/胡公拱柱，公以墓人之廬弗仁，辭勿受也。蓋善成余公雅志云。/

余公不絕其鄉之地脈於前，/李侯普□其鄉之遺利於後。二公仁心為□用□露，此二/鄉民其德遠矣。鄉之父兄子弟拜手加額，謀勒/石，用志不朽，而首醵張恒珍乞言於余。余謂此亦自一鄉言之耳。侯令邑纔五月有奇，而興革何止數/十事。吾邑之民德侯，而思鐫石者繩繩未有已也。異日/內徵，陟巍躋要如信臣者，何假問哉！遂書而遺之，以為左券。/

賜進士第出身、奉政大夫、南京戶部廣西清吏司郎中，治生林應翔頓首拜

撰。/生員林萬象書丹。/

萬曆三十八年庚戌□□吉日,鄉眾立。

此碑據傳出土於海滄區東嶼村,現為古玩城某先生收藏。花崗岩質,高185厘米,寬85厘米,厚度不詳。字跡已有漫漶,基本完好。

明·侍御綿貞周公頌德碑記

侍御綿貞周公頌德碑記(篆書碑額)
賜進士出身、兵科給事中□□□□□頓首拜撰文;
賜進士出身□□□□□□□□□□頓首拜書丹;
賜進士出身□□□□□□□□□□頓首拜篆額。

夫泰岱觸石吐雲,成霖天下,然沾濡所先,必自環魯之近地始。士大夫為一代津梁,理源清遠,未有不首被於而鄉者。鄉,故其觸石雲起之所都也。世人登枝捐本,或宦跡所至,粗有假靈,而里社間輒多遺行,此僞士,不足道。乃有坊表自勵,視俗若浼,而事變紛紜,徒付仰屋,一鄉利病,不復相關,此叔子自佳,何與人事之弊也。又復剛成百鍊,氣奪盈庭,朝端著謇諤聲,還顧而鄉高步儻盼,值事不無過激,為里兒所駭,此元龍淮海豪氣未除之弊也。若者誰非儔流?顧維桑與梓,竟不得少收其豐玉豐穀之用,則此際難言矣。

余友周仲先之為柱下史,慷慨真至,其持議不必揣合時流,而能獨成其是,匪若世之隨波轉帆者。意所齟齬,即大權所在必斥;意所推許,即眾論所急必收。若乃立身清正,蓋督漕及瓜矣,而歸囊不能名一錢。方仲先之棄繡斧還漳也。即習仲先者,不能測仲先涯涘。意其人必昂爽自豪,如怒濤崩壑。即不然,亦必修潔自好,如獨鶴辭雲。乃仲先有以善處人己之際者,如操音之自調,如將車之自合也。漳俗囂陵,豪者私自為政,而吏不敢問。君自釋褐以後,羣從及僕禦絕未嘗與世崖柴,里中已陰受其福矣。君杜門擁書,暇則敝車出門,用兩人舁,尋山訪友,值者不知為官人。郡國吏非公謁,未嘗輕枉一刺。當路奉君如元龜;有大事,悉詣君取決,君謝絕干請,守貧如飴。然每時政有不了處,輒呢呢持之,必得當乃休。出亦不以告人,曰:"當道自裁之,余未始與也。"

澄有倉庾典守者，勢必至賠償，舊以屬里三老，三老苦之。君曰："吏之初繫籍而未事事者，曷不令供茲役，歲滿即裨參補，以償勞費，不亦官與私俱便乎？"邑大夫許諾。其後，他邑令聞之，俱請如澄例，尊為令甲。鎮海者，一斥堠地耳，師儒之供倚辦他邑，歲輒載米往輸，澄田盡斥鹵地，不產穀，必饗於他處，而破浪倍艱。君為白縣，得輸金錢，澄民賴以息肩焉。其在郡城，適米價驟踴，貧者無從得食，則羣聚剽掠富人翁，變且叵測。君條令鄉眾擇稍殷者，日出米少許，以賣其鄉之貧人，他界不得闌入，可足數日糧，以待外糴之至，郡藉以安。比倭警震鄰，當道議撤附堞民居，更禁賈舶不得走海，公諍之，曰："是走海者，將何處生活？微賊至，且內為亂。若堅壁清野，此賊在城下時事也。"當道然之，事乃寢。當道又嚴踐更，竟夜傳簽，民不安臥，公仍白止之，歡呼之聲徹於四境矣。其最鉅者，圭嶼在澄海中，是清漳一大門戶也。往者郡守羅公用形家言，築石為城，後為豪族所毀，驅石以去。公既貴，屢請於受事南服者，捐資鳩工，營塔其上。塔旁建大士閣及文昌祠、天妃宮。斷煙孤嶼，變作輝煌之觀。君百計營綜，如締家事。功甫及半，而冠省試、魁南宮、擢大庭者連翩颺去，則所就不誣耳。近復議浯、銅遊兵，屬在同邑，不足為漳藩屏，更設圭嶼遊兵，嚴防竊發，而更築城如故事，以固吾圉。雖在事之有成畫，然議實始於君，功顧不偉哉！夫世之季也，相沿為偷，亦相驅為亂，維風式俗，是必厚望於有道之通人。昔龐德公之子龐奐，棄官還白沙，宗黨喜曰："我家池中龍種來矣。"時咸化其德教。

君自大父復庵公以宿德為里中模楷，遠勝鹿門翁，至君而光大其德業，澤遍里門。然則，君固我家之龍種也。君自奉命按秦，乞身南下，而秦人思之。今拜新命，藩粵西，少日棲遲，未便迅發，而粵人望之，寧是區區海門一片，下同畏壘乎？而維桑與梓，乃其根本之區，猶夫觸石成霖者之先沾於環魯之境也。鄉長老欣相告語，選石而誌之，乃真倚君如泰岱矣。君諱起元，仲先其字，人稱綿貞先生，起家閩省第一人，以辛丑成進士。

郡人、兵科給事中丘巒煒撰。

此碑原在海滄區海滄街道後井村周氏家廟。花崗岩質，高334厘米，寬142厘米，厚24厘米。中部斷裂為兩半，字跡已漫漶不清。今據崇禎《海澄縣誌》卷十八"藝文志三·碑誌"所輯的同題碑文錄入（碑中撰文、書丹和篆額者，根據海滄政協文史學宣委的拓片）。據內容所載，該碑當立於萬曆四十五年（1617年），時周起元出任廣西桂下道參議。

明·嘉禾惠民碑

　　嘉禾為嶼,山斷而海為之襟帶,自國朝以來,徙丁壯實尺籍,長育子孫。今冠帶邵右往往輩出,生齒若一縣。其地上磽下鹵,率不可田,即田,不足食民三之一,則土人出船貿粟海上,至下廣而上及浙,蓋船以三百餘,間者縣官之上匱,命中貴人監諸省稅。中貴人遣使者四出,固令其稅民貨物,毋得及米粟。而使者至嘉禾,詭曰："中貴人云,米粟不稅,但稅鸞米粟者船。"於是度船廣狹以准額賦。使者挾中貴人之重,土民小弱,畏使者之勢,而中貴人無所得。聞宛陵人沈將軍有容者,掌浯銅遊兵,平生慷慨豪舉,則約群告之,將軍曰："吾職海上寇爾,何敢闌語國稅事?雖然比歲海上苦倭,掠者寧獨倭好亂?皆我中人誘掠彼人來,我中人所為誘掠彼人來者,皆坐苦無衣食,利其忘死而銳鬥,挾以為徒黨。今嘉禾一片地爾,稅船則粟不至,粟不至則民益艱食。且夫粟□者無大踴賤,不若他異貨物可乘時射利持價也。利價不厚,而多稅其船與稅粟米等。民之無食不下海,挾徒黨為奸利,則候命於天耳。既也而海上多寇,誰謂非吾職者,謂中貴人聞而使之乎?"而中貴人固不聞,即為走檄請命,而中貴人果謂不聞也,亟罷之。

　　於是土人之貿米粟者德將軍,群來告予,使文而碑之,詞曰："於惟沈氏,宛陵令族。冠簪相望,芬懿有淑。維侍御公,來按吾閩。煦煦棱棱,其風猶存。侍御有子,係君叔父。高亢邁倫,魁名縣寓。權相在朝,塵視簪組。身雖長夜,名各當午。猗與將軍,棄書學劍。插羽浮圖,深溝遼塹。廣馬閑閑,旗矛厭厭。巨海吞鯨,句麗載獮。結束從軍,是籌是覘。射獵南山,青門自占。海壇復起,殺賊如餂。浪舶風帆,惟有其染。載來浯銅,掌其遊軍。隨潮浩汗,夜望海氛。賊浮東錠,帆馬入雲。有馘有俘,三十其群。如牛犁角,沉舟於鬻。亡何彭山,賊闖洋外。君復犁沉,跳溺狼狽。其又一舟,我所見奪。君愛我人,拯其顛沛。攖臂先登,三級手劌。繼斬廿餘,靡一得脫。活我捕氓,仝歸無駁。凡君戰功,海邦所朦。乃有一言,活氓彌眾。瘠土貧生,開口望粟。稅船喧喧,使不可告。將軍開謦,不韋不觸。舌如旃檀,香飽窮壑。琢石海隅,茲惟人欲。我何頌君,高旗大纛。"

　　何喬遠撰。

錄自明沈有容編《閩海贈言》

明·姚侯大岩寺山南北惠民頌德碑

　　大岩，澄邑勝區也。岩顛佛剎，構自前代。蒼巒層迭，羅石重關。眺望潮汐滄溟吞吐之氣，未嘗不籠天地於一掬也。其剎夙為僧齋居，田園山地凡四頃五十畝有奇，岩山則計一百五十餘畝也。異時，僧於常賦外無他供，歲入稱饒給。萬曆初軍興，乃以十之六充餉，餉九金有奇。辛卯，倭寇朝鮮，詔所在嚴備之，而閩濱海，當出沒衝，加惎當事者。遂於前額十之六備餉外，加至十之八。此剎荒山獨多，計荒山一百五十餘畝，歲增兵賦共三十三金有奇，而僧遂重困。倭酋既平，詔悉蠲增額。會權使括餉，月進左藏。於是，新、舊餉催科愈急，僧被棰楚無完賦日。

　　桐城姚公以名進士宰茲邑，惻然傷之，俞其□附狀徵諸負者，乃僧遞傳山以北，歷負山賦者民，而山以北，新安之耆老則又遞傳往券原不屬僧，山南北劃然界也。界而南，僧乃得有之，不宜波及民也。是時訟盈庭，片言解曰："是山也，將屬之僧乎？如民樵牧何？夫券固在也，僧但責賦於山以南，即重困，或有罷榷恩，旦夕可邀也。中丞台方議損檄且下，吾為若等豁之，判南北之界，其毋溷於是山以北。"耆老咸手額，謂："非公明允，安能以片折興雲灑潤，噓萬戶之春也乎！"

　　時余已遷建州，則裹糧走二千里，乞余言以垂將來。余惟侯茹檗如飴，其輕徭薄賦，實意與民休息。故踞堂序，睇兩造僧民情，調劑在心而參中之，此豈效衰世苟且之政，喔咿嬋媛以媚上已哉！則晉陽、道州之政也。其他定權橫民訌、坐挽採金機、易成命、消邊釁，華聲茂跡，諸不具論，論其惠普新安南北者如此。

　　明提學御史、邑人柯挺撰。

錄自乾隆《海澄縣誌》卷二十二"記"

明·邑令劉公惠民泥泊碑

　　三都地迤邐獨盧，漸美倚山，縈一帶水，潮汐泥沙交為泊，蟶、蜆、螺、蠣諸鮮繁牣其中，居民朝夕採焉，足以自給，號為海田。泊之界，東抵鍾林港，西至嶼兜，南與長江毗限，北則漸之民有也。薪穀往來，魚艘闐駢，時取漸之錯販易交貿，上輸課米一石二斗，下贍鄉民數百家。歷掌多年，共恬無患。

邇有鄰鄉巨姓者，族豪人黠，瘠眾自肥，集強砌堰，肆掠諸鮮，鄉民苦之，相率走控。郡使君杜公下邑父母劉公鞫之。公細詢興論，具得其狀，遂以法法其尤者，榜而立之界，俾黠者知懼。於是，漸得長有其泊如故。夫戲穗刑童，威行太屑。團絲剖姥，惠止一人，猶且馳媛吏聲，揚徽治譜。乃若吾漸地鹵民朽，句瘁爬拾，卒歲手龜足繭不得休。此其營生至蹙，博利至纖，猶且捲奉老饕，營命無寄。公一旦電灼而川導之，神君之德與水靈長，將有紫蚵如渠，洪挑專車。當合浦之珠還，為鄴漳之膏衍者，豈旋踵而瞻樂利哉！一尺之錦足以見長，旦暮拜綸，瑣闥推階，節鉞有間，諫進海蛙淡菜何人者，則我公其選矣。公諱斯倈，號大容，丙辰進士，江西豫章人。

明參政、邑人謝宗澤撰。

錄自乾隆《海澄縣誌》卷二十三"記"

明·邑侯寧州陳公惠民海泊碑

《周官》："澤，虞掌國，澤之。"政令既厲之禁，又頒其餘於萬民。禁之者，使玉府有所入；頒之者，使貧民有所資也。後世川澤，不盡在官，巨室豪族往往有之。其弊至於專踞侵牟，不流涓滴，良可慨已。

我朝令甲，時申兼併之禁，鮮有梗者。然為極貪沓，眾亦弗較也。澄有圭嶼，在海中央。潮汐一退，其錯如繡，貧民視為海田，由來已久。鄉先正忠愍周公方里居，時以嶼為通漳形勝，醵金塔其上。郡之士大夫踵建文昌閣、天后宮及八卦城，碑文籍籍，載在舊志。厥後屬一家業，未詳緣起。然所利僅薙草、墾荒耳。非盡籠而有之也。邇來土豪耽其區，約券私受，於是瘠眾自肥。間有號飢，往拾螺、蠣諸海物，足繭手龜，答笞未滿。橫抽肆出，稍與為抗，即以枵腹飽其毒拳。孱孱者流，惟有束手裹足，塵甑晨枯而已。蘊利生孽，可勝言哉！

茲幸我侯陳公俯察民瘼，無微不照，又適汛弁陳廷顯目擊其事，偕一二耆老列款籲聞。庭鞫之下，水清鏡明，立得情罪。既置法，鉤其私券，斷業舊管，永杜侵暴。自此豪醜一鋤，海田復故。凡夫毛黑皙瘠之倫，句瘁爬櫛，十百為群，千家舉火，神君之澤與海波靈長矣。

昔尹翁歸治東海，收取豪民，案致其罪，以一警百。薛大鼎治滄州，通舟楫於海壖，民復魚鹽之利。今我侯威惠兼行，弊除而利復，豈特比美循良，申令甲之條教，亦以原本經術合乎周官政令，頒其餘於萬民之遺意也夫。

侯諱鎤，號對溪。戊辰名進士，江西寧州人。涖澄以來，政教安詳，文風丕振，一科獲雋七人，其他茂績惠政不絕書。茲特舉一事以見其概云。

明進士、邑人葉廷推撰。

錄自乾隆《海澄縣誌》卷二十三"記"

明·鴻山寺徐一鳴攻剿紅夷石刻

天啟二年十月二十六等日，/欽差鎮守福建地方等處/都督徐一鳴、遊擊將軍/趙頗、坐營陳天策率三營浙/兵，把總朱梁、王宗兆、李知綱/等到此攻剿紅夷。

石刻位於廈門市鴻山寺大殿後側。高約220厘米，寬約100厘米。楷書陰刻。現為福建省文物保護單位。

明·白鹿洞寺趙紓攻剿紅夷石刻

天啟癸亥冬，晉陽/趙紓督征到此。

石刻位於廈門市白鹿洞寺後側。高170厘米，寬60厘米。楷書陰刻。現為福建省文物保護單位。

明·白鹿洞寺朱一馮攻剿紅夷石刻

天啟癸亥年/十一月廿日，廣/陵朱一馮以/督師剿夷至。

石刻位於廈門市白鹿洞寺後側。楷書陰刻。高、寬均為100厘米。現為福建省文物保護單位。

明·廈門打石字銃城摩崖石刻

天啟三年正月既望，蒙考選/□□中左所千戶李逢華、奉/欽差督撫福建軍門商、/分巡興泉道副使沈、/守泉南遊擊將軍趙、/泉郡署海防通判聞，人/計發銀壹拾玖兩，議委逢華/領築廈門港銃城周圍伍/拾丈。並逢華自捐俸鈔銀□拾/兩，添造竣功，防夷固圉。勒誌。/□□林懋時書。

此摩崖石刻已毀圮。今據《晚清碎影：約翰·湯姆遜眼中的中國》（中國攝影出版社，2009年）的"打石字"舊影，經過認真辨讀，抄錄而成。

明·蔡虛台先生築海豐朱埭堤岸功德碑頌

蔡虛台先生築海豐朱埭堤岸功德碑頌（篆書碑額）
蔡虛台先生築海豐朱埭堤岸功德碑頌（楷書碑題）/
賜進士出身、通議大夫、通政司通政使、加戶部右侍郎予告、前光祿寺卿、太僕寺少卿、禮部郎中，年家眷弟何喬遠頓首拜撰文；/
賜進士、大中大夫、山東布政使司右參政、前南京戶工二部郎中、奉/敕督理北新鈔關、湖廣同考試官，眷弟胡明佐頓首拜篆額；/
賜進士第、奉政大夫、吏部文選清吏司郎中、前江浙兩省同考試官，舊屬眷弟周家椿頓首拜書丹。/

同安縣人得里有光孝舊寺僧田焉，其莊曰海豐，其所資灌溉之水曰苧溪。嘉靖中，溪水橫溢，決為煙莽。寺僧戒靜以請府公，府公謂："任此事者必得方/公平。"鄉先生以請僉事方塘莊公、知府逸所黃公主其役，有田其中者捐資募工為之，三年始成，計費千金矣。於是十分其田，以一分給僧，又分其九分為/十二,而諸家任其賦。歲又復決,屢築屢壞,訖無成勞。

　　膳卿虛台蔡公憫然告眾曰:"築所以屢壞,繇入貲者不如約,用不充,用之者復干沒,冒破不可□/源。維茲海豐莊田受產一百八十餘畝,收不薄矣。海豐之上曰朱埭,朱埭決則患下貽於海豐。不築朱埭,海豐不田也。向莊、黃兩公則有府公請予居間於/此,其可無德以沾民。"乃召有田之家而語之曰:"築實在予,予茲第田為三等,曰沙壓田,曰崩流田,曰漫漲田。此三者皆非堤不可。沙壓田不堤,則人力雖能/除沙,不能捍水;崩流田不堤,田則溪矣;漫漲田不堤,則小水薄收,大水必害。堤崩流田,必二三歲方可望收,其得利也遲,出貲當最輕;堤漫漲田,害在大水,/小水可收也,出貲次之;堤沙壓田必水去,沙乃可除,出貲稍重。總之,下種以斗計者,以金伍鐶而止。"於是眾皆如公約,凡築石岸,以丈計者六十余,以高計/者尺凡八,石之以丈計凡千九百八十,以厚計者寸凡九,以高計者寸凡八。起於泰昌元年,成於天啟六年。

　　於是,朱埭之田歲以有收,海豐之田一保無事。/農人業戶相與頌公德於無窮,請碑而銘之,銘曰:"銀同崇崇,苧水溶溶。水決則陷,堤成則豐。至其崩裂,莫可舊封。大浸懷襄,何異蘊隆。未憂口魚,先愁釜鐘。民之懸飢,非盜則兇。有美蔡公,目擊心忡。內/揣外量,鳩民僝功。堤岸告成,屹如崇墉。民之資斧,公實衷之。民之蓄儲,公實充之。有室有家,公餐雍之。以賦以役,公事終之。昔行經界,維朱晦翁。今茲有公,/實躡其蹤。陳婆之陂,成唐宣宗。帝感麥餱,公與鞠窮。豆羹芋魁,不羨隙鴻。豹□白渠,異曲同工。碑以頌之,徠甫柏松。頌而碑之,□世五公。"

　　通家眷晚學生李秉正、內侄施徵益、門生周奇猷、年家眷晚生莊應光（第一欄）、年家姻晚生陳春、廣孝寺僧真連、年家眷晚生蔡汝琳（第二欄）、眷生周廷楠、周廷樞、周廷植、池顯胤（第三欄）、眷晚生池徵麟、陳家謨、李秉忠、李秉厚（第四欄）、楊紫建、池徵初、池徵龍、曾文軒（第五欄）、耆老陳孟常、梁維遠、陳士玉（第六欄）、黃維富、陳士華、郭繼華,督率水師洪槐、梁勇、張守榮（第七欄）、佃甲丘世享、黃弘讓、張爾加、張爾遜（第八欄）、黃朝諧,佃戶黃世純、黃朝輝、陳應理（第九欄）、陳茂略、王爾疇等同立石。

　　崇禎元年歲次戊辰孟夏吉旦。/

　　此碑原置集美區後溪鎮坂頭橋南2公里處,現移置於後溪鎮政府院內。花崗岩質,高242厘米,寬92厘米,厚19厘米。楷書陰刻。現狀完好。

明·院司道府革除私抽海稅禁諭

院司道府革除私抽海稅禁諭（行書碑額）

泉州府同安縣為急救萬命事。據石潯通澳漁民楊興等呈稱：本澳離縣咫尺，潮水往來盈迴，無所產生，俱在□□□□□□□□，稅餉二十餘，輸課四十石。近因宦舍群起橫徵，甚至一澳而有五宦抽稅，/一年而至四次輸餉。歷年票據，通海難堪，斂手吞聲，以就其詐。蒙縣知民疾苦，嚴禁官干，為民除害。切茫茫大海，明後宜□□□民得□賣之，亦非宦家得而有之。相率叩呈，乞作民主。鞠其來歷，憑何賣買。/果該輸納，應當輪年而取，或分船而取。乞恩豁定奪，庶免重迭重抽等情到縣。

蒙/本縣熊爺緣照：同安以海為田，業漁之民獨多於他縣。顧其人猶是入版籍輸稅差者也。農之徵二，漁民增之以課，又增之以餉，□增四矣。因而輸稅於鄉官則徵五矣。又因而一海之內，此宦徵之，彼宦徵之，/則徵者六七不啻矣。漁民寄性命於鯨波鼉浪之中，遇異風驚濤則左右手不相顧。以視農人出入□望，作息自安者，苦樂何如？利害何如？惟是同地田少，故不惜冒死趨之，思博其錙銖之利以資數口之財。/而宦家享受鐘鼎，豈不能以此錙銖者讓之小民，乃不惟不讓之，而又斂之，獨何歟？《同志》塘蕩課一款，塘納鈔，蕩納米，各有定處，不可移易固矣。若課取，乘潮散網塘蕩之上，皆得垂綸焉。潮退則已然，則漁民/已納課餉，而乘潮以縱一葦之所如，則塘蕩之上，固得而夷猶之也。何況大海？大海之中，分何界限？載何冊米？而曰"某宦為何家所授，某宦為何年所營"，心竊異之。

職生長海壖，凡產蠑蛤魚蝦之處□□□□/不為禁，而獨此茫茫大海皆不為王家有而為宦家有，其例不知起自何代，真可一笑。夫宦家之海，無冊、無米、無授受，而專以勢力籠小民之利而有之，此則宦家亦無以自解也。即有契矣，有□□□□□□/各有承受，各有坐址。此宦所管，彼宦不得與，則即令各宦自相對，亦無以為解也。依職所見，塘蕩自有世業，不必言課。原止為漁戶設，不為他人設。則惟是總計通縣課額派之通縣漁戶，無所纖□□□□。/因是漁戶亦得以縱一葦之所如，任東西惟其意，斯亦萬姓之利、萬世之利乎！

近來海波沸騰，上台檄漁戶歛以重嘗，不□應使□此禁以與民便，而彼猶不踴躍自效者，職竊見其不然也。則當/捐者，實利也。此在宦家亦藉是以保安，王家獨無有首肯其說者乎？前，縣有王諱世德者，以此事上之，兩院壽之石。而今已如此矣。非藉上台威靈，不可以止也。

具繇通詳，奉/撫院鄒批：大海原非宦業，權政出自朝廷。小民履危蹈險，涉風波以為甕餐之謀。官干磨牙吮血，恣欲壑而逐錐刀之不得，□□私行，甚至一處而兩稅，一日而交徵。哀哉窮民，何計生□□□□□□□/作海寇也，何怪倒戈以攻桑梓哉。該縣此議，申詳已閱，況有原理，即宜再敕鄉紳，諒有同然之心，即鄉民豈無自好之士？明禁一懸，犯者如律。/

按院路批：茫茫大海，誰強誰理。熙熙門市，有譏無徵。據詳，分外生橫，群豪共逐。權窮民魚蝦之利於煙波出沒之中。買□閭里，獲□□王草□□自好者不為，而謂仕紳者為之乎？則宦舍□□□□□□□/勒石嚴禁，永杜民害。倘有怙終不悛者，三尺與白簡具在。本院誓不瞻徇也。

布政司批：漁民以海為田，乘潮垂綸，魚蝦之利幾何堪以課？因之捐之便。/

按察司批：天地間自然之利，私之不若公之，即古澤梁無禁之遺意也。但良法務為可久，借此聯絡禦賊，果能始終用命乎？該縣具詳，□之亦海上干城一要著。/

分守道吳批：私稅一節，屢奉院禁。據詳，石潯澳復有海稅，宦家交徵其利，魚釣小民奚堪此重困乎？該縣毅然請捐，以示鼓舞惠民，兩得之矣。□□勒為永禁。/

興泉道曾批：私牙、私稅，普天未有之事，而泉南獨有之。然尚未聞有宦家指茫茫大海為私產。如來詳所云，此等非理非法，聞者且汗顏，況此間縉紳多名賢，焉肯棄禮義以爭錙銖，絕梓里小民不□□□□/海上高人長者所譏笑哉？以理度之，皆不才子弟、無知童僕所為，若之何難！仰縣出示張掛各處，海中蠣蛤魚蟹等利，許小民通行採取，有阻擾者，許百姓擒拿到縣，解道發落。張官置吏原為民，該縣力□□。/

巡海道潘批：從來海上之利，汪洋恣取。所謂不禁不竭，小民自然生活計也。曾何界限？有何冊米？而乃藉勢力以橫抽。今一帶□阻，若稱"五宦""四次"，不得以海內為田，即該縣痛恤民艱，通派課額，使漁□□□/佯於囂紛之外，自遂其捕釣之常。直快心事，永賴之矣。/

本府樊批：此議甚善。

理刑區批：每歎小民困苦，皆我輩冠進賢冠者禍之。讀詳，愈覺其然。且水族之利有幾？以相率而奪之，大官乃大漁也。私稅浮於國課，河泊亦難以供其貪。該縣議以通邑課額□□/通邑，誠為漁民寬一分之惠。任怨行之，在此舉也。

昔因各批到縣，奉蒙在案，合行勒石永禁。示諭通澳人等知悉：以後敢有宦干仍□私抽海稅者，許被害之人會澳眾解縣，依律究處，決不輕縱，頒示！/

崇禎六年歲次癸酉仲秋之吉。/

縣主熊老爺功德碑/

鄉耆黃奇珍、/王漢邦、楊復興、/曾惟德、劉直修、/黃君陽，澳甲黃盛恕、/陳興四、蔡允弘、/黃旋祺，漁民楊興、/曾武、王全、/林幾、劉庵、/黃可、黃幹、/謝□、王建周、/蔡時金、林進、/黃幹光仝立。/

碑存同安區洪塘鎮石潯村昭惠廟內。嵌砌牆上。花崗岩質，高210厘米，寬110厘米。楷書陰刻。部分字跡已漫漶。

明·邑侯李公生祠碑記

邑侯李公生祠碑記（篆書碑額）
邑□□父母生祠記（楷書碑題）/

賜進士第、奉政大夫、吏部稽勳清吏司郎中、協正庶尹、前浙江江西兩省同考試官，通家治生周家□□□；/

賜進士出身、光祿寺少卿、前三奉敕整飭常鎮兵備、巡視海道、分巡寧波、提督學政、湖廣按察司按察使、浙江布政司右參議、按察司副使，通家治生蔡□□□□；/

賜進士同出身、廣東布政司參議未任、奉旨予告、前湖廣道監察御史、巡按應安徽寧池泰廣德一州，年家治生林一□□□。/

甲子秋，/皇上御極之四年，父母李公治吾同已五載，政成，當覲行，士民皇皇以為是行也，公且以循良異等入應/新天子聰明喉舌之選，不復南來字我輩矣。我輩平昔怙恃之久，與夫今日依戀之殷，可若何？於是謀所以不朽公，並不朽吾士民所以不忘公者。議甫起，修□□□/冀□塑公像其中，士民雙擁，爭走余致詞，請余言記之。余將何以記公哉？舉吾頂踵之所沾受則近私，舉邑士民之所口播則近贅,舉諸當道之所交章則□□□/之外,更有循良。吾將舉其贅者,鄭國子之遺愛也,輿人誦之,曰"植田疇、教子弟",而大者乃在處強敵憑陵之衝,能出謀定慮,以身繫國安危。纍十年良吏,當□□□□/苦荒,濱海苦夷,又苦從夷,設有中材之長,得此如瓜傳舍,居之而息肩,去之蠢蠢者,不將為襄敏之禍。

始焉公之下車也,惠心介性,一見而開洞門,一試而□□□,/竟試之,而邑人無不出腹以示,俟公持赤心置其間,旱不為災,饑不為病,恃公之步禱施賑,有先民而動者也。紅夷張而公之嬰兒當戶矣,公奮然□女□□□□/外而多積粟,治戰守具實其中,日夕鰓鰓為萬有一虞,嬰城墨守之計。自以禦夷至者,一切糧餉、舟械、火藥之需,以至款剿諸大計,無不藉公密議,夷□□□□/多矣。識者謂自公涖同來,勵茹蘖而輓納溝,抑猾而扶良,其天性固然。至於遣大投艱,應卒制變,獨肩之而有餘力,則非其精神、材魄有大過人者,□□且□□□/勞可稱極瘁,忽而勾當公事,走郡省;忽而撫鎮監司,更番屯扎如織;忽而兵集糧隨,為度營鳩工,多方拮据;忽而直指學使,飛蓋踵臨;忽而鷺門信守,□□□□□/牘文裝懷𢘗慮矣。意元之一出,亦須沐食俱廢,公乃若談笑而了之。方員並畫,文武沓應,人忙而我閑,人叢脞而我條理,然且不受一隙之暇,輒郡邑□□□□□/奇,即壽之,本邑弟子無不思拂拭得一當者。公於植與教可謂兼之,而規畫防夷一節,邑父老至擬之為萬世功,雖國子所稱曷加焉。

古傳良吏,救□□□□□□/興學耳,究之有何奇,舉行其惠心,濟以介性坦然,使人共見,惻然與之相繫,就使時之所湊,不能與金粟爭生,與華夷爭旺,與文質爭運。然而為良吏之□□□□□/膚理間者哉!夫有良吏之經濟,而使人□口播之,贅也。士民播之而交章,因以同聲沾受,因以不忘,又贅也。然世有樹德於人而人能忘者乎?則田□□□□□/常,惟常故久。公從此登樞樹駿,一以今日之治吾同者奏之,而經濟在/廟廊,不忘又在天下矣,而要自同之不忘始,余將與士民共登載之,使後之人時時知有任明李公之治吾同,而以今日之不忘者,志不朽也。是為記。/

封官:林會卿、李夔龍、林宗載、周爾發、張廷拱。鄉紳:蔡復一、蔡獻臣、林釬、周家椿、劉行義。封官:黃蘭芳(第一欄)、蔣芳鏞、陳基虞、洪纖若、陳沃心、康爾韞、林一柱、張朝綱、黃仲瞱、胡明佐、鄭升、葉成章(第二欄)、蘇國翰、陳一經、洪日觀、陳文瑞、劉夢湖、陳昌文、蘇寅賓、盧經、陳如松、陳則采、王□顯(第三欄)。舉人:范方、林志遠、陳瑞、林翼定、李雍、董文衡、洪仲基、張若綱、張珌(第四欄)、林龍采、康士尊、李敷明、陳綱、劉廷憲、郭浚聲、吳起元。選貢:葉應春。武舉:莊紹廣(第五欄)、周廷相、蔡鼎臣、陳鍷、林炳、陳春。監生:王軒、王軸、林瑋、陳錫、許國楨、李芳寅(第六欄)、李際榮、李偕龍、蔡學光、蔡曦光、郭應運、許國光、許國炳、蔡謙光、林一岩、吳應麟、葉麟□(第七欄)。生員：蔡孚光、劉辰輔、林宜棟、林謙涉、蔡定光、吳大光、周士夔、陳元鑛、胡肇詵、林宜杓、林謙勞(第八欄)、薛暹、葉采、張蘭、許鉞、陳玨、王輬、陳璧、康湯、張炘、林閱、郭綱(第九欄)、周奇昭、吳升元、林宜楫、陳元錞、王復亨、胡超宗、蔡大騰、林謙得、林謙則、郭叔琳、黃春元(第十欄)、洪宗熙、張雲衢、張廷沃、張廷撰、張伯輅、陳世忠、陳世茂、陳世胄、陳堯憲、陳則虞、李秉直(第十一欄)、劉奇琬、薛喬樹、劉尚鼎、蘇國蘭、林一烓、胡肇武、林一樞、蘇國袞、蘇運昌、郭維豐、陳偉文(第十二欄)、陳中玄、蔡殿甲、劉坤、李之綱、劉廷鑒、胡本岳、鄭應參、黃道炳、紀璜、丁以載、鄭庚生(第十三欄)、郭士瞻、蘇君智、洪化龍、黃國瑞、周勤修、陳從園、池顯親、呂基昌、陳鎔、郭守一、郭貞一(第十四欄)、劉振璣、吳為光、王嘉馮、陳道元、劉恢猷(第十五欄)。義民：郭甫敏。義官：吳必邁、李玉昆。把總：葉大經。大使：李挺秀。經歷：薛應春。主薄：吳必遴。醫生：郭應朝、呂興周、林士機。會司僧：圓絡(第十六欄)。郭興彥、鍾弘鎮、葉允夏、何質黯、許應魁、蘇君義、陳文煥、葉光相、黃道志、趙啓亨、曾貴明(第十七欄)、倪景、李炳、蔡浦、吳聘、鄭寧、楊贊、陳珠、莊義、葉元、陶捷、陳益(第十八欄)、陳學為、孫時常、鄭國珍、黃茂瑞、石兆輝、張世進、葉維纘、柯吉夫、洪文榮、陳澤蒼、許廷舜(第十九欄)、曾永成、郭文確、陳大遴、王宗傳、周敬仲、李孟拱、周奇華、柯吉從、謝幡然、黃興田、周侯位(第二十欄，以下為水泥路面所蓋)。

　　碑存同安區大同街道碧岳社區。花崗岩質，高220厘米，寬114厘米，厚18厘米。楷書陰刻。基本完好，下端略有風化。

明·司李姜公署同捐俸振飭四事碑記

司李姜公署同捐俸振飭四事碑記(篆書碑額)
司李姜公署同捐俸振飭四事碑記(楷書碑題)/

　　今上御極之十三年，屬精牖戶之謨，以修、練、儲、備四事著為令，/頒行天下郡縣，諄諄誠諭，大小臣工悚惕有加，而吾同適借/司李姜公視篆，朝夕恪勤，不遑食寢,即風雨而櫛沐之不啻也。事竣,邑士民父老相率請臣為□記,臣老□□而欣然受簡。夫崇墉濬溝並牧有伍,積倉腴而除戎器。凡有民社之寄署宜然,且飭弊厘新,加□□/聖天子之明命,誰敢不恪恭乃事者?此何以記公哉?曰:"公之集事與人同,其茹檗飲水,□竭而□瘁者與人異。記雖不足以盡公,然得其大而萬可舉也。"

夫祥刑之職□,本屬我以糾飭萬民,宜多凜冽。公以廉□□/而法周官,嘉石之上無頑民,□石之上無冤民。革薄從敦,惠化七邑,民不知鞭刑之在官也。職府篆則吏□□,聞赤子自不忍後其輸將,搜羅試士,推惡留良,設處解糧之費,且厚其賞,又不動正供,民不□/有徵督與行役之苦也。觀防海疆,□我索預,給餉而厚犒。鼓其後,敵憚以作,□□不起,全閩賴之,民不□有萑苻之為警也。署糧篆□餉完徵,人不忍負,設法以解,一如府焉。借冠於惠,謳歌載道,惠人□/自有□。來撫吾同也,威鳳□鸞,□□□不貴兩劑之明,徐動□蒙於自□儲水□舍,塞寶城隙,免□行之科,而頌吟在巷,恤疵厲之孤而無與庫金,設法解餉,亦一如府焉。乃四事之功,期日董成。公傾俸/□人百金,給□□需,為練為□,□□□□,民又不知有所徵發與經費□□。公夜半飲露,未明澍雨,以加惠元元,豈可勝書!獨如解糧之費,至於城池之役,公已急矣,而民不病,則其餘之竭心血為吾/民,藹公何如乎!□一身而□、而□、□惠、而同,兵刑錢穀糾紛不一,公不動聲色,而□力其帝□圓映,前後左右之皆□耶?車轍所至,歡聲隨之,其泰山之雲,□寸觸石,隨地成霖者耶?

夫今東襲西訌,□/□□之宵旰□□其故,皆已無以為生,□亂□矣,而恩素不及民,又誰與出吾力以□亂?即專□公之綢繆四事而言,同□□多不虞,而際年來凋瘠之後,帑藏告竭,徵收促迫,□一儲胥不給,足以敝民而有餘。/公□□已□之經營不廢,不□,而難□□□□塈□若子弟知兵句□樹餕□□,自捐俸佐以赤子樂輸,未嘗動官帑一文。不費之美與不怨之勞,交頌於道途。同之父子兄弟從今得推席者,固/聖天子之□賞,公之賜也。□□斯事,固已□吾同於千萬世,況又種□罩數為□,赤子其能忘者乎?念天下字民者而能若公,則亂烏從生?縱生亦撲滅之不旋踵,又何憂於□爾之夷寇,而皇皇然費舉朝之集/□哉!昔□尹氏論城郟,謂夫子守在四夷,又歸於親其人民。仲山甫□□方蒸民□,其保天子而□爵將王命,□□□海衿之□之,/親人民而□鰥寡也。於夙夜斯事而□□焉,則/□□□□數人可□四夷,而□公第出其治同一節,而/一人可保,天下可治也。異日回仕,□□入補/京職,清風之頌,必有繼吉□而作者。

公諱應龍,字鳴雷,別號青門,崇禎丁丑進士,直隸河間鹽山人,浙江紹興府餘姚縣籍。分位則縣丞儲至粹,湖廣靖州人。永寧衛經歷、署典史談高祜,直隸常州府無錫縣/人。峰上司巡簡熊時賢,江西南昌府南昌縣人。董役則太學生陳春、李從龍、蔡曦光、洪朱祉。/

賜進士第、中大夫、光祿寺少卿、前三奉/敕□飭常鎮兵備按察使、提督浙江學政副使、巡海道右參議、禮部儀制主客司郎中,通家治生蔡獻臣撰文;/

賜進士、嘉議大夫、太常寺卿、前太僕寺卿、太常寺少卿、戶科都給事中、入侍/經筵、刑科左給事中署巡□□科右給事中、兵科給事中管存□、戊午江西同考試官,通家治生林宗載書丹;

賜進士、中憲大夫、廣東按察司副使、奉/敕分守嶺東道、前南京刑部陝西清吏司郎中,通家治生陳基虞篆額。

時崇禎庚辰孟冬吉旦立。/

闔邑鄉紳:/戶部/主事林鳳儀、大理/寺丞葉成章、□□盧經、兵部/主事張朝延(第一欄)、吏部/進士郭貞一、兵部/主事盧若騰、助教范方、布政劉行義(第二欄)、同知洪日觀、參議蘇寅賓、知府黃其晟、同知蔡洪暉、訓導陸起龍(第三欄)、知州陳如松、同知陳大廷、用知蘇國□、知州張琬(第四欄)、知縣蔡國光、知縣陳文瑞、知縣陳瑞、知縣葉翼雲(第五欄)、知縣林廷輝、知縣王廷蓋、知縣許逵翼、知縣林龍來(第六欄)、林志遠、張灝、張儼、劉廷憲(第七欄)、池顯方、宋貞夫、吳起元、康五雲(第八欄)、張瀚、劉展楫、陳鼎、辛一鷺(第九欄)、李敷明、洪國祺、楊期演、蘇國□(第十欄)、林方春、陳觀泰、林總師、□□□(第十一欄)、鄭千秋、張丹詔、顏□春、楊□□(第十二欄)。貢生:葉士坤、蔡鳳翹、周士龍、陳□□、高□□(第十三欄)。監生:王袖、陳元□、陳士宰。生員:蔡□甘、陳元靜、林元□(第十四欄)、陳□閣、張香楠、張□、洪濤、洪敦棣、陳□梅(第十五欄)、李玢、蔡學光、劉震仁、蔡酥、林□觀、王光庇(第十六欄)、顏輝祖、蔡岸、張茲仿、李志遠、林嘉采、蕭冰卿、蔡大壯(第十七欄)。冠帶鄉賓:陳懋顯、蘇國熙、葉瑩、葉坤堂、曾以葉、李興美(第十八欄)、周驥、杜摶萬、杜振南、蔡啟志、錢啟寒(第十九欄)、陳懷臨、陳璋、林賓廷、許贊宗、魏勳(第二十欄)。

同安縣儒學署教諭事、舉人陳良三,實授遊擊都指揮僉事、管浯銅遊擊鄭彩,題授都司僉事、管水標□□□,□軍門□下永福標把總周澤,團練總葉聚興等同立。

碑存同安博物館內。嵌砌牆上。花崗岩質,高218厘米,寬90厘米。楷書陰刻,磨損嚴重。

明·守道施爺惠民德碑

守道/施爺/惠民/德碑（行楷碑額）

　　海澄縣三都大觀□□山，任士庶樵□□土海，資鰥嫠朝夕活命。孰與長嶼對峙，水潮至，匯為巨浸，然洽如帶；水汐時，□民□□□採，□/東北一□，自大埭至倉□等處，已經柯侍御立碑，散給貧民。其西南一帶，自世井、蝦嶼至蔡坑、凍水等處未□立碑，以故□□□□□/生員蘇文錦□利圖占，被約正溫□鐫、洪槐等赴縣公呈，□□傅爺鈞批：既屢經示禁，安得復行占奪？即出示立碑，永為公地。□□□□/蒙鐫石焉。

　　文錦之族有蘇式者，效文錦故智，藉口宦族溫雲□買賣，鹿指徐朝民地，採壹斗六合為海泊。□其始也，□一中□□□□□/堰種蠘，貧民不得採取。於是，鄉老民溫耀、□丕志、林住禮、林萬成、黃昆等赴/施道爺呈懇□立石，□都有觀山二十八侖，帶海泊一望。《清漳舊誌》原為官山官海，聽民樵葬採取活命。詎蘇式等自世井、蝦嶼到蔡坑□/處間築□池，擅塞官港，薪菽不通，貧民採取無路，鰥嫠□嗟。

　　天臺巡宣海司嘉意，窮民乞鈞批發縣勒石，永杜占害，恩光上呈□□□，/施道爺鈞批："□□縣查為勒石，繳蒙本縣□金爺明□不許逾越，運入□詳解道。"道爺當堂鞠審："得泥泊原係公地，非得擅自□□□□/□又買自溫，但據溫之賣主□自蘇。萬曆二十五年溫玉□固欲得此泊，以其近蘇門首也，故蘇主等立契賣之，但共貳畝，其□敢以全泊/之王宇□貳畝之泊□雖價買，眾不必與爭，貳畝□□外□□共式不得獨擅，該縣仍與釘界，以杜爭端。"

　　又蒙金□嚴批："查□□□□/何得以□至浸□，如不究追已往，亦屬幸矣。嚴着地□人等速從公定界二畝額，保正黃士奇、鄉耆林振裕□賣主蘇□經到楊港口/□丈量二畝，每弓五尺，橫十五、直四，七八弓釘界，回報成案。"

　　但式霸山占海，歲至千金，又方廣布，復告之。前任布政司批縣，復蒙金爺/□□□前□亦立碑。式懼，碑成橫占不道。十二月□□日，當□文錄應□□等執械碎碑，趕殺石□高，遂幸逢施爺升本省福建布政□/海□□□海□□。李丕志等□□請□地匍告碎碑橫□，當茲蒙本縣金爺鎖□蘇式，呈□勒石,二畝訂界,餘公地任民採取。□海□□,/惜歌載道。□昔故偶占:終歲了無半□之資,今散公□;一朝適有斗米之餘,使我死可送也。山有不禁之土,生可嘉也;海有無□之利,/功□以□。此其□/施爺□,□知□□,德清□□。滄海長流,相□感君。□記之以志不朽之盛事云。/道爺諱□曜,□四明,浙江紹興府□□縣人。/

  監生:溫爾惟、壽民。生員:蔡□□、□□□……(以下人名磨損殘缺)。典史:陳國輔。

  崇禎拾□年陸月　日,士民仝□。

  碑存海滄區溫厝社區慈濟北宮內。花崗岩質,高180厘米,寬80厘米,厚13厘米。楷書陰刻。中部橫斷成兩半,已修復。字跡多有漫漶。

明·頌崇明伯甘老爺功德碑(殘)

頌崇明伯甘老爺功□碑(楷書碑額)

  賜進士出身、中議大夫、太僕寺少卿、署工部右侍郎事、加二級、加祿一級、掌河西道□巡按、浙東雲南道監察御史/□□□□、藩前□□□□□,年通家眷弟郭貞一頓首拜撰。/

  □□□□□□□□□禁□民兵保大定功安民和□□財然而難言矣。治亂之際,皆天也。今若天飄風苦雨,湊湊而至者,此天之所以罰百姓之不/□□□□□□□□□□□□□□□□□□之倫,又欲與我爭此土也,宜不憚徵□,以固吾閩。□其有餘力,不以相勞焉。古之善醫者莫如扁鵲,聞周人愛□則為/□□□□□□□□□□□□今民氣何如?睨其色則謙,察其胜則中,□此其老少無病也。知其病,必求所以治其病者。以余所徵於□□□□□□□□□/□□□□□□□□□□□□□□,竊思而歌舞之也。去歲大師北伐,/賜姓出□□□□□□日□巡□撫稽民之所疾苦。時禾山五澳,久以梢手為憂。夫民不盡漁也,當其無有舟之用。如高岐,固五澳中之一耳。備舟者亦備梢手/□□伐□□□□□□□□□百餘金而他澳乎?是顧□有告謁者不虞□君之涉其地也。於是高岐之民畜之,而□君識之。比及師歸,而□君□

之而□□□/□公□之□□□□□□□□賴以蘇,況百姓既感□□□/□□□□□□□□□□□□□□□□也,撰而表於道左,余乃揖父老而問之曰:凡若之所為□□□□□□□□□□□□□□□□□□□□□□□□□□□□□□/□□□□□□□□□□□□□□□□□□上大□□曾云:吾儕小人,聊以存明朔之□云爾。余又曰□君任德他澳若□□□□曰□□之澳□□/□□□□□□□□□□□□□□□□□□□斯□□繭絲之□□□□□□之□□楊□□□□□□□□□□□□□/梧船戶□□,林□、/林□、林進、林君、林芳。

　　碑存湖里區高崎萬壽宮前。字跡大半已殘損。花崗岩質,高239厘米,寬85厘米,厚17厘米。楷書陰刻。此碑當刊於1658年前後,時鄭成功"大師北伐"。甘老爺即鄭氏部將甘輝。郭貞一,亦鄭氏幕僚。

清·澎湖陣亡將士祠捐金置產碑記

　　提憲藍公於萬石中岩,建澎湖鏖戰從征奮勇死事將士之祠,捐/金置產,以崇祀典,勒諸玉笏石,以昭永久。其詞曰:"天錫忠勇,虎奮龍驤。倡愾犁鯨,血戰拖腸。戡定澎臺,四海威揚。/帝獎魁功,元戎授鉞。提封全閩,推恩壯烈。建祠崇俎,妥侑憑依。/浩氣轟雷,英魂霄碧。風車雲馬,聲聞殺賊。捐置祀田,蒸嘗永錫。/凡列征行,歿存載德。肘金腰玉,滿床貯笏。銅柱峴碑,岩瞻巨匹。"/

　　計開:一、田一丘,受種貳斗,坐後埔社口;/一、田一丘,受種壹斗,坐本社溪下;/一、田一丘,受種三斗,坐本社溪西;/一、田一丘,受種貳斗,坐本社雲頭;/一、田二丘,受種三斗,帶灌注一口,坐劉厝下。以上/田共六丘,受種壹石壹斗,季載租玖石,係後埔社李諱庚甫契賣/藍府,施入中岩將士壇香燈,其田係李家承佃,每年定限貳石付李家完糧、種子諸/費。勒石不朽。

　　康熙五十三年二月　日,重興中岩末衲果立石。

　　石刻位於中岩大殿右側"玉笏"石上。高182厘米,寬161厘米。楷書陰刻。現狀完好。

清·康熙重修高士軒碑記

今上五十一年,/詔天下澤宮進夫子位於/十哲之次。珍叨蒞茲邑恪/襄巨典,既乃命工依主塑/像,仍古制也。考夫子過/化茲土,築高士軒於公堂/西偏。歲久頹廢,按以圖牒,/遺址在焉。爰捐俸庀材,復/軒之舊觀。夫夫子之道/屈於一時,伸於萬世,原不/繫乎軒之存亡。然而道脈/備存,心源可溯。學夫子/之學者高山景行,孰不興/懷?況於其布政臨民、藏修/遊息之所乎!工既訖,珍亦/以乞養歸里矣。慮斯軒之/難久存也,敬志數語以告/來者,使續而新之,庶茲軒/之不朽云。/時康熙癸巳仲夏之吉,長沙/後學朱奇珍謹識並書。/

碑在同安區原縣政府大院內食堂外牆。嵌砌牆上。花崗岩質,高49厘米,寬136厘米。行書陰刻。現狀完好。文後鐫印"朱奇珍印""慕亭"。

清·雍正重修高士軒記

重修高士軒記(行楷碑題)/

吾幼時入家塾讀《近思錄》,或問性理諸書,即/知開閩學之源者,為/文公朱夫子。夫子初仕同安主簿,不嫌官卑/祿薄、斯民之不可教誨,一以正己,率物為任。/官舍之西北隅有一軒,因更名為高士軒,以/為簿書燕休之所。作記云:"軒雖陋,高士或有/時而來。"後兼領縣學,其諭諸生有曰:"學校之/宮,有教養之名,而無教養之實。學者挾策而/相與嬉其間,其傑然者乃知以干祿蹈利為事,/至於語聖賢之餘旨,究學問之本源,則固乎/莫知所以用其心者。"是時,夫子宣化於同,/多士興起,編氓感格,且道高德厚,垂範百世。/至今吏民過舊居者,無不肅然生高山之思,/而懷棠蔭之感。余於雍正七年冬,承乏茲邑。下/車之始,覽縣誌、訪先聖賢遺蹤,覓所謂高士/軒者而不可得。問之吏人,則知其老屋三間,/木主棄毀,為公家積貯倉糧之已久也。越明/年冬,乃建新倉,遷其貯穀。九年春二月,捐俸/以修葺之,築牆周其前,再設神堂,供木主於/其上。擇月之吉,率縣教諭張君暨諸生同釋/奠焉。高士軒既在簿廨之西北隅,而今鄰於/縣廨西偏,其舊址殆不可深考。先是,康熙五/十一年,長沙朱君來宰是邑,命工重建,依主/塑像於此地,去今纔二十餘年耳。以夫子/道德之尊崇,/聖朝進位於十哲之次,非不甚盛也!而其遺容/故跡,忽焉已不可問,此豈非為邑宰者之/責任耶?吾得以勿勉乎!為語同人,可交相/勸勉,登其堂而德容如在,讀其書而當志/夫子之志。由夫子之道,夫子之不我欺夫同已久矣。/

雍正九年歲在辛亥三月下浣,知同安縣事、紫池後學蔣廷重敬敘。/

碑在同安區原縣政府大院內食堂外牆。嵌砌上牆。花崗岩質,高48.5厘米,寬141厘米。行書陰刻。現狀完好。

清·乾隆重修高士軒記

宋紫陽夫子於紹興二十有六年主同安縣簿,於/署西北隅作高士軒,為生徒講學。地志載:有屋二/十二間,規模亦弘闊矣。其後湮沒,制度無存。/國朝康熙五十二年癸巳,前令朱君諱奇珍於大堂/之西作軒三楹,顏以高士,塑像而釋奠焉,誠景仰/先賢之勝舉也。及今三十年,復就傾圮,且逼近豻貐,/似覺非宜。芬於乾隆之辛酉,奉調茲邑,敬與二三/友人捐俸,仍移於西北隅之故地,葺而新之,加以/廟門,周以牆垣,昭嚴肅焉。夫/夫子之道在天下,如日星之昭著,非敢謂此區區之/地,足以係其/靈爽,聊以繼朱君景行之志云爾。敬錄高士軒原志/於右。記曰:/

同安縣主簿廨皆老屋支拄,殆不可居。獨西北隅/一軒為亢爽可喜,意前人為之,以待夫治簿書之/暇日而燕休焉。然視其所以名,則若有不屑居之/之意。余以為君子當無入而不自得,名此非是,因/更以為高士軒。而客或難余曰:"漢世高士不為主/簿者,實御史,屬漢官御史府,典制度文章,大夫、位/上卿、亞丞相。主其簿書者,名秩亦不卑矣。彼猶以/為浼,已而不顧焉,故足以為高也。今子僕僕焉,在/塵埃之中,左右朱墨,蒙犯箠楚,以主縣簿於此,而/以高士名其居,不亦戾乎!"余曰:"固也,是其言也!豈/不亦曰:'士安得獨自高,其不遭則可無不為已乎。'"/余於其言,蓋嘗竊有感焉,然亦未嘗不病其言之/未盡也。蓋謂士之不遭,可無不為。若古之乘田委/吏、抱關擊柝者焉,可也。謂士不能獨自高,則若彼/者,乃以未睹夫高也。夫士誠非有意於自高,然其/所以超然獨立乎萬物之表者,亦豈有待於外而/後高耶?知此則知主縣簿者,雖甚卑,果不足以害/其高。而此軒雖陋,高士者亦或有時而來也。顧余/不足以當之,其有待於後之君子云爾。客唯唯而/退,因書之壁以為記。/

乾隆八年歲次癸亥孟冬十月下浣,知同安縣事、/後學鐵嶺李芬敬識。/

碑在同安區原縣政府大院內食堂外牆。嵌砌牆上。花崗岩質,高46.5厘米,寬135.5厘米。行書陰刻。現狀完好。2012年出版的《同安文物大觀》記當時所見僅兩通,李芬此碑為其後在原址所發現。

清·唐侯功德碑

唐侯功德碑（楷書碑額）

三魁大坑塹於中途,原有橋埤以通來往,以備旱乾,然而圮毀矣,不紀何年。詢/之遺老,咸無識者。其西南一片高原,久為石田。/邑主唐侯顧茲贏者,甚惻之,思興水利以潤高田,宜造橋樑以濟車馬,捐俸命/匠營建斯橋,仍召三魁居民諭修廢壩。愛育至意,溢於言間,民欣趨之。匝月而/成,從此灌溉有藉,厲揭無憂,方之河潤何多讓乎！視彼興濟實有光焉。竊仿蘇/公堤遺意而顏之曰唐侯碑。因為之頌,以志不朽。/

頌曰:"侯蒞茲邑兮撫善除殘,侯施仁政兮物阜民安。/侯傷周道兮橋壞狂瀾,侯徵重茸兮寨裳無嘆。/勸築廢埤兮濟旱續乾,膏吾磽瘠兮勒石書丹。/恩澤浩蕩兮如水漫漫,聲聞並著兮視此不刊。"/

雍正癸丑年蒲月穀旦,三魁合鄉仝立。

碑存翔安區內厝鎮沙溪村教學堂邊。花崗岩質,高142厘米,寬69厘米,厚10厘米。楷書陰刻。現狀完好。

清·豪山祈雨道場題刻

　　秋成在望,靈雨未零。/遍伸莫瘥之文,未叶滂沱/之應。聞昔紫陽祈雨,遺/跡猶存;比乎唐令踵行,甘霖立沛。乃偕營屬,用/衣神民。步行而去,戴雨/而歸。遂使大有興歌,豐/年志慶。洵山靈之蘇兆/姓,爰勒石以明千秋。/
　　時乾隆乙丑年仲秋穀旦。/同安營參將黃正經、同安縣知縣張荃、/千總施鳳、/教諭趙鵬蟄、/守備陳朝行、/典史沈濟世/仝立。

　　此摩崖石刻位於同安區新民街道豪山咸元洞附近。字幅高90厘米,寬130厘米。楷書陰刻。現狀完好。

清·海澄邑侯汪公惠民泥泊德政碑

　　澄邑/侯汪/公惠/民泥/泊德/政碑(篆書碑額)
　　海澄邑侯汪公惠民泥泊德政碑(楷書碑題)/

　　澄地濱大海,所在多藉海泊為生。縣治之東北有長嶼,孤處海中,環四面皆水,無半畝耕穫之利,資泊尤亟。明初,柯、李兩姓應/戶部給由來此土,始率族培種,用供公賦、資民食,隆萬間苦鄰豪蔡姓之侵,訟於觀察陶公,命二守沈公鞫之,置蔡於法,/嚴之界,凡附於長者悉以俾長民。鄉賢柯公挺勒石紀其事。自是豪右斂跡,民安其利者百餘年。越時既久,故習復萌,以眾/暴寡,莫敢誰何。先伯刑部公五福宦京師,未遑申理。迨乾隆間,蔡姓橫侵愈甚。於是,族弟六宜及柯君熏控於官。邑侯/汪公親履其地,覆勘得實,遂按界申禁,還其舊。為惟強弱相凌之風竟矣。澄稱鄒魯邑,柯、李皆宦族,文物甲三都,特以人少而/見侵,其他可知。

　　夫因俗立政,存乎法;隨時救弊,存乎人。自沈侯以來,年久令弛,遂有我公起而慕之,鋤暴安良,俾僻滋窮/黎亦得藉自然之微利,以贍其生。信乎善作者必有善成,善始者必有善繼。我公之德直與滄海長流矣。詩曰:"不侮鰥寡,不/畏強禦。"請為我公頌。又曰:"樂衹君子,德音不已。"請為我公禱。

公諱家球,別號容軒,丁巳進士,浙江錢塘人。/
賜進士第、禮部儀制司主事、加二級,治年家□□□□□。/
賜進士第、知河南光山縣□□□□□□。/
□□□□□□□□候選參軍李五品、柯理、李六佐、李君長、/□□□□□□□□□韜、柯用適、/□□□□□□□□□行、李六吉、李六衍、李聖徵、李六卿、柯用鈺、/□□□□□□□□、李七明、李天培、李七箴、李在堂、/□□□□□□□□、李六將、柯用梅、柯用基、李從龍、李世登、李世澤、李世輝、/□□□□□□□萬、柯秉貞、李應祥、李梓、李□華、李超然、李明達、柯樹盛等仝立石,並錄縣主讞語於左:/

勘□□□□□□應踏勘繪圖、詳覆、給示禁止。嗣蔡佳等仍前越界採捕。復移查訊議詳,/乃蔡□□□□□□現有水港一道,蔡姓越至港東,稱"柯、李、蔡三族公立石磧為界"等語。夫/海中潮汐□□□□族公定,亦當勒明"某姓泊界"字樣,或呈官立案,或合約為憑。今一無確據/而所開"族長□□□□同立磧"之事,其為蔡姓自行設立,藉詞妄占,已自顯然。時值封篆,始寬/免究。當分三而□□□□屬蔡,各照定界為業,取其二比,遵依備案。毋得再行混爭,干咎此案。/

乾隆拾三年□□□日,李六禮、李六陽鑴。
柯、李應分海泊,載在碑邊。特白。/
[碑側]長嶼五甲海泊,柯姓得壹分,李姓得肆分,永遠遵守。特記。

此碑原在海滄區東嶼村,2017年出土時已斷裂,剩餘4塊,中部缺失1塊。花崗岩質,原高120厘米,寬59厘米,厚12厘米。部分字跡已殘缺。今移置海滄區金沙書院內保存。

清·建黃亭小引

昔歐陽永叔、蘇子瞻嘗寓圓通寺,後寺僧建歐亭、蘇亭以志山/門盛事。蓋地因人傳,至今長垂不朽焉。乾隆辛酉間,/荔崖黃公讀書此寺,晨夕盤桓,飫聆元理。洎丁卯官中翰,己巳/遷選曹,癸酉轉庫部,歲歲音問不絕。但燕閩萬里,雲樹迢遙,向/時朗月清風、迭難月松辯義之事,渺然不可復得矣。今幸林下數載,/爐香茗碗,重話三生,而官檄頻催,豈能久留於此?倘再出山,不知會晤又將何時也。因構是亭,額曰"黃亭",繼歐、蘇往跡以致瞻/戀之懷,庶儒雅風流長耀山門,而圓通盛事復見於斯,是亦茲/寺之厚幸也夫!/

庚戌孟秋,住持僧月松謹識。

石刻位於廈門市天界寺大殿後巨岩上。高300厘米,寬137厘米。楷書陰刻。現狀完好。

清·同安縣知縣吳君功德碑

功德碑（楷書碑額）

同邑鹽政自歸縣理,民始安生。本年馬巷館辦葉光宗等倚強濟奸,摻沙短秤,勒派婪索,四民推楊□芬、林□□□□□/青天廉明太老爺吳批准出示嚴禁,並拿葉光宗等究處,旋經審出情實,將葉光宗等重責收禁,比□□□□□□□□,/亦甘棠之遺意云。/

特調泉州府同安縣正堂、加三級、隨帶紀錄八次、記大功一次吳,為抗憲閉糴、婪□等事。據鄉老林同等呈稟,馬厝□□□□/泥扣克,以四十五觔至五六十觔為百觔,按季無單勒派,每戶或一二百觔至以四百觔不等,仍索現錢,鄉民□□□□/葉光宗、陳瑞、陳適並陳元等究處外,合行出示嚴禁。為此示,仰該館辦、巡等知悉:嗣後務須公平足秤,□□□□□□□/前不遵憲令,定即按法痛究。本縣言出法隨,各宜凜遵毋違,特示!/

乾隆三十年七月初十日給民安里馬厝巷。/

鄉賓蔡國輔、監生林三捷、貢生林應日、老農林一和、照理康佛生、監生林雲祥、監生朱孔昭、老農洪元彬（第一欄）、□生洪光偉、鄉賓朱士慶、鄉賓蔡元德、鄉賓朱友邦、監生洪君澤、監生林玉、監生林乾、監生洪廷對（第二欄）、監生王大□、鄉賓朱士□、鄉賓黃世□、鄉賓魏國□、鄉老洪元□、監生王長□、監生林應□、監生林占梅（第三欄）、監生林惠廣、監生洪廷□、貢生□□□、監生□□□、□吏王建章、監生黃光祥（第四欄,下缺）。

碑存同安博物館內。嵌砌牆上。花崗岩質,高213厘米,寬56厘米。楷書陰刻。下半部嚴重風化,不能辨讀。

清·邑侯劉功德碑

邑侯劉功德碑(篆書碑額)
特授同安縣、加一級劉諱興元、蠡縣進士,判明聖果院祠業讞語。/

審得貢生王思奇以怨控搶殺等詞,告僧百壽等也。緣奇祖所置祠租叁拾畝,付與聖果院,為供僧、香祀之資,歷來/已久,嗣被前僧盜賣。迨海氛既靖,王姓公捐漸次贖回拾捌石,仍延僧住持,租付僧收奉祀,斯亦善承先志者也。惟/因近延數僧,俱鮮克厥終,而百壽之師覺成,前年懇付住持。思奇等恐其復蹈前轍,曾與立約為質,內開有"僧得食/不得管,王得管不得食"等語,彼此牽制,無非杜盜賣之漸耳。詎覺成師徒住無二載,輒萌覬覦之心,盡佃吞占。思奇/理較赴控,百壽又膽敢逞兇截毆,不法極矣。庭質之下,據覺成等狡稱為寺業,幾亂聽聞。詰其執何為憑?則一無確/指。及質之王思奇,則不特供情理直氣壯,且驗有贖契、碑約並糧附,昭昭可據,其為祠業而非寺租也,明矣。百壽不/遵戒律,毆辱斯文,應予重杖示儆。其覺成師徒既不為檀樾所容,勢難復居此院,應聽王姓另延別僧主持供祀,永/不許覺成等復涎聖果院祠業,再起爭端可也。免供立案。/
康熙伍拾捌年捌月十四日,吏房承行。/
僧百壽不法,復訴/督憲,蒙/督部院覺羅滿批:"糧非僧納,則田非僧業,已明。仰將覺成逐退,聽祠主另行召僧居住,可也。"/
並勒縣誌:/聖果院在縣南豪山西,肇基於唐,以泗洲名。後因臘月生龍眼,故名聖果院。/元,鄉耆士王西壽、王君重新之,構祠西偏,捐業給祭。子西隱,孫廷佐、締輯落成之,復捐業充祀。/元張仲復為碑記之。明邑人劉汝楠、康爾韞皆讀書其間。/
計開:祠田叁拾畝,坐垾壟、東埔壟、石鼓後、奉仙洋處;油園地基壹所,坐東埔壟頂;魚池壹口;/祀地的種柒石伍斗,坐聖果院前後左右,東西俱至田,北至屯地,南至橋路。/
時乾隆肆拾玖年歲次甲辰梅月穀旦,裔孫甫德、甫朝、甫恭等敬立。

碑存集美區後溪鎮珩山之聖果院內。嵌砌牆上。花崗岩質,高202厘米,寬91厘米。楷書陰刻。現狀完好。

清·御制剿滅臺灣逆賊生擒林爽文記事語

御制剿滅臺灣逆賊生擒林爽文記事語(楷書碑題)/

平伊犁、定回部、收金川,是三事皆關大政,各有專文勒太學;誅王倫、剪蘇四十三、洗田五,是三事雖屬武功,然以內地懷慚弗薌其說,至於今之剿滅臺灣逆賊,生擒林爽文,則有不得/不詳記顛末,以示後人者。向之三,予惟深感/天恩蒙厚貺;次之三,予實資眾臣之力,得有所成。若茲臺灣逆賊之煽亂,乃卒然而起兵,出於不得已而又不料其成功若是之易也。

蓋自康熙二十二年平定臺灣之後,歷雍正逮今乾隆/戊申百餘年之間,率鮮卅歲寧靜無事,而其甚者,惟朱一貴及茲林爽文。朱一貴已據府城、僭年號,林爽文雖未據府城,然亦僭年號矣。朱一貴雖據府城,藍廷珍率兵七日復之,不一/年遂平定全郡,林爽文雖未據府城,亦將一年始獲首渠、平定全郡,則以領兵之人有賢否之殊,故曰事在人為,不可不慎也。林爽文始事之際,一總兵率千餘兵滅之而有餘,及其蔓/延猖獗,全郡騷動,不得不發勁兵、命重臣,則予遲速論所云,未能速而失於遲,予之過也。然而果遲乎?則何以成功?蓋遲在任事之外臣,而速在籌策之予心,故始雖遲而終能成以速,/非誇言也,蓋記其實而已。若黃仕簡、任承恩初遲矣,而予於去年正月即命李侍堯速往代常青為總督、辦軍儲,常青往代黃仕簡,藍元枚往代任承恩司剿賊之事,而郡城與仕簡,弗/致失於賊手,是幸也,是未遲也。黃仕簡、任承恩既至臺灣,南北互相觀望兩月餘,遂至與賊以暇,日以滋蔓。幸予於正月初旬值李侍堯入覲,即命往代常青為總督,而命常青代黃仕/簡,又隨命藍元枚代任承恩。是以郝壯猷於三月初八日自鳳山棄城敗歸,立即置之於法。常青適於初九日到郡,整頓兵威屢挫賊鋒,郡城得以無失。/使常青不即到,則郡城必失守,仕簡或被/賊獲,皆未可知,是始雖遲而實未為遲也。

即而常青祇能守郡城,藍元枚忽以病亡,是又遲矣。而天啟予衷,於六月即自甘省召福康安來熱河,授之方略。八月初即命福康安、海蘭察率百巴圖魯及各省精兵近萬往救諸羅,是又未遲也。常青雖固守郡城,未能親統大兵往救諸羅,藍/元枚正籌會剿,旋以病亡。又幸予於六月內早/令福康安來覲熱河,即命於八月初二日同海蘭察率百巴圖魯、侍衛、章京百餘人馳赴閩省,並預調川、湖、黔、粵精兵近萬人,分路赴閩。維時諸羅/被圍困日久,糧餉、火藥,道梗不能運送,若非天啓予衷,及早命重臣統勁旅前往,幾至緩不濟事。是常青等救諸羅雖遲,而於所料亦未為遲也。

福康安等至大擔門,開舟阻風,風略/定而啓行,又以風遮至崇武澳,不能進,是又遲矣。然而候風之際,後調之兵畢至。風平浪靜,一日千里,齊至鹿仔港,是仍未遲也。福康安到廈門,於十月十一日自大擔門開船,被風打/回。十四日得風,駛行半日,又以風遮至崇武澳停泊,似/覺遲滯。然當此候風之際,四川屯練二千、廣西兵三千俱至,西風亦適利,遂於二十八日申時放洋,至二十九日申時,兵船齊抵鹿仔港。千里洋面,一/帆直達,其餘之兵亦陸續配渡。福康安率此生力之兵,旬日內頓解諸羅之圍,繼剿賊巢,生擒逆首,是未渡以前若遲,而計其成功,又未可為遲也。夫遲之在人,而/天地神明護佑,每以遲而成速,視若危而獲安,有如昔年《開惑論》所云者,予何修而得此於/天地神明之賜祉哉!如是而不益深敬畏、勤政愛民、明慎用兵,則予為無良心者矣!予何敢抑又何忍乎!

夫用兵,豈易言哉!必也凜/天命、屏己私、見先幾、懷永圖方寸之間,日月如在三軍前,而又戒制肘、念眾勞,且予老矣,老而精神尚健,不肯圖逸以遺難於子孫臣庶,藉以屢成大勳,此非/天地神明之佑乎?亦豈非弗失良心,得蒙/天鑒乎?福康安等解圍殲賊,以及生擒賊渠諸功績,已見聯句之詩之序,茲不贅言,獨申予之不得不用武,又深懼用武之意如是,以戒後世。占驗家以正月朔旦值剝蝕,為兵戈之象。遠者/莫考,自漢至明屢逢其事,然亦有驗有弗驗。元旦日食,自漢迄明有四十七。其本係政治廢弛及僭竊偽朝,無論已。如唐之太宗、宣宗,元旦日食,其年俱寧靜無事。至宋仁宗四十餘年/之中,元旦日食者四,最後嘉祐四年亦無事。此皆其弗驗者也。惟寶元元年、元昊及康定元年元昊寇延州;皇祐元年,廣源州蠻儂智高寇邕/州;又元代世祖至元二十九年元旦日食,是年廣西上思州土官/黃聖許結交趾為援,寇陷忠州、江州及華陽諸縣。此其有驗者也。若昨丙午,可謂有驗矣。以予論之,千歲日至可坐而致剝蝕,亦可芊而定也。既定矣,其適逢與不逢,原在依稀懞恍之/間,且亦乏計預使之必無也。若使之無,是為詐也,不惟不能避災,或且召災。故史載:宋仁宗朝第二次康定元年春正月朔當日食,司天楊惟德請移閏於庚辰歲,則日食在正月之晦。/帝曰:"閏所以正天時而授民事,其可曲避乎?"不許。夫日食必當在朔,可知古稱月晦日食者,見移閏曲避之術耳。至於不得已而用兵,惟在見機而作,先事以圖,遲不失於應機、速不失/於不達,惟敬與明、秉公無私、信賞必罰,用兵之道,其庶幾乎!夫行此數端,甚不易矣!知不易而慎用兵,又其本乎?凡軍旅事,必當有方略之書。書成,即以此語冠首篇,亦不更為之序矣。/

乾隆五十三年歲次戊申春三月吉日立。

碑存廈門市南普陀寺。花崗岩質。高300厘米,寬128厘米,厚12厘米。楷書陰刻。現狀完好。

清·御制平定臺灣告成熱河文廟碑文

御制平定臺灣告成熱河/文廟碑文(楷書碑題)/

昨記平定臺灣,生擒二兇之事,亦舉平伊犁、定回部、收金川為三大事,崇文勒太學;其次三為誅王倫、剪蘇四十三、洗田五,以在內地,懷慚弗藉其事,而平定臺灣介其間,固弗稱勒太學。然較之內地之/次三,則以孤懸海外,事經一年命重臣、發勁兵,三月之間擒二兇、定全郡,斯事體大,迄不可以不記。因思熱河/文廟雖承德府學耶,而予每至山莊,必先展拜廟貌,秋仲丁祭,嘗遣大學士行禮,則亦天子之庠序矣。且予去歲籌臺灣之事,日於斯,/天祐予衷,命福康安、海蘭察率百巴圖魯以行,及簡精兵近萬,亦發於斯,而諸臣涉重洋、冒艱險,屢戰屢勝,不數月而生擒二兇,且無一人受傷者,是非/上蒼默祐、/海神助順,曷克臻斯?/則予感謝之誠,兢業之凜,亦實有不能已於言者。籌於斯、發於斯、臻於斯,/文廟咫尺,我/先師所以鑒而呵護者,亦必在於斯。記所謂"受成告成",正合於是地也。則平定臺灣,告成熱河/文廟,所為禮以義起,非創實因,且予更有深幸予衷,而滋懼於懷者。

予以古稀望八之歲,五十三年之間,舉武功者凡八,七胥善成,其一惟征緬之事,以其地卑濕瘴癘,我軍染病者多,因其謝罪求罷兵,遂以/振旅,是其事究未成也。近據雲南總督富剛奏報緬甸謝罪、稱臣、奉貢之事,命送其使至熱河,將以賜宴施惠,是則此事又以善成於斯矣。夫奉/天治民,百王誰不為天子?而予以涼薄,仰賴/祖宗德施,受/天地恩眷獨厚,近八旬之天子,蒇八事之武功,於古誠希。示後有述,使一事尚留闕欠,予之懷慚,終不釋也。自今以後,蓋惟虔恐持盈,與民休息,敢更懷佳兵之念哉!夫/天地,天子之父母也。民於父母之恩,不可言報,中心感激,弗知所云已耳。繫之辭曰:/"瀛壖外郡,閩嶠南區。厥名臺灣,古不入圖。神禹所略,章亥所無。本非扼要,棄之海隅。朱明之世,始聞中國。紅毛初據,鄭氏旋得。恃其險遠,難窮兵力。每為閩患,訖無寧息。/皇祖一怒,遂荒南東。郡之縣之,辟我提封。一年三熟,蔗薯收豐。漸興學校,頗晉生童。始之畏途,今之樂土。大吏忽之,恣其貪取。臺灣遠隔重洋,風濤冒涉。其始升調之員,原以為畏途,既以該郡物產豐饒,頗獲厚/利,調任之員,不以涉險為慮,轉且視為樂土。如近日福康安等參奏,文職自道員以/至廳、縣;武職自總兵以至守備、千總,巡查口岸出入船隻,於定例收取辦公飯食之外,婪索陋規,每年竟至盈千纍/萬。而督撫大吏輒諉之耳目難周,不能詳查,於是益無忌憚。茲據參奏,不可不分別嚴加懲治,以儆官邪,而申國憲。既嘻其文,復恬其武。匪今伊昔,叛亂屢睹。向辛丑年,昨丙午載。一貴、爽文,其亂為最。地方/文武/既皆習於恬嘻,則文員祇知飽其欲壑,豈復以撫字為心;武員甚至縱兵離營牟利,並自總兵以下,各衙門設立四項聽差,名目多者三百人,少亦三十餘人。存營之兵無/幾,又豈復以操練為事?以致奸民既得藉口,更無畏心,煽誘愚民,屢形叛亂,其甚者如康熙辛丑年之朱一貴及昨丙午歲之林爽文,糾眾戕官,據城僭號,更為罪大惡極。水陸提督,發兵於外。奈相觀望,賊/益張大。林爽文滋事之始,水師提督黃仕簡、陸路提督任承恩一同帶兵/渡海,謂可即時撲滅,不意南北互相觀望,遂致賊勢日益披猖。/天啓予衷,更遣重臣。百巴圖魯,勇皆絕倫。川、湖、黔、粵,精兵萬人。水陸並進,至海之濱。上年正月雖燭於幾先,命李侍堯代常青為總督,而以常青為將軍,專司征剿。常青究未經行陣,祇能保守府城,不能奮加剿/賊,幸天牖予衷,六月內即諭令福康安入覲熱河,繼而常青亦請旨另簡重臣來閩。隨於八月初,命福康安為將軍,海蘭/察為參贊,帶巴圖魯、侍衛、章京等百人並預調四川屯練二千、廣西/兵三千、湖南兵二千、貴州兵二千,水陸並進,以待福康安至彼領剿。至海之濱,崇武略駐。後兵到齊,恬波徑渡。一日千里,以遲為速。百舟齊至,/神祐之故。福康安等至廈門,於十月十一日自大擔門開舟,連次遇風阻回,復在崇武澳守候逾旬,適四川屯練與廣西之兵踵至,而風亦轉利,遂於二十八日申刻放/洋,至二十九日申刻,兵船共百餘隻齊抵鹿仔港,千里洋面,一日而達。其始似覺遲滯,而既渡之後,所向無前,轉得迅蕆大功,信非神靈佑助,何以致斯?馳救諸羅,群賊蜂擁。列陣以待,不值賈/勇。如虎搏兔,案角隴種。頃刻解圍,義民歡動!維時賊匪久圍諸羅,聞大軍既至,亦蜂擁迎拒。福康安、海蘭察及巴圖魯/等即日統兵前進,剿殺無算,立即解圍。義民等無不歡欣踴躍,出城迎師。斗六之門,為賊鎖鑰;大里之杙,更其巢落。長驅掃蕩,如風捲籜。夜攜眷屬,內山逃托。斗/六/門為賊門戶,最為險要。官兵乘銳立拔,隨即擣其大里杙巢穴,林爽/文膽落,連夜攜其家屬逃至埔里社、埔尾一帶,遂成釜底遊魂矣。生番化外,然亦人類。怵之以威,賚之以惠。彼知畏懷,賊竄無地。遂以成擒,爽文首繫。先聞林爽文計窮,即欲逃入內山,而生番狙獷,未必/能喻利害,或將迎首藏匿,則難速蔵。預命福康安既/怵以威,復賚以惠。生番等果即傾心效命,協同官兵、社丁人等,竟於正月初四日在老衢崎地方/將林爽文生擒解京,俾元惡不致漏網,可知凡有血氣,無不各知自為。顧所以經理者得當否耳。狼狽為奸,留一弗可。自北而南,如上臨下。叶海口遮羅,山途關鎖。遂縛大田,略無遺者。林爽文逃入內/山,勢已成擒。莊大田/在鳳山一路窺伺府城,慮其事急,遁海而逸。乃福康安悉心籌畫,預令烏什哈達帶水師兵丁,絕其去路,而分巴圖魯等為六隊,各自山梁挨次排下,四面合圍。適值順風,烏什哈達水師之兵連檣而至,/沿海密布,莊大田逃竄無路,立即就擒,並其頭目四十余人,無一脫者。又殺賊眾二千餘名,又有逃入柴城、琅嶠各番社者三百餘人,被生番立即擒獻伏誅。於是賊匪一時殲戮殆盡,合郡頓稱平定。二/人同心,其利斷金。曰福康安,智超謀深。曰海蘭察,勇敢獨任。三月成功,勳揚古今。既靖妖孽,當安民庶。善後事宜,康安並付。定十六條,諸弊袪故。永奠海疆,光我王度。此次臺灣用兵,其始不能滅賊,非盡由/士卒祛懦之故,亦由領兵者不得其人,/遂致稽延時日。若福康安之智謀,算無遺策;海蘭察之勇敢,所向披靡,可謂一時無兩,而又同心共濟。以此士卒用命,勢如破竹,未及三月而大功告成,洵能不負任使。至於平定之/後,不可不亟籌善後之方,以為永靖之計。嗣據福康安奏定袪除積弊十六條,俱能悉心算酌,切中肯綮,已令大學士、九卿議行。以後地方文武實力遵守,海疆庶可永慶安恬矣。凡八武成,蒙佑自/天。雖今耄耄,敢弛惕乾?如曰七德,實無一焉。惟是敬勤,勵以永年。"/

乾隆五十三年歲次戊申秋八月吉日立。

碑存廈門市南普陀寺。花崗岩質。高300厘米,寬128厘米,厚12厘米。楷書陰刻。現狀完好。

清·御制平定臺灣二十功臣像贊序

御制平定臺灣二十功臣像贊序(楷書碑題)/

近著《剿滅臺灣逆賊生擒林爽文記事語》,以為伊犁、回部、金川三大事各有專文,王倫、蘇四十三、田五次三事不足蕲其功。若茲林爽文之剿/滅,介於六者間，雖弗稱大事，而亦不為小矣。故其次三訖未紀勳圖像，而茲福康安、海蘭察等渡海搜山，竟成偉勳，靖海疆，吁，亦勞矣！不可湮/其功而弗識，故於紫光閣紀勳圖像，一如向三大事之為。然究以一區海濱，數月底績，故減其百者為五十，而朕親制贊，五十者為二十餘，命/文臣擬撰，一如上次之式。

夫用兵豈易事哉！昔光武有云："每一發兵，頭鬚為白。"況予古希望八之年，鬢鬚早半白，而拓土開疆，過光武遠甚，/更有何冀而為佳兵之舉？誠以海疆民命，不得不發師安靖。所為乃應兵，非佳兵也。然亦因應兵非佳兵，幸邀/天助順而成功速，此予所以感謝/鴻貺，不可以言語形容，而又不能已於言者也。昔人有言，滿洲兵至萬，橫行天下無敵，今朕所發巴圖魯、侍衛、章京纔百人，已足以當數千人之/勇。/綠營兵雖多，袪而無用。茲精選屯練及貴州、廣東、湖廣兵得近萬人，統而用之，遂以掃巢穴、縛逆首，是綠營果無用哉？亦在率而行之者，為/之埋根倡首，有以鼓勵之耳。若福康安未渡海以前，臺灣綠營已共有四萬餘兵，何以不能成功？則以無率而行之者，豈不然哉！且臺灣一歲/三收，蔗薯更富。朕若微有量田加賦之意，以致民變，/天必罪之，不能如是成功速也。後世子孫當知此意，毋信浮論富國之言，愛民薄斂，明慎用兵，庶其恒承/天眷耳。近日以《宮商》《三百》逐章釋飫其義，竟如幼年書室學詩之時，然彼時但知讀其章句，而今則究其意味。因思《采薇》《出車》諸章，乃上之勞下，其/義正，斯為正雅。《祈父》《北山》諸什乃下之怨上，其義變，斯為變雅。夫上勞下，可也。下怨上，不可也。何則？下之怨上，固在下者不知忠義，然亦必在/上者有以致之，斯則大不可也。我滿洲舊風以不得捐軀國事，死於牖下為恥。其抱忠知義，較《祈父》《北山》之怨上為何如？是則綠營之多悾怯思家，伊古有之，無足多怪矣。然為上者不可不存《采薇》《出車》之意，更不可不知《祈父》《北山》之苦。如其一概不知，而但欲開疆擴土，是誠佳兵黷/武之為。望其有成，豈非北轅而適越乎？故因為功臣圖贊而申其說如此，以戒奕葉子孫，並戒萬世之用兵者。/

乾隆五十三年歲在戊申春三月上浣立。

碑存廈門市南普陀寺。花崗岩質。高300厘米，寬128厘米，厚12厘米。楷書陰刻。現狀完好。

清·御制福康安奏報生擒莊大田紀事語

御制福康安奏報生擒莊大田紀事語(楷書碑題)/

昨生擒林爽文,則剿滅逆賊事可稱蕆大端。茲生擒莊大田,則肅清臺灣事,方稱臻盡善。二逆狼狽為奸,得一而不得二,餘孽尚存,慮其萌芽。且彼既聞/首禍被獲,則所以謀自全而幸逃生,入山固易追,赴海則難捕矣。是以先事周防,屢申飭諭。莊大田在南路,距海甚近,不慮其入山而慮其入海,則追捕/甚難。因屢次降旨,令福康安等慎防其入海之路,思慮所及,/隨時/預敕。茲福康安盡心畫策,凡港口可以入海者無不移舟設卡。因聞莊大田帶同匪眾俱在柴城,初二日欲往蚊率社,經番眾極力抵禦,復行退回。初五/日黎明,官軍由風港發兵,越箐穿林,遂有賊匪突出拒敵,我兵迎擊,海蘭察率領巴圖魯、侍衛奮勇齊攻,殺賊三百餘,生擒一百餘,追至柴城,賊愈眾多,/然恐攻撲過急,莊大田或臨陣被殺,或乘間竄逸,轉不能悉數成擒。福康安分兵數隊,以徐合攻,自山梁布陣,抵海岸。適烏什哈達所帶水師得順風,連/檣齊至,沿海進圍,水陸合剿。自辰直至午刻,殺賊二千餘,群賊奔潰投水,尸浮海如雁鶩,而獨莊大田伏匿山溝,以致生擒。是豈人力哉?/天也!二逆以幺麼小民,敢興大亂,殺害生靈,無慮數萬,使獲一而逃一,未為全美。斯皆生致闕下,正國法而快人心,反側潛消,循良樂業。福康安、海蘭察等畫/謀奮勇,不負任使,固不待言。然非/天佑我師,俾獲萬全,豈易致此耶?更查康熙六十年四月,朱一貴於臺灣起事,提督施世驃、總兵藍廷珍於五月由澎湖進兵,至六月,收復臺灣府城,計閱七/日;於閏六月始擒獲朱一貴,計閱一月餘;至雍正元年四月,而餘黨悉剿盡。自朱一貴起事至臺灣全郡平定,始末閱兩年。茲林爽文於五十一年十一/月起事,其黃仕簡等前後誤事。經一年,福康安等於上年十一月由鹿仔港始進兵,其間解諸羅縣之圍、剋斗六門、破大里杙賊巢,至本年正月獲林/爽文,計閱四十二日;繼獲莊大田,計閱三十二日。自林爽文起事至臺灣全郡平定,始末共閱一年三月,是較之藍廷珍等,成功更為迅速矣。夫逆賊入/內山,生番非我臣僕,性情不同,語言不通,其遵我軍令與否,未可知也。福康安示之以兵威,使知畏;給之以賞項,使知懷。其經畫周密,賢於施世驃、藍廷/珍遠甚。又得海蘭察率百巴圖魯攻堅陷銳，遂得前後生獲二囚。且李侍堯悉心董理軍儲，無誤行陣。使不以李侍堯易常青之總督，則軍儲必誤；不以/福康安易常青之將軍，則成功必遲。茲盡美盡善，以成功於三月之間，則/上天之所以啓佑藐躬，俾以望八之年而獲三捷之速，則予之所以深感/昊慈，豈言語之所能形容也哉！自斯以後，所願洗兵韜甲，與民休息，保泰持盈，日慎一日，以待歸政之年，庶不遠矣。雖然，仔肩未卸，必不敢以娛老自息。所為猶日孜孜，仍初志耳。

乾隆五十三年歲在戊申春三月上浣立。

碑存廈門市南普陀寺。花崗岩質。高300厘米，寬128厘米，厚12厘米。楷書陰刻。現狀完好。

清・胡亭記

胡亭記（楷書碑題）/

胡亭者何？亭為/胡公設也。乾隆五十三年，公奉/命分巡興泉永三郡，駐節廈島。未二年，條政大/行。又一年，以/太夫人年邁，奏請歸養，民攀留不得，議/所以酬公。島上有刹南普陀，庚戌歲，/公倡捐修葺，事詳公所為碑記。寺後隙/地，石碣棱層，林木蔭蔚，縱觀大海，汪洋/萬頃，有涵育萬類之象，僉曰："是其地，允/稱其人，宜建亭。"庀材鳩工，未旬日，翼然/亭出，仿古歐亭、蘇亭之例，而以胡名亭，志不忘也。噫！民之念公勤矣，則知/公之為福於民也至矣。既蔵事，以屬鄉/人郭邁紀之而鐫諸石。公諱世銓，號/鑒泉，河南夏邑人。/
乾隆辛亥歲仲冬穀旦，同邑老人、原奉節縣令郭邁謹識。

此石刻在廈門市南普陀寺後山的巨岩。高220厘米，寬270厘米。行楷陰刻。現狀完好。

清·心一葉公戴德碑

　　大凡人之處治世易,而處亂世則難,難於立德,尤難於立德而即以為功也。心一葉公生大觀鄉,幼力學,長為安平巨賈,首慕魯仲連排難解紛,其然諾交遊,季心、劇孟不過也。以故州里賢豪爭推重之。邇年兵革數作,鄉里無擾,則以公交遊之力也。食公之德,因以頌公之功垂不朽焉。公諱逢春,心一其別號也。年登九十,老而益壯,有子能賢且未艾。蓋天所特鍾者,鄉之穀玉,人之羽儀云。

　　庠生林貞拔、江南英、李宸、李冠、蔡翰、蔡天藻、蘇滋,鄉耆林望華、陳才、林儀、葉時等立。

　　清孝廉呂公望撰。

錄自乾隆《海澄縣誌》卷二十三"記"

　　按:《海澄縣誌》載:"碑在三都大觀山麓鼇峰廟中。公今年九十,時都人追舊德,釀千金為壽,公力卻之,曰:'一念濟人,波及桑梓,是本心也。又因以為利乎?'都人士於是伐石戴德。平居訓子孫讀書循分,且曰:'吾平生不事家人產,僅留此一片石遺爾子孫耳。'乾隆十三年,汪令君家琭式里門,題其額曰'碩德鄉',蓋因是碑以名,亦古者光德表里之遺意也。"

清·李忠毅公祠堂碑記

　　嘉慶十有二年冬十有二月壬辰,浙江提督西岩李公以舟師追剿海賊蔡牽,薨於廣東黑水洋。明年春正月,閩浙總督以聞,天子震悼,追封壯烈伯世襲,予謚忠毅,敕建祠原籍福建同安,有司春秋以時享祀,備哀極榮,無與倫比。其年冬,祠宇落成,楹桷烏梃,堂庭廣邃。迎奠栗主,精爽肸蠁,瞻謁肅祇,若公生存,麗牲眂景之石,礱材既具,宜有銘刻以昭忠伐。公婿浙江候補同知陳大琮以屬宗炎,固辭不獲。

　　謹按:公以武進士入宿衛,出官浙江、福建偏裨,洊擢至大帥,統領各鎮,逐捕洋盜,窮溟絕島之中,徂踐寒暑,赴蹈危險,轟水澳、躪鳳尾、犁石塘、掃林阿全、熸邱搭小肥賓、攘安南夷艇於松門,乘颶風滅之,磔偽侯倫貴利,格朱濆於甲子洋,斬紅旗賊目犄鄭一於佛堂外洋,獲其乘舟。前後禽賊首林權、吳三、林明灼、陳禮禮、侯納、羅二十等。諸所殲斃,不可勝計。群盜觳觫,面縛投首,台溫之間,淵藪綏靖。蔡賊憑逞狡猾,鷗義歛攘,公襲之白犬洋,逐之旗頭,掩之漁山,幾獲之,賊詭降走逸。追之三沙,及於南麂,大創之;搏之浮鷹洋,擒四十人,尾之黃壟,至於盡山,挫之青龍港,擊之斗米洋,三晝夜擒七十二人。賊走臺灣,攻之安平,乘之柴頭港,戰皆捷,大破之。洲尾仔賊遁,邀之鹿耳門外,圍之張坑洋,剋之調班洋,殺傷甚多。逼之竿塘,功最。蹙之三盤,復之大星嶼,收其戰械,奪其炮,毀其艨艟,斷其繚索,折其桅,梟其黨許老、陳帖、陳火燒、彭求、陳貴、李七、李來,斃其侄蔡添來。脅從群醜,鳥駭獸散。賊僅存三舟,亡命竄入於粵洋。公銳師衝突,以所制火攻舟挂賊艄後,身欲躍登賊艦者三,賊股栗墜海,不知所為。俄而烈風反逆,海水飛立,天地晦冥,士皆傾眩。公大呼奮擊,猝受流炮中額及咽,始於覼沒匿躬,終以致命遂志。當宁為之泣下,三軍為之慟哭。稽古仗節死綏之臣類,變起倉卒,義不反顧,或中讒遭忌,援絕身危,甚則沮撓粵舉,左次失律,進退不可,捐軀明志,論者尚悲其遇、原其心。俎豆尸祝,以廟享之,謂勳雖不足,烈則有餘也。

公被兩朝知遇,際十全之勝會,帥二省之勁旅,賈百戰之餘勇。賊以螳臂蚊負之力,弄兵潢池。使公早統戎行,文武和衷,將佐用命,出其喑啞叱吒指顧之間,撥麷灌炳,綽有餘裕。且夫統帥之任,非一手足之烈。公從容帷幄,發蹤指示,令興廝扈養縛渠獻捷,不難坐膺懋賞。況聖慮萬全,申命持重。公即涉履波濤,可不必躬冒石矢,顧以受恩深渥,未敢啓居懲賊之譸,作士之氣,晝夜梭逐,不予以暇,審度緩急,決定機宜。以為不先除餘盜,不能剪蔡賊之翼;不直搗蔡賊,不能靖餘盜之心。往來分合,次第廓摧,使蔡賊勢力孤竭,然後一鼓撲滅。又念身專重寄,師之耳目,先登陷陣,率屬士卒,寧衽鋒鏑,以劉大憝而困獸猶鬥,死灰復燃,此公所不及料。要其敵愾致果,誓糜頂踵,成仁取義,定於平日。惟忠與烈,實兼有之,合於祀典所稱:"以死勤事,能捍大患之誼。"國家使臣以禮,有功而能知之,盡忠而必報之,名炳丹書,賞延後嗣,廟食桑梓,傳諸無窮,所以慰恤激勸者,跨越前載。

公生為名將,歿為明神,志氣有所未伸,事業有所未竟。正氣不泯,發揚昭明,其光景動人,民宜有烜赫震曜,宣助威武,殲蕩鯨鯢,澄謐陬澨,以默相我大清鏡平砥厲之治,爰繫以詩:"常羊之維,大海邕之。浮滆欲納,閒氣鍾之。篤生李公，龍驤雲起。繼其家聲，臨淮成紀。戴仁抱義，說詩敦書。雅歌投壺，如古大儒。入衛周廬，出擁旆旌。東南倚公，屹然長城。參戎銅山，追盜象嶼。八船回環，若捕雀鼠。純皇帝襃嘉，擢鎮定海。舵是舟主，汝勤無怠。公拜稽首，臣在洋久。誓掃櫕槍，以報我後。惟帝謂公，雄挺傑出。宜在要地，勿輕犇趨。蠢爾蔡牽，抗逆顏行。敢窺臺灣，敢擾浙洋。帝命總統，提督舟師。用汝浙江，汝惟勉為。公感泣言，竭股肱力。死而後已，以盡臣職。爰率諸鎮，孫羅王許。飛炮轟雷，浴血濯雨。漁山撐圍，樓船雲集。制賊死命，懸於呼吸。詭降大府，哀惶踧□。緩縛漏網，狡譎反復。公出新意，造火攻船。錢銛藥綫，所向無前。鯨濤遠決，黽窟窮搜。草雉禽獮，無俾種留。誓師慷慨，滅此朝餐。賊餘三舟，心破膽寒。疆梧單閼，橘涂之月。鑿門而出，底天之罰。聯艦南下，蒼兕黃頭。至黑水洋，公先眾舟。踴登賊艦，絏毀賊艄。左手執盾，右手持刀。頹飆焚輪，駭浪噴薄。妖鳥晨飛，大星晝落。凜凜鬚眉，歿而猶視。生長於海，於之終始。帝聞公名，未識公面。覽奏下泣，襃綸殊眷。冀公獲醜，觀封鼓纛。登於明堂，酬庸錫蓋。何期齊斧，遽悼灰釘。密章簪授，以寵公靈。詔守土吏，建祠同安。慰公忠貞，祭以賊臠。祠堂枚枚，在海之隈。公歸其鄉，雲旗往來。上為日星，下為河岳。更千百年，瞻此楩楠。定軍之山，欒公之社。歲時腰臘，椎牛奠斝。蔡賊既平，薄海來庭。告公事成，公心載寧。"

　　王宗炎撰。

錄自《馬巷廳志》附錄"上"

清·高浦騰飛公功德碑

功德碑序（楷書碑題）/

　　太上立德，次立功。何謂德？仁義忠信，樂善不倦/是也，故尊祖敬宗亦謂德。何謂功？開創繼承，基/業克振是也，故急公尚義亦謂功。《書》曰："德懋/懋官，功懋懋賞。"《禮》云："凡有功德於民者，必加地進/律。"夫非以功德為重，而崇報之不可以已也。顧/在朝之功德與居鄉不同。在朝則車服以庸，鐘/鼎以銘。居鄉惟載之碑記，斯垂不朽耳。

　　吾族有/騰飛者，明慧人也，雖輟業慕陶，例入成均，然於/大義所在，能知嚮往焉。年來大宗祀業被鄰鄉/強占，官事費用，鳩題為艱。騰飛毅然肩任，一/筆千員，毫無吝色，非見義必為能如是乎！我族/因其踴躍為祖，僉議褒嘉，生豎祿位，後進其主，/以勸將來。夫公道在人，有美必揚。無其實而冒/虛名者，過情之譽也；有其實而莫加獎賞者，沒/人之善也。今騰飛當祖宗有事，不惜傾囊以/赴，固為孫子之職所當然，而尊祖敬宗，急公尚/義之為本，未可沒也。故樂為之序，以勒諸石，俾/後之覽者有所觀感而興起云。/

嘉慶辛未年端月　日，本祖公立。/

碑存集美區杏林高浦社區。黑色頁岩質，高30厘米，寬40厘米。楷書。基本完好。

清·周公祠記

厦門環海而宅，南通諸番，東控臺灣，西北引漳、泉。海賈屯聚，民多客戶，作閩南一都會，為最要區。國家宿重兵，建軍門，設興泉永海防兵備道鎮撫之。地斥鹵，多石少田，仰食臺運。外米不至，豐歲亦歉。民性悍輕，不通官話，號難治，故選人特嚴。

今觀察富陽周公初由編修守襄陽，教民種桑，興習池水利，衣食襄民；分巡黄德道，築堤京山，扞漢水，皆百世之利。聲聞天子，會公母喪外除，詔起公今職，以道光十年冬十一月至任。公臑頑馴暴，信賞必罰，正己帥屬，咸就約束。二府一州，頓易觀聽。厦門密近公化，如戴二天。制府程公鸞以海疆可倚之員入告，故六年不遷，而公之政成。

先是，厦門有義倉貯穀四千石，玉屏書院積六千金，歷久日耗。公曰："書院經理非人，宜其蝕也。其屋敝漏不能棲，學者僅月兩課應故事，何異虛設？義倉平糶，食餓人，無以贍之，則歲虧纍發且盡矣。"然義倉故有湖蓮保田，為海潮所齧，埭壞入鹹水，田遂荒。薛氏有田三百畝與義倉田相毗，久成沙鹵而賦未除，薛氏苦之，以獻。公往相度，給廢田直；築石埭二百一十三丈，土埭一百十七丈，以捍潮汐；引泉鑿河，通溝洫，設閘啓閉以瀦水，費八千餘金，而二田俱復。分畝清丈，計戶授田，而免租三年，聽種雜糧，泄鹵氣。比入租，以八斗五升當一石，如下劑致氓法，歲可入租千余石，利溥而可久，民不患饑。其書院，創認修法，占地程功，可期堅好。公與提督陳公化成同修文昌祠為倡，一歲落成。選公正者司出納，充以罰款，漸復厥舊。公時至院與諸生講習，諸生住院者數十人，弦歌不絕。公兼授古文義法，於是廈門有古文之學。廈門士民感公教養之成，足垂久遠，就書院崇德堂為公祠，別儲錢數百緡生息，備異時春秋享祀之費，屬澍然記。澍然時掌教書院，見諸生彬彬向方，勝於中州。屬時久旱，民無愁歎之聲。喟然曰："公之治效可睹矣！其百世祀也宜哉！"案：漢石慶相齊，國大治，齊人立石相祠，蓋生祠所昉。是祠不別建，就址書院，如明代尸祀於浮屠老子之宮。非公令所禁，可謂得禮意矣。爰記公治，碑諸祠南，彰示士民，毋忘公德。公名凱，字仲禮，學者稱芸皋先生。光澤高澍然記。

錄自《廈門志》卷九"藝文略"

清·平定閩南小刀會起義記事石刻

　　咸豐三年歲在癸丑孟夏之初，會匪黃德/美□□亂，□□同、廈、澄、碼，攝其地。官軍屢/討□□。巡撫王公懿德奏起前任浙江提/督李廷鈺統領水陸官兵征剿。七月二十/三日，□師鎦江。前後凡歷四十八戰。十月/十一日，□□□復廈城，俘德美等磔於市，/□日同□□□；越二日，澄、碼賊聞風驚/□，□□□逸。事聞，命廷鈺/記其事。□同人請勒於石，因記。

　　石刻位於思明區"廈門城"舊址。字幅高約250厘米，寬約200厘米。楷書陰刻。部分字跡已漫漶。

清·張公去思碑

　　公名熙宇，字玉田，四川峨嵋縣人，以今上即位之年十一月，由粵西南寧府來為興泉永兵備道。公廉明有威，果於從政。未下車，道聞同安、龍溪、海澄交界有小刀會，纍千人為民擾，即密遣偵捕。到官六日，獲會首陳慶真，立斃杖下。真，華而生於夷者。故夷酋挾公，公曰："吾民也，吾治之，汝無與。"夷恐，退乞其力。是時，頌聲載道，群喜公威立令行，比戶得以安堵，而公除甘肅臬司之報至。於是士民方幸公來，旋虞公去，僉為借寇之請。公曰："吾去也，吾亦何忍遽去，吾且盡吾職，毋詒後人憂。"乃出己貲，募諜犒士，移軍龍、同、海三縣界，身日夜督捕，復擒渠魁王泉等六十餘人，置之法，而民靖。

嗚呼！廈門為漳泉門戶，五方雜處，尤易藏奸。自壬寅以後，政壹於寬，民玩於法而不軌之徒斂財聚黨，至蔓延三邑。公蒞政不越五旬，扶苗耨秀，雷厲風行，遏方礨栗，黎民用康，績孰與公茂？而公顧曰："吾不受德，吾惟盡吾職，以毋詒後人憂。"夫為官盡職，不詒後人憂者，幾人哉！公今去矣，公之德入民之深，繫於心終不去也。爰勒貞石以揚公休，以申輿情，以傳永世。

錄自清呂世宜《愛吾廬文鈔》

清·（馬巷）廳主桐軒程公去思碑

公名榮春，字桐軒，安徽婺源縣人，以軍功補福建大田縣知縣。咸豐六年春，調署馬家巷撫民通判，政理民和。越明年夏，永春土匪林俊倡亂，攻泉州府城時，歲歉，穀價昂貴，所屬騷然，道途梗塞，而馬家巷素稱難治者，民獨安帖，不惟公之才足以鎮之，亦公之德有以孚之也。今公去馬巷六年矣，民思公不能忘，諸父老共為碑，以寄甘棠之慕焉。

同治貳年仲秋穀旦，馬家巷部民公立。（題後原注：碑在劉五店花生埕）

錄自光緒《馬巷廳志》附錄中

清·孫開華籌防閩嶠題刻

甲戌之春，余奉/命統師籌防閩嶠，鎮守鷺江險要，為/省會咽喉，往來寰海邦門戶。綢/繆宜急，保衛非輕。樓艦風清，奠/萬頃而氛趨鯨鱷；戈船日麗，統/千艘而令肅魚龍。陣化煙雲，營/柳現迎祥之色；兵銷日月，節花/騰獻瑞之輝。我/聖朝柔遠有文，撫綏有典。畏威懷德，/莫不從風；漸義摩仁，常懸捧日。/千萬戶咸歸教育，禮樂攸崇；數/百年恆慶升平，干戈永戢。來同萬國，早揚碧海/鯢鯨；提督全閩，丕捧/丹墀/鳳詔。肩茲巨任，績慚未著於三山；握/此重權，心祇常盟於一水。矢丹忱而報國，謹酬/九陛之/殊恩；垂青簡以書勳，用勉三軍之同/志也夫。

同治十三年臘月　日，醴陽孫開華勒石。

石刻位於廈門市南普陀寺藏經閣東側。字幅高162厘米，寬235厘米。楷書陰刻。現狀完好。

清·鎦江協戎曾公去思碑

鎦江背山面海，地瘠民頑，自會匪擾後，附近鄉村，山則同室操戈而械鬥之風熾，海則駕舟竊發而劫奪之習成。惜乎無人以治之也。夫求治不在多言，顧力行何如耳。

同治丙寅之夏，協台曾公奉建後營府署，榮蒞斯土，約束嚴明，愛民如子，強則抑之，弱則扶之，械鬥由此息矣。晨則巡之，昏則緝之，劫奪由此除矣。民處其間，夜門不閉，得以聊生。蓋由我公設兵護衛，不動聲色，使鎦江之地安如泰山者也。是歲五月，公調任海壇，卸篆之月，男婦老幼攀轅遮道，皆引領望曰："使公重蒞斯土，吾民幸甚！尤願接踵而官者，盡如我公，則民之戴新不同戴舊哉。"今公去矣，民思而不忘，與古之思召伯者何以異？公印文章，號煥堂。謹將德政芳名鑴勒諸石，以垂不朽云。

光緒貳年歲次丙子陸月　日，鎦江紳衿、耆老、標下弁兵同勒石。（原注：碑在鎦江渡口）

錄自光緒《馬巷廳志》附錄中

清·（馬巷）廳主丁公紉臣德政碑

公丁姓，官章惠深，號紉臣，粵之豐順人也。由勞績出知馬巷通判，自下車即殷殷以修通利廟為急務。通利廟者，其後樓祀宋徽國公朱子者也。始事之日，鄉之人竊竊然疑之，謂是役也，不急且重煩，都人士咸額手走相告曰："丁公其有勤民勸學之心乎？"未幾，義學興矣，孤寡恤矣，凡地方之可為民利者，無弗興也；凡地方之可為民害者，無弗除也。巷屬素強悍，械鬥、花會盛行，公諗其俗，遇下鄉，夫價自給。手諭不許受民間一絲一粟，其有取民間一絲一粟者，罪無赦。吏胥相顧失色，民困頓蘇。堂上設一竹筒，民有冤屈而不能遽達者，連擊數聲，立即坐堂判理，案無留獄。數月以來，訟庭上芊芊草滿矣。人謂清如丁公，勤如丁公，慈惠又如丁公，宜若滿傲而自大者，然而公顧虛懷下士，愛才如命，書院考課，賜予有加無已。於戲，此其所以為丁公也！使公而久於其位，民之福，公之願也。公而不久於其位，而超擢以去。公之德望宜也，而民之望之者，其曷有不興起於其未去之時？因謀諸匠人而泐之石。

　　光緒玖年歲次癸未花月穀旦，治下舉人陳旭升、陳鴻文、郭世傑、陳耀磻公立。（題下原注：碑在小盈嶺道旁）

錄自光緒《馬巷廳志》附錄中

清·重修林次崖公祠

　　自孔孟紹聞知之統，至有宋濂、洛、關、閩而道以明，至我祖次崖先生而道愈明。先生諱希元，字茂貞，次崖其讀書處，著有《四書存疑》《易經存疑》《次崖文集》行世。其書近之足為濂、洛、關、閩之嫡派，遠之足為孔、顏、思、孟之功名，總其生平經濟、文章，優入聖域。清議從祀廟堂而不果，乃建祠於文廟之右。道光間屢次修葺，屆今垂七十餘年矣。觸目驚心，大局淪於草莽；牆傾棟折，廣廈變為黍離，將春秋俎豆，何以昭祀事而肅駿奔？夫黃冠緇衣，尚克新其寺觀，矧廟廷重地，崇德報功，久為神明之奉，何敢任其傾坍，致失觀型？

　　歲甲寅，玉堂在九龍堂與族裔諸先生共襄郡王祀典，祭畢而燕坐中，請及重修次崖公祠事，堂稱善不置。蓋以祠之建，凡以示楷模、崇文獻也。次崖公名在天壤，功在膠庠。鄉之人莫不尊為彝憲，乃邦家之光，非閭里之榮也。若不及今廢者修之，墜者舉之，土木之、黝堊之、丹青之，不敬孰甚？用特議勸捐員，天時纍次買棹，親到南洋各埠題捐，一時華僑如響斯應，罔不輸將恐後。計共捐銀□□員。其不敷者又由廈忠孝堂續捐□□員。因年利不合，遲未修葺。今則年逢大利，遂鳩工庀材，經於丁卯年冬落成。共費銀□□有奇。是役也，董其事者：裔孫、縣長學增，厦忠孝堂裔孫雲衢，清職員介爾，生員梅圖，同安縣董事、裔孫生員培元，車路局總務向榮並列忠、天時等以服務惟謹，例得並書，因特泐石以垂不朽。

光緒十五年，恩貢林玉堂記。

錄自民國《同安縣誌》卷七"建築·學宮"

清·海滄山仰陳氏獎勸碑

獎勸碑（楷書碑題）/

竊聞有功懋賞，聖朝垂獎勵之規；大行受/名，古訓寓勸懲之意。此澤及後世者，所由/譽播千秋也。我山仰自開基以來，代多碩/望。然至為鄉里除災、為子孫植福，耗萬貫/之資財，費數年之心力，委曲營謀以期必/濟者，卒難其人焉。

本族長太封同知銜志/拋翁者，才超庸眾，性稟慈祥，每念本社內/埭諸田灌溉維艱，必由虎瓏口通函引水，/而道經林家施埭，輒被阻擾，致啓釁端。當/是時，鼠雀爭與，慨花銷之無限；卵石勢異，/嗟了局以難期。太封翁心焉憂之，爰禮浮/嶼大宗紳耆佑全翁等出為排解。然訟端/雖云幸釋，水道依舊難通。因奮然起曰："嗟/乎！徒效揚湯，何如去火？欲圖止沸，不外抽/薪。"於是倡議籌資，轉托潁川堂代將施埭/一帶田地及魚池浚岸，盡數賈歸，俾得開/閘引流，永無窒礙。天誘其衷，幸降心以相/就；農歌得水，欣夙願之克償。其田地大小/不等，共受種子一十五石，計費價銀一萬/一千五百九十員有奇。作八股均輪，而太/封翁力肩其伍。既捐巨款又費精神，其為/吾鄉興利除害何如哉！若夫前管仰安輪/，船夥人販雞得利。翁以船主應得多額，惡/其殺生，不分。故每羅祇抽五占銀，為慈濟/堂周恤族中貧人之用。不但此也，他如修/路、買塚、建業充公諸多義舉，姑不俱贅。

噫！/文陽之田既歸，彼強鄰永免藉端生事。功/德於人則祀。願後嗣毋忘飲水思源。前事/可師；所望聞風而起者，大勳難沒。媽意、媽招、竹淇、番滋、百川、金儀等，因同勒石以銘之。/

辛丑歲，予館翁家，適翁自南洋歸，朝夕侍/誨，因得悉其為人性沈靜，見義勇為，凡有/便於里中者，靡不踴躍以赴。此事尤其彰/彰較著者耳。時眾家長欲為立石記功,以/昭勸勉,請予作文。予固無文,然義不容辭,/因述其顛末如此。

丁酉亞魁、揀選知縣,宗愚弟苞拜撰。/

碑存海滄區囷瑤村山仰社陳氏家廟。嵌砌牆上。黑色頁岩質,高20厘米,寬62厘米。楷書陰刻。現狀完好。

清·歡迎美國艦隊訪問廈門記事石刻

光緒三十四年十月初六日,蒙/大美國海軍額墨利提督座艦路/易森那號、乏瑾昵阿號、呵海/（按：原刻此段重復）

光緒三十四年冬十月,/大美國海軍額墨利提督座艦路/易森那號、乏瑾昵呵號、呵海/呵號、咪率梨號仝石樂達/提督座艦威士肯嗲號、伊令/挪意司號、肯答機號、凱爾刹/區號來遊廈門。我/政府特簡朗貝勒、梁侍郎、松制軍、/尚方伯、海軍薩提督帶領海/圻、海容、海籌、海琛四艦及閩廈文武官紳在演武亭開會/歡迎,聯兩國之邦交,誠一時/之盛典。是則我/國家、官紳、商民所厚望者也。

宣統二年仲秋,水陸提督洪永安、興泉永道郭道直、花翎道銜葉崇祿、候補京堂林爾嘉、中軍三府蔡國喜、候補知府傅政、廈防分府趙時楣、諮議局員洪鴻儒鐫。

石刻位於廈門市南普陀寺藏經閣東側。字幅高140厘米,寬250厘米米。楷書陰刻。現狀完好。

清·美國東方艦隊回訪記事石刻

宣統二年季春,承/大美國東方艦隊哈卜/提督座艦差利司/頓號、可利乏蘭得/號、察單奴嘎號、黑/聆那號、隈拉路畢/司號獻贈銀杯,以/報戊申歡迎之雅,/兼作紀念。我海軍/處亦專派海軍提督程璧光帶領海圻、海琛二艦來廈/領杯,並鳴謝忱。用綴數言於石,以示/不忘云爾。闔廈官紳再志。

石刻位於廈門市南普陀寺藏經閣東側。字幅高80厘米,寬160厘米。楷書陰刻。現狀完好。

清·廈門商務總會歡迎美國商會代表團記事石刻

大美國太平洋各省二十五位商會/代表團皆多財善賈,為環球有/名巨商,此次遊歷中國,道出廈門,崇祿以岷埠實業均依宇下,/與諸君密切關係。因邀廈之商務總會及在籍岷僑擇南普陀鋪設會場,柬請地方官紳蒞會歡迎。是日也,群賢畢至,杯/酒談心,復承駐廈領事官安君左右介紹,倍加浹洽。席間,/各獻頌詞,互相致敬,誠一時之/盛會也。爰壽諸石,以志感情。/
宣統二年九月十七日,鷺江葉崇祿謹識。

石刻位於廈門市南普陀寺藏經閣後側。字幅高135厘米,寬165厘米。楷書陰刻。現狀完好。

民國·雲頂岩住持覺儀和尚記

雲頂岩住持覺儀和尚記(行書碑題)/

覺儀和尚原隸南安,早歲出家,住持吾廈之雲頂岩垂三十餘臘。/日夕舍躬耕課誦外,不為俗僧禍福之說而希人報施。歲入盈餘,/盡付諸完美寺宇。居恒往返廈禾間,並不以臘高覓一代步,誠晚/近一苦行僧也。歲戊寅夏四月,日軍占領廈門,火及雲頂岩,和尚/遂自經以殉。境內之善男女乃為鳩金收殮,葬於寺傍。余向儀其/為人,聞之心傷。繼而思之,生今之世,死得大覺,洵緣福也。和尚得/道之深,持律之嚴,宜乎以身殉□,□得阿耨多羅三藐三菩提,

□/必矣。以視守土有責而望風逃□□,相去奚啻天壤。余□和□/湮沒不彰,爰泚筆而為之記。/

戊寅秋九月,甦僧識。/

碑存廈門市雲頂岩方廣寺前廊。嵌砌牆上。黑色岩質,高26厘米,寬37厘米。行書陰刻。個別字跡損殘,其餘基本完好。

第二篇 社會建置

橋樑

宋·建造太師橋碑記

建隆四年歲次癸亥九月一日(上端,中部),勾當造橋。楊光襲(下端,右側),/監臨元從周仁襲(下端,左側)。

碑存同安區大同街道東橋橋頭。花崗岩質,現下端為土所掩,殘高350厘米,寬34厘米,厚40厘米。楷書。其為廈門市現存年代最早的紀年石刻。

清·重修太師橋記

城東有太師橋。太師之名何自昉?因留太師所建,故以名橋。是橋也,創造千餘年,橫亙五十丈,東、南、北眾流盡匯於斯。覽溪山勝概,如塵寰蓬島。晦翁簿同,東橋玩月,嘗登臨焉。宋宣和間,是地舊有堂,曰"結氂",鐫於石陰。又有弁石臺,字鐫石上,皆莫知其創與名之何人。厥後明季沂東劉先生復臨溪構堂,仍名結氂。佳景賞心,古今人無不同。然是橋宋時徐氏修之,我朝乾隆間,碧溪吳提督偕孝廉葉君廷梅復捐修。曾幾何時,星霜頓易,至今五百年矣。雖長橋依然,不無崩頹斷折。有鄉耆楊君汝筠捐貲獨肩其成,增填完密,無嶔崟之虞,其樂善可嘉。爰濡筆記事,以表其誠。

清光緒十五年,孝廉陳耀磻記。

錄自民國《同安縣誌》卷七"建築·橋亭"

明·重建深青橋碑記

　　時大明正德十一年歲次丙子四月吉旦，/同安縣知縣楊敦，縣丞鄧海，里班王文作、黃敦瀚、吳魁衡重建。

　　位於集美區灌口鎮深青村的深青橋樑一側。2002年，白玉盛等先生發現並承相告。花崗岩質，字幅高約120厘米，寬約50厘米。楷書陰刻。基本完好。

清·重建深青橋誌

　　皇清重建深青橋誌（行楷碑額）

　　同之深青有橋焉。溪流發源自仙人棋、夕陽山，下匯舊制，斷木為板。正德乙亥四月圯。豐城楊侯諱敦令同安，引分/□，鄭公□立之，割贖金邑贏以充橋費，於丙子四月念八日重建，擇里班黃敦瀚、周光舜、吳魁衡、王文作董之，縣丞/鄧海、驛官李昌□之。伐石鳩工，易脆為堅，更□門為三門。三月而橋成，車馬往來，絡繹不休。迄今/康熙戊寅，計一百八十四年。四月念八日，洪水□災，揚波激湍，橋仍壞焉，寨裳維艱，行者浩歎。鄉人蘇未觀目擊而思/利濟，捐貲募眾，即巨富猶各分厘，幸諸君子□發善心，及鄰鄉協力，復於己卯四月廿八日興工，親董乃事，閱月道/通，三月工成。夫孰壞是橋？天也。孰成是橋，人也。以人力補天憾，前後月日，若合符節，毋乃橋神有靈，數早定歟？寶箴/等展斯土，嘉厥德，慕厥功，爰敘厥事而為之記，庶幾與前邑侯楊公勒石舊誌並垂不朽。時並新造灌塔仔塘橋，/難以盡述，並記於此，存形勝也。謹捐助金、共事姓名開列於左。

　　生員陳寶箴頓首拜撰誌，蘇用楫頓首拜書丹。/

　　募緣首事：蘇未觀出銀二八兩，蘇允樹二兩二，蘇宏志十兩，蘇六觀二兩，方吉觀二兩，陳尚義二兩，蘇白眉頓首拜書額並捐銀一兩，/鄉老曾卯觀二兩二，蘇成武十兩,蘇浦觀八兩,曾含觀二兩,陳未觀□中,/汛防陳萊茂三兩,林可新十兩,鄭曰志三兩,林文良三兩,陳預觀二兩,周標觀二兩,陳元宏二六,/鄉賓陳國和三兩,黃溫□□□,曾文林二兩,陳□觀三兩,張明瑞二兩,郭哲觀一兩,陳玉觀一兩,/林芳遠三兩,謝如竹二兩,陳天馬二兩,蘇□素一兩,蘇練觀一兩,蘇允旭一兩,陳振明一兩,/陳錦鳳三兩,陳應彪二兩,周子培一兩,陳榮昆二兩,蘇略觀一兩,蘇魁觀一兩,王天生二中,/林德生三兩,周秀沂二兩,鄭國祥一兩,蘇志觀一兩,蘇燕觀二中,蘇興觀二中,蘇恭觀二兩,/蘇練修三兩,周以奏二兩,曾登俊一兩,鄭玄觀一兩,陳□觀小一兩,陳建觀一兩,李徐宗二兩。

各鄉助工(最下兩欄):深青一千百三,北洋二六,坑內三五,/前山二百五十,壇頭一二,黃珩三二,/排前三十二,劉營九十六,樹行二四,/上塘二十三,洪塘一二,黃莊二四,/舉下三十六,洋坑二三,田厝十三,/鳳山一百一十,田頭一二,炙蛙二二,/石浦五八,山仔二四,杜乾三二,/王歐陽□兩、捨戲一臺。

康熙三十八年歲次己卯八月　旦全立碑。

碑存集美區灌口鎮深青村"驛樓古地"。嵌砌牆上。花崗岩質,高240厘米,寬107厘米。楷書陰刻。碑石曾被人為平均斷為4片,近年修復併合。

清·重建深青橋題刻

時/大清康熙/三十八年/歲次己卯/四月廿八/日,蘇未觀/募眾重建/深青橋並/新造灌口/塔仔塘橋。/

位於集美區灌口鎮深青村之深青橋樑一側。字幅高40厘米,寬80厘米。隸書陰刻。現狀完好。

清·續建深青新橋並修舊橋碑誌

皇清/續建/深青/新橋/並修/舊橋/碑誌（行楷碑額）

深青為南北往來孔道，水有橋樑，由來久矣。舊制三門，建自邑侯楊公，修於族叔祖未公，行人便之。迨後沙礫填淤，橋門狹隘，二水交互震蕩為災，罹其苦者，非獨一邑/一鄉然也。按諸水勢：其一自□山麓傾瀉而下，衝擊獨在橋南；其一自仙棋下逶迤而來，潰決遂至橋北。抑且合流奔放，澶洰沙石，殃及道路、店宇、苗稼，有沛然莫禦之/勢。蓋因舊制僅三門，無有添造故也。自吾考實軒公即有此思久矣，然未及施行，又其時水害未深。至戊午歲秋淋驟漲，拆壞橋基，橋北一帶田店盡沒，行者嗟歎，莫可/奈何。閱六載，□有議□之者，□嘗歎曰："是橋豈有待於吾乎？適吾弟友共有東寧之行，爰囑其鼓舞眾力，共襄盛舉。"幸諸君子不吝揮金，遂得假棹歸來，擇吉興工。本處/之人聞風嚮義，亦各勉力趨赴，捐金助成。於癸亥歲三月渡臺，七月回家，八月清基，十一月新橋二門告成，十二月修葺舊橋，三門亦以次告成。越新年正月，築造橋北/一路，並及門樓；三月築造橋南一路，並及鳳山橋亦各次第告成。其他義舉甚多，難以枚述。晦冥風雨，吾弟獨任其勞累，遭百回挫折而卒竟成之者，天也，神之力也，吾/弟豈有意於其間哉！在臺始終其任，姪孫家豪一人；董事始終其任，姪默觀一人而已。爰志所以以為後之君子勸戒焉。捐金共事姓名開列於左。/

廩膳生員蘇昌期撰文，蘇汝方百拜篆額並書丹。/

募緣首事蘇實軒公捐銀貳拾，男廩膳生員昌期、郡學生員友共、董事蘇默觀肆拾，蘇家豪、生/員蘇聿篤貳拾，蘇帳觀、蘇自姐、太/學蘇鴻猷叁拾，蘇貴觀、/蘇振元拾員，蘇邁觀拾員，蘇佑觀、蘇林桂、蘇文盛、蘇贊觀、蘇光眼肆/員，蘇根發捌員，蘇繼興、蘇孔英、蘇頷觀、蘇為觀貳/員，蘇三遷貳/員。/

捐金名次：/首緣奉直/大夫蘇弼清壹百，奉政/大夫蘇俊臣壹百，鄉賓蘇世金壹百，職員蘇奕顯陸拾，太學吳興嘉陸拾，蘇孔宜公肆拾，鄉賓蘇世緝肆拾，蘇世興叁拾陸，蘇澤觀叁拾，鄉/賓蘇思任貳拾肆，蘇錦觀貳拾肆，陳玉成貳拾肆（第一欄），蘇神佑貳拾/肆，蘇明觀、蘇根雲、蘇振繩各貳拾，蘇世錦拾/伍，蘇塗觀拾/肆，福順號、蘇世欽、蘇世賞、蘇世繡、蘇文韜（第二欄）、蘇波觀、蘇而觀各拾貳,周鑾茂、林馬六、蘇續回、蘇抱觀、蘇甫觀、蘇和氣、蘇天成、生/員蘇綺成、太/學張家蓮(第三欄)、蘇有福、史佛乞、陳光陰各拾員,鄉/賓蘇天爵捌/員,蘇君仁、蘇有馬、蘇振花、蘇光寧、蘇月前各陸員,蘇元和(第四欄)、黃蕭相、蘇虎水各伍員,蘇光廩、蘇奕時、蘇三朝、嘉/義蘇科觀、茄/拔蘇光賜、蘇振持、蘇高金、蘇寬裕、蘇天恩(第五欄)、蘇伯加、蘇盛奇、張接觀、蘇世榮、王領觀、蘇欣觀、歐陽光愛各肆員,蘇世有、蘇光系、蘇振善、蘇別觀(第六欄)、蘇金英各叁員,蘇官山、蘇元栗、蘇超觀、蘇錦州、蘇再添、蘇宗奇、蘇宜林、蘇延觀、王申觀、蘇世澤(第七欄)、張鶴連、蘇錫觀、蘇光庇、張旭觀、蘇幾觀、張馮觀、蘇里觀、蘇強觀、蘇三光、蘇竹觀、蘇魁觀、蘇蓴香(第八欄)、蘇艾觀、蘇習觀、蘇光全、蘇校才、蘇綽觀、蘇圭觀、蘇文香、蘇聘觀、蘇召觀、蘇科觀、蘇榮觀、蘇應奇(第九欄)、蘇化育、蘇預觀、蘇藕觀、蘇伯俊、郭旺觀各貳員,蘇晝寢、蘇光賜、蘇都觀、蘇榮族、蘇正觀、蘇迎觀(第十欄)、蘇強觀、蘇長春、蘇公平、蘇典沙、蘇敦畏、蘇來觀、蘇吾黨、蘇義觀、蘇于觀、蘇上玦、蘇鼎元、蘇朝陽(第十一欄)、蘇勇觀、蘇便觀、蘇雪金、蘇誕觀、蘇笑觀、蘇吾觀、蘇世偉、蘇異觀、蘇放觀、蘇文書、陳迎春、蘇欽曲各壹/員(第十二欄)。

　　各甲助工:前山陸拾捌工,顏□□柒百工,大樓甲柒百工,宅仔甲柒百伍拾工,鳳山甲柒百伍拾工,貞岱肆拾捌工,山仔城貳拾捌工,吳厝貳拾貳工。其餘各工俱係公倩。

　　嘉慶九年歲次甲子七月穀旦同立碑。

　　碑存集美區灌口鎮深青村"驛樓古地"。嵌砌牆上。花崗岩質,高248厘米,寬112厘米。楷書陰刻。現狀基本完好。

明·邑侯葉允昌重修便安橋記

　　同安負山襟海,上達京國,下通百粵,七泉之巨邑,南北之要衝,孔道也。去沈井五里而近,地曰壩上,有溪一帶,橫溪為橋,以渡行人,郡守經之,因名五馬橋。據溪上流受溪澗諸溪之委注,一遇雨潦則猛湍,衝決擊齧,故恒善壞。其路自南而北,折而東行,道迂焉。乙未冬,適橋壞。邑侯後林葉公顧而歎曰:"善壞弗安,行迂弗便,弗安弗便,其曷善政?"乃相地勢,移道自南,徑屬之東,去其環折,移橋於下流,以避汛漲。為樑三接,厥途孔邇,厥橋孔碩,顧而樂曰:"邇則弗迂,弗迂則便;碩則弗壞,弗壞則安。"乃更名便安。於耆民某輩相率以記請,次崖林子曰:"吾於斯橋而知侯之政矣。昔先王經理天下,城邑、山川、井野、市里罔弗條悉,至於橋樑、道路亦罔或後,然則非政之所先而可以觀政也。侯制百里之命,僚佐弗具,政事如蝟毛,人將日給不暇而顧若無事,於橋樑、道路尤自有餘力焉,可謂難矣。"侯諱允昌,字某,別號後林,浙之慈谿人。

明嘉靖十四年乙未,林希元撰。

錄自民國《同安縣誌》卷五"水利附橋樑"

明·同安五顯第二橋碑

皇明/萬曆玖年辛巳秋,信士/胡朝賓倡募重修橋道。

碑存同安區五顯鎮五顯第二橋西側。花崗岩質,高120厘米,寬50厘米,厚13厘米。楷書陰刻。現狀完好。

明·九溪橋重復記

九溪橋重復記(篆書碑額)

九溪舊為漳泉孔道,置郵設樑。後以艱於樸峰、彌陀二嶺,改從康店。郵廢樑圮且二百年,然取捷者猶道九溪。其地匯九派之水,建/瓴下,盈溢倏忽。當其盈時,行人束手待,須涸乃濟。即涸猶四五尺,凡提攜負者、輿者,皆以衣涉。鄉人輦巨石星布溪上,其徒手渡者/乃從石,然水常沒石數寸,從石者雖足於厲,亦必解去襪履,徒跣杖躓焉。窮冬冱寒,行人為病。

不佞以戊辰冬葬先祖母,凡六渡九溪,凍雨中見病涉者,心惻然祝曰:"使余他日得沾微祿,幸其樑此。"迨丙子從計偕,丁丑對公車,謁銓得浙東陽,及遷南戶曹,凡十/四年不得過桑梓,所至逢橋樑輒心惕然,念前負未償。己丑出守昭州，便道歸，謀諸大人，遍訪於附溪，無可任事者。其地去寒家六十里，而所在皆農人，莫適與謀。甲午守制，家食三年，彷徨圖之，幾成畫餅。

適東莞袁太玉父母來尹南安。南安夙稱難治，弊竇玩俗，牢不可破。守令法幾不信於民，民視其上有贅瘤心。公至，明察仁愛並行兼濟，發奸摘伏如神，逆豪屏跡，利罔不興，父老驚傳謂二百年來未有。民既悅服上所規，為競相告，言子來恐後。不佞偶以橋事告，公慨然曰："是翊吾有司治者，當成厥舉。"於是，命本部里正洪有纘，會者民洪世本等董其事，首捐俸以倡之。里正既強幹忠實，足勝役使，都細民又知父母注意是也。

適是歲大豐，黃雲被野，粒米狼戾，爰皆樂施。乃因舊石為樑，凡三道，相去各五丈，高一丈六尺。舊板用石，石去橋七十里，巨者難致，率短且小，水衝易敗。令易以木，每樑用巨木四併合為一，效江浙間以鐵鎖維其首於兩岸，而未會架於中樑。遇水大至，末浮首維，不與水爭漲退。梲而復樑，樑既高峻，水浮木者歲不能一二，民不病涉。不佞乃言曰："事之興廢，其偶然哉！斯橋也，圮二百年，謀之復二十年，落落無緒。幸有袁父母之信於民也，又幸有里正等足使也，又幸歲豐易集也。爰竣厥役，償厥宿心，不佞其蒙父母餘庥哉！"凡募緣止於本都，及有田於都者，不敢廣募。以仍舊石，費僅六十金。袁父母捐俸三金，不佞助二十五金，匠役祗承砌築如法。是秋，風雨異災，郡中橋樑多壞，獨斯橋無恙，可卜永久。往來行人言："不可無記，使後人之繼是也。"乃述始末而勒之石。

時萬曆丁酉秋八月吉，同邑儒呂弼副筆。

賜進士、中憲大夫、廣西按察司副使、奉敕整飭分巡左江兵備道、前南京戶部郎中，郡人黃文炳撰。

碑存廈門與南安市交界的官橋鎮九溪村九溪大橋畔，林鴻東、張明珍等發現，江叔維抄錄。現據"鷺客社"的網文，並與原碑照片核對後謄錄。

明·邑侯熊汝霖重修西安橋記

同邑之南，東西溪流匯焉而達於海，而西溪之流尤為深闊。西安橋之造且修也，自宋元祐、嘉定間，其長餘千尺，其通水洞二十二，記所謂洛陽之亞也。

越我明嘉靖,葉令允昌嘗修之矣。今癸酉十一月,橋火而石洞毀折者七,民舍之延者數十。雨殷熊侯夜馳至,則嚮火拜籲,火為息。已,謂此橋為漳、泉通道,雖工大費巨,烏可以已乎哉?乃捐俸百金,而倡募邑紳士民,伐石鳩工。邑丞吳綸程工甚勤。未幾而告成,夾橋而廛者,整整一新,而車馬負擔之過者,咸頌侯德,曰:"微賢侯,吾儕能無病涉乎?其成茲杠樑砥矢,以為永永也,何有哉?"邑西之人德侯而謁予紀其事,予惟是橋也,創於宋許公宜,而二子榰、權,孫升皆第進士,有名而升,復繼公而修茲橋,載在邑乘、家譜甚具。蓋有功德於民者,必食報於天。我侯年方壯而未有子,亦以許公之子若孫,為同民祝侯而已。僉曰:"善!"遂書之。侯名汝霖,別號雨殷,辛未進士,浙之餘姚人。

崇禎癸酉,蔡獻臣撰。

錄自民國《同安縣誌》卷五"水利附橋樑"

清·重建飲亭橋碑記

重建飲亭橋碑記(行楷碑額)

同於漳泉為孔道。距邑西二十餘里,有橋曰"飲亭",不知創自何代,而重建於明之成化乙末年。/國朝甲辰□圮於水,每淫雨溪漲,則文移之飛馳與行李之來往交病,是斯橋之興廢亦同邑一大利害也,而工費實繁,談何容易。維/左都督施公□前修邑北之洪濟橋,戊寅夏水災,復攜金伍百兩分賑,蓋大願力人也。邑父老以是請焉,公欣然任之,召匠計/工,捐貲捌百餘兩,而架基□石,則責之邑人。於是/邑候李公、□/城守右都督韓公倡議,共襄厥事。經始於康熙庚辰之冬孟,落成於辛巳之冬季,計費千二百金。捐助者百人,各志於左,昭德也,且以勸後之人永紹諸公舉□之□焉。李公諱時熙,北直束鹿人;韓公諱挺標,浙東餘杭人;而施公諱韜,字文起,則靖海將軍侯之胞侄,晉水人也。

同安營中軍武諱廷翰捐俸二兩,□□□助筵數次,山主林舍石、鄭伯玉一兩,/貢士陳昌祚、曾應唯各助銀五兩,/太學周戴鳳助艮十兩,黃錫昌、黃士奇、林純修各十大員,葉元翰、林德謙、林芳遠、林春蔭各助五兩,徐廣賜、胡士宗各助三兩,陳銓貳員,/生員葉隆璋助銀五兩,周水生、周子圻各十中員,陳應□、張鶴聖、黃封葉各助二兩,林太樞、林秀琦各二大員,蘇勳德、薛克捷各一兩,林金木一□員,/鄉賓陳淑選助銀十二兩,陳國和、陳國詩各助十兩,郭景朗助銀十中員,郭景宣助銀二大員,陳郡一大員,/貢士王士長助銀二十兩,方惟正、連□元各二兩,郭日誌、陳重熏、曾韜觀各十中員,曾肇潤、林質良各三兩,楊寅周二兩,周履垣、蘇允樹、/陳旻、蘇孟澤、郭天祺、陳邦基、黃騰□、鄭元祿、興珍行、隆興行各二大員,林景復、杜日新、張君榮、蔡子姜、/蘇錦爵、陳重瑗、周維倬、陳鳳書、陳□權、王大年、陳伯機、蔡鼎元各一兩,林紹賢、林永茂、陳基禮、林質侯、/蔣士德、王正茲、杜以明、陳尚德、林懋衍、柯應奎、藍郡祥、錢永福、陳世相、陳嘉貞、成泰行、王門林氏各□大員,/林文郁、謝庭芳、周景宗、陶同人、黃君錫各五分,蘇太觀、劉弈宏、丘育成、□元泰、黃維昌、周明祚、胡士徽、/李正榮、林紹芙、許斌□、謝振霖、西塘張熙忠各一中員。匠首楊碧珍。/

　　大清康熙四十年歲次辛巳臘月之吉,□□司鐸劉□良,募緣首事陳淑選、陳國和、周戴鳳、陳國詩、陳昆□□□仝勒石。

　　碑存同安博物館內。嵌砌牆上。花崗岩質,高286厘米,寬112厘米。略有風化。

清·店頭橋碑記

　　店頭一橋為閩廣要衝,廢墜已久,徒涉維艱。至壬子年,/邑主唐侯來涖茲縣,心為戚之,捐俸建立,旋□圮。歲辛□再修,丙辰冬/重造,諭令堅固。完工,士民欣悅,勒石以紀盛事,頌曰:/"維斯橋兮,已建復圮。幸再造兮,功成完美。誰鼎力兮,維我/邑侯唐公苦心而經理。"

　　乾隆元年臘月　日立。

　　碑存同安博物館內。花崗岩質,高180厘米,寬52厘米,厚18厘米。楷書陰刻。多處磨損。

清·青雲石橋記

青雲石橋記（楷書碑額）

　　維城西郊周行也，郵驛所必經，商旅所□歷，粵東、三山諸途皆出於此。乃距城七里有烏泥村，三溪橫截，繄古以來/嘗興作以便奔□。地之居人豎木度板為橋，此亦不過補苴一時，非所以利濟久遠也。/邑侯王公蒞任後，百廢俱興，以橋不易以石，猶為民病。捐俸創造，於是石橋始臥於波。夫荒塘古渡，恒阻驅馳；斷岸橫□，/常絕行李，嚮之過者未可濡軌以濟盈，亦將臨河而返駕。今則坦然蕩平，販夫郵卒，可步可趨；仕宦高車，可馳可驟。而且/興工之始，公親臨指授，土必築堅，石必取巨，垂之將來，可無傾圮，則斯橋之興，非為利濟久遠之大功哉！橋成，而邑之士民/咸嘖嘖頌公焉，蓋深有感。夫公之獨捐清俸為人興利如是其廣，將見仁惠之風，自與此橋共垂不朽。至因烏/泥鋪而以青雲名橋，則又有以勵多士之志也夫。/

　　公諱植，字芸軒，山東青州府諸城縣人，丁未科進士，由翰林出宰煩劇，攝同篆年餘，德政難以盡述。斯橋之興，費白金/壹百柒拾兩。邑之紳士有鄉賓許明秀，生員徐光，族正洪思仁、徐光輝，鄉老徐贊化為董。造斯橋者暨闔邑士民稱/頌不已。見斯記，相與歡欣鼓舞矣。治下沐恩生員許琛謹識。

　　橋以青雲名，取登雲之義也。或曰："其地為烏泥村，烏泥斥鹵而下，故亢之以青雲云。"或曰："是橋也，前望西山，下多林木常接雲，故名。"而不知非也。我/憲台琅琊王大人以□天出親民社。戊午夏來視同篆，為政廉簡有聲，能舉其大，所至民咸愛之。尤雅好士曹，振興文教，甄拔皆名下。其蒞茲/土也，都人士群喁喁向風，仰為泰山北斗焉。斯橋之換名曰"青雲"，蓋亦本其造士之苦心，以為箴銘警勸，勒於不朽也。昔司馬相如/過升仙橋，題其柱，後致身通顯。然則同之人士沐浴憲台雅化，三年於茲。來往斯橋者，觸目感心，奮然有志，凌於青雲/也，而豈特一時之衣被回光已哉！因銘以跋之曰："烏泥之谷，上斷川兮去木，而徛利以馳奔。卓哉巨觀，神龍偃雲。千秋鞏/固，於以啓吾斯文。"

　　乾隆庚申五月　　日，同安縣典史沈濟世跋。/

碑在同安區新民街道烏塗社區溪邊,2007年元月因建設發現。花崗岩質,高200厘米,寬67厘米,厚15厘米。楷書。基本完好。

清·重修日東橋碑記(一)

日東東鄰鶴浦、登瀛,西接馬鑾諸社,蓋濱海往來之衝也。其始為桑田,有堤亘之,近齧於潮,遂為支海,涉者病焉。乾隆庚辰歲,馬鑾杜君天賜、主定、宏坡、成南、文遠,司直王君世□,鶴浦鄭君春殿,登瀛曾君昌榜及族叔應勝倡義徵募,鳩工伐石而橋之,為址一百有十,長一百四十七丈,費白金二百九十兩有奇。經始於正月,越五月落成。自是每潮汐坦如康莊,人無匏葉之賦,是不可無書也。已若夫濤怒石徙,堤沒址沈,堅而完之,是所望於後之君子矣。樂助諸人以輸錢差次如左。

乾隆庚辰,陳思敬記。

錄自民國《同安縣誌》卷五"水利附橋樑"

清·重修日東橋碑記(二)

同安,閩南濱海要區也。邑西南五十里許,有橋曰"日東",為海濱往來孔道。清乾隆庚辰歲,里人鳩金興建。壬寅,圮於水。癸卯,馬鑾杜君智森重修,復圮。丁未,智森君子、鄉賓杜以德再修,仍圮。甲寅春,智森君孫、國學生時泰憫行人之病涉,乃伐石鳩工,增填橋址,視舊制加高尺餘,計長二十餘丈,費白金二百有奇,越三冬而告成。自是而後,人無厲揭之艱,將見嚮之臨流而興歎者,今則履之而若坦矣。行旅商賈過斯橋者,咸曰:"微杜君之力不及此!"予嘉杜君之克繩祖武,惠濟行人,故樂為之記。

嘉慶元年,陳克家記。

錄自民國《同安縣誌》卷五"水利附橋樑"

清·重修湯溪橋碑記

　　橋跨湯溪,匯仙旗、天柱諸山,流當東西孔道。舊有橋,天啓甲子邑令李燦然造也。下出溫泉,故以湯名。乾隆三十一年八月,大雨溪漲,橋盡圮焉。邑侯吳公捐俸倡修,鄉人士遂踴躍趨事,易坎險為康莊,行人便之,橋釃水為五道,縱十二丈二尺,橫一丈二尺五寸,增高三尺。工始於丁亥七月,越十月中旬告成。糜番銀四百七十大員,皆近里人樂輸。董其役者,貢生陳鳳池,生員王佐、周姬,監生蘇朝選也。其捐金姓氏並勒碑左。

　　乾隆丁亥,里人黃濤記。

錄自民國《同安縣誌》卷五"水利附橋樑"

清·重修鼓浪嶼三和宮口橋碑記(殘)

　　三和之宮,宮口之橋,多歷年所,由來舊矣。雁齒排連,幾經修□□□□□□□□□□□/頭侵繞,復貽頹敗之傷。病涉時見,利濟莫聞,目擊之下心焉□□□□□□□□□□□□/即雲情深其如此,資用莫給。何幸有蔭佺、鷴佺者,不靳一己□□□□□□□□□□□/兩月之工,需其財並集眾財,亦幾□平有□□□□□□□□□□□□□□□/不遑及此,侄孫修卿備知其故,共議作此,以勒之石,俾來□□□□□□□□□□/後世過此者,咸知深淺之際,不須揭厲者,其來有自也。是□□□□□□□□□□/捐金姓氏開列於左:

　　鼓浪嶼關口伍元半,/金源遠二十大元,林廣隆、金彰德、陳恒利、金恒發、黃鷴、□□□□□□/金和利、金長發各陸元,金隆盛、金恒勝、金義豐、黃蔭、□□□□□□/金恒茂、金征遠、陳布觀、金合順、黃由玉、黃士觀、莊斌□□□□□□/辛元觀、周定觀、葉池觀、黃周觀、黃走觀、黃動觀、李桂觀、陳□□□□□。

　　乾隆伍拾年歲次乙巳桂月吉日,鹿耳黃俊千、黃□□、吳□□。

碑存鼓浪嶼海壇路 58 號"大夫第"前庭。花崗岩質，下半部殘缺，殘高 145 厘米，寬 75 厘米，厚 15 厘米。楷書陰刻。

清·喜濟橋碑記

喜濟橋碑記（楷書碑題）/

橋以濟名，喜利物□□□□□□寶帶之建，□以物名，萬安之造，則以/□名。凡以□□觀□□□□□北當岩流之衝，南激潮水之湧，雖不如/淡□洛□□□□□□□□漫污流，實使往來病涉也。今□諸董事目/擊心□，爰詢都中□好善之士捐集建造，不敢冗費、不敢曠功，但男女免/厲狙之憂，工商無蹉跎之苦，莫不共喜於濟矣。是橋告成，故以喜濟名。/

辛酉鄉進士溫文題。/

誥封大夫李元志捐銀貳拾員，蔡毓材捐銀肆員，溫孔懷捐銀貳員，/敕封文林郎葉正朝捐銀貳拾肆員，溫甘棠捐銀貳員，/國學生蔡聯捷捐銀壹拾陸員，溫啓運捐銀肆員，溫合郎捐銀壹員，/溫家公項捐□壹拾貳員，葉際遜捐銀貳員，溫辟雍捐銀壹員，/蔡振中捐□壹拾員，葉應麒捐銀貳員，溫在觀捐銀壹員，/葉際川捐銀壹拾員，溫景榮捐銀貳員，溫萬金捐銀壹員。/

嘉慶癸酉始洗之月穀旦，眾董事仝立。

碑存海滄區溫厝社區海邊。花崗岩質，高 158 厘米，寬 77 厘米，厚 17 厘米。楷書陰刻。碑上部有裂紋，多處殘損。此碑俗稱"烏石牌"。

清·行軍橋碑記

行軍橋（楷書大字直題）
道光拾捌年陽月，/署同安縣知縣沈功枚重修。

碑存同安區大同街道東宅村。花崗岩質，高 110 厘米，寬 47 厘米，厚 12 厘米。楷書陰刻。現狀完好。

清·利濟橋碑

利濟橋
道光十八年六月　日立(右)。馬巷通判俞益重建(左)。

碑存同安博物館內。花崗岩質，高 164 厘米，寬 55 厘米，厚 17 厘米。楷書陰刻。現狀完好。

清·重修如意橋碑記

咸豐貳年橋圮多年，行旅維艱。余為/修造，往來如意，爰取其義以名之：如意橋。
欽加同知銜、候選通判蘇士榮重修。/

碑存同安博物館內。花崗岩質，高 122 厘米，寬 56 厘米。楷書陰刻。基本完好。

清·五塘橋碑記

橋之建不知何時，居人呼為五塘橋，蓋以烏泥陂有五塘之水而名/之也。邑乘不登，□□近代新築而橫截溪流，易就傾圮，於今二十餘/年矣。凡諸往來婦老，每慮病涉。有秀士王成玨自館回籍，遇雨，險被/漂流。矢志倡修，幸同族貢士文祥、聽玨勸告，隨自捐貲□役。一時居/人徐瑞女等兄弟三人喜樂□

董助工甚眾。不日功成,爰即樂助芳/名勒附碑末,以昭行善。俾後之修志者得以采輯而晉登焉,是為序。/

同治三年菊月,貢生王文祥重修,里人徐□□、瑞女、先文等助□□工。(下面字皆漫漶,略)

碑位於同安區新民街道烏塗社區同明路東側的榕樹下。花崗岩質,高145厘米,寬65厘米,厚13厘米。楷書陰刻。除部分字跡漫漶外,基本完好。

清・建造汛前橋碑記

汛前橋碑記(篆書碑額)

是地在縣治二十里,舊無橋,夏秋雨集漲興,行者危苦實/甚。春間偕同人相度經營,鳩工庀材,閱六餘月始合妥濟。/橋兩工告成,由是而危者以安矣。築樑便行,本無足紀,欲/後之修□者有自考之,因錄顛末而並樂捐芳名於左。/(樂捐芳名刻字多半已磨損,難以卒讀,姑略之)

光緒五年仲秋吉旦,董事公立。

碑存同安博物館內。花崗岩質,高120厘米,寬48厘米,厚14厘米。楷書陰刻。碑額作圓形摺疊篆。基本完好。

清・重修過路壩橋碑記

重修(上端楷書橫額)過路壩橋(正中楷書直題)
大奈捐英壹百員,/景煙捐英陸拾員,/根論捐英拾大員,/莉盤捐英貳大員,/丁根捐英貳大員,/文聰捐英貳大員。/

光緒乙未荔月　日,董事人明大、論大立。

碑存同安區蓮花鎮雲洋村後洋社溪邊。花崗岩質，高 125 厘米，寬 39 厘米。楷書陰刻。現狀完好。

清·重修西安橋碑記

重修西安橋碑記（篆書碑額）

大西橋為漳泉來往衝要，民未/病涉，厥功最巨。前水火衝燒宕/折，行者苦之。黃莊杜君文艮/慨然修復，凡五閱月告成，計費/員有奇，共修四段。/

光緒二十八年七月　日，西驛保紳董立石。

碑存同安博物館內。花崗岩質，高 158 厘米，寬 81 厘米，厚 10 厘米。楷書陰刻。現狀完好。

清·重修雲頭紫雲橋捐資芳名碑

重修雲頭紫雲橋捐資芳名（楷書碑額）

黃謙亨捐銀叁拾員，黃謙吉捐銀叁拾員，楊本湖捐銀貳拾員，陳士章捐銀貳拾員（第一欄），邱揚陣捐銀拾員，邵勝萬捐銀拾員，王青山捐銀陸員，楊其玉捐銀肆員（第二欄），陳時措捐□□□，陳仙兜捐銀□□，黃光賣□□□□，黃光戴□□□□，陳良粥□□□□，陳伯適□□□□。共銀□□□□□（第三欄）。

光緒丁未年葭月，陳玉書立。

碑存同安博物館內。花崗岩質，殘高 108～114 厘米，寬 38 厘米。楷書陰刻。部分殘缺。

民國·重修銅魚橋碑記

重修銅魚橋碑記（篆書碑額）

民國七年，兵燹之亂禍及吾同，是橋毀於火，周圍店/屋一炬成空，樑石傾頹，立呈險象。時維舊曆夏秋之/交，三閱月而嚴解。回首鄉關，瘡痍滿目，此間闤闠，幾/等村墟，而此橋為萬眾必經之地，行人過此，均以未/獲安穩為慮。吳君蘊甫仗義疏財，起白守土高公/曉示大眾，偕弟省三、克明等購工重修，闕者補之，殘/者葺之，經燒斷而爆裂者，慨行拆卸，更置長條石道/凡一十五通，往來稱便。復於橋之上建祠以祀福神，/仍舊址也。是役也，興始予本年舊曆五月，歲晚而工/竣，靡費若干，係蘊甫昆季自理，無煩榜白。嗟嗟！修築/橋樑，本屬自治事宜之一。若蘊甫等惓懷桑梓，良足/嘉已。余襄其事，故樂為之記。里人吳煌樞撰並書。/

民國八年舊曆臘月　日立。

碑存同安博物館內。花崗岩質，高145厘米，寬82厘米，厚12厘米。楷書陰刻。現狀完好。

津渡

清·利濟渡碑記

利濟渡碑記（楷書碑題）/

此非古渡頭也,因/有隙地可通來往,/而雙槳、小舟多泊/於此,利人之便,莫/此為甚。數十年來,/無論近遠,凡有事/涉川者,悉由此問/渡焉,遂為鷺島第/一津頭矣。地僻而/小,不足以容人跡,/擴而張之,在所不/免,然尚以為有待/也。歲久日崩,平者/側之,連者斷之,朝/暮之間,顛偃甚眾,/則向所謂有待者,/今不且為急務乎?/於是共謀勝舉,沿/海行鋪、船隻各出/金錢。始事於十月,/成於八月,計長四/十丈,廣七尺,費六/百餘兩。王國顯等/董其事。基固而完,/版厚而直,儼然康/莊大道矣。夫始之/為是議也,眾皆以/為難,數閱月竟告/厥成,使登崖者如/履坦途,維舟者若/適樂土,其為功豈/淺鮮哉!/因紀其本/末而臚捐金於後,/以為樂善之勸。/

清溪解元王國鑒撰。

原位於廈門市晨光路7號民居內,2000年8月被發現,移置廈門市博物館。花崗岩質,高43厘米,寬220厘米,厚8厘米。楷書直題。基本完好。王國鑒,乾隆年間解元,福建安溪人,傳見《安溪縣誌》。

清·重建五通路亭碑

皇清/重建五通路亭碑（隸書碑額）

五通渡,泉廈往省通津也。渡口故有亭,寒暑雨風,行旅藉以休憩,歲久而/圯,自戊辰迄今且二十餘年矣。仕宦商賈接踵問渡,暑苦竭,雨苦淋,□□/疾風驚浪,躑躅崖畔,望洋興歎者,侵夜苦無棲息之所,往來咸弗便也。/余奉/命觀察臺陽,嘗取道於斯,即思所以復之,使車鹿鹿,未之或遂。歲甲午□□內/調,謀之同官臺守李君師敏、司馬成君城、宋君學源、臺令解君文□、鳳/令劉君亨基、諸令陳君松、彰令張君可傳、府領謝君洪光、丞楊君開泰、/丞郭君愈厚,各捐廉俸,遣丁董其役,不數月而亭成。亭之制,高□□□□/□,盡仍舊觀。要之,自今以始,輿者、徒者、負而擔者,酷暑□淋,□□□□□/飆斷浪,無憂露宿,不可謂非便民之一端也。至於□南,□□俾□□□□後/之君子,爰為記。

　　特調福建糧驛道、俸滿、/臺澎督學兵備道奇捐銀伍拾大元,臺灣府正堂李捐銀叁拾大元,臺灣分府成捐銀叁拾大元,淡水分府宋捐銀拾大元,臺灣縣正堂解捐銀□□□□,鳳山縣正堂劉捐銀□拾大元,諸羅縣正堂陳捐銀□拾大元,彰化縣正堂張捐銀叁拾大元,臺灣府經歷謝捐銀貳拾大元,臺灣縣分縣楊捐銀貳拾大元、俸滿、諸羅縣分縣郭捐銀貳拾大元。

　　乾隆叁拾玖年伍月　日,董事淩蒼岩、吳德崇、林成章同勒石。

　　原位於湖里區五通村鳳頭社海邊(舊五通渡口),裂成3段。1986年移入廈門市博物館。花崗岩質,高250厘米,寬108厘米,厚17厘米。個別字跡已漫漶不清。

清・重修洪本部渡頭碑記

皇清/重修洪本部渡頭碑記(篆書碑額)

　　渡頭名洪本部者,何昉乎？蓋聞諸父老相傳,以為/洪諱旭公築石成津,利於行人,故名之。但造自何/年,無從查考。間有補葺重修,非□一次,無如波濤/衝激,今復傾頹。我/副總府郭來守斯土,睹涉水之□□,慮濟輿之難遍,/特捐清俸以倡增修。近此津者十餘戶,亦欣然樂/善,共襄厥成。興工八月甫竣,計費千金有奇。是創/於前者功固不可少,而振於後者意亦良殷也。/

　　計開:賜進士出身、兼署福建水師提標、右協副總府、左協中軍遊府、加一級郭/捐俸伍拾大員,/恒茂棧捐銀貳佰伍拾員,金恒勝捐銀壹佰伍拾員,金大茂捐銀壹佰大員,金合利捐銀壹佰大員,金昌記捐銀捌拾伍員,金文成捐銀□拾伍員,金恒吉捐銀□□拾伍員，□□興捐銀□□伍員(上欄)，□□□捐銀□拾員，□□□捐銀□□□,金□□捐銀貳拾員，金□裕捐銀貳拾員，瑞祿號捐銀貳拾員，王德□捐銀貳拾員，金尚德捐銀拾大員，金恒□捐銀拾大員，金□□捐銀拾大員(下欄)。

乾隆肆拾伍年梅月　日同立石。

碑存廈門市洪本部巷33號民居側牆上。花崗岩質，高197厘米，寬96厘米。楷書陰刻。部分字跡磨損難辨。

清·增修洪本部渡頭碑記

增修洪□□□□□(按：缺字當為"本部渡頭碑記")(楷書碑額)

渡頭之有洪本部也，聞自洪公倡始舉義，築石成樑，因以為名。其創造時/自何年？補葺經於何手？前既莫考，後愈難稽，無容贅也。迨乾隆年間，有副/總府郭守斯土，曾重修之。然世久年湮，濤衝浪激，傾圮特甚。□等數十戶忝/近此津，睹淤泥之堆積，思濟涉之維艱，爰與二三同志者共議增修。興工/數月，計費千金，雖集腋而成裘，亦眾擎之易舉。從此增高彌固，非特紹前/人之休，而歷久無虞，並可貽來茲之福也。是為序。丙洲舉人陳采序。/

欽加都司、特授福建水師提標左營中軍府吳捐俸銀四拾大員，/□□□□銀壹百員，恒成捐銀伍拾員，西記捐銀叁拾員，/□□□□銀壹百員，順裕捐銀肆拾員，順通益捐銀叁拾員，/□□□銀壹佰大員，/逢盛捐銀叁拾員，源勝捐銀貳拾員，/□□□銀壹百大員，成興捐銀叁拾員，慶隆捐銀貳拾員，/□□□銀柒拾大員，泰順捐銀叁拾員，榮瑞捐銀貳拾員，/□□□銀柒拾大員，全福捐銀叁拾員，協成捐銀壹拾員，/□□□銀陸拾大員，恒昌捐銀叁拾員，順發捐銀壹拾員，/□□□銀陸拾大員，元春捐銀叁拾員，泉吉捐銀壹拾員，/□□□銀陸拾大員，崇泰捐銀叁拾員，集發捐銀壹拾員，/□□□銀陸拾大員，排頭口公捐銀五兩，榮昌捐銀壹拾員。/

□□丙子仲秋　日立。

碑存廈門市洪本部巷60號昭惠宮外。嵌砌牆上。花崗岩質，高210厘米，寬100厘米。碑左上角殘缺，年款當為清光緒二年丙子(1876年)。

清·重修打鐵路頭碑記

皇清/重修打鐵路頭碑記（楷書碑額）

厦島雖孤懸海濱，而南北通津，不可無渡頭。昔人所以有創建而打鐵尤為要衝，第年久崩塌，貨物出入、行人來往，恒虞顛覆。爰請/參府劉公、董事翁等倡修，並開大溝，疏通道水以注海。卜吉興工，閱六月告竣，不惜兩千金之費，以利數百萬人之行，是為記。/

計開各業主捐題二八銀額開列於左：/

提督中軍參府劉捐銀伍拾大員，陳顯觀出銀壹佰陸拾員，余練觀出銀壹佰大員正，張紹觀出銀肆拾捌大員，張期觀出銀肆拾貳大員，吳琛觀出銀肆拾大員正，恒利行出銀叁拾捌大員，徐長合出銀叁拾陸大員，許仰範出銀叁拾肆大員，王奪三出銀叁拾壹員貳（第一欄），吳捷記出銀貳拾玖員，元美行出銀貳拾肆員，柯英觀出銀貳拾肆員，張雀觀出銀貳拾員，鄭昆然出銀貳拾員，張開觀出銀拾陸員，鄭建觀出銀拾陸員，陳佑/八觀出銀拾伍員，張享觀出銀拾壹員，陳義觀出銀貳拾員（第二欄），莊金水出銀貳拾元，許柳觀出銀拾肆元，和順號出銀拾肆元，王振宗出銀拾肆元，余連觀出銀拾叁元，李石/林、江水觀出銀拾叁元，王乞觀出銀壹拾元，吳源泉出銀壹拾元，林嵩山出銀壹拾元，陳思觀出銀壹拾元（第三欄）。

今將捐題各花名開列於後：/

金天德捐銀壹佰大元，金同興捐銀陸拾大元，金聯豐捐銀陸拾大元，恒利棧捐銀肆拾大元，金萬盛捐銀伍拾大元，金祥茂捐銀肆拾大元，提茗鋪公捐銀肆拾貳元半，金同勝捐銀叁拾叁元，胡茂盛、金合豐、金恒瑞、金瑞茂、長順號以上各捐銀捌元（第一欄），金益興捐銀叁拾伍元，杜協安捐銀叁拾大元，金達源捐銀叁拾大元，金德安捐銀叁拾大元，王德興捐銀叁拾大元，金錦豐捐銀叁拾大元，金德合、林天生師、金長源、金同美、盈美號、金擇源、金聚源、蘇振興、榮盛號、陳敬師、金成源、金合發、釘補劉侯以上各捐銀陸元（第二欄），金恒聚捐銀叁拾大元，金和利捐銀叁拾大元，樟/林老客公捐銀叁拾元，永順號捐銀貳拾肆元，順昌號捐銀貳拾大元，金芳茂捐銀貳拾大元，金發興、王益美、潮泉號、黃綿勝、王順發、德榮號以上各捐銀拾元，萃隆號、殖興號、許日觀、永發號、柯萬瑞、路頭水船、程雙燕、源美號、協豐號以上各捐銀伍元(第三欄),/杜桶/南瑞觀出銀壹拾元,鄭揖觀出銀玖元陸,和利行出銀玖元陸,陳意觀出銀玖元貳,楊集盛出銀捌元捌,陳協觀出銀捌大元,李某觀出銀捌大元,劉鵬城/李文彬出銀捌大元,宋永玉/林文合出銀捌大元,李敏觀出銀柒元貳,杜鑾順捐銀貳拾貳元,金苞山捐銀貳拾大元,張聚興捐銀貳拾大元,瑞源號捐銀貳拾大元,范盛源捐銀拾陸大元,金維新捐銀拾陸大元,鼎順號捐銀拾伍大元(第四欄),石氣觀出銀肆兩陸,高春觀出銀陸大元,張廣收出銀陸大元,劉式宗出銀陸大元,同升號出銀陸大元,王畊觀出銀陸大元,恒勝行出銀伍元貳,陳天常出銀伍元貳,林敏觀出銀叁兩肆,莊蹸觀出銀叁兩貳,陳黃盛幫稱松柏杴,金承吉捐銀拾伍大元,高源興捐銀拾伍大元,范鼎源捐銀拾肆大元,陳恒徵捐銀拾貳大元,榮昌號捐銀壹拾大元,林允吉捐銀拾貳大元(第五欄),十老觀出銀肆大元,鄭柔觀出銀叁元陸,王敦觀出銀叁元貳,金虎號、金源號、林日師、廣成號、吳趁師、翁安師、蔣蹸師、裕源號、陳瑞麟、同盛號、資源號、鼎美號以上各捐銀肆元,沈芳順捐銀拾貳大元,林允吉捐銀拾貳大元,金恒源捐銀拾貳大元,金怡和捐銀拾□大元,恒昌棧捐銀捌大元,振勝號捐銀拾大元(第六欄)。

　　許擗觀助漲結尾大石,林天生師助杉板工,楊跂飛先生選擇吉課。/

　　董事:徐委觀、吳沛觀、林贊參、陳庇佑、王光竹、王仲觀、楊泰觀、莊鯉世、陳緣起、張堯老、陳文福、□佛觀、蔡綿。

　　乾隆伍拾捌年瓜月穀旦,蟾亭林□□,/霞□□□□。

　　原在廈門市打鐵街95號福壽宮前,現移至廈門市博物館。花崗岩質,高260厘米,寬110厘米,厚15厘米。基本完好。碑陰正中刻"映青樓祀業,/道光九年拾月重修"。

清·重修新路頭碑記

重修新路頭(楷書碑額)

　　新路頭創自康熙年間,海氛既靖,舟航輻輳,商賈雲集,為廈島/利濟之區。歷年既久,崩塌頻仍。乾隆乙未年,王寶源等行鋪題/緣修築,距今三十五年,海潮衝激，傾圮尤甚，行人病涉。嘉慶戊/辰，蘇勝春等捐資修造，徑已告竣。今將捐題姓氏芳名勒碑於/道，以俟後之君子相繼創修，則新路頭千古不磨矣。

蘇相淇捐佛銀叁佰員，金長隆捐佛銀一百貳拾員，/陳廉植捐佛銀貳佰員，蘇振源捐佛銀捌拾員，/曹世芬捐佛銀壹佰伍拾元，振興棧捐佛銀叁拾員，/鄭光沂捐佛銀壹佰貳拾員，金鹿棧捐佛銀貳拾肆員。/共題佛銀壹仟零貳拾肆員，共費佛銀壹仟貳佰拾陸員。/除費用外，不敷佛銀壹佰玖拾貳員，蘇勝春墊補壹佰玖拾貳員。/

嘉慶十三年歲次戊辰臘月吉日，董事曾必慶立。

原位於廈門市新路街某號平房，居民砌為牆。1986年海關辦公樓動工建造時發現，旋被擊碎填作基礎。碑文據編者的現場記錄。

清・蓮河渡碼頭建造捐金碑

蓮河渡碼頭建造捐金碑（楷書碑額）

特授蓮河場鹽務縣正堂、加三級、紀錄三次溫即克定捐番壹拾員，源興館番陸員，福泉館番陸員，四美館番陸員，/聯益館番肆員，鼎豐館番肆員，監源館番叁員，聚升館番叁員，阜通館番貳員，遠有館番貳員，/鼎益館番貳員，咸光館番壹員，船戶黃進吉番三員，金合勝、金合順、林長泰、林漳泰、林恒玉、蔡振和、/金合春、鄭益發、鄭振順、周成裕、林捷隆、三合茂、伍順發、鄭振和、鄭順利、新勝春、伍順興、/鄭順利、黃吉慶、黃振吉、金振興、黃發興、周合成、長合升、蔡合益、金長盛、楊長順、金長吉、/黃吉成、吳順興、楊永慶、黃吉安、金源盛、黃得泰、金進吉、金成發、周進咸、黃進成、張得發、/周益順、金振順、金萬成、金泉勝、黃得金、吳合順、周進財、金福泰、吳成興、金源益、金益源、/張源盛、林進源、黃順源、周益裕、金益利、黃順利、金益源、蔡長茂、金進益、蔡長春、蔡長吉、/黃順興、周益咸、周益成、黃進美、周益茂、蔡長發、陳瑞春、蔡長興、蔡發春、伍合順、新長源、/周進發、蔡長盛、黃順發、林恒瑞、黃榮發、新捷順、金成源、金合順、金源發、蔡長源、金長興、/洪新發、楊長發、金長益、金長春、蔡長美、蔡長裕、黃進興、金吉美、蔡益成、吳發興以上各捐番壹員，/金益勝、鄭琚、鄭榮順、陳合成、蔡合利、金合興、金發順、張順寶、張發勝、曾有春、黃永興、/林承泰、金源春、金新發、李金山、林興元、林益勝、林承春、曾發勝、陳再勝、伍發金、洪萬春、/金福興、邱大順、金進興、張泉勝、黃長勝以上各捐番半員,二合春捐錢四百文,金源發捐錢三百二十文,/金振興、黃順利、金源盛、金萬勝、金謀盛、張泉興、黃永興以上各捐錢三百文,/鼎泰館捐番壹拾員。/

道光三年歲次癸未葭月吉日,董事公立。

碑存翔安區香山街道蓮河社區。花崗岩質,高197厘米,寬75厘米,厚15厘米。楷書陰刻。現狀完好。

道路

宋·古道十八彎修路石刻

鄭公祥、化忌/經井,自捨,又/僧妙謙十千/足,計₈乙佰/貫足,鋪修此/路,計八百餘/丈,以濟往來。/

景定元年記。

石刻位於翔安區新墟鎮寨仔尾村的大埔路邊。高35厘米,寬38厘米。楷書陰刻。基本完好。

清·西山修路誌

西山修路誌(楷書碑題)/

西山雖鷺島之一隅,實海濱之大地,名岩勝跡,環居其際;古塚新塋,蘩迭其間。故搜雅探/奇之士不少,而省墳視墓之人尤多。近因太/平岩右一途年久崩陷,幾同淵谷,瞻顧不無/恐懼,步履咸屬驚惶。幸里中人葉廷榜、葉宗/敬、姚志賢等客歲小春向義董事,招募吳君/福官、陳君魁官捐金倡治。由是一時樂善好/施,鼓舞雲集,共成勝事。擇吉興工,鑿石填築,隆者平之,/窄者廣之。鳥道變成大道,危途竟/為坦途,庶往來無崎嶇之患,而車馬足馳騁/之歡。荔月告成,爰書以誌。/捐金姓名開列於左:/

吳福官助銀拾貳大員,/陳魁官助銀拾大員,/黃其堅助銀肆大元,邱思齊助銀貳大員,/盧弁官助銀貳大元,李志官助銀貳大員,/楊福官助銀壹大員,陳朝魁助銀壹大員,/王文誥助銀壹大員,李桑官助銀壹大員,/張景官助銀壹大員,詹生官助銀壹大員,/黃元佑助銀壹大員,/曾天蚩助銀壹大員,/林友仁助銀壹大員,馬才官助銀壹大員,/鄭錫進助銀壹大員,戴和官助銀壹大員,/李益官助銀壹大員,何滿官助銀壹大員,/詹欽官助銀壹大員,蔡宗元助銀壹大員,/魏誦官助銀壹大員,黃月官助銀壹大員。/

　　乾隆辛巳年荔月穀旦勒石。/

　　此摩崖石刻在太平岩寺前巨石上。高131厘米,寬206厘米。楷書陰刻。現狀完好。

清·捐修嶺頭崎下道路碑記

　　嶺頭、崎下一帶道路崩壞崎嶇,艱於步履,行人苦之。茲城/南鄉賓林諱源郁樂善向義,捐貲砌石,以便往來,足垂/永久,甚盛舉也。眾爰勒石,以志不忘。/
　　乾隆肆拾捌年葭月　　日,岳口保葉敏官、葉□官、葉欽官、/沈求官、沈保官、洪標官、/王敦官、王愷官、葉聖官仝立石。/

　　碑存同安博物館內。花崗岩質,高185厘米,寬54厘米。楷書陰刻。基本完好。

清·董內岩後山修路石刻

　　此路崎嶇險窄,行人每過/維艱。是歲甲戌,出資修造,/自董內岩邊起,至向天獅/山後止。雖未盡平坦,然亦頗無掛礙,是為志。/
　　嘉慶二拾年乙亥玖月,張永標勒石。/

　　位於廈門市梧村紫竹林寺後山。字幅高110厘米,寬70厘米。楷書陰刻。現狀完好。

清·雪山岩修路石刻

城東職員黃文彩建造/龍門橋、重修山道碑記。/
道光七年歲次丁亥桂月穀旦勒。/

位於同安區五顯鎮三秀山上。字幅高210厘米,寬95厘米。行楷陰刻。基本完好。

清·新築石路碑記

新築石路(楷書碑額)

平道路,通往來,所以便人耳。土地祠前為南北/通衢,下有深溝,泥濘難行,雨尤甚,過者嗟歎焉。/應瑞目擊神傷,爰同懷德共出錢買石,自祠前/至覺性院溝築為坦途,旬日而竣。由是行者艱/於前,便於後矣。爰記之。/
道光戊戌年二月穀旦,李應瑞、陳懷德同立石。

碑原在廈門市枋湖社區大榕樹下,現移置覺性院內。花崗岩質,高120厘米,寬60厘米,厚10厘米。楷書陰刻。現狀完好。

清·海滄天竺山重修路碑

重修路碑(楷書碑額)

蓋聞造橋修路,亦陰隲之一事也。自嶺頭至大埔,路途崩壞,跋涉艱辛,難得通行。爰是僉議善願,樂助緣資,修鋪平坦,以便往來,功德無量。謹列諸名：蓮花陳祖岳捐英四十四元，陳占元捐英二十元，陳金甌捐英八元，南山陳祖儀捐英六元，蓮山陳玉計、陳光帆、陳行親、陳行元、陳行琴各捐英二元。

大清光緒十年三月，董事陳宗權、陳祖勿、祖丙、祖春、祖閣、祖咸。

碑在海滄區天竺山與長漳州市長泰區交界的古道邊。花崗岩質，高119厘米，寬44厘米，厚12厘米。楷書陰刻。現狀完好。

清·重修小嶺路記

廈門庵頭社（楷書碑額）

評觀捐英銀艮陸拾大員，/薛涉觀捐英銀肆大員，/山重薛、林眾社助小工貳仟工。/
光緒丁亥重修小嶺路。/

碑存集美區灌口鎮與漳州市長泰區交界的雙嶺越尾山上。嵌砌牆上。花崗岩質，高約100厘米，寬約60厘米。現狀完好。

清·太平岩捐修道路題刻

西山羊腸鳥道之區，而名岩古刹廈中居/半焉，至牛眠又倍他山。往來繹絡，等乎大/道。予祖住斯山，抔土悉聚，且性僻名勝，/年節餘閒，故不少登陟，每經太平岩/為陵，驚心動魄，人人皆嗟，屬廈中過脈/之處。樂善好施之人捐金填補。計開：/林廣隆、吳梃秀、鄭國珍、楊漢章、李國定、/陳興記、黃其堅、吳啓貴、李萬盛、吳捷甲、/吳得觀、吳精觀、旭文觀。以上十（按：應補"三"字）人各捐金圓四大員。/黃吉觀。

位於太平岩後山的巨岩上。高120厘米，寬80厘米。楷書陰刻。基本完好。

其他設施

明·寧店村龍興亭填庫市園記

大明（楷書碑額）
龍興亭填庫市園記（楷書碑題）/

　　古者建立斯亭，東連發水，左達神京，便行旅之憩息，利善人之聚會。鎮三都之勝概，柱六社之中/規。創始乃化龍靜德郭公，彌高之檀越也。於正德七年壬申，有南山壽官柏庵徐公元明，憫其傾/頹，令男徐文煥與化龍陳本深、劉瑞弦同心主緣重建，均願樂施，資助弗及，工浩難成。乃深自備/白金貳十有□，全其苟美。遂於嘉靖十四年乙未，即遇重陽。磧碩黃魁用、北山楊本和是日登高，/觀感□氏莊嚴，景物尤佳，歎乏香燈燃點，乘興發心，邀集善友，結填庫會。三年滿，散餘資市園入/於斯亭，永充住持之人接管，以備香燈之用。恐後埋沒，立銘坐址為記，與斯亭萬載之悠久也。/
　　鄉老洪彌和、徐文表、徐弘迎、劉世任，檀越由郭惠元繼緣，男旋輝租亭園二年。/
　　會友李敬德、劉欽瑄、楊喬環、梁朝臻、肖堯琳、張世福、徐魁璞、/溫乾岱、陳旋俊、陳紹平、張堯鎮、肖弘碩、洪伯衡、劉君銘、郭遠逸、/黃宗模、黃時深、陳文雄、蕭邦統、肖堯璿，共買園斗升，坐落亭北埔頭，帶民米。
　　施主徐茂容、劉德璋、林宗勤、陳崇文、郭宗俊共捨亭東路下園一斗，帶民米二升正。/
　　南山都勸緣郭崇紀。/
　　嘉靖十八年歲次己亥孟冬月吉日，住持僧飛璿。

　　碑現移入海滄區興港花園龍津宮內。花崗岩質，高179厘米，寬81厘米，厚16厘米。楷書陰刻。字跡多已漫漶不清。

明·醉仙岩記

　　山距城半里許，山之麓，古傳醉仙，俗循其名，不審何謂。忽小童見積沙有小竇，匐入，持一磁爐奉祀。池大夫集耆老募工開鑿，中有石瓦汗滴滴下，聚於石竅。竅深近二尺，水常滿，挹之復滿。水漿色，味甘，恍似錫山第二泉，可為酒。其名醉仙，以此故。乃築小井、前後各室一區，塑九仙祀之。余以公務至城，陟其上，迭翠並峙，城垣廬舍環抱，足下海潮隱隱有聲，兵舟賈艇、旗幟鐘鼓之狀，或遠或近，應接不暇，亦大奇矣。夫方其壓於沙礫也，樵夫豎子之所不視。及其成岩，大夫士衣冠拜之，詩酒樂之，終歲無寧日。山石亦然，況士乎！不遇知己，誰為之開沙礫而顯柱石之用？是故叔向之識籲明，師德之舉仁傑，世不稱士而稱用士者。余平生推服大夫而歎其用之未竟，故有感於石而記之。

　　時萬曆癸未仲春書。倪凍撰。

錄自道光《廈門志》卷九"藝文略"

明·大帽山石幫記題刻

石幫記（楷書碑額）

　　石幫洪瀑，雨必成災。殞吾良/陌，且傷觀瞻，余心不忍。宣導/修治，壘風水石擔拾丈有捌尺，/築槽道百有貳拾玖丈，即此為夷/世代。

　　萬曆辛卯秋月，季韜謹撰。

　　位於翔安區新墟鎮金柄村後的大帽山上。字幅高100厘米，寬40厘米。楷書陰刻。略有漫漶。

明·鳳山新建石塔記

鳳山石塔為黌宮建也。泉山川磅礴，人物駿發，自郡治而外則首同安，其黌宮居邑治西北隅，而東南鳳山拱焉。邑侯徽歙洪公鳴琴多暇，雅意作人。每躬蒞明倫堂，為諸生講德較藝，徘徊容與，向鳳山凝睇，顧謂諸生曰："茲賓山也，於方直巽，且離方聯綴焉。巽與離皆文明地，而突兀之觀，靡稱也。頃者，邑人文方隆隆起，顧自蘇丞相後，大魁、鼎輔尚爾寥寥。盍營筆峰而聳之，庶以助風氣、干昌運？"遂度基建塔，捐俸為邑人倡。邑縉紳矜庶素感公德，又謂是舉也，為德於黌髦甚盛，相率效力，斥材鳩工伐石，自附於子來之義，費不煩公帑，役不擾閭閻。經始於萬曆庚子正月，即以是年七月告竣。公欣然蒞止，進諸生語之，曰："壯觀備矣，諸生亦睹象得心乎？夫以懸繩纍址，因卑就高，九仞岡巋，循級非躐也，可以喻學。其闢頑植樸，砥礪磨礱，方弗露棱，員弗可轉也，可以喻德。其嶪峉崔翠，摩空陵漢，卓立屹峙，震撼彌堅也，可以喻節。惟德與節匪學弗成，此羽鏃礜括之譬，良有以也。爾多士其厚勖之。"諸生則私相語："公溫文和粹，其德尊；方潔靡滓，其節完，殆以身范士哉！詩有'高山仰止，景行行止'，匪第一塔之為重輕也。吾儕其永佩服以無負。陶成至教。"博士姚君、王君、李君率諸生請記於黃生，而邑人大參林公實承公德意，倡其邑士民者，亦以書為之介紹。黃生夙欽令公，又沐河潤之澤最渥也，其敢辭？

蓋史冊所載良吏如辰陽長宋均、蒲亭長仇覽，皆以興起黌校，垂為佳績，則未有敦切懇至如公者也。紫陽朱子嘗佐令於茲邑，建尊經閣、建教思堂，其遺風迄今猶在。公，紫陽鄉人也，紹前哲、振來學，異日者賢豪輩出，追蘇丞相芳蹤不啻焉。此之謂德與山川齊永矣。公居官廉平，懸魚馴雉，綽有古循良風。邑人所紀而詠者，未能殫述，第以茲塔為甘棠云爾。余既掇公政教之大者編次為紀，復念趙郡石橋、江州湖橋有其作之，咸勒銘頌以志不朽。因繫之銘曰："地苞靈秀，乃闢黌序。暉煜層巒，震離夾輔。豎彼巍標，蠲為天柱。雲根崚嶒，霞彩吞吐。泮水凝輝，群峰若俯。仰之彌高，觀者如堵。擎架雲霄，崔巍千古。誰其貽之，曰賢令公。單父宓子，中牟魯恭。鸞鳳呈瑞，菁莪向風。爰協人力，以補天工。石不煩鞭，神若輸傭。峥嶸玉立，灝氣春融。山斗在望，百世巃嵷。惟茲名邑，多賢自昔。陶鑄方新，光華烏奕。復藉崇觀，以寄永澤。岡奠巨鼇,星聯奎璧。英傑朋奮,風教非遜。承流繫思,勒詞紀績。陵谷可移,今名無斁。"

明黃鳳翔撰。

錄自民國《同安縣誌》卷四

明·稜層石室記

鷺門有虎溪岩,群石攢蹙倚伏,遙睇之以為初平之羊,未即叱起耳。邇來洞穴玲瓏,迳道縈曲,諸凡石之奇者聳,秀者鮮,頑者澤,瘦者韻,象物肖形者隱隱飛動欲去。問誰為五丁者,則林君烈宇所躬自鏟剔,捐數百金以佐,其題壁字畫又君所手勒而成者也。蓋林君謂不佞曰:"自余有元章癖嗜石,壁之下若有成勝焉。初,僅鑺之,欲令容趺坐,漸枵其中,曠然一室也。余因設大士石像供養之。稍治庭檻而顏之曰'稜層','稜層'上冠一大石若俯瞰然。左由夾天徑行至石額,斥其土石之猥塞者,置石欄半規以供憑眺。余猶及記架梯出石外,鐫'摩天'字,每風動,梯輒離石尺許,余夷然無恐怖,今始栗栗自危也。繞'摩天'石後,躡七星磴而上,為岩之最高處,海山景色,眼界全收。諸若'石鏡''石鯉''石螭'皆因自然而點綴者。唯地名虎溪,乃即洞中石削於菟蹲尊者坐下,庶聽法之餘,萬籟無聲,空山嘯月,俾遠師不犯過溪約耳。昔人云:'捲石可抵太山。'夫捲石可抵太山,則此地一磴一石,可當飛樑瀑布觀也。余敝心力於茲且三年所矣,當經始時猶有踴躍分任者,既而興阻,僅成白鹿洞而止。余始壹意肩之,每自怪生平不任屐齒,三餐稍遲刻即饞涎欲注。乃發念來,偕一奚從事,雨蓑風笠,渾忘飢疲,甚至履險騎危,幾於伯昏之射,夫此亦誠之所至,飲金沒羽不難乎。必欲以賈好事名,則吾豈敢?"

噫!宙世中有如君其人者,可多覯哉!今之蘝蘝呰呰,捫一錢汗出不能去手者,姑勿論,即如割贏分羨,種福聚林而有能探奇妙於眼下,發靈異於指端,曠日歷歲,恤然若自營其堂構以為子孫地者乎?頹然者山,蠢然者石,曾樵夫牧豎習為無異,經君驅叱,煥如一新。學士干旄,名賢歌詠,自茲為山與石大張其氣色,始信福地洞天,山靈秘惜有待君。且緣是,以並三立之不朽,無疑矣。雖然,不佞於君有進焉。凡巧不欲殫,美不欲擅。使石室若比屋,則問奇者厭;使雲根若削楮,則弔古者疑。況今結勝緣者少,妒人結勝緣者多,與其窮幽趣以獨為君子也，不若以不盡者還之。倘此興尚賒，則載酒酬歌，令眾石皆響，朝夕盤桓其間，庶不負三年勤渠也。此則不佞不揣為君作記意也。林君諱懋時，烈宇蓋其別號云。

己未春二月，晉水勞魚李化龍君鱗父拜手記。

錄自黃日紀《嘉禾名勝記》卷二

清·集美後溪城內城額匾

臨海門

奉旨/欽命總督福建部院、少保兼/太子太保、兵部尚書李，/欽命鎮守福建□地方總兵官、/都督僉事施琅，/總督御□□兵官、/副將黃琨，/參將李成德，/同安□□□□副將吳魁，/同安□□□御防廳巡檢□□。/督工：白礁司巡檢張恩榮。/

康熙元年捌月　日建。

碑存集美區後溪鎮城內城。花崗岩質，高 65 厘米，寬 130 厘米，厚 13 厘米。該地之北城上另有一方門額，形制相同，題"拱辰門"三字。現狀完好。

清·重修銅魚亭碑記

石以魚名，何肖形也。魚以銅名，何肖色也。名之者誰？紫陽夫子也。夫子俯察地理，引城濠之水以注焉。泉流活活，三魚潛躍，圓珠前吐，石亭蔭蓋，寧唯是遊觀之娛哉！

讖曰："銅魚水深，朱紫成林。"夫朱紫，非夫子意中事也。爰考南宋而後，許、王、邱、林諸君子後先傑作，類皆探天人、窮性命、紹往聖、開來學，實唯銅魚既浚，理學輩出也。嗣後海氛作孽，池、亭、溝、渠填為市肆。所謂銅魚者，沈埋沙礫之中近一百餘年，而道學一派遂爾絕響。余來此年餘，心焉戚之，而以高士軒、文公祠以及志書、監城諸大役極力修舉，苦拮据無從，行且付為他時憾事矣。

乃今王君遂侯翻然首肯，以身任之。數百年先聖遺跡，不兩月間煥然復其舊。是役也，匪獨襄予不逮也，蓋亦隱以聖賢事業厚望之吾同人士焉。噫！意何厚也，而余也束裝載道，不獲與邑中二三君子借山川之靈，以求進於聖人之域，徒抱夫子之遺編，以終老於湘水湘山之間，則此一段修復因緣，不能不揭出以詔後人者也。

時康熙癸巳重九後十日記。朱奇珍撰。

錄自民國《同安縣誌》卷四"山川"

清·郎公祖捐俸興建改圖碑記

興建改圖，關邦邑盛衰之大。吾同形勝甲他邑，而人文之盛，炳麟後先。自宋迄明，功業文章咸推海內，謂舊：/關夫子廟揖縣治，面有橫街，一直二橫，字形類"士"，意義孔美。明季陳尹改徙東向，塞斷橫街，字形類"亡"。故自鼎興以來，文運衰歇，邑人隱憂，頻呈復古，莫有/改作振興者。盛衰之會，良有時哉。

客冬，/郎太公祖以延平分府來攝邑篆，士民呈請改復，公祖慨然捐俸倡首。會廈門參府李公、同安營副府馮公、遊府葉公暨部司主通營及儒學江公、劉公、捕廳費公、郵廳范公、闔邑紳衿耆民人等拆改祖廟，復興古基，舉顏鄉賓董其事，不閱月廟貌巋然，街道依昔，人民踴躍，以/為八十餘年士氣之抑塞得伸，而崇功莫大焉。因思原任城守呂公雖捐俸建舊之，未合，而遺料助成，功亦不小也。爰圖所以不朽於/郎太公祖之大功德主而請祿位於廟後，公豈能辭哉！蓋公祖斯舉，固嘉惠吾同，而將來顯階之慶，實從茲而興矣。公祖又欲捐俸修理西橋，萬民/瞻仰沾恩。然公祖未世豐沛，無勳光昌，帶礪其柱石邦家者，原所自有，詎藉斯土之鍾靈，而始遺風於奕代哉。攝篆數月，輒多惠政，誠足以千古之/人心已。

儒學正堂江山甫捐俸三兩，功加左都督王良助銀一兩，鄉賓顏孔輔助銀四十兩，舉人顏皇求、貢生天求、鍾□、生員正求、友伸□□各助銀三兩，生員顏維禮助銀一大員，/功德主延平分府、攝同安縣事郎文綽捐俸銀六十兩，捕政廳費鵬翼捐俸四兩，郵政廳范克倫捐俸五兩，鄉賓陳嘉貞助銀四大員，施門捨助銀四大員，太學錢世棟助銀二兩，/同安城守副總府馮勝捐俸二兩，遊府葉應龍捐俸伍兩,部司主通營捐助銀共二十三兩五錢七分,原地主劉、陳、蔡,太學劉天球助銀三兩,生員劉天璋助銀一兩,生員曾唯我助銀二兩,/廈門中軍參府李若驥捐俸,廈門二十二行共助銀三十兩八錢。喜捨地理師林仕揚。/

康熙壬寅季冬吉旦,賜進士葉心朝仝闔邑紳矜士民撰文勒石,原建舊廟城守呂、黃、鍾仝紳矜士民捐助銀兩,另立碑銘志功。郭老官助銀三兩。/

碑存同安博物館內。嵌砌牆上。花崗岩質,高224厘米,寬72厘米。楷書陰刻。略風化,其餘尚完好。

清·同安西員保大小溪義山碑記

同之西山曰大溪,亙數十里為小溪,自鳳尾石室而來,孤星嵯峨,望月險峻,參差並峙,莫可端倪。下成深溪,有玉筋瀑布諸勝。層巒疊翠,幽壑流碧,土膏腴,草豐秀。可以樵,可以葬。厥初為陳氏絕產糧累,通保爰公其業為義山,彼都人士旦旦而伐之,不封不樹,喪葬無數,其所由來者漸矣。海氛起,版籍亂,鄭氏攘而有之,樵有抽,葬有稅,不義孰甚?鄭亡,歸於藍,藍提效其尤,禍更炎。藍獲罪,變價入官,權蠹傅忠董其事。吳世明者與忠為私親,承買陳庫保藍山,影射據占,奪人草束,戕人墳墓,義山之名已漸滅不復問矣。

予承乏茲土,訟而待理者幾數人,方有事於此。適太守蒞同,發奸摘伏,捐清俸,償部價,俾復其舊。待晨炊、保枯骨者皆曰:"微太守之力,不及此!"夫東坡堤、廬陵亭、合浦池、宏農河,皆賢太守所以垂不朽者。然佳山勝水,軼事芳名,僅供憑吊。騁懷遊目,俯仰留連,人人不甚深而感人亦不甚切。今日溪之上,扶老攜幼,薪之樵之。鬱鬱佳城,子孫保之,仁人之利溥哉,太守其以義為利者歟?太守為誰?張諱無咎,號惕庵,山東掖縣人。余忝作屬吏,述道上口碑勒之於石,以志一時之盛云。

同安縣知縣李蘭記。

錄自民國《同安縣誌》卷二十三"惠政"

按:據《同安縣誌》卷十三"職官·知縣"載,"李蘭,正白旗,舉人。(雍正)三年(1725年)任(,五年去任)"。

清·唐公堤

唐公堤（正面楷書碑題）/

公名孝本，字念淳，別號松岩，江南武進人，由康熙庚子科舉人，歷知寧洋、晉江、臺灣三縣事。/於雍正九年來任同安，兼護郡篆，善政不可勝書。同邑自朝元門閉塞以來，屢厄於水。十一/年，公丁/尊公大司馬憂，卸事候代。六月二十二日，邑又遭水，人物、田廬漂沒無算，公目睹其災。十三/年冬，公奉/特旨復任同安，遂晝夜焦勞，講求至計。先啓朝元門，繼疏溪沙以築堤岸，士民亦踴躍趨工。公不避勞瘁，終日堤所，勤勵備至。始工於乾隆二年二月癸卯，至六月丁未訖功，兩岸計長/一千三百餘丈。自此永奠狂瀾，保安黎庶，厚德高功，闔邑感戴，爰勒石而為之頌，/頌曰："古人治水，聲著玉犀。蘇、陳二公，姓表厥堤。/公治同邑，功流雙溪。亦勒公姓，萬古芳齊。"/

乾隆二年八月　日，同邑士民共勒。/

碑存同安區西溪畔。花崗岩質，高300厘米，寬115厘米，厚16厘米。正面楷書"唐公堤"三大字，每字高、寬均為70厘米。全文鐫於碑陰，楷書陰刻。現狀完好。

清·闔邑紳士公禁應城山羅漢峰掘沙傷壞縣脈碑

地靈人傑，古今不爽。考同安縣治自三秀以發源，洎五蘆而結穴，堆阜聳伏，蜿蜒透迤，惟應城山為最要。宋朱子簿同時，於此山築堤補其脈，造峰聳其勢，所以保護縣治，載在邑乘。奈何前人築之，後人毀之？賢人造之，愚人壞之？自是官多詿誤，俗尚忿爭，士氣頹墜，民風衰薄，弊蓋有自來矣。

乾隆十七年，署縣篆陳公鼎閱同山之奇秀，悼同俗之嚚陵。不憚跋涉，相度源流，乃由入脈之山鑿石挑砂，實階之屬，慨然以興利除害為己任，籲聞大吏刻石禁止,種樹、纍土以補其缺。大功未竣,復回原任。署縣篆熊公定猷奮然紹成之,更出示令保練、馬快巡緝稟究,各遵依以防其後。俾將壞者復完,將衰者復隆,視朱子之築堤造峰,心源若接焉。同人感二公之德,壽諸石以紀之。銘曰:"咽喉銀邑,崗嶺鍾祥。紫陽過化,夙美仁疆。無何俗變,龍脈戕傷。士民凋瘵,鮮獲吉康。昊穹降福,宰得賢良。補天成地,嚴禁敍詳。勒碑紀德,石壽並長。"

乾隆十七年,闔邑紳士。

錄自民國《同安縣誌》卷四"山川"

清·同歸所碑記

同歸所碑記(楷書碑額)

戊子年八月,同安城陷,凡在城者皆崩角而膏白刃。先是,城未破,炮矢相/及,死者亦無算。於是僵尸盈衢,朽骴蔽路,三秀山僧無疑興悲憫心,無所/怖惡,親裏拾而聚化之,已復散埋之。所收骸以萬計,屬水漂壞,□塵飛骸/暴。無疑乃復卜地城東北坰,而許一龍捨地廣八餘丈,長十三丈,中畫五/坎,以藏骨灰,築四周,石覆其上,負山揖溪,枕庚趾甲,在梵天寺左前里許。/亘信大師將赴溫陵,道經輪山,命其域曰"同歸所",立石以表之。嗟夫!生,寄/也。死,歸也。釋其冤纏,同趨解脫,則無生無死,還本而反始也,亡者其尚無/恫哉。始事於庚寅七月三日,畢工於八月廿八日。上自宰官,下及負販,各/以□願力施捨,共成仁義。邑人陶庵林志遠於其瘞也,祭之以文,並勒/記垂諸後。佛弟子林玉捨銀六十四兩並壇地一所。/

乾隆二十五年五月十四日被水漂壞,六世徒孫道正自出銀重修。/

碑存同安區五顯鎮育才職業技術學校門外。外有單檐四柱石亭。花崗岩質,高161厘米,寬72厘米,厚14厘米。楷書陰刻。略風化,基本完好。

清·日光岩旭亭記

旭亭記（行書碑題）/

日光岩，隔廈帶水耳。庚辰歲，/余從京師回，司鐸圭海。聞功/兄濟灼及曾君永均、李君端/懷、林君鍾岩、國楨購幽棲於/岩左，朱太守菁溪顏曰"旭亭"。因買棹一遊，果見爽塏清/高，堪稱勝概。翌晨，復登絕頂，/四顧山羅海繞，極目東南第/一津，水光接天，洪波浴日，皆/為梵刹呈奇，乃知斯亭位置/之工而取名為不爽也。是為記。

和亭石國球。

位於日光岩寺蓮花庵後。字幅高 150 厘米，寬 270 厘米。行書陰刻。現狀完好。

清·普濟堂碑記

蓋聞不齊者，生民之氣數；轉移者，用世之權衡。天留缺陷，則以人事為之補救；人有阽危，則求利濟而期得所。西銘曰："凡天下疲癃、殘疾、煢獨、鰥寡，皆吾兄弟之顛連而無告者。"推斯語也，舉凡負性之儔、含生之類，皆不忍恝視。矧牧民者目擊皤皤白髮、呱呱黃口，無生之樂，有死之哀，猶能晏然已乎？

甲申秋杪，予奉命調任興泉監司，乘剔弊之後，首以去蠹除奸、察吏安民為務。如是者行之期年，商檣不驚，萑苻無聞，出作入息，人安恒業之常。偶因祈禱雨澤，行歷郊野，見道旁有遺棄之嬰兒，野外多未埋之骸骼，而羸老孤貧，又復乞憐號泣，心竊怒焉傷之。細求其故，蓋廈門內接漳、泉，外達澎、臺，四方來往者，實繁有徒。一但旅邸無依，非零落於陌路，即轉死於溝壑，勢使然也。而閩人習俗，凡女子遣嫁，夫家必計厚奩，故生女之家，每斤斤於後日之誅求，輒生而溺斃；更或貧乏者，忖不能自存，並生男而溺之。

余思天性寡恩，大乖倫理，異鄉失路，誰切飢溺？因與廈防黃司馬謀興普濟堂，以代其養。黃司馬告以廈門舊有育嬰堂一所，規模初備，係前署觀察、今湖南廉鎮宮所建。緣未置義產、未治器具，以致竟成虛設。余首捐廉俸貯庫。黃司馬見而欣悅，亦同捐廉俸。不數月間，聞風慕義者捐至五千圓。署廈防張司馬請置義產。余以事聞於制府蘇公、中丞莊公、方伯錢公、廉鎮余公，均許其可。於是新屋宇、治器具、定立規條，慎重行之。易其名曰"普濟"，期事有所兼及，惠有所並施也。其大端或雇乳母以哺嬰孩，或募老嫗以恤弱小，或給口糧以養衰老，或設醫藥以周貧病，或施棺木以瘞旅亡，或掩骸骨以免暴露。俾少有所長，老有所終，生遂死安而已。其細目則為之立年限以定婚嫁，隨寒暑以給衣食，嚴內外以密防範，別勤惰以分賞罰，治膏腴以供經費，選方正以司出納。一年之用度幾何，終歲之收養幾何，堂有書記，官有冊籍，班班可考。庶幾期斯堂於不朽耳！非所謂生民不齊之數，天留缺陷之事，將求利濟而期得所者，以行補救之術也哉？惟時共襄其事者則有：提帥吳公、臺澳總戎甘公、觀察張公、郡守秦君、興化守佟君、泉州守陳君、永春牧嘉君、海關司権彭君、中衡參戎朱君、署中衡遊戎金君、廈門司馬黃君、建寧司馬張君、金門別駕梁君、莆田王令、仙遊胡令、晉江方令、惠安楊令、南安靳令、安溪朱令、同安吳令、德化王令、大田汪令，與夫庶司眾職，各捐廉俸有差。而鷺門之薦紳父老、官司職役，尤歡忻鼓舞，相樂輸而無吝色。猗歟休哉，何善之所歸。人有同好，竟若斯之不謀而合，捷如轉圜者歟！

余因始其事，志其行，為之刻石以紀。其一石紀官爵、姓氏、施與數目，所以明不朽也；又一石紀批詳年月、田畝錢糧，所以垂永久也。若夫林林總總、孳息彌蕃，存活日益多，經費日益廣，俾斯堂之得以常留而不墜，老少之永享利賴而無窮，則俟夫後之君子，余實有厚望焉。是為記。

清蔡琛撰。

錄自道光《廈門志》卷九"藝文略"

清·改建同民安坊為關記

邑載：小盈嶺界於南安，邑之屏障也。上接三魁，下連鴻漸，嶺獨低焉。先賢朱子鑒其闕也，建坊蔽之，扁曰"同民安"，蓋將安斯民於無既也。

国朝雍正間,偃於風雨,民苦其害,修建未能。乃邑庠林君應龍、黃君河清既懷古之心,又建悠遠之策,捐資倡募,改坊為關,縻費殫神,衛民固圉。是舉也,功聿巨矣。為手記並攜捐數於左。

同安知縣吳鏞撰。

錄自光緒《馬巷廳志》卷十七"藝文"

清·南山石堤記

南山石堤記（楷書碑額）

自漁家村海濱而北曰南山,山之麓,潮汐蕩漾,有石隆□□人形,曰釣漁翁,舟人艤舟處也。往來渡者緣山而上下。余□□於此,仰面石磴嶔崎,傴而登,不敢回視。至其上,路僅一綫,接一力行,如履棧道,目眩心悸,時防顛仆。思□或肩或負者,過往日以千數,而又遇風雨晦明,不測其艱,更不知何若矣。歲丙申之秋,貢生蔡熊、張維寅,監生蔡光楫、楊升各捐銀兩,於山麓潮退時,命工砥石為堤。首釣漁翁直行溪之埭岸,為長二百丈有奇,闊二尺餘。以楊鍾槐董其役,不日告竣。自是行人問渡,安從於道,無登躑顛跛之虞,且月明潮滿之夕,遙望長堤首接釣漁翁,仿佛任公子引巨緇於長江之上,是又添一勝景也。諸君之功亦偉矣,不可以不記哉!茲珉用垂永久,後有作者,其視諸斯乎!

貢生蔡熊、張維寅,監生蔡光楫、楊升共捐銀一百大員。

邑庠生林為洛記。董事楊鍾槐。

乾隆四十一年陰月吉旦立。

1989年9月4日,發現於當時湖里房地產開發公司大樓後側工地,旋遺失。現據編纂者現場抄件轉錄。

清·疏通水道碑記

疏通水道碑記（楷書碑額）

　　廈港保董事沈樹名、董朝棟、蔡奇才、洪俊德、陳仕晃為碧山岩下坑溝水道積穢填塞，淋雨氾濫，居民/行旅病涉。呈蒙分憲捐題倡首，遵諭疏通斯溝，築造坑壩完竣，再恐將來復有無知，丟棄糞土瓦碎，/擁塞溪溝，懇示嚴禁，並蒙票着練保查究在案。謹將題收實資、費用實數逐一開載，勒石碑記。計開：/

　　廈分憲捐銀拾伍元，石潯司茅二元，候選州黎四元，恒裕倉等六元，黃九如一十元，楊漢章三十元，王榜觀七元，源沛號七元，川良合五元，陳成功五元（第一欄），李樸合五元，金扶觀五元，朱碧溪五元，施惟清四元，陳德園三元，林寧觀、林德裕、吳鶴觀、李光觀（第二欄）、王媽居以上三元，得源號、益三號、候黨觀、萬瑤池、陳清光、陳琇觀、洪慍玉（第三欄）、龍得居、王遜麒、吳天香、林澤師、陳晃觀、董研觀、蔡用觀、洪明觀、沈建觀（第四欄）、郭光觀、興盛號、逢源號、養元堂、林裕觀、施協和、富春號、鄭卻師、黃乙觀、洪廣成（第五欄）、楊會觀、吳鎮觀、馬耀宗、大川號、洪聰舍、施裕源、卜為觀、程榮源、紀顯宗、陳群觀（第六欄）以上一中元。/

　　計題收實銀乙百四十八元，折錢乙百千零六百四十文。付□匠林澤師、清淵築壩並碑石、土料/雜費實計開錢九十七千五百文。餘利補修無遺。/

　　乾隆伍拾六年端月　日置。/

　　碑存廈門市思明南路碧山岩山門前。花崗岩質，高210厘米，寬73厘米，厚16厘米。楷書陰刻。現狀完好。2003年10月，寺僧誠信法師發現並清理保護。

清·榕林別墅記

榕林別墅記（行楷碑題）/

鷺城之南有鳳凰山焉，多古榕怪石，高下錯落，位置/天然，以近市故，廬舍蔽塞，久為耳目之所不及。/荔崖先生購而闢之，築精舍於其上。佳木顯，美石出，/名曰"榕林"，從其所本有也。鑿池建亭，其高者為臺，平/者為圃，石之大小皆鐫以詩，而氣象煥然一新矣。/先生日遊其中，或植竹，或蒔花，或釣或弈，或邀朋而/酌酒，或對客以聯吟，冠蓋往來殆無虛日。

夫始之未/經賞識也，沒於塵土污穢之中，湮於破宇頹垣之下，/雖懷奇負異，自謂見長無日矣。一旦遇合而題詠不/絕，歎賞頻加，此以知物不遇有識者不能以自見，即/遇有識而無力者，亦不能以自見，而況人乎？先生/年五十，正服官之時也，寧以榕林老乎？他日復出而/履清要、振拔湮，郁陶成眾類，徵於此矣。吾為茲山賀，/而亦為先生賀也。

梧山薛起鳳題。

此摩崖石刻位於廈門市定安商業廣場後。高約240厘米，寬約100厘米。行書陰刻。現狀完好。

清·建蓋大小擔山寨城記略

建蓋大小擔山寨城記略（楷書碑額）

廈門海口有大小擔山二座，對峙海中，為全廈出入門戶。向在兩山/腰建設炮臺各一座，派撥弁兵防守。嘉慶壬戌夏，洋盜蔡牽駕船乘/夜突至，數百人蜂擁上山，弁兵倉猝，致被戕傷，搶去炮位。查大小擔/二山四面環海，弁兵數十名，腹背無應，勢難固守，必須建築寨城二/座，上設大炮，堆積滾木、壘石，以上臨下，盜匪斷不敢登岸，庶可以永/資保障。當經奏明，飭委興泉永道慶倈、廈防同知裘增壽察勘地/勢情形，公捐廉俸，鳩工購料，建築寨城二座，周圍三十三丈，連城垛/高一丈四尺六寸。寨內各蓋兵房九間，以資弁兵棲止。藥庫一間，以/貯藥鉛，上蓋望樓一間，輪流瞭望。於是年九月二十八日落成。後之/同事者保斯城寨，勿至傾壞，庶全廈萬家商民永無盜寇之警矣。/

嘉慶八年歲次癸亥，總督閩浙使者、長白玉德記。

[碑陰]

閩浙總督部堂玉捐廉三百兩，/福建巡撫部院李捐廉三百兩，/布政使司姜捐廉二百兩，/按察使司成捐廉一百兩，/糧儲道趙捐廉一百兩，/鹽法道陳捐廉二百兩，/興泉永道慶捐廉四百兩，/廈防同知裘捐廉四百兩，/職員：吳自良捐番六百員，/吳自強捐番六百員，/洋行：合成捐番六百員，/元德、和發共捐番六百員，/商行：恒和、天德、慶興、豐泰、景和、恒勝、源遠、振隆、寧遠、和順、萬隆，/小行：同興、承美、隆勝、益興、萬成、慶豐、聯祥、源益、瑞安、坤元、振坤、振興、鼎祥、聚興、聯成、豐美、萬和、聯德、捷興、鹿郊、台郊、廣郊，共捐番銀四千八百三十員。/

碑存廈門大學校園內。花崗岩質，弧首，高 252 厘米，寬 86 厘米，厚 15 厘米。楷書陰刻。置石亭內，現狀完好。

清·銅魚館捐俸碑記

郡侯析津徐老夫子捐俸。/
嘉慶乙亥年荔月，/銅魚館紳士。/

碑存同安區大同街道東溪路口。1999 年出土。花崗岩質，高 132 厘米，寬 29 厘米，厚 8 厘米。楷書陰刻。現狀完好。

清·海屐寺骸厂记

海屐寺骸厂記（行楷碑額）

寺之西偏，故藏骸所也，凡客殯於廈及臺灣南北路、/歷年運回骸柩未即歸土者，皆權厝焉。近因風雨剝/落，屋瓦頹壞，厝其間者苦之。庚辰冬，住持僧達廣向余請捐修，詢其費，曰："數百金便可莊嚴佛土，並以/慰藉幽魂。"余雖淡泊，忍令羈骸旅櫬之無依？此心甚/惻，遂獨肩其事而不辭。即以臘月十四日經始，花月/九日落成，計用白金三百六十元。謹敘始末而為記。

道光元年桐月　日，里人林祖賢勒石。

原在廈門港某處，2001年出土並移至市少年兒童圖書館大院。花崗岩質，高150厘米，寬80厘米，厚15厘米。行楷陰刻。現狀完好。

清·浯嶼新築營房墩臺記

浯嶼新築營房墩臺記（楷書碑額）

廈島隔岸有山大而高，曰南太武。旁有小山在水中，曰青嶼。之東有山崚而長，周五里許，曰浯嶼。浯嶼之北有小擔，又北有大擔，並峙於港口，實為廈島門戶。大擔山頗高，前後有炮臺，置汛焉。其下復有水汛。然山之四旁水不深，大舶不可行也。小擔嶼小，其上亦有汛，大、小擔之間，門狹而水淺，惟浯嶼與小擔其間，洋闊而水深，商舶出入恒必由之。浯嶼之南，汊亦淺，可通小艇。其東有九折礁，舟人所畏也。然其西則有限澳可避風，山坡平衍，居民數百家，而大擔、小擔皆無之，故海人艤舟必於浯嶼。前明嘗置守禦所，有土城，久廢，惟頹牆數堵而已。國朝初，置守備，後易為小汛。承平日久，汛房、烽堠亦無存者。余惟備豫不虞，戎樞之要也；謹守門戶，防海之經也。浯嶼外臨大海，左望金門，右望東碇，隱隱在雲霧中，而江浙臺粵之船，皆可繞嶼而入廈港，其守豈不重哉！前代設兵以千一百餘人為所。今茲要汛，胡可不增？爰構營房大口，宿兵數千，重築墩臺於東南之巔，且以瞭望。凡費白鏹九百，皆秩祿也。嶼中少田園，其民大率以漁為生。兵民相結以守以望，則門戶可固而廈島安，則內地舉安矣。余所以殷殷於斯役者，有不容已也，因記之以稔來者。

提督福建全省水師軍務、統轄臺澎水陸官兵、帶軍功加一級、尋常記錄三次、雲騎尉世職許松年書。

道光四年三月。

碑存漳州市龍海區浯嶼，因與廈門史有關，謹錄於此。花崗岩質。楷書。現狀完好。

清·新建廈門義倉碑記

我國家纍洽重熙，民康物阜。雖在海隅，日出罔不耕鑿。順則休養生息，於數百年之深，咸五登三，漢唐以來所不數見者也。然或旱乾水溢，天時不可知；斥鹵塗泥，地道不必一；老幼廢疾，人事人能齊。於是參贊運其經綸，久大垂為功德，廣《周禮》備荒之政，酌冢宰制用之經，誠莫如義倉之美且備焉。蓋義倉者，所以濟天時、地道、人事之窮也。神明乎井田之法，而義取先公；變通夫保甲之名，而意存相恤。當其常，急公共效，量其力以樂輸；當其變，任恤咸周，因其利而不費。義倉之有益於儲備也大矣！況子朱子崇安小試，尤閩中所傳誦弗衰也乎？此制府趙笛樓先生以好古之深情，為救時之善策，而孫制軍、韓撫軍所繼美而贊成者也。蓋以實學行學政，本仁心著仁聲，受朝廷簡在之恩，為廬井救荒之政，諄諄焉以貯穀設倉相勸諭。此足見仁人君子之用心，有非己溺己飢所能盡者。庶幾晦翁廣惠之遺意，得與凡百執事共質之而共明之也。

夫存心愛物，雖一命其猶有濟也，況余忝居詞苑、歷職諫垣？向者奉命巡視南漕，竊遠慕子駿之長材、私淑鄭俠之成法矣！今則洋洋濱海，地廣民稠，所謂宣上德而達下情者，其余之職也耶！然而蠻雲瘴雨，則天時之暘燠不能符；海澨山陬，則地道之土宜不能辦；蜑民漁戶，則人事之錯雜不能均。遇豐稔之年，即庚癸毋呼，尚賴全臺之輸挽；值凶荒之歲，覺丁男漸散，頻聞中澤之嗷鳴。此大府所惻然而豫為籌,而在余尤皇然而襄乃事者矣!且夫作事貴乎謀始,為政在於聞先。獨斷者無功,同心者共濟。余之有志於紫陽之善政而欲創立義倉也久矣!所患責人無己而不捐清俸以倡先聲,抑或助我何人而弗破慳囊以完善果耳。茲乃樂善好施之士,念及枌榆;急公尚義之儔,情殷桑梓。爰擇善地、庀美材、鳩良工,百堵於焉偕作也。且立董事、酌條規、黜胥役,庶事期以不隳也。經始於道光乙酉年,落成於道光己丑年。猗歟休哉!災祲可不作也,礠瘠可無傷也,缺憾可漸復也。蓋義倉者,所以濟天時、地道、人事之窮也。余敢自以為功哉?益以思各大府之惠心惠德為不可沒矣!而尤幸廈門慷慨捐輸、爭先恐後之大有人在,是以樂觀厥成也。況大府封章入告,天家勸賢獎善之典正未有艾乎?余監司廈門,忽忽八春,深愧毫無善政以對諸君子。惟建立此倉,差強人意。而尤望後之為監司者增高繼長,克成數百年不朽之盛事也。乃樂秉筆而為之記。

清竹泉倪琇撰。

錄自道光《廈門志》卷九"藝文略"

清·義倉埭田碑記

廈鎮義倉,前福建興泉永道倪竹泉先生奉大府檄所勸設,盛舉也!士商捐銀三萬餘建倉於深田,買田湖蓮保,歲入租以實倉。其田瀕海,藉堤為護。土人呼堤曰埭,亦曰海岸,呼田曰埭田,言非堤不為功也。尋為海潮所齧,堤崩,鹹水間有侵灌,租入不足。余繼斯任,屢思建復而費不支。越五年,倉有贏餘。林後鄉薛豹率其族願獻廢田於倉,請築堤。詢之司事者,僉曰:"可。"道光十四年十二月,余親往履勘。田與舊所買田相毗連,外堤久廢,田成沙鹵,故曰廢田。薛姓父老泣而言曰:"自廢堤,力不能築,吾族無所耕種。大姓又竊其石去,益廢。而糧不得免,催科日迫,人丁流散。與其捐於海,不若捐於倉為佃,猶得歲食租之餘。"余心憫之。計外堤長二百一十七丈需石,計用石二千八百餘丈;內堤長一百一十丈需土,工省,統計工費五千餘兩。廢田計種三十九石五斗九升,舊田計種四十石六斗九升,歲入租可一千六百餘石。余曰:"此十世之利也!非惟薛氏子姓得所養。義倉實,城鄉村社歲荒均得沾溉。"令估值給薛姓廢田價賓錢二百筭,曰:"無令後世為捐獻也。"乃鳩工,興始於十五年正月十有四日。六月,石堤成。閏六月,土堤成。於是分畝丈量,計戶授田。共得田若干畝，引泉鑿池，開溝為瀦蓄，設涵洞以時啟閉；聽佃民三年自種雜糧，宣洩鹵氣，三年後入租，永為義倉之積。報明大府，諸部立案。又懼小民之無知也，榜示曉諭。名外堤曰義倉石堘，內堤曰義倉土堘，統謂之義倉堘田，便民稱也。俾鄰近鄉村顧名思義，共相保護，知為義倉之田，非薛姓田也。建房宇為收租、守堤者之所居，定章程歲時輸納之法，立石記事，垂諸永久。余之盡其心力者止此。是所望於司事及繼任者以時稽察，毋使滋弊云。

　　清周凱記。

錄自道光《廈門志》卷九"藝文略"

清·重修南普陀寺後迎勝軒扇亭記

　　南普陀即前之普照寺也。其寺後有迎勝軒、扇亭兩所。歷年久遠，棟宇頹壞，惟/舊址存焉。本歲孟春，十全堂諸友會敘於無盡岩禪堂。座間，虞玉如、虞岐甫/昆玉共倡重修之議，虞曉村繼之，諸友亦踴躍從捐，共襄盛事，俾遠年舊址/得以煥然更新，而我輩寄懷亦曰爰得其所矣。所有十全堂諸友捐修姓名臚列於後。捐首：虞玉如、虞岐甫、虞曉村、鄧經國、王介眉、王華夔、虞紫楓、江秋光、薩傑人、連梅村。/

　　咸豐十一年歲次辛酉孟春吉日，十全堂公立。

　　此摩崖石刻位於南普陀寺藏經閣東側。字幅高175厘米，寬60厘米。楷書陰刻。現狀完好。

清·鼎建提署兵房碑記

鼎建提署兵房碑記（篆書碑額）

　　今上御極之五年，大春被/天子命，權提福建陸路軍事。先是，閩督左公宗棠以兩省營制墮壞，久疏議損兵益餉為補救計。甫報/可，會有移督陝甘之役，遂以陸路事屬之大春，水師則李與吾軍門成謀也，代公者長白英香岩／制軍桂。往返商榷數閱月，議乃大定，大抵損制兵十之五，出所餘餉以贍留者。其練也，則又以所／留五迭為番替，操有常候，宿有常所，渙者萃，廢者舉，頑者廉，懦者立。以視向之名存實亡者，則大／有天淵之判。吁！亦盛矣哉。歲壬申，與吾有提督長江之行，得旨以余代其任。既受事，稽其伍，／籍都五營，得精兵二百，其數遠不逮陸路，以水師之因船為營，其精者不必盡在陸也。及次第試／以拳勇、技擊，試以挽強，致遠而命中，則又與余向所搜簡陸兵無以異。蓋以教以練，既得其要領，／用之雖殊，其為益於用，固不能有所軒輊也。特數載，以茲眾士棲息尚苦未有定所，視余所以安／集陸兵者，其道或有所未盡，豈與吾意有所待與抑其力實有未及，與何其當務而久未務耶？因／亟謀諸大府，就與吾舊支操演輪船經費羨餘千五百余金，鳩工庀材，成兵房二十有六間，東西／隅堆卡並望海樓各二座、演武廳一所。鷺門舊駐楚勇五百人，屬提督統領，所苦與精兵等，並成／勇房四十又二間。經始於同治癸酉正月十六日，是歲四月告訖功，縻費如所羨餘數，蓋因其財／以為之制也。夫莫為之前，雖美弗彰；莫為之後，雖善弗傳。余之為與吾後，為與吾成茲盛舉，以全／其美名，當亦與吾所樂然。與吾棄千數百金如敝屣，留以待余，而余既將為水師成茲舉，不能自／為力，顧尚假手於與吾，余滋愧矣，余滋愧矣。既落其成，因志其顛末，勒諸貞珉，以告來者。／

  誥授建威將軍、署福建水師提督篆務、統領輪船、提督銜福寧鎮總兵官、衝勇巴圖魯，施秉羅大春撰。／

  清同治十有二年閏六月吉旦。／

  出土地點不詳，1988年入藏廈門市博物館。花崗岩質，高164厘米，寬71厘米。楷書陰刻。現狀完好。

清·育嬰堂記

  廈門之有育嬰堂，自乾隆年間，洎道光二十年英夷內擾，蕩然者久矣。同治紀元，當軸秦友芝、周鐵臣兩觀察思復舊觀，商之文瀾為總其事，維持剩款僅數百金，養女孩五十余口，爰措銀三千元、錢一千二百串以為倡，餘則募之外間。又以野處島居，遠而莫能致也，乃設分局凡五處，自是支費繁矣。時余電勉趨公，十年在外，局中諸務，幸賴諸同志悉力遵循。但歲需不敷，積久愈拙，自壬戌迄辛未，短一萬二千兩有奇。余偵其情，又不得不獨立措墊，然前虧既補，後顧茫然。適余有南洋之行，渡滬濱，逾暹、臘，募同鄉之為寓公者，遂合資置產為久長計。復承當路留心善舉，於洋藥局籌款接濟，賴心支持。開辦迄今，活女孩已七萬餘口矣。廈固濱海，風雨潮濕，房舍漸圮。余將冀其持久，而思有以更新也。茲復竭力捐修，自孟秋興工，落成於十月，靡白金三千四百餘元。局中經費，固絲毫不敢動也。惟余老矣，力行善事而不倦者，更有望於同志及後人也。東平王云："為善最樂，樂則忘倦矣。"爰記其顛末如此。

　　光緒八年孟冬穀旦，葉文瀾紀。

錄自民國《廈門市誌》卷二十一"惠政誌"

清·重修張埭碑記

重修張埭（行楷碑額）

　　張埭建自前明，迨國朝乾隆乙卯，颶風勃發，濤湧岸崩，桑田變為□□□□□□□□□/義舉也。特時異境遷，橋版頹壞，行旅往來，災生不測。諸仝人不忍坐視，邅邐□□□□□□/甲申年蒲月十八日興工，名曰"泰安橋"，坐卯向酉兼乙辛。橋中益以扶欄，□□□□□□□□/而稍為增蓋，長四十八丈，建小石亭於渠門之上，尊奉護橋將軍，為斯橋之□□□□□□/外，延僧禮懺二晝夜，為橋邊諸幽魂超升。凡巷南一帶及禾山□諸鄉□□□□□□□□/袗者虔誠祭奠，此千載一時之盛遇也。至八月間再興工，埭岸與橋尾相□□□□□□□/立石碑刻字捐款諸芳名，永垂不朽。共費銀庫枰□□兩。□功可小□□□□□□□□□□。/佘天佑捐銀壹佰員，許德豐捐銀叁佰員，□□□□□□□□/康得雲捐銀拾叁員，林山鎮、頂豐號、蘇瞻亭、隆豐號各捐銀□□□，斗杓、徐安郎、石體恕、林從□、胡友梅、蔣福二、□□□□□□□□□□，/閩海關、黃福堂、林英安、洪志挪、蘇汝爰各捐銀□□員，鄭大修、邱沛然、許景昌、□□□、□□□、/蔣壽□、蔣山仕、□□□、□□□、/許福星、王和溫、薛長乃、黃永□、彭先□、洪良玉、洪志□、□□□、□□□、/建發號、林雲□、陳傳芳、蔣如川、康六合、陳必芬、王頂發、□□□、□□□、/郭世傑、蘇光淡、洪思樓、陳生寅、葉萬全、□□□、陳文山、□□□、□□□、許萬如、□□□□□□。

碑存翔安區新店街道西濱社區。花崗岩質,高(地面上)120厘米,寬59厘米,厚8厘米。楷書陰刻。碑中部以下爲土所埋。其旁立兩碑:一爲《泰安橋碑》,光緒乙酉年(1885年)立,花崗岩質,高(不確),寬60厘米,厚15厘米;一爲《再修泰安橋碑》,民國十六年(1927年)立,花崗岩質,高(不確),寬73厘米,厚10厘米。均係捐建題名碑,因皆爲土所掩,暫載於此。據民國《同安縣誌》卷五載,泰安橋重修於清光緒甲申(1884年)。

清·鼓浪嶼通商局遷墳碑記

鼓浪嶼孤峰獨聳在水中央,昔時居民寥落,廈之無塋田者,每葬於此,代遠年湮,纍纍者漸爲平地。自中外通商後,洋人愛是島幽靜可居,於是租地爲室,闢山成路,然皆無礙墳墓之所。日國梁教士居田尾蛇仔泅數年矣,丙戌秋,鳩工平治樓外隙地,竟掘暴骸骨三十二具。事聞,照會領事,領事官胡公令教士捐營葬資,乃購地一丘於牛腳廊,繚以周垣,將男骸二十有四、女骸八,續獲骸,悉遷葬於中。除蔡敦樸、蔡佛印二骸,餘皆莫可考。乃以餘資買祭田,每年舉行普渡焉。余既憫各尸骸之無辜被毀,更慮死者之子孫未明底蘊,書此勒石,以志緣起。

光緒十三年丁亥二月十三日,通商局泐。

錄自廈門市檔案館抄本

清·重修海岸碑記

重修海岸碑記(楷書碑額)

新江濱海,其北有岸,當往來之衝。岸以南,田數十頃,亦/賴岸以捍海潮。昔人此創,誠慮之周而德之遠也。洎時/代既久,殘缺遂多,行人苦之。適族人新舟、榮梓慨然/引為己任,須貲伍百多金,鳩工興築,倍壯舊規。事竣,索/玉紀之,並自謂圖報與沽名之心均非敢設,苟得昭示/來茲,俾承其後者知所振起而更有光焉,斯幸矣。玉嘉/其志,爰掇數語以褒揚盛事焉。是為敘。/
　　族人、候選州同邱新再重修。/
　　光緒十四年歲次戊子　月　日,/邑增生邱曾鴻玉記。/

　　碑存海滄區新垵村北片585號門口。花崗岩質,高155厘米,寬78厘米,厚9厘米。楷書陰刻。現狀完好。

清·馬巷育嬰堂碑記

　　昔康誥言"如保赤子",孔子言"少者懷之",曾子言"上恤孤而民不倍",孟子言"幼吾幼以及人之幼",誠以孩提初生,鞠育保抱,需人而成。故古之聖人不憚諄諄然垂為訓誡。初不意後世有身為父母,忍於自殺其子,惡俗相沿,漫不為怪,如溺女者。噫！是亦人倫一大變也。溺女起於唐宋,盛於今日。於是朝廷比照祖父故殺子孫之律,懸為厲禁,而讀書之士,復作詩文,雜引果報,以示勸懲,而此風終不能革。迨育嬰堂設,貧者不能藉無力餵乳以為詞,富者見大人先生孳孳然抱溺由已溺之懷,亦內愧於心,不令而自戢。一鄉有此堂,所全活者無算。一邑一郡有此堂,所全活者尤無算。書曰:"好生之德,洽於民心。"其育嬰堂之謂歟？

　　馬巷溺女之風甚熾。顧自乾隆甲午移轄至道光戊申,相距七十稔,金門始設堂育嬰,而馬巷仍無聞。同治癸酉,錢塘洪君麟綬來倅是廳,軫念民依,倡捐廉泉千串,又撥贓罰壹百貳拾串,募捐殷戶陸百串,抽捐當厘、布稅貳千餘串,乃謀諸紳耆,就廳署之東,擇地營建。堂坐北朝南,周圍廣約四十餘丈,繚以高垣。前為頭門三間,中為室如之,正祀臨水夫人;左祀洪君,禮也;右祀福德神,循常例也。臨街左右各有門,迤邐旁通,則兩花廳在焉。室後天井,果木叢發。又後有平屋九間,可畜乳媼。此外東西相對,復有平屋各二,小廂房各一,朝南房各一,牆留夾道,徼者居之。蓋自祀神、宴客、寓人、辦公以訖為庖為湢,罔不工堅料實,輪奐有加。經始於癸酉六月,至次年九月落成。凡土木磚石、灰瓦丹漆之需,縻金錢二千四百緡有奇。又設分堂,一切更縻壹千八百緡有奇,略及所捐募之數,其常年支銷,則別籌當利。房租、土布各捐,約可得錢捌百餘緡,則聞風興起,好善者各有同心也。

余以今夏承乏斯篆,捐廉購置堂頭門前民田一丘,長寬各二十餘弓,出租生息,以備將來起蓋餘屋之用。堂成,久未勒碑。至是,都人士請為文以紀。余維天地之大德曰生,聖賢之經國曰生聚。浸假殘殺相尋,則人類亦幾乎息矣。洪君此舉,保全嬰命以千萬計,其用心抑何仁哉!然天下事善作必有善承。洪君往矣,其所以維持斯堂於不墜者,亦余與諸君子之責也。爰揭顛末,壽諸貞珉,以諗來者。監工為職員陳寶三,例得並書,是為記。

堂內規條:

一、生女之家,果係赤貧無力養育者,無論地段遠近,須臍帶未斷之時,抱帶嬰孩赴堂報明姓名、地址,並女嬰生產年月日時,由在堂董事查驗後,填記號簿,剪去毛髮一片,作為志號,發給牌單,仍交本生之母領回,自行乳哺。

一、赴堂報明育嬰,查驗給牌後,先發保嬰錢二百文,半月以後再給二百文。此後則每月望日,將所報女嬰及原領牌號由本婦抱帶赴堂點驗,按月總給錢四百文。

一、設堂育嬰,原所以體天地好生之心。惟是馬巷地方蕞爾偏隅,籌費不易,是以不能雇請乳媼在堂育養,仍令本生之母自乳,按月給發保嬰錢文,亦通權達變之一法耳。

一、本堂育嬰經費,並無置有業產,亦無捐集鉅款,發商生息,僅藉巷轄婦女機杼餘厘,是以不克久育。議定每嬰每月給錢四百文,四個月限滿,將牌追銷,停止給發。非謂四月嬰孩可以不乳而活,惟巷轄習俗,抱媳居多,是保嬰四月以後,有人抱作養媳,亦因俗成風、隨地制宜之一法也。

一、貧苦之家產後婦故,初生嬰孩乏人乳哺,亦許央同保人到堂報查,每月准給錢四百文,聽其自覓親鄰乳哺,所給保嬰錢文,即所以幫貼寄養之人,統以一年為限,所有報堂查驗、給牌發錢悉照前條辦理。

一、極貧之家,夫已病故,妻生遺腹,有關嗣續,而無所依靠者,准一體報堂,格外酌增,或一年,或二年,庶於矜孤之中,兼寓恤寡之義。

一、設堂為貧家救嬰起見,事貴實濟。如有赴堂所報住址、姓名不符,從中圖錢矇混,若被巡嬰之人查出,將牌追銷,概行停給。

一、家非貧困及生養多時,始行赴堂報明者,其中情敝多端,一概不給。倘有因報未經准給,仍前狃於積習,將嬰孩溺斃者,察出,稟官究治。

一、馬巷出產僅止布疋一宗。議就出布之時,酌抽絲毫。每布一疋,於購買之人多加一文，責成商賈於出布之時開明發單。令挑布之人交鼇背堂丁收存查驗，於每月底由堂丁將所收一月發單，寄至堂內董事，向各布商核算支取。如此些微，出者無傷於本，受者沾惠良多。

一、本轄市鎮諸多蕭索，惟本街與劉江、澳頭、新店各處較為稠密，所有零星小鋪，及小本手藝，概不攤派。其餘各店，每戶每年抽店稅一個月，業主租戶各半出錢，以昭公允而裕堂費。

一、本轄典當雖然無多，而為經營之魁。允應量為資助。議定每當資本錢千串列息二分者，每年捐抽錢三千文以充經費，而廣育養。

育嬰堂用款條目：

一、住堂值董一名，每月薪水錢四千文，又伙食每月錢二千四百文；月董每月來堂兩次，不論地方遠近，每月開發往來轎價錢共一千六百文。

一、堂內諸董事第年會算兩次，伙食夫價，共開發錢八千文。

一、經理賬目董事一名，全年薪水錢四十八千文。

一、住堂雜差一名，全年辛工錢十二千文，又伙食每月一千八百文。

一、巡嬰一名，全年辛工錢二十千文。

一、住鼇背堂丁一人，每月辛工、伙食共錢四千八百文。

一、住蓮河堂丁一人，全年辛工銀十八元。

一、堂內油火香燭每月錢一千五百文。

一、堂內每年八月十七日普度一次，定用錢拾捌千文。

一、臨水夫人三位，每年正月十五日、三月二十三日、九月初九日壽誕，每次定用錢壹千陸百文，共用錢肆千捌百文。

一、洪公每年三月二十八日壽誕，一次用錢肆千文。

建堂捐資姓名：

廳主洪倡捐廉銀壹千壹百貳拾員，蘇瑞書捐銀壹百員，陳起莊捐銀伍拾員，黃盛利捐銀伍拾員，李應辰捐銀肆拾員，蔣長源捐銀叁拾員，劉美龍捐銀貳拾員，梁吉興捐銀貳拾員，蔣昭雅捐銀貳拾員，林瑞思捐銀拾陸員，蔣順源捐銀拾陸員，陳西允捐銀拾肆員，蔣克明捐銀拾叁員，林恒發捐銀拾貳員，戴天配捐銀拾貳員，朱金貌捐銀拾貳員，李文魚捐銀拾貳員，蔣振利捐銀拾貳員，陳挑生捐銀壹拾員，康輟觀捐銀壹拾員，蘇劍觀捐銀壹拾員，許天送捐銀壹拾員，王日春捐銀壹拾員，陳金文捐銀捌員，李學正捐銀捌員，王天生捐銀捌員，洪信記捐銀捌員，朱和春捐銀捌員。

救嬰捐資姓名：

蔣心齋捐錢叁拾千文,許天送捐錢陸千文,潘木觀捐錢貳千文,方吁觀捐錢陸千文,王竹觀捐銀肆千文,徐仲觀捐錢叁千肆百陸拾文,陳金科捐錢陸千文,陳育老捐錢伍千文,陳持觀捐錢貳千文,方心德捐錢肆千文,張髻觀捐錢肆千文,蔡淺觀捐錢叁千柒百柒拾叁文,王鵝觀捐錢貳千貳百文,王圈觀捐錢壹千貳百文,德利號捐錢陸千文,林轉來捐錢伍千文,陳秋觀捐錢肆千壹百零叁文,林天五捐錢叁千玖百文,孫洙觀捐錢陸千壹百貳拾文,吳金八捐錢伍千壹百文,李灘觀捐錢捌千文,陳泉水捐錢陸千文,許籬觀捐錢肆千零零捌文,李祥觀捐錢陸千文,李田觀捐錢陸千文。

　　清光緒癸巳,黃家鼎撰。

錄自光緒《馬巷廳志》

民國·建造菽莊記題刻

　　余家臺北,故居曰"板橋別墅",饒有亭臺池館之勝。少時讀書其中,見樹木陰翳,聽時鳥變聲,則忻然樂之。乙未內渡,僑居鼓浪嶼,東望故園,輒縈夢寐。癸丑孟秋,余於嶼之南得一地焉。剪榛莽、平糞壤,因其地勢,闢為小園,手自經營,重九落成,名曰"菽莊",以小字叔臧諧音也。當春秋佳日,登高望遠,海天一色,杳乎無極。斯園雖小,而余得以俯仰瞻眺,詠歎流連於山水間,亦可謂自適其適者矣。

　　林爾嘉記。

　　位於鼓浪嶼菽莊花園內。高120厘米,寬130厘米。隸書陰刻。現狀完好。

民國·建造菽莊藏海園記題刻

　　余既成菽莊之七年己未五月,瀛海歸來,旁拓海壖,別構藏海園。臨水開軒,壘石支橋,以九月九日訖功,因續為記,泐之於石。爾嘉。

位於鼓浪嶼菽莊花園內。高 250 厘米，寬 220 厘米。楷書陰刻。現狀完好。

民國·修建菽莊記題刻

歲在甲子，園居寡歡。天貺航海，/自東徂西。飆輪電激，攬勝瀛寰。/寒暑七更，然後返嶼。入宮不見，/三徑就荒。斷橋流水，彌增感歎。/嗣作浙遊，夏出秋歸。亟命鳩工，/從事修葺。舊觀以復，摩崖記之。

位於鼓浪嶼菽莊花園內。高 330 厘米，寬 210 厘米。楷書陰刻。現狀完好。

民國·廈門商會建立會場記

廈門商會建立會場記（楷書碑題）/

萬國比立，以商業相雄，操奇計贏，潛寓兵術。國力之強弱，視商/力之舒縮為衡。故其牗之有學，聚之有會，培植鼓舞，不遺餘力，/於是諸國之商，恒戰勝於無形，不知此固我國之所前有也。考/之《管子》，處商者合群萃，而別其鄉之貨，知其市之賈。又曰"旦夕/從事，以教其子弟"。夫曰教，曰群萃，是即商學商會之權輿。蓋學/焉以致其精，尤須會焉以洽其情，二者兼資，人材以興。往往好/義急公，能輔國家政令之所不逮，誠盛舉也。

廈門本閩南要區，/外控澎湖，內接泉漳，商舶輻輳，為環海之一都會。我商人宅業/於此，構駕室宇，用飾賓集而講阜通，顧可苟然已耶？辛亥軍興，/鴻逵適承南路觀察之乏，與商會諸君子習。是時南北方睽，莠/民思乘隙以逞，兵警力單，勢難周及。商會諸君子急議集資，倉/卒中得二萬餘金，立募勇夫編為隊伍，舉能者督之，分駐要隘，/晝防夕巡，境內賴以寧謐。事定，乃散遣之。客歲之秋，江南亂耗，/影響及於閩中，廈門獨安堵如故，檣櫓不驚，而萑苻無聞。

蓋持/鎮靜之意以維民心,咸推商會之功居多云。事聞,/大總統宣諭嘉獎,疊頒"弭患保安,共濟艱危"匾額以榮之,資鼓/勵焉。

會故賃有場所,在鎮邦街,規模狹隘,罕超曠之趣。鴻逵思/為度地別建,得島美街海關舊址,邇枕海壖,遠攬浯嶼,氣勢宏/敞。因請於閩都督得准,商民咸集,踴躍解囊。上海、天津兩泉/漳會館皆蠲助鉅款。遂於民國初年秋八月興工,迄次年冬十/二月告竣。計建樓房兩座,凡糜金錢二萬五千緡有奇。落成之/日,諸君子以鴻逵與有微勞,屬為文,碑諸場右。

鴻逵景仰義風,/不忘禱頌,以為古商人之致力國事而有令名者,莫如春秋時/之鄭弦高,及欲置楮以出荀瑩之賈人,彼一時一事之烈,左氏/皆特書以美之。方今商途耀達,遠逾古昔,而樓制突兀,具江海/之雄瞻,無事則集朋簪,討塙罄;有事尤能協力奔義,於以彌變/數而保闤闠之安,恐龍門史遷之傳貨殖,未睹若斯之盛美也。/然則會場之成,在知義能赴,使彼邦人士,信吾國之有人,其為/光顯,實無垠焉。豈徒飛甍隆棟,務侈觀覽而已哉!是為記。/

中華民國三年十一月既望。前南路觀察使、隴西原鴻逵敬撰。/福州吳玉田鐫。

碑存廈門市總商會大樓內。嵌砌牆上。花崗岩質,高50厘米,寬90厘米。楷書陰刻。現狀完好。

民國·思明縣建築監獄碑

思明縣建築監獄碑(楷書碑額)

廈門以通商繁要地,前清駐廈防同知兼理民事,設押管所而已,無監獄也。民國紀元,就廈置思明縣,縣治仍廈防同知舊署,而監獄即以押管所/充之。商埠五方雜處,奸宄叢生,新刑律率以監禁定罪。押所湫溢,不足以容,盛夏溽暑,尤易薰蒸致戾。且商民或以小罪與盜賊並禁,牛驥同皂,尤/非所宜。余以民國二年蒞官斯土,睹罪囚之困苦,惻然動念,而艱於籌費,無可設施。逾年,既與地方紳商稔,因以建築監獄事商於商會諸君,即承/諸君子慨發善心,立集鉅款,並承周紳殿薰慫恿成之。於是規畫地址,就署左隙地並舊有押管所闢為新監獄，又就縣署右方吏舍改築看守所。請於巡按使許公世英、道尹汪公守珍、高等審判廳陳公。經高等檢察廳長許公逢時批准陳部，並蒙高等檢察廳長許公派員蒞勘，頒定圖式仿分房雜居制度，土木工匠則托諸商會諸君經理其事。凡經年而告成，糜銀元一萬一千元，仍不足。匠首戲司慨然自效，亦好善之心，所□□也。今□□罪囚無淋溢之苦，而□□皆有□□□□也。□□□□諸君子□□也。雖□監獄之不良，其□□□□獄吏□□□差□之時，其無形者也。夫道失民散，得情勿喜。既置諸法而施法外之貪苛，是重傷斯民而倍益官上之失也。商會諸君既慨然助鉅款，經營新制，為罪人除有形之困苦矣。而管獄員吏難保無習染故弊，貪苛貽害。縣知事一人之稽察，恐有未周。爰請巡按使及審、檢兩廳准設監獄參觀員，寄耳目於地方紳商，藉匡不逮，庶幾無形之困苦，一併剷除，則豈特罪人之幸，抑亦縣知事補過之資也。爰敘緣起，並附捐款姓名及參觀規則刻刊於石，以垂久遠。捐款諸君之善意與區區防弊之苦心，後之官於斯者，其必能共諒也夫！

捐款人姓名：葉崇祿捐銀壹千元，葉崇華捐銀壹千元，黃慶元捐銀壹千元，洪鴻儒捐銀壹千元，陳瑋捐銀壹千元，黃仲訓捐銀壹千元，黃書傳捐銀壹千元，黃猷炳捐銀壹千元，吳頌三捐銀壹千元，陳慶餘捐銀壹千元，邱世喬捐銀壹千元。共捐銀壹萬壹千元。

參觀規則八條：

設監獄參觀員十二人，由商會□□員□□□□□□紳商□□□□□□□□□□□時，知會管獄員□□□□□□□□□□□獄所時，如發見員役有□實婪索、虐待之證據，得陳請縣知事查究，惟不得干涉案情及有抵觸中央監獄參觀規則之行為；一、獄所中有礙衛生之處，參觀員得隨時告明管獄員督役清理；一、當監所戒嚴時，管獄員得拒絕參觀員之參觀，惟一復解嚴後，不得無故拒絕；一、參觀員于參觀時，不得為妨礙管理、戒護之舉動，如有此舉，管獄員即可請求參觀員退出監所；一、參觀員以一年更選一次，仍由商會選舉。

以上規則八條經高等檢察廳修正。

中華民國五年九月。

碑存廈門市思明南路原思明縣監獄內。花崗岩質，高240厘米，寬約102厘米。楷書陰刻。昔被縱鬭成3塊，作鋪地之用，部分字跡已殘缺。

民國·曾營公益豐碑

曾營公益豐碑（楷書碑額）

原夫愛國莫先於愛家，愛家則教育尚焉。我曾營雖聚處海濱，素多僑商，外洋日與各國交通者益復不少。有鑒於教育之重大，辛亥之春，由仰組織/興學，宗旨一聞風，闔族響應，連袂贊成，樂輸鉅款，計開辦費暨基本金達三萬柒仟柒百柒拾陸盾，遂成美舉。深恐年湮代久，無從觀感。迨丙辰仲秋/勒石志盛，俾後之繼起者，知族人熱心公益，欽仰勿替云。爰將捐款芳名列左：/

曾媽庇捐壹萬四千四百七十五盾，曾水盛捐貳千五百四十四盾，曾水曹捐壹千貳佰盾，曾上苑捐銀壹千盾，曁磅崇聖堂捐壹千盾，曾雅墨捐銀壹千盾，曾文謙捐柒佰拾盾，曾承業捐銀柒百盾，曾水辦捐陸佰貳拾盾，曾環祝捐陸佰貳拾盾，曾餘慶捐陸佰貳拾盾，曾協隆號捐陸佰盾，曾本立捐銀肆佰盾，曾清江捐銀三佰盾，曾大閣捐銀三佰盾，曾有禮捐貳佰柒拾盾，曾新德利貳佰五拾盾，曾存忠捐貳佰五拾盾，曾文扭捐貳佰五拾盾，曾彬實捐貳佰五拾盾，曾復德成捐貳佰五拾盾，曾榮安號捐貳佰盾，曾啓全捐銀貳佰盾（第一欄），曾汝輝捐貳佰盾，曾大出捐貳佰盾，曾清東捐貳佰盾，曾麗水捐貳佰盾，曾新榮記佰伍拾盾，曾榮崇美佰貳拾盾，曾金柱捐佰貳拾盾，曾可倅捐佰貳拾盾，曾環起捐佰貳拾盾，曾聯興號捐佰貳拾盾，曾康誥捐壹佰盾，曾榮豐號壹佰盾，曾石角捐壹佰盾，曾源泰捐壹佰盾，曾榮殿捐壹佰盾，曾五味捐壹佰盾，曾媽王捐壹佰盾，曾美萍捐捌拾盾，曾新為捐柒拾盾，曾大道捐陸拾盾，曾嬰官捐陸拾盾，曾基實捐陸拾盾，曾媽料捐陸拾盾（第二欄），曾賀元捐陸拾盾，曾頗奈捐陸拾盾，曾紫雲捐伍拾盾，曾成物捐伍拾盾，曾美吝捐伍拾盾，曾心愛捐伍拾盾，曾世傳捐伍拾盾，曾美斗捐肆拾盾，曾金滿捐肆拾盾，曾美漢捐肆拾盾，曾紅棕捐三拾盾，曾存倍捐三拾盾，曾協盛捐三拾盾，曾日省捐三拾盾，曾孔昭捐三拾盾，曾濟苧捐三拾盾，曾大壁捐三拾盾，曾榮根捐三拾盾，曾仁記貳拾伍盾，曾文理貳拾伍盾，曾孔最貳拾伍盾，曾福成貳拾伍盾，曾有義貳拾肆盾（第三欄），曾伴官貳拾肆盾，曾闊嘴捐貳拾盾，曾佳和捐貳拾盾，曾紫菜捐貳拾盾，曾雙珠捐貳拾盾，曾仁長捐貳拾盾，曾老已捐貳拾盾，曾水泉捐貳拾盾，曾春安捐貳拾盾，曾禮義捐貳拾盾,曾美在捐拾陸盾,曾春慶、曾餘賀、曾新妝、曾協力、曾春篤、曾澳看、曾茂樹、曾媽為、曾老嬰、曾樅官上各捐拾伍盾,曾庭栽、曾美蚱、曾美樹、曾升階、曾定晏上各捐拾貳盾,曾敬信、曾君門、曾草如、曾文誥(第四欄)、曾人卻、曾水萍、曾傳起、曾元孝、曾傳香、曾和尚、曾貞官、曾天財上各捐壹拾盾,曾主歲捐銀陸盾,曾啟芋、曾圭官、曾兩儀、曾國賀、曾廷福、曾兩明、曾尼姑、曾槽官、曾于沙、曾文仁、曾明道、曾倡官、曾仁初、曾豆隻、曾艮篇、曾大交、曾海參、曾尪官、曾啟祥、曾萬利、曾天賜、曾文盆、曾文善、曾盛甫、曾禮樂、曾瑞黎、曾媽叫、曾春風、曾文針、曾瑞全、曾再造、曾美富上各捐伍盾(第五欄),曾美固、曾美髮、曾美轉、曾宙幅各伍盾,曾取英、曾百信、曾金成、曾金朝、曾文仁、曾艮槽、曾章官、曾元享各三盾,曾老祥、曾媽佐、曾杏種、曾老椿各貳盾(第六欄)。

　　附勒義務築獻成跡/並列於左,永久歸入/社中公司物業。/

　　曾上苑建築男校壹大座、大池壹個,/曾媽庇建築女校,並地壹大座,/曾水盛建築醫局壹大座,/曾水辦建置操場地並增填操場,/曾士鼎建築雨蓋體操亭壹座,/曾環祝建創校前石欄杆,/曾文謙建置男校操衣陸拾肆套。/

　　中華民國伍年歲次丙辰桂月　日立石。

　　碑存集美區杏林街道曾營社區。黑色頁岩質,高170厘米,寬88厘米。基本完好。

民國·重修老年會所題刻

　　民國元年壬子孟秋,中岩董事等邀集老年諸友就本岩/成立老年會。每逢星期日,登臨遠眺,以娛暮年,閱今已十/餘載。近值會所傾頹,捐資重為修築,並添置產業,為住持/齋糧及本會經常費用。茲將新舊產業及董事名次開列於左:/一、店屋一座,在聯溪保橋亭街,門牌六六號;/一、厝屋二座,在張前保二舍廟邊,門牌第三號;/一、厝屋一座,在大中保慈濟宮後,門牌第四號。/

　　作古董事:/劉注池、黃江波、許朝學、陳清水、吳化棟、鍾懋然、陳江隆、黃滄濱。/現在董事:傅學侯、陳膺祿、楊在田、黃介眉、陳佑全、/陳二龍、盧懋章、錢秋登、陳劍門、吳當□、/黃復初、陳河洲、林偉臣、柳玉庭、謝寶三、林樹敏、陳振元、洪曉春、陳有恥、/高振聲、吳坤貞、蘇麟圖、洪雪山、蘇子暉、/楊子輝、許

瀛洲、李乃芳、許栽培、陳李燦、/柯孝灶、陳壽生、陳敏貌、鍾錫文、林有義。/
民國十一年歲次壬戌小春,老年會諸董事。/

位於中岩大殿一側。高160厘米,寬250厘米。楷書陰刻。現狀完好。

民國·廈門自來水公司上李堤壩奠基題刻

中華民國十四年八月十五日,/商辦廈門自來水股份有限公司/常駐辦事董事黃奕住、黃世金立石。
This /Foundation Stone /was laid /on August 15 1925 /by /Oei T Joe /and /Ng Se Kim /Managing Directors /Amoy Water Works Co.

碑嵌砌在思明區上李水庫堤壩之外側下部基石上。花崗岩質,高約50厘米,寬約85厘米。現狀完好。

民國·建造同安中山公園辦事處碑

歲丁卯三月,/余與團長葉/定勝創中山/公園成,築辦/事處,俾邑紳、/商各界得以/籌備一切,非/□壯觀瞻□/□也。蓋將□/後之人俯仰/前□知/□□事業後顧□/窮,惟規畫□/偉大,為我國/民之□□□。/是役也,□□庀材,計費銀/五千有奇。余/與諸同志促/成之,而董其/事者,前縣長/許榮及林君/向榮尤力,故/特記之。/

原置地點不詳,現移至同安博物館。花崗岩質,共4方,每方高52厘米,寬74厘米。第二方有殘缺。

民國·王永朝襄建中山公園華表碑記

　　王君永朝,思明人也,富革命思想,服膺三民主義亦既有年矣。庚午春,厦展拓市區,其先塋在深田內者,悉應遷徙,例得領國幣千元。君不肯懷私而梗令,復不因毀墓而得金,適中山公園成,造請總理有赫赫之功,而無巍巍之表,可乎?乃領款並益其資,建華表於園東。計用柒千貳百餘緡,維僅舉厥費之半,然所耗亦不貲矣。噫!斯舉也,於園為紀念元勳,於家可上慰靈爽,辭受取予之際,良足多云。中山公園辦事處謹識。

　　中華民國二十一年一月　日鐫。

　　此碑嵌砌在中山公園東門內之孫中山先生紀念華表正面。花崗岩質,高80厘米,寬160厘米。楷書陰刻。現狀完好。

民國·南普陀寺水池區建築記

南普陀寺水池區建築記(楷書碑題)

　　南普陀寺自改十方叢林制,設閩南佛學院,住僧暫多。舊在山左之接水,時不敷用。民十八,於山右新獲一水源,由寺築水池以蓄之,甘美清冷,分布皆足其用,乃命名阿耨達池。民十九,為護池,建屋其上,曰兜率陀院。久之,又開洞室,曰須摩提國,轉逢退居及陳敬賢、林鏡秋、蘇慧純、陳鼎銘居士曾協款以助其成。民二十一年,又於洞後闢建禪室,曰阿蘭若處,則由寂雲比丘,陳敬賢、王真覺、蘇慧純居士施資之,所造其工事則皆出逢退居督理。今總名之曰水池區。議定規則十一條管理之,因記其功德云。

　　民二十二年二月一日,本寺住持太虛。隱樵法空書。

　　此摩崖石刻位於南普陀寺後山。高160厘米,寬180厘米。楷書陰刻。現狀完好。

民國·廈門中山醫院紀念碑文

紀念碑文（楷書碑題）/

厦門為通商巨步,公眾衛生關係匪輕,而私立醫院稍具規模者,概由/外人設立,識者憾焉。本步熱心家遂於民國十七年發起創設廈門中山醫/院,荷海軍林向今司令之嘉許,命堤工辦事處拔公地二千餘方丈,估價八/萬元,以為院址,而建築費尚無從出。適廈門大學校長林文慶博士自星洲/歸,募得大學附屬醫院捐款七萬九千六百四十四元八角三分,彼此以事/屬公益,目的相同,不妨合辦,經捐款人之贊成,撥充本院建築費,並在本步/邀集同志組織募捐委員會,募集六萬七千五百七十元二角一分,於二十/一年一月興工,年終落成,翌年五月先設門診部。承黃奕住先生捐助開辦/費一萬元。八月正式開幕,收容病家。時胡文虎、文豹兩先生擬在本市獨建/平民醫院暨工藝廠,商得胡先生昆仲同意,撥出八萬元充院舍建築費,而/以前捐款項改為設備經常等費及基金,院務及獲順利進行。念斯院之得/以觀成,良由官民之共同提倡,而得諸僑界捐助之力為尤多。爰立碑紀念,/用垂久遠,庶院內外人士咸知締造之艱,必能合力促進,使之日起有功。則/市民之得以同登壽宇,皆出自諸公之賜也。是為序。/

中華民國二十四年一月　日。/

捐款總目:

（一）胡文虎、文豹大善士昆仲捐來八萬元;（二）漳廈海軍警備司令部捐地二千八百二十四方丈四/十二方呎,估價八萬元;（三）南洋華僑捐助廈大公醫院款項移捐本院,結來七萬九千六百四十/四元八角三分;（四）民國二十年本市募捐大會捐來六萬七千五百七十元二角一分;（五）黃奕住/大善士捐來一萬元;（六）堤工、路政、工務局計捐來九千一百六十六元;（七）民國十七年至二/十四零星捐款來二千八百九十七元二角四分五厘。/

南洋諸大善士捐助廈大公醫院款項移作/廈門中山醫院設備費捐款人芳名錄:/林金殿先生捐一萬元,林義順先生、林志義先生、邱揚陣先生、廖正興先生、鍾水泮先生等各/捐五千元,陳厥福先生、蘇壺冰先生、陳貴賤先生等各捐二千元,董春波先生、長成棧寶號、張元/記寶號、陳清氣先生、湯松存先生、東方寶號、邱武藝先生、肖志來先生、協泰昌寶號、陳生造先生、陳長/生先生、林戊己先生、陳思源先生、陳文確先生、泉協發寶號、林文慶先生、陳鏡清先生、李光前先生、蔣/德九先生、陳齊賢先生、吳勝鵬先生等各捐一千元,李振殿先生、張崇松先生、黃成茂先生、陳水孕/先生、陳英朝先生、謝天福先生、蘇奕寅先生、湯祥藩先生等各捐五百元,陳文展先生、雍清汞先生、/陳大懿先生、蕭保齡先生等各捐二百元,朱成頓先生、葉慶順先生、林玉堂先生等各捐一百元,/陳嘉庚公司製造廠全體職員捐一百零九元,/無名氏捐三千四百元;/右共四十七人,合共新加坡銀連匯水折算得廈銀七萬七千四百零八元七角八分。該款源係/廈門大學校長林文慶先生經手,捐募者自民國十五年四月起至二十一年終止,連利息共計廈銀/七萬零八千八百四十二元六角二分,除由廈大公醫院支去施醫費二萬九千一百九十七元七/角九分外,餘剩大洋七萬九千六百四十四元八角三分,悉數移交本院為設備費,合併聲明。/

　　中華民國二十四年五月　日/廈門中山醫院董事會立。/

　　碑存廈門市中山醫院。方柱體紀念碑。大理石質,共4面,每面高120厘米,寬60厘米。楷書陰刻。1988年後重新立石。

民國·後柯鄉豐林實業股份公司之緣起碑記

　　後柯鄉(楷書橫額)
　　豐林實業股份公司之緣起(楷書碑題)/

　　鄉運崎嶇,時在末清。天意變態,災匪頻仍。/渡洋日眾,田園失耕。人數暫薄,屋宇輒傾。/思維挽救,聯絡族情。提倡實業,志圖復興。/民曆十八,親往嶼平。瑞鵲開會,踴躍歡迎。/集合鉅款,豐林告成。從此發展,利益前程。/保存祖產,非我求榮。筆志後世,俾知愚誠。/

　　民國廿四年監督柯思知題書,總辦柯新嬰仝立。

　　碑存海滄區東孚街道後柯村某舊民宅中。花崗岩質,高114厘米,寬47厘米,厚8厘米。楷書。現狀完好。

民國·修建蓮花鄉水利碑記

　　今夫萬物之滋長，仰賴時雨之沾濡，而五穀之豐登，尤須水利以灌溉。曠觀吾國／歷年旱魃為虐，飢民遍野，有關於國計民生，殊非淺鮮。政府諸公有鑒於斯，特／頒規定國民義務勞動服役之辦法，以務農之暇隙，建交通之水利，誠善政也。吾／蓮花葉旅長碩豪體政府之意旨，謀吾鄉之福利。爰集各鄉長倡議築壩、開／圳並允獨力贊助所需材料之費，計國幣肆仟餘元。議成，遂自將軍潭建築壩頭，／開圳導水。鄉民亦各踴躍服役，並呈報縣府備案。歷今數個月，大功告成，水／源湧流不息，此後可免旱魃為災，荒蕪之地悉成膏腴之田。留千年猶見之利，垂／萬世不朽之功。爰輟數言立碑為記。

　　董事溪東鄉鄉長葉文緞、張厝鄉鄉長葉文毅、尾埔鄉鄉長葉文炳、溪東地鄉鄉長葉文求、蒼林鄉鄉長葉文奢、埯柄鄉鄉長葉文注仝立。

　　中華民國二十五年丙子元月吉旦。

　　碑存同安區蓮花鎮蓮花村（原埯柄村）附近。花崗岩質，高142厘米，寬64厘米，厚14厘米。楷書陰刻。現狀完好。

第三篇

學宮‧官廨

書院

元·孔公俊築大同書院記

　　孔君師道尹同安之明年,政平民信,乃謀其邑人曰:"昔先正朱文公主是邑簿,民至今稱之。今國家表章理學,凡文公舊所講習之地悉為立學設師弟子員,閩中最盛,同安獨闕焉,非所以致尊崇也,吾將興舉墜典,何如?"眾欣然曰:"唯命。"乃卜邑學之東偏,相土之剛,度材之良,宏宇峻陛,列廡崇堂,建殿以奉先聖,作戟門於殿之外,又為欞星門,殿之後作別室,祀文公以鄉賢,樸卿呂先生大奎配講堂,齋祀如邑學。既成,名之曰"大同書院",泉郡上其事於憲、帥二府,適覃懷許公為閩海憲使,即為上聞,請額於朝,以列學宮,邑人榮之。他日,師道遣儒紳張與學以書來求林泉生記之。予嘉其能因民所尊信而興學立教,有循吏之風,記之不辭。

　　按傳,文公弱冠登進士第,授同安簿,即從延平李先生問學,往復從遊者十年,盡得濂洛要領,篤信力行,悟契古道。在同安教人,必以格物致知為言。蓋斷然以聖賢之道自任,人亦斷然以聖賢之道期之。今去之二百餘年矣。予嘗過同安,觀所為高士軒者,文公之所作也。古老相傳,敝則必葺,俾勿壞。同安多所碑刻,凡朱子所撰述者,邑人能成誦之,彼豈為虛敬哉?誠之感人者,久而不泯也。不然,簿之為官微矣,何三年之績,有百年之思乎?

　　予嘗讀諸子之書,而得其所用心者,則歎曰:"嗚呼!心公天下,學資後世,宜其身沒而道彰,世遠而言立。"夫孔子之道,至孟子而無傳。兩漢以來,學士大夫孰不欲為聖賢哉。窮理盡性之無其師則智者立異,愚者昧焉。大道荒,聖門塞,則強者爭歧,柔者畫焉。寥寥千有餘年,天生周元公於舂陵,生二程於河洛,生張子於關中,相先後以為師弟朋友,傳心謀道,上繼墜緒,燭幽啓鑰,盡破群疑。孔曾思孟久湮之言,一旦皥皥,行乎天下,天下始知聖賢之可學,六經四書之可信也。觀太極圖、通書、易傳、西銘等書,皆極性命道德之蘊,非東周以後之文也。四子之有功於斯道也,大矣。及龜山楊氏載道而南,再傳而得朱子,朱子又有功於四子者也。蓋慮四子之書廣大宏博,初學不知所入。嘗與呂成公採周、程、張子之言作《近思錄》，聖門近思之教，至是始發之。朱子序有曰："使窮鄉晚進志學而無師友者，得此而玩心焉，亦足得其門而入矣。"嗚呼！即斯言也，可以見朱子之心矣。

夫天之生人無窮，而生聖賢則曠千古而一二焉。人不可一日而無學，聖賢不可待而師也。朱子有憂之，故述古成書，擴先聖未發之蘊，開後人入道之途。使聖賢不生，志道者得由書以悟入，非小補也。嘗慮人無小學之功，遽入《大學》，矯揉致力，鮮不懈矣。故作小學書，使灑掃應對之童服習忠信孝弟之教，禮閑情欲，學變氣質，則其成材也易。又慮學者以《大學》為大不可升，以《中庸》為幽深玄遠不可能，以聖賢為天資之高不可到，則亦自棄而已矣，故作《四書集注章句》。或問，使學者持敬以入《大學》，則格致誠正，修、齊、治、平，皆一理也。由謹獨戒懼以入《中庸》，則始於日用常行，無過不及，及其至也，天地位，萬物育焉。學顏子者自無間斷，始學孟子者自求放心。始故切切以為訓，使致力於斯者知聖賢可學而至也。不惟此耳。其他凡所著書，欲學者以約得之，則用力專而成功易。吾黨小子受其成簡，可以進道，敢忘先儒用心之勤乎？予所謂"心公天下，學資後世"者也。故自朱子之言布滿天下，而戰國、秦漢後，百氏龐言不攻自廢，天之興起斯文，必自此始。因同安尊崇，故詳為之言，或者因予言而有得焉，不徒祠而祀之之為崇也。

師道名公俊，孔子五十三世孫也，閩海憲使魏國文公之孫從宣也，聖賢之後，克濟世德。又於是復見之，可以書。書院作於至正十年之夏，成於十一年之秋，記於十六年正月。邑諸生王芳孫、謝宜、翁孔克、原都璋，邑吏林英皆服勞集事，附列記於後。

永福林全生撰。

錄自民國《同安縣誌》卷七"學宮"

明·安邊館社學記

海滄，清漳粵區也，舊設安邊館，擇守臣有風力者以撫循之。歲丁酉，海陽唐侯來守茲土，謀立社學，以滋培善化。請於憲臣海道曾公、巡海道余公，僉是其議。乃相安邊館東磐石之上，負麓面江，規立社學，中為講堂，後作晦翁祠。齋舍旁列，環繞若干楹，萃子弟之秀者延師講肆，候時課試，以勵其成。既乃價庠生某詣余山中，請記其事。

夫風氣習尚，五方靡齊，而轉移之機，為師帥者誠有責焉。遙聞海滄境上，江光練明，奇峰玉立，周羅映帶，得扶輿清淑之氣為多。故民性剛直，君子果於為善，而俗尚慷慨，無委靡圓熟之態。茲非其習固然與？因茲之俗，端養其蒙，以善導之，俾日周旋於衣冠、俎豆、詩書、禮樂之化，則為善益力，徙義益勇。異時次第明揚，見用於世，必將有所樹立而元夫傑人，不落莫也。

茲郡為考亭先生過化舊鄉。高彥先、陳安卿諸先生奮乎百世之上，考德問業，所私淑者固有餘地矣。此唐侯今日建學之意，諸士執業於是，其可以重勉矣夫！

明御史、莆田朱浙撰。

錄自乾隆《海澄縣誌》卷二十二"記"

明·重建文公書院記

昔文公同簿，既去，而人思慕之，乃於學宮之東闢地建屋，前奉先聖，後祀文公，制如邑學，賜額文公書院。其時前元至正歲庚寅，其人邑令孔公俊，其額海憲使許公罿懷為之請也，至正甲午歲，學宮、書院悉毀於寇。國初洪武己酉歲，邑令呂侯復仍以書院舊址重建儒學，列祀於學宮之西。成化壬辰歲，邑令無錫張君遜又擇地於東門，重建文公書院，前為講堂，刻公神像於退軒，扁曰"畏壘庵"，蓋用文公在時，假寓民居之號以致思慕之意。其制雖異於舊，其為學者藏修之所一也。無何，復無良有司，書院鞠為府館，人有遺恨。

予思昔文公守漳，建書院於開元寺禪刹之後，題其門曰："十二峰送青排闥，從天寶以飛來；五百年逃墨歸儒，跨開元之頂上。"公非耽山川之勝也，其用意深矣。同，文公始仕之地，梵天尤其時常遊詠之處。故余用文公故事，欲作書院於禪刹之後，以補東門書院之闕，未有任其事者。既而，學憲康僖邵公銳至。予告之，公欣然，乃相與登梵天，訪文公舊跡，歷方丈、戰龍松，至瞻亭石，命席中坐，四畔諸峰皆會，公顧邑令安福劉侯裳曰："次崖之議，子其成之。"侯乃命工治石，當坐處作亭，臨文公"瞻亭"二字於上。將作書院而改官去，其事遂寢。嘉靖癸卯年，郡祥刑太倉葉侯遇春視篆同安。予以告，侯毅然為己任，乃商工庀材。慮制，當寺後建書院如前，移文公刻像於畏壘庵，供奉加嚴焉。工既出水而侯去，自後縣官屢易，未有卒其業者。壬子夏，學憲鎮山朱公考校至，得南勳部洪郎朝選之書,乃特加意,率予往觀,慨然興歎,責成於邑令番禺彭侯士卓,乃召匠興工,命巡檢李余巽重(按:疑為"董"字)其役,予時臨觀之。兩閱月而工告成。登堂四望,背若負扆,前若憑欄,一水腰環如帶,兩峰齊出如車輪。同山東峙,西山夕照,同之山川,惟是專其美焉。文筆三峰秀出於其北,天馬、金鞍、寶蓋三山森列於西南,鴻漸東翔而倚天表,蓮花西吐而插雲端。大海前襟,島嶼出沒如圖畫。凡同有名之山,咸於是獻其美焉。天地之化,四時相禪於無窮,山川景物因時而變無盡藏,亦無盡觀。經營之始,不圖其勝之至於斯也。

　　予聞君子之學有藏修,有息遊,咸取助於山川。杏壇之教,舞雩之遊,沂水之浴,武夷九曲之歌,皆其著者。滕王之閣,岳陽之樓,醉翁之亭,山川非不美也,不過供遷客騷人之遊詠與增其悲喜云爾,於學者奚補?斯院山川之勝,視南昌、岳陽、琅琊,咸不相讓,視天寶之十二峰,又似多之。其于泗水之藏修息遊,所助不少,寧不繼美考亭,上望洙學者與?予有感焉,今老子、釋氏之宮廢,其徒仆仆焉,極力以營之,不恤其窮與苦。吾徒讀孔氏書以取富貴,當民社之寄,不費己之財力,視其宮之廢而不省,亦獨何哉!

　　斯院之作,前朝賜額,比凡不同。自文公以來,歷年四百,作者僅二人。再廢莫興,葉侯倡之而莫與和之。閱八人,十閱歲,至鎮山公而始成,今計其費,所用不過白金十六,視前費僅十之一耳,而莫之肯任。非遇鎮山公,寧不費為墟莽也與?噫!公之興學作人,繼往開來,拳拳之美意,咸於是乎在。予忝初議,喜其功之成,方頌公之美。既而,縣令與邑簿徐君正敘、陸公挺等以記請。乃備其興作始末,勒之於石,一以存文公之跡於不沒;一以志鎮山之澤於無窮焉耳。公諱衡,字仕南,鎮山其號也。江右萬安人,壬辰進士。

　　嘉靖二十八年,邑人林希元撰。

錄自民國《同安縣誌》卷七"建築·學宮"

明·文公書院增修書舍建亭記

文公書院增修書舍建亭記(篆書碑額)
文公書院增修書舍建亭記(楷書碑題)/

　　出東門里許有山焉,自東北而來,磐礴蜿蜒,勢如車輪,以其形得名,故謂之曰大輪山。山之麓,浮屠氏之宮據焉。始為叢林,時有七十二區,其後並而為一,則其地愈拓,而其規模氣勢務與山相稱。故其宮殿巍峨,層樓聳傑,門閣靚深,庭除廣植。肖神之像、說法之堂、棲徒之居、繚宮之垣,靡不雄壯鉅麗,擅一邑之觀。宋熙寧中,始賜名梵天寺。《圖經》所謂興教者,始名也。循寺之西廊,由選佛過祖祠,躋石徑而上造其巔,平曠夷衍,可坐數百人。由巔而望,向之巍峨雄壯,反在其下。邑之東西諸峰,羅列環拱,獻奇效秀。大海出於東南,巨浸稽天,洪波浴日,風雨晦明,殊狀異態。漁帆商舶,隱見掩映,海外諸島,南連窮髮。東際六鼇,若有若無。近則東西二溪,流出於平疇綠野之間,輸會大海,咸在几席之下,數百年來無人發之。

嘉靖壬子,今大司空萬安朱公衡始以督學副使至。余時為南書勷,移書告公以"文公曾為同安簿,職學事,而嘗遊止於此山,今寺中尚有其詩與字,謂宜構書院一區,以祀文公而俾邑之士子藏修其中,庶可以講先賢之遺風於不墜,且其功已有緒,木石瓦甓已具,而始事之人代去,若遂其前功,則財不甚費而於學者有益"。公欣然任之,由是前堂後寢,煥如奕如。移畏壘庵之像,主祀於寢中,配以呂大奎、許順之二先生。中為講堂,外為門,匾曰"文公書院"。來學者常數十人,莫不遵行文公之教,而歎公之能發茲山之秘,以嘉惠學者也。隆慶戊辰,上高王侯適來令茲邑,登茲山之巔,進謁文公。顧大奎、順之二先生之神主宜別庋,而乃棲之文公之几上為非禮,則命設二几,而並新文公之几。余時方以致政家居,謂若增修書舍十餘間,使得有學者十餘人誦讀其間,於興起學者為切。侯聞而是之,市材募工,委官董治,逾三時而書舍成。侯猶以為未足,於書院之上構亭,名曰"仰止",以為學者遊息之地。於是士子入而休於書舍之中,則有以究遺經、習故業;出而登於斯亭之上,則有以仰前修、企先烈。掌教吳川林君伯表、分教北溪蔣君喬華、新會譚君文郁,嘉與士子,樂育造就,感侯之誼,謁余記其事。

余惟自老佛之教興,凡天下名山水率見據於二氏,其尤名勝佳絕之處,如太華、衡山、匡廬、天臺,精廬、道院無慮以百數。然石鼓、岳麓、白鹿、天臺書院之名亦聞於天下,則書院之設其來蓋遠,而未嘗不在於名山水之區,何其符也。蓋學惟在人,若其發舒性靈,收斂身心,取則於山,取象於川,其於山川不為無助焉。及其敝也,以嬉廢業,以俗妨正,以似亂真,反不如二氏之專精苦行,能竊山川幽寂之意以資其學,成其道。夫古之教人,使習其手足於舞蹈,養其耳目於采色、聲音,範其身心於盤盂戶牖。凡性之偏駁,心之好惡,靡不有法戒防禁,而尚有不克成材之懼。今古人之教一切皆廢,而獨使之藏修於山水之區,以全其純一不二之真機,發其周流無滯之妙用。顧復不能,然/則何以成德達材,而底於古人之歸也。吾邑之山雖不能如太華、衡岳、匡廬、天臺之勝,而書院者,據高處僻遠,去城市之喧囂,專有泉石之佳致,於學者甚宜。/而文公者,鄉之產也,祀於其中,又有合於國故之誼,誠使諸士子之來學於斯者,能思文公之所學者為何,若立於朝者為何,若仕於州郡監司者為何,若退/而處於家者為何。若朝夕相與切磋,精思力行,務有以追前賢之遺風,然後足以稱賢有司建立作養之盛心。若徒色取而行違,言似而心非,高者剽竊文義,/掇拾語言,以資科第榮身家;下焉群聚以嬉,此則凡民之不如,雖興起之,猶為不能也,何足稱曰士哉!

　　王侯才高學博,下車以來,興廢補敝,振幽拔滯,其善政/多矣。而於養士作人,尤為孜孜。歲時立會課文,具有成規,可循可因。當興此役之時,禁令新頒,一錢以上搖手觸禁。侯錙積銖斂,麻緝縷續;工以造就,費不及/民,是可書也。凡書舍為十四間,亭為一區。王侯名京,字來觀,別號咸虛,江西上高人,隆慶戊辰進士。督工者為巡檢謝廷詔、吏吳仕達、老人董伯望云。/

　　通議大夫、邢部左侍郎致仕、前南京戶部右侍郎、南京都察院右副都御史、奉/總督糧儲、巡撫山東、邑人洪朝選撰文。

　　林伯表、訓導蔣喬華、譚文郁、生員□……□。

　　碑存同安區梵天禪寺文公書院內。原碑刊於明隆慶四年(1570年),"文革"期間被鑿成8段,1993年旅臺裔孫洪福增先生出資修復。花崗岩質,高273厘米,寬104厘米,厚18厘米。楷書陰刻。碑末附鐫"甲戌年桂月,二十一世孫洪福增虔敬修復"等字。

清·興建文公書院記

　　輪山梵刹創自隋朝,塑造釋迦佛像,為邑內遊觀之所。次崖林公始於佛殿上山頂建立文公朱子祠,塑文公神像,旁塑許、呂二像配之,倡興儒教,俾有瞻依。嗣是屢有頹毀,屢有修治。乾隆甲寅秋,又為風雨所壞,未有倡修者。高君以彰慮其壞而未有議修之也,爰捐五百餘金,獨肩修治之任。前時中堂脊太高,頗嫌遮蔽,僉議減數尺,令朱子神像得遍覽邑內,堂宇巍然,寬宏高聳,邑內山川軒豁呈露,高君之力也。

夫自漢唐以降,二代之教盛行。所在名勝多建老、釋之宮。朱子紹尼山之脈,於武夷五曲闢置精舍,據閩上游勝地,為百代瞻仰。生於閩者,苟於學稍有所得,便切仰止之思,心想神往,如親見其人,故觀感奮興。閩之理學獨冠宇內,我邑輪山自武夷而來,脈益衍而氣益昌,輪囷離奇,為閩南勝地,又為紫陽初仕過化之所。次崖林公建立此祠,與武夷精舍殆相仿佛,薰炙愈親,觀望愈速。安知自時厥後,踵而起者,仰道貌之如存,恍聖居之甚邇。饗鼓軒舞,亦步亦趨。其德業之成,人文之盛,不且益昌益熾,倍蓰前人?汔無紀極以冠乎南疆,而冠乎天下也哉,而高君之功則亦有難沒沒也夫!是為記。

乾隆五十九年,石國琛撰。

錄自民國《同安縣誌》卷七"建築‧學宮"

清‧文公書院復建仰止亭碑記

離城東北二里,有大輪山焉。山之上構紫陽書院以祀朱夫子,其絕頂舊有仰止亭,明隆慶初,邑侯王君京所建也。厥後亭廢,僅存遺址。乾隆甲寅秋,書院為風雨傾圮。乙卯春,高君以彰出貲興建,煥然一新。余司鐸茲邑,遊輪山、謁朱夫子,因與掌教宗兄溪堂議興仰止亭。堪輿家咸謂是亭不可高壓賢祠,急宜改建。溪堂及諸紳士僉是之,擇地於書院之右。越數旬,無有倡建者,獨諸生高君有繼慨然以興復為己任。遂飭材伐石,閱月而亭成。

夫同為朱子過化之區,而此山尤朱子所常憩息者也。其流風餘韻,教澤未湮。斯亭之建,諸生登臨其上,仰前賢之遺徽,企先哲之故業,豈獨供遨遊憑眺已哉!

乾隆年間,同安教諭劉有敬撰。

錄自民國《同安縣誌》卷七"建築‧學宮"

清‧集德堂碑記

集德堂建亦有年矣。予自客歲入閩持籌,公退之餘,常登其堂,思夫集德之名，未有集德之實，豈謂集德哉？何幸島上諸人請祠於余，予固知其不可，無奈輿情懇至，何許其附此堂後，予亦捐資塑菩薩以普濟群黎，文昌以呵護人文，朱子以敦厚風化，余附驥之，可無愧焉。仍設義學於其中，使島上諸儒有所矜式。正是昔有集德之名，而今有集德之實也。前之舊宇與僧焚修課誦，後之新堂與諸士子會文，庶不至為冷廟，有益於人，有光於神。凡有加修集德，以待後之同志云爾。

時康熙五十九年萬壽聖節，閩疆權使雅奇勒石。

錄自黃日紀《嘉禾名勝記》卷二

按：《嘉禾名勝記》目錄載，雅奇為"國朝兵部車駕司郎中，滿洲人"。

清·雙溪書院田地公立碑記

蔡清憲《築田碑記》所載吳坡莊、奇江莊，查明著落。奇江莊具未暇及，而吳坡莊係報親寺業，明萬曆間，洪侯世俊清丈，溢額三十九畝五分有奇，每畝季徵租穀二石五斗，詳憲歸其學田，號曰官洋，地亦曰官地。因遷荒廢失，展復後，有報親寺僧奴劉棟冒僧請丈吳坡莊業，並混官洋田，後付其侄劉才，才付其弟梵天寺僧宏哲，匿吞三十餘年。

唐侯始因紳衿陳琅等呈請，庭訊清還，遂命捕衙同紳衿往官洋清丈，其東宅地若干畝已就古佃學帖清還外，丈得官洋田六十虛畝，照《縣誌》除牛路、倒影、鹽淹及界之外下則田例，以一畝八分五厘折一畝，實與舊額相符。其前築溪岸地、近捐開元寺僧懷亮地三十一畝零，在康榕溪邊保，土名操兵墩下及義學宅外，地稅一併充入，碑末開列田畝。除詳見碑文外，載教場官地，在下翟路一十三畝一分二厘，現荒六畝七分二厘。乾隆十七年，泉州府詳文：查看得同安縣僧達高抗告貢生黃源清等將伊寺田占充學田一案，緣前明萬曆年間同安縣令洪世俊將報親寺吳坡莊田丈溢三十九畝五分八厘歸於儒學。迨本朝定鼎，海氛未清，田畝久荒。康熙三十年，展界清丈。有梵天寺僧冒為報親寺僧，將此田蒙混丈，據為寺業數十年矣。乾隆三年，紳衿陳琅等詳查《縣誌》，考驗明倫堂具載學田條目，窮究田畝著落，遂於王妹家中獲有萬曆三十年儒學給佃陳堯明印帖一紙，開載學田來歷，又土名、畝數甚詳。查其田畝係梵天寺僧宏哲管業,遂率呈縣,經陞令唐訊斷,歸入義學,飭委典史丈量清界,並據宏哲推產,明白在案。詎宏哲妄希翻斷,令其徒達高上控。蒙批府查報,經前署府永春杜牧轉飭縣查。茲據該縣查案具詳,前來卑府查此項田業。現有萬曆年間印帖開載甚明,其本屬學田,被僧冒占已無疑義。唐令審斷之後,糧已推清,更無累於僧,應如縣議,永歸儒學管業,以資膏火。達高已故,免議。合將印帖詳候察核、批示遵行,奉巡撫都察院王批如詳,飭遵繳。

錄自民國《同安縣誌》卷十四"學校"

清·舫山書院碑記

　　同邑東西有巨鎮二,其在西者為灌口,在東者為馬家巷,均屬人物輻輳、煙火稠密之區。乾隆丙寅,邑令昆水張公荃,以同為紫陽朱子過化之地,勸灌口諸紳士建造鳳山書院以祀朱子,復以馬家巷之通利廟,為朱子簿同日,預卜此地之富庶而名,謀之里人,即於廟後建傑閣三間,中安朱子神像,其後以祀梓潼文昌帝君,囑職監生林芳德獨肩其任,計費金錢五百餘緡。既落成,張公勒石以記之。

　　余嘗一過其地,瞻拜之餘,憑欄而望,北通三秀,南面香山,美人西來,鴻漸東拱,同邑諸名山莫不四面環列,復有蓮坡諸水襟帶左右,浮光耀影,浩乎淵乎,誠大觀也。比年以來,茲土人文駸駸蔚起,士之秀者,制藝而外兼通聲律,時就閣中論文拈韻,且見茲閣上下寬展可供弦誦也者,爰亦稱為書院,而顏之曰"舫山"。以予昔者嘗記鳳山書院,遂亦以記見屬。

　　余惟書院之設,即在昔黨庠術序遺意,以為一方秀髦聚處而講習也。余於鳳山之記亦既詳哉。其言之矣,語云:"百工居肆,以成其事。"易稱麗澤,詩美他山,良以朋友磋磨之、益之不可無也。每怪同之人士保殘守缺,專已自固,即遇大比之年,以文會友者亦不少概見,豈誠快然自足,可以無事所資乎?夫亦諱疾忌醫者多耳。今諸生徒雅意樂群合志,同方毋尚標榜,毋爭醜夷,奇共賞而疑與析,以獲觀摩之益,用能相與有成,聯翩競奮。舫山雖僻在一隅,且與通都大邑匹,休斯所稱,善作善成,而書院不為虛設也。不慍不文,為紀其大旨如右。其以舫山名者,以茲土地形有似於舫,亦猶同城有如銀錠,遂以稱為銀云爾。

同安教諭何蘭撰。

錄自光緒《馬巷廳志》卷十七"藝文"

清·玉屏書院碑記

玉屏書院碑記（篆書碑額）
玉屏書院碑記（楷書碑題）/

　　同安自紫陽夫子主邑簿，建高士軒、畏壘庵，倡道興學，聞風踵起者代有傳人，如林次崖以理學名，洪芳洲以文章著，蔡元/履以經濟稱，其他彪炳史冊者，未易罄述。廈門於同，一都會也。連山環海，涵天浴日之區，衣冠轂焉。勝國隸中左所，舊有義/學立於玉屏山麓。是山也，逶迤城東，嶐然聳出。遠矚滄溟，則列島浮空，金門、浯嶼，壯學海之波瀾；憑眺郊陬，則橫峰拱翠，金/榜、魁星，標文山之崍秀。昔時人文傑出，地靈殆有助焉。自海氛熾，鞠為茂草矣。我/國家底定海宇，文教誕敷。前威略將軍吳公沿其舊，始建文昌殿，關部郎中雅公復構朱子亭，增置旁舍，為師生課義所。彬彬/濟濟，稱盛一時。倪總戎封君任中協時，嘗捐俸經理。居無何，絳堂漸虛，生徒落落，黨庠述序，竟作琳宮梵宇。夫以吾儒橫經/之地，淪為緇流卓錫之鄉，官斯土者，曾弗過而問焉，毋乃昧於急務歟？

　　余以譾材，奉/命觀察海疆，覽其山川風土之美，與夫文物聲華之盛，思與都人士共相切劘，仰副/聖世械樸作人盛典。適總戎隨庵倪公由南澳移節斯土，欲繼先志重興之，而縉紳鄉先生林君翼池、劉君承業、廖君飛鵬、黃君/日紀與諸生慨然起而任其事。余曰："善哉！紹先業而啓後進，敦人心而茂風俗，所謂一舉而數善備焉者也。余不敏，敢不敬承？"爰馳檄有司，肅清堂宇，毋滋僧徒鳩居其中，復斥地而廣之。址仍其舊，制維其新。左為文昌殿，右為講堂，堂之後，巨石屹/立如削，玉屏之所由名也。上為集德堂，新朱子之像而祀焉。東偏為仙真祠宇，增而新之。西架萃文亭，中植魁星碑，巍然高/踞，俯視一切。由亭而下，迴廊、齋廡、用舍、師徒庖湢、廐庫無不備具。門庭爽塏，位置錯落，木石礐琢，黝堊丹漆之工既堅且緻。始事於乾隆辛未十月，以癸酉十一月訖工，縻白鏹千八百兩有奇。余同都督全庵李公、總戎隨庵倪公、前司馬澹庵許公、/今司馬松山四公捐俸首倡，餘則紳士及慕義之家所樂輸而成也。自是議膏火、立規條，將有明師碩儒以造吾後生小子/者，俾海濱鄒魯之風蔚然再睹，則與高士之軒、畏壘之庵後先輝映，豈非千載盛事哉！昔韓退之有言曰："莫為之前，雖美不/彰。莫為之後，雖盛不傳。"余喜總戎公之克勝堂構，又幸同時之賢士大夫相與有成，共綿教澤於不朽也。因志數言勒諸豐/碑。職其事者，孝廉姚文山、倪邦良，貢生林秀琦、黃名芳、辜義越、陳文榜，監生陳邦彥、張錫麟、林豐椿也，往來襄理則石潯巡/檢陳自芳與有勞焉，例得並書。至捐資姓名，別鑴諸石。/

　　賜進士出身、福建分巡海防興泉永道、紀錄七次白瀛撰；/
　　奉政大夫、同知泉州府事駐鎮廈門、加三級覺羅四明篆額；
　　邑庠生陳昂泰書。/
　　乾隆十有八年歲次癸酉嘉平之月穀旦立。

　　碑存廈門市實驗小學校園內。花崗岩質，高234厘米，寬109厘米，厚16厘米。1999年14號颱風襲廈，碑為倒樹所壓，現置平地。現狀完好。

清·重修玉屏書院碑記

　　廈門一島居泉、漳之交，分同安縣十一里之一里，曰嘉禾里，無學校而設書院。書院有二：曰玉屏，曰紫陽。玉屏在城東南隅玉屏山，故名。齋舍鱗次，山海環拱，勝地也。中祀文昌，文武朔望禮焉。殿宇差隘，雨則僚屬不能展拜。而武廟在城西南隅，建自康熙初，水師提標五營新之，規模宏壯，視此偉焉。余自蒞斯任，時與廈防同知謀別建。紳士狃於擇地之說，終無成。道光十五年春，董事請修玉屏書院。余往度之，殿後有隙地二弓，拓入，殿即閎敞，蓋向者建置之未善也。謀於提軍陳公，醵金改建。令營匠構造，專弁監工，三閱月而工成。費賓錢六百餘箄。殿廡敞遼，雖不及武廟，煥然改觀矣。由殿而東為銜山閣、崇德堂、漱芳齋、芝蘭室、賣詩店。殿後為朱子祠，亦曰集德堂。祠西為萃文亭、三臺閣、靜明軒、仿胡齋，下為講堂。皆書院齋舍及遊覽處也。向之修建也，斂士商錢，一二紳士董其事，書吏雜其間，多浮費，工不堅。余乃倡為各修法，有願修某室者，捐資自為之，無經書吏手。於是舉人呂世宜、李應瑞修萃文亭，遷魁星像其中。生員林錫朋修芝蘭室，貢生楊士僑修賣詩店，職員陳聯恭修漱芳齋，吳廷材修三臺閣，童生張福海修靜明軒，監生郭懋基修仿胡齋，職員吳文昭與其族人重建朱子祠，眾典商重建銜山閣、崇德堂，而舉人淩翰與其弟屏亦修福德祠。次第興舉，彼此爭美，較前又加華焉。講堂在殿西，尚完好，有吳秩南任新之，築基五尺，別為門，以便主講者出入。凡再閱月而落成，請余為之記，將伐石陷諸壁。余惟書院所以廣學校之教也。廈門雖分同安之一里，而士則四方咸集，不僅同安也。貨財所聚，民以富足。故事易舉，好義者眾也。顧余更有進焉，將以是為華觀乎？抑將有人焉讀書其中，明先王之道，希聖賢之學，求諸身心無愧神明，以儲國家之用乎？余雖不學，觀察是邦五年矣。士有淬志於學者，余當進之於道，以無負諸君新之之意。至於書院興始，詳於前人載記。捐輸姓名銀數，書之別碑，茲不載。

　　清周凱撰。

録自道光《廈門志》卷九"藝文略"

清・玉屏紫陽二書院經費碑記

　　廈門，海島也，商賈殷闐輻輳冠全閩。民之多既庶矣，舶之聚既富矣，而復立師教以培養之、甄陶之。舊有玉屏、紫陽二書院，玉屏歸興泉永道課，紫陽歸海防同知課，經費皆綽有餘供。自道光辛丑海氛告警，所存息蕩遺，於是二書院並為一。己酉，余主講其地，興、泉、漳、永肆業來者，履紛紛滿戶外，膏火恆不給，思加獎賞，力弗及支。適邑紳觀察林樞北國華過訪，予以此事告之，語未畢，慨然曰："是先人志也！"提金錢六千緡先為倡。議定，告諸兵備史蘭舫渭滄，兵備告諸司馬俞謙齋益來，院履聲相接踵，慫恿提捐，皆曰："諾！"簿正史如林之數半數，俞如史之數大半數，其在於林，則五之三也。釋算為純萬盈數也。遂發商經紀。董其事者：舉人呂世宜、葉化成、馮謙光、陳駿之。畢，請勒石，以垂諸遠。余惟玉屏、紫陽二書院昔分今併，倘得有力者擴而充之，乃照舊章，以廣育德，則師立，則善多也。諸生勉乎哉！是為記。

　　道光陳慶鏞撰。

　　録自民國《廈門市誌》，前思明縣修誌局曾蘭坡採自清陳慶鏞《籀經堂類稿》卷二十。

清·重建鰲江書院碑記

　　文武之用,隨時異宜者也,而畸輕畸重,遂以徵氣運之隆替。蓋設險詰兵,行於有事之日,太平既久,則脫劍講學,化壁壘為庠序,雍雍乎追風三代,勢固然也。鶴浦為同邑名區,宋二石先生實產茲土。朱子主同安簿,經過化焉。明洪武時,江夏侯周德興城三千戶所於同,而鶴浦與金門、中左並為奮武衛之所。嘉靖中,定遠侯戚公繼光視師駐此,於城之西偏創書院以興學。自是人文蔚起,亞於金門、中左,而介卿范君方以鄉解抗節殉國,其尤著者也。康熙四十二年,大中丞儀封張公伯行撫閩,令鄉各立社學。貢生鄭君羽颺等請於官,以所署建朱文公祠,倉地設塾,教場及諸廢地開墾為文公香火資,免其徵糧。於時,邑侯漢陽陳君國柱經始之,司馬王君良司其役,制未宏也。乾隆癸酉夏,太學生鄭君紹仁倡任重建,徵諸樂助,乃參用前人瓦木,易其坐向,增三門,於是堂廡門庭,煥然翼然。百年墜緒,一朝具舉。諸生以時講習其間,今之詩書弦誦者,昔之旗鼓步伍者也;今之俎豆馨香者,昔之干城保障者也。武衛衍而文教興,蓋天下化成之治久矣。凡費白金三百八十六兩有奇,其助金及前此訟官究地,有功於祠者,諸生鄭君光祚既書諸屏,年來祭業或有侵削,邑候鄒君召南親履其地而請復之。諸生恐其久而漸湮也,囑思敬記諸石並鑴祀業於碑陰。予謂鄒侯能復中丞之舊,以無負戚定遠侯興學之意,使先賢遺跡所在,流風餘思,傳之永久,是大有功於文治者也,故樂為之序。

　　陳思敬撰。

錄自民國《同安縣誌》卷十四"學校"

清·興建華圃書院碑記

　　三賢堂在龍池岩隔澗之南。考舊邑乘為唐謝翛、南唐洪文用、宋石賁棲隔處。迨朱子守漳時,訪名跡,數至同,而楊志追慕先型,建三賢堂以祀之。世遠年湮,僅存故址。余嘗與兄巨川讀書龍池,陟基憑吊,意圖興復,而忽忽未逮者已有年。歲辛巳,解組歸田,欲建一堂祀先賢,率鄉人講學行禮,以酬夙志,而募資實難其人。適余叔砥園、潘君君雅欣然當募建之任。不數旬,遠近之醵金者雲集,乃鑿石培傾,拓舊基而大之,中建一堂,西向祀朱子,翼以兩房,俯以拜亭;右構層樓三間,以祀三賢。南面海,各周以牆宇,鑿池於兩牆間,引泉注之。有石澗繞樓背。由樓東上,余自築舍,襟石枕澗,曰"磊岩"。又轉東南高處,穿石峽而上,構曠怡亭以望遠。從紫陽洞南下,鑿徑轉西北濱澗,又構亭曰"憩亭"。南有鏡石,繞石遍植松篁。砥園、君雅自構蘊玉居,面石沿山,纍垣截澗。抵寺崖凡六七十丈,樹石坊於山門,榜曰"華圃書院",經始於壬午正月,越十月告成,糜番錢壹千三百餘枚,求諸里內而足。吾鄉固多樂義哉!於是,塑紫陽像,制三賢主,附以楊公、李公。合一方人士奠祭燕飲以落之,僉曰:"數百年古跡煥然復新,拓佳勝、禮先賢、興後學,一舉而三善備焉。"余曰:"名賢所在,風教關焉。使登茲堂者思先賢令德,若探幽勝必陟其巔,而搜其奧。以之淑身,以之範俗,使桑梓詩書、弦誦比於鄒魯,是尤余志所望也夫!"

清黃濤撰。

錄自民國《同安縣誌》卷二十五"藝文"

清·華圃講堂碑記

華圃講堂碑記(行楷碑題)/

乾隆二十七年夏,余奉命來巡興泉永道。/始蒞任,即詢學校興廢及古今名賢勝跡,將以次/修舉。同年,黃君文川以建華圃書院告。華圃在同安縣西八十里,為唐謝翛兄弟讀/書處,後唐洪文用、宋石蕡繼居之,宋楊志始/建三賢堂以祀之,朱子蓋嘗遊焉。時余方興/玉屏書院,而黃君興華圃既十月而成,余親/往以落之。

其地跨山臨海,饒有佳處。上建紫陽祠以祀朱子,又有棲賢樓以存□賢堂之/舊祠,樓之中曰印月池,樓東曰磊岩,後曰拍/手祠,下曰蘊玉居,其巔曰曠怡亭、笏拜軒,越/澗曰觀海寮,下則龍池岩,僧寺在焉。澗有三/疊漈,俯澗曰憩亭。凡圃之所有者,書院皆得/而以其勝焉。

是時,鄉人士咸集。余既瞻顧徘/徊,□(按:此字《同安縣誌》作"作"字)而語曰：“諸君子知夫海乎？百川東歸，不讓細流，以其善下也，注焉而不滿，酌焉而不竭，以其能容也。朝煙夕霏，萬里一碧，及其激而為潮汐，渾而青黃，結而為樓閣城市，魚龍萬態，頃刻異觀，以其善變也。夫如是，故以能容而成之以善變，故孟子以遊聖人之門，取喻於觀海。若夫波清浩瀚，氣象雄渾，足以蕩才士之胸，移文人之筆者，此真海之餘事，不足為學者道。”鄉人士皆拱立以聽。有間，黃君謂余曰：“書院規模略具矣，顧未建講堂，又無膏□□□□□□□□□（按：《同安縣誌》此數字作'火費將安出？而山限度澗'），又缺兩橋，敢以請。”予乃斥玉屏之羨，歲得金三斤，以其四之三資膏火，而以其一募守者。鄉人士乃雲集響應，各出其資以為講堂，因以餘力為橋。比余自閩歸京師五閱月，而堂興橋成。黃君以書來告曰：“事竣矣，願乞一言志諸石。”夫山川陵谷，變滅無常，所獨名山石室，歷劫不磨，豈非以名賢巨蹟之所高踏，靈宰擁護其間，故其孕育之奇，以時發為鴻儒碩士，宏我氣類，用光家邦。□距始建之年已逾五百，當先生歸老之年，適予蒞官之初，襄茲盛舉，非獨為一方登臨之勝，將烝我髦士薪之樢之，若山之靜而有常也，若水之流而不息也，所謂宏氣類而光邦家者，此則區區之心所願望也矣。是為序。

　　賜進士出身、刑部廣西司員外郎、前吏部正郎、山西道監察御史、分巡福建興泉永海防道，江右譚尚忠撰；

　　賜進士及第、翰林院修撰，平江張書勳書。

　　碑存漳州市龍海區龍池岩寺（原屬同安縣）內。石灰岩質，已斷成兩半，高52厘米，寬145厘米，厚13厘米。行楷陰刻。字跡基本完好。

清·華圃記遊碑記

　　□□□□偕其宗□文川□□□□□□□／□□□□□□□□□□□□組歸，巽亭為軒／□□□□□□□□□□□□□□□／□□父性忱林泉，□□若□□□□□□／□倡道藏書之所，又各擅其勝，亦幸矣。□昔昌黎韓子謂中州清淑之氣，至五嶺而窮。余官嶺右，翻閱圖經，吾閩山脈肇自大庾，因悟五嶺清淑之氣，又至閩海而窮，文圃之陽，則閩海之委也。韓子云：“氣之所窮，盛不過蜿蜒扶輿，磅礴而鬱積，必有魁奇材德之民生其間。”今閩海濱多士，而文川以鄉先生訓迪後進,適當斯地,豈偶然歟?

余自乾隆癸酉冬遊鄞山,於今十五載,乃/□□巽亭於書院,而溫之,復偕巽亭遊華/圃,而文川□遲我於文圃之麓,遂同陟磊/岩、謁紫陽祠、過愛蓮居、登棲賢樓以望海,/循古龍池岩而下,憩於講堂。文川載酒觴/余,合坐皆知好,勸酬無算,雜以言笑。終席,/文川徐標舉經義,余俯高聽,犁然有當於/心。日將暮,海氣泱漭,暝色催人,猶不欲返,/至秉燭而歸。余□諾文川作記而未暇,以/為斯遊樂甚。文川曰:"宜有志。"

余攬華圃之/勝,因及鄞山□曠,□企想於五嶺南北間,/蓋數千里,乾坤□□,□與斯人之精神相/往來而不自知,而余□始至而若有得□/□□與巽亭可不交相賀歟?而凡從遊於/斯寺,聞余言能不爭自矜奮歟?若夫茲/之開闢廢興,與夫講堂之經始落成,凡已/□於文川之文者,余可□述也。/

乾隆丁亥冬十一月初三日,石溪官獻書。

碑存漳州市龍海區龍池岩寺(原屬同安縣)。石灰岩質,高45厘米,寬100厘米,厚13厘米。行書陰刻。左上角已裂成兩半,右側殘損嚴重。

清·重修華圃書院碑記

重修華圃書院碑記(篆書碑額)

考書院賜額之名,昉於宋太平興國,其時未有州縣之學,先有鄉黨之學,如廬山、白鹿、衡州、石鼓是也。夫州學有司所建,或作或輟,/不免具文。鄉學,士留意斯文者所建,故前規後隨,皆務興起,馬氏貴興詳論之。春秋時學校廢,惟魯僖公修泮宮,鄭相僑不毀/鄉校外,此鮮見焉。詩人傷之,曰:"縱我不往,子豈不嗣?"□望克繼前徽也。又曰:"一日不見,如三秋兮。"亟望之也。蓋學校張弛,在天下則/關世運之盛衰,在一鄉一國則關風俗與人材之成敗,非細故也。

文圃舊有三賢堂,崇甫楊公所築,以祀先賢。世久堂/壞,僅存龜趺。文用黃先生解組遂初,倡都人士建紫陽祠、棲賢樓。乾隆癸未,闢書院講堂,課藝於其中,一時學者衡宇相對,弦/誦之聲與塔鈴潨瀑相聞,祁□乎有槐市遺風。自先生歸道山,祠、樓日就陊剝。丁巳,部曹潘正修捐橐繕治。越丁卯,其弟孝廉正/昌踵葺之。又十六年，為今癸未，中間雖遞有補葺，而漫漶漸甚。正昌矢議完整，諮眾鳩貲，肩其成而董其役，舉祠、樓與堂一切易泐/墾圮，約飾黙昧，附側學舍並時肇工，剔灌矖□，分泉蒔花，翰墨之林於是煥然重新矣。曩先生碑記曰："人情易於趨始，難與圖繼。"/其□望於後之繼者，意甚殷也。今去初建年星霜頻易，甲子一周，而作楷模，後先振美，可不謂善師古哉！

夫所謂師古，非僅師/其道，要在乎師其意。□者創造之意，譚觀察備言之，蓋以景懿跡，烝髦碩，宏我氣類，用光邦家也。則茲校復盛規，豈供佳辰之登/眺，快詩酒之風流哉！諸君子行將合志並力，尊師取友，抱素近朱，沿流溯源，由先生而上追謝、石諸賢，由謝、石而下蹤考亭，敬/□矣。持而行並進於以紹五百餘年道南之緒焉。是則區區之力不能逮，而願與共勉之。是役也，起癸未仲春，迄仲冬乃匯於式。/襄金名氏循例臚書，以垂將來云。

後學陳貽琨謹撰。/

一、修紫陽祠、棲賢樓、講堂、憩亭等處共費佛銀伍佰柒拾壹圓。/

候補分巡道潘正威捐銀壹佰肆拾大圓；許錘雲捐銀壹佰大圓；賢許貢生楊文通捐銀拾肆大圓；謝玉田堂捐銀壹拾柒大圓；王滋蘭堂捐銀壹拾陸大圓；李延慶堂、李宏銘、陳熙善、黃君顯、黃其□、/黃砥園公、黃寶田堂，以上各捐銀壹拾貳大圓；林挺元捐銀陸大圓；董事潘郁文堂捐銀壹佰陸拾大圓。/

道光三年歲次癸未嘉平穀旦立。/

[碑側] 蘊石居創自乾隆癸未春，黃、潘合建，/迄今舊址雖存，垣墉半塌，不堪棲止。戊子夏，黃瓊琳不忍拋荒，捐/來洋銀陸拾圓，邀潘家合修，共繼先志。適昆篤兄目疾，力不從心，轉囑昌代為出貲，共成厥事。昌曰："諾！"即命工總葺，計費金百六十有五圓，始竣工。因詳其事之顛末，附勒碑右。戊子小春，星渚潘正昌記。/

碑存漳州市龍海區龍池岩寺（原屬同安縣）。花崗岩質，高240厘米，寬80厘米，厚18厘米。楷書陰刻。現狀基本完好。

清·紫陽書院記

鷺江紫陽書院始自康熙年間，司馬范公廷謨所建。中為祠宇，祀徽國文公，後設講堂，左為學舍，齋廚畢具。相繼官斯土者，皆延師主教，完葺以時。

逮近而傾圮甚矣。乾隆己亥冬，紳士王經綸、曾朝英、林雲青、李國典等呈請於司馬張公朝縉，公以振興文教為有司責，於是清其蕪穢，捐俸倡建。慕義君子欣然赴之。董其事者林陶光、林鍾、楊必魁、陳應清、楊漢章、林為洛、金梧、林耀華、李玉華、姚翀、王弼、楊和、何芳春、黃克明、盧懷璣。觀察張公棟又捐俸以成之。工興於庚子六月，告竣於辛丑三月。計靡白金二千七百餘員。其捐貲爵名、姓氏別為臚勒，以表好施。將來置膏火、立規條，以綿教化，崇先賢之祀，則亦有良有司與同人之樂善者，能為其繼焉爾！

乾隆辛丑，紳士公立。

錄自道光《廈門志》卷九"藝文略"

清·官山入書院碑記

　　環溪而西皆山也，康主之，盧佃之；盧襲之，康爭之，然則何為乎！其官之也。官，官之。官之之者奈何？康、盧兩姓執虛券以爭此山，訟之官，官以其悉無足據也，概沒諸官而荒之。盧居山麓，襲據之，自若官，官之而不能禁。盧之私之，則以其於官猶未有所歸也。輪山書院者，故官學也，以官山歸官學，復治以官，而無令其攘官以為私，因得取官物以佐官養育合邑之人士，此楊藩台大人所謂以公濟公，甚屬妥帖，而均岡任夫子所由急請定案歸管，恒汲汲以未完結為恨也。今年秋，府憲鄔奉憲催，始得由詳結定案行縣，洗伐山間樹木，付書院掌管收稅，復經僉呈示禁，勒碑山下，以垂久遠，而三十餘里之岡陵林麓，莪菁菁而樸芃芃，其栽之培之，惟官其薪之樷之，亦惟官也。山居縣西五十里，西溪保之溪西。以乾隆三十年斷入官，嗣入書院，定案歸官。諸紳士贊襄斯舉，因記其事之始末，備勒於石。

　　清乾隆四十八年十一月札，劉光鼎撰。

錄自民國《同安縣誌》卷二十五"藝文"

清·重建金山書院碑記

金山書院者，昔之浯江書院也。明之世，人文蔚起，結構煥然，厥後傾頹，而年代漸遠，湮其舊址，遂為農人稼圃之地。乾隆庚子歲，卜鎮後浦文衙署之西，踵浯江之名，以補其額。逮道光癸未歲，諸同人忽有復古之志，就其古址而重建之，顏之曰"金山書院"。際茲工力告竣，爰將各鄉捐題姓名開列於左。

道光乙未歲伍月穀旦，鑒塘楊秉均撰並書。

董事姓名：呂世修、黃鳴鸞、蔡鴻略、楊學之、蔡占魁、楊秉均、陳元音、陳夢篆、張基壯、蔡煌、張世品、蔡尚光、黃志修、張興濟、黃超吟、陳明徵、張善濟、張美榮、戴國俊。

捐資姓名：進士鄭用錫捐銀壹佰伍拾員，平林蔡德成捐銀壹佰肆拾員，浦邊周茂川捐銀捌拾員，平林蔡芳苑捐銀柒拾員，砂美張芮官獻地壹所，長福里戴石官捐銀伍拾員，英坑黃昆官捐銀伍拾員，南安黃彥官捐銀伍拾員，西黃莊文炎捐銀肆拾員，浦頭黃超琅捐銀叁拾員，浦邊周應夢捐銀叁拾員，砂美張大老捐銀叁拾員，官澳楊寬裕捐銀叁拾員，平林蔡慶興捐銀叁拾員，平林蔡尚異捐銀叁拾員，水頭黃士/徐官捐銀叁拾員，長福里戴國俊捐銀叁拾員，大地吳周官捐銀叁拾員，歐厝歐永官捐銀叁拾員，大地吳周官捐銀叁拾員，大地吳悅官捐銀叁拾員，山後蔡朝宗捐銀叁拾員，砂美張質/寅官捐銀貳拾貳員，官澳楊耿光捐銀貳拾員，塘頭楊國樞捐銀貳拾員，山後楊享五捐銀貳拾員，官澳楊汜淮捐銀貳拾員，水頭黃蒲官捐銀貳拾員，庵邊呂傳官捐銀貳拾員，峰上鄭檀官捐銀貳拾員，高坑鄉公捐銀貳拾員，斗門鄉公捐銀拾捌員，塘頭楊定財捐銀拾柒員，英坑黃煌官捐銀拾陸員，浦頭黃超均捐銀拾伍員，西黃黃記官捐銀拾貳員，庵邊呂陷官捐銀拾貳員，砂美張世品捐銀壹拾員，洋山王巧官捐銀壹拾員，砂美張媽官捐銀壹拾員，砂美王梧官捐銀壹拾員，砂美張竟官捐銀壹拾員，西黃葉赤官捐銀壹拾員，水頭黃迪義捐銀捌員，浦頭黃超遠捐銀捌員，水頭黃鳴皋捐銀捌員，砂美張房官捐銀捌員，官澳楊等官捐銀捌員，蔡店蔡耿官捐銀捌員，砂美張琯官捐銀捌員，水頭黃愛官捐銀捌員，李洋鄭桓官捐銀陸員，青嶼張長春捐銀陸員，水頭黃俊官捐銀陸員，大地吳銳官捐銀陸員，赤後陳溪涼捐銀陸員，平林蔡尚光捐銀陸員，下坑陳三埭捐銀陸員，下湖王志照捐銀陸員，李洋吳執□捐銀陸員,水頭黃彥官捐銀陸員,山外鄉公捐銀陸員,砂美張請官捐銀伍員,砂美張典官捐銀伍員,砂美張廉官捐銀伍員,高坑陳奪官捐銀伍員,砂美張課官捐銀肆員,浦頭黃寅官捐銀肆員,下湖呂江官捐銀肆員,東店黃悅官捐銀肆員,官澳許約官捐銀肆員,砂美林學仁捐銀肆員,砂美連吉官捐銀肆員,蔡厝蔡孝義捐銀肆員,下坑陳塊官捐銀肆員,下坑陳永合捐銀肆員,浦頭黃五官捐銀肆員,下新厝陳欽官捐銀肆員,湖前陳通官捐銀肆員,寮羅謝牙官捐銀肆員,水頭黃天富捐銀肆員,寮羅黃璿璣捐銀肆員,瀾厝汪奏官捐銀肆員,山外陳士海捐銀肆員,官澳楊腆官捐銀肆員,洋宅鄉公捐肆員,砂美張最官捐銀叁員,砂美張敖官捐銀叁員,官澳李啓官捐銀叁員,西黃陳在官捐銀叁員,青嶼張基壯捐銀貳員,新厝黃鳴鳥捐銀貳員,西村黃世修捐銀貳員,浦頭黃超佐捐銀貳員,砂美郭情官捐銀貳員,砂美陳助官捐銀貳員,西黃黃紺官捐銀貳員,西黃黃紹官捐銀貳員,西黃黃慢官捐銀貳員,古龍頭李抽官捐銀貳員,西黃黃述官捐銀貳員,浦頭黃汪官捐銀貳員,砂美辛廣官捐銀貳員,後山陳接官捐銀貳員,內厝蔡居官捐銀貳,何厝蔡緞官捐銀貳員,砂美張世法捐銀壹員,浦頭黃超馥捐銀壹員,新墘陳三元捐銀壹員。合共捐銀壹仟陸百叁拾壹員,計共費建造銀壹仟陸百叁拾壹員。捐充祭費姓氏:周史雲等。

錄自光緒《馬巷廳志》附錄中

清·浯江書院碑記

　　金門書院,宋有燕南,元有浯洲,明無考,今曰浯江。建國朝乾隆四十六年,前移通判駐馬家巷,虛其署,島中士黃汝試購為書院,祀朱子先儒。後設縣丞。縣丞歐陽懋德至,謀於眾,仍前署,就署西義學改建焉,徐行健董其成,汝試願捐銀二千為膏火。尋卒。其子如杜以海澄田充之。訟於府,斷如數,輸銀存晉江庫。久之,被沒,母亦失。嘉慶間,縣丞李振青捐銀為祭祀資。道光元年,興泉永道倪公琇以文勸眾紳士鳩賓錢一千算,吳獻卿捐賓錢四千算,子學元又捐四十算,膏火始具。牒大府,由道延師課藝。書院在後浦鄉,前為大門、儀門,中為朱子祠,祀先儒。東西廊凡十有八齋,中廚皆備。余繼倪公任,督課亦六年矣。董事諸君以未有碑記,請余記其原始,並書前後捐輸姓氏刊於石。

道光十六年五月　日記,周凱撰。

錄自《內自訟齋文集》卷十

清·創建同安考棚兼重修雙溪書院碑記

余以同治癸亥春應左帥聘入戎幕,越明年秋,兩浙平,旋隨節入閩。乙丑五月,奏署同篆。時股匪犯城甫退,泯棼如亂絲,賴邑人士相助為理,為購數巨逆,立置之法,並獲搶擄、械鬥、花會、勒悉路錢諸首惡,悉如其罪以罪之。不數月而群奸斂跡,悍俗變矣。

竊思為政如醫病然,治其標尤必培其本也。每遇月課及宴見諸生童,輒令其勸善鄉黨,共敦親睦,復於歲試功令之外,條問挽救之策,而秀良漸知自奮焉。且夫士者,四民之冠也。才有能者,愚頑之所因依而聽其左右之者也。故民風之正,決自端士習始。思所以端之,必予以肄習之地,教以為學之要,涵養其德性,擴充其才識,並申明夫朝廷取士之意,以重其始,進而後可。乃同邑向無考棚,試於署,地狹莫之容。雙溪書院者,明蔡清憲公貞素堂故址也。乾隆初,邑侯松岩唐公建之,後經鄉大夫鼇石蘇公葺之。比者蕪不修。余以其地頗敞,拓之可建考棚,遂謀諸邑紳。改修創建,俾二者相須不相妨,是一舉而兩善兼也。於是,蘇觀察少伊首捐二千緡,葉教諭少蓉諸君子以督修自任,各紳耆或鳩工,或庀材,公司其事。以是冬興工,九閱月而落成。文壇、坐號、學舍、講堂,規模宏遠,氣象喬皇。噫!斯豈僅為習制藝、掇科名而設耶?抑猶有超乎制藝科名之外者存耶?後之遊於斯者,其必遵紫陽遺教,崇正學、敦實行,處則表率里閭,出則利濟民物,庶諸君子經營締造之苦心,為更遠矣。斯時也,興利除弊之事漸次就緒,四境康阜,文教蒸蒸日上,初行扃試,薈萃者約六百人,溫文有禮,行將復海濱鄒魯之舊。余也躬逢其盛,不可無言以記之,至有以文翁之化蜀,退之之治潮而頌者,則余豈敢?

同治四年乙丑,知縣白冠玉撰。

錄自民國《同安縣誌》卷七"建築·書院"

清·續建考棚記

續建考棚記（楷書碑額）

　　丙子二月訖十月,同安拓建考棚成,凡購地及磚石土木費/五千五百圓,同里葉方伯文瀾獨任之,而璿等實董斯役。曩/坐號僅千三百號有奇,邑侯白公仍書院舊址築之,今增後/廂樓舍,共得千五百號有奇。越明年,士橐筆來試者咸就廣/廈,無所苦。方伯鄉居樂善率如此,異日用世可知矣。是為記。

　　光緒三年八月　日,董事邑紳汪西之、陳瑞霖、葉璿□、許元均、林秉乾（第一欄）、洪觀光、陳柏芬、黃垂昆、楊毓材、郭可藩（第二欄）、葉萃英、孫文瀾、葉杓南、葉夢菁、王天錫（第三欄）、余聯甲、葉奎山、吳登龍、葉逢恩、陶堅光（第四欄）、王文祥、蔡淩雲、倪鳴珂、郭汝藩、傅以善、周朝簪（第五欄）、葉逢春、傅煥章、陳建中、曾維城、謝有文、許興龍全立。/

　　碑存同安區雙溪書院舊址內。花崗岩質,高320厘米,寬100厘米。楷書陰刻。現狀完好。

清·修建書院考棚學舍碑記

修建/書院/考棚/學舍/碑記（篆書碑額）

　　己亥之秋七月,重修雙溪書院考棚,同邑杜君文艮慨然自任/囊金,募工興作,仍舊貫而一一更新之,復於講堂左右構學舍/十有八。值董吳錫圭監其事,陳士霖董其成,凡十閱月告成,計/四千九百員有奇。君素以樂善好施為當途所重,是役尤獨/肩之。爰鐫諸珉石,為向義者勸,是為記。

　　光緒二十六年四月,諸董仝勒。

碑存同安博物館內。花崗岩質，高207厘米，寬16厘米，厚9厘米。楷書陰刻。現狀完好。

清·重修禾山書院碑記

禾山書院創於同治年間，啓課一載而止。何廢之速耶？余察俗至斯，詢紳董以興廢之故，曰："廈門山場諸社，若玉屏、紫陽兩書院之遼遠也，謀建鄉校久矣。但貲無多，土木之費有餘，修脩之需不足。時有某商，諸社中人也，適至自外洋，慨然以興建書院為己任，亟赴洋釀金，已成鉅數。遂有陳姓充地於禾山之麓，諸董乃涓吉營造，成堂室十餘間，規模軒敞，是年即延師掌教。後某商挾私意，與諸董枘鑿，悻悻然置釀金於不問，職是修脩莫繼，而功廢垂成。"余聞言惋惜之。甲申冬，豐順丁司馬惠深奉檄分守廈防，時海氛未靖，防務紛繁，司馬於百忙中兼修文化，急欲重興禾山書院，爰將洋藥局每月津貼廳署五十員銀撥充修脩，余亦捐廉四百員銀以作紳商樂輸之嚆矢，而董事陳敦五孝廉勸石君體恕捐銀二千員以助經費。於是，酌議章程，重興盛舉。乙酉起，官師互課，遐陬僻壤，當無不喁喁向學矣！

清光緒十一年，巡道孫欽昂撰。

錄自民國《廈門市誌》，下注："本會採訪主任陳通採並節錄碑記。"

民國·創建馬巷啓智學校碑記

創建馬巷啓智學校碑記（楷書碑題）/

馬巷啓智學校校舍始建於民國十年秋，以十一□□□□□□□/一萬零一百三十大員有奇，為海內外熱心興學□□□□□□□/學堂甫立，所有教室僅就舊有之舫山書院稍修備，□□□□□□□/適宜，且常為官廳假作辦公之所，軍界亦桓據以駐□□□□□□□/礙，同人以此為全巷教育所係，不能無所措施，乃由□□□□□□□/謀另擇建。先商得朱陽易、朱原甫、朱陽聘、朱雲買、朱□□□□□□□/房屋數座,折讓獻為校址,並邀洪君春如、高君振聲、□□□□□□□/所需,各自按額認捐,以為之倡,復多得當地人士贊財□□□□□□□/親往南洋各埠,向諸熱誠君子募得鉅款,乃以告厥成□□□□□□□/者芳名,勒石以垂不朽。

中華民國十四年仲秋,董事洪鴻儒謹識並書。/

碑存翔安區馬巷街道翔安一中校園內。嵌砌牆上。已殘,僅存碑之上半部,殘高125厘米,寬76厘米。楷書陰刻。

民國·同安內厝寬裕學校碑記

寬裕學校碑記(楷書碑題)/

沙溪之有是校,蓋即都人李緒得倡辦啓民,由陳紳蔭堂介紹,/於丁卯出洋募捐,而得僑商楊君寬裕捐資獨建,且濟之以常/年經費而成者也。校基則由邑令指撥舊行台。進行有日,而李/君遽殞,賴其兄神彼繼董其事,楊君復倚重之。乃於己巳夏開/工,迄庚午三月落成,計糜五千餘金。杜陵廣廈,伊誰之力?是宜/名之以寬裕,而勒之以金石,以旌楊君之德焉。是為記。/

中華民國十九年歲次庚午三月吉旦,董事部立。

碑存翔安區內厝鎮沙溪村之寬裕小學。花崗岩質,高136厘米,寬41厘米,厚9厘米。楷書陰刻。現狀完好。

民國·廖悅發昆仲捐建竹樹教會學校

竹樹堂會之設有男女學校垂五十餘年。/初,祇胚胎於私塾而加以改良,因陋就簡,/繼續辦理之。民國初元變更編制,添聘教/員,固儼然一普通小學矣。然限於經濟,莫由發展。民國十一年,本會長老廖悅發先/生有鑒及此,深知校舍狹仄,經濟匱乏,實/為此校發達之最大障礙,爰函商南洋乃/兄清霞先生各斥鉅資一萬餘元,徵得長/執會之同意,將原有校舍及宣道堂並收/買旁店二所,重新改建三層洋樓兩座為/校舍,男小顏曰"宗文",女小顏曰"懿德",用以/紀念其先考妣宗文先生及太夫人張氏/懿德之碩德嘉型也。從茲莘莘學子得與/從容弦誦之樂,與夫本會得遂培養兒童/品格之初衷,未始非清霞先生昆仲熱心/贊襄之賜也。用志數言,以示不忘。

中華民國二十二年十二月　日,/竹樹堂長執會全體謹志。

碑存思明區竹樹禮拜堂花園內。嵌砌牆上。花崗岩質,高66厘米,寬92厘米。楷書陰刻。現狀完好。

民國·獨資建築新近落成澳頭覺民學校校會題詞

獨資建築新近落成澳頭覺民學校校會題詞(楷書碑題)/

余幼時家貧,年十一始入私塾讀書。至十五歲,因為生計困苦,無能繳納一/年□金之數修,從此輟學,墜入茫茫人海中。彼時齒固幼稚,□殊不甘為環/境所屈服,百計經營,奔南馳北,備嘗辛苦,終圖掙扎。蓋故鄉澳頭位居同安/縣巷南之東鄙,耕地磽薄,□□偏□依農,無能飽□□□□,而家離太平洋/祇隔金門一島嶼,所以吾□□多□航海□業建之□□涉洋□□在數十/年前□□此行之船舶□□□□□□省□□□□□□□□□秦/皇島、天津等地,鄉里素稱□□□□□□或之村鄉中,私塾三十餘所,皆/延通儒執教□□世人不□□□□教□鄉培之□□□□。歐風東漸,帆船/□本□□□□□□□□□□□鄉生活適□□□,教育因之一落千/丈。以□□□□□□之□□□□□□以求生存,以□□□易之方式。是故/□□□□□□以培養後進,以當今□□□之物□滋其無皆能,何以為民?鄉/人不□□□□力有限,□□以為隱憂。故於民國十五年秋,獨資創辦此覺/民學校,迄今十周年。學生□□□□□□□於□□□□無收學費,並□□名/□□□□但求□□教育,不□□□□□□,為國家民族立場,苦心孤詣,基/本觀念祇望其學也有成,能為民族爭光。區區志願,爰泐於此。

中華民國二十五年四月十九日，蔣驥甫敘於星洲莪素廬。

原在翔安區金海街道澳頭社區，現收藏於同安博物館內。輝綠岩質，高103厘米，寬66厘米，厚14厘米。楷書陰刻。碑面多處被琢磨他用而殘損。大部分字跡已無。

孔廟、明倫堂等

明‧重修孔子廟碑記

　　洪惟聖皇，嗣大歷服，化弦更新而於大事，尤切宸衷。越九年，庶政既效，尚慮郡、縣學宮暨應祀壇廟歷年既久，風雨損壞，特飭天下有司，時加修葺，甚盛典也。凡在臣下，罔不殫乃心以祇承休命。福建大藩、臬、重臣咸謂僉憲："姑蘇陳公由進士拜監察御史，擢今官，攬轡八閩者再，歷練老成。程督繕修，非公孰宜？"於是，公有行部漳、泉之行。比至大同邑庠，顧禮殿暨東西二齋廡殆將傾圮。公愀然曰："凋零若此，無以稱上意旨。"乃端坐於明倫堂，召父老，集民之饒於貲者，喻之曰："噫！子來前，若知有父子乎？"曰："有。""知有君臣乎？"曰："有。""知君君臣臣，父父子子之所從來乎？"曰："不知也。"公作而言曰："此吾夫子之教也，猶天也。天可忘乎？當常敬畏之，如父母、神明、日月、雷電也。人不知有父母、神明、日月、雷電，則狂戇聾瞶而已。今使若等去狂戇聾瞶，以服聖人之教乎！"僉曰："諾！"於是忻然聽命，舉發帑捐貲，鳩工庀材，公慨然以興繕為己責。爰合縣尹滇南張節，二尹興寧何文宣協心殫力，蚤暮而經營之。教諭三山方立、訓導三陽盧晟、古康鄧樸實左右之。是以民庶子來，咸樂相其役。用是，先致嚴大成殿，建東西兩廡、戟門、欞星門，次集文公祠及講堂齋舍，加飭聖賢像及禮器，皆煥然一新，而凡所宜有者莫不畢具。斲削雖由眾工之手，而規制皆出公之心。協助雖資庶民之力，而經營悉發公之畫。公雖公事倥匆，至必詣學一視，誨諭諄切。材必良，工必善，規模必宏遠而後已。凡一木石之惡，一工匠之怠，審規程督，奚啻若治家事。故其作不苟而成之者無難也。肇工於正統甲子冬十一月朔旦，越明年秋七月哉生明訖工。氣象巍翼，甃密堅致，瓴甓坊墁，黝堊丹漆，視昔有加焉。落成之日，行捨菜禮。邑之父老咸扶筇來觀，因入言於公曰："吾儕小人熟視自昔修造之功，未有如公用心之至者。廟貌巍嚴，亙古所無。今及見之，公之加惠吾民，不其厚歟？且嘗聞之，為民上者而不以聖賢大道教其民，是棄其民也。今完廟以崇祀典，作學以廣教事，其約民於道至矣。使為士者遊於斯，息於斯，而不知所以自勵，是棄其身者也。"公復之曰："昔紫陽朱文公嘗簿是邑，倡鳴道學其間，秀士必有沾其膏馥者。夫以秀而知學之民而生長於文公過化之地，又際遇聖明崇儒重道之日，誠千載一時也。何其幸歟！士寧有不自激昂而奮發者耶？"僉曰："然。請記修廟日月以告來者。"公弗能拒。屬予為記，鐫石於櫺星門之左。

明正統九年，李賢佑記。

錄自民國《同安縣誌》卷七"建築·學宮"

清·重建同安縣學大成殿碑記

同安學創於五代末，宋紹興中始遷今所。朱文公來主是邑簿，又建尊經閣，藏書九百餘卷；立教思堂，日與邑人講論正學，從遊甚眾。其後呂圭叔、邱吉甫輩皆接其薪傳，同之人才奮發六百餘載於茲矣。國朝定鼎以來列聖相承，右學敷文，崇儒重道，庠序之振興，古莫能逾。多士生於大儒蒞宦之地，而又沐聖朝詩書禮樂之化，宜乎有以成就其德行，而奮起其功名也。然自朱子迄今，流風已邈，廟學圮壞。考之邑志，修葺者屢，要皆仍其舊制，規模未拓，陰陽弗叶。今且棟桷朽蝕，垣序點默，無以肅士子之觀瞻。於是，邑侯吳君鏞慨然與教諭羅前蔭、訓導黃梅及邑紳士黃濤等鳩金重修之。始造大成殿，翼以兩廡，題榮黔桼桷、瓦墁堿甓之屬，煥然一新。其戟門、櫺星，高深各增尺度，外則列屏牆，披以石欄。旁及名宦、鄉賢之祠，並皆遷建，稱大觀焉。事竣，請記於余。余自奉命視學以來，念閩為理學名邦。四年中，夙夜祗慎，惟恐言不足為多士則，況同又朱子所嘗教化之邑，其敢漫以為記哉！

夫學校為訓士之區，而廟宇尤崇聖之所，規模宜拓，陰陽宜叶，而觀瞻不可以不肅也。為士者，睹聖人之像，則必言聖人之言，行聖人之行。讀書以窮理，寡過以修身，庶不失為聖人之徒。匪徒緒章繪句，斐縟峨冠，工其詞而飾其貌，遂詡詡然自異於眾也。

今同之高士軒，朱子遺記猶存，往跡可考，多士曷不因廟貌之新而使朱子之流風餘韻俱振而新乎？使其果能以忠信為基址，以廉隅為垣墉，以言行為坊表，率循義路，出入禮門，造於正大高明之域，由此成其德行，建其功名，卓然為一代成材，庶無負聖天子作人之澤，與良有司振興之意，而文公正學之盛，亦將復見於今日，豈止於科第聯翩、學校光榮，為文廟更新之應而已哉！茲役經始於乾隆丁亥仲冬，蕆事於戊子孟冬。董其成者：邑孝廉葉廷梅、陳邁倫、郭映，明經劉世德，生員林應龍、陳祖武，童生陳光章，例得並書，故記於後云。

乾隆三十二年，福建督學王傑撰。

錄自民國《同安縣誌》卷七"建築·學宮"

清·捐修明倫堂碑記

自紫陽過化，越有明，而名儒輩出，同安文學之盛有自來也！廟學屢圮屢葺。國朝定鼎以來，修理者數矣。乾隆三十二年，以棟桷潮就朽蝕，紳士黃濤等鳩金重建大成殿及兩廡，增高戟門、欞星門，外樹屏牆，環以石欄，名宦、鄉賢二祠並遷建焉。余館師韓城相國為之記。自戊子歲蕆工以來，迄今又幾三十年矣。棟宇為蟻蝕，勢將傾圮。教諭連楚望、訓導何澤杞與邑中紳士謀新之，生員高有繼踴躍捐資，為諸紳士倡。於是，咸助厥成。經始於嘉慶元年丙辰仲冬，竣事與丁巳季夏之閏月。適予按試泉郡，紳士以記為請。予嘗謂學者日誦聖人之言，而不知身體力行，是猶緇黃者流；日誦貝夾琅函，纍纍如貫珠，及叩以何解？則茫無以應也。瞻仰夫子廟堂，輒自幸得門而入，而弗能志聖人之志，行聖人之行，猶愚夫愚婦偶至琳宮紺宇，禮拜金身，似亦有所警惕者，既退，則仍懵然也。夫使者不嘗敬述聖訓為諸生勖乎？茲為諸生申繹之：使者之來也，聖主命之曰："學政以整飭士習為要，總須教諸生以修身。"大哉聖言！夫子之道如斯而已。《大學》曰"壹是皆以修身為本"；《中庸》列九經之目，首曰"修身"；《論語》曰"修己以敬"，又曰"苟正其身矣，於從政乎何有"，皆言修身也；《孟子》所謂"守約而施博者"，亦惟修身。諸生惟當服膺聖訓，須臾弗離，處則為言行相顧之善士，達則為有猷有為有守之賢臣。庶幾能由是路出，入是門，不愧生理學名區而無負聖天子作人之厚澤也。使者願與多士共勉之。是役主其事者：郡司馬高以彰；與其役者：廣西興安令劉瀚，舉人劉光鼎、童浚德，貢生高有器、林麟，生員葉紫花、楊宗潮、杜鴻猷、黃天榜、吳聯科、柯金華、蘇昌期，例得附書。

嘉慶元年，通政使、福建提督初彭齡撰。

錄自民國《同安縣誌》卷七"建築·學宮"

清·重修同安縣儒學碑記

重修同安/儒學碑記（篆書碑額）
重修同安縣儒學碑記（楷書碑題）/

同安建學，蓋始於唐，清源朱氏記可考。志稱："舊在登龍坊，五代末邑令陳洪濟建者，迨當五代之季，學已圮廢，洪□重建，故□/然非至爾時始有也。"其遷於縣廨之東南隅，則宋紹興十年，邑士陳彥先等所建。厥後朱子主是邑簿，領學士復建經史閣、□/思堂，志道、據德、依仁、遊藝四齋，設講座，日與諸生闡明正學，作銘以示意。

同安文學之盛，有自來也。廟學屢圮屢葺，/國朝定鼎以來，修理者數矣。乾隆三十二年以棟桷漸就朽蝕，紳士黃濤等鳩金重建/大成殿及兩廡，增高戟門，欞星門，外樹屏牆，環以石欄，名宦、鄉賢二祠並遷建焉。余館師韓城相國為之記。自戊子歲蕆工以來，/迄今又幾三十年矣，棟宇為蟻蝕，勢將傾圮。教諭連楚望、訓導何澤杞與邑中紳士謀新之，生員高有繼踴躍捐資，為諸紳士/倡，於是咸助成厥功。經始於嘉慶元年丙辰仲冬，竣事丁巳季夏之閏月，適予按試泉州，紳士輩以記為請。

予嘗謂學者日誦/聖人之言，而不知身體力行，是猶緇黃者流，日誦貝夾琅函，纍纍如貫珠，及叩以何解，則茫無以應也。瞻仰/夫子廟堂，輒自幸得門而入，而弗能志聖人之志，行聖人之行，猶愚夫愚婦偶至琳宮紺宇，禮拜金身，似有所警惕□，既退，則仍/懵然也。夫使者不嘗敬述/聖訓為諸生勖乎？茲為諸生申繹之：使者之來也，/聖主命之曰："學政以整飭士習為要，總須教諸生以修身。"大哉/聖言！/夫子之道如斯而已。《大學》曰"壹是皆以修身為本"；《中庸》列九經之目，首曰"修身"；《論語》曰"修己以敬"，又曰"苟正其身矣，於從政乎何/有"，皆言修身也；《孟子》所謂"守約而施博者"，亦惟修身。諸生惟當服膺/聖訓，須臾弗離，處則為言行相顧之善士，達則為有猷有為有守之賢臣。庶幾能由是路出，入是門，不愧生理學名區而無負/聖天子作人之厚澤也，使者願與多士共勉之。是役主其事者：郡司馬高以彰；與其役者：廣西興安令劉瀚，舉人童浚德、劉光鼎；□/事勸捐者：貢生高有器、林麟，生員葉紫花、杜鴻猷、黃天榜、楊宗潮、吳聯科、柯金華、蘇昌期，監生童浚明、周萬頃。晝夜在工所督/理

梓人,始終其事者,童生高聯飛例得附書。/
　　欽命太常寺卿、提督福建學政、加一級、記錄十二次陳嗣龍撰文;/
　　文林郎、署同安縣知縣吳堂書丹;/
　　奉直大夫、候選郡司馬高以彰篆額;/
　　嘉慶貳年歲次丁巳桂月穀旦立石。

　　碑存同安博物館內。下端被裁,致最後一排字受損。殘高280厘米,寬116厘米,厚16厘米。楷書陰刻。基本完好。

清·邑紳高以彰倡修明倫堂

　　嘉慶三年季春,予視邑篆,道經佛嶺,見城中堂宇巍然,方興土木之役,問之,曰:"明倫堂也。"越日,恭謁先師廟。步至明倫堂,左為朱子祠、奎星樓,右為大成殿、崇聖祠,煥然重新。司鐸吳君拱極告余曰:"是皆邑紳士高以彰等所倡興也。高君為人樂善不倦,且又興建輪山書院,改造朝元、城門,清疏銅魚古跡,刊刻縣誌,凡邑中諸大役,靡不欣然為己任,或獨力出貲,或倡首樂捐,義聲著於四方。去冬,督憲魁公按臨,聞其尚義,賁以銀鍛、匾額。而斯堂之修,微高君之力不及此。"予聞之,大加獎勵。既成,請記於余。余思夫治化之成,風俗之美,端在乎明人倫。堂以明倫名,欲使父子、君臣、夫婦、長幼、朋友各盡其道。孟子曰:"人倫明於上,小民親於下。"高君之謀新斯堂,亦欲化成於上,俗美於下,固匪徒壯華麗、侈觀瞻已也。
　　嘉慶三年,王增錞記。

錄自民國《同安縣誌》卷七"建築·學宮"

清·重修縣學碑記

　　同安縣學之前修也,迄今又五十年矣。物歷久而必敝。凡土木之上,黝堊之事,所賴後之人因其敝而重修之,俾壯觀瞻,則一亭一閣皆然。矧夫文廟參天地、冠古今,對越之所嚴,教化之所本,尤為重且鉅哉。考自乾隆丁亥歲,吳公鏞拓舊學之規制而煥新之。韓城王文端以庶子視學閩南,為文記其事。久之,址侵深溝塞,淤積蓋生。嘉慶四年,復遇淫潦之漫,朽蝕遂增,傾頹漸甚。於是,邑侯紳士相與鳩材庀工,易楹移棟,於溝道則疏浚之,以達於溪;其界址則平治之,而繚以垣。其重修者大成殿,尊經閣,明倫堂,觀瀾亭,名宦、鄉賢、忠孝、節烈四祠也;改拓者崇聖祠也;重建者觀德亭、省牲所、殿前之欄屏也。敞軒殊觀,丹艧改色,可謂尊且敬矣。經始於癸酉八月,落成於乙亥九月,亦可謂賢而勞矣。倡其事者,前邑侯何君蘭汀;督其成者,昔攝邑事今權泉守徐君汝瀾。二君皆以名進士出治斯邑,而均以修學宮為急務,寧非知為政之本歟?於時,學宮襄其事者,教諭則鄭宗僑也,訓導則陳國銓也。董其役者,孝廉葉潤、童經邦、石鼓文、陳紹康、郭弼,貢生童宗瑩,廩生黃炯、蘇昌期,生員馬南星、林學炯、陳登瀛、劉文元、林友梅、紀肇元。請紀其成者,邑訓導曾鼎元、孝廉蔡啟章等,是皆備書者也。

夫同安正學之興,肇於朱文公,其間學宮屢葺,詳於邑志。邑人士之所以景仰儒風,涵濡帝澤而不徒以科第為更新之應者,又具備於王偉人先生之文,予復何言?然溫陵一郡,民俗強悍,迄未盡除。民風之不醇,固由吏治、學政之不肅,抑亦士習之不古若也。今以共成太平之治,實有殷望焉。抑余又有感者,溯昔丁亥前修之歲,為余始生之年,乃今以奉命視學是邦,遂得樂斯學重葺之成,援筆以記。殆興修有數而遇合有緣耶?惟撫歲序之遷流,忽忽已半百之年,無能追昔賢知非之實學,不足為多士式,予滋愧已。

嘉慶十八年,福建學政汪潤之記。

錄自民國《同安縣誌》卷七"建築‧學宮"

清‧同安重修文廟等處捐題姓名碑

文廟重修,並明堂、尊經閣、朱子祠及重建崇聖祠、省牲所、學署捐題姓名開列於左(楷書碑題)/

廩生蘇學皓捐銀貳佰肆拾員,職員黃志敬、監生余經綸各捐銀貳佰員,/通奉大夫吳仲傑,中憲大夫潘有為、李世魁,舉人吳國華,職員許廷松、/吳文標、余經魁,貢生黃登第、鄉賓蘇文滔、林滄江,監生王本立、/王高望、陳君龍、林國基,行商金萬成、金振泰、金豐泰、金豐勝、/金源發、金聚利、金恒遠、金源益、金里安、金瑞安各捐銀壹百員,/康信義捐銀捌拾員,蘇振岱捐銀柒拾玖員,監生鄭景美捐銀柒拾貳員,/貢生高宰衡捐銀柒拾員,廩生劉文元、職員蘇步青、林穎元各捐銀陸拾員,/奉直大夫陳君和、貢生陳學海、湖源茂各捐銀伍拾員,訓導倪文華、/陳寬觀各捐銀肆拾員,貢生許錫金、葉星華、監生童育傑、生員徐景星、/許家球、許仰范堂、童生薛懋昭各捐銀叁拾員,陳思絅捐銀貳拾肆員,/舉人陳克家、貢生董益利、職員林紀國、生員陳一鳴、葉步蟾、監生傅寅、/吳熙、潘德鑫、李應瑞、曾必慶、蘇奕拔、蘇振宜、吳光環、陳春元、/李清鳳、陳朝鳳、顏如海、黃啓觀各捐銀貳拾員,童生李華捐銀拾陸員,/貢生李占春捐銀拾伍員,舉人陳玉輝、貢生蘇鳴夏、陳玉藻、生員吳有源、/黃登科、陳式章、胡德昌、監生吳雲、蘇秉中、蘇振雲、蘇振浪、/蘇世言、蘇世喜、蘇成章、陳玉成各捐銀拾貳員,貢生張怡華、/孫俊坡、顏炳充、顏夢元、林大生、鄭騰飛、陳瑞保、廩生蘇昌期、/生員陳鶴群、陳宏宇、郭揚清、監生許倬雲、高國基、蘇鴻猷、薛懋濟、/李克篤、陳邦國、陳登榜、職員林振宏、鄉賓陳鳳文、張清飄、/黃容禧、鄭重記、邱小嶝、李瑞麟、林應瑞、許敬忠、蘇世德、/黃瀟湘、蘇振行、李福龍、林仁風、王仕仁、蘇世復、蘇世吉、/朱志堅各捐銀拾員,陳昌捐銀陸員,王龍起捐銀伍員,廩生蘇景星、/監生顏國藻、童生林和仲、林光熙、徐紹徽各捐銀肆員,/童生鄭南金、鄭鵬程、鄭德沛、呂釸來、楊新慶各捐銀貳員,/童生林斯飛捐銀壹員,/舉人童經邦捐銀三百員。/計捐銀伍仟貳百拾捌員。/

　　續開涵道捐題姓名開於左:/

　　監生葉國珍、吳長桂各捐銀拾貳員,葉廷仰捐銀拾肆員,貢生曾鵲鳴、/林玉書、葉星華、生員鍾蠡東、葉選青、監生曾慎德、薛大澤、/洪清揚、鄉賓葉有譽、童生葉有慶、葉在鎔各捐銀拾員,/貢生葉登璧、生員葉登雲、監生葉和厚各捐銀伍員,/舉人葉廷華、監生陳夢花、石煥章、曾玉照、童生林炳喜各捐銀肆員,/生員林□秀、王象賢、葉鵬飛、監生葉德心、陳達三、王鳴岐各捐銀貳員,/生員王時選、鄉賓陳漢龍、童生葉應惠各捐銀壹員。/計捐銀壹佰玖拾捌員。/

　　嘉慶戊寅年葭月　日立。

　　碑存同安博物館內原大成殿東廡。嵌砌上牆。黑色頁岩質,高43厘米,寬78厘米。楷書陰刻。現狀完好。

民國·重修大成殿右廡碑記

邑自光緒甲午、癸卯以來，兩遭大水，崇聖祠圮，大成殿之右廡亦全座傾頹。民五以後，軍隊又雜處其間，毀傷薪木，先賢、先儒諸祿位亦毀，門戶洞開，非所發尊崇至聖也。知縣高梅仙，邑紳周江達、許榮慇焉傷之，與錫璜倡修捐修，明知歲遭兵燹，旋修旋毀，然不修則故宮禾黍，傾坍無餘，況天地壞，這個不壞，尤當繕葺完固，以俟後之讀聖賢書者。是役也，經始於民國七年，而落成於十二年，凡費銀五千有奇。計踴躍捐款者：南安黃奕住、上海泉漳會館紳董劉育才、傅書院、洪鴻儒、張永福、高振聲、陳喜亭、吳光枰、吳安彩。

吳錫璜撰。

錄自民國《同安縣誌》卷七"建築"

官廨

明·安邊館記

　　安邊館者，漳州府別駕陳公必升之所建也。嘉靖八年，海寇警東南方，上命都御史沐陽胡公璉巡視浙江兼制福建，畀以便宜。明年，行部至漳，彰善癉惡，負秩百度，乃推高皇帝教民榜遺旨，著為條約，與海外更始，民益知朝廷所以子惠元元之恩，仰沐休風，矢明厥德。蓋王道無外，民有秉夷，亦可以見聖明之化矣。公慮其久而弛也，謀於巡海副使古鄞謝公汝儀、郡守江陵吳公金圖厥永安，僉以龍溪、海滄、月港、海滄、沙阪、崧嶼、長嶼、漳浦、懸鐘、徐渡諸澳，綿亘數百里，東際大海，南密諸番，倉卒有變，請計台府，動經旬月，逮至撲滅，流毒已深。宜酌其要害，分設府署，董以專官，量假事權，使先事防察以遏亂萌，誠於制馭之體便。乃即海滄建署於列郡佐、刺之中，擇才大夫遞膺厥任，俾以弭盜賊、禁通夷、理獄訟、編舟楫、舉鄉約、興禮俗，大要以安民為尚，庶事興革，聽其便宜，責綦重矣。

　　惟時陳君以望實首承茲任。君職專督儲比，以山海滋盜，上官交檄歷試諸艱，累殄強寇，方隅倚重。及雲蓋嶼之戰，擒賊帥林舉，海道肅清。至是，胡公特檄改君儲政，俾君一意安邊。君亦以寧戢疆域自效，單騎循方，披荒啟幕，推誠布公，上宣德意，下恤民隱。論之以禍福，而不道者投兵；峻之以維方，而浮波者毀舶。比保伍，導之以禮讓；拔俊髦，養之以文教。嚴而不苛，寬而不縱，並海之民，奔走號令，如臂運指。蓋不再逾月而民俗告新，可謂一時之奇才矣。

　　初，分署雖設，百事草創，君方扶傷起懣，未遑他及，往往露宿風餐。至是，始議興作。適其地淫祠頗熾，公撤之，得木材若干，復於長嶼釐籍沒之產，得白金若干，上記當道，即分署為安邊之館。前為蒞事之堂，顏曰"鎮靖"，志修職也。後為燕寢退食之暇，寓以覃恩。堂之前，左右為廂，正南為門，門之上為醮樓。四達之址，繚以周垣。繇是具瞻有所，可以肅；上下懸政有象，可以一民志，而名山巨浸，控帶雄遠，屹然一方保障。始事於庚寅十一月，迄辛卯九月而厥功告成。蓋興役於既悅之民，因財於無益之費，人不知勞，事足垂遠，觀政於此，可以例君之餘矣。又越月，君以瓜期代去，民安君之德而不能留也，相率伐石記其事，而徵文於予。予嘗謂保天下之治，存乎法；濟天下之法，存乎人，公非其人者乎哉！是役也，胡公嘗以其策下訪，予實聞之，故不辭而為之書。

嘉靖庚寅，參政、郡人林魁撰。

錄自乾隆《海澄縣誌》卷二十二"記"

明·同安縣官題名碑

朝廷建邦樹侯，設官分職，務和人民，以登諸理，而於縣職尤加意焉。以其與民最親，而治忽為易致也。同邑負山濱海，古閩越地。任茲土者，代有其賢。而先後著稱，能以其邑為望邑者，必曰："紫陽夫子嘗作簿於此。"竊以為人固私於賢者耳。及考記載，言公涖政纖悉必親，苟利於民，雖勞無憚。但賦稅出入之簿，逐日檢閱，以防吏胥之弊。職兼學事，選邑之秀民充弟子員，訪求名士以為表率，增修講問之法，日與論說聖賢修己治人之道。秩滿俟代，在同五載，致於假民居以聚友生之嗜學者，如許升輩皆以成名儒。則其所為之事，固士君子所得為而中材或以為無難者，惟公本之以誠意正心之學，非若後人之托於公而復營其私，無其心而徒為其事，勉強於一時而不能持之於永久者之所為也，是以其感人最深而流澤最遠耳。

余一相自髫稚誦經，即知有所謂紫陽夫子。今以試任獲徽其人民社稷之遺，凜然惟棄襲是懼。且其地方瘠薄，民性剽悍，而居無積聚，故囂於訟而逋於賦者恒多，惟得情而以誠動之，信其程則而以義則之，則亦未有不質成而輸其上者。雖有習俗之士，亦皆易與為善而不敢安於顯過，則固紫陽之化，存於人心而未嘗泯者耳。孔子曰："斯民也，三代之所以直道而行也。"苟以直道使之，則雖以同之民為三代之民，無不可者，而獨如紫陽哉！

日方與僚丞黃子昂諸君登牧愛之堂，睹官序之石，指顧往哲，得毋忝於紫陽私淑者，有若而人求之而不得其善者，有若而人森然並列，勸戒俱存，自後無復餘地矣。黃子請曰："將無以書來者，盍更之！"屬余為記。余固知士君子之立於世，必有不待石而傳，亦未嘗以不傳而遂已於為善，又未嘗以為善而遂必其傳。是石之立，固無繁也。但舜與蹠居，如嫫與妍對，苟使改其不如舜以就其如舜，未必如嫫者之必不可為妍，雖下愚必所不吝。夫子言舊令尹之政，必以告新令尹嘉其心之公,善也。是舉也,苟可以興起夫人早夜之思,而特以成其千百世之名,則斯人之得為朱子之徒者,皆吾與之也。所以公其善者,不其至乎？夫何吝而不為者,乃礱石而就之。

隆慶元年,知縣鄞一相撰。

錄自民國《同安縣誌》卷七"建築·學宮"

明·同安公署題名碑記

凡公署有題名以紀厥官,其來舊矣。吾邑肇自五代而胥闕焉。仁和竹崖許子先尹德化,以治優,移吾邑,未逾年考最,乃於堂東立石,類題國初以來令、丞、簿、尉,且紀其鄉及出身履歷,不知者闕之,虛左以俟續書。屬余記焉,謂將考其賢否以自警,且以警夫將來者。予惟是舉也,豈特可以警夫父母斯土斯民也哉,亦可以警夫斯土之士若民也。

夫父母於斯者,皆聖君賢相以為賢才而禮命之者也。間有不才,未必皆君相之誤也。世惟中材最多,士若民或因得以邪誑之奸利干之,故始以廉能至者,終或至以貪暴去。而自五代迄今將及千年,雖不惑於士民者不少,獨紫陽朱文公以主簿能速化士民,為首稱而莫與京焉。

嗚呼！民不足責也,士為民望者亦為之,何心哉？茲為採列實以示之,凡登華堂覽貞石,父母於斯者固得鑒別賢否,以為勸戒而為士若民者亦將指之曰："某也賢,不受變於士民；某也不賢,士民實病之也。"安知讀紫陽書者,不咸勉厥修以復紫陽舊風也哉！是為記。

嘉靖黃偉撰。

錄自民國《同安縣誌》卷七"建築·衙署"

明·同安知縣彭士卓建歲貢題名碑

明興以來至於正德、嘉靖之間,人才稍稍倍加於舊,於是碑石、姓氏充斥,乃學博四明陸君挺以告邑侯番禺彭君士卓,始命工伐石,列科貢而二之,仍各為一碑，屬余記其事，重選舉也。古者諸侯貢士於天子，一適謂之好德，再適謂之賢賢，三適謂之有功。故士庸者貢其身，盛德者貢其名，乃其幽隱而遺逸，而後天子昭之。禹別九州，任土作貢，自瑤、琨、絲、枲、羽、毛、齒、革而下皆充貢篚。《周禮》九貢，致邦國之用，則禮、嬪、器、幣、財、貨、服、斿、物之類，而貢士不與聞焉。夫天地真精之氣敷於九土，不生財則生物，故材以任官而物以致用，其為有利邦國，一也。國家造士之制，郡縣各置學宮、弟子，有司以時考其經術道藝，分別第等，閒從而廩餼之，三歲大比則賓興，其明經中式者升之於禮部而會試焉。禮部貢舉，其明經中式者射策於天子之廷，承恩賜第，謂之甲科。士之抱經術道藝而願策於時者，咸以是為高等云。其在學宮有廩餼者，雖不獲舉於鄉，亦得以次貢於禮部，使卒業。成均有乞除學官者，聽國家愛養士類而量材補秩，恩施亦云博矣。夫士生盛世而處幽隱，常慮其不昭昭矣，又慮其不躐高等，乃或昭之又從而高等之。而其出也，不足以抱功；其居也，不足以善俗，不以為名，又因以為利，甚者乃充貲而得邑，則夫登名於是石也，祇足為後人非笑之資焉耳，而又奚擇於科與貢也。

劉汝楠撰。

錄自民國《同安縣誌》卷七"建築·學宮"

清·興泉永道內署記

使署由大堂而進為川堂，有樓是名"天一"。堪與家以南峰火星太旺，故顏是以制之。義或有取，今仍其舊。由川堂折而西，周遭迴廊。有堂翼然曰"承恩堂"。堂之前為射圃。余旗人，不敢忘勞，閒日輒於此懸的焉。堂後巨石成屏，屹然吐潤，特拓後軒以對之，即"佐岳軒"也。循石麓翼欄而上為半亭，亭容一几、一榻。西園院落於是乎止。由川堂折而東，右歷之徑為"涵山閣"。是閣也，仍舊之半，而特闢前庭。憑欄而觀，則海上諸峰如萬石、太平、仙岩、虎溪、白鹿諸勝，無不爭奇獻秀，縈繚階砌。客曰："小齋甫拓，山翠環來，無障礙心，與民相見，義或是耶？"余以其言似箴。閣東巨石之巔，為聖帝廟。滿徑榕陰，蒼翠襲人。曩徑南置官廚，余惡其褻也，亟改之。穆然以清，窈然以深，神所憑依將在於是，為我民福矣！出閣門折而南行，凡南向屋三重，西向屋數列，向購自民間雜綴而成者，今皆院落軒豁。自此徑北歷階直上，又躐級而升為觀月臺。臺東為瑤圃、春暉堂。堂後一帶直接西園後山，署內最高處也。已上總為內署房宇大略。蓋使署限於地，而使者又限於資，撙節締構，自謂頗費匠心。臨落成而使者幸遷一秩。客嘲使者乃為新繡衣勞勞版築耶！余曰："錦江鄂渚，獨非使者舊遊也哉？即謂掃徑以待故人，奚不可也。"蓋接任者為臨桂邱公，故云。

乾隆五十九年甲寅小春月，東海德泰記。

錄自《廈門志》卷九"藝文略"

清·重修興泉永道署碑記

重修興泉永道署碑記（隸書碑額）

同治二年夏四月，英人歸我興泉永道署。冬，憲德奉/命觀察是邦，時臺匪跳樑，軍書旁午，訟獄繁興。駐戶部小衙門行轅治事，日不暇給。每坐堂奧聽斷，觀者/如堵牆，擁擠及公座。諸紳士僚屬以地湫隘，請就舊署改建。竊念廈門蕞爾地，歲輸常稅、華稅、洋稅，/推廣厘金數十萬金，加以勸捐頻仍，何忍以興築重為市厘困？既而，思巡道內轄二府一州，外控西/南諸番，為全閩保障，不可不尊體統而肅觀瞻。因勉循其請，捐廉倡之。不數日，士商好義者捐寶錢/六千五百八十二兩零。三年四月初三日，召工削平洋樓，營度地勢，坐向仍舊，而間架規模加宏敞/焉。工甫畢，旋奉/命入覲。因思道署自雍正五年總督劉世明奏准，以分守興泉道滿雲鶼兼銜巡海，改駐廈門建署。十/二年，兼轄永春州，延至乾隆四年始竣工。是時，巡道為朱叔權。乾隆三十二年，加兵備銜。五十九年，/巡道德泰復行葺蓋。嘉慶二十年，巡道倪琇再加改拓。道光十一年，巡道周凱又加修葺。逮道光/二十五年，總督劉韻珂、恒昌貰于英，改洋樓，閱今始重建。雖物之興廢若有數存乎其間，然我/朝於彈丸一島之地，武則/命提督率五營弁兵守之，文則移巡道、同知駐焉。其所以鎮撫斯土者，至隆極重，則道署舊制之復，新規/之擴。不可謂非時政之急務也。若謂舊署地爽塏而木陰翳，偷政事之餘閒，選園林之幽勝。區區之/心，則所未安，謹記之以告後之君子。

斯役也，總其事者：廈防同知俞林、署水中營參將陳允彩、在籍/道銜浙江試用知府蘇瑞書、藍翎同知銜前署廣東高州通判孫長齡、五品銜前建寧縣教諭陳駿/三、五品銜訓導沈志中。監工者：水提前營守備陳世榮、右營守備黃安標、後營千總曾文章、左營千/總鄭振疆、右營把總梁天驥、左營外委孫長年應得並書。其捐資姓名另勒於石。/

　　欽賞花翎、福建分巡興泉永海防、驛傳兵備道兼興化水利事務，京山曾憲德撰並書。/

　　同治三年歲次甲子秋八月吉旦立。

　　碑存廈門市圖書館大院內。花崗岩質，高 217 厘米，寬 113 厘米，厚 10 厘米。楷書陰刻。"文革"期間，該碑被斷成數塊，埋為地基。1984 年出土，由廈門市文物管理委員會修復(仍缺一塊)，並建亭保護。

清·重建馬家巷廳衙署碑記

　　粵稽府志：通判衙署原駐郡城，雍正乾隆間，大吏籌議海疆，前後請於朝，移駐分轄，凡三徙焉。馬巷經始者，歷胡、馬、萬、溫四任，而規模大備。萬、溫殫厥辛勞，惜碑誌無傳。父老云："曾縻金錢過萬，基址宏敞，其信歟！"嗣修葺鮮擴，日以朽蝕。咸豐三年，會匪一蠢，土賊叢沓折毀，因之淋漓傾圮，遂同荒驛。奉檄來者，親朋相為諮嗟。不幸風俗偷而政令弛，雖人事亦氣運使然也。

　　復康自浙奉檄、湖任內奉調從軍，宮保爵帥左旋奏代斯篆，自維譾陋，起頹振廢，恐非其人而氣運與人事潛移，竟有不期然而咸與維新。是役也，稟請發款，即蒙批准動支厘金。丙寅仲夏開工，丁卯孟春工竣。領制錢七千貫，兵米羨銀足之，實用制錢八千貫有奇，繕造細數冊說通送存案。

　　吁！不有廢者，其何以興？憶下車時，滿目蒼涼，益動滄桑之慨，所願後之君子推循廢興緣起，指疵復康未盡，隨時補救。海隅蒼生蒙休養之福，豈不懿哉！除草定衙署歲修專款、六科書吏條示，繕卷流交不錄外，是為記。

　　大清同治六年歲次丁卯正月穀旦，權通判事新安鮑復康撰並書。

錄自光緒《馬巷廳志》附錄中

清·興泉永道署內崎山題刻

　　咸豐己未秋,余由延調此,仍借/海關署辦公,官廨偪仄不堪。至/同治癸亥,英人歸還舊署,體制/已非。觀察曾公鳩資建復,規/模壯麗,洵有功也。辛未歲,余重/臨斯土,閑歷後垣,見岩奇木古,/扳危登眺,胸次廓然。惜為荊棘/叢掩,爰命工闢之,栽華引路,掃石留題,公餘之暇,聊助逸興云。/然應點綴之處尚多,姑置以待。/
　　同治十年仲秋月,/皖涇潘駿章志。

　　此摩崖題刻在中山公園之偕趣園內。高 90 厘米,寬 100 厘米。隸書陰刻。現狀完好。

第四篇 宗教寺院

佛教

宋·銅缽岩石刻

紹興辛巳,/眾緣重修。/斯岩勸首/毛俊英、蘭/醒、僧懷靜,/住岩苦行/法空謹立。/

碑在同安區蓮花鎮雲洋村銅缽岩,爲同安文史學者楊志剛先生發現。花崗岩質,高24厘米,寬41厘米,厚10厘米。楷書陰刻。現狀完好。此是廈門市年代較早的石刻。

宋·銅缽岩石佛造像記

弟子毛士作同妻陳五娘捨錢鐫造/觀音菩薩、定光菩薩、昭應菩薩及補陀山鎮於銅缽,/仰叶願符心地,世籍福田者。/宋開禧歲次乙丑七月　日立。/都勸毛士及住岩僧祖成、石匠陳聚。

石刻原在同安區蓮花鎮雲洋村銅缽岩。楷書陰刻。

元·龍山聖果院祠堂內碑記

龍山聖果院祠堂內碑記(楷書碑題)/

同安豪山西行十里許,古有佛跡,志於清源,唐僧卓猷肇基之所,始以泗洲名其堂,後以聖果易為院,迄宋季廢興/凡幾焉。歸附初,鄉之耆士西疇王君嗣而輯之,稍存舊貫。泰定庚午,其子西隱子長念歲月漫延,燒腐益甚,乃撤/舊一新,法堂、鐘樓、三門、廊廡,其延袤皆整整有序,飾古佛像,周以闌楯,黝堊丹漆,無不備舉,終始展力,凡二十年於/茲矣。至正甲午毀於寇,灰燼殆盡,惜哉!西隱顧謂子廷佐曰:"吾家敦行崇善,二世締緝之功,竟成礫瓦。今墜緒弗修,/前功廢矣。"於是委心聽命,掄才而新構之,俾士之能者連君福卿職其事,□住山僧南宗與其徒董其緣。夙夜勤務,/木石俱興。未幾而輪奐之規,益加宏偉,乃構祠堂於西偏,以奉宗祧之祀,復捐己田三拾畝以贍其用。更始至正丁/酉八月,落成戊戌春正月,難哉!於是載酒酌客,囑予記之。予觀夫溪山之勝,清湍帶其前,翠巘壁其後,林木成蔭,谷/鳥時鳴,是亦豪山之偉觀也。是役也,固能因山川之舊跡,修祖父之遺規,使不克墜,可見其能繼志述事之一端云。/

嘉山陽應張仲復撰;敕授泉州路沙溪巡檢耿元剛隸。/
時至正十九年己亥四月初八日,孫廷佐敬立。/

明·重立聖果院祠堂內碑記

重立聖果院祠堂內碑記(楷書碑題)/

古賢凡事必書之竹帛,表之碑誌,非無以也。蓋人以世遠而湮,事以時移而改,莫或志之,雖故老相傳,間有能言之/者,竟以無徵而弗信,不詳舉而重申之,又非所以計深遠也。祖西隱公,元至正年間建聖果院,舍院畔田一莊供/佛,今之聖果洋是也。仍修祠院,西置田三十畝,坐東埔石鼓後、奉山洋等處,以為祠堂香火祭祀之資。其田俱本宅/給佃租,僧得而食之,不得而有之,豎碑為記。歷年既久,被僧宗輔典贌富豪,僅存二十石餘。嘉靖壬寅家君西軒公/糾族重建院宇。己酉年出力贖回,立定規,遞年重陽僧備全牲羞筵致祭始祖,燕飲本族子侄,永屬定例。萬曆丁丑/歲,德濟徒弟正言賭蕩,被德濟革逐,乘朝下院道有丈寺田之舉,串郭禮將祠租混首。乃仝應春將碑記赴縣申/訴。蒙審,碑誌果係在祠堂之下,斷歸祠掌管。申院定奪,上部俞允令生員王應春、三房給歷再申舊規,此皆祖先在天之/靈、古人豎碑之力、徐父母生全之恩,然向非學校有人,何以維持於不墜乎?聊舉其本末廢興之故而重/志之,俾後人有

所稽而考焉。/

　　時天啟三年癸亥九月，裔孫鍾岳敬立。/

　　碑存集美區後溪村聖果院內。嵌砌牆上。花崗岩質，高204厘米，寬91厘米。楷書陰刻。碑首上端中部篆書直題"兩徽勳跡"，右側楷書直題"元嘉山陽應張仲復記"，左側楷書直題兩行："明邑侯諱待，鄞縣進士，/後升御史，祀名宦。有傳。"至正十九年（1359年）碑文在右半部，天啟三年（1623年）碑文在左半部。

明·重建梵天寺法堂及寢堂記

　　同邑東北二里，有山曰"大輪"，蓋以其狀如車輪得名也。上有寺曰"興教"，創自隋、唐間，歲月不可考，為庵七十有二。至宋熙寧中，始合而一之，名曰"梵天禪寺"，為同之禪宗。同之寺五十有八，咸取則焉。元至正甲申，山寇竊發，毀於火。明洪武丁巳，住山無為師首建法堂。越明年，成。己未，復建寢堂於上，十二月成。於是，方丈、賓次、廚湢相次繕完。以庚申歲六月十五日將率其徒以居，屬余記之。余曰："自摩騰坐法蘭，載道而東，中國始知有佛；達摩面壁少林，天下始知禪之為教，凡五傳而散為千萬。數百年間，天下名山小有奇勝，僧居、僧剎棋布星列。而泉為佛國，高僧異人接踵而出。梵天百里望剎，草莽邱墟，司席者不知幾何人？尸位他用，常住物恬不為懼，垂三十年。末學晚進，不知叢林之為何所，可勝惜哉！夫堂所以寓法也，寢所以寓僧也。純乎天之謂佛；其大無外，其小無內之謂法；一疵不存、萬里明瑩之謂僧。法以嗣佛，僧以嗣法。曰法，曰僧，如淨月輪，豈必崇堂峻宇而後有寓耶？古之人固有巢居穴處至於成德者，後世為之立綱立紀、建堂豎寢，而後法有以立，僧有以守，豈人心之不古，抑時運使然耶？無為之崇是堂寢，得無意於法僧之寄乎！且日與大眾講楞伽、般若、金剛經於內，暮則趺坐禪定以至夜分，雖其職之當為，蓋自福莆以南，未能或之先也。後之登是堂者，當思其何所為而為其所當為，則師之志得是為不徒為矣。師名師解，湖廣人，號無為，自辛卯歲入閩，凡三住是山云。"

　　明洪武庚申，晉江趙道生記。

錄自民國《同安縣誌》卷七"建築·寺觀"

明·重建同安梵天寺大雄寶殿碑記

　　同安之北,去城不二里許,有山曰"大輪",有寺曰"梵天"。山勢蔚然深秀若天臺、雁蕩,勝甲一邑。寺創於隋、唐間,撤僧庵七十二所為一大區宇,屆今七百二十有餘年。元至正甲午,毀於寇,莽於邱墟。又三十載,當我朝洪武之十七年,民休養生息,財力既贍,浮屠氏乃談因果以振民所棄尚者,而導之信嚮。時住山有無為師解刻苦進修,行乎一時,民知敬慕。遂鳩眾力以大營繕,法堂、僧舍次第俱興。於是,經營大殿棲神像,其徒智性合謀協力,欲以承順師意,宏顯宗教。取材伐石,海浮陸運,不較遠邇。傛工傭匠,民獻其資,不召自來。經始於洪武十八年之十月,越明年告成。潭潭秩秩,鳥跂翬翔,山下遂為改觀,過者嗜嗜贊所未有。未幾,而無為沒於京,智性適承其乏,佛之未設者,咸表飾位置、瞻望赫赫焉。今年乙巳,余接事至同安。樊襄李文郁以鄉貢士典教邑學,狀其事,求記於余。惟佛氏之教行乎中土,自漢迄今,亦既有年,然未有不因民之力以興其事。苟四郊多壘,四民失業,山川、鬼神、鳥獸、魚鱉弗寧其居,父母、妻子不保首領,佛宮道宇廢如掃焉,況欲舉其既墜?稽於元季,近可知也。我朝再新宇宙,眾內外罔不寧謐,民樂生好善,既庶既富,二氏之教亦設之以官,俾屬其徒,民於是益知崇信。昔之焚蕩無餘者咸復,故輪焉奐焉,覆被山谷。然則梵天之復,雖由無為師解倡之於前,智性成之於後。材足以任其事,行足以孚於人,故人樂趨其事。然而國家贍養斯民之功,太平之盛觀有在於此,不知帝利可乎哉?遂書之以為記。

　　明洪武十九年,陳仲述記。

錄自民國《同安縣誌》卷七"建築·學宮"

明·石室院碑記

　　皇明/石室院碑記(行楷碑額)
　　重修□□□□□□(楷書碑題)/

□□□□□□□□□□□廢其人□□勳猶懸遠，固不待辯。而後焉者能知其所由廢，不知其所由興，則所以昭法戒而思以續於不墜者，將惕/□□□□□□□□□□□曰石室院重建。元統甲戌年間，有僧曰晦庵者，實始基之。構梵宮、塑佛像，故址可百丈許，派衍僧房二十有三，貲產三拾餘石，額/租□□□□□柒拾貫，文籍僧湖峰充邑里宰，蓋其盛也。□是興廢莫詳。

　　入/國朝成化載，芝山僧定觀、定祥□之，則院宇傾圮，鞠為牧場矣。不有寧居，乃遷院三里許，市民地蓋一倉屋處之，名曰"石室倉"，今土堡前其地也。此傳於淨眾寺僧/月山、大蒲，又傳於開元寺僧心容，福祚漸以薄落，租稅典入宦門，貪緣敗隱，已沒二三，而豪佃積逋，徵不十七，重以徭餉、雜徵，幾不能支矣。先是籍隸龍溪，今/以移之新□澄邑，邑侯敦□李公慮其□於廢也，乃上於/郡伯樊陽□□□督僧綱司建楠、雲軒師董之。師一至，見故墟茂荊宿莽，愀然曰："嘻，吾責也！"乃捐金幣，敕諸徒孫智炳、廣仁輩矢心殫力，鏟蕪穢，輦木石，鳩工度/材，考□□□□□□崇之法堂，乃構山門，豎之廊廡，繚以周垣，堅以梵甓，幽麗宏敞，煥然以新。乃以肆百餘金分遺諸宦，來歸前僧典產，以百餘金贖置附/院。耕人楊□□□□環砌石基，衛之界塂，仍於宇之東偏築樓屋，屹如雄峙，用障空捍患，為棲身悠□計。凡百綜理，靡不周詳。經始於隆慶三年己巳秋八/月二十日，告竣於辛未年冬十一月十五日。君子曰："甚哉！雲軒師之拮据也，起撲植僵，沙門有遺績矣。□豈沙門？"

　　由是以上供國課，而祝/聖壽於無疆，國家亦良有裨□。□事諸鄉耆余君鉞輩，謀伐石以紀□，予言："予不佞，樂觀厥成，不容以陋辭。□師性真朗爽，練要信姱，嘗主開元戒事，祗肅清修，精/□□□□□者，□僧之□儒者。茲結緣廣創，輕財樂施，則於法門所謂'塵芥六合洞，四觀空萬有'，□普濟澤物者，蓋心印之矣。昔有頌岳州聖安無勝師/□□□□□□□於不□，彼同以其心之弘，□□□而到處皆吾宇也。師之駐錫於此，而遂成興復，始□是乎！評功序德，人人公言之，不俟予贅。惟以代傳，源/□□□□□□□□□以□□□□□□□之□，而後之僧門子子孫孫，其尚勿替引之，以毋□□前人光哉！"/

　　□□□□□□肆月既望穀旦，鄉貢進士、福州府侯官縣儒學訓導，邑人卓峰丘耀謹撰。/

　　□□□□□庠生溫嘉謨、余鑒，海澄縣儒學庠生謝銘、謝紹璉，開元寺僧明溢、僧明□、僧通禎，/鄉耆□□□、馬隆春、楊邦鎮、楊天迪、馬隆厚、馬的光、馬□□、馬國章、林梅節、曾光述、許汝華、馬中建、楊世禮、/□□□□□□□□□

林維、林翰、林淬、林槐、馬貴□、謝□□、林耀,助工佺林弘平、林甫道、林弘名、林維慎、林甫偉、林德甫、約甫、澧甫、猷甫、容甫、奕馬、汝驂,/□□□□高浦所篆,石室院卓順孝、如會,木匠林弘魁,福清縣簾匠魏三使。

碑存海滄區石室禪院內。花崗岩質,高290厘米,寬105厘米,厚9厘米。楷書陰刻。中部裂成兩半,上部分再垂直裂成三片,一部分字跡已殘損或漫漶,部分字跡莫辨。

清·重修石室院碑記

重修石室院碑記(楷書碑額)

竊謂玳瑁山下之有石室院也,由來久矣。聞諸父老曰:"此院建於垂拱二年,自唐迄今千有□/歲,時代星移,盛衰棋弈,或興或廢,碑版堙沒,無從考據。"茲錄丁酉數年,昊天降災,疫氣流行,□/中菩薩大顯靈應,施澤霞陽,眾生賴安,未獲酬謝。睹當前之敗院,雨漬重榕,風吹古瓦,雕楹□/棟,歷久難支,繡拱瓊榱,所存蓋寡。辛丑春,社人楊本湖善果夙證,任事倡修,傳集紳耆,舉義□/捐,以成其美,僉曰:"然之。"諏吉興工,無論夷夏,凡發慈悲傾金樂助而芳名皆撰勒於後,以垂□/揚。厥工告竣,規模軒豁,院貌煥新,即左邊僧舍亦極經營壯麗,一時稱盛。靈光普照,奉香火□/靡不皈依佛祖,修慧業者,更可供奉如來,假令新安人士來遊於此,應共歎今昔之殊觀也。是為記。/

謹將各埠喜捐芳名開列於左:一、檳城霞陽社楊植德堂公司捐英叁仟伍□□□。/一、仰光楊天受捐銀捌佰大元,楊本嬰捐銀陸佰大元,楊本銘、楊清欣/足各捐銀肆佰大元,楊昭萬捐銀貳佰大元,□□芳捐銀□/佰貳拾大元,本樹、昭道、昭松、昭固、晉富各捐銀陸拾大元,本發捐銀伍拾大元,本長捐銀肆拾捌大元,章朝捐銀貳拾大元,水生□/銀叁拾陸元,維本、昭芳捐銀叁拾肆元,本理、惠照、升奢、/本約、文章、君子、章討各捐銀貳拾肆元,寧異捐銀壹拾捌元,□□、□中、惠哉、文□、/□泉、□□、昭針、章□、/金練、大癡、文永、/昭傑、本株、昭芸、昭令、章惜各捐銀貳拾貳元,天生、/九長各捐銀壹拾大元,新炎、本慧、瑞發、昭福、本建、振嬰、三亭、/炳南、金給、文果、章趁、樹兒、昭木、升敦各捐銀陸大元,本□/、妙餐、甲跳、允昌、本沙、明宗、/本□、昭容、清海、大根、文忠、瑞普各捐銀肆大元,本壇、/登岸各捐銀叁大元,瑞雲、尼姑、維忠、大川、燕翼、照□、□□、/本敦、本浪、允遺、錦尚、升月、昭藏、本養各捐銀貳大元。一、呂/宋一顯捐銀,/詒煌捐銀□□,/本料捐銀貳拾肆元,/本寅捐銀貳拾大元,本晢、/本賀、本福各捐銀拾貳元,一喜、本雷、嘉慶各捐銀陸元,本訓、/本為、本選、丕莉、本河、允智各捐銀肆元,本閔、/本汪、本碌、本砹、本別、本畏、本□、昭振、/昭本、昭□、允□、/章慶、/章器各捐銀貳元。一、吉叻天助捐銀壹□□□,章/□、茂生、昭□/各捐銀壹拾貳元,/章舉捐銀陸大元,□福、□淮、天寧、/文用各捐銀貳元。本/社地土捐銀壹拾貳大元。

丁酉科拔貢生、銓選七品銜、直隸州州判楊鶴齡謹識並書。/

大清光緒二十八年歲次壬寅葭月穀旦,董事紳士楊鴻儒、楊嗣林、楊逢春、/楊鷺飛、楊允英、楊向榮、楊寶琛,耆老楊一瓜、楊啓文、楊一位、/楊昭文、楊本散、楊九爐等仝立。/

　　碑存海滄區石室禪院內。花崗岩質,高180厘米,寬84厘米,厚12厘米。楷書陰刻。左下角有裂縫,已修復。基本完好。

民國·重修石室院碑

重修石室院碑(楷書碑額)

　　石室院為釋迦佛刹,跨新江、霞陽山徑之交,根山面嶺,為前朝古跡,院外斷碑橫臥焉。撥棘摩挲,字跡/雖漫漶而年代猶可辨識,知其為武周藹艸二年物也。當香火鼎盛之際,殿構三重,拓僧舍六十有四,/旁闢花園,中有亭,八面軒爽,泉石垂拱,悉天然景物,固海澄濱海名勝之地。環院族聚者有徐、劉、/柯、周諸姓,居然村落。第年埋代久,華屋山丘,諸姓遂凋零莫睹,院亦陊剝殘廢,惟餘一棟,聊為金粟/藏身而已。於□!滄桑變幻,族者墟矣,鄉者野矣,閭閻化而崗隴矣。祇此一椽梵宇,不同沒於蓬蒿草萊/之中,尚屹然樹立於玳瑁山麓者,抑何故歟? 蓋亦山川靈淑之氣未盡消沉,天為留此靈光魯/殿,使大衆生咸知佛力也。丁巳孟秋,捲舌肆電,塌佛殿瓦棟一隅,亭亦毀損,漏月篩雨,不勝/頹敝之感。鄉之耆老出為募葺,僅得二十餘鏹。因陋就簡,草創補綴,然推輪之功,曷克/壯莊嚴之貌？楊善士章英僑商緬甸,聞而踴躍輸金,函請其族老成代董其事。經始於屠/維協洽之涂月,越夏告成。凡費數百元。工竣,周視殿、亭,麗翼巍煥,久稱佛棲。余於是歎我佛/慈悲,動人之深,而益見楊君之為義也。是歲秋,其鄉長節略實事,請紀以刻石,因為之記。

蘭永盧維岳謹撰。

中華辛酉年冬月,霞陽楊章英立。

碑存海滄區石室禪院。花崗岩質,高158厘米,寬65厘米,厚15厘米。楷書陰刻。現狀完好。

明·重建龍池岩記

重建龍池岩記（楷書碑題）/
賜進士第、嘉議大夫、貴州按察司按察使,漳泰邑璧山盧岐嶷撰。/

同邑西九十里有山,文圃龍池岩者,即其支分,為一景界也。岩之廢舊矣,世傳池之中有神物,變化飛騰,/故名焉。歷世變為兒童所薪,牛羊所牧,岩宇為墟,獨故址黯然存焉。噫！亦厄矣。考之,蓋由唐二謝、二洪發/科隱遁之處,宋朱紫陽簿同,嘗登臨玩眺,故有三賢堂之遺址,山因人重之故也。余夙過同,曾往遊焉。其/山則射空而崎,煙霞舒斂,有拱顧蹲踞之勢,其江則萬頃茫然,晝夜波翻,有奔騰激怒之聲。至若天近藤/蘿,水在樹杪,龍池鑒光,古榕垂蓋,神仙丹竃,苔蘚猶護,婆娑雙柱,時噴天香,而怪石如虎、如屏、如鼓之狀,/皆十八奇之勝者,洵大觀也。

今泰邑天柱岩舊僧普輝號勤事者雲遊茲山,愛其殊特,慨然有卓錫之意,/栽科有圃□一□君傷今吊古,切於重建,逢僧飄然物外,心契神符,因會耆老。聞金邑令延僧以謀經始,/捐金而為倡,率故僧不辭勞,偕徒通敏越疆求施,人多樂與。而潘光彌思英者喜助勸工,以共事焉。始於/萬曆庚辰,歷甲申五載而岩始完。岩崇三十餘尺,廣九十餘尺,縱百一十尺有奇,上塑三世尊佛,前塑觀/音大士及諸神三十餘像,爐案鐘鼓,造鑄彩繪之費計金三百餘。僧復修往世之僧墳,營老母之壽域,皆/不忘本也。而以岩之蕪田三畝、黃由齋舍田二畝，與徒眾勤力其中，為饗餐計。界內植松竹果木，掩映成/景，故名公詞客遊覽題詠者接踵焉。僧復以余之慕前賢而重茲山也，求為之記。

夫世代變遷，山川依舊；/人物凋謝，名跡猶存。故有由興者因乎舊者也，為之必力者期乎成者也。紀其年，書其事，詳其工與費者，將垂乎永而有繼者也。僧之心實宏，為志實遠，其用力亦甚勤也哉。且瞭悟上乘，孝戒兼修，後人可風/□。噫！浮屠之宮屢壞屢興，雖佛之道足以鼓動乎人，亦必其徒之勵行勤篤，材智敏慧，故能大其師之道/而致夫多興之力也。若人也，使之入儒而為世用，有不建功立業，碑當時，聞後世也哉！是為記。/

明萬曆十二年歲次甲申臘月八日，僧普輝刻石，/僧母黃氏仝陳妙玉檟在岩西，辛巳向。

此摩崖石刻位於漳州市龍海區龍池岩寺（原屬同安縣）殿後。字幅高280厘米，寬140厘米。楷書陰刻。現狀完好。民國《同安縣誌》卷四"山川"題作《重興龍池岩記》，僅錄其前部分至"洵大觀也"一段。

清·重興龍池古剎碑記

重興龍池古剎碑記（篆書碑額）

文圃山龍池岩者為古剎勝跡，創自初唐，訖於前明，屢廢屢興。迨國朝以沿海遷移，四民□□□□□將三十載，及□□/蕩定，岩僧文晦上人還瞻故山，悲憫陊泐，志切修復，顧視里中長者以平蕪初闢，何暇憂及□土木之供乎？於是鄉□□/萬里募諸外國大檀越，其願已堅，其行亦苦。幸甲必丹郭公邂逅□□，便發善心，隨備白金□□，經費足□□□之一，乃□/付在山師侄而鼎和尚，時左右梓里忻歡趨事，構成後殿。而前殿及兩廡費繁工浩，姑俟機緣。由是倏忽三十□載，適鄉人/林密觀過吧，與郭公坐談之頃，述及興岩，謂士民過者莫不嘖嘖稱譽，倘能完復舊制，則公之功與山靈勝跡共垂不朽□，/公欣然許可，在座同寅林公起謂公曰："古人恥私其美，公修善果，可不令人分勞乎？"公曰："人固知福田不可獨種，然非□□/心夙緣，誰肯樂此者。"林公輒亦捐奉白金，約計資斧足以濟事。時在吧善信聞風協助，乃合促曰："師學佛者，超然外

□，何□/於世？祇為故山傾圮，不憚數萬里之遙，禦風破浪，新成故剎以報佛恩耳。今恩既酬，師其速歸從事。"乙亥秋以旋□抵山□，/買材鳩工，次第經營後殿，規制少低，改成崇□。而前殿、兩廊暨檀樾祠宇靡不具飾。爽塏□豁，煥然巨□□□□□為之/記曰："以毋忘郭公、林公二檀樾之德，勒石與茲山並壽云。"郭公諱天榜，號欽祿；林公諱應章，號以文。□□山□信□□□/者具列於左。工始於乙亥十月，落成於丙子八月。若靈山勝跡，則前人之志備矣，不復贅述。/

　　文山鄭文茂頓首拜撰。/

　　檀樾主：郭諱天榜、/林諱應章各捨大錢貳百壹拾伍員，緣首：蔡諱宗齡捨大錢壹百員，馬諱國章捨大錢柒拾員，雷珍蘭：王諱應瑞捨大錢壹拾員，/郭諱居鼎捨大錢廿五員，/美碩甘：林諱元芳捨大錢廿五員，陳諱炯賞捨大錢貳拾員，安門甲必丹林乞觀捨大錢貳拾員，/萬丹甲必丹蔡騰觀捨大錢壹拾員，信士：郭邦屏捨大錢貳拾員，/王士棟、王□□、王士□、/許攀龍、王視觀、王綱珠、王昆興、郭昱秀、徐起章、黃增肇、王者香、何□□、顏□觀、周美觀、/郭壯奇、陳爾舜、曾□烈、張三觀、郭邦輝各捨大錢拾員。勸緣：吳維琛、林伯□、□□□、林□□。/王灑助□十工，鄭春助□十工，潘明助六/拾工、□仁助廿□工，林存忠助二/十工，李光成助廿/二工，葉蘇共助/八工，許仲魁助□/□工，梁文元助十/二工，謝□□/□□□。

　　康熙叁拾伍年捌月，本岩第六代孫續燦自出缽資大錢貳百伍拾員協事。慧力和尚。

　　碑存漳州市龍海區龍池岩寺（原屬同安縣）。嵌砌牆上。花崗岩質，高218厘米，寬94厘米。楷書陰刻。部分字跡已漫漶不清。

清·重興龍池碑記

重興龍池碑記（篆書碑額）

　　龍池為文圃第一勝地，先時廟宇莊嚴，花木蔚茂，儼然一大叢林也。康熙四十八年，寺僧罹非禍星散，寺荒/落。甲寅歲，同家昆借棲讀書時，門窗洞挖，瓦宇穿漏，樵夫牧豎雜踏寺中，淒涼不可久留。將歸，作募疏付住持，勸/捐復修，竟寂然莫有應者。迨歲辛未，余自京旋里，更遊岩中，則殿廡前後及世尊法像煥然更新，唯護屋門垣尚/未復舊。問誰修之？曰："潘君君雅也。"君雅何為修？曰："承父志也。"君雅尊人上玉，鄉之誠慤人也，見棟宇傾塌，佛身淋/漏，常頂禮祝曰："吾兒得志，必興斯寺。"後數年，君雅果謀適所願，遂竭力捐修。又邀偉人王君勸里好義者共修之。/再後十年，余解組歸里，即三賢舊跡倡興一方書院。君雅又與余叔砥園董工事，風雨寢息，瓦木工匠皆賴寺為/巢棲，乃更與同志並修其門垣、護厝，新與書院埒甚矣。潘君之功大也。詩曰："孝子不匱，永錫爾類。"潘君承父志所/及而修寺，又推父志所未及與余興書院，且並修寺所未盡修者，凡皆卓然可嘉。以視世之封財自殖，睹地方名/勝廢興為非切己事者，其居心之雅俗為何如也。因為記，並列捐金姓氏於左：/

　　樂緣：潘起元字君雅捐二百二十員，/樓柵潘振承捐五十員，蘇店潘宗德捐廿五員，錦宅黃錫時、/金墩李擎輝各捐二十員，錦宅黃民光、黃澄、黃濤、金墩李特俊、李永元、李擎星、鴻漸許永棉、/昆山李永機、李有渚、西阪李天頤、溪邊洪建國各捐十員，錦宅黃植元、鴻漸許丘岳、許成淑、/元□葉永梁、崎陽林長在、西阪李文賢、壺嶼黃以銘各捐五員，白礁王一臣、王偉臣仝捐四員，/白礁林文欽捐四員，花宅謝家共捐六員，昆山李其懷捐錢一千文。住持僧不染。/

　　賜進士出身、知湖北長樂縣事、加三級黃濤撰文並書。/

　　乾隆二十七年歲次壬午孟冬穀旦立石。/

　　碑存漳州市龍海區龍池岩寺（原屬同安縣）。嵌砌牆上。花崗岩質，高208厘米，寬79厘米。楷書陰刻。現狀完好。

清·龍池寺檀樾楊公祀田記

龍池寺檀樾楊公祀田記（楷書碑題）/

　　龍池寺在文圃之阿，峰巒秀麗，/洞谷天成，先賢謝公、洪公、石公/結廬著書處也。崇甫楊公慕三/賢高風，建樓以祀之。後人嘉其/義，並祀焉。寺在樓之右，寺中崇/祀佛祖，奉楊公、林公、郭公為/檀樾主，有由來矣。楊公崇甫名志,/係南宋進士,三都上瑤人,家去/龍池數里。其裔孫生員肇昌、文/遠、文謨,監生尚德等追念先型,/置祀田以為俎豆之需,此先賢/德澤之留貽,亦後嗣尊祖之孝/思也。余嘉其事,是為記。

計田一段,大小肆拾陸丘,/受種柒斗,土名棲賢樓左/邊丹竈石下。/
道光伍年秋九月,鄉進士、署永/福教諭謝亨記。

碑存漳州市龍海區角美鎮龍池岩寺(原屬同安縣)。嵌砌牆上。花崗岩質,高50厘米,寬94厘米。楷書陰刻。現狀完好。

清·重修寂光樓碑記

重修寂光樓(篆書碑額)

謹將樂捐緣銀姓氏開列於後:/候補分巡道潘正威捐銀壹百大圓,/黃承恩樓捐銀肆拾大圓,/瑤山楊賢裔公捐銀叁拾大圓,/李振寶捐銀壹拾大圓,王奮興捐銀陸大圓,/黃正品、潘淡軒、林淇記、潘文偉各捐銀肆圓,/李敏齋、許怡園、葉振祖、林偕月各捐銀貳圓,/林德流、王密觀、潘共飲、李添德各捐銀壹圓,/王光萬、王志發、王潤屋、王杭州各捐銀一中圓。/
內閣中書舍人、董事潘正昌捐銀捌拾大圓。/
道光十八年戊戌八月穀旦立。

碑存漳州市龍海區角美鎮龍池岩寺(原屬同安縣)華圖禪堂。嵌砌牆上。花崗岩質,高130厘米,寬52厘米。楷書陰刻。現狀完好。

清·重修龍池岩

重修龍池岩(篆書碑額)
重修龍池岩捐緣名次開列於左(楷書碑題)/

許漳官捐□銀肆佰大員,新安社邱氏捐英銀貳佰大員,石塘社謝氏捐英銀貳佰大員,李賽官捐英銀壹佰貳拾大員,楊樹德堂捐英銀壹佰大員,顏崇福堂捐英銀壹佰大員,柯遷善堂捐□銀壹佰大員,潘淑均捐英銀壹佰大員,楊四知堂捐英銀陸拾大員,林九龍堂、陳穎川堂、李丕銓、義豐行、顏心友、顏維持、李清淵、福茂隆、義昌行、林如水、李順通各捐英銀四十大員,胡豐成、李振傳、顏金水、瑞豐行、李皓月、林樹枚、林達仁、潘存錠、顏珍有、林潤記各捐英銀貳拾四大員,順昌行、吳慶昌、潘文斌、潘宏基、潘宏時各捐英銀貳拾大員,葉氏捐英銀拾四大員,莊青陽堂、潘日新、李文吉、王于官、王志經、李光練、黃學文、王光前、萬振豐、復裕號、黃順昌、李光榔、李邊坪、何氏、余祥、王元興、汪新來、宜順利、源安泰、建昌行、潘世徽、黃清及、許桂撰、胡三欽、李有宜、李光近、潘存記、鄭新發、金墩社、黃瓊瑤、黃肇升、蔡爾祿、黃任英、許桂撰、王金柳、光龍社各捐英銀拾貳大員,鄭清香、楊戀敬堂、邱曾瑩、辜清江、文山各捐英銀拾大員,張登進、徐明招、仍昌行各捐英銀捌大員,邱而和、邱孟宗、德昌行、黃清捷、馬天從、潘振泰、潘振昌、潘振西、尤萬語、王甘田、林光遠、蔡應境、林光景、李川流、曾才昌、黃德駿、吳源快、甘明宮、劉團祖、李光選、王西城、林元揚、蔡金鐘、林泰昌、吳奕保、潘存帆、林長生、李繼昌、李金定、林生瑞、潘存烏、王輝煌、潘允坐、林甘福、周逞芳、吳錫侯、林思誠各捐英銀陸大員,周輝煌、許相待、顏清樹、和泰行、邱允致、李應、林宗輝、林妙種、黃文謨、福慶郊、歐陽瀾、許秀官、郭宗安、郭喬木、黃叫寧、潘開朝、郭文肯、黃達魁、周鍾英、許永安、石鍾磺、黃添懇、王茂松、王贊緒、林糉官、戴霓官、蘇傳勝、潘正興、許金生、王景水、許海籽、郭梓秭、黃玉琴、王振榮、余咸欽、葉昧官、潘六巡、潘大蟳、潘清福、潘春壬各捐英銀四大員,黃永美捐新銀乙佰貳拾大員,吳欽文、陳鉉祿、歐陽寅、施紹德堂各捐英銀拾大員,黃戀秋、黃長楠、黃啟獻、何光田、陳彩珍、陳忠信、黃光串各捐英新銀陸大員,黃金帶、黃金華、李文台、王應清、黃清俊、黃戀禮、林明姜、葉獻圖、黃志感、黃長坤、黃松得各捐英新銀四大員,潘注官、潘夜連、潘雙積、黃聰傑各捐英新銀叁大員,王夢熊、王振練、林長源、黃金橋、黃副圓、黃德梓、黃光琳、黃在綠、陳永夜、黃長繼、潘有諒、黃正信、黃生實、黃碧岩、黃永津、黃山智、黃生便、陳定棟、黃光盆、黃天來、黃培官、黃戀麟、黃萬志、潘光羨各捐英新銀貳大員,黃恒沛、黃光明、黃金盛、吳鳳全、林桂蘭、黃德九、陳丕烈、黃碧夏、黃正恭、黃正芳、鄭埔田、黃應尚、王竹雲、黃承爵、黃振標、陳尾都、黃振忠、黃金古、黃壬允、黃建忠、黃永向各捐英新銀乙大員,李光祿、李敏齋各捐英銀四大員,李瑞興、李昆發、李仰寬、潘宏德、潘石狗、潘友諒各捐英銀貳大員,潘望□、潘/有彩、潘信賢、潘典祥、潘開成、潘太榜、潘永長、潘大題、潘車使、潘鳳垂、潘文彬、潘六岩、潘六巡、潘順法、潘及時、李永添、李海才、潘井哼、李光借、李成摘、李世/安各捐英銀乙大員。

兼總修務:潘庚三、潘淡軒;在吧冬協捐:李賽、吳慶昌、潘存記;在壟捐緣:黃□□。住持僧化□。

光緒二年歲次丙子荔月吉旦敬立。

碑存漳州市龍海區角美鎮龍池岩寺(原屬同安縣)。嵌砌牆上。花崗岩質,高206厘米,寬72厘米。楷書陰刻。現狀完好。

清·重修開山並改石樓碑記

重修開山並改石樓碑記(楷書碑額)

龍池岩之左有禪室,曰開山,旁一石樓,高兩丈餘。當時興築,為防盜也,而迫近岩左,不暇計焉。壬寅歲,龍池岩/重修,煥然一新,而不免蟻蛀之患者,僉曰:"惟樓之故。"於是,思改作而不果。後有樂意者集腋成裘,經費有資,遂/拆高樓作小屋,向之迫壓者,今則豁達。其於岩也,豈曰小補之哉!捐款有餘,僧以重修開山請。夫開山,僧之禪/室也,內祀歷代在岩之住持者。從其請,所以待僧家然。岩之尊佛朝夕香火,賴僧祀之,待僧即所以敬佛也。事/竣之後,倘有餘資,存之以俟後舉,而樂義者之芳名為不泯矣。因勒石以為記。

潘振川捐英銀壹百拾貳員,康格官捐英銀陸拾陸員,潘自明捐英銀陸拾四員,黃錦興捐英銀四拾員,黃媽/緣、黃雙連、黃自蟳捐英銀三拾貳員,吳怡愷捐英銀貳拾四員,蔡泗蔡捐英銀貳拾四員,薛峻極捐英銀拾捌/員,潘壯城、陳殿千以上各捐英銀拾陸員,潘永、楊光復、康媽恩、潘皆得、林雙粒、黃茂松、李如松、葉明官、瑞官以上各/捐英銀拾貳員,潘白燕、黃朝塘以上各捐英銀拾員,徐文仲捐英銀捌員,李順美、楊如權、楊添丁、潘世宜、郭媽芳、/蔡媽義、潘器成、潘江容、王珠雁、潘利萬、蔡三官、黃振盛、康泉官以上各捐英銀陸員,林媽露捐英銀伍員,林順/興、吳控官、黃正鳳、葉廷竣、黃開胤、潘文迎、潘文啓、潘正魁、潘古香、潘明泥、潘江湖、潘新卿、吳海侯以上各捐英/銀四員，黃大偉、潘光希、潘天賜以上各捐英銀三員，吳金標、晉和號、潘加官、潘糖員、潘允生、潘篤忠、潘法隆、潘/明屋、薛粗官、潘益雁、黃正夏、王景博、黃啓昌、黃以財、王江山、黃宏盛、黃吉星、丁先耀、林協申、王承富、黃子輔、王/淑牆、王文旦、李錦銅、李媽振、李錦屏、陳大鼻、黃天球、康石官、康井官、黃鼇官、陳致官、鍾煌官、陳應猷、劉宗槐、林/仕溫、黃金有、孫天性、孫文宗、林領官、陳朝宗、林明師、康浩然、徐振果、徐忠球、黃茂策、潘再傳、潘豬母、顏松波、潘/玉成、潘曾明、潘爾乘、潘豆記以上各捐英銀貳員，潘玉助、潘篤采、潘自攻、陳振興、潘文炳、陳添守、郭維泮、康深/官、葉光番、林定開、林黎跡、林文旭、潘嘉全、潘爾才以上各捐英銀壹員。共捐英銀捌佰大員。

　　光緒拾柒年辛卯仲夏，河陽紳耆立石。往呂宋、宿務捐緣：潘自明。

　　碑存漳州市龍海區角美鎮龍池岩寺（原屬同安縣）。嵌砌牆上。花崗岩質，高168厘米，寬84厘米。楷書陰刻。現狀完好。

明·田租入寺志

田租入寺志（楷書碑題）/

　　吾禾山普照寺，五老開芙蓉於後，太武插雲霄於前。驪龍探珠，吞吐日月。左右鐘鼓，對峙兩肩。每風雨/晦明，若有擊撞之狀。蜿蜒之下，飛泉歷落，可以濯纓；石洞玲瓏，可以逃禪。島嶼參差，漁火四照，山光水/光，上下一色，凡來遊鷺門者，皆延清挹爽於此，真吾禾勝地也。

　　寺中有租，遞興遞廢，不可殫述。至斷臂/禪師而租乃大旺。古碣殘碑，觀者戚然，今不可復得矣。腴田水租，多入豪右，錢糧不足以供國課，歲入/不足以供香燈。至僧了蘊遂有雲遊異國之思也。吾次兒宜枃得寺租於曾家，因少艱子，乃禱於佛曰："佛若有靈，使我舉一男嗣，我願以所得寺租入寺。"果諧所願，水田付了蘊歲收。今吾次兒沒矣，其寺□/克在僧家，以供熏修，其寺契則在吾家，以防變易，尤恐其久而謾蔑也，將田種壹石捌斗，年租肆拾□/入寺熏修，勒之於石，使達官貴人觀者同有是心肯日用羨餘充入寺中而無貪諸緣以為福利。以推/而廣之，無砍樹，無伐石，使四山濯濯，以為山靈羞，則斯石之勒，所關於寺豈有量哉？

賜進士、嘉議大夫、太常寺卿林宗載書。

計開田段：一、田肆丘，種叁斗貳升，坐大丘頭坎里，佃黃維顯各冬租叁石貳斗半大；一、田壹丘，種壹斗，坐大丘頭，佃王承藩各冬租壹石大；/一、田叁丘，種貳斗陸升，坐牆兜上下，佃鄭從坤各冬租貳石柒斗半大；一、田壹丘，種壹斗，坐門仔兜，佃黃惟韜各冬租壹石大；一、田叁丘，種壹斗肆升，坐灣丘上下，佃魏存道各冬租貳石伍斗大；一、田壹丘，種壹斗坐山門頭，佃吳梘諸各冬租壹石大；/一、田貳丘，種壹斗陸升，坐溪岸邊坎里，佃洪舜節□時，各冬租壹石柒斗半大；一、田壹丘，種壹斗貳升，坐加墩後，佃洪旋國各冬租壹石貳斗半大；一、田壹丘，種肆升，坐溪仔邊，佃洪舜高各冬租伍斗大；/一、田壹丘，種壹斗貳升，坐圳仔邊，佃黃惟壽各冬租壹石貳斗半大。/

崇禎十三年庚辰三月　日勒石。

碑存廈門市南普陀寺。嵌砌牆上。花崗岩質，高185厘米，寬65厘米。楷書陰刻。現狀完好。

清·南普陀西偏建龍廟碑記

曩予任廈丞時，連年旱魃為虐，祈於各廟罕應，後拜禱海隅，遙祭/龍神，忽甘霖迭沛，靈驗殊常。因廈島向無/龍神廟宇，議創建以答/神庥。方□向平基，選匠購料，會遷福守，匆匆就道，未成而去。旋移臺陽，過鷺門，詢知工/費□缺，心竊耿耿，擬設法成之。值經理、老住持如淵寂化，又復中輟。辛巳春季奉/命監司東寧，復道經於此。予曰："此夙志也，不可再後。"乃首先倡捐，暨臺灣府、廳、縣助俸，並/臺廈各商民踴躍釀金，建/龍王神廟於南普陀西偏，內外三座，堂、廊、廚、亭畢具，靡白鏹一千有奇。工既訖，勒董事/伩助姓名於石。今而後，廟貌巍崇，雨暘時若，島海編氓，不亦可永邀/鴻貺也哉。其香火之需，前觀察白公撥歸讞斷地產貳畝，租粟供給，歲以為常，並/書以示來者。/

福建分巡臺灣道兼理提督學政覺羅四諱明撰並書，捐銀貳佰大員。/

俸滿升任臺灣府正堂、加三級余諱文儀，/臺灣府正堂、加一級、紀錄三次蔣諱允焄,／臺灣府正堂、加一級、紀錄三次徐諱德峻,／升任臺灣淡防分府、紀錄三次夏諱瑚,各捐助銀壹佰大員。／臺灣府臺灣縣正堂、紀錄三次陶諱紹景,／臺灣府鳳山縣正堂、紀錄三次王諱瑛曾,／臺灣府諸羅縣正堂、紀錄三次衛諱克瑄,／臺灣府彰化縣正堂、紀錄三次胡諱邦翰,各捐助銀伍拾大員。／侯選詹事府主簿林諱登雲,助銀捌拾大員。／

乾隆貳拾玖年正月　日勒石。

碑存廈門市南普陀寺。嵌砌牆上。花崗岩質,高260厘米,寬130厘米。正文仿宋體楷書陰刻。上端斜裂已修復,基本完好。

清·普陀寺前捐廉墁地樹柵碑記

普陀寺前捐廉墁地樹柵碑記（楷書碑題）／

嘗觀一事之興,莫不有相因而及之理,故籌所未備,亦相其時與地／而然也。南普陀寺為鷺島大刹,創自有唐,以迄於今。惟是門徑閑廠,／蘼蕪沙石,舊為行人來往修塗。歲丁未,臺匪跳樑,軍行旁午,官兵數／萬輳集廈郊,想獲庇於／大士之慈航者不少。越戊申,東寧事蕆,奉／旨建豎告成紀事碑亭四座,擇壤於斯,距寺僅數武。鳩工庀材,嘉會實董／厥事焉。督工迨竣,見夫亭後寺前勢聯而形弗貫,慮無以昭敬謹而／肅觀瞻。爰自捐廉俸鋪其他,以使之平,左右樹柵,以為之衛。乃始軒／昂巍煥,亭與寺協一而不虞雜沓焉。庶乎敬謹所昭,觀瞻愈肅,是其／相因而及,用以備所未備者也。事成,援筆而紀其略。後之分守茲土／者,倘能與余同志,越歲時以葺新之,則斯舉亦足不朽云。

誥授奉政大夫、泉州府廈門海防同知、保舉堪勝知府、軍功一等、加一級、／隨帶又加一級、紀錄三十一次劉嘉會撰。／

乾隆五十五年歲在庚戌二月吉旦立。

碑存廈門市南普陀寺東廡。嵌砌墙上。輝綠岩質,高250厘米,寬125厘米。正文仿宋體字陰刻。現狀完好。

清·重修南普陀寺記

法界重光（篆書碑額）
重修南普陀寺記（楷書碑題）/

　　同安東南嘉禾嶼，一名廈島，為海門扼要之區。城東有五峰山，山中大石嵌空，其下虛敞，宋僧□/□□□普照院，迨元尋廢。明洪武中有僧覺光重建之，奉祀觀音大士暨釋迦佛像，明季復毀於兵。/國朝初，經靖海將軍施侯重修，易名南普陀。乾隆己酉，余以觀察泉南駐廈，展謁之餘。見其踞山環海，氣勢/壯擴，而殿宇頗多頹圮。維時我/皇上滌蕩東瀛，泐勳海上，因於寺前建豎/御碑亭四座，復以黃瓦，繞以丹垣，望之翼然宏麗。顧茲廟貌益形蕭疏，爰與水師軍門哈公倡議修葺，以昭誠/敬，而一時文武各官以及紳耆士商等，咸欲共襄善事，踴躍輸誠。於是士商楊漢章等相與董其事，鳩/工庀材。閱三月而殿亭廊廡煥然聿新，與碑亭位置天然，固居然海濱勝地也。夫物之興廢何常，而莫不/因事以顯，則神道寓焉。宋元之際毋論矣，明季海氛不靖，寺被踐毀。迨我/大清定鼎之後，平治臺陽，而此寺之廢者因以興。今值林逆成擒，泐石著績，而此寺又獲復其舊觀。先後百餘/年間，其事若不相期而相因，而成之機如出一轍，毋亦/神功浩蕩，默有以篤佑我軍旅，故其顯晦乘除之數，適與時事相附麗歟？於戲！彰善癉惡，/朝廷御世之大法；福善禍淫，/神明救世之徵權。嘗見獷悍之徒，泯泯芬芬，患生於多欲，禍成於相戕。禮樂有所不能移，刑法有所不能躍/惕。以幽明感應之理，即莫不相顧駭汗，而遷善之心或且油然而生焉，《華嚴經》謂威光普勝，吉祥淨業，此/其無量諸法所以攝人心而翊世敎者，豈淺鮮哉。泉雨山川之氣，純駁不一，鍾靈毓秀，慨不乏人，而蚩蚩/之眾囿於氣稟之偏，因以陷溺其身心性命而不自知者，何可勝悼。吾願在事君子，齋心敕志，共來如在之誠，益以淑其身而善其俗，使海隅愚氓，潛移其充頑之習，無復為匪虞之蹈，則守土者，與有□□/慈航，益昭普渡矣。工竣，紳士請紀其事，因考其本末而附以鄙論如此。其董事捐資各姓氏另泐諸石，以□□/善。是為記。

　　欽命福建分巡興泉永等處海防兵備道、加三級、隨帶加一級、又軍功隨帶加二級、記錄七次胡世銓盥手撰。

乾隆五十有六年歲次辛亥七月穀旦立石。邑增生許溫其書。

碑存廈門市南普陀寺。花崗岩質，高230厘米，寬80厘米，厚15厘米。楷書陰刻。現狀完好。

清·重修南普陀寺捐題碑記

欽命福建水師提督軍門、噶普仕先巴圖魯、帶功加一等、加三級哈捐銀壹百大元，/欽命福建分巡興泉永等處海防兵備道兼管水利驛務、加五級、紀錄十次胡捐銀壹百大元，/特授福建泉廈總捕海防分府、一等軍功、加一級、隨帶又加六級、紀錄十次劉捐銀壹百大元，/欽賜順勇巴圖魯、署泉州總捕海防駐鎮廈門分府、加五級、紀錄十次黃捐銀壹百大元，/提督中軍參府李捐銀伍拾大元，/署福建水師提標左協副總府、閩安右營都閫府、功加八等軍功、紀錄十一次、尋常紀錄二次黃捐銀四十大元，/福建水師提標前協副總府何捐銀肆拾大元，/福建水師提標後協副總府王捐銀肆拾大元，/福寧府儒學教授陳登岸捐銀貳拾大元，/王以仁、李大順、林大源、高日升、金義豐、陳義勝、陳恒裕、金興祥、金彰德、/金藏源、萬德合、林廣盈、金德隆、李順興、金天德、金恒和、林恒茂/以上各捐銀壹百大元，/張廣收、邱源源、吳中原、王協勝各捐銀捌拾大元，/黃益源、周萬隆、陳恒興、金益興、金聯成、金恒遠、金集茂、金萬成、金益豐/吳義興、金元祥、金裕豐、金逢美、周永豐、金聯豐、金集昌、金美利、金大興、/金振興、林怡順、林豐隆、金同興各捐銀伍拾大元，/永合號、德合號、同成號、美興號、源順號、至誠號、鼎豐號、比陶號、協春號、/振源號、茶芳號、濟比號、協昌號、德芳號各捐銀叁拾大元，/臺廈南郊金永順等捐銀肆百大元，廈典當公捐銀貳百大元，/逢源號、協源號、廣裕號、允成號、喻義號、福隆號、德源號各捐銀十大元。/董事：許志敏、吳欽安、楊漢章、李定國、金梧、葉朝參、陳清光、林攀虬。/

乾隆伍拾有陸年歲次辛亥七月　日穀旦立石。

碑存廈門市南普陀寺。嵌砌牆上。花崗岩質，高186厘米，寬95厘米。正文楷書陰刻。現狀完好。

清·南普陀寺捐置寺田記

捐置寺田記（仿宋體楷書碑題）/

　　蓋太上有立德，其次有立功，是之謂不朽。同治十三年春，海氛不靖，澧陽孫庚堂軍門時鎮守漳州，奉/天子命督師廈島，籌防海口，駐軍寺左右，儲糗芻、備器械、繕女牆、築炮臺，厲兵選甲，控扼要隘，凡所以/為邊防計者，夙夜經營，無微不至，而且訓飭士卒，撫輯黎庶，兵民相安若無事。八閱月，而師徒唱凱，軍/門晉升提督福建全省陸路。將之任，以寺無恒產。出俸金倡率所統擢勝左、右、前、後營哨各官及營務/處各出金置田若干畝，為神伊蒲，供香積廚中，氤氳不絕。僧眾無事托缽乞布施，軍門之功固大矣，/德亦至焉，宜泐貞珉以昭來茲。

　　山陰張士沅援筆而為之記。時光緒紀元歲在乙亥秋八月二十有三/日。

　　田價、丘種、坐址計開：光緒元年二月，承買劉泰和/興等水田大小五丘，改作四丘，受種二斗，契面銀捌/拾柒兩壹錢二分，內一丘，受種四升，帶水井一口、石柱一枝；在石井，東至塚，西至路，南至許家田，北至/塚，二丘改作一丘，受種二升；在土地公，東西南俱至許家田，北至墓，帶水窟一個。一丘受種四升；在河/仔頭，東西南俱至許家田，北至河，一丘受種一斗；在深底，帶水井一口，石柱一枝，東西南北俱至魏田。/以上新老契及約字共陸張，發同安縣歸檔存案。

　　又置劉泰和/興等水田三丘，受種五斗，契面銀壹百玖/拾玖兩玖錢捌分。內二丘相連，受種四斗；在南普陀前深洋，土名中河頭，東至中河連許家田，西至水/溝，南至本河及許家田，北至水溝；一丘受種一斗；在南普陀前，土名溪岸邊，用水溝注河溝，東至河，西至/張家田，南至許家園，北至張家田。以上新老契共貳張，發同安縣歸檔存案。

　　又張宜春水田一丘，受種/二斗，帶水井一口，石柱一枝；在院嶼保南普陀寺前內深洋，土名大溪岸邊，東至本寺，西至許家田，/南至朱家田，北至本家田，契面銀捌拾壹兩捌錢肆分。以上新老契共伍張，發同安縣歸檔存案。/

　　光緒元年　月　日，住持僧有忠泐石。

碑存廈門市南普陀寺大悲閣前。花崗岩質,高 208 厘米,寬 77 厘米,厚 10 厘米。仿宋體楷書陰刻。現狀完好。

清·孫開華等官兵捐題南普陀寺置產碑

捐銀姓氏:/
欽命簡放提督軍門、統領擢勝全軍、/會辦廈門防務、福建漳州總鎮、擢勇巴圖魯孫捐銀捌拾兩;/
總理擢勝全軍營務處、花翎知府銜、廣東補用同知、直隸州朱上泮捐銀拾貳兩,/鹽提舉銜、分缺先前即選知縣何隆簡捐銀拾貳兩,/記名總鎮、管帶擢勝左營、果勇巴圖魯孫得友,/幫辦擢任左營兼帶左哨、提督銜升用總兵、安徽/即補副將、譽勇巴圖魯李思孝,/前哨正哨官、花翎遊擊向得勝,/副哨官、花翎守備蕭從雲,/左哨副哨官、藍翎把總甘松茂,/右哨正哨官、遊擊銜補府台用吳海濱,/副哨官、花翎都司劉福善,/後哨正哨官、花翎副將張本清,/副哨官、花翎守備滕知仁率仝合營親兵弁勇捐銀陸拾貳兩;

管、幫帶擢勝前營、花翎留閩補用遊府孫開富,/儘先補用、參府鄧光華,右哨正哨官、花翎都司銜守備朱壽亭,/前哨正哨官花翎儘先都司賈金龍,/副哨官藍翎儘先千總夏宗秀,左哨正哨官、花翎儘先參將秦正福,/副哨官、花翎補用遊擊周發元,後哨正哨官、花翎都司銜守備卓飛鵬,/副哨官、藍翎儘先千總米炳富,率仝合營親兵弁勇捐銀陸拾貳兩正;

閩、浙候補總兵、統帶擢勝右營趙玉明,幫辦擢勝右營兼帶左哨總兵銜即補副將羅禧,/前哨正哨官、花翎遊擊蕭復清,/副哨官、花翎守備孫伯俊,/左哨副哨官、藍翎把總朱采臣,右哨正哨官、花翎遊擊吳得金,/副哨官、藍翎守備張瑞興,/後哨正哨官、花翎參將曾紀繡,/副哨官、藍翎守備曾福升率仝合營親兵弁勇捐銀陸拾貳兩;

總/幫帶擢勝後營協鎮銜湖廣補用參府張兆連,/儘先補用參府黃自□,前哨正哨官、花翎遊擊楊德安,副哨官、花翎遊擊谷榮貴,左哨正哨官、花翎都司朱廷奎,/副哨官、花翎守備韋奇文,右哨正哨官、花翎遊擊熊高泰,/副、哨官、花翎都司王有才,後哨正哨官、花翎參將吳東軒,/副哨官、花翎遊擊張國明,率仝合營親兵弁勇等捐銀陸拾貳兩;

管帶擢勝親兵小隊、儘先補用副將、才勇巴圖魯謝國恩率仝隊目、親兵捐銀拾貳兩。

碑存廈門市南普陀寺大殿後。花崗岩質，高 208 厘米，寬 77 厘米，厚 10 厘米。仿宋楷體陰刻。現狀完好。係同地點光緒乙亥年《南普陀寺捐置寺田記》的題款碑。

清·重修南普陀碑記（一）

重修南普陀碑記（篆書碑額）

佛教入閩，昉於唐忠懿王。時三藏來賓，建招提以千計。至我/朝咸為祝/聖道場，與民植福，我佛靈爽實式憑焉。廈門城南五老山中有無盡岩，五代時建普陀寺，宋、元及明再/毀再興。洎康熙間，靖海施侯平鄭姓凱旋，廓為南普陀。稱南者，以別夫鎮海發誕之區。門列/御制平臺紀功四碑，歷敘戰績，為佛默相之。寺前舊為水師演武場，俞將軍大猷刊詩可考。蓋平倭/先於平倭母之子孫也。中供/觀音大士，左、右鐘鼓二山，天設自然。昔之盛也，居大眾百餘人。相傳漳郡南山寺所祀唐陳太傅□/八世孫諱肇，念子孫得有今日，我佛所庇也，乃建普照寺，即今地。世咸以前俞後施馭夷法/不可思議。

俊今歲正月巡視島上，越二月，制府湘鄉楊公代狩，遙臨較藝。既藏，展謁駭然，曰："殆矣/哉！雖無上雨旁風，而榱題中朽，不絕如縷，亟宜庀材，以肅觀瞻，況捍患禦災，我佛功德偉矣。"唯唯而退，謀諸提帥，湘鄉彭公樂為助理，率屬釀金，邦人亦聞風翕從，更得宮保乾州楊公郵□/多貲，不日成之。是役也，仰賴制府洞見天倪，及時興勸，百廢具舉，我佛之護/國佑民，陰陽一本。回念/翠華幸浙，頒內帑聿修普陀岩，鉅典煌煌，屬在臣庶，敢不恪恭奔走哉！從此海天萬里，永息波濤；佛法無/邊，於以鞏億萬年有道之基云。/

二品銜福建分巡興泉永海防兵備道、加四級、紀錄五次，長白奎俊撰並書。/

光緒十三年十一月　日。

碑存廈門市南普陀寺大悲閣前。花崗岩質，高 272 厘米，寬 120 厘米，厚 12 厘米。楷書陰刻。現狀完好。

清・重修南普陀碑記（二）

重修南普陀碑記（篆書碑額）

今將重修南普陀所有官紳商富捐款芳名及用數開列於左。/計開：/
一、閩浙督部堂楊捐銀四百兩。陸路提督孫、水師提督彭、興泉永道奎各捐銀二百兩。漳州鎮吳捐銀一百兩。北洋/水師各鐵甲兵船共捐銀三百元。太常寺少卿林捐銀四百元。廣東題奏道葉捐銀二百兩。擢勝中營提督李、左營提/督龔、後營副將駱暨三營哨弁等各捐銀四十二兩四錢。南字親兵營員弁勇丁等捐銀七十兩零八錢。南字前營員弁勇丁/等捐銀一百零一兩四錢。靖海中營員弁勇丁等捐銀八十五兩四錢。靖海左營員弁勇丁等捐銀八十三兩八錢。南字中營/員弁勇丁等捐銀九十六兩八錢。水提參府王暨合營弁兵等捐銀六十二兩八錢。水提左營副將余，前/左/後營遊府蘇、/寶、/梁暨弁兵等/各捐銀五十四兩七錢。金門協王暨合營弁兵等捐銀七十六兩四錢。湄州遊府虞暨合營弁兵等捐銀五十八兩四錢。廈防/廳唐捐銀五十兩。廈稅厘提調鄧捐銀四十元。廈茶厘局員葉、泉稅厘局員唐各捐銀二十四元。通商局員賴捐/銀十六元。同安參將鍾、廈稅厘局員高各捐銀十二元。南澳鎮鄧捐銀六十元。南澳左營、銅山全營弁兵等各捐銀五十/八兩六錢。金門協玉、同安縣俞各捐銀二十元。興化協王、/府施、泉州府李各捐銀五十元。興糧廳張，莆田、/仙遊縣徐、/蔣各捐銀十四兩。/興化協左/右營何/志各捐銀六元。漳州鎮標遊府陸桂棠、/陳正、饒魁士、/沈國光、鄭長升、/葉世嵩、羅師升、/劉志慶，長勝左/中/右營李、/邱、/劉各捐銀七兩二錢。漳州/鎮標守備何樹春、/張來、林得懋、/何學成、劉廷發、/林國英、楊方平、/游道釗各捐銀四兩。長勝左/中/右營哨官各捐銀八兩六錢九分。汀漳龍道聯捐銀一/百兩。漳州府吉捐銀六十兩。漳稅厘總分局共捐銀四十元。龍溪縣官，海澄、/詔安縣賴、/吳各捐銀三十兩。石碼廳畢、/南靖縣梁各捐/三十元。漳浦、/平和、/長泰縣施、/楊、/羅，建威左營黎各捐銀二十兩。漳平縣顧捐銀十四兩。雲霄廳梁捐銀十六兩。同安營守備林/捐銀四兩。陸提中府周、/建威中營朱、/泉城守參府朱各捐銀二十四兩。陸提左/右府樂、/周各捐銀十六兩。陸提前/後營蔡、/邱各捐銀八兩。/陸提守備戴、/張、陳、/陳、朱、/張各捐銀六元。馬巷、/蚶江廳丁、/羅各捐銀六兩。晉江、/南安、縣盧、/呂,安溪、/惠安縣廖、/金各捐銀二十四兩。工青雲、/川貝記、曾石頭、/蔡維/等各捐銀二百元。歐乃貞捐洋四百元。金廣隆、/金和豐各捐銀五十兩。廈十途行郊共捐銀一千元。商人邱宜、/林鍼共捐銀一百元。/海澄縣民人捐銀六百兩。洋藥金義和等捐銀一百四十元。林古徒捐銀二百八十八兩。隆盛號捐銀三千元。各典鋪共捐/銀六十六兩。以上共捐洋六千六百六十六元,折銀四千七百九十九兩五錢二分;銀四千二百七十兩零二錢七分,共銀九千零六十九兩二錢七分。

一、重修各工料共銀九千九百零八兩八錢九分四厘。/統計不敷銀八百三十九兩六錢二分四厘。道憲奎另行籌墊。/

光緒十四年正月　日泐石。

碑在廈門市南普陀寺天王殿側。仰置。花崗岩質,高266厘米,寬122厘米,厚16厘米。楷書陰刻。基本完好。

清·六湛大師置業供佛碑記

原夫欲建無縫寶塔,須憑有志之力。百千行門,捨心最難,有鼓浪/嶼日光岩住持六湛大師稟行清淡,積克缽需,生平□餘貳百員,/建業在廈港福海宮左,坐山向海,店一座,為本寺佛祖萬年香/資。末思苦心非一芳香餘世,為住持每年九月十七逢師聖誕,常/住支出店稅四元,設齋供眾並祖堂上供,以答福有攸歸云爾。/

光緒甲辰年四月　日,住持喜參仝合山大眾勒石。/

碑存廈門市南普陀寺。嵌砌牆上。花崗岩質,高100厘米,寬48厘米。楷書陰刻。現狀完好。

清·南普陀放生池碑記

南普陀放生池碑記（仿宋體碑題）/

　　蓋大德曰生，庶類咸歸孕育；同仁一視，微物亦塵慈悲。是不必救蟻膺大魁之榮/，飼雀召銜環之瑞，始動好生之片念也。廈城南關外有古寺焉，仿浙之南普陀以/命名，亦一大叢林也。觀其屏列五峰，聳峙於後；流環一帶，瀲映在前，兼以翠竹蒼/松，足供賞心樂趣；鮮花異果，頻聞撲鼻餘香。時而鼓振暮天，正雲破月來之侯；時/而鐘鳴曉曙，有鶯翔鶴舞之歡。方諸南海勝名，何多讓焉。若夫梵宇壯麗，宮殿巍/峨。中則崇奉世尊，配以觀音大士；左右位置羅漢，又覺次序有倫。自昔迄今，護國/庇民，感應不爽，故遐邇均蒙庥焉。

　　光緒丁未春，菩薩降鸞示：鑿一池為放生，蓋將/俾水族遂生生不已之機，非徒壯寺外之觀瞻也。時則廣善堂楊君本湖暨同人/恭承佛旨，而劉道憲捐俸倡義，即諭本湖等各出鉅款，諏吉興工，兼賴監院轉道/募捐督造以贊成，由是厥功告竣。睹斯池也，鴻基永固，駿業長垂，上則翼以石欄，/玲瓏四面；下則光同寶鑒，輝映九霄。其為放生之池誠善已。於戲！畜之得所，鄭相/乃信校人之言；樂其可知，莊周獨悅濠上之覽，是皆仁者之本色也。而宰官率同/善士以畢乃事，所以廣種福田而同培善果，非盛德孰能於斯？爰特志以垂不朽/云爾。

　　光緒三十四年十月吉旦，興泉永道劉慶汾、候選道員劉元勳、運同職銜楊鵝飛、住持僧喜參、陳士章、楊鵝飛、劉君才、楊在田、王興雲同泐石。

　　碑存廈門市南普陀寺前放生池畔。嵌砌牆上。花崗岩質，高165厘米，寬82厘米。楷書陰刻。基本完好。

清・南普陀放生池捐緣芳名碑

謹將開造放生池捐緣芳名並用數臚列於左:/福建興泉永道劉慶汾捐艮壹千七百元,新加坡華商、候選道劉元勳捐艮一千/貳百元,運同銜楊鵝飛捐艮壹千貳百二十元,楊在田捐艮五百元,仰光坡高/萬邦、曾媽庇各一百二十元,王青山、王同善堂、林振宗、陳金在、莊泰/芳、合隆行、陳仙精、汪聲音各一百元,葉崇禮、蔡蒼深、李世善各五十/元,廣茂隆、永和生、楊集茂、德和號各四十元,白聯登、瑞源厚各三十/元,福茂號、大願堂、楊招象、邱文帕、黃善士各二十四元,林彭壽、陳/劍輝、東興號、謙益號、萬隆號各二十元,林雨茂十六元,陳少梧、李永/響、張可知、陳玉竹、和泰號、和茂號、和遠號、和豐號、杜秋澄各十二/元,徐臚卿、楊家增、徐成聚、戴慶元、源豐潤、張陳氏、竹安號、郭光/□、復同益、集隆號、成興號、林焱生、集發號、泰和號、同復興、新永/聯、林天送、永安堂、振源號、榮盛號、聯茂號、邵勝萬、保生堂、僧喜/參各十元。/

以上泐碑六十七名,共捐艮六千六百一十四元,/又泐粉牌六十一名,共捐艮二百零八元,碑、牌兩共統捐入銀六千八百貳十二元。/

一開池挑工、石工、扛鋪並添置器具,一切各工料用銀五千三百零零角三尖。/餘剩存儲購置田畝,以補開池之田地。/

光緒三十四年十月吉旦泐石。

碑存廈門市南普陀寺前放生池畔。嵌砌牆上。花崗岩質,高165厘米,寬82厘米。楷書陰刻。基本完好。

清・常住收管瑞波大師所遺缽銀田產碑記

本寺書記瑞波大師皈依佛門,一生勤守,戒行莊嚴,禪規明肅。/己酉年十二月初八日未時西歸,所遺缽銀、田產歸常住收/管。此逢師恩辰,合山齊詣祖堂上供,理合泐石以志不忘。/

一收山後社等處置典押田八丘,共受種五斗三升,應價並現/銀共五百三十六元六角,除開延醫買藥、送往生、犒勞都管、首/七至終七念佛拜懺、放焰口、漳州公電並遺囑付法子元明大/師。統共一百一十五元九角九尖。田契存庫房,俟贖田收銀時/再行添泐,合併聲明云爾。/

宣統二年五月吉旦,本寺常住泐石。/

碑存廈門市南普陀寺。嵌砌牆上。花崗岩質,高120厘米,寬60厘米。楷書陰刻,現狀完好。

清·重修普照寺題刻

廈島五老山普照禪寺建自唐朝,亦/著名古寺。星霜屢易,風雨摧殘,僅存/一石洞。去秋,鼓浪嶼/林府大護法、信女楊太太樂捐鉅款,/重建樓房二間、涼亭一座。荒涼古剎,/煥然一新。/功德無量,流芳千古。爰勒碑石以志/不忘云爾。/

皈依弟子轉道。/

宣統三年三月吉旦,南普陀住持、重修普照寺喜參泐石。

石刻位於廈門市南普陀寺西側普照寺洞口。花崗岩質,高70厘米,寬60厘米。楷書陰刻。略有漫漶。

民國·廈門潁川陳氏經始南普陀寺題刻

南普陀者,唐之普照寺,即陳姓之祖肇公所建也。肇公三世祖夷/則公始遷於廈島,聚族而居,遂為陳姓發祥之地。肇公因建茲寺而奉/其祀於別殿。後之人追念舊勞,乃並肇公而亦祀之,為田五十二畝,即/今寺田;埭三:寺前及永豐、鼓浪嶼各一,天然生產之利,歲入頗豐;山一所,/五峰山是也。東至仙姑嶺,西濱於海,南及水磨坑,北界陳公墓。林木之美,/山石之奇,凡取材者皆慶之。聞悉立券約,付掌住持僧,令收其息,以供神祀及我祖歲時之祭。故至今值凡祭日,我陳姓之子孫有聲望者,躬/親奠焉,重報本亦展孝思也。勝朝之初,鄭公成功駐兵廈島,與清臣拒守/十六年,兵燹久紛,民無寧宇,僧徒奔散殆盡,券約遂致遺亡,而祀典亦因/以中墜。鼎定後,將軍施琅來蒞茲土,見古跡之淪亡,嗟前賢其不祀,乃重/新斯宇,而改為今名焉。自此以來,到於今又二百三十餘載矣。風飄日蝕,不無破損,而時廢時舉,未忍聽其就湮。蓋我祖宗之留貽者厚,亦以見諸明神之阿護者長也。不謂閱歲無幾,而中殿復毀於火,豈運丁陽九,民人已受其殃,彼鬼神亦宜並遭其厄歟?抑大新世界,天其或者陋我舊/規,將使別創莊嚴以肅觀瞻耶?住持諸禪師募集重修,依舊址而增飾之,/規模之宏闊,氣象之巍峨,較勝昔時。開高軒以臨山,列綺窗而瞰海;金鋪/交映,玉題爭暉。其工費之煩,亦比昔時為培□焉。登茲寺者,無不肅然而/生敬畏之念,悠然而動追溯之思。洵哉!為廈島中一巨觀也。若夫茲山之/名勝,茲水之瀠迴,前人已論之詳矣,此可無煩贅述也。故因今日之落成,深思當年之經始,特記此,俾陳姓之子孫世世不忘祖宗之盛德。

　　同安陳秉璋撰,同安陳宗書書。浮嶼潁川堂陳氏宗人佑全、美藏、宗/器、少梧、允彩、瑞清、江海、有恥、世勳、耀焜、美弦、美匏、美和、寶全、振元、學海、美/贊、美團、三峰堂玉喜、秋水、正宗、欽簡、信服、佑銘、清機、文明、鴻春、錫釗、永寬、芳榮、壬癸、清吉、福星、又盤、碧甫、淡雲、大英、香來等同泐石。

　　中華民國二十年歲次辛未二月。

　　此摩崖石刻位於廈門市南普陀寺後山的巨岩。字幅高500厘米,寬400厘米。楷書陰刻。現狀完好。

清·晃岩檀越發願碑文

　　晃岩/檀越/發願/碑文(楷書碑額)

　　崇禎甲戌年,顯方於武林迎/毗盧佛並大藏經回山。是冬,建晃岩祀/佛及經,復置田地若干畝,供諸苾芻,晨昏薰修,上報/君親,下度有情。恐顯方百年後,若僧家毀律破戒,阿容匪人,私賣/田地,壞亂清規,生遭王法,死墜地獄,永不得如意；□方子孫不信/三寶，不重經籍，廢田賣山，生遭王法，死墜地獄，永不得如意；或□/□親等，據堂為館，借房為家，擅伐山蔭，占賣僧田，生遭王法，死墜/地獄，永不得如意。/毗盧在上，龍天證明，因果昭彰，報應不爽。發此誓願，永與遵依。/

壬辰年伍月吉旦，池顯方立石。

乾隆二年伍月　日，住持僧□岸重新。/

碑在同安區汀溪鎮汀溪水庫的水底下，2013年福建師範大學歷史系學生陳菁媚利用枯水期覓得此碑，拍照發給我。此碑花崗岩質，倭首，現字跡已略有漫漶，高137厘米，寬70厘米，厚10厘米。今據照片錄入。此碑當刻製並立於清順治壬辰（九年，1652年），時池顯方65歲。乾隆二年（1737年）重新再刻。

清·雲頂岩何氏建造僧舍題刻

先大夫卜葬雲頂之南，購僧地也。/岩側兩廡盡傾，見而思築。僧天澤/曰："請造勝果，以右三間為僧舍，左/二間為何氏祭掃往來所。"余然其/言，於康熙己卯九月朔日興工，十/月六日告竣，計費金六十兩七錢。/雖不敢謂效發菩提，然白毫長照，/有以也夫！

峰山何廷鳳志。

石刻位於廈門市雲頂岩方廣寺後側。字幅高125厘米，寬95厘米。楷書陰刻。現狀完好。

清·松柏林觀音堂檀樾碑

松柏林觀音堂檀樾碑（楷書碑題）/

立緣字人陳允雄，前因用銀明買吳家店厝二落，帶/宮後小厝一間，坐落松柏林觀音堂右邊第一間。/因本廟乏僧室，雄募化眾緣，收過契面銀並費共/銀六十兩,將店厝充為/佛祖寺室,付住持僧每月收稅,為朝夕禮誦香資,眾/舉雄為寺檀樾。其店厝不許住僧胎借、典賣、聚/匪、賭蕩、招賃、囤鹽,今欲有憑,立石永據。/

雍正十三年六月　日,檀樾主陳允雄繳,李郁文書。/

碑存同安區大同街道松柏林街觀音堂內。嵌砌牆上。花崗岩質,高145厘米,寬57厘米。楷書陰刻。現狀完好。

清·重修松柏林觀音堂碑記

重修松柏林觀音堂碑記(楷書碑題)/

距邑城西數百步,有衢曰松柏林,佛堂曰觀音堂,塑觀音大士祀之,故名。鄉之人歲時清供,水旱/疾疫,有求必應,遠邇爭祈祝焉。堂之興不知昉自何代。其先未有住持,/國朝雍正乙卯,鄉賓陳公允雄募金陸拾玖兩,買右邊民宅,改築僧舍,立石志之。歲久,增修不一。乾隆/辛卯首春毀於火災。災寢,越歲丙申,始議更新。諸善信聞之,踴躍施緣,不一月,至者如歸。眾力既集,/遂於是年七月初九日始事,閱歲杪告成。前後深肆丈三尺陸寸,廣壹丈伍尺有奇,右置僧室貳間,/及雷而止。傍衢者為店肆,架小樓一層,與堂相亞,賃商而入其稅,戒本境之人勿賃,以杜爭端。每年/計稅直若干,住持十取八,眾貯其二,以備修葺。自僧房至店肆深伍丈,廣九尺。餘牆與鄰店相半,堂/後虛地深三尺許,左右相距寬貳丈有奇,僧廚在其間。堂之大不能一畝,而紺宇精舍,具體而微,仰/其金碧之光,因以知諸善信布金之助,而人工物采,以時修飾,庶斯堂之巍然永久也。夫是役也,費/金約肆佰兩,董其事者:鄉飲賓莊太封君子籌、邑庠生王君彪國、學生陳君耀瑞、謝君建惠、登榜王/君輔世、施君志遠、王君世堅,將以告夫後之有志修葺者,是為記。/

乾隆四十一年歲次丙申臘月　日立,里人莊光前書丹。/

碑存同安區大同街道松柏林街觀音堂內。嵌砌牆上。花崗岩質,高166厘米,寬65厘米。行楷陰刻。現狀完好。

清·盈嶺大士寺業碑記

盈嶺大士寺業碑記（楷書碑額）

宋盈嶺大士寺廢於元、明而興於/國朝乾隆四年間也，庭堂敞弘，陛級峻絕；襟兩邑而通四達，環千峰而羅萬壑，大哉觀乎！余過而挹其廟堂，蓮座/香積，嚴肅整齊。余低回留之而心異，僧人為余言曰："往之以青精不供，伊蒲罔給，去而不可留者不知凡幾/矣。迨空桑氏住持，則有檀那建業在焉。自是即接余踵者，亦無復前此之患矣。"敘訴之餘，相與尋巒括藪，則/於寺之南，見有場圃相錯，一望如繡者。僧曰："余所謂寺業者，此也。"指其疆域，東至於岸，西至於南、同分水，南/至於岸，北至於道。計拾叁丘，種可受柒斗，而餘課祇貼兩錢有壹。余竊義之，曰："斯何人也，其樂善好施/如是，是大有功於菩薩者。"□僧以其人對，乃知為遂良褚先生苗裔，頂溪埔廷俊也，且強余志之。余/既重其請而思慷慨義舉若竟淹沒不彰，其何以為將來者勸？於是乎志。/
　　賜進士第出身、署河南睢州知州、特授山東沂州府日照縣知縣李孕昌撰。/
　　鄉耆孫金榜、鄭向道立石。/
　　乾隆十七年六月穀旦。

碑存翔安區內厝鎮小盈嶺的盈嶺古寺內。嵌砌牆上。花崗岩質，高225厘米，寬60厘米。楷書陰刻。現狀完好。

清·重修梅山古寺碑記

梅山與輪山兩峰對峙，儼然同邑之屏障。山/際隋時建有古剎曰梅山寺，考其制度規模，/代遠荒渺，邑乘缺有間焉。宋朱子嘗書"同山"/二字於石，故又名曰同山。或謂昔時刻桷丹/楹，雕牆峻宇，煥如也。歷元洎明，得邑紳劉敬/齋廣闢故址，增修禪院兼捐山園，以壽此寺，/賢矣。順治間，劉孝廉又繼葺而撰記之。厥後漸致傾圮,莫之或舉。余蒞同四載,寺僧屢以修葺為請,余以清俸所入未能開拓前徽,惟是邑之山川名勝亦當事者所宜留意,爰捐微資以為倡,於乾隆乙亥季夏告厥成焉。夫山峰聳峙,佛像莊嚴,古跡長留,登臨足樂,則於茲寺不無小補云耳。

  知同安縣事、長白明新記。

  今開:督捕廳吳統助銀叁拾叁大員,灌口司張敷銀壹大員,踏石司施有典銀壹中員,天津府滄州牛世登銀肆大員,紹興府朱樹德銀貳大員,蘇州府章氏銀貳大員,吳縣陳柏年銀壹大員,順天府金氏銀拾大員,劉廷棟銀肆大員,董氏銀叁大員,馬騰雲銀壹大員,趙錫嘉銀壹大員,福州府陳氏銀貳大員,閩縣倪國堂銀貳大員,泉州府陳昌貴銀壹大員,同邑林英銀陸大員,陳鵬揚銀陸大員,李永元銀肆大員,林輔臣銀肆大員,鄭廷彩銀貳大員,徐鍾度銀貳大員,吳希章銀壹兩貳錢,王光澤銀壹兩,劉世輯銀壹大員,楊鴻業銀壹大員,蔡拖銀壹大員,郭良銀伍錢。董事江南蘇州吳縣管士賢喜助銀肆拾大員。銀同呂可梁、妝佛匠蔡桂、同木匠呂始洗,住持僧道宗、奕振。

  乾隆貳拾年歲次乙亥季夏穀旦立。

  碑存同安區五顯鎮梅山寺念佛堂。嵌砌牆上。輝綠岩質,高71厘米,寬108厘米。楷書陰刻。現狀完好。

清·萬壽岩記

萬壽岩記(楷書碑題)

  萬壽岩者,鷺島陽臺山之發脈,委蛇之下數百武,開一小阿,坐丁向癸。左有石洞,天然奇觀。稽自明永樂乙未年,月照禪師見斯地清幽僻靜,形勝頗佳,乃芟荊剪棘,初闢遂成梵剎,而山人墨士爭遊其間。倭寇之時,俞都督諱大猷、戚參將諱繼功曾到此,有詩留題,勒於石壁之上,今尚存焉。延國朝康熙癸卯年播遷,而嘉禾人民、房屋盡被劫灰,岩宇、佛像遂廢之於丘墟荒草之間。迨至庚午春,余本師六松和尚同復續禪師履茲廢跡,心甚憐之,掛錫石洞,棲遲半載,緣遇都督諱大勳陳公發大婆心,倡舉募眾,重興大殿,妝塑佛像及整理洞、亭。不一年，煥然法門，廢而復興，自此士民、僧眾往來不絕矣。那知山運衰替，不二/十載，住持日冷，徒眾分散四方。余本師欲應東寧姚鎮台之請，遂付余而來繼/位，時康熙乙未秋也。入門見其岩宇損壞，牆壁傾圮，人境淒涼，而乃勉強負荷，合二三徒，祿飲水茹蔬，甘受淡薄。時有出應人間誦經禮懺之資，積之修葺岩/宇。己亥冬，移山門於元辰坐向，牆圍石埕，各處略續整頓。壬寅冬，翻蓋洞宇，妝塑佛像。岩原無粒產田業，故住持日食無出，余乃佃出檀那數畝山田，日與徒/□刀耕火種，不辭辛苦，安身度日。其餘總聽其龍天推排，不敢強求。恐泯沒無/聞，略記其概，以曉將來。其振大乾坤，以待後人。則陽臺山萬壽岩而不朽也。住/持普蔭隱樹氏記。/

乾隆二十三年歲次戊寅臘月，奎里陳禮惇書/，繼序曾徒孫本乾勒石。

此摩崖石刻位於廈門市萬壽岩內。字幅高 320 厘米，寬 190 厘米。楷書陰刻。現狀完好。

清·萬壽岩信士捐田記石刻

蓋聞萬壽岩，鷺島一巨觀也。所祀/觀音大士慈行普濟，士民群沐/恩光，難以枚舉。德事無大小，虔誠/禱求，報應如響。而住持正偕亦復/循循有佛家之風，願將薄田數頃/交住持管掌，永遠以為逐年香資之費。/

田在吳豪保麻灶社，土名後河岸內，水/田大小陸丘，帶□□□口，受種子肆斗/貳升。東至山坪，西至黃墳，北至吳地，南/至黃宅。明白為界。

道光廿七年八月，信士陳立德。

石刻位於廈門市萬壽岩潮音洞前的巨岩上。字幅高、寬均為 120 厘米。楷書陰刻。現狀完好。

清·重修金雞亭捐資置業碑記

舊碑（行楷碑額）

閩海關燕京人國柱劉公感諸佛之靈，隨發福田，於乾隆丙子重修，授諸善信捐助，源舊跡而更新，/想當時之形勝，乃今日之名勝也。是以捐諸餘資，廣置田園，資供齋糧，付僧見良、惠微掌管，川綿永遠。於是插/立牌記，名目列左，以垂將來云耳。/

本亭田業：亭前□上地一段，受種一斗五升；亭左邊地五丘，受種三斗；亭右邊地一丘，受種八升。/

閩海關劉諱國柱喜捨亭後地一丘，受種一斗五升。/太學生葉諱作夫喜捨亭右地八丘，受種六斗，另煙墩腳地二丘，受種一斗。/注生娘娘會內、歲進士李引泉仰□捨銀貳拾肆兩、地陸丘，受種叁斗伍升，坐落西阪。信士王文遠、/黃芳志、葉仲尊、吳景美、葉志政、林日立、/黃登科、葉益智、葉潤求、葉耀侶、葉苗夫仝喜捨銀二十兩，置地二丘，坐落西阪，受種一五斗升，/又置地二丘，坐落杯信石，受種一斗。/大館查河眾弟子、廈港口查河眾弟子、鼓浪嶼查河眾弟子、排頭門查河眾弟子、十哨眾弟子/仝喜捨艮十四大員置業。信士金恒升助艮五大員，眾行林大源、周維新、金豐源、金廣宇、林廣隆、林榮興、/金如吉、李澍泉、金彰德、金長源、金信元、金和泰、金鑾和、金廣生、金廣誠、金允盛、和協茂、林廣盈、金源遠、/金資深、陳資元、浪崇盛、金恒裕、李長發、李源發、陳益三、林俊興、萬致春、王堅源、高明德、金隆興、金萃茂、/萬□豐、林恒茂、陳光成、王沛興、金德源、金興祥、林源宗、金綿源、蔡逢源、盧源興、葉常源林長泰、曹協源、連元善、/陳廣裕、林昆興、楊源泰、金鼎源各助艮二大員置業。徐昆、陳光緒、何□源、張仁、汜音如、許汝槐、馬光偉、張勳、□葉、丁貢元、/何炳如、黃朝潘、林溢甫、陳日新、鄭榮、鄭□、傅泰、李長淮、陳玉、吳國柱、林晃、任清遠、陳錫命、曾九成、陳合源、陳協豐、曾寶備、/陳謙益、高日升、金信成、金豐泰、生開共助艮一大員。河東行、金恒升、林火源導置業。開列於左：/城尾田二丘，受種二斗五升；鬼仔坑口田一丘，受種一斗；中坑口田二坵，受種二斗二升。

乾隆二十五年荔月穀旦勒石。

碑存廈門市普光寺內。花崗岩質，高197厘米，寬84厘米，厚9厘米。楷書陰刻。略有漫漶。

清·普光寺碑記

普光寺碑記(楷書碑額)
重修金雞亭碑記(楷書碑題)/

　　鷺門居泉之南，北行十餘里為金雞亭，乃明洪武間里人掘地得金雞，因建廟，遂名之。鷺江八景，此其一也。中祀/如來、文曲、觀音大士，靈顯異常。萬曆年漸圮，蓮溪葉公呈字錦齋捐資修之，廓其舊規，砌石壁焉。/國朝乾隆丙子歲，燕人劉國柱來廈理關稅，渡五通，風浪大作，甚為危險，已而無恙。夜宿於廟，見神燈晃耀，方知佛力扶持。即日鳩金庀廟，捐助齋糧，洎今六十/餘年矣。雲等來廟，見其傾頹湫隘，因請於子爵提憲王捐俸興修，文武官長、紳士行商踴躍捐題，共勸義舉，復添蓋後進，並造樓三間，供奉玉皇上帝暨文武聖帝、三官諸神像，棟宇輝煌，又為茲亭增一勝景矣。工既成，顏寺曰"普光"而紀其事，使後之好善者覽而□□之，是所厚望也，爰為之記。/
　　計開：董事林蓋晉、黃克明、楊振洽、楊登雲四人捐緣外，另買西阪園七丘，受種一石七升五合，以上□□，/提爵憲王捐艮一百員，本道憲李、金/門鎮憲郭、提督中軍參府楊、海/防分憲葉、署分憲咸、直/隸分州東寧林祥瑞各捐艮三十元，銅山參府林、□標□□□、/原/任碣石鎮憲李、提標左府孫各捐艮二十元，前署左府林、署右/前營中軍蘇、□各捐艮十二元，署中營中軍張/何、右/前營中軍□/□各捐艮十元，海/防廳德捐艮八元，/刑/部正郎吳文徵、候/選分州吳文標合捐艮八十元，行/商金源益捐艮六十元，職/員蘇步音、□/行蔣元亨、大/行金萬成、金源通、金豐泰、信/士連加冠、江世德各捐艮四十元，/蔗郊鄭廣昌、杉/行李開興各捐艮三十元，杉/行李益茂、杉/寮方洛□合捐艮五十五元，台/郊陳恒益、□/□楊郁觀各二十五元，舉人吳洪、職/員楊永潤、林紀國、黃承恭、監/生林祖德、/恩蔭通判孫雲鴻、職/員林文名、蔣有棠、大/行金振泰、小/行金晉祥、金源發、金恒遠、金豐勝、金源豐、金振昌、金全美、金全安、金里安、金長安、金元吉、監/生蘇世忠、信/士蔣少懷、/臺灣軍功職員黃鍾岳、信/士王得祥各捐艮二十元，台/郊陳鼇霞、鹿/郊陳鶴吉、金怡昌、金恒合、杉/行金順記、林允吉、出/海楊練觀、石練觀、曾羅觀、嚴福觀、吳敦仁各捐艮十二元，/職/員郭洞、余經魁、外/委許光輝、提/塘廳林志通、監/生鄭光沂、李昌高、趙元章、李志馥、李國榮、麻/郊石順記、林榮發、廣/郊葉咸芳、金益成、蘇勝春、曹德芳、金通利、艮/鋪蘇鼎隆、陳長源、/杉郊梁舟記、梁金盛、金葉茂、稅/館金豐源、金協源、金綿源、金隆德、信/士鄭永山、務海堂、陳岱水、曾九觀、蔡觀生、監/生李大春、黃錦端、廩/生蔡邦坊各捐艮十元，信/士楊雲龍、李成春、/職/員蘇學典、貢/生林宗繩、廩/生蘇學浩、杉/郊鄭長泰、李開泰、李開盛、李開榮、金大振、稅/館金義成、金協益、金聯遠、金聯安、當/店余寶山、陳茂祥各捐艮六元，/生/員葉久升、信/士葉時蔭、葉德輝、葉尉觀、葉八觀、羅定觀、陳茂觀、向正觀、蔡貴聘、蘇允中、林合觀、金安泰、店/□金順源、金聯源、金聚益、/蔣怡鴻、金義源、金瀛裕、義廣收、蕭印生、林昆山、葉升觀、蕭達魁各捐艮四元，信/士李水觀、林貫觀、陳宰子、劉□安、王克宜、蘇成吻、陶元年、□時甫、黃小□、廣郊金德□、□□□。/

　　董事總理廟事、東寧軍功職員楊登雲捐艮一百元，來往監修轎棧、飲食自備，不開公項。貢生張永標捐艮二十元，杉/行李開豐正面蟠龍案棹一□，/舉人林雲青捐艮四十元，訓導黃克明捐艮四十元，職員楊振洽捐艮四十元，貢生陳熙捐艮十二元，台郊金永順捐艮三十元，歲貢黃志敬捐艮三十元，/監生黃登瀛捐艮四十元，監生曾必慶捐艮二十元，鄉耆葉世賢捐艮十二元，除短少外，共收實艮二千三百八十元，信士章甲山捐艮十元。/

　　杉木料共用艮四百九十六元，磚瓦灰石共用艮三百八十二元，土木匠工共用艮四百九十八元，小工並搬料□腳共用艮二百七十元，又用四十元，/鐵釘、牛皮、草餅、色料共艮九十八元，刻花並聯匾字共艮九十五元，油漆廟並聯匾、椅桌共艮一百三十元，上樑演戲並理□慶成什費共艮一百五十元，/妝佛並燈彩、椅桌、鐲□共艮二百九十五元，前年修理屋漏用艮二十四元，買店廁共艮五十四元，起南□店二間用艮卅八元。計共艮二千三百八十元。/

　　大清嘉慶二十四年歲次己卯年梅月。

　　慶成公議：寺中一切椅桌等項交付住持僧勝樞、淡果等掌管，不得私借人用，南房亦不許受寄棺柩，毋□立碑。

　　碑存廈門市普光寺內。花崗岩質，高198厘米，寬84厘米，厚12厘米。楷書陰刻。略有漫漶。

清·重修金雞亭並路碑記(上)

重修金雞亭並路碑記(楷書碑額)

　　謹將小呂宋、岷里叻、蜂仔絲蘭、東坂岸、宿務、眉眉加眉育、大咬狗、鄢禮牙賓、敝米六、淡描戈、撈牛蛋等捐款諸鋪戶芳名列左：/

　　葉其蓁喜捐銀二佰四十員，陳日朔、孫高升各捐二百員，林雲梯捐一百六拾員，捷隆行、薛清交、葉添壽、葉允耀、恒昌、/邦記以上各捐一百二十員，陳樂峰、葉文淑、楊永虞、林永茂、泉泰號、薛長響、林文闇以上各捐一百員，大興號捐八十員，/黃友黨、孫天待、陳振約、林長楚、洪三多以上各捐六十員，黃萬茂號捐五十二員，林豪株、林金柳、郭允謨、允其昌公司蕭/文試、陳鴻猷、劉文顯、葉仁貴以上各捐四十員，鄭秋霖、葉帆官各捐三十員，葉九甫、葉文銓、許金榜、吳萬銳、吳古錐、黃茂/老、葉浚卿、葉玉出、葉養抱、陳安步、林順天、薛芳堆、葉天保、黃益盛、林德猛、陳溫南、陳水生、長和號、陳寶卿、郭進財、蕭文旦、黃媽/緣、黃晉卿、金順昌、陳木柳、林金桂、葉四洲以上各捐二十四員，長茂號捐二十二員，林滿堂、新合和、林文辦、和昌號、義昌號、/新萬源、薛文旦、瑞建源、金永昌、義祥號、陳文占、李恒裔、陳文試、江文仕、江文筆、鄭金義、郭金成、義合昌號、錦德號、義泰號、金廣/德以上各捐二十員，合勝號、李可長各捐一十八員，薛清幹、陳清岩、曾四配、潘仲唱以上各捐一十六員，施至坡、施修/禁、黃寶記、郭聿官各捐一十五員，廣興號、張水博、馬耀甫、林伯鶴、黃朝亨、徵福堂、陳松區、林國庭、陳新我、林江瑞、郭國置、薛綠/水、廣源泰、洪頓官、王添官、黃復興、陳萬官、高沛官、邱闊官、蕭元恭、薛智厚、薛仕曲、鍾德枝、葉安頓、劉協發、楊春達、陳文豹、葉文/寡、葉文沛、陳聚德發、陳耀東、廖成叻、廖皆得、捷勝行、陳天眷、薛清盾、林奇傳、/林朝棟、林水務、林沉香、王捼官、肖欽合、林清答、薛/芳成、新金美、洪萬壽、葉順孝、陳玉別、李大賀、劉文崇、劉文曲、陳天來、薛水源、新和發、福來興、薛清章、福成棧、葉晨星、和順泰、董/春獅、源德號、寶瑞泰、復發號、復隆號、捷源號、源盛隆以上各捐一十二員，孫天化、林典職、陳寬溫、興美號、林維愷、德順號、永/合發、義源號、永合和、陳章甫、羅水竽、陳謙遜、李文灶、黃樹成、泉和號、新合興、施家蒼、葉玉白、林金屋、黃維雄、邱成源、陳眺、李增/培、陳文試、陳灑掃、林活水、金生、陳木杪、陳裕引以上各捐一十員、葉橋梓、陳思齊、何明壽、馬耀甫、黃開米、林豪株、許金榜、王/旗華、洪三多、林紫雪、楊德磯、黃茂老、林古得、陳斯川、陳三台、林景美、邱允樸、陳天賜、林尚備、楊永虞、莊天勇以上對得利公款/共捐二百五十二員，張湖、葉邊、黃榮祥、黃景待、黃順力、張堂、郭文岸、蘇子亮、薛芳成、薛清為、薛溫柔、何東緣、許義成、許源盛/以上各捐八員、葉馨炭、泉美號、萬豐號、林金練、鍾章連、肖福興隆、葉源號、王仁庚、葉永肅、鍾跳、黃源安、薛覺、王地用、薛信、邱/允帕、吳泉、吳朝、林讚、葉仁蔥、葉文露、王簡、侯渡西、葉樹梅、葉活、陳烏生、王已成、陳文掌、李文定、葉金伐、呂澄、王根德、郭文、楊林/南、徐金伐、徐玉才、林宣元、洪源門、劉易儀、許景萬、黃道仁、陳合勝、陳水硯、葉忠信、劉文澄、葉文藝、葉光田、薛江河、蕭清卿、黃天/補、鍾佑垣、黃水東、陳偉、林清藝、吳慶川、劉宗顯、葉萬應、劉錫、葉晉爵、陳金勸、蔡亞門、劉福來、劉維雄、陳恒愷、徐榮珍、金永盛、王/昆和、郭廣泰、薛清藤、施玉撻、施性箴、李逢成、郭悅宗、郭妙珍、李文劣、蕭啟泰、錦泰號、協利號、郭竿諒、郭糞、劉文使、薛加表、薛滾、/何天命、薛萬盛、林協發、廣昌號、黃協盛、黃祥美、復成號以上各捐六員、新晉益、新合發、黃隆興以上各捐五員，協勝號、三/瑞發、福昌號、薛建置、陳捷、新建益、薛長久、黃玉鱗、黃媽斷、黃光轉、康玉鉗、尤幸、薛清鑽、陳福汗、陳且、陳尚建、黃溫、盧滿、林文牆、/張扶、何有端、郭國宜、陳青連、葉水浸、葉文硯、葉宗曄、蔡文得、連順月、林清江、葉德怨、鍾常潛、吳獻玉、葉天竹、劉紫夏、葉文格、陳/文透、薛金蛟、周文彬、許神助、薛烏有、廖五典、蘇敬堂、葉安字、張塗、張涼、陳秉、王水南、蕭追枝、蕭江君、吳有意、林清化、林不到……/

碑存廈門市普光寺內。花崗岩質，碑身高161厘米，寬83厘米，厚8厘米。楷書陰刻。基本完整。共二方，此其一。

清·重修金雞亭並路碑記（下）

林清萍、葉載良、陳天賜、林德元、李猊、陳心潘、陳海、吳百年、葉杯、陳根忠、聯昌號、陳文章、江永速、陳苧、葉/滕、張進、葉兆益、林忠生、鄭文陣、陳文旺、溫啟盤、廣瑞號、魏彭智、源泉號、林清霞、石安頓、林聚喜、黃茂忠、/郭文輅、王傑力、董春卿、董春賜、龔玉輾、董春諒、王□、李田岸、何生研、董坂、薛清樣、薛光藝、林五湖、黃振/燦、黃瑞興以上各捐四員,董奐賞、陳肯、薛茅、林芊、陳貞祥以上各捐三員,鍾程、吳鋜、薛扉、吳平、/楊水、石文宗、施至穆、黃媽助、陳煆、李奕、孫旺、吳聞、朱見萊、黃當前、陳文良、李冷、許是歲、陳德建、丁清厚、/邱金糞、泉發號、鍾賢德、葉貞祥、葉文禧、葉孟舉、鍾春安、呂紅蟳、洪易、林奇哥、葉國忠、張清掘、洪滿、陳有/根、林加添、林綢繆、陳廉、蔡志亮、林拱照、林保全、楊天定、楊福箋、劉有成、呂集、楊榜、林方圓、王雲抱、劉水/波、陳或哥、蕭松柏、林振德、陳拱、吳有志、林金柴、李水矼、郭禦、朱角、蕭清渠、林芊頭、黃鳴庫、孫端賢、林克/恭、林水晶、尤洋、吳啓、王吉侯、卓媽示、吳永泉、施荖、康珍、徐坤、瑞興號、順興號、吳端正、黃則文、黃源發、吳/親、康振昌、德勝號、林交珍、郭清海、謝諒、連洛旋、孫等、蔡耀、蔡榮基、蔡旭煦、吳湖瑪、敬書、薛紅柿、郭潭、林/順佑、許深池、葉長榮以上各捐二員,曾四配、何皆再、林丑、周貞良、林神澤、楊天成、柯宇、廣達以上各捐/一員。葉文淑對開宮門來一百員,以上共捐來銀六千六百七十九大員。一開土木石紅料共/去三千貳百三拾元,一開大小工並挑工及灰共去壹千三百玖拾柒元,一開油漆妝佛共去伍百陸拾貳元,一開安宮上樑肆百貳拾玖元,又買地、打/窗並付費寺內共捌百陸拾壹元。合共開去銀六千四百七十九大員。對除外尚存銀二百大員。/

　　光緒二十九年四月　日,董事葉大年、葉其蓁、葉大棟、葉添壽、葉允耀、葉清萍、黃必成、薛金安、楊百合、盧玉璋、林雲梯、洪文頓、孫高升、陳鴻猷、楊永虞、張永博、林文間、黃寶華全立。

　　碑存廈門市普光寺內。花崗岩質,碑身高167厘米,寬83厘米,厚8厘米。楷書陰刻。上半已斷裂成兩半,重新粘合。共二方,此其二。碑內部分數字為蘇州碼。

清·信官黃日紀捐銀置齋田記石刻

　　信官兵部主政荔崖黃公捐銀壹佰陸/拾兩創置齋田,坐落本寺左邊,受種五/斗;另鐵窟內受種壹斗柒升。大小共拾/壹丘,永為寺業,日後不許徒子徒孫典/賣他人。住持僧月松謹識。/

乾隆叁拾貳年拾月吉旦勒石。

石刻位於廈門市天界寺後之巨石上。字幅高130厘米，寬70厘米。楷書陰刻。現狀完好。

清·信士捨銀置齋田記石刻

信士太學生黃諱貞煥喜/捨紋銀八十兩置水/田，大小共九丘，受種子五/斗，在仙洞左畔坑口，永為/本寺齋田，日後不許徒子/徒孫典賣他人。

仙洞住持僧月松勒石。

石刻位於廈門市天界寺左後側巨岩上。字幅高120厘米，寬107厘米。楷書陰刻。現狀完好。

清·重修醉仙岩碑文(上)

重修醉仙岩碑文(楷書碑額)

閼逢閹茂，荷花生日，偶偕朋儕，踏巘攀峰，馳心隨喜，履級層嶔，繞道仙刹，□觀殿廡，丹臒零□，佛金剝蝕，城□圮落，牆宇傾/凹。睹斯頹唐，用興浩歎。爰為拂淨碑勒，細玩文記。乃自乾隆柔兆困敦之歲，宗先生司馬諱日紀重行修飾，迄今百餘載，未/經補葺，芳即於本歲囑陳君秋池在粵題捐，陳君世俊由臺緣募，並得以仁上人飛錫岷方，外渡疏化，喜逢善士、宗人金星/領袖岷商，共鳩善資，次邀柯君文成、宗子海如並其昆玉青州、乃夢在廈緣捐暨監督工程，籌畫向背，增建朝斗樓，俾廟貌/無西偏之患，並使厥後樓真元士有所宗止。其建造苦心經營盡善，誠堪與岩同垂不朽。何意文成、乃夢願力未完，同歸鶴/化，復囑陳君篤其監厥餘工。雖曰瓶藏皆數，亦賴諸善信協衷同濟，共完願力。追光緒四年歲次著雍攝提格相月始行告/竣。所有福緣芳氏俱勒於左。/

謹將廈門募捐芳名勒石於左：/許泗漳捐□佛六十大員，林省悟捐□佛五十大員，林一枝捐佛艮四十大員，泉郊金泉順捐以佛艮四十大員，/茶幫永和成捐佛二十八員，北郊金萬利捐佛二十四員，福郊金福成捐佛二十四員，藥材金泰和捐佛艮一十六大員，/茗春成捐佛二十員，廣隆行捐佛十二員，聯豐行捐佛十二員，港慶成、港徵記、屐晉成、張如川、陳穎祥、和協安、/亭昆德、鎮德安、部勝珍、水怡美、康媽恩以上各捐佛十二員，遵德堂、僧滿然以上各捐佛十員，埕芳美、/鐵植坤以上各捐佛八員，史悠臨、杜瑞美、港文錦、怡源號、泉美號、廟雲錦、恒乾利、水謙泰、林如記、/部豐美、鎮萬益、部瑞裕以上各捐佛六員，陳迪記、鎮芳泰、崎全順、港協發、埕協美、鎮裕益、懷逢隆、/廣合和、元和昌、芳春榮、洋藥局、屐聯裕、磁德裕、磁成利、廟益興、磁合德、水茂南、港慶昌、港圓準、/港合興、港泰記、鎮合記、鎮文茂、磁錦瑞、埕綿綿、順德號、漳同彰以上各捐艮四員，車益泰、榜山號、/通美號、埕鼎泰以上各捐佛三員，林青雲、盧三益、屐恒興、廟合記、廟廣裕、彩雲號、楊宗鼎、德記號、/宜隆號、集成號、元記號、埕裕芳、鐵大有、隆記號、采南號、承美號、廣順號以上各捐佛二員，萬豐棧、/馨遠號、漳源泰、李高升、同泰號以上各捐佛一員，計共捐艮七百二十五員。/聯美號捐英艮三十六大員，唐德明官捐英艮十四□大員，林宜家、林昆玉各捐英十二員，黃福趾、何藍玉各捐英十員，/亭祥遠、亭源遠、陳雲安以上各捐英八員，岩清芳、吳宗榮、泉利號、薛清□、屐義裕以上各捐英六員，/楊太太、薛清黎、林文翰、林見田、黃福安、何願官、黃青龍以上各捐英四員，柳姑捐英三員，吳斯吉、/黃才官、黃媽延、政美號、陳奎伯、鄭錫同、陳禎祥、瑞英號、港聚源、黃世旗、黃世維、渾錦雲、黃聚才、/振德號、黃招悅、黃禎佳、陳澄河、漳耀豐、漳慶雲、漳榮章、薛清鞍、曾行年、薛孔懷、鄭六司以上各二員，/黃贊述、葉振號、黃長昌、榮瑞號、亦芳號、義芳號、葉益號、聯發號、洽發號、泉成號、長榮號、文雅號、/卓本宗、曾青州、呂花女、林隨官、康英娘、寶華號以上各捐英一員，計共捐英艮二百四十五大員。/

謹將呂宋募捐芳名勒石於左：/薛汝聯、/章合捐英一百四十員，潘春瓊捐英四十員，黃金星捐英廿四員，黃光凜、林拴、葉清厚以上各捐英二十員。/

碑存廈門市天界寺內。嵌砌牆上。花崗岩質，高180厘米，寬85厘米。楷書陰刻。基本完好。共兩通，此為其一。

清·重修醉仙岩碑文(下)

　　黃寬讓、葉文淑、林順旦、黃均朝、黃媽緣、薛長泰、長合號以上各捐英十二員,黃蹤搖、楊義成、楊孫獺、/楊義英以上各捐英十員,薛清闖、薛長青、楊梓官、李正芳、德泰號、葉清池以上各捐英八員,郭啓炳、/謝服官、黃媽汀、葉九王、潘玉園、薛清涉、薛峻極、薛清習、岩傳賜、洪贊標、黃定官、黃禎佳、朱光誦、/楊福興、寶順號、楊義泰、林順和、陳勝和、林應熊、陳慶遲、黃步東、黃準生以上各捐英六員,林長慶、/王開榜、李清時、楊建緝、陳媽貫、林檜官、葉作銳、勝豐號、葉良官、薛清鄭、康耿官、王淑雲、許丕遷/以上各捐英四員,黃宗洲、吳庚官、陳柱官、合隆號、蔡繼性、林振茂、林光騫、葉群英、蔡泗葵、潘永長、/潘器成、魏團官、黃江東、陳春木、黃春草、周請官、俞延官、薛鞍官、黃協和、黃合盛、葉文鵬、陳禮官、/黃媽運、葉踆官、洪禾官、江仕官、周份官、徐振納、余文國、葉安老、薛清靜、林文官、陳兆坤、/葉黎官、林允術、葉光映、林聯記、陳恭德、李瑚連、邱思恩、余夢吉、魏聯科、黃元璞、楊然官、陳履中、/呂朱老、陳金良、陳金樅、林僋官、葉文格以上各捐英二員,黃在委、潘兆獅、徐水龍、潘天機、呂興官、/林加令、林檜官以上各捐英一員。計共捐英艮七百二十九大員。/

　　謹將臺郡埠頭募捐芳名勒石於左:/興隆號、益隆號以上各捐艮二十員,王福記、崇德號、陳興泰以上各捐艮十六員,德昌號、黃大順、朱英瑞/以上各捐艮十二員,廣昌隆、通裕號、恭記號、林裕發以上各捐艮十員,錦順記捐艮八員,吳洽記、福人號、/王益記、震瑞興、萬年豐、和記行以上各捐艮六員,福盛號、蔡振益、謝登文、張順記、吳協震、豐興號、/裕泰號、益瑞號、復成號、洪輝漢、新順發以上各捐艮四員,李聚源、心敬齋、陳漢壽以上各捐艮二員。/計共捐□平艮二百五十八員。/

　　謹將香港募捐芳名勒石於左:/福茂隆、義昌行、源安泰以上各捐艮十二員,吳水泉、順昌號、蔚然堂、建昌號以上各捐艮六員,許天清、/陳國豪、萬安號、源戀號以上各捐艮四員,林光合、沈榮期、朱振亮、潘辛波、王啓東、邱子建、朱德維、/陳江陵、黃文謨、許道源、凡和號、林崇輝、昆和號、東興號、邱瓶觀、恒泰號、林耀焜、林茂格/以上各捐艮二員。計共捐佛艮一百十二員,□平八十兩六錢四分。/

董事/黃傅芳墊艮柒拾貳員、黃耀奎墊艮柒拾貳員、林紹曾墊艮叁拾叁員、陳秋池墊艮貳拾玖員伍角、陳世俊墊艮壹拾肆員玖角、/柯文成墊艮壹拾叁員，住僧會融墊艮壹拾玖員伍角、收緣艮壹千肆佰伍拾肆員□角，共艮壹千柒佰壹拾□員。折七二艮貳千叁百叁拾伍員。/

一開杉木、灰、紅料、木、塗、司阜工，計艮壹千柒佰貳拾肆元；一開石碑、石料計七二艮壹百貳拾捌元；一開裝佛、油漆、慶成、家器計七二艮□□元。

光緒四年壯月穀旦，主緣黃傅芳、黃耀奎，住持僧會融同立。

碑存廈門市天界寺內。嵌砌牆上。花崗岩質，高180厘米，寬84厘米。楷書陰刻。基本完好。共兩通，此為其二。

清·重修醉仙岩碑記

重修醉仙岩碑記（楷書碑額）

鷺門醉仙岩層巒聳出，為諸岩之冠，以其高可接天，又命天界寺。岩下有巨石，石中有竅，深二尺許，水常不竭，/味甘於釀，故名醉仙。里人甃為井，塑九仙祀之。岩巔石壁鐫"天界"及"仙岩"四大字。國朝僧月松募建。每/春秋佳日，騷人韻客，憩息其間。海天一覽，薄暮則篊簹漁火，錯落有致，誠海上大觀也。歲久圮壞，黃荔崖先/生少時讀書其間，乃倡資修葺，並買山田若干畝，俾寺僧作薪米費。後復剝落，昌仲兄傅芳邀集同志並寺/僧會融飛錫四方，極力募建，由是棟宇一新，香火稱極盛焉。歲丁亥，廈港火藥局毀，殿壁動搖，昌因邀全諸/好善者鳩工庀材，仍復舊觀。所願後之君子有如黃荔崖先生其人者，繼長增高，勿怠厥志，則人與岩可以/並垂不朽矣。是為記。

葉崇祿捐銀貳佰員，邱炳信、義捐銀壹佰叁拾陸員，黃書傳、黃建成、黃傅昌各捐銀伍拾員，/黃晉成捐銀叁拾員，廖克裡捐銀貳拾叁員，曾耀賢捐銀拾肆員，黃作霖、黃金蓮、金寶源/各捐銀拾貳員，隱名氏捐銀拾柒員，吳建勳捐銀肆員，謝天生捐銀貳員，黃清松、吳清池、/凌信女各捐銀壹員，僧錦曉銀貳員。以上共捐銀陸佰拾玖員。/

壹開塗工計銀貳佰拾伍員，壹開木工銀伍拾捌員，壹開木料銀柒拾壹員，壹開油漆銀玖拾員,/壹開灰、紅料計銀柒拾壹員叁角,壹開妝佛叁拾叁員,壹開石碑貳拾貳員,壹開慶成銀肆拾伍員,/壹開家器、什用計銀叁員柒角。以上共開銀陸佰拾玖員。

　　大清光緒戊戌年花月　日,主緣葉崇祿、黃德昌,住持僧錦曉仝立。

　　碑存廈門市天界寺內。嵌砌牆上。花崗岩質,高140厘米,寬70厘米。楷書陰刻。現狀完好。

清·重修天界寺碑記

重修天界寺碑記(楷書碑額)

　　神也者,無私也;財也者,不可求者也。乃無私者時若有私,不可求者亦時若可求,此則天道變/幻之奇。然冥冥中亦自有數焉,未容以非意測也。廈門天界寺山脈源自獅山,至寺巔而岩石/特聳,高可接天。紫岩峙於後,大海朝其南,俯視而虎溪、白鶴諸山亦各環繞左右,居然為鷺洲/形勝。正殿為天界寺,右為醉仙岩。自國朝初,月松上人募建以來,每著靈異,而此次重修之事,/其故尤奇。先是,寺建已久,土木就傾。戊戌春,雖經元之先人與葉君崇祿主緣重修,時以捐款/無多,僅從事於醉仙岩等處,而正殿為費較鉅,姑付闕如。詎近朽敗,益不可支,待修孔亟。一夕,/寺僧錦曉和尚忽夢神告之曰:"財非難也,得其人、得其時之為難。此月川漢彩票將為廈門人/所得,子其圖之,得其財以修吾廟,亦猶夫捐貲也。然子福薄,寺中有李清洗者,可與之謀也。"錦/曉醒而語清洗,共購一條,果中首彩。因而鳩工備材,以六月興工,葭月落成。是役也,計費二千/餘金,出於錦曉者半,出於李清洗者亦半。去腐而堅,易木而石,廟貌煥然一新,非神之靈,曷克/臻此?乃閱時未幾,又有某巨紳,家得湖北彩乙千金,聞亦神示其機而致。噫,此何故歟?夫有財/必原有德,然修德在人,致富在天。故聖人曰:"富不可求。"苟其非,然則曰凡虔禱□神者數百輩,/苟一一而示以機宜,不且馨香於百世?矧前此廟宇頹敗,神何不早顯其靈?而願皆有不能者,/天也。神不過順乎天,因乎時而已,豈有他哉。因志重修之由,故並表而出之,俾人各修德以聽/天,慎勿謂神可行媚,財可幸得,日以意外思想,屢瀆吾聰明正直之尊神哉!

　　光緒三十年荍月,黃慶清、黃慶禾記。

　　碑存廈門市天界寺內。嵌砌牆上。花崗岩質,高135厘米,寬70厘米。楷書陰刻。現狀完好。

清·重建白雲岩碑記

重建白雲岩碑記(楷書碑題)/

　　去城西十里許,有山鬱然穹窿,遠而望之,蜒蜿若游龍,因名天龍。中盤一阿,置有招提,□轄開朗,號/曰"白雲"。前一洞曰"紫雲洞"。右有二井:龍潭、聖泉,湧出涓涓不絕。傍有桂樹高出石表,秋日盛開,香聞/數里。其餘怪石、名卉莫不聳翠特立、爭峙左右。前明邵君程司鐸同邑時,常登遊覽。賜進士邵/君天球亦存記概原韻之。邑乘有"山現同變,山茂同固"之謠,則茲山之抱異負奇,有獨含元氣者,寧/第一方之勝已哉!元邵君時通家茲山麓,悅斯山。其子伯修君體其志,爰購舍置之,以為時/通君檀越,因自號西山公。山之招提,其茲盼乎!復因景位置高高下下,宛然天成。以故文人墨士/登斯山者,咸留題勒石,以紀勝概,洵盛事也。遭元末兵燹,隕落殆盡。明永樂四年,修葺完備。/國朝又災於回祿,凡□櫨宋桷,蕩然無存,則靈境名區轉而為荒煙蔓草,茲有歷年。夫寺之廢興,山之/盛衰繫焉;山之廢興,邑之盛衰繫焉,烏可聽其摧敗零落耶?前邑侯唐諱孝本,後邑侯任諱震/遠,各張示禁,嚴其砍伐,雖保護備至,而未遑興作。孝廉邵君文英、耆老子衍念茲勝久廢,欲恢/祖跡。爰同族眾醵金重建,庀其土木,澤其堊黝,俾/神光廟貌,煥然一新。更於岩左建文昌祠以為肆業之所。古所云圓通閣即其處也。工興於乾隆/四十一年丙申,閱庚子菊月而告成。由是泉之淤者易而清矣,木之萎者易而翳矣,石之奇倚傾僵仆/者易而跂以竦矣。至若鴻漸蠢其前,鳳髻屏其後,北引蓮峰,南吞鷺海,盈盱駭矚,相與為大觀者,實/難具狀。吾謂茲山之盛大可以固吾同,次亦足供遊玩。其克成此舉者,邵氏之眾焉,因樂為之記。/

　　歲進士、即用司訓陳德輝撰。/

董事恩養、仲威、君板、浩淑、展亮，監生心悅、朝彰、光彩、於福，鄉賓思明、諸儀、光奎、正璣同立。

乾隆四十五年歲次庚子　月穀旦立。

碑存同安區新民鎮白雲岩寺殿內。花崗岩質，高151厘米，寬71厘米，厚11厘米。楷書陰刻。個別字跡損殘，基本完好。

清·後溪定琳院捐建碑記

□逢春捐銀十大員，蕭日恭捐銀廿四元，吳廷仁捐銀二十元，石龜社共銀二十元，蕭日春捐銀十二元，吳廷禮捐銀十二元，吳廷智捐銀十大元，陳□伯捐銀十大元，蔡子瑞捐銀十大元，蕭日輝捐銀八大元，蔡子芳捐銀六大元，顏興億捐銀六大元，蕭維翰捐銀四十元（第一欄），蕭□九□銀四大元，林先春捐銀四大元，林玉明捐銀四大元，蕭國熙捐銀三大元，蕭家寧捐銀三大元，蕭將□捐銀三大元，陳孝量捐銀三大元，陳珍伯捐銀三大元，黃丕□捐銀三大員，鄭光澤捐銀三大元，曾乞觀捐銀二大元，蕭日□捐銀二大元，蕭將奇捐銀二大元（第二欄），蕭哉生、□□群、林□□、吳保生、蕭將買、吳抱生、吳眼光、/蕭將定、陳盛□、蕭謙若、蕭將長、陳傳祖、陳子胡、/蕭儼廣、陳子□、蕭爾猷、蕭將壽、陳行健、鍾贊光、/陳孝興、盧斗光、蕭遜松、陳必列、姚均生、陳起光、/吳□生、盧□□、蕭將寬、吳崇盛、林海生、盧譜光、/吳顯光、連□生、蕭將挺、吳賴琴、吳周光、盧衍光、/吳提光、鍾元□、蕭將再、吳請生、林將□、陳達光、/吳勇生、盧同逵、蕭興宙、吳普生、林清海、辜寄先、/洪正元、張啓□、蕭興宋、吳果生、林其升、吳永興、/林雲騰、蕭家安、吳淵生、林合碧、陳文機/各捐銀兩□，蕭將岳、吳輝生、林昂生、陳文謨/陳衷伯、蕭家超、吳開祖、陳神佑、陳振信/蕭碩南、吳著生、陳子毅、甘愧得/各捐銀□□半，陳光粲、蘇光庇各捐銀一元。/

計開什費：/買杉並施工共銀一百六十九大元，/買磚瓦並工共錢六十四千六百六，/買灰並工共錢十一千四百九十四，/木匠並什費共錢十九千七百五二，/石匠並成什料、扛工共銀五十元半，/泥匠並小工共錢四十七千三百文，上樑並什費共錢十八千八百七十，/立石碑並扛工共錢十三千二百文。/

共費：銀二百一十九元半，/錢一百七十五千二百七十六文、/折銀二百三

十二元半。合共銀四百五十二元。/共捐銀：□百七十三元半,/錢二十六千三百七十五文、/折銀三十五元。合共四百零八元半。/

　　乾隆伍拾陸年歲次辛亥臘月　日,董事吳廷恩、肖維翰仝攬尾。

　　碑存集美區後溪鎮坂頭水庫庫區定琳院前。花崗岩質,高205厘米,寬63厘米,厚10厘米。楷書陰刻。已橫斷成4段,右側上部分殘缺。

清·重修後溪定琳院碑記

　　定琳者,苧溪名剎也。唐尚書石老先生嘗隱讀焉,縣誌載之甚詳。內奉/觀音菩薩、清水祖師、保生大帝諸神像。前因風雨剝蝕,幾乎祇園成/□,□□淪光矣。辛亥歲,經修完竣。甲寅秋,又被風雨損壞前進、左畔。今耆/老有志繕修而數目不足,□興□繼成之。謹將善信樂捐銀兩及費用錢項/開列於左：

　　吳廷恩捐艮拾大元,蕭日恭捐艮陸大元,吳廷禮捐艮伍大元,/蕭□翰、吳廷佐捐艮肆大元,吳廷田、李逢春捐艮叁大元,/吳廷祥捐艮貳大元,陳文遜、陳文德、陳明怡、蕭維楨/、蕭日春、吳廷佑、林先春、蔡文德、吳廷源、吳殿德各壹元,/其餘捐艮有一中至二三錢,捐錢自五六百至一百、八十,俱載樑□。/一買杉石磚瓦,蕭偏觀出一元;木司及泥司;/一什費。

　　嘉慶四年歲次己未荔月穀旦,吳廷□、吳廷信攬尾重修。

　　碑存集美區後溪鎮坂頭水庫庫區定琳院廢殿內。花崗岩質,高105厘米,寬45厘米,厚10厘米。楷書陰刻。基本完好。

清·重修白鹿洞序

　　蓋聞經翻貝葉,空色相於西方;座湧金蓮,煥莊嚴於東土。慈航寶/筏,廣渡迷津;梵宇祇園,宏開法界。悟七心之盡妄,佛不殊仙;念三/教之同源,儒亦重釋。白鹿洞古剎建自康熙甲申,時歷百餘春秋,歲/經兩度甲子。雖近城市,不雜囂塵，層巒洞壑，別有天地。誠鷺江之/甲勝，為凡世之方壺。余於道光癸未冬客遊東渡，越年春，買舟回/廈，焚香到此，見大悲閣、銜山亭諸所極為修飾美觀，惟大觀樓剝/落傾頹，更未修及。因詢之永瑞上人，備陳欲舉未能之意，觸我竭/蹶從善之心。遂罄途囊，厥成乃事。隨換柱托樑，不過因陋從簡；添/磚補壁，敢云棄舊就新？草草不工，尚冀善後者續為之倡焉。襄事/諸君鐫石以志。

此摩崖石刻位於白鹿洞寺之宛在洞前。字幅高180厘米，寬120厘米。楷書陰刻。字幅後半部分已漫漶不能辨讀。

清·白鹿洞寺石泉岩題刻

蓋廈島石泉岩自開閩王國師等捨地，鳳頭社/陳天鐘興建，地屬白鹿洞掌管。其岩中左畔出/有石泉水一口，源頭從西南由東北出口，每日出/數百餘擔，流之不竭，為廈地名泉。每取水一擔，納/錢四文。歷管誠恐日後弊生，勒石永遠為白鹿洞/祀業，子孫永佩先訓。特此布聞。

此摩崖石刻位於白鹿洞寺祖堂一側。字幅高115厘米，寬40厘米。楷書陰刻。基本完好。

清·圓通堂靜室碑記

圓通堂靜室碑記(楷書碑額)

圓通寶剎像祀金天數百年矣，靈異眾著，都人士神之。夫神之/必求所以崇之奉之，必求崇之奉之之久而靡間，人情類然，獨/芳等也哉。然芳等崇之奉之之欲其久而靡間，則又似神有以/鼓之舞之於其間，而非人所能為也者。何則？寺舊之左右□，惟/東隙地數弓，謀僧棲使司香火者，伊豈乏人，然地久為居民/

私，無如何也。歲庚寅，余萌是想，所私地若有誘其□也者，皆幡/然曰："古人編錢捨地，是區區者，奈之何靳也？"咸踴躍偕友捐，凸/者夷之，凹者塞之，霎時間一平地焉。貽石甃磚，斲材木屋之。靡/金錢二十六萬有奇，得靜室五間以棲僧，使晨夕禮焉。由是而/神之崇之奉之，可以久而靡間矣。功既藏，將落之，因記其事。/

　　大清道光庚寅年小陽春月　　日，鄉祭酒吳時芳、太學生吳克明仝立石。/

　　碑存翔安區香山街道蓮河社區。花崗岩質，高165厘米，寬65厘米，厚11厘米。楷書陰刻。下半端被遮擋，字跡暫莫辨。

清·重修中岩並治蟻患題刻

　　中岩勝地，年久傾頹。乙酉年重新，工未竣/而蟻遍楹桷，難成鉅觀。諸董事深以為慮，/屢延堪輿數家，莫之能治。迨己亥年，因訪/清溪馴嶺嘉纏先生妙手，僉請揩改水/路，開消山殺，不數日而蟻盡消。欲送謝金，/分毫不受。其術高義重，實有可風。用勒於/石，以垂不朽。

　　道光辛丑年花月，董事公立。

　　此摩崖石刻位於中岩山門內。字幅高220厘米，寬112厘米。楷書陰刻。現狀完好。

清·重修萬石寺宇題緣碑

重修萬石寺宇題緣碑（楷書碑額）

　　□□文武官□、紳士、行郊□□□□捐題姓名、銀數開列於後：/
　　計開：水師提督軍門竇捐銀壹佰元，興泉永兵備道恒捐銀壹佰元，金門總鎮施捐銀叄拾元，閩海關稅務府□□□捐銀伍拾元，前任廈防分府□□澤捐銀叄拾元，艋舺營參府□斐然捐銀柒拾元，左營遊府□連科捐銀陸拾元，右營遊府陳國□捐銀柒拾元，前營遊府周成□捐銀陸拾元，後營遊府陳□□捐銀陸拾元，南澳左營遊府陳□□捐銀叁拾元，閩安左營遊府陳□聞捐銀叁拾元，金門左/右營遊府□□□、/□□□各捐銀拾元，右營中軍府□□□捐銀貳拾元，前營中軍府□□□捐銀四拾元(第一欄)，右營中軍府梁生春捐銀貳拾元，後營中軍府林向榮捐銀貳拾元，烽火營各官員捐銅錢肆仟文，世職騎都尉陳連芳捐銀伍拾元，金門營守備宋潘昌□捐銀拾元，水提五營千把外額各官兵捐銀壹佰伍拾貳兩貳錢，金門左/右營千總外額共捐銀貳拾兩，世職雲騎尉張經邦、陳建邦各捐銀陸元，/□鴻□、□□香各捐銀貳元，候選道林國華、六部正郎林國芳合捐銀貳佰大元，□□郊陳文錦捐銀伍拾大元，行商金源豐捐銀貳拾四元，金源發捐銀肆拾大元，職員黃元音捐銀肆拾大元，府郊金永順捐銀貳拾肆元(第二欄)，朝議大夫、六部主事吳廷□捐銀貳拾元，泉郊□□□□公捐佰叁拾元，監生陳□成捐銀貳拾元，馮□堂捐銀貳拾元，□□□捐銀貳拾元，□□□捐銀拾□元，□□□捐銀拾貳元，□□□捐銀拾貳元，監生□□□捐銀□大元，□□號捐銀□大元，□□號捐銀□大元，同□號捐銀捌大員，祥□號捐銀捌大元，同□號捐銀□大元，職員吳文昭捐六大元，順□號捐銀六大元(第三欄)，職員許捷慶捐銀四元，留慶高捐銀四元，典□□遠、□豐、悅來、□美、協和、□興、茂源、同發、大川以上各捐銀貳元，監生師科□□、合泰、合發、□□、□□、協安、東興、和益、□□、裕盛、芳遠、泰興、源興、成泰以上各捐銀壹元，水提□□□□□□佰二十伍□□，監督中營崗防蔡□賢，中營效用徐廷俊。

　　署福建水師提督中軍參府陳勝元捐銀肆佰大元。

　　道光貳拾柒年肆月吉旦勒石。/

　　碑存廈門市萬石岩寺。花崗岩質，高240厘米，寬91厘米，厚19厘米。楷書陰刻。已接近風化。

清·重修紫雲岩記

　　紫雲岩建自前明，中為如來佛殿，後有文/昌閣。我朝乾、嘉間，蔡、曾二君次第重修。道光/己亥，林君西園、陳君瓊琚以地多蟻蛀，卜徙左/旁，募資重建前殿，堂皇可觀，而後殿尚虛，懸有/待也。咸豐己卯，陳君瓊琚念前二未□，遂同李/君開端倡捐修建,正殿及禪室先竣。丁巳,復將/舊閣故址改建三楹,左側構亭,顏曰"洽然",門其/右,新營一閣,崇祀梓潼帝君,匾曰"凌雲",仍其/號也。閣右古塔高出峰巔,名曰"干霄",崢嶸氣象,/煥然一新。從此人文蔚起,共荷神庥,又足為鷺/門增勝概也,是為記。

翰林院典簿葉化成撰。/內閣中書李榮禧書。/

咸豐八年歲次戊午三月穀旦。

此摩崖石刻位於廈門市紫雲岩大殿後。字幅高200厘米,寬255厘米。楷書陰刻。左半部題刻捐款人名大部分已漫漶,從略。

清·重修鴻山寺大殿碑記

鴻山織雨為廈中八景之冠,固勝地也。寺建自南朝,崇奉/觀世音大士、/地藏王菩薩,剎古佛靈,護國佑民,禱雨祈晴,靡不立應。千百年來,屢藉善信為之經/紀修葺,故得巋然煥山川色,妥神靈居焉。道光間,前提督軍門許公鳩資賦□,寺/故鼎新,旁建彌陀庵,塑十八尊者其中,而大殿未經修飾。邇來棟宇蝕於風蟻,佛/像金碧剝落,非復舊觀。形家謂卜築向未協吉所致。我同人目擊斯況,情不自禁,以為慕古樂善君子必有慮古跡之傾頹,懼神居之弗肅者,用敢懇請善信/君子,各發婆心,共襄盛舉,隨緣而效布金,庀材而謀作堵,貫帷仍舊,事異增華,既/集腋以成裘,恍因心而見佛。勝跡賴以不墜,佛土藉以莊嚴。落成告竣,皆諸君/子無量無邊之功德也。謹將芳名勒石,以垂不朽云爾。/

重修鴻山寺大殿捐題諸善信芳名開列于左:/

陳逢義觀捐銀壹佰元、庫六十八兩,魚行金海慶捐銀貳拾四元、庫十四兩四,/楊朝陽觀捐銀貳拾肆元、庫十五兩八錢四分,銀德安捐銀拾元、庫六兩六錢,/永昌行、廣隆行、金自南、王文□以上各捐銀八元、計庫二十乙兩乙錢,黃成美號捐足重英銀陸元,王清河觀捐銀六元,庫三兩玖錢乙分,德復泰、/和福源、□福源以上各捐足重英銀四大元,史寶德、和協安、埕裕芳、/部勝珍、金益成、雷崇德、火勝美、廟金吉、恒泰昌、亭榮茂、廟榮源、/新益美、萬全堂、史慶春、黃克熾、火長美、梁廷讓、陳□馨、郭□瀛/以上各捐銀四元、計庫五十一兩八錢,□振記、磁瑞益、朱慶升以上各/捐足重英銀五元,史隆瑞、提隆美、阮家觀以上各捐足重英銀二大元,/港源順、港源裕、港錦源、港源興、港義美、港通興、鎮萬鎰、鎮芳□、張恭寅、/黃克送、楊英俊、廈合源、石頭司、張赤久觀以上各捐洋銀/貳元、計庫它十八兩一錢正、楊送觀、楊儀觀、港隆成、亭協盛、廟源發、/廟漳盛以上各捐銀一元、計庫四兩正。

以上總捐銀三佰伍拾伍元、計庫重貳/佰叄拾玖兩伍錢貳分。傅祥司捐石半監、林黃川捐瓦砌、最善堂捐尺磚。/

一、重修佛像、聯、匾、椅桌、大小鼓、立石碑、雜費等共用銀三十八兩半錢陸分；

一開：杉、灰料、油漆、□修祀業各工資費等用去銀庫貳佰伍拾玖兩四錢二分正,/計總用銀庫二佰玖拾捌兩壹錢捌分。/除捐銀外,不敷銀伍拾捌兩六錢六分。/

職員林黃川墊銀庫拾柒兩五錢,鄉耆林紹華墊銀庫四兩八錢,/董事職員黃仕德墊銀庫拾壹兩柒錢,職員黃澤墊銀四兩八錢六分,/監生石體恕墊銀庫拾壹兩柒錢,職員葉如衡墊銀庫八兩一錢。/以上合墊出銀庫伍拾捌兩陸錢陸分正。/

同治歲次辛未孟冬穀旦,董事立石。/

碑存廈門市鴻山寺。嵌砌牆上。花崗岩質,兩方組成,每方高114厘米,寬67厘米。楷書陰刻。現狀完好。

清·重修鴻山寺碑記

重修鴻山寺碑記（楷書碑額）
今將檳城各處諸紳商等題捐芳名列左（楷書碑題）/

誥授朝議大夫、賞戴花翎、候補府李清珍喜捐艮叄百大員,/誥授奉政大夫、同知銜候補分府王漢鼎喜捐艮壹百六拾大元,/許光瓊喜捐艮貳拾伍員,杜啓明、林國順各捐艮貳拾四元,/丁道姑、永裕號、興利號各捐艮貳拾員,集福號、慶豐號各捐艮拾六員,/陳文記、沈溫濕、錦福號、新益興、萬得豐、邱華臨、益成號、振隆號,/新福春以上各捐艮壹拾貳員,邱克諧、吳允順、瑞福號、晉昌號、新集安、/永萬豐、邱榮源、林恒茂以上各捐艮拾大員,郭景秀、王振才、陳士材、/林文塔、柯振玉、龍源號、聯和號、合興號、春成號、怡順號、新榮泰、/永萬安、新裕盛以上各捐艮六大元,邱清粲、林三樸、施允中、李傳海、/福利號、得昌號以上各捐艮四大元,周榮縛、福南號、興遠號、錦春號、/順興號、吳再送以上各捐艮貳大元,嚴江石捐艮乙元,邱傳約捐艮拾貳元。/

董事:李清珍、邱克諧、邱中興、尤水龍、王漢鼎、丁道姑、林朝信、吳允順、王漢宗、許光瓊、林紅柿、施允中。

大清光緒貳拾壹年拾貳月吉日,住持僧喜參募修。

碑存廈門市鴻山寺。嵌砌牆上。花崗岩質,高124厘米,寬69厘米。楷書陰刻。現狀完好。

清·重修鴻山寺將諸紳商等各處捐題列左芳名碑記(上)

重修鴻山寺將諸紳商等各處捐題列左芳名碑記(楷書碑額)

廈門/賞戴花翎、候選道葉崇祿喜捐龍銀四佰大員,張門方氏捐銀八十員,/賞戴花翎、遊擊陞銜王明德喜捐龍銀肆佰員,林古娛捐銀五十大員,/欽加同知銜、賞戴花翎、候選分府陳謙善貳百大員,陳金質喜捐龍銀六/十大員,素善堂王喜捐龍銀四十大員,仁記號、聚和號、永/裕號、悅來號以上各捐龍銀三十大員,魚/行金廣順捐銀四十員,林長/慶龍銀二十員,白清水捐龍銀二十大員,葉宗華捐銀二十員,陳邦俊/龍銀十六員,瑞祥莊、福繕興、昌記號、黃建寅、鴻記號、林尚權以上各捐/銀十二員,生益號、源豐號、黃建成、捷昌號、茂德號、洪輔臣、源/永豐號以上/捐銀十大員,文川號、儀昌號、陳合隆、陳宗臻以上各捐銀六員,金慶財、/李逢源以上各捐銀四大員,建寅號捐銀捌員平兩,金瑞隆、力/登元、王及鋒以上各捐銀三員,彭天良、余守田、洪文獻、李隨、黃蕭山、周/步蟾、白秋生、源發號、顏信士、劉瑞麟、陳開泰、陳尚德、沈振光、葉亨臣、楊/得禮以上各捐銀二大員,黃信女、錢天乞、陳聽泉、陳慶良、曾庸良、何傳/修、林瑾良、林榮財、黃順舍、張天寶、慕善堂吳、曾獅姑以上各捐銀壹員,/淡/水林鶴年、蔣士柏、建祥號、僧轉回、永順/承隆以上各捐銀三十員,廣福泰/捐銀廿四員,致和栳行、春記/聯和號、陳蔭記以上各捐銀二十員,陳仲澄捐/銀十五員,蘇義吉、建發號、戀興號、順成號、林馥昌以上各捐銀十員,□/元號、永綿利、洪耿隆、辛可記、林順泰、乾生號、萬生號、建豐號以上捐銀六員。/

碑存廈門市鴻山寺,分為兩碑。嵌砌牆上。花崗岩質,高均為124厘米,此碑寬為73厘米。楷書陰刻。現狀完好。此其一。

清·鴻山寺各處捐題列左芳名碑記(下)

各處捐題列左芳名碑記(楷書碑額)

　　森春號、聯利號、震南號、福建昌永通號、聚隆號、景華齋以上各捐洋四大員,/永成號、吳良財、建興號以上各捐銀三員,東勝隆、生泰號、和泰號、福隆號、廣盛/隆以上各捐二員,清溪會館喜捐八員,林朱氏捐銀三員,曾泰運捐銀十員,/□蔣士楷、英芳記、捷和號、廣長泰以上各捐二十員,瑞昌榮、瑞記棧以上各/捐十五員,吳理卿、萬安棧、振茂行、晉祥行、福安昌、林維鼎以上各捐十大員,/成記號、豐記號以上捐六員,王輝垣、亨記號以上捐五員,新振昌、萬泰號、陳/錦甫、林維疇、邱子建、聯記號、聚德隆、合茂號以上捐四員,徵昌號、東勝隆、金/發號以上捐二員,粵東林梁、□、何氏捐十四員,廈門林祥玉捐艮貳大員,/實叻安溪胡永發喜捐銀五十員,曾厝埯蔡合德捐銀廿四員,上林號捐銀十二員,/李江賜捐銀十員,承福源、鼎盛源、萬茂號、聯德號、復利號以上各捐銀六員,/金福美、永義成、興利號以上各捐銀四員,合利號、葉成號、葉利號、陳/恒升以上各捐銀二員,陳補良捐銀四員,廈門林炎官捐艮壹大員,/吳文力、福祿各捐艮貳員。/
　　董事:葉崇祿、陳謙善、王樹德、林世烈、黃受卿、/王明德、陳汝森、林鶴年、邱炳義、蔣士楷。/
　　大清光緒乙未年清和月,鴻山寺住持僧喜參募修。

碑存廈門市鴻山寺,分為兩碑。嵌砌牆上。花崗岩質,此碑寬為80厘米。楷書陰刻。基本完好。此其二。

民國·重修鴻山寺由志

重修鴻山寺由志（楷書碑額）

鴻山寺建自南朝，由來久矣。迨民路政變遷，例在毀除。德/素蒙佛恩，切思此寺崇奉/佛祖，又係廈島名勝，何忍視廢？不辭勞瘁，僉請保存，不惜/斧資，自行修葺。時傳魯師亦另募捐，建造左畔樓屋。/詎料三年未周，大殿蟻蝕，勢成傾陷。爰請堪輿研究/樓高蓋殺之弊。謹將樓屋撤散，重新大殿，加造後進，/冀其悠久，以遂其願。特恐後之君子有志修築，莫知/其由，再將左畔高築，重履其弊，志之於石，以資參考。/
中華民國二十四年冬月吉旦，蔣以德謹志。

碑存廈門市鴻山寺。嵌砌牆上。花崗岩質，高124厘米，寬59厘米。楷書陰刻。現狀完好。

清·重修太平岩寺題刻

太平岩梵宇建自有唐，千有餘年，興廢頻仍，略無可考。嘉慶辛未，孝廉林君雲/青出資修葺，並輸已置南城門外虞朝巷口小店乙座，徵贏直以奉香火，石刻/存焉。同治建元正月上旬，佛堂夜災，榱棟几案俱成灰煨爐，佛像剝落，非/復具足諸相。德瞻禮傍徨，慨焉興感。爰募同志繕完佛殿，莊嚴寶相，經勒諸石。/第事同草創，未復舊觀。不特禪居荒廢，舉目蕭條，廊廡間又復積棺纍纍，益以/骸瓶穢我淨土，尤足痛心。歲辛未，乃重邀李君永仁、康君超英、葉君如衡同出/橐金，鳩工庀材，一切修復。普勸仁孝諸君，各取寄厝棺骸，妥諸窀穸。復於洋藥/稅局，每月籌措番銀兩圓給常住僧，永禁毋許寄厝棺骸，而梵刹煥然改觀矣。/寺僧歲有小店賃直之入，而寺左繚垣內李氏墓田仰僧守護，歲歲食其田之/所產，以為顧宜。復加以籌措之款，則薪水可不乏於供，幸無以違禁為諸君子/所糾劾,尤德等所厚望者也。岩下鳥道,自半山塘蜿蜒直上通西山等處,為島/中之北邙,清明前後展墓者趾錯其間。舊甃石磴,歲久坍塌,行者苦之。又深田/內山,土名七腳仔等處,掘土者眾,致陷墳塋,殊堪□□。復以餘資悉加完築,履/險有如夷之樂,靈泉安厚夜之常。襄斯舉者,各大欣慰,而德實董其成,敬述梗/概,用志諸同志樂善之勸,且以踵事□畢,護持勝地,望後之君子焉。是為記。/

同治拾壹年歲在壬申嘉平月　日重修,董事職員黃仕德刻石。

此摩崖石刻位於太平岩寺大殿外。字幅高225厘米,寬125厘米。楷書陰刻。個別字跡磨損,基本完好。

清·太平岩寺祀業石刻

太平岩佛祖公業店屋一間,址在廈聯溪保/橋亭街牛朝巷口左側第二間,坐東向西。/此是舉人林印雲青喜捐,永遠收稅,為/佛祖祀業,歷久無異。恐後來有不法棍徒,拆稅惡佃,或影藉盜收稅項,立石存照,以垂悠久。倘有敢拒等因,定即鳴官追/究,決不姑寬。謹白。

嘉慶辛未荔月立碑。

此摩崖石刻位於太平岩寺大殿外巨石上。字幅高120厘米,寬80厘米。楷書陰刻。現狀完好。

清·重興雲塔寺碑記(上)

重興雲塔寺碑記(楷書碑額)

大岩寺,古名剎也。面江背麓,地靈磅礡,海若朝宗,氣象萬千。粵稽宋人樂其山川之美,建寺崇祀三/寶觀世音香像。人之登斯岩也,如到彼岸而托慈帆。越元大德四年更修復,顏曰"雲塔",以岩石似塔,高/薄雲霄也。寺前建講堂,柯、周二公勤肆其間,皆擢高第,膺厚秩,以勳名氣節垂光史冊。他如葉、謝、楊、林、/李登高科者亦代不乏人。詎非觀世音式靈,豐其效耶?洎乎國朝棟宇圮毀,間有里人募葺焉。第/更修既久,漂搖雨風,堂盡蕩然邱墟矣。庶寺雖尚存乎,而奈廟屋□,榱□槯柯悉被蟲蟻蠹蝕,日就頹/泐,甚非崇祀之意也。故我諸仝人目擊神傷,遂相與踴躍勸捐,庀材授事,撤而重建,廓其規模,更闢前/宇,左增翼丈室、經樓,寺前講堂仍舊址重建,左右加翼四室,堂哉皇哉,美矣備矣!始於同治九年庚午/十一月,成於癸酉四月,糜白金三千餘員。由是岩寺巍峨,聲靈赫濯,遠近男女捧瓣香而至者益盛於/前,而其救災救厄,捷如影響,可知佛力廣大,故感應若斯之昭著也。至若講堂重構,習靜有所,凡都人/士之有志雲路者登斯堂而潛心考稽,優遊涵泳,養成大器,無難遠紹前徽於今日,豈徒岩寺經鼎新/之足壯觀瞻哉。今/謝國勤捐銀肆佰陸拾員,楊作霖捐英銀壹佰圓,李琢齋捐英銀玖拾員,邱正忠捐英銀陸拾大員,/邱泗漳捐英銀叁佰大員,邱家公司捐銀壹佰員,林忠誠捐英銀捌拾員,林長華捐英銀伍拾大員,/邱忠波捐銀貳佰陸拾員,楊家公司捐銀壹佰員,邱誥官捐英銀陸拾員,馬立本捐英銀伍拾大員,/邱曾瑩捐銀貳佰肆拾員,謝家公司捐銀壹佰員,林振超捐英銀陸拾員,李媽賽捐英銀伍拾大員,/顏宗賢捐銀壹佰肆拾員,林家公司捐銀肆拾員,陳福頤捐英銀陸拾員,周玉成捐英銀肆拾捌員。/

碑存海滄區雲塔寺。花崗岩質,高162厘米,寬62厘米,厚17厘米。楷書陰刻。基本完好。共二方,此其一。

清·重興雲塔寺碑記(下)

重興雲塔寺碑記(楷書碑額)

陳星輝捐銀捌拾員,吳義吉捐銀捌拾員,源發號捐肆拾肆員,邱吉裕捐肆拾貳員,長春號捐肆拾貳員,楊文貞捐肆拾大員,楊加祿捐肆拾大員,邱思禧捐肆拾大員,楊珠文捐肆拾大員,林鳴均捐肆拾大員,林識修捐肆拾大員,林文德捐肆拾大員,周呈芳捐肆拾大員(第一欄),顏應麟捐叁拾陸員,瑞春號捐叁拾陸員,協振棧捐叁拾伍員,吳新科捐叁拾大員,陳金殿捐叁拾大員,謝安得捐叁拾大員,振和號捐叁拾大員,新裕振捐叁拾大員,新集成捐叁拾大員,邱益順捐叁拾大員,謝允協捐貳拾肆員,李僅□捐貳拾肆員(第二欄),楊仁泰、林文舉、義昌號、邱馬英、洪文舉、源通號、邱元緒、楊克復各貳拾員,邱敦厚、楊朝儀、邱聯堂、邱高槐、楊寶德、謝同生、顏秦標、邱浩孕、邱益之各貳肆員,謝啓對、邱華官、謝田生各拾捌員,邱令旗、邱曾楫、林職承、邱水錦、邱孟宗、林□□、林茂水、邱曾國、順吉號、邱特求、溫桂林、林正川、謝兆祥、何宗珪(第三欄)。

碑存海滄區雲塔寺外。花崗岩質,高162厘米,寬62厘米,厚15厘米。楷書陰刻。基本完好。共二方,此其二。

清·重修雲塔寺碑記

雲塔寺碑記(楷書碑額)

茲據大岩僧澄清往仰光所捐之項,回寺建置水田大小六丘,土名山兜,以為寺/中住持日用。此業係是緣田,日後不得典賣於人。其寺前開放生池及往南海進/香諸費,俱需必須為支。其將告竣,爰記其事,並勒捐緣芳名以垂不朽於永遠云。/

協振棧捐銀柒拾盾,楊和春捐銀貳四盾,邱有定交捐銀拾貳盾。

謹將檳榔嶼芳名緣:/邱合振捐銀陸拾盾,楊源春捐銀貳四盾,新榮茂捐銀陸盾,合興號喜捐銀伍元,/振和號捐銀陸拾盾,開源號捐銀盾捐銀貳四盾,新瑞和捐銀陸盾,邱聯登捐銀伍大元,/新裕振盾捐銀陸拾盾,新茂春捐銀拾貳盾,福茂號捐銀陸盾,洪坑咸興號捐銀伍元,/新集成捐銀陸拾盾,恒茂號捐銀拾貳盾,蔡見通捐銀四盾,磨山林承妙捐銀叁元,/邱益順捐銀陸拾盾,邱益緞捐銀拾貳盾,江滄偉捐銀四盾,林文彬捐銀貳大元,/李相好捐銀陸拾盾,新合興捐銀拾貳盾,裕昌號捐銀貳盾,邱忠波捐銀貳大元,/長春號捐銀陸拾盾,廣洽號捐銀拾貳盾,邱合猛捐銀貳盾,杜吉來捐銀貳大元,/集勝號捐銀叁拾盾,成發號捐銀拾貳盾,邱合哮捐銀貳盾,洪坑洪五倫捐銀貳元,/楊怡春捐銀貳四盾,美茂號捐銀拾貳盾,邱合立捐銀貳盾,館坑吳康仁捐銀貳元,/邱華繞捐銀貳四盾。/

光緒玖年孟秋，原董事邱曾珍、林□德、林夢□、□□天、顏顯忠、邱清選、楊□熙、周林□，勸捐董成邱忠波、林文彬、邱聯登、邱合立、邱華繞、李相好、楊寧□、吳康仁勒石。

　　碑存海滄區雲塔寺外。花崗岩質，高110厘米，寬50厘米，厚11厘米。楷書陰刻。現狀完好。

清·香山岩碑記

香山岩碑記（楷書碑額）

　　湖龍頭公捐銀伍佰大元，湖龍頭董事蔡念宗銀壹佰，東園鄉公捐銀陸拾大元，南邑營前洪合勝銀肆拾，五通殿前陳山銀叄拾貳，五通殿前陳先委叄拾元，新店街洪秉均銀貳拾元，馬巷陳金合源銀拾玖元，五通殿前陳峻德拾捌元，湖龍頭蔡秋來銀拾陸元，坑尾謝國老捐銀拾肆元，東蔡鄉蔡才捐銀拾貳元，湖龍頭蔡灰捐銀拾貳元，林前、西林二社仝捐銀拾貳元，珩厝王文溪捐銀拾貳元，五通上店黃天乞拾貳元，廈門曾清林捐銀拾貳元，五通殿前陳菜□拾貳元（第一欄），五通殿前陳椅銀拾貳元，五通西郭葉吝銀拾貳元，石蟳陳活水捐銀拾大元，馬巷林義興捐銀八大元，馬巷陳泉源捐銀八大元，湖龍頭蔡和捐銀八大元，安溪木坑社蔡主銀八元，船號金益興捐銀八大元，馬巷陳壬右捐銀八大元，五通縣後陳治亂銀七元，馬巷侯亭朱藏員銀六元，湖龍頭蔡詰捐銀六大元，五通殿前陳槍義六大元，五通殿前陳轉銀六元，五通上店黃福止六大元，五通皇頭曾瑞鄉六大元，湖龍頭蔡埕截銀六大元，馬巷陳如泉捐銀六大元（第二欄），馬巷陳長泉捐銀陸大元，馬巷陳日秋捐銀肆大元，馬巷侯亭朱藏澤銀伍元，五通西郭葉彭捐銀五元，五通蒼里徐員捐銀五元，五通殿前陳芳築銀五大元，五通殿前陳光門銀五元，五通殿前陳風□銀五元，黃厝鄉黃牆捐銀五大元，黃厝鄉黃飽捐銀五大元，湖龍頭蔡五輦銀五大元，馬巷薛承益捐銀五大元，馬巷郭銀水捐銀五大元，洋塘上分公捐銀五大元，淳厚鄉許公捐銀五大元，南邑營前洪籨捐銀四元，南邑營前洪秀捐銀四元，廈門陳明捐銀四元（第三欄），南邑營前洪歐捐銀四元，五通墩上陳墠捐銀四元，南邑溪東李以平銀四元，五通殿前陳馬薦銀四元,南邑溪東李通吾銀四元,崎口下蔡合興捐銀四元,廈門曾簪捐銀四大元,湖邊林譚捐銀四大元,洋塘下分公捐銀捐銀四元,溪墘鄉陳水捐銀四元,蟳屈謝芋捐銀四元,蟳屈謝籃捐銀四大元,蟳屈謝泯捐銀四大元,湖龍頭蔡正捐銀四元,湖龍頭蔡籃捐銀四大元,埤前鄉公捐銀四大元,曾林蔣水南銀四大元,東園張缽捐銀四大元(第四欄),黃厝鄉公捐銀五大元,黃厝鄉黃軍捐銀四元,曾林蔣奚司捐錢七千五,南邑石井黃良司錢七千四,坪邊葉公捐錢六千文,塘頭柯公捐錢六千文,南邑吉港卓捐錢五千六,茶山宋公捐錢五千四百,下美店楊公捐錢五千四,蓮林前王公捐五千文,蓮林後公捐四千文,崎口下公捐錢五千文,南邑院下公捐銀九元,淳厚許壖捐銀四大元,馬巷陳補捐銀四大元(第五欄)。

　　光緒戊寅年葭月　日慶成,董事蔡念宗立。

　　碑存翔安區香山寺。花崗岩質,高193厘米,寬78厘米,厚13厘米。楷書陰刻。現狀完好。

清·建房收租敬贈各廟香資碑記

　　楚漢自同治甲戌秋蒞廈,迄今十有九載,轄洋靜謐,息盡驚波,閭里相安,共遊樂國,本/標勇練各營及炮臺弁、兵勇駐防要隘絕少災侵。楚漢每年乘坐輪船,統率師船,巡/歷內外洋面,雖遇颶風巨浪,極危之頃,化險為夷,無非仰沐/神庥,深叨庇蔭。茲特捐廉在得勝路頭建蓋店屋一座,按月收租,敬贈各廟香資,以期永/遠不虞缺乏,用答/神靈呵護之德。除每月香資由中軍衙門照章分發外,謹將贈送香資數目勒碑,以垂久遠。/武聖廟每年香資共錢叁拾陸千文,西庵宮每年香資共錢柒千貳百文,/南普陀每年香資共錢柒千貳百文,馬王廟每年香資共錢陸千叁百文,/虎溪岩每年香資共錢拾柒千貳百文,城隍廟每年香資共錢柒千貳百文,/朝天宮每年香資共錢玖千文,大轅門官廳每年香資共錢陸千叁百文,/火神廟每年香資共錢柒千貳百文,南壽宮每年香資共錢柒千貳百文。/

　　光緒壬辰仲冬月穀旦立。

　　碑存廈門市中山路舊南壽宮(今金華閣南樂社所在地)短巷內。嵌砌牆上。花崗岩質,高165厘米,寬75厘米。楷書陰刻。現狀完好。

清·塘邊雲岫庵題緣碑

雲岫庵（楷書碑額）

光緒壬寅年季秋重修，/計開工料費壹仟肆佰柒拾柒員。/本社林經五捐龍銀玖佰員，/佁諸信士捐龍銀肆佰捌拾柒員，/本社林聚官捐龍銀伍拾員，佘壬癸龍銀四拾員。/仝立。

碑存湖里區塘邊社區觀音亭內。花崗岩質，高 139 厘米，寬 59 厘米，厚 13 厘米。楷書陰刻。現狀完好。

道教

明·重修朝元觀記

重修朝元觀記（篆書碑額）
重修朝元觀記（楷書碑題）/

　　大同邑治之西郭，林壑蜿蜒，澗音洞伏，樹木陰翳，蒼翠棱層，神仙宅也，而朝元觀在焉。相傳七百餘歲，年代甲乙無所於稽。僅可考者，宋嘉熙二年，/安撫謝圖南創建。元至正甲午兵毀，蕩為灰燼，但號慶豐門外朝元宮而已。/國朝洪武五年壬子，道士陳一寧乃故址蓋玉皇殿。壬戌，林嗣真蓋三清殿。戊辰，顧惠寶蓋玄壇宮泊宮廳。庚午，蓋山門及兩廡。永樂癸巳，道會施道/明蓋後法壇及道房、廚舍、外山門。己未，改外山門為三間，挂櫺星門扁（按："扁"當是"匾"）。戊戌夏，邑令括蒼劉侯禱雨於觀而有感應，睹三清、玉皇殿泊兩廊及放生/池臺已多朽壞，天尊、三官、龍虎諸神位像□之，遂謀於眾重修。將完，遽事而去。己亥冬，雲間王使來宰是邑，政暇來遊於觀，視其中有未備者，志在/恢拓，謀諸道明，共捐己貲。低者昂之，弛者張之，彩其像塑，朱其楹柱，直其廊廡，穿其檐采，塗以青緋，間以腝漆，上下輝映，四顧如新。庚子夏，乃築三/清殿庭、月臺。至是而觀之，創制始備，燦然可觀。
　　一日，使以述職欲行，道明謂侯曰："是觀創於七百年之前，而完美於今日，非天設神造之有待乎？侯/之欲行，必勒石以紀事而後可，否則失機玩時，非徒今之無紀，將使後之無聞。"侯諾而然之，其工未就而侯已去。劉侯復還到邑，而贊成其事。道明/遂具由致書，謁志於予。余謂老氏之學，以虛無為尚，唯虛故靈，唯無故有。其用能役鬼神、驅雷雨、呼吸陰陽、出入造化，其功足以翊/王度、奠生民、扶世道。以同邑觀，如水旱，禱則晴雨應，疾疫祈則瘳復效。民敬信之，過於子之敬信父母也。二侯之效力於是者，非它，亦以從民瞻而請福，為/國祚以祈長焉，用心詎不公且勤，□績豈不懇且效哉。侯不自伐，道明力請為之，見侯之功不容以不書。後之視今猶今之視昔，則道明之立石，劉、王二侯之芳聲相與流傳於不涯已。

歌曰:/"大同之西蓮瀛山,渾元一氣相循環。朝元觀創年七百,志石矢書遺末端。不知幾劫荒兵燼,今後美麗崇言言。/問今住持誰氏子?施姓洞默為玄宮。有美劉令及王令,光飾像塑塗黝丹。外開堂殿朝/玉帝,內植花卉茂人寰。入門耀目覺璀燦,清風兩腋驚飛翻。/皇興統一磐石安,風調雨順百穀蕃。鑽珉歷告成功難,後千萬世將碑看。"

京闈庚午科殿元、前刑部主事,清漳黃文史撰文;/

奉訓大夫、德慶州知州,魚石黃廣篆額;/

承直郎、鎮江府通判,銀城劉時道書丹。/

時大明永樂十九年龍集辛丑春三月朔日,道會施道明,知觀事惠德,道眾莊積中、吳仕季等立。/

都勘承事郎、同安縣知縣、雲間王琬,/賜進士出身、承事郎、福建泉州府同安縣知縣括蒼劉性同,將仕郎、主簿、增江顧存恕,儒學教諭楊時中,貢士林朝垣,邑橡林瑛、傅宗堯、石蒲,/泉州府□吏、武榮丁祖,士民李長、陳大益、劉宗裕、葉秉幹、林茂資、王自寬。/

碑存同安區大同街道朝元觀之前殿。弧首,有覆斗形石座。輝綠岩質,高183厘米,寬77厘米,厚10厘米。楷書陰刻。碑上部已斷裂,近已復原。此為廈門目前所見年款最早的碑刻文物之一。

明·重建朝元觀記

重建朝元觀記(篆書碑額)
重建朝元觀記(楷書碑題)/

夫人情何以重改作也?故作之道,善敗觀乎事,興廢觀乎時,向背觀乎情,成毀觀乎才,君子觀是四者,可以改作矣。嘉靖/丙申菊月九日,余憩朝元,羽士洪汝善讀疏詩曰:"朝元之德深矣,而制時就廢。"邇者玉皇殿既已竣工,而寥陽殿及內外/兩門者堵□故也,便欲舉而新之。顧改作大事也,其如問余,□亦難之。既而,□其故址,則見其上下維持,幾□弗支,乃喟/然曰:"甚哉!改作之不可已也,其事可知矣。"

□有其事矣，未卜其時焉；有其時矣，未卜其情焉；有其情矣，未卜其才焉。汝/善□然將經始於是年之臘，余又難之。既而，閱其舊志，則是觀再建於永樂之辛丑，至於今而大壞。鼎革之會，天運然也，/是故厥時興。及將成事，汝善遂以疏向上天禱，則是之舉。夫後林葉公以祿勸以疏而告之，若士若民則或以金勸，或以/工勸，而余之宗人又以數十金勸，是故厥情向。時以興事，情以趣時。工就藝，俯就直，事者起之，弊者振之。

　　越歲丁酉春三/月，而寥陽殿告成，□黃翼飛，輪奐丹艧，朝元之為觀□矣，其餘規制，工難卒辨。適二尹謂川楊公及縣尉熊公以禱雨至，/□命完葺，捐俸以為民先，汝善益承休意。歲值庚子春二月，而朝元門成，而櫺星門又成，繚以周垣，植以佳卉。朝元之為/觀，大備矣，吁戲盛哉！邑老劉君喬用、黃君英輯輩樂觀厥成，謀刻諸石以昭盛矣，屬余記之。余惟朝元之改作也，其時之/所值者天也，其情之所向者人也。天運而起，人動而從，嘉洪君之才也。矧量功程□，而智以經之，晨出夜入，而勤以相之。/是故金用而不侈，工用而不耗，日用而不虛，朝元能底績矣。

　　洪君，儒族也，蚤孤而誤歸老氏。自茲以始，惟無負於其志，無改於其初，則是才將托諸石而不朽矣。茲舉也，協力贊功，羽士鄭君稚亦與有勞焉，遂書以識於石。

　　時/大明嘉靖十九年歲次庚子仲夏望日，鄉進士、碧峰謝復春撰。/

　　南京戶部主事謝昆，邑庠生謝鵬翰，/義官郭尚彥、林坤、謝朝春、葉子孝，/耆士謝世玉、劉喬興、陳廷昆、謝世傳、謝師淵、葉邦持、郭廷韜、劉子春、陳汝謙、謝師聖、謝武容、謝武恭、謝鍾瑞、王國傳、蘇紀章、莫克周、莫一敬、莊世鎮同/立石。清源黃宗會書丹並篆額，同立石。/

　　碑存同安區大同街道朝元觀之前殿。弧首。花崗岩質，高208厘米，寬89厘米，厚17厘米。楷書陰刻。基本完好。

清・重修大元殿碑記（一）

大元殿碑記（楷書碑額）

　　蓋我瑤江自建立大元殿以來，迄林挺公、施將軍、阮都督、葉仰高等經修纍次，歷數百年，但風雨飄搖，久而復壞。敝鄉目擊心傷，爰向諸君/鳩集成胈，擇吉興工，重新殿宇，俾肯堂肯構，襄勝事於一時；美奐美輪，迓神庥於萬世。由是歷詳姓氏，開列於左，以勒諸石，以垂不朽云爾。/漳郡監生莊啟明捐銀壹佰伍拾員，九道庵眾弟子捐銀捌拾員，賞戴花翎、內部正郎、加道銜王青雲捐銀陸拾員，漳郡慎德堂捐銀肆拾伍員，/布政司銜、廣東即補道葉文瀾捐銀拾陸員，本社曾遷觀捐銀叁拾肆員，西塘眾弟子捐銀叁拾員，石潯吳大影捐銀貳拾肆員，丙洲陳如淵捐銀貳/拾員，本社曾宙觀捐銀貳拾員，陳標觀捐銀拾玖員，虎溪內眾弟子捐銀拾捌員，祥露眾弟子捐銀拾肆員，官潯林立觀捐銀拾肆員，本社葉英觀捐銀拾/伍員，葉驅觀捐銀拾肆員，葉屋觀捐銀拾叁員，劉真諒捐銀拾貳員，當山殿眾弟子捐銀拾貳員，西塘張枕觀捐銀拾貳員，西塘眾弟子捐銀拾貳員，/後坂眾弟子捐銀拾貳員，廈門啟祥號捐銀拾貳員，本社葉泮水捐銀拾壹員，官潯林前、啟觀捐銀拾員，溪邊林沁觀捐銀拾員，宋厝葉眾捐銀拾員，金/允泰捐銀拾員，漳郡魏安瀾捐銀拾員，墩上眾弟子捐銀拾員，西塘眾弟子捐銀拾員，本社林刁觀捐銀拾員，鄧靴觀捐銀拾員，林管觀捐銀捌員，葉/信觀捐銀玖員伍角，葉貪觀捐銀玖員伍角，林提觀捐銀玖員，葉國賴捐銀玖員，蔡厝眾弟子捐銀捌員，本社葉讓觀、曾旺觀、閩安總鎮府劉興/邦、官潯林探、兵觀、西柯柯振順號、柯全順號、船戶新慶泰號、新吉安號、金允安號以上各捐銀捌號，廈門葉暖觀、本社葉對觀、林通觀以上各捐銀柒員，福/聯順、集安堂眾弟子、白香山眾弟子、山坪眾弟子、祥露監生楊鴻模、石潯吳隆德號、漳郡蔡鴻逵、廈門錦源號、自和號、源裕號、自遠號、寶德號、德隆號、通/興號、內閣中書舉人陳澄清、本社葉掘觀、前埔林深觀、本社劉敬觀以上各捐銀陸員，劉金萬捐銀陸員伍角，石潯吳嘉賓、金慶泰、船戶金允昌、閩邑黃鼎/高、葉活水、石潯眾漁船、廈門源興號、官潯林張觀、本社劉鉗觀、葉員觀、葉淺觀、曾炎觀、葉日華、林牙觀、葉克老、前埔林慶觀、新橋眾弟子以上各捐銀伍員，/竹仔林葉標舵、壩仔內眾弟子、西塘張滑觀、石潯吳盞觀、吳聰盛、廈門林琨玉、謙泰號、振豐號、德裕號、源順號、源振號、東隆號、福州薛良溥、郭大彬、前埔林金標、官潯/林難觀、林銳觀、林吉觀、林曰觀、西柯柯玉書、扒橋曾厝鄉眾弟子、本社葉金鋪、曾柄觀、林張觀、曾忠觀、葉別觀、葉金之、林□觀、林集觀、林而觀以上/捐銀肆員，船戶柯萬利、柯進源、金振安、金隆泉、金勝春、金合利、金寶豐、金寶福、新榮發、金得順、新寶藏、金允吉、廣隆安、金寶聚、新福順、西柯柯天/藻率男秉淵、柯火炮、柯庫生、柯窗生、新泰昌、柯天夥以上各捐銀叁員貳角，廈門信成號、協安號、協隆號、隆成號、恒德號、振順號、泰興號、成利/號、義豐號、義成號、德源號、慶成號、柴場眾弟子、三仙殿眾弟子、官潯林千觀、漳郡蔡麒麟、九道庵和尚、本社葉日觀、葉應瑞、葉刊觀、葉寓觀、葉晴觀、劉/評觀、林佛觀、林正觀、劉市觀、曾三觀、曾偉觀、葉擬觀、邵利觀、葉柱觀、林俊觀、船戶金勝春、金泰來、金源華、新駿發、金得福、金元豐、新榮發、阿得/寶、柯聚發、柯進發、柯進勝、柯進利、紀傳坤、金門黃如松、西柯柯愈才、廣東阿六觀、官潯林員觀、林卑觀、林盤觀、林冰水、羅源柯雍觀、丙洲陳瑞奎、坑樸呂鴿觀、/官潯蔡奕觀、西塘張後觀、張流觀、張地觀以上各捐銀叁員，本社林漸水捐銀伍員，曾弟觀、曾世觀各捐叁員，石潯吳討觀捐銀陸員，西柯柯仁觀捐銀/肆員，本社劉炎觀捐銀貳員，鍾宅眾弟子捐銀伍員，林墩貳龍宮捐銀肆員，西柯新慶泰捐銀肆員，源發捐銀肆員。/

　　同治八年四月　　日，董事：五品軍功舉人葉成、曾光樹、葉靜瑞、林光柳，勸捐：柯秉淵、曾泰山、曾庇生、葉扳桂、柯天谷、林光張、林光橋、葉聯甲、葉光京、柯昆源、林光集、林光佛、葉光日、葉光敬。

　　碑存同安區祥平街道瑤頭村大元殿。花崗岩質，高178厘米，寬84厘米，厚18厘米。楷書陰刻。基本完好。

清·重修大元殿碑記（二）

大元殿重修（楷書碑額）

　　瑤江大元殿自同治八年重修而後，迄今三十多年，漸致破損。歲在癸卯春三月，爰鳩工而修葺焉。越明年告竣。計費金壹仟/陸百有奇。謹將捐題芳名刊列於左：莊鴻謨捐銀壹佰員，莊水連捐銀肆拾兩正，莊天龍、天齊、再澳以上各捐銀貳拾肆兩，/蔡光郡捐銀肆拾貳員，蔡正奢捐銀貳拾貳員，莊玉捐銀壹拾陸兩正，黃紅毛捐壹拾肆員，蔡長芳捐銀壹拾貳員，蔡琴詩、莊/天盾、蔡承建以上各捐銀捌兩正，蔡爾壽、長祿以上各捐銀陸員，蔡竟敦捐銀肆兩，蔡克紹、□碗、傳二、松茂以上各捐銀肆員，/蔡光為捐銀貳兩伍錢正，黃賜井、蔡長串、振來、速畝、純尚、赤熊、延騰、牛屎、源玉、汶濱、光在、偕載、極埜、乙侯、忠和、正記、乃安以上/各捐銀貳員，莊忠信捐銀陸員，上格社眾弟子壹拾貳員，官潯林錦界捐銀陸拾捌員，城內職員倪金榜捐銀肆拾貳員，仟路莊九品/捐銀貳拾四員，下門王明德捐銀貳拾員，蓮花社眾弟子捐銀拾貳員，雙圳頭黃俊卿貳拾員，石潯吳玉深拾貳員，下港銷葉弟子拾貳/員，船戶金振盈、金勝春、金廣發，捐船傳銀，以上各拾貳員，古浪林天從捐銀陸員，大鄉蘇法焉捐銀陸員，八卦羅文浦、尖尾山東洪塘□□/甲、朱□市李浯、北門外陳長江、陳維幹、石潯吳榮洲、丙州陳波觀以上各捐銀肆員，陳其觀捐叁員，八卦羅光源捐銀叁員，同安傅中軍、黃良/觀以上各捐銀四員，本社林海觀捐銀貳拾員，葉時習、鄧及第以上各捐銀拾陸員，林城觀、葉坑增以上各捐銀拾貳員，曾城觀、劉/每觀、曾王門以上各捐銀拾員，曾勞觀、李梓衣、元觀、粗觀以上各捐銀捌員，葉娘生捐銀捌員，葉返觀、厝觀、梧觀、二房振觀、梅觀、由/矸、其可、帕觀、林仲臣、挂觀、曾會觀、拃觀、正觀、篆觀、柳觀、劉拋觀、呂銓觀以上各捐銀陸員，葉威觀、曾壬觀、劉每觀、童良觀以上/各捐銀伍員，曾現觀、日觀、象觀、陳觀、白觀、褒觀、葉乞觀、造觀、鏡觀、枹觀、元觀、五房沁觀、梅觀、林岸/土觀、天觀、諸觀、天化、火觀、善觀、陳/波觀、創觀、鄧元觀、一水以上各捐銀四員，葉光、蔡光牆、軟觀、身觀、徙觀、杻觀、衺觀、曾有智、曾光仕、光騰、文包、光犂、光梅、光床、用/極、光拋、林良觀、光祥、淼觀、玳觀、葉求、林拃、璽觀、丕觀、記生、林飲、鄧總觀以上各捐銀叁員，林仕觀、郁觀捐艮伍員，葉蒲觀捐艮/陸員，曾鑾觀捐銀陸員，林硯觀、曾進觀以上各捐銀伍員，葉名觀、扇觀以上各捐艮四員，連甲、歸觀、曾泮觀各捐艮四員，葉料/觀捐艮叁員，葉蘊捐銀拾貳員，葉每捐銀柒元，曾水東銀肆元，葉聯艮四元，陳追艮陸元，亨泥林修艮六元。

　　光緒三十一年十一月　日

　　董事生員：曾廷圭、林淺、曾宰、葉勇、曾鑾、曾鏡、葉光習、葉衣、林跳、曾城、葉可、曾鵬年、葉開、林化、林港、葉群。

　　漳郡勸捐：蔡爾□、臨放、光鹽、學詩、莊建玉、如蟾、琴詩、念本、林念、宗珍、新禧、正碧、位六、勇團。

　　碑存同安區祥平街道瑤頭村大元殿。花崗岩質，高176厘米，寬63厘米，厚14.5厘米。楷書陰刻。字跡略模糊。

伊斯蘭教

清·廈門清真寺碑記

廈門清真寺碑記(楷書碑額)

此寺建於道光季年,浙江提督楊帥倡捐。同治間經廈防馬司馬倡捐,拓建前/棟。光緒廿二年,又經水提憲楊帥倡捐,置屋四座,為本寺經費,計:霞溪街店壹/座,價伍佰貳拾肆元,契七紙;城內街店一座,價貳仟元,契四紙;馬路住屋一座,價壹仟叁佰陸拾元,契一紙;又一座,/價柒拾元,契九紙,永為公業,不許私賣。茲將先後芳名列後:/

楊繼勳、馬珍、高德彰、楊岐珍、耿玉保、張玉生、江起鳳、楊有珍、李春發、楊永昌、/張英、楊學誠、楊懷先、楊士江、柏麟書、朱兆英、楊瑞珍、鄭長城、楊蔭常、宋金標、/方清楊、趙福勝、李元財、牛長勝、周家昂、張玉璞、楊德明、王福勝、朱兆璜、彭錫圭、/彭楚英、楊佩珍、楊儒珍、楊秉珍、楊全甫、楊懷福、張玉堂、楊金山、楊鼎爵、楊興隆、/商承祿、楊良翰、高承勳、黎起龍、杜益安、楊良材、鄭克明、高承良、常福綿。/

光緒廿十八年季春公立。/

碑存廈門市公園東路玉濱城。花崗岩質,高149厘米,寬60厘米,厚10厘米。楷書陰刻。現狀完好。

民國·重修清真寺碑記

重修清真寺碑記（楷書碑額）

民國十三年八月公立。/

鄒縣唐柯三先生來廈監督海關，見廈門清真寺屋宇腐朽，教/道衰微，慨然有振興之志，提倡募捐，舉馬立賢、常福綿、馬良基/赴上海、南京、南洋勸捐，得銀貳千圓有奇，修葺廈門、泉州寺屋/二座，買置城內店屋二座，連舊屋店共六座，為永久公業。其屋/稅為廈寺常費，不准私行典賣。如有盜賣，凡是回教人皆有共/管之權，出頭究禁保全。特立此碑，俾永遠照行云爾。/

發起人：馬立賢、馬良基、楊兆垣、海毓麟、高維岳、楊子修、楊博初、/唐柯三、常福綿、哈玉峰、李淵卿、柏兆生、馬季卿、常允敏、/柏麟書、楊奇珍、楊文基、楊維慶、馬鶴齡、楊藎臣、拜賡揚。/

碑存廈門市公園東路玉濱城。花崗岩質，高 150 厘米，寬 60 厘米，厚 10 厘米。楷書陰刻。現狀完好。

第五篇 宮廟殿宇

吳真人廟

宋·慈濟宮碑（一）

　　山川清淑之氣，扶輿磅礡。鍾而為人，其生也，挺然異於醜夷；則其死也，必不與草木而同腐，此理之常，無足怪矣。蓋其精爽不二，凜然如生，千載之下，使人敬畏。雖體魄蟬脫而魂氣則無所不之也。

　　介漳、泉之間有沃壤焉，名曰青礁，地勢砥平，襟層巒而帶溟渤，儲精毓秀，篤生異人，功鉅德崇，世世廟食，是為慈濟忠顯英惠侯。侯弱不好弄，不茹葷，長不娶，而以醫活人。枕中肘後之方，未始不數數然也。所治之疾不旋踵而去，遠近以為神醫。常與同閈黃駁山過今廟基，指其地曰："據此當興，先至者為主。"乃用瓦缶有三，納誓辭埋之。既沒之後，靈異益著。民有瘡瘍疾疢不謁諸醫，惟侯是求。撮鹽盂水，橫劍其前，焚香默禱而沉痾已脫矣。鄉之父老私謚為醫靈真人，偶其像於龍湫庵。方工之始，解衣磅礡，莫知所為，縮首凡數日。一夕，夢侯諗之曰："吾貌類東村王汝華，而審厥像更加廣顙，則為肖。"工愕然，由是運斤施堊，若有相之也。紹興間，虔寇猖獗，鄉人奉頭鼠竄，束手無策，委命於侯。未幾，官軍與賊戰，斃其酋李三大將者，殘黨皆就擒。今之廟基，即賊酋死地也。闔境德侯賜，益以竭虔妥靈。歲在辛未，鄉尚書顏定肅公奏請立廟，相與誅茆於雲嶠院之側。畚錘畢，其役者高寧若醉若狂，大聲疾呼曰："此非吾所居。龍湫之陽，昔有盟焉。"奔而就之，掘地數尺，三瓦缶固無恙，青蛇鬱屈於其中，觀者莫不神悚，遂定立今廟，其基則顏公發所施也。廟既成，四方之香火來者不絕，士祈功名，農祈蕃熟，有欲為非義者則所禱更不酬。蓋古所謂聰明正直而一者也。淳熙乙巳，承事郎顏公唐臣率鄉大夫與其耆老徹舊而新之。高門有伉，宮寢奕奕，輪焉奐焉，翬飛鳥革。既又立屠蘇其房，學佛者以供灑掃之役，然後祠宇粗備。數十年來，支分派別，不可殫紀。其在積善里曰西廟，相去僅一二里。同安、晉江對峙角立，閩莆嶺海，隨寓隨創，而茲廟食實為之始。自經始於今，登載弗具，議者以為缺典。同安舊有紀，故治中許衍作溫陵之廟，今侍郎戴公倅泉日，網羅所聞，壁記其言。始於漳之青礁而顛末則未詳，欲羅網放失，採故老之所聞，貽諸後人信以傳信。惟吾鄉之為近，先是獻豫合抱之木者。碑材既具，莫適為辭，枚卜其人必待鄉之新進士。會兩舉，差池再三，禱之不變。嘉定改元，志竊太常第，歸拜神庥於汾榆舊社，不謀同辭，知侯之有待也。

謹按譜牒，侯姓吳名本，父名通，母黃氏。太平興國四年三月十五日生，仁宗景祐三年五月初二日卒，享年五十有八。自侯之沒，至紹興辛未，凡一百一十六年，而後立廟。至乾道丙戌凡三十一年，又加忠顯之封。至嘉定戊辰一十三年，而後增英惠之號。合而計之，一百七十有餘年，人心皈向，終始如一。異時疏湛恩，都顯號，蓋未艾，姑敘其梗概如此。若夫雨暘不忒，寇盜潛消，黃衣行符，景光照海。挽米舟而入境，鑿旱井而得泉，秋濤齧廬，隨禱而退。凡此數端，備見部符使者事狀，茲不申述。因作迎享送神之詞，詞曰："酒醴清兮餌粢香，雜嘉蔬兮薦侯堂。侯之堂兮深以窈，奕奕寢廟兮奉妣及考。右岐山兮左龍湫，青衣前導兮侯出遊。民之疾疢兮惟侯是求，侯不來兮吾何以瘳？左龍湫兮右岐山，幡幢蓋兮侯往還。下田濕兮上田乾，侯不福我兮何以有年？侯之度兮春之暮，迎者誰兮坎坎擊鼓。歲之殘矣侯上天，挽不留兮何日旋？西欲其來兮東欲其止，界兩州之間兮惟侯之里。嗟兩州之人兮□爾子孫，奉祀以無斁兮何千萬祀。"

嘉定二年己巳六月望日，進士、廣州別駕，邑人楊志撰。

錄自乾隆《海澄縣誌》卷二十二"藝文誌·記"

宋·慈濟宮碑(二)

通天下郡邑必有英祠，表著方望，納民瞻依，然威德所被不過一二州，近不越境，其烈（按：《同安縣誌》多"以靈"二字）而顯者比比皆然。是惟忠顯英惠侯宅近於漳、泉之介，自紹興辛未距今垂七十年，不但是邦家有其像，而北逮莆陽、長樂、建劍（按：《同安縣誌》"建劍"作"劍津"），南被汀、潮以至二廣，舉知尊事，蓋必有昭晰於冥漠之間，而不可致詰者矣。

按：侯姓吳，名本，生於太平興國四年，不茹葷，不受室，營業醫，以全活人為心。按病投藥，如矢破的。或吸氣噓水以飲病者，雖沈痼奇怪（按：《同安縣誌》多"巨曉之狀"四字），亦就痊癒。是以屬（按：《同安縣誌》"屬"作"癘"）者、瘍者、癃疽者，扶舁攜持，無日不交踵（按：《同安縣誌》"交踵"作"旁午"）其門。侯無問（按：《同安縣誌》缺"問"字）貴賤，悉為示際療，人人皆獲所欲去，遠近咸以為神。景祐六年卒於家。聞者追悼感泣，爭肖像而敬事之。屬虔寇猖獗，居民魚驚鳥竄，朝暮不相保，率請命於侯。未幾，賊酋喪死，民獲奠居。於是，相與德侯之賜，思所以竭虔妥靈。歲在辛未，肇創祠宇。於是精爽振發，民歡趨之。水旱疾疫，一有款謁，如穀受響。時梁鄭公當國，知其事，為詳達部使者，以廟額為請。於是有慈濟之命，越慶元乙卯，又有忠顯侯之命。開禧三年，春夏之交，亢陽為沴，鄰境赤地連數百里，獨此邦隨禱輒雨，歲乃大熟。會草竊跳梁，漫淫（按：《同安縣誌》多"至"字）境上，忽有忠顯侯旗幟之異，遂汹懼不敢入，一方賴以安全。邑人又以其績轉聞於朝，於是有英惠侯之命。先是，邑人欲增故居之祠，而窘於財。一夕，有靈泉湧階下，甘洌異香，飲者宿患冰釋。自是求者益眾，百役賴以具舉，不數月而成，門敞皇皇，堂崇轇轕。修廊廣廡，是赫是稱。既訖事，鄉之秀民黃炎貽書屬夏以記。夏嘗見今樞密曾公言幼年苦風，頭瘍，頭幾禿，就侯醫輒愈。嘉定九年丙子（按：《同安縣誌》多一"歲"字），右股赤腫大如杯（按：《同安縣誌》"杯"作"胚"），惟禱於侯，不事刀匕之劑，未幾（按：《同安縣誌》多一"日"字）而平復。因念疇昔雙瞳幻瞖（按：《同安縣誌》"瞖"誤作"翠"字），積久浸劇（按：《同安縣誌》多"百藥俱試，如水投石"八字），自分已為廢人。適有良醫自言能遊針於五輪間，小有差舛，如觸玻璃而倒沉瀣，人皆危之，賴侯之靈以迄濟，乃今漸得復舊。列屬束儲明發，執經橫展側讀，簏免敗缺。荷侯之休，何有終窮？故喜書其事，且繫以辭，俾鄉人歌而祀之，辭曰："相紫帽兮大麓，儼英祠兮蠱蠱。雕牖兮甜問，樓楹兮煒煜。臂蕭炳兮飭五音，椒蘭郁兮震淡心。飛龍駕兮祥雲舞，侯安留兮慶陰陽。菑流行兮訴無所，侯有靈兮與天語。語咨潦兮開雲霧，望雲霓兮澤如注。眠嬰疾兮砭劑莫施，禱於侯兮旋武而治。扶杖款謁兮道路纍纍，侯之濟物兮利惠不貲。靈胥播兮朝天，車轔轔兮馬翩（按：《同安縣誌》多一"翩"字）。璆將鳴兮為輔，澤區宇兮何千萬年！"

宋兵部侍郎、漳州守莊夏撰。

錄自乾隆《海澄縣誌》卷二十二"藝文誌·記"

清·吧國緣主碑記

吧國緣主碑記（篆書碑額）

昔宋紹興辛未，尚書定肅顏公之始建祖東宮也，捐俸奏請，德云懋矣。至淳熙己巳間，承事郎唐臣公復為恢廓其制，基址壯麗，費以巨萬。/蓋未嘗不歎其善述定肅公之志，而隆神庥於無窮也。辛丑播遷，廟成荒墟，公之子姓復捐募重建，營立殿閣，架構粗備，未獲壯觀。賴/吧國甲必丹郭諱天榜、林諱應章諸君子捐資助之，一旦樂睹其成，煥然聿新，雖默鑒有神，啟祐無疆，然頌功德而揚盛舉者，當不在二公之下矣。是/宜勒石志之，以垂不朽。

賜進士第吳鐘撰書。/

甲必丹：郭諱天榜捨銀陸拾玖兩，林諱應章捨銀叁拾兩，王諱應瑞捨銀拾捌兩，郭諱居鼎捨銀叁拾陸兩，黃諱廷琛捨銀叁拾兩，馬諱國章捨銀陸拾兩，林諱元芳捨銀拾貳兩，蔡諱宗齡捨銀陸拾兩，林諱萬應捨銀陸拾兩，陳諱炯賞捨銀拾貳兩，林諱祖晏捨銀陸拾兩，蔡諱鳳翔捨銀陸拾兩，王諱紹睿捨銀貳拾肆兩，林諱儒廷捨銀陸兩。

信士：陳燁壯、傅宗旺、何日章、郭彬孝、王士轉、葉夢魁、陳國良（以上一欄），俱各捨銀壹拾式兩；郭邦燦、魯卯官、陳三官、郭昱秀、王士苓、王昆余、趙勳華、郭壯奇、黃增肇（以上一欄）、黃輝祖、許帝官、黃魁官、王聯登、郭奕載、柯朝振、王裕官、黃妙官、陳君衝（以上一欄）、鍾莘炳、林逢春、葉啟忠、陳爾舜、鄭文官、韓驥官、郭開耀、何長裕、李逢麟（以上一欄）、盧懷宏、張員官、黃光官（以上一欄），上俱各喜捨銀陸兩；洪漳官、林聘官、王琳官、蔡宗官、王安官（以上一欄），俱各捨銀叁兩陸錢；鍾標官、余國官、黃越官、柯科官、連恩官、吳仁官、李妙官、林瀾官、陳雄官（以上一欄）、楊飼官、王科官、戴珍官、連品官、王凝官、黃應魁、呂盛官（以上一欄），俱各捨銀貳兩肆錢；鄭漢官、郭解官、黃騰官、許千官（以上一欄），俱各捨銀壹兩捌錢；盧伯官、歐官官、黃守仁、潘卿官、王潛官、吳果官、徐蔭官、車添官、施好官（以上一欄）、趙補官、李成官、林三官、康強官、許勤官、王笑官、劉日官、鄭福官、黃向官（以上一欄）、黃凱官、陳開官、林明官、王補官、張辰官、周卯官、朱宋官、鄭政官、毛周官（以上一欄）、陳睿官、徐三官、洪換官、鄭箴官、施平官、林前官、周鵬官、歐陽官、蔡進官(以上一欄)、江智官、王協官、黃尾官、吳起官、羅月官、顏伯奮、陳章官、顏五官、蔡慶官(以上一欄),俱各捨銀壹兩貳錢。

甲必丹林諱應章、美錫甜馬諱國章同議,將吧國三都大道公緣銀丑、寅二年共交銀肆佰貳拾兩。勸緣顏銘益、顏忠鵬、吳維琛、林自謨、陳玉官。/

康熙三十六年歲在丁丑孟冬吉旦,首事顏仲英仝立石。

碑存海滄區慈濟東宮。嵌砌牆上。輝綠岩質,高205厘米,寬70厘米。楷書陰刻。現狀完好。

清·重修慈濟祖宮碑記

重修慈濟祖宮碑記(楷書碑額)
青礁東宮記(楷書碑題)/

保生大帝,漳之祖宮也。宮為漳之祖,或建或修,成之於顏氏,宮址岐山。岐山者,顏氏聚族之村也。顏氏董其成,而漳之人踴躍捐資樂助焉者,敬其祖也。漳之宮,非漳人亦罔不踴躍捐資樂助/焉者,敬其神也。基地恢郭,殿閣宏敞,自宋迄/國朝,修葺始末,前已勒於石,故不復贅云。

鄉進士、揀選知縣,武安蔡畫山盥手拜纂。鑑塘顏清楊敬書。

賜進士出身、/授朝議大夫鄭元鏄捐銀貳佰大員,太學生陳廉植捐銀壹佰大員,又求嗣捐銀貳佰大員,分巡兵備道潘有為捐銀壹佰廿員,林克堂捐銀壹佰貳拾大員,太學生楊國安捐銀壹佰大員,太學生陳邦伯捐銀壹佰大員,例贈文林郎葉正瑚捐銀捌拾員,林高陞捐銀陸拾大員,周音觀捐銀五拾大員,太學生林安瀾捐銀肆拾大員,太學生楊澄瀛捐銀肆拾大員,謝石塘捐銀肆拾大員,邱陶觀捐銀肆拾大員,林嵩觀捐銀叄拾大員,李獺觀捐銀叄拾大員,奉道大夫顏朝宗捐銀貳拾肆員(第一欄),太學生王燦高捐銀貳拾肆員,楊文通捐銀貳拾肆員,諧部鄉賓茂華捐銀貳拾肆員,甘雨觀捐銀貳拾肆員,宋吏部尚書顏定肅公捐銀貳拾員,分巡兵備道潘有輝捐銀貳拾大員,誥封奉直大夫李元志捐銀貳拾大員,歲進士簫啟楨捐銀貳拾大員,太學生簫啟恒捐銀貳拾大員,太學生黃宗序捐銀貳拾大員,太學生葉正琳捐銀貳拾大員,太學生林廷美捐銀貳拾大員,太學生陳君和捐銀貳拾大員,太學生陳文琛捐銀貳拾大員,太學生石昌泗捐銀貳拾大員,林振仕捐銀貳拾大員,徐溪觀捐銀貳拾大員(第二欄),古樓社捐銀拾伍員,奉直大夫郭邦瑞、廩膳生員顏鴻、登仕郎林世美、林瀚波、周翁觀、何道觀、謝春觀、楊元甲、林仁義、林錫亮、洪值觀、陳思廷、黃便觀、陳南玉、陳觀寶、陳元標、金振和、林壽峰(第三欄)、陳贊觀、胡篤觀、褚豔觀、陳秀參、曾舍觀、黃金鑾、林東觀各捐銀壹/拾貳大員,奉直大夫潘有量、登仕郎周志逵、太學生陳英寶、太學生林天城、太學生林天恒、太學生林長華、太學生魏士述、太學生許政芳、太學生楊天爵(第四欄)、潘五來、潘正禎、張鑒觀、江郭威、江偕觀、黃文集、曾測觀、馬阮銓各捐銀/拾大員(第五欄)。

嘉慶十九年蒲月穀旦,董事顏仲英立石。

碑存海滄區慈濟東宮內。嵌砌牆上。花崗岩質,倭首,高270厘米,寬101厘米。現狀完好。

清·重修東宮碑記

重修東宮碑記(楷書碑額)

岱洲慈濟宮捐銀貳佰大員,青礁顏可仲捐銀貳佰大員,院前顏大英捐銀貳佰大員,聖龍宮捐銀壹佰貳拾大員,叮礯宜共捐銀壹佰貳拾大員,心田宮捐銀陸拾捌大員,昭靈宮捐銀伍拾貳大員,正順廟捐銀伍拾大員,大隱堂捐銀肆拾大員,慶豐堂捐銀肆拾大員,謝石塘捐銀肆拾大員,溫厝社捐銀叁拾壹大員,吉連丹共捐銀叁拾壹大員,銀堂宮捐銀叁拾大員,柯井社捐銀叁拾大員,竹林宮捐銀貳拾陸大員,朝天堂捐銀貳拾陸大員,鼇頭宮捐銀貳拾肆大員,進福堂捐銀貳拾肆大員,南園宮捐銀貳拾肆大員,長春內宮捐銀貳拾貳大員(第一欄),杉巷宮、九道庵、詒慶堂、三祝堂、龍仙宮、南靖龍興宮、水潮宮、應元宮各捐銀貳/拾大員,東吳宮捐銀拾/柒大員,餘慶堂捐銀拾/陸大員,隆福堂捐銀拾/伍大員,奇富宮、瀛山宮、顯應宮、大覺堂各捐銀拾/肆大員,長泰慈濟宮捐銀拾/三大員,錦里宮、隆壽宮、鳳園宮(第二欄)、渡東宮、景山宮、慈壽宮、龍溪慈濟宮、碧雲宮、朝真宮、宣濟宮、仰北宮、長泰龍興宮、儒塘宮、南津宮、寧山宮、雲濟宮、溪西宮、龍顯宮、鳳林宮、陽山宮、龍正宮、好峰宮、龍泉宮、鎮壽宮(第三欄)、新興宮、雙興宮、玉蘭宮、福寧宮、珠浦宮、長泰外宮、慶安宮、龍陂宮、永真宮、朝真宮、龍聚宮、海印堂、寶壽堂、龍瑞堂、龍惠堂、長興堂、瑞雲堂、常嘏堂、蘭瑞堂、仁壽堂、永安堂(第四欄)、永興堂、福安堂、現瑞堂、垂功堂、龜山殿、高真殿、西嶺坑廟、嘉應廟、海澄大廟、雲居岩、天慶岩、將軍庵、田邊社、西邊萬壽宮、金沙宮各捐銀壹/拾貳大員,龍安宮、蘇林庵各捐銀壹/拾大員,慈恩宮、慈惠宮(第五欄)、浦邊宮、龍溪慈濟宮、龍興宮、鳳凰宮、叄興宮、蒼吳宮、東山宮、德紫雲宮、靈顯宮、建溪宮、鳳鶴宮、正一靈宮、大廟、龍池岩、仙殿宮、瀛洲宮、蒼園宮、泗洲堂、永壽宮(第六欄)、長泰永興宮、慶安宮、慈濟宮、西宮、歐江宮、溫和宮、元正宮、霞嶺宮、錦江宮、錦洋宮、王坑宮、福興宮、豐應宮、南靖慈濟宮、龍安宮、圓通宮、玉泉宮、太和宮、崇真宮、仙宮(第七欄)、壼嶼萬壽宮、德慶堂、大銀堂、鍾勝堂、瑞雲堂、明山堂、普明堂、隆興堂、完應堂各捐銀壹/拾大員,心田宮添銀叄拾/貳大員,萬靈宮捐銀肆/拾大員,霞美宮捐銀/叄拾大員,興龍宮捐銀貳/拾大員,福安宮、龍山宮、和安宮、永福宮、石龜岩各捐銀肆/拾大員,通蒼宮、龍真宮(第八欄)、朝天宮、甘棠庵各捐銀/壹拾員,天湖堂捐銀貳拾肆大/員。

嘉慶十九年蒲月穀旦,孚美龍聚堂董事顏仲英立石。

碑存海滄區慈濟東宮內。嵌砌牆上。花崗岩質,高270厘米,寬106厘米。現狀完好。

清·重修慈濟祖宮碑記

重修慈濟祖宮碑記(楷書碑題)/

青礁慈濟祖宮崇祀/保生大帝地也。帝之神無所不之,帝之靈亦無禱不應,華夏蠻貊罔不欽其德而沐其恩。故廟貌傾頹,/見見聞聞,咸踴躍樂輸以襄厥事。茲既落成,爰勒貞珉以垂不朽。/

院橋崇德堂捐銀壹仟大員,大媽腰陳敦麟捐銀四百員,觀察使馬振華捐銀四百員,世德堂謝姓共捐銀四百員,聖龍安莊捐銀貳百肆拾員,新安社邱姓捐銀貳百員,應元宮捐銀壹百八拾六員,青焦社崇恩堂捐銀貳百員,院前社崇澤堂捐銀貳百員,貢生章三潮捐壹百貳拾員,太學邱衡有捐壹百貳拾員,太學林正璞捐壹百貳拾員,太學楊敦厚捐壹百貳拾員,蕭惠三捐銀壹百貳拾員,鄭汶木捐銀壹百貳拾員,吾貫社捐銀壹百拾伍大員,心田賴捐銀壹百壹拾大員,貢生李致三、何繩映、陳金聲、陳盛觀、黃世觀、顏潘氏、岱洲慈濟宮各捐佛銀壹百大員,陳得時捐銀六拾八員,林光略捐銀六拾四員,光祿寺丞顏增耀、太學生林朝珍、戴河水、邱朝陽、豐隆宮、萬靈宮、天湖堂、龍門宮各捐銀六拾大員,郭六爻、鄭淵觀、孫意卿、林長齡各捐銀五拾大員,書洋社捐銀四拾玖員,洪俊成、顏應麟各捐銀四拾八員,布政司經歷黃鳳鳴、黃丕成、馬君惠、陳玉印、林贊傅、邱振德、永壽宮、林東社、將軍庵各捐銀四拾大員,林學禮捐銀叁拾八員,周梅觀、周陶觀、蔡文滿、曾舉薦、林瑞和各捐銀叁拾六員,陳金鐘捐銀叁拾四員,陳先道捐銀叁拾三員,恩貢生謝家駒、林成家、林金波、林國泰、陳翔雲、盧成麟、蔡仰觀、李順昌各捐銀叁拾大員,林清弁捐銀貳拾伍員,林永昌、張澄江、林蘭觀、顏秋泰、周華魷、蔡春色、瑞青宮、古龍宮、南元宮、垂功堂、三祝堂、平安堂各捐銀貳拾四員,鄭時中捐銀貳拾貳員,陳長庚、李贊霖、王乾生、林柑桔、陳東升、蔡啟龍、邱曾讓、林廷奏、李金瑞、林建癸、慶安堂各捐銀貳拾員,太學張廷淑、陳泰陽、陳永秀、曾致祥各捐銀拾八員(上欄),陳泗梅、鄭碧鳳、盧坑社各捐銀拾八大員,顏長溪、陳清江、慈壽宮、銀同宮、內宮各捐銀拾六大員,福安堂捐銀拾四員,林廣成捐銀拾叁員,林玉麟、曾以文、吳光惜、林得之、陳敬豐、楊克明、楊守謙、邱遜游、陳振馨、林有度、林潭柔、張添籌、李清淵、邱稍慰、郭應乾、林富觀、李光觀、邱執躬、顏武滿、顏萬貞、顏光仟、顏光盛、林淳升、謝綸卿、潘仕顯、林相觀、陳振觀、龔光傳、許絲棉、楊廣昌、恒昌號、顏心正、振吉號、薛文仲、再興號、黃寧觀、顏永觀、黃桂鳴、黃應元、黃景源、永寧宮、永興堂、圓通宮、完應堂、馬內坑、壺嶼黃、黃開榮、九道庵、進福宮、郭簸觀、龍興堂、鄭敦潘、龍慧堂、張志續、通天宮、李六合、載興宮、隆興宮、永壽宮、藝林宮、茂外宮、石龜岩、龜山殿、龍仙宮、林其源、玉泉宮各捐銀拾貳員,王奇勸、陳和嚼、王媽迪、高景行、張得江、蔡民、陳清傑、魏慶雲、陳天保、邱拔山、周淡觀、廟兜社、延壽堂、和成號、永興宮、黃以義、漸尾社各捐銀拾大員(下欄)。

咸豐甲寅年秋月吉旦,顏可□、楊開天立石。

碑存海滄區慈濟東宮內。嵌砌牆上。花崗岩質,高178厘米,總寬295厘米。楷書陰刻。現狀完好。

清・重修慈濟祖宮碑記(上)

重修慈濟祖宮碑記(楷書碑額)

　　自宋紹興辛未歲,我尚書定肅公為/大帝奏請立廟以來,四方之香火來者不絕。雖得山川之清淑,實由靈爽之顯聞也。助官軍而虞寇立敗,救民生/而旱井得泉。功鉅德崇,纍受聖朝褒封為侯為帝,有所由來也。其聲靈之赫濯,不亦卓越乎百神哉!雖經數/次修葺,而年久月深,棟宇傾頹,爰拆平地,照舊制而重新。今既落成,列中外樂助義舉之芳名以勒石,歷傳千/秋而不朽,俾勸後人慕大義而步後塵耳。/

　　新江邱龍山堂捐緣銀壹仟陸佰大員,石塘謝寶樹堂捐緣銀壹仟貳佰大員,/職員顏永成捐緣銀壹仟貳佰大員,霞陽楊四知堂捐緣銀捌佰大員,職員顏鏡蓉、職員顏民淳各捐緣銀/柒佰伍拾大員,寧店李媽賽捐銀伍佰大員,職員邱篤信、職員吳進卿、職員顏光培、職員顏珍偉以上各捐/緣銀肆百大員,例貢生顏應麟捐英叁佰貳拾大員,溫文三、陳家公司以上各捐英叁佰大員,/新江邱新再、新江邱孟宗、上張/滸茂豐源號、新江邱擇排、新安事成號、公司裕順號、明遠山仰號、安祥仍興號、/陵坑林如水、新江邱五赤、安南萬順號以上各捐英貳佰大員,內坑周思恭、圳尾陳慶照以上各捐緣英/銀壹佰伍拾大元,上碼馬瑞美捐英壹佰肆拾大元,新江邱登果、顏金水、鍾山蔡有邦、聖龍宮、崇茂公司、/寧店李言寡、馬巷李誠交、岱洲濟濟宮以上各捐英壹佰貳拾大元,石美和美號、內坑周媽約、同邑陳登瑞、/章桂苑、欽加二品銜、花翎候選道、駐新坐探、南北洋委員兼辦叻坡等處東賑事務,實叻萬成美、敦上陳振源、叻坡復成號、實叻承和興、福和號、/實叻林德義、鼎美胡德隆、白礁王滄周、新江德和源、新江益昌號、福茂源、隆源號、宅郡陳四面、宅郡建芳號、/內坑周信和、豐興號、協振號、澄邑陳錦池、邱揚陣、顏泰山以上各捐英壹佰大元,/心田宮捐英捌拾肆大元,泰邑廖佟德、順昌號、建順號、怡源號、和合號、市頭林芳美、南靖蔡德豐、/林東朝天堂、吾貫普元宮、石塘謝應萊、謝玉麟、鄭永昌、佳錫湯祥塹、香港萬茂行、香港瑞昌榮、崇真宮、/香港福和行、香港廣長泰、香港漳德公司以上各捐英陸拾大元,陳武傑、聯益號、豐源順、陳韻玉、/霞陽楊長春、霞陽楊恒茂、瑞泰號、源通號、吳安和、澄邑鄭永昌、田里王清沉、叻坡林長茂、叻坡薛長林、/吾貫吳德源、泉郡葉泉益、南浦/羅黃佛慎、鍾山蔡得喜、唠律邱升海、叻坡豐興號、吳安和、詔安縣欽加四品/銜、官章吳一陽、/新埭順美號、同邑許有成、南汛龍門宮以上各捐英伍拾大元，翁媽標、謝漳官、李捷官、李駿發、/李有定、勝泰號、吳南山、顯應宮、泰邑王仲官、漳浦楊開成、澄邑葉平林、叻坡萬源隆、嘉禾里李善嘉、/香港晉祥行、香港萬興棧、香港捷和行、鍾允讓、張登進、溫鴻儒、安南成泰號、安南蔡順發、叻坡怡隆號、/萬源號、豐安號、叻坡新義利、叻坡萬茂號、叻坡振裕號、叻坡芳裕號、叻坡協榮茂、叻坡南隆號、滄頭德發號/以上各捐英肆拾大元，天湖堂捐英叁拾陸大元，林墩平安堂、林墩跳頭社以上各捐英叁拾貳大元，/源發號、林卻官、芳利記、春記號、謝猴官、林光緞、朝真宮、常蝦堂、邱進水、王漢溪、/溫天坪、陳長山、陳金章、蘇皆官、裕源記、曾桶官、胡元興、長泰內宮、邱正朝、白礁王有海、/林永忠、瑞春號以上各捐英叁拾大元，馬壟劉如琢捐英貳拾伍大元，青美光盛棧、丘厝邱山海、/漸美蔡德音、內坑周協美、林雲官、鎮壽宮、壺嶼萬壽宮、靖邑垂功堂、瑞茂棧、豐盛棧、叻坡正源號、/香港吳源興、院前昌順號、瑞青宮以上各捐英貳拾肆大元，安南金吉興、安南福瑞隆、廖內周協和、/恒記號、叻坡隆豐號、陳杞柏、叻坡萬安和、泰和號、鄭傳發、福源號、叻坡德安號、萬振成、瑞源號、/廖內瑞和號、廖內黃泰峰、廖內黃振興、新源美、方聯遠、黃順昌、山仰瑞益號、叻坡事興號、穴廣瑞承源、/源發號、集美陳杞柏、柯井職員張時衡、山仰陳志拋、鍾林蔡永添、叻坡新合吉、洪坑洪西明、謝媽助、/謝啓盤、金吉成、林季文、陳丙申、昆成棧、周文燦、陳正昌、施連謨、張開德、蔡重益、/林別官、陳忠和、陳光遠、李維遠、許漢濱、鄭時中、高大德、李泗水、李深溪、李聯盛、/慈濟宮、鄭比官、龍店社、東嶼李、李萬榮、李梁成、李本生、林長生、邱振珍、吳源帖、/吳奕保、吳交官、溫坪官、陳祥官、林百華、李大有、阮宗培、江正馨、黃靜乾、黃玉坤、/林順試、安南萬興隆、顏漢州、安南琢記號、瀛洲宮、劉源水、牌頭黃廷芳、叻坡方聯遠、小坡新長美、/陳金鍾、二品銜候選道、駐新加坡、暹羅總領事、官章□、佳錫榮源號、蔡魏邦、田里王長清、澄邑洪熟理、龍溪林季文以上各捐英/貳拾大元，澄市陳清水、上下錦山宮、蘆溪原應宮、玉洲慈濟宮、下邊黃媽超、澄邑康生財、嶺兜曾連洲、/糖岸謝淑奇、洪坑完應堂、靖邑慶豐堂、完應堂、下枋慈濟宮、泰外慈濟宮、同邑康金水、靖邑豐樂堂、水朝宮/以上各捐英拾陸大元，鼎美胡光明、永定遊春堂、謝滄蔡振鐸、謝滄蔡振勳以上各捐英拾伍大元，/林松碧捐英拾三大元，高真殿、竹林宮、泗洲堂、慈濟宮、永壽宮、玉泉宮、圓應宮、珠浦宮、/威惠廟、龍徑社、埔尾山、霞美宮、蘇林宮、廟兜社、慈齊宮、天慶岩、李春滔、李金定、/李伯玉、李自明、林百福、吳交官、陳一石、盧喜官、許塔官、周才官、葉姜官、林田官、/黃坐官、盛昌棧、甘文峰、周論官、永成棧、連盛棧、陳樹官、林啓儀、曾養官、鄭柏官、霞美宮、/林武礁、尤萬語、黃志氣、馬贊輝、詹良珠、蘇淡獺、顏新源成、顏源發棧、新美祥、恒興號、/陳淵泉、陳泰山、陳南極、林廣徐、黃和遠、林元柿、叻坡合春號、王元清、丁道姑、永成號、/宋聯美、顏源順、顏源發、顏源昌、顏源春、升德美、永福號、邱心存、周春色、龔德福、/協安號、錦泰號、成隆號、協盛號、邱有用、合興號、李光椰、張振成、林百蚱、龔德預、/翁源恭、周有贊、興利號、胡豐茂、林光存、吳有才、烏石埔、金沙宮、隆興宮、東吳第一宮、/景山宮、林集香、潘夜蓮、郭奕厚、郭永順、郭辛未、福安宮、余媽良、澄邑王錦洲、澄邑張祥官、/山重薛家官、張文市、小坡合春號、萬川號、錦發號、南台張欽明以上各捐英拾貳大元，豐盈堂捐英/拾壹大元，蔡心記、郭紹慶、鄭春發、邱裕生、林寬官、林德良、蘇武烈、王泰治、馮清溪、/鄭鳴雁、楊金科、林俊根、鄭田嬰、郭茂泰、王樣官、李慶宗、林振生、湯金生、李趙寶、/馬紹泰、陳燕騰、黃天賜、邱得水、許光寬、陳和尚、陳四兩、林青霞、潘振芳、金吉成棧、/王文源、馬抱官、潘振泰、曾文佑、馬啓前、馬玉樹、邱有本、陳光正、蘇慶萃、林溪源、/施寧桔、邱四烏、楊學啓、鄭能智、陳富官、許滔水、葉祖明、馬光改、吳根節、陳奪標、/楊如磋、楊啓昌、林長齡、張生猷、吳生意、黃清水、葉平源、陳開場、郭傳官、鄭光盛棧、/甘飲棧、陳烏記、王萬選、吳金安、陳江鶴、施伯謨、李耀德、許章文、徐如國、林璋煌、/黃鳳周、白鍾潮、黃正恭、陳急雪、陳俊禮、林榮美、陳永智、陳景福、郭宰印、蔡荷蓮、/呂仕宇、王先峰、陳麒麟、王媽炎、林錦傳、林天生、曾傳生、英泰棧、林金寧、鄭國珍、/康長壽、林妙準、曾滄潮、陳玉露、邱三樣、唐五二、葉墩厚、溫德馨、洪三益、和發號、/洪泰山、陳百文、曾仁和、林振懷、陳文勃、李建置、林玉成、葉甲榮、甘振川、張塹官（第一方）/

清・重修慈濟祖宮碑記（下）

重修慈濟祖宮碑記（楷書碑額）

　　鍾玉記、茂隆號、益茂號、吳昌官、蔡聯芽、黃奕濱、歐陽熙、林湧淋、福慶堂、歐陽允騰、/黃建成、黃震南、林源全、李麗水、陳文園、李子鳳、龍聚堂、叻坡仰記號、叻坡萬合號、叻坡榮協盛、/薛正隆、林金黨、顏招和、紀傳船、劉天茂、尚庵宮、玉蘭社、叻坡王頂興、叻坡豐裕號、叻坡復利號、/陳光秩、徐雙全、徐柳絮、陳在祿、林天抱、吳香水、碧雲宮、北溪黃振美、廖內源裕美、廖內鄭捷生、/陳建寅、謝德靜、戴生官、戴有生、張豞官、林金鐘、平安堂、安南瑞裕號、安南豐茂號、安南允合號、/黃樣官、陳松和、吳水淋、葉清溪、吳文生、裕泰號、雙興宮、安南怡和號、安南振芳號、安南福順榮、/傅興侯、林弄官、陳傳臚、林景照、邱水官、劉真官、吳明求、上湯社永福堂、安南建南號、安南沈隆盛、/玉廩宮、龍興宮、壽鄉堂、金泰興、萬川號、銀堂宮、復安號、叻坡協隆號、叻坡成德號、叻坡德安號、/坂上廟、慈濟宮、慶安堂、龍發號、協安號、朝陽宮、鼇頭宮、叻坡協恒隆、叻坡新長益、叻坡集興號、/永興堂、真君宮、保福堂、永真堂、周和隆、協盛號、溪西宮、叻坡協利號、叻坡捷德號、叻坡劉益昌、/太和宮、海印堂、漳濱社、鶴山宮、瑞和裕、協利號、黃文成、叻坡祥源號、叻坡振安號、叻坡順興號、/盧石龍、葉遠芳、水潮宮、叻坡長泰號、澄邑發興號、叻坡盛德號、叻坡陳源德、叻坡黃源美、叻坡頂發號、/佳錫振和號、安南陳量力、青礁顏發盛、叻坡新再順、溪邑陳天恩、漳郡蘇印生、溪邑林丁彩、溪邑林財固、/龍邑洪開榜、安南恒記號、廖內葉泉勝、叻坡豐吉號、溪邑李順光、東嶼柯正林、溪邑林思虎、溪邑李志祥、/澄邑鄭禎斜、同邑郭媽容、溪邑施榮日、叻坡/原錦協盛、漳南第一宮以上各捐英拾大元，龜壁福龍宮、/龍頭龍慧堂、埔頭嘉應廟、銀塘慈濟宮、浦尾龍聚堂、正一靈宮、梁齊隆壽宮、吾貫郭英厝、許茂宣濟宮、/上下錦山宮、天保錦山宮、怡美號、儒塘宮以上各捐銀捌大元，上蔡慈濟宮捐英銀柒大元，/萬美棧捐英銀柒大元、楊鰲星、澄邑鄭茂淑、同邑黃再生、澄邑洪陽虎、澄邑柯慶良、同邑胡昭不、/澄邑楊水源、金門洪維恭、華籃吳鴻運、澄邑鄭濟亨、同邑黃祖庇、同邑許厥章、瓊林蘇益奢、蔡坂沈金桂、/溪邑黃維康、泰縣江濠生、港內魏長庚、霞漳楊仲輝、和邑陳懷遠、溪邑黃益喜、石厝石昆耀、廈門林贊岐、/石步曾殊官、劉傳郭文然、北橋上北宮、埭頭現瑞堂、田璞龍興宮、詩浦慈濟宮、泰邑太和宮、許茂錦美宮、/源豐公司、石尾黃春水、下寮龍興堂、三都劉山社、蔡坂雲居岩、錢宅龍池宮、青浦湯洋宮、張林仁壽宮、/溪園奇富宮、廟兜延壽堂、桃洲慈濟宮、北溪赤橋社、漳城漁頭廟、鎮南通天宮、張恒順、榮裕號、瑞吉號、/花洋雲帝宮、澄邑興陽宮、下瑤福興堂、青田龍應堂、金山永安堂、梧橋龍仙宮、源興號、合德號、金泰成、/瑞源興、許四海、林豐隆、尚庵社、渡東社、龍山宮、歐江宮、虎井宮、花洋社、廣惠堂、/薛允瑞、薛金榮、黃光瑞、黃光振、蔡紫初、奎洋興龍宮以上各捐英陸大元，陳北鎮、陳光傳、/溪邑施清報、同邑林武帶、梭羅豐美號、澄邑潘蟑滋、澄邑曾烏龜、充龍葉抹官、溪邑黃羅官、華封玉鳳堂、/溪邑林清江、同邑林清水、山邊李永瓊、溪邑楊瓊琚、澄邑林篆官、泰邑張星圓、蕭井王瑞鵬、宜焦李盛昌、龍福堂、/市尾石虎宮、下宮通天宮、下彭龍顯宮、隆興宮、張天球、張天來、邱益我、邱文駕以上各捐英伍大元，/佳錫德記號、佳錫蔡薛陣、澄邑洪佛佑、小坡長泰號、澄邑吳榮申、岩湖楊汝田、泰邑南津宮、和興宮、許得水、/佳錫德和號、佳錫泉裕號、南邑洪光帛、青礁林慎遠、/小坡鴻泰號、排頭餘慶堂、東園慈濟宮、水朝宮、顏有朝、/塘邊鳳鶴宮、西潘潘國料、吟尾王扶官、吾貫吳源曹、青浦許媽細、城洲陳正來、白礁王漳瑞、龍瑞宮、豐成號、/浦頭朝天宮、南塘開龍宮、溪尾徐厥平、澄邑陳彭安、青浦許文旦、就兜黃開泰、田墘蕭逢明、高懶社、碧溪社、/烏石鳳凰宮、路邊大廟、湖內馬明海、湯洋許明智、青浦許永萬、大爐湯祺祥、嶼尾林源盛、仙宮、朝安宮、/霊江接地宮、竹園紫雲宮、玉坂龍角宮、北溪水潮宮、後坑慈濟宮、梅林魏文深、碧溪吳廷瑞、靖邑歲進士官章、振芳號、/東寮隆興宮、東尾田中央、碼洋錦陽宮、靖邑威德廟、後店建溪宮、金山千家宮、翰林慈濟第一宮、沈水龍、/帝廠聽嬰宮、書館鳳園宮、後坑慈濟宮、四合振發記、北門董坑內、浦南龍安廟、林鑲官、黃媽力、泰美號、/許茂南興宮、長泰慶安宮、官園慈惠宮、允利沈順興、書館德遠宮、水營東南宮、林培官、郭媽迪、新成德、/協發號、薛維禧、福仙宮、儒塘宮以上各捐英肆大元，郭高老、林天闊、許寬永、隆昌公司、/許槌部、柯生官、龍虎庵、新村社、瑞雲堂、康乾坤、浦南龍安應、北溪龍安應、大坑慈濟宮、寶理慈惠宮、/泰邑德慶堂、泰邑慈濟宮、烏石鳳凰宮、江浦慈濟宮、杉巷慈濟宮以上各捐英叁大元，龍美號、徐球官、/浦邊龍濟岩、後港慈濟宮、岳口龍授壇、北溪赤橋社、開成棧、好峰社、水浦洋、滄吾宮、朝真堂、/山頭崇信堂、橋頭永興宮、禾山郭根鵬、泰邑錦江宮、吳偉烈、濟安宮、官田社、內宅社、霞瑞宮、/鄭永官、許和水、陳溪水、勝興號、周德三、豐發號、潘擴充、順成號、徐水罐、龍美號、/連佑官、陳天喜、陳玉昆、鄭潛官、鄭景官、順興號、潘明珠、同成號、天祥號、徐球官、/溫和宮、陳行官、潘水豹、黃守萱、許知母、陳闊官、林瑞興、吳茂盛、豐泰號、周馨官、/李端官、陳鴻官、柯缽官、金合發、成興源、鄭秕官、柯蘆官、萬發號、泰和號、戴角官、/院內社、林石步、陳正發、林飽官、成發號、陳彩明、黃奢官、陳陣官、得源號、徐土官、/珠龍宮、林養官、許朱厘、陳赫官、謝光萬、隆泰號、贊生官以上各捐英貳大元，林粿官、/蔡柔娘、二合號、郭騰潛、顏榮華、合發號、李俊英、徐萍官、下瑤福興宮、橋頭珠福宮、下陽車瑞隆、/張文骵、郭錦成、楊汪先、顏榮秀、張金官、麟瑞號、徐遠官、甘棠宮、源春號以上各捐英壹元。/

　　仰崗邱華繞捐銀肆佰盾，仰崗勝茂公司捐銀肆佰盾，/仰崗邱衡甚捐銀貳佰盾，仰崗協振公司捐銀佰陸盾，/仰崗邱媽仲捐銀佰貳盾，仰崗成利公司捐銀佰貳盾，/仰崗邱德茂捐銀佰貳盾，仰崗德和公司捐銀佰貳盾，/仰崗長春號捐銀佰貳盾，仰崗永和成、邱有文捐陸拾盾，/仰崗永豐號捐銀佰貳盾，仰崗聯和蘇首旦捐陸拾盾，/仰崗邱能岩捐銀陸拾盾，仰崗瑞發號捐緣銀陸拾盾，/仰崗榮美號捐銀陸拾盾，仰崗新榮茂捐緣銀陸拾盾，/仰崗裕和公司捐肆拾盾，仰崗永裕生捐銀貳拾肆盾，/仰崗曾國□捐銀叁拾陸盾，仰崗勝豐發捐銀貳拾肆盾，/仰崗如川號捐銀貳拾肆盾，仰崗新啟成捐銀貳拾肆盾，/仰崗永昌號捐銀貳拾肆盾，仰崗永春發捐銀貳拾肆盾，/仰崗新啟源捐銀貳拾肆盾，仰崗永春生捐銀貳拾肆盾，/仰崗永吉號捐銀貳拾肆盾（上欄），仰崗和泰號捐銀佰陸盾，仰崗邱慎永捐銀佰貳盾，/仰崗楊天受捐銀佰陸盾，仰崗邱集成捐銀佰貳盾，/仰崗楊本英捐銀佰貳盾，仰崗曾明銳捐銀佰貳盾，/仰崗源興號捐銀佰貳盾，仰崗楊本銘捐銀佰貳盾，/仰崗榮發號捐銀陸拾盾，仰崗義茂號捐銀陸拾盾，/仰崗集春號捐銀陸拾盾，仰崗德隆號捐銀陸拾盾，/仰崗黃溫源捐銀陸拾盾，仰崗楊文定捐銀肆拾盾，/仰崗和發號捐銀肆拾盾，仰崗曾雙露捐銀肆拾盾，/仰崗義茂號捐銀貳肆盾，仰崗永順興捐銀貳肆盾，/仰崗邱大本捐銀貳肆盾，仰崗蘇真星捐銀貳肆盾，/仰崗源豐號捐銀貳肆盾，仰崗瑞榮號捐銀貳肆盾，/仰崗承和美捐銀貳肆盾，仰崗曾瑞澎捐銀貳肆盾，/仰崗永美號捐銀貳肆盾，仰崗楊本假捐銀貳肆盾，/南園宮捐英廿四員（下欄）。

光緒二十二年丙申捌月，董事顏矜耆立。（第二方）

　　碑存海滄區慈濟東宮內。嵌砌牆上，共兩通。花崗岩質，高均為196厘米，寬300厘米。楷書陰刻。現狀完好。

清·重修海印堂眾善信刻石題名記

重修海印堂眾善信刻石題名記（楷書碑題）/

　　鄉有海印堂，崇祀吳真人，由來久矣。其後殿祀三寶尊佛。/歲丁巳，余祖母石孺人首施其地，而族伯父士章公募創建焉。/予胞伯芳瑞公區其額曰"海印堂"，迨今父老猶有能傳其事者。/尸祝日久，香煙燻蒸，殿堂門廡，棟瓦磚級，不無漫漶腐黑之羞。/越癸巳，予登其堂，深懼遏佚前人光，謀於族兄克諧君，鳩眾善/信嗣而葺之，為題其名於板，凡以志不忘也。今辛亥，距前又幾/廿载矣。予思真人、尊佛，乡所崇祀，世有灵感，将张而大之，/以广前诚，无废后观。苦于力有不逮而克谐君又不幸就世，不得不引为己责，勉捐白金肆佰伍拾大员，欢欣作倡，慾惠众善/信共呼邪许，以就厥工。于时殿堂门廊、栋瓦砖级之漫漶腐黑/者，更以木石，泽之丹漆，而庙貌焕然重新，盖众善信乐助之/力居多云。今将依前板题其名，久恐漫灭，不如勒之贞珉，尤足/永垂勿朽。是为记。

所有董事、劝捐、助捐诸善信叙次其名如左：（第一方）/

董事人：信士柯文显、放吉。/

劝捐人：信士柯寅来、桶来、叶许、赞平、煌许、绳馀、绳攘。/

乐助人：信士柯赞平捐佛银壹百员，/柯静轩捐佛银陆拾员，/柯允许、入许各捐佛银贰拾肆员，/柯振声捐佛银贰拾员，/柯珠龙捐佛银拾伍员，/柯四章捐佛银拾肆员，/柯教老、佳生各捐佛银拾贰员，柯杭来、乘许、马侯、绳倚、文豪、绳六、绳尧、其礼/各捐佛银拾员，/柯总兹、珍来、旭许、绳木、金章、克长各捐佛银捌大员，/柯熊来、波来、念许、邦许各捐佛银陆大员，柯课许、世蕃、绳达各捐佛银伍大员，/柯绳起、文显各捐佛银肆大员，/王天引、陈蔡老捐银贰拾大员，/柯世贤、□献、前许、斋明、昭许、煌许、俊仁、绍祖、/绳馀、绳亲、光盛、绳秩、绳降、绳寅、绳固、绳禧、/宗仍、绳撑、其刊各捐银贰大员，/柯腾兹、明兹、康来、桶来、书来、碧来、孝来、嘹来、（第二方）/造许、寿许、瑚许、万许、文曲、续祖、完许、寻许、/丹成、九许、绳攘、绳泰、瑞宜、偕老、绳要、朝选、/绳福、绳应、光旦、绳荣、绳闿、光骐各捐银壹大员。

乐助人：信女阪上社蔡门柯亮娘、许厝社许门柯双娘、锦宅社黄门柯凤娘、/灌口街周门柯绣娘、墩美社李门柯瑞娘、李林社陈门柯冬娘/各捐佛银拾大员，坑内社陈门柯访娘、贞美社曾门柯金英各捐佛银捌大员，/陈井社陈门柯腆娘、刘营社陈门柯惜娘各捐银陆大员，/新安社邱门柯仍娘、灌口街陈门柯昭娘、壶屿社黄门柯英娘、/坑内社陈门柯瑞娘、坑内社陈门柯祝娘各捐佛银肆大员，/贞岱社苏门柯锦娘、山边社李门柯敏娘、石美社阮门柯苑娘、/田里社王门柯绸娘、柴场社陈门柯同娘、蔡寨后李门柯等娘、/李林社陈门柯祉娘、锦宅社黄门柯缵娘、曾营社陈门柯森娘、/岭后社郑门柯陕娘、坛头社周门柯水娘、林东社林门柯陶娘、/刘营社陈门柯招娘、湖头社张门柯提娘、莲花社陈门柯招娘、/霞阳社杨门柯罕娘、鹭江乡吴门柯静娘、温厝社程门柯春娘、/福保寨施门柯巧娘各捐佛银贰大员，/西崎头李门柯惜娘、郭坂社陈门柯罕娘、新安社邱门柯绸娘、/路下社黄门柯燕娘、湖头社张门柯铨娘、塘边社张门柯劝娘、/浦头社苏门柯悦娘、岭后社郑门柯益娘、龙屿社王门柯莺娘、（第三方）/霞美社

□□□□□、□□□陳門柯順娘、□□□□□□□□、霞陽社□□□□娘、/□□社鄭門柯晉娘、/嶺後社□□□□□、□□社黃門柯□娘、/庵頭社□□□□□、□安社邱門柯涼娘、霞陽社□門柯研娘、/西園社□□□□、路下社蘇門柯榜娘、山邊社李門柯□娘、/坂溪社林門柯□娘、蓮花社陳門柯□□、新安社邱門柯等娘、/蓮花社邱門柯歲娘、郭坂社陳門柯涼娘、□□□□門柯□娘、新安社邱門柯絨娘、魚孚社陳門柯□□、/□□□□□□□娘、/許厝社許門柯錦娘、□□□□□□□、郭坂社□□□□□、/本鄉社黃門柯□娘、□□社鄭門□□□/各捐佛銀壹大員。/

乾隆五十七年歲次壬子□月吉旦,信士□□□□。

碑存海滄區東孚街道後柯村海印堂。2003年嵌砌牆上。黑色頁岩質,共4方。每方高55厘米,寬各為40、36、36、38厘米,厚3厘米。楷書。第四方已漫漶不清。

清·重修海印堂題名碑

重修海印堂題名碑(楷書碑額)

廟之建由來久矣。乾隆辛亥年始拓其/制,建後多歷年所,風雨剝蝕,漸就傾頹。/壬辰春,僉議捐資重修。是秋,先築左旁/靜室。越癸巳冬,乃修中宮,補葺而塗塈/之,前後計糜白金貳百餘元,鄉之人咸/踴躍助成其事,而廟貌巍然煥然,猶如/前日。謹將樂助善信開列名次,勒之於/石,以垂不朽。廟則仍舊負癸揖□丁兼子/午云。/

柯安盈捐銀叁拾捌大元,/光羡、招江、夏祖各捐銀貳拾肆元,/繩烏捐銀壹拾貳元,嵩舉捐銀捌元,/祿許、繩六、盈裕、其仰、其□/其尚、答觀各捐銀六大元,/松使、長觀、光義、光篆、光田/三流、祖怡各捐銀四大元,/繩西、光附各捐銀三大元,/光興、萬已、江中、光會、明山/其侯、得路、祖器、光邑、維傳/火盼、宣陳、光屋各捐銀貳元,/文旋、若水、添一、光首、士就/光富、明誇、馬力、光舉、光助、光黿、汝楫、光向、光等、登訓/光藕、子諮、崇文、以成、七使/夜觀、助觀、沃觀各捐銀乙大元。/

道光十四年歲次甲子,本境弟子柯星輝謹記。/眾董事同勒石。/

碑存海滄區東孚街道後柯村海印堂。花崗岩質,高34厘米,寬43厘米,厚5厘米。楷書陰刻。現狀完好。

清·重修鷲峰堂碑記(一)

重修鷲峰堂碑記(楷書碑額)

吾鄉建鷲峰堂以祀/吳真君及列神,肇自宋代,中間興復不一,已登前記,無庸贅矣。迄今/神德昭著,匪特垂庇一鄉,凡遠近外鄉仰□神庥焉。道光壬午歲,族人因葺治已久,/恐日就傾頹,公議鳩資重修,而諸親友知其事者咸踴躍助成,乃即舊規拆卸新築之。/興工於癸未元正,凡四閱月而竣事,斯宮煥然一新焉。仰神道之靈,亦諸同人共襄/之力。謹將捐資姓名勒石,以為向義者□。/

行商:金豐泰捐艮六十大元,金源發捐艮二十大元;職員:林紀園捐艮十六大元,/吳宇宙觀二十大元,劉賽觀捐艮三十六元,劉學濟捐艮二十六大元,/許榕軒、曾高玉各捐艮二十六元,黃廣觀、鄭成名各捐艮十六大元,/林文德、林桃觀、東宅鄭弟子捐艮十二大元;監生:陳思賢、林攀龍、/林鎮道各捐艮十大元,黃願廉、洪扶觀、吳成泰各捐艮八大元,陳雙麒、/陳江淮、鄭世遠各捐艮六大元,何賜觀捐艮五大元,蘇振興、蔡瑞禎、/吳夢錦、張宗遠、金益盛、林長卿、陳鎮觀、柯鑾慶、劉學貞、湖里社、/溪邊社、鄭應夢、鄭光愛、鄭德臨各捐艮四大元,鄭園成、鄭澄濡各捐/艮三大元,林松茂、黃瑱首、林迎宗、黃求觀、許象觀、鄭國顯、鄭添生、/鄭國生、鄭德星、鄭希瑞、鄭希圃、鄭振江、鄭振江、鄭光助各捐艮二大元。/總攬完成:鄭世興用去艮八十大元,/成業用去艮壹百貳拾元。

道光三年陽月,董事鄭世興、國成、/成業仝立。/

碑存思明區曾厝垵西邊社鷲峰堂前。花崗岩質,高147厘米,寬68厘米,厚14厘米。楷書陰刻。略有磨損。

民國·重修鷲峰堂碑記(二)

鷲峰堂（楷書碑額）

民國十六年重修，／鄭進財捐大銀肆仟貳佰壹拾伍元，／鄭寶塔捐大銀肆仟貳佰壹拾伍元，／鄭永魁捐大銀叁佰柒拾元，／王闊嘴捐大銀壹佰貳拾叁元，／王雙喜捐大銀貳拾叁元，／共大銀捌仟玖百肆拾陸元。／劉立捐大銀伍拾元。／

忠信司工料銀，魯司油漆工銀，／和尚司工料銀，開玉什費工銀，／論司工料大銀，修理諸佛工銀，／買厝地去大銀，買灰、紅毛灰銀，／修理輦蓋大銀，鋤宮埕草、水溝，／打石碑牌大銀，扛石工大錢，／開諸神禮金物、香、道士及演戲銀，／諸工紅包、吹班。／

本社董事鄭俊鳳、鄭烏究仝立石。

碑存思明區曾厝垵西邊社鷲峰堂。花崗岩質，高100厘米，寬50厘米，高9厘米。現狀完好。

清·重修高崎萬壽宮碑記(一)

重修萬壽宮碑記（楷書碑額）

我萬壽宮自元歷明，由來已久。接白礁之派，分湄島之脈，擇山川之秀氣，建廟宇於高岐。神之憑棲，聲靈赫濯，無不□仰。粵自海氛播遷，而神光猶在，／依然顯赫。迨我國朝屢建神功，合族皆叨神佑，老少咸沾庥庇，而風雨不時，廟貌已舊。茲有弟子林金等倡義募緣，合力重修，眾皆欣然樂助，集腋成／裘，擇吉興工，落成告竣，舊基弗改，而新廟煥然矣。雖人力之所共成，亦神光顯中之默助。所有樂捐，福有攸皈。爰刻其名，以志不朽云爾。今將捐題姓／氏開列於左。

何求可序。

龍溪田里社王甘堂捐銀拾貳大員，潮州府青林社李天觀捐銀拾大員，南安縣溪口社傅□觀捐銀捌大員，同安縣□□社周果觀捐銀陸大員，安仁里洪臣觀捐銀陸大員，南安縣王次觀捐銀伍大員，晉江縣茂亭社陳自然捐銀四大員，安仁里洪玉觀捐銀四大員，潮陽縣□崗社鄭夢冗捐銀四大員，潮陽縣沙浦社黃阿海捐銀乙大員，潮陽縣沙浦社黃允觀捐銀乙大員，鍾宅社鍾禮觀捐銀七大員，方湖社黃浩觀捐銀七大員，紀職觀捐銀拾大員，潮陽縣林董觀捐銀貳大員，林毛觀捐銀乙大員，黃鞋觀捐銀乙大員（第一欄），本社林蒲觀捐銀肆佰大員，林虔觀捐銀叁佰大員，林光□捐銀□佰大員，林計觀捐銀□□□，徐伴觀、林問山、林放觀、林殖觀以上各捐銀陸拾大員，林榮觀、林心觀各捐銀四拾員，林諧觀、林進觀、林貶觀各捐銀叁拾員，林上全、林上柳、林仰觀、林姣觀、林運觀、林宜觀、林仁觀、林萬觀、林涼觀、林四和、林帶觀以上各捐銀貳拾□（第二欄），林占觀、林長觀、林見觀、林板觀、白有姻、魏寬觀、林陣觀、王吉觀、林春截、陳系觀、林養觀、林發娘、林殿觀、林良觀、魏花怡、林黨觀、林賦觀、林清雲、林閃觀、林海觀、林捷觀、林獅觀、林土觀、林聰觀、林元祖、林各觀、林祠觀、林免觀、林竹觀、林棉觀、林向觀、林世諒、林京觀、林目觀、陳遠觀、魏媽來、林生觀、林市觀、林瑞逢、林明觀、林五湖以上各捐銀拾大員（第三、四、五欄），林訂觀捐銀七大員，吳意觀、林宰觀、林然觀、林廠觀、林籃觀、林□□、林□□、林佳觀、林□觀、林朝觀、林遠觀、林成觀、陳榮觀（第六欄）、陳筧觀、林卯觀、林英觀、林挺觀、林怨觀、林羿觀、林三觀、林化觀、林□□、林和尚、林命觀、林晉觀、林嚴觀（第七欄）、林楹觀、林面觀、林旁觀、林以觀、林媽意、林沙觀、林人觀、林□觀、黃廠觀、林正觀、林才觀、林吟觀、陳春觀、林比觀（第八欄）、林五子、魏敦觀、林必觀、林長光、林月珠、魏牆觀、林筏觀、陳下觀、林憶觀、林伍觀、林月觀、林來觀、林荔觀、林獻觀（第九欄）、林請觀、林文觀、林拎觀、林音觀、林切觀、林忽觀、林捵觀、林壺觀、林愁觀、林苗觀、林帽觀、林法祖、林貝觀、林回祖（第十欄）、林勇觀、林營觀、林照觀、林曾觀、林水涼、林米觀、林迎觀、林耽、林排觀、林□觀、林王觀、林杯觀、林莊觀（第十一欄）、林瑞蘭、林□成、林戶觀、魏笑觀、林廣觀、林攝觀、林梁觀、林□觀、林糖觀、林上考、林示觀、琳賽觀、林旺觀以上各捐銀伍大員（第十二欄），林運觀、林娘觀、林歷觀、林水涼、林春□、林忠岩、林盆觀、林道觀、林朝觀、林貶觀、林梅觀以上各捐銀拾大員，廈港林□泉捐銀乙大員（第十三欄），林池觀、魏國觀各捐銀拾伍大員，林金觀捐銀伍佰貳拾員，林丞觀捐銀叁拾員，林積觀、林伴觀各捐銀貳拾員。

　　道光歲次丙戌□月吉旦。／

董事林道觀、林金觀、林□觀、林必良、林□觀、林傳觀、林土界、林貶觀、林市觀、林目觀、陳西觀、林瑞注、魏媽來、林爐觀、林兵觀、林勉觀、林洽觀、林宣觀仝立。/

碑存湖里區高崎萬壽宮。花崗岩質，高242厘米，寬80厘米，厚13厘米。楷書陰刻。基本完好。

清·重修高崎萬壽宮碑記(二)

重修萬壽宮碑記（楷書碑額）

我萬壽宮自元歷明，由來已久。接白礁之派，分湄島之脈，挹山川之秀氣，建廟宇於高岐。神所憑依，將在岐矣。粵自海氛播遷，而/神光猶在。迨我國朝屢建神功，闔族叨神佑，老少咸沾庥庇，而風雨不時，廟貌已頹。茲有弟子林神澤、林明宿等倡義募緣，合力/重修，眾皆欣然樂助，集腋成裘，擇吉興工，落成告竣，舊基弗改，而新廟煥然矣。雖人力之所共成，實神功之所默助。俾自今濯濯厥/聲，赫赫厥靈。所有樂捐，福有攸歸。爰列其名，以志不朽云爾。今將捐題芳名開列於左，以勸後之樂善者。是為序。

林文挨捐佰陸拾員，林神擇捐佰壹拾員，林石頭捐佰壹拾員，林到觀捐銀陸拾員，林養身捐伍拾伍員，林胡平捐伍拾貳員，蔡培基捐銀伍拾員，林朝棟捐銀伍拾員，林玉池捐銀伍拾員，林金紫捐肆拾肆員，林能用捐銀肆拾員，林瓜漏捐叁拾肆員，林川年捐叁拾大員，林金匏捐叁拾大員，劉神德捐貳拾捌員，林元宰捐貳拾捌員，林廑生捐銀貳肆員，林天佐捐貳拾貳員（第一欄），林有定捐貳貳員，林大有捐貳貳員，順發號捐貳拾員，林圭恭捐拾陸員，林拼獅捐拾陸員，林金龜捐拾陸員，林德名捐拾陸員，林朝慍捐拾陸員，林天啓捐拾陸員，林玉杯捐拾四員，林子貢捐拾貳員，江仕觀捐拾貳員，周金貞捐拾貳員，林吉全捐拾貳員，林大山捐拾貳員，林能觀捐拾貳員，林天后捐拾貳員，林言語捐拾貳員（第二欄），林潘觀捐拾貳員，林明德捐拾貳員，林衍觀捐拾貳員，林天贊捐拾貳員，林天臺捐拾貳員，林虎象捐拾貳員，魏寡觀捐拾貳員，林普占捐拾貳員，林蓬萊捐拾貳員，林鋀觀捐銀拾員，林權觀捐銀拾員，林尋觀捐銀陸員，林天助捐銀陸員,林德意捐銀陸員,林白類捐銀陸員,林神梯捐銀陸員,林轉觀捐銀陸員,林依正捐銀陸員(第三欄),林皮伏捐銀陸員,林大柱捐銀陸員,魏螺珀捐銀陸員,林清香、林閬觀、林添乙、林□觀、林頌觀、林奢觀、林篤觀、林隆觀、林委觀、林馬法、林顯觀、林若觀、林苧觀,拾叁名共捐銀伍拾貳員,林天臺、林養身、林神挨、林天佐、林蓬萊、林言語、林文闖,七名倡義募緣,與有力焉(第四欄),楊樹梅、薛金柑、陳播觀、林樹皮、林羨觀、林彈觀、林螺觀,柒名共銀貳拾捌員,魏厘觀捐銀三員,林棟觀、林黨觀、林江觀、陳拿觀、陳天觀、魏江水、林英觀,柒名共捐銀拾肆員(第五欄),孫宗觀、陳謹觀、林安觀、林天偉、林上坡、林粟觀、林普太、林並觀、林界觀、林堅觀、林丙戌、林榮華、林丙全、林拼觀、林明觀、林耳發,拾陸名共捐叁拾貳員(第六欄),林竹莉捐銀壹員,林明舍捐銀四員,林偉□捐銀貳員,陳明□捐銀貳員,林掌官捐銀貳員,眾魚戶捐銀柒拾員,總合共銀壹仟□。

光緒歲次癸卯年　月　日吉旦。

董事:林神擇、林明富、林川年、林抱觀、林先德、林良觀、林蓬萊、林沉香、林言語、林東海、林養身、林加添、林天佐、林閬觀、林石頭、林天臺、林朝棟、林普占、林老婆、林有能。

碑存湖里區高崎萬壽宮前。花崗岩質,高 210 厘米,寬 91 厘米,厚 13 厘米。楷書陰刻。現狀完好。

清·辟西街西亭外庭碑記(殘)

[辟西街西亭外]庭碑記(楷書碑題)/

[邑之有四鎮也,由來]舊矣,而其內西鎮即今之西亭。是鎮者何?所以固地靈、壯神居,而即神道設教以正人心者也。考之[邑乘,自宋紹興十五年建同城,分驛/道,故名其里曰西驛],立廟灞上,為西鎮廟之後殿,原祀西方聖人、觀音大士。至寶慶二年,始崇祀保生大帝於[中殿,神靈顯貺,廟貌堂皇,迨/我朝嘉慶二十有三]年重新廟宇,募購右邊民舍,拆為禪堂、店屋,復塑帝君寶像,儼然如生,垂明訓以發蒙瞶,施靈丹[以療疾疫,服教畏神,幾於生民未有/遠近,爭祝如歸市焉]。以廟庭不容馹馬,凡遇歌舞,輒有雍塞之艱,蹢跙之苦。道光

八年,奉帝君乩示,命辟地為庭,計費[銀二千餘元,四方善信樂事赴功者/不浹旬而足。兩邊環]以石欄,左右建二華表,地氣舒暢,民咸歡休。工既竣,帝君命濂記其事,濂惶慺,敢以不文謝?特念[斯役也,實埒帝君之靈,道德孔嘉,凡/所以感孚我有眾者],豈徒金匱神方,全諸性命云爾哉。其將以上天陰騭之原,下界彝倫之敘,惓惓然期登仁壽之域。最[重者,力弟悌以奉親長,養老有丹;安/恒產而保天良,教民]有法。凡諸勸善懲惡之規,垂有寶訓,奉而行之,是即人心不死,全性命之大端也。以此醫國,不且地[靈人傑哉!謹序其原委,願以奉勸同/人敬懷寶訓條規,勉]力持循,共相化導,是更億倍於釀金成勝事者。/

　　□□□大厝壹座,契價銀壹仟貳佰大員,又買李家小店壹坎,契面銀壹佰叁拾仟文,折佛銀壹佰伍拾三□□□□□□□/□□□□工,騰雲房屋壹間,付眾拆□,公議就埕右邊另蓋壹間,付其掌管,永為己業。其埕計長九丈四尺五□□□□□□□/□□□□一買後殿右畔陳家小厝壹間,契面銀玖拾捌大員,拆為寺室。爰勒石以垂不朽。/

　　□□□□、曹兆元、禾德音,貢生:白經文,生員:劉聯珪、陳榮杓,監生:趙元章、王文敏、陳玉衡、劉如玉,鄉賓:施士翰、黃世輝,鄉耆:陳壽觀、陳殖元、楊舒月、莊兩其、程志書、林璣觀、葉廣觀、王舉蘇、曾楊聲、王□□、胡□□□□□□。

　　□□□玖年歲次己丑荔月穀旦,鄉進士、文林郎、候選知縣陳紹濂恭□□□□。

碑存同安博物館內。嵌砌牆上。已殘缺,僅存中段。花崗岩質,殘高113厘米,寬65厘米。楷書陰刻。缺文按民國《同安縣誌》卷七的附錄補齊,加方括號以區別。

清·慈濟北宮碑記

慈濟北宮碑記(楷書碑額)

　　蓋聞慈祥圭旨,聚精氣於三華;濟眾神丹,煉金液於九轉。是以修德凝道,靈符炳青簡而常新;護國庇民,紫館峙元州而不滅。吾鄉有六社宮,大觀孕秀，/文圃分靈。匾曰"慈濟北宮"，奉祀/保生大帝，法壞肇興宋代，由來已久。至我朝康熙二十五年，間經播遷，廟宇焚墟而遺址尚存，鄉里士民始鳩工庀材，建立而重興之。越至雍正六年戊申，廊/廡傾圮，瓦木頹壞，再捐資重修，廟貌如新。奈人以時而代遷，物以久而日敝。風雨飄搖，莫展椒醑之獻；棟榱崩折，難伸俎豆之儀。於是耆老僉議，招募重/興。六社民士俱見竭誠捐資，四方君子莫不歡心敬助。乃召匠興工，恢舊制而更張之。粉堊凝霞，翬飛煥彩，以妥神靈而介景福焉。既竣，爰立之序。/

太學生蕭菁莪捐銀壹佰大員，鄭代符捐銀肆拾大員，職員張廷甲捐銀叁拾大員，溫向觀捐銀貳拾肆員，金信記捐銀貳拾大員，梁情觀捐銀拾陸大員，徐紅彥捐銀拾肆大員，魏占科捐銀拾貳大員，奎文社捐銀拾貳大員，謝文邊捐銀拾貳大員，謝福德捐銀拾貳大員，楊尚德捐銀拾貳大員，楊溫厚捐銀拾貳大員，李四勇捐銀拾貳大員，周朝梅捐銀拾貳大員，溫港觀捐銀拾貳大員（第一欄），洪連品捐銀拾貳員，徐文院捐銀拾大員，陳芳參捐銀拾大員，魏兩觀捐銀拾大員，寧店社捐銀捌大員，林上鄉捐銀捌大員（第二欄，右），眾煙司阜捐銀柒拾肆員，黃德永代理溫甫榮捐銀陸大員，林長觀捐銀伍大員，林溫厚捐銀捌大員，古樓社捐銀肆大員，石倉社捐銀肆大員，長江柯捐銀肆大員（第三欄，右），陳文定、楊起仁、邱權蘇、邱俊玉、何道觀、溫圓觀、顏招觀、溫端郎、溫睿觀、溫光踏（第二欄，左）、顏稱標、楊光從、邱和尚、謝兆利、林尚卿、黃朝喜、雍登蘭、周汀觀、溫光宜、謝銀琦、王仙桃、徐待觀、溫良民、溫合郎、溫志仕、溫德露、楊士質、劉恁觀（第四欄，左）、林世威、林芳扇、溫株觀、溫珠璃、溫旭觀、劉文獻、徐光惠、劉祥光以上各捐銀肆大員（第五欄，左），林正觀捐銀叁大員，葉松觀捐銀叁大員，顏青山、林遇安、林練觀、溫益觀、溫錦觀、溫獻謖、甘四教、溫光順、梁諒觀、李承觀、溫朝聚、梁肇觀、溫天求、劉紅柿、林九如（第六欄）、溫伯欽、魏元輝、溫位觀、林文麒、蘇諧觀、魏圃山、蔡雨水、溫永受、陳光田、李福觀、埭□社、□山社、前埔社、岑街社、馬內坑（第七欄）、林暹觀、林果觀、蕭廣三、林潢陶、蕭珠觀、劉糧觀、李娛觀、林威儀、劉毅光、李扶觀、周眸觀、蕭新昌、蕭甲申、洪坑社、洪坑內（第八欄）以上各捐銀貳大員，陳甫觀、溫世光、溫天受、劉梓觀、高東潤、林溪觀、蕭廣合、蕭澤從、蕭軒觀、蕭泮水、馬埭頭（第九欄）以上各捐銀壹大員。

道光十三年歲次癸巳花月。

碑存海滄區溫厝社區慈濟北宮內。花崗岩質，高250厘米，寬90厘米，厚15厘米。楷書陰刻。現狀完好。

清·重修北宮碑記

重修北宮碑記（楷書碑額）

龍塘社溫玉魁捐銀六十大員，溫松江捐銀四十大員，溫紫雲捐銀四十大員，溫貴觀捐銀貳十四大員，溫新符捐銀貳十大員，溫烏海捐銀貳十大員，溫珍珠捐銀十六大員，溫潛觀捐銀十六大員，溫南榮捐銀八大員，溫良碧捐銀六大員，溫貞成捐銀六大員，溫文足捐銀六大員，溫響觀捐銀六大員（第一排），溫天富捐銀四大員，溫芳錢捐銀四大員，溫求惟捐銀四大員，溫好濟捐銀四大員，溫以儼捐銀四大員，溫銳觀捐銀三大員，溫株觀捐銀貳大員，溫月益捐銀貳大員，溫文松捐銀貳大員，溫大篆捐銀貳大員，溫葉觀捐銀貳大員，溫烏潭捐銀貳大員（第二排），媽超、□觀、雙誥、走馬、志士、石獅、贊陽、偕老、永立、□南觀、乞水、五侯、及第、真玉、振光、甘棠、瑞郎、烏廉、光璉、丁蘭、菊藍、潮觀、坤觀、順觀、武仍、竭力、升觀、湘藍、成觀、勤觀各捐銀壹大員。珠山社、長園社太學生蕭如崗捐銀四十大員，蕭甲申捐銀十大員。/草美社太學生蕭文夏捐銀十大員，蕭昭儀捐銀三大員。化龍社捐銀六十大員。龍津社捐銀貳十四大員。鳳山社捐銀十貳大員。南山社捐銀十大員。上瑤社楊康泰捐銀貳大員。

前存緣銀一百四十大員，三都公緣捐銀十二大員。

董事：溫茂盛、溫統論、劉朱依、溫網觀、林日精、蕭甲申、劉大允、溫良碧、徐士峰、陳舉觀、周明觀、溫瓔瑤、李眼觀、溫潛觀、林裁觀、洪整觀。

道光拾捌年歲次戊戌梅月穀旦。

碑在海滄區溫厝社區慈濟北宮外。花崗岩質，高105厘米，寬95厘米，厚15厘米。楷書陰刻。基本完好。

清·重修丙洲昭應廟碑記

重修昭應廟及祖祠（楷書碑題）/

神兼以祖，廟如其祠。/奉祖敬神，整肅各宜。/修祠修廟，眾力差池。/別有向義，應為昭茲。/

裔孫捐銀計開：/福建水師/提督軍門化成捐叁百員，/賜進士、臺灣安平鎮國榮捐壹百員，/鄉飲大賓謙成捐壹百員，/武德騎尉光矩貳拾伍員，/貢生國棟、庠生國彩各貳拾員，/鄉賓前推、光銃各拾伍員，/神富捐拾肆員，/監生前旋捐拾貳員，/謙然、光華、前迎、業哄各捐拾員，/光塘、前慶、往來、業逝、懿沁各捐捌員，/光韶、前篆、前冊、業恨、業沓、連尺各捐伍員，/光講捐肆員，/光晏、博學、業排、懿矧各捐叁員，/光國、光竹、光殿、前鞋、業存、恭喜、懿坐、神驗各貳員，/監生前愁、光順、光景、光嗲、光改、光迎、前馮、前媽、光彩/各捐壹員。/

董事舉人朝鳳、朝琮，族長徽趁、光塘、/前根、業愷/勒石。/

道光癸巳桂月穀旦。

碑存同安區西柯街道丙洲社區昭應廟之門牆。嵌砌牆上。花崗岩質，高40厘米，寬140厘米。楷書陰刻。現狀完好。

清·海滄許厝重修崇真宮碑記（一）

重修崇真宮碑記（篆書碑額）

劉堂崇真宮創自前朝，捐金鳩工，無可稽考。廟中崇祀保生大帝，迄今數百年來，凡在生於/斯土者，莫不仰承帝德，上沐神庥焉。且劉堂為勝地之境，前文山、左旗鼓，巍峨羅列，雲/霧□集。荷蒙福庇，以佑民生。全一福地，不甚重哉，第見鳥革雁□，日久年湮，幾更剝落何安？/神靈將有在乎？所幸地靈人傑,時有三姓捐金,庀材興工。礙中殿高聳,室寺狹隘,是以址則仍舊,宇則/更新,中殿推低尺餘,前進塞密兩窗,室寺張開一埕。仰見神像莊嚴,雕樑畫棟,各盡其妙。徘/徊瞻顧之間,共相祝頌於無疆也。勒姓氏於左:/

　　馬榮周捐銀叁佰壹拾貳大員,許可畏捐銀肆拾叁員,林拔觀捐銀叁拾大員,林連觀捐銀貳拾壹員,許陣觀捐銀壹拾玖員,許求觀、林便觀、林敕觀捐銀各拾捌員,許豔拾陸員,許維拾壹員,許祥拾壹員,林佛拾大員,許信玖大員,許棍、林孝各捌大員,許再、許圓、許檜、許沙、林在各銀柒員,林盛、林課各銀陸員,許喜、許樹、許岱、林昌、林陣各銀伍員,許應、許換、許郎、林論各銀肆員,許溪、許諧、許旦、許燕、林諧、林仲各銀叁員,許梭叁員半,許孝、許降、許菊、楊賢、鄭教、許金、許礦、許堯、許烈、許茂、許秋、林尚、莊岳、林宇、林□、林藝、林合、林騰、林音各銀貳員,許淑、許論各銀壹員半,林然、林鍾、林格、林修、翁薦、翁三、許掌、許談、許恩、許意、許鶴、許曲、許蔭、許記、許芳、許民、許頂、許算、陳三、柯映各銀壹員,許首、許律、許倫、許同、許內、許錢、許沓、許果、許知、許秀、許根、許歡、許詩、琴、許思、許列、楊展、林仲、林祥、許馬悄以上各捐銀壹中員,許陶捐銀八角,許蜂捐銀六角,許勇捐銀六角。

　　大清道光拾伍年歲次乙未年孟冬吉旦。

　　董事人楊連捷、許記成、林佛、許對,鄉耆馬佛楚、許遠郎、馬惠、林思、許金、許及、許勃、林諧、許秋、許潘立。

　　碑在海滄區新垵村許厝社崇真宮外牆。花崗岩質,高184厘米,寬88厘米,厚15厘米。楷書陰刻,字跡略有磨損。

清·海滄許厝重修崇真宮碑記(二)

重修崇真宮碑記(篆書碑額)

　　劉堂勝地,崇真古刹,垂自前代,迄於道光重新堂構,沿今傾圮,愴然蒿目。履斯宇者,咸以為/神所憑依,前有文山,左有旗鼓,宜經之營之,輪奐鼎新,以妥神庥。爰是謀之耆老,商諸/同人。三姓鳩金,置匠庀材,丹楹刻桷,鳥革翬飛,各盡勝概,周圍四壁窄有尺餘,前/後高低,仍舊基址。用以蒙尊神之庇佑,

沾土著之群黎。厥後地靈人傑，美景良辰，/報賽祝頌，悅豫且康，共相樂無疆於梓里。是為序。謹列姓氏於左：/

　　馬榮周捐銀肆佰大元，柯帆官捐銀貳拾元，林連官捐銀貳拾元，許株官捐銀貳拾元，林燕官捐銀捌元，許可畏捐銀陸元，許換官捐銀陸元，許倭官捐銀肆元，林賜官捐銀肆元，許檜官捐銀肆元，許天球捐銀叁元，林隨官捐銀貳元，林道官捐銀貳元，林鍾官捐銀貳元，林騰官捐銀貳元，林佛官捐銀貳元，馬祥官捐銀一元貳角，林令、林栽、林經、林民、林合、林侯、林永、林朝、馬盛、許維、許員、許納、許榮、許詒捐銀一元，許益、許墩、馬惠、許根、林慶捐銀中元，許芳、許雙、許香、許敬、林宇、許答、許埕、林交、林鉗、林哲、許倫捐銀錢八。

　　大清咸豐三年歲次癸丑年冬穀旦。

　　董事人：許畏、許算、馬發、林佛。鄉耆：許川、許當、馬惠、林令、許寬、許萬、林侯、許納、馬水、許濕。

　　碑在海滄區新垵村許厝社崇真宮外牆。花崗岩質，高180厘米，寬76厘米，厚15厘米。楷書陰刻，字跡略有磨損。

清·馬鑾社重修昭應宮碑記

重修昭應宮碑記（篆書碑額）
募修清鑾昭應宮碑記（楷書碑題）/

　　保生大帝誕生於宋，升化自白礁，歷朝屢著靈奇，纍封廟號，顏、莊兩碑備載郡、邑志最悉。宮舊在十班地，分西宮之爐火，晉/中樓之名香。國朝康熙間改建今所，丹雘未塗，瓦石樑棟尚仍古陋，相沿幾二百年，僅存寢宮，上滲下漏，日就傾頹。戊戌春初，/議敘縣左杜光聘北旋，齋香詣叩，睇觀惻然，相與謀諸矜耆，集是同者首捐金為倡，得額約銀千有奇，計按僅支工匠材木料一半，而前殿工鉅費煩，不無待於族之外出者。乃就在族捐項，取材伐石，召匠經營，而以監生杜文森、杜萬鎰董其事。/先修正殿連王爺宮，並募左邊餘地，做家塾起蓋，以收二犖。甫及半竣，得監生杜長春以淡水捐題之書至，遂重□前殿，興/工而光聘北上，仍以功姪杜尊權司其任，俾墊給材料、工匠雜款，凡八閱月而成，靡金兩千有奇，經始戊戌蒲夏，迄□竣工，董/事者徵文刻石。余謂修寢宮者，光聘力居多；成前殿者，長春、尊權、萬鎰、文森功不少，是為記。里衿杜奮庸謹敘。/

　　賜進士出身、欽命山西道監察御史、前禮部祠祭司員外郎、翰林院庶吉士、加三級、紀錄□次杜彥士匾額；/縣儒學生員杜聯忠、杜鍾齡，郡儒學生員杜奮庸、杜熊光、杜文焱等仝校字。/

　　協理重修宮務：太學生杜金鑾、杜心貞、杜文森；太學生杜文森盥手敬書。/

　　總董重修宮務：議敘縣左堂杜光聘，眾捐淡水緣項，太學生杜長春，董事杜尊權、杜萬鎰、杜文森；/募緣鄉耆：杜昭碖、杜起予、杜光帶、杜振榮、杜文賞仝勒石。/

　　計開瓦、木、匠、石、油漆、顏料、什費總目：/

　　一、杉木料銀六百七十八員，一、木匠銀一百九十員，一、匠石銀一百八十四員。

　　一、油匠漆料銀一百九十九員，/一、磚甓瓦銀一百九十三員，一、泥匠銀一百七十員，一、石灰銀六十八員五角，一、什費等款銀一百八十七員。/以上共費銀一千八百六十九員，計收右碑名下捐銀一千九百零七員，另木匾名下捐錢折銀四十一員七角。除外，伸銀七十九員七角，留存修理天后宮備用。/

　　杜伯夷、杜我亭、杜江生、杜光選、杜登波、杜□來、杜濟川仝捐室仔地基一所。陳第觀捐大砱一條。/

　　道光貳拾年歲次庚子春三月　日穀旦立。

　　碑存集美區馬鑾社區昭應宮內。花崗岩質，高166厘米，寬76厘米，厚11厘米。楷書陰刻。部分字跡已漫漶不清。

清·重修馬鑾昭應宮捐題碑記

重修昭應宮碑記（仿宋體碑額）

　　議敘縣左堂杜光聘捐銀壹佰捌拾員，杜春記捐銀壹佰柒拾員，杜遠記捐銀壹佰壹拾員，杜鑾遠捐銀壹佰零陸員，杜長泰號捐銀壹佰大員，杜恒記捐銀玖拾貳大員，杜鑾贊號捐銀玖拾大員，太學生杜長春捐銀伍拾伍員，杜鑾恒德捐銀伍拾大員，杜鑾益捐銀四拾貳大員，杜成朝觀捐銀四拾大員，杜承基觀捐銀四拾大員，杜同鑾捐銀貳拾陸大員，杜來燕捐銀貳拾伍大員，杜正鑾徵捐銀貳拾伍大員，杜老鑾徵捐銀貳拾貳員，杜珠鑾瑛捐銀貳拾貳員，候選儒學杜嵩捐銀貳拾貳員，杜鑾吉號捐銀貳拾貳員，杜長庇觀捐銀貳拾貳員，杜鑾湧號捐銀貳拾六員（第一欄），杜振琳捐銀貳拾大員，杜欽海捐銀貳拾大員，杜玉鑾瑛捐銀拾捌員，太學生杜時泰捐銀拾伍員，杜鑾成捐銀壹拾四員，杜采芹捐銀壹拾叁員，杜德源捐銀壹拾貳員，杜依仁捐銀壹拾貳員，杜鎮南捐銀壹拾貳員，杜萬頃捐銀壹拾貳員，杜有法捐銀壹拾壹員，杜光順捐銀壹拾壹員，杜見喜捐銀壹拾大員，杜克盛捐銀壹拾大員，杜鑾盛捐銀壹拾大員，騰熊捐銀壹拾大員，杜孟觀捐銀壹拾大員，杜德興號捐銀玖大員，太學生杜金璧捐銀捌大員，杜喜梅觀捐銀捌大員（第二欄），杜正直捐銀捌員，杜久延捐銀捌員，杜昌觀捐銀捌員，杜和利捐銀捌員，杜文賞捐銀七員，杜□觀、杜登科、杜繩賜、杜合騰、杜守誥、杜飛熊各捐銀陸大員，杜九平、杜尊經、杜光鑑、杜協美、杜廷輝各捐銀伍大員，杜浮觀（第三欄），杜鑾興、杜昭□、益隆號、杜文□、杜鼎興、杜固觀、杜祖蔭、杜丹皮、杜西賓、杜宇宙、杜東復、杜福安、杜長璉、杜協興各捐四員（第四欄），杜橙觀、杜永合、杜天來、杜豐成、杜□觀、杜回觀、杜文外、杜是恒、杜□觀、杜□觀各捐銀叁大員，黃□觀、許安民、王榮觀、陳海觀、蘇家寵、杜守份、杜友□、杜應庇、杜遣觀（第五欄），杜光守、杜孟論、杜大比、杜泊生、杜□觀、杜守足、杜仲觀、杜許在、杜□□、杜西觀、杜光彩、杜士中、杜世澤、杜榮盛、杜清沙、杜岐固、杜光異、杜永賴、杜天蟾、杜一士、杜祖世（第六欄）、杜麗水、杜準通、杜添水、杜振□、杜湧泉、杜珍觀、杜掌觀、杜承祖、杜許合、杜有贊、杜□恭、杜振寅、杜平治、杜萬隆、杜貞吉、杜長成、杜金和、杜鑾源、杜川池、杜深根、杜和順（第七欄）、杜俊觀、杜成美、杜合發、杜□觀、杜振升、杜以□各捐銀貳大員，陳添發、陳啓南、陳蔭觀、陳媽健、蔡光斷、蔡汝漢、蘇尊賢、蘇天賜、周□觀、鄭升隆、鄭書香、王禹門、陳安排（第八欄）、生員杜聯忠、杜玉興、杜興老、杜財觀、杜偉雄、杜牛水、杜媽奇、杜領觀、杜樵觀、杜兩庚、杜騰飛、杜什觀、杜錫忠、杜把觀、杜有意、杜修禊、杜欽祿、杜景揚、杜信老、杜深要、杜朝聘（第九欄）、黃楷模、王言由、杜豔章、杜廷標、杜光維、杜光慈、杜作霖、杜作楫、杜應樹、杜番觀、杜合利、杜深澳、杜開□、杜飽觀、杜亦金、杜志吉、杜欽觀、杜濟川、杜來奕捐銀四員（第十欄）、杜騰觀、杜安苞、杜寬觀、杜林觀、杜守己、杜際會、杜媽力、杜嶇觀、杜憑觀、杜子定、杜恭尾子、杜蕋觀、杜文炳、杜調隆、周漲觀、杜香娘、杜添娘各捐銀壹大員（第十一欄)。

　　道光貳十年歲次庚子季春穀旦立。合共銀壹仟玖佰零柒大員。

　　碑存集美區馬鑾社區昭應宮內。花崗岩質,高167厘米,寬77厘米,厚13厘米。略有風化。

民國·重修馬鑾昭應宮碑記

重修昭應宮碑記(篆書碑額)

　　余自甲寅冬重遊香海,因僑商推舉為保良局及東華醫院總理,公益所/在,義不容辭。繼蒙英政府委任團防局董事,關係公眾治安,不敢恝然廢/置。是以八年在外,未得賦遂歸歟,翹首雲天,固無時不以吾父母邦族為/念也。
　　是歲春,鄉人以函寄余曰:"我鑾昭應宮建自前清康熙間,重新於道/光庚子,歷茲八十餘年,雨灑風飄,棟宇曾經摧折,僉謀備葺,苦於鉅款難/籌,以子之善願素宏,曷不獨力輸將而為之煥然一新乎?"誠以晚近世風/遞變,神道式微,況值此干戈遍地,民不聊生,若以之沿門募集,難乎其難。/爰不揣綿薄,勉從眾議,諏吉於閏五月初八日動土拆卸,從事經營。以族叔恒足董其事,各房耆老分其勞,經六閱月而工告竣。計糜工料六千餘/金。雖由余一肩擔任,然百凡擘畫,苟非吾鄉中伯叔昆季同心協力,共策/進行,亦安得如是成功之速也?余不勝欣忭,因樂紀始末,壽之貞珉,俾後/之視今而有所觀感云爾。
　　天運壬戌年小春穀旦,境內信士職員杜德乾四端甫識,杜應祥書。

　　碑存集美區馬鑾社區昭應宮內。隸書。黑色輝綠岩質,高157厘米,寬56厘米,厚9厘米。完好。

清·重修篁津宮廟序

重修篁津宮廟序(楷書碑題)/

　　蓋聞斯宇之建也，神光赫奕，有求必應。在昔以享以祀，以介景/福，昭代頻興，前人之崇奉至矣。今當斯宇損壞而重修之，神靈/得所依庇，自是馨香之祝，當無不有感而遂通者也。因即/篁津宮捐銀為費，梓里樂事勸工，謹勒石以鳴虔焉。/

　　李行法觀捐佛銀壹佰拾貳大員，/李嫣愛觀捐佛銀陸拾陸大員，/李得權觀、林騰雲觀各捐佛銀貳拾肆大員，/李西觀、李樹東觀、李光抱觀各捐佛銀拾貳大員，/李文諒觀、李貫通觀各捐佛銀拾大員，/陳調來觀、李五炎觀、陳得水觀、李吉鋉觀、李華雲觀、/李沙觀、李光平、林協興觀、陳滿觀、李輔康觀各捐佛銀貳大員，/陳□抄觀、李光題觀、李臨觀、李乖觀、李深觀、/李啓南觀、李虎觀、陳國泰觀、陳秋香觀、陳光禮/觀、李九觀、李文美觀、李光最觀、李文鎮觀、李文色/觀、李光迴觀、李鬧觀、劉慎觀、李捌觀、李九長觀、/劉岳觀、李興觀、李言觀、李水觀、許生已觀、/陳雲南觀、宋熊觀、李先登觀各捐佛銀壹大員貳角。/

　　一禁，廟中戲臺什物不准擅取應用，以致損壞，甚至埋沒。違者察/出，賠償外，罰戲壹臺，決不容寬。/一、宮中器物要用者，合向鄉耆報明，用畢隨拾原處，不准肆丟，違/者議罰。/一、宮中整肅之所，在宮各宜清掃，不可污穢堆積，違者不惟神/譴，亦受明誅。並示。

　　董事弟子李結球、李華雲、李得權、李右文、李樹東、李光諒、宋文基、陳馬趕同拜序敬立。

　　道光辛丑年荔月穀旦重修謹志，/鄉耆眾等公禁告白。

　　碑存思明區湖濱北路篁津宮內牆上。黑色頁岩質，高33厘米，寬53厘米。楷書陰刻。現狀完好。

清·重修篁津宮碑記

重修篁津宮（楷書碑題）/

　　光緒十三丁亥年桂月　　日，石料並工英銀伍拾元壹角，什費英銀捌拾壹元貳角壹占。/李海條官、陳集發官各捐英銀貳拾大元，陳祥迎官捐英銀陸拾大元，李慶左官、李全官、陳光委官、李棣官、林昌年官各捐英銀伍拾大元，陳慶突官捐英銀叁拾大元，/李文銅官、李琢齋官各捐英銀貳拾肆大元，李清榮官、陳顏官、陳根水官、劉典官、李文標/官各捐英銀貳拾大元，劉降官捐英銀拾陸大元，李樵官、劉吉官各捐英銀壹拾貳大/元，李澄官捐英銀壹拾大元，謝撻官捐英捌大元，陳天乞官、陳牆官、李東官、李眾官、劉項/官各捐英銀陸大元，李鳳官、荒基官、劉選官、陳文殿官、陳賞官、李帆官、李初上官、張體官、/周上招官各捐英銀肆大元，劉棣官、李岱官、李愷官各捐英銀叁大元，李鳳夏官、李虔官、/李長官、李巡官、陳春城官、李綱官、陳琴官、李振官、李全官各捐英銀貳大元，陳什官、李苧/官、李清江官、林再添官、郭興官、李景官、李寡官、陳豆腐官、陳看官、李皮官、李竈官、李非官、/李懷官、劉糞官、李衙官各捐英銀壹大元，李虎奐官、李港官、李孝官、李馮官、李昔官、李克/官、李壬貴官、王扁官、李桃官、李使官、李升官、謝世官各捐英銀壹中元。合共英銀玖佰大元。/
　　一計開：彩料並工英銀叁佰壹拾大元，塗阜紅料英銀貳佰伍拾貳元伍角，油漆並工英銀壹佰壹拾大元，灰並工英銀叁拾陸大元肆角。

　　碑存思明區湖濱北路篁津宮殿外。帶座。高168厘米，寬68厘米，厚9厘米。基本完好。

清·重修玉真法院拜亭捐題姓氏碑記

重修玉真法院拜亭捐題姓氏（宋體楷書碑題）/

　　石/囷東社王、周、雍、顏、許、林諸姓合捐銀貳拾員，/石囷/西社林其源首舉其事，捐銀貳拾員，陳虎捐銀肆大員，/林啟壽捐銀陸大員，雍本模捐銀陸大員，/林啟現、林登壇、林登階各捐銀肆大員，/林其儀、林其蓁、林其相、林啟恭、林茂記、林生財、林子雲、林明庸、林光維、林登援、林登時、林登培、林元埔、林唱文各捐銀貳大員，/國學生林金黿綜理其事，捐銀六大員。/
　　協同捐收：林柯、林光訓、林登極、雍古、林啟燁、林登均、林生財、林登墉、林文載。/
　　道光柒年孟冬之月穀旦立。

　　碑存海滄區囷瑤村石岑社玉真法院。嵌砌牆上。花崗岩質，高45厘米，寬92厘米。宋體楷書。現狀完好。

清·重修玉真法院碑誌

重修玉真法院碑誌（篆書碑額）

　　正乙扶生，飛天大聖張聖君也。聖君以三五飛步之術，傳斬妖伏魔之法，與吳真人同□□□□□□□/穀大豐，尸魔王煽禍起颱風，卒至饑饉。吳真人挽米舟入濟，步罡布斗，所命驅雷斃蜚，□□□□□□□/君也。嗣是水旱疾疫，禱祈各應，生民戴德，思肖像而祠之。於是香木浮於井里，法像見乎雲□。□□□□□□/之權輿歟？按邑乘：院昉自宋，捨地則解元李公諱森也，創修則歲進士林公淑庵也。後之敘□□□□□□□/有以也。迨國朝辛丑海濱寇警，人民內遷，院遭兵燹。里人奉聖像寓祀廣嶼。前朝封敕□□□□□□□/

士基倡捐本族祀費，募眾重建中殿，迎聖像旋里。至乾隆間，族祖林循科、顏愛、雍宋等復□□□□□□□/前殿猶未復也。道光丁亥年，拜檻告塌，林汝洲、林其原、雍古、國學生先祖父金鼇公等諸□□□□□□□/年中殿崩解，東西二社諸鄉長又鳩資庀材，撤舊而更新之，以此見都人士荷神庥而飲□□□□□□□/十年來，後殿蛀壞，幾欲傾頹，林、雍二族諸父老僉謀修葺，而一時都人士仍復踴躍輸資，共□□□□□□□/前徽也，亦聖德之涵濡者廣耳。工竣，計費銀□□元，爰將捐資芳名勒石以垂永遠云爾。/

　　霞岸許泗漳捐英貳佰貳拾肆員，囷東雍光壽捐英貳佰員，錦里林職修、囷西林化龍各捐英壹佰廿員，□□□□□□/林春榮各捐英捌拾員，金沙周呈芳、周玉成、囷西黃順昌各捐英陸拾員，蘇營龍泉宮捐英肆拾捌員，□□□□□□/英肆拾員，鴻漸許媽超、院前顏應麟各捐英叁拾員，囷西林正川、林溪河、林德騫各捐英三拾肆員，□□□□□□/英貳拾員，林金錐捐英拾陸員，囷里萬壽宮、後山尾林見龍堂、吾貫林思誠、上瑤楊元亨、楊書房、古樓張、王姓□□□□□□/林一枝、林錫慶堂、囷西林振文、林有祀、林文卿、林德惠、林德應、林祈祝、林光全、黃順鶴、囷瑤林又宗、□□□□□□/岱州慈濟宮、囷東雍慎修堂、雍樹德堂各捐英拾員，龍嶼林瑞鎮、林安宅、囷瑤林漢池各捐英捌員，平和□□□□□□/囷西林四端、林四啓、林絹生、林富生、林猜生、林梅生、林唱生、林德杏、林命君、林成散、林鳳毛、林登□□□□□□。/

　　同治拾年貳月，董事囷東社廩生林祖賁、庠生林夢熊、庠生雍廷球、例貢林春榮、監生林逢□、/囷西社鄉耆林其秸、林紫鳳、雍秉圭、林其樹、林登傳、林登猛、林登漏、林□□□□。

　　碑存海滄區囷瑤村石岑社玉真法院。花崗岩質，下半端已殘缺，殘高148厘米，寬80厘米，厚20厘米。楷書陰刻。

清·重修玉真法院碑記

　　重修玉真法院碑記(宋體楷書碑題)/

　　張逢映捐英伍大員，葉和觀、/山尾李琢齋、長園蕭秉榮、吾貫/林秉貞、錦里林文舉、龍津社、/林迸觀、囷西社林媽善、林嬰、/林德葉、林德諧、林芳蓮、林丕、/林什順、林栽培、林古宜、林哞、/林居士、林班提、林尚生、林漸、/林管生、林水生、林簡生各捐/英肆大員,囷西社林叢生、/林川生各捐英叁大員,田里/王龍生、洪坑黃啓行、林覷光、/林龍生、囷西社林光赤、林猜、/林正道、林天倚、林應松、林籠、/林春雨、林清波、林光紫、林乘、/林水車、林允棟、林乙管、林追、/林安生、林珠生、林繞生、林底、/林帝生、林遠生、林憑生、林記、/林力生各捐英貳大員,囷西/林文瑞、林昭當、林嘉平各捐/英壹大員,辜秀峰捐英貳員,/海滄泉發吳行捐英陸拾員。/

同治拾年貳月,列董公立。

碑存海滄區囷瑤村石岑社玉真法院。嵌砌牆上。花崗岩質,高58厘米,寬90厘米。楷書陰刻。現狀完好。

清·重興瑞青宮碑記

重興瑞青宮碑記(篆書碑額)

祀有典何?古聖人神道設教,凡有功德於民,與夫為民禦災捍患者,咸享春秋、增爵秩,所以培風化而昭神庥,典至鉅/焉。吾閩保生大帝發跡白礁,自宋咸平以丹藥濟人,得道飛升,歷宋元明訖國朝,其保國祐民諸顯跡,彪丙典/冊,以故徽號疊加,尊崇備至。

滄江瑞青宮,前明崇祀大帝尊神,興構初基,碑缺有間。迨嘉慶庚申,里人周鎮、林長/華、林元良、周六倡義重修,更闢前宇,左為四室,住持者居之以司香火,甚盛舉也。顧規模少隘,復多歷年所,漂搖雨風,/蠹蝕蟲螳,歲時祈款者大懼,榱椽坍塌,無以奠定神君,而勇於為義、振衰起廢者,復苦無人。於是,里人林以鳳□/子紹享航海貿遷,與其同儕李妙卿等,鳩金若干,議興神祠。以貲不給,群禱於神,神果降之福,獲息纍倍,遂/相與筮日改造,而以鳳為之楨,費猶不供,乃益傾私橐,里中諸同志得心居等亦雀躍共事,募釀更新。眾義而應之,用/廓其基址,崇其檐棟。始於道光庚子四月,成於十一月,糜白金一千三百二十餘兩。由是廟貌巍峨,神靈赫濯,里/沐休祥,家膺多祐,享太平而躋仁壽,於古聖人神道設教適然有合,豈不懿哉!

同安呂世宜謹記並書。/

捐銀題名(楷書橫題):

鄉飲賓林以鳳四百員,監生李妙卿二百二十五員七角,林世威二百員,以上初捐。

馬維馨二百員,監生周宗貴四十/六員四角,林廷煥二十三員,金榮發十九員二角,林元喜、周普山各十六員一角,林金波、林伏生各十二員,林松□十/一員五角,林鎮九員二角八分,楊占鼇六員九角六分,陳維六員四角五分,林文法六員,顏台、林光羅各三員二角/,黃響老三員,以上續捐。

水師提標後營副總府張然二十二員七角,貢生楊文遠四十員,錦記號三十員,林協芳、金火/興各二十四員,鄉飲賓施文傑、楊敦厚各十六員,陳思亭十四員,林夙夜十員,生員林希菊、合茂號、仁利號、吳蕙圃各八員,監/生許怡園、泉發號、仁和號、怡春號、楊榮俊、林其源、溫貴各六員,一真號五員,恒順號、盈順號、建隆號、林開勳、林伯恭、林□熙、瑞/興號、蘇有恭、林滄州、周尚、余滾泉、林英標、林英和、王心源興號、金桃號、振發號、振豐號、五美號、德記號各四員,/監生林敦芹、則發號、得利號、錦興號、源德號、林財、允生居、開興號、吳光習、源盛號、吳開宗、阜陽號、合成號、泉興號、振榮號、福成號各三員,以上再續捐。

道光二十三年十月穀旦。

董事林以鳳、林瓊筳、協芳號、李應珍、允生居、余涼露、陳龍可、/得心居、林宗哲、林靜侯、周尚、邱佛抱、黃參仝立。

碑存海滄區海滄街道瑞青宮內。嵌砌牆上。花崗岩質,帶座,高215厘米,寬91厘米。楷書。整體完好。

清·重修瑞青宮碑記(一)

重修瑞青宮碑記(隸書碑額)

滄江之東頭山麓,舊有瑞青宮,曾經涵天洞仙師乩示曰:"迴貓潛伏。"審厥象,果肖,洵名勝也。俗又皆傳稱馬庵。蓋前明肇建自/馬氏,此必非,後之人無因而附會其說矣。粵稽初基僅一宇,缺焉未備。迄國朝嘉慶年間,里人周鎮等倡義募葺,更建前宇,左/築兩室,司香火者居,亦盛舉也。顧基址少陋,歷年既多,若宋廟、若侏儒、若榱桷、若屋櫐,悉被蟲蟻蠹餂,日就傾頹。適宗兄以鳳翁志/切更新,其長嗣紹享航海貿遷,體父志而自捐厚金,並向其同儕捐金置貨,獲利數倍以歸,遂邀其同志者植其事。貲猶不敷,乃益/解私囊,復向該處諸善信者續捐敷用,徹而重建,廓其規模,以故廟貌巍峨、神靈赫濯,遠近男女捧瓣香而至者日眾,微鳳翁/率作之力不及此,亦越於今。大帝之福於人也益靈,求醫求藥,尤見神驗;救災救厄,大發慈悲,誠足動人,寅念焉,不能忘。故祈/賽而登斯宮者更盛於前。豈料廢興靡常,歷今四十年,不獨丹青漫漶,而樑柱棟榱又犯螳煞,圮毀殆盡。里中諸向義者亦極踴躍/捐修,惟除螳無術,乃群禱仙師乩示辟煞法度,鳩工庀材,次第更修,輪奐聿新,堂哉皇哉,美矣備矣!始於光緒庚辰冬,成於壬/午春,糜白金一千餘兩。行見神既妥其靈,則人自膺其祐,豈徒斯宮之名勝,經鼎新之足,壯觀瞻哉! 是為序。/

　　四品銜工部主事、甲戌科進士林文炳謹記,里人林慶捷書。

　　捐銀題名(隸書橫題):

　　溫文三壹百員,許泗章捌拾員,顏珍洢陸拾員,董惠田伍拾員,萬成號伍拾員,辜登峰伍拾員,陳再安肆拾員,貢生林一枝叁拾/員,林餘慶堂叁拾員,監生林逢癸貳拾肆員,錦安號貳拾肆員,錦德號貳拾肆員,和合號、謝正元、顏裕德、顏珍論、黃文強、李清明、周天/讚、陳福頗、陳金殿、洪怡情、金大有各捐貳拾員,劉裕源、李勃喜各捐拾陸員,顏清遠、林永勇、瑞泰號、瑞春號、瑞源號、成利號、和協興、錦興號、陳/百斗、陳五振、陳水陣、林清株、林英懷、周端正、楊克復、候補分巡道謝保泰、周天載各捐拾貳員,芳順泰、坤成號、楊奇潭、林仲儀、林敬順、陳志拋、陳/武周、陳再興、林應端、林澤善、林倚、合茂號、新舊泉發、黃春晴各捐拾員,林清坑、瑞成號、合吉號、順吉號、成利號、金永興各捐捌員,李春、馬漢同、/豐隆號、義利號、源合號、瑞興號、隆盛號、周合、林特宙、林特補、蔡光聰、蔡崇標、林祖義、源發號、源通號、顏應麟、顏大生、張媽聽、蓮豐芳各捐陸員,邱/正朝、林百言、林敬崇各捐伍員,汪光明、王棠棣、林和栽、林永旺、吳列寶、謝天細、泉泰號、源通號、源豐號、陞源號、張聯廷、吉祥號、順得號、辛美發、和/盛號、振榮號、協發號、李開能、林英固、黃磻、利川號各捐肆員,益祥號、顏烏達、周清江、源美號、合發號、協美號、益成號、順成號、泉春號、吉興號、崑祥/號、杏林堂、怡和號、順美號、楊芳岸、振興號、和興號、源發號、勝興號、三合盛、李光掌、得恩居各捐叁員,自發號、晉記號、合隆號各捐肆員,和發號、/陞記號、福盛號各捐叁員,/林芹江捐陸員。

光緒拾捌年陸月穀旦日,滄江董事諸衿耆仝立。

碑有海滄區海滄街道瑞青宮內。嵌砌牆上。花崗岩質,帶座,高 215 厘米,寬 91 厘米。楷書。整體完好。

清·重修瑞青宮碑記(二)

重修瑞青宮碑記(篆書碑額)
捐題芳名(楷書碑題)/

何光彩、顏石頭、顏光愛、蘇長觀、周清贊、周可觀、周堪觀、李/青春、楊江院、洪喬木、雍樹德堂、林草觀、陳謙遜、張聘觀、林/啓泰、王金荳、順茂號、鄭總爺、周水觀、曾安觀、李清遜、林朝/猛、林在觀、黃好智、李文長、黃心力、黃德和、榮興號、廣興號、/銀叶興、叶芳號、叶成號、泉和號、李瀚觀、金啓源、林魁觀、扶/生堂、蘇盃觀、林蔓草、崑和號、振順號、叶德號、叶成號、張長/久、辜啓泰、振興棧、瑞發號、怡濟堂、福源號、妙林堂、許怡園、/林茂竹、林良兔、林豬屎、蓮發號、馬玉壺、林振興、林茂嬰、陳/意觀、陳大菊、陳仕元各捐英銀貳大員,春記號、林振洗、錦成號、/合元堂各捐英銀貳大員,林九題捐貳員。/

光緒拾捌年陸月　日,滄江董事諸衿耆仝立。/
里人林向辰書。/

碑存海滄區海滄街道瑞青宮內。嵌砌牆上。花崗岩質,帶座,高 120 厘米,寬 65 厘米。楷書。整體完好。

清·惠佐重修大覺堂碑記

重修大覺堂碑記（楷書碑額）

竊聞鄉里之所以立宮廟者，欲壯地脈，憑依呵護而祈其為奠安錫福之主，是/鄉里之重宮廟也，宜矣！今我徽佐社有大覺堂者，創建始於前朝，供祀/保生大帝。地傑神靈，由來已久，而堂前拱高峰，後環滄海，左有魁山遙映，右即文圃/飛朝。森羅水口，紫耀龍身，且大帝神威廣大，水旱疾疫，祈禱必應。赫赫厥聲，/濯濯厥靈，其所庇於吾鄉善男信女，非淺鮮矣。奈世遠年湮，風漂雨壞，棟老而/群蜂鑽穴，檐低則聚鵲結巢。登斯堂者，莫不目睹心傷。每欲修而葺之，然而革/故鼎新，非廣施集腋，安能敷竣其事？□□□□□□□□□□□□□□□/俱各樂從如雲，或捐重貲，或捨園地，於□□□□□□□□□□□/秋八月興工，至今丁丑夏四月而工畢。□□□□□□□□□□□/工資、磚石、木料、油漆、灰塗等費，勒石以□□□□□。

光緒三年歲次丁丑荔月穀旦，董事人□□□□□□□□□。

碑存海滄區新垵村惠佐社大覺堂外。花崗岩質，高224厘米，寬85厘米，厚11厘米。楷書陰刻。左下部缺失四分之一，其餘完好。

清·大覺堂記事碑

光緒六年五月，於大覺堂保生大帝/庵後宅園一丘，獻送邱正朝觀掌管，起/後蓋作學堂。又，邱正朝觀備出英銀壹/佰四拾大員奉謝保生大帝，收去生/放利息銀，逐年進香開費應用。/
本境弟子林再辦、曾元奎、朱有約、周曰成仝知見銀。

碑存海滄區新垵村惠佐社大覺堂內。嵌砌牆上。花崗岩質，高63厘米，寬 38 厘米。楷書陰刻。現狀完好。

清・重修龍山宮碑記

重修龍山宮碑記（楷書碑額）

澄邑治之龍山鄉，其地有廟，號曰龍山宮，自前明建有數百年，其神蓋祀/保生大帝及原祀諸神，亦在其廟，祈禱靈應，瞻拜展誠，神因人而鍾靈，人依神而獲補。乃有不戒於火，畫樑雕棟，龍蛇消於回祿；寶/像幢幡，金碧委於泥沙。過客興嗟，里人心傷。第修築工費浩大，難以為理。通信示予先行，倡捐激勸，復集叔侄，來即我謀，急公好/義，尚有不敷，補足成數，遣男康汭旋里督理，擇吉興工，悉心經營，盡美而又盡善，俾神有所憑依，棟宇巍煥，快落成乎哉！捐金芳/名，共為勒石，奕世流光。此予區區之心，總求無愧，亦以成善事云爾。是為序。

總理、把東大媽腰李媽賽拜撰並書。/

李媽賽捐金貳仟伍百大員，聯益號捐金壹仟員，清吉捐金二百二十元，春深、春滔、後進、龜印等各捐/金壹百元，文約捐金四十四元，應珠捐金四十元，光進、來成等各捐金三十六元，雙聘、鐵赤後文定、/鐵赤後文才、萬頃、萬榮、萬吉、僞蛋、秀川、滿治、應稅等各捐金二十四元，長壽、秋飲、有宜、世威、/定著、紫榮、種金、清哲、繼昌、著儉、朝帆、四館、龜定、秋冬、有朋、振榮、文仲、僞訓、僞成、僞心、/僞頂、僞藝、正勉、萬佑、放生、浩立、永武、玉成、良策、清舜、瑞武、光圓、長篇等各捐金十二元。/

總合收捐英銀四千八百一十二員，附文捷捐英伍拾員。/一總開起蓋廟宇全備，計去英銀四十九百五十四員。/

附禁約條規：

一禁：不許宮內及部口曬曝、收被五穀，囤積什草，違者議罰燈彩，如再過犯，重罰英銀二十員充公，仍就不遵，僉/呈究治；

一禁：不許打鐵借寓及什色人役投宿，或聚集窩賭，社人引誘，廟祝徇請，一切議罰嚴辦；

一禁：不許兒童毀畫廟/壁，並拾炮紙、什草、燈油灼跋、焚燒、損害器具，查出議罰伊父母補全；

一禁：不許酬神金錢在宮內焚化，許在宮中金爐或/向外金亭，倘有觸傷物器，不論男婦，按輕重議罰；

一約：社人慶吊演戲，應用棚帆諸物或築厝移用，事畢應即搬藏，勿被風雨損壞，違者坐賠；

一約：廟祝管理廟門，早晚啓閉有時，打掃乾淨，安頓整齊，如有違約者，通知家長議罰；如廟祝有違，/立即並罰。

以上禁約俱宜遵守，如當社家長有違犯，立即依條規議罰，不得徇情，違者該家長坐罰不貸。/

光緒十年歲次甲申仲夏月吉旦，督理把東雷珍蘭李康泳暨李三畏、果蘋、清茶、春梯、軒生、七六仝立石。/

碑存海滄區溫厝社區寧店社龍山宮內。花崗岩質，高168厘米，寬90厘米，厚12厘米。楷書陰刻。現狀完好。

清·重修昭塘宮碑記

重修昭塘宮碑記（仿宋體楷書碑額）

光緒丙戌年/田頭社孫厚偕弟誠信、倉廩仝捐艮乙佰元，西頭社林媽栓偕弟英分仝捐艮六十元，仙岳社陳最良官捐艮貳十四元，後坑社葉龍欽官捐艮貳十四元，田頭社孫沛然官捐艮十四元，陳開盛、坂尾社石體恕、祥店社黃寬裕、黃鳳儀、庵兜社薛長泰、田里社林文啓、俞後社王春暖、仙岳社葉文舉、西頭社林炎官、林天財、廈港林財寶、田頭社黃茂官、黃潭官、孫有別、□□社周玉泉、□□社陳亨造、晉江蔡甦官、湖邊社林旗官、林朝良以上各捐艮十二元，□□社薛清梨捐艮八元（第一欄），□□社陳文騫、仙岳社陳補官、陳承繼、高林社林江淮、田頭社黃潛官、孫銀科、孫抱官、蓮坂社葉珍官、葉淑官、尚忠社陳椿官、塔埔社黃黨官、後河社黃讚官、烏石埔蕭文官、寨上社陳泉官、榮順源號、勝合號以上各捐艮六大員，官潯社陳正宙、晉江陳廣官、文竈社陳合宜、仙岳社葉臏宜、塘邊社林達官（第二欄）、黃厝社黃滋官、孫詳官、田頭社黃九官、黃川官、黃宜官、黃控官、石村社郭各儀、店門社陳雙枝、庵兜社薛禮成、店里社林宜官、李周鄉官、集泰號、薛格運官、陳仲述、葉清和仝合、楊光取、振益號仝合、尚忠陳文曜官、余祐官、湖邊社林振官、何安官、西頭社林園官、林眛官、林能官、林玉貼（第三欄）、吳盛官、泥金社孫烏啓、坂美社石滄浪、圍里社陳返官、清安、國益、郭根茂官、庵兜社薛響官、庵兜社薛捐官、林後社薛盾官、楊國餘官、仙岳社葉玲官、坂上社陳允棱、路下社孫兩官、潛井社張接皮、晉江社李賣官、浦口社王根得、仙岳社陳桑官、黃推官以上各捐艮四大員，田頭社孫騰官、庵兜社薛文鶱、高林社林金屋、尚忠黃永記、烈嶼清海官以上各捐艮四大元（第四欄），堂邊林將鎮、林契官、坂上陳送官、陳乾官、王連兄、葉啓官、隆慶號、林豐隆、蕭頭官、林宙官、薛助官、洪足官、黃雁官、黃芳官、蕭為城、孫□官、孫慶納、孫玉帛、孫諒官、陳其麟、何天乞、孫建利、林見官、孫水改、孫天賜、孫糖官、陳媽薦（第五欄）、陳札官、榮昌號、鍾啓生、陳清風、孫堅官、陳寬秀、孫文察、孫個官、薛曜官、李金美、陳聽官、金長發、陳苧官、黃轄良、劉惠官、林遷官、蕭松植、葉添官、蕭欽賜、新源號、葉降祥、王東官、王光糞、陳道官、曾淨官、蔡石官、薛盾官（第六欄）、林況香、林成仁、陳出官、魏神是、李冬梅、林添官、林茂官、林張官、郭振益、周文彬、葉頭官、陳金杯、孫老官、王靄官、孫楨青、葉坪官、陳如慶、葉媽生、陳清波、陳其仁、孫□官、林店官、林潭官、薛位官、孫高林、葉自然、林振茂（第七欄）、黃啓官、孫取便、孫皆得、孫振盛、黃岸官、黃通官、林福官以上各捐艮貳大員，鍾元生、碩永筆、葉添燈、葉有志、葉文寶、何眼官、林邑官、林添百、陳錦標、陳拱照、吳同官、張蔭官、葉勝仁、李繼官、陳契官、鄭玉司、楊玉司、黃篤官、黃爱官、洪推官（第八欄）、孫眷官、王太帶、黃員官、孫生官、洪振秋、王共官、王貶官、王連官、種德號、王天賜、陳仁宗、王英偉、陳大平、葉瑞美、陳石藏、王大尚、孫趕官、葉文軒、葉文唱、曾掫官、葉色官、曾安官、曾芳官、陳秉甫、王牆官、孫萬忍、李盤官（第九欄）、葉厚官、周文榮、林醀官、李填博、楊振官、吳文碩、薛萬汗、陳元旺、李協元、薛協元、薛巴官、何瑞貺、徐產兄、陳祖蔭、鍾天助、黃文壇、陳水珣、李蠟官、陳文經、林瓊瑤、方東官（第十欄）、薛尚官、薛壁官、攬都官、陳水建、廖驛官、薛卻官、薛清穆、黃媽銓、黃文良、黃皆得、黃猛官、黃源安、黃有享、陳鳥官、孫惟瑤、吳佛果、吳文官、李盤官以上各捐艮壹元，陳賢官捐□□。

　　正董事仝立。

　　碑存湖里區高林社區昭塘社昭塘宮外。花崗岩質，高153厘米，寬89厘米，厚11厘米。楷書陰刻。石面已略風化。

清·重修圓塘宮碑

重修圓塘宮（宋體字碑額）

　　謹將四方仁人君子、誠心捐題諸公芳名開列於左：/林文攢合/林貌觀緣銀貳佰大元，林昜/快合艮乙佰乙拾元，林瑤琛/石頭捐後落地成宮一□，林仕建、林仕名各/三十二元，林開運捐艮二十元，林瑞牆、林永隨各十五元，佘鐵峰、林朝艮各十三元/，林謨旺捐艮十一元，林光註捐艮十元，李北蜂、林光瑞、林三陽各六元，林二住捐艮/五元，佘文章、李君子、林四煨、林宇宙、林水仙、林仕別、林□聘、林仕應、林宗/鎮、林文度各四元，吳見來、林哲糖各三元，陳托觀、林仕卯、李榮觀、李挺觀、楊/張觀、何樣觀、陳衛觀、林江海、林深根各二元，黃天乞、李下觀、李管觀、余貝觀、/陳清泉、林謨羅、林天求、陳有惠各乙元。總合共緣艮伍佰陸拾陸元。/
　　董事：林瑞宗，/董事：林瑤琛、玉貌、羨果，/鄉老：林天檜、仕摺、開盛、居仁、/文學、白首、文華。/
　　一開：做劍槍艮九元，/一開：鋪埕艮八元伍角，/一開：油漆艮三元，/一開：宮內十費艮四元。
　　一開費條目：/
　　一、買中樑並上樑，開費二十伍元；/一、買杉料，開艮乙佰八十元；/一、買石，開艮乙佰零伍元；/一、買紅料，開艮六十乙元乙角半；/一、買灰玖拾伍擔，開艮二十八元貳角。/一開：塗大工去艮伍十元；一開：煎絲去艮十貳元；/一開：油漆去艮四十四元；/入開什用去艮四十九元貳角肆分。/
　　總合共用艮五百五十四元陸角。/
　　大清光緒十二年桂月　日仝立。十六年五月再修。

　　碑存湖里區塘邊社圓塘宮後殿外。花崗岩質，高157厘米，寬64厘米，厚11厘米。楷書陰刻。現狀完好。碑內數字原為蘇州碼。

清·重興延壽堂倡捐序文

重興延壽堂倡捐序文（楷書碑題）/

□我延壽堂之庵上接廟兜，下/連霞美，二鄉共崇祀尊神，則/保生大帝不知建於何時？查厥/舊志，道光年間曾經修葺。越今/周甲，棟樑蛀壞，牆壁傾頹，神/無所依。適奉政大夫吳印翼/謹偶至於斯，詢之鄉老，歷言其/故。首倡樂輸，踴躍勸捐，鳩聚殷/戶，集腋成裘，擇吉興工，立即落/成，而翬飛鳥萃，彩錯金鏤，此庵/復得美麗壯觀。迓神庥而保/民生者，皆好善君子之力也。爰/為序而勒諸石。/

吳翼/謹捐艮乙百二十元，/盧墨翰捐艮六十元，/盧金烏捐艮五十元，/李安瀾捐艮四十元，/林芊書捐艮十六元，/謝縛觀捐銀十六元，/盧成器捐艮十二元，/盧金椗捐艮十元，/林長榮捐艮十元，/盧應捐艮八大元，/謝上願捐艮三元，/盧其明捐艮三元，/盧院觀、盧喜觀、盧清順、謝柏生以上各捐六元，盧樹杆、謝第、盧天陶、周根、盧扶持、盧豔以上各捐四大元，盧沁、/蘇串、盧陵、盧意、盧奚、吳魁、盧嬰、/謝心得、謝忠厚、謝能宰、蘇自得、/蘇明以上各捐艮二大元，/盧位、盧經、盧姜、盧掌、盧化、謝奚、/盧成和、林千金、謝清訓、謝有朋、/謝番追、謝水泉、謝明智、謝九後、/謝九嬰、謝九對、謝慍、謝攀、謝書、/謝喜、謝鱗以上各捐艮乙元。/合共捐題艮四百三十九元，/連貳元。/

董事盧川澤、盧樹杆、謝九嬰、盧清源，二鄉耆盧川楫、謝有朋、蘇隨、陳輕、盧徹、盧展仝立石。/

時光緒十五年歲次乙丑臘月　日。/

碑在海滄區竈冠社區廟兜社延壽堂內。嵌砌牆上。花崗岩質，倭首，高40厘米，寬153厘米。現狀完好。

清·重修塔厝長興宮捐緣碑記

長興宮重修捐緣碑記(楷書碑額)

　　陳耀焜枰廿四元,許進成枰十四元,陳江清枰十四元,陳壽觀枰十二元,陳振傑枰十二元,黃文德枰四元,紀福慶枰四元,林松馨枰四元,溫天送枰四元,黃春夏枰四元,蘇鳥頭枰四元(第一欄),陳丹詩枰二元,楊立雪枰二元,陳國梁枰二元,徐文謨枰二元,傅雲裳枰二元,吳東水枰二元,葉榮觀枰二元,陳古錐枰二元,張恒來枰二元,陳行遠枰二元(第二欄),楊三觀枰二元,葉隆觀枰二元,陳莆觀枰二元,柯存觀枰二元,陳媽岱枰二元,陳持觀枰二元,黃長利枰二元,葉九觀枰二元,吳照偉枰二元,吳秋觀枰二元,黃香皮枰一元(第三欄),陳德祀枰一元,陳淵觀枰一元,王有福枰一元,紀玟觀枰一元,陳天賜枰一元,王照遠枰一元,陳玉觀枰一元,朱俊觀枰一元,楊龜觀枰一元,王輝泉枰一元,黃立觀枰一元(第四欄),吳美觀枰一元,紀校觀枰一元,洪紅觀枰一元,蔡盛觀枰一元,紀憂觀枰一元,王照純枰一元,張水寬枰一元,陳胡觀枰一元,王照富枰一元,吳九觀枰一元,肖仁傑枰一元(第五欄)。

　　大清光緒拾玖年立冬月　日,眾董事公啓。

　　碑存廈門市文園路原塔厝社內。花崗岩質,長140厘米,寬50厘米,厚12厘米。楷書陰刻。基本完好。碑內數字原為蘇州碼。

清·重修靈鷲堂志

重修靈鷲堂志(楷書碑額)

　　靈鷲堂崇祀保生大帝,自宋景祐間蛻化白礁,乘鶴升天後,屢著靈異,疊加/褒封,不勝枚舉,而分鎮西莊由來久矣。緣先君子□社於咸豐癸丑歲倡捐/

修造，不數年，堂前溪岸被洪水衝破，□堂蟲壞。鄉眾鳩集捐貲，自光緒辛巳/迄癸巳，中間興修三次，均未成。是年四月杪，復被淫雨破壞後進，竟見中止。茲因/毓其回梓，偕樹聲謁此堂傾頹，目睹心傷，神無所依，來商於予，子遂□□云為/倡修，添築護厝，吹豳飲臘；集長幼於此地，足以效擊壤歌衢。設造字亭敬聖惜/賢，俾弟子到此間，亦咸知敦詩說禮。由是堂構聿新，神光赫濯。父老告余曰："善/哉，此役也。凡置買磚石土木及工費銀，國梁等實當其任，□喜。"閱兩月而功竣，/後凡登斯堂者，莫不頌諸人之樂善。既足仰企前修，亦可昭示來□也。是為序。/

　　盧國梁捐來銀貳佰貳拾陸大元，盧樹聲捐來銀貳佰乙拾三大元，盧毓其捐來銀貳佰乙十三大元(上欄)。一開杉料銀九十八大元，又磚石灰瓦銀/乙佰乙十六大元，泥木並小工銀壹佰貳/十六大元，油漆銀八十大元，□用銀三十(下欄)。/另盧國忠捐銀二十大元，做帝君襖□二大元，餘小工各□□助□□□。/

　　清光緒二十四年戊戌歲四月吉旦，董事雪漁、毓其、金門、樹□、□修全勒石。

　　碑存同安區大同街道古莊村靈鷲堂內。嵌砌牆上。花崗岩質，高120厘米，寬60厘米。楷書陰刻。基本完好。

清·海滄祥露重修廣惠宮碑記

重修廣惠宮碑記(篆書碑額)

　　廣惠宮者，吾族中一名勝之區也，素祀真人。其神甚靈，歷來屢著靈異，凡捍災禦暴，所以衛我鄉人者，歷歷可記。近/為由久不修，剝落又甚。辛丑之春，族人遵例白礁進香。斯時帝輦返駕，顯赫繞境，盤旋終日。族人筶占，知諭興修/之懿。於是集眾參議，廣結喜緣貳仟陸佰左員，擇吉興工。迨癸卯春三月落其成，靳礱丹艧如禮，計費白金三仟陸/佰餘員，除龍柱四佰金，各立芳名另奉以外，尚缺六佰餘員。適六房天來自垠還梓，力足其數，又復增餙旁屋三楹，/以便守者之居，而壯廟宇之觀。今碑記未立，甚非所以彰善而勵後也。爰將捐題芳名臚列於左：/

莊天來捐銀壹仟壹佰叄拾員,莊清建捐銀肆百元,莊文聰捐銀貳佰員,莊文侯捐銀壹佰員,莊哲克捐銀捌拾員,莊銀安捐銀伍拾貳員,莊其理捐銀伍拾貳員,莊明諧捐銀伍拾員,莊有重捐銀伍拾員,歐陽水川捐銀伍拾員,莊潤岸捐銀四拾員,莊溫珉捐銀四拾員,莊錦殿捐銀四拾員,莊春波、莊九修、莊明槐、莊秀岩、莊取智、莊溫和、莊瑞慶、莊溫賞以上各捐銀叄拾員,莊自軒、莊明厚、莊明梅、莊明生、莊溫扶、莊大租、莊沉香、莊溫永、莊育瓊、莊樹蘭、莊銀佐、莊水草、莊□娘以上各捐銀貳拾員,莊明照捐銀拾六員,莊溫通捐銀拾伍員,莊成基捐銀拾四員,莊銀辦、莊溪首、莊文讚、莊明慶、莊媽白、莊有德、莊明歪、莊女娘以上各捐銀十二員,莊亞山、莊和尚、莊水煉、莊鴨角、莊老偕、莊溫懷、莊振發、莊清江以上各捐銀十員,莊文界、莊友縛各捐銀八員,莊哲奇、莊開國、莊明海、莊銀土、莊老科、莊明趁、莊文廉、莊安然、歐陽清波、莊開榜、莊老鑒以上各捐銀六員,莊明帆、莊順美、莊維綏、莊明神、莊正忠、莊允文以上各捐銀五元,莊文忠、莊左宜、莊明定、莊溫爐、歐陽為、莊明科、莊明送、莊有忠、莊恭色、莊娥娘、莊明安、莊壽昌、莊溫韞以上各捐銀四員,莊哲發、莊明治、莊明章、莊玉剪、莊兩宜、莊葉娘、莊老鑒、莊溫灶、莊溫篆、莊友波、莊清江、莊明存、莊明和、歐陽溪士、歐陽棟、歐陽生仁以上各捐銀貳員,莊文品、莊明順、莊添益、莊媽看、莊依朗、莊銀養、莊明鑽以上各捐銀壹員。

董事人莊文釵、莊佑侯、莊子凱、莊振生、莊智卿勒石。

光緒癸卯年春三月。

碑在海滄區祥露社區廣惠宮內。花崗岩質,高164厘米,寬69厘米,厚13厘米。楷書陰刻。現狀完好。

清·海滄貞庵霞美宮碑記

霞美宮碑記(楷書碑額)

蓋聞澳頭祖宮保生大帝自昔年建立廟宇,神靈哉!慈佑仁民,帝德廣大。然有其誠必有其靈,神安則人自安。茲久年/頗有損傷,近被風雨飄搖,實是未能安居。此諸弟子不惜工力,人心齊向,共為相謀,捐緣重興。刻名勒碑,開列

於佐。/
　　題緣芳名：
　　振昌號喜捐銀捌佰壹十元，永發號喜捐銀陸佰零三元，振發號喜捐銀壹佰三十六元，永順號喜捐英銀壹佰大元，黃果官喜捐銀壹佰大元，振義號喜捐英銀九十大元，黃清浮喜捐英銀七十捌元，鄭文這喜捐英銀六十大元，振豐號喜捐英銀伍十捌元，振成號喜捐英銀伍十捌元，林玉樹喜捐英銀伍十四元（第一排），黃來官喜捐銀四十元，協興號喜捐銀三十元，黃宙官喜捐銀三十元，林和官喜捐銀二十四元，陳和池喜捐銀拾伍元，蘇泗海喜捐銀拾伍元，黃在官喜捐銀壹十元，黃順德喜捐銀壹十元，黃薧娘喜捐銀拾二元，黃朝取喜捐銀六大元，黃連注喜捐銀六大元（第二排），林尾得喜捐銀五大元，黃有用喜捐銀四大元，黃橋官喜捐銀四大元，林水官喜捐銀三大元，楊岸官喜捐銀二大元，林嘉興喜捐銀拾貳元（第三排）。
　　黃清浮、黃清休、林天送、林猛官、蘇泗海、林世官、周權官董事。
　　光緒己酉年孟春重修。

　　碑在海滄區貞庵村霞美宮外，建有碑亭。花崗岩質，高124厘米，寬59厘米，厚10厘米。楷書陰刻。現狀完好。

民國·重修興賢宮碑記

重修興賢宮碑記（仿宋體碑額）

　　陳益廷捐大肆佰陸拾元，李崇記捐大叁佰零叁元，葉壽堂捐小貳佰元，王荳包捐大壹佰叁拾元，葉敦仁捐大壹佰元，林爾嘉捐小壹佰元，楊在田捐大壹佰元，陳炳榮捐大壹佰元，篤齊黃捐大陸拾元，林新府捐小陸拾元，陳萬樹捐大伍拾元，林青棧捐小叁拾元，黃振清捐小叁拾元，恒德發捐小叁拾元，許池捐小貳拾元，林國重捐大貳拾元，林志義捐小貳拾元，蘇泰捐小貳拾元，曾朝銓捐小貳拾元，龔淑翊捐小貳拾元，恒發號捐小拾陸元，柯春根捐小拾陸元（上欄）。
　　全同隆捐大貳拾元，聽濤軒、新合順、福麗源、振義興、鄭有德、黃德、陳金悔、蔡壽圖、源發、/成記號捐小壹拾貳元，各捐陸元，協興號、葉春水、黃照通、吳瑩粟、黃史、廣德昌捐小貳拾元，璇文齋捐壹拾元，/海司捐小壹拾貳元，金記號、吳尚文、馬立姑、瑞安號、殷天賜、裕隆號、雙興號、/泰發號、賴鳳傑、陳易銘、振順號、復美號、林紉記、默香堂、晉興號、賴速友以上共捐大銀壹仟貳佰玖拾元、小銀壹仟陸佰陸拾元，/義利號、黃默齊、玉華、協記號、義興號、蘭馨號、亞寶姐、容秋圃、祥升號其餘拾伍元，以上、下合共捐大拾陸元、小貳拾貳元伍角，/公豐號、受益號、榮松、義昌號、德興號、森茂盛、廣德昌、謝青山、資生堂、/集安號、許赫宣、王毓麟、黃子煥以上各捐五元，陳金悔、謝金進、新茂盛另捐畫軍將，共小肆拾玖元叁角，/新錦源、杜少游、苑香居、黃大川、添成號各捐陸元，陳允良、陳勝、黃興來、/合興隆、自來號、周登、李全須、新隆公司捐貳拾元，曾金生、致和號、黃於居、/黃祥齡、福恒發、張長□、許紹、陳桂茂、林古虞、陳委、泉利號、樂天軒、/朝記號、良成號、何純清、彩林姐、盛益、黃袖良、黃涂、恒昌號、羅鎮，總合捐來小銀叁仟玖百陸拾伍元，莊豐順、洪雷、馮金榜、張根瑞、度日號、黃源生、黃復義、新協成、合益公司、/順記號、林怡園、曾碧蒼、源德號、何清水、吳松三、黃座舍、老合順、部記號、/永年格、劉奢、賴金安、林姨太、桂生嫂、合茂號、徐明山、陳祥德、邵裕豐、/林六太、曾耀坤、林五太、彩聘姐、義和昌、白雪洲、洪地、林文彩、黃天助、/目盧、龔錫五、陳甫、亞月姐、震昌號各捐肆拾元，王連科、王順德、蘇敬應、/鴻山號、曾成偶、葉時、吳彪、順發號、慎思堂、朱大英、何水源、黃科舍、/吳添丁、張崇貴、三孫爺、錦發號、順成、泰記號、合興號、順興號、黃章舍/以上各捐十元，廣興棧、源發號、協順益、高師爺、新興號、程三水各捐貳拾元，/圖南棧、金發號、合昌隆、順昌隆、合和慶、祥興號、成發號、陳吉通、戴瑞麟、/王福成、度記號、成美號、曾國明各捐叁拾元，王秋敦、協興號、三姑捐小十元，/晉興隆、成興號、阮槙、王曲、大居姐、求心氏、源興號、林三舍、陳朝駿、/車通元、萬美號、合益號、合發號各捐貳拾伍元，李阿院、合順號、林二舍捐小肆拾元（中欄）。/

　　黃馬銳、王進捐戲臺、劍槍，貳拾元，/黃曉初捐小貳拾元，/蘇祥茂捐大艮六元，/張良保捐電燈貳盞，/黃裕發捐小艮貳拾元。/

　　一開做木工料共小叁佰捌拾貳元，/一開做塗工共小貳佰伍拾元，/一開油漆工共小貳佰貳拾伍元，/一開買紅料共小玖百叁拾元，/一開買灰共小貳佰玖拾叁元，/一開買石共小肆拾，/一開買灰、幼料並工共肆佰玖拾伍元，/一開設醮五天並挑工買塗/沙什費共柒佰貳拾伍元，/一開起室仔、鋪埕□□元，/一開打石碑工料玖拾元，/一開立碑、戲金共貳拾。/共費出小銀□□元，/除開費餘在小銀貳拾伍元。（下欄）

董事：陳益廷、林古徒、林井記、李魁、李家其、鄭紅毛、鄭毛獅、陳連登、吳江水、黃興義、黃沙、黃振清、王子衡。/

民國乙卯年八月立碑。

碑原在鼓浪嶼興賢宮（今改建為馬約翰廣場），1988年收藏於廈門市博物館。嵌砌牆上。花崗岩質，高200厘米，寬85厘米。楷書陰刻。部分字跡已磨損。碑內數字原為蘇州碼。

民國·種德宮置產以補香資碑記

本宮前置店屋一座，/址在廈門祖婆廟邊字紙亭前、右畔第四/間，門牌第拾六號。其/店屋所收租項，藉補/本宮逐年進香之費，/無論何人，不得私相/典賣及胎借等弊。恐/眾未盡周知，特此布/告。本境眾董事公立。/

民國十二年古曆六月初一日。

碑存鼓浪嶼內厝澳路種德宮前。花崗岩質，高161厘米，寬90厘米，厚13厘米。楷書陰刻。現狀完好。

其他神廟

宋·同安豪山廟碑記

《祭法》："山林川谷，能出雲為風雨、見怪物，皆曰神。"又曰："能禦大災則祀之，能禦大患則祀之。非此之族也，不在祀典。"同安縣東南二十餘里曰豪嶺，嶺最遠又南一里曰豪山，山最高而大，其神必靈。山之巔有龍潭，天將雨，龍擊水聲如鐘磬，時有蟹，五色，出潭旁。山之麓，故有祠，雨暘輒應。崇寧二年詔天下名山大川有功於民者，聽所在縣邑立祠。攝令趙君文仲奉詔書，始令三都立刹，度材鳩工。廟成，扁以豪山。

初，朱文公主邑簿，嘗詣祠禱雨立至。淳熙十一年春夏旱，令鄭侯公顯禜於潭，是夕雷電交加。俄，大雨霔。紹定癸巳，四月不雨。西山真公遣吏謁其祠，曰："豪山有潭，神龍宅焉。昔在淳熙，有令嘗禱雨於是，隨獲甘霔。屬在旱暵，宜搁忱請德秀以誠籲之，秀弗克躬造而命官往焉，謹拜於庭，爰致悃幅，伏願油然而雲興，沛然而雨霔，以彰我龍君之神靈。"越二日，雨。明年，端平甲午，六月不雨，守竹湖李公修真公故事，未幾大雨，遣吏謁謝如初。其詞曰："近遣屬吏款謁龍潭，興雲致雨，隨禱隨應，龍之靈至矣哉！所謂能出雲為風雨，見怪物者，非與？"豪嶺、苧溪間林薄陰翳，虎豹所穴。民有王姓者父子同時為虎所傷，號訴於神，募善射者一命中之，迄今無虎患。先是，秋疫熾，病者十室六七。夏，蝗蔽天，食苗幾赭。獨近廟數十里人無札瘥、蝗不害稼。白桐嶺與漳接，魋䰨出沒不常。紹興庚寅，陳三搶掠永春，撇德化，遂掀長泰，距境纔二十里，居民賴神以安。所謂能禦災捍患者，非與？此於法宜在祀典。

廟建於崇寧癸未，淳熙戊申新之。修於嘉定甲申，咸淳丙寅重修之。前殿巍巍，寢殿奕奕，三門崇崇，際舊加倍。於是，瑞應等請書其事，明叟為諸侯，得祭於境內之山川，故請於令尹陳侯，請以其事上之部使者而聞於朝，以昭神之功烈。

是役，捐金倡之者：某官謝某、某官康某、將仕郎趙某。董其事者：鄭瑞應、林元煥、楊文強。既竣事，合樂以落成之，乃歌而侑之，歌曰："龍之居兮山之湫，湫之水兮幽幽。遲龍君兮未來，嗟愁予兮悠悠。龍之來兮山下，挾風雷兮驅雨。神功兮無跡，田多稼兮原多黍。癘鬼兮山阿，蝗不入境兮虎渡河。牛羊兮滿野，戴白兮不識干戈。新宮兮孔碩，湛清酗兮瑤席。神欣欣兮忘歸，庇我民兮罔極。"

宋王明叟撰。

錄自民國《同安縣誌》卷二十四"祠祀"

明·灌口萬壽宮題緣碑

檀越主緣林尚遠/募偕合鄉善信，重/建神堂二座，營為/靈臺八首，仝祈太/平者。

大明弘治庚/申年正月吉日記。/

碑存集美區灌口鎮田頭村洋坑社萬壽宮。嵌砌牆上。花崗岩質，高30厘米，寬46厘米。行楷書體。基本完好。

明·重興介谷殿碑記

重修介谷殿記（篆書碑額）

金山介谷殿始興宋乾亨三年，原址今殿/南百步之遙，奉五穀仙帝，世稱神農炎帝，/至靈至聖，八方崇仰。隆慶三年，毀於洪瀑，/金身漂失，僅存箕（按："箕"應為"其"）一。萬曆九年，善信踴躍/發起，擇地構築，昱（按："昱"應為"翌"）年告竣，僅（按："僅"應為"謹"）記。

大明萬曆拾年歲次壬午冬月吉旦，/本里毓源敬撰並書。

碑存翔安區新墟鎮金柄村介谷殿。花崗岩質，高126厘米，寬36厘米，厚15厘米。正文篆書陰刻。現狀完好。

明·重修外關帝廟碑記

萬曆丁亥正月朔，師古受命來知浯嶼水寨事，求關公之神而造謁焉。神棲於路亭之旁，不可以成禮。乃出囊資七十金，撤萊食之廬舍八十椽，庀材鳩工以首廟事。四哨之官、捕目、兵弁等人相率而助四十金。兩班衛所之隊若軍，亦相率而助四十金。望老奉三金供酒食，遊兵毛戶侯以二金稱花幣，道人諱鴻寶輸五金施繪事，遂入為司祝。逾年而廟貌奕然，甲八閩矣。古武夫不能文，直書其年月始末以詔來者。

萬曆己丑年七月望，歙人許師古九頓首撰，越人俞國輔拜書。

錄自乾隆《鷺江志》卷一"廟宇"

清·重興上宮碑記

皇帝御極二十有二年冬，余平海凱旋至此，總兵羅士鉁進曰："廈之城西，有天妃祖廟舊址，今海疆底定，請為重興。"余乃捐俸以與，羅總兵概董其事，復募有心力者共之。既告成，爰記之云。

太子少保、內大臣、靖海將軍、靖海候世襲罔替、解賜御衣、褒錫詩章、兼管福建水師提督軍務施琅。

康熙二十七年歲次戊辰孟冬穀旦。

錄自乾隆《鷺江志》卷一"廟宇"

清·重修深青茂林庵功德碑

功德碑（楷書碑額）

佛法之靈，亦有劫運，非假緣於人不為功。本殿在前朝時慘遭/□累，廟貌失色。賴同安深青驛信官吳,鳩本社施主分金,保/安溪協齊站銀壹百肆拾叁兩捐助完課,餘付修殿,其檀樾與/有功焉。以故深青逐年進香首火,專居中殿,隨香人眾供□三/餐,香柴聽父□採給,報厥德也。茲重茸中殿,深青驛信官蘇/暨諸施主不替前功,復捐銀貳拾兩,福田之種,更不淺矣。用勒/石永垂永久云。

康熙三十年嘉平穀旦,彭岩駐僧浦在、徹興立。

碑存集美區灌口鎮深青村茂林庵內。嵌砌牆上。花崗岩質,高141厘米,寬45厘米。楷書陰刻。部分字跡已磨損。

清·鳳尾山並外鄉碑

鳳尾山並外鄉碑(楷書碑額)

凡興義舉者,曰鋪橋,曰造路,而建修廟宇,崇奉神明,□□未嘗無裨。茲我本鄉上有茂林庵,下有澤深宮,由來久矣。風雨/星霜,剝蝕殆甚。合鄉人等久切重新,恒憂未逮。鄉耆蘇□□、擇昔、如松、計傳等爰冒風波之險,不辭跋涉之勞,藉仗三官大將/赫濯神名,□進棉邦,隨意捐募,計得洋銀捌千有餘盾。□年大利,擇吉興工,此所謂有志者即可竟成也。要仍賴乎列位尊神/默通感應,各處信士咸樂輸誠,俊等何敢自以為功矣。謹記。/

蘇大觀貳佰四十盾,孝注貳十盾,家春十二盾,紅城□盾,校觀六盾,田觀五盾,開贊五盾,雞角五盾,籃觀二盾半,/風懷陸十盾,榮寶貳十盾,紅蟳十二盾,信女金花□盾,瑤觀六盾,水大五盾,蕉觀五盾,媽枆五盾,金觀二盾半,/君子伍十六盾,萬錢十六盾,光城十二盾,天壽□盾,崎觀五盾,漳觀五盾,任觀五盾,滕蛟五盾,成觀二盾半,/珍觀三十五盾,有和十五盾,冬瓜十二盾,藝觀□盾,石七五盾,存養五盾,高宗五盾,文委五盾,色觀二盾半,/雙仁三十盾,果珍十五盾,歪個十二盾,在竹□盾,勝觀五盾,開少五盾,天體五盾,□然五盾,惟賢二盾半,/風□三十盾,居財十五盾,恨觀十二盾,憑觀□盾,道觀五盾,開朗五盾,尼姑五盾,扶持五盾,年觀二盾半,/心遐叁十盾,如觀十五盾,梅田十二盾,元觀□盾,瑞記五盾,正添五盾,閩觀五盾,國秋五盾,天□二盾半,/阿山叁十盾,老鯉十二盾半,高諒十二盾,媽生□盾,鑫觀五盾,亮觀五盾,文仲觀五盾,信女罵羽五盾,(下缺)/深泉二十盾,家成十二盾,大砦十二盾,仕好□盾,便觀五盾,自成五盾,愁觀五盾,振葵三盾,(下缺)/頭觀壹佰盾,下□陶觀三十盾,兆洋石心觀三十盾,成長十二盾,田緣真□十二盾,烏連五盾半,田□露觀五盾,馬坑六觀五盾,(下缺)/後觀十盾,山後孝執十五盾,有志十盾,成油十二盾,含□八盾,後社佟觀十盾,憬觀五盾,□□媽熟五盾,(下缺)/楫觀五盾,其賢十盾,天賞五盾,成鱉十二盾,清□五盾,遷觀五盾,其泉五盾,大江最懷五盾,(下缺)/犬火五盾,蔥觀六盾,吳貫下成明二十八盾,成塘十盾,安□五盾,□□獅觀五盾,願觀五盾,顯觀五盾,(下缺)/哉觀五盾,茂觀六盾,抱觀、順興仝卅二盾,其瑞五盾,□鼓隆□五盾,巫瑤遠觀五盾,偉觀五盾,家忠□盾,(下缺)/江觀五盾,蘭英六盾,鶴觀八盾,山□□盾半,有觀五盾,水到二盾,(下缺)/旦觀二盾,箔觀二盾,大敢十二盾,稅觀二盾,鳳□□盾半,廈門陳造五盾,角觀二盾,(下缺)/□□叁十四盾,自得十二盾,文□二盾半,信女媽省二盾。(下缺)/

　　時大清光緒十九年歲次癸巳桂月　日,眾鄉耆蘇世俊、如松、□宗、□□、擇昔、計傳。/

　　碑存集美區灌口鎮深青村驛樓古地。嵌砌牆上。花崗岩質,高180厘米,寬77厘米。楷書陰刻。左下角殘缺。

清·重修深青茂林庵(深青)海外題緣碑

深青社碑(仿宋體碑額)

計題緣銀條目開列左:/
　　蘇白圭貳佰四十盾,七椎貳佰盾,風澤壹佰三十五盾,家超壹佰二十盾,羅成壹佰二十盾,自然壹佰二十盾,浮然壹佰盾,清珠壹佰盾,漏心捌十盾,金安捌十盾,如松陸十盾,清觀肆十盾,乾孕肆十盾,家粗叁十盾,看觀叁拾盾,狗觀叁十盾,和尚叁十盾(第一欄),求觀叁十盾,米籃叁十盾,紅蟳叁十盾,漏德叁十盾,九齡叁十盾,養英叁十盾,荷姨叁十盾,以文叁十盾,武彩叁十盾,在觀貳十五盾,孝寶貳十五盾,執□貳十貳盾,□孝貳十盾,□潭貳十盾,□財貳十盾,□當貳十盾,□□貳十盾(第二欄),旺觀貳十乙盾,奇楠貳十盾,居平貳十盾,有添貳十盾，為觀十六盾，鱉觀十六盾，老協十六盾，天賞十五盾，所夢十五盾，明記十五盾，國傳十五盾，卻向十五盾，造化十五盾，文卒十五盾，有當十五盾，□承十五盾，大摻十五盾（第三欄），黎觀四十盾，國政十二盾，柔雀十二盾，心愛十二盾，談觀十二盾，清扳十二盾，萬蓋十二盾，樹籃十二盾，高德十二盾，金唇十盾，俊養十盾，家錐十盾，家超十盾，家壬十盾，家銀十盾，順我十盾，漏磋十盾，家輝十盾，風我十盾，雨根十盾（第四欄），孝鈿十盾，咸池十盾，長安十盾，風南十盾，家生十盾，有箱十盾，光婦十盾，麒麟十盾，媽因十盾，漏扔十盾，文淵十盾，琴觀十盾，金磚十盾，所宗十盾，東海十盾，東俊十盾，大山十盾，佛賜十盾，媽仕十盾，長生十盾（第五欄），風庇十盾，板龍十盾，男泉八盾，性觀七盾，大作六盾，全隆六盾，晝侵六盾，金獅六盾，安心六盾，兜觀六盾，並朝、老郁、老合、冬瓜、家伐、碧軒、瑞珍、金生、藕讚、藕橋（第六欄），家根、孝拱、自然、福寧、白連、承福、老螺、皆道、天生、俊卿、孝造、子忌、孝圭、家汝、大擔、美脩、孝發、寶元、清元、正觀（第七欄）、媽怨、泉觀、朱玉、玉僯、風啟、普觀、要重、雙仁、最觀、光彩、清淵、孝成、金潔、水萬、紅垠、得來、家崇、銀生、裁奪、媽愛（第八欄）、玉粦、庇觀、山觀、鴨世、泉觀、瓜枚、乾火、光場、有銓、萬尚、玉金、家戲、寶重、媽雪、國朝、□□、□□、夥觀、問觀、吉□（第九欄）、□□、□□、□□、□□以上各捐銀五盾，北觀、松鶴、惟雄、孝葵、萬里□上各捐銀四盾，文華、烏鼠、頌仁、□□□捐銀　盾，□切、□板、□□、大男、孝典（第十欄）、□□、□□、□□、錄謙、泰繼、老串以上各捐銀二盾半，老婆、含笑、有仁、家妹、景□、福盛、靜觀、乞珠、阮觀、國課□上□捐銀二盾，九鯉一盾，烏□一盾（第十一欄）。

　　碑存集美區灌口鎮深青村。嵌砌碑廊。花崗岩質，高188厘米，寬75厘米。楷書陰刻。現狀完好。

清·重修深青茂林庵（貞岱）海外題緣碑

貞岱社碑（仿宋體碑額）

計題緣銀開列於左：/
蘇寶昭壹佰三盾，德行壹佰盾，溪宜陸十盾，河粟陸十二盾，取摘伍十六盾，永朝伍十盾，如竹肆十七盾，音罕肆十盾，茱觀肆十盾，玉拋叁十六盾，宇觀叁十六盾，取魁叁十盾，鑒觀叁十盾，裘巴叁十盾，杳焦貳十八盾，尚致貳十五盾，媽喜貳十五盾，如用貳十四盾，錦尚貳十四盾（第一欄），漏糖貳十四盾，禮觀貳十四盾，三淵貳十四盾，珠池貳十四盾，文擔貳十四盾，媽婿貳十四盾，振通貳十盾，火敢貳十盾，炒觀貳十盾，家羊貳十盾，有局貳十盾，媽圭十盾，德露十八盾，玉蒂十六盾，開□十六盾，楷觀十六盾，汝其十五盾，風存十五盾，有良十五盾（第二欄），孝盼十五盾，阿夜十五盾，□士十二盾半，水正十二盾，金發十二盾，玉賜十二盾，尚德十二盾，壽欺十二盾，天送十二盾，應賢十二盾，盼觀十二盾，孝進十二盾，重者/光十二盾，自觀十二盾，清榮十二盾，知情十二盾，知含十二盾，奇總十二盾，光分十二盾（第三欄），孝營十盾，恒純十盾，其轉十盾，豆粒十盾，府宙十盾，風勤十盾，格觀十盾，玉啓十盾，俊德十盾，任觀六盾，武餘十盾，媽蝙十盾，善順十盾，棋觀十盾，孝魚十盾，水遙十盾，岑羽十盾，開更十盾，學觀十盾（第四欄），打鐵十盾，如姊十盾，如殼十盾，求成十盾，錦龍十盾，文觀十盾，念稟十盾，仁財八盾，光炳七盾半，汝熙六盾，孝蝙六盾，紫雲六盾，媽酒六盾，柳條六盾，傳黃六盾，元慶、明鐘、有傳、如禮（第五欄）、豆卯、毛獅、光□、光□、漸□、媽□、光□、盡忠、乞觀、介觀、鸞觀、大□、大□、花□、天□、蜜□、魁□、返□、火□（第六欄）、扞觀、萬道、有子、牙觀、鹿觀、德招、爻觀、蟳觀、長人、能養、人物、忠仁、如川、九忠、正直、早觀、杷露、瑞禮、倍觀（第七欄）、水生、糞觀、風怡、鎮水、藤觀、用觀、添昆、草富、應寬、七/桂尚德、水連、奉送、鑒觀、蝶觀、孝粗、鎮觀以上各捐銀五盾，河來、忠直（第八欄）、和皆、媽選以上各捐銀四盾，著觀、風仁、子郁、鄉觀、德成、調觀以上各捐銀三盾，浮雷、文筆、榮方、硈觀、登岩、頂觀以上各捐銀二盾半，鳥聞（第九欄）、杳其、奉道、武漲、元慶、吟觀、音觀、諒觀、武店、媽用、清波、英觀、柳列、立本、香觀、文觀、光燴以上各捐銀二盾，自琢、托觀（第十欄）、圭觀、追觀以上各捐銀四盾，恒我六員（第十一欄）。

　　碑存集美區灌口鎮深青村。嵌砌碑廊。花崗岩質，高185厘米，寬74厘米。楷書陰刻。現狀完好。

清·鍾山重修水陸北宮

　　水陸之建由來舊矣,廟貌如故,香煙稠□。因海濱/紛亂,運遭遷移。宮室鞠為茂草,而水陸圻墟矣。迨/康熙甲寅年,遷者復故,瞻□□□。癸酉年,本社鳩/眾重興後殿,前殿力未及□。戊寅年,/甲必丹□樂輸捨銀三百兩,完構前殿,余置緣田/奉祀,光耀廟宇,永垂無疆。爰為立石以志。/
　　康熙戊寅年仲冬穀旦,合社仝立。/

　　碑在海滄區鍾山村上厝水陸北宮前埕。花崗岩質,高139厘米,寬60厘米,厚14厘米。楷書陰刻。字跡多已漫漶不清。

清·鍾山水陸北宮碑

　　水陸北宮既毀復興,不予其擅毀者也。既/興矣,宜潔淨。不淨則慢,不許有或。慢者也,/去慢存敬,就敬見孝,何也?水陸吾/祖之所建者也。/
　　乾隆二十九年歲次甲申仲冬葭月吉旦,/鍾山弟子公立。/

　　碑在海滄區鍾山村上厝水陸北宮前埕。花崗岩質,高146厘米,寬65厘米,厚11厘米。楷書陰刻。現狀完好。

清·高明宮緣地記

高明宮緣地記(楷書碑題)/

本園大/小共十丘,東至相疊石下,/西至薛五房地,南至巷路,/北至山路前。係塔林業，上/年賣地葬墳，衝傷本社，致/相訐控，公親處息，社眾捐/銀九兩，買為緣地。塔頭林/克永、林克弼、林克篤立契。/周子顯為中。每年佃種議/租銀四錢五分，收為本宮/修整公用。恐年久非人混/占，故勒石以垂不朽也。是/為記。/

雍正三年三月　日記。

位於廈門大學校園內凌雲路後之山上。字幅高 150 厘米，寬 165 厘米。楷書。現狀完好。

清・重修真君廟碑記

吾鄉之有真君廟，水旱疾疫咸祈禱焉。戊辰年，塑助烈侯寶像祀於廟左，逼窄無以/壯觀，欲增廊而未能。鄉人孟彩、光麟、孟赫議欲募緣興建後殿，因付吧船，屬黃鷺觀鼎力/倡義，鷺觀念故鄉世祀神宇，歡然輸誠，設席延諸位樂助，而諸位亦喜捐貲，共成勝舉。告成後，移祀助烈侯於後殿，前後俱各威儀，神光於以赫濯。爰勒石開列姓名於左，/以垂永久云。

黃鷺觀捨銀六十兩，李天觀捨銀六十兩，黃佳觀捨銀三十兩，黃勝觀捨銀十二兩，黃寬觀捨銀九兩（第一欄），黃舉觀捨銀六兩，黃臣觀捨銀六兩，黃尚觀捨銀六兩，陳定郎捨銀六兩，黃郁觀捨銀三兩（第二欄），黃興觀捨銀二兩四錢，黃用觀捨銀二兩四錢，黃助觀捨銀乙兩八錢，黃賜觀捨銀乙兩二錢（第三欄）。

雍正己酉年仲秋吉旦。

碑存思明區文屏路佛光寺（原稱豪士宮）內。花崗岩質，高 165 厘米，寬 60 厘米，厚 11 厘米。楷書陰刻。現狀完好。

清·重修靈惠廟碑記（一）

重修靈惠廟碑記（楷書碑題）/

鄉有靈惠廟者，祀張、許二公，配以將軍南、雷，與河南昭惠廟同，/所少者姚公闓耳。稽唐史載：四公保障江淮，節烈最著，□其南、雷，/非山椒水濱者類。鄉人聚族於斯，馨香尸祝，厥有歷年，因□□□，拆/遷神於漳之法真寺，而斯宇則瓦碎垣頹，非□昔日□□□□其/里者歌及桑梓，況煌煌祀典，忍聽棲神於異所，□□□□□□來移/其後基構堂而奠。癸卯，宮傅黃公復偕鄉人□□範神□/頗復厘然，然風雨剝蝕，前後數十年間，不無傾□之□□□□人，爰/倡義舉，共為修葺，幸都人士愿愚樂從，各遵□□歲□□□□□□/工竣，計糜白金四百大員，維落成之日，眾□□□□□□□□□而/鼎奠神靈於茲，永世未殆，非吾鄉□□□□□□□□□□者/也。因記數言，以勒於石。

乾隆廿五年陽月，/里人、庠生□□□撰，六社鄉耆仝勒石。

碑存海滄區竈冠社區靈惠廟。花崗岩質，高174厘米，寬82厘米，厚13厘米。楷書。字跡漫漶，已難辨讀。

清·重修靈惠廟碑記（二）

重修靈惠廟碑記（楷書碑題）/

□□之北有鄉焉，名"吾貫"。□山聳翠，巍峨鱗列。東北背山臨流，波濤萬頃，誠海島巨觀也。此地民居稠□，/□煙火數百戶，舊有神廟巍然，匾曰"靈惠"。蓋六都人士興懷感歎，念唐□□□□□□□張、許/二公困睢陽時，□□保護□□□而不湮其節，獎□軍士不□童婦，□□□□□□□□，而南、/雷二將見義生勇，盡□國□，此古今所為撫心而長歎者也。想其幽獨之際,觀望□矣。厥後城陷□,雖乃天意耳,然□經營□而有所未盡也。

夫建宇設廟,崇祀忠精,所以受靈正氣,鼓舞群生,而貫里特設斯宇,蓋見仁里之所尚瑞矣。世遠年湮,漸就傾頹,往來行人咸□□懷□□□□,而奮然有遠志者,孰有忍於此所乎!時提學吳公仝六鄉信士募金修葺,集腋成裘,中殿已聿觀厥成矣。第前殿猶留缺備,成此後者,冀望還切。有鄉飲正賓有才趙君者,適自□□□客□桑梓,觀□尚□建造之心,豈然□□祠,曾□□起之意,遂毅然引以為己任焉。自肇工□告竣,費金貲五百員□□,趙君誠人傑矣哉!而感趙君之義□,捐艮三十如吳君用敏□,亦行之足多。□鄉素多義士,其勞力趨赴,亦計工六百六十天。世所驚為□奕顯耀者,天□□□則榮,殆則已焉。惟忠貞之氣魄,生則社稷賴以維持,死則民物憑以庇佑。蓋茲得以天者獨厚,故其神於世者不減,自非惠公尚義倡建,重修又妥□,俾馨香俎豆春秋常明乎!後之人與趙君同此志者,嗣而葺之,庶斯廟之不朽也。於是乎記。

六鄉耆老:林譽飛、吳以護、林弼觀、蘇聰觀、林清觀、吳顯觀、林積觀、翁達觀、謝□觀、□□觀、蘇力觀、盧合觀、林帝觀、吳騰觀、林瑞觀、林修觀等仝□。

特選□正堂、己卯科舉人杜□頓首拜撰。

乾隆壬午年陽月穀旦。

碑存海滄區竈冠社區靈惠廟牆外。花崗岩質,高125厘米,寬64厘米,厚13厘米。字跡有部分已漫漶。

清·重修靈惠廟碑記(殘)

□□□□□□□□南、雷二將軍保障江淮,忠義絕倫,詳哉其言之也。六鄉建廟以祀,沐其□□□□□□□知始自何代,而代有興廢。復界以來,曾伯祖宮傅勤恪公倡成兩廡,□□□□□□□□前殿,舊地更新之。尋又崩壞,鄉人前後修葺勷堅之,廟貌煥然一新。□□□□□□□頹,風雨不蔽,仝黃麟祥參訂緣冊,向貿易外國里人及各善信勸□□□□□□□各鄉耆襄其事。先時,廟之左舊有濱海堂,恭祀觀音菩薩,堂□□□□□□□□。

碑存海滄區竈冠社區靈惠廟前水池旁,為踏步。花崗岩質,殘高110～135厘米,寬28厘米,厚11厘米。楷書陰刻。大部分字跡已磨損莫認。

清·重修水仙宮碑記

　　鷺島水仙宮創自前代,年月不可考。憶康熙癸卯,變起滄桑,民居、宮觀俱燼兵火,宮獨全無異。意者,彼蒼特留明神福此一方,為國朝開億萬年貢賦,未可知也。迨狼煙息,聖德周,迄今八十餘年矣。鷺門田少海多,居民以海為田。恭逢通洋弛禁,夷夏梯航,雲屯霧集,魚鹽蜃蛤之利,上供國課,下裕民生。然後知宮之獨全者,誠彼蒼為國為民,全一福地,不綦重哉。但鴛瓦、朱門、鳥蘋、雁齒日久年湮,幾經剝落,何以安神靈而便行旅乎?爰商諸君子,發同善心,捐金治材,擇吉興工。址則仍舊,宇則更新;臺則縮小,橋則增大。就而觀之,則見神像莊嚴,廟宇輪奐,亭臺壯麗,曲檻迴廊,廚寮龕帳,莫不畢具。遠而望之,則見山枕鳳凰,江襟田鷺,虎頭、龍首諸峰蟠居乎其南,象山、猿嶼列翠迴環乎其西。四面波痕,千尋日影,石塔之衝霄也;霜中人跡,月下潮聲,板橋之臨水也。以地之靈,荷神之聖,而錫民之福也,不無瞻顧徘徊,共相稱頌於無窮也乎!

　　董其事者:葉德芳、陳斐章、秦靖國、鄭國珍、王振珪、楊朝佐、陳鴻士、葉高攀、周高光、許名揚、陳時佐、石日輝、黃名香。共費銀一千五百兩。

　　乾隆三十一年七月　日立石,莫鳳翔撰記。

錄自乾隆《鷺江志》卷一"廟宇"

清·重修馬巷廳三忠宮記

　　三忠者何?宋文丞相天祥、陸丞相秀夫、越國公張世傑也。里人築宮而祀之,且以名保,欽其忠也。考幼主南奔於此駐蹕,文丞相方在贛州,乃忠義感人,不必繭足重趼,同時經過成仁取義,同日捐軀而轟轟烈烈,彪炳青史,論者比於殷之三仁焉。

　　乾隆四十年,割同邑三里隸馬巷通判。宮右小溪乃分界所。余適承乏,屢過其地,瞻眺徘徊,題詠滿壁,皆過客景仰之作,而明李蘇一詩:"戰塵何事問中原,萬里艱辛奉至尊。海若不神終判宋,江潮失信早通元。天心如此成仇敵,人事都窮賸烈魂。颯颯西風號殿宇,殘雲擁樹尚南奔。"實為傑作,沿覽無存。因憶癸酉歲隨宦天臺,寄題臨海文信國祠壁曰:"瀕死何知國步難,思從海外復偏安。浮沉身世千尋浪,破碎山河一寸丹。仙嶠至今留正氣,孤忠焉肯乞黃冠。披圖想像松風里,似見靈旗下玉壇。"應方外所徵,顧張、陸二公未至臨海,彼之人遂不知匯而祠之。文丞相未至泉州,此之人獨知匯而宮之。

保民陳昌盛、陳錫珪等丹堊宮室,金碧一新,而河岳日星、天地正氣,不間天壤,無論其身之至此不至此也。君子曰:"可以教忠矣。"李蘇一詩之有無,又何關輕重哉?

萬友正撰。

錄自光緒《馬巷廳志》卷十七"藝文"

清·重修三忠宮碑記

重修三忠宮碑記(楷書碑題)/

有宋三忠,當年輔幼主南奔。同心勠力,正氣溢乎兩/間;殉難捐軀,馨香留諸萬古。里人就所經之地,大道/之衝,構祠祀之。其地東望出米岩,西綿御踏石,南拱/王朝山,隱然舊君警蹕,猶在目前。行人過客到此停/驂,未嘗不歔覷憑吊,謂宋之三忠與殷之三仁,千秋/鼎峙。遂以三忠顏其宮,並以三忠宮名其社,邦家之/光,亦閭里之榮也。厥後戎馬蹂躪,僅存遺址。康熙年/間,邑侯朱明府奇珍捐俸重興,至乾隆四十二年/鄉耆陳昌盛、陳錫圭重加丹艧黝堊,廟貌一新。道光七/年,貢生陳清時出為鳩金,復修舊緒,是皆向義可嘉/也。邇來風蟻侵蝕,榱棟幾頹,神光降駕,命余領首,立/捐簿、舉董事,合境善信,無不踴躍輸捐。因得集腋成/裘,擇吉興修。經始於春初,落成於冬季。此固神光之/靈,亦不可謂非諸人相與有成之力也。謹將敬捐士/女姓名勒石,庶幾共沐神庥,以垂不朽,而獲福豈有/涯哉?

欽加詹事府主事、舉人陳貫中敬序。/

閩安協鎮府、/賞戴花翎陳上國捐錢拾貳仟,/丙/洲職員陳庚捐銀貳拾肆大員,/霞/漳貢生郭履端捐銀拾貳大員,/流/傳千總郭榮光捐銀貳大員,/仙/

殿僧情素師捐銀肆大員,/趙/厝方春生官捐銀肆大員(上欄),/龍/頭林金雀官捐銀肆大員,/廈/門陳和泰捐銀貳大員,/李/厝李光鞋官捐銀貳大員,/丙/洲陳琢如官捐銀壹大員,/本/境陳景生官捐銀壹大員,/龍/頭林蚵官捐銀貳大員(下欄)。/鼇峰埔陳志仁薰沐書丹。石潯。/

咸豐拾年歲庚申桂月　日,董事仝立石。泉郡石室居刻。

碑存同安區洪塘鎮三忠宮內。黑色頁岩質,高30厘米,寬59厘米。楷書陰刻。現狀完好。

清·廈島後崎尾岐西保岐山古地土地公祖廟碑記

維公之像,廈島伊始。維公之神,靈莫與比。懸匾旌揚,尊兼德齒。稱之曰祖,自宋有祀。求焉輒應,遐邇一視。梯山航海,咸多受祉。護國助戰,靖侯稱旨。捐俸重建,壹佰餘紀。默相文場,朱衣暗指。貢生應麟,立匾表美。睹茲宮亭,無木傾圮。募眾起蓋,廟宇雅崎。聿觀厥成,神歡人喜,故立碑記。

募緣人:石世海、許時吉、□□□、□□□、/前協副總府鄭諱元好、中協左部陳諱天麟、□□□、/廣發號、集成號、長順號、德豐號、□□□、□□□。/

乾隆肆三年歲次戊戌葭月　日仝立石。

碑存思明區開元路187號民居。嵌砌牆上。花崗岩質,高約150厘米,寬約100厘米。楷書陰刻。今據編者現場抄錄件轉錄。

清·灌口鳳山祖廟碑記

灌口鳳山祖廟(篆書碑額)

灌口者何?本真君著靈西川灌口縣而得名也。鳳山祖廟者何?明啓、禎間牧童常叱牛於/此牧之,得一爐,鐫曰"李府清元真君",蓋四川來為深青驛吏而道於此者，李訛為岑，古篆/誤耳。後有禱焉報應，稍稍構椽祀之。至國初，爰立是廟焉。廟中像三者何？始不知神/像之奚若也。真君乃夜覺父老曰："三月七日，有指揮從孔道來，馬前一白犬道之，此少年/似我也。"至期，召匠俟道旁，果有三指揮至，遂立像三，而因以三月七日定祭期。夫真君當/秦時佐聖父冰守蜀，安制毒龍，祀之宜矣。傳爐來於乾隆初，助里人陳提軍戰，功請□□/朝而加封焉，詎不為靈昭昭哉。但歷年祭□猶煩鳩集，幸臺郡分爐者疊寄□公灌中，因募建/之，以垂久計，惟願保神庥於勿替云爾。/

臺府清元真君甲辰年捐來銀叁百大員，董事陳正義/庚戌年捐來銀貳百捌拾大員，爐主陳有筠、/都閫府清捐銀叁拾兩，分司陳捐銀叁拾兩，崙防廳李捐銀拾兩，/蔡堭社曾永興、錦源、恒利合捐銀拾捌元，鍾和合捐銀拾元，王雙龍捐銀玖元，/陳悅和捐銀陸元，/軍功六品陳克勸、州同陳聯圭、儒學陳大章、蓮頭社陳轉、金顏美、林應從、/楊勤官、陳德合、林松茂、王雙麟、馬合吉、王美記、金滾源、柯鑾慶、/中崙社眾弟子以上共捐銀貳大元。

碑存集美區灌口鎮鳳山祖廟內。花崗岩質，高161厘米，寬71厘米，厚15厘米。楷書陰刻。基本完好。

清·重修武西殿碑記（一）

重修武西殿碑記（楷書碑額）

鷺之東南由虎頭山而下數武，舊有廟，崇奉/玄天上帝聖像，顏其匾曰"武西殿"。左建一剎，奉靈官，耆老相傳是神當水漲時禱則倍靈，/因之以名"水漲上帝"，並以名其地焉。第不知廟宇之建始於何時？詢諸耆老，亦莫識/其端緒，蓋由來久矣。然其臨滄海、拱龍頭、銜遠山、通太武，加以嘉樹奇石迴環掩映，/誠足娛心悅目，是知勝地乃天地山川之靈氣，神所憑依，而士庶商舶罔不被其澤/者。獨是廟外一帶圍牆，前人築之以障回瀾衝決也，歲久坍落，而靈官廟之頹廢尤/甚。因思自有此廟以來，蒙/神澤者亦復不少，而善信不為無人，未便不加修葺。爰集我同事題捐募匠，擇吉興修，/計三月有奇，厥功告竣，使廟宇煥新，圍牆堤岸俱得完固。雖我同事襄力其成，亦/神靈有以啟發者，因述

其事並列姓名，以志不朽云爾。/
　　計開：/
　　洋行：和合成、金元德各捐銀肆拾元，許和發捐銀貳拾元。/
　　商行：金豐泰三十二船、金源遠三十一船、金天德三十船、金景和二十五船、/金恒勝二十五船、金慶興二十三船、金恒和二十三船、金振隆十九船、/黃和順十四船、金萬隆七船、金寧遠七船。每船捐銀壹兩叁/錢四分二厘，計二百三拾陸船，合捐銀四百拾柒元。/
　　小行商：金萬和、金聯祥、金益興、金同興、金坤元、金隆勝、金聚興、金源益、/金萬成、金聯成、金聯德、金承美、金振興、金豐美、金瑞安以上各捐銀拾元，/金祥茂捐銀伍元，信士林登雲捐資自築渡頭。/
　　嘉慶壬戌年荔月穀旦，諸行商立石。

　　碑原存思明區鷺江道水漲上帝宮。花崗岩質，高150厘米，寬80厘米，厚15厘米。正文楷書陰刻。現狀完好。2009年此地建設，該碑不知下落。

清·重修武西殿碑記（二）

　　□□祀真武，莫詳其年代，道書以為神農時人，稟天一之精，托/胎於軫翼；□三星之次，能變梵度之天。玉清紫元君授以無/極上□，其言荒渺難稽，惟《襄陽府志》載：真武為淨樂國王太/子，□天神授以寶劍，入均州武當山修道，白日衝舉，今磨鍼澗/其遺跡也。真武□號元武，宋祥符間改□聖祖諱。自宋以/來殄寇蕩魔，屢獲靈異，纍朝封號疊加，撫鎮北極天樞，尊為/元天上帝，而廟祀□遍宇內。

　　鷺門武西殿在張厝後保，山勢蜿/蜒，聳□海濱，海上□□類魚，蜿應元武之象，因祀/上帝於□□，島上福□，俗呼為水長上帝。相□海上潮時，入/廟祈禱輒靈應如響。故□□當道□□以及里中士庶、遠方商/旅凡有疑難，莫不惟神處卜□走□，□所請皆如所願。廟立於/勝朝□□年間，久經風雨損壞，屢次修葺。近以榱桷朽□，神座/及□□廊滲漏不堪，祈求□難以駐足。董事等於是謀及里老/捐題，當道及好事者次第重新。興工於道光丁亥年仲夏，迄/孟冬告成。藏事數年，未及勒之貞珉，恐負向善者之盛心，茲將/設醮祈安，爰將捐

题姓氏登载碑上，俾后来者知所考云。/

　　道光十四年岁次甲午十一月初吉日，里人凌瀚敬记。/

　　捐题姓氏数目开列如左：/

　　太子少保、□□军门王捐洋佛银□□大员，/福建全省提督军门□捐洋□□□□员，/福建分巡兴泉永道□捐洋佛□□员，/□□总□税务府□、总□平柜□捐□□银贰拾大员，/提督□□参厦□□□佛银伍大员，/广西□州府正堂□□□佛银□□□，/职员胡宗濂捐洋佛银□拾□大员。/

　　行商（二字横排）：金源益、金□胜、□□□、金建隆以上捐肆拾大员，/金□□、金□祥、□□□捐银贰拾大员，/金鼋霞捐银拾陆大员，□贡生许天吉捐银拾贰大员，金瀛珍、金应兴、金合丰、欧进发船以上捐银拾大员，/金□顺、金□□、金顺成、金长裕、林源美、林鼎元、/□□□、□□□□银捌大员，瑞隆船、金通瑞船、/□□□、金吉安、金庆美、新启发船、金聚丰、/□□□、金恒昌、金元春、金元吉、金城记、陈恒吉、/□□□、金源号、金永和、金圃号、金荣顺、金和合、/□□船、金同发、金祯祥、金吉昌、周顺盛、金合益/以上捐银陆大员，吴永裕船、陈合泰船、郑永顺船、/□□□、金东□、金通美、荣成船、王世纯、金合□、/□□□船、金茂盛、金义成、王长苑、金昆美、金协安、/□□□、□□□□以上捐银肆大员，柯大挥船、□联光船、/□□□船、金德隆、金隆德、金振荣、金裕丰、□□□、/金德□、金□兴、金震东、金益利、金鼎隆、金□胜、/金义□、金□□、金泰美、金开源、金□盛、郭德芳、/郭义芳、叶□成以上捐银贰大员，陈桓观、金长美、/□□船、新胜春、金富安、金得兴、金发兴、金祥珍、/□□□、黄春金、金裕源、郭奕吉、金集舟、金全合、/□□□、金义兴以上捐银□大员，张光圆观、/廖添光观捐银壹中□。/

　　道光十四年葭月。/

　　碑原存思明区鹭江道水涨上帝宫。嵌砌墙上。黑色页岩质，高33厘米，宽69厘米。楷书阴刻。2009年此地建设，该碑不知下落。

清·重修龍王廟碑記（一）

重修龍王廟碑記（楷書碑額）

獅山之麓，龍王廟據其勝，環山面海，福地鍾焉。自/國朝初興建，神威赫奕靈異，傳聞能變化無方，拯人於厄，然則士民之敬禮，恐後者宜矣。迨歷年久而頹垣廢瓦，目/睹心傷。余以為修舉廢墜，責無可諉。爰是募勸捐資，庀材而更新之。既落成，應書其事於石，以垂不朽，況神能扶/危定傾，其所關尤鉅，豈特護龍像、種福田已哉。是為序。

廩膳生員張春山撰文。/

內部主政潘正修捐金八十員，王大寶捐金八十員，長泰內宮捐金七十六員，候補巡道潘有輝捐金四十員，周志近捐金一百零五員，張耀金捐金四十員，馬阮銓捐金三十員，國學生林安瀾捐金二十二員，張文江捐金二十二員半，林華萼堂捐金二十員，潘棟園捐金二十員，葉茶芳捐金二十員，徐清溪捐金四十員，張文西捐金二十員，鄉飲賓王五行捐金十六員，周鑾房捐金十七員半，張志梧捐金十四員，林鶴觀捐金十三員，奉直大夫潘有量捐金十二員，即用分府黃瑚捐金十二員，茶鍾林美捐金十二員（第一排），林錫亮捐金十二員，王西陵捐金十二員，周銀觀捐金十二員，林學陸捐金十二員，張文福捐金十二員，張志瓊捐金十二員，潘孺園捐金一十員，國學生顏志賢捐金十員，國學生周鳴球捐金十員，周墨素捐金一十員，陳光斷捐金一十員，黃院前捐金八員半，國學生顏志彰捐金六員，國學生楊澄瀛捐金六員，王爾觀、王安適、王登珮、林光汝、顏玉記、鄭逢計、溫捷觀、張文全、張宏唐、張宏煜各捐金六員，歲貢生蕭啟楨捐金五員，國學生顏元揚捐金四員（第二排），捷德船、振德船、藏源船、寶源船、溫登魁、魏歐壨、林光印、林祖德、林光鑾、莊登元、錦美號、顏蘇觀、許同和、李大器、楊章輕、張文渾、張德耀、張德榮、張宏煊、陳賜得、魏報觀各捐金四員，林珊觀、林光好、溫允然、顏可定、顏族觀、王江水、林文惠、張宏傑、馬雍觀、馬光彩、方光輝、魏四鄰各捐金三員，陳來觀捐金二員半，庠生江濟川捐金二員，國學生江祥賢捐金二員，林長明、林巨川、林君陣、潘如侯、潘五來、潘川澤、潘仕祖、周廣觀、王江泗各捐金二員（第三排），謝人奇、許湛觀、陳得水、顏瑤觀、顏伯觀、林推觀、順興號、陳安觀、陳元慶、陳棟觀、邱再生、林理觀、張志教、張廷玉、張世裁、張耀藩、張秋香、張文壬、馬光志（第四排）、洪實觀、謝石塘、周桓起、顏梓圈、林漢觀、王敏觀、林泰觀、陳春觀、陳文魁、長興號、王才郎、林紀能、張志明、張世友、張宏基、張大圭、張文敦、張志拱、馬光研各捐金二員（第五排），徐蘭生、楊智芳、洪蘭觀、顏志榮、顏來觀、張焜煌、周碩郎、洪大文、陳仕輝、馬光賢、許坤觀各捐金二員，鄉賓王五行再捐金十二員，王大寶再捐金四員，國學生郭元鏄捐金四員，長泰內宮再捐金四員，浦南趙英觀捐金四員（第六排）。

　　董事：廩生張春山、張文福、馬阮銓、馬角觀、張文江、陳三吉、/信士周克明、林文惠、陳賜得、張清瑞、周淵觀、方光輝。/

　　嘉慶壬戌年荔月穀旦勒石。

　　碑存海滄區龍廟社龍王廟內。花崗岩質，高172厘米，寬93厘米，厚12厘米。楷書。基本完好。

清‧重修龍王廟碑記（二）

重修龍王廟碑記（楷書碑額）

　　是廟之所由興也，舊碑載之矣。其山川形勢清淑所鍾，發源/遠而結穴奇，以王之靈居此地而益靈。凡有求必應，雖僻/壤遐陬，無不感被。今以棟宇傾頹，捐資修築，遠近人等，咸踴/躍樂輸，斯廟得以煥然復振。王必潛扶而默佑之，是諸君/之共襄此義舉，而獲受其報也。爰勒石以垂永久。顏椿年志。/

　　捐資姓名開列於左：/

　　顏應麟捐英銀叁佰陸拾員，/誥授中憲大夫、候選分巡道顏增壽捐英銀叁佰員，/陳福頗捐英銀貳佰肆拾員，/陳金殿捐英銀貳佰員，/誥授中憲大夫、候選分巡道顏宗賢捐英銀貳佰員，/誥授中憲大夫、候選分巡道顏誠信捐英銀壹佰貳拾員，/誥授中憲大夫、候選分巡道顏維持捐英銀壹佰員，/張光安、張益禮各捐英銀壹佰員，/誥授中憲大夫、候選守巡道楊光恬捐英銀捌拾員，/顏珍滾捐英銀捌拾員，/和合號捐英銀陸拾員，/陳丁訓、林錦瑞號各捐英銀肆拾員，/周贊觀捐英銀叁拾陸員，/萬成號、陳善教各捐英銀叁拾員，/張永真、何永明、陳銀典各捐英銀貳拾肆員，/顏珍論、顏媽建、顏瓊觀、王渾觀、顏泰山、顏文泰、顏民淳各捐英銀貳拾員，/陳太川、連昭楓、林子六、林仁體、張仁權、陳五根、陳宿觀、劉媽聽、林友朋、周清蓮、/溫文三、黃文港、顏梅鵲、陳承繼、顏長安、顏永裕、陳招財、陳馬栽、翁昭正、郭昭宰、/陳會文、顏景傑、顏登岸、顏滿旋各捐英銀拾貳員，陳井觀、謝光訓、顏義合、/陳爹觀、洪貞順、顏慶迎、魏應章、陳順港、林禎祥、林大份各捐英銀拾員，/楊房觀、林和平、陳三奇、張媽從、邱昭華、張志暹、許志觀各捐英銀捌員，/長泰內宮捐英銀拾兩零捌錢，/陳祥溢、林妙鎮、黃文強、陳蘭觀、陳漢觀、陳瑞源、顏光陣、葉平心、陳再安、顏要觀、/顏文通、張亞利、林昭箇、張若觀、張媽阮、張首瑞、瑞和號、張媽合、陳銀盤、柯加走、/陳文外、蔡紫初、楊清江、張振成、陳彩參、陳馬昭、陳滿座各捐英銀陸員、/謝縛觀、陳正川、陳滿宜、陳和尚、邱景明、謝瑞吉、顏若要、顏鴻衍、楊天送、張寶裕、/張勇觀、陳滄洲、陳萬齡、陳武前、張吉雲、顏仕觀、陳玉州、楊元禮、陳兩衍、陳庚直、/李左源、顏鳩觀、顏五奎、李和尚、蕭欲奇、林柱觀、張昭茇、張昭尋、林招成、顏江生、/林昭央、何永論、余朝森、邱紅甲、楊益圓、張捻泉、何俊傑、林昭國、陳德利、張賢觀、/張弼觀、陳文眈、顏維尋、蘇蔑郎、蘇宜科、謝簡觀、林對彭、顏竹厘、馬澄清、林有烈、/蕭長觀、周和興號各捐英銀肆員，/魏三畏、黃情觀、顏漏溪、陳瑞德、陳寬裕、義發號、楊媽寶、顏樹茂、楊茗記各捐英銀叁員，/顏財源、葉昭賜、顏媽盛、張昭興、顏清奇、林朝宗、顏貴明、謝光摺、顏貴生、何賀然、/顏洋觀、陳文築、楊歷觀、何光傳、余天送、張善觀、陳心和、辜敏就、周媽興、何光睹、/謝清源、何改觀、陳宜琶、何札觀、孫振陞、張榮發、邱恒才、楊樹觀、黃朝福、陳昭聰、/邱廣發、林昭冬、顏英貌、陳玉記、顏文象、何麗水、顏南觀、張蕊觀、張香觀、林連觀、/張來助、黃正前、張潤觀、陳蔥觀、張新味、張候觀、顏梁金、張正淵、顏登選、張糞觀、/顏順應、張光員、顏文欽、顏光肚、顏媽吉、三益號、顏番薯、顏光踏、李清秀、陳錦江、/顏石記、顏其布、顏天郁、顏昭致、顏清鳳、顏長坦、顏有維、顏明葛/各捐英銀貳員，/張初觀、謝華觀、楊部觀、謝鴻情、謝義發、張登觀、顏金隆、周聯占各捐英銀壹員。/

　　同治拾年蚋月穀旦，董事：顏軒、陳佳。/

　　碑存海滄區龍廟社龍王廟內。花崗岩質，高125厘米，寬177厘米，厚13厘米。楷書。基本完好。

清·重修城隍廟碑記

　　城隍之為祠,昉於古者縈門及祀四墉之遺意,而立之壇壝,示以對越民之愧且畏在茲。故凡務三時,修五教以治人者必兼事神。然治人者外堂內署務嚴整以肅觀瞻。而祠宇之規,為多所未備。《禮》稱"百眾以畏之",謂何?不畏則肆矣。邑舊以械鬥聞,肆然聚其族黨,相與戴牛佩犢於光天化日之下,雖神有恫,心弗知畏。余下車,入群聚轟擊中,執其豪,由是危者安,肆者畏矣。而神之所棲抑猶未妥,民猶未知愧也。壬戌秋,雨水愆期。余旦夕焦思,禱神宇下,神乃大沛甘霖,四民感泣,庶幾漸有愧心焉。而知畏之心愈切,乘其萌於厥心也而鼓舞之。

　　參戎雨寰張公捐俸倡修,眾乃大和,其像之剝落者新之,其楹之樸陋者礱之,其沙門之不法者易之。屏龕几帳,錯采流丹;藻井罘罳,炫金耀碧,神於是乎如登聽治者之堂之尊嚴。堂之後為神退憩所,陋不足以肅觀瞻,乃復構橫亭而周以欄檻如傑閣然,神於是乎如居內署者之安適,持瓣香者優乎如見神之省典刑於薄暮,而鋤豪宗,收漏網,罔敢肆而橫質旦明者,惕然於無人,非無鬼責者之,足以復其性。全其天,而因以惕然大愧。夫惟愧故能釋其愧,是熙嗥所由臻也。門之廡為閩王、鄧公二祠,亦已臨在上,質在旁,為捫心者增其愧矣。廟自貴陽鄒公修整以來,閱數十年而漸壞。永城王公節次經理而成。癸亥秋始謀蕆事於堂。以後住持荊玉虔奉香火,由是內嚴外肅,規制凜然。余嘉其能致鬼神以尊上,而愧與畏兼在此也。爰載始終,而並列與事者之名如左。

　　嘉慶八年,孫樹楠記。

錄自民國《同安縣誌》卷七"建築·寺觀"

清·重修城隍廟捐銀肆元以上姓名碑

重修城隍廟捐銀肆元以上姓名碑(篆書碑額)
重修城隍廟捐銀肆元以上姓名碑(楷書碑題)/

同安縣知縣孫樹楠捐番銀拾貳元,前署同安縣知縣王增錞捐銀肆元,/同安營參將張大建捐銀拾元,張鳴瑞捐銀肆元,/洋行金合成、金元美、金順興、吏員黃志德以上各捐銀叁拾元,/生員戴鳳翔、吳炯、商行金天德、金坤元、金豐泰、金致祥、金景和、金恒勝、金恒和、金/源遠、金恒發、金隆盛、金和順、金章美、金怡順以上各捐銀貳拾元,吳西園捐銀拾伍元,/職員徐志求捐銀拾壹元,監生王大觀、陳邛浦、小行金源益、金承美、金同興、金至誠、金/振興、金聯成、金聯祥、金隆勝、金鼎祥、金振順、金振坤、金萬和、金聚興、貢生王芬、/貢生劉鼎、鄉賓王聯捷、鄭章明、林元永以上各捐銀拾員,/舉人陳士芳、原任千總莊廷元、職員倪廷椿、莊逢壽、王秉禮、金嘉興、金里安以上各捐銀陸元,/舉人童浚德、劉光鼎、貢生葉星華、生員陳光賓、林毓秀、汪捷升、職員陳貽鍾、吏員黃志美、/監生陳光獻、林逢泰、劉學敏、陳國章、童隆興、歐源盛、吳克俊、鄭宗觀、林賜觀、葉門程氏、/鄭藩觀、鄭妙觀、鄭意舵、趙疊觀、劉午觀、蔡妙觀、金慶祥、金益興、厦交金和瑞、吳長程、/王邦寧以上各捐銀肆元,陳拱生捐銀肆元,/新建後廟橫亭住持僧荊玉捐銀伍拾元。/

　　時飛龍嘉慶八年冬十有二月吉日立。

　　碑存同安博物館內。嵌砌牆上。花崗岩質,高197厘米,寬84厘米。楷書陰刻。現狀基本完好,左下側、中側略有損缺。

清·廈門城隍廟碑記

　　城隍之設,古未有專祠,唐宋始入祀典,禮秩牲幣與山川、社稷等。洪武二年,詔封天下城隍神爵號,視地為差。廈門為泉郡/貳守駐鎮之地,例應立廟,但前此未築城,祀典尚闕。至洪武二十七年,江夏侯周德興相度地勢而廟始立,更張不知凡幾。/國朝定鼎以來,修葺亦無碑記可考。迨嘉慶元年,介眉裘公視廈防篆,睹廟貌傾頹,捐廉作倡,好義者爭趨恐後,遂復葺而/新之,兼以廟後空地蓋殿祀如來像,為住持梵修之所。歷今又三十餘年,廟貌仍復剝落,殊不足以妥神靈而肅觀瞻,不及/此更新,則凋敝彌甚,勢必功倍而費益多。余於辛巳冬來蒞茲土,每當瞻拜之餘,思繼前規而未遑將事,今秋乃得與諸紳/士謀議及此,諸紳士亦僉頌/神功,/願襄厥事。爰鳩工庀材,克日營建,始事於乙酉孟冬,蔵事於丙戌仲夏。既落成,諸紳士囑余撰記以告諸將來,因紀立廟/始末,勒石廟中。其當道捐廉及好義樂輸姓名開列如左,祀業住址並鐫豐碑。/

　　誥授奉政大夫、特授泉州總捕廈防分府、前署延平府知府、加五級、紀錄十次,長白晉亭升實撰文。/

　　道光六年歲次丙戌十月穀旦。

　　原置廈門古城西路城隍廟,1988年入藏廈門市博物館,嵌砌牆上陳列。花崗岩質,高219厘米,寬54厘米。楷書陰刻。現狀完好。

清·重建馬巷廟宇記

皇清/重建馬巷廟宇記(楷書碑題)/

　　有宋朱文公簿同安時,東遊馬家巷,遺言曰:"此地後來通利之所。"迨我/朝果煙火萬家,為泉南往來一都會。乾隆乙未年,移駐別駕於此,而/武帝廟、/城隍廟一時並建,以為先賢之言信矣,宜其福庇生民矣。乃巷之人未見其利,識者曰:"是兩廟之不通也。城隍廟照□/官署,陰陽相資。武廟枕照磨所,雜遝不堪。"時文廟又未建,然依違觀望,卒未有議及者。嘉慶丁卯年,/奕亭溫公祖蒞任茲土,胸有定見,捐廉移建文武廟、城隍廟於臥龍濱之地,並勸士民題捐,共襄其事。戊辰/冬,城隍廟已落成,文武帝廟亦豎架築牆。適溫公奉差東魯權事,項、徐二公先後因之,而未睹厥成。辛/未歲,溫公差竣回任,工匠費用一一肩之,如自營家室,且二廟毗連,居署東南,文武廟中可慶/天子萬年焉。城隍廟後即沙彌淨域,香火供焉。南護一帶為書齋,使巷人讀書其間,政事餘閒,輒與師儒講道談經處也。卯歲,城隍廟甫遷。戊辰以後,連科宴鹿鳴者相繼而起,每案掇芹香者又多於昔年,則是言之先見者也,而豈僅已乎! 夫天下惟通故利。如茲之廟貌更新,以理陰佐乎理陽,以文治兼乎武治,通矣利矣! 考亭之言,乃今驗矣。將一/通無所不通,一利無所不利。慎固封守,作養人材,胥於是乎在。工竣,樹七榕於背,他日蒙其蔭者,勿敢剪也,勿敢伐/也,曰:"是召公棠也!"溫公諱鳳韶,粵東順德人,深通地理乃其餘事,其整肅地方,俾

陬滛愚頑惴惴屏息，不可殫□。/若夫興賢勸學、樂育英才，循循有古賢守風，尤足令人欽佩而不能忘者也，是為記。/

舉人郭藏仁、舉人蘇廷玉、舉人洪聯奎(第一欄)、廩生郭志泰、廩生黃炯、廩生蘇景星(第二欄)、生員黃文拱、生員黃廷振、生員王雙元(第三欄)、生員陳春暉、生員陳鶴群、生員蔡天藻(第四欄)、生員黃廷基、生員郭揚清、生員陳宏宇(第五欄)、貢生林寶樹、貢生林玉書、監生張經章(第六欄)、監生朱元橋、監生許倬雲、監生朱盈科(第七欄)、監生朱光遠、監生林茂樹、監生朱球琳(第八欄)、監生陳夢花、監生朱佩香、監生張志騰(第九欄)。

嘉慶壬申菊月穀旦，闔屬紳士仝敬立石。

碑存同安博物館內。嵌砌牆上。花崗岩質，高252厘米，寬85厘米。楷書陰刻。略有磨損。

清·重興鼓浪嶼三和宮記

重興鼓浪嶼三和宮記(楷書碑題)/

竊惟天心丕顯，群瞻霄漢之光；/帝運遐昌，共麗車書之統。故河神效順，海若輸誠。而/聖母之昭昭靈應，不啻有桴鼓之捷、風草之征。余蓋嘗於吾身親見之也。自昔年由邑庠招集義勇，剿捕林逆，蒙恩擢用。嗣因蔡、朱二逆狙獗，親帶舟師追捕，於嘉慶八年間收抵三和宮/前休修葺戰艦，見廟廊之就敝，頓起募建之思，冀神聽自可通，默許/重興之願。由是，舟師所向屢立微勳，縈遷至水師提軍。己巳秋，渠魁/撲滅，海氛以次底定，蒙/恩晉封子爵，賞戴雙眼花翎。回思向日祈禱之誠，其昭應真有歷歷不爽/者矣。神光既普，廟貌宜新。謹捐廉俸，鳩工庀材，而行戶鉅賈亦各喜擅施，共襄盛舉。今已落成矣，但見棟宇垣墉，崇閎堅致。西來山色千重，翠黛擁雕樑；東向波光萬頃，琉璃輝寶座。此余所以酬/聖母之恩而明明對越，惕惕凝誠，余心終有不能自已也。

時/嘉慶癸酉孟冬之月，/欽命提督福建全省水師軍務、統轄臺澎水陸官兵、世襲二等子王得祿謹題。

位於鼓浪嶼鼓新路49號樓房後之巨岩上。高約1150厘米，寬約640厘米。楷書陰刻。現狀完好。

清·重建和鳳宮行商匯館祠業碑記

重建和鳳宮行商匯館祠業碑記（楷書碑題）/

和鳳宮建自前朝，年月莫考。國朝康熙、乾隆年間，/里人洋商、行鋪先後興修，奉祀/天上聖母、三寶尊佛、保生大帝，凡有公務，恒於斯集議焉。原□有香資店屋壹座，/住在賣雞巷內，越小巷第肆間，坐北向南，配和鳳後/社地租，林好月字壹間，王起龍□字壹間，年稅租銀/貳拾兩貳錢零。嘉慶貳拾壹年捌月間，該處火災，店屋延燒平地，我洋商、大小行商出貲起蓋，接連兩進/又後蓋壹間，計費銀叁佰貳拾壹大圓。因思歷年/大帝千秋，爐主、福首每多虧□，□議將店□/全年租稅銀肆拾大圓分撥貳拾圓邦貼/聖母千秋費用，又貳拾圓邦貼大帝千秋費用，□/□□之爐主、福首免致虧□太多。□後蓋壹間，全年/租稅銀陸大圓，付與住持館□以便□□地租等費。/夫立法雖良，往往日久廢弛，爰是勒石□記，以垂永/遠。並將捐金姓氏開列於左，計開：

泰順行捐銀拾捌圓，萬成行捐銀拾捌圓，/□通行捐銀拾捌圓，豐泰行捐銀拾捌圓，/振泰行捐銀拾捌圓，源發行捐銀拾捌圓，/瑞安行捐銀拾捌圓，源泉行捐銀拾捌圓，/源豐行捐銀拾捌圓，恒遠行捐銀拾捌圓，/源益行捐銀拾捌圓，振昌行捐銀拾捌圓，/全安行捐銀拾捌圓，豐勝行捐銀拾捌圓，/全美行捐銀拾捌圓，長安行捐銀拾捌圓。/董事張永標捐銀叁拾捌圓。/

嘉慶貳拾貳年丁丑荔月穀旦立。

碑原在思明區中山路側巷內，現已佚，僅存墨拓片藏於廈門市博物館。拓片高28厘米，寬48厘米。個別字跡模糊不清。

清·重修正順宮碑記(一)

重修正順宮碑記（楷書碑額）

　　正順新宮，甘棠舊廟，廟祀晉廣惠尊王暨姪謝將軍，人愛其德，故曰"甘棠"。有明/以來，以宋吳大帝善保民生，鄉崇其祀，因與廣惠尊王同廟。東山霖雨，文圃毓/奇，名正而言順，正順宮之號，其由此而更之與？宮極巍峨。海梦播遷後，廟貌幾毀，碑/碣無存，以故募建創修之士，名氏不傳。茲際升平，百廢俱興，族蒙神惠，咸踴躍/而喜重修，善信捐題，共襄厥事，增舊制、擴丕基，宇峻牆雕，楹丹柱礱，煥然一新，視昔/更壯觀瞻矣。明禋永奠，神之福庇寧有涯乎？功成勒石，共垂不朽。凡所捐題名次/以及費項銀兩，各列於後：/
　　大使爺柸城公銀百貳員，/大使爺臺東/港公銀五拾員。/
　　弟子歲進士、候補儒學邱威敬撰，/弟子邑庠生邱炳元書丹。/
　　董事：邱光明、邱坎約、邱鳴雞、邱華沃、邱淩雲、邱長流、邱光謹、邱華誇、邱亨宗。
　　鄉耆：邱煌貌、邱埈賽、邱天成、邱埈藝、邱台尉、邱煌鴻、邱埈妙、邱埈賽、邱埈圭。
　　嘉慶廿三年歲次戊寅葭月吉旦立。

　　碑存海滄區新垵村正順廟內。嵌砌牆上。花崗岩質，高159厘米，寬68厘米。楷書陰刻。現狀完好。

清·重修正順宮碑記(二)

重修正順宮碑記（楷書碑額）

　　正順宮者，甘棠之舊廟也，世祀晉廣惠/尊王暨侄謝將軍，自明以來，以宋吳/大帝善保民生,因祀同廟,澤配甘棠。人思/其德,故曰"甘棠";名正言順,故曰"正順宮"。自海氛播遷,廟貌就傾,碑殘碣斷,以故募建/人等湮沒不彰。迨屢蒙神惠,於嘉慶戊/寅年間捐資營造,增其舊制,拓其丕基,宇/峻牆雕,楹丹柱礱,煥然一新,前人之述備/矣。迄今有年,漂搖風雨,碎壞瓦木。際此民/和年豐,人胥慕義,踴躍而喜重修,以檳榔/嶼龍山堂本族纍積公銀支取開費,一切/重新,視昔更加美麗,神明赫濯,庇佑寧/有涯乎？惟右邊一隅增築小室三間,中有/亭宇翼然,與殿並坐,恭祀文昌列聖。水/秀山明,是誠興隆景象,人文並將蔚起。今/當功成勒石,共垂不朽,凡所開費銀兩,計/列於後：/

　　檳榔嶼龍山堂本族公項捐來英銀貳/仟叁佰捌拾大元,/重修諸費、木石、瓦料、油漆,計共開去英/銀開列於後。/

　　弟子、邑增生邱守恒敬撰,/弟子、邑庠生邱曾琛書丹。/

　　董事：邱博學、台謀、其盤/良心、天生、伊流。/

　　同治十三年歲序甲戌小春之月吉旦立。

　　碑存海滄區新垵村正順廟內。嵌砌牆上。花崗岩質,高66厘米,寬130厘米。楷書陰刻。現狀完好。

清·重修協德宮碑記

　　吾鄉之建協德宮以祀/列神,肇自前代。歲月既久,修葺者屢矣,猶未及廣而大之。顧/神德昭著,非獨垂一鄉,凡遠方祈禱,亦莫不靈應,敬仰/神庥者廣焉。嘉慶庚辰歲,族人公議鳩資重修,紀國聞而趯之,捐金為倡,而諸親友知其事者亦踴/躍資助。乃即舊址而廣之,並加築東廊,而斯宮煥然一新。興工於是年□□,越新年正月告成。/

　　職員林用三捐銀陸拾員,信士金源益捐銀□拾員,信士林瑞□、/職員張郁元捐銀貳拾員,張怡玉捐銀拾貳員,黃占標捐銀拾貳員,信士王淇水、/瑞金號、林攀龍、蘇振興、黃炳輔、張廷魁、謝榮亮、郭邦維、黃其庇、林基絀/以上各捐銀拾壹員,信士吳廷秀、陳錫仁、金允飛各捐銀拾員,信士陳錫謙、林世德、/吳成迎、鄭成業、黃□慶、洪符觀、林玉鑾各捐銀捌大員,信士林成業、鄭媽求、/江金成各捐銀四大員,弟子□員林紀國捐銀貳佰大員,弟子林振□捐銀壹佰貳拾員,/林然觀捐銀拾壹員,林概舍、林泉觀各捐銀拾員,林堯(以下為牆體所掩)/林俊觀捐銀陸員,本社工資銀壹佰捌拾五員,王公公銀貳佰員。/

　　道光元年十月,董事林紀國、林堯觀、林實觀、林秋觀、/林簡觀、林漢世同立。

　　碑存思明區黃厝社區塔頭社內。花崗岩質,"文革"中被縱劈成3片,高177厘米,寬分別為25厘米、28厘米、25厘米(總寬為78厘米),厚19厘米。楷書陰刻。略風化,個別字已模糊。

清·重修龍華堂碑記

重修龍華堂碑記(篆書碑額)

　　龍華宮,三都名勝也。石塘族姓派衍蕃昌,仰沾/神明顯庇。建宮於此,時薦馨香,遐邇殊方咸蒙靈佑。宮殿創建日久,櫛風沐雨,榱棟剝蝕,瓦垣傾頹,咸思鼎/新,浩費難支。幸謝賢倡義,不辭遠涉,親抵檳榔嶼捐題,集毛成裘,謝確其義舉董事,時加碩畫督理,不閱月落/成,宮殿聿新,足見神威赫濯,靈光福佑,踵事赴功,濟濟有人,不一而足。謹將捐題名項鐫之,以垂永久。銀同庠生葉文山拜撰。/

　　檳榔嶼二位福侯助艮四百大元,/國學生謝元闌捐艮八十元,/謝傳授捐艮六十元,/貢生謝元瑞、謝秒觀、謝媽忒、謝清思/以上俱捐艮廿四元,/謝君連捐艮十八元,/國學生謝元億、謝面會/林嵩觀、謝意觀、謝珠興、謝贊觀、謝藕水、謝紛觀/以上俱捐艮十二元(上欄),/謝宏觀捐艮十元,/謝長觀捐艮八元,/謝問一、謝德芳、/謝清淩、謝應時、/謝承恩/以上俱捐艮六元,/謝策觀、謝佗賢、/謝光悟、謝世翰、/謝騰水、謝波郎、/謝祥老、謝洪老、/謝同老、謝漸老、/謝媽腰、謝友益/以上各捐艮四元(中欄),/謝狗老捐艮三元,/謝渭北、謝意觀、謝光治、/謝范觀、康抹觀、謝遠祖、/謝掩老、李上智、謝崇王、/謝五全、謝角觀、謝繼祖、/謝棣觀、謝專觀、謝信觀、/謝心在、謝振昌、謝述觀、/謝慶元、謝峨觀、謝怡慶、/謝寅恭、謝松觀、謝光彩、/謝綿奪、謝祖敦、謝光智、/謝華國、謝鵲觀、謝登淵、/謝財風、謝□觀以上捐艮二元(下欄)。/

董事：謝賢老、確其。/
　　信女謝林娘捐艮三十元,/謝金娘捐艮六大員,/謝孟娘、謝綢娘、謝絲娘、謝強娘以上俱捐艮四元,/謝劉娘、謝玉娘、/謝素娘、謝看娘、/謝垂娘、謝還娘以上俱捐艮二元。/
　　道光元年荔月穀旦。/

　　碑存海滄區石塘村謝氏家廟龍華堂內。花崗岩質,高143厘米,寬69厘米,厚12厘米。楷書陰刻。現狀完好。

清·新垵重修威惠廟碑記（一）

重修威惠廟碑記（楷書碑題）/

　　蓋聞廟貌巍峨,觀瞻斯肅；神靈赫濯,閭里以安。我族威惠廟祀唐開漳聖王暨馬、李二將軍,創自有宋以迄前明。/黝堊凝霞,詎淪烽煙於倭寇；飛甍煥彩,未沒播遷於海氛。洎乎本朝,楹丹桷刻,美極壯麗之觀；宇峻牆雕,機奪公輸/之巧。湖山獻秀,門排翠黛千重；江水瀠洄,輦枕琉璃萬頃。歲時禱祀,來遊於此者,莫不羨山水之鍾靈,而明禋之永奠/也。茲者歷年久遠,官頭非復昔日彰施,輪奐漸失曩時藻繪。里人向義,咸喜重新。鳩匠經營,宏規於茲再峙；隨捐樂助,/俎豆共慶千秋。所有捐金若干,題名勒石,共垂不朽。是為記。/
　　信士林東棣捐艮一佰二十元,林墿榮捐艮四十二元,林美厚捐艮四十二元,林思信捐艮三十八元,林慎言捐艮三十八元,林宗近捐艮三十三元,林銘結捐艮三十大元,林銘法捐艮三十大元,林活水捐艮三十大元,林亨利捐艮三十大元,林明豔捐艮二十四元,林墿開捐艮二十乙元,林墿尾捐艮二十大元,林奇適捐艮二十大元,林思鋆捐艮十九大元,林銘忍捐艮十九大元,林泮領捐艮十八元,林雙飄捐艮十七元,林白露捐艮十五元,林秋音捐艮十三元,林仕滾捐艮十二元,林心在捐艮十二元,林墿郡捐艮十二元,林泮盧捐艮十一元,林美造捐艮十大元,林銘坎捐艮十大元,林光前捐艮十大元,林聯登捐艮九大元,林鴻信捐艮九大元,林貞素捐艮九大元,林光瑤捐艮八元,林闌凍捐艮七元,林思終捐艮六元半,林應願捐艮六元,林啓邁捐艮六元,林四海捐艮六元,林朝選捐艮六元,林懷鎮捐艮六元,林志高捐艮五元,林再生捐艮四元,林光汀捐艮四元,林光培捐艮四元,林媽成捐艮三元,林寬惟捐艮三元,林景奉捐艮三元,林光由捐艮三大元,林傳淑捐艮三大元,林清姜捐艮二元半,林宋奇捐艮二元半,林光印捐艮二元半,林光窕捐艮二元半,林泮雪捐艮二大元,林雙喜捐艮二大元,林光悅捐艮一元半,林媽武捐艮一元半,林宗保捐艮一元半,林珠降捐艮一元半,林光遠捐艮一元半,林日章捐艮一元半,林扶提捐艮一元半,林鴻仗捐艮一元,林光坪捐艮一元,林雙會捐艮一元,林聯足捐艮一元,林光捷捐艮一元,林煥良捐艮半元。

董事:林美厚、林泮領。

道光叁年歲次癸未陽月吉旦。

碑存海滄區新垵村東社威惠廟牆外。花崗岩質,高173厘米,寬80厘米,厚12厘米。楷書陰刻。現狀完好。

清·新垵重修威惠廟碑記(二)

重修威惠廟碑記(楷書碑額)

蓋聞神靈赫濯,歷萬古而常昭;廟貌巍峨,經重修而奐美。林東社威惠廟祀/開漳聖王暨馬、李二將軍,址建官頭,山拱水環,信鍾靈之有自也。溯有宋以迄前明,歷年多而精靈益顯。洎乎本朝,/拓規模之廣大,宇峻堂高;壯耳目之觀瞻,楹丹桷刻。人工增其藻繪,則神奠而憑依者矣。道光初載,略潤彰施;及至/今茲,仍凋丹艧。闔社老少咸忕重新。於是捐資集腋,擇吉鳩工。亟經營於不日,綿俎豆於千秋。斯廟之左,復拓新築兩/房一廳,佛祖祀焉。內外小庭,花木欣然。可為禱祀來遊者之所,則舊換新呈,共慶美備。得蒙惠澤於無疆,永被慈光/之普照者,又未嘗不藉夫紳耆之協修也。所有捐銀數目、題名勒石,以光樂善云爾,爰以為識。/

貢生林國春捐銀貳佰員,信士林春永捐銀貳佰員,林寧綽捐銀貳佰員,林精忠捐銀佰貳員,林舉綽捐銀佰貳員,林振簡捐銀佰貳員,林雖誇捐銀佰貳員,林清祿捐銀佰貳員,林百忍捐銀陸拾員,林錦傳捐銀陸拾員,林克全捐銀陸拾員,林銀錠捐銀伍拾員,林清溪捐銀肆拾員,林雙榜捐銀肆拾員,林振運捐銀叁拾員(以上第一欄),林傳樵捐銀叁拾員,林光存捐銀貳肆員,林光緞捐銀貳肆員,林淑振捐銀貳肆員,林志鵬捐銀貳肆員,林忠頂捐銀貳拾員,林丕綽捐銀貳拾員,林宗波捐銀貳拾員,林錫諧捐銀貳拾員,林誠相捐銀拾捌員,林媽寮捐銀拾陸員,林次榮捐銀拾陸員,林款章捐銀拾陸員,林雖騰捐銀拾陸員,林雖扁捐銀拾陸員(以上第二欄),林永樹、林寧榮、林友朋、林文對、林天昶、林順忠、林銀竈、林清霞、林拱傳、林承勤、林光定、林串才、林烏記、林文商、林雖宗、林開岸、林往來、林振篦、林潛綽、林清彰、林雖奉以上各捐銀十二員,林順彪、林清取、林廷硯、林錦袋、林錦全、林錦順、林媽雕、林千吉、林其輪、林光接、林友松、林源鐵、林特崇、林丙寅、林順利、林線摘、林久歲、林文程、林清田、林雅言、林天送、林景標、林清盆、林錦才、林錦存、林宗庇、林其昌、林傳庚、林出楓以上各捐六大員,林啓祥、林九經、林光法、林兆宗、林承鶴、林成玉、林其泉、林天送以上各捐四大員,林儼珍、林文進、林江海、林江田、林媽蓋、林自修、林木監、林春明、林榮仕、林振發、職員林國疇、林金槍、林如德、林錫圭、林雖煥、林文仲、林銀瓶、林啓智、林遂花、林恒況以上各捐二大員。

董事:同知林克讓,生員林國良、林廷匣、林瓊綽、林從研。

光緒十有三年歲次丁亥桂月穀旦。

平和學優廩生曾祐敬撰並書。

碑存海滄區新垵村東社威惠廟牆外。花崗岩質,高170厘米,寬84厘米,厚12厘米。楷書陰刻。現狀完好。

清·新垵威惠廟碑記

威惠廟碑記(楷書碑額)

蓋聞神依人而行,人藉神以安。況我/開漳聖王之流澤孔長,而可或忘其惠乎!茲當重修廟宇,鳩置園一坵,價銀壹佰肆拾元。/在廟之左,以表微忱。若後日欲增築小室,亦從公之便云爾,是為之記。/鍾博厚捐銀貳拾肆元,曾成和捐銀貳拾大元,曾百忍捐銀拾貳大元,林楊代捐銀拾貳大元,/鍾有益捐銀捌大元,葉六二捐銀捌大元,曾丁酉捐銀捌大元,曾清瑞捐銀陸大元,鄭有餘捐銀陸大元,林天生捐銀陸大元,/鍾元慎捐銀肆大元,/鍾仁里捐銀肆大元,/鍾光鉗捐銀肆大元,葉光從捐銀肆大元,葉大潤捐銀肆大元,曾仁寮捐銀貳大元,曾仁萬捐銀貳大元,林楊保捐銀貳大元,葉光法捐銀貳大元,葉佛乞捐銀貳大元。以上捐銀置園之額。

光緒十有三年歲次丁亥陽月吉旦,平和曾祐撰並書。

碑存海滄區新垵東社咸惠廟牆外。花崗岩質,高124厘米,寬42厘米,厚9厘米。楷書陰刻。現狀完好。

清·重修朝宗宮暨聖母廟碑記

厦門港玉沙波周環一帶有朝宗宮,蓋古剎地也。/前殿供奉/天上聖母,後殿供奉/三寶佛暨諸神寶像,聲靈赫濯,由來舊矣。溯自雍正/年間建立斯廟,至乾隆五十三年,福康安大人/平臺剿匪,/聖母助戰,/顯功凱旋,後奏以海疆多奉聖母廟,惟厦/港朝宗宮最為靈應,請/旨重修廟宇,恭懸/御書聯匾,/御賜八寶珠簾,春秋祀典,至今弗替。越道光廿一年秋,夷擾厦/島,聖母廟暨三寶殿地臨海濱,突遭毀壞。世榮隸/籍燕山,於道光己酉春隨侍裕將軍來閩,蒙派司/厦門大關總辦稅務及出水查河,因公到廟,目睹難安。/彼時發心,倡捐諸公重修/聖母廟、三寶殿以及左旁禪室,另新建天上斗母樓一/座,新塑三官大帝、/斗母娘娘、/眼光聖母聖像供奉樓上。統計修造廟宇二十/餘間,添塑佛像三十餘尊。然廟中奉佛香燈費用本乏,/茲該廟主持僧錦榮稟稱廟費不敷,懇為資助,世榮出/為倡立議定,本關平櫃出水,每月各助香資銀壹元、庫/駝重共壹兩貳錢,並稟懇關主大老爺每月樂助香燈佛銀壹元,折庫駝重六錢,以充朝宗宮香資。經委/平會/批稟末,並蓋關印圖記,交廟僧付執為憑,逐月廟僧賫/稟赴關給領。至於斗母樓甫經新建,未設香資。世榮/復為倡設,所有營哨船進關徵稅者,本平櫃議定,每號/收例二元,庫駝重壹兩貳錢捌分,充入斗母座前,月/間香燈之用,亦經委/平會批稟末,並蓋關印圖記,交廟僧/付執為憑。倘有營哨船進口徵稅,該廟僧賫稟赴船給/領,願諸同志各存敬佛善心,照例發給,歷久弗渝,俾得/廟僧香資有賴,永遠奉佛。誠恐世久年湮,悔無考據,爰/鐫金石以垂不朽焉,是為序。

　　咸豐元年　月　日,燕山陳世榮立石。耕文齋刻石。

　　該碑出土地點不詳。黑色頁岩質,寬59.5厘米,高39.5厘米,厚4厘米。原碑無題,此碑題係編者根據內容另擬。今收藏於廈門市博物館,內容收錄於《廈門國有可移動文物集萃》下冊"涉臺文物"卷。

清·鷺江普佑殿碑記

　　鷺江普佑殿崇祀/清水祖師,其聲靈赫濯,慈鴻濟世,俾遐邇沾恩。審厥由來,匪伊朝夕矣。□/肇自/國初,迨乾隆二十二年再加修葺,四十九年里人又復捐資重修,□置□/畔僧舍二間,立有碑記。至道光二年,黃君養和、張君獻章、葉君國□/等更加鼎力,捐修克鞏。於今年湮日久,漸見坍塌,大失觀瞻。我仝□/思欲構新以妥神靈,自愧綿力不足勝任維難,幸蒙/縉紳先生、/好善君子推行善事,廣種福田,乃得復購殿左曾家舊屋,改築禪室二間。/又置殿後曾家舊屋,析為毗連四間,可充住持香火之資。既卜□□,/客歲復告成於是年,而廟貌得以巍峨,輪奐得以聿新者,皆諸□□/樂成也。謹將捐題芳名暨鳩工庀材諸什費各條目臚列勒石,以□/不朽,庶後有所考鏡焉。/

　　另黃伯嗣前年喜助琉璃公祀業一間,址在黃厝保武昭殿□/畔崎仔頂,立石為記。/其新置左畔禪室,及殿後祀業,契據經付丙丁於此。

　　咸豐二年孟冬吉旦置。董事仝立。

　　碑原在思明區中華街道周寶巷黃世金宅旁,2007年中華城建造之時,由黃阿娜女士移至江夏堂妥為保護。花崗岩質,高116厘米,寬71厘米,厚10厘米。楷書陰刻。基本完好。

清·重修福海宮碑記

重修福海宮碑記(篆書碑額)
重修福海宮碑記(楷書碑題)/

福海宮之作,建自遠代。相傳武烈尊侯坐石碑由海浮至本社口不去,鄉人異之,相與立廟,並祀天上聖母、保生大帝。其廟/背山面海,神靈赫濯。厦地官商舟艦咸設醮祈安,每大彰報應。康熙、乾隆等年損壞,前後重修,備極巍煥。今則歷年久遠,風霜/剝蝕,瓦木凋零,屬在蒙麻,共思鼎建。第非效鳩集之功,難成鳥罿之壯。爰思合厦舟楫以及外邦經營,未嘗不為神靈所庇佑,則/捐資成美,宜有同心。虑因不敢憚津程修阻,遠涉重洋,負簿募緣。竊喜鴻恩庇佑,狐腋奏功,乘時結構,美哉!輪奐重新,神居攸奠,而/凡諸捨金布施者,神之福汝亦自申錫無疆矣。今當落成,謹將捐題名姓開列於後,仝垂不朽云。

曾位珍、曾六觀各捐銀壹佰陸拾大員,曾舉薦捐銀壹佰貳拾大員,/檳榔嶼龍山堂公捐蘋銀壹佰壹拾叁大員,後保曾萬宰捐銀壹佰大員,/曾拱照捐銀陸拾大員,曾茂林、曾四勳合捐青石大獅一對,/復德號、曾進財、曾擇選、蔡涂觀各捐銀肆拾大員,曾尚榮捐銀叁拾貳大員,/曾三元、曾毓奇、杜知光各捐銀叁拾大員,曾天燈、曾力觀、邱杞格、邱四全、邱光成各捐銀貳拾肆大員,/曾柔來、曾鋪觀、曾神催、曾焕玉、曾文炎、曾俊觀、曾東泰、張曉觀、莊犁觀各捐銀貳拾大員,曾桃觀捐銀壹拾陸大員,/曾進蓋、孫庚寅各捐銀壹拾肆大員,曾葵觀、邱根參、邱敦厚、蔡昆唇、曾神祥、陶源號、陳尚觀各捐銀壹拾貳大員,/曾人潭、曾金章、曾建舍、曾江城、曾所鬧、曾卓觀、曾蛟觀、曾聰敏、曾明觀、曾進騰、曾進抱、蔡舉長、蔡茂林、李進科、林加利各捐銀拾員,/曾合觀捐銀柒大員,曾瓊花、曾世濯、源美號、許岳來、義安號各捐銀陸大員,曾天培捐牆頭石獅壹對,/曾寬俊、陳蓋觀、曾文獻各捐銀伍員,曾媽涂、曾扶光、曾納觀、曾福觀、曾在田、曾律呂、義興號、曾嘉謀、厦門曾雪、劉光前各捐銀肆員,/曾佛賞、曾衛觀、黃春惠各捐銀叁大員,曾紹南、曾謁觀、曾生文、曾長晏、曾昆山各捐銀貳大員,曾有前捐銀肆大員,/曾唐觀、曾不觀、曾兜觀、邱養觀、張義觀、曾蔡琴、鄭宗觀、曾尚觀、林星壽、曾路觀、黃四觀各捐銀貳大員,/曾文美、陳春榮各捐白石龍柱壹對。

合共計捐佛銀壹仟柒佰零陸員。

咸豐七年拾月穀旦,董事曾擬生、曾性庇、曾旺來、/曾性彪、曾媽蔭、曾光月仝勒石。

碑存思明區曾厝垵環島路一側之福海宮。花崗岩質,高214厘米,寬86厘米,厚15厘米。楷書陰刻。現狀完好。

清·重建廣利廟碑記

重建廣利廟(楷書碑額)

咸豐己未年正月,董事王文祥、李臣仲、蔡振興、蔡文煆仝立。/
北門內裔孫王大源捐銀陸百員,王啟豐捐銀柒拾員,溪西蔡南亭軒、鼓鑼岩保眾弟子、王宗濤、王耀順、/王子丹、趙崗眾裔孫各捐艮貳拾肆員,王子濂、王子錦、王希立各捐艮十六元,王家憎、王森黨、王廖錦/各捐艮拾元,王三喜、王允恭、王耀卿、王萬鳳、王天臺、王永成、王長生、王慶利、王天錫、金門王媽尚、蓮林前/眾裔孫、後溪楊萬德、烏山蔡孔雀、黃光、蔡□、珩厝王文溪、地門內王連漢各捐艮四元,蔡厝□蔡仁良、/店仔李源興、大宮口王、俞後王各捐艮三元,安爐顏奠基、後塘顏怡成、上寮蔡文丑、蔡盤、蔡得、王文東、/王錫范、王捷錦、王克汪、王茂備、王奮興、塘邊王竹苞、竹壩洪□、沈井陳諳、後宅蔡逢、後浦仔李歟、緝熙亭/陳協順、施阪陳合春、烏山蔡□老、布塘陳振興、下寮顏蓮溪居各捐艮二元。/
光緒元年八月重修,董事蔡振興、蔡文煆立。
同厦裔孫王青雲捐艮三十元,王和益捐艮十二元,珩厝裔孫捐艮二十五元,鼓鑼保捐艮二十元,/趙崗王捐艮十元,四龜社林捐艮十二元,早淇王天□捐艮六元,早淇王知、王金和順、路江王澄瀾、/前場周趙光、王和春、後宅社、湖龍社各捐四元,後浦韓窗、店仔李拱塔軒各捐艮三元,/溪西蔡南亭軒捐艮十兩,蔡厝口修古軒捐艮六兩,王查記、王峨、王協益、王家□、後田洋李、安爐顏將、/下寮□蓮溪居、馬巷陳如泉、陳新合源、大宮口王、施坂陳合春、陳德和、黃光、蔡永祿、吾頭顏足老、/東寺主蔡清黎、王準德、王春、山仔王捐艮二元。/
蔡厝口、溪西、溪西浦、大尖、西岳、南山、吾頭眾弟子助工。

碑存同安區五顯鎮北辰山廣利廟前。花崗岩質,高84厘米,寬77厘米,厚13厘米。楷書陰刻。字跡略有風化磨損。其他基本完好。

清·重修文靈宮碑記

文靈宮(楷書碑額)

鷺江鸛山文靈宮崇祀/清水祖師、保生大帝、三元帥爺,其聲靈赫濯,遐邇黎庶咸賴默佑。惟歷/年久遠,廟宇傾頹,神像亦多蔫舊。爻等不敢聽其棟折榱崩,於是四處/捐題,重建興修,循其舊址,加以黝堊丹漆,俾輪奐增新,/神光赫奕。謹將捐金樂助芳名樂石以志不忘焉。

望加錫:/李清淵捐銀肆佰員,李天居捐銀貳佰貳拾員,李金盛捐銀壹佰員,/李善受捐銀肆拾員,李善嘉捐銀叁拾員,李贊良捐銀貳拾員,/李安然捐銀貳拾員,李元狀捐銀貳拾員,李上達捐銀壹拾員,/李金龍捐銀壹拾員,李善恩捐銀陸大員,李領從捐銀陸大員,/李新遠圓銀貳大員,曾慶隆捐銀壹大員。/

呂宋:/前/厝社黃騫官捐銀陸大員,上/李社李網官捐銀陸大員,上/李社李樓官捐銀壹大員,/本社李郊官捐銀陸大員,劉/坂社葉青田捐銀肆大員,港/口社李媽適捐銀貳大員,浦/南社葉華官捐銀貳大員,浦/南社葉眼官捐銀貳大員,東/宅社黃開興官捐銀貳大員,上/李社李擬官捐銀貳大員,上/李社李進官捐銀貳大員,曾/厝垵曾日開官捐銀貳大員,廈/門鄭天成官捐銀貳大員,上/李社李義官捐銀貳大員,呂/厝社呂定發官捐銀貳大員,上/李社紀尊官捐銀壹大員,上/李社邱掄官捐銀壹大員,溪口社鄭榮興捐銀壹大員,/上/李社徐報官捐銀壹大員,上/李社李追官捐銀壹大員,鍾宅社鍾劍光捐銀壹大員,/金/門古寧頭社李歲官捐銀壹大員,金/門古寧頭社李灸官捐銀壹大員。/

重修:甲子年二月十九日。慶成:甲子年十月初九日。/
同治三年歲次甲子陽月　日,董事李布卿父/領□父仝立。

碑存思明區曾厝垵港口社文靈宮(別稱幕壁宮)。嵌砌牆上。輝綠岩質,高68厘米,寬50厘米。楷書陰刻。現狀完好。

清・五岳宮填池作埕興蓮宮添造前進合碑記

五岳宮填池作埕/興蓮宮添造前進/合碑記（楷書碑額）

　　竊謂毓秀鍾靈，雖關地脈，然補偏救弊，端藉人工。我蓮坂自宋開基，建立五岳、興蓮二宮，崇祀天上聖母、康濟明王、孝義侯，英靈彪炳，遠/近咸沐。奈五岳埕短而窄，唇甋無地；興蓮埕廣而低，溪流衝溢，太過不及，均須改弦更張。愚有志未逮，幸文淑、作仁在峴聳勇，出為集腋，俾愚設法創造，/一則填池作埕，買田穴池；一則添築前進。厥工告竣，尚伸餘燼。因思雙涵本鄉所屬當大道之衝，街中泥濘污穢，每逢陰雨，沾體塗足，行旅維艱。即將餘資買石顧工，合街鋪砌。謹輯捐題芳名、開費條目臚列以後，永垂不朽云爾。

　　葉作仁捐英一百二十員，葉文淑捐英一百員，葉晟捐英六十員，葉作銳、葉海、葉邦、葉金鞍以上各捐英四十元，/葉文用捐英三十六元，葉壬癸、葉振、葉滿、葉嚷以上各捐英三十元，葉冬、葉忠、葉錫爵、葉文岳以上各捐英二十四元，/葉宗、葉宮、葉猛、葉兜以上各捐英二十元，葉坑捐英十八元，葉夜、葉平、葉清培、葉貽擔、葉凱、葉天、葉撬犁、/葉玉、葉彥、葉爻、葉請、葉連折、葉文格、葉久長、葉清池以上各捐英十二元，葉易、葉造、葉賓、葉滔、葉使、葉古以上各捐英十元，葉清捐英八元，蕭天堂、蕭天丁、葉應下、葉上德、葉有情、葉舉、葉烏九、葉益全、葉芋、葉血、葉換、葉惟散、葉春得、/葉枰、葉性仁、葉再生、葉肥、葉炎、葉店以上各捐英六元，葉炎、葉維熊、黃六娥、葉執、葉映、葉德、葉榮華、葉文盛、/葉傑、葉如切、葉清雲、葉吉、葉有、葉順、葉怡謀、葉文琴、葉詠、葉有錐、葉容色、葉慨、葉有情各捐英四元，葉宴、葉度司、葉喜如、葉右、葉察、葉井、葉天和、葉振益、葉用、葉乃峨、葉番界、葉性、葉成登、葉才、葉英、葉四、/葉東、葉文廂、葉見賢、葉貶、葉仰、葉均、葉蓁、葉羨、葉長以上各捐英二元，葉將、葉和、葉孔文以上各捐英一元。

　　收賢使兌榕樹英二元，在峴捐英除會單貼水外，實緣英壹千肆佰伍拾陸元。一、五岳宮填池作埕、買田穴池，一修理後殿，一作慶成，計英銀叄百玖拾伍元陸角。/一、興蓮宮添造前進、修埕，一修理後殿，一作慶成，計英伍百捌拾玖元捌角。一、修埕路二次，英陸拾壹元叄角。一、雙涵街鋪石砌工費，計英銀貳百捌拾元。/埕二次,英柒十元。一、買大媽香擔一擔。一、□宮壁尪仔宮,將英貳十元。一、打石碑一座,計英肆拾壹元伍角。總共英壹千肆百伍拾捌元貳角。

其碎條前已列明榜數,茲不用再對除外,尚不敷英銀二元二角三占。

光緒四年元月吉旦,董事葉錫舜、葉文淑、葉作仁同敬立。

碑原存於思明區蓮坂社區。今據編者多年前抄錄件轉錄。

清·重修集福堂呂宋等地華僑捐資碑

集福堂/呂宋、怡朗、宿務、實叻及泗里末。/
大清光緒九年癸未　月/
茲三元帥自鎮仙鄉,澤庇萬民。我鄉中之人,男婦老幼俱沾恩德。而今廟宇將壞,爰及眾議,各州府/本鄉之人集腋捐題,以應修理之資。餘伸之項,舉置田業,供給乩童以為俸祿之資。如乩童退位,可將此/業留存新乩,承上接下,輪流永遠,以光社里。不得私自變□,以負神恩。如果徇私,則眾公罰。茲將捐題/之人等項□□,俱立石碑,□垂不朽。謹以□□告白。/

碑存湖里區仙岳社區集福堂廟外。花崗岩質,高167厘米,寬88厘米,厚13厘米。楷書陰刻。現狀完好。

民國·重修集福堂外洋募捐碑記

民國貳年季冬重修集福堂,安頓、金饌、文辦、養根、天保、自然、春煥外洋募捐。/
葉安頓捐龍貳百員,葉文帕捐龍陸十員,陳文魁捐小龍伍十員,葉仁輦、允德各捐龍伍十員,計肆佰壹拾員。天保、文朝、清水、鳴鴻以上各捐龍四十員,計壹佰陸拾員。金和、自然、仁蔥、清道、金饌、天根、文銓以上葉柒名,各捐龍叁十員,計貳佰壹拾員。清扉、文煦、仁貴、泰田以上葉四名,各捐龍十四員,計伍拾陸員(上欄)。文廣、文岳、及時、春煥、鎮團、應祥、應份、文辦以上葉八名,各捐龍貳十員,計壹佰陸拾員。媽偉、安鎮、西園以上葉三名,各捐龍十伍員,計肆拾伍員。泰筆、文獻、梨水以上葉三名,各捐龍十貳員,計叁拾陸員。仁德、和傑、仁黨、仁雪、西硯、文店、東溪、珠明、媽相、烏灶、新唱以上葉十一名,各捐龍十員,計壹佰壹拾員(中欄)。君陣、興基、文沛、文對、花娘、香娘以上葉六名,各捐龍伍員,計叁拾員。世榮、天竹、橘娘、柑娘以上葉四名,各捐龍陸員,計貳拾肆員。葉西溪、南泰各捐龍陸員,計□□員。江頭社陳媽看捐龍貳十員,上張社陳亨崇捐龍□拾員,方湖陳水料捐龍十員,一承贖田龍共壹佰柒十員,廈港吳天乞捐龍四員(下欄)。

一、收來緣龍銀壹仟伍佰四十陸員零角。一、開出大小銀壹仟伍佰四十陸員玖角零占。一、開立碑小銀陸十陸員。其開碎茶賬尚在賬部,對除外尚結該銀陸拾陸員零角。此條對籌安宮之款,未補。

董事葉復生、文辦、掩英、宇仲、綿遠、安邦、陳川仝立。

碑存湖里區仙岳社區。花崗岩質,高166厘米,寬76厘米,厚10厘米。楷書陰刻。現狀完好。

清·重修桐山泗洲明覺院記

山不在高,有仙則名。桐嶼小山,平疇聳秀,松石楓林,多饒勝趣。山之麓為泗洲明覺院,崇祀仙姑。考諸邑乘,知其敕建自唐,水旱癘疫,有求輒應。至宋,加仙姑以天乙封號,則名山仙跡,千有餘年於茲矣。

國初,吾先祖止庵鄉賢倡義興修,並於院前捨田十畝,為寺僧香火費。相傳院後因土之高,架以成樓。年久傾頹。道光間曾經改造,今又楹瓦剝蝕,眾議重修。於是除壅疏通,宣鬱滯也。斂華就樸,固久長也。禁戕地脈,防滋害也。廣種果林,興美利也。重文事則社結梯雲,備雅遊則磐鐫棋局,間復相與披榛闢徑,掃石題詩。添建小亭於其上,非特以供登臨眺望已也。當其田時有成,因時報賽,吹豳擊鼓,集諸父老長幼酣飲其間,話桑麻樂事,敦閭里感情,人和而神降之福,有以夫。

清光緒十八年，陳柏芬撰。

錄自民國《同安縣誌》卷七"建築・寺觀"

清・重修中元宮碑記

重修中元宮碑記（楷書碑題）/

社有中元宮，中祀佛祖，左祀水仙王，右祀大道公。赫赫神靈，有感即應，則所以叨沐庇佑者，/德至矣哉。乃自創建以來，規模狹隘，歷久剝落，上雨旁風，甚非所以庇威靈而祈福祥也。屢/謀興修，輒至中止，緣無身任力肩者。獨李媽呂目睹，慨然引為己任，而宗族人士至經營在/外國者，無不踴躍捐輸焉。爰於癸巳之春購地庀材，鳩工集匠，增築禪室，廣闢徑庭，建惜字/亭，築後山嵌其宮，向仍舊而廟貌增新。越秋告竣，卜冬落成，豈非神之靈而呂之力哉！由是/神安所而降福，荷庥豈有涯歟！顧是役也，計費千五百餘員，斯人樂輸之功不可諠也，用泐/諸石，示之永久。謹將捐款定為名次，列左流芳。/

李媽呂捐緣壹千元，李永嚮捐緣陸拾元，李德漳捐緣陸拾元，李德隆捐緣陸拾元，李翼甫捐緣陸拾元，李壽山捐緣肆拾元（第一欄），李壽昌捐緣肆拾元，李景興捐緣叁拾元，李文獻捐緣貳拾元，李媽素捐緣壹拾貳元，李春風捐緣壹拾貳元，李建利捐緣壹拾貳元（第二欄），李山祐捐緣壹拾貳元，李九泉捐緣壹拾貳元，李兩再捐緣壹拾貳元，李盧捐緣壹拾貳元，李崇團捐緣壹拾貳元，李崇國捐緣壹拾貳元（第三欄），李崇回捐緣壹拾貳元，李崇困捐緣壹拾貳元，/李明華捐緣壹拾元，李永流捐緣壹拾元。

大清光緒拾玖年歲次癸巳孟冬吉日，長江社李媽呂公立。/

碑存海滄區東嶼村下社中元宮新址。嵌砌牆上。花崗岩質，高120厘米，寬57厘米。楷書。基本完好。

清·碧山岩新樓記

碧山岩新樓記（隸書題額）

　　岩背山面海，為鷺江勝景之一。樹木蔥籠，雲霞變/幻，仰觀俯察，氣象萬千。庭有石，曰"靈岩"，雌虎產於/中而穴焉。風日晴和，盤遊石上，倏現倏隱，見者輒/稱瑞物，實山川靈秀所鍾。東有藥皇殿，我途原奉/神農聖帝，繡真人神像。歲丁亥冬，忽遭炮局震動，/各處傾塌，觸目淒涼。我途捐資計千員，交值年爐/主鄭貽模，福首胡浩然、洪向榮等重修藥皇殿。甫竣，岩、董葉、張、林、楊諸君僉舉我途復建公所，時捐資不供，因/循示舉。迨癸巳夏，爐主詹應賢、福首陳心澄、張光耀、傅耀善、郭雨辰/倡邀同人極力募捐，召匠興工，就岩西義娘廟/添蓋層樓、連橋、石洞。每逢神誕，可於斯樓晏會/議敘，另於洞後築舍一間，以治庖廚。又葺山門並/財神廟一廳一房，收貯儀器，各得其宜。樓成，仍/祀義娘，重故址也。來者僉曰"新樓"。夫新之義大/矣哉！日新其德，咸與維新，皆士君子修己治人之/方。願我途顧名思義，繼繼繩繩，庶斯舉之勿替云。連將捐題芳名銀數列左，後錄開用條目：/

　　福和春捐銀壹佰大員，萬全堂捐銀陸拾大員，/仁德號捐銀伍拾大員，宜美號捐銀伍拾大員，/興隆號捐銀伍拾大員，益美號捐銀伍拾大員，/泰昌號捐銀伍拾大員，宜隆號捐銀肆拾大員，/榮昌號捐銀肆拾大員，源榮號捐銀肆拾大員，/懷德居捐銀肆拾大員，長美號捐銀叁拾大員，/萬泰號捐銀叁拾大員，源發號捐銀叁拾大員，/留春閣捐銀叁拾大員，萬年豐捐銀貳拾肆員，/捷成號捐銀貳拾肆員，同盛號捐銀貳拾大員，/毓蘭軒陳捐銀貳拾員，恭成號捐銀貳拾大員，/崇益號捐銀貳拾大員，榮□號、和源號合捐銀貳拾員，/日盛號捐銀壹拾陸員，德源號捐銀壹拾貳員。/計二十六條，共捐龍銀玖佰肆拾陸大員。/

　　一開：曾井司起蓋新樓一座、重修石洞一所、廚/房一間、財神廟一座，共包工料龍銀捌佰/四十大員。一開：重修山門並鋪門外階除，共龍銀貳拾員。/一、油漆新樓上下並財神廟，共龍銀叁拾員。/一、藥皇殿置棲枳並修理殿頂，共龍銀叁拾員。/一、雕琢石碑並景致石字等，共龍銀貳拾伍員。/一、打銅燈璫並司卓起蓋神福等，龍銀壹拾貳員。/一、置椅桌炕床並一切器皿，共龍銀壹拾□員。/物件繁多,難以條錄,設簿登記,輪交爐主/收管。計柒條,共開出銀玖佰柒拾伍員。/對除收外,尚不敷龍銀貳拾玖大員正。

光緒二十年歲次甲午季夏,藥途金泰和等勒石。/吳蔭棠、郭靜軒仝記,郭鴻飛敬書。/

此摩崖石刻位於思明區巡司頂巷碧山岩寺。字幅高140厘米,寬172厘米。楷書陰刻。部分字跡略磨損。

清・重修赫靈殿碑記

皇清/重修赫靈殿碑記（楷書碑額）
重修赫靈殿碑序（楷書碑題）/

且夫神明者,造化之跡也。故禮乎神明,即所以敬乎天,況復/赫靈殿中軍府,尤神明中之最著者乎！憶自立廟塑像□今百餘年矣。□□□□著異,以展神□□,拯溺扶□/者,以安民□者,功不一種,德難盡言。第香火之繁興,雖以時□□□□□□□牆瓦,訖今而□□若□□/再興,土木重□,丹青其奐,以答神恩,罪已匪少,其□以□□□□□□□□而奉買助□乏向□□□/□之流,遂使擇吉興□,有落成之日。頹垣也忽成峻宇,蝸室□□變蛟宮。□□□事,竭力□□而究□□,/中軍府在天之靈,有以默相焉。是為序。/

芳名列左:/吳寶觀、吳改觀、吳和春、吳隆記以上各捐銀叁十員,吳才官捐銀貳十員、□□吳□、/吳□觀、吳祝官、仙春棧以上各捐銀十五員,吳□官、吳用官、張□山、吳裕算、吳家言以上/各捐銀一十元,吳大朕、吳和官、吳凸官、林源春、吳勝昌以上各捐銀六員,吳殿官捐銀伍員,黃溧官、/□□□、吳協順、張□發、□合興、順發號、吳源利又葉娘以上各捐銀四員,□輪舟□公司捐艮伍十六/元,□□森美號、吳清官、吳□德、吳允香、吳□官、□和號、連怕官、吳長和、洪文斗以上各捐艮三員,/陳九老、合成號、史崑山、新發號、陳化國/三合利、李合和、汪長源、金□美、吳興官以上各捐艮二元,吳□興、金城官、呂亂官、吳滇官、同/吉號、吳合順、黃改□、吳上官、吳水號、□□官、二顏珠、吳熙官、□軒官、林□官以上各捐艮一元,路頭抾擺、諸雙槳□捐艮十五員。/

□槃捐款列左：/合利號池官捐艮十二元,和發號捐艮八元,吳七官、泉記號以上各捐艮六員,豐泰號、吳□官以上各/捐艮四元,磁泉發、□順以上各捐艮三元,合成號、合隆號、瑞昌號、永匯興以上各捐艮二元,吳□官捐/艮一元。渡船：下店渡捐艮三元,港口渡□樹捐艮一元五角,曾埭渡捐艮一元。/

光緒二十一年,歲次乙未臘月穀旦,董事吳贊官、吳修記、吳和春、吳改官、吳旺官、高步南、吳壺官、吳源官、吳福官、林木官仝勒石。

碑存思明區打鐵街93號門口。花崗岩質,高161厘米,寬82厘米,厚12厘米。部分字跡已漫漶不清。

清·重修財山社同興宮題緣石刻

重修財山社同興宮起宮及修路至半嶺土地公止（楷書碑額）

此條葉七兄經手捐。葉□祿捐銀陸拾大員,陳□水捐銀拾陸大員,傅一經堂捐銀肆大員,共銀捌拾大員。

此條白青地經手捐。竹/客趙文成捐銀拾四員,紙/郊金和捐銀拾大員,茶/幫黃建成捐銀拾大員,洋/稅關林培槐捐銀陸員,銀爐王樹德捐銀陸大員,福興號捐銀陸大員,白一發捐銀伍大員。以上（按："上"應為"下"）各捐銀四員：廣集和、部宜美、新源來、侯萬春、黃大美、郭輝庭、新和興、洪淇右、曾昆成。溪/仔墘楊莘昌捐銀三員,嘉士洋行林乙/生捐銀三員。以上（按："上"應為"下"）各捐銀貳員：史聚和、白慶雲、水美記、水福成、瑞美號、同興號、水文馨、和允昌、鎖集成、賴甘飲、慶泰號、福□泉、留春閣、黃壬發、林長發、靜德堂、洪順發、水泉記、林策堂、陳聽泉、新同發、白高球、亭宜降、港泰記、劉陳合、陳隆盛、市豐順、新萬協、部瑞裕、車份官、賴永合、連興號、曾壽鈞、碗益源、洋稅關馬鳳翔、吳伴善堂、黃環官、史仁記行、黃松齡、義和棧張、黃興勝、水陸行洪、白文鑒、滙豐□□。

此條葉令叔、/葉宗官經手捐。碗大豐捐銀三員。以上（按："上"應為"下"）各捐銀貳員：寶茂春、萬全堂、陳志記、宋裕官、崎文圃、新綿綿、蘇怡堂、張時官、陳永裕。以上（按："上"應為"下"）各捐銀壹員：碗發金、春林號、□□□、黃育材、吳以載、□□□、林□□、曾金烏、□□□、塔合成。共銀貳拾捌員。

此條白青地經手捐。章逢原捐銀壹員五角。以上（按："上"應為"下"）各捐銀壹員：萬自發、果嘉富、港順和、戴乾元、金榮茂、外廣興、碗連勝、廟謙記、港瑞祥、莊水舵、碗源發、新聯記、王添榜、合興隆、張吉堂、林和兄、港萬豐、王鼎柿、福聯昌、碗榮昌、洪協安、廟長慶、石賜福、廣興隆、金裕德、廟捷成、新合隆、石永裕、碗兼發、寮晉記、部煜和、陳昂新、鐵□豐、曾□□、廟福安、白隨官、星□堂、賴宏傑、港萬盛、廟壽記、白井官、英林號、葉進財、亭金泰、白清通、吳慕善堂、林學善堂、皮昌記、沈永章、走鎰美。

此條葉丁叔、姚波叔、/姚民官經手捐。力舒皋捐銀四員。以上（按："上"應為"下"）各捐銀貳員：部源發、車錦興、鐵興發、市金記、部合安、鐵怡隆、島和成捐銀壹員，黃寬裕捐銀壹員，火集福捐銀壹員。共銀拾玖員。

此條林天賜經手捐。以上（按："上"應為"下"）各捐銀貳員：王閏官、島順美、侯壽國、蘇蔥官、茂記洋行，高德芳捐銀壹員，林頂□捐銀壹員。共銀拾貳員。

此條鄭重卿經手捐。鄭重卿捐銀四員。以上（按："上"應為"下"）各捐銀壹員：劉允盛、金長泰、□□成、金源盛、萬興號、葉協盛、吳聿□堂、洪成興、鄭承德堂、汪勝號、鄭順號壹中員。共銀拾四員伍角。

此條葉炮官經手捐。□□昌捐銀貳員，林榮南捐銀一員，金同德捐銀一員，喬興源捐銀一員。共銀□□員。

白興地經手捐。計銀貳佰伍拾貳員，水□代□成捐銀壹佰貳拾三員陸角，玖人計共捐銀壹佰伍拾捌員伍角。總合：共銀伍佰叁拾肆員陸角。

□□□拾叁員，廟工銀柒拾陸員七角。

第一工首□張美官，第二工首柯□□官，新裕記行，新永通號。

光緒貳拾一年三月，董事白青地、葉宗兄、□火、七官、丁叔、林天賜、幫孫糞、黃瑞鄰、陳金□、葉文□。

石刻位於廈門市萬石植物園獅山上。高約120厘米，寬220厘米。楷書陰刻。現狀完好。

清・重修後河宮聖母廟記

重修後河宮聖母廟記（楷書碑題）/

聖母斯廟坐癸向丁兼丑未分金。自昔創造及後有修者皆不可/考。若己巳年小修，經二十二年矣，至茲前後落仍然頹壞，更不堪/設想焉。見者莫不興嗟，無可如何。幸保內諸弟子或在香江，或在/實叨，或在申江與廈島，各鼎力勸捐，而各處善士亦皆踴躍樂輸。/合保內所捐統計有千餘金，而庀材構葺一如新造，足見神之靈/也，亦諸弟子之力也。斯廟舊中蓋拜亭，兩邊留日月井，今改一大/深井，邊蓋兩小廊，前落改一字案，列三川門。此聞保內父老傳言，/昔日聖母顯赫時遺規也，故依原舊制改修焉。溯自庚子破土，/至癸卯四月舉修，必有千餘金方足支重大之事，故遲之又久□。/久能有成，則神之靈真可見也。廟成而神靈，神靈而諸弟子均沾/福，將見神人咸休，輪奐可仰。居斯廟者，有揚眉吐氣之大觀，則有/護國庇民之靈爽矣。任斯役也，籌緣者王作雨、陳士林、童子鮫、倪鵬如、乃寬，理賬者林光山，而董其成者林祿成也。以聖母之捐項修聖母之廟宇，及油/漆、做襖裙、妝神像、修椅桌器具等件。其作事必皆可以對神明而/無愧焉。是為記。/

捐緣芳名：/胡愛梅捐壹佰伍拾員，/王作雨捐伍拾員，/林推遷、陳士林、/黃瑞武/各捐肆拾員，/倪壽康、合興隆、/鴻昌發、林吉人、/倪金標、吳子清、/德源號/各捐叁拾員，/王榮號、立記號、陳元煌、葉文庚、/郭汝含、顏有情、/林丁禎、林添芸、/林敦厚、孫敦義、/卓水蘭、裕勝號、/東興源、德聯號、/信和號、東昌豫、/源昌號、裕記號、/德記號、德發號、/振興號、萬裕號、/謙記號/各捐貳拾員，/豐記號、榮慶號/各損拾伍員，/池悅堂損拾貳員（上欄），林祿成、林錦利、許化騰、英芳號、/許南川、陳添美、許得水、陳慶波/顏松檜、留鴻名、李養贊、協利號、/萬利昌、葉敬、捷美、捷春、/哲記、德和順、建安、源盛、/莊春城、周信記、震記、正和、/陳丙記、天元、宜美、錦雲章、/林炎椿各捐拾員，/張輝煌、江添花各損捌員，/高金榜、紀清淼、翁喬松各捐陸員，/許協豐、保記、陳晉甲、陳寅甫、/安記、鴻成各捐伍員，/林價人、合興號、聯昌、春城、/林開河、林化鯤、榮瑞、曾光銓、/建豐各捐肆員，/林炎堂、林光達、協發各捐叁員，/林楷模、葉文同、豐茂、聚仁、/林子鴻、陳光開、福南發各捐貳員，/林豐興、德和各捐壹員半，/林光銓、廣隆、隆泉、林德心/各捐壹員貳，/源成、錦春、萬豐、黃光欽、/如源、金和豐、福興、福泰、/協發、黃光第、豐隆、益壽、/文采、康金彰、林榮早、萬壽、/洪文宗、長豐、翁光軟、許治藩、/盈源、勝美、林光仝、林天恩/各捐壹員（下欄）。

光緒貳拾貳年歲次丙午端月穀旦，諸弟子。

碑存同安區大同街道後河宮內。嵌砌牆上。黑色頁岩質，高 34 厘米，寬 63 厘米。楷書陰刻。現狀完好。

清·青雲堂碑牌

青雲堂碑牌（宋體字碑額）

蓋聞人有祖宗，神有廟宇，世所當然。我鄉自創建仰祖以來，未嘗有廟宇，則神無所憑/依也。眾弟子興思及此，爰是□□，僉議創置廟宇，則神有所憑依之，人亦有所徵願也。

潮州楊養成喜捐銀伍拾盾，灌口□社陳文允喜捐銀肆拾盾，灌口西邊陳帝水喜捐銀貳拾盾，/本境葉德藍喜捐銀叄拾大員，義獻空地七塊，議將此地□銀叄拾大員，本境戴文欽、汪喜捐公地七角，/西洋葉文練喜捐伍拾盾，新安邱登掃喜捐銀乙拾伍盾，院江洪光欣喜捐銀陸拾盾，/西洋葉文慶喜捐銀貳大員，壩里葉文逃、玉、仝、東擇格經議答禮銀貳大員，喜捐此銀作捐題，/下尾葉文掌喜捐艮貳大員，湖□李文道喜捐艮四盾，墓林葉文榮喜捐艮一盾，本境戴文審喜捐艮四盾，/本境董事人順德號喜捐貳萬盾，村林葉文良喜捐艮貳大員，戴文燒喜捐艮乙大員，/楊養成、戴成汶二人再題包美。

大清光緒戊戌年桂月吉日立。

碑存同安區蓮花鎮洪厝邊社青雲堂前。花崗岩質，高 127 厘米，寬 59 厘米，厚 15 厘米。行楷陰刻。略有磨損。

民國・重建崙峰宮碑記

重建福建省泉州府同安縣灌口中崙社崙峰宮碑記(楷書碑題)/

竊惟古聖王之治天下也,敬天事神,莫敢隕越,其命意之深遠,詎策聞哉。誠以神道設教,實足補政令所/弗及。故我國祀典之重,他國教堂之盛,中外均有同情。然而守舊世界迷信神權,迷信深則人事廢;維新/世界破壞神權,破壞甚則民俗偷,民俗既偷,雖有峻法嚴刑,而莫從挽救。矧夫精誠之至,可格神明,又非/荒杳無稽者比。此樅所以繼先人之志,而襄重建崙峰宮之一舉所由來也。

夫本社之有崙峰宮也,歷時/久矣。宮中崇祀輔順將軍神像,本極莊嚴。緣將軍在宋代開閩之日,攻飛鵝洞有功,受國酬庸,遂應/顯秩。迄乎祀事疊顯威靈,殊足起後人崇拜之心,作闔社枌榆之蔭。正宜馨香勿替,紀意常留。其如代遠/年湮,遂現棟蝕垣頹之象。迨乎同治壬戌之歲,先君子諱昭藏經商暹國,嘗返故鄉,睹棟宇之衰頹,懼明/禋之終廢,頓生善意,倡捨鉅貲,乃合梓桑,鳩工重修,丹青藻彩已煥然新矣。又孰知時至於今,遍歷風霜,/頹廢如故。樅聞而傷之,竊意苟不接踵而興,匪特無以妥神靈而安血食,且回思先業,亦概付垢墟,豈非/一大憾事乎?所奈遠處星洲,羈身商界,欲償此願,徒費焦思。何幸客秋,梓里中有先得我心而創重建之/議者,從侄登訓願當義務,不辭跋涉,南來募捐。是役也,實得從兄文禮大解荷囊,而光集、茲智、楓海各宗/人相率輸金,暨合里居僑寓同鄉諸君,或捨貲財,或勞心力,同情既表,何廢不興?經之營之,遂諏今歲葭/月十一日,行重建落成之禮。

溯自創議至工竣,為期不過□□有奇,而合計緣金,共得□□□□□□元。/遂今奐輪依舊,基礎益堅,實由諸君共事心誠所致也。樅何有焉!而樅得以克承先志,使尊忠敬良之寸/意歷古常新,為幸多已。至於神可降福降祥,要為中下人說法。樅雖不敏,詎有所圖?夫聰明正直之謂神,/第願登斯堂而禮神者,體神聰明正直之心,師神聰明正直之行,則不求福而福自駢臻矣。樅不揣固陋,/略志重建此宮之緣起,並進讜言,後之覽者,其亦有感於斯文乎!所有捐款芳名,及總理、董事姓氏附勒/於後,以垂不朽。/

[背面]

崙峰宮（楷書碑額）

中華民國元年重建十一月吉旦/

周文禮喜捐艮一百六十員；周金樅喜捐艮一百四十員，周光集喜捐艮一百二十員，周楓海喜捐艮一百員，周文妲喜捐艮五十員，周愛笑喜捐艮二十四員，周文秩喜捐艮二十四員，周天賞喜捐艮二十員，周光瑤喜捐艮二十員，周大樅喜捐艮一十四員，周許在喜捐艮一十員，周光濺喜捐艮一十員，杜加西喜捐艮八員，周文寺喜捐艮六員，周文內喜捐艮四員，陳文賓喜捐艮四員。合共開大銀柒佰三拾陸圓。

協理周登訓，董事周光景、周文柱、周許想重建崙峰宮碑記立石。/

碑現在集美區灌口鎮李林村中侖社。黑色頁岩質，每面高130厘米，寬70厘米。楷書陰刻。基本完好。

民國·重修馬巷元威殿碑記

重修碑記（篆書碑額）

池王神降自明代，捍患禦災，英靈赫濯。昔人庀材作廟，蓋將資神力而永祚桑梓也。/祇以年湮代遠，棟宇傾頹。民國四年間，里人倡議重修，眾歡趨之，期年而工竣。然善/作者未必善成，今都人士建策為謀善後，凡服粥、貨物有礙廟宇者，得以不敬論，庶/幾維持久遠而藉以答神庥矣。爰為記並鐫捐數於左。

縣佐陳錫箴謹書。/

橋仔頭捐壹佰貳拾元，西濱社、新垵社各捐銀陸拾元，陳協裕喜捐銀/伍拾元，陳興記喜捐銀叁拾元，錦園社、懷安居、洪學準、陳亮煙、陳聯登、/許永祥、鄭光池、陳光直、陳謙泰、陳瑞隆各捐銀貳拾元，莉林社、傅織錦、/葉長成、曾泉美、陳源成、陳金春、陳金鮮、陳宜安、陳和興各捐銀拾伍元，/鼇頭社、張慶茂、林慶美、許隆成、蔡榮發、陳隆發各捐銀拾貳元，浦田社、/黃章浸、陳光葛、蔡世崇各捐銀拾壹元，浯嶼社、梁春天、聯德號、潘榮利、/鄭裕豐、洪信記、許文啓、許源合、曾光調、雙正什、張協春、黃榮美、金晉興、/蔡永補、蔡合春、許合隆、蔡合益、陳聯芳、陳裕發、陳迺楫、陳生辰、陳心願、/陳隆記、陳光趁、陳劍狗、陳協隆、陳金錠、陳光倉、陳垣成、陳三春、陳隆興、/陳勝美、陳悅和、陳豐成、陳生生、金恒安、金源益各捐銀壹拾元,/金福隆捐貳拾元。

民國六年三月　日,陳福萱、陳祖舜、許玉泉、陳清源、蔡永補、張揚藍、蔡世舜同立。

碑存翔安區馬巷街道池府王爺宮元威殿前。花崗岩質,高160厘米,寬11厘米,厚11厘米。楷書陰刻。現狀完好。

民國·馬鑾忠惠廟碑文

忠惠廟序頭碑文（楷書碑額）

夫建廟而祀神者,所以宗正教、興善舉之綱領也。自前清辛卯聖帝開堂於/此,曰"濟善",迄今廿有餘秋。其中分壇數處,於雲頭曰"濟隆",於廈島曰"聚省"、曰"聚/濟"、曰"廣善",各邀諸神聖,大啓鸞音,隆著諸善,書經文及施方濟世,挽當頭之末/劫,化頹世之仁風。彼一時也,四方善士,莫不欣而樂從其事,傾囊倒筐,湊集巨/款,倡立諸善之門,設義塾、開醫院、惜字紙、恤困貧,歷有徵念于斯時也,五堂合一,/應有結局。爰邀諸同志鳩捐款項,遵諭共襄義舉,建廟於茲,誠為久遠之良策/也。請准廟額曰"忠惠",基址兩進、一護,前埕至海,後宅圍牆。其間所崇奉者,中殿文衡聖帝、純陽呂帝、嚴星教主,左殿尊王,右殿仙姑。護厝廳供像,乩壇、舂腳為功/德祠。將來論功行賞,福蔭子孫,自有善報矣。

壇生:楊其玉、王青山、杜繩直、杜肆修、杜其現、杜大波、/邱揚陣、邱嫣補、杜四端、杜啓榮、杜其二、杜文理、/楊水盆、陳梅魁、杜許才、杜金榜、杜正中、杜天助。

天運己未年歲次十二月　日立。

碑存集美區馬鑾社區忠惠廟。花崗岩質,高108厘米,寬55厘米,厚7厘米。楷書陰刻。現狀完好。

民國·馬鑾忠惠廟捐款碑

忠惠廟捐款（楷書碑額）

邱揚陣捐大艮叁仟一佰，許秋香捐大艮壹仟元，楊其玉捐大艮四佰元，杜繩直大艮叁佰元，邱主聯捐大艮貳佰元，邱德昌捐大艮貳佰元，邱德重捐大艮貳佰元，邱德順捐大艮貳佰元，邱德賜捐大艮貳佰元，邱德全捐大艮貳佰元，邱德拔捐大艮貳佰元，邱德音捐大艮貳佰元，邱德貴捐大艮貳佰元，邱長霖捐大艮貳佰元，邱永慶捐大艮貳佰元，杜四端捐大艮貳佰元，楊水盆捐大艮佰六元，邱郁文捐大艮佰四元，高萬邦捐大艮佰四元，留春閣捐大艮佰貳元，王青山捐大艮佰貳元，王永苗捐大艮佰貳元（第一欄），楊昭道捐大艮壹佰元，杜晉來捐大艮五拾元，邱心德捐大艮叁拾元，杜德為捐大艮叁拾元，杜其現捐大艮叁拾元，杜國重捐大艮貳拾伍元伍角，張可知捐大艮貳拾伍元伍角，陳布賢捐大艮貳拾肆元，鍾徵堅捐大艮貳拾肆元，邱嫣補捐大艮貳拾肆元，杜啓榮捐大艮貳拾肆元，杜文理捐大艮貳拾肆元，杜輕娘捐大艮貳拾肆元，林心法捐大艮貳拾元，蘇炳晃捐大艮貳拾元，何應壬捐大艮壹拾陸元，恒吉公司捐大艮伍拾陸元，杜興盛捐大艮壹拾陸元，林加樵、盧金粲、王再註、杜詩才、陳源興、杜金榜、杜肆修、杜正中以上八名各捐大艮壹拾貳元（第二欄），陳自新捐大艮壹拾伍元，林天送捐大艮壹拾叁元，周文山捐大艮拾元，葉爾修捐大艮柒元柒角，楊左田捐大艮柒元柒角，杜豆粒捐大艮七元，杜繩稽、王媽助、杜振朝、杜大波、曾水便、杜文鬧、杜繩通、楊景茂、鄭吉修、周光英、楊悅仁、曾媽為以上十二名各捐大艮六元，鄭喜來、蔡履端、曾瑞歹、邱秀山、林積善、杜水冷、曾先翁、楊氏均、詹鴻圖以上九名各捐大艮五元，陳養記、林撥來、王永要、黃滄海、杜天振、杜長生、杜親迎、杜高士、杜春波、杜超群、杜加走、杜水盆、楊昭印以上十三名各捐大艮四元（第三欄），楊少東、張吾□、洪時□、□□□、張四綱，以上五名□□□元，杜科斂、杜繩□、□茂□、杜心□、張生發、杜韻風、杜瑞火、周柏華、杜永春、杜其文、杜大松、杜其二、杜繩仁、陳梅魁、杜民盆、杜朝瓦、杜繩樂、張虎魚以上十九名各捐大艮貳元。共捐大艮捌仟玖佰肆拾叁元肆角，拆小艮壹萬壹仟陸佰叁拾陸元伍角。

一開土大工小艮七佰壹拾叁元壹角伍分，一開土工小艮乙仟零肆拾伍元伍角,一開木料小艮貳仟零柒拾伍元陸角,一開石料小艮乙仟叁佰伍拾元,一開紅料小艮乙仟零柒拾玖元柒角,一開灰料小艮七百肆拾肆元貳角柒分,一開塑像小艮貳佰肆拾元,一開油漆小艮五百捌拾伍元肆角,一開買厝地小艮貳佰元,一開總什費小艮乙仟柒百元。計共總開小艮壹萬壹仟陸佰叁拾元伍角。

董事杜啟榮、邱媽補、楊其玉、杜金榜、邱揚陣、杜正中、杜繩直、何應壬仝立。

天運己未年歲次十二月　日。

碑存集美區馬鑾社區忠惠廟。花崗岩質,高107厘米,寬57厘米,厚7厘米。楷書陰刻。現狀完好。

民國·重修昭惠宮碑記

重修昭惠宮(楷書碑額)

茲將捐款芳名列左:/黃書傳君捐龍壹仟貳佰叁拾伍大員,黃大處君捐龍壹仟貳佰叁拾伍大員,/黃東昌行捐龍壹仟貳佰叁拾伍大員,/黃得疆君捐龍伍佰大員,/黃協德行捐龍伍佰大員,/黃瑞載君捐龍叁佰大員,/黃振丁君捐龍貳佰大員,/黃飛鳥君捐龍貳佰大員,/黃兩儀君捐龍貳佰大員,/黃天尊君捐龍壹佰大員,黃平訓君捐龍壹佰大員,/黃朝基君捐龍伍拾員零伍角,/黃贊德君捐龍伍拾大員,/黃振草君捐龍 伍拾大員,/黃水坑捐龍肆拾員零肆角,/黃水蓮君捐龍貳拾大員,/黃媽彪捐龍壹拾零員露壹萬,黃潔鳳君捐龍壹拾大員,/黃潔心君捐龍壹拾大員,/黃開意君捐龍壹拾大員,/黃新祺君捐龍肆大員,/黃清海君捐龍壹大員,/黃天平君捐龍壹大員。/

茲將各工料費等列左:杉料、做工、夯工等小洋壹仟玖佰玖十貳元壹角伍占。/石料、打工、抬工等小洋壹仟壹佰柒十陸元肆角。/塗匠、做工、包料等小洋壹仟壹佰四十玖元捌角。/紅料、挑工等小洋壹仟三佰貳十八元叁角。/洋灰、殼灰、挑工等小洋伍佰五十貳元貳角。/鐵枝、鐵器等小洋柒拾八元八角貳占。/大、小桌案等小洋伍拾壹元肆角伍占。/油漆、工料等小洋貳佰叁拾元零壹角。/填埋沙、挑工費等小洋貳拾叁元肆角。/佛匠裝佛工料費小洋貳佰壹

拾玖元貳角。/做冕冠、繡龍袍等小洋伍拾肆元三角。/

計拾一條,開去小洋陸仟捌佰伍拾陸員壹角貳占(按:此處原為蘇州碼)元,折龍銀陸仟零陸拾貳員。/

民國十年歲/次辛酉　月　日立。

碑存思明區曾厝垵上李社昭惠宮後殿。嵌砌牆上。花崗岩質,高27厘米,寬79厘米。楷書陰刻。現狀完好。

民國·重修昭惠宮增築前埕記

重修昭惠宮增築前埕記(楷書碑題)/

昭惠宮經風雨剝蝕,本年里中人士黃書/傳、福源、福祥、福升、瀚卿、大處、潔鳳、得疆等/董督再翻築一新,極其宏敞,其持倡捐貲/諸芳名特立碑石,以誌永久矣。廟貌尊嚴,/為鄉之人世代所瞻仰崇奉勿替者。溯自/前清道咸間,先王父鵬飛公倡修以後,/越同治癸酉之年,又添建前檻,增築左室,/規模大備。洎光緒丁酉歲,濬與族人神祺/踵而修葺,復增添右室,於是規模益備。本/年重修,更得族人麗水、神祺、梅生及胞弟/瀚等田地充拓前埕,始獲盡善盡美焉。積/數十年之經營,幸□成於一日,是不可不/歷述大略,以示厥後云。/

中華民國十年辛酉季秋之月,里人黃濬記。/

碑存思明區曾厝垵上李社昭惠宮大殿後。嵌砌牆上。木質,高27厘米,寬36厘米。楷書陰刻。基本完好。

民國·岐西祖廟記

四社計十八保,岐西保乃屬後崎社之轄也,而岐山古地自昔立廟崇奉,/眾稱之曰"土地公祖",以神得名也。其聲靈久著,前人碑匾咸述備矣。此次/築馬路,公廟適衝路綫,致遭拆廢,充作馬路,不遺餘跡。□特香火中斷,/□像亦見夫失所。永朝族於斯,生於斯,目擊心傷,不無興感。爰先就己之房屋/□□,乃獨力籌資以買廟後黃姓之民房三座,除□路綫□市政拆讓□,/築洋樓各三層,毗連二座,擇右一座之樓下崇奉公之神像,以圖繼續,/其樓上二層、三層及他座一切俱屬本紹德堂永遠保存私有之,/子孫不得變更。永朝為公闢地重建廟宇,冀幸香火於不朽,亦默祝/承堂祀業於不朽。神鑒在茲,故立石以記之。

民國十一年歲次壬戌四月　日,神助王邵年、九世紹德堂建立。

碑存思明區開元路206號民居。嵌砌牆上。花崗岩質,高110厘米,寬63厘米。楷書陰刻。今據編者現場抄錄件轉錄。

民國·重修泗洲明覺院碑記

□□□桐崗山麓,自唐代敕建泗洲明覺院,崇祀天/□□□,始載諸邑乘,歷今十有餘年,歲旱癘疫,有求/□□。□緒間,經副貢陳柏芬倡修,迄今楹瓦剝蝕,穿/□□□勤苦修持閱二十二寒暑,不忍坐視傾頹,爰/□□□教會理事陳延香等,共任籌修董事,幸諸□/□□□義囊,先底於成。謹將捐資姓名、銀數勒之貞/□,□□久遠而昭公鑒。

□□□陳友法姑各一百二十員,盧元嫂一百零四/□,□延謙一百元,陳明要五十元,玉泉二十元,詹琥/□、□賢揚、金槍、陳延香、陳作舟各一千元,陳金推四/□□,大爺五十元,盧文培十六元,葉光乞十元,/盧玉遜/、周天送/各十五/□,葉金/傑、劉文/瓜各十/二元。

□□民國廿六年四月　日,董事主持優婆陳穿蓮、/陳延香、陳煥章、施□奎立。

碑在同安區大同街道田洋村。花崗岩質,碑首已殘,殘高107厘米,寬55厘米,厚10厘米。楷書陰刻。基本完好。

第六篇 宗祠家廟

明·黃氏重興祖祠碑記

重興祖祠碑記(隸書碑題)/

同安金柄係出泉郡開元紫/雲支派。長安年間,肇基祖綸/公負主立廟於此。歷宋、元、明,/雖經滄桑,然故址猶存。族人/有懷於心者,首出倡議,集腋/成裘,重新構建,歷近三載,乃告/落成。
大明萬曆二十八年歲/次庚子桂月穀旦,裔孫文炳、文昭敬撰。

碑存翔安區新墟鎮金柄村黃氏大宗祠內。花崗岩質,高45厘米,寬90厘米,厚14厘米。隸書陰刻。現狀完好。

明·海滄漸美世饗堂業產碑

本衙置有海泊壹所,充為大宗蒸/嘗。東至嶼仔,西至岸,南至雞母石/壕釘港,北至埭仔下為界。日後不/許孫子滅公肥私,盜行典賣等弊,/如違呈究。此諭。/
崇禎叁年　月立石。

碑存海滄區海滄街道漸美村蘆坑社謝氏家廟世饗堂前院內。花崗岩質,高90厘米,寬34厘米,厚12厘米。楷書陰刻。現狀完好。

明·顏氏家廟從祀碑記

皇明/顏氏/家廟/從祀/碑記（篆書碑額）

粵稽我青礁氏族發祥兗國。自/始祖樸庵公傳缽克復，倡學東南，師表郡泮，俎豆宮牆，數傳而冢宰師魯公、承事郎唐臣公，遞及學錄雪/岩希孔公、古田令希哲公、南勝尉貴來公，列祖後先甲第，卓然有聲。至正甲申，建有奉先祠堂，仍置田租/以供歲祀。迨鼎革之際，兵燹薦經，祠圮而租亦坐是寖薄。萬曆丁丑歲，十七代孫廷悅公追念水木，董我/族人，鼎建祖廟於本家之東。雖時食頻薦乎而陳設尚簡也。茲歲復丁丑，天運一周，祖祜更篤。十八代孫/起龍等顧瞻榱桷，愴然思成，不吝捐貲置產，以似續而光大之。今日寢廟奕奕，籩豆靜嘉，誰之力歟？

按禮：/有功於祖宗及與祖宗功德埒者，典得配享。則廷悅等諸公禮請從祀於典，協矣。而明初思陸公者遷於/白沙，九世孫容暄公登庚戌進士，歷四藩二千石，其惠民抗璫，諸循政難具悉，使得如范蘇州晝錦以/歸，其中興祠宇、廣置義田，豈顧問哉？竟乃出守中都，天植完節，效家常山之殉忠，以對揚祖列，/聖天子方將特廟褒旌，而吾家祀典又惡可已，其子世薦復承先志，以清白之餘捐百金增益祀田，猶稱純/孝。於是子姓欣然，相與涓吉制主，入廟配享，世世不祧焉。銘曰："猗歟列祖，保艾爾後。嗟爾孫子，丕紹純嘏。/岐山永峙，澄海長疏。勒之貞珉，秩秩斯祜。"/

容暄公號大屏，庚戌進士，歷南陽、揚州、太平、鳳陽四郡太守，充銀壹佰兩。/廷悅公號少川邑庠旌善，可仰公號□□、壽官，可嘉公號繪吾，充七十兩，起龍公號圖南，鄉武進士，謙公號亨吾，將仕郎，/廷巍公號介翁，可哲公號□□，果□公號登吾，徵仕郎，厚公字□□，/可煥公號□□，尚蔡公號業吾，郡庠生，可隆公□□□，仲琨公號錦池，□□/□□□□，已上各充銀伍拾兩。/

崇禎十年丁丑正月□日，闔族立。

碑存海滄區海滄街道青礁村顏氏家廟內。嵌砌牆上。花崗岩質，高276厘米，寬100厘米。楷書陰刻，字跡略有殘損，基本完好。

清·顏氏家廟從祀碑記

顏氏/家廟/從祀/碑記（篆書碑額）

　　吾家祖廟名曰"崇恩堂"，構自前明，蓋追祀上世/教授樸庵公及數傳以下列祖，舊碑載之詳矣。迨海寇猖獗，鄉族星散，而廟遂圮。/國朝康熙初，礁人鳩金重建，廟貌煥然。第曩時祀業遭亂失守，存者寥寥無幾。庚午，逸/士大恥公以及若愚、賡舜、爾鴻、勳臣諸公各支派孫子或捐資恢復，或置產增租，遂/使春秋兩祀薦豆籩者，物無患弗周，費無虞不足，其用光祭典，有功宗廟何如歟？眾/嘉諸孫子孝思，既樂奉乃祖乃父從祀廟中，恐歷久彌湮，勒石以志不朽。/

　　大恥公諱士行，逸士，工於詩，載邑志，充銀伍拾兩；子建公諱汝棟，充銀伍拾兩；/宜鷺公諱廷鑣，鄉賓，充慶寧田三斗；郁人公諱廷芳，黃衣壽叟，充後田洋田、東村園共貳斗；/若愚公諱而栻，充帝廠圳邊田貳斗；篤園公諱長春，鄉祭酒，充店頭田一斗五升；/賡舜公諱鴻磐，充土樓後田貳斗；正忠公諱啓昂，鄉賓，充土樓後田一斗五升；/淑猷公諱捷中，鄉祭酒，孝行載邑志，充銀伍拾兩；發其公諱汝珪，邑區旌善，充大井田一斗五升；/爾鴻公諱捷元，庠生，充慶寧田三斗三升；崇榮公諱啓和，充銀五十兩；勳臣公諱銘崗，鄉賓，充銀伍拾兩；百福公諱文彩，充西圳邊觀音石園共二斗五升；/淑起公諱捷唐，修職郎，充銀伍拾兩。/

　　乾隆三十年乙酉十月吉旦，闔族立。

　　碑存海滄區海滄街道青礁村顏氏家廟內。嵌砌牆上。花崗岩質，高236厘米，寬98厘米。楷書陰刻。基本完好。

清·顏氏家廟重修碑記(一)

顏氏家廟重修碑記(楷書碑題)/

崇恩堂構自前明,越/國朝康熙初鼎建,乾隆乙酉重修,追祀/教授樸庵公數傳以下列祖,相承勿替。/第年湮世遠,垣楹不無傾頹。爰是族眾有/充入從祀者,有踴躍捐資者,鳩工庀材,基/址仍舊,而廟貌更新,輪矣奐矣。光俎豆而/妥先靈,以盡孝思於無窮焉。茲既落成,/勒石垂不朽。/列祖從祀:/例授文林郎觀聚公充銀壹佰貳拾員,/例贈文林郎約齋公充銀壹佰貳拾員,/國學生、授修職郎東軒公充銀百貳員,/乾隆庚辰科舉人龜溪公諱志遠從祀,/登仕郎秩侯公充銀壹佰貳拾員,登仕郎永修公充銀壹佰貳拾員,/邑庠生鑑塘公充銀壹佰貳拾員,功力/儒士渙泗公充銀壹佰貳拾大員,/諸孫子捐金、本族丁米,共銀壹千肆佰員。/奉直大夫朝宗捐銀貳佰員,/國學生、授修職郎東軒公捐銀壹佰員,/登仕郎秩侯公捐銀壹佰員,臺灣諸孫子合捐銀貳佰肆拾貳大員,/太學生邦瑠捐銀伍拾員,/太學生日省捐銀叁拾員,/太學生煥植捐銀叁拾員,/珍聘公捐銀貳拾大員,/邑庠生基榮、顏厝前西橋光渙、/邑庠生文祥、振宗公、職侯、光秦、/士銳公、嘉會公各捐銀貳拾員,/珠坑修職郎奕成公捐銀叁拾員。/

嘉慶二十年乙亥陽月吉旦,闔族立。

碑存海滄區青礁村顏氏家廟內。嵌砌牆上。輝綠岩質,高62厘米,寬125厘米。楷書陰刻。現狀完好。

清·顏氏家廟重修碑記(二)

顏氏家廟重修碑記(楷書碑題)/

崇恩堂自前元、明恭祀/教授、名宦、鄉賢樸庵公,遞至簪謨閣學士/元祥公分派，世守數傳，以下列/祖相承勿替。迨/國朝康熙初鼎建，乾隆乙酉重修，嘉慶/乙亥再修，越今六十有餘年矣。其間風/雨飄搖，蟲蟻剝蝕，傾覆頹敗，幾無以為/棲神之所。闔族孫子共議重修，或充金從祀，/或竭力捐資，庶幾集腋成裘，踴躍趨事，/而廟貌復以斯煥然矣。/神靈之有賴何？莫非嘉孫子之力焉。茲既/落成，用是勒石，以垂不朽。/

　　列祖從祀：/例授中憲大夫篤庵公充銀並捐英/陸百大員，/儒士步梯公充銀並捐英貳百貳拾員，/鄉賓龍允公充銀並捐英貳百貳拾員，/太學生鶴亭公充銀貳百貳拾員，/鄉賓紹逢公充銀並捐英貳百貳拾員，/鄉賓德恒公充銀並捐英貳百員，/咭萬丹諸孫子共捐英壹百肆拾陸員，/安南諸孫子共捐英陸拾員，/西橋捐英貳拾員，/珠坑捐英拾捌員，/振使、大生、猛使、偕載、款水、養成、此篇、偃月、宗北、雙喜、蛇使以上各捐英拾貳員，/霞宮、顏厝前、魁生各捐英拾員，/烏狗、魚記、漏景、石磚各捐英捌員，/盛使、石使、菊使、遇使、允漢、朱秧、瀛店、陳使以上各捐英陸員。/

　　光緒元年乙亥臘月吉旦，闔族仝立。

　　碑存海滄區海滄街道青礁村顏氏家廟內。嵌砌牆上。輝綠岩質，高66厘米，寬131厘米。楷書陰刻。現狀完好。

民國·顏氏家廟重修碑記

顏氏家廟重修碑記（楷書碑題）/

　　崇恩堂者，由明代建祠之址也。迄於前清，屢加/修葺矣。今閱時既久，風飄雨灑，棟折瓦崩，破壞/不堪入目。於是僉議重修，擔義務者復出洋勸/募，仍師其前事，以充金從祀，量力任捐為目的，/均踴躍樂趨，諏吉興工，美哉輪奐而廟貌又煥/然一新耳。從此百世而下，昭穆相承，俎豆重光，/無非賢嗣裔共相維持。茲屆落成，故勒石以為/記念云爾。

　　顯正公充艮貳佰陸拾元，懿麟公充艮貳佰陸拾元，懿眼公充艮叁佰貳拾元，/懿寅公充艮叁佰貳拾元，懿詩公充艮叁佰大元，懿美公充艮叁佰壹拾元，/懿寬公充艮叁佰貳拾元，衍買公充艮叁佰貳拾元，/長春捐艮陸佰五拾元，長貴捐艮伍佰大元,九松捐艮伍佰大元,/懿領捐艮肆佰大元,源炳捐艮貳佰貳拾元,克明捐艮叁佰大元,/觴利、成通以上各捐艮貳佰元,/明福、金葉以上各捐艮捌拾元,/有德捐艮壹佰貳拾元,/和涂、克繼、雙印、寶釵、水波以上各捐艮□□元,/祥來、天性、應瑞、紅玉以上各捐艮五拾元,/瑞草、文前以上各捐艮四拾元,/文華捐艮叁拾大元,霞宮社捐艮貳拾四元,/珠酷、懿仔、紹頌、紹迺、紹力、衍沙、衍八、繼教、德泰、宏史、文堅、得祿、/湛時、肇淵、尚猛以上各捐艮貳拾元,/光泮捐艮壹拾五大元,/禎祥、紹為、清海、春生、源區、漾賽、/啓塗、懿鐵、武贊、衍德、紅橋、三杭、/蘆和以上各捐艮拾元,/乾震、金枝、石德、有忠、文凱、杜□、/文真、澄苗以上各捐艮三元,/顏厝前春年捐艮貳拾肆元,東溪捐艮貳拾大元,/漳澄、存仔以上各捐艮拾八元,/慶昌、為卿以上各捐艮拾貳元,/石蛋、松潤、有年以上各捐艮八元,/金生、能珍以上各捐艮六元。/

中華民國甲子年臘月　日,闔族立石。

碑存海滄區海滄街道青礁村顏氏家廟內。嵌砌牆上。花崗岩質,高20厘米,寬93厘米。楷書陰刻。現狀完好。

清·陳氏五祖回堂記

陳氏五祖回堂記(篆書碑額)

吾家西園自先人來住之始,墳墓在四方者皆難備載。獨此山五墳相連,如/□□祖益公葬林頭,興弼公葬油坊,重玉公葬西葛,惠毅公葬石鼓,英簡公葬/墩上,地雖異名,龍則同脈。國生也晚,猶及知去祖益公九世,興弼公八世,而/重玉公、惠毅公、英簡公,國之高、曾、祖也。祖益公生歿俱在元,而葬則在/□武二年。興弼公生於元,歿於明,而葬則在永樂二年。重玉公生於明,葬於/崇禎之八年,越一年而惠毅公葬□□。英簡公佳域未卜。癸卯之冬,禾□播遷,/舉家逃竄,廬舍為墟,桑田成海。二十餘載,歲時伏臘,恒□望故都而號泣者。□國/不材,仰□祖庇,幸得策名,始判睢陽,繼判南陽,復量移司馬於臨安。經年況□,/思念祖宗,日夜痛心,何意左遷。甲子歸家,多方經營。冬,始得葬,擬豎一碑,以表/遺事,適寇傷未果。抵京,遂補延綏東路之分府。三載閑曹，一才未展；七千里□，□/邁維艱。因解回堂之句，爰遣弱子應榔代歸綜理，俾後之孫子知國舒一力於□綿之中，以成清溪、北山之大觀，是亦千秋不朽之一事也。是為記。

康熙二十八年歲在己巳陽月吉旦，奉政大夫、孝孫昌國立。

碑存思明區蓮前街道墩仔社內。花崗岩質，有貝屭碑座，高220厘米，寬93厘米，厚18.7厘米。楷書陰刻。右角稍殘損，其餘基本完好。

清・重建祖廟碑記（殘）

重建祖廟碑記（楷書碑額）

古者祖廟之建，夫□□□□□所以後人知報本，追遠而親其親，/親者不能以常親，有時而疏，疏者非其本疏也，其始實親，小宗五/等而降其流分也。大宗百世不慶，婚姻百世不通，其本一也。故服/若屬，雖疏而宗盟不改，思自隆而殺，不可由殺而遂泯，情自厚而/遂忘。此萃渙者必格有廟，而推之庶人亦得祀其先，誼其渥也。

謝/稱圭海名宗，祖廟之建，由來舊矣。自播遷告變，祠宇兵燹□□□，/遂捨舊基，擇中厝，合族趨事，亦既廟貌崢嶸，俎豆惟□□□□□，/其雲孫元亮不惜己費，咄嗟立辦，不日告成，□□□報本自是而/親長長，歲時伏臘，昭穆秩然，維祖若宗式憑□□□此然亦有□/水源，誰無木本？然貧者或有志未逮，富者或瀉意□聲色玩好。□/與語，遇族中興利舉廢之事，漠然似秦越人之□□祀瘠其□，亦何/獨有見於遵祖敬宗之大而慨然為此，夫豈苟焉而已？余□□□/振頹風而勵末俗也。於是乎書。

賜進士第、吏部觀政，年家姻眷弟徐登甲。/
康熙五十年歲次辛卯桂月吉旦。

碑存海滄區嵩嶼街道石塘村龍華堂前巷口。花崗岩質，下端在路面下，可見部分高138厘米，寬92厘米，厚14厘米。楷書陰刻。部分字跡已殘損、風化莫辨。

清·馬鑾杜氏清理海利屯地等稅碑記

　　我/祖自唐入閩，卜居同之海濱清鑾里，遂昌熾而聚國族、建祠宇有年矣。置屯德化，奉春秋禋祀，後以隔遠，為/豪強霸踞，賴日嚴公控回，次崖先生作文以紀其事，族人為之立石於祖祠之側，祖宇前代皆/有更新。至明隆慶、萬曆間，鵬南公、明湖公相繼出仕。鵬南公重建，厥後光參公節鉞鄰邦，又重/修之，鳩眾置祖墳前後左右地，種蓋以充籩豆，亦慮後有衝傷焉。

　　辛丑播遷，族眾移居內地，而宗宇因/以傾頹。及至癸亥年東土輸誠，人歸故地。甲子年，族眾謀蓋數椽，以奠神主。乃議族中每斗產米出銀壹/錢，每成丁出銀兩錢，義舉樂助，在外共得百餘金，暫蓋祠之後室以奉明禋。繼而祠前一片海蕩及新安/渡頭，皆勢豪所掌，於我族人實不利焉。綿載謀之仕樑等鳩眾創置，共有八分，眾得五分，已歸大宗；/中椒得三分，立字原契中，樂輸大宗，以祀蒸嘗。此亦中椒孝思之志也。計海渡屯業地稅，年以祭費外，/所存者議以微息薄貸，庶有生長。自甲子年迄庚辰年，十有七載，共得子母銀貳百六十餘兩。出入之數，/悉綿載力主其事，經營無錯。於是遂議照舊起蓋祠宇，不足者議每成丁出銀三錢樂助義舉，亦在/外。自庚辰年十月經始，至辛巳年七月告成。共計費肆百餘金而祖宇依然如舊。睹今日之廟貌，思昔/時之經營，亦可以見綿載竭誠報本，為功於祖宇者大矣。未數年而綿載謝世，其海利、屯地等稅/及原欠賬目自乙酉年至壬辰年，皆未嘗清理，則利日嗇而數紛更，族議每房公舉一人出理公共事，寬/舊數而謀更新，依昔成例，輪房收貯，銀契原規薄貸利息生長，庶為謨遠，大增其式廓，有繼前人之功於/不衰云。謹記始末梗概，俾後者知其詳悉爾。/

　　家長杜興扶、夢埠、禹趾、毓璧、華偉、中椒，太學生國瑤、國琅，舉人奇英，生員盈科、崇料、日風、承業、志高、鎬生。

　　生員世錩頓首拜撰文。/
　　康熙五十一年歲次壬辰仲冬穀旦，謹立石。

　　碑存集美區馬鑾社區杜氏大宗祠內。嵌砌墻上。黑色頁岩質，高43厘米，寬32厘米。楷書陰刻。現狀完好。

清·海滄芸美重修明德堂碑記(一)

　　我陳氏/梅隱公肇基莊江,/祖廟之建由來舊矣。緣播遷後,海濤震蕩,崩陷日久,幾於斷塌。屬/在子姓,俱為心惻。蓋生於斯,長於斯,聚國族於斯,則/祖廟誠為木本水源之所在,所關詎不重哉！裔孫天簡等爰是倡/始,參諸子姓,欣然樂成其事。乃共買石鳩工,擇於壬戌正月/穀旦填築,至三月乃克告竣。工以人丁均勻,銀以家事樂助。/長三十余丈,高不及丈之三寸,左右半焉。形如初升月,並樹/榕木數十株,永為蔭庇,以象雲蒸之勢。是舉也,無廢前業,用/廣後昆,凡有力於/祖者,可無勒石以垂不朽乎？是為志。/

　　裔孫天簡捐銀貳拾伍兩,煥耀捐銀貳拾伍兩,/其勳捐銀壹拾貳兩,天選捐銀壹拾兩,/英華捐銀壹拾兩,日昇捐銀壹拾兩,/雲龍捐銀拾中員,夢燕捐銀拾中員,/佐觀捐銀拾中員,載生捐銀伍兩,/光彩捐銀三大員,旋節捐銀□□員,/天郎捐銀兩大員,天騰捐銀兩大員,/致高捐銀兩大員,聖觀捐銀兩大員,/聰智捐銀兩大員,夢熾捐銀兩大員,/吳觀捐銀兩大員,炎觀捐銀兩大員,/春生、喜生共捐銀貳兩,顯觀捐銀壹兩,/文觀捐銀壹大員,汝霖捐銀壹大員,德觀捐銀壹大員,/攀觀捐銀壹大員,秉衡捐銀壹大員,/天皎捐銀壹大員,天化捐銀壹大員,/元華捐銀壹大員,振興捐銀壹大員,/攀枝捐銀壹大員,泰觀捐銀壹大員,/篤觀捐銀壹大員,照觀捐銀壹大員,/全老捐銀壹大員,法觀捐銀壹大員,/壽觀捐銀壹大員,光民捐銀壹大員,/□老捐銀壹大員,迪觀捐銀壹大員,/□盛捐銀壹大員,奢生捐銀壹大員,/佛觀捐銀壹大員,馮觀捐銀□□員,/妥觀捐銀壹中員,宗觀捐銀壹中員,/天彩捐銀壹中員,汝文捐銀壹中員,/世英捐銀壹中員,學觀捐銀壹中員,/□觀捐銀壹中員,國觀捐銀壹中員,/□觀捐銀壹中員,佐觀捐銀壹中員,/興觀捐銀壹中員,評觀捐銀壹中員,/連觀捐銀壹中員,廷敬捐銀壹錢捌□。/

　　□□□□□□工千伍佰有奇,費銀佰三拾餘兩。

　　乾隆壬戌年桂月穀旦立。

　　碑存海滄區東孚街道芸美村陳氏家廟明德堂內。嵌砌牆上。黑色頁岩質,高40厘米,寬72厘米。基本完好,但部分字跡磨損。

清·海滄芸美重修明德堂碑記(二)

　　惟祖廟之建,雖報本所宜,然而孫子之興寶地,□/□保護。我祖文山前拱,莊海後纏,左右兩池,日月輔/□。卜宅於茲,洵得地矣。乾隆壬戌年,廟後被水衝崩,/幾於斷膈。裔孫眾房長等募眾完築,前志已詳,不必/贅及。迨數年來,右邊石岸漸見傾頹貳拾餘丈,有傷/我廟地脈。爰聞族眾議修,丁米均勻,有不敷者,定以/配享出銀肆拾伍大員,集成其事,眾皆喜諾。第我族/無敢首倡,幸裔孫潛芳尊祖睦族,先出銀支理,盡心/竭力,不避疑謗。遂擇吉興工,延訪精通八索,就中斟/酌損益,而祖廟粲然一新,氣象倍覺輝煌。仍繼築石/岸,增廣拾餘丈,或宜置室,或宜種樹,永為祖廟之庇。/祠前小厝壹連,左角石廁六口,眾嫌有礙,勸令給償。/改換之下,尤大觀焉。始於乾隆癸卯歲桂月,孟冬告/竣。銀費　百　拾有奇,工計　千　百有零。自重/修廣建之後,燕翼貽謀,勿墜前勳。庶先靈永奠,後昆/俾昌,岡非山川鍾靈焉耳。是為志。

　　乾隆癸卯年仲冬穀旦,眾裔孫立。廈門傳古堂刻。

　　碑存海滄區東孚街道芸美村陳氏家廟明德堂內。嵌砌牆上。由兩塊黑色頁岩組成,高33厘米,寬88厘米。楷書陰刻。現狀完好。

清·海滄芸美重修明德堂碑記(三)

　　辛卯八月迄壬辰三月,重修祖廟告竣。凡/牆垣及磚石瓦木皆煥然一新,而淵實董/是役。先是,淵在外洋經商,聞祖廟傾頹,惻/然以謀修為念。嗣因眾議舉淵為董,爰即/奔回梓里,創為捐題、附主二法,藉以集成/其事。蓋籌畫課□之瘁,亦幾竭精神於茲/矣。幸賴眾擎,成此義舉,至肯堂肯構。勿替/先世丕基,則不能不有望於來者,是為序。/

　　茲將重修祖廟支費並附主、捐題銀臚列條目於左:/

　　一、收長房裔孫等附主銀捌佰貳拾伍員,又收次房裔孫等附主銀柒佰貳拾

陸員,又收小市、添河捐題緣來銀肆大員。計三條共銀壹仟伍佰伍拾伍員。(上半部)

一、支買磚石瓦木料秫稭,計銀陸佰玖拾捌員;又支木泥刻花匠工並油漆,計銀三佰壹拾貳員伍角;又置再官仙塘田壹丘貳斗種,銀壹佰壹拾員;又典斷官厝地園兩丘,去銀伍拾大員。計陸條,共去銀壹仟肆佰捌拾壹員。(下半部)

抵除以外,尚存來銀柒拾肆員。此存尾□銀,候收寄檳榔嶼大公司生息。/

光緒拾捌年壬辰歲次梅月置,董事長房裔孫克淵勒石。/

碑在海滄區東孚街道蕓美村陳氏家廟明德堂內。嵌砌牆上。黑色頁岩質,高33厘米,寬50厘米。楷書陰刻。現狀完好。

清·重修鋪後祠堂碑記

重修鋪後祠堂碑記(楷書碑題)/

公諱祿,字文科,號恪庵。少無愛溺,憂勤攻業,以歲進士任常山、開化兩縣尹,興文學、除奸豪,民號為"一葉側士",何鏡山《名山藏》可考也。升任感恩知縣,德厚加民,有佛之/稱。迄榮旋,士民效勞,遺以白衣觀音一座,表其廉明。公生五桂,以舉人任新興、餘干二縣者即其三男。故時邑主錫扁曰"世文林郎",至今猶傳。公尊思時,為/母悲心,建廟在茲,而春露秋霜,愾有聞、愾有見焉。公恁眺斯地,鍾靈特異,爰構記一道,豈非欲俎豆千秋,馨香永賴哉。奈國初兵火屢更而廟遂圮。康熙寅年歲,眾/議重新。甫興工,是歲告荒,竟不果,致公及妣生像二幅神靈靡棲,雖祭祀無虧,而本支孫子不得駿奔,在廟者五十有餘年矣。乾隆癸亥春,長房八世孫、鄉飲大/賓、生員繼長年已丁稀,展所藏原記縱觀之,慇然有感,即持邀樂生、文雄、鄉賓以文、監生昇、生員中華、監生申秀、達昂、生員李元、鄉賓祀生、輔國、生員清文、行繼、泰來/等捧讀之下,俱發孝思,隨告眾重興,鳩五房各房出銀四十兩,不敷再積,交輪以撐餘費。始於癸亥復月念六日卯時上樑,廟坐癸向丁兼丑未。定指南者,長房八世/孫生員西、董事者生員中華、監繼長之男監生德芳,而肯堂肯構,廟貌實賴以成。西畔有小屋，更用銀購買，築護屋、開柵門、鑿一井，於是與祭之宿有歇處，廟中之濯/溉有供矣。所患廟前蔽塞，係長房孫開花之屋，經賣族親，維有歷年。花早世，婦陳氏控贖未遂，故業後議充祖，眾因僉呈鳩銀贖回，既又敕銀以盡陳氏之契，即拆僕/爲是廟公地，而照牆克立，廟事告竣。此則中華、清元、行健之功，而文雄、以文昇、申秀、廷昂、肇元、輔國、泰來等與有勞焉。嗟乎！是廟庚午重修不果，茲還落於庚午，竊歎/廢興有定。恪庵公爾時之孝感，善爲默相，而繼長公與諸公之有大造於宗也。德芳懼後人忘其事，爰述繼長公所存恪庵公之記勒石於堂，並陳其始終廢興/之由，俾入是廟者，咸知所考云。/

　　恪庵公原記：/余從幼無愛溺，故能刻苦讀書，操心揆理，上事父母，下悅兄弟，進思盡忠，退思補過，惠民和政，盡在吐握之勞，教子貽謀，兩袖清風之多。忠無勞民，政乃致和，孝少揚顯，/悌頗無過，爲子孫謀，擇厥陽居，相厥陰城。上可無愧於祖，下可流榮於柯。鋪後之居，密祖之側，瞻依之懃，俯仰之慇，分東方之正氣，奪東來第一枝。祖宗秀氣，寶我/憑依。天地鍾靈，山川挺奇。坐三山之擁秀，迎鳳崗之印帶。左右拱輔，無枝不顧，水深土厚，人朝千萬。東有指日筆鋒，西有暗綰金魚。九曜山麓，佛嶺繡錯。卜此而居，花心/榦萼。金屏御座，雙溪交互。千峰拱朝，百水聚渦。萬馬可容，蕩舟不過。內堂外廊，暗砂暗水，無不包羅。古曰："德人之居，鬼神保護。天地難憑，棄德是惡。願我孫子，保德永固。"

　　長房八世孫、鄉飲大賓、生員繼長助銀貳拾兩，長房鄉賓以文、監生昇、德芳、廷昂、生員中華、行健、鄉賓祀生、輔國、監生明德、行偉各助銀壹大員，/長房生員酉、肇元、清元、如金、泰來、監生申秀各助銀壹中員，長房公出丁銀伍兩貳錢，/長房孫旺助銀壹大員，士彩、我申、廷璧、以禮、尚唱、尚協、邦傑各助銀壹中員，心雄、廣各助銀壹錢，/二房公出丁銀貳錢貳分，二房孫成助銀三錢，三房公出丁銀肆錢陸分，/四房鄉賓國楨助銀壹中員，生員乘春助銀壹大員，四房公出丁銀貳錢肆分，/五房鄉賓俞猷助銀壹大員，五房孫貴助銀貳錢，贊助銀壹錢，五房公出丁銀三錢貳分。/

　　乾隆十五年次庚午仲冬之月穀旦勒石。

　　碑存同安區大同街道鋪前。花崗岩質，高200厘米，寬75厘米，厚12厘米。楷書陰刻。現狀完好。

清·修建後柯村柯氏時思堂碑記

　　文山之陰,蜿蜒磅礴,勢臨巨海,中一大邨落,曰鼎里。煙火千餘家而柯姓之居,特踞其首。世有偉人,如國材公,敦行邃學,為晦翁所引重,其彰明較著也。族多殷富而念祖甚摯,大宗既極修飾,務構小宗以供歲時祀事。乾隆丙子之冬,鄉祭酒柯君遇余曰:"敝兄弟及侄營先人祠,功幾竣矣。願藉一遊以記其壁。"余固儒酸,而觀人之隆其親,孝子慈孫之心有油然興者與!過而瞻仰之,則仙旗列屏,新安朝拱,氣概恢張,制複軒聳。前進架樑凡九,後加四焉,廣三丈七尺有奇,深倍廣強尺餘。門階堂寢次第井然,木石皆精巧,於以歎諸君之孝思深厚而竭力所至,幾能士大夫所不能也。且余觀其意,又有進者,昔范文正公為義田以充祠宇,子孫冠婚喪祭各有經紀而振作,文學尤加優渥,迄今世澤未湮。柯此日已有祀田若干,足給祭費,更欲漸增以仿古人盛事。夫烏知有志之不竟成耶?按所主祀為鼎裔二十世諱世德,字昌慈公,公承父遺逸高風,能文,不應舉。昆季七,備極孝友,誕四桂。今之作祠者,長男孫大飭;次男如南;三男達上,即祭酒;四男作梅也。孫枝疊起,計六百餘指,或列雍,或遊泮,或力田,孝弟咸敦,其業方□未艾。

　　祠負亥揖巳,興工於乙亥年六月初十日,訖於丙子仲冬,共糜金錢千餘緡。既落成,設祭、進主,具如禮式,後將以嗣君祔焉。余屬通家,不得以無文辭。爰為志其巔末,且奉其號曰"時思堂"。蓋取禴祠烝嘗,思嗜好飲食之義,而支分四仲,亦有合云。

　　柏莊洪敬潢頓首撰。法古齋刻。

　　碑存海滄區東孚街道後柯村時思堂。嵌砌牆上。黑色頁岩質,高43厘米,寬70厘米。楷書陰刻。現狀完好。

清·建立祀田碑記

建立祀田碑記(行楷碑額)

世之為子孫者多矣,惟承繼祖德,建立宗廟者為足稱焉,而/宗廟之建,尤莫重於立祀田,以為馨香永賴之資。/爰念我/祖自東山以來箕裘日擴,文風丕振,其子孫有志未逮者甚多。/時惟十五代孫饒老職蒞溫、台,臣職為重,仍復孫謨念切,遂/將伊父/誥贈廣威將軍謂和,與/長房十四代億萬,及/次房十三代主衡三人合置樓山塽田,橋東、橋西四堺實耕/乙石五斗八升,魚河五口,秧田乙所,內外海仔及鹽田兩片,/向義充入大宗祀田,其立志遠大,為何如也。雖歉歉然以/未能樹大勳、建弘業者自恨,而有此義舉,亦我/祖之所式憑,而吾族之所觀型者也,是為記。

賜進士出身、文林郎,年家姻眷弟林翼池頓首拜書。/
乾隆二十六年辛巳歲三月吉旦,石塘合族家長立石。/

碑存海滄區嵩嶼街道石塘村謝氏家廟世德堂內。嵌砌牆上。花崗岩質,高142厘米,寬82厘米。行書陰刻。現狀完好。

清·嘉禾縣後陳氏廟碑記

嘉禾縣後陳氏廟碑記(篆書碑額)

廟之有碑,所以記祖德、明創建、傳來世者也。我陳自虞思衍派,代多名人,難以盡錄。而我縣後/始祖則為雲礽之所肇基,何可不追溯言之,使我孫子有入廟思敬之心乎?公諱義,一名恕,太傅邕公次子諱夷錫公之後,由漳來同,徙入嘉禾,聚族阪上。宋/真宗、仁宗朝,歷任諫議大夫、贈銀青光祿大夫,政績彪炳,諱日二月十五日,葬在覺性院前大路邊,坐乙向辛兼辰戌,太祖妣吳氏附焉。長房光時公是其所出。/二祖妣李氏祔在始祖墳左側，另為一堆，號娘子墓。次房光世公是其所出。後人立廟，將我始祖祀在同邑主公堂之後，至明末生當□日繁，難以人人渡水/祭獻，因就近建廟，與縣廟同日而並祀之。今祖廟之鄉亦曰縣後者，明厥自也。舊有祭田百四十畝，至癸卯遷移，廟宇傾頹，而田亦失□，所存者一石餘種耳。時以/海氛初靜，未及修理廣置。適康熙戊辰間，二房長十五世孫鄉飲大賓文燠公起饒裕之中，念古人宗廟為先，祭祀為重，遂慨然力肩其任，與厚中公、侯溫/公、豹變公捐金首倡，邀仝職事庠生膚公及洽中公、尚蘭公、堯勳公、利中公、懷光公、元長公率族人重建而新之。文燠公復於甲子年自充祭田/二十餘畝，以為歷年祭費，且以助子孫之賢者為進考、登第之資。今之入廟，濟濟蹌蹌，莫不撫几筵而思祖德者，皆文燠公之力也。族人德公，於雍正乙巳/春迎公神主入廟以配享祀，時庠生昂泰公、路公、環公即欲表其事以垂不朽，而貢生章耀公、庠生豸公以全譜未修，是以遲之又久。迄至州司馬/章蘋公思父志，有新廟之功，而族人尚有未成之譜，於壬午年即同尚輝、尚參遠尋支派，更自苦心經營，漸次告竣。方欲建議勒石，以曉後昆。詎知碑事未/成，哲人竟逝，我宗人體其志，謹記其本末，俾之於後之孫子不至數典而忘其祖，而文燠公父子創述之善，亦不至湮沒弗彰云爾。/

並將祭業丘段、種穀、坐落、四至開列於左：/

一、祖遺祭業大小園地十三丘，共種一石二斗，坐落薛嶺刺山腳大路西。潭仔南一小丘、潭仔西第二丘、長寮又橫截一丘，共三丘，種三斗，東俱至小路。又臨三/丘，西上下三丘相連，共種三斗。又中截三丘相連，共種二斗五升；其上一丘，帶一小潭，又第三截四丘相連，共種三斗五升，南至葉家地。/

一、文燠公充入祭田一段，大小三十五丘，共種五石五斗五升，坐落湖蓮、何厝、前洋，東至古路，西至洋頭盡坪，南至坪，北至坪，俱丈國字號內，自國第一號，西至/號國五號至十一號，國十三號至十八號，國廿一號至三十一號，國三十三號至三十四號，國三十八號，國一百四十七號，國一百六十號，國八百八十六號，/國一千號，國一千零一號。以上三十五丘，在古路內者三十二丘，惟三十八號在古路外南勢角，第二丘一百四十七號在埯壟尾社後大宅下，東至一百四/十八號，西至一百三十六號，南至一百四十六號，北至一百三十四號。一百六十號亦在埯壟尾大宅下，東至一百五十九號，西至一百三十四號，南至一百/六十一號，北至一百五十六號。

一、公置覺性院大祖墓前後祭園，大小十丘，共種一石零三升。內一丘在孤山腳，種一斗五升，東至洪家地，西至埔，/南至溝，北至薛家地，西北角近魏家墓。祖墓埕下一小丘,種二升。天房祖墓前二丘,共種二斗一升。地房祖墓前一丘,種二斗五升。大祖墓後至天房祖墓西/共五丘,種四斗,東至大路,西至廖家地,南至薛家地,北至墓。

一、公置覺性院祖墓前、大路下祭田大小七丘,共種七斗,頭截、二截相連六丘,共種五/斗一升,東至本家田,西至大路,南至坪,北至吳家田。又第四截一丘,種一斗九升,東至黃家田,西至本家田,南至坪,北至本家田。/

一、長、次兩房所以作三股者,因當時重建廟宇及祭費不足,公議以次房在地人丁比長房有加,就中開出兩股,與長房作三股支出。今之輪值、祭祀及諸凡事/務,永作三股均分者,承先人約也。

裔孫士琇、英昉、元震、希顏同薰沐敬撰,裔孫禮磊篆額,裔孫惟祥頓首拜書。/

乾隆三十六年歲次辛卯陽月穀旦,族長堯輔,房長堯正、世恭、世忠、天保、尚□、尚偕、尚輝、伯妹、天昭、元隆、廷錦、興哲、尚興、尚美、宇善、尚參、懷韜、自松、元厚同勒石。

碑存湖里區禾山街道縣後社陳氏宗祠崇本堂內。花崗岩質,高 239 厘米,寬 118 厘米,厚 18 厘米。楷書陰刻。基本完好。

清·海滄柯井詒德堂碑文

詒德堂碑文（篆書碑額）

《禮》曰:"君子將營宮室,宗廟為先,重所本也。"/始祖郡庠生寶庵公,於/皇宋年間自張埭卜居柯井,本支漸繁。迨/明末遭海氛而蕩析離居,至/本朝康熙初年,始得昇平,復歸故里。比廬草創,未遑祠宇之制焉。己丑歲,十一世孫/元培公念享祀於私室,不足以稱追崇、展孝思,因倡捐,先築一進。丁酉歲,自出/己貲,續蓋前進。雍正甲辰歲,遭火焚毀。乙巳冬,復建後進。時有儒崇、永祉,各忝/一簣之力。自是歲時合族以祭,皆於是行禮焉。第堪輿家以形體宜向前局,而/十一世孫元興慨然不惜重貲,暨族眾等隨力贊勸,於乾隆癸巳秋,構材興築。/十三世孫世淅董其事,以是年臘月落成。

噫！是祠興復不一，賴我/祖之靈，有元培倡率於前，元興續成於後，而族眾咸踴躍從事，可見吾族尊祖敬/宗，重厥本者，代有人也。凡我後嗣，當體此意，庶廟貌常新，先靈永奠矣，是為序。/

房孫邑庠生志董頓首拜撰文。/董事：十三世孫世淅，/勉首：十三世孫世和、/十四世孫念桂、/十五世孫耀金。/

乾隆癸巳年仲冬穀旦勒石。（以上正面）/

記事：/

原祀一世、二世、三世考妣神主拾肆位。/原祀例捐、十世宣陽公考妣神主二位。/癸巳年例進衣冠、功德從祀、七世原任嚴州主簿、署桐廬縣事聰哲公考妣神主。/例進三建祖祠、功德從祀、十一世鄉飲大賓元培公考妣神主二位，/例捐新進考妣神主共貳拾捌位，計銀伍佰陸拾大員。/

重建祖祠：元興捐銀三佰肆拾大員。/文錦捐銀陸拾大員。/文乾、世和、志素各捐銀貳拾大員。/世壹、志廣、志商各捐銀拾陸大員。/國柱、志祥各捐銀肆大員。/文德、儒俊、世喜、世濬、志誠、志江、耀祖、世寵各捐銀貳員。/聰哲公帶充入祖銀伍大員。/

除公費外尚存公銀肆佰叄拾捌大員，/交直祭首人輪收利銀以供春冬祭費。/訂例日後配享，除衣冠功德外聽入從祀，其餘欲進主入祠者充銀貳佰大員，不得以前例為鑒。/

時癸巳年仲冬再勒石。（以上背面）/

碑存海滄區海滄街道柯井社張氏宗祠詒德堂內。花崗岩質，高148厘米，寬70厘米，厚12厘米。楷書陰刻，雙面寫刻。現狀完好。

清·柯井張氏重修詒德堂捐題條約碑記

重修詒德堂捐題條約碑記（隸書碑額）/

竊謂敬宗尊祖、溯本追源所宜爾也。我族詒德堂祖祠修理於乾隆年間，迄/今百餘年，屢望奮興，未能如意。議修數年，適裔孫允貢自安南回，願附主三對，/充龍銀肆佰捌拾元，並首捐兩佰元以為倡，而社眾咸樂輸焉。遂擇吉興工,經/始於己丑九月,落成於臘月,尚有伸項,再築東一護。祖祠煥然雅觀,社里由/斯振作。越年元月安宅,計合油漆、入主,共費柒佰拾肆元,尚餘拾陸元,合作輦/轎一頂。理合勒石志之,因將再定條約並捐題芳名列左:/

　　裔孫生員紹莘敬撰。/

　　一議社中厝屋及厝地作園者,皆係承祖先遺置,所有根底一概歸公。惟本族/人得轉相典賣,其餘外姓不准私相授受,倘敢違禁,從公究懲不貸。至不得/已報知紳耆從公設法,敢犯禁者究治。/

　　一議讀書為社中元氣之本。有能入泮者,欲附主每對定貳拾肆元。五貢蔭自/己免項,舉人蔭及其父、進士蔭及其祖,能捐銜現任者,知縣、知府依舉人、進/士例。果能品級加高者,照例議加升獎,以示鼓勵。捐虛銜者另議。

　　捐題芳名:允貢捐龍銀貳佰元,市老捐龍銀叁拾元,仁權捐龍銀貳拾元。

　　光緒拾陸年歲次庚寅八月　日,董事十七世孫生員紹莘、瓊瑤仝立。

　　碑存海滄區海滄街道柯井社張氏宗祠詒德堂內。嵌砌牆上。黑色頁岩質,高52厘米,寬52厘米。基本完好。

清・重修鑾井祖祠碑記

重修鑾井祖祠碑記(楷書碑題,下鈐一圓形閒章"檳榔堂")/

　　由仙旗而東南四十里許,有地以鑾名鄉者,背山/面海,奇峰拱峙,綠水環流,勝概大觀為邑里最。昔/我始祖太源公擇居建祠於此焉。先時,與始祖妣/林孺人家岑尾,支派未大,積德纍功,鄉里中俱已/稱仁慕義,勒諸口碑而卜,厥後之必昌矣。岑尾社/者,與鑾相聯續而別為一小里也。距祖祠無多,而/共係之,以鑾者統詞也。

　　方始祖之舉四子,錫名長/文公、次武公、三英公、四烈公,亦自知其有子,爰將/岑之居室前井床上,勒"陳家井,長富貴"六字。未幾/而海邊告警,念父子兄弟難必團聚一方,始祖時/指斯井,命諸子曰:"倘若分離之後,歷年久遠,生聚/異地,安土重遷,無分返邇,各以陳井名族,使後世/即流窮,源不沒所自焉。"自是以後,文公建族廣東/瓊州,其地有陳井鄉是也。武公建族祠西,隔有七/八里，以陳井名社。英公建族漳浦，其地亦名陳井。/惟烈公時尚幼稚，留住本處，即今祠之前後左右/所居者也。至於始祖所自出，四派所由祥，時代遠/邇，人物繁昌，家譜之述備矣。

乾隆戊子年，會有祀/事。會同諸弟侄天爵、天衛、宏澤、天培、龍旂、清驥、大/用、邦義、宗器等，並第四派諸人祠中行禮。視瓦棟（第一方）/間頗有傾壞者，竊不自惴而欲更修。因與諸弟/侄議曰："始祖所出孫支計以數萬，今日我等入祠，仕/宦科目以及膠庠譽髦，凡有名籍者，指不勝屈。流/之長皆因源之深也。古者將祭，思居處而怵惕，睹/櫺桷而悽愴，欲隆馨香之報，盍煥堂構之規乎？且/祠後曠地一帶，盡是始祖留貽，更宜再築數間以/為禋祀聚宿之所。"於時諸弟侄共樂聽余言，及告/諸長老與族之能者、賢者，亦各踴躍其事，而尤幸/耀樸、錦純等不憚跋涉艱難，釀金庀材，蠲吉興工，/迄癸巳歲而兩處俱落成矣。

初，程鄉縣知縣思遜/公，賜進士出身、選大尹芳界公，大總戎進忠公，鄉/進士次雍公，學者稱為華嚴先生，屢欲就舊基鼎/建而有志未逮，繼而華嚴三子、庠生碩輔始僉謀/族眾修築。茲雖前人遺規簡樸，未敢過為張大而/棟宇堅實，門牆整飭。從此合四派雲礽於以有事，/於以燕息。地愈靈而人愈傑，本益固而枝益茂，洵/屬盛舉。而余小子樂觀厥成，亦與有榮焉爾矣。

是/役也，凡為工若干，為費若干，董眾務者若而人出/喜金者，若而人另有碑記之。茲特奉諸長老之命，/聊撮其概云。

二房十五世孫天拱謹志，/安溪閬湖李元跨書丹。傳古堂鐫。（第二方）/

　　碑存集美區馬鑾社區陳氏家廟檳榔堂。黑色頁岩質，共兩方，每方高31厘米，寬49厘米。楷書陰刻。基本完好。

清·馬鑾重修鑾井祖祠碑記

重修鑾井祖祠碑記（楷書碑題）/
鷺江戴子言刻石。/

　　君子將營宮室，宗廟為先。蓋欲崇德報功，而重木本/水源之義者也。同安鑾井始祖祠宇，乾隆時重修。鄉/先達碑記尚存，所有祖德發祥、建祠原由及族派分居之處,經詳載碑聞,無庸復贅。顧距今又閱百餘年矣,風雨飄搖,不無就損。逢分居角尾凡經數世,邇來又羈跡鷺門,是以到鄉時少。去歲因三兒遊泮,率同赴祠薦馨致敬。維時鄉中眾君子欣然相賀,既而告逢曰:"祖祠不及早葺,恐異日愈損則需費愈鉅。所望有力者先事綢繆也。"逢遵其教,涓吉興工。至本年九月遹觀厥成。一切調度有方,皆眾君子不憚賢勞、勤加董率之力。逢何功之有焉!謹綴數語,以俟後日之有志重修者。

光緒丁亥年十月穀旦,四房十六世孫逢謹識。

碑存集美區馬鑾社區陳氏家廟內。黑色頁岩質,尺寸未詳。今據吳吉堂編《杏林史話》(鷺江出版社,2011年)"碑刻"一章的照片和文字點校過錄。

清·吁建神廟祖祠碑記

原夫文圃崔巍,降焉鳳翻龍之勢;礁江瀚漫,開捧天浴日之奇。神廟以此稱雄,祖祠於焉著美。如我社東門內後壁山,一片山園,水抱峰迴,如帶如礪。帝宮龍脈,由此鍾英;祖祠案山,藉茲羅列。登斯地也,洵大觀乎!特以江山佳麗,下無奄夸貪圖。僅以一身一家之福,莫顧傷神傷祖之虞。今用賓欲為永遠之計,遂發誠敬之心,捐園三丘,立石為界,略資神燈油火,兼護祖宇門堂。雖云不多,豈無小補。普願仁人共襄義舉,不嫌論分計畝,佇看越陌連阡。庶塋域莫施其巧,松膏長繼其光。且帝宮獲享地靈之赫濯,而祖祠亦壯排闥之觀瞻矣。

乾隆歲次己亥臘月,白礁合族家長公立。

碑存漳州市龍海區白礁慈濟宮(原屬同安縣)內。花崗岩質,高130厘米,寬62厘米,厚13厘米。楷書陰刻。現狀完好。

清·五通孫氏僉約碑記(殘)

僉約碑記（楷書碑額）

竊思祖宗創業維艱，子孫守成為重，而祖宗塋□□□□/守勿替，為我祖解元公開基自柳塘，塋域在□□□□□/吾祖山也。琢略豎碑，周圍數里，歷此顧守，安敢□□□□/何敢恃？吾祖山在□□□占葬，我叔兄弟□觸目□□□/與頡頏，貫銀甚多，五房族長公議立約，有□銀付管□□/守，許身後入祠配祭。時有裔孫三二人首昌，協力如約□/質與□□相控之資，此洵守成至□□，自後可無愧□□/公用者，亦依此為例。茲恐日後子孫不知來歷，□□□□。

乾隆癸卯年花月穀旦，公約□□□□。

碑存湖里區五通社區原西倉社。下部已殘缺，殘高 165 厘米，寬 70 厘米，厚 12 厘米。楷書陰刻。僅存者仍有個別字殘損。

清·海滄東嶼李氏二房蒼霞祖居碑記

蒼霞祖居，我贈君高祖盛基公所營建也。當/日陟巘降原，爰始□□以□□□□□□所焉。/時經海氛，蕩為平原，徙□□□□□□□其後，曾伯祖誠恪公析居於郡東郊，□□□□嶼中，歲/時祫祭，我曾祖毅庵公與誠恪公往焉，覽/先人舊址，不禁噓唏欲絕，□□□□□□歲祠/宇將祀，高祖為私祠焉。迨□伯□□□□公未/成進士時，登己卯鄉榜，以□□□□□□□□祖/域，此舉當自壇拳發□□□□□□□/以次遞降，但主雖始於□□□□□□□□□/高祖肇基，今嗣入於□□□□□□□□/不得與焉。壬子春，因□□□□□□□□，/見夫龍勢蜿蜒，堂局端□□□□□□□□/信吾祖之相地得焉。工□□□□□□□□/末云。謹將祠制逐一臚列於左：/

一本祠一座，二進，坐甲向庚，□左右□□□□/出煞巷。又祠後牆圍內帶

□一所,並牆圍外餘地。/

乾隆壬子瓜月,元孫聲遠謹志。/

碑原存海滄區嵩嶼街道東嶼村李氏宗祠內,現藏於海滄區金沙書院。黑色頁岩質,寬59厘米,高41厘米,厚8厘米。楷書陰刻。今下部已剝落,有五分之二的字無法辨讀。

清·重建許氏季房小宗碑記

蓋聞自義率祖廟貌之修,所以報本追遠,識淵源之有自,綦重/矣哉。我祖自漢入閩,歷唐、宋、元、明以迄/國朝,綿瓜蕃衍,詩禮相承,流風未遠,眾等多慚繩武而建廟崇祀,/敘述功德,不敢忘也。始祖濼公,漢上柱國、左翊將軍,統兵戡/亂,鎮於同邑,遂家焉。厥後曰興公、曰興公,踵起滋大,世傳/其地曰營城,今吾宗之家廟是也。閱宋天禧間,別分宗派。則祖/宜公為一世,二世權公以明經登治平元年進士,三世虛/齋公,四世順之公為同邑開先理學,從祀紫陽,巨川公、/日新公復明經登進士,成齋公、愚亭公、質軒公、殊軒/公繼之,皆迪前光。殊軒公子三,歲進士梅齋公,我季房族/也。數代仍居營城,至十六世祖戀賢公遷茲仁德里亭坂鄉。/嗣後公議,以所居為季房小宗,自十一世至十七世祀焉,亦以/似以續之,義也。越明季,十九世祖文學崇極公相上呈之土,/經營築室,偕子振世公、振薰公居焉,有樓曰"月明樓",其中/堂祀十八世岐山公,遞延子姓。經百餘年,及乾隆己未歲,/長房家欣公倡議合力新之。值己酉夏,洪流圮壞,先靈莫妥。/長房孫伯烈乃鳩眾共謀,建為小宗,高下廣狹悉仍前規,斲材/礱石,實實枚枚。堂設屏風以安神座,爰議座上製龕,中左右三/格分之。中祀岐山公、振世公、振薰公以及伯烈、伯服,捐/財鼎力與讀書成名者,均得配享;其左祀長房神主;右祀次房/神主,約定為例,毋庸紛更。以辛亥小陽興土,嘉平進主,迄今告/竣,共縻白金貳千肆百陸拾大員。長房伯夔、伯陶、仲武等捐銀/柒拾大員,次房眾等捐銀壹百大員,餘則伯烈董理其事,捐銀/貳千貳百玖拾大員而總其成。上承先祖,下裕後昆,宜鐫諸石/垂之永久,俾子孫得溯淵源,引於不替也已。並公議參條開列/於左:

計開:/

一議：潔淨廟宇。凡治喪事者，不許擅入於內。/
一議：農具、家器及五穀、六畜等物概不許堆入。/
一議：庭除階砌，各宜整潔，不許堆積糞土，以致污穢。/
乾隆五十有七年歲次壬子桂月　日公立。/傅古堂刻。

　　碑存集美區灌口鎮下許社許氏宗祠內。嵌砌牆上。黑色頁岩質，高42厘米，寬65厘米。楷書陰刻。現狀完好。

清·許氏季房祠堂碑記

許氏季房祠堂碑記（楷書碑題）/

　　《禮》曰："萬物本乎天，人本乎祖。"故追溯淵源，識發祥之孔遠；分別宗派，知傳世之非虛，所關綦重矣哉。眾等名微德薄，不能踵步前徽，而重修廟宇，/聿興祀業，竊有志焉。謹按家譜而歷溯之，我始祖濙公，漢上柱國、左翊將軍，入閩戡亂留鎮茲土，遂居同邑。今吾宗家廟，是其故址也。嗣後/曰興公、曰輿公，英英繼起。追宋分別世緒，則祖宜公，別號西安，為一世，創造西橋，載於邑乘。二世權公，明經登進士。三世虛齋公。四世/順之公，理學名儒，從祀紫陽。五世巨川公。六世日新公，俱明經登進士；權公與巨川公崇祀鄉賢。七世成齋公。八世愚亭公。九世/實軒公，至十世殊軒公，子三，始分孟、仲、季三房。我季房歲進士梅齋公裔也。十二世和厘公。十三世淳軒公，仍居同邑，皆祀同邑家廟。/十四世廷雍公，擇亭坂之地，經營成室，偕子純雅公、純晃公及孫懋賢公、懋精公等而遷居焉。培植先業，克構堂基，遂為季房小宗。/堂中正位設屏置座，自十一世至十七世祀焉。

　　越/國朝癸亥歲，年久荒頹，僉議伯祖篤庵公地基一座，給三十六金補葺而新之。左翼祀福德諸神，右翼以伯祖祀焉。甲寅仲秋，狂風暴雨，牆壁傾/壞，長房孫伯烈爰鳩族眾隨量捐財，計丁效力。乙卯仲春，因仍舊址，斷材礱石，復製龕，安神位。孟秋工成，共糜白金叁百伍拾柒大員。

　　伯烈捐銀/壹佰貳拾大員，伯巧捐銀柒拾大員，伯縱捐銀伍拾大員，賴商、賴堯、賴權、龍元各捐銀貳拾大員，伯璋捐銀拾大員，賴贊捐銀捌大員，賴欣捐銀/陸大員，賴爵捐銀伍大員,賴由捐銀肆大員,伯尊捐銀肆大員,賴厚捐銀叁大員,伯珍捐銀叁大員,伯教捐銀叁大員,賴連捐銀貳大員,賴澤捐/銀貳大員,賴提捐銀貳大員,伯伴捐銀貳大員,伯脫銀貳大員,伯菱捐銀拾大員。聿董厥成,數世神靈,實式憑之。

第思有廟必有祀,有祀必有/業。十一世以下、十七世以上所積田產幾經變遷,恐有祀無業,難為永遠計也。茲伯烈捐銀肆佰大員,伯扶捐銀捌拾大員,伯閣捐銀陸拾大員,/伯陶捐銀貳拾大員,家宗捐銀貳拾大員,賴贊捐銀肆大員,賴厚捐銀叁大員,賴由捐銀叁大員,賴連、賴澤各捐銀貳大員,伯珍捐銀貳大員,/順之公存銀廿九大員,係本房與仲一、仲二所分,應分二額,庵後公地,銀壹佰陸拾陸大員,共銀捌百一拾大員,置田生息,輪流收稅以供祭費。/議定春秋二祭,每祭七席暨粿品,上妥先靈,下裕後昆。是役也,非敢謂有功於祖,亦使有志繩武者,念世德而加繹思云爾。爰勒茲碑,以示不朽。/並公議四條,開列於左:/

計開:

一議:潔淨廟宇,凡治喪事者不准擅入於內;

一議:農具、家器、五穀、六畜等物,概不准堆入;/

一議:庭除階砌宜整理,不准附積糞土污穢;

一議:廟堂內香火各甲輪流供奉,周而復興。

乾隆六十年歲次乙卯孟秋　日公立。

碑存集美區灌口鎮下許社大祖祖厝內。嵌砌牆上。花崗岩質,高195厘米,寬80厘米。楷書陰刻。現狀完好。

清·海滄上瑤楊氏重興祠堂記

上瑤楊氏重興祠堂記(楷書碑題)/

海澄楊氏自誥封從事郎祚公居上瑤,/為肇基祖。二世枏公登宋淳熙進士第。/三世志公登嘉定進士第,宰長溪縣,倅/廣州分府,皆有善政,其在桑梓也,於文/圃山首建棲賢樓,祀三賢人。後人重其/功,並以祀公焉;興龍池寺,為檀樾主;造/楊公橋;設養濟院,惠澤及人,不可殫述。/要皆好義樂善,以貽厥孫謀也。越今數/百年矣,聚族而居,人知好學,遊雍入泮/相繼起,衣冠文物遠紹前徽。殆鬱積久,/將大發其光,於諸生有厚望焉。至廿二/世厚齋公,修祖墳、敦宗族,念祖祠年湮/就圮,至切更新。而其義未舉,遂山頽致/慨。文遠、文謨敬承父志,倡議重興。鳩集/溫厚、尚德並族人等,樂輸金錢,協力出/工,共成其事。

道光丙戌歲正月興工,去/舊址而新焉,經年告竣。計費番銀伍千/八百員。長房派下文遠公有存產業,生/息所積,鳩出伍百員為建祠之費,即奉/其父子四代入祠配享。族人有願奉祖/父附祠配享者,計主輸銀貳百員,曾祖/以上計主輸銀壹百員,並涓題以成其/數。是役也,文遠、文謨自始基至蔵事,獨/董其任,不辭勞、不惜費,族人不忘其功,/議奉厚齋公神主入中匾配享,以勸後/人。落成之後,無大功德者,不得入主。

謹/諏十月廿二日,奉先祖神主入祠堂。上/作三匾,中祀先代祖考,右祀有功者之/祖考,左祀先世有官職者,後人自選貢、/登科甲,能顯榮祖宗者,均得附祠配享,/亦鼓舞賢才之至意也。

祠卯西兼甲庚,/坐房二度,向昴七度,申子辰年月,郊山/不利,不可修造。附記以示來茲云爾。/

例授文林郎、宗侄丹桂題。/

厚齋題銀三千七百員,/尚德題銀九百員,/朝選題銀貳百員,/溫厚題銀貳百員,/毅齋題銀貳百員,/肇九獻房地貳間,估銀壹百貳拾員,/議入主壹副。/志芳、樸直各獻房地壹間,各題銀/陸拾員,議各入主壹副。/

道光陸年陽月穀旦,董事家長公立。/

碑存海滄區海滄街道古樓村上瑤社楊氏宗祠內。嵌砌牆上。輝綠岩質,高59厘米,寬160厘米。楷書陰刻。現狀完好。

清·重興海滄楊氏瑤山祠堂記

重興瑤山祠堂記(楷書碑題)/

《禮》曰:"君子將營宮室,宗廟為先。"誠以木本/水源,為人子孫藉此以妥先靈者,所宜/致意也。我瑤山祖祠顏曰"戀敬堂"。自有宋/始祖祚公肇基於此,二世柟公、三世志公,相繼登進士。嗣後書香沿歷數朝,未之或替。揆厥由來,實斯堂得地脈鍾靈之氣,故人才輩出,寖熾寖昌之若此耳。

國朝道光初年,棟宇傾頹,不蔽風雨。族人厚齋公目擊心傷,爰出重貲為族人倡,而一二有力者亦向義樂捐。即於道光六年重為興築,黝堊一新。不幸敗於拙工之手,前後進失於寸白,較前又低三尺,雖欲壯夫觀瞻,而反失於卑下。迄今三十五載,祠宇尚新,而財貴人丁大非昔比。登斯堂也,能無今昔懸殊之感哉!

茲幸有裔孫作霖等,睹廟貌之猶存,感人事之代謝,議欲繼長增高,以仍舊貫,庶得高早之制,而登富庶之風。遂各踴躍捐貲,計共銀貳千貳百貳拾元。乃舉族中之公平和眾者曰光寓、清水董其事。即於咸豐十年六月興工,十月落成。除族中每丁捐五工外,共縻白金貳千貳百貳拾元。而斯堂遂美輪美奐矣。

是役也,族人之鳩貲以襄盛舉者,其力固多。即如光寓、清水之董理,必躬必親,始終不辭勞瘁者,厥功亦偉矣哉!自今以往庶幾乎!先靈永奠,隆世澤於瑤山;後嗣迪光,振家聲於圭海。繼繼繩繩,孰不尊祖敬宗於勿替耶!爰作此,以略紀其顛末云。

誥授奉政大夫、候選府同知、道光甲辰科舉人,佛曇十九世孫春謹識。

捐貲名次開列於左:

作霖捐銀壹千元,元亨、承父、耀庚捐銀九百元,潤德捐銀貳百元,書房捐銀貳百元。

咸豐十年陽月　日,家長公立。

碑存海滄區海滄街道古樓村上瑤社楊氏宗祠左側室內。嵌砌牆上。輝綠岩質,高55厘米,寬120厘米。楷書陰刻。現狀完好。

清·石潯吳氏溯恩圖報記

石潯吳氏溯恩圖報記(楷書碑題)

蓋聞木有本,水有源,而人有祖。祖者,子子孫孫勿替,引之所由基也,可勿敬乎？我始祖十郎公諱從師，當時來潯為婿，留傳二世諸祖，其受恩於傅祖，得以成今日之巨族者，不啻天高地厚，欲報罔極。若不敘出，後世安能知所敬哉？能敬內祖，不能推敬外祖及所出之歷世表親，似未盡乎報恩之道。彰視天下皆有中表，不過二三世來往而已，至久，並姓名而不知矣。誰似我兩家之表親，歷萬古而長存者乎！昔孔子嘗曰："蟨非真愛蛩，蛩巨虛也，報其見人負己走之恩也。"蛩，蛩巨虛，非真愛蟨也，報其銜草饋己食之恩也。禽獸猶知報恩，而況於人乎。

　　吳氏歷傳至今，已歷十有二世，不勝人往風微之感。所患者中間或蔽於不知，或知而輒忘忘焉；或有欺凌表親之過，毋乃背外祖之推恩，藐內祖之仁義者乎。幸我外祖早慮及此，備載譜牒。至庠生傅起鳳公字時靈，乃繪始祖妣傅氏墓圖，並記云："從來敦倫錫類者，忠質之遺也。報本銘恩者，循環之理也。"在昔傅十四世祖宗緒公自福清挈眷移居同安石潯，公娶盧氏，生一女，名留娘，年十二□□□□□□□□□（按：被後人刮去）亡。適有福清石塘人，姓吳名從師，其父朝儀公在福清與傅公知交。從師本係民籍，在清為不平事，因到同安，工於繩墨，編為匠籍。宗緒公□□□□□□□（按：被後人刮去）爰招從師為婿，以聯舊好。越年，留娘生長男佛奴，繼生次男佛安，三男佛生。最異者：從師在清源配唐氏，生一男，名佛祖，年長佛奴四歲，帶來石潯序一，因歷多病，幾於莫保，命卜於市，卜者曰："此命不該居長。"於是超佛奴為家督，降佛祖為次□，病遂痊癒，亦可知天意之有在矣。嗣因從師往京輸納匠銀，遂不復回□□。今石塘有一墳，名曰石潯墓，此必從師之塋無疑。迨宗緒公子左輔公承順父母愛子之心，又傷自鮮兄弟，於當日者不忍坐視胞姊飢寒，為之經理家計，不忍坐視諸甥無偶，各為婚娶成人。留娘生於元順帝元統元年癸酉八月初八日卯時，卒於明永樂元年癸未，享年七十有一，以疾終。左輔公又不甘聽其掩埋於荒野間，以被風、水、蟻三害相侵，為之請堪輿，於傅家自己產園中擇穴以安留娘遺蛻，地名赤頭山，又名蛇孔口，穴坐癸向丁兼子午。至今石潯以留娘為開基祖妣，子孫俱稱曰傅祖。噫！莫為之前，雖美弗彰。莫為之後，雖盛弗傳。此傅左輔公所以歷舉備志第九卷七十帙之中，亦欲使吾家子孫知傅氏祖先之克體親心，推愛骨肉，而吳氏奉為家法。又望子孫飲水思源，而傅、吳後裔往來親切，有隔代無隔情，雖異姓無異心，以慰先人之志也云爾。彰感傅起鳳公之言，故陳其由，錄其記，勒於石，藏於廟，以待後之覽者，亦將有感於斯文。

　　道光九歲次己丑梅月，十二世孫、生員彰國揚文氏拜撰。

碑存同安區洪塘鎮石潯村吳氏家廟內。嵌砌牆上。黑色頁岩質,高38厘米,寬70厘米。楷書陰刻。基本完好。

清·重修甘氏祠堂碑記

重修甘氏祠堂碑記(楷書碑題)/

我/太保崇明伯韞石公當前明鼎革之時,心圖匡復,矢志靡他,卒能捨生取/義,致命遂志,是其大義之嫻、忠貞之慨,誠足薄雲霄而光日月,迄今幾/二百年矣。考之野史記載,質諸故老傳聞,亮節孤忠,千秋不朽,至今猶/凜凜有生氣焉。當夫擾攘之秋,亦時以祖宗為念。堪輿家謂我小宗/未獲吉地,是以丁財未能大進,公遂獻私居住屋以為二世祖小/宗,則後此之子孫繁衍、支派分榮者,皆公之力也。

揆厥生平,上則鞠躬/盡瘁,無愧成仁;下則裕後光前,堪追達者,忠孝兩全,綱常砥柱。凡瞻/公之像,考公之蹟者,頑廉懦立,莫不肅然起敬,瞻拜恐後者,幾希矣。/

洋等忝係同房裔侄孫,見公祠宇當年草創,因陋就簡,延今日久,不敝風雨,幾有棟折榱崩之懼。爰謀各房孫子醵金捐助,襄成此舉,俾得輪/奐聿新,永妥光靈,則我公在天之靈,亦庶幾其少慰矣。是為序。/裔侄孫如洋、槐音謹識。/

捐題名次:/郡庠生靈宰公捐銀貳拾肆員、/太學生少元公捐銀拾肆員,/容川公捐銀拾肆員、/守文公捐銀拾肆員、/質樸公捐銀拾貳員、/宜福公捐銀陸大員、/樸庵公捐銀陸大員、/合元公捐銀陸大員、/例贈文林郎邦俊公捐銀陸員,/錦振公、紙樸公、必梓公、/太學生樹德公、兆清公各捐銀肆員、/敦樸公、次圭公、庠生匡石公、/例贈文林郎太學生健庵公、紹基公、/紹和公、侃夫公、八公、/世茅公、世藻公、庠生節公、/太學生必高公、太學生必興公、/日章公各捐銀貳員,/良恭公、喬富公、贊智公、/邑庠生青蘭公、世硋公、郡增生琪公、/邑庠生景星公、邑庠生芳洲公、/文熙公、武丁公各捐銀壹員,/敦睦公捐銀壹中員,/太學生上槐公、青岩公捐銀壹大員(上欄)/,歲貢生如洋、國典倌、琳殿倌、/副貢生槐音、光鯢倌/各捐銀貳員,/進水倌、榮器倌、必鈃倌、/清柱倌、燕山倌、遠倌、切佫、惠招佫、泮佫、/洪佫、凉冷佫、連喜佫、/六佫、涉佫、如琴佫、/釧佫、重佫、雨澤佫、/作離佫、易簡佫/各捐銀壹員，/慶壽佫、燦英佫、月佫、/白鯨佫、露佫、眼佫、/守佫、調佫、丹佫、卑佫、堅佫、尚山佫、/天球佫、炳祥佫、章佫、/夥佫、經佫、固佫、/騰佫、自佫、水佫、/田方佫各捐銀壹中員，/堅祿佫、/天球佫添捐乙中員，/督理：布觀、衛觀。/

道光二十一年四月吉旦，董理裔侄孫歲貢生/副貢生/如洋、清柱、國典、槐音、振□、/思恭仝勒石。

碑原位於漳州市龍海區東園村下房社，現收藏於廈門市鄭成功紀念館。花崗岩質，高65厘米，寬107厘米，厚13厘米。楷書陰刻。現狀完好。

清·蘇氏孝思堂題刻

道光癸卯捐修宗祠，/敦謨公二房十三世孫四川總督廷玉洋銀壹千元，/三房十五世孫培仁洋銀伍百元，/三房十五世孫戶部郎中尹文洋銀壹千元。/

題刻存翔安區金海街道澳頭社區蘇氏家廟內。花崗岩質。楷書陰刻。現狀完好。

清·海滄貞岱重修蘇氏紹珪堂序

重修紹珪堂序（楷書碑題）/

我家自唐益公入閩居蘆山，七世有嘉公徙莆田，由/莆而街上、虎渡、大觀後，至文煥公開基貞岱，凡五遷焉。/國朝康熙年間建此祠，顏曰"紹珪堂"。越今二百餘載，廢興/修葺，代不乏人，而傾壞莫甚於茲。裔孫振心、家生、若虛等/展孝思，觸目怵心。爰鳩族眾議捐議修，眾皆悅之。擇咸豐/七年春興工，秋落成。土木工料躬親督造，欲期渾堅以垂/不朽。爰陳費用賬目及捐題名字,屬旋為序以勒石。旋見/是役也,諸雲礽雖各知報本,實由倡義者之有承先啓後/志也。故不揣譾陋,草率塞責,亦不掩人善之意云爾。/宗裔孫凱旋頓首拜序。/

  允志祖進主捐銀陸拾大員,□斗派捐銀拾伍大員,/振吻、振心、源美各捐銀拾貳大員,/科光、文祿、風慶、大瓠、智記各捐銀拾大員,/秀嶺派振泥、振領各捐銀捌大員,/清溪、瑞德、鑽光、輔輕、順記、信記、含光、振/江各捐銀陸大員,/東磘派家起、振聽、劉穿、集義、騆厘各捐銀/伍大員,/崎生、慶順、媽惜、芽光、文轍、謙遜、妲光、撇光、大嶺長房濕光、家厚、社前、家鐵各捐銀/肆大員,/文錢、光鋮、開光、文華、開宏、大化、光涯、/玉碭、座光、貞春、光讓、敏政、清富、金釵、/風吹、源光各捐銀三大員,/文記、淑光、涼門、家月、大豬、功卿、妹娘、/新全、中秋、霞尾、永順、番來、永昌、竹興、/奇箭、風瓦、尫普、家育、認光、美記、振民、/狡光各捐銀貳大員,/獎光、猛光、積春、振卓、子由、媽帶、闇光、/玉寬、光水、仕播、荷藤、乃群、懿光、光約、/綢繆、鍾潭、榮底、秀山、振素、味光、竹圃、/家心、儼然、爺光、鈔光、從令、陣光、撫院、漏遷、針綫、廷慎、文黨、雙明、造端、/頂仕、樹光各捐銀壹大員。/

  計共捐收銀肆佰肆拾肆大員。/

  一開:土水木匠計柒佰叁拾伍,工銀玖拾肆員伍角肆占;/一開:衫料計銀柒拾伍員;/一開:磚甓瓦計銀柒拾肆員壹角;/一開:油漆計銀三拾肆員伍角伍占;/一開:小工並安宅雜費計銀壹佰陸拾伍員捌角壹占。/

  咸豐柒年歲次丁巳陽月穀旦立。

  碑存海滄區東孚街道貞岱村紹珪堂內。嵌砌牆上。黑色頁岩質,高35厘米,寬71厘米。現狀基本完好。

清·海滄貞岱重修蘇氏紹珪堂碑

  紹圭堂云者,文與義有由來矣。紹者繼也,"圭"與"街"音同,蓋謂我/貞岱蘇氏,自宋碧溪公諱頤,肇基於漳郡海澄街上,越四世/而牧叟公諱樸長嗣文煥公,實繼街上而肇基此貞岱者也。/斯堂之建,寒暑往來,不知凡幾,風霜剝蝕,漸見凋殘。諏逢大利/之年,議作重新之舉,僉曰:"欲興是役,動費多貲,必謀諸客洋諸/裔孫,乃易為力。"由是勒序修書,分投各埠。果然錄名紀數,匯返/宗邦。雖云孫子之力,實仗祖宗之靈。即於己亥之秋八月念九/日經始厥工,閱冬十二月十四日考成其事。土木工匠計費洋/銀,逐條開列於左。

　　裔孫、生員昌辰星槎氏謹識,光緒己亥年桂月吉旦重興修葺。

　　董事武生鴻猷、裔孫鬧周仝敬立。

　　碑存海滄區東孚街道貞岱村紹珪堂內。嵌砌牆上。花崗岩質,高22厘米,寬61厘米。現狀完好。(捐款數字用蘇州碼標出,多漫漶,故略)

清·重修寧店李氏宗祠碑

　　粵稽祖先自昔年開基於此,建立祠堂,歷年已久,未經/修造,風雨飄搖,棟折榱崩,祠將壓焉。眾裔孫追念木本水源,不忍坐視毀壞,共立書信,馳報夷邦等外出經營,協力向義,鳩集捐題,將銀寄回。迨至大清咸豐玖年正月,□□向前,董事整頓重興,仍舊翻蓋,改換瓦木,添鋪石器,歷祖宗不墜開創事業,子孫可繼述之謨,仝立禁約。自今及往,凡遇冬祭之期,預先灑掃,不許五穀、雜物收藏祠內,穢衰門庭,如有事故,要入祠堂,通知族長。不准開門擅入,違者重罰,共立條規開列於下:

一禁:族中凡有五穀及土糞,不准堆積祠內;
一禁:族中凡有地瓜纖,不准披曝祠內;
一禁:族中凡有守地瓜,暮夜安睡祠內,日間關鎖;
一禁:族中暑天炎熱,暮夜安睡祠內,日間關鎖;
一禁:族中演戲之時,忽遇風雨,祠內不准開設賭場;
一禁:族中童子閒暇之時,不准在祠內喧擾。

　　公立禁約陸條,闔族子孫恪遵毋違。如有恃強違約,各人每皆罰大燈一對在祠。

　　碑存海滄區海滄街道寧店社李氏宗祠內。木質,高25厘米,寬28厘米。楷書陰刻。字跡略有模糊。

清·重建詒燕堂碑記

重建詒燕堂碑記（篆書碑額）

《禮》曰："君子將營宮室，宗廟為先。"我/始祖夙弘公由金浦石門徙禾山寨上鄉河墘，至二世祖永隆公承培基祖春生公緒業，始居尚忠鄉，越今三百餘年矣，/未有建祠崇奉，綦非古君子尊祖敬宗之意也。十餘年來□將五世祖承唐公應份瓦屋兩進，坐南朝北，一□厝、一牆圍，/改建祠堂。而燦公、喬公、順公、發公各派下俱獻厝底，株公、全公、繼公、蔥公各派下俱獻厝面。礙鳩金未齊，/旋議旋寢。未幾，護厝及牆圍倒為平地，僅存前後兩進，損壞不堪，每遭風雨，神座俱被透濕。孫子雖多，誰能觸目傷心而興木/本水源之思乎？

幸有分居廈門裔孫昌期出銀肆佰叁拾員，住本鄉裔孫超元出銀叁佰零叁員，騰輝出銀壹佰捌/拾伍員，應陵出銀壹佰肆拾貳員以倡之，復有裔孫錦秀出銀壹佰員，文東出銀捌拾伍員，智銨出銀陸拾大員，光唐公派下出銀肆拾叁員，智曾出銀肆拾員，元烈出銀肆拾員，文類出銀叁拾柒員以佐之，更有裔孫龍公派下、/實公派下、取公派下智夢、元裕分房，廈門裔孫智來公派下元萬各出銀貳拾員以成之。於咸豐己未四月興工，/迄十二月而廟告竣，並護厝及慶成計用銀壹仟陸佰員有奇。落成之日，顏之曰"詒燕堂"，取"詒厥孫謀，以燕翼之"之義焉。是舉/也，厥功懋哉！僉曰："應陵、昌期、超元、騰輝四人出金倡首之力，而智曾、智銨、文東三人董理其事，亦與有勞焉。/然究其始終，贊成、總理、庶務者，則王少霞先生也。"敬勒此碑，以示不忘云爾。

禁約開列於左：/

一、我族以仁、義、禮、智、元、亨、利、貞、孝、弟、忠、信、安、富、尊、榮、祖、宗、垂、裕、孫、子、守、成、克、紹、家、業、迺、毓、俊、英三十二字為昭穆序次。

一禁：祠堂以清淨肅穆為主，不准堆積柴草，披曬五穀，違者議罰。

一約：後人進主，中龕不得再進；左龕壹主定銀肆佰員；右龕壹主定銀叁佰員。若虞、增、附隨酌議減，惟科甲及五貢免銀。

一約：祠堂內自六世至十一世神位、祿位俱承唐公派下，而光唐公僅進一神位，該派下許與春冬並上元祭祀，若年節、忌辰及諸事概不得與。敬明以杜爭端。

一約：□用不敷，議將頂護全座付昌期、超元承管，下護貳間付應陵、文東各管。該人各補足，候有公項，約備銀壹/百伍拾員向昌期、超元取贖；備銀伍拾員向應陵、文東取贖。若未取贖，該管主不得轉付外人。敬明以防混雜。

一約：公建下護廳壹間，崇奉各私房祖先。其年□祭祀俱承唐公派下經理，亦要清淨，不得堆積什物及作竈下。至下護/厝壹間，□□文□公派下，他人不得混掌，該派下永不得轉付外人。聲明以免弊端。/

大清咸豐拾年歲次庚申桂月穀旦，闔族公立。

碑存湖里區禾山街道縣後村尚忠社陳氏宗祠詒燕堂內。花崗岩質，高177厘米，寬77厘米，厚13厘米。楷書陰刻。現狀完好。

清·海滄祥露重修懷恩堂碑記

重修懷恩堂碑記（楷書碑額）

蓋聞以似以續，續古之人則所以續而舉之者，非子孫責，誰責哉！我祖勤勵公由泉入同，開基□祥露，相/其陰陽，卜築祠宇，由來舊矣。中間雖幾經修葺，而飫雨酣風，歷年久，損壞實多。丹桂、咸亨等目擊心傷，慨然/有興修之志焉，第以□重全賴眾擎成裘，必資集腋、定章程，布同系聿。而子姓外出夷地者，一時聞風莫不/踴躍樂從，各盡其力。經費既足，遂擇良辰，鳩工庀材而重修。祠之高下，仍舊貫也。門面易石，取其固也。龕及/屏風雕刻花卉，欲其文也。中懸一匾曰"懷恩"，本我祖作《懷恩記》，因以為名也。其頹敗者或從而黝之，或從/而丹臒之，金碧輝煌，翬飛鳥革，巍然煥然，廟貌為之一新，非祖宗靈奕，實式憑之乎！是役也，經始於同治/癸酉年春三四月間，九月而功告成，靡金錢千百有奇。特紀所作以垂永久，並將董事及捐題芳名臚列/於左：/

裔孫咸亨敬撰並書。同治癸酉年九月，董事丹桂、高陞、哲栽、哲□、文來、文春、明泚、咸亨立。/（捐題姓名略）

碑存海滄區新陽街道祥露村懷恩堂內。花崗岩質，帶有碑座，高155厘米，寬90厘米，厚12厘米。現狀基本完好。

清·重修世德堂碑記

重修世德堂碑記（楷書碑額）

粵稽世德堂廟自國初康熙三十六年卜築於茲,至雍正間曾經修葺,越今百有餘年矣,櫛風沐/雨,又將傾壞。凡屬孝子慈孫,無不深水源木本之念而切尊祖敬宗之思也。於是,傳臚航海至檳榔嶼,/以募族人之賈於嶼中者,僉曰:"此美舉也。"時則有允協、啓種、德順、願安、烏淺、和泰、有萊、媽作、開第、順意、/如上等欣然踴躍,共相勸捐以襄厥事,可謂千里一心者矣。爰擇吉鳩工庀材,興作於本年四月初九/日,落成於本年葭月十七日,並慶成進主。共糜費英銀壹萬有奇,除捐項外,不敷者皆賴福侯公補/足焉。茲則廟貌壯觀,式憑不爽,薦頻獻藻,俎豆倍覺其馨香,合謨惟愛,入廟誰不思敬哉!謹將捐名/勒石,以垂不朽,而當事者向元索序,是以忘其固陋,據事直書,以俾後之覽者咸知食德不忘云爾。是/為序。

十九代孫、邑庠生邦元識。/

計開勸捐諸人名次:/

德和捐英銀壹千伍百員,/紹欣、/允協各捐英銀叁百大員,/願安捐英銀貳百伍拾員,/天球捐英銀貳百員,/元謀公捐銀壹百陸拾員,/同生、/光吟各捐銀壹百伍拾員,/安祥捐英銀壹百貳拾員（上欄）,媽種、安留、有明、紅沛、澤觀、茗觀各捐英銀陸拾員,/大根、振香、份觀各捐英銀伍拾員,/光訓、傳臚、朝陽各捐英銀肆拾員,/有萊、永長、推位、鉗觀、烏沒、升殿、永瑞、伯夷、/隆興、文賢、如清、應萊、春粗、永惠各捐英銀叁拾員,/振麟捐英銀貳拾伍員,慶壽捐英銀貳拾肆員,應得捐銀陸員,/達觀、沃觀各捐英銀貳拾員,光試捐英銀拾陸員,藝觀、/素位、添樹、蘭觀、古院、問觀、仕垂、應垂、桂觀、/永得、媽允、雪觀、如上、垣星、雪老、斗觀各捐英銀拾/伍員,/安家、凌雲各捐英銀拾貳員,騰蛟捐英銀拾員,清和、果觀、奇生、寶宗各捐/英銀伍員,波觀、放觀、光第各捐英銀貳員。合共英銀肆仟伍百陸拾大員。/

董事光班、大茂、同生,協董光點、光所、歸來、大浩、光月、媽岸、天樞、能傑、明智、良民、光察、添安、高明、啓東、監生人傑、庠生邦元仝立石。/

大清光緒七年歲次辛巳葭月　日吉旦。/

碑存海滄區嵩嶼街道石塘村謝氏家廟世德堂內。嵌砌牆上。花崗岩質，高146厘米，寬90厘米。楷書陰刻。現狀完好。

清·鍾山蔡氏穀詒堂碑記

蓋聞物本乎天，人本乎祖，凡祖基所/關係，實靈爽所式憑，亟宜圖鞏固而/奠丕基，此木本水源所不能忘也。溯/我祖祠前有池塘，涵蓋倒影，掩映流/光，位合帝座，形肖豐圭，亦覺地靈而/人傑焉。及代遠年湮，沙流漲滿，變成/原阜，迄今百餘載矣，寢廟蠹蟲迭起。/職是之故，爰集族眾僉議，中有克念/厥祖者，集腋成裘，得復舊制。此後或/有魚利出息，照股均分，以昭獎勵。經/始於壬午蒲月，告竣於陽月，計費白/鏹伍百大金。功成，將諸向義泐之貞/珉，以垂永遠。公議始祖諱日，有得魚/利者，當納地租壹員以充祭費。至祠/前田產舊契有配池水灌注，約自今/始，不得援例藉口，使池乾水竭，窒塞/祠前活潑之機。凡我族人，世世凜遵，/毋違此議。謹志顛末，用昭告誡。/

始祖介山公應得半股，/五世省庵公應得壹股，/十七世則先公應得壹股，/泗葵應得半股，/石頭應得半鼓[股]，/正忠應得半股，/江白應得半股，/玉喜應得半股，/有豆應得半股。/

光緒捌年孟冬重修，裔孫得喜、璞南、作謀、靜村仝立。

碑存海滄區嵩嶼街道鍾山村蔡氏家廟穀詒堂內。嵌砌牆上。花崗岩質，高60厘米，寬105厘米。楷書陰刻。現狀完好。

清·圍里善繼堂碑

善繼堂碑（楷書碑額）

竊以物本乎天，人本乎祖，故凡知敬祖者，莫不思立廟焉。吾鄉自縣後大宗分支，未有另建小宗。先□□/就五世祖履申公之塋改建宗祠，以其址近鄉居,最便祀守,而地理亦叶卜吉也。時礙釀金未就,其□乃寢。越百餘年來,孫子日多,而衡宇亦比前增益,然揆諸古君子"將營宮室,宗廟為先"之義有歉。珸存□志而力苦未逮,今幸有履申公六世及七世裔孫立滿、學閫、文榮、文□四人操商計於外,客囊稍遂,因有興祖建廟之思,每人各捐洋銀一百二十六元,湊合首倡,遂修函回商諸珸,珸深嘉許之,即裁復贊成其事,並分函布達住外各裔派,有客於叻者武邊捐洋銀七十六元,而客於岷者有溫渝、拱照、文治、成、文典、水酒各捐洋銀二十六元,以共襄美舉。然尤慮未充其費,必賴眾力。爰集一鄉裔派,僉定晉主祔廟章程,一時嚆矢,回應報登者約近七十餘主。按款已足兩千□,其用略敷,乃諏吉而興土木之功。計自甲申九月經始,越乙酉五月告竣,凡九閱月,而斯廟落成。履申公潛門仍在龕下,上崇祀開社始祖文鳳公為一世,以示與大宗有別焉,其餘以次分列配享。計起蓋以迄慶成,一切開費共洋銀三千大元有奇。斯舉也,雖賴倡捐居首並續捐佐成之功,然苟非向義如文忠不計值而獻地,以便厥興築,將廟建規模,烏能備其宏、敞、明?而究其雇匠庀材、督工掌賑、籌理庶務,始終完善者,則克唱、克祥二人,亦分肩其勞焉,豈語區區所能為力哉!爰不忘所自,是為序。

禁約開列於左:

一約:祖祠慶成以後,各裔派若欲晉主左龕,定銀貳佰肆拾元;右龕定銀貳佰元。不得徇情議減,惟生員及科甲者免銀,合此聲明。

一禁:祖祠以肅穆清淨為重。凡裔派當尊崇之,不准堆積柴草、披晒五穀,以致污損。違者公罰官[觀]音戲一臺。

大清光緒十一年歲次乙酉五月,庠生□□□、候選□□□□□□□□。

碑在湖里區禾山街道圍里社。花崗岩質,高175厘米,寬83厘米,厚11厘米。楷書陰刻。基本完好。今據文史專家黃國富先生提供的照片及資料過錄。

清·東嶼李氏重修世德堂碑文

重修世德堂碑文(楷書碑額)

吾族世德堂廟者,蓋自吾祖踵入澄地,卜居長江,自時爰得我所,立廟則以名堂,以妥先靈,/以裕後昆。然則世德堂之祖廟,由來舊矣。迨至光緒癸未之春,忽遭火災,焚毀殆□,遂至蕩/然坵墟。而為孫子者,能毋目擊心傷耶?念祖宗幾經營度,而一旦秉畀炎火,誰復能堂構相/承、重新廟貌乎!而幸有媽呂之孝思,志切乎尊祖敬宗,念深於水源木本。興思及此,不勝踴/躍,出而倡為義舉,首捐重貲。時則有光田、山梨共相鼓舞勸捐,□理其事,擇吉於乙酉年葭月拾/陸日興工,至丙戌年陽月念日告竣,慶成進主,共縻費英銀□仟元有奇,而捐項不敷,二房/之孫子亦費其祖業以相幫助,餘則裔孫媽呂補足。落成□茲,則寢廟奕奕,祖宗之靈爽實/式憑之。蒸嘗禴祀,俎豆常昭其聿新;孝子慈孫,箕裘相承以繼美。凡我孫子入廟思敬,毋忘/祖德可也。謹將所捐芳名勒石,以垂不朽云。是為序。

　　一禁:祖廟內不准堆積五穀、柴草、什物,違者重罰;

　　一約:倘有公事要入祖廟者,當向四房頭之人僉議禱籤,然後施行。不得擅自啓關,違者議罰。/

　　謹將所捐名次開列於左:/

　　媽呂捐銀陸佰員,文肇捐銀壹佰伍拾員,德漳捐銀壹佰伍拾員,德隆捐銀壹佰伍拾員,光齊捐銀壹佰貳拾員(上欄),媽榜捐銀壹佰大員,媽盛捐銀陸拾大員,文石捐銀伍拾大員,盈科捐銀肆拾大員,盈進捐銀肆拾大員(中欄),盈□捐銀肆拾大員,盈□捐銀肆拾大員,□□捐銀□拾大員,□□捐銀貳拾大員,□□捐銀貳拾大員,□□捐銀貳拾大員(下欄)。

　　合捐銀肆仟陸佰叁拾大員。

　　光緒十二年丙戌葭月十五日穀旦,眾家長仝立石。

　　碑在海滄區嵩嶼街道東嶼村李氏祠堂內。嵌砌牆上。花崗岩質,高144厘米,寬72厘米。楷書陰刻。基本完好。

清·海滄新垵重修邱曾氏金山堂支祠記

　　重修邱曾氏金山堂支祠記(楷書碑題)/

　　新安邱曾氏大岑房支祠由來舊矣。今歲夏,裔孫正中/者自實叨歸,思將葺而新之，聚族而謀曰："吾祠舊有廳/面房，為祭日燕憩地也。自族姓鳩居其中，往來雜遝，棟/宇日以頹廢，非所以妥先靈也。今新其廟、去其居，於落/閩購園一區，徑十三丈七尺有奇，橫十四丈有奇，田其/地以為祭產。凡祠中地，族人不得借居，田不得私種，宜/世守，勿以支祠寸地貸人之財。"眾曰："諾。"正中乃出橐中/金，率其侄孫茂才磐侯、寶侯冒酷暑，馳逐日影中，督工役弗/少懈。不三月而事集。

竊維正中以少壯遊海外垂四十/年。既歸桑梓，戚友咸請廣其居。正中唯唯，置弗問，獨亟/亟新其家廟，費萬金不少吝。《禮》曰："君子將營宮室，宗廟/為先，居室為後。"正中有焉，則甚矣。正中之知本不可及，/後有作者欲殫追遠之思，則正中經畫之規具在，踵而/行之，雖歷久常新，可也。/

光緒戊子年重陽節，翰林院庶吉士曾宗彥拜撰並書。/

碑存海滄區新陽街道新垵村金山堂內。嵌砌牆上。黑色頁岩質，高41厘米，寬51厘米。楷書陰刻。基本完好。

清·重修龍潛宗祠及龍山宮碑記題後

重修龍潛宗祠及龍山宮碑記題後（楷書碑題）/

宗人觀察李君子咸交余最厚，曾偕余至其鄉謁祖/宇，作平原之遊。遊觀兩廡，見豐碑屹立，摩挲讀之，敘/祖宇重修之故，皆君父子之力而又不敢有其功。出/祠數武為龍山宮，崇祀保生大帝。丹楹刻桷，金碧暉/煌，與祖祠並峙。鄉人曰："此為先世祈福處也。後傾/圮頹廢，君旋梓時，剪其荊棘，厚其垣墉，新其門楣，塗/其丹艧。每有事，鄉之人群而求福請命，用以式神靈，/免災沴、水旱之憂者，賴君傾囊倡修。"故余慨然曰："是/二者皆有益於鄉，不可無以記之也。"/

國家祀典准士庶得立宗祠，以展霜露之孝思。又凡有功/德於民者，則祀之，且聽民私立宮宇，法良意美，遠跨前/朝。《論語》云："祭如在，祭神如神在。"昔者聖人動為世範。今/君二者，非以邀福求名也。讀聖賢書，作分內事，於以/上承朝廷訓俗垂範之意，中繼祖考敦本睦宗之仁，下開孫/子燕翼貽謀之法，誠異夫世之擁厚資者聲色之費動/罄千金，樓閣之崇，儕於權要，而祖祠多任其風之雨之，/荊之榛之，莠生伯有之門，瓜種東陵之圃，可立而待也。/至於侈談無鬼者，則又舉聰明正直之神，概列為淫昏/之鬼，多從廢斥，矯枉過失，此豈/朝廷與先聖意乎？君性敦厚，與余有苔岑之契，又事事/效法前徽，耽神太素，視世俗之號為識時務者，其賢不/肖何如也。若夫堂構相承，克體君志，則又君與余/所責望於後之人者。/

賜進士出身、/誥授奉直大夫、刑部直隸司主事、前翰林院庶吉士、加三/級李清琦撰並書。/

光緒二十四年歲戊戌孟春之月立，/廈有文齋勒石。/

碑存海滄區海滄街道溫厝村寧店社龍山宮內。嵌砌牆上。黑色頁岩質，高45厘米，寬73厘米。楷書陰刻。現狀完好。

清·積慶堂碑文

積慶堂碑文（楷書碑額）

堂名積慶，殆所謂積善之家必有餘慶者歟？慶之餘者復而積之，蓋有百年不盡之期焉。吾祖自隴西開/基，至於長江聚族，因而肯此構堂，歷數百年，閱廿餘世，大有慶也，無窮期也。堂之建設，坐甲向寅，門迎朝/旭，紫氣西來；地繞鍾山，潮來鼓浪。山環水繞，乃積慶堂之大觀，祖宗之靈爽實式憑之。是歲冬祭，踵斯堂/而有感，曰："此堂閱數十年不修且壞，曷期無盡乎？為孫子者睹斯堂之不修且壞，烏得無情哉！"裔孫媽呂/出為營畫鳩捐，捐助芳名列下，有不敷者，媽呂補而給之，乃理而新之。於是，棟楹樑角之腐黑撓朽者，蓋/瓦級磚之破缺者，赤白之漫漶不鮮者，治之則已，無侈前人，無窕後觀。自甲辰五月吉日興工，至拾一月/告竣，就初六日吉時安進神主，越十二日設道壇清醮慶成。諸凡訖功，共費去龍銀四仟玖百三十大元，/爰縷晰以記，俟後踵斯堂者，得以覽焉。

媽呂捐龍銀三仟一百元，永響捐龍銀一仟大元，玉燕捐龍銀二百六十元，壽昌捐龍銀二百六十元，景興捐龍銀二百五十元，清和捐龍銀二百大元，振文捐龍銀二百大元(第一欄),永流捐龍銀一百二十元,建利捐龍銀一百大元,春風捐龍銀六十大元,明華捐龍銀四十大元,崇團捐龍銀三十二元,崇困捐龍銀三十二元,崇回捐龍銀三十二元,崇樹捐龍銀三十二元(第二欄),崇漢捐龍銀三十二元,崇林捐龍銀三十二元,新保捐龍銀貳十四元,大琴捐龍銀貳十四元,景明捐龍銀一十二元,春洲捐龍銀一十二元,景官捐龍銀一十二元,春宜捐龍銀一十二元(第三欄),再生捐局銀/一十貳元/磚石舊料估/價銀四十元(最下欄)。共捐銀五千九百三十大元,費去銀四千九百三十大元,尚存銀一千元在仰生利息,以為春秋祭費。/另者二房光淺於過河有沙園一丘,恐其栽種果子,遮蔽祖廟,堂局公議:永遠不得種諸果品,准其廟堂/左龕進入神主一對,免充公項抵額,此係面議,永無爽約。立石為照。/

光緒三十一年歲次乙巳年三月吉日,裔孫媽呂勒石。

碑存海滄區嵩嶼街道東嶼村李氏祠堂積慶堂,立於東廡。高146厘米,寬68厘米,厚15厘米。楷書陰刻。基本完好。

清·海滄祥露建造五福堂石碑

建造五福堂石碑(楷書碑額)

古人築宗廟於居室之先者,凡所以慎終/追遠而昭誠敬也。清建自幼往南洋吉礁/坡經商,三十餘載自洋還梓,觀本房舊小/宗毀壞,祖先神位乏處可以恭奉。建不忍/坐視,乃邀本房父老兄弟咸集會議,就建/之地擇吉築造。本意眾悅。落成日,告以化/私為公,永遠六房小宗。

夫以子孫為祖宗/建祠宇,原屬本分。至於從前基址,仍望和/衷倡築。而為我後者,對於斯堂願勿稍存/意見,永遠孝思!是為序。/

光緒丁未年季冬,十四世孫莊清建立。

碑在海滄區新陽街道祥露村莊氏家廟五福堂內。嵌砌牆上。花崗岩質,高83厘米,寬60厘米。楷書陰刻。現狀完好。

民國·蓮河楊氏重建宗祠碑記

蓮河楊氏重建宗祠碑記（楷書碑題）/

吾族派出華美社，明季遷此，傳數世始建祠，雖不甚/敞，固足為報本地矣。清初海寇侵擾，家莫寧居，族人/多他徙，祠宇漸圮。殆還鄉後，重興木土，開拓丕基，自/是瓜瓞綿延，一時稱為望族。乃閱百年來風雨飄搖，/未有嗣而葺之者，力縛故耳。壬子歲，倡議重修。十四/孫景雲及培芳各捐壹千金為族眾先，眾亦以次輸/助，而款以集而事以舉，仍舊址而展拓之，糜錢貳千/叁百緡有奇。出納之權，實景雲、培芳司之，而分任董/工役者，則天扶、國臘、培餘、慶堂、培傳、培訓舉焉。經始/於民國元年壬子冬十月，落成於十二月，迄甲寅仲/冬，始奉/主人祠，以妥先靈而告成功。爰紀其略勒之，/後之子孫毋忘所自云。/
清侍講銜、翰林院編修，裔孫廷綸敬撰。/
中華民國三年歲次甲寅仲冬吉日，董事等仝立碑。

此碑係私人收藏，現據照片抄錄。碑上部弧首，以浮雕雕刻雙龍戲珠圖案，其餘三邊刻以祥雲紋飾。楷書陰刻。現狀完好。

民國·西亭重修後祖厝碑記

泉同西亭社陳始祖增保公生德昌、衛昌公。衛公移居郭厝社。德公生四觀、五龍公。/祀前祖厝者龍公，祀後祖厝者則觀公也。觀公支派，耕讀傳家，歷十餘世坿鄉以發/達稱。海禁開後，率渡洋謀生，素封踵接，由瘠貧變為豐厚矣。該祖厝樸素渾堅，非吝財也，/蓋恪守先人勤儉之訓，萬不敢鬥麗爭華，啓後進驕奢之漸，寓意至隆也。顧代遠年湮，棟/樑剝蝕於風雨，將有圮廢之虞。爰是，諸家熱誠陡發，詔諸在內者出力，函達旅外者出/資，題款至仰銀壹仟餘盾。涓吉鳩工庀材，重行修築。蒲月興工，葭月慶落成焉。

厝後祖遺/荔枝一宅，生實甘芳，宗人咸快朵頤。不料相繼以枯，鞠為茂草。陳翁銀煉擁有鉅資，義聲/素著，慨然出數百金，重行種植果樹，以佐蒸嘗。異日佳蔭蔚蔥，亦甘棠之遺愛也。

尊祖敬/親，如該宗人已堪嘉頌，尤可喜者，愛家愛國、正大光明之主義相輔而行，本社學堂，正月/首先成立。吾閩海濱鄒魯，久著淳風。鄭蘭燕柱，猛力栽培，他年人才鵲起，飽儲經濟，饋/贈同胞，可決言之。而況姚墟聖德，敷澤人寰；鄂國英風，流芳史冊。積善之家，必有餘慶。天若/默牖貴族之衷，使修祠興學，以趨文明極軌，一逢歲時伏臘，仁人孝子，彬濟一堂。鷺/序鵷班，爰告豐而告潔。乃祖乃宗，念茲振振蟄蟄，半能象賢，應亦眉彩飛揚也。設非繼天/立極之偉人，特隆天眷，焉能永畀爾子子孫孫哉！

吁嗟，盛已！笑山不敏，誼屬通家，謬承雅/託。挹謝家之寶樹，接孟氏之芳鄰。遠溯前徽，殊深蟻慕。雖曰蠡測管窺，莫揚高深於萬一，/但使後生末學，得附斯作以粗傳者實大，故樂而為之記。/

古桐城李笑山敬撰，蔡傳衡敬書。/

以上銀煉君所栽果樹，議定每年收成，當發一半充入學堂經費。此布！/

民國五年十二月陰曆丙辰葭月。

碑存集美區西亭後祖厝內。黑色頁岩質，尺寸未詳。今據吳吉堂編《杏林史話》（鷺江出版社，2011年）"碑刻"一章的照片和文字點校過錄。

民國·殿前地房祠堂記

殿前地房有祠堂，由來久矣。清初鄭成功踞廈島以抗清師，全禾幾斷人煙，/而吾祠遭毀，祇餘平地。光緒辛巳年間，裔孫祖吉輸款，起而興建，由佑全總理/其事，眾裔孫又捐助足成之。落成後尚剩餘公款二千餘盾，除建置祠後/一小屋外，餘款消耗淨盡，此外祇存仰光一破枋厝，所值不過千盾。賴裔孫/朝初善為保管，復墊資修葺，以所收利益權其子母，歲有增加。歷數十年如/一日，踐盡義務，並無稍沾公款餘潤，迄茲已纍積現款二萬餘盾，又在仰光/增置店屋四座，約值十萬盾。若朝初者，此真可為後世之掌公款者法也。後/之人追念前功，僉謂我祠堂之得重新創造者，則祖吉捐資之力也。今堂構/之得煥然光耀者,則佑全經營之力也,些少公款而今得可積成巨萬者,則/朝初保持之力尤為難能而可貴也。現今虎獅繼朝初職任,仍盡義務,綜理/諸凡,力亦大焉。他日年湮代遠,有欲稽其事實而不得知者,應略敘顛末,刻/志於石。/
　　中華民國十六年　月　日,地房眾裔孫立碑。

　　碑存湖里區殿前街道陳氏地房祠堂內。花崗岩質,高138厘米,寬50厘米,厚10厘米。楷書陰刻。現狀完好。

民國·石湖陳氏昭穆碑記

石湖陳氏昭穆序右:/
元宗孔志桓文武,國履耿光希輔匡。/源厚永垂衍遠裔,家聲世振壯其昌。/椒條蕃碩寰區內,蘭秀齊芳朝陛行。/載詠貽謀因次及,名周繼述繩賡章。/
民國十六年,恩下派十九世孫通立。/

　　碑存湖里區殿前街道寨上社陳氏祠堂外。花崗岩質,高125厘米,寬40厘米,厚7厘米。楷書陰刻。現狀完好。

民國·馬巷曾厝重修追遠堂記

重修追遠堂記　今題孝思堂(楷書碑題)/

　　夫木有本,水有源。本固則根深,源遠則流長。古/人立廟,乃所以重本源也。我祖恒元公自金/門下坑來居是鄉,歷有十三世矣。生於斯,長於/斯,聚族於斯,迄今廟貌雖依然,而風飄日蝕,/不無破損,如不速從修葺,必貽傾圮之羞。旅呷/族人爰是邀集共議,唱言改造,眾皆樂成。夫孝/當竭力,義必勇為,況吾鄉素稱溫厚,輕財重義/之人定亦不乏。然在外者雖踴躍於前,亦居鄉/者能輸將於後。今果廟宇重新,輪奐俱美,功/垂不朽,名著千秋,故記之。

謹將出貲芳名列左:/

侯斛子可圈、可補各捌佰圓、孫期兩壹佰圓、期/所伍拾圓,/水磨貳佰圓,/可翁子期恰、期學、期逸、期信、孫詩貼各壹佰圓、期目壹佰圓、可褒陸拾圓、可油、可汲、期/起、期燒、期矸、期櫵各伍拾圓。/

以上十八人共出龍銀貳仟玖佰拾圓。/

主事可漸、可撰、期起、/雨水、期練,主席可補、/期恭勒石。/

財政:可圈、期恰,書記:可戽。/

民國廿三年仲冬,陳睿卿撰,孫宗器篆額敬書。

碑存翔安區馬巷街道曾厝村陳氏祖祠內。嵌砌牆上。黑色頁岩質,高103厘米,寬78厘米。邊框淺雕花飾,上刻"浯江衍派"。楷書陰刻。現狀完好。

民國·廈門侖後社王氏宗祠捐資碑記

分派肇自始祖諱引郎□公,弟/四,秀士魯公分居嘉禾侖後社。/傳八世分房,創建宗祠,崇奉□/祀,頂禮勿替,俾後世子孫知木/本水源之所由來矣!

十九、廿一世裔孫連利、盛仕敬立。

清仕捐大洋伍百元,振德、媽散、永祥各捐三百元,耀堂、澄源、金水各捐大洋乙百元,神偏捐大洋六十元,冰雹捐大洋四十元,昔賢前後捐各二十元。收來主位大洋□元。共收銀壹仟玖百叁拾伍元,再共銀壹仟玖百伍拾伍元。

一開土木、風水及什/費計大洋壹仟玖百叁拾伍元。

上下和合。董事運到、清仕,外加成義捐銀四十元。

民國廿四年乙亥十一月重修。

碑存湖里區五通社區侖後社。嵌砌牆上。花崗岩質,高41厘米,寬86厘米。楷書陰刻。現狀完好。

第七篇 示禁鄉規

示禁

明·塔頭院禁石刻

　　泉州府同安縣：/為保全山川/以安生靈/事。/據加禾塔頭耆民/林中偉等呈稱：/本處濱海飛沙，/賴東南巨石鎮蔽/風門、水口，人居、田地、丘墓/庶免填壓。/棍匠王太富等/領□柳營江橋，/欲將巨鎮等石/乘官勢/剷取用，/偉等呈申。按院楊/蒙批：/欲造漳州柳營之橋，/而鑿同安塔頭之石，/本以便行人，/先以病居民。/仰縣/禁戒太富等，/不許藉修橋樑，/圖充私囊，/仍於塔頭有關風氣等石，/用強取之，/違者/地方拿究。/特示！/

　　嘉靖伍年一月　日示。/

　　此院禁石刻位於思明區濱海街道塔頭村海濱巨石上。寬550厘米，高180厘米。楷書陰刻。部分字跡已漫漶。茲為廈門目前所見年代最早的示禁刻石。

明·海滄青礁察院禁約碑記

察院禁約(楷書碑額)

　　巡按福建監察御史徐，為禁諭事。本院巡歷漳泉，訪得同安、海澄二/縣交界有白礁地方，每遇元旦五日，鄉民聚眾投石相敵，往往有傷者、/死者，屢禁不息。此惡俗也，不知始自何人，流禍至今。夫敵而勝，於己無/益；敵而負，所傷滋多方。今法紀森嚴，傷人者坐罪，至死者償命。即不為/人所傷，禍且不測，況叢手之下，性命俱不保乎！念爾愚民，特行嚴諭，為/此示，仰附近保甲長務守縣官約束，督率里民，舉行鄉約，恪遵/聖諭，北趨禮法，毋仍蹈舊習，甘蹈前愆。違者,許守法之家指名呈治。如保/甲約長通同不舉,並坐。其頑梗不遵化誨者,該縣訪實,不時拿解重處。/本院片言必信,爾等毋蔑視取禍,貽悔噬臍,故諭。/

萬曆貳拾伍年肆月　日給。

碑在海滄區海滄街道青礁村附近的黃娘前社。花崗岩質,高260厘米,寬92厘米,厚17厘米。楷書陰刻。基本完好。

明·同安縣禁諭

同安縣禁諭(行書碑額)

同安縣為欺國事,蒙/分巡興泉道朱批。據本縣石潯澳漁民王應狀告,蒙批:仰糧館查報。隨蒙/本府通判陸抄詞發縣,拘提蘇君恒、柯一會、李次廉等到官。審得同安之海有二米,潮至為水,潮退為地,產蟶蛤者,塘米也;塘之水深處,魚蝦出沒,網□□/漁,不分塘蕩,聽民下網者,課米也。若夫汪洋大海,非惟民不得而禁之,即官亦不得而取之矣。今東壖洋大海一處,賣與李次廉,次廉又轉於柯進,凡漁□□,/漁民不安,故有是告。細查蘇君恒所費契書云海坐東,散洋等處並無都圖界址,止說翔風里。夫同安之翔風廣矣,內有九都十七圖,孰為□□乎?查黃冊□/翔風者,遽欲柯、李授受,不知憑何推收乎?黃冊不載米,明繫官海,聽民自取而無禁者也。而君恒作奸捏無稽古契,以誰人財在李與□□,不知□□/已管百餘年矣。漁民昔何以相安而今何紛紛也?合斷君恒備原價還柯進其海,任漁民照舊取漁,宜置石碑禁示,永不許土豪請稅,上□□□□□。/本府帶管督糧同知楊轉詳,/帶管興泉道右參政俞,蒙批:蘇君恒以官海賣價,奸民之尤也。退出與公,其之立石為記,餘如照依。蒙備行本縣遵照,一而立牌禁示等□□□□。/

同安負山帶海,山居者耕,海居者漁,各任其職以供貢賦。昔謂四民之中農最勤苦,不佞獨謂四民之外,漁苦尤甚。一葦孤航,出入□□□□□□□□/命諜,視耕食者出而作,入而息,何如?且也□糧兩稅之外,農無別徵,漁今則上下交徵矣。蓋囊者漁戶有課無餉,惟□旁及船□通□□□□□□□□/與因並徵餉至六百餘金有奇,視通省縣獨多,漁民始於兩稅外,輸課重輸餉矣。農之徵二,漁之徵四,若已□堪而有券無□,界冊無址,坐□□□□□□/父母洪大夫於李甫之告抑之不得,特示禁之不得,漁民訴於/觀察朱公,行之府縣,縣大夫王公考志冊,詳利病讞爰於上,大人見而韙之,可其議,勒之石。彼欲以二人□一縣之利,禁□塘,上□□課,□捕□□□□□/等遵示立石。以不佞水居,獨知漁民之苦,請次其事而志之。不佞誼不敢辭。/縣大夫王公諱世德,號廻溪,金華永康人。年方壯,聯登辛丑進士。初仕同安,視民如子,而此其一端,□□□□□□□□。/

萬曆叁拾貳年甲辰孟春之吉,浦西海叟林一材記。通澳漁戶□□□。

碑存同安區洪塘鎮石潯村昭惠宮內。花崗岩質,高280厘米,寬119厘米,厚20厘米。楷書陰刻。部分字跡已漫漶。基本完好。

清・奉督憲禁革水手圖[賴]碑

奉/督憲/禁革/水手/圖[賴]/碑(楷書碑額)

候補福建府正堂、管泉州清軍海防總捕、駐鎮廈門分府、加一級張;/太子少傅、兵部尚書兼都察院右副都御史、總督福建、浙江等處地方軍務兼理糧餉、世襲拜他喇布勒哈番、加四□□,/為特行嚴禁刁風,以甦船商拖累事。照得閩省山多田少,下游各府人民每多海上謀生,揭資造船,通□裕□,□□為生,水手□□受雇撐駕,共覓微利,以□身/家。至於遭風衝礁,船主失船,難歸水手之咎,水手溺水、患病殞命,非關船主之□。茲本部院訪聞,閩之□□□不一二□□□患病身故,或失腳墜水,或遭風復/溺,此等死亡,實由天命。詎有一班訟棍,希圖漁利,從中生唆,□視不□一□□□□,居奇圖賴,藉端詐騙,□不思□□赤□□□,何財可謀?同舟共濟,何釁可/□?竟以借命討償為詞,率眾打搶,不一而足。縱至審出誣捏,實□冤伸。□□□日而衙門□□□□□□船銜殊累,傾家蕩產,□□積滯。十年半載,拖累廢業□/□□風澆俗,大為民害,商船交困,殊堪為□。合亟出示嚴禁,為□□□□□船戶舵水人等知悉:□□□□船上水手果□□□□死,或失腳墜水,及遭風復溺,/□□□各□人

命,一概不許借命圖賴,□□詐騙。倘敢故違,□□□□□訟棍及水手□棍□□□□,從重□處,決不□□□□□凜遵□悔。特示!/

雍正伍年伍月。/

沐恩商船戶：蔡得勝、趙□勝、魏□順、李□興、黃萬興、陳柏興、張合吉、陳賜寶、蔡祥五(共四百七十四戶,姓名從略)。

碑原存廈門市思明南路原思明縣監獄內,現歸廈門市博物館收藏。花崗岩質,高295厘米,寬約136厘米。楷書陰刻。發現時被縱闢成四塊,作鋪地之用,部分字跡已殘缺、磨損。

清·同安縣從順里勘斷睦命塘讞語碑記

勘斷睦命塘讞語(楷書碑額)

同安縣從順里睦命塘,係三都十一鄉公蓄灌溉,眾人和睦修築養命,故名曰"睦命塘"。弘治十三年,奉給司照勒碑。雍正/十三年,被富豪葉照、許禹、張仰、張太、石良、張祉、張倩、許生等占墾,旱則蓄水日少,潦則衝崩堤岸,灌溉不敷。乾隆元年,三/都生監陳□、陳逢泰、陳雲行、陳應瑞、陳良瑛、陳起鳳、陳起蛟、陳必超、陳必濟、陳大振、陳廷弼、陳方旋、林師開、王雲章,鄉老陳/繩武、王旁、曾丙良、林九俊、林好、葉生、鄭良等呈控,蒙/青天廉明太老爺唐親勘,兩次定界,將葉照等占墾掘毀築岸,立讞通報在案,勒石遵守。/

特授泉州府同安縣正堂、加四級唐,看得西界睦命一塘,為從順三都十一鄉公共蓄水灌田之所,現有前明弘治十三年奉給司照,勒碑/永守,雖終變革之後,奸徒乘機竊占,私相售買,究不能禁止。鄉民之此水灌溉,則其為通鄉水利,彰彰明矣。祇因係各鄉公共/之物,堤岸無人經營,年久坍塌,復有豪強於堤岸淤灘之處圍築成田,私為己利,遂使塘中蓄水日少,灌溉不敷,深可痛恨。是此/一塘,誠同邑有利當興,有害當除之急務也。

乾隆元年二月,據陳繩武等以葉照、張仰諸人違禁占墾呈縣,本縣以水利為民命攸/關,親行兩次踏勘,插牌定界。除燒灰橋上久年占墾,並無關大害者外,准照舊耕作,其葉照等新占開墾之地,立押掘毀,取土填築/若岸。不忍偏庇,數戶十一番經管□理圍拈,預定每年於農隙之時,鄉老二三人董率各鄉壯丁,開淤築岸,修理涵口,務使堤岸堅/固,塘中深廣,水可多蓄,兼以杜絕棍徒占墾等弊,庶乎爭端不起,永保無虞,長享其利,有符於昔人睦命名塘之美意。是則有/在該鄉老等之秉公竭力辦理盡善,而非本縣所能與也。合該鄉衿士、耆老應共悉心斟酌如何輪值,如何整理。創設規條,呈縣存/案,俾期永遠遵守奉行,□輪番會首不能及時修□,十一鄉鄉老仝議罰,或有不遵,鳴/官究處立案。約正:陳章、葉爾耀。耆老:林羨、王窗、陳榮、陳大信、曾□□、林藝、洪佑。/

　　計開各鄉工項:西洲二十九工,西湖塘三十七工,雲頭三十工,小壇十四工,石埕十工,林爐、浦頭共七工,山頭七工,顏厝上五工,卓厝上/二工,圳邊七工。/每月二輪□引用。/

　　乾隆元年八月　日上石。

　　碑存同安博物館內。嵌砌牆上。花崗岩質,高 215 厘米,寬 60 厘米。楷書陰刻。部分字跡已磨損漫漶。

清·仁明太老爺唐勘斷馬塘讞語

仁明太老爺唐勘斷馬塘讞語(楷書碑額)

　　同安縣長興里□□保安爐鄉眾開公築水塘一口,名曰"馬塘",貯水分灌田苗,課命攸關,勒石禁決。由來/緣此塘在大族嶺葉門首,被其滅碑毀岸。康熙三十七年,安爐鄉一甲、二甲眾民修築塘圳,輪番分灌公/□。詎惡葉蕩、葉宏、葉蒲、葉通、葉郡、葉祥、葉閣、葉錫、葉枕、葉讓、葉球等恃強侵占,將塘埔占墾為私田,□□/占築為私池。據此塘面縮狹,水利日少,灌溉不敷,課命維艱,歷任縣主控之不睬。乾隆元年,通鄉顏士彩、□/煬、顏若坤、葉待觀、葉詩觀、顏淡心、顏孝煥、顏扶卿、顏國助、江姜、鄭省、黃鄰、劉侖、鍾浩、蔡伍、陳明等呈控,蒙/青天廉明太老爺唐八月初二日示禁,着葉蕩、葉宏等將原塘逐一清還。蕩等恃強藐斷不理。九月廿九□/親臨踏勘,水塘現占,目睹心傷。葉宏、葉蕩、葉通、葉黨控斷,遂即鎖押,帶縣訊究。諭安爐鄉眾民將葉□□/塘窟之池掘毀，以通水源；所墾塘埔之田掘毀以廣蓄水，將所掘之土填築塘岸。蕩等橫強，黨眾阻止□□/斷。二年三月初二日，爺台□親臨再勘，清還原塘界址，斷得水塘涵圳原係安爐鄉灌注之所，與葉□□/無干，即差皂頭莊、快頭李，立喚安爐鄉民將塘被葉姓強占塘埔作田拾叁丘，塘窟作池伍口，壹盡□□/塘岸廣額，嗣後不許葉姓等再恃強，占水取魚，致害課命。其水塘聽憑[安]爐鄉眾民承管，蓄水灌田，□□□/□立石以垂永久。士彩鄉老等公全原差遵斷，丈得周圍弓丈肆百叁拾弓，塘中長貳百拾肆弓，□□□/□□葉蕩門口，闊叁拾弓，西涵至小厝，闊伍拾肆弓，塘尾闊拾乙弓。葉宏假契抗□，蒙枷肆十□□□□，/罰灌溉三十工，報□在案。其塘東涵大圳壹條、小圳柒條，西涵大圳貳條、小圳伍條，照舊輪番□□□□，/許鄉老督率壯丁開淤築岸，修理塘圳涵田，務使堤岸堅固，塘中深廣，蓄水日多，長享其利，□□□□□/墾等弊，輪番會首，□鄉老公全呈官究治立案。/

　　乾隆貳年貳月　日立石。

　　碑存同安博物館內。嵌砌牆上。花崗岩質，高160~150厘米，寬57厘米。楷書陰刻。已嚴重風化，底部殘缺。

清·萬石岩興泉永道示禁石刻

　　興泉永道、按察使司副使、加一級朱，為/蒙發勘定山界等事。查萬石一岩，創自明/季，乃僧維信師祖向定遠侯募地建蓋，歷/管已經五世，其岩宇之前後左右，業經本/道飭廳立石定界在案。茲據呈請，合就勒/石永禁。為此示禁，廈島軍民人等知悉；嗣/後如有不遵禁令，膽敢仍前，復將萬石岩/界地混給占葬，以及樵採樹木暨縱放牛/羊踐踏五穀、蔬果者，許住僧、該地保長立/即赴泉防廳衙門具稟，以憑嚴拿究處。/其各凜遵毋忽。

　　乾隆三年四月初一日給。

　　此摩崖石刻位於廈門市萬石岩寺海會橋旁。高125厘米，寬146厘米。楷書陰刻。現狀完好。

清·麻灶鄉廈防分府示禁碑

　　特授泉州清軍海防總捕駐鎮廈門分府、加三級胡,為恩准示禁/以彰永久事。乾隆十二年十月十三日,據黃鍾伯等僉呈,緣本年/八月間,鄰鄉陳福將園地貳坵謀獻富豪,林克隆乘夜欲葬小棺,/衝傷黃姓祖祠宗社,族眾知覺較阻,呈官究處。時陳、林□□□/小棺抬回別處安葬,園地付黃承坐充租,以為永遠祀產□□遵/依懇恩,准給示禁勒石等情。據此,合就出示嚴禁,為此示□□□/外姓暨麻竈鄉居民人等知悉:嗣後毋許在於黃姓本鄉祖祠宗/社前後坐向一概山地盜買盜賣,並恃強葬傷,亦不許黃姓□□/子孫鉤謀別姓,影藉混占以及坪上園地,假造虛堆,起蓋土寮,明/築廁池,致啓訟端。倘敢故違,許該族房長即行具稟,/本分府以憑按法嚴究,混占起遷,決不輕恕。各宜凜遵,特示。/

　　乾隆十二年十月　日示禁。

　　此碑原立於廈門島內某處,現藏廈門市博物館。嵌砌牆上。花崗岩質,高164厘米,寬68厘米。行楷陰刻。字跡略有風化殘損。

清·督撫提臬道府列憲批縣審詳讞案

皇清(篆書直行碑額)
督撫/提臬/道府/列憲/批縣/審詳/讞案(篆書碑額)

　　海澄縣三都長嶼社柯氏始祖祐立公世掌社前、社後課泊,界自大埭透邐,南抵陳宮嶼,西烏斯港,過嵩嶼、烏礁、白嶼、斯坑洲、象嶼等處,前朝被豪強侵占,至九世孫/挺,萬曆發解,控巡海道陶,批分府沈斷還舊掌。迨乾隆十二年,復被石塘社巨族謝創、謝興、謝享、謝奇萬等恃強侵占斯坑洲、象嶼兩處。裔孫貢生薰等出控,蒙/廉明本縣主太老爺汪批送糧廳張審勘確情,出示飭禁。乾隆十三年五月二十三日，謝創等黨眾謝排、謝榮、謝顯、謝天、謝順、謝頗裕、謝突等抄山掠海，經排/頭汛防驗報/水師提督軍門張，飭查實，被通諮/總督部院喀、/巡撫部院潘，行司轉飭府、縣究審，律擬通詳，將謝創等各克分別枷責，追賠贓銀，斷定海泊歸柯姓照舊掌管。今奉憲抄案勒碑。/

漳州府海澄縣正堂、加三級汪，為具報事。乾隆十三年七月十七日蒙本府正堂、加一級、紀錄十六次金信牌，蒙按察使司憲牌、奉宮保、總督閩浙部/院喀憲牌，案准水師提督軍門張諮開，據本標前營遊擊吳稟報，據長嶼社民柯榮進喊稟：被巨族謝姓占圍世掌課泊，抗違縣禁。本年五月廿三日，黨眾/抄山掠海，擊碎房屋等情，具報到提督軍門。據此相應諮達，請煩察照，希賜徹嚴究，以儆刁風等因，到本部院。准此，為查：黨眾肆橫，屢經示禁，謝享等膽敢糾夥/執械，碎屋割苗，甚屬不法，行司查究，分別首、從，按擬詳報，不得姑寬等因，奉此。又奉巡撫都察院潘憲牌，諮同前因，為查：大族糾眾行兇，有干例禁，謝創等身/為約保族正，乃敢主令率眾擊碎房屋，洗割穀種、地瓜、蚶苗，不法已極。行司飛飭嚴查，將在場有名各要犯查拘到案，先行重責四十板，逐一究訊，按例分別議擬/通詳，毋得玩縱等因，奉此備票行府，仰縣立即按名嚴拘謝創、謝彩、謝月、謝享、謝奇萬、謝順、謝排、謝榮、謝林、謝聳、謝相、謝顯、謝科、謝預、謝莒、謝總、謝天、謝祐等，並/究出餘黨到案，先行重責四十板，錄供通詳等因，蒙此。

乾隆十四年二月廿二日，蒙縣主汪親勘審看：柯姓所居長嶼社三面環海，自西南轉東，周圍海泊，俱屬/長民課業，前明萬曆年間勒碑確據。原納米八斗，至康熙年間又增納米八斗四升。謝姓住居東坑社，其海泊係伊社前，與柯姓海泊中隔象嶼一山不相連接，緣謝/姓於雍正五年買柯姓東埭岸內之田，遂於埭外圍埕採捕。貢生柯薰呈請示禁，業據謝享等投具遵依退還。上年五月廿三日謝姓以海泊蚶□係其下種，前往洗/蚶，柯姓出阻。輒稱有港東、港西之分，並乘柯姓抄繳碑文內有"東至東埭岸為界"字樣，指其改換碑摹抵制。今訊，據柯薰供稱："實因碑刻年遠，字跡模糊，以致錯填，並/非有心改換。"查驗碑文界址，原開"西至烏斯港為界，東則吾長民有也"，則東埭岸盡屬柯業甚明。況埭內之田，現係柯姓出賣，是謝姓祇有東埭岸內之課田，並無東/（以下碑陰）埭岸外之課田，不得以柯姓錯填碑摹，□指其為影射也。至謝創等黨眾毀苗碎屋之處，訊據謝姓各犯照不承認。查柯姓當日挑有地瓜藤繳驗，縣丞到地查勘，有/碎屋□跡。□□□□□柯姓瓦屋，現有新瓦收整處所，則柯姓所控豈屬無因？除將謝創、謝排、謝榮、謝顯、謝天不行阻止之練保邱志誠已經分別責懲

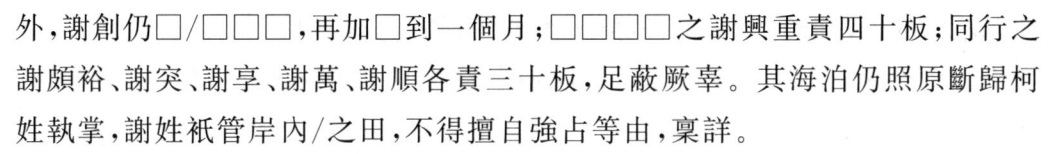

外，謝創仍□/□□□，再加□到一個月；□□□□之謝興重責四十板；同行之謝頗裕、謝突、謝享、謝萬、謝順各責三十板，足蔽厥辜。其海泊仍照原斷歸柯姓執掌，謝姓衹管岸內/之田，不得擅自強占等由，稟詳。

　　□□府憲金加着核轉梟憲讞稱：應請俯如卑府所擬，將謝創仍革去保長，再行枷號兩個月；謝排、謝榮、謝顯洗蚶起釁，再得出/名具行之，謝興即謝世興，並同往洗蚶之謝頗裕、謝突原具遵依，又行抗斷之謝享、謝萬及仝往較爭，臨審不到之謝順，應請一併各枷號一個月，滿日各重責三十/板，仍於□記名下酌追銀四兩，給□柯魁等收領，以償殘毀麥薯並碎屋瓦之資。其東埭岸外海泊，仍照原斷歸柯姓執掌，謝姓不得擅自強占滋事等由，轉詳。

　　蒙/具憲陶仍如詳。□得撫憲讞，以漳州府所請，將謝創再行枷號兩個月，仍革去保長；謝排、謝榮、謝顯洗蚶起釁，並出名具控之。謝興即謝世興，仝往洗蚶之謝頗/裕、謝突，原具遵依復行抗斷之謝享、謝創等，仝往較爭□謝順，均應如府擬，各枷號一個月，滿日各重責三十板，仍於各名下酌追銀四兩，給柯魁等收領，以償殘毀/麥薯、擲碎屋瓦之資；東埭岸外海泊查謝姓所買得，屬埭內之田，契內開載勘明，自難侵占。埭外之海泊亦應如府、縣所議，斷歸柯姓掌管，謝姓不得混爭滋事等由，/轉詳。

　　本年七月初九日，奉□巡撫福建都察院潘批："謝創等如詳分別枷責。姑念事在□赦前，約予援免，仍於名下追銀四兩給柯魁等收領，以償殘毀麥薯、屋/瓦之資，所爭海泊，着歸柯姓管業，謝姓不得混爭滋事，餘照行，並候督部院批示繳□。"

　　乾隆十四年八月十三日，貢生柯薰為懇恩勒石，以全憲仁事，具呈府/憲金批諭海澄縣查議，詳□。蒙縣主汪看詳。該卑職查看"貢生柯薰等世居長嶼社，三面環海，田業鮮少，賴祖遺海泊一所以資生計，歲納課米一石六斗四升，/前朝隆慶年間為豪姓侵占，控斷勒碑。卑職到地親勘，碑文內有'入罪民李先春奸擅薰等世掌中州泊，俾鰥孤無資給，而所輸米不前矣。人民困敝，追呼逼迫'之句，/及萬曆柯挺與族長相率控□，巡道憲陶批：海防分府沈斷還，勒碑頌德，至今現存。緣石塘社謝姓藉雍正五年買柯姓東埭岸內之田，遂於岸外圍埕採捕。/乾隆十二年，柯薰等呈請署海防分府嚴批；查移縣丞張勘訊，議詳示禁。上年五月內，謝姓復往洗蚶，以致互相較爭。奉憲飭究，將謝姓抗斷起釁之人分別/枷責追償。東埭岸外海泊斷歸柯姓掌管，謝姓不得混爭滋事在案。該□特處，後來年遠案煙，復滋訟累，欲立碑石紀載，以垂永久。事屬可行。詳請憲台賜示，飭付/勒石，庶煌煌禁令歷久常新，應與前代所立之豐碑並昭奕□

矣"等由,詳覆。蒙府憲金批,據詳已悉,照案勒石。/

乾隆十四年十一月十五日,族長柯榮進、秉貞、樹盛、應嘉、應社、綿基、祖基、薰等謹抄勒。

碑存海滄區嵩嶼街道東嶼村柯氏享德堂外。花崗岩質,高246厘米,寬112厘米,厚16厘米。楷書陰刻,全文刊刻於碑之正反兩面。現狀完整。

清·後溪許莊奉憲石刻

奉憲（楷書碑額）

本憲康沐、康詩等造契謀蠹弊占盧鑾、盧士等世管山地樹木,乾隆五年至十/五年歷控未伸,越十六年八月內,赴/前任福建巡撫部院潘制憲鳴冤,奉發/福建分巡興泉永道憲白查詢,隨奉吊案提犯,於十七年八月初三日堂審:山地樹木奉/斷對半分管,縣丞張達掌嘴,當堂立讞。查康、盧兩姓所繳山契均屬年遠無徵,但兩家各繳葉姓原契為據,則此山為康、盧/公共之物業。盧契已抹銷,康契亦抹銷,着原差協同該地保、鄉老及兩造族長到山周圍/丈明所存樹木,逐一查明勻配,近盧墳者歸盧,近康墳者歸康,山地照現在葬墳處所不拘/斜直,祇要及近均勻,各半分管,插立界石,書明丈尺,造具清冊二本,各畫押報繳蓋印,以杜/日後爭端,縣丞張達另候發落。/憲差黃名登、地保劉秉義、鄉老劉日淑、兩造族長盧月淑、康潔淑等遵憲同到盧、康公山周圍/踏明均分:以牛心石、官寨、客仔嶺至狗湖尾、中崙垂下羊桐崙脊分水,琢書界石,南面一帶有康墳/亦有盧墳,其山地樹木分為康管。豬母運、釋迦堋、紗帽山內有康墳亦有盧墳,山地亦分為康管。/又以狗湖尾、中崙垂下羊桐崙脊分水起,至觀音崙及龍溪山一帶,係盧墳、盧姓住屋,山地樹木/分為盧管。所有樸船崙等處有盧墳,亦有培植松木,亦分盧管。登明冊內造具二本繳報/道憲親裁。現奉印發二比承領管業績,奉搬行/縣主太老爺明□,為貽蠹情確等事,奉/前任撫部院潘面發:該縣保民盧鑾等告康沐等爭山一案到道,業行該縣檢送原卷,前來/當堂鞫訊,查驗盧、康兩姓所繳山契俱屬明季葉姓出賣,年遠無徵,其中界址亦難遽定。後/因該山栽插木積長大,彼此互爭,歷控不休,則此山從前當為盧、康公共之物業,盧契已經抹銷,康/契亦抹銷,附卷隨着原卷,協同地保長、鄉老並兩造族長到山周圍丈明所存樹木,逐一查□匀/配,近盧墳者歸盧,近康墳者歸康,山地樹木照現在葬墳處所,不拘斜直,祇要及近均匀,各半分/管,插立界石,書明丈尺,造具清冊二本,各畫花押報繳蓋印,以杜日後爭端。去後續保長劉秉義、/鄉老劉日淑、族長盧月淑、康潔淑等到山分界、造冊、繳查並報盧、康兩姓各具遵依。前案效此,/餘將遵依。存卷造繳山冊印發二比各執為據外,所有吊查縣卷並盧抹銷契單合能發回。/為此牌仰該縣官吏照依事理,即將發來原卷計一十六宗並盧抹銷契單推批與二紙,遵/查收存案,以杜兩姓日後爭端。縣丞張達控改卷字,所即重責二十板發落,報查本案。/

　　乾隆拾玖年叁月　日着語,白昌書。

　　此摩崖石刻位於集美區後溪鎮許莊村。字幅高224厘米,寬145厘米。楷書陰刻。現狀完好。

清·西邊社廈防分府示禁石刻

　　特調泉州清軍海防總捕、駐鎮廈門分府、加三級劉,為懇恩示禁,以塞弊竇,以保祖墳事。本年十/一月二十三日,據嘉禾里倉里社族眾房長黃永達等稟稱:切永達等聚族二十二都倉里社,承祖/遺下本鄉公山一所,土名圳岵赤砂頭燈山,列葬歷代祖塋,並無他族墳墓。緣子姓日繁,力農是賴。/公議許就荒埔報墾,以及山麓蓋寮,年供薄稅,世作祀費,不准售人盜葬戕祖,延今百餘載,相傳無/或異。詎世風日下,人心不古,邇年來有一二不肖孫子妄聽地棍勾引,或藉已蓋寮/屋,貪金盜賣造墳,致他族涎圖戕祖。客歲曾經公出銀項賠贖,今年又有效尤,計謀陰鷙。此雖子弟/之不肖,實亦杜塞之無方。因思各處鄉山多有蒙憲張示,達等乃僉議循例懇恩給禁,俾遠方咸/知着落,庶地棍不開弊竇。伏乞俯察輿情,恩准給示,嚴禁盜賣。祖骨蒙澤,合族載德等情。據此,合行/出示嚴禁。為此示,仰附近居民及黃姓闔族人等知悉:嗣後務須遵照,所有圳岵赤砂頭燈山既係/通族列葬歷代祖塋,該子侄不許私行盜賣造墳,並不得藉耕園搭蓋寮屋,貪金轉售。附近居民及/遠方人等毋得私自承買。如敢故違,許該地保同族眾房長指名,前赴本分府具稟,以憑拘究。該族/眾亦不得藉示，侵占他人物業。各宜凜遵毋違，特示！

乾隆二十三年十二月　日給。倉里鄉族眾房長黃國圭、國標、國永、泰元、禹文、與權、瑞芳、與模、與咸、永智、子霞、仕華、永達、永清、永位同勒石。

此摩崖石刻位於思明區廈港街道西邊社。高197厘米，寬120厘米。楷書陰刻。現狀完好。

清·邑侯陳公憲斷海泊示禁碑記

邑侯/陳公/憲斷/[海泊示禁碑記]（楷書碑額）

特署漳州府海澄縣正堂、加三級、紀錄二次陳，審得周澤之祖周□公，係先朝名宦也，著有勳伐，崇祀於鄉，配享圭嶼，所有近地山園，/係其子孫世守，佃耕收稅，以供祭祀，亦既歷有年所矣。於乾隆十六年，有周姓不宗之周騫者，私向周澤私典圭嶼山園，旋復立契/洗找。騫遂橫買越占海泊，串佃魏寢，於營訊之右築屋壟斷，凡澳民採捕所獲蠔螺之類，□行橫抽，殆□□山海之利，籠而有之。

夫/奪眾□□□以飽一己之私，適□□□□□□□□□□□□□□□□□□□□□□□□□/據周澤堅供，地限掌四代，從無私抽之□。近來私抽，乃周騫、周創兄弟私苟，與澤無干。詰之周騫私抽擅築，啞口無詞，實屬不合□/□，是宜重責。□□□□□□□□□□□□以儆苟頑。且□例混買配享祀業，大干法紀。□其抹銷價銀，本應入/官，但念其尚屬周姓，姑免着追。□其自待取討，其山園斷歸周澤等三房，照舊輪管供祭。所築房屋，押令拆毀。至圭嶼海泊仍聽居/民採捕，周姓再不得影藉山園，越占橫抽，致干重究。取具。周澤、周騫等遵依在案。除示禁並押令拆毀所蓋房屋外，合在案以杜生/端。/

特署漳州府海澄縣正堂、加三級、紀錄二次陳，為通行示禁，以普民利事。□得川澤之利，為民□所共資。查沿海一帶所有海泊，多為/豪紳□族霸藉採捕，貧民往往受其侵漁，苦於難堪。□□積而成□，激□□□者，且釀而□□□。三都地方有圭嶼海泊，□□居民/□□□□□□□□□

□山園□□□□,其海泊所產蠔螺充數。每因居民□取□行,橫抽私稅,致其□風□□/□□□□□□□□□業經責懲。查圭嶼山園自□□價□配享祀業,豈容違例私買! 應□歸周澤三房,照舊輪管供祭。其價銀/□□□□□□。海泊仍聽居民採捕,周姓不許再藉占橫抽,致干重究。取具。遵依在案。但沿海一帶,如此類者應從不少。合□適/□□□□□□有產蠔螺等物,聽□附近民人採取,所有從前橫抽等弊,一概嚴行禁革。蠔之一物,祇許破取其肉,不許巨細鋤去。/□□□□□□□陷前弊,該地保澳甲同被害人等據實赴/□□□□拿究處,其□保人等亦不得藉端滋事,有干並究。各宜凜遵毋違,特示! /

乾隆二十四年閏六月初三日給。眾鄉仝立石。

碑原在海滄區嵩嶼街道貞庵村嶺上社天后宮前。花崗岩質,現已被鑿成4條長條(左上部殘缺),長244厘米,寬100厘米,厚23厘米。楷書陰刻。部分字跡缺失或漫漶。

清·水漲上帝宮奉憲示禁碑記

奉憲示禁(楷書碑額)/

泉州府同安縣石潯司、加一級金,為懇恩示禁,以肅廟宇、以奉神光事。乾隆二十八/年正月二十二日奉/興泉永道譚憲牌內開:

本年正月十五日,據林助具稟前事,詞稱:切助祖父林卻緣海/氛變遷,躬奉玄天上帝寶像逃入內地保護,舉家安寧。幸/聖朝平定海疆,開復廈島。祖父來廈,同鄉耆民募緣,選擇草仔垵海墘起蓋廟宇,建造/上帝寶像,朝夕焚香祝誦,叩答神恩。四十餘載,凡四方八達往來商漁船隻俱到廟祈/求者,靡不威靈感應。祖父歿,父林成承繼,恭奉三十餘載。父歿,助承先人遺訓,相繼朝夕/焚祝。幸逢憲天榮任,恩賜示禁,飭著保甲不許結黨行兇打架、聚眾賭博生事,合廈官/民咸沾雨露。茲邇來本廟內有地棍日夜相率聚賭,甚至酗酒喧鬧,穢污神光。助經同/本社耆民勸誡不聽,會仝約練保趕逐,去而復聚,況係海濱,巡查弗及。誠恐憲察罪責/匪輕,合切瀝稟,叩乞憲天大人恩賜示禁,嚴飭練保查明稟究,庶廟宇得以肅清,而祈/禱有靈矣,合廈謳歌公侯萬代等情到道。據此,合飭查禁,理作照依事理,查明詞內所稟/情節,速即出示嚴禁,毋許地棍相率聚賭酗酒,穢污神光,仍將示禁日期具文報查。等/因奉此,合此出示曉諭,為地方仰附近兵民人等知悉:嗣後如有棍徒相率在廟內聚賭/及酗酒喧鬧者,許該練保同林助等指名具稟,本分司以憑嚴拿詳究。該練保等倘敢/徇隱不報,察出一併究處不貸。其各凜遵毋違,特示!

乾隆二十八年　月　日立碑。

碑原存廈門市鷺江道水漲上帝宮內,今宮廟拆毀,碑不知去向。原嵌砌牆上。花崗岩質,高148厘米,寬58厘米。楷書陰刻。

清·廈港廈門海防分府示禁碑

皇清(楷書碑額)

特授泉州清軍海防總捕駐鎮廈門分府、卓異加一級、紀錄十六次、記功一次黃,為溥德恤商,乞勒示垂遠事。乾隆/三十二年九月十六日,據鋪戶金允盛、金允臧、金恒升、李源發、金豐順、郭萃興、金泰興、金長源、金彰德、金德興、郭茂/興、陳恒利、林恒茂、金元美、金源興、金恒發、金隆興、李德順、金和泰、陳如言、金長發、金德隆、金豐裕、金寶源、陳允成、金/聯成、金集豐、金益成、金大振、陳資元、金集興等各鋪仝合呈前事,詞稱:竊惟興利除害,期至怡之熙□;弊絕風清,見/仁政之難洽。雖至纖而至悉,信可大而可久。如盛等各鋪輪當值月,原奉歷任飭辦物件,傾煎地租,始則趣鋪採辦/一二,繼而被人影射多端。惟明察之未周,實商民之困憊。甲申六月,幸逢仁憲蒞廈,明並日月,念切民瘼。整綱飭/紀,草野群聚謳歌;守慎持廉,市井互相傳誦。若值月買辦一節,荷蒙諭止,一切物件悉內署自買,不許擾累商鋪。至/傾煎地租,祇就年額二千四百兩發領,餘外並不多發。乙酉,憲駕京旋,再三諄告革除。茲自汀州回任,又復重申/禁革,格外優施,感戴高深。惟是裁汰,於今既已仰荷厚恩,若不永垂於後,恐亦未沾實惠,合情相率匍懇,伏乞始/終。今□恩立定章程,值月一概免辦,地租照額發領,勒石垂示,永遠相承,俾無影射,□□□□鴻慈

□□□□□□。/據此,除批准給示勒石,永遠革除外,合就勒石示禁。為此示,仰廈商各鋪知悉:凡值月承辦物件,永遠革除,惟徵及/地租悉係番銀,仍具領傾熔,以憑批解。自示之後,倘有胥役人等擅冒名色採辦物件及影射地租,發兌銀兩,許該/鋪人等即指名稟究,決不寬貸。凜遵毋忽,特示!

　　乾隆叁拾貳年拾貳月　日。

　　碑存廈門市思明南路原思明縣監獄內。花崗岩質,高245厘米,寬約102厘米。楷書陰刻。昔被縱鬮為三塊,作鋪地之用,部分字跡已殘損。

清·東邊社廈防分府示禁石刻

　　特授泉州海防總捕駐鎮廈門分府、加五級、紀錄五次張,為/懇恩示禁,以安幽魂事。本年七月十日,據監生林/雲廣具稟前事,詞稱:切廣父安葬廈門東邊社,土/名岑內口,歷年祭掃無異,奈住居窵遠,巡視不周。近/處鄉民放縱牛畜,恣意踐踏;或不論男女,三五為群,/採刈芒草,連根鋤掘,甚至挖石取土,乘便圖利,罔顧/有主幽墳。廣到山巡視,觸目傷心。惟仁憲西伯/為政,凡無主廢墳,尚蒙加恩補葺,況廣歷年祭掃,豈容恣意戕害?非蒙示禁,壞土莫保。叩乞恩准給示嚴/禁,俾愚頑知儆,人鬼沾恩等請到府。據此,除批示外,/合行示禁。為此示,仰該地練、保及附近軍、民人等知/悉:自示之後,毋許仍前在林雲廣父墳界內放縱牛/畜、踐踏及鋤挖芒草、土、石,如敢故違,許該練、保及山/主指名赴/府稟究。各宜凜遵毋違,特示!/

　　乾隆肆拾壹年柒月　日給,/抄白發岑內口曉諭。

　　此摩崖石刻位於廈門大學後山水庫旁邊。字幅高150厘米,寬180厘米。楷書陰刻。現狀完好。

清·奉憲示禁永遠不許起蓋房屋碑

奉憲勒禁所爭原地永遠不許起蓋房屋碑記(楷書碑額)

　　特調泉州府同安縣正堂任,為攻殺焚巢等事,蒙本府正堂郭憲票、蒙按察使司陳、興泉永道董批府轉詳,該縣民林體與林中喬等互爭基地一案,蒙批如詳,飭遵。計粘抄府審一紙,仰/縣照依事理,秉公定界,勒禁完案具報等因,蒙此,合行飭遵。謹將憲審敘勒於左:/
　　本府正堂郭核審得同安縣民林體與生員林中喬等互控基地一案,二比同祖分派,林體係屬長房,林中喬、林劍泉等係屬次房,分支已久,聚族而居。緣林中喬、林劍泉等祖居屋後有基地一片,係林體等/私業,地勢高聳。乾隆十五年間,林體胞叔林景培等欲於地上起蓋房屋,迫近林中喬等住屋。林中喬叔祖林爾拔等聽信風水,以為來龍過脈,恐有傷礙出阻。互相涉訟,未經控准。隨經公親林華國等調/處,議立合約,停止起蓋。林爾拔復同本房人等於公共祖祠內立石碑,以為永遠禁蓋房屋之據。所有基地,仍聽林體一房管業。歷經林體等作園栽種,搭蓋草寮,迄今二十餘年,相安無異。迨乾隆四十/年十二月間,林體因基地界址圍牆坍壞,照舊修築。林中喬等恐林體等仍欲蓋屋,遂指稱該處係從前碑禁公地,出而阻之。兩相爭鬥,林體所搭草寮因年久朽壞,維時較爭,人眾擁擠坍倒。業經二比赴/縣呈控,經縣飭差諭止,一面拘犯究訊。兩造犯證未齊,未經審理,而林體、林中喬等遂於四十一年三月間各赴本道憲呈控,復於六月內各赴臬憲轅具呈。奉批查報等因,當即轉飭同安縣/勘訊。去後,茲據該縣詳覆,前來卑府。查二比所爭基地既經該縣勘訊明確,歷係林體等一房搭寮栽種,相安已久。如果係屬公地,林中喬等房眾何肯聽憑林體一房久占為園?且查據兩造議約碑摹,內/均祇稱禁止起造房屋,並無議及此地係屬公地字樣。即或約字係林體齎出,不足為憑,而林中喬祖上當時果被林體等在公地占蓋房屋,阻止、立碑,則碑文內何以並無敘述明確?是該地為林體等一/房私地,已無疑義。今林中喬混稱林體等私地為公地,並將自己築牆圍進之私地,亦稱為公地,總因聽信風水之說,冀圖將林體等私地歸公,永為護伊祖屋風水之計,殊不知林體等一房私地現在完/糧、串票確鑿,而林中喬指為公地,毫無憑據,難容混爭。應請俯如縣議,將所爭基地仍斷歸林體等掌管。但林體此地,從前伊叔林景培等既聽勸處,立約停止蓋造,自不得違背前議,復行起蓋,致啟釁由。/應請亦照縣議,飭令林體將高聳基地,祇許作為種植曬場,照舊議永遠不許起蓋房屋,以杜爭端。其基地四圍原有圍牆之處,仍聽林體照舊修築,以便守顧;其原無牆基之地,不許另行砌築。至林體倒/壞草寮,亦聽照依舊址搭架,不許加增高大;林中喬等亦不得藉端阻擾,所爭基地業經該縣履勘,地段情形核與碑約不甚符合,若不立定界址,恐難杜絕日後訟端,應飭縣秉公定界,勒禁起蓋房屋,永/遠遵守。至兩造互控毆傷各情,據訊,雖無持械爭鬥,實因爭較時彼此扭結,致有微傷,並兩造捏詞架控,均有不合。姑念事在乾隆四十一年五月初一日/恩赦以前,請邀免置議。草寮因係年久朽壞,以致擁擠坍頹,勘非林中喬等焚拆,應免議賠緣,奉批查理合,據詳查核,示遵。/

乾隆四十一年十月初十日同安縣正堂任,勘十五日審申詳府憲郭,蒙批:核案轉詳,候臬憲批示碑摹圖說,存十一月三十日由府申詳。臬憲陳蒙批:如詳,飭遵仍候興泉永/道批繳碑摹圖說存,並詳道憲董。蒙批:縣文仰即照斷完案,餘已悉繳圖說原詞存。又批:府文仰即飭縣秉公定界,勒禁完案,仍遵臬憲批示,繳圖說存。/

乾隆四十二年三月　日立。/

碑存集美區杏濱街道錦園社區。今據集美區檔案館編《集美尋珍‧歷代碑刻拓片薈萃》一書所提供的拓片錄入,尺寸未詳。楷書。基本完好。

清‧打鐵路頭廈門海防分府奉憲示禁

奉憲示禁（楷書碑額）

特調泉州總捕海防駐鎮廈門分府、加十級、紀錄十次□,為/勒石示禁,以安商旅事。據大、小行鋪金同興、金天德、金俊祥、金/坤元、金德安、金聯豐等僉稱:打鐵路頭甲寅年崩塌,行□□□/重修寬綽。有無賴之徒就地兩邊擅蓋草棚,日假營□□□□/賭,奸宄往來其間,商旅幾為不寧。仍復假藉奉神,起蓋廟宇,擁/塞路頭,貨物難通。僉懇委員勘拆等情。茲據地保稟明□□□/經委員勘拆去後,茲據石潯司稟覆勘拆,並據金同興等□□□/路頭係舟車輻輳、商旅雲集之區,業蒙勘明押拆,第恐□□□/生,復有無賴之徒輕藐妄為,效尤漁利,僉懇詳情勒石示禁,□/人等知悉。自示以後,毋許仍在打鐵路頭兩傍搭蓋草□□□/奉神,起蓋廟宇,擁塞路頭。如敢故違,一經首稟,定當嚴懲□□,/決不稍為寬貸。各宜凜遵毋違,特示!/

　　嘉慶柒年肆月給。

　　碑原在廈門市思明區打鐵街95號對面牆上,現移至廈門市博物館。花崗岩質,高135厘米,寬69厘米,厚12厘米。楷書陰刻。現狀完好。

清・同安縣教諭訓導示禁碑

　　乾隆五十九年,奉/督學部院趙,為申明/定例,不許貢、監、文、武生員充當社長、社副、保正、鄉長,濫充/濫派一應地方雜差名目及率據差役混稟,致滋擾累,/皆干例禁,概行禁止,垂示久遠。/

　　嘉慶九年五月　日,教諭吳若海、訓導傅呂立。

　　碑存同安博物館內。嵌砌牆上。花崗岩質,高205厘米,寬79厘米。楷書陰刻。現狀完好。

清・東坪山示禁石刻

　　特授泉州廈門分府葉示,/仰閤廈軍民及附近人等/知悉:自示之後,毋許爾等/在於鄭光沂界內縱放牛/羊、種種蹧蹋,如敢故違,/即差拿重究,決不寬貸。各/宜凜遵毋違,特示!/

　　嘉慶拾肆年伍月　日。/

　　此摩崖石刻位於廈門市東坪山上。內容根據照片錄入。

清·碧山岩歌功頌德碑

歌功頌德（楷書碑額）

　　特授泉州府同安縣石潯分司、加三級又加一級陳，為乞示垂文事。據廈商藥鋪戶錢啓泰等稟稱：碧山/岩傍南有藥王古廟，於乾隆五十九年，前司主劉捐廉修葺，增設孫、韋二真人神位，嗣蒙前司主斯/添設戲臺，築砌石路。嘉慶八年，又蒙分憲徐捐募鼎新。商等感激之餘，無可圖報，從旁設立/徐、劉、斯三公長生祿位，朝夕頂禮，俎豆尸祝。迄今抽提規費千有餘緡，置產生息。伏念藥皇、真人華/誕，均已演劇慶祝，三公壽辰亦宜一體遵慶。除章程自行妥議外，合請給示，嚴禁地匪作踐，以垂久/遠等情。據此，查該商向奉藥皇、孫、韋二真人神像及徐、劉、斯三公長生祿位，茲請一體慶頌千秋。/既由該商感激，樂輸出自至誠，殊堪嘉尚。除屆期着令寺僧誠謹慶祝外，合行給示。為此示，仰諸色人/等知悉：毋許作踐滋事，務各一體尊崇，咸登仁壽。毋違，特示。/

　　藥皇烈山聖帝四月二十八日華誕，孫真人正月初二日華誕，韋真人六月初九日華誕。/

　　賜進士出身、/誥授朝議大夫、福建福州海防同知、攝理同安縣事、前任臺灣府知府徐公諱汝瀾，五月初一日壽辰。/

　　前任石潯分司劉公諱天佑，六月初十日壽辰。前任石潯分司斯公諱芳，二月十八日壽辰。/

　　嘉慶貳拾年肆月　日，廈島藥商諸鋪戶公立。

　　此碑立於思明區碧山岩寺。花崗岩質，帶座，尺寸缺記。現狀完好。

清·審勘柯挺書館舊基示禁石刻

　　特授漳州府海澄縣、加七級、紀錄十次張,為審勘斷結,出示曉禁,以杜侵占、以/絕訟源事。照得縣民柯士齊具告溫珠香、溫珠力等占葬館地,並周世德續控/溫珠香等侵葬一案。當續飭傳人證到案。訊得柯士齊即柯寶,祖籍本縣三都/長江鄉,伊祖柯挺係前明萬曆解元,曾登進士,建置書館在本三都大岩寺前,/設教授業。時有周起元延學於斯,勒有"師弟解元"碑記,並另勒柯挺歷□任所/石碑,是此館地為柯家祖地,確有可據。茲因年久,館屋倒壞,僅存基地。乾隆甲/戌年,溫寵等就地葬棺,經柯□許阻較,起待另置濕厝。今溫珠力等復將濕厝/拆除,將柩再葬此地,以致柯士齊不甘具控。而周起元之裔孫周世德,亦以此/地係伊祖仝柯挺講學之處,紛紛呈告。
　　今本縣集同人證,逐一勘訊,明確是非。/珠力等占葬,已屬情真。今應將溫珠力按律究懲。姑念當堂再四懇求,認限採/還。從寬免其置議押金。溫珠力等遵照定限,即於五日內採還。如敢故違,即行/提究。至周起元係柯挺學徒,所有書館並非公同建置,未便出而告爭。斷令把/館地歸於柯士齊掌管。此後,周世德亦不得爭執滋事。取具,各遵依及保限,各/據在案。第恐續後別姓復有占葬,亦未可定。除照案,飭差押令溫珠力等依限/起採外,合行出示曉禁。為此示,仰所屬軍民人等知悉:自示之後,爾等宜遵照/斷案,毋許在於三都大岩寺前,古昔鄉宦柯挺原建書館地基界內占葬占□,/以及侵界滋弊。如敢違,許該館主及該地保,□據實指稟赴縣,/以憑嚴拿究辦。所有柯士齊亦止許在於該地館基舊址內自行修築,立碑營/業,毋得藉端侵占別姓地界,致滋事端。其各凜遵毋違,特示!/
　　嘉慶貳拾叁年貳月廿五日給示,該貼館基。/

　　此段石刻位於海滄區雲塔寺右後側。高約106厘米,寬66厘米。楷書陰刻。字跡漫漶不清。

清·義倉埭田告示碑

　　本道周,示附近各鄉村居民人等知悉:林後/鄉埭田今已歸義倉管業,並非薛家之物,爾/等務須約束子弟,毋許再在田間偷取五穀、/茅草,私挖岸石,毀掘沙土、涵枋等項。如敢故/違,立拿重究不貸,特示!
　　道光拾伍年柒月　日給。

　　此碑原在湖里區禾山街道園里社,後在重修觀音寺時,重新豎立於埭遼水庫邊。花崗岩質。今據黃國富先生提供的照片過錄。

清·同安美埔溝涵告示碑記

溝涵告示(楷書碑額)

　　調署泉州府同安縣正堂、議敘加二級、隨帶加二級、紀錄五次裕,為/曉諭事。照得栽種課田全賴水圳灌溉,第圳有一人築之圳,有眾築公用之圳,於應照約車用,/不容私截。茲據生員葉萃英、葉藍玉、葉淩寒、葉垂緄、葉元甲、葉士彥、葉源連等呈稱:小溪口大壩/原係生等祖父首倡,築堤疏通水圳,灌溉西洋鄉族人、汪厝邊戴姓、員江林姓、洪下洪姓、本社張/厝等鄉課田,為首承管,歷年修理,遠近周知。禍緣溝涵在西洋鄉門首,上下田畝,悉係族人戴、林/等姓耕業。生等課田在雙圳下流,每逢亢旱,屢被恃強占踞水頭,夜決日截,每致曝苗枯槁,現附/旱乾之慘。英與分較不已。瀝情僉懇為國為民,恩准示禁強截水源,肥己磽人,立碑杜禍等情。批/此,查該生等田業既在雙圳下流,灌溉田畝,自應就壩車水以應急用。除批示外,合行出示嚴禁。/為此示,仰該鄉民人等知悉:爾等自示之後,凡有附近田畝需用圳水者,務當一律聽其灌溉,毋/得稍有阻截。如敢抗違,仍復占據霸截,利己損人者,/定行指名拿究,決不寬貸。勿違,特示!

道光貳拾壹年玖月十六日給。

碑存同安區蓮花鎮美埔村張厝社崇福堂外。花崗岩質,高170厘米,寬50厘米,厚18厘米。楷書陰刻。現狀完好。

清‧同安縣積善里白礁鄉示禁碑記

欽命候選道、署福建分巡興泉永等處海防兵備道兼管水利、驛務史,為/僉懇一體示禁等事。據同安縣積善里訓導黃倫、廩生梁化坤、黃元來、職員梁元秀、生員王澤源、潘騰鯤、李斌、家長梁/吉年、歐陽植、林維申、葉德清、王懷仁等赴轅呈稱:竊謂里書之設,原由里民之舉,以理糧戶之顆額。故凡民間之買/賣,悉歸里書之推收,遇戶如無戶名者,為之立戶收糧。向有一定章程,推出者如在一錢銀以下者,每錢銀糧額給送/筆資錢一百文,收入同之。若至一錢銀以上者,每錢銀糧額遞加錢一百文。其新立戶名者每戶給送筆資錢四百文。/書民相安已久,而民間買賣者多推收利便,有產有糧,何致倒絕?詎日久弊生,數十年來,里書退換不由里舉,推收之/時,任意需索,每錢銀多至數員筆資,無力從索者,產去糧存。迨經死絕者則無可推收,遂致懸糧倒戶。上虧國課,下/累良民,皆由里書多索之積弊。倫等生長於斯,深知原委,身受國恩,焉忍緘口不陳?於是僉蒙前邑主張出示嚴/禁抄黽。無如該里書等都知勒索成性,而於推收糧額毫無經心,不特不遵示諭到都推收,反敢浮員造冊,截串/弊混,翼圖勒索。目前尚且如此,日後難期克臻,再四思維,惟有仰懇仁憲電弊振威,出示勒石,永遠禁除積弊,循照/舊章辦理,庶糧額不致倒懸,裕課利民,莫此為大。合亟僉叩,伏乞電奪批示立碑,永遠禁除,萬民謳歌,孔邇沾恩,切/叩等情。據此,查該里民於推收過戶,每錢銀糧既願給與里書筆資錢一百文,新立戶名者每戶給與筆資錢四百文,/則已足酬其勞,不致賠貼紙筆,自應遵循辦理,何得多方需索,使該糧無力送給,致令懸糧倒戶,實屬玩法,亟應嚴行/諭禁,以重國課而恤良善。除呈批示,並飭同安縣一體查禁。如違,提究外,合行出示嚴禁。為此,仰同安縣積善里里/書、糧戶人等知悉:爾等務須遵照示內章程,遇屆年底,該里書設局都內到鄉查詢,一俟買賣業主報明糧額,隨時推/收過戶,不得多方藉索推單、造冊、立戶禮錢。倘該里書膽敢仍蹈前轍,需索無厭及浮員造冊、截串弊混，希圖多索，則/是冥頑不靈，不堪化導。許被索之人即行扭送赴轅，以憑飭發地方官按法重懲，以為玩視課務者戒。本道為警飭地方起見，言出法隨，決不寬貸。各宜凜遵毋違，特示！/

道光貳拾玖年閏四月初六日給。

碑存漳州市龍海區白礁慈濟宮（原屬同安縣）內。花崗岩質，高199厘米，寬75厘米，厚16厘米。楷書陰刻。現狀完好。

清·禾山呂厝示禁碑

示禁（楷書碑額）

特授泉州海防總捕駐鎮廈門分府、加五級、紀錄十次來，為給示諭，/禁包攬以從民便事。本年五月初三日，據呂厝鄉鄉耆呂順、呂/遠梅、呂聿、呂春等赴廳僉呈詞稱：順等住居本鄉，守分安犀，緣有僯近/大姓，恃充丐首，開設轎店，包攬禾山各社凶吉花禮，橫行肆意，擾害良/民。上年拾貳月，族人呂彭先向葉雷雇倩魂亭、鼓吹，雷勒索多價，轉向/蕭朝英雇倩，雷忿許截搶，經英赴□暨本道憲控告在案。順等爰是相/牽，僉懇給示：凡有吉凶諸事，應用鼓吹、魂亭、大轎等項，聽人順便雇倩，/毋許包攬逆索，滋生事端等情。據此，查民間婚喪，丐首無涉，雇用一切，/本應聽人自便，何得藉端圖索、包攬？據呈前情，除□示並蕭朝英控案/雇傳訊斷外，合行給示諭禁。為此示，仰該鄉居民暨丐首人等知悉：嗣/後民間如有婚喪，應用轎、亭、鼓吹等項，俱着聽從本人自行擇雇，毋許/妄行包攬，藉詞圖索，滋生事端。倘敢不遵，許開鄉耆暨雇主人等據實/指控，赴分府以憑差拿究辦，決不寬貸。毋違，特示！

咸豐元年伍月十玖日，發曉諭給。

碑存湖里區江頭街道呂厝社區呂氏家廟（近年因城市建設，移入蓮花二村崇仙宮）。花崗岩質，高110厘米，寬56厘米，厚9厘米。楷書陰刻。現狀完好。

清·江頭廣源宮巡道示禁碑記

　　調署福建分巡興泉永海防兵備道潘,為示諭事。照得黃傳機/與陳□互控一案,兩造滋訟不休。又因陳苧等關押同安縣,以致案/懸莫結。昨經委員將陳苧等四名提到,復傳黃傳機、陳□等當堂訊/斷。緣黃姓族小丁稀,屢受陳姓欺淩,因上年各鄉械鬥蔓延,將黃姓住/屋拆毀,□贖洋銀肆百員,以致黃姓不甘,赴轅呈控。本應將陳姓舉/辦以示懲儆,姑念鄉愚無知,從寬斷令陳姓賠補洋銀三百員與黃/姓四家蓋屋之貲,以後兩造各□和,不得仍挾前嫌,致生枝節。如果陳/姓再敢任意欺淩,查出定即嚴究,決不寬貸。除當堂各其遵結存案/外,合行示諭。為此示,給陳、黃兩姓知悉:自示之後,爾等務各身自安/生業,毋得仍蹈故轍,致干查究。其各凜遵毋違,特示!

　　咸豐十年七月廿六日給。

　　碑存湖里區江頭街道廣源宮外。花崗岩質,高 138 厘米,寬 65 米,厚 15 厘米。楷書陰刻。略有磨損。

清·茂後山廈門海防分府示禁石刻

　　署理泉州廈門海防分府龔,為/出示嚴禁事。本年二月二十六日,據職員曾肇英呈稱:竊以死者/入土為安,故葬墳必厚封以土,又藉草木而蔭固,所謂祖先安則/子孫亦安也。詎近來惡習,每有居民放縱牛羊馬豕,在山蹂躪踐/踏,更有奸徒鋤薙墓草,賣作薪火;挖掘塚土,售人版築,毀人墳墓,/藉作生涯,以致塚陷墳坍,有主無主,悉遭其害。雖奉/列憲示禁,日久玩生,毫無顧忌。茲英有祖墳數首,原葬在曾厝垵/山,及獅山社之撲鼎山龍船石,港口社之文靈宮後,又東邊宮後/金山仔、茂後等處,但英各處墳山四至立界,歷管無異。無如惡習/相沿,每被居民放縱牲口,到山踐毀,復遭奸徒不時鋤草掘土,毀/其風水,傷其龍脈。三五成群,習為常事。可憐墳山坍塌,遂使先人/魂魄不得安於夜臺，冤慘奚極。伏思下南風水有關子孫命脈，一/有戕傷，立見災禍，豈容任意放縱，肆行鋤掘？不顧天理，害人不淺。/非蒙仰仗憲威出示嚴禁，則無以戢奸徒而安先塋也。合上瀝/叩，懇乞恩准出示嚴禁，毋許奸徒在英各處墳山鋤草掘土，以及/居民放縱牲口，踐毀墳墓。俾知斂跡，死者得安，生者受蔭，世世銜/結沾感，切叩等情。據處，除批示外，合行示禁。為此示，仰闔廈軍民/諸色人等知悉：爾等自示之後，毋許放縱牲口在職員曾肇英祖/墳踐踏，及鋤草掘土諸事。倘敢故違，立拿懲辦，決不寬貸。毋違，特/示！

同治六年二月三十日給/告示，/發茂後山曉諭。

此石刻位於思明區黃厝社區茂後社後面的高劉山中。據林進才先生提供照片錄入，尺寸缺記。楷書陰刻。基本完好。

清·海滄寧店署漳州府海澄縣正堂示禁碑

奉憲立碑（楷書碑額）

欽加同知銜、署漳州府海澄縣正堂、加五級、記錄五次朱，為嚴禁事。本年十一月初十日，蒙/本道憲文札開：

同治十年十一月初二日，准/大荷蘭國駐廈巴領事照會，內開：據敝國民人李康澤稟稱，伊祖籍澄邑龍店社，族小丁稀，居多外出生活，鄉中唯有婦女幼稚。凡諸婚姻、喪葬、登科、/祝壽等項俗事，每遭該處丐首藉充夫頭包管地界，名曰"埔頭"，橫勒向伊該管雇用夫轎，占界霸抬，擇肥肆噬，不得越界別雇，任聽詐索多資。即如婚娶/花轎、吹手一切等費常時三五元之數，而丐首多則索銀五六十員，少則三四十員。間有鄉民貧苦莫應，懇諸女家步行護嫁，輒被該管埔頭之丐首率/同丐夥攔途阻撓，肆擾難堪，或偵女定聘，搶先勒借男家婚娶轎價，臨期易脫，丐首居奇重索；或家養苗媳長成冠笄，亦當拆給轎費、丐禮，百般荼毒，恃/其勾結棍蠹，相濟為惡，詐稱充當官夫，賠累差費，欺騙鄉愚，定遭擾索弊害，置各鄉民不啻釜魚籠鳥，情慘曷極。茲澤弟李康傑係由貴國回鄉定聘、/娶婦，佳期在即，被該丐首食髓知味，居奇多索轎價，定要數十元以遂欲壑，忿忤抄擾，抗不預備夫轎應用，莫奈他何，勢必貽誤匪輕，竟到在外鄉族子/

侄,聞風裹足,視為畏途,不敢回家婚娶,鄉族幾廢。於是鄉老咸謂積弊蔓延,相率僉赴地方官,呈請禁革在案。念澤與弟李康傑同係貴國生長,而今回/籍娶婦,此係風俗人倫之大關節,豈容丐首假藉夫頭,包雇夫轎,索取厚禮,又不能聽便別雇,殊屬罔法至極。懇請照飭禁革等情。當查澄邑丐首如此/橫行,擾索彩禮,甚至藉充夫頭,霸管鄉村地界民間婚娶,迫勒向伊包雇夫轎,多詐銀錢,最為地方之害。

伏查:李康澤世居龍店社,係屬孱弱小鄉,屢受/淩勒荼毒。此次伊弟李康傑回鄉娶婦,乃人倫之正道,該丐首膽敢欺視外國初回、人地生疏,定欲多索轎費,從其包雇。此等刁風,殊深憤恨。以致通鄉/子侄有在敝國營生,聞風裹足,不敢回來婚娶,情實可憫。亟應照例禁革,未便任聽擾害。合亟相應照請。為此照會,請煩查照,希即檄飭海澄縣出示禁/革:凡遇龍店社鄉民婚娶情事,准予自行擇便別雇夫轎,毋須丐首藉充夫頭,霸占地界,恃強包雇,勒索擾害,俾便鄉民,勒石永禁,以垂久遠。仍將飭辦/緣由賜復,是所切禱望,切望速等因,准此。除照復/巴領事知照外,合亟札飭。札到該縣,立即遵照出示嚴禁。嗣後遇有鄉民婚娶情事,毋許該丐首藉充夫頭,霸占地界,恃強包雇勒索,以免擾害。仍將遵/辦緣由具文報查,毋稍延縱,火速。此札。等因,蒙此,除將呈控各案另行究辦外,合行示禁。為此示,仰合邑各丐首等知悉:如遇民間婚娶一切事件,應否/雇轎及雇用何處轎夫,悉聽自便。毋許把持地界,勒索轎價、花紅各目。如敢故縱群丐臨門,吵索酒食,許被擾之家即行呈控,從重嚴辦。凜之毋違,特示!/

同治拾年拾壹月　日給/告示。

碑存海滄區海滄街道溫厝村寧店社龍山宮內。嵌砌牆上。花崗岩質,高228厘米,寬96厘米。楷書陰刻。現狀完好。

清·同安美埔行壩告示碑記

行壩告示(楷書碑額)

即補分府直隸州、攝理泉州府同安縣正堂、加十級、紀錄十次胡,為/出示諭禁事。本年三月二十三日,據廩生葉萃英,生員葉淩寒、葉炳文、葉廣颺、葉輝文、葉以南,武生葉念茲、葉俊哲,鄉老葉福、葉密等僉呈,竊英等具控廟山吳紂等侵壩斷源,截流利己一案,當蒙派丁仝差查勘理處,吳紂即托公親舉人吳士敬,生員吳登龍、葉彥青,武生葉廷才等出為調處,願將所侵公壩、水道清還;臼基所造水磨去水,仍歸公壩;新築之壩聽其拆毀;貪食之涵,抵用升涵。兩皆悅服,各具依結,呈繳在案。惟是壩雖灌乎數鄉,地實轄夫一隅,誠恐日久玩生,仍蹈前轍,呈請示禁等情。據此,查此案前據廩生葉萃英等呈稱:有公共水壩一條,由大溪山入小溪口,自雍正年間伊祖葉浩觀出銀修築,各鄉老舉為壩長,立約遇旱分車灌溉,不許違約混爭。後有吳才等築堤截流,私造水磨,並被西洋鄉強截肥己,均經控蒙委員勘辦示禁。現在復被吳紂等截流轉磨,並就壩頂新築一壩,灌溉私田,又將公壩、水道占開田地等情,並據鄉老李啟等僉呈到縣,即經飭處丁□到地查勘,邀集理明取具,兩造依結,呈送附卷完案。茲據續呈前情,除批示外,合行出示諭禁。為此示,仰該處附近居民人等知悉:爾等當知栽種、課田均賴壩水灌溉,何得私截來源,損人利己?嗣示之後,務照舉人吳士敬等所處,永遠遵辦。如敢仍蹈前轍,定行指名拿究,決不寬貸。毋違,特示!

同治拾壹年四月初二日給。

　　碑存同安區蓮花鎮美埔村張厝社崇福堂外。花崗岩質,高170厘米,寬67厘米,厚18厘米。楷書陰刻。現狀完好。

清·殿前社示禁碑記

　　兵部侍郎兼都察院右副都御史、巡撫福建等處地方、提督軍務兼理糧餉丁,為嚴禁自盡圖賴,以重民命事。照得自盡人命,律無抵法,而小民愚蠢,動輒輕生,其親屬聽人挑唆,無不砌詞混控,牽涉多人,意在求財兼圖泄忿。本部院蒞閩以來,查核各屬命案,此等居多,而地方官不詳加勘審,任憑尸親羅織多人,輒即差拘到案。鄉曲小康之戶,一經蔓引牽枝,若不蕩產傾家,則必致瘐斃囹圄而後已,公祖耶?父台耶?祖父之待子孫固如是耶?除嚴飭各府、廳、州、縣,如此後有將自盡命案濫行差拘良民,以致無辜受累者,立即分別嚴參外,合行剴切曉諭。為此示,諭所屬軍民人等知悉:爾等須知人命至重,既死/不能復生。公論難誣,千虛難逃一實,況父子、夫婦、兄弟,皆人道之大經,乃死而因以為利,是雖靦然人面,實則禽獸不如。本部院現經/嚴加通飭,凡自盡命案,均限一月審結。倘有聳令自盡、誣告、圖賴等情,即嚴究主使棍徒,一併從重治罪,則爾等縱或自將一死,總不/能貽害他人,其親屬雖欲逞刁,一經審出實情,不過自取罪戾,亦無人肯與賄和,是不但死者枉送性命,不值一錢,即生者因此而犯/刑章,更屬無益有損。本欲害人,適以自害,徒為仇人所快,復何利之可圖?何忿之能洩乎?試為反復籌思,與其枉死無償,聽他人之入/室,曷若餘生自愛,冀飽暖於將來?且本部院業經嚴禁書差需索,爾等如有身受重冤,盡可瀝情控訴,並不須花費分毫,又何必自投/絕路,至以性命博銖錙哉!嗣後務各自愛其身,毋得逞忿輕生,希圖詐害。該親屬亦不得聽唆誣告,枉費誇張。茲將律例、罪名逐條開/列於後:

一、子孫將祖父母、父母尸身圖賴人者,杖一百、徒三年,期親尊長杖八十,徒二年;妻將夫尸圖賴人者罪同,功、緦遞減一等;告官者以誣告反坐,杖一百、流三千里、加徒役三年;因而詐取財物者,計贓准竊盜論;搶去財物者,准搶奪論。/

一、詞狀止許實告實證,若陸續投詞,牽連婦女及原狀內無名之人一概不准,仍從重治罪。/

一、赴各衙門告言人罪,一經批准,即令原告投審。若無故兩月不到案,即將被告、證佐俱行釋放,聽告之事,不與審理專案,原告治以誣告之罪。/

一、控告人命,如有誣告情弊,照律治罪,不得聽其攔息;或有誤聽人言,情急妄告,於未經驗尸之先,盡吐實情,自願認罪,□詞求息者,/果無賄和等情,照不應,重律杖八十。如有主唆,仍將教唆之人照律治罪。/

一、以上皆係律例明文,何等嚴切。本部院堂經飭屬將此示泐石城門,爾等安分良民,如有實被自盡命案牽連者,即摹石赴地方/官呈訴,以免拖累。各宜凜遵,切切特示。遵/右諭通知。/

光緒貳年柒月二十日,發店前舖□□社,/毋毀風雨飄泊損□。/

碑存湖里區殿前街道中正廟前。花崗岩質,高190厘米,寬77米厘,厚11厘米。楷書陰刻。現狀完好。另在集美區灌口鎮雙冠庵內亦存一通內容相同的示禁碑記。"撫憲丁示"為碑額,內容刻於兩塊花崗岩石板上,高172厘米,通寬154厘米,厚15厘米。楷書陰刻。現狀完好。

清·洪本部路頭告示(殘)

洪本部路頭告示(楷書碑額)

　　調署泉州廈門海防□□□□/福建水師提督中軍□□□□/會銜出示嚴禁事。本年十一月十八日,准/水中營傅,移開:本年十一月十五日,據廈門鹽大總館陳世□□□□/稱,竊維廈門一島,四面臨海,港深坪淺,泥淖瀰漫,故當梯航輻□,□□□□/物起落,得緣以登岸,甚為穩便,如洪本部路頭即其一也。奈日□□□□/貪圖占地,不顧礙人,輒將傍近路頭之海坪侵占,填土蓋屋,無□□□□/下,海坪夾填,日伸日長,則路頭從中,日形其縮。以致潮漲則路□□□□/停橈為害,殊非淺鮮。昌等均屬該處鋪戶,親見沾濡之苦,爰興□□□□/於路頭兩旁添造石崎兩座,使潮汐水淺之時,老幼得由斯起□□□□/靸石無靈,路頭仍為毀縮,往來者終病徒涉,而昌等興修,竟屬□□□□/永遠不得侵占、填築,倘再侵占、填築,伏乞立與重懲,確示遵行□□□□/路頭兩旁海坪,每被愚民填之蓋屋,遮蔽路頭,致礙行旅。今既□□□□/移請。為此備移,請煩查照。希即會銜出示,嚴禁洪本部頭兩□□□□/路頭載入運出,其雙槳船隨時放開,不准橫強。但此路頭,係□□□□/陳世昌等具稟前來,除批示外,合行會銜出示嚴禁。為此示,□□□□/屋,遮蔽路頭,以及雙槳橫強,致礙行旅。倘敢故違不遵,或被□□□□。/

　　光緒二年拾貳月十□□□□。/

　　碑存思明區洪本部巷昭惠宮內(1998年在鄰近的石滸巷某民居宅基地中發現)。花崗岩質,殘高88厘米,寬73厘米,厚12厘米。楷書陰刻。中部以下殘損,其餘完好。

清·同安後肖鄉告示

告示（楷書碑額）

　　欽加知府銜、即補清軍府、攝理同安縣正堂、加十級、紀錄十次劉，為/出示曉諭事。照得上厝鄉武生葉榮春等與後肖鄉陳唱等由縣赴/本道憲轅，互控池塘戽水捕魚、毀穀搶擄各等情一案，當經本縣提訊察閱，葉榮春/所繳合同約字，公親均不承認，其為不足憑信，已可概見。復敢喝擄多人，混行生事，大/屬玩法。本應嚴究，姑念兩造鄰鄉，從寬斷令：池中魚、水仍歸陳姓管業，水在池外溝餘/流者，准葉姓公用，池魚與葉姓無干。自後，葉姓不得再事爭水奪魚，陳姓亦不得閉塞/水溝，以敦和好，而杜訟端。除取具兩造遵依甘結附卷外，合行出示曉諭。為此示，仰兩/造該鄉人等知悉：爾等務須約束族眾，依照堂斷，永遠遵行。嗣後毋許藉端爭執。倘敢/故違，一經訪聞或被告發，定即嚴拿懲辦，決不寬貸。各宜凜遵毋違，特示！

　　光緒叁年伍月廿四日給控首。道憲李信暨/後肖鄉案內同事、家長，貢生彭思誠、彭衲、李雙、李格、陳膽、林設等仝立石池北之宮前。

　　碑存同安區五顯鎮後肖村明雲殿前。花崗岩質，高138厘米，寬48厘米，厚20厘米。楷書陰刻，基本完好。

清·積慶堂牌文

積慶堂牌文（楷書碑額）

　　欽加同知銜、調補漳州府海澄縣正堂、隨帶加冠級、記大功八次賴，為包雇勒索事。本年六/月十八日，據三都長嶼社家長李宗毛、李應選、李佛助等呈稱：切毛等住居長嶼下社，負山/濱海，土瘠民稠，凡諸婚娶、喪葬、登科、祝壽等項俗事，每遭該處丐首藉充夫頭，包管地界，名曰"埔頭"，橫勒向伊該管雇用夫轎，任聽詐索勒資，不得超界別雇。即如婚娶花轎、吹手一切等費，常時三五元之數，而丐首多則索銀三四十元，少則二三十元；或偵女訂盟定聘，搶先勒借男家婚娶轎價，臨期易脫，丐首居奇重索；或苗媳長成冠笄，詐稱充當官夫，賠累差費，亦當折給轎費丐禮。間有鄉民貧苦莫應，懇求女家步行，則被丐首率同丐夥攔途阻撓，孱弱鄉愚不敢觸其狼威，多隱忍以飽其欲。百般吵索，實難枚舉。同治年間，朱前主遵奉，以前道憲文札飭示禁各丐首等，如遇民間婚娶一切事件，應否雇轎，悉聽自便，毋許把持地界，勒索轎價花紅等因，極沐嚴明，於時龍店社暨諸鄰鄉幸免勒索。乃今日久，該丐首等仍然把持包雇，略肆荼毒，惟長嶼下社小戶村□，倍遭蹧蹬，極罹強索之害，似此猖橫，虎視眈眈，若不懇請憲恩，賜出示，重申嚴禁勒石，孱民奚堪橫索？合亟抄粘前示，僉叩乞老父母視民如傷，恩准再行出示嚴禁勒石，地方以安以靖，沾感切叩等情。據此，除批示外，合行示禁。為此示，仰該處丐首知悉：如遇民間婚娶等事，應否雇轎及雇用何處轎夫，悉聽自便，毋許把持，勒索轎價花紅，並不准縱容群丐臨門吵索酒食。如敢玩違，許被擾之家具呈，立提訊辦。懍之毋違，特示！

光緒柒年桂月叁拾日給貼曉諭。

　　碑存海滄區嵩嶼街道東嶼村李氏宗祠積慶堂內。花崗岩質，高140厘米，寬63厘米，厚12厘米。碑身中段有橫裂紋，其餘完好。

清·林後村薛氏公告

公告（仿宋碑額）

　　署泉州廈門海防分府徐，為出示曉諭事。本年四月二十七日，據生員薛勝輝、鄉老等僉稱：切輝等世居禾山，林後、庵兜兩社毗連，同宗共祖，分作四房頭，公建大宗祠堂，址在林後社中。所有祖祠社後一帶曠埔、弓圍，俱以田岸界限：左邊透角至義倉公館下橫溝，溝上有樹為界；右邊透角至路為界，並無與別姓交連，乃係本族二社公地，承先訓約，歷守無異。邇來多有不肖子侄或恃轄近而私侵築，或恃強蠻而擅自占造，以致互阻生端，屢欲釀禍。輝等忝屬族中紳耆，雖經疊次訓斥，以期敦睦。但是人眾既雜，賢愚不一，亦有遵守約束，亦有逞刁肆橫，未免因此角鬥，恐傷和氣，不成體統。輝等爰集共議，公同立約：凡此公地，不論庵兜、林後兩社人等遇要起築房屋者，須當鳴眾妥議，不礙祖祠、無違鄉規、不准強橫擅侵占築，違者請究。如此杜漸，免生後患，合亟相率僉懇仁憲善政化民，體念敦愛睦族，恩准給示曉諭，俾鄉愚有所畏守，庶免阻擾生端，皆賴恩施之教，殊感戴鴻慈於無既。呈請示諭等情，到本分府。據此，除批示外，合行出示曉諭。為此示，仰林後、庵兜兩社薛姓人等知悉：凡此公地，爾等如有欲行起蓋房屋者，務須遵照公約鳴眾妥議，方准築造，不得恃橫呈強，混行侵占，以致釀事生端，有傷和氣。自示之後，倘敢故違，許該社紳耆指名稟究，立即拘案嚴懲，決不稍貸。各宜稟遵毋違，特示！

光緒肆年伍月初十日給。

林後祖祠為合族四房肇基之祖，妥先靈、蔭後嗣，胥於是焉。係祠後有曠埔一所，為祠來龍，亦後靠也，關係甚大。慮後人居狹，或因而蓋屋戕傷，致滋爭端，旭如先生因敬祖睦族，防微杜漸，於光緒四年間首倡赴官遞呈，給示垂禁。茲欲勒石示遠，而四房人等僉謂埔係伊房世管，爭執甚力，幾於拘孿。中係薛姓戚誼，出為力勸，議以薛機厝後一帶為止，明立限界，載在合約，歸四房私業以外，埔之周圍俱為祖祠公地，永遠禁止開戕。如有無關之地欲築房屋，須合族公議，項歸祖祠公款，示不得私也。仝立合約一樣四紙，各執為據外，合就示後批明，以垂久遠。合族孫子，敦和氣、敬祖宗，福祉未有艾也。

光緒玖年五月廿五日，公人沈志中。長房流、夥，二房蟾、明，三房考、喻，肆房體、港仝立。

碑存湖里區禾山街道林後社薛氏宗祠內。花崗岩質，高164厘米，寬65厘米，厚14厘米。楷書陰刻。現狀完好。

清·漸美社海澄縣曉諭轎資告示

告示（楷書碑額）

欽加同知銜、賞戴花翎、本任興化府仙遊縣、代理海澄正堂、加一級、紀錄十次王,為出示嚴禁事。/本年十月二十五日,據漸美社家長蔡瑞茂、鍾福、許鎮、洪立等聯名呈稱:該社轎/頭顏蚊遇民間婚娶花轎、吹手一切等費勒索銀元,多小不等,間有貧民莫應,輒/被率仝乞丐攔途阻撓,或偵女定聘,先勒男家轎價,或抱養苗媳成親,亦須折給/轎費、丐禮,種種索擾,實難髮指。查顏五合結定時,自行間粘章程,嫁娶轎□夫價,/核計不上四五元。福等不敢刻薄,公議:如有富者親迎花轎並小工、後檻、小轎、吹/手等費,願給英銀拾貳元;貧者親迎花轎並小工、後檻、小轎、吹手等費願給英銀/捌元,若無親迎,單雇花轎一把,並小轎小工等費,共給英銀四元,較價自定章程/已多過半矣。呈請出示定價,計粘單內開:民間嫁娶轎夫,若十里內每名給工錢/一百八十文,若二十里內每名給工錢二百四十文,若三十里內每名給工錢三/百文。花轎每次租價壹元等情到縣。據此查議:充丐首原為約束乞丐起見,至於/花轎頭一項,尤為民間便於僱夫而設,豈容額外需索,貽累居民?除批示外,合行/示禁。為此示,仰該社居民及轎夫人等知悉:嗣後如有民間婚嫁等事雇轎,倩夫轎,/務須□□顏五合稟定舊章,由民間甘願分別道路遠近酌量給資,不准再行增/價勒索,以及率仝流丐阻撓滋擾。倘敢故違,一經訪聞,或被稟控,定即將丐首、轎/頭人等嚴枸到案,從重革辦,決不寬貸。各宜凜遵毋違,特示!/

光緒貳拾年拾壹月初二日給貼曉諭。/

　　碑存海滄區海滄街道漸美村朝真宮內。花崗岩質,高100厘米,寬51厘米,厚13厘米。楷書陰刻。現狀完好。

清・高崎告示碑

　　賞戴花翎同知銜、署理泉州府同安縣正堂、加十級、記錄十次李,為/出示曉諭事。本年五月初四日,據驛書王勤稟稱:縣轄高崎、潯尾江中為客商往來/之區,匪徒屢屢駕船伺劫,以及禾山各鄉,亦有伏莽搶奪情事,亟應添設澳甲,責合/認真巡緝、核查。有林龍即林二生,向在該處督僱公文,水陸地方較為熟悉,人亦誠/實,堪以舉充,並將該處前有更寮餘地,准以林龍起蓋,朝夕住宿,取具認保,各結稟,/懇給諭曉示等情。據此,查閱所稟,係為功力,慎重地方起見,應准照行。除批示並諭/飭外,為此示,諭高崎、潯尾及禾山各鄉紳民諸色人等知悉:爾等須知林龍即林二生,/現為該處澳甲,責成認真巡緝,倘有匪徒乘間伺劫,均應幫圍、嚴拿捆送。如有力不/能制者,立時赴縣稟報,以□會營,馳往掩捕懲辦。至該處舊有更寮,並准起蓋住宿。/倘該澳甲始勤終怠,不實力巡查嚴緝,許爾等據實稟請。具各凜遵毋違,特示!/

　　光緒貳拾貳年五月十四日給/告示,發高崎實貼曉諭。/

　　碑在廈門市湖里區殿前街道高崎。花崗岩質,高160厘米,寬46厘米,厚12厘米。楷書。基本完好。光緒年間同安知縣當是民國《同安縣誌·職官》所載之李如芬,無傳。

清·海滄鼎美告示碑

　　賞戴花翎、特授泉州府正堂、隨帶加一級、紀錄七次鄭,為/申明定章,出示曉諭事。案:據同安縣附貢生李葆玉、莊咸亨、黃壽祺、生員張作程、胡克修、梁鼎等以該縣稅差陳正等,藉名/催稅,任意勒索等情控。奉/本道憲批府提審,業經本府提集原被人證,質訊明確,將陳正等分別枷責斥革,具文詳銷,並聲明稅契一項,鄉民不知定/章,每被胥役勒索。應由本府核擬章程,詳請示遵,再行曉諭,俾知遵守在案。本府查稅契一項,定例綦嚴,不容加稅、浮收,並/不准稅外需索。蓋錢糧與稅契既相維,係民間執業,印契為憑。無論紳民置買田產,隨時投稅,過戶承糧,該管官吏按戶入/冊,按年徵糧,方為正辦。若官以加稅為利藪,民視投稅為畏途,勢必貼糧寄戶,百弊叢生。吏役侵漁,莫可究詰。

　　閩省官無筐/冊,民多白契,積習相沿,職是故也。前蒙/前督憲譚訪聞各屬,徵收稅契多寡懸殊,甚或不計其契,但責其契,家丁吏役,按鄉派徵。勒索滋擾,較催徵錢糧為尤甚。札/飭嗣後稅契銀兩,務須確核例章,按照投稅契價,一律徵收。一切陋規使費,概行裁革。倘敢陽奉陰違,仍前浮冒,以及任聽/吏役家丁勒索捐留,即行從嚴參辦。行蒙/本道憲札發告示到府,當經/施前府轉飭所屬,一體遵照,並曉諭紳民人等,無論何項新舊田產,立時赴縣遵章推收過戶,按年照數完納錢糧,毋再貼。/胡前府批准照辦,亦在案。本府查稅契一項,疊奉/上憲通飭,並經各前府縣核定例章,本已詳盡,似毋須另議更張。惟是法久弊生,鄉曲愚民不知例章,每為胥役所挾制,而/其間刁生劣監或從中漁利，或恃符包攬，於是匿契抗稅，詭寄飛洒，百弊叢生，以致有田者無糧，有糧者無產，甚有賣產已久，而其子若孫不知當年得業為誰者，既不肯空賠無產之糧，相率隱逃，賦額遂歸無着。年湮代遠，缺額愈多，今欲力矯其弊。非認真清丈，斷難涓滴歸公，而清丈之方談何容易？

為今之計，惟有申明例章。此後紳民人等，無論新舊田產，立時推收過戶。每契價一兩，仍照原定章程折收大錢八十四文，其在廈門一帶者，折收大錢八十文。投稅之後即行過戶，所有推收筆費，仍照原定章程按上、中、下三則，自十畝以下為下戶，每推一戶給圖，承入冊，筆資錢五百文，給糧櫃書冊費錢五百文。十畝至三四十畝為中戶，每戶給圖，承糧櫃書各七百五十文。四十畝以上為大戶，各給圖，承糧櫃書一千文。責成地方官嚴行禁約，丁胥差役人等不准絲毫需索。倘敢玩違，一經告發，定即從嚴懲辦，並將失察之本管官一併參撤。

如此嚴定章程，在業戶既易推收，得契即可管業，不致藉口為難。惟經此次定章曉諭之後，各業戶再有隱匿稅契，一經發覺，亦即照例罰辦，不稍寬恕。果能力戒因循，認真整飭，將見數年之後，有契必稅，無糧不推，而清厘田賦之法，即在其中矣。除詳請本道憲立案外，合行出示曉諭。為此示，仰該邑紳民人等一體遵照，毋得玩違，致干重咎。凜之，切切！特示。

光緒二十二年十月三十日發給，實貼曉諭。

    碑存海滄區東孚街道鼎美村胡氏宗祠敦睦堂內。花崗岩質，高180厘米，寬108厘米。中部斷裂為兩半。楷書陰刻。基本完好。其是有關清末賦稅制度的重要石刻。

清·翔安軍嶺山示禁碑

告示（楷書碑額）

欽命布政使銜、福建分巡興泉永等處海防兵備道延為出示嚴禁事。光緒二十八年三月十七日，據安溪縣拔貢生沈登雲、增生沈國箕、沈衍慶、貢生沈錫海、沈登晨，晉江縣生員沈榮華、沈榮椿，詔安縣舉人沈綱、武進士沈瑞舟、生員沈毓英、沈瑞祥、沈瑞麟、抱告沈有光赴轅呈稱，切雲等二世祖考諱勇公，唐尚書、左僕射、加封武德侯、鎮國將軍，自唐葬在馬巷軍嶺山，土名臥牛頭。穴坐辛向乙兼戊辰，東由穴心丈量至大路為界，計一十二丈五尺；西由穴心丈量至外分水為界，計約十三丈五尺；南由穴心丈量至外砂大石為界，計二十五尺；北由穴心丈量至田岸為界，計五丈五尺，四至勒石。自唐歷宋、元、明至今，千有餘年矣，譜誌分明，歷年巡視、祭獻、承管無異礙，分支閩、粵、泉、漳等郡，子孫散居。第恐世遠年湮，祖墳為遠，巡視難周，照顧不及，附近山棍或射利起見，或盜作虛堆，或盜採山石以及縱放牛馬豬羊，任意踐踏，種種戕傷。雲等到墳祭掃，觸目傷心，思欲弭患，不如請示勒石，以杜弊端而垂久遠。合亟相率聯名粘圖，匍匐懇乞恩准出示曉諭勒石，以安幽墳而杜後患，生死沾德，切叩，等情。計粘圖既到道，據此查該處墳塋既四至分明，立有界石，豈容戕占毀傷？除呈批示外，合行出示嚴禁。為此，仰該處附近居民人等一體知悉：爾等須知，前項墳墓界址分明，嗣後不得占界盜葬並採取山石，以及縱畜踐毀情事。倘敢故違，一經訪查或被告發，定即嚴拿懲辦。其各凜遵毋違，特示！

中華民國九年歲次庚申花月十七日重修立碑，詔安縣東誠武魁、董事沈大鵬立石。

此碑位於翔安區馬巷街道市頭社區軍嶺社。花崗岩質，方首，尺寸未詳。楷書陰刻。部分字跡已被人工破壞，殘缺不全，今據族譜補齊。

清·陽臺山廈防華洋分府示禁石刻

賞戴花翎、三品銜補用府正堂、署理泉州廈防華洋分府黎，為/出示嚴禁事。本年伍月初一日，援稟貢陳坤、稟生陳鼎元、生員陳炳煜暨/長房陳海、二房陳根臣、三房陳宗漢等僉稱：竊坤等承祖於嘉/慶貳拾伍年明買邱家墳地壹所，舊田十七丘，址在東坪山徐厝邊，土名/鵝肚山，安葬高祖及祖妣墳塋。至道光八年，再向鄭家續買該山全侖暨/厝地基及新、舊開拓沙園，東至石界，西至園外，南至田墘，北至山後，共山/之背面上下左右分水溝外、來龍過脈處之曠地，左溝尾之石堆等處。周圍勒石為界，印契及上手契、山關可證。不意本年三月二十二日，坤等/到山祭掃，突見祖墳左眉上被傅印等盜葬塗墳三穴，並將山後後鬼石/及左溝尾界石琢毀。稟蒙差勘繪圖,拘訊、押遷在案。旋經公親吳補國、葉/兆祥等調處,限一個月着印等將盜葬三穴自行起遷別葬,並備采物向/坤等陪禮,取具甘結,呈請銷案等因。祖地保全,實荷□□之賜,特恐坤等/家居□遠,巡視難周,而日久□生,或被無知之徒踵其故智,再有盜葬、琢/石及放縱牛羊踐踏情弊,斯時鞭長莫及,將奈之何?買契繳驗,稟請示/禁,以杜後患等情。前來援此,除批示外,合行示禁。為此示,仰合厦諸色人/等知悉:爾等須知此鵝肚山全侖係陳坤等世管墳山,物各有主。自禁之/後,不准再在該山敲琢山石、盜葬墳墓以及附近居民放縱牛羊踐踏等/情。倘敢故違,一經察出,或被指控,立即拘案嚴辦,決不姑寬。各宜懍遵毋/違,特示!

　　光緒二十九年五月　日給。

　　此摩崖石刻位於思明區陽臺山上。字幅高110厘米,寬160厘米。楷書陰刻。現狀完好。

清·西溪渡船頭碼頭告示

　　賞戴花翎、同知銜、署理同安縣正堂、加十級、紀錄十次崔,為重申示禁事。本年二月初三日,蒙厦商政局憲姚札開,轉奉商部札開:"據安溪、永春、南安商民林金聯等稟稱:同安等屬船、轎及挑夫工價任意勒索,僉請訂正一案,飭即切實辦理"等因,行局札縣查明,刊碑豎立一面,重申示禁等因,蒙此。查此案前蒙憲飭;即經施、楊各前縣傳集商董,一再訂定《水陸船轎挑夫工價章程》十三條,開摺詳蒙核准,批飭刊碑豎立在案。第恐遐邇未必周知,船、轎等夫難保不仍前需索,蒙札前因,合行開列章程,重申示禁。為此示,仰合邑船、轎、挑夫人等知悉:爾等須知此項工價章程係奉商部暨道憲核定,嗣後無論洋客回籍、往來商旅以及本地人民雇倩搭載扛抬者,務當遵守。後開章程收價,不准任意刁難,格外勒索。倘敢違犯,一經查出,或被指控,定即嚴拿到案,盡法懲辦,決不稍寬。各宜凜遵毋違,特示!計開:

　　一、下流溪船赴搭輪船,無論洋客、何處往來客民以及婦女,每名運價錢四十文;如遇病人,加價錢十文。行李每擔四十文,不上擔者不許需索分文。如敢私勒,准其稟請懲治。

一、下流溪船赴搭輪船及溪船往接輪船,每船止准載搭客三十名,不得過額,如違究治。

一、上水溪船到石潯溪岸頭,無論洋客、何處往來客民以及婦女,每名定價錢四十文;如遇病人,加價錢十文。由石潯到橋仔頭者每名訂價錢四十文;如遇病人,加價錢十文。行李每擔四十文,不上擔者不准需索分文。倘敢私勒,定必究治。

一、上水溪船到石潯溪岸頭或由石潯到橋仔頭,或下流溪船赴搭輪船,無論男幼孩、女幼孩未及十三歲者,每名均定價錢二十文;如遇病孩加五文。行李照第一條、第三條定價。倘敢額外需索,定必究治。

一、上、下流溪船如遇病人藉口不載,准其稟請懲究。

一、此後溪船俱當赴縣報名給牌,應由縣編號,並將姓名、籍貫、號數大書粉牌,釘在該船後艙,以憑稽查;未給牌者不准私載。倘敢故違,一經查出,定將該船充公。

一、彩轎每一名夫定價六角,過十里者每夫加錢二角,不准藉詞雜費,私索分文,並不准向女家私勒雜費。違者從重究治。

一、常時往來小轎每十里每夫定價一角五占,在十里以外照加。不論洋客、行旅、客商以及婦女一律辦理,違者究治。

一、常時往來小轎如遇病人,不論洋客、行旅、客商、婦女,每十里每夫定價一角八占,十里以外照加。不准額外需索酒錢、飯錢、點心錢等項,違者從重究治。

一、常時往來小轎,無論男女幼孩未及十三歲者每十里每夫定價一百文;如遇病孩加二十文。倘敢額外需索酒錢、飯錢、點心錢等項,定必究治。

一、常時往來小轎如遇病人,藉口不抬,以及預取夫價,行至半途多方刁難,定必從重懲治。

一、送葬、點主、祀後土,每轎每夫每里與彩轎同,不得私勒雜費,違者究治。

一、各店小轎由縣設立小牌,書明夫頭、轎店、地名、價目,由總夫頭領出發給。每轎一牌,以憑查考。如隱匿不報並未領牌者,作違例論,從重究罰。

光緒三十二年三月　日給告示。

此碑原在同安區大同街道金橋巷76號民居內,現藏於同安博物館。花崗岩質,高231厘米,寬72厘米,厚14厘米。楷書陰刻。現狀完好。

清·鴻山文武憲示禁石刻

歷奉/文武憲示禁,毋許/在蔣氏山坡墳/地縱畜、挖土、鋤/播草木、假堆盜/葬、侵滅界址。如/違查究!/蔣山。

此摩崖石刻位於鴻山南麓。字幅高 120 厘米,寬 150 厘米。楷書陰刻。現狀完好。

民國·塔頭後山思明府示禁石刻

思明府兼理審判事宜陳,為/出示嚴禁事。案,商務總會名譽員黃書傳稟稱:切傳於前清光緒二十/九年,憑中明買鄭家山地壹所,址在溪邊山,東至塔頭山分水,西至鄭家/祖祠後山腳,南至□口山分水,北至上里山分水,四至載明契內。經於是/年七月投縣換契。因山上種植柴果花草等物,每被四鄉愚民肆行樵採,/甚被地棍盜葬盜賣,又□居民牧畜,縱放踐踏。物各有主,實難受此蹂躪,/□□庶得保全民業,而杜爭端等情。計抄契白乙紙□此。除批示外,合行出示,通告各鄉居民人等知悉:爾等須知,該處山地為黃書傳置買之/地。自示之後,無論何項人等,不得任意樵採,縱畜蹂躪,以及盜□盜賣。如/敢故違,一經被控,定即提拿究懲。其各凜遵毋違!/
民國元年十月三日,發貼曉諭。

此摩崖石刻位於思明區濱海街道塔頭後山之岩石上。楷書陰刻。現狀基本完好。

民國·沈氏祖墓告示碑

告示（楷書碑額）

　　中華民國九年歲次庚申花月十七日重修暨牌，詔安縣東城武魁沈大鵬立石、董事。

　　欽命布政使銜福建分巡興泉永等處海防兵備道延，為/出示嚴禁事。光緒二十八年三月十七日，據安溪縣拔貢生沈登雲、增生沈國箕、沈衍慶、貢生沈錫海、沈登晨，/晉江縣生員沈榮華、沈榮椿，詔安縣舉人沈綱、武進士沈瑞舟、生員沈毓英、沈瑞祥、沈瑞麟，抱告沈有光赴轅/呈稱：切雲等二世祖考諱勇公，唐尚書左僕射、加封武德侯鎮國將軍，自唐葬在馬巷軍嶺山，土名臥牛頭，/坐辛向乙兼戊辰，東由穴心丈量至大路為界，計一十二丈五尺；西由穴心丈量至外分水為界，計十三丈/五尺；南由穴心丈量至外砂大石為界，計二十五丈；北由穴心丈量至園岸為界，計五丈五尺。四至勒石，自唐/歷宋、元、明至今，千有餘年矣。譜志分明，歷年巡視、祭獻、承管無異礙，分支閩、粵、泉、漳等郡，子孫散居，第恐世遠/年湮，祖墳為遠，巡視難周，照顧不及，附近山棍或射利起見，或盜作虛堆，或盜採山石，以及縱放牛、馬、豬、羊，任/意踐踏，種種戕傷。雲等到墳祭掃，觸目傷心，思欲弭患，不如請示勒石，以杜弊端而垂久遠，合亟相率聯名粘圖，/匍匐懇乞恩准，出示曉諭勒石，以安幽墳而杜後患，生死沾德。切叩，等情。計粘圖既到道，據此，查該處墳塋/既四至分明，立有界石，豈容戕占毀傷？除呈批示外，合行出示嚴禁。為此示，仰該處附近居民人等一體知悉：/爾等須知前項墳墓界址分明，嗣後不得占界盜葬，並採取山石，以及縱畜踐毀情事。倘敢故違，一經訪查，或/被告發，定即嚴拿懲辦。其各凜遵毋違，特示！/□□□□□□宜曉諭。右仰通知。/

　　此碑位於翔安區馬巷街道市頭社區軍嶺山下之沈世紀墓前，係民國九年重新鐫刻前清光緒二十八年興泉永道頒布的關於保護沈世紀墓的布告。碑石上部和兩側均已破損，個別字跡已漫漶。今據《翔安文物》一書第373頁所載的原文，並與原碑照片對校，進行過錄。

民國·同安縣保護水利示禁碑

　　出示保護事。本年十一月二十六日,據同安農會正副會長陳延香、楊孟讓呈稱:頃據積善里白昆陽/保六甲鴻漸美社本會會員許長榮、許都篤、許什成、許金盆,家長許諒開、許灣,前清武生許秋廷,僑商/許有志、許振傑、許朝銓、許朝權、許清讓、許守從等具理由書稱:為河流無恙,碑文剝蝕,僉懇轉呈援前/給示勒石,重申保護事。竊長榮等始祖均正公開基轄之鴻漸美社,即鴻漸尾社,自宋迄今千有餘載,/宗族繁盛,丁口稠密,所置田園甚多,因灌溉之水乃就社之附近鑿地成渠,以資灌溉,又曰鴻漸美/港,一名鴻漸美河,東至佛頭港灣,與充龍社之河為界;東南與充龍社之佘厝河為界;南至長寮河/及陡門港灣入海,又至有應公庵後港灣,概與吳厝大河為界;北自三叉永港巨壟釣灣河,與新/樓後之河為界;東北至本社後港灣為界,四至明白,前泉州府許碑示可憑,故歷年至今,河權歸鴻/漸社管轄,而流域所過,凡有他姓之田園,鴻漸美社應守讓與之義務,上下相承,並無異議,已成一種/天然契記,無須多費手續。祇緣年代久遠,石質松浮,前府示禁字跡大半模糊,不可復辨。僉念祖/武所在,何可不繩?民權保障,端資法律。用敢聯請轉呈縣署立案,援前給示勒石,重申保護,以垂久遠。/黏圖說一折,僉懇會長察核轉呈,實為德便等由,到會。

　　查鴻漸美港既為該鄉祖先開鑿,且又有泉州/府許碑示可憑,本會會員等因恐久年碑示字跡模糊,特請轉呈給示保護,以維水利之權,而杜後來/爭執,固屬正當辦法,事關保護水利,相應據情呈縣長察核,准予如請施行等請,黏圖說一折到縣。/據此,查堂管,該處河流率由舊章可循,自應共同保護,以維水利。合行示,仰諸色人等知悉:務共一體/遵照,不得破壞,以規意外爭執。如敢故違,定予拘究。特示!

　　民國拾壹年貳月　日給。

　　碑存漳州市龍海區角美鎮鴻漸村(原屬同安縣)。花崗岩質,高232厘米,寬96厘米,厚18厘米。楷書陰刻。現狀完好。

鄉規

明·祖林垂示碑

祖林垂示碑（隸書碑額）

始祖肇綸公手植香樟樹/林,乃造福通族之勝跡,子/孫世護勿毀。/大明萬曆三十年歲次壬/寅冬月,裔孫文焰敬立。

碑存翔安區新墟鎮金柄村黃氏大宗祠內。花崗岩質,高95厘米,寬50厘米,厚12厘米。隸書陰刻。現狀完好。

清·同安縣六寮鄉垂戒後世碑記

垂戒後世（楷書碑額）

時/龍飛歲在玄黓執徐梘月穀旦,/仝立革條人、眾族長等,為嚴申祖訓,以振遺風事。竊思往制雖/遙,傳流宛在。尊卑莫辨,名分曷敦？茲緣六寮鄉不肖孫然因擇匹以/妄締,違祖訓而故犯。眾等僉議,將一家革出,不准入廟謁/祖,嗣後如敢再犯者,依此為鑒。庶幾長幼知儆,不失傳家之雅化;甲/門有辨,永懷我/祖之休風。爰立碑銘,置之廟內,以垂奕祀於不朽云爾。並附禁條/開列於左：/

一禁：不許與僕隸流輩締姻;洎素無姻誼者,俱不准亂匹。/

一禁：不許盜買賣公業及戕賊公林、化賭、誘匪剽掠、草竊聳禍。諸弊/枚舉,難以悉數。各宜凜遵閑檢。縱逾範藐聽,聞眾聲罰。恃強肆志,/鳴官治究。/

族、房長等鳩集鼎建。

碑原在同安區新民街道蔡宅村，現藏同安博物館。嵌砌牆上。花崗岩質，高156厘米，寬63厘米。楷書陰刻。現狀完好。玄黓：天干"壬"，執徐：地支"辰"。此碑當鐫刻於乾隆三十七年壬辰（1772年）。

清·同安大路尾保公禁碑記

公禁（楷書碑額）

仝立公禁人大路尾保鄉老等，為預防匪類，以敦風化、以睦鄉鄰事。蓋聞里以仁/厚為美，風以斁龎為高。當今/聖朝勵精圖治，教化維殷。不法之徒，嚴加糾詰，務使商賈農工，咸敦賦分之業；父老/子幼，共用粒食之休。此其至意，不可不思也。切念官有正條，民有私約。保我民素/號善民，固無惡習。但恐民居稠密，姓氏不一。貧窮易入於無恥，頑梗易溺於非義。/不為□事慮事，而設條規，必至貽玷風聲，以負國法。其懲之於後，孰若儆之於前？/爰集各姓耆老仝立禁約曰："凡我同約之人，既約之後，各督子弟循規蹈矩，毋或/相爭相欺，弗聽調處；毋或不事生業，聚黨賭博；毋或盜竊財物，為非作惡；毋或令/人在保，藉端剝掠；毋或不事，隱容匪人，以擾鄰右；毋或飛災橫禍，坐視不救。犯此/條禁，鳴眾攻之。恃頑不遵，從官究治。此係至公，不必逞強。倘敢徇□，同罪惟均。人/外方求化，多屬惡類，藉丐為名，前已經呈官示禁在案，尤當廓清，而保內丐子，亦/不許強乞肆橫。庶鄉里不至擾害，而風俗之淳厚，自此益成矣。爰用申禁。"/

乾隆五十六年　月　日，闔保勒石示禁。

林、張、黃、柯、童、蘇、吳。

碑存同安博物館內。嵌砌牆上。花崗岩質，高180厘米，寬65厘米。楷書陰刻。表面磨損，個別字跡莫辨。

清·灌口鳳山祖廟規條碑記

　　一、定每年輪值總理之人，即於三月初一日支集各鋪稅銀，務必充全，以便開費。不得徇私挨/延，致店稅不清。如有涉私，聞眾公罰。

　　一、定每年之總理該店稅共收若干，演戲雜費若干，務必列明榜出，粘貼廟口，以便眾人眼同/之，方見無私。若數目不符，以及濫開無着者，通眾公罰。

　　一、定凡廟中有建置公物，要舉行公事者，務須先期鳴金號召，閤灌前程，家長齊集合議，不得/藉輪值總理之名，擅自主意。如有自專未妥者，聞眾公罰。

　　一、定稅店之人每年該稅銀若干，務須於三月初一日全交總理，收去應用。倘有刁難或推托/稍寬並拖欠不清者，總理立即聞眾逐出，不許再稅。如總理與為隱匿，一體公罰。

　　一、定所有公店破損應該修理者，住店之人出請各甲家長眼同，酌量開費。如公項有伸，則從/公項支出修理。如公項無伸，則值頭之總理科派人口出錢。總理不得侵支店稅，以損公用。其修理開費多少，仍須存根榜明，以防侵漁之弊。

　　碑存集美區灌口鎮鳳山祖廟。花崗岩質，高161厘米，寬71厘米，厚15厘米。楷書陰刻。現狀完好。

清·同安後塘澹齋小宗祠規約記

　　澹齋小宗祠規約記(楷書碑題)/

　　齋以澹名，誌澹也。自曾祖鄉賓諱疇，字啟九，號端樸，乳名烏官，儉樸宅躬，家頗苟合，延師教子。祖庠生諱孔宗，字希卿，號齡齋，乳名/椿官，兄弟同時採芹，爰構斯齋，為課讀之處。胞伯父歲進士諱溶/公分居他鄉；父，國學生諱瑩，字肇玉，號寬仁，乳名惠官，篤嗜詩書，/雪案螢窗，親自課督。寅僅叨一衿，弗克恢振家聲，早歲奔波舌耕，迨至晚年，此齋傾頹。竊思先人創建，不忍坐視廢墜，因鳩功侄孫宜、梁、浩及胞侄等修理，又恐後來子孫有一二愚頑強惡者，占為私屋，強入齋居住。於是公議將此齋作小宗祠，奉祀齡齋公、寬仁公、肇平公神主，亦仍為書齋教讀。日後子孫不得混據，占為家居。此乃為後嗣子孫鼓勵讀書，繩其祖武之計也。至於東邊池上小屋四間，係寅自構以為教讀偏房，後來寅自己子孫亦不准分作家屋住居以戒穢宗祠。此係公議定約，為鐫諸石，以存齋壁，垂誌久遠云。

計列祠中規條：

一、四時八節及每月朔望，輪流香火，不可缺失。

一、子孫不得強占此祠居住，如敢有犯者，公同革出，問官究治。倘若有不肖之徒，起此貪圖之心者，滅絕後嗣。

一、祠內及祠宅不准堆積柴草、五穀，如敢有犯者公同立即搬出問罰。

一、不准在祠內教習拳腳、開設賭場，犯違者公革問罰。

一、祠內兩火房公置眠床，為賓客寢處，不得占為私寢，違者公革，搬出問罰。

嘉慶七年夏月吉旦，賓、美、寅鐫誌。此係公議立約規條勒誌。

碑存同安區五顯鎮後塘村顏氏宗祠淡齋內。嵌砌牆上。黑色頁岩質，高27厘米，寬43厘米。楷書陰刻。現狀完好。

清·同安雲洋村後洋社公禁碑記

公禁（楷書碑額）

一、祠堂後園林及大埔上草根，概不許損折鏟刮，違者罰戲一臺；

一、樵採者勿砍人□樹，勿於墳邊百步取土、挖石、鏟草、□根及屋後過脈處，均犯此禁，從重議罰戲一臺；

一、耕田者勿斷人水道，勿偷放田水，違者議罰；

一、村內不得窩賭，不得招夥聚賭，違者從重議罰戲一臺；

一、村內無賴年少偷竊田野五穀瓜果，人知其名□有據，則解官究治，須

自改悔;

一、地方公□,義所難辭,查照田畝,向捐公錢,/其事可無推讓計較之嫌;

一、兄弟、叔侄輩果被侵淩陷害,其冤莫伸,均照勻□,如/係自行惹事,不得援此為例;

一、村內有事,惟尊長之言是聽,不得□恃強悍,或自/作聰明,妄生議論。

兄弟、子孫照限完糧,勿拖欠,致累族人。

嘉慶辛未年　月　日,眾等立。

碑存同安區蓮花鎮雲洋社區後洋社。輝綠岩質,高165厘米,寬43厘米,厚16厘米。楷書陰刻。現狀完好。

清·海滄龍門社禁賭鄉約

為嚴禁賭蕩,以杜弊端事。本社開基幾百年,追憶先/世遺俗,士農工商各安其業,無煩父兄之告誡。數傳/而後生齒日繁,賢愚不一,遂有競相煽惑,而賭蕩之/風日熾。或詭計吞肥,不存任恤之意;或同場挪借,罔/顧稱貸之憂。甚且財殫力痡,轉謀賒欠之事;坐使窮/極斯濫,輒起盜賊之心。種種弊端,莫可勝述。及乎蹤/跡敗露,上辱父母,下累妻子。家產因之破敗,身名為/之兩傷。賭蕩之貽害,一至於此。然與其懲於既然,孰/若制於未發?用是勒石,嚴禁以杜其漸。凡我一鄉之/中,姓不分同異,人無論強弱,各宜除去賭蕩諸弊。而賒欠一端,尤邇來聚賭之大害,而闔社會約之本意/也。業經嚴禁,倘敢仍謀賒欠,致釀厲階,始則重罰示/儆,繼且呈官究辦,決不寬縱,可勿戒哉!

家長公議。如歸、南生、盞觀、李雨水、/光將、鎮光、王看、魏尚友、/洪章、陳梓觀仝立石。/

道光元年吉。/

碑存海滄區東孚街道鼎美村龍門社龍山宮旁。花崗岩質,高98厘米,寬56厘米,厚19厘米。楷書陰刻。現狀完好。

清·黄厝溪頭下社公禁碑記

　　同立公禁約人溪頭下社族長林、陳。竊惟吾鄉/地處海濱,恪承先訓,佃漁為業,不敢作奸犯/科。邇來人心不古,風俗變遷。前有不肖引誘/外屬之人,搬眷到村居住,素習非為,盜竊成/性,族人林允被竊地瓜,巡捉遭毆斃命,挈/眷/回歸,不惟控命無伸,而且恃強擄人勒贖,波/累至慘。近復有此等人色,故智復萌。爰集族/長公同僉議,自茲以後,凡我林、陳二家子侄/敢有仍蹈前愆、將厝業誘付外人居住,當聞/眾公革。如或違禁不遵約束,定即鳴官究/治,所破資費就引誘之人是問。謹立公約,演/戲聞眾,勒碑示戒,以垂永遠。

　　道光三年四月二日,立公約字人林世、/先、陳花、石、/泰、協、贊公立。

　　碑存思明區濱海街道黃厝社區溪頭下社寶海堂。嵌砌牆上。花崗岩質,高175厘米,寬59厘米。行楷陰刻。基本完好。

清·同安澳溪安樂村公議

　　公議。/

　　安樂村素係淳風,本是蕞爾彈/丸之地,士農工商,安分守職。近/有匪類之徒,日則借丐為由,夜/則誘盜入鄉。世風不古,測度難防。/爰是合村鄉老公議,守望相助。/謹此約條,開列於左:/一禁,不許外匪冒丐入鄉,以及村居一二不肖,不守安分,盜竊瓜果,生端滋事。違者公議逐激,呈官究治。/

　　道光五年乙酉荔月　日,安樂村諸鄉耆立。

　　此摩崖石刻位於同安區蓮花鎮澳溪村石佛洞前。字幅高90厘米,寬150厘米。楷書陰刻。基本完好。

清·海滄楊氏祠堂禁戒族人規條

祠堂禁戒族人規條/

自始祖封公肇基此土,二、三世祖連登高第,/四世祖襲蔭補官,皆有善政厚德,所謂積善/餘慶,佑啟我後人也。中葉登科入仕版者,踵/相接。入國朝以來,漸墮厥緒。越至於今,一/時雖有生監六七人,未能繩厥祖武,恢揚先/德,而族中人心未厚,風俗未淳,禮教未興,何/由振起家聲,以繼美前人?揆厥所元,皆由失/教。夫為善必昌,為惡必亡,神明監察,報應不/差。今立條規,列於後,眾孫子尚敬聽之:/

一、宜孝父母、愛兄弟。不孝不友者,眾人共/誅,逐之遠方。
一、宜和睦宗族。若有強弱相欺、嫌隙相仇,/按事議罰。
一、宜多延名師設教,俾子孫知書識理以/敦風俗。
一、宜結好鄉鄰。遇有爭端,務宜公同舉行,/倘擅自生事者,由親及疏。
一、不得藉名招夫養子,紊亂昭穆。違者不/得入祖。
一、族中不得窩藏匪類,違者呈官。/
一、宜各安本業,不得盜取財貨。小者責板/議罰,大者呈官究治。
一、宜守望相助,以弭盜賊,以安閭里。/
一、宜國課逐年完足,以免催科。/
一、宜懲忿息訟,不得藉端誣告,違者公誅。/
一、不許開設賭場,聚眾賭博,違者公誅。/
一、宜祠中潔靜,如有堆積雜物者責罰。/
一、祠中祭器、椅桌,如敢移借,責拾大板。/
一、公山松木、眾卉不得私心拾取,違者罰有定規。/
一、宜祭祀當先期一日整理祭器,傳諸執事習儀。/
一、子孫不可淫蕩、吃鴉,大損一生福壽財祿,亟宜知懼。/

以上告戒規條,於祭祀奠饌後,子孫跪伏,/擇一人高聲推衍其說。
道光陸年陽月穀旦,/裔孫肇昌、文遠、文謨公立。/

碑原在海滄區海滄街道古樓村上瑤社楊氏宗祠內，2018年被盜。從現存拓片看，其尺寸與同在宗祠內的道光六年《上瑤楊氏重興祠堂記》一致，今據拓片抄錄。

清·同安後塘顏氏祖祠禁約規條

祖祠禁約規條（楷書碑題）/

一禁：不許祠內曬曝五穀，堆積雜物；祠門/首並上、下埕堆積五穀柴草；/不許祠內椅棹、燭臺等物，不肖子孫搬/去家用；不許社中演戲，適逢下雨，搬入祠內演/唱戕賊；/宗祠起意之人滅絕後嗣；/不許祠後焙荔枝、龍眼乾，戕賊/廟宇。

一禁：祠宇口南面，自芳有龍眼樹一株，傷礙祖祠。眾等公議銀拾貳員交/伊子收入，樹坎洗為公地，後來子孫不得恃強占為蓋屋栽插。厘芳店口壙地基壹所，係/祖公基址，後來子孫不得恃強蓋屋，傷礙/祠宇，如敢抗違，各房衿耆聞官究治。/不許祠堂口旗夾繚縛牛羊，污穢/朝廷名器。/每月朔望，香火值祭，東頭子孫不可/缺失。/以上各禁約規條，如違者族眾公革，/罰戲壹臺。

道光十五年四月　日，族眾合約。

碑存同安區五顯鎮後塘村顏氏宗祠內。嵌砌牆上。黑色頁岩質，高27厘米，寬43厘米。楷書陰刻。現狀完好。

清·灌口垂裕堂公約碑

道光十七年五月　日，立公約人垂裕堂眾孫子等。緣十三世/孫春盛、財教信記、福壽兄弟等進入伊祖三位神主，列於/座上。為是，充入田業五坵，共種子七斗八升，每年估租票貳/拾四後，每年當祭之本角，選擇一妥人收貯。應時發兌，以作/祠內輪流祭費，其費外餘資，積為公項，建置田，不許濫為/開出。

計開:

　　始祖祠輪流當祭,四年得一年,該貼錢四千八百文;本祠四世祖柏峰公每年清明祭墓,貼銀貳元;本祠上元辦桌祭祖,過當祭,貼銀貳元;本祠輪得當祭者,當催討田租,不許少欠,給銀貳元。吉置。

　　碑存集美區灌口鎮三社村東蔡社垂裕堂。花崗岩質,高115厘米,寬55厘米。楷書陰刻。基本完好。

清·曾厝垵西河林氏公禁碑記

　　仝立禁約人、族長林俊傑、攀貴、有路等為剴切伸禁事。竊維我族僻處邱側,所承耕地甚是偏小,歷管諸山並無廣大,各房俱有安葬親墳及植柏木、耕種五穀,乃我族人治生利賴。惟求長策,不許將山擅給外人盜葬,損截族山墳脈。惟願本族純一,毋使異姓混雜,可得山川百代,依舊子孫奕世瓜瓞,幸以歌於斯、哭於斯、聚國族於斯,豈不美乎哉!若以彼有姻我有戚,人情所鍾之有在,寧無辭矣乎?未免損傷為礙,便見較短爭長,反為不美。至山毛柏木概諸產業,各有主掌,不許竊取盜伐。牛乃農家所賴,不得不蓄;羊能毀傷五穀,殆可禁絕,且無荒於農。山中鋤草,不許在該墳伐毀,以全陰陽,均得咸安,而流傳世代,永遠之無虞。

　　今者,合將此諸產地山源,早為區處等事,剴切防禁,毋使奸徒宵取旰竊,滋蔓弊端,是以爰集眾房僉議,音觸播告內外人等周悉:自今伊始,泐之禁約條規,永懸祠內,勿得覷覦。倘敢故違,應嚴究處。謹將議定各款條規開列於左:

　　一禁:族中承管各處公山,惟我本族人等可得自行開墾、栽種、剪葬墳塋,其親朋戚屬自今以後,均不得徇情相以售賣。

　　一禁:族中人等自此定議以後,決不許蓄飼羊隻。因近來牧養眾多,殘損山埔五穀,見者莫不觸目傷心。是仝議約:自此除盡,永不許復養。嗣後若有羊隻在我山界縱踏,雖親鄰,准將羊隻扭歸設法。

　　一禁:通山所植柏木,一為培養山川秀茂,地脈興隆,亦為我族之盈虧而置,倘敢盜取折砍及盜取山面瓜穀被獲者,本族親鄰概行嚴究,會仝通族合力

爭□□□□□。/
　　一禁：闔族私產若係山巔開闢之所莫堪徵糧者，准其自耕糊口，均不得擅自私□□□□/風水，倘本族擇卜葬有礙該產，聽其削築成墳，現耕之人不得藉詞徵較等事□□□□。/
　　一禁：闔族私產及外姓田園，雖各經明買撥糧之業，凡在我本山界內，倘欲賣做風水者□□/一體當充銀二十兩入公，以為添貼禋祀等費之資。/
　　一禁：凡我候山所葬墳塋，毋論本族至於異姓之墳墓，概不許鋤掘草木，以及故縱牲口在彼/喂草、踐踏，違者故縱，罰戲、酒警斥。/
　　一議約：每季刪零柏枝，當先取出五千斤入公，為聚腋成裘之資，然後照股均分。若是刪掘柏/樅，依時照辦，多寡增加，入公可也。/
　　以上數條設立禁約，列明周悉，其餘社禁條款，另載在社眾公約內，若有過犯，查檢禁約，照常/辦理議行。但願我輩洗心立志，向善克振，共守天倫禮義為重。謹遵規約，共相體貼為妥，切不/可視為虛文。嗣後如有過犯之/家，定即照上規約核辦，決不徇私。特此布聞！/
　　道光貳拾年歲次庚子葭月廿二日，仝立公禁。
　　族長：二、/長、/三房林俊傑、/攀貴、/有路全泐告白。/

　　碑存思明區曾厝垵後厝社林氏西河祠堂內。嵌砌牆上。由兩方灰色大理石拼成，每方高46厘米，寬54厘米。楷書陰刻。現狀完好。

清·本鄉海地牌記

本鄉海地牌記（仿宋體碑額）

　　為勒石以杜冒混，以期永遠事。竊頂大厝內揚蟾、觀嚴、瑞/玉；下大厝內次周各承祖父置管海地，一名葉海，在大泥西；一/名鄭海，在大泥東。葉海係次周管業，鄭海係揚蟾、觀嚴、/瑞玉等管業。茲因年久，無知者爭圖混占，各執一詞。諸衿耆不忍/坐視，出為調處。二比甘願仝立約字，各□雙港仔澤路大泥邊公/溪為界。誠恐日久再為混爭，合亟勒石示我後人，以志不朽。
　　咸豐四年八月　　日，公人黃子克、陳連捷、王天賜，族長鍾英、造意、玉川、揚造、揚祥、/大愚、嘉忠、揚杭、大沛、大楫仝勒石。

碑存同安區洪塘鎮石潯村吳氏祖家廟內。嵌砌牆上。花崗岩質,高124厘米,寬56厘米。楷書陰刻。基本完好。

清·杏林後浦公斷碑記

公斷(楷書碑額)

今為郭嬰生有明買吳蜂觀、吳天賜、吳流觀等地基壹所,東西四至俱/載在契內。而郭潭觀、郭文彰、郭哞觀等亦有厝契貳□,互相爭較。於是/我眾人公斷:郭潭、郭彰、郭哞等比契是虛,此地基與郭潭等無涉,/二比兩願,日後若再提出,此契不得行用。合立石碑以志。/
同治元年十二月,公人蔡瓊老、蔡偏老、王忠國、王與觀、王光僭、郭丑觀、郭老觀、郭孫觀、郭媽炎、郭城觀、郭媽令仝立石。/

碑存集美區杏濱街道後浦社郭氏公廳。花崗岩質,尺寸未詳。今據吳吉堂編《杏林史話》(鷺江出版社,2011年)"碑刻"一章的照片和文字點校過錄。

清·禾山嶺下社贖典里書代理合約

本鄉贖典里書經管交托蒲珪代理,二比合約字稿,立石為志。/
立合約人:嘉禾山嶺下鄉老貢、瑾、亨、凜等;同安蓮花山溪東鄉蒲珪。切為定/明收書應費事。緣後安保嶺下鄉里書原係葉殿談管,前有典過,吳水收管。今/因從中願付嶺下鄉備契面銀贖回加典,出銅錢陸千文,再立契字,付執為據。/即將此經管,憑中公議,交付溪東鄉家蒲珪代理,三面言約:每一斗種,推收筆/資錢四百文。開立戶名,每一戶筆資銀一大員,里書費每年每錢銀錢陸文。既/約之後,各無推委,亦不敢爭長較短。倘若不遵所約此經管,聽其嶺下鄉收回/自理。凡遇盡買田地，亦應推撥入戶完納，如敢控積錢糧，不從推收，聽其照例/辦理，並不得刁難。此係二比甘願，各無反悔，滋端異言。恐口無憑，仝立約字二/紙，各執一紙存照。

　　作中人：同安蓮山頭生員；代筆人：糧承蒲珪。/
　　同治柒年六月　日，仝立約人禾山嶺下鄉老貢、亨、瑾、凜，/同安溪東鄉蒲珪。

　　碑存湖里區嶺下社區葉氏惠德堂內。嵌砌牆上。花崗岩質，高110厘米，寬40厘米。楷書陰刻。現狀完好。

清·太平岩永禁寄厝棺骸題刻

　　太平岩梵宇建自有唐，千有餘年，興廢頻仍，略無可考。嘉慶辛未孝廉林君雲/青出資修葺，並輸己置南城門外虞朝巷口小店乙座，徵□直以奉香火，石刻/存焉。同治建元正月上旬，佛堂夜災，榱棟几案俱成灰煨燼，佛像剝落，非/復具足諸相。德瞻禮彷徨，慨焉興感。爰募同志繕完佛殿，莊嚴寶相，經勒諸石。/第事同草創，未復舊觀。不特禪居荒敝，舉目蕭條，廊廡間又復積棺纍纍，益以/骸瓶穢我淨土，尤足痛心。歲辛未，乃重邀李君永仁、康君超英、葉君如恆同出/橐金，鳩工庀材，一切修復。普勸仁孝諸君，各取寄厝棺骸，妥諸窀穸。復於洋藥/稅局，每月籌措番銀兩圓，給常住僧，永禁毋許寄厝棺骸，而梵剎煥然改觀矣。/寺僧歲有小店賃直之入，而寺左繚垣內李氏墓田仰僧守護，歲歲食其田之/所產，以為顧宜；復加以籌措之款，則薪水可不乏於供，幸無以違禁為諸君子/所糾劾，尤德等所願望者也。岩下鳥道，自半山塘蜿蜒直上通西山等處，為島/中之北邨，清明前後展墓者趾錯其間，舊甃石磴，歲久坍塌，行者苦之。又深田/內山，土名"七腳仔"等處，掘土者眾，致蹈墳塋，殊堪□□，復以餘資悉加完築，履/險有如夷之樂，靈泉安厚夜之常。襄斯舉者，各大欣慰，而德實董其成，敬述梗/概，用志諸同志樂善之勤，且以踵事□華，護持勝地，望後之君子焉。是為記。/
　　同治拾壹年歲在壬申嘉平月　日，董事職員黃仕德刻石。

　　此摩崖石刻位於廈門市太平岩寺。

清·灌口人和堂碑記

人和堂（楷書碑額）

　　蓋聞官有正條，民有私約。茲五甲頭人等共捐銀□□□，/春秋二祭，以祀子孫甲第。惟議者鄉黨和睦，禮□□□□/相欺，上下恪守，以為規矩方圓之至也。第恐我輩□□□/□釀成禍端滋事，當先報明家長，齊赴祠中公□□□□，/不許涉訟，袒庇是非。生機之人察覺，鳴眾公罰□□□□/聲明，致貽浩費，錢糧無論多寡，自己傾家產業□□□□。/厥後五甲家長公議暨丁種籌辦，以振義氣且□□□□/人和堂峻嚴規矩，正道播四方，以彰昭穆，流芳百□□□。/
　　林溝後甲捐英銀壹佰伍拾大員，樓仔甲捐□□□□□□□/□山西捐英銀伍拾貳大員，□東甲捐英銀□□□□□□□/□□倡議，□整鐫刻，記載碑銘，以垂不朽耳。/
　　光緒三年臘月　日，董事□□□□。/

　　碑存集美區灌口鎮上頭亭社區。花崗岩質，殘高78厘米，寬50厘米，厚12厘米。楷書陰刻。下端殘缺。

清·同安朝拜埔示禁碑

示禁（楷書碑額）

　　自紹本公開設閭里，栽插/刺圍，因竊取損壞，存者無/幾。今再培植，倘敢故違，罰戲一臺，神誅鬼責。見者來/報，賞錢貳百，決不食言！/
　　光緒十二年，朝拜埔公約。/

碑存同安博物館內。嵌砌牆上。花崗岩質，高140厘米，寬36厘米。基本完好。

清·灌口三社東蔡村興仁碑

興仁碑（楷書碑額）

　　蓋聞創業垂統，實為裕後之謀；繼志述事，乃云承先之職。烈以己卯科/中式舉人，越乙酉年往鄉謁祖，遍覽乎大山祖墳，歷觀其廟宇公業。知/我祖之創垂，其力甚大也。嗣後，我祖東□往臺，經以三世，間有不肖之/徒，敢與豪強之輩私自盜買盜賣，以致大山有□葬公業，有□受公宅，亦有□處祠宇，凡見毀壞，種種基業，幾於廢墜。似此失守，能不觸目傷心乎！/烈也思之，固與其除弊於已然者，孰若杜弊於未然也。於是集公議、出/資財，追還公業，取贖公廳，重修祠宇，檢界大山。凡我祖所創垂者，概為/力繼而力述之。復恐後之人仍蹈前愆，是故將此基業，請官存案，懇出/示禁，以之設法先時，俾免貽患後日也。而今而後，但願父詔其子，兄教/其弟，世世遵守，無違此志。如敢故犯，呈官究治。各宜凜遵，毋致後悔云/爾。

計開其序如左：

一、大山崙數，不計在龍潭頂□菁礐湖上，四方/界限分明，今而後不能盜賣盜買。違者請官□究。

一、祠宇公廳從今/以後，修理、整頓，不許親疏人等雜處賭博、損壞，違者公誅。

一、贖出海/仔尾業三坵，另有公業三處，係是永遠祀業，不可廢墜。/

時光緒十二年歲次丙戌三月吉旦，裔孫丕烈謹告。/

碑存集美區灌口鎮三社村東蔡社。花崗岩質，高90厘米，寬50厘米。字跡略有漫漶。

清·石潯村房產契約

仝立約字人烈清、抽水、□□等。今因□□蓋前/進,抽水出為阻擋,幸傅元候令諸衿耆公/誼,將清大門口埕,該地日後不得開/牆起蓋,以及東勢後厝外,該地□□/後圍牆起蓋。其抽大門口水澗□□/地雖係君明買的,公誼聽抽開□□/乎!以作公地,庶無後患。恐日無憑,□/為勒石以垂永遠。/
光緒十九年八月。(立約人、知見證人已殘缺,略)

碑存同安區洪塘鎮石潯村吳氏家廟內。嵌砌牆上。花崗岩質,高76厘米,寬55厘米。楷書陰刻。部分已殘缺。

清·櫃下二三公議

櫃下二三公議(楷書碑額)

溜江渡頭,遇我輪值。□□□□,/不許包理。同是本柱,價高是理。/邀外人共,重罰是擬。本柱之人,/有要包理。必須聞眾,共相參處。/依時定價,庶免多事。/
光緒十九年　月　日勒。

碑存同安區洪塘鎮石潯村吳氏家廟內。嵌砌牆上。花崗岩質,高100厘米,寬51厘米。楷書陰刻。部分已殘損。

清·海滄山仰陳氏魚利還公記

魚利還公記（楷書碑題）/

　　古者祭必有田。《禮》曰："諸侯耕助，以供粢盛。"《孟/子》曰："惟士無田，則亦不祭。"蓋田即粢盛所由/供，而亦後世祀業所自仿也。孝子順孫，欲圖/報本反始，可不於此加之意乎！

　　吾鄉自先世/兆建大宗祠，本有公港魚利為春秋薦享之/需，後因港道塞淤，特萃父備資挑挖，故將此/利權與收抵。不料至萃，竟私偵與六柱仁貴、文欽、/文條、清報、天敕、啟明、光埕、文蛟、祥瑞、玉漢、得洪、果嫂、皆再、菁仔、梧仔、榮仔、江湖、得寬、紅蟳等承管。越今多年，少有知者。歲辛丑，予自/南洋歸，感祖德之難忘，思祭儀之未備，自願/以五百金充作大宗祠祀業。時各房長適議/疏港蓄水，俾足灌溉而杜芬爭。因念港本公/業，稽之族譜及前人族規約字，均有甄明，而/魚利何以獨歸六柱仁貴等？迨閱契券，方知/有特萃一段情由，良足慨也。雖然，天下惟祖/宗公業不可私相授受。耳名曰公，而利則歸/私，是以爭端遺後人憂也，且將來科派祀資，/不更有一支節乎！予乃依原價外，願加借四/倍贖契歸公。幸六柱仁貴等始雖稍有吱唔，/後至聯絡局評議，又見予捐鉅款，遂各孝思/激發，恥受價金，願將所有公港魚利，上起嶼/仔邊、石橋仔，下迄內陳店、涵仔，一盡奉還大/宗祠，仍為祀業，任族中永遠輪流收利致祭，/決無異言。予曰："噫！能如是，亦可謂能見義而/勇為者與！"夫人惟無恥，斯不足與有為耳。今/若等能以受金為恥而慨然奉公，元此念也。/將見不善，必恥不敢為，見善者必恥不能為。/為孝子、為順孫，胥於一恥卜之矣。予嘉其意，/以為有合於古者祭田之義，因勒諸石以志/不忘，且以垂勸後世云。/

　　族長志拋暨諸房長仝立。/

　　碑存海滄區海滄街道囷瑤村山仰社陳氏家廟。嵌砌牆上。黑色頁岩質，高20厘米，寬50厘米。楷書陰刻。現狀完好。

清·洪氏禁止買賣典借祖業碑記

　　此公業，俱是先夫在日遺置/產物，以為子孫養生口腹之計，惟恐賢/愚不濟，經地方官蓋印並粘名單以杜/禍源，情合再批明，俾欲授手之人不得/擅自盜買盜賣，永遠將是洪家己業，如/有違者私相授受，鳴官究辦，無論胎借、/典盡，銀項總不坐理。先此批明，以免後/論。是布。洪家大母顏氏主批。/
　　光緒丁酉年七月　日。

　　碑存同安區大同街道東溪路104號舊宅中院。嵌砌牆上。花崗岩質，高58厘米，寬30厘米。楷書陰刻。現狀完好。

清·萬石岩產業契約石刻

　　此穴地直拾肆丈，橫拾貳丈，原係萬/石岩佛祖緣田，全年稅錢六千文。全/因卜葬先父墳塋，願將岐西保牛磨/巷瓦屋一座，全年稅銀拾貳大元，與/佛祖互換。經托公人陳君旺商諸董/事陳孝廉宗超暨住持僧修，均各喜/悅。全立將契券親送陳孝廉宗超收/管立石，對佃明白，永遠徹底互換，均/無異議。合勒於石，以垂不朽。/
　　光緒貳拾捌年拾貳月　日，舉人陳宗超、住持修、陳佑全仝勒。

　　此摩崖石刻位於廈門市萬石岩寺前景通橋旁。高130厘米，寬125厘米。楷書陰刻。現狀完好。

清·灌口鐵山村公約碑記

公約碑記（楷書碑額）

　　立碑人同安縣灌口安仁里打鐵珩社林眾家長，為和睦鄉里、嚴/禁賭博事。竊惟善者當勸，惡者當戒。鄉中最能為惡之階而最當戒者，莫賭博若也。眾家長興念及此，庸是鳩集，僉議嚴禁。從今/以後，凡我同鄉老幼，不許與諸親賭博，或有越規逾矩、妄邀賭博/輸贏現錢者，無論矣。若輸贏賒欠，不論親疏強弱，議約無討；且/家長察出輸贏，各定罰戲壹臺，若罰者恃強不依公約，強強欲/討，輸者當傳眾家長照約處置，再或不遵，眾家長呈官究治。眾/家長斷無徇私袒匿，無吐剛茹柔，總宜照約嚴辦。仰期鄉中老幼/各宜凜遵，勿踏失身之愆，以致後悔。誠如是，則士農工商守其正/業，鄉里永致雍和，子孫永無禍端，將善日長、惡日消，不誠吾鄉之福/乎！爰立碑以垂遠戒，世世亦當以此為鑒。/再者，凡鄉中買賣厝宅田地，不許盜買盜賣，總宜通報/家長頭，庶免後日生端。違者公罰，並立為據。/

　　大清光緒乙巳年桐月　日，打鐵珩林眾家長、豪傑立。/立文堂造。

　　碑存集美區灌口鎮鐵山村忠惠宮內。花崗岩質，高104厘米，寬50厘米，厚10厘米。楷書陰刻。現狀完好。

民國·廈門自來水公司租地契約

隴西（直行楷書碑額）
租地契約（楷書碑題）/

　　立契約字廈門自來水公司、/禾山上里山李光裕堂。茲曰：廈門自來水公司勘定禾山上里社公山，宜於建築蓄水池，自將須用以內/現經劃明，立標為記:東至毛坑後,西至赤涂圓尖,南至西山頭,北至鬼仔空,四至限至水池□□為界,□地係李光裕堂/三派公共業產,三派曰上里、曰港口、曰廈門,每派各舉代表一人,現與廈門自來水公司代表□議,即將流域標界綫為/限,凡□水池流域以內,李光裕堂派下永遠不得種植、安葬,以重衛生,永遠租與廈門自來水公司建築,□定每年應納/租金大洋銀壹仟元正,分作兩期,每期伍佰元,以陸個月為付租期一次,由三派各家長刊李光裕堂某派戳記一個,以/為領款憑證。其戳記以本契約此次所蓋之式為標準,否則無效。倘此戳記設有不測,務必三派家長全副聲明,應准換/別印。合將雙方訂明條件載明於下:

一、水池界內所有墳墓務於契約簽定日起,各墳墓業主□□別葬,公司應貼/□資。凡土壙每穴應□壹拾九元,骸罐每穴九元,磚壙每穴叁拾元,附壙木每具拾元,金每個叁元,計墳墓伍佰伍拾陸/穴,共銀壹萬零壹佰叁拾伍元。

二、凡租界內荒田,每斗種二十七丈為一斗,應給大洋壹拾九元,荒園每斗應給捌/元,以坐損失。上里山計丈量田壹佰伍拾壹斗種,每□共銀貳仟捌佰陸拾九元,園叁拾伍斗種,每□共銀貳佰捌拾壹/元,合共銀三仟壹佰伍拾元。

三、凡與租地關係之下田,原恃界內水源灌溉,現已變更,則自來水公司應□設法供/足諸灌溉,或照以上規定價格收買,均不得異言。惟須分別上、中、下則價格,以昭公允。

四、凡租地界外山石、地產,自/來水公司倘欲收用,務取雙方同意,不得抑勒。

五、凡該山應納地丁錢糧,永遠歸李光裕堂派下完納。

六、凡以上條件既經雙方簽字蓋印,發生效力。議定同樣三紙,雙方各執一紙,存照一紙為證。

中華民國十四年壹月壹日。

公證人:李振清、李俊波。

租戶:廈門自來水公司代表黃奕住、黃慶元。

業主:李光裕堂上里、港口、廈門派代表李添讚、李來近、李子昌、李佐日。

碑存思明區上李社區。花崗岩質,高183厘米,寬100厘米,厚34厘米。楷書陰刻。個別字跡漫漶不清,基本完好。

民國·同安蓮花鎮雲洋村後洋社公禁碑記

公禁（楷書碑額）

　　鄉社之有規則，猶國家之有法律也。法律不修則國政壞，規則不整則社風替。故欲整頓社風者，非先禁/賭、盜不為功。茲承葉執誠先生美意，敦囑本鄉兒童：賭博，天高地□，大哉無限，非從速禁止，將來禍伊/胡底。於是聚眾公議，勒石立碑，演戲嚴禁，訂立規則五條，附刻於左，犯者按條施行，決不稍恕，此布！
　　一、兒童聚賭，無論何人，一經觸見或報知，罰戲一臺、席乙筵，以警效尤。
　　一、自本月起，凡兒童從前賭賬俱作罷論。如敢恃勢索討，無論何人，合眾共誅，責其背約之罪，罰由眾。
　　一、兒童如敢違約偷盜，有人報說，獎賞大洋二元，以彰正直。
　　一、田園、五穀或家中什物如被盜竊，一經發覺，小者罰戲一臺、席乙筵；大者估價，加倍賠償。窩藏賊贓者，/罰式與盜賊同。
　　一、盜賊竊物，無論在人家、在田園被人打斃者，不償賊命。
　　中華民國拾玖年歲次庚午蒲月　日，後洋鄉各房長公立。

　　碑存同安區蓮花鎮雲洋村後洋社。花崗岩質，高200厘米，寬40厘米，厚16厘米。楷書陰刻。略有風化。

第八篇 墓誌墓表

唐・故奉義郎前歙州婺源縣令陳公墓誌銘並序

故奉義郎、前歙州婺源縣令陳公墓誌銘並序(楷書銘題)/
鄉貢進士歐陽偃撰。/

　　有唐大中九年,歲在乙亥四月廿四日,潁川陳公終於泉/州清源郡嘉禾里之私第,年七十有五。嗚呼!古稀之年,雖/已過矣;五等之名,亦已尊矣。上德高義,盍其永歟?哀哉!/
　　公諱元通,清源同安人也。曾祖丞,撫州司馬;祖喜,蜀州別駕;/父仲瑀,番禺縣丞。公則番禺之長子,生高陽許氏,寬厚和/雅,指規人間,代之器也。豐其產,繼為豪室,而行諸禮教,人稱名/家。其姻戚有仕者,亦纍至郡縣。公始不求試,不躁進,乃為/釋褐,自餘干、南昌兩尉,轉歙州司兵參軍,遷婺源縣令,纍任/得清平之稱,而婺人多罹其寇,迓政病不能獲,公用良籌密/思,無所遺黨。既以能聞於廉使,仍加字即之,術多會於詔,乃/書上下考,申其有司,有司褒其能,不黜其較,將罷帙還鄉,至止/之。後得疾,不越月而終焉。嗚呼!器有餘而用未至,祿有待而/壽俄終,良可悲哉。
　　先娶汝南周氏,則前登太常弟匡物之女,/不幸早世,有男不育;女二人,長適許氏,次曾氏。後娶汪氏以繼/其室,有男子二人,長曰肇,次曰皋。女子三人,皆稚年,相次而克承名/教,丁喪合禮。明年秋八月一日,卜葬於所居之里,祔其先塋,禮也。/或重泉之下,用志其德,其孤乃號以請之,其渤海歐陽/偃,實公之丈人也。於是哀為銘焉,冀彰公之德於丘陵傾/圮之後。其詞云:/"稟器蘊能,為世之稱。懷才抱德,/伊人是則。為政立名,於時作程。位思稱實,壽俄已/畢。吞恨者多,傷如之何!哀哉!"/

　　2004年12月底至2005年4月中旬,為配合廈門島內仙岳路的改造工程,對廈門市第一批市級文物保護單位中的唐墓進行搶救性發掘,出土墓誌銘兩方。《故奉義郎前歙州婺源縣令陳公墓誌銘並序》為其中之一,灰黑色花崗岩質,寬65厘米,高58厘米,厚8厘米,呈長方形狀,文字係楷書陰刻。現狀基本完好。現存於廈門市博物館。

唐·許氏故陳夫人墓誌

唐許氏故陳夫人墓誌（篆書碑額）
唐許氏故陳夫人墓誌（楷書碑題）/
夫，給事郎、前行泉州參事許元簡撰。/

室人其先穎川人也，漢丞相平之後。高祖任福州長樂縣令，秩滿，家/於福唐，亦長樂之鄰邑也。曾祖僖，愛仁好義，博施虛襟，俊義歸之，鱗萃輻/輳，故門有敢死之士，遂為閩之豪族。時閩侯有問鼎之意，欲引為謀，乃刳舟/剡楫，罄家浮海，宵遁於清源之南界，海之中洲，曰新城，即今之嘉禾里是也。/屹然雲岫，四向滄波，非利涉之舟，人所罕到。於是度地形勢，察物優宜，曰可以/永世避時，貽厥孫謀。發川為田，墾原為園，郡給券焉，家豐業厚，又為清源/之最。終身不仕，以遂高志。祖仲禹，幼資經術，弱冠遊於京師，既而授廣州番禺縣/丞。伯元通，任歙州婺源縣令。父元達，任虔州虔化縣丞，夫人幼獨承顏，終鮮兄/弟，闈儀閫則，有若生知，宛順柔和，實資天性。年十七歸嬪於我，韻諧琴/瑟，氣合芝蘭，誓願同心，始終偕老。何圖產後六日，痢疾所嬰，時大中十一年/龍集丁丑八月十四日，終於晉江縣南俊坊之私第，春秋廿三。有子二人，長曰/驥兒，方茲六歲，次曰小驥，生未浹旬，而夫人謝世。嗚呼，日月逝矣！窆歲有期，/丹旌啟途，青鳥用事。以其年十月十三日丁丑窆於晉江縣鷺溪里石/井村張境之東原。禮也，古者墓有誌，誌有銘。誌，記也；銘，名也。壖陵谷之/遷變，所以記其墓焉。

銘曰："坤向山，巽流水。申未朝，寅卯起。/哀哉！室人葬於此。惟我室人，穠華桃李。惟其令德，採蘋於沚。天與淑姿，不與年祀。十七歸我，九族咸美。廿三亡，誰不痛矣。況僕之哀，豈易言耳。嗚呼！予百年之後兮，亦當歸祔於止。"

1982年出土於泉州市東門外石井村。廈門市博物館現陳列其複製件。石灰岩質，弧首，高58厘米，寬38厘米，厚3厘米。楷書陰刻。

唐·故陳府君汪夫人墓誌

唐故陳府君汪夫人墓誌（篆書銘額）
唐故歙州婺源縣令陳府君夫人墓誌銘並序（楷書銘題）／
鄉貢進士陳過庭撰。／

夫人潁川汪氏，其先新安人也。曾祖訓，祖相，父宏，夫人即／宏之長女也。高堂具慶，代雖不仕，而由仕也，享年四十八。／鄆王登位後二年，歲次辛巳六月二十一日寢疾，終於清源郡同安嘉／禾里之第。歔欷！夫人幼受貞明，長居令淑。高格有焯，柔順承家。／伉麗端凝，備於中外，以織紝組紃為業，以恭謹孝行為心。頃者，／府君自歙州司兵參軍，夫人乃配淑德；由司兵拜婺源令，夫人皆／同受榮祿。婦道炫耀，和順六姻，鄉里之間，休芳馹著。何圖雙鶩翼比，／一旦飄零；梧桐韻清，千秋泯絕。四十一而寡，撫育孤幼，嚴訓守養，無／專制之義，有三從之道。夜行以燭，晝不遊庭，實可謂其高行耶！

噫／歟！人之生死，理亦常道，一往一返，真宅是歸。然悲乎夫人，生則慈／而賢，壽何歿而中，是不幸也。以三年八月二十四日厝於宅東三里之原，袝／府君之塋，禮也。龍輴一舉，丹旐翩翩；蒿里求從，愁雲漠漠。芳蘭霜敗，玉／樹風摧，痛矣哉！有男一人，曰皋，舉孝廉，幼則明敏，贖經籍微奧，早為州里／薦送，以膝下之戀，未遂西轅；鍾以荼蓼，不能滅身，嗚呼！祿不及其親，哀毀／無地，臨棺一慟，百鳥哀鳴，號天扣心，何酬鞠育。有女二人，皆美淑端休，其儀不／忒。一人適學究許及，雖未得祿，得祿之道一也；一人年未及筓，孤無怙恃。

過庭／與皋則同房之叔，復文翰同志，乃為銘而刊玄石，以紀其事而表泉壤。銘曰：／"夫人之德兮松筠，夫人之懿兮蘭芳。六親兮保順其美，皇天兮詎罹禍殃。／月明風起兮，壟樹蒼蒼。千秋萬古兮，玄化茫茫，已而已而咸其傷。"／

2004年12月底至2005年4月中旬，為配合廈門島內仙岳路的改造工程，對廈門市第一批市級文物保護單位中的唐墓進行搶救性發掘，出土墓誌銘兩方。《唐故陳府君汪夫人墓誌》為其中之一，黑色泥質，倭角，寬46.5厘米，高61厘米,厚8厘米,呈長方形狀,文字係楷書陰刻。現狀基本完好。現存於廈門市博物館。

宋·故太夫人蘇氏墓誌銘

故太夫人蘇氏墓誌銘(楷書銘題)/
承議郎、監泉州市舶、武騎尉、賜緋魚袋陳玠撰。/

夫人蘇氏,其先光之固始人。四世祖益,唐廣明中破黃巢賊有功,/既卒,葬於泉州晉江縣,國朝贈隰州刺史,其後為泉州/人。隰州生左屯衛將軍光誨,屯衛生左侍禁佑孫,即夫人考君也。/初,調監漳州鹽稅。夫人生,秩滿,任環州兵馬都監。舊制不許將親/屬,夫人纔七歲,是時,虞曹郎宋公守建安,夫人之外祖考也,遂/與母宋氏留之。未幾,考君卒於官,夫人隨母歸於泉,與族人居。
　　夫/人少孤,常以不見父亡為恨。業為女事,不待母訓。及笄一年,遂歸/於汀州司法參軍林侯戴周為繼室也。林為州里聞人,夫人出/於良族,時謂嘉配也。天資淑懿,性篤慈仁,自女至於為婦,自婦至/於為母,莫不各盡其道,家室宜之,間里稱之,皆為矜式。林侯先捐/館,夫人治家益謹,教子益勤。家貧,好賓客,而常勉於禮,愛宗族而/常主於恩,親有不給者,雖力不濟,但隨有而與之,然與之而終不/厭其求。平居敬,以佛氏為依,而不效常人之邀福。每讀《觀世音經》,/念《大悲陀羅尼神咒》,晚得八大菩薩號而並誦之,受持日久,誦數/愈多,未曾紀錄之,以類世俗態。其洞識高見,非婦女比。將欲化去,/取平日所持誦二經及菩薩聖像與數珠分左右手執之,奄然長/逝,如人安寢,顏色體膚,經日不少變。時崇寧二年十月六日也。享/年九十。男四人：長元,宣德郎、知封州軍州事;次汝明,兩貢於鄉,不/幸早世;次兗,習進士業;季亮,亦兩試於春官。諸子盡有鄉譽,人皆/多夫人之賢。初,封州五薦未第,常以夫人年高為憂,延及九舉得/官,而夫人益康寧。初尉郟陽,未一年而遂改官,纔三任而已領郡,/旌麾在門,里人榮之,皆謂天佑夫人之德而□其子貴也。女三人：/長適進士黃琮;次進士韋萬;次進士陳坦。男孫內外十有二,女孫/內外十有六。以崇寧三年歲次甲申十一月丙子朔十四日甲申/葬於城北郊白塔山之原,同司法君之塋。玠幸與其子遊,熟聞夫/人之美,請銘於石而納諸壙。

嗚呼！懿行淑德,可為婦則。深仁至慈,/可為母師。惟德克右,惟仁克壽。百歲之生,/享十之九。宜爾子孫,誕光闕後。其夫先塋,/北郊之阜。合付於斯,銘之永久。

此乃與宋代蘇頌有關的墓誌銘。磚質,楷書陰刻後燒制而成。共兩方,每方高65厘米,寬43厘米,厚4厘米。現狀完好。收藏於廈門市鄭成功紀念館。

宋·林公孺人姜氏壙誌銘

□□□林公孺人姜氏壙誌銘（篆書銘額）

□□□□□晦金部員外郎衝之之系。始祖範,自蒲陽遷於同安之嘉禾,遂居焉。曾祖寶、祖寬、父明俊,/□隱德□□。公年未弱冠,任公之勞,鞅掌爬梳,不以煩為辭,人曰:"起家有子矣。"親歿,奉大事惟謹。倜/儻好義,鄉有懷訟牒者,輒為之調停,人德公之賜,膜拜金仙以彰其報。性樂賑貧,每遇儉歲,賤糶亡/所牟利。宋大鄉舉荒,□□公鄉官,區畫有方,賑濟有法。輯成峽以上,它邑視為便□,其□□此。政內/海寇猖獗,糾合禽捕。趙丞汝遷趨公謀略,申使州貼以提督,鯨鯢由是駭散,瀕海□□,公之力也。外/舅姜氏蚤世,乃孤尚幼,為之經理家事,無不周致。力未能治葬,公曰:"妻父猶吾父也。"□□□□頗無靳色。□/□僧廬佛典,架寶藏,在在具舉。渡有津次,行者憧憧,植憩亭以歇過客之勞,砌渡橋以□□涉之險,利興/害除,難以縷筆。公娶姜氏,甘苦仝之。內事有條,井井罔□。□□□□相子成,事公姑尤篤,親屬無間,餘/慶衮衮,內助之功居多。公起自勤儉,及溫裕猶不忘其初。訓飭子弟,惟務就學,交遊□廣,架屋延賓,/高朋有伉,客至如歸。年暨桑榆,覃恩於朝,蘭玉滿階,奉觴笑語,富□康寧。公與姜氏俱享其榮,鄉/人羨之。莆陽太守、朝議大夫楊公聞其名,請攝仙遊尉,公辭以老。公乾道己丑十月三十夜生,於嘉/熙庚子十月三十□卒,享年七十有三。生於是夕,卒於是日,數,天也。姜氏先公一□□□,享年七十,未/及殯,若將有待□。公嘗語諸子曰:"吾百歲後,為菟裘計,毋庸遠遷。"今卜地得吉於本里平埔龍山之/原,尚公志也。男四人:長男桂,助教,娶太學生陳子度女;次男國典、慶辛,皆娶南陳氏;國輔娶葉孺人侄/女。女二人:長適梅州教授林奉議甥胡幼玉,次適陳萬全。男孫九人。後慶未艾,□其菰洎。寶祐元年癸丑十月甲申□□奉以葬,力請誌銘。余居既仝鄉,牢辭不獲,謹銘之曰:/"瞻彼嘉□,在邑南鄉。鄉有耆耄,行歸於藏。有德在人,不可弭□,門閭高大,於後克昌。馬鬣稜稜,中林有光。"

里人,朝議大夫、前知融州軍州兼管內勸農公事、同安縣開國男、食邑三百戶謝圖南鍐石。

該壙誌銘黑色頁岩質,高61厘米,寬33厘米,厚5厘米。楷書陰刻。部分殘損。1987年出土於廈門市思明區蓮花新村建築工地。出土時尚有宋青白釉蓮花瓣紋瓷缽和宋湖州素面銅鏡各一件。現藏於廈門市博物館。

宋‧故致政陳君夫人鄭氏壙銘

宋故/致政/陳君/夫人/鄭氏/壙銘(篆書銘額)
從政郎、新宜差江南西路提點刑獄司干辦公事呂大圭撰。/

余需次家食,門雀可羅。一日,陳朝宗東叔踵門來謁,言/曰:"朝宗嘗偕弟朝佐、季弟里從先生學。乙卯,詔里獲名/,薦書群下士,先生賜也。今恃門人之舊願,竊有請。朝宗/不天,歲辛亥春先妣鄭氏卒,冬十月先考卒,痛哉!今得/卜於覺性山之原,將以庚申三月壬申葬。思所以妥其/幽宮而庇覆其後嗣者,惟銘文是賴。"余謝不敢,而請益/堅。則詢其世系、行實,而朝宗筆以授余。

君諱子玉,字元/振。曾祖鼎,祖嘉言,父俊卿,世為儒家。君少從架閣黃椿/學,黃器其穎悟。及困躓場屋,則曰:"士何必成名哉,為善/人足矣!"故其待族黨有恩,待親戚有禮,待閭里有義。其/歿也,行道之人皆泣之,而君得以一行善者鄭氏之助/也。君初娶梁氏,早卒,鄭其繼也,是生男女各三人,正義/大夫、漳倅之孫黃克順;鄉貢進士林應爵;迪功郎、前南/安軍、大庾簿蘇天民,其婿也。孫男七人,孫女四人,其詳/見諸行實。

今姑述其梗概納於壙,是為銘曰:"井上之陳自莆邑,徙於嘉禾慶源襲。吁嗟元振學汲汲，積善有餘名不立。夫人助之和且翕，有子繩繩孫蟄蟄。夫人七十君八十，今其往矣何嗟及。覺性之山高岌岌，有宛其丘於彼隰。哀以葬之聞者泣，窀穸孔安百神集。"

該墓誌於2006年6月出土於湖里區枋湖社區。陶質，係先在陶坯上刻字再燒制而成。倭角，長方形，高44厘米，寬52厘米，厚2厘米。現狀完好。現存於廈門市博物館。據考證，墓主下葬於"庚申"，當是宋理宗景定元年庚申，1260年。

宋·顏省庵墓誌

宋省庵顏君墓誌（篆書銘額）

先君諱公□，□□□□□□四□□□□□□□。曾祖□權/，祖康，世贈奉議郎。父□，登淳熙辛丑第，中□陽□朝請□。母/卓氏，封安人。先君生於嘉泰辛酉五月十二日巳時，昆弟二/人。先君□仲，年十二失怙恃。伯父受遺澤。先君知自為學，於/書無所不觀。鄉舉數不利，遂謝去場屋，恬然無進取意。築室/於岐山之下，曰"草堂"，日與賓客往來其間，□書跌宕，詩酒自/娛。嘗著吟稿千餘篇，手題曰《省庵叟語》。不事家人生產，好善/樂施，賙貧□急，略無靳色。事保母以孝，事難兄以悌，視族黨/如家人，視子侄如朋輩，其於待人接物，從始如一，鄉里為善/人。□伯父歿於□事，□子孫一人，元君□私□力為陳乞。視/侄穎立若己子，誠不忍先澤之廢墜也。□在辛丑□，語中立/曰："汝伯年四十，不食君祿。吾今過一，夫復何求？"言出涕下，如/有所感。果一病不起，乃十月八日□於正寢，真可謂樂天知/命君子。□□□□曾史君監丞□□□□□夫、國子生將仕/公文□之女，亦卓出也。男二人：中立□二□□人，始食於李/若珪，次□□婚孫時可外孫男。女三人，□□□，不能奉窀/穸之事，故寄於崇恩庵有年矣。□人□□□□始食。以景/定辛酉臘月廿八日丙午葬□□□□原，與□□□對峙/，□山皆庚子，而庚午。
水流巽巳□志□□□□□男中立/、□立□泣百拜□□□□□□□□□□□□□□/。

該墓誌 2020 年 9 月間出土於海滄區海滄街道青礁村。青磚質，圭首。由於土鏽粘附牢固，字跡已多漫漶。

宋·先考雲岩陳公壙誌

先考諱桀，字仲方，叔祖季濟之仲子也。幼穎悟，知讀書。先祖主薄/叔浩愛之猶子，意有所屬。不幸先祖早亡，祖妣趙氏守柏舟之節，/以先君入繼，是蓋出於主母之本情，亦先祖之初意。時有急難，祖/妣一力主之，羽翼已成，迨難動搖。嗚呼，先祖考妣可謂有定見矣！/先君與母顏氏入事祖妣，其於生事死葬之禮，無所不周，獨以無/後一事，恐負先祖妣命繼之意，天道有知，戊午秋男一正出於側/室，吾母撫之愛之甚於己出。嗚呼，吾母可謂有遠見矣！先君嘗/訪先祖□來往於松山之崗，愛其龍虎迴環，水土深厚，可為壽藏。/自決已見，參之陰陽家，頗相符印。嗚呼，先君可謂有先見矣！

先君生/於嘉定辛巳莫秋，至咸淳丙寅仲冬而亡。雲岩其自號。一正/以癸酉仲冬甲申奉柩而葬，凡事從事從簡，不敢請銘於鄉之達者，/姑自述先君平生行事大概，納諸幽宮，使千古而不有所考/焉。咸淳九年□□□初六日，孝男一正泣血謹志。/

該墓誌 2005 年 12 月出土於翔安區馬巷街道西爐社區。黑色頁岩質，長方形，高 46.5 厘米，寬 31.5 厘米，厚 1.5 厘米。現狀完好。現存於廈門市博物館。

元·辜僅娘壙誌銘

鄉辜府諱郭山文興公女，名僅娘。/今卜佳城於十八彎下，名邦坪埔，築左右兩壙，坐壬向丙/兼子午，辛亥□巳分金。大德九年己丑四月二十六日午時，安厝/府君於左，虛其右為辜太君壽域。二兄士淳，字雲集，/習舉子業，不幸齎志蚤卒，茲全日附葬/府君墓前西面。水禽山環，藏形固址。奠厥攸居，永佑

子孫。/

　　孫金鐘、金彪、金塔、涵志。/

　　該墓誌銘出土時間不詳，現藏於翔安區新墟鎮民家。吳鶴立先生抄示，據稱為磚質墨書，現狀尚好。唯墓誌銘中稱安厝於"大德九年己丑"，似有錯。大德九年（1305年）應為乙巳年，而非己丑年。元代共有兩個己丑年：一為至元二十六年（1289年），一為至正九年（1349年）。此墓誌銘或立於元至正九年己丑也。

元・鶴浦高府君墓誌銘

大元處士七十二壽鶴浦高府君墓誌銘（楷書銘題）/

　　府君諱仲卿，字次伯，別號鶴浦，廷祥公之次/子也。先世自光州仕閩知泉州軍者，□公禦/寇死節，諡文忠。其子鐄公、鎰公咸登雍熙/進士，□居泉之安平。厥後擢科第者五十八人，/是為安平望族。
　　府君天資孝友，博通經史，雖/承衣冠世冑，尚志不仕，性喜山水，因慕白鶴山/□脈之勝，延祐甲寅年卜居鶴浦，創置經營，不/讓陶朱，貲產之盛甲於鄉間。生平樂善好施，不/□□□，課子□孫，循蹈規矩。種種令聞，三□人/言。
　　不孝等自揣固陋，不敢煩於縉紳先生/述其概，以志不朽云。
　　府君生於至元辛巳年/□□□□□時，卒今至正壬辰年二月初二/□□□□□十有二。元配石氏□□□□。/

　　此墓誌銘出土時間地點、時間不詳。磚質，原為兩方，今僅剩一方。楷書陰刻。現為同安區大同街道高家保存。今據拓本照片過錄。

元·葉豐叔買地券

　　武王夷今有大盤地龍一所,坐落蓮坂保地名報恩後壟/田上,其地東至甲乙,西至庚辛,南至丙丁,北至壬癸,中是/其地,四至分明。地價□三貫三千文足,賣與本保亡人葉豐叔/出手承買為墳安葬,其錢當日隨契兩相交付去/訖,並無領目。所賣其地與上下神祇無預,亦無/干涉爭占。如有執占,一仰武王夷支當,不涉買/主之事。今仁理難信,用立契書一本,與本人收訖為用者。/
　　至正二十一年太歲辛丑十月　日行契,武王夷二契。/
　　牙人:張堅固;/內人:李定度。/
　　何人書了天上鶴,何人書了水中魚。/白鶴讀了上青天,魚書讀了入深淵。

　　該買地券1962年前後出土於廈門市蓮坂,現藏於廈門市博物館。磚質,高約40厘米,寬35厘米,厚2厘米。行楷陰刻。現狀完好。

明·南監重修柳氏先塋墓表

　　南監/重修/柳氏/先塋/墓表/(篆書碑額)
　　重修柳氏先塋墓表(楷書碑題)/
　　賜進士出身、中憲大夫、通政使司右通政、奉/敕提督河道、前禮科左給事中、侍/經筵,慶陽緯鼎撰文;/
　　賜階徵仕郎、南京詹事府主簿,江東王隆書丹並篆額。/

　　中貴柳君係出閩之泉州同安茂族巨籍,既久於斯,積德衍慶,代不乏人,已往弗徵。正統戊辰,君父仙逝。明年己巳,沙尤/寇興,居民四竄,君母歐孺人及諸族子姓亦各漫散潛避,惟君幼而莫能移去。帥戎者獲君,喜其清奇,薦入/禁宸。既長,果異於眾。景泰乙亥,輒領/大善殿簿書。數年間,以最由內使擢長隨之職。天順壬午,遇選/奉先殿供祀/祖宗之事。成化乙酉,值/英宗睿皇帝神主入廟,與典,晉官奉御太監,授玉牌金紫之榮。成化癸巳,奉/命來任南京針工局事。成化乙未,守備重臣以君賢雅拔萃,轉僉今戊字形檔事。惟君以清奇之異質,勤慎之最勞,出入/禁闈間,自正統己巳至今凡六十年之間,瞬如一日。君公暇則閒居獨處,瞑思重享/國恩,奈何既不遂祿養父母於生前,尤不能安窀祖宗於地下,由是於弘治丁巳,遣從弟苗賫貨若干,歸葺祖塋,重整一新。/從舅氏塋側遷歸母柩,同父窆於一穴。先,有大母施氏遠葬別地,亦皆遷還。既而,凡祠堂傾頹者靡不修葺,塋地、祭田被/侵者俱以價贖,仍益置祭田十畝。君意始妥,不復如前日之戚戚矣。

吁!世之如君之倫等溺於富貴,而不忘本、不遺親者,幾何/人哉!蓋罕見矣。君讀書尚義,薄於奢華,厚於祖宗,遠於葷酒,近於賢能。其周貧濟乏,助婚賻喪,不可枚舉。有餘,則愁道路/之陷毀,成橋樑之傾頹。如南都聚寶門外街衢及善世橋,皆君之力所成就也。其詳,有少司徒蒲陽鄭先生紀,所撰雄文,/鐫載於碑,樹諸橋畔,以昭無窮。茲值同安祖塋工畢,乃礱貞石立於墓道,屬予識之。竊惟君親大倫、忠孝大節,中貴君敬/於其事,以致獲祿安榮。所視於斯二者,蓋兼得之矣。為柳氏子孫者,其亦仰恩效力,世守而勿失哉。

君名智,字澄淵,"無礙居士"其別號也。君之弟苗有子曰琮者,嗣君之後。君之壽藏擇在金陵南郊二郎崗永寧禪寺之西,素行偉績,亦勒載於/壽藏碑碣,不復更述。略贅此表末,庶將來有所徵仰焉。/

大明弘治十五年歲次十二月吉日立石。

碑存翔安區香山街道呂塘社區西林社外。花崗岩質,高200厘米,寬88厘米,厚22厘米。楷書陰刻。略有風化。

明·處士林秋圃墓誌銘

秋圃處士林公洎順德孺人蔡氏墓誌銘(篆書銘蓋)
秋圃處士林公墓誌銘(楷書銘題)/

處士諱森,字善元,姓林氏,號秋圃。其先曾大父梅溪翁,自晉/陵徙居同安。同安有林,自翁始也。大父中立有啓土開後之/功。父性同由國學生出知安遠縣事,轉湖之經藩,娶歐陽氏,/生子三,處士其長子也,次慶元,次俊元,庶出也。

處士承先世/忠厚勤儉之澤,宗族鄰里,並敦義讓,而孝友尤篤。嘗念一子/一孫充庠生,他日得階一命,足為家門慶。於是為延名師、擇/□□,凡閩士之有聲者,雖遠必致,雖少必禮,束脩供億不靳/□,□冠服食不殊也。□為子孫同門遊者,雖仇怨必釋。日督/月責,期必有成。又每自念曰:"德厚者天報,吾先世種德流芳,/子孫□□厥聞罪人也。"於是力行為善,賑孤恤貧,歲景太甲/戌大荒,野有餓莩,而囹圄尤困,自度力不能濟,惟先其所急/者,遂推家食□月之三之二,為粥以施之。又嘗拾遺骸於三/十里外,為叢塚而掩之,延僧作齋,礽普薦之。其孝友陰德類/如此,蓋天性然也。語子孫曰:"吾勉於為善,雖不敢冀非分之/福,亦可以謝譴於天,汝輩讀書,冥冥中來,必有少助也,勵之!/識之!"後魯續由國學生授荊湖都事,以能最遷城步縣尹,特/加六品俸,啟□□□□閩省,仕至南京國子監監丞。人以為/處士積善□□□。

□士娶蔡氏,有順德,且樂於施予。生子三:/魯昭、魯溫、魯續。魯昭生岩,岩生喬,喬生緝熙;魯溫生啟、仚,啟/生鏄、盤、□、簧,盤生弼;仚生袍;魯續生崗;處士女淑姿適右族/彭克周。處士生於永樂乙亥,享年七十有五,成化己丑八月/二十四日以疾卒於正寢。

魯續偕盤具狀來,曰:"孤哀以今正/德元年丙寅十月二十八日,營葬先君於民安里八都華蓋/山之陽,而志石未有詞,敢以為請。"噫!君子之思其親也,遠刻/名與行,從葬而秘之,豈非使百代之下,觀銘思人而不敢竭/其澤,可謂孝矣。故不辭,摭其實而銘之曰:/"嗟乎!壽以仁至,德由名全。有子有孫,相繼聯蟬。/誠乎誠乎!大易積善之語,不吾欺焉。"/

泉州府同安縣儒學教諭、壬子鄉進士,順德葉中聚撰。/

該墓誌銘於2019年12月底出土於翔安區今馬巷街道店頭村,因土地徵用過程中,墓誌銘上部受到挖掘機械的損壞,但字跡基本保留。黑色頁岩質,正面為銘蓋,刻有篆書,背面為墓誌銘內容,長39.8厘米,寬58厘米,厚2厘米。現歸店頭村私人保存。

明·故沈公余氏誌銘

明故沈公余氏誌銘（篆書銘額）
明故沈公泊余氏墓誌銘（楷書銘題）/

公諱朝，字啓耀，別號純樸。純樸故同安縣十一都人也，幼隨父尚遷寓南安縣/三十八都後園村居焉。公之為人，按其行狀，一言蔽之，曰："善人也。"性渾厚而有/皂白者存，行勤敏而有愷悌者在，處事詳審而依於理，接人謙退而飲以和。始/而貧，力於穡事，殆無遺利，惟分是安是足，而他無所圖，視求而詒者不□。繼而/富，積而能散，有而若無，溫溫然有長者之風，□忮而驕者。有間，逼強暴能較而/不與之較，值困窮當償而不責之償。親疏遠近，愛而感者，翕如也。雖於造化莫/有裨補，然亦是個天地間樸實頭人也，□美來學人也。其配則南安縣四十一/都余氏女，溫懿勤勉，助於內者幾無所厥。識者於歸沈之後，已覘其為開創之/賢佐，終而謚以"柔順"，宜矣。其蛻之委，子僅普生，為娶陳氏。孫男有四：天賜、天保、/天成，而末天遺也。

純樸卒於正德庚辰十二月二十一日巳時，距所生庚午年/十月初六日卯時，歲計六十有一焉；柔順先卒於弘治丙寅年二月十二日午/時，距所生庚午年十二月十五日申時，歲計五十有七焉。純樸卜以嘉靖六年/十二月二十九日卯時葬於所寓雄山之下。為壙凡三，首丁趾癸；而柔順卒於/己卯年十二月二十四日辰時先葬矣，又虛其一，預為側室蔡氏藏焉。公之孫/女婿黃天佑，名家子也，嘗從予學，學文而才不凡，科甲有餘登也。

為召銘於予，予以師弟情義，義不容辭，為之銘曰："貌逼古兮厥心孔良，釋野服兮頓整冠裳。田廬桑梓兮春光洋洋，風噓雨潤兮人意差強。二人合德兮考終，幽宅光邃兮雄山之陽。善積宗□兮食報未央，銘於玄石兮亡亡其芬芳。"

晉邑儒士蔡炳撰文，南邑庠生黃錫書丹，南邑儒士黃天佑篆蓋。

此墓誌銘出土地點、時間和尺寸均不詳。黑色頁岩質。楷書陰刻。現狀完好。現歸民間收藏，茲據照片過錄。

明·林茂年處士墓誌

林氏茂年處士墓誌（楷書銘題）/

予少失怙□，茂年與吾相依，□方十七，中菁難作，□□□□□□□/攻儒術，茂年□治□□，辛酸勞□，實共嘗之。茂年□□□□□□/計，更□□□□□相，婦李氏實為之，相以足多焉。天下□□□□□/殁。□□□□□□僥幸得官，竊志天下，頗不以家□事□□□□，/亦不能□□□□□弗動，動又十餘年，東牽西補，□□□□□□□/之□矣。嗚□痛□！得年僅四十七，無子。其殁也，□□□□□□/□□□□□□□□瑞英，李出也，年當嫁；少金英、四英、蘭英，尚□□/官□□□□□□寡妻稚女，悵悵罔依，絕嗣不立，□□□之□□/也。□□□□□家，乃克襄其後事，□其季子春，年十八□為□□/□□□□□天□，以嘉靖辛卯三月十有二日葬之涵□中，共□□□目□，/中□□，右李氏，虛左以待許。

茂年諱椿子，□□□，生於成化癸卯□月/四日，殁在嘉靖己丑正月二十有一日。李氏生年□□由於夫而□□□□正/德丙子一月十有八日也，年方三十有四；許氏志不改，從子□□□□□/先已許王氏，予重躓之；四英、蘭英未有所適。□□天之生人□□□□□/惜為上祉，弗全獲之，必有一焉，未有莫如一，無時□□天待□□□□□/□耶，何其薄時，百世之下，知為吾茂年之墓者，尚共憫之。/

嘉靖十年三月十有二日，奉政大夫、南京大理寺丞，兄林希元志。

此墓誌原出土於同安區。磚質墨書，長、寬均為37.5厘米，厚1.7厘米。楷體。部分字跡已漫漶不清。現為南安市私人收藏，今據泉州市楊清江學兄抄件過錄。

明·劉鈍齋夫妻合葬墓誌銘

　　楠少與從叔曰天錫者同學共寢處，而知有叔祖母陳者，莊言善誨，如其嚴君焉。比叔與楠同年生，陳嘗撫叔語楠曰："是兒喪父時，年甫十歲，吾寡居守志，固願其志學，光而門戶也。"又曰："而父甫年三十而夭，然其生在時服勞干蠱，其孝友足稱焉。"故楠雖未識叔祖鈍齋公之為人，然而時熟之耳。君公諱輝，字廷晃。先世由晉江祥芝徙居銀同。曾大父崇禮，大父遯齋，父大榕，號素軒。嫡母李氏無子，娶翁氏生公兄弟四人，公其季也。以成化癸卯正月朔三日生，正德壬申正月朔六日卒，墓在龍山田頭村之原。其山申庚，其葬之日月，則嘉靖之丙申十二月十日也。遺孤男一人，即天錫；女臘梅，俱陳孺人[出]。孺人，浯州陳秉禮修之次女也，其生與公同年九月八日，享年六十有三，而卒於嘉靖乙巳正月二十一日。天錫娶王氏，生漢程、漢科；臘梅適汝謙，字有男，孺人可以見公於地下矣。嘉靖庚戌十二月癸酉奉孺人合葬於公之墓，而從侄汝楠為之志。

　　銘曰："碩人之生，字有靈馨。碩人之死，箕裘不毀。豈曰嚴君，亦有慈母。我銘諸幽，以詔厥後。"

　　侄汝楠拜謹識，男天錫泣血立石。

　　錄自《祥芝劉氏宗譜》（銘題下題："同安縣前派四房三支十紈褲子弟"）

明·重修宋儒許存齋先生墓道碑

重修宋儒許存齋先生墓道碑（篆書碑額）
　　賜進士出身、奉政大夫、湖廣按察司僉事、奉敕提督學校，後學邑人劉汝楠撰文；/
　　賜進士出身、大中大夫、廣西布政司右參政、前四川提學副使，後學邑人洪朝選書篆。/

宋儒許存齋先生諱升，字順之，晦翁朱先生之高弟也。翁簿同時，先生年甫出。幼即勵志聖賢之學，盡棄所學以從，翁/殊愛而敬之。晦翁秩滿當歸，先生不遠千里從之，於建溪、於衡岳，校罷遺書，載道而南。翁著《字說》及《存齋記》以畀之。說云：/"生本升□子，以順德積小以高大。蓋因其固然之理而無容私焉者，順之謂也。許生與予學，予察其得於內者蓋如是。"記云：/"生相從六七年，視其學，專用心於□，而世之所屑一毫不以介於其間，蓋有意乎！孟氏所謂存其心者。"夫翁，百世之師也，其/交遊之中，少所許可，於是知先生之學蓋有得其大者矣。先生既歸，與石子重、徐元聘、柯國材、陳齊仲、陳汝器、王近思者，□/皆□□門之士，其□而往復書記辯難，其載於《朱子語錄大全》諸書，可考也。所著有《孟子說》《禮記文改》《易解》等書，今皆不傳，/□十四本於家。翁後為文以祭之，稱其恬淡清退，無物欲之累云。

　　墓在縣西西安橋之西，相傳為翁守漳時，道同安所卜地。/歲俎就騫，榛莽不治，而墓域之南，壓於流沙，涺於居肆，觀者病之。嘉靖甲申，督學副使邵公銳便道瞻謁，命有司經其埏，□/以垣墉。癸丑，督學副使朱公衡行縣，諸生、裔孫純道等以及墓域侵地為言，下有司勘奪，未報。巡按御史趙公孔昭、吉公澄、/巡海事汪公坦□公唐相次下其事於縣有司。今歲春，邑令徐侯宗夔承檄造之，得所及侵地，自塋域至於溪滸，南北凡十/□，東西如之。一水縈紆，群峰聳峙。大觀遠引，而先生在天之靈神不昧，爾魄長歸，子孫其永保之。侯於是乎有助於名教矣。

　　夫/□□好德，人心所同，而崇德報功，為人後者之所不能以已。先生配食翁祠，為鄉先正，觀風承流如諸君子，宜其有以處也。/□文□紀其事者，純道偕其從弟侄□生□芳、居正也。/

　　嘉靖三十六年丁巳長至日，九十二歲嫡孫彥浚立。/

　　碑存同安博物館內。花崗岩質，高180厘米，寬72厘米。楷書陰刻。表面略有磨損。

明·蘇省翁夫婦壙誌

省翁蘇公暨配慈慎孺人王氏壙誌（楷書銘題）/

公諱洧，字世輿，別號省翁，生於成化丙申，以嘉靖丁/丑十一月十五日捐世，享年八十有二，宋丞相魏國/公頌十五世孫也。曾祖父諱惜，曾祖妣卓氏；祖父諱/平，祖母許氏；父諱珖，母葉氏。世居同安之同禾里藍/田，至珖始遷於邑南街官井。珖四子，長潤，任瀧水訓/導；次溫；三溱，俱早逝；四即公。公孝友誠信，行誼樂善，/鄉邑見推。嘉靖中，兩賓鄉飲，餘屢辭弗就。庚戌歲，奉/例榮壽冠帶，邑博陸君侹、候君崇學、王君尚賢偕邑/之士夫賓客，用有贈言，未足以盡公平生也。配慈慎/孺人王氏，人得里王弘昭次女，先翁卒四年，嘉靖癸/丑也，距厥生成化己亥，享年七十有五。賦性勤儉仁/慈，相翁增拓家業，待側室林氏、朱氏無少嫉妒。男希/頌、希滾，皆王氏出；希傑，林氏出也，俱先公逝。女子六：/長適郭知縣貴德侄良弼；次適莊雄習；三適林伯顯；/四適楊子奇；五適潘圻；六適劉君任。希頌娶劉氏，監/察御史劉存德女兄也，生男孫三：長商霖、次商誥、三/棼，俱補邑庠生。霖娶員外李賢佑孫貴藩女；誥娶黃氏；棼娶劉氏。女孫一，適葉柱。曾孫震卿娶張氏；純卿/聘知縣張文錄孫女；益卿、祚卿、藎卿、胤卿，俱幼弱，未/成人。歲戊午五月，霖輩方圖奉二喪合葬於同禾里/之臥龍山，值倭寇匆冗，以不暇求名筆表揚先德為/罪，泣謀於瀾，瀾今為壙誌以紀大略如此云。

嘉靖戊午六月初六日，愚弟、樂昌縣知縣瀾泣拜書。/

壙誌存同安區洪塘鎮某農家。花崗岩質，高 55 厘米，寬 80 厘米。楷書陰刻。現狀完好。

明·葉亨衢夫婦墓誌銘

　　明處士葉亨衢暨配陳氏墓誌銘(楷書銘題)/
　　賜同進士出身、參政大夫、廣東按察司僉事、前奉/敕提督學政、兩京大理寺丞，眷生林希元撰文；/
　　賜同進士出身、參政大夫、湖廣按察司僉事、奉/敕提督學政，眷生劉汝楠書丹。/

　　太學生葉東卿欲葬二親，以邑庠生葉長茂所為狀請予銘。/子任，予婚姻也，銘惡乎辭。君諱概，字子任，別號亨衢。本宋宗/室郡馬葉公益之後。高大父復生，字時繹，母李氏；曾大父勝/元，字文愈，母林氏，烈嶼翔風里上林人；大父械，字仕戀，母周/氏，積善里窯山人；父天賦，字廷美，母王氏，人得里人。
　　君為人/平易率真，孝事父母，友愛兄弟，敬睦宗族，處鄉黨謙下，不以/富先人。慷慨倜儻，重義輕財，周恤窮交，不吝金帛。遇事當為，/不顧利害。人無親疏、眾寡、大小，咸敬愛焉。勵志進取，治經篤/學，隆師親友，以來厥修。若學博林勳、庠友林文煥，皆其敬信/而受業者也。若葉長茂與庠友林允文、陳觀、汪天錫皆其蘭/契，以麗澤者也。無何，數奇，試有司，輒不利，拂鬱不樂，一疾纏/綿，遂不起，時嘉靖十四年乙未五月十五日也。距所生弘治/乙丑年五月二十三日，年僅三十有一。娶陳氏，嘉禾里二十/四都巨族陳廷重第五女也，性循良端謙，孝事舅姑，勤理家/業，督責二子為學，嚴於夫翁，此尤識其大者。待客必豐，至於/朋友尤厚，頗諳字墨，所天早喪，田租簿籍咸能記憶。貧乏□/貸不能償者，輒焚契券，不復問。夫病臨危，告天求代，竟以殀/歿，哀毀幾絕，遂染疾，繼歿，時嘉靖十八年己亥二月初十日/也。距所生弘治丙寅正月二十日，年僅三十有四。生男二：/長曰震專，次曰介專；生女一，曰婉從。震專娶周氏，知縣周英/女，卒，繼娶田頭蘇氏，生孫應鷟。介專娶張氏，庠生張華女，生/孫應祥、應祺。婉從許前街顏惟傑子，未歸，卒。震專成父志，肆/業辟雍，需次於家，卜宅於歸得里林窯山之陽，坐震向□，以/嘉靖三十八年己未□三月廿二日甲申，奉二親以窆。
　　銘曰："行善於鄉，而壽弗長。志在當世，名乃弗揚。/克相夫君，家恃以

昌。胡然而逝,天也不良。/窯山鬱鬱,佳氣攸鍾。樂哉斯邱,二璧合藏。"/

該墓誌銘石現由民間收藏,茲據拓本過錄。出土時間、地點和尺寸均不詳。黑色頁岩質。楷書陰刻。現狀完好。

明·劉秀峰夫妻合葬墓誌銘

明處士秀峰劉公暨妣王氏墓誌銘。

公姓劉氏,諱天錫,字元眷,號秀峰。先世由晉入同,居於縣治之後城,再徙於感化里之筍德處焉。高祖崇禮,曾祖滄泉,更號遜齋,祖大榕,父廷晃,代有隱德。公生而賦質聰敏,其處伯叔兄弟之間,翕如也;其處親戚朋友之間,藹如也。至於處眾和而不流,禦下恩而不狎,此又人之所難者。娶人得里王元濟之長女,相夫子,克盡婦道。姑嫜之禮,中饋之制,粹且精焉。而成家之道,訓子之義,又非女流可得而擬也。與劉君中道相失,而育孤矢志,則皎乎其無類矣。所出之子二:長漢程,字汝楫,娶蔡氏;次漢科,字汝校,聘謝氏。女二:長適莊奇蒼,次許王用中。公生弘治十六年癸亥十二月廿八未時,卒嘉靖三十二年癸丑閏三月初八日卯時,享年五十有一。卜嘉靖庚申三月十九酉時葬人得里十三都白石寨仔山之原。孺人生正德三年十二月廿四丑時,卒嘉靖壬戌八月廿三卯時,享年五十有五。今以嘉靖癸亥十二月廿八日辰時,與公合葬。其山負丙揖壬。擇是穴者,救貧楊先生之於于機也;扡是穴者,吾徒葉崇仁也。山水之佳麗,形勢之奇拔,將來之鍾氣毓秀,必有篤生俊哲,以繼白眉君子之後者,楊先生之言豈誣哉?是為銘,銘曰:"山之靈淑兮,佳人之宅。葬同而夫兮福鍾叶慶,庇諸裔兮昌而永。"

嘉靖四十二癸亥十二月吉日,四齋呂洞賓志。

　　　　錄自《祥芝劉氏宗譜》(銘題下題:"同安縣前派四房三支十三世祖")

明·劉汝楠夫妻合葬墓誌銘

賜進士第、光祿大夫、太子太傅、工部尚書、前都察院右都御史,年生豐城雷禮拜撰。

嘉靖庚申十二月四日,督學僉憲南郭劉公卒於家,其子太學生遂賢等於甲子十月初二日奉柩葬於歸得里馬坑山之陽,負乙揖辛。邑人廣東憲副劉君存德已誌其壙矣。至是,遂賢奉遺言述狀來京,請銘其墓。余忝與公同壬辰榜進士相知,安忍使公盛美而無聞於後耶？

公諱汝楠,字茂材,更字孟木,宋制置使劉重珍之後也。其三世祖寓泉公徙居晉江祥芝,一傳為處士一貴公;再傳為太學文聚公;三傳為主簿君輔君;五傳為文學叔大公;六傳為處士元舉公,元舉於元末喬遷銀邑之古莊村,高祖滄泉復徙縣治之西,歷曾祖大樑、祖庸又移而南,俗傳為宋鱟宮舊址。父二檜,封主事;母王氏,封安人。

公幼有異質,授以經書句讀,輒成誦。甫十歲,業《春秋》,盡解左氏嚴謹之旨,能為文,病俗套頹腐,輒摹先秦兩漢名家所作,於時義組織經語,發自心匠而奇氣不可抑蔽。戊子,督學吳公仕校士泉南,覽公《體物不遺論語》,曰:"何物英銳,乃究理若是？"置首選。吳公還吳,道遇石溪陸公銓、午波江公以達,以郎官來主試閩,詢士之尤者,吳公曰:"是科解於閩者必《春秋》,出同安。"蓋陰指公也。及揭榜,果公名,二公歡甚。己丑,上春官入試,南海霍文敏閱公三場試卷,大奇之,欲取首選。閣臣懷私憾執議,必欲置之。揭榜後,霍仍揭公名,禮部要□,極加獎,重聲藉藉傳宇內。壬辰取進士,理刑湖州。公持三尺讞,徵以情,比律不操切,至情所難宥,即有勢援者不曲貸,大著祥譽。當監織造,例有羨金八百餘兩。及期,吏以進,公厲色拒之,竟一錢不染。政暇,肆力學問,與湖州秀艾士茅坤輩相切琢磨,凡經啓迪指引者,多所成就。然性嚴峻峭直,不能偃仰隨時,致忤監司。會部院首疏充風憲之缺,監司欲以陰事中之,卒無指實,不可得。因齟齬其行,使愆選期。公復遇恩詔,欲得封榮二親,遂不俟。再選拜刑部四川司主事,以詳慎入,治官不入請托,大司寇賢之。凡大招,議多屬讞成,時在任銓曹者與公有宿隙,以贓被論,上下法司鞠公寔司之。其人憂公成遣，托知己為言，公曰："士君子以贓敗，戮亦甚矣！乃更成遣，不已過乎？"卒□□。其平允類如此。會官僚缺人，部推公學行堪補。及戊戌會試，又推為春秋考官，閣臣俱以未嘗識面而削之。尋轉貴州員外郎，越歲推湖廣按察使僉事，奉飭督理學政。敷教條，惓惓迪諸士以躬行實踐，力挽頹習。考校先德行，後文藝，使素有玷雖考優等，必黜。凡列優等者，務措詞明理，道達時務，一切事剿竊者不得與，故所拔士往往知名。當時楚俗，教官、生員遇上司按臨，率望塵跪伏。公禁毋出郭，但拱立道左。其出巡各郡，校士畢，即訪孝子、節婦、順孫，表式閭里。有巡按好繩人，藩臬類毀節，奔趨冀免咎責，公秉禮不必徇，因其稍侵學校事，憤然歎曰："余忝為人師模，可屈己苟容為耶？況父母老矣，吾隻身誰與為養？"乃謝病乞致仕。疏凡再上，太宰松皋許公惜公才學不凡，且覆：暫容養病，候痊疴之日，本布政司逕自送部起用。疏上，得諭旨，蓋特恩也。

比歸，以得奉二親為慰，曰："如是而晨夕出往，不煩門閭，不已樂乎！"乃闢隙地城□，鑿池築室而居焉。扁其門曰"白眉真隱"，堂曰"少微"，東西列齋舍，外峙"臥雲""倚□"二閣，中作亭曰"濯纓"。後題其軒曰"解劬"。每日奉二親娛其中，具甘旨，隆色養，以需天倪。後封君以歲癸卯；安人以歲壬子，前後違養。公哀葬一尊於禮，為身後計者，靡不竭其誠信，尤重祖墳，時加修理；宗族有貧乏者，篤意周恤，雖屢竭囊貯不厭。家居二十餘年，日檢墳、籍，垂老不倦。自課園蒔蔬，外唯教子讀書，對窗分燈，無間寒暑。恒即古人所為廉、靖、節、慎者。砭訂諸子，於世務絕口不談。監、司、部、使，有見往候者，或見或不見。其見者，即於家拜謝。足跡不履公閫，亦未嘗以事干請。至於死生之際，一以如歸視之。屬纊之時，正冠危坐，呼家人訓之曰："為好人，行好事而已。"隨焚香賦詩以逝。距所生弘治癸亥二月五日，享年五十有八，配黃氏，封安人。子男二：長遂賢，太學生，娶李氏；次遂良，太學生，娶李氏。女二：長適林次崖長孫、庠生林學顏；次適龍溪王朝。孫男六：應潮娶葉，應斗娶林，應京未聘，俱賢出；紹矛娶雲南參政洪邦光洪氏，應奎娶□□，應暉娶王氏，俱良出。女孫四：一適上舍周啟元，一適晉江江有煥，賢出；一適庠生張益世，一適庠生葉希周，良出。

公賦稟異常。初年為文，不更覃思，下筆即數千言，奇古天成，俐落枝葉。自發解，墨卷傳播四方，凡染翰者爭相慕效，文體為之一變。中年學本性情，渣滓渾化，故"立言"已立，布帛菽粟，愈有餘味。使久於位、假之重柄，所就固不可量。然剛介自持，不能取容於時，大其所受，將天所以厚公之生者，獨無意耶？公生平詩文若干卷，俱可傳。雖世無愛才學者大用公，而公固識其大者，豈勢位足以掎其衷耶？

銘曰："材為松柏,胡不使之棟樑?質為璧玉,胡不使之圭璋?即物理而推測,蓋莫問乎彼蒼。其淵然之文,介然之節,豈其隨死而亡者耶?"

男遂賢、遂良,孫光國等仝泣血立石。

錄自《祥芝劉氏宗譜》

明·周仕望墓誌銘

周君諱昂,字仕望,謚毅齋。其始祖壽榮居曾營,遷於錢塘。自高祖諒傳、曾祖漣、祖玘、/父清,歷居茲土不遷。君生容貌魁偉,動定沉默,人皆以有成望之,而乃不幸夭折,/其茲未定之天,不可必乎!君娶陳氏,乃太學生甫佐長女也。年方二十一,就昏於/陳,居未逾月而歸,竟以一疾不起。陳氏時年十八,聞訃奔喪,哭斷復續,仍秉/從一之志,以死自期,雖晨昏奠獻之禮必躬自蹈之。至臨卒,哭,默欲自盡以/畢其平生事,幸而救免。蓋天未欲絕仕望之祀,故使陳氏毅然有此/冰霜之操也,茲其勉之。

君生於嘉靖二十年壬寅四月二十五日卯時,卒於嘉/靖四十一年壬戌四月初五日酉時。父清,母彭氏;長兄冕,嫂張氏;次兄晁,嫂劉氏;弟暹,聘王氏,未娶。俱在重慶嚴慈侍下,獨君棄去,哀哉!茲以孟春歸/土,因請予為之銘,銘曰:"唯君之生,器宇端凝。天資純篤,冀爾有成。/胡天不佑,遽向仙登。骨肉天性,實難為情。朝夕追思,立繼以承。綿續/宗祀,厥後必興。茲葬後山,永宅斯城。"/

時嘉靖四十三年孟春望前一日,賜同進士出身、奉政大夫、廣東按察司僉事、/四奉敕提督學政、鹽屯、兵備珠池、前兩京大理寺丞,邑人林希元撰。/

君祖母黃氏,排前人也,以君夭沒,齎恨痛切,亦於是年六月二十二日告終焉。/

該墓誌銘出土於集美區前場社區,同時出土有素面橋紐銅鏡一面、粗質石硯一件,現藏村民某氏家。淡綠色大理石質,高42厘米,寬30厘米,厚0.5厘米。楷書陰刻。現狀完好。

明·亡室宜人端淑蔡氏壙誌

嗚呼！三代而上，婦人女子有傅姆以詒其內，而天子巡幸所至，陳詩以觀民風，雖其里巷婦女□□□/賤，苟有一言一行之幾乎道，得以徹聞於上。天子至，為之肆其言於樂官而歌於房中，其重如□。而當/時君子其於刊於之道，閑家之則，咸有聞焉，雖婦人女子鮮有不閑於禮義者，教使然也。世降道失，傅/姆採詩之義廢，士之苟簡自恣者，徒以浮華無用之文取資躐仕，國論所察又不及乎閨門之隱，則何/怪乎女教之不浸微也。以余之不德而得吾亡室宜人端淑者，考於風人所稱如《雞鳴》《靜女》之詩，殆無愧焉。是豈余之有能化於其家哉！蓋其資稟之夙成也。

端淑，晉江安平嶼頭蔡氏女也，生而其家有萬金之資。婦翁松厓公行賈於四方，既饒，則買田治室，以逸其餘生。諸婦諸女被服衣履之具，仰於四方之產；治衣制履、饋賓渝祭，取於書直之傭，絲毫不以自親也。故端淑在家有文礎華榱之蔭其居，有齊紈越繭之被其體，有內婢外傭之逸其身，〔蓋自歸吾門，而後識世間有所謂□者，其家居之深嚴靜密可知也。吾家庫狹甚，淖泥滿庭宇間，蛛絲蟲繭網戶黏壁，簡陋無與比，端淑安之。遇客至或餉田夫時，端淑親與竈嫗廚婢均其勞苦。吾母屢止之，端淑愈不敢當。見吾家紡織，心甚悅之，晝夜從妯娌姪女輩學紡，久之，其紡縷細至如絲。用紡縷雜苧紗、蠶絲織為衣布，乃與坊郭中上家婦女不二。性孝，甚事舅姑無違意。吾父性多怒，或怒諸子則並子婦呵斥之。端淑入吾門廿餘年，吾父未嘗以怒語加也。每自官下歸，得所貨土物，悉分遺諸姑諸甥女；或自從其家得買奇物，亦以分送諸姑甥。吾母喜甚，謂能推吾意於諸姑也。予成進士，權稅於浙關。異時關使者待客，其費或取諸稅金之羨，或責諸收稅者之供，歲糜千余金。余一裁之，而以俸柴代其費。既不足，則貸於鄉，又不足，則用端淑之簪珥，端淑不以為忤也。蓋歲僅用金二百兩，而端淑之簪珥居其一焉。今大理寺少卿趙君方泉贊予曰："君固高矣，而君之內子亦不可及。"予甚愧其言，而於端淑成吾之志，未嘗不心敬之也。關事既猥瑣，予日夜坐堂治事，勞憊不可支，因憩息外亭館中，而局中戶閉，諸僕御使不得出。端淑買綿，晝夜紡衙中。逮歸，積紗一槓，見者詻嗟歎稱之。關使廩餼，日惟供米菜，不給肉。予或日買肉一勺以自給，端淑不能有也，啖菜食齏而已。吾母至予歸,責予曰:"人隨夫適宦所者,資館舍、飲食寬善,汝婦乃用汝得閉戶蔬食乎?"端淑初不以為嫌也,余在戶曹時,滿考過河南道,與御史平禮相見,御史嗛余不為之下,令人至倉中捃摭予短,端淑聞之,每勸予也。其後予參政廣右,見稅籍壞甚,日]在道中與里正、里書校閱釐正,士民譁然,不便予之為。予亦以過勞,至下血,又巡按御史橫甚,故窘辱諸司。予日與爭禮節事體不少讓。端淑戒余曰:"小人怨君,君又且病,奈何欲為此?聞諸公事巡按謹甚,君獨不能為之少下乎?"其後,余竟以失巡按意,調官歸,囊中僅九十金,端淑無一毫不自得意。

先,乳二子,相繼喪亡,乃有長兒兢,愛之甚,然不為僅僅姑息態,每教之曰:"汝觀存帶兄做人,忱兄讀書甚進,汝其法之。"存帶,即予侄舉人邦光;忱,庠生,侄也。余以調官過京,欲挈家行,端淑不肯,以妨兒讀書也。己未,與避寇於周氏妹夫之堡,賊忽至堡下,端淑指井與余訣曰:"堡若陷,吾當死於此。君能教吾子使有成立,吾目瞑矣。"觀端淑於夫婦、母子間,唯虞予之得禍與子之無成,他絕不道也。

庚申、辛酉歲,群盜大起。余居東界,無一片淨土。人避賊山谷間者,風餐露宿,重以飢餓,又殺尸棄原野,腐臭腥爛、薰蒸傳染,即人人病,不能逃匿,乃共議保城中,逃而寓予家者二三百人。端淑自余過京後,每夜紡至三鼓,隔垣呻吟者與資用乏絕者,與飢餓垂死者,端淑人人撫之。已而,余母先卒,端淑竭有無,勉強效世俗飯僧以報親。繼而余女又卒。先時,隔垣有染疫死者,端淑已有病,益以傷女,遂不起。至今寓居吾家男子之未死者,與男子死而妻在者,莫不曰:"端淑,賢德人也。"平生於喜慍不見辭色,尊輩卑行、臧獲良賤無一人不歡稱之,於姒娣間相處不嘗有一違言。自其在家時,見其家法:"婦女不出外戶限,不見中表兄弟,不詈人以惡語。"雖處吾家久,一如在家時。嗚呼!端淑為婦而婦,為妻而妻,為母而母,風人所稱《雞鳴》《靜女》之義,端淑應是矣。

今朝中觀風之官不採里巷婦女之詩,國史《列女》之編不書閨門隱幽之行,吾兒又幼也,何從而知之乎!乃於其將葬,掇其大節,書於壙石,以告於後之人。端淑生於嘉靖癸未,卒於壬戌,得年僅四十。用余在戶曹時,恩封宜人,父田,即以厚翁,母黃氏。子三:兢、枕、況,兢聘邑廩生鄭南涯汝霖女;枕聘其從兄蔡世潛女;況聘同邑王參政遵岩慎中女。葬地在埕前崎口之原,葬年以今歲甲子四月庚寅。是月壬午,杖期夫、南京太僕寺少卿洪朝選汝尹父志。

　　該壙誌於1965年7月出土。黑色頁岩質,高36厘米,寬32厘米,厚2厘米。楷書陰刻。中有裂紋殘缺。現陳列於同安博物館。其中殘缺部分，據《洪芳洲先生摘稿》的同名壙誌補録，以楷體字標示。

明·黃廣堂夫妻合葬墓誌銘

廣堂公暨配周氏陳氏墓誌銘。

公諱朝緒，字志理，別號廣堂，黃其姓也。賦性嚴厲治家，勉其經畫精密，處人所不及。家故饒裕，值業中落，恒奮揚激勵，有恢復之志，至老未遂而猶不衰。嘗訓諸子曰："心志萬事之綱，心堅石穿，心勁石軟，男兒無志焉攸立哉！"又訓其子國濟曰："汝讀書當如吾治稼播種，芟耘必以時，糞溉必以力，則稼雖與人同，所獲必與人異，讀書亦如之。"國濟用其教，故能成其學。屢應鄉試未利，將有待。少年負氣，有犯輒不量力與較，故恒致敗。晚年深自貶損，謝絕外事，足不入城市者十餘年。又戒諸子保身守家之道，歷舉時人積不善之有餘殃者以為鑒。人或負己，不願人求我，不願我求人，類皆有道之言。怡然自樂，嘗以父、祖祀事為憂，設席會朋，謂曰："吾父、祖田連阡陌而祀典不備，子孫踣斃，吾每思及此，未嘗不痛惜流涕也。今年幾耳順，為生幾何？"乃捐己業若干，立為祭田。又規畫祠堂規制，以垂後人曰："吾縱不及為，後世子孫必有繼吾志者。"

世居長興之金柄，始遷自糖房。高祖、祖、考妣。娶周氏，繼陳氏。周氏性勤謹，惜早歿。陳氏性孝謹，事翁惇樸。公及周氏□翁以孝聞，處姒娌戚屬始終無間言，臧獲老幼，咸樂輸款、循約束。又有異行：鄰失一釵，價值不貲，婢拾以遺，遣還之。鄰失簪餌，典主責償，鄰母無何，號天而泣，陳拾遺之。皆女中之罕聞者。子五人：國爵、國憲，周出；國濟、國良、國佐，陳出。國濟從予遊，將葬公，以狀來請銘。

銘曰："草澤之間有隱君子，治稼而能知書，當衰而克振蠱學，足以奉先慈，足以啟後□。厥配伊何，賢哉惟母。鼓瑟而順二親，卻金可比高士。斯干協望，兆徵乃子。膴膴山岡，樂哉斯土。過者必式之曰'廣堂黃處士之墓'。"

林希元志。

録自《紫雲黃氏金山先世墓誌銘》

明·黃質庵墓誌銘

質庵公墓誌銘。

古人有言，居官致卿相，居家致千金，此布衣之極。余嘗博觀古今，有負其能不出世用者，窮年齟齬。而出入將相，乃出於守章句、啖棗栗之徒；有力耕遠服賈者，終身窮寠。而堆金積玉，乃出於椎埋屠狗之輩。豈神運速化，非守真者之所能與？抑富貴在天，非人力所能致與？有如守其真而獲其獲，修其人而獲於天，豈不俊偉卓絕稱丈夫也歟？若吾同質庵黃君其人矣。

君世家居長興之金柄，其地直縣之東北，去縣治二十五里，而近其山。自翠壺、紫帽翔舞而來，如車載馬馳，象蹲而牛飲也。其田迂直鱗次，土膏豐潤，水泉灌溉，天時不能旱也；其物產桑麻之衣，竹木之材，姜芋薑筍芹蘋之蔬，丹荔、碧眼、黃彈之果，蔗糖、蜂蜜之甘，禽、魚、麋鹿之鮮，被及四方，歲時不斷也。黃氏居之，世專其利，為長興巨族，處士為尤盛。祖業至父微侵，及君乃大起，又數倍於前人。同富室無幾，稱君焉。

君善治生，督僮僕耕種樹藝，晝夜汲汲，冒風露、觸犯豺虎無畏沮；履林麓，窮陵谷，歷溝澗、陂池、井塍不為勞，終歲勤動，不數年起大家。然性儉約，不事華美，布衣蔬食，淡如也。每雜處耕夫笠叟間，人莫辨其為質庵者。安常守分，不作非為。賦役以時供，外是姓名不登於官籍，吏卒追呼鮮踵其間。家無外事，惟飢則食，渴則飲，倦則睡，覺則起。夏嘲松風，冬暄榆日，朝夕呼童沃林果、灌園蔬、理籬菊，興則牽獵犬、逐麋鹿、射雉兔。客至設供具，留飲投壺，引白盡醉而散，如此而已。宗族鄉黨無怨，姻戚咸其惠，朋友服其信。古稱一鄉之善士、處士，殆無愧焉。同之富室，固有逾君者矣，然或得之非義，或得之非望，君子有遺議焉。君之一縷一絲，咸出汗力，疇孰議之？予所謂守其真，獲其獲，盡其人，獲於天。君非其人與？信乎俊偉卓絕，可稱丈夫矣。

君諱軫，字伯琴，娶蘇氏，子三人。年止四十有九，以□□年附葬於母呂氏之左，虛右壙以待蘇。山坂上，乙其向。

以庠生鄭汝霖所為狀請予銘，予忝姻末，不能辭，為之銘曰："為富不仁，曷異陽虎。富而無事，曷不堯似。曰惟夫子，胸蟠太古。舉世如公，刑罰可措。

没葬名山,鬼神衛護。胡為其然,善人之墓。"

林希元志。

錄自《紫雲黃氏金山先世墓誌銘》

明·黃質庵妻蘇氏墓誌銘

慈勤蘇氏者,同安長興里金柄質庵黃君正室也。蘇氏之先,為宋丞相、太子太保趙郡君頌之後。世有令德,歷傳諱世溫者,以行義稱鄉長者,慈勤蘇氏其女也。慈勤生而質樸,不尚華飾,其天性願恪,寡言笑。既歸質庵君,相質庵君治生節儉艱辛,事無巨細精粗,罔不躬親。姑呂氏性嚴峻,多恚怒。慈勤兢兢小心,委曲承順,姑為欣洽,終其身無或拂忤。質庵君每課僮僕耕種樹藝,慈勤則督獲婢炊黍,晝餉其出而夜勞其歸,僮僕作息不知有疲倦也。諸獲婢織紡枲麻,慈勤以身先之,冬夏不廢。不數年,相質庵君起大家。自是榮室宅、治先塋,先後工役業集,慈勤手綜供億隨輒應,雖繁悉井井有條。質庵君性愛客,客至留飲,輒投壺引白,盡醉乃散。慈勤治供具,惟敏惟豐,具極精潔。質庵嘗置側室,慈勤每拭沐之。側室有二女,愛如己出,嫁如其禮,人尤以為難也。質庵君謝世,慈勤撫育諸子,尤以詩書督責之,為延名士為師。其同業友賢而貧者,則館穀之,使與諸子切磋,用期成立。

嘉靖戊午年,同邑有寇難,懷乃僑於郡城,慈勤就養於郡。寇退反同,必戒子孫無事嬉戲,且曰:"勿以我遠為念,第學成名立,克顯而父,吾志樂矣。"值兵荒後,常綸紗或合綫紉履底,終日靡輟,人勸其逸,曰:"勤乃濟務,亦始立家時生法。"性尤慈柔,見人有疾病死喪不能理者,輒無吝賙賑;宗族親戚之貧而不能娶、孤而未嫁者,則為家之室之。蓋蒙惠而感者,無間親與疏也。生弘治壬子,卒隆慶戊辰,享年七十有七。男三人:雄、懷、雅。先是,質庵君沒,慈勤命懷等營域於同禾里坂上山之陽,負辛卯向,而虛其左為祔。茲懷等將以是年月　日奉慈勤柩,啟壙合葬。以懷與余大兒自幼同筆硯,而孫文炳又與余少兒為文會,乃持春元李君維鉉所為狀,乞銘於余。

余讀狀而重慈勤之為黃氏賢母也,且以賢子賢孫世講之誼,因不能辭,而為之銘曰:"易言富家,匪勤弗植。詩美仁厚,匪慈弗德。克慈克勤,維儀維則。有子翼翼,有孫岐嶷。詩禮流芳,母佑曷極。阪山孔屼,玄宅孔仳。我銘其幽,以永世式。"

刑部尚書、蔡峰黃光升撰。

錄自《紫雲黃氏金山先世墓誌銘》

明·池春台墓誌銘

明封文林郎遂昌縣知縣春台池公墓誌銘(楷書銘題)/

吏部稽勳主事池君浴德之自遂昌轉南考功也,遂昌之民號泣扳留,/既不可,則相率言於郡,又遮巡守使者車,言:"民愚不足知朝廷事體,/亦嘗聞'官既遷則不復在任治事矣',第民間利病最切,無如里甲田土,/今遂民田土賴丈量有緒,若得留令審里均冊以幸,遂民雖捨去,亡恨。"郡道為之列狀,請於巡撫、今兵部左侍郎谷公中虛、巡按、今提學御史/周君禧會請於朝,得報如章,而新令且至,遂徵新令移他邑而池君/得以在任,審核如民意,凡四月而竣事。至南,二月而調北。於是,海內士/大夫莫不稱池君之賢,意其老於世故吏事,乃不知其中尚□,而封君/春台公有以教詔而開導之也。然未幾時,池君方以遂昌之政成,得封/公如今官,而公已不待矣,悲夫!

公諱楊,字良理,里人以其和煦有量,稱為"春風大老",因謂春台公云。池姓上世為光州固始人,宋進士以忠之/後,永樂間自固始遷福安。曾祖宗寶自福安遷中左所,遂為嘉禾廿二/都人。父旻以貲雄閭里,母楊氏。公產於母家,其夕繞床有赤光,舅學正/楊公復見之,驚曰:"是兒異時必大其宗,不爾,何其異也!"年尚稚而孤,族/人某兇惡無賴,□其貲產,以公不能與之爭,謀欲斃之,挾匕首伺公,不/得間。一日遇於途,奮梃挺公,中其額,昏暈仆地,鄰人亟出奪梃,公遂奔/臥於鄰家,衾席俱殷。某既不得逞,齟齬語曰:"豈吾之力不能立殺,然竟/有人奪吾梃者,期未至耳,姑胥之以待後舉。"然諸宗族惡其兇惡,竟訟/之獄中瘐死,公乃得免,因避於里之豪士鄉。既長,知自課學,屢試不利,/母夫人憐其多病,止之,乃一意於力田治生,未數歲,貲日益視其父倍/焉。公於治生雖不能無贏朒積纍,然不數數,又不事米鹽纖悉,有以急/赴者,輒與之,後亦未嘗以不能償自咎也。人有咎公者,則曰:"彼貧也,吾/何忍取焉?"至為之折券棄責。計積逋不下千餘金,受其惠者不下數百/人,或泣謝云:"吾靡骨不足以報公恩，願公世世昌大耳。"然公初非有意/□徼後福也。胸懷坦夷灑落，與姻舊會飲，談笑竟日。終其身，無忿怒之/氣形於辭色。人無大小貴賤，咸樂親之。黃戶侯袞，公婿也，有與之訟者/繞公門罵詈，極穢媟語，公杜門若不知，家人忿欲出抵，公曰："是惡足與/治者，適彰吾量之不私也。"家人竟不得出，其人亦竟自慚謝。平生有加/橫逆者，公無不忍而受之。後，公子貴，各負荊謝："非公厚德，不能至此。我/輩真小人也。"公益惶恐不敢當，而愛不少施。邑令鄘一相，公年家也，自（第一方）/為邑三年，未嘗有干請一事。鄘每對人服其高，頌其盛德。約束童僕，謙/謹守法，未嘗有為鄉人所苦者。其於族黨鄉里既如此，至其於家祖先/神祠，每遇春秋享祀，誠敬尤篤。所奉神爐亦二十許，旦則遍自焚香禱/曰："非敢有希異也，惟兩字平安足矣。"撫育弟侄輩，教之讀書循理，嫁女/娶婦，各得其宜。侄浴雲與公子及三子浴沂同受書會文，公督視惟一。/吏部君入庠，公無喜色。及浴雲為邑庠生而後，公喜可知也。性至孝，事/母飲食、衣服必親嘗視。母沒，旦夕哀號，三年之內，思親如一日也。蓋吏/部君狀公之行如此。

而予聞吏部君之為遂昌也，痛以廉儉自約飭，出/入導從僅二人，衣服、飲食如儒者，而於民事凡可以遺其休而恤其戚，/無不為之盡心力，其條教科指，大抵出於便民厚俗，孜孜循良之意。嘗/歎以為吾鄉後進之賢，其後竊聞吏部君嘗以進士過家，公詔之曰："子/居家不辨斗斛，不識衡石，他日何以位民上，為閭閻理疾苦哉？"因告之/以"某事當如此，某事當如此。居官當如處子，不得有所點染，毋負/朝廷與爾祖生成之恩，子必勉之"。其於官下用度，一自其家取以資之，/毫髮不以取諸官，乃知吏部君之潔已愛民，雖出於人性，而公之教誨/開導，實用俾之，是宜其遂民之愛戴也。

公屬纊時，召家人至前，告以"修身行義，纖善必為。毋以言傲人，毋以行淩人"，又曰："吾長子守分訥訥，不/累吾以放縱之禍。次子守官謹飭，不累吾以貪污之名，惟三子讀書未就，/速當著力耳。"表侄庠生樊學孔時在侍疾，歎曰："此數語皆王賀之德，柳/玭之書，真可謂沒而不懈，始終以之者矣。嗚呼，賢哉！"公生正德辛未，卒/隆慶庚午，享年六十，以吏部君考滿，恩封文林郎、遂昌縣知縣。娶呂/氏，封孺人。子三：長浴日；次浴德，即吏部君；次浴沂。女三：戶侯黃袞及彭/會、張士廉，其婿也。孫男二：基京，浴德出；基袞，浴沂出。孫女四，俱幼。浴日等/以隆慶辛未年八月十八日葬公於北舍陽臺山之原，坐巳向亥。

銘曰：/"世稱富人，射利如的。朝夕持籌，營營汲汲。叩其橐底，足資十室。

亦有封/君,出從童奴。事蹟雍容,甚閑而都。求請之書,遍於王侯。乃其僕從,亦恣/以呼。又有賢豪,填氣盈胸。意所不愜,剚刀腹中。矧其讎怨,能忍而容。猗/與池公,異於數者。謙謙為人,敬共里社。謂公如水,性亦善下。不惟其然,/又善教子。當官事修,諄諄前語。將已以廉,宛如處女。匪子之能,公實使/之。帝有命書,褒錫煌煌。年雖不永,其存者長。過者毋忽,德人之藏。"/

　　賜進士出身、通議大夫、刑部左侍郎致仕、前南京都察院右副都御史,邑人洪朝選撰文(第二方)。

　　1967年出土於廈門島內梧村山麓,現藏於廈門市博物館。花崗岩質,共兩方,高均為62厘米,寬均為82厘米。楷書陰刻。現狀完好。

明·繼母慈淑孺人朱氏壙誌

繼母慈淑孺人朱氏壙誌。/

　　嗚呼!自《采蘋》之化遠,惰忽之習滋,《樛木》之風微,而妒娟之情熾,《葛覃》之教眇,開侈靡淩潛/之俗盛,婦德之難,久矣。間有能盡其道,不軌於禮,然亦蹈常守故可耳,一臨患難丕變,故/鮮有以志自勵、以義自奮者。是故共姜之節,孫夫人壯列之傳志中,嘖嘖千古婦道之難,/久矣。

　　吾母朱,世為同之東市人,大父俊謙,父丕達,皆以醇謹世其家。吾母自在室時,即以/貞靜之德聞。兢兄/弟年甫幾冠,已失愛於先母蔡。先君子以宗祧之重不可無婦,兢輩兄弟不可無母,求配於里中而得吾母,蓋德選也。吾母以妙年為貴人妻,而以貴人家事若/素習者。其事先君子當靡盬之日、劬偉之時,凡有所求,必供必具。性不喜浮華,於服御居/處泊如也,而治女紅勤,絲枲織紝,未嘗以貴故一日捨業。以待諸妾、御女,使恩竟備至而/約之以禮、范之以度,閨庭之間雍然肅然。故同邑之語家法者,輒甲吾家。蓋先君子以清/介聞於時,而先母蔡於內子中獨以勤謹著,吾母繼之。內外媲德,後先相映矣。

　　先君子方/正耿直,不能圓刓委曲以諧時好,卒以保全遠藩、通書諫臣數事,中柄臣怒而構成辛巳/臘月之禍。吾母當時呼天而哭,哭而絕,絕而蘇,曰:"嗟乎!世寧有是乎?有應議老臣身無/點污而暗昧死獄中乎?"於是,日減早餐,夜不安寢,呼天而禱,期於必復。已,具奏,令不孝兢赴/闕下,不得直。已又具奏,令不孝況赴/闕下,不得直,幸而聖天子天縱英明,蒞事日精,一旦赫然選諫臣、進儻士、籍柄臣,與中貴人及諸左右之比周者,/於是,部堂公丘、給舍公戴、孫、御史公于、□□公黃,相繼訟先君子之冤,乃復。召不孝兢而命之/具奏赴/闕,得旨,行勘,幾白矣。然當事者竟局於新例,仇人僅得戍。復呼天而/哭曰:"嗟乎!世寧有是乎?匹夫抱枉,尚有主令下手之條,豈有感議老臣為群小所陷而徒以戍償乎?"哭而絕,絕而不復起矣。

夫我母之歸於先君子二十餘年,享年僅四十余,弟堯/為吾母之所自出者,亦僅六歲耳。夫人孰不欲康寧壽考?又孰不欲撫其子以及其子之/成而能瞑目於斯也?蓋先君子之沒,負萬古之冤,吾母傷之,崎嶇五六年間,假隱息於世,/期復仇得罪人而甘心焉。然而事不如其心,為不從所欲,我母又傷之。今日之往也,蓋/以其心之所欲而未及遂者,委責於不孝諸孤,而以今日所為之事,歸報先君子也。觀風/之典不行於時久矣。自卿大夫之家以及閭里下俗,閨教閫德,雖其完瑜,苟年次不相及、/格調不相應,亦無由以達之朝廷而垂之來祀。不然,我母之懿德純行,豈不足以叶詩章/而繼風雅?其復仇一念,淩鑠金石,雖以躋之共姜、孫夫人,尚庶幾哉!而可使之湮然莫傳/也。吾母生於嘉靖戊申年八月初四日,卒於萬曆丁亥年八月十八日。子五:長兢,次枕、況/均蔡母出;四克,庶母丘氏出;五堯,朱母出。兢等將以是年十一月十七日奉朱母柩,合葬/於埕前山之原。以先君子之冤未盡復,其事尚未定也,未及請銘於當世名公,乃稍次吾/母之行誼以內之壙中,而為之志。

孝子兢、枕、況、克、堯泣血謹志。

墓誌銘出土於1965年7月。黑色頁岩質,高37厘米,寬34厘米,厚2厘米。楷書陰刻。基本完好,略有漫漶。現存於同安博物館。

明·林竹石墓誌銘

明/天長地久(篆書銘額)
明故六十八翁竹石林公墓誌銘(楷書銘題)/
賜進士出身、資德大夫、正治上卿、南京工部尚書、前都察院右都御史兼兵

部右侍郎、奉/敕總督兩廣軍務,年家晚生吳文華撰文;/
　　賜進士第、通議大夫、南京光祿寺卿,年家晚生陳聯芳書丹;/
　　賜進士第、中憲大夫、廣東按察司副使,年家晚生陳復生篆蓋。/

　　余辭鎮務入留都,便道過家。泉南林主政三庭年兄不遠數百里,持春官澄海唐曙台公所撰《故林年伯行狀》,馳告余曰:"不孝將以某年、月、日/營葬先人,竊不自揣,敢瀆八座大名公俯賜鼎銘,以光泉壤。"顧余素不文,何能持片言為年伯重?然誼托世講,曾得聞老成人隱德稔矣,私心/誠豔然慕之,志銘胡敢辭!
　　按狀,年伯泉郡之同安人,先世九牧之裔,近系則出自晉安馬平山,分支入同,至梅溪、立中公始定居焉,於年伯為/始祖。立中生性,由歲薦知安遠縣事,升楚藩司經歷;性生善元;善元生魯溫;魯溫生軒,別號縮庵,即年伯乃父也。縮庵公重義好施,里人多德/之。中年未嗣,深自憂,蚤夜禱於天,得名醫,授之寶丸,因以飲其內,黃孺人始生年伯。此庸非□德報哉。
　　年伯幼即敏達,縮庵公延大小宋二師/教以毛詩,靡不淹貫。年伯既已得師,又能博交士,而士亦樂與之交。當時若楊西渠、傅近山、劉南郭諸公,皆其深相結意氣交也。諸公後相繼/掇科第,年伯獨以數奇,纍試不偶,處之恬如,略不為介。嘗謂:"人生福澤或在其身,或在其子孫,詎可計哉!強為善而已。"年逾三十,得子二,遂杜/門壹意督誨之,稍謝交遊客,家計舉以屬諸年伯母太孺人葉氏,而身則手不釋卷,夜分忘寐,時摘經史大要,與兒輩商焉,抽關啓鑰,備有次/第。其長郎遂以此該博能文,蜚聲黌校間。次郎舉進士,歷官南戶曹主政。同人稱善教子有成績者,必稱年伯云。年伯居家孝,母氏多病,躬自/調湯藥,跬步不移。縮庵公晚歲得風恙,事之尤謹,晨昏扶起臥,折腰不言劬焉。家貲雖薄約,然里人族子之貧者求貸,無弗與。他若寒窶士望/門待饟,輒推食,食之不責其報,蓋其慷慨樂施,固一一踵縮庵公家法。至其為人,則剛方耿直,沉默寡許可,譽善匪佞,嫉惡若仇。人陰為不義/者,竊相語勿使林孝子知之。向自子登第,益加減損,誡弟侄卻門幹務,守布衣風。邑令見過□□疾辭,雖至丞椽以下,姓字不通焉。林年兄初/令湖之饒,首命之清慎起家,倘有苟且,勿復相見也。饒被倭患,貽書教以浚濠池、謹斥堠,□□□□可行,饒中丞如計行之,城賴以完。閭邑德/其令,亦德其令之父焉。林年兄在饒三載,治行勳功,登萬章者四,計考績當□恩封乃□□□□院得允,束裝行矣,而南曹之/命已下,遂不得北往便道歸省,拜年伯於庭曰:"兒不肖,奉大人之教,不溺厥職,以有今日所□□□□太早,榮典未膺,失此機會,深自悒悒耳。"年/伯慰之曰:"自吾為汝父子守淡泊,遽慕此寵榮何為?且人子苟能立身揚名,俾歷宦所至□□□□,吾願足矣,何圖其他?"

　　年伯生平刻苦作好/人,行好事,絕無纖介寵利望有如此哉。邑令譚瓶台公循通學之舉,敦請上賓,辭不出。再造□□,竟不能屈。致瓶台公喟然歎,嘗謂:"世鮮有子/為京貴,而父甘隱約如是者,真肫肫篤行君子也。"林年兄骯髒不阿,中媒孳家居,宦橐瀟然。□□□臘,苦無以為娛親宴客計,年伯獨無幾微/色慍,且益喜,以為好消息。居常歡然,有以相樂也。病篤囑其二子曰:"吾家富貴無以如人,惟在書香一味,清白兩字耳。汝曹尚念之,勿為死者/羞。"言訖卒於正寢,蓋嘉靖丁卯二月三日也。

　　林年伯諱袍,字大錫,別號竹石,生於弘治庚□□□十六日,享年六十有八。配大孺人葉氏,固簪/纓右族女也。男三:長叢梧,邑庠生,娶廣東按察司副使劉存德女;次男叢槐,登嘉靖丙辰□□□□,□部主事,致仕,娶黃處士崇禹女;三男叢/檟,娶葉氏,繼娶康氏,夫婦俱早亡。女二:長適西安縣知縣吳德范次男景唐,邑庠生;次□□□□御史傅珙次男鑰,儒官。孫男三:長燧卿,邑庠/生,娶生員李聖基女,叢梧出。次元卿,聘太學生周仕賓女;次會卿,叢槐出。孫女二:長適□□□□嗣武,次適陳良節男希聘,叢梧出。曾孫男一:/台。曾孫女二:長議配張君聘男潁,次議配邑庠生陳宰衡男一綜,燧卿出。叢梧、叢槐卜□□□□里八都本宅之山,坐甲向庚。擇萬曆十六年/正月二十二日,奉竹石公柩葬焉,虛右為葉孺人壽域。

　　銘曰:/"猗歟碩人,逸行俊才。耽志史壇,抱德蒿萊。彥方比美,壽張與偕。誰篤其生,反靳其位。享□□□,□星遽墜。沉光九原,埋玉一丘。漸鴻色繞,天馬/祥流。有子既榮,遺芳亦久。雲礽世濟,餘慶豈謬。吁嗟竹石,可謂不朽。"

　　孝□□梧、叢、槐泣血鐫石。/

　　該墓誌銘2019年12月底出土於廈門市翔安區今馬巷街道店頭村,因土地徵用過程中,墓誌銘上部受到挖掘機械的損壞,但字跡基本保留。黑色頁岩質,正面為銘蓋,刻有篆書,背面為墓誌銘內容,長39.8厘米,寬58厘米,厚2厘米。現歸店頭村私人保存。

明·林愛松夫婦合葬墓誌銘

皇明(直行)/冠帶鄉賓愛松林公洎慈勤李孺人墓誌銘(篆書銘額)
冠帶鄉賓愛松林公洎慈勤李孺人墓誌銘(篆書銘題)/
賜進士第、承德郎、知金壇縣事,眷生邵應楨頓首拜撰。/

愛松林公者,同之安人里人也,以萬曆甲午八月望日卒。越五年而其子淩高等謁余從父思信翁,丐言於楨曰:"愛松係姻/於信,敢以不朽請,願為之。"並以狀來。公退之暇,徐列其狀,則愛松公者,蓋卓然有古達士之風焉。

狀曰:愛松公,父曰崇爵,母/張氏。祖而下再傳皆孑立,間氣毓公。公生而警敏,六七歲既嶄嶄露頭角,戚屬覘而奇之,知必昌其家。恂恪節浮,厭芬麗紈/靡,斤斤琢雕守樸,不類華態,訥默寡齮,言不出口,蓋嚼然若處子,即之侗如,扣之洞如。至策以當否,又多奇中,然終不誇智/伐人,其天性也。足不履城市,杖履盤谷,山水自娛,如是者垂五六十年。居常罕言人過,坦中恕外,不殊溪壑,遇諸從□□□/藹同胞,周浹綢繆,即里額徵輸出不如約,率先辦而徐聽其償,以故宗人咸德公。比歲歉,大賚不飾價,且捐其餘資,令就遠/糴以豫不虞。人有止公者,曰:"是不然,萬一有急,紛□待哺,余心且若何?"蓋恃此救荒,率以為常,多所全活。生平不喜什一,/有求輒應。或以懸罄告公,持衣佩簪珥來質,亟麾歸之,第以母與,不責子錢。度久逋弗能償,慨然折券,毫無難色。每置田/園,多償其直,曰:"彼以□□□豈得已?吾乘其急而徵之,□乃不仁乎!"□其行事大都類此,要在樸茂端謹,樂善好施。故訟釁/終□,/身享榮聞,鄉人敬愛之,尸祝無異畏壘。歲辛卯,/上嘉意貴德,/詔宇內自耄耋以上者優給冠帶,重加褒獎。眾議非公不可,□是蕆膺盛典,賓禮及焉。力辭不出,邑大夫柴公高其誼,□□□/請,竟不可。就此見瑜不終,晦名不沒,愛松公之卓犖籍甚,良有以也。

夫憑籍素封者,多曒寒傲物。公承先業以來,資蔭殷/富,復以勤儉起家,兀宗隆隆為邑里豪,可不謂雄哉。然愈自衝約,優引章縫。故厥子淩玄君以文學顯,為時白眉,諸弟子斌/斌響風,亦皆質有其文,大抵愛松公富而好禮,積而能施,種德類行之報也。屈指挽近,蓋亦希覯矣。孺人積善里李仕弘女,/李產自巨族,佐公拮据,不遺余勞,若衽者、褕者、釜者、鬲者,百凡以身綜之。閫內外斬如也、雍如也,其淑雅粹堪稱賢助。公/之家基,蓋用振起,孺人裨有力云。

公生於正德乙亥十一月念七日辰時,卒於萬曆甲午八月十五日寅時,享壽八十;孺人/生於正德乙亥八月初五日申時,卒於隆慶庚午九月念三日酉時,享壽五十六,生男一,淩高;繼孺人梁生男四,即淩遠、淩/玄、淩震、淩表是也。高娶黃崇榮女,嗣娶李仁宅女;遠娶庠生張思誥女;玄,郡庠生,娶葉惟逢女;震娶柯愈稠女;表娶莊日□/女。女六:一適粟百戶養廉,一適葉惟裕,一適龍溪王鳳靈,一適邵思垣,一適李用汲,一適莊玄,俱與高同出。孫男三:廷珪,娶/□人里□□信次女,高出;廷鋐,遠出;廷錩,玄出。孫女七。

高等以是年萬曆己亥正月九日啓公窆,共李丘藏焉。應楨曰:"夫人/死者形,不死者銘。余既承命,謾為之銘。"銘曰:"貴不以躬,以貽厥後,德率用昌。維天之明兮,峨峨佳城。於彼合背,峰面水洋,維/地之良兮。生也同室,卒也同窆。二魄偕康,維人之光。我言則傳,而石既堅於萬年,曰處士阡。"

該墓誌銘出土於同安區蓮花鎮某地。黑色頁岩質,弧首,高 72 厘米,寬 39 厘米,厚 2 厘米。楷書陰刻。現狀完好。現藏於廈門市鄭成功紀念館。

明·蔡貴易墓誌銘

明故嘉議大夫浙江按察司按察使肖兼蔡公□□□/
賜進士及第、資政大夫、南京禮部尚書、前吏禮部□□□□□/林院侍讀學士、/經筵講官、兩京國子監祭酒,年侍生黃鳳翔撰文;/
賜進士第、中憲大夫、太常寺少卿、前吏部文選考功司□中,□/姻生池浴德篆蓋;/
賜進士第、朝議大夫、雲南布政使司右參議、前貴州道監察御/史,甥王道顯書丹。/

憲使同安蔡公諱貴易,字爾通,又字道生,別號肖兼,與不佞/同舉進士。公生嘉靖戊戌四月十五日,卒萬曆丁酉正月二/十六日,春秋六十。憶不佞居先慈喪也,公辱臨吊慰之。睹其/體甚康、神甚王,乃不數月而訃聞矣。今公子選部體國君卜/葬公於其邑民安十都董水獅山之陽,而乞銘於黃生。嗟乎!/吾郡士同戊辰舉者十有八人,今僅存者三耳。河清有期,人/生不竢。不佞方灰心槁形,逃虛抱寂,遂廣莫之野以畢餘生,/顧又不勝其生死存亡之感也,惡乎辭銘。

公之先世家浯洲/平林。曾祖父文周、祖父宜勳,皆有處士之誼。父兼峰公宗德,/鄉進士、官廣西梧州府通判。比公貴,贈祖父、父皆中大夫,貴/州布政司左參政;祖母呂、母洪,皆淑人稱云。公喪父時年甫/十五耳,已能哀毀如成人。洪淑人督公學甚厲,公亦刻志憤/發,弱冠學成,補邑弟子員,因名其齋曰"肖兼",所以志也。嘉靖/甲子薦於鄉,越隆慶戊辰成進士,銓為江都令,奉供淑人諒/未之官,服除,補令崇德。崇德縮浙西孔道,舳艫、冠蓋相□接/也,其事劇而民疲。公涖事則約己敕下,悉罷諸供應之擾民/者。過賓至,束脯授餐如禮,往往罄私橐以具,然至貴顯人亦/無所加胆。邑民當輸粲京奧,奸胥獵賄,恒以意為高下。公□/產授役,毫厘不爽,人詫為神明,而疲羸者稍稍蘇矣。嗣乃復/包角堰以捍海潮,創尊經閣群諸生講業以振弦誦。即任怨/任勞,弗恤也。含山巨盜楊雷、潘榜者糾聚橫行,莫敢問浙,以/□苦震,鄰台使者謀遣將兵之,公曰:"無庸。"乃用間計擒其魁,/□□解散,三方安堵。蓋鄰郡咸誦蔡令云。賢聲聞,晉南戶部/□□司主事陝西司,董錦衣八倉。弊竇如鼠穴,公日坐粃糠/□□□,雖盛暑隆寒不少輟,官吏曹役靡或表里為奸者。滿/考,□□□司員外郎,督浦口倉,一如督京倉時。未幾,晉郎中/祠部。祠□素號清適,公閉戶讀書而已。壬午,寧波郡守缺而/余文敏相□者郡人也,既請公於銓部曰:"此吾門下士,知其/能澤我邦□也。"既得,公則貽書戒其家曰:"是其報我不以私,/無庸私覲□。"公至而造請士大夫,問民疾苦,其或通關說□,/三尺雖有□□山弗奪,而相府之舍人兒無敢鼓聲焰□里/中矣。公吏□□□即千夫之夥,數年之後,凡一瞩皆能辨其/□貌,舉其□□。□性復宏厚,薄鉤距蜂屬之,治務在存大體/□□甚而已。□□□衛所賂結府胥,那借軍儲至數千金,無/還計。公□□□□□餉盡,一清海上。漁商二稅舊輸郡帑,公/議貯之□□□□□□□令曰郡牘故在耳。靈門外跨大江,為/浮梁兩□□□□□□以築室,渡者壅遂地,一日溺百餘/人。公憮然,其狀□□□□,為文祭溺者,民自是無所患苦。居/郡五載,□□須□□□□□備舉廢墜,皆用外寬內明得士。/及公□遷□州□□,士民□碑頌之。貴州險遠且地瘠,官□/者往往生□□□□□□□皆在焉,恬然安之。無幾微見/□,而題其□曰□□□□□自逸也。嘗署督學,所校拔/多儒士,人□□□□□□□□出納之羨弗問已。癸巳,晉(以上第一面)/浙江按察使,□士民□□之喜曰:"是故浙中良守令矣。"而公/果□浙令□興。董、范事起,訟者蝟集。公一切用安靜鎮之,不/□理曰:"是無賴子,□□安足聽也!"撫按知公不為動,則□下/之道右府,而范可成竟縊死。事聞,/□□□事者咸獲重譴,人始眼公能持重得大體。至其風厲/□□□□□紀,慎激揚,貪墨者望風解印授遁矣。是時,公方/負駭□□□□□□仇口所中,台史有構公短者,興論為之/不平。□□□□□□意鐫一秩當候補,而公子選部君方/□□□□□□□□□人有言:"無官一身輕,有子萬事足。吾/□□□□□□□□□□。"出都門,相知有力者競挽留,公/□□□□□□□□陰陽、世俗與俱,上下亦不/□□□□□□□□□為令與守皆著異聲矣。乃其遷也,□得/□□□□□□□□□以寡援故。當余文敏輔政時,有建開金/□□□□□□□畚鍤役,公曰:"此/□□□□□□□點而資巨室,詎庸利乎?"既□□□工官後/□□□□□□文敏陳之,文敏答曰:"某鄙人,不知□□□。若是/□□□□。"□立行一意類如此,然亦卒無枘鑿。□□□青天,/幸矣。通籍垂三十年,絕不營溫飽計,自祿入外,□□□□□/已。其自崇德趣留都也,徽人商崇德者感公不擾民,□□□/金追至姑蘇獻焉,公竦然曰:"此山陰□錢耶?"峻卻之。□□□/而□四知亭傚其事。貴寧所部安酋國亨嘗遣人投牒,□□/有所饋者,公叱牒還之,揮其人使亟去。自是安酋俯首受□/束惟謹,曰:"畏使君清耳。"觀察蘇大夫君禹顏其堂曰"清白",□/實錄云。

　　家居恬淡寡嗜,屋無華椽,食不重肉,絕妾媵之奉,而/獨軫貧窮,隆施予,內外親朋待以舉饔餐、畢婚葬者凡若干/人。念兵火後鄉族多失祀者,則買地置壇,每歲兩灑飯焉。居/常手不釋卷,為詩文得唐人法,有著集藏於家。晚頗覽佛道/經,用書畫自娛,暇則與故人譚舊為歡謔。有以公府事干者,/輒謝去,曰:"里棲而家於有司,孰與仕進而家於官乎?吾即貧,/奈何以改吾素。"易簀之日,囊□蕭然,周身外咸蒼黃假貸而/辦,可謂以清德終焉。今崇之生祠巍然在望間,學使者俞弟/子員之請祀公黌宮,與崇之名宦祠數千里交相映也。斯足/慰公九泉云。公嘗欲結庵東山之麓,飯僧奉佛以答父母恩,/名之曰"報劬"。又念兼峰公側室楊無子執節,於/甲應旌,欲列上其事者屢矣,未就而歿。蓋公之永念先人如/此。豈與夫逐逐聲利,規一身之奉者同也。

　　公前配累贈淑人/葉氏,葉植國女,婉嫕有婦德,克佐外修。歸三年卒,為嘉靖庚/申八月十三日,距生嘉靖壬寅七月十四日,得歲十九,槁葬/城北。繼配累封淑人黃氏,黃可成女,婦人而具丈夫之識。襄/公清白之業者,淑人也。

子一：獻臣，黃出，體國其字，萬曆己丑/進士，南京吏部文選司郎中，娶太常寺少卿池公浴德女，封/安人。孫男三：謙光、□光、□光。孫女一。體國君卜今己亥十二/月初九日辰時，奉公柩□□□安人窆合葬焉。壙負丑揖未，/虛其左為黃安人壽藏。

銘曰：/"今有中牟，守則□□。□道□使，首曰象先。奕奕古人，公兼似焉。脫屣富貴，□□□□。□□於家，其德乃全。未竟之志，付諸嗣賢。佳城鬱蔥，餘□延綿。過者必式，德人之阡。"

不孝孤獻臣泣血立石。/

晉江郭良楫刻。

崇禎□□三月，肖兼府君穴移右丈許，而葉母穴仍舊乃□。/□□□□□□□□□□□□□□□□□□□□□□（以上第二面）。

該墓在翔安區董水村，數年前被盜，墓誌銘被炸碎。黑色頁岩質，前後共兩面，原高32.5厘米，寬76厘米，厚2.5厘米。楷書陰刻。現為董水村蔡氏後人保管。

明·劉蓉石夫妻合葬墓誌銘

先府君諱遂良，字願臣，別號蓉石。始祖制置公錡，嘗為宋江東顯仕，厥後自建而泉，發祥呈芝。迨八世祖元舉公始由晉江芝山喬遷銀同，初寓古村，繼贅窯山，所居不常。至高大父改築東山，復卜遷縣治之南，遂為吾同著姓。曾王父以王父貴，封刑部主事；曾王母王氏封安人。王父仕為湖廣提學，王母黃氏封宜人，生二子，府君其仲也。府君生而至孝，負志氣，侍王父側，而王父風流儒雅，好奇遊。以故每出遊必呼府君俱，府君雅善書，書每當王父意。王父遊輒詠，詠輒命府君書。王父病，府君以身禱請代。居喪哀戚，面墨骨立。王母病，府君輒競競迎醫穆卜，嘗藥扶侍，背不貼席者三月。王母愈，乃就寢。無何，厭鄉曲之學，思與四方評隲今古，乃因例入南雍。居二年，思母轉甚，即謝歸，事王父母。視寢視食，晨昏不寢廢。或朝出夜歸，必趨問悃外。絕意仕進，以酒自娛。王母患為酒中也，讓之曰："而父取科第、董學政，桃李彬彬湖湘間，而不圖樹立，乃終日遊於高陽，如先志何？"府君逡巡稽首曰："兒不肖，竊有聞也，淵明恥為五斗折腰，莊周不肯以身為犧牛。兒雖不肖，願附於二公之誼。且孔文舉曰：'座上客常滿，樽中酒不空。'吾事不已濟乎？"王母笑曰："能如是耶？"於是，府君日讀《醉鄉記》，有客至，輒命飲，飲醉後揮毫為詩，客詩則詩，酒則酒，詩不求工，酒取盡興。邑人士及賢豪長者日就府君飲，履舄相錯，引滿舉白，歡呼叫跳若無人。然至其出入，軌於人倫，施與愜乎眾心，禮法之士，欣欣焉多之。府君生少病，一旦卒病劇，知不起。王母視之，則勉強笑告曰："兒病無害，明發起矣。"王母色喜而出，已呼吾母曰："母在，宜吾未死。如有夙誠，而善事而姑，而善誨而子，使吾得瞑也。"母曰："噫！若第調若軀，若存若事。母若不諱，事姑諱子，自吾事也，奚誠為？"府君於是笑頷吾母而逝，享年四十有五。

吾母李氏，清溪李公季女也。性孝敬，事王母婉娩，執婦道唯謹。相夫子蘋蘩、籩豆，椎髻、操作而前，身衣皁素，無綺縠粉習。即父所欲文遺睭贈，必從諛力贊，務出其厚，曰："吾安愛羨積篋笥，俾君子困於義也。"歲大祲，有貧不能殮者，亟捐貨棺之，與不辭貸，取不守責，蓋體府君慷慨云。府君即世，競競婦道，服闋益虔，多方婉曲承姑志。王母疾，躬甘苦身洗滌，有求代者，母對人云："事吾姑，吾執婦道；吾以代吾夫子酬劬勞也，何代為？"吾母之孝，大率類若此。嗟嗟！方父無祿，二三兄弟在，疚也。兄弱冠耳，國甫十歲，弟纔離繦褓，以視藐諸孤，煢煢孑立，此時熊膽無恃，何以不憂吾父及王父母乎？母冰蘗自持，拮据為諸孤計，日討祖父之訓而申之，且涕且諭，董之以師傅，繩之以禮義，即荻訓和丸，不嚴於此。母其彤管遺烈也哉。母生前勤寡至苦矣，內行積慶又不獲多年所。享年僅六十有四，伯季弟又先母淪歿，嗚呼痛哉！

父生嘉靖己丑七月九日寅時，卒萬曆癸酉二月廿五辰時；母生嘉靖丁亥十一月廿一戌時，卒萬曆庚寅十月廿四亥時。丈夫子三：孟紹爻，郡庠生，娶貴州按察使洪邦光女，無子；仲光國，國子[監]，娶遼東斷事周仕賓女；季應暉，娶庠生王道熙女，無子。女三：長未字，先府君卒，今祔葬穴右是也；次適庠生張益世；三適庠生葉希周。孫男五：璧、演元、璿、璽、璜，皆光國出也。璧，嗣兄紹爻，娶庠生周任中男可進女；演元，邑庠生，聘召甫修女；璿，嗣弟應暉，聘庠生張鳳來女；璽，聘庠生葉會精男維渭女；璜未聘，許孝廉陳則采長男於殿。茲以甲申五月九日葬父歸德里李林塋山之陽，負卯揖酉，未及乞銘。今於萬曆癸卯十二月九日仝母柩合葬，敢茹辰陳辭，撥其大略，以俟後有興者。

男光國，孫璧、演元等仝泣血立石。

錄自《祥芝劉氏宗譜》

明·蔡見南夫婦墓誌銘

皇明/封承德/郎、刑部/員外郎、前樂至/縣知縣、淮府審/理正見/南蔡公/暨配封/安人陳/氏合葬/墓誌銘（篆書銘額）

賜進士第、嘉議大夫、都察院左副都御史、協理院事、前左右僉都御史、奉敕巡撫湖廣等處地方提督軍務，通家侍生郭惟賢撰文；/

賜進士第、大中大夫、南京太僕寺卿、前太僕寺少卿、刑部都給事中、侍經筵，通家侍生唐堯欽篆額；/

賜進士出身、中大夫、奉敕整飭常鎮兵備、湖廣布政使司右三政兼按察司僉事、前禮部儀制清吏司、南京吏部文選清吏司郎中，年家眷生蔡獻臣書丹。/

蓋余之識吾里蔡見南也，則自歲甲午余叨撫楚之役，公以分試聘至入闈，得翹翹楚材。事竣，再相見，與之譚，知為質行君子也。逮余入佐內台，公之子敬夫君方服官刑曹。砥礪受/事，爰書之暇，直欲揚扢千古，至廢寢食，詞藻盛傳，長安紙價驟貴。余心奇而壯之，以為是父是子也。茲見南公與其配安人不幸溘焉逝矣，敬夫君謀敦葬事，而以手狀及何儀曹公之/狀屬余銘之，余不敢以病辭。

公諱喬，字用明，以字行，更字晦仲，見南其別號也。其先自唐季居同安之浯嶼，二十傳矣。曾大父彝舒公高處士之義，晦跡椽吏；大父環碧公為諸生祭酒，/壽九十二而終；父秀鍾公襲彝舒公之跡，處士之義亦如彝舒公。公，秀鍾公仲子也。生而端穎，弱不好弄，有成人之器寶。公大父授之經，十七而母陳孺人卒，公慟感旁人，奉兄嫂而撫/弟妹，備嘗居家耕且讀，食貧自苦，以文學高等應鄉試，萬曆己卯歲成孝廉。公為孝廉，讀書食貧如諸生，無所造請。居間又友於兄弟，諸兄弟皆聚而仰給一貧孝廉。公久念父老無/以養，將從乞恩。忽得夢，心動馳歸，則公父果病，病良已。隨以己丑歲乞恩，授大田教諭，而丁父憂，公拊膺哀痛，雞骨三年也。壬辰歲復除長泰教諭。公律己謹嚴，振德不倦，尤善譚名理，/其士大夫樂與之遊，辯析請益。其弟子員則時治飲食，召而課之。所物色器拔如今侍御林君秉漢、計曹郎楊君鍾英、進士楊君瑩鍾、孝廉戴君熺、盧君春蕙、戴君榜、沈君維毗、薛君參、/王君敷恩、楊君鼎鍾，多當世知名士。諸生中有為怨家所中者，公力雪之。督學使者終不以為德於大人而傷其所守,公之名行為當道所尊重。楚中需試官,隔省越州而聘公。公得士八人,則今銓曹郎朱君光祚、工曹郎馬君天錦、州守張君之厚、邑令楊君世勳、周君師旦,蓋已五人成進士,真所謂楚材翹翹者。乙未歲,升樂至知縣。樂至故在蜀西北萬山中,去閩萬里矣,邑陋甚,即官舍不備,公心安之。會奉命採木,公精心受事,參稽糧冊,以閱民之丁賦,上下比證。甲牌以覈民之廂房多寡,立補助之條、定番休之規、信給領之令,民無所規冒,而官鍰募役皆得實給,所採木如格滿十分,人以是服公能,乃召見。其高年課其秀士,作新其廟學,請廣舉士之名額。邑旱以疫,公勤撫而舒之,歲若不見凶,民若不見病。至其痛繩豪猾,裁抑台司胥吏,寧以此獲戾而不欲拂單下之情,人以為有漢吏強項之風云。

公事上官要不敢慢而已,不為苛禮求曲歡,或有來責賄及議加派民聞者,益自堅閉。公以此明守,而世亦以此齮齕公,批根吹毛,何所不至。然竟不能毀公之名。會銓曹徙公淮府審理,公欣然曰:"此政吾掛冠所矣。"行有日,屬蜀中大發卒征播酋,邑當□餉,公卒不遑廬其官,所為苦心調度。如其採木時,督木使者過縣,旄倪擁車言公治狀,軾不得發。公歸而東渡灩澦,顧瞿塘之險,榜人取石載舟乃濟,於是知公囊中羞澀也。

是為庚子歲夏,會敬夫君先以使事過里,謁公於子舍。公促之還,敬夫君不欲遽離。辛丑歲,仍請急侍。其明年冬,公卒,公配陳安人亦卒,相去二十四日。陳安人者,邑文學陳志行公女,十九歸公,奉王舅環碧公及王姑呂惟謹,匪第飲食、衣服事之當心,而語不出堂,履不聞閫,孝敬譽溢里中。蓋以柔婉佐公之諒直,族黨皆歡,內外咸宜,人以為德配。初,敬夫君成進士,方弱冠耳,未室也。公歸一歲而敬夫君以郎秩進封公為員外郎,公配為安人。然公之受封也,乃愀然有不樂之色,慨其刻厲為人而榮不及親,如敬夫君所以貽恩於公者,公處倫常間,肫篤切至。所教敕其子悉義方之道,情而附於義,儉而屬於節。敬夫君根器才品蔚為時宗者,皆得自公訓也。敬夫君為余言,公所欲為於父母者,屈於命,然無一念忘孝;所欲為於弟昆者,屈於貧,然無一念忘友;所欲及於民者,屈於薄宦不久,然無一念忘仁。蓋公之處心積行如此。為文取達意而傅以古法,詩直抒胸臆,近寫景物若干卷藏於家。

公生嘉靖丁未正月二十四日亥時,卒萬曆壬寅十月二十七日子時,得年五十六;安人生嘉靖壬子七月十一日未時,卒萬曆壬寅十一月二十一日未時,得年五十一。子二:長復一,即敬夫君,萬曆乙未進士,今任刑部四川清吏司郎中,娶故潮州知府李公春芳子、上林苑監錄事璋之女;次復心,郡庠生,娶山西參政林公一材子、太學生炳之女。孫女二,俱未許。葬之日,乙巳十一月二十六日。其地則長興里涂龜山內金山之陽,負壬揖丙。

銘曰:"所不揭揭,自屬節也。其所不屑,中心結也。宦之不達,無內熱也。自我不越,軼於人何予也。我躬靡所,輟前修之轍也。一抔片碣,如立堚也。殼埋其中,不睯歲以嵸也。義方之貽,爰苾爰冽。/蓋善建者不拔,而善抱者不脫也。"/

萬曆三十三年歲次乙巳仲冬之日。

該墓誌銘出土於同安區,時間和地點俱不詳。黑色頁岩質,高110厘米,寬48厘米米,厚4厘米。楷書陰刻。現狀完好。現歸民間收藏。

明·李獻可墓誌銘

皇明(直行)禮科都給事中松汀李公墓誌銘(篆書銘額)
□□文林郎禮科都給事中松汀李公墓誌銘(楷書銘題)/
賜進士第、中憲大夫、奉敕巡視海道兼理邊儲、浙江按察司副使、前貴州道監察御史,年弟王道顯撰文;/
賜進士出身、大中大夫、山西布政使司左參政、浙江按察司副使、奉敕整飭金衢兵備、戶禮二部郎中,年眷生林一材篆額;/
賜進士第、承直郎、南京戶部山西主事,通家晚眷生林應翔書丹。/

歲癸未,不佞顯與松汀李公舉南宮,已釋褐,復同試政天官曹。是夏,授職而持三尺,公以楚,余以越,其為李官同也。吾二人相視而笑曰:"有是乎? 奇哉!"戊子冬,公奉簡書為瑣闥侍從之臣,余亦備員台末,昕夕交勖,以無負言責為讀讀。庚寅春,□□/命藩封,別甫期而余已出臬三齊,相值北平道次,依依然難於釋手,余謂:"顯不稱,逐為外臣,不得與/朝廷議也。公居瑣闥度益/宗社大計者,竭□圖之。"再閱歲而長禮垣,遂疏請畀諭教。/上厭言者多一時與龍源鍾公、可庵張公諸君子俱。削籍後十年,公言既售,中外咸引領賜環,而九原不可作矣。

茲且襄事季君以行實暨狀來請銘,余一寓目,不勝威明絕鍔之痛,即椎不文其何敢辭？按李氏之先世居浦園，逮菊逸公瑄始卜縣西。廩於□/，坐累賠償，產驟落。子侃庵公回，徙邑橋東家焉，至東濂公霖慰駸駸以文學有聲，初配林氏而生公。公幼穎敏，授詩一再誦輒能通其大義，與參知惺洲葉公名相上下。侃庵公私語東濂公："若數奇，必亢吾宗者若兒也。"公十二歲而喪林孺人，哀毀骨立。/乃其策學日益勵，繼母林孺人憫羸，數勸止之，公篝燈伺其寢定，乃起坐默誦不令知也。十五補博士弟子，郡推兩溪孫公尤賞識於髫齡中。弱冠為督學存庵金公首拔飪之，嗣而鳳阿姜公、見麓蔡公皆試高等，此數公皆當代鉅卿，夙負人倫者/也。邑侯宜亭鄧公知遇更優，公終不以受知而輕請謁，用此愈見重學使者。詢宰得人狀，恒舉德行文學並推云。丁卯領鄉薦，屢對公車輒報罷，益下帷發憤，絕跡不入公門。少司寇芳洲洪公素稔許可，獨重公行誼冠曹伍，於祭東濂公文發之，其月□/風尚不淺矣。己卯，戒日上春官，適心動，未果行，而東濂公病以及大故，公雞骨支床，不異其喪林孺人者。力紃營葬，得奉常明洲池公賻而始克就。壬午北上，朝夕攻"沉船破甑"之計，次年遂成進士，授湖廣武昌府推官。武昌，楚都會，簿對案牘視他旁□/甚。公疏滯剔蠹，迎刃而解，其政操大體不藉一切法見長，然梟橡犯法，即梟長緩頰而屹不少繞。無何，權相獄起，希指者爭刺死虎以樹名。公念相故自取戾，其老母弱稚奚辜，應坐者藉之，而曲宥二三罪孥相黨。曾尚書受寄沒賕纍鉅萬，窮搜之屢□/株連，台以屬公，公婉諭曾曰："業入尚方籍，豈復能延緩覬免耶？徒煩繫縲無益。"曾悟，如數以輸。事竣，率其子若僕泣謝云："非公，悉逝首鞭棰下矣。"三年報政，贈東濂公如其官，而母二林俱稱太孺人。戊子，以治行高等，徵拜戶科給事中。值/潞王當之國，首疏論謨訓宜遵左右，宜選疆理，宜正僕卿，宜戢大要在國，不欲其縱敗度在途，不欲其費擾民。疏入，/聖母大怒，言/上速加重譴。/上心知其論讜，特全之。越日，/上謁宮中，疏自袖墜，囑近侍云："此戶科李某疏，勿失也。"其為/上意所屬，固爾。他如酌廟祀以慎典禮，請帑金以賑饑饉，決章奏以防壅蔽，伸法紀以全安攘重，計深謀遠，識之士咸惜其未盡施行。時大司農栗庵宋公語公曰："諸疏鑿鑿中情實，若輪稽奏目尤嚴，閑煬竈，最急務也。"庚寅，冊封/韓府，歸省林孺人。冬，轉吏科右。辛卯，轉刑科左，主山西試。首舉則司諫曹公於汴，而內翰孟公時芳、王公基洪、御史史公學遷、禮部鄭公友周、工部孫公鼎相、賈公之鳳、中書張公光房、大行張公雲翼，皆彬彬知名士。餘諸孝廉，尚芃芃鵬奮未艾也。輔臣□/文端公閱賢書，抵掌為桑梓得人慶。壬辰，轉禮科都。拜官甫三日，而出閣講學疏進。/上赫然曰："是固以諭教嘗我者。"/特旨謫外任，文端公力諍"諫臣言確當聽，即不聽亦不當罪"，仍密封還,內降。/上意不可回。公罷歸,而文端公亦致相事去矣。

公歸田後,落落穆穆,絕不以諫自誇詡,日群二三故人談論平生,左圖右書,恬如也。與見羅先生明正修學,晚而彌篤,性嗜山水,尤工吟詠,禔躬不尚溪刻,而人托竿牘求者,立卻之。有富家子論抵,知守厚公,/以千金為壽祈一言。公謝曰:"千金誠重利,顧吾之愛吾言也甚於金。向理鄂,不以萬金易鳩。侄之辟今奈何溷。"乃公為家附郭,而常往來佩庵、東濂二公泉壤之間,所探樓山葬地與先塋星列海上,同祀百歲,後從祖若父夜臺差近耳。芝乂永異,而竟/志以沒,傷哉。

當東濂公治經不效,固日夜課公鐘鼎業。公先意務學,耳絕譴訶之聲,愉志婉容,終身靡間。痛不獲祗奉先孺人,而事繼母猶母也,甘脆之供,每伺所向而進之。其事叔父亦善推所為事東濂公者,寒溫饗餐,恒輒已入以時,其有無□□,/情義周摯,先業悉委之,仍置廬給產,毋使匱乏。物色今南戶主政林扶蒼公於塵埃,延以訓季君,邑中稱其得師。居好揚人長,不啻口出,而聞人小疵微□則扃閉若充耳也。屈指二十餘年佐郡者六之,立/朝者五之,歸里者又且十之,祿入餘貲僅僅中人產耳。其籍沒權相時,於中貴人誠有一面之識,及居瑣垣於再面公不獲。末世好窺人一目,叩閽之車非視為越俎,則視為捷徑,不則亦逆為善匿而巧避。公志在建豎,不欲沾沾賈□。今讀前後所□白/事,酌機疏草,具在可核也。/儲宮豫教此自禮垣首臣,事官三日而陳規,/旨三易而鐫秩身退矣,羽翼則成矣。故談者謂青宮一靜,賢於"商山四皓"。不得已而言,言出而名歸之,於公何有?一廢十年,人咸異其復用,用而令展所長,不庶幾於社稷尋鼎之庸乎哉!□干將□驊騮,善□□□君之狀之也。□□□雷發,聞藏之閃電□/匿之嚴冬,必有陽春,需也。今/儲位已定,異日追思羽翼臣,尊崇褒揚之典,公縱不得之地上,度固不終厝地下耳,亦於公乎何有?

公諱獻可,字堯俞,別號允齋,後以志東濂公壽域,改松汀云。生嘉靖辛丑年九月□□日,卒萬曆□九年□月初六日,享年六十有一。配吳氏,封孺人,□□/庶子四,長秉正,聘太學生許國光女,側室柯氏媵女鄭出;次秉直,聘貢生陳俊女,側室林氏出;次秉忠,側室蘇氏出;次秉厚,遺腹生,亦林出,俱幼,未聘。林後公二年卒。女七,長適庠生劉叔□,次適庠生□□□□□□□□□□□□□□□/祚,俱孺人出,次許陳士康,尚幼,俱側室何氏出。若婚戚世系之詳,則行狀俱載之矣。季君遵成命,以乙巳孟冬卜吉,安葬於原擇樓山之陽,而以側室林氏附於其左。山坐巳向亥□丙壬□則□□□□□□□而直。附言如爕,倡言則□。羽翼斯張,/國本是賴。曷爾過佚,言庸身隱。

日熾而昌,於公奚損。瓚尋在檟,精光燭天。唯社稷臣,□不少延。請侈其隧,爰崇其禊。需貢九泉,鼎垂百世。/
萬曆三十三年乙巳孟冬己未之吉,/不孝男秉正、秉直、秉□□□□□□。/

該墓誌銘出土於翔安區,具體時間、地點不詳。黑色頁岩質,弧首,高73厘米,寬37.5厘米,厚3厘米。楷書陰刻。現狀基本完好。現收藏於翔安區浦園社區李氏祠堂。

明·張道軒夫婦合葬墓誌銘

皇明庠生道軒張公暨孺人林氏墓誌銘(篆書銘額)
明故庠生道軒張公暨貞肅孺人林氏墓誌銘(楷書銘題)/
賜進士第、承直郎、北京戶部湖廣司主事,通家晚眷生洪纖若撰文;/
鄉進士、文林郎、知靈璧縣事,叔日益書篆。/

公諱志淳,字亞程,別號道軒。先曾祖左少卿苧溪公世居滄浯青嶼里,至祖序班東海公,別構官澳,公所誕也。父青江公領鄉薦,官為文林郎。公甫垂髫時,出繼錦衣衛正千戶雲岩公。青江京試,挈家僦縣邑之東而棲焉。年十九,娶孺人林氏,乃邑鄉賢次崖公長子監丞有松之女也。二十生長男裕齋君,二十一遊泮,又生次男申吾君,越歷載,復營構於五爐山下,奠厥居。

公性峭直,骯髒有大節,不喜樊叶,不玩藝局,不月旦好醜人群,以生睚眥,蓋慎獨君子也。孺人性貞靜,承□主饋,家無違言。相夫子勉旃藜火之業,以繩武為蘄。厥後公抱璞弗售,書訛輟業,昕夕課子□書,憤與令子伯仲肩之。長子裕齋君暨次子申吾君俱以弱冠遊黌序。公自謂了子平願,可遂逸遊。詎孺人衰年仙逝,痛楚莫逾。時族有以續弦勸者,公輒拒之,不欲以或妻虐子為世姍詈,誓以不娶欣於孺人靈,卒以靡他自矢焉。迨桑榆晚節,以蘧瑗自悔,謹守家居,食無兼味,且性□酒,不喜獨酌,釀有新醅,需客呼盧歡謔為娛,緣以消其塊壘。鬢垂白,時尤躭嗜古文,翻經史詩賦以見志,記遍尋娛,日有程度,遇悒快則強書粘壁,准與對語者。蓋守素樂天,得頤老之妙方也。

嗚呼,積厚者流光,樹腜者發榮。大夫青江公以母年老歸養,囊橐蕭條,世號"清白吏"。公為世間人，□其潛德，孺人不與公偕老，不食厥子甘旨之報。令子申吾君雖以驥足弗展，然令孫魁犖琦瑋，意者樹腏之後，將發其所未發。律子若孫，踵芳躅而光大之，蓋不負乃祖清白之遺耶？

公男二，長庠生益世，即裕齋君，娶監生劉遂良次女，無育，以李氏生孫南箕，娶邑庠生陳有德季女；次庠生思誥，即申吾君，娶黃和儀長女，生孫三：雲翼、雲翰、雲翱。雲翼娶郡庠生王民定次女，生曾孫矧雲；翰聘謝一甲女；翱聘葉為珪女。女三：長配莊監生長孫鎮；次配周知縣孫光祖；三配林庠生長子庠生繼科。孫女四：長配庠生葉宗派子為璉；次配楊道基；三配林淩遠；四配朱姓者，俱誥出。

公生於嘉靖七年五月初六日辰時，卒於萬曆廿四年八月十三日戌時，享年六十有九。孺人生於嘉靖六年八月初四日寅時，卒於萬曆十四年三月廿六日巳時，享年五十有一。今葬於是年二月初七日卯時。卜佳城於苧溪橋西，土名草廬山，坐甲向庚。至橋幾里許，與孺人合葬焉。

申吾君於予莫逆交也，丐銘於余。余距公六七十里而遙，姑紀其大者，爰為銘曰："象辛嗇氣，扶輿扃穌。天逢我公，節義執篤。蔚有後昆，蘭馨竹茂。泂以冶之有穀，托未竟於厥後。葬茲嘉域，維其求固。嗣是懿美，旌此邙土。"

萬曆三十四年歲於次丙午仲春之吉，孝男思誥、承重孫南箕泣血勒石。

該墓誌石現藏於同安博物館。今據抄本謄錄。

明·林學海夫妻合葬行實誌

皇明壙誌（篆書誌額）
明故庠生先府君學海從公暨孺人劉氏合葬行實誌（楷書誌題）/
賜進士第、文林郎、大理寺評事，弟通推頓首拜篆額；/
賜進士第、文林郎、擬北京戶部主事候考選，侄一柱頓首拜書丹。/

府君之先，自晉陵馬平里徙居同安，數傳至梅溪公，為名處士，再傳而生性同，以明經，歷經歷，生秋圃。秋圃生翠崖，翠崖生海峰，諱啟，領丙午鄉薦第一,累官國子監丞,攝大司戌事,封還六館饌錢及直廳金數百,冰櫱有聲。沒,不能以殮,事詳邑志。海峰生蓮山,補邑弟子,以抗議毀文廟像事,不合,退老山林。蓮山生景崖,與今登庚戌第一柱之先大父葵洲公為期昆弟,友恭無間,課子有方,實生府君。

　　府君諱駉,字道鳴,別號學海。生而穎敏,貌偉而重,嗜書史,無所不窺。年十二,即列諸生,試輒優冠。督學鎮山朱公及金、倪二父母深加器賞,與季父念衡公以戴經齊名一時。天性孝友,先大母患瘡,與先孺人侍湯藥,不解帶者三月。歲戊寅,回祿為災,諸父廬爨,所未毀者,府君容膝地耳,乃出舍以公諸父。其涉世不修邊幅,而空洞能容,侵不校,謗不辯,習與府君遊者,人喜其坦率。亦以坦率,故無能媚貴人,為貴人所不許,含沙中之,竟以先大父事被逮,謝子衿以付,傾貲落魄,無所悔志。年八十,老矣。試與論時事,當為真率之氣亦復勃勃。先後六戰棘闈,不一售,命也。退而課不孝,夜分為語子、史,鑿鑿如披閱。嘗語先孺人曰:"有吾兒在,勿憂貧耶。"令不孝早自振起,以答府君,斂府君籍以對孺人耳。先孺人者,吾同先邑侯劉璠裔孫,處士晃女也。歸府君時纔十六歲,少小真率,不能得先大父歡,幾欲逐之。孺人忘機善事如平時,一似府君涉世之真,無恐怖想也。妯娌狎之,竟無所害。先大母瘡潰難近,輒吮創處,後先大父廉其人孝且質,愛反逾諸母上。府君既不得志,因經年客遊,撇不孝兄弟姊妹以遺孺人,遣聚絲□,唯孺人是問。蓋孺人生來茹苦,此數年間特甚,猶憶僑居白鶴山時,喜不孝與從弟延郢晨昏攻苦,親炊烹以從。郡試顛蹭,第□自弟出,不忍刑罟不孝,待不孝以慈,而傷姑息,致令遏佚到今。丁未、丁巳雙白臨訣,罷罷歎聲,吞咽而逝。嗚呼痛哉!不孝即今日周棺,他日顯庸,亦何能贖?第恐□吾親體魄而逸其娥,則罪且滋深,此不孝兄弟所為拊心而泣血也。

　　府君生於嘉靖己丑年十二月廿九日寅時,卒於萬曆丁巳年五月初八日辰時,享年八十有九。孺人生於嘉靖丙申年閏十二月廿四日丑時,卒於萬曆丁未年八月初六日未時,享年七十有二。生子三:長一垣,娶張氏,處士張與年女,無嗣,府君遺囑命一塾之子嘉鉉為嗣。次一熣,邑庠生,娶莊氏,處士莊儀女。三一塾,娶李氏,處士李必悌女。女子四:長適鄉賓陳體祥子公兆,次適長泰縣薛道旭,三適呂甫平子復男,四適龍溪縣郭衝業子協彬。孫男二:長嘉鉉,聘劉遂高女;次嘉鋆,聘陳希聖女,一塾出一熣為嗣。孫女四:一許邑庠生陳金謨子女田,一熣出;一適張夢龍子兗黼,一許孫維瑜子,一許王養庶子,一塾出。今卜以是年四月初八日合葬於長興里董埔之原,穴負午丁,揖子癸。不孝無似,未有以光九原也，姑拭淚而序次一二以鏤之幽。

孝男一煇、一堃，承重孫嘉鉉泣血狀、勒石。

該墓誌銘出土於同安區某地，時間、地點和尺寸均不詳。今據抄本錄入。

明·黃韋吾夫妻合葬墓誌銘

韋吾公暨配蔡氏壙誌。

嗚呼，壙之有誌，禮也！不孝煇荷先大人罔極之恩五十餘載矣，未遂烏哺之報，輒懷仲氏之傷。今茲卜宅叶吉，將奉先大人而安厝焉。顧力未能請名筆揚大人懿美以藏諸幽，惟是生平所耳目者，懼其遂泯也。竊私述之，以永孝思。

按譜：父諱添福，字伯受，別號韋吾。先世居府城肅清門外，唐垂拱二年，長者守恭公感蓮之祥，施地建開元寺。四子卜居四安，其一占籍於同之金柄云。閱五代、宋元，浮沉不可考。明初，不絕如綫，有諱聚者行十三，始再拓基，生四子，季為尾生公。公生七子，六為益俊公，生三子，仲為志衝公。公生子四，父行居長，姿穎甚，同時舉業者咸遜父。前行遭數奇弗售，父患不能忍，會大父方苦戶徭事，父慨然長息曰："此非吾業，留以俟吾兒耳。"遂以家督修往役之義，邑父母嘉其誠實而煉於事也，每有利害興革，輒諮而處焉。父自是平心率物，為鄉閭表正。其樂義振人之急，不以昏夜為解，衝然不任受德。於財利之交，泊如也。

嘉靖季，盜蜂起，父與從弟武舉人仰山公倡義修堡糾社，為鄉保障，邑侯譚公時倚以為重。方是時，疫大作。叔弟、仲弟夭，大父母相繼歿。父扶病遭疊喪，間關筭苦，必誠必信。叔弟無嗣，仲弟遺藐，茲之孤，流離甫平，復喪季弟，僅僅一孤，未周歲，父先後提挈二孤，戶役祭葬之費，不以溷及未亡者，卒以成立。妹適王氏，全家俱殞，甥甫十餘歲，父收而撫之，為之授室分居焉。其所遭天倫不幸，皆極人所難為者。父嘗謂母曰："吾兄弟四人，而天獨留我後死，責不容逭矣。"父嘗與客對博，煇少從旁視，父輒局自擓，曰："此豈可令兒曹見也！"遂終身不復習，其克己之勇如此。煇既通文義，父厚修館餼，延名師友與煇處，煇稍軼矩獲，父不言而色讋，煇惶懼不自安，必懇母為解，顏乃霽。父雖不肅而嚴乎。至兒孫有痛癢,煦煦然冒寒暑、輟食飲、不自恤,較之母慈特甚。

少時與侄封君東源公道義相切劘,白首不替。封君公以子貴,父杜門謝事。封君公造膝談款,父時勖之,以毋忘祖宗世德而已。其淡於勢利乃如此。始祖祠宇圮,父首贊義舉,廟貌一新,大宗、小宗神龕二座,率先創造。至易簀之際,言不及私,惓惓以匠人未竣工為囑。父之仁率親而義率祖,其天性固然也。父生平嚴於好惡,輒為公正發憤。聞少司寇洪公之冤,彷徨數夕不能寐,後得朝章論定,喟然歎曰:"誰謂天道無知哉!"居間嗜學,手不釋卷,莊誦虛齋先生密箴,如"勸君莫用半點私"及"命好德不好,若能做好人"數語,朝夕提之不輟口。晚好吟詠,多得意外之趣。嘗以為人生七十,萬事可了,世變閱盡,百世可知,毋用久視為也。邑侯平湖李公廉父隱德,無忝鄉評,是用賓之鹿鳴,父顧煒曰:"而奚以此泊吾真也。"竟遜謝弗出。母蔡氏,坊民蔡宜深長女,與父合德。父慷慨尚義,母獨恭儉以佐內政,上事舅姑,中睦姒娌,下逮兒孫。臧獲之屬,一以至誠行之,無不得其歡心。父嚴於外教,母嘗和之以寬。父喜於任事,母時裁之以義。終其身,齊眉之敬不衰焉。嗚呼!二大人之徽音懿行,豈毛楮所能盡也。煒言不能文,又不能借名人巨筆以傳不朽,是煒之罪也夫!是煒之罪也夫!

父生嘉靖乙酉閏十二月初六日,卒萬曆壬寅十二月初九日,享年七十有八;母生嘉靖乙酉十月初十日,卒萬曆丙午十二月十二日,享年八十有二。男一:而煒,邑學生,娶母黨蔡崇眷第四女。女四:長適蔡光岳;次適庠生李克禎次男時霖;三適內官陳銓選。孫男七:長爾晉,娶庠生呂日采女;次爾肖,娶集尾陳王綸女;三爾永,娶坊民王一棟女;四爾昊,娶後倉郭吉俊女;五爾榘,娶母黨蔡光哲女;六爾鍫娶蔡黿女;七爾堅,娶庠生葉元卿侄女。孫女一:適庠生洪廷元男國熙。曾孫男:都,晉出;庇,肖出。歲戊申,而煒相宅於本都百峰嶺宋洋山之原,負艮向坤,將以季春丁酉之吉,奉二大人遺魄,窆諸窀穸。用掇所聞,以永諸石。後有興者,以表諸墓,俾有稽焉。

時萬曆三十六年戊申三月之吉,不孝孤而煒泣血謹志。

錄自《紫雲黃氏金山先世墓誌銘》

明·林瀠川夫妻合葬墓誌銘

奉政大夫瀠川林公暨宜人陳氏墓誌銘（篆書銘額）

明封奉政大夫南京禮部郎中瀠川林公暨配太宜人陳氏合葬墓誌銘（楷書銘題）/

賜進士出身、奉政大夫、兵部武庫清吏司郎中、前刑部四川清吏司郎中，眷晚生蔡復一撰文；/

賜進士出身、奉直大夫、禮部祠祭清吏司主事、前刑部湖廣清吏司員外郎，眷晚生李懋檜篆額；/

賜進士出身、承德郎、刑部江西清吏司主事，眷晚生洪纖若書丹。/

大參林玉吾公既葬厥考瀠川公於歸得里，道士林旋奉陳宜人遺言，必卜兆本鄉。久之，相石鼓山麓吉，始筮日遷公合窆/焉。姬公制祔，盟同穴於百年；尚父反周，遵首丘者五世，禮也。臨葬，以手狀徵余銘。

公諱淵，字其東，別號瀠川。吾同人多徙自/光州周始，而林當晉永嘉之擾，與陳、黃、鄭四大姓入閩最早，故林族指偏閩中。公之祖居從順里亨泥村，人號"橋頭林"。至宋/季而時用公始著，時用子復祖，復祖子直養，四傳至□周第三子綱，是為坦庵公，娶於張，有子三，公其季也。公生十月而孤，/與母張及女兄適呂者相依為命。少即警敏，有至性，怛孺子事母，而恂恂兄姊間。姊嘗割取其埔下租，弗禁。已而復取租，里/嫗期公止之，是粟林而歸呂者，何也？公曰："女兄也。"呂□卒無所問。母疾，朝夕侍，獨以已分地營葬。二兄求多於所遺贍業，公/恣聽之。急人若身，有謁必為之竭，行其和讓以睦於族黨，族黨皆敬而愛之。終身未嘗失言色於人。奇諸生陳墀於髫而女/之女，墀秀而弗實，則翼寡女以立二孤，撫內弟於幼而成之也亦然。公既聞達，不治家人生產，而中年困兒女逋，家少落，躬耕自給，怡如也。嘉靖戊午、己未，倭訌，濱海居人鳥獸□，日四五驚，骨肉或相失。公盡室先之山林海島中，無恐。寇退，行疫避/公家而過，人以為德報。

大參公辛未成進士，除南京禮部祠祭司主事。公就□署中，勖以忠孝毋負其官，且曰："吾無侈望於/子弟，得如鄉人某為齔長，疏榮二代足矣。"蓋公欲以

□效於坦庵公，其不忘孝如此。是時，祠部缺正郎，大參公以序遷，/會覃恩實授，遂封公奉政大夫如子官，配陳氏宜人。官未□而爵父母，又得五品誥，異數也。陳宜人者，生員陳純長孫女，歸不逮/事坦庵公，而嚴奉寡姑張，修瀡蘋藻必虔，無缺歡違事。公嫗煦諸子惟恐傷，即有過，第好諭之。諸子狎公而莊宜人，宜人或/譴呵，輒伏謝不敢仰視。至闊達□財，好客輕施則與公如一。以夢徵，必大參公貴而屬之殖學。大參公詘三試，灣川公不懌。/宜人促觴，觴公而寬之。夢曰："遇合有時耳。是兒豈長居□者耶？"呂塘堤圮於水，荒所溉田二百餘畝。宜人捐貲鳩築，功三倍/於舊，至今不災，鄉人賴之。憂□□□月餘，為鄉人禱，後有禱者首疏，宜人輒應。晚年信佛，屏簪珥，菲服食，出行田園，人不知/其五品太君也。斗室筐皮，里婦往□□之，與共衣廩以為常。即諸子若孫有所上，轉手盡於人矣。後公卒二十年，屬疾，若見/公者而終。

　　公生於正德四年己巳六月二十七日丑時，卒於萬曆二年甲戌七月十七日戌時，享年六十有四。宜人生於正/德五年庚午二月十三日巳時，卒於萬曆二十一年癸巳十一月十二日酉時，享年八十有四。子三：長即一材，由進士歷官/左參政，娶廣西參政葉明元姑；一杍，娶廣東石城縣知縣周鑒孫周道堯女；一楨，即奇會，中己卯武元，娶李振春女。女三：長/適庠生陳墀；次適庠生蘇希軾男蘇德弘；又次適葉茂秀。孫男十：炳，監生，娶刑部左侍郎洪朝選弟廩生洪朝冕女；煒，監生，娶太平府蕪湖縣知縣李維鋐女；燁，庠生，娶惠州府海豐縣知縣趙爾憲女；炘，庠生，娶廣州同知陳榮選女；烇，聘監生陳/其弘女，一材出。熙，娶陜西參政黃文炳弟黃文斐女；琰，娶葉景植女；磷，未聘，一杍出。燮，娶光祿寺署丞陳士烴女；美，未聘，一/楨出。曾孫十五：履基，監生，娶禮部員外李懋檜女；泰基，娶京營左參將莊渭揚女；賁基，娶舉人陳一經女；比基，聘刑部主事/陳士蘭女，炳出。順基，聘廣東副使劉存德男庠生劉夢潮女；觀基，未聘，煒出。豐基，聘廣西副使朱天應男監生朱光祖女；萃/基、晉基，未聘，燁出。之坦、之埏，未聘，炘出。益基、隨基、升基，俱未聘，熙出。咸基，未聘，琰出。復基，未聘，燮出。玄孫四：鍾庚、鍾癸，未聘，/復基出；鍾豪，未聘，泰基出；鍾武，未聘，賁基出。孫女六：一適戶部員外蕭復陽男庠生蕭炳奎；一適惠州府永安縣知縣李懋/楚男廩生李焞；一適台州府知府劉夢松男庠生劉節□，一材出。一適王存恕；一適陳於階；一適蘇珠球，一杍出。曾孫女十一，/出自炳者三：一適余弟庠生復心；一適靈璧縣知縣張日益男張鳳成；一未許人。出自煒者二：一許庠生蔣士瀛男□棟；一/許景州知州李伯元男庠生李正炎子雲祥。出自燮者二人：一許韶州府知府王三接孫王垣男守鉉；一未許人。出自炘者三，/出自熙者一，俱未許人。玄孫女一，許刑部主事洪繊若男以藩，泰基出。

　　墓近里舍，乘兌朝震。葬以萬曆戊申九月十三日。公/嘗戒大參公"官所至，笞毋溢十五"，大參為郡，守先教惟謹，至藩臬使者法治盜不得姑息，則廟告於公而後行之，大參秩視/齻使進矣。顧前後未及上考格二代恩為憾。夫山下出泉，源㴑者少，則末流愈長，雖放海可也。昔晉獲石□有質而無聲，張/茂先曰以桐考之，可聞百里，果然。公、宜人之質具矣，大參公蓋一鳴焉。孰繼而大其聲者，在後之人。

　　銘曰：/"修偕勤，食偕廉。勤而恬，廉而甘。德以文其樸，子以發其潛。有石者鼓，重而勿遷。希音徐傳，是宜象隱德焉，而偕休於其原。"/

　　萬曆叁拾陸年歲在戊申九月十有二日丙申，不孝男一材、一杼、一楨等泣血鐫石。

　　該墓誌銘出土於同安區某地，時間、地點不詳。黑色頁岩質，高58厘米，寬53厘米，厚3厘米。楷書陰刻。現狀完好。現為民間收藏。

明·陳新麓夫妻合葬墓誌銘

皇明/明冠帶邑庠生新麓陳公暨配順慈孺人葉氏墓誌銘（楷書銘額）

　　按狀：邑巨姓陳氏，世居光得里仙苑，中遷邑治西隅鳳山下。鳳山蜿蟺，孕為邑治。陳氏之宅適當龍脈入首處，用是家素/豐饒，代有聞人。上世俱斂德弗耀，數傳至鳳麓謙公，以貢拜金吾兵馬使，躬承恩典，榮及其親克熙公。克熙公生長子恭，/恭生亨，亨生恩，號一泉，即新麓父也。新麓諱謨猷，字時會，新麓乃其別號。為人繩趨尺步，淳厚鎮重，不作紛華輕薄之態。一/泉公富而能教，延師家塾督之。迨列青衿，一泉更欲其盡友一邑士，乃廣築精舍，擇艮傳，招余輩十數友與公共學。未幾/年，住宅精舍俱作倭焰無餘。時有司建城，城垣橫經屋基。公勸乃翁與之毋靳。有司給地價償公，公弗受，送助城費。兵憲/何公義其事，扁於堂旌之。公體重嗜睡，苦為詩書桎梏，遂謝去，日友羲皇北窗下，坦直優遊，不敢分毫欺凌人，人皆以長/者歸之。邑大夫亦高公行誼，送冠帶、牌、扁以致褒揚焉。配葉孺人，南安詩山耆德葉艾軒公次女，警敏譜練。公渾厚，孺/人以精明佐之。事舅姑以孝聞，處宗、戚、妯娌各得其心，而理內外事無不合宜。自生一子，曰一懷，既冠而殀，孺人哀痛撲地。少蘇，/即為新麓公置妾。一置不育，再置之。再置幸皆育，仍皆不養。孺人憂悄，又三置之。凡三置，皆孺人廣詢博訪，款曲求成，/新麓公坐受之而已。三置果獲一子，公名之豸。豸之生也，孺人惜不及見，惟公見之歡抱。八歲，公遽見背。豸今婚且有/子矣，日夜孳孳以先墳為念。茲墳成而舉葬，邑人私相語曰："善哉，陳氏子乎！然非公與孺人長厚賢達之報，不及此。"

公嘉/靖丙申年十二月初一丑時生，萬曆戊戌年十二月十一日丑時卒，享年六十有三；孺人嘉靖乙未年十二月十四日未/時生，萬曆己丑年三月初一日酉時卒，享年五十有五。男子一，即豸，側室林氏生，娶感化里庠生張廷樞女。女子五：長適/在坊庠生吳鳴采，婿今卒；次適崇信里詹名世，女先卒；三適在坊庠生蔡兆科，俱葉孺人出；四適新康里林聯登，側室吳/氏出；五適崇信里王俊升，側室林氏出。孫男一，尚幼，未聘；孫女一，許聘永安里庠生謝應鵬孫。墓在光得里林邊山之原，/背庚面甲，左為公藏，右則孺人。卜以本年九月十四日寅時，奉公、孺人柩合葬焉。豸以志銘見屬，辭不獲，遂志之，而為之/銘曰：縈仙之苑，陳氏世居。縈鳳之阿，為公舊廬。丹霞掩映，荔樹披舒。公毓其秀，抱德挺生。/厥配順慈，弈葉鍾英。與公伉儷，內助有聲。生也結髮，葬也同穴。山環而秀，水遠而列。我銘其幽，俾茲石與茲山茲水，亘千百載而為烈。/

萬曆四十四年歲次丙辰季秋吉日，眷通家弟蔡喬登頓首拜撰；/男豸泣血立石。

該墓誌銘出土於同安區與漳州市長泰區毗鄰的廈門某地，具體時間、地點均不詳。黑色頁岩質，弧首，高68厘米，寬33厘米，厚2厘米。宋體字陰刻。現狀完好。現為鼓浪嶼洪明章先生收藏。

明·黃文炳墓誌銘

參政肖源黃公墓誌銘。

以余諦觀黃戀新年兄之終始，儻所謂篤行鞠恭之君子，非耶？君孝友浹於家，盡瘁著於國，稚子、輿人無不知者。曾謂開芳同舉於鄉，益以姻好，有不知者乎？君溘然一紀，其子繼昌登踵門跪請曰："先子暗然見背，不自鳴於世，世亦鮮知。捨公，疇知而言諸？"余浩歎曰："名譽不彰，朋友之罪也。余將逭罪，忍無言？其如言不能為君重何？"

按狀：君始祖守恭公割地為紫雲寺，詳郡乘。四子於四安，金柄黃即其一派，世傳多隱德。至質庵公軫，林次崖先生銘其墓，稱為一鄉善士。黃氏質行孝友，自祖已然矣。生三子，季即誥封纍贈太僕東源公，是為君父。東源贅晉江故池州守漸溪曾公，少遊郡庠，遂家於郡。五丈夫子，長即君。君豐頤廣額，有貴徵，九歲能文。向贈公曾受《易》次崖，以故透《易》旨，受知黃恭肅先生，延與諸郎同業。十七入郡庠。又十年癸酉，歌鹿鳴。一見紫薇堂，執手謂余曰："吾兩人當締兒女好。"時余謂弟曰："盍締諸？"及抵舍，君目弟芬曰："展我甥，促委禽，乃上春官吾榜。紫溪蘇長兄推人倫領袖，與君為先後同衾矣。"蘇丈，古人也。有德業相勸，過失相規之遺，動相切劘，杯□中無知己。而公、蘇丈，丁丑成進士。

君宰東陽，東陽素難治，爬梳苴譎，以神明稱最。滿，薦剡。十二為某甲子忌，遷南廷，評論定，晉司徒郎權鈔淮關。君曰："今人豈古為關哉！稔聞蘇年兄時時稱說蔡文莊、陳紫峰二先生，吾師也。紫峰關政是小子師資。"立石署右曰"景行齋"，通商賑孚，大有聲。己丑，遷平樂守。自紫溪參知粵西，前守三年不交半語。君為個中人，如魚得水。略監司以倡和，詩歌、杯酒無厭也。時著《生生易說》，必欲得君序，謂非君難與言易耳。至種種用夏變夷之政，聲蜚遐邇。余觀兵嶺西時，又聞人人言平樂得賢參藩與賢守，余大為知己舒眉云。辛卯，君再滿，上□書封父母如其官。蘇丈以考績過家，為余言君之為關，似紫峰為守，似龔、黃相對大聲色。甲午，奔贈公艱，僻踴不自存，喪一禀於禮。先是，贈公卜壽域，意在東郊之瑞峰。君用神夢取信先大夫。亡何，為有力者所奪，君不惜百金，必得以成父志。遂穿二玄宅，不避霜露，與諸弟共畚插。贈公猶及見其成，喜可知已。及襄大事，君立墓田，廬其中。里一二知舊、長老、先生輒至相勞。君不忘祖，乃不忘紫雲。

目擊硝冶匠填廊廡，男女穢戒壇，至闥為己業，長子孫其中。五十年惡業通天，一夕環寺而居者幾千百家，齊夢回祿，人情洶洶，至遠徙以避。君時與當道楊君有同年好，每趨，懇為地方除災，而弟家叔賢極口共慫惥，曰："佛家言：呼吸關民命，存亡有如此，刻不戒，後悔何及！"當下嚴逐硝冶於旗纛中。甫七日，炮藥火發，此輩灰燼者殆盡，此業報可哉。假令徙遲，紫雲災矣，如千萬命何？君活人功行大矣哉！

又捐俸贈諸侵地以益僧房，復始祖守恭公檀樾祠以萃四安之宗裔，時致祭焉。相國李文節先生當宮坊過家時，多君念祖，克復紫雲，特為之志，內有"不刮佛面金為布施"之語。蓋借刺譏以褒美，四方傳誦為口實。贈公自同徙郡，遺貲不薄。君毫未取，悉畀四弟，且分俸以益其居廩而佐婚嫁，自購近地數間以便奉母。且便既翕之，既免喪，結郊坰之數椽別業，有終焉之意。太淑人命曰："而家世百千傳，仔肩在兒身，曷不以方剛之膂力為經營報稱，故煦煦然托內顧吾老為？"君始出，補滇南臬副，兼攝學政。會虎璫與讐序哄咨，為學使所嗾，輒上狀中君。會君督餉征播，播平敘伐。上賜金幣，晉陝西行，太僕卿置不問。庚子，賫俸歸省，復入秦。有誦《北山》什以嘲君曰："不已於行者誰？息偃在床者誰？昔以獨賢自解，今不以獨勞為怨也。曷故？"君曰："吾起家南部郎，行役粵西，至滇及秦，非南海角，則北天涯。閩適滇萬里，滇適秦又萬里。燕而閩，閩而復秦，如是者數數然，敢曰勞耶，賢耶？其命也。"爾時其僕與肩輿者挽輿曰："吾年來仗此物馳十二萬里如鶩，可不謂瘁乎！"君領之。余猶記從江藩入賀東朝時，自秦往會長安，睹君非曩之骯髒滑稽，豈近學尊生為恭嘿君子耶？君竟嘿然。甲辰，覃恩封二代。君曰："吾願畢矣。"旋晉參政，拊商洛。其地產黃、白金二礦，奸商蜂起垂涎，包納不貲。積數歲，當賠累二十餘萬。君上其事於兩台，為百姓請命不能得，勞心焦思，痰火交作，且念母心劇，誰可與語？惟有咄咄書空，輿疾歸里，入門見太淑人，洋洋色喜，若曰："兒奉母命以出，歸見母無恙，可相忘於無言矣。"服食起居如故，如是者逾半載，忽終於正寢，為萬曆丙午年七月十九日，距嘉靖戊申年六月二十四日，享年五十九。太淑人後君五年卒。君之子體君遺命，殯葬如禮，庶可無憾。詩文翰墨，特其餘耳。

君諱文炳，懋新其字，肖源其號。配柯氏，封淑人，安平柯孚法女。男二：長繼昌，庠生，娶太學生歐陽昂女；次繼登，娶湖口知縣陳雅樂女。女四：長適家弟孝廉李開芬；次適河南參政李光熙男、庠生元龍；三適廣西副使歐陽公模男、庠生承東；四適禮部尚書楊文恪公道賓男、庠生錫緌。孫男三：世寶，娶廣東副使金公時舒男、庠生士造女，昌出；士瑝，娶四川按察司張公治具男高唐州同知允藻男、庠生龍光女；士珹，娶安寧州提舉朱公舉賢男鍾茂女，登出。

吉壤在南安二十都梅瓏之梅埔，坐未向丑。余因形家以獻，君二子遍觀廣詢，僉曰"吉"。以是年十月二十八日奉君柩安厝在壙，而虛其右以待百歲者云。李子曰："君子疾沒世而名不稱焉。"《南華》亦云："為善無近名。"夫惟無近名，名斯實，實斯久，久斯稱耳。吁嗟乎！君生平斤斤篤行，不苟取與，亦嚴無詭隨，無傷惠，故絕私交，亦絕延譽。詹司寇先生不輕與可，獨以無近名與君惟是。語曰:"不知其人,知其與試。"觀吾黨巍巍然並祀學宮,表章棹楔者何人乎?是同一源流,皆當世之所謂賢豪君子也。君皆能世師而締石交焉,即其人可知已,顧不求赫赫而反泯泯論世者,能不為之發一慨?嗚呼!黃叔度已矣,而汪汪者猶存。諸葛武侯何在,祇有死而後已。究竟切世之公評,有兒童走卒之口在。

銘之曰:"腹便便兮衷坦,口不言兮衍衍。人不知兮曷懣,奠厥宅兮梅之阪,神世護兮祉其來反。"

時萬曆歲次丁巳十月廿八日,賜進士出身、通奉大夫、江西布政司右布政使、前戶部郎中、奉敕督理永平糧儲、奉題准終養,眷年弟李開芳撰。

錄自《紫雲黃氏金山先世墓誌銘》

明·我橋府君夫妻行狀

皇明(篆書銘額)
先父我橋府君暨母恭愍孺人洪氏行狀(楷書銘題)/

父諱榮輔,字堯惠,我橋其別號也。先世居浯,中憲公始擇居於邑之北隅。中憲生贈大夫芝山,芝山生吾父,父兄弟七人,獨父與四/伯父直吾君為生祖母顏之自出。父雖出於庶乎,嫡祖母黃愛之若己出。中憲在日,常抱置於膝,謂兒必亢吾宗。笑指其所愛側室/張曰:"以此子後汝。"能言時,占句問字,棱棱見奇。稍長,出就師傅,授之書,一下十行,目過成誦,率無所遺,中憲暨贈大夫益奇之。弱冠,/補弟子員,有聲於庠。但造物嗇之,屢試屢蹶,用是發憤以賁志,嗚呼痛哉!

吾父孝本天植,方正不阿,人難於以私。大父之舉父也晚,/孤不獲見其事,大父猶及見其事祖母黃、生祖母顏,克意承志。凡人子之所當為與欲為而難為者,無不得其歡心。撫諸弟侄如子,/稍有註誤,冷顏正色呵之,雖貴價不少徇俟,其能改,又溫詞獎之,雖悍暴亦知惕憤。當時士氣卑靡,上尻下首於縣庭,邑侯端坐不/為禮,反辱罵之。偶因月課,於卷中發憤所欲言,邑侯銜之,卷留中不發。人人為父危,不惟不為中傷,因是而待士有加,士氣稍振。自/號曰"古愚子",在家著有《陳氏春秋》,紀家中之可法可誡者十八帙。已而,自焚之,曰："是不可以賈知我罪我之名。"生平鮮許可,惟直齋杜君與之握臂盟不間終始。善飲酒,溫克不及亂。癸巳以後常鬱鬱不樂,端坐一室,塵埃蔽席不拭,望之如塑像人,口中吃吃作不了語,繼之長吁。孤從窗隙覷見,不敢有所問。惟時聞一推案曰："吾行負天地而慚神明。"蓋憤器不賈於知己,而中憲與贈大夫之望不酬也。逝之日,年未及艾。嗚呼痛哉,忍言哉!

吾母恭愍孺人洪氏,洪固南之巨姓。外祖父洪□常以德行為鄉閭式。母之歸吾父也,時在兩姑之間,婦順克盡,內外無間,處妯娌以睦,待臧獲以恩。吾父高明而母濟之以沉潛,吾父性敏而母勵之以好學。拮据治家,成吾父以卒業,不至有內顧憂者,吾母力也。父敬之重之,外事有未了,輒歸與母商之。偶有過當,母必百加調護,祈成父之名而後止。他如救人之災、賑人之急,吾儒盛德事,母盡勸行之。詩所謂"解佩以贈,匍匐以救"者,吾母有焉。嗟嗟!竟以悼殤弟之故殞命。母既逝,父念之不置,時時伏床。人有從旁慰之者,父曰："吾豈侘傺作兒女子態?失此良友,朝夕匡救無資,恨政長耳。"孤每待二人膳,未嘗見其疾顏遽色,信吾母之宜配君子也。繼母王氏,幽閒貞靜之德,能嗣母範。惜其方舉一男而吾父家背,弟又旋亡,自矢柏舟以托諸孤。言之令人於邑。嗚呼!孰有遘天之厄如不孝孤哉。

父生於嘉靖癸丑年四月十二日巳時,卒於萬曆乙未年六月廿九日酉時,享年四十有三。孺人生於嘉靖乙卯年十月初十日申時,卒於萬曆戊子年十月十二日酉時,享年三十有四。男子五:長則不孝,娶知縣郭應龔女;次士琯,娶生員黃而焜女,琯以乙卯年十二月卒,琯婦以今年正月卒;次士珙,娶郭復德女,珙以庚戌年十一月卒;次士環,娶廩生、習職千戶、中武進士、署廣西都司事張鉉女,己酉年卒,續取黃□女,皆吾母出;次士璜,娶黃□女,側室黃氏出;繼母王氏無所出。女子二:長適生員卻從濂男騰壁;次適參政葉明元三男炳星,俱吾母出。男孫:世彥,娶舉人留覲光弟啓光女;次世瞪,娶雲南參政黃思近子庠生拱斗女;次世端未聘,士管出;世毅未聘,士琯出;世弈、世艾未聘,士珙出;世靖、世路未聘,士環出;世爌未聘,士璜出。女孫四:一適知州林大儲孫志達;一許聘生員賴家臣子應采,士管出;二俱未許聘,士環出。曾孫二,俱世彥出。今將以丁巳年十月望八日合葬吾父母於百福山。山為中憲大夫所遺之公山。管之始卜是兆也,以眾房為疑,稟命於司訓三伯父,伯父曰："自汝父謝世以貌諸見托,而今幼者壯,壯者老,墓櫃可材矣,而遺骸猶在殯,吾實恥之。汝能克襄大事,是中憲之相吾子,子又何辭焉?"管唯唯。山坐癸向丁,內築三壙,虛其一以有待。謹泣血瀝狀,乞有道先生以為銘。不孝男泣血狀。

该墓誌銘出土地點和時間均不詳。黑色頁岩質,弧首,高65厘米,寬36厘米,厚2厘米。宋體字陰刻。現狀完好。現爲洪明章先生收藏。

明·洪印石夫妻合葬墓誌銘

皇明(篆書銘額)
太學生印石洪公暨孺人王氏合葬墓誌銘(楷書銘題)/

印石洪公之知予廷拱在,予未有知日也。予初時與少司寇芳洲公塚孫貞憲相從事於邑之西偏,公雅以文相推重,若有夙契。予/舉鄉薦,公忘予陋,以男聘予女;予舉禮闈,公忘予貧,百凡供應必以需,相與處無異一家。予女蚤沒,公及孺人相繼□,予亦浮沉仕/□□□矣。公長男邦泰及予婿仲基數好有加。一日涕泫然,持所為狀屬予志,謂予素知公也。予即不文,安忍嘿嘿?

按狀:公諱□,字/誠甫,別號印石。始祖十九郎從光州固始仕宋為南安令,因南渡卜居於同之柏埔。十一傳為贈右副都御史公蕤賓,蕤賓生封刑/部左侍郎公□,□生莒郎司訓公□夔,即公父也。公生而峋嶙,學操觚,輒作驚人語,少司寇芳洲公深奇之,謂兒駒而汗血,是其致/千里者,故於猶子中最鍾愛。十五歲,同司訓公避倭寓郡城,與今大參陳公章閣同肄業,郡有兩奇童之稱。十八補弟子員,再試棘/闈,竟以短視,楷書塗鴉,不得志於主者。芳洲公因以順天用朱卷,命公北遊太學。時大司成林公士章閱試卷,大加賞識,以避同鄉,/寘第二,然意專屬公云。秋闈為泗水鄒公所拔,執卷白主司,必欲得解,以此重違主司意,爭之不得,然而名已隆隆起。一時都名士/咸欲得公而締交焉。丙子就試,復備中式,而竟厄於數奇。蓋公之天質英穎,摑摅諸子百家,文如洪川巨浸,而胸懷灑廓出之。是以/無不人人刮目,至所以厄,非文之故也。後因弟象晉蚤沒,念二親垂白,不忍遠離,遂捨舉子業而舞彩。凡所以事司訓公及太孺人/者,無不曲至。司訓公謝世,歲入羨餘必以歸太孺人,聽其分於諸姊妹及中表,蓋養志云。以次子時揚為弟繼,而撫弟二孤女,有加/妝送之脾,雖親女不得齒,蓋其天性孝友類如此。晚年杜門不與戶外事,惟與大參玉吾林公及宿友靜宇王君相過從,或時吟絕/句中聖人以自適,勸之仕則不應。常對予言曰:"吾於詩得其情,於酒得其趣。世人白首窮經,浮沉功名,到底有何着落?"

相率以為偉/語。性猶慷慨，嗜義輕財，凡朋戚黨族婚姻喪葬有不足，必以公為外府。公亦視親疏為厚薄，未嘗不愜其意以往。臧獲有欺匿者亦/令自省改，未嘗疾言遽色，故終公世無不人人樂為用焉。配孺人為高浦所王公夙知女，年十七歸公，輒去彩練，執巾□以樸素相/將。公外遊，事舅姑必以孝；處姒娌、戚屬必以和；捏督子若孫朝夕課藝必以嚴。凡公所以不問家計，而得以餘貲厚所知，兒孫崢嶸/，俱有矩彠，皆孺人內助力也。

公生嘉靖甲辰年九月初九日，卒於萬曆丙午年八月三日，享年六十有三；孺人生嘉靖己酉年六月/六日，卒於萬曆戊申年六月十七日，享年六十，蓋皆壽不滿其德云。丈夫子三：邦泰，庠生，娶參政葉明元女；時揚，太學生，娶廩生陳/士麟女；仲基，聘余女，卒，娶庠生郭嘉會女，繼娶王從周女。女子三：一適庠生池顯兌，一適庠生鄭復雅，一適太學生李蒔明。孫男八：/敷志，娶庠生陳子曾女，繼娶葉煒女；敷忠，娶李夢玉女；敷恩，聘太學生葉濂女；敷惠，聘余弟太學生廷極女；敷懋，未聘，邦泰出。敷謙，/時揚出。敷□、敷鍔，仲基出，俱未聘。孫女九：一適主政陳士蘭子黼箴，一適州守楊喬椿子兆鶚，一許孝廉吳必達子一麟，一未許，邦/泰出；一適州守趙仕隆子鞏，一許黃有典子祚基，一許庠生池顯謨子□□，一未許，時揚出；一未許，仲基出。曾孫男一，敷志出。今於/萬曆丁巳年正月二十四日酉時，合葬於翔風里之古澤。余依狀而志之，蓋不敢負所知也。

銘曰："食報者軒其車，食德者充其閭。公識其大，先含而□。藝不求售，好德無休。諧以眉案，藍玉是儔。交相濟之謂克，無攸遂之謂柔。藏/諸名山，可以長發後裔而蔭千秋。後之人觀古之澤，欝欝佳氣，知公與孺人之優遊。"

賜進士、文林郎、行取擬禮部精膳司事，制眷生張廷拱稽顙拜撰。

該墓誌銘2005年7月出土於翔安區原下店村。黑色頁岩質，弧首，高80厘米，寬40厘米，厚3厘米。楷書陰刻。現狀完好。現收藏於廈門市博物館。

明·洪懷質夫婦合葬壙誌

故封承/德郎、刑/部江西/司署郎/中事主/事、鄉大/賓懷質/洪公暨/配陳氏/洪氏合/葬壙誌（篆書銘額）

明故封承德郎、刑部江西司署郎中事主事、鄉大賓懷質洪公暨配贈安人陳氏洪氏合葬壙誌（楷書銘題）/

府君諱豹，字思隱，更名允，懷質其別號也。先世自南渡卜居翔風里之瀛嶝，元時有興義公衮，出贅本里窗東林承事郎公克敏孫/女。故窗東之有洪氏，自興義公始也。興義公四子，次其房曰春、夏、秋、冬，而叔子純禮為秋房宗祖，六傳生懷義公遙，又傳生質叟公/順昭，即府君父也。懷義公以篤行恭謹聞於里，而年弗及壽。質叟公能世其德，孝友愍肅，門以內截如也，而室一弟、四子，夫家四妹/氏一女子，婚娶之債既畢，而家亦浸落。配陳孺人，同禾里官山人，佐以勤慎，雖饋問相屬，靡或廢情劇禮者。府君其三子也，少穎慧，/受小學、古文，諸書能領略大義。及長乃輟而農，以佐其讀於伯氏。嗣遭流賊之變，伯氏沒於難。府君傷兄亡非命，未竟厥志，時時悼/念不倦，而課不孝纖若及季弟晃若讀益力。夜篝燈，未央不得寢，亦不先就寢。晨令背而聽之，雖它冗遽不□欲。窮年食貧，而□師/勞友必以豐。性好施與，遇丐貸未嘗不諾。族有童年而父行者，從父父之，必拱立、必隅坐，雖耄年未嘗懈。平居恂恂，於人無崖岸。至/是非曲直，□然義形詞色，雖親昵不為姁媮。賓於鄉者凡七次，迨萬曆庚戌年八十四歲矣，而後以纖若刑部秩滿，封承德郎如其官，/而贈母陳氏稱安人也。安人為民安里藍田陳呆女，年十八歸府君。平居敬事舅姑、婉睦姒娌，猶人可能。至如出萬死一生𠫤不孝/孤於阤，而免身於難，有膽智丈夫所未易。卒，辭者尚當次厥本末，備野史氏紀聞之遺，而管城無力，幽潛弗耀，則實誰之□矣。母洪/氏出自民安里莊上，亦望族也。力貧支應，百凡拮据，能慫恿府君為義而□以教，成其慈。自不孝兄弟少長從師，束脩饌□之需，皆/母氏紉織供之。不足，至益以簪褵。蓋不孝纖若之得有今日者，洪母力也，而宦遊遲暮，不獲朝夕承膝下歡。蓋棺之日，不獲致□□/之誠信。季弟復淹淹諸生間，未能待成立以瞑目也。嗚呼痛哉！

府君生嘉靖丁亥年六月初六日，卒萬曆乙卯年四月初柒日，享年/八十九歲。陳母生嘉靖甲午年二月十二日，卒嘉靖甲子年二月二十日，年三十一歲。洪母生嘉靖乙未年二月初十日，卒萬曆癸/丑年二月二十日，享年七十九歲。以萬曆四十六年歲戊午正月朔日辛酉，奉厝於人得里苧溪洪嶺山之原，坐庚午向庚子。而陳/安人先殯淺土者五十四年，至是乃啟而合窀焉。

憶府君嘗語不孝兄弟："相地無他訣，祇山朝不如水朝，水朝不如人朝。"今兼之矣。/嗟乎！府君何知堪輿？安所得形家言稱之，而懸卷若是？乃知漆燈佳城事有夙緣，不可求而可遇。茲昔人所以推本於陰功者乎！

府/君子男三：長纖若，萬曆甲辰進士，歷刑部廣東、江西二司員外郎中，浙江衢州府知府，升廣西按察司副使兼布政司右參議，丁憂/未任，娶從順里壽官林宏茂女；次彝若，娶林伯梧女，陳母出；次晃若，庠生，娶孝廉陳大庭叔經國女，洪母出。女一，適庠生葉元卿弟/明清，洪母出。孫男十有七：以藎，娶靖江縣主簿陳力女；以邁，娶庠生陳旻女；以華，娶余璞女；以藻，娶憲副鄭普侄欲敦女；以莊，娶許/大賓女；以滋，娶國子生李芳寅女；以蕃，娶大參林一材塚男、杭州府檢校林炳子泰基女，纖若出；以度，娶蘇宗偉女；以慶，娶林椿女；/以庇，娶陳應女；以序、以庠，俱未聘，彝若出；以祜，聘知府韋尚賢孫韋徇女；以祉，聘德陽縣主簿鄭果子節雅女；以禮、以祿、以福，俱未/聘，晃若出。孫女六：一適蘇君敬子宗載，纖若出；一適蘇良辰子點，一適沈□□子有拔，一適陳予學子士瑚，一適陳綖子獻，彝若出；一許庠生黃和恂子敬星，晃若出。曾孫男四：宗濤，聘孝廉劉顯閣女；宗淑，未聘，以華出。宗穎，未聘，以藻出。宗浩，未聘，以度出。曾孫女/三：二以度出，一以慶出，俱未許。謹扙淚備次如左。

萬曆歲戊午春正月，不孝男纖若泣血志，彝若、晃若泣血仝勒石。

該壙誌出土於集美區後溪鎮洪嶺山（又名鳳嶺山）。黑色頁岩質，弧首，高120厘米，寬60厘米，厚4厘米。楷書陰刻。基本完好。現藏於翔安區窗東社區洪氏後裔家中。

明·陳古峰夫妻合葬墓誌銘

皇明（篆書碑額）
明古峰陳封君暨孺人陳氏合葬墓誌銘（楷書碑題）/
賜進士第、奉政大夫、雲南按察司僉事、前湖廣按察司副使、湖廣道監察御史，奉/敕督理長蘆、山東、河南等處鹽課，巡按蘆鳳淮揚，通家眷生龔雲致頓首拜撰。/

吾郡同邑嘉禾里古峰陳公者，鄉之古君子也。余諸生時，公遣其子啓心君稟學於余，而公之館舍密邇，時時督誨之，朝夕告從，相得歡甚。以是知公最稔。歲之壬子,公捐賓客,啓心君方補楚應城令,聞訃馳歸,守喪三載,謀所以葬公者,持公之行狀,跪而丐銘於余。今卜地未決,遲之就草。是歲,啓心君自揭陽復造余而請焉。余明通家之誼,不忍辭。

按狀:公諱世準,字良文,古峰其別號。先世從宋高宗南渡有功,封進義副尉,生子用,官廣東南海,令嗣後科貢蟬聯□□。/九傳而於禮公,僑居於今之官兜。復四傳而生果齋公,公之父也。果齋有子四人,公居仲。果齋督教諸子,獨屬意公,謂其能亢宗,而公亦勵志勤學,為同儕所/推遜。每試輒高等,以數奇不及補弟子員,顧其淬勵之志未嘗一息少弛。迨啓心君髫年俊穎,公遂一意督責。啓心之十二歲遊庠,為大司寇趙心堂先生督/學首拔,皆公義方所就也。少宗伯習公豫南司理吾泉,聞公善教子,延啓心與郡之髦而諸生者學於公署,召公見,與語而賞識之,其見重於巨公如此。公嘗/與余言:"大丈夫屈首一經,即未能自致青雲,奈何局蹐轅下?"辛卯,啓心領鄉書,諸親用謂公可藉此開顏,優遊以待息命矣。公終不忘故業,下幃如初歲。庚子,/公年且六十,猶應府縣試。啓心近以公名上之郡伯寶淮南公,適余在座,笑語寶公謂:"此孝廉中無兩者。"寶公甚壯之,而上之督學使者。蓋公之銳於進取,老/而不衰如此。公貌若不勝衣,處鄉黨恂恂而至。大義所在,則毅然以身肩之。先是,其功兄有住宅一區,族之富而黠者慫其子蕩而謀奪之。公奮然會諸兄弟/曰:"此吾祖舊物,奈何為強食所吞?必□之。"竟訟之官,而捐己資以復之,族人以此多公。公故食貧,而節操甚堅,方啓心君令新昌歸,以俸資十□為公壽,公不/喜也。俄而見新昌士民有去思之刻,則怡然曰:"兒居官當如是。"蓋公之生平持身與其所以督課諸子者,皆篤於大義而不為世俗媕阿之態,謂之曰"古君子"/豈虛哉?

室陳孺人為店前陳翠峰女,性勤儉,睦娣姒,孝舅姑。方古峰公之貧而舌耕,孺人脫簪珥,市地數畝,課童僕自耕以佐之。機杼之聲晝夜不輟,攻苦茹/淡者數十年。迨君筮仕為令,而衣服飲食猶然儒素,蓋其天性然也。古峰公晚年娶妾,生三子,別為居食,孺人恬不為意,撫妾之子無異己子,此尤人所/難哉。

公生嘉靖己亥年七月初六日,卒萬曆壬子年三月十八日,享壽七十有四;孺人生庚子年八月廿三日,卒萬曆戊申年四月廿五日,享壽六十有九。丈/夫子五:長,則采,即啓心君,歷任浙新昌、楚應城、粵揭陽三縣令,娶吳倉吳文石女;次則廣,即命□府庠生,娶□沙林雙峰女,俱母出。三則都,聘塔頭林習潛女;/四則俞,聘仙岳葉肇南女;五則繹,未聘,俱妾出。女子一,適邑庠生李肇元,母出。孫男五:長於殿;次於□;三於階;四於宰;五於□。於殿即夢龍,府庠生,娶提學僉/事劉汝楠次子孫太學生光國女;於階聘參憲林一材子春元炘長女,俱則采出。於□娶邑庠生楊萼標女;於宰、於□尚幼,俱則賡出。孫女五:一適知府張錫/長男邑庠生紀,一適山邊王輔吾長男邑庠生恩重,一許邑庠生鄭復雅次男公弼,俱則采出;一適中左所千戶趙嘉璧親弟男十老,一尚幼,俱則賡出。餘繩繩未艾云。蓋余志公之墓而有感於今之世也勢利熏人,子弟稍□堅其父兄,即飾車騎為富貴容,武斷鄉曲,欺凌族黨,靡所不至。公性寡交,閭里中有/相爭者欲直於公,公但搖手謝之。布衣徒步,不異寒儒,即與之蒼頭亦輒靡去,里中人不識為陳封君也。嗚呼!若公者信足以風世而不愧於古人,是可以銘矣。

銘曰:"陳公厚積,隱而名尊。雲山棲魄,蟄而身存。有子彬彬,玄黃待焚。偕藏德耦,鄉之清芬。億萬斯年,其尚知聞,此陳氏封君。"公以戊午年十一月念/玖日偕孺人合葬於雲頂插香案山之陽,坐乙向辛兼卯酉。/

萬曆戊午年十一月吉日,孝男則采、則賡、則都、則俞、則繹仝勒石。/

該墓誌銘出土地點、時間不詳。黑色頁岩質,弧首,高 70 厘米,寬 34 厘米,厚 1.5 厘米。楷書陰刻。現狀完好。現為民間收藏。

明·洪見泉夫妻合葬墓誌銘

皇明洪見泉公鄭太孺人氏合葬墓誌銘(篆書銘額)

明贈文林郎浙江金華府推官見泉洪公暨配贈孺人鄭氏合葬墓誌銘(楷書銘題)/

賜進士出身、中奉大夫、湖廣布政使司右布政使、奉敕撫苗督餉、分守湖北道,通家眷晚生蔡復一頓首拜撰文;/

賜進士出身、中憲大夫、廣東按察司副使、奉敕整飭山防、分守嶺東道,會家眷晚生陳基虞頓首拜篆額;/

賜進士第、中奉大夫、汝寧廣州二郡知府、前南京戶部廣西清吏司郎中、湖廣同考試官,通家晚眷生林應翔頓首拜書丹。/

仁可委命，義可委財，夫人而能為是言與立乎利害之交，而其必復者，抑何寡也。金鑰色，疑也，而信在火，取仁義之端於無欲害人、無穿窬之心，鄉人必不自疑。至利害火之，而色動於欲，炙指染於嘗羹者有矣；大獄大兵，博功名而輕用人，死斂哭為笑者有矣。是其與胠篋推刃有以辯乎？是學問君子之為仁義，而乃有不如鄉之人也。

故將信仁義之君子，必觀以鄉人之節。則吾今之為見泉洪公銘也，吾其有以信之矣。海寇之棘也，居民鳥獸竄，而公父友彭姓者篋金百二十兩來寄，以亂辭。彭曰："得失有命，子不吾負也，吾未嘗告吾子。"公懷篋俱臥起。寇退，而返之曰："幸不辱命。"里中團結社兵，捍賊鷺門，攻石者八人從南安來。眾曰："諜也。"攫其囊金去，且沈之水。公挺身，持不可僃也，而賊之無鬼神乎？吾白諸官矣，卒還金。而以八人免當林回棄璧之時，孰能保人所托於羿之矢，而挈瓶自完者？八人非歸死於公，公無獄與兵之責也。人鬼交爭，而勇以身為之盾，何暇辯學問哉！直以達其所不為不忍者而已。使口舉二端而接於耳目，亦鄉人之節耳。精求之而充其類，則雖學問君子，或未必如公之自信然。後知公於仁義，蓋性根有之也。

公少讀書，晰大指而不喜帖括，棄去治耕。年二十四，鄭孺人始來歸。未幾，折箸自力，父母兄嫂相繼歿，季弟髦未立，伯氏遺藐孤在抱，公矢孺人曰："吾任父，若任母，卵翼之以克有家。捋塗拮据，事無可憾。"所居無大小左右，若同室，有無相通，雞犬桑麻相守望，歲時伏臘，酒食相勞，雖室罄必勉具。公好客，孺人謹宿觴豆待供。客至，醪蔌佐談，咄嗟必辦。晚益貧，耕□借人力。孺人忍飢讓口，餐以飫之。諸猶子幼稚，列前食啜哺，寢分襟，不知其誰伯叔也。舉華伯晚，又獨子，而課范之莊，晝夜以耕紡視讀，如□而鞭其後。多方舉貸，以□師友修脯之費必中禮。時與孺人更慰藉曰："有子在，何憂貧也？"故華伯學立有名，公坦衷無猜於物，記善忘過，恂恂如可狎。至義所必遂，千夫不撓，或談笑立辦，令人不睹疑端。族有惑形家言者，收父母骸襲祖塋穴而事甚陰不可禦。公盟香質山靈以計，秘護之，卒如遠公言，彼此俱安穩無恙。公非獨心地慈潔也，乃其局慮亦過人矣。及晚困，少年追其還金事，尤姍之，受癡不悔也。然公之避寇也，孺人渡海依外家，獨公守舍，晨登山伺賊，暮歸宿，以糠縕火，雞鳴炊而後出為常。忽夜半，賊將見掩，家人子元佑之婦呼於閭，起諸宿者，而公夢方甘，亟入撼之，公猶欲具炊，怪竈灰冷甚，從眾出門，賊火已尾公後。甲子正月，賊猝至，公挈妻子避入後山土堡。堡湫窄，失地形。賊平，陷沈井諸寨，且踵攻堡。堡中凡石皆震，而賊自相驚呼散去，知為感將軍兵至也，緩須臾碎矣。

每以二幸語華伯，自賀天全。公見華伯鄉舉十餘年而後卒，卒後，華伯滿金華理考。/天語揚公、孺人之德，嘉其善教，貴之如子官。嗚呼，孰謂仁義不可為哉！

蔡子復一曰："言仁義者之色於金而質於鍮也，君子恥之。"夫繩淄則人嚴而己寬，覺痛/則己楚而人緩。甚者，以詩書計，數益其巧，而擁利推患，恬謂當然。雖唾穿窬害人之名而不覺，實微就之，彼未有以火之也。如見泉公性根仁義，著於臨財/活命，而他行皆顯白相稱，此寧可聲貌襲也。孺人與公同德，有齊眉和澹之風，宜偕銘。銘曰："上善如水，濯之霜清，灑則雲委。故其潔可以嚴取予，而其慈/可以衛生死。偕修之陰而遺陽於子，化為玄玉，而不可朽者以此。"

公諱俊，字子才，見泉別號也。生嘉靖乙酉三月初伍日，卒萬曆丁未正月十一日，享年八/十有三。鄭孺人生嘉靖甲午三月二十日，卒萬曆丁亥十一月初二日，享年五十有四。子男日觀，志字之曰華伯，辛卯鄉進士，浙江金華府推官，升廣西思/恩府同知，娶陳中言女，封孺人。女一，適郭邦參。孫男三：長貽度，聘廣東副使劉存德子、己未進士夢湖女；次貽庇，聘光祿寺監事張可傳子、太學生世耀女；/三貽麻，聘庠生蘇君智子、庠生國琨女。孫女三：長適劉存佑子夢鯉；次適庠生周家棟子、庠生士耀；三許己未進士葉成章子喬慶。卜以萬曆己未四月初/八日午時合葬公孺人於八都蘇坑鼇角崙之陽，坐乾向巽。殤長孫希億祔於隧左。/

萬曆己未年孟夏吉日，不孝男日觀泣血勒石。

該墓誌銘出土於翔安區，具體出土時間、地點不詳。現據民間收藏家提供的拓片照片過錄。

明·許孺人暨男吳澤泉墓誌銘

明祖妣勤慈許孺人暨男澤泉吳公合葬墓誌銘（篆書銘額）
明祖妣勤慈許孺人暨男澤泉吳公合葬墓誌銘（楷書銘題）/
賜進士第、翰林院庶吉士，眷生鄭之玄頓首拜撰文；/
賜進士第、吏部稽勳司主事、前承德郎、戶部山東清吏司主事、奉/敕督運薊餉，眷生馮時來頓首拜篆額；/
賜同進士出身、文林郎、南直隸揚州府泰興縣知縣，眷生陳烜奎書丹。/

予之玄諸生時，今漢中司理孫台湖君曾以立雪生吳榮思君者，亟為予羨。已而，補弟子員，果有聲諸生間。不期玉樓召急，陡棄人間竹帛事以去也。時郎君未及髫，諸昆季為之營兆，乃其尊澤泉君所未即厝者，乙太孺人鄭無恙也。茲長君奉鄭命，持澤泉君與許母合葬狀，請予志。予念榮思君也，弗得辭。

按狀：澤泉君諱應，字源濟，澤泉其別號也。先世自光州固始，擇勝於清溪之常樂里，家焉。傳至宋，為真人公，從倉公啖上池，佐上帝，渡活群生，□□慈航下土，子孫應有食其報者。後受黃石公書，餌母飛升，此又斂福遺後之意也。宣和間封慈濟真人，迄今香餌普庇，俎豆比屋。傳至靜樓君，為澤泉君尊人，善讀《貨殖傳》，許孺人時語靜樓君曰："真人公香火億世，子若孫何堪持棐孔簿書以隕厥德？"以是靜樓君食廉賈五之報，許孺人力半焉。既而，舉澤泉君。幼孝儉，時兵燹之餘，有藩司賦役，里中兒縮首避。靜樓君毅然欲出，澤泉君纔總角，奮臂曰："有我在，令吾父勞頓道途，何以子？"乃許孺人慈心動矣，密紉資斧金衣中。澤泉君顧傭作自給，竣事歸里，衣中金針縫如故。至今郡士大夫哆譚其事不衰。夫母紉金慈濟，首列事也；奮臂代父，端又移慈作孝矣。人有衣中金而能約食不問，又不乃飛升斂福遺意耶？許孺人與澤泉君苦行，大都類此，則榮思君應食報矣。甫諸生而言歸，何豈尚持報遲，福大之理與斂福飛升之意，亦有合焉者耶？且因果之理，寧必盡人？三九大老，紫綬貂冠，而後歸德祖宗，人子孫但得多富、多男。門以內，子孝孫慈，繩繩膝下，福更遠耳。母如許，子如澤泉君，真人食報之語，固彰彰也。況榮思君有昆季暨諸孫曾如世驊等者，穴雛階英，蒸蒸勃勃，又安知不有紅寬兒鵠起飛雲，載光吳門者哉！

許孺人生於嘉靖丙戌年四月初一日卯時，卒於嘉靖辛酉年十月二十日寅時，享年三十有六。男一，即合葬澤泉君，生於嘉靖丙午年十月十九日卯時，卒於萬曆癸卯年七月初十日未時，享年五十有八。孫男四：長學益，即庠生榮思君，娶黃陽春女；次宗周，娶柯作新女；次宗泮，娶永春謝鼎任女；次宗宸，娶林宗遺女。孫女二：長適汪萬摳，次適許鼎祚。曾孫男九：世驊，娶柯照女；世驕，娶鄭□女，學益出。世駸，娶鄭聚獻女；世驂、世騮，未聘，宗周出。世駿，娶許廷任女；世駉，聘庠生謝元標女；世驃，未聘，宗泮出。世駚，未聘，宗宸出。曾孫女十：一適永春林家瑞，一適永春蕭斯華，學益出。一許庠生陳□□男象晉，一許鄭復徽，宗周出。一適柯君燁，一許雲南道陳公詔曾孫洛書，一許陳學泮，一未許，宗泮出。一未許，一未許，宗宸出。玄孫男一：承韓，世驊出。玄孫女四：二世驊出，一世駿出，一世駚出。餘未艾。茲以是月初十日寅時，於清溪石門之深坑後，負乙向辛之原，奉澤泉君與許母合葬焉。是為銘。

銘曰："祖慈而神，母慈而人。神也渡世，人也兒孫。紉金懷子，與道合真。人奉膝下，南北唯命。云胡稚子，遄□/遠征。慈孝貽穀，百代是馨。"/

天啓二年壬戌十一月穀旦，承重曾孫世驊，宗周、宗泮、宗宸等泣血勒石。

此墓誌銘出土於福建省安溪縣，因內容涉及海峽兩岸共同供奉的保生大帝吳本的生平籍貫，荷蒙廈門周學輝先生、黎明先生特商借至廈門青礁慈濟宮，供編纂者抄錄。該墓誌銘具體出土時間、地點未詳。黑色頁岩質，高45厘米，寬38厘米，厚2厘米。楷書陰刻。現狀完好。

明·葉星洲墓誌銘

皇明/中大/夫、廣/西布/政使/司右/參政，/星洲/葉公/誌銘/（篆書銘額）
明中大夫、廣西布政使司右參政，星洲葉公墓誌銘（楷書銘題）/
賜進士出身、特進光祿大夫、左柱國加少師兼太子太師、吏部尚書、翰林院太學生知制服誥、經筵日講中極殿大學士，侄向高頓首撰文；/
賜進士出身、光祿寺少卿、前浙江按察司副使、奉敕提督學政、禮部儀制司、南京吏部文選司郎中，年侄蔡獻臣頓首拜篆額；/
賜同進士出身、文林郎、直隸蘇州府長洲縣知縣，弟成章頓首拜書丹。/

閩中葉姓無多，計其先，皆同源而以散居，故遂不通譜。其族最巨者，則同安之嶺下，顯者為大參星洲公。當即南刑曹時，先少傅公以江州別駕督運至閩都，相與論家世、譜昆弟，□□/歡，公因以猶子視余。余通籍後，猶嘗一再奉公顏色，而未幾，公坳，去今二十年餘矣。每念先德，輒為泫然。公家無長物，未獲舉襄，而公三男子及其承重孫皆後先朝露。是歲壬戌，公□/孫喬等乃始卜葬公於南山之麓，其地負丙揖壬，而屬余為誌銘。余謹撮公生平大略而誌之。

公以丁卯舉於鄉，明年成進士，於格得京朝官，偶失當事意，竟以公知石埭。石埭民貧□/重，往往以爭尺寸地興訟破家。公為蠲浮稅、核侵冒、禁追呼、省徭役、革供應，百□俱□，而時進父老子弟，訓以禮義。不期年，獄訟大衰。富民孫華與其鄰爭田界，久不決。公庭諭之，□相/讓而去。兵使者與郡守嗛公無饋遺，欲以微文中之。公投牒乞歸，士民扶攜守使者門，乞留公，使者訖不能奪。久之，遷公南刑部陝西司主事，再晉其司郎中。公居曹六年，理曹事斤□/執法，不以滯濡為念。有百戶殺人於道，獄且具。主者謂江陵相國鄉人也，欲曲庇之，公執不可，乃抵法。江陵太夫人過白門，傾都出謁，公獨不往。已，出守南安，郡□而疲，又孔道二□□/束帶迎送，與郵吏錯趾。往為守者多悒怏不自得，公處之恬如，常歎曰："民未知，禮未生，其共一意整齊，要束示以軌度。"如溺女、厚嫁諸弊俗，皆為頓革。郡故有張曲江祠，治所有□□，□/溪二程授業處，皆穨圮，公為葺之，日與諸生講業其中。一日，方視事，偵者報有粵寇闖郡倉皇。公笑曰："守在，爾民何恐？"從容指揮，比寇至，則已授甲登陴矣。寇知公有備，遂遁。大□□/州按察司副使。副使當治兵，諸苗意公文吏，不習兵，怙亂為梗。公潛授方略，逆酋吳允熙、允登相次受縛。因為改衛、建邑、浚河、徙民，諸綢繆防禦甚具，苗禍以寧，/璽書褒齎者再。遷廣西右參政，移治蒼梧。時公已得末疾，猶單車勉巡下邑，延見士庶，示以/朝廷撫綏遐裔至意，聞者人人感悅。亡何，以體瘁加餒，卒不起。公勤勞中外二十許年，未嘗營身自便，一日敢怠其事？而志業未竟，奄忽封□，士論悼焉。其所嘗涖石□、南安、貴竹、□方□/後皆有祠，其民聞公訃，皆相告奔走祠下，聚而哭公像，經時不絕。學使者採諸生議，復祀公學宮。始，公為兒時，即穎悟能屬文。母夫人常以手中縷為課，無不立就。弱冠，失父母，家貧，又/值倭亂，幾不能成喪，公拮据營辦，事皆如禮。有一弟一妹，友愛甚篤，每宦遊念及，輒欲解組去。聞有疾，則終夕彷徨不能寐。官至三品，而蓬戶蕭然，薄田數畝，不能充饘粥。可謂□□□/修，不愧屋漏之君子矣。

　　先少傅公在日，常欲與公合譜，而中間世系稍有未詳，遂中輟。公譜稱嶺下之葉，始自學士熹，傳至益，尚宋魏王郡主。入明，為天臺令雄，雄四傳為宗興，宗興/生圓峰公，宗興則公祖父也。員峰公為諸生，甚有名，而竟不遇。以公貴，贈奉政大夫、南京刑部陝西司郎中，娶宜人汪氏，生公。

　　公諱明元，字可鳴，別號星洲。其生嘉靖庚子三月十日戌/時，卒於萬曆甲午正月八日子時，年僅五十五。配蔡氏，繼林氏，贈封皆宜人。三男子：啟登，娶張楷女；昺奎，庠生，娶左史郭喬登女；啟冀，娶諸生陳榮輔女，維節烈陳氏，刎頸殉夫，奉/旨旌表。三女子：長適洪侍郎侄、國子生洪忱男、生員洪邦泰；次適郎中李文簡孫、生員李□芳；次適通判許成材孫、生員許宗□。孫男二：纘，娶呂君輔女，啟登出；喬，庠生，娶生員黃而琨女，/昺奎出。曾孫二：永光，纘出；象蒙，喬出，俱未聘。曾孫女三：纘出一，許郭允元男；喬出二，長許壬戌進士黃仲曄弟、生員黃叔男；次未許。餘未艾云。

銘曰:/"吾閩之葉,來自南陽。共源異派,其流則長。爰在嶺下,至公而昌。於令於守,於彼藩方。居而歌頌,去則蒸嘗。□惟自粵,巷哭相望。我父我母,曷云其忘。南山之麓,衣冠而藏。清風如在,□□未央。凡我族黨,毋替景行。"/

天啟貳年壬戌拾貳月貳拾肆日乙酉,期孫喬、承重曾孫永光仝泣血勒石。

此墓誌銘出土於翔安區蓮花鎮佛嶺。黑色頁岩質,弧首。現據收藏家提供的拓片照片過錄,個別字跡模糊不清。

明·王實軒墓誌

明（篆書銘額）
明處士王實軒王公誌（楷書銘題）/

高祖賣白公生曾祖拙吾公,曾祖生三子,長曾;次女,廩生;三即祖也,諱耿,字天奇,號實軒,生於嘉靖辛丑年二月廿日戌時,卒於萬曆戊寅年八月廿四日巳時。祖母鄭氏,生於嘉靖辛亥年十一月初二日寅時,卒於萬曆乙酉年三月廿三日辰時。生男一,生女六。男恩中,娶冠帶黃鍾元女;長女嫁高貴之子可升;次女嫁黃大音之子幼端;三女嫁陳良準之子吾美;四女嫁舉人林大任子庠生雲斌之子□革生員;五女嫁柯甫備之子瀉泮;六女嫁候門教諭陳士欽之子陳涵。男恩中生男孫二:長孫同寶;次孫同寀。長孫同寶娶庠生史柱峩女,繼娶龔龍榜女;次孫同寀娶增廣生吳如綸女。長孫同寶生曾女孫一,未許;次孫同寀生男曾孫一,名士珪,未聘;女曾孫許陳廷梧之子啟暹,次曾女孫未許。今擇天啟貳年十一月初十日寅時葬於同安縣小營後安大房內,坐乙向辛。

天啟貳年十一月初十日,承杖同寶、孝孫同寀立石。

該墓誌出土時間、地點和尺寸均不詳,現藏於同安博物館,今據抄本轉錄。

明·處士黃振山墓誌

明處士振山黃公墓誌（楷書銘題）/

　　宗人世居鼓浪，環海而戴石，□□□□洗□□之氣。/然而禀理而行者，為善比□□□□□，吾仲叔/振山公有焉。叔生未能自立而祖沒，溫□事賢/母而孝聲稱，乃其事兄猶父也，視兄弟之子猶/子也。人謂其矯情而勉然若是，實其由性而守/之若是。是常課吾曹曰："人之生也直，不直不可/以言。生，任有翻雲覆雨之人情，自有日霽月明/之我心在。令我生同太丘時，連袂比肩可矣。人/所謂衣食充，視孫子以無虞可耳。而苟乖廉，百/年亦偷生，而苟負慚，即蟬蛻亦貽疚。吾自顧吾/修於生，數又何畸，而今已矣。"叔乎！萬事顧所自/足，夕死之體，認過半矣。俾吾曹不得多數年□/教，可奈何？令宗之詰曲者，求曲直而願得一叔，/鄉之明剖者，遇強悍而思得一叔。噫，嗟！知人之/所以感慨懷慕者，可以知公矣。

　　公諱一鵠，字石/佐，振山其別號也，乃祖諱道嗣之第二子。吾/邑□□里陳公□□女，生男多不育。生女四：長/女娘仔，適本邑□□里張公士惠子鴻清；次女/招弟，許澄邑庠生林□□公子□□；三女四官、/四女惟官，俱未許。吾父及季叔已矣，心為□/□絕之緒，議求至當而未得以慰□□□□□/□有養一男，來時已三歲矣。叔因晚子，故以□□□/弟，次名學顏。叔生嘉靖□年戊辰十月初六日□/時，卒天啟一年辛酉三月初五日未時。於天啟二/年十二月二十四日巳時，葬在本嶼種德宮□，/坐乙向辛。

　　是為之銘曰：/"倚石作宅，尋脈勘精。維宅比石，簫管/藏形。金貞玉潤，萬古之英。憑吊顧瞻，/是至大名。"

　　天啟二年十二月吉日，期服侄受采稽首志石。

　　1986年7月10日，該墓誌銘出土於鼓浪嶼內厝澳漁業公司宿舍的基建工地。同時出土棺木2具（其一墓主未腐爛），小銅鏡1面、鏽殘小鐵剪1把及"萬曆通寶"銅錢32枚。墓誌銘為白玉石質，高43厘米，寬50厘米，厚1厘米。楷體墨書。部分字跡漫漶。現藏於廈門市博物館。

明·康止軒夫妻合葬誌銘

明/贈奉直/大夫、戶/部員外/郎止軒/康先生/暨配封/太宜人/洪氏合/葬誌銘（篆書銘額）

明贈奉直大夫、戶部員外郎止軒康先生暨配封太宜人洪氏合葬誌銘（楷書碑題）/

賜進士及第、文林郎、翰林院編修、侍經筵、直起居注、奉纂實錄，通家子林釬頓首拜言；/

賜進士出身、兵科給事中、前戊午江西同考試官，年姻家眷晚生林宗載頓首拜篆額；/

賜進士出身、文林郎、廣東布政司參政、前湖廣道監察御史、巡按應安徽寧池太廣德一州、壬子應天同考試官，年姻家眷晚生林一柱頓首拜書丹。/

上御極之初元，余與同里康計部赴闕邸寓，晨昕相與言先人事，因得/贈公行誼足坊者甚悉。然計部上公車時，贈公已捐館舍，鼎養不逮。幸/太宜人強健，以燕途萬里，不獲迎侍為悵。比計部榷瀛河，遣蒼頭歸為壽，則余以通家子得與誦言，而康氏兩尊人徽懿，嘖嘖筆舌間，無忘也。無何，而太宜人以天年逝。余既將母/里居，念計部風木之感，有窆中石即不能□，何敢隱厥？嬿矧見屬，又烏可辭？

按狀：公諱若山，字艮甫，止軒別號也。其先自安溪移同之豪嶺，至雲岩公始著姓入明。五世祖惟永公/生肅，肅生益，益生璧，璧生顗，配林，生五子：長是為贈公，娶洪宜人。值倭燹，艱難移徙，昆季業拆箸，公以家督代父操柄。當兵燹之餘，築堡建祠，不辭勞憊，即輪徭大作，躬極窘辱，尊/人不及知，公實不敢使聞，恐見憐傷父意也。兢兢負荷，終其身未嘗棄父一土一木。居喪，毀瘠備禮，率仲季襄事，事咸受成。與昆弟德義相勵，季屢躓棘試，更為慰勞，俾毋餒。計部/在諸生，以翹楚食餼，三舉不售，公色無喜慍。己酉之捷，先有神告，稍稍喜。然猶躬儉約，與田畯修耆社禮，人不知為孝廉父。年七十五，有司賓不就，授冠服弗為榮，曰："此豈稽古力/耶？"至於犯而不較，如侵祀產，竟以靜鎮，復故業，好如初。荔上君子橫加不為怪，其寬恕有過人者。蓋公生平邃學，自標琦語云:"誦一艮繇勝一部《華嚴經》。"故每安閒而事集,不復見/身世之有紛□蠻觸也。以是積餘慶於計部,惜歿之三年而計部始成進士,又二年以覃恩再拜綸章,不及享榮臕於崦嵫也,痛哉!

太宜人,故孝廉洪桐女弟,媲德贈公,以機/杼副力作,饔餐副甘膬。事姑睦姒,以及馭下,動依内則。訓膝下以嚴,濟贈君寬。每於忠孝往事,縷縷勗勉。承褒錫,翟茀焚香拜君親,然後受賀。瀛河之僕至,舉金上壽。宜人謂/婦曰:"此兒所分月俸,今還若。寄語吾兒,勿以母故廢廉。"未幾而瞑,計部君所以萬里捫膺,泣永訣之無從也。然而綫縷堪思,遺言在耳,固不令千古特賢陶母矣。

贈公生嘉靖癸巳/二月十八日卯時,卒萬曆甲寅七月十五日丑時,享年八十有二。太宜人生嘉靖丙申三月十一日酉時,卒天啓壬戌五月初四日辰時,享年八十有七。男三:長彥璋,娶陳中執女;/次彥瓚,娶邑庠士孫有禎女弟;三彥瑛,以字行爾韞,己未進士,任戶部雲南清吏司郎中,娶呂邦綽女,封宜人。孫男六:洽,娶葉以璣女,繼娶林;涵,娶林繼登女,俱璋出。淳,娶運使柯/鳳翔弟志勉女,瓚出。湯,邑庠生,聘丙戌進士、都察院經歷李璣男太學生際榮長女;源,聘丙戌進士、兵科給事中林宗載次女;潢,聘庚戌進士、巡按南直隸、監察御史林一柱男庠/士謙涉長女,爾韞出。女二:長適王祚光有子圖鞏,邑庠生;次適胡陽亨有子彌朱,漳龍邑庠生。璋孫女三:長適黃桂,次適葉大軸,三適李日楚。韞孫女四:長適王朝鎬;次適陳晟輝;/三適林益基;四適壬辰進士、山東轉運使胡明佐男庠生肇誂塚子本岳,邑庠生。曾孫九:麟,聘邑庠士葉登枝女;熊,聘葉思寬孫女;龍,未聘,洽出。庚,未聘,涵出。角,聘漳郡林參政魁/曾孫女;斗,聘陳爌女;奎、並、烝,俱未聘,淳出。茲卜天啓四年歲在甲子三月乙卯朔,越十有六日庚午丑時,合葬於豪山之原,負辛拱乙兼酉卯,右鄰祠宇,左毗吾宅,公所神遊處也,/是宜銘。

銘曰:"有隱農圃,展也邃儒。太丘之德,艮正止之符。厥相賢媛,同媲鹿車。珠胎既耀,熊膽亦酥。煌煌章服,存圽均娛。鬱葱豪嶺,佳氣貞珉,迓天寵其來紆。"/

不孝男彥璋、彥瓚、爾韞仝泣血勒石。

該墓誌銘出土於同安區新民街道禾山社區。輝綠岩質,高128厘米,寬48厘米,厚約2.5厘米。楷書。基本完好。

明·林隱君原配謝孺人墓誌銘

明林隱君元配順淑孺人謝氏墓誌銘（篆書銘額）
明林隱君元配順淑孺人謝氏墓誌銘（楷書銘題）/
　賜進士及第、資善大夫、禮部尚書兼東閣大學士、前禮部右侍郎、纂修/實錄副總裁、/經筵講官兼翰林院侍讀學士，眷生張瑞圖撰文；/
　賜同進士出身、通議大夫、戶部右侍郎/予告、前通政使司通政使、光祿寺卿、左通政、太僕光祿二寺少卿、禮刑二部郎，夫表叔何喬遠書丹；/
　賜進士出身、資善大夫、總督倉場戶部尚書、前奉/敕總督漕運、巡撫鳳陽等處地方兼理海防、戶部左侍郎兼都察院右僉都御史、前奉/敕提督軍務、巡撫浙江等處都察院右僉都御史、前奉/敕提督江西學政、按察司副使，通家眷生蘇茂相篆額。/

　隱君林維清先生將以是冬襄其先配順淑謝孺人也，其仲子夢甲萬里介書請銘，余時承君未遑。茲日月有期，矧夙聞孺/人賢，銘其敢負？蓋孺人之歸隱君，兩家皆素封也，而入門即斥奩妝、鐲綺縞，雞鳴而起，夜分而寐，絣紡或通宵，澣染至龜手，而/一一皆瘠土之意。且維時年纔十八少婦也，而隱君孤零，外侮洊至。孺人彌縫，寬譬百方，內澆隱君之壘塊，外懷鴟鴞以好音，/而一一皆老成之慮。錢穀出納，經理有條。凡隱君所欲為，務先意求得當，至詳練也。然巾箕案餾，將奉如賓，候色伺聲，無敢自/先一言一事，而一一皆順承之。度食惟蔬粥，服惟浣濯，撫臧獲惟恐傷陰性也，而潔蘋藻，庀干餱、丸熊以督諸郎，解衣以殢里/婦，而一一皆偉丈夫之事。自昔所稱淑媛賢母，孺人無不齊徽，而坤之地道、妻道，無成代終，孺人尤純備矣乎。豐於德而嗇於/年，命也。令諸郎彬彬以文學著聲，將慰孺人幽宅者，曷既焉。

　隱君諱如源，維清其字，博學篤行，閉戶著書，何司徒所歌"五因先/生"，余所敘《五因閑鈔》者也。孺人父諱有文，母杜氏。生萬曆乙亥十月廿八日，卒萬曆壬子十一月初八日，年僅三十八。子男：長/夢葉，庠生，娶庠生賴森女；次夢甲，廩生，娶余季父女，季父諱紀，庠生，先贈公胞弟也；次夢斗，娶庠生黃廷柱女，俱孺人出；次/夢軍，繼賴出。女四：一適黃位中，一適賴騰龍，一適庠生郭必皙,一許賴光基,俱孺人出。孫男啓實,夢葉出。孫女二,俱夢甲出。墓/在本鄉龍化山之麓,負未揖丑。壙凡三,右為孺人,虛中左為隱君洎賴壽域云。

銘曰:"提少君甕,斷孟母機。舉德曜案,維伯鸞/儀。百歲同穴,待齊舊眉。計日層封,永賁新碑。"/

天啓六年丙寅十一月望日,杖期夫林如源、男夢葉等立石。/

2007年1月22日據何振華宗賢出示拓片照片抄錄。該墓誌銘出土於廈門市與南安市交界之某山,出土時間未詳。黑色頁岩質,弧首,尺寸未詳。楷書陰刻。現狀完好。

明‧郭謙齋夫妻墓誌銘

明文林郎、北京中城兵馬司副指揮謙齋府君郭公暨妣孺人鄭氏墓誌銘(楷書銘題)/

吾宗郭之先,係莆吉寥人,入同三傳至省庵公,生留守斷事石峰公,家聲稍振。/生子四,府君其次子也,諱復光,字廷寵,別號益齋,後易益為謙,號謙齋。府君賦/性豪爽而根於孝。□倭亂時,有親避寇入同,豪誣以奸細,刑濱死。府君以布衣/力控,□令脫之。外黨之從兄弟有甲構禍於乙者,眈其所封而計坑其身。府君/以身翼之,匡以大義,而卒解其難。迄今母家人高府君誼,而頌德焉。弱冠補邑/弟子員,居黌序十二年,援例入南雍。萬曆甲申授兵馬指揮,歸侍大父母,娛菽/水,忘仕焉。趣大父命,庚寅謁選,至癸巳春選南京中城兵馬之官。未匝月,聞大/父訃。有言例宜未發且訃文未至,可得例金百餘。府君呵斥之:"金與父孰重耶?"/遂發喪奔歸。尚書以下及御史台咸有賻贈,嘉府君孝廉也。服除,丙申補北京/中城。戊戌春,以病辭官歸。歸侍大母周居,定省問安否,順承惟謹。顧拓落之後,/病耗逾甚。鼠雀鴟鴞之變,幾成風雨。人有言曰:"非意之加,猝然之遇,即虎豹當/前,奮身格之,蚊蠆之朝夕,壯夫忍乎?"府君曰:"嘻!吾嘗脫人之難,以全其倫,豈以/今固廢倫而構難哉?覆轍可鑒也,吾寧磨虎牙而甘蚊蠆之恣。"前瞻兄弟曰:"傳/家之物莫孝弟,長忍割之,毋驚動老大,吾得嬰兒戲膝下,吾願足矣。"閱七載而/卒,乙巳正月元日也,距生

嘉靖戊戌七月初八日，享年六十有八。士瞻卜葬地/於感化里五峰隴頭山，庚戌冬十二月十九日奉府君柩安厝之。穴負乙抱辛。/

母鄭孺人，南安縣郭前人，嘉靖壬寅進士、雲南府知府海亭鄭公普之女，年十/六歸府君。端謹醇樸，孝敬和平，最得大父母心。幼讀書，知大義，相府君勤不渝（按："渝"應為"逾"）/禮。媵妾魚貫，不愧樛木之風。睦姒娌、恭賓客、課撫臧獲、惠施親黨，尤在口碑不/忘。倍（按："倍"應為"陪"）府君二十一年，於天啓五年九月初七日卒，距生嘉靖癸卯三月十四日，/享年八十有三。生男女各三人，得侍殮含惟不孝瞻及季女耳。噫！跡其所遭，母/之劬勞茹苦，難言矣，丙寅冬十月初四日癸卯，士瞻奉孺人柩葬於隴頭山上，/府君壙右數十武。穴背面如乙辛。先是形家不叶府君穴，瞻營度十數載，得地/於前湖桃畬山頂，以穴陡，先厭以幼殤戊兒骸。最後得今穴，以近父壠，遂決意/宅焉。

長男應鍾，娶知縣柯公日森女，又娶晉江丁公琚女。次士瞻，邑庠生，娶晉/江蔡知府子經歷公仲潤女。三應鈺，丁酉年二月二十七日卒，未娶，年十九耳，/葬附府君壙右。長女嫁許通判子、國子生國炳。次嫁陳廣文子、庠生士憲。三嫁/庠生葉重胤。孫男四人，女孫六人，曾孫四人，曾孫女二人。應鍾出者，柯氏生兆/琳，娶呂，女嫁晉江林某。兆琳生子：寧一、宗一、完一，女二；丁氏生朱藩，娶張，女嫁/李都諫子秉正。朱藩生女一。士瞻出者毓禎，娶王知府之曾孫女，生子龍甲；毓/祖，聘陳參將之孫女。

凡今之人，豪爭氣、貪爭財，傾軋汩沒盡一世，孰有若豪而/能忍、貪而能割者哉！當府君官時，人咸謂是以貲官。以官，貲也，則亦以貲以官/以父。府君兩之官，不手官中一錢。以病忘官，以官忘貲，由是人亦以忘府君/也。夫豈知府君不在官在貲，而有在者乎？內外之侮，繁興安之，若夏扇、若冬纊，/金剛化為繞指。/府君之心固有在也，亦繇母孺人孝友天至，讀書知大義，而不/孝瞻勉承先志，以卒就府君之志耳。《易》稱積善、餘慶，徒欺人耶？葬府君時，志固/□待。今不孝老而不肖，不敢藉大方揄揚先德，聊序次一二志於壙，以垂賢子/孫，得以鏡焉。

泣而銘曰："隴頭之陽，芹山之鍾。父兮母兮，室於玄宮。身則離而神則親，而德無瑕，而子孫/繩，而山高水長。景命有僕，而/□□□。"

該墓誌銘由廈門市文物遺產保護中心提供。因屬於搶救性發掘，為時久遠，出土地點等情況已不明。現自墓誌銘原件抄錄。從墓誌銘內容看，它當撰寫於鄭孺人下葬的天啓六年丙寅（1626年）冬十月。

明·陳禾崗夫妻合葬墓誌銘

誥贈/文林/郎禾/崗陳/君曁/孺人/歐氏/志銘（篆書銘額）
明誥贈文林郎禾崗陳府君曁孺人歐氏墓誌銘（楷書銘題）/

歲庚申，經承父志，具先大父行狀以乞銘於有道君子。元履蔡先生慨然銘之，而云：經狀中傷大父失怙，不為士。經與/諸父叔未稱士名，有微不自得處。直推大父行誼附於士，以解經意。□嗟乎，經今日之不稱士名，猶昨也。吾父生前之不得列/於士，猶大父也。蔡先生以忠義殉/國，志決身殲，銘不可再乞矣。語云："知子莫若父。"以此類推之，則知吾父悉者莫若經，經既叨/國厚恩，得以秩滿無害，贈父舜績為文林郎，母歐氏孺人，凡贈典中語，皆經摭行實以請者也，既可以請於/朝，敬學柳下氏之室以知誄夫，而自銘所知，且示考亭夫子之遺意也，遂揮涕而銘焉。/

銘曰："父生之前，有才未試，不如錐兮。父歿之後，有子不肖，胡如券兮。錐，人知其不留行也，錐不處囊錐何尤？券，人知其所以為/酬也，券可問取券何憂？造物者為之一息兮千秋，達觀真人身與遊。獨有風木繫肝鬲，父書母器徒悠悠。贈典雖然榮/皇寵，祿不逮兮涕泗流。"

父生嘉靖辛丑年九月二十日午時，卒於萬曆丁巳年五月十八日酉時，享年七十有七。母生嘉靖辛丑年/七月初七日酉時，卒於萬曆甲寅年四月二十日申時，享年七十有四。生男一：男一經，壬午舉鄉進士，任廣東肇慶府恩平縣/知縣，升山東東昌府臨清州知州，娶林邦升女。女六：一適陰陽訓術張耀；一適張日宣；一適國子生郭復陽男庠生郭士標；一/未適，夭，命附葬，今依行，俱歐氏出。一適湖廣道蔣芳鏞侄田鴻；一適戶部主事王一范男國子生斐男台烜；一未適，俱通房出。/孫男四：長孫煮，邑庠生，授例入應天國子監，娶知府郭夢得男國子生元珪女；次孫熙，邑庠生，娶按察使洪邦光男庠生士愷/女；三孫塤，邑庠生，娶國子生周廷樞女；四孫槱，邑廩生，娶庠生蔡偕麟女。孫女二：一適庠生□日輝；一適副使林一材男照磨/炳男，武舉欽依守備之塡。曾孫男十：奕祁，娶知縣張日益男鳳章女；奕祐，未娶，夭，俱煮出。奕祉，聘國子生張鳳羽女；奕禎，未聘，/俱熙出。奕祀、奕祺、奕禔、奕佑，俱未聘，塤出。奕禕、奕祚，俱未聘,櫰出。曾孫女六:一許副使劉存德孫庠生仲縉男群,一許庠生郭/士標繼室葉氏男維翼,俱燾出。一許國子生郭應運男朝岳,熙出。餘孫女三,未許,俱櫰出。

墓在虎窟林之北,負癸拱丁。

天啓丁/卯年六月初八日卯時合葬。孝男一經泣血自銘謹勒石。

該墓誌銘為民間收藏。黑色頁岩質,高 72 厘米,寬 38 厘米,厚 2 厘米。楷書陰刻。現狀完好。今據拓片錄入。

明·周綿貞先生墓誌銘

中憲大夫、巡撫應天都察院右僉都御史、贈兵部右侍郎綿貞周先生墓誌銘/

蘭香自燒,膏明自焚,豈其然乎!自有三案以來,朝右諸賢唇焦舌敝。周綿貞先生適出都,揚歷外藩,未嘗執勻柄與哆侈角,而三案負紲者必欲殺之,以為是讞論之主。且當二魏時,公從通州入為太僕,未數月,仗鉞開府南中,嘗草疏有所發抒曰:"非吾職,亦焚去。"而附二魏者又必欲殺之,以為是必不與我者。嗚呼!使公行仁義而多冰稜,蹈忠信而有嶷角,危遜不擇,為玉碌碌,世或比之葰宏、陽處父,則亦已矣,而公固醇然大儒長者。嗚呼!公之行今已著於天下矣。聖天子之旌,別寵異亦行且備矣。而後之人恐猶未知公之所以死,與世之所以死公者。

公之初為御史也,東林議初起。公疏言:"東林之學起於楊時,今欲借道學以攻楊時,借楊時以攻顧憲成、羅汝芳,皆非是。"於是,詆道學者愈沸,公自是亦不復言東林也。既罷巡漕,出參粵西,以敦頤所治南安、九淵所治荊門者治粵西。了不知其為御史時,浮沉八九年,乃備兵通州。召入為太僕時,諸名賢皆在京師,各治職,不數往來。鄒總憲南皋創首善書院,每月一再會,以道佐官兵科,朱童蒙特疏糾之,於是攻道學者又起。明年,公為中丞,治蘇州,而童蒙先出為屬吏,疑公為己來也。又有所斃漕卒,公將劾之,遂潛入都,與諸失職者相要和,而黨禍乃發矣。嗚呼!戎馬鳥獸之將至也,必先有讒說殄行,與聖賢交捽於內，而後異類乘之，蓋自先世如此矣。徐兆魁、姚宗文、劉國縉之徒先詆東林，而後外醜至。外醜至而後徐、姚無所居其功。朱童蒙、李魯生、李蕃之徒先詆首善，而後魏、崔至，魏、崔至而後朱、李無所呈其能。士君子不幸生值其間，不能皏首與申屠同行，又不能掩口勒金人之銘，則其見及宜耳。公就逮，至涿州，家人歸，貽予書曰："人生如干將莫邪，必有一缺。僕於諸賢中最為駑鈍矣，而禍敗若此，公其慎之。"予念此，未嘗不揮涕也，然不敢以此輟學問之事。嗚呼！道之將行也，以長孺之戇、居易之率，不見誅於其主。道之將廢也，以蕭望之之信、王嘉之慎，不能保其身，而榮睫者以咫尺禍蹶，勳相哭也。

方公之入為太僕，予已為庶常，無儼租，借一榻從公廳旁臥。公數約予過首善，予數謝不敢也。及孫宗伯至，數談三案事，予亦微有異同，然公不以是，謂予不學。予見公之言動、居處、飲食、進退過於今之顯貴人，有道者多矣。而卒以讒死，死後乃白。夫所謂以身殉道，以道殉身者，非乎！

公諱起元，字仲先，三十領解，成進士。初為浮梁令，調南昌，考選為巡漕御史。時方德清以中旨起少宰，公特疏駁之。嗣後中旨，與三案共鬧，或謂公發蹤。及公在吳門繩顧昆山，昆山與李賀比而傾公，然皆不足以殺公，所殺公者道學耳。公為道學以君實、稚圭自任。所在處有實政，不為世之無非刺者，而又無餕餡、巾襏之習。今天子元年，與贈、蔭、祭、葬，特祠於鄉。櫬歸後數年，乃襄葬事。

為之銘曰："夫子之淳兮，不為茅以樽兮。夫子之莊兮，不艾人以自芳兮。夫子之虛兮，退與道居兮。夫子之寬兮，盤以桓兮。夫子之達兮，勤而不伐兮。夫子之善兮，莫勝說兮。莫之敢攖日食月兮，衮兮鉞兮。蘭春蕙秋，允不竭兮。"

閣部、郡人黃道周撰。

錄自乾隆《海澄縣誌》卷二十三"誌銘"

明後期著名東林黨人周起元乃海滄區海滄街道後井村衙里社人。今該地點尚有其家廟，內有《侍御綿貞周公功德碑記》一通，可惜已經嚴重漫漶，不能辨讀。

明·許石泉夫妻合葬壙誌

明許公張氏壙誌（楷書銘額）
明顯考許公暨妣張氏壙誌（楷書銘題）/

　　君字宗繼，別號石泉，生於成化四年戊子閏十月十九日丑時。正直忠厚，啓/佑無缺；妣張氏生於成化八年壬辰六月初一日戌時，理家有法，勤儉有聲。/相與拮据，置立感化、從順、長興、翔風等處物業。生三男一女。長惟進，改明廷，/以貢士仕延平府，授□黃氏；次惟貴，改衷純，邑庠生，娶汪氏、繼娶林氏；三惟/職，娶何氏。女大娘，配徐君鼎。各分與田宅，雖凶歲必無饑，力耕，□用亦足。自/老無□覆載，真天地之恩。及□陽九，考卒於萬曆壬子十月初二日巳時，行/年八十有五；妣卒於萬曆己未六月初五日申時，行年八十有八。長孫光泮，/娶鄭氏；次光安，娶洪氏，進出；次光遷，娶張氏；次光起，娶陳氏，職出。次光申，以/天啓丁卯年卒，從葬本墓下；次光呂，貴出。女孫大姐，配庠生藍人楚元子；次大娘，配安溪；次氣娘，配廖家，俱貴出。曾孫應享，娶洪氏，泮出；次應林，聘何氏，/安出；次應東、應贊、應孟，俱起出。曾孫□官，配郭家；次莫娘，配郭家，安出；/次愛官，遷出。玄孫女貴娘，享出。墓在翔風十四都張厝面前山之原，負庚向甲。/以崇禎三年歲在庚午十二月十六日丑時安葬。/
　　崇禎三年庚午十二月十六日，不孝男明廷、衷純，孫男光遷仝泣血志。/

　　該墓誌2006年出土於翔安區今馬巷街道溪尾村浦尾社西面山坡。磚質墨書，共兩方，每方高30厘米，寬30厘米，厚3厘米。現狀完好。現存於廈門市博物館。

明·黃湛軒夫婦壙銘

誌外父湛軒黃公暨外母陳氏壙並銘(楷書銘題)/

公諱熠,字元烈,湛軒其別號也。七歲喪父,賴母陳氏辛勤撫養,爰及胞弟玉田,以有/成立。雖蚤失嚴侍,然高明性成,事母孝,撫弟友,篤親厚,故有儒者風。臨事與人/信,自奉樸,拮据經營。治先人墳塚,不憚瘁勞,不計私費,有古君子風。閭里稱為孔/文先生,果不虛也。

吾岳母陳又善承夫志,遵姆訓,勤儉起家,至半千餘貲。生丈夫子二:/長養正,娶夔州府別駕、前國子監助教鳳明洪公受之女;次養大,娶龍溪縣學生/員李尚綱女。女子二:長適不肖大廷,以前任考最/恩,誥封安人;次女未笄而殤。孫男二:長毓和,養正出,幼殤;次廷珪,養大出,娶邑庠生陳於王/女,生今承重曾孫喜。孫女二:養正出,長適庚戌進士、歷任禮部主、改尚寶卿、升應天/府府丞長庵周公爾發恩贈;次適柯國望曾孫。喜娶翔風許汝信女,生玄孫己娘、未娘。

嗟夫!翁既幼孤,一再傳而孤兒寡婦,又煢煢相繼,以至於今。非吾翁孝友長/厚,積善纍行,何能延一脈於如綫如今日也!吉人禔繕,貽厥孫謀,豈其微哉。今茲宅/兆上接翁先人舊墳,右鄰翁弟新墳,依然膝下連枝也。翁如有知,諒亦冥愜。旁有/果木,皆翁壯年所種,樹山依也,墳蔭也,猶然屬翁之舊物也。九京之下,目可瞑矣。

余/以倦遊歸養謀,翁女內氏率翁曾孫,奉翁及母柩而塾焉。亦習知翁之志事,/而督翁之曾孫以成之也。

因為之銘曰:/"葛山之岡,湛翁所營。封植之勤,近卜佳城。豈山靈之有緣,抑翁志之竟成?哲人行善,積報冥冥。惟祈泉扃有責,自翁出者,賢孝嗣續而雲礽。"

時/龍飛崇禎辛未肆年拾貳月初捌日,廣東廉州府同知、愚婿陳大廷謹志並銘。

此壙銘 2019 年 4 月 29 日在集美區後溪鎮城內村出土。磚質墨書。基本完好。

明·黃俊仁夫妻墓誌

明俊仁黃公暨配王孺人墓誌(楷書誌題)/

公名榮,號毅軒,稱俊仁,字莊江。初祖/餘塘公仲子原達公,配許氏,生樊隱/公,配劉氏、次曾氏,以永樂甲午十月/十日生公,終成化庚子十二月十六/日。王孺人,馬鑾王大宮公女,生永樂/戊戌四月四日,卒正德己巳二月四/日,謚端婉。子七人:纘武、纘齡、纘通、纘/白、纘昌、纘和、纘德。五嫡白,和庶公/以德壽,恩授冠帶。而妣壽稱百歲,樛/木之風懋焉。並時孫曾五十餘人,黃/氏之大自公始。公葬成化丙午,越嘉/靖一女姑合於左穴,丁癸窆也。祖如/是虞法宜上。崇禎癸酉卜今宅,爰陟/數武,位坤賓艮,未丑三之。以四月乙/丑謀經始非常之原,眾或恫疑,已決/策于臘月庚午,景融氣和,濡懊頓異,/眾心咸忻,遂告成事,而遷附庶祖妣/陳氏於域右,禮也。精魄載奠,神理聿/新。永篤哲胤,宜爾振振。

六世孫仲曄/等謹志。

崇禎七年甲戌季春勒石。/

該墓誌存海滄區東孚街道芸美村黃氏家廟享殿。花崗岩質,高38厘米,寬65厘米。楷書陰刻。現狀基本完好。

明·蔡貴易夫人墓誌銘

□□□□□□□□□/
□□□□□□□□□/
□□□□□□□□書丹。/

□□□□□□□□□母太淑人以八十八齡考終,體/□□□□□□□吾外祖母九十仙遊,而其母不能逮也。/□□□□之無已也,惟體國則然。余仲女為蔡三郎婦,/□□□頗得其歡,歸語其生平,啓處甚具,故於志墓之/□□不忍辭。太淑人世居浯洲文水,為樂會博士黃□/公孫女,愨齋公其父也。總憲公肖兼先生前元配葉□/人塙枝蚤謝,母洪淑人為締姻於黃,以黃孺人故□□/氏姻婭相及也。

太淑人婉而慧,見事明達而果,自□□/閨德聞,御輪有期矣,屬學使者都試諸生,洪淑人□□/以歸,喜動顏色。時公父梧州公故稱題與貴矣,□□□/手機紉以佐家政,而黽勉總憲公修業。黌舍蓋去家僅/數武耳,非旬日不歸,即不歸勿問也。甲子歌鹿鳴,越戊/辰廷對,里中牛酒踵賀,而太淑人言色自若也。銓邑江/都,迎洪淑人就養,中道憂歸,祐喪哀毀□禮。選補崇德,/土瘠民煩,令苦旁午。太淑人相以夙夜,用□□□郎南/度支,先後董錦衣、浦口二倉,一清鼠穴,內政力□。移四/明五載,束邱中廬兒惟謹。太守用寬,聞得無內顧□。憲/黔中,數馳書問,勸勉使君即亡薄遠惡,得□疾饔□□,/此士君子自力地也。浙憲之役,以葳蕤之鑰從□上□/□。總憲公用持大體獨完,太淑人曰"固也",無喜色。乙未/中台史譏,鐫一秩,報至。太淑人又曰"使君自疏□因也",/無色慍。其時體國已調南選郎在□,總憲公一意倦遊,/□太淑人壯之也。體國先後浙憲必奉板輿與俱,居恒/述總憲公為守令時事,提體國耳娓娓不休。體國既晉/勳卿,再/召起以啓事予聞,心喜得終事太淑人,太淑人亦溫諭(以上第一面)/□□□□□□□□於浙□□□□□□□□/□□□□□□□□□楊,始終無間其緩急□□□/□□□□□□□□□□有犯者立誚讓不少□□。/胞□圃公愛其□□□□□甫壯邁危,疾至。彷徨□/神求減算,以代其夭。歿也,拊二□若子,竟底於成,姻里/咸稱之。享年近九十,歿之日神氣不亂,與登遐無異,真/福人也。

於法宜銘:/"浯海湯湯,文水發祥。自蔡焉出,歸蔡而張。相君子則良,/訓子則方。而並樹於兩浙之疆,既壽且康。遊白雲鄉,獅/子之陽。徙玉偕藏,後千萬世其永臧。"/

□淑人生嘉靖辛丑八月十三日戌時,卒崇禎戊辰九/□□□□□時,纍封孺人、安人、恭人、淑人,晉封太淑人。/□□□□□□□□□寺少卿,天啓丙寅推升南京/□□□□□□□□□□□□□□□□/旨予聞,娶池氏□□□□□□公女,纍封淑人。孫/男四:長謙光,國子生,娶江□□□□/□□□□娶庠生/傅兆榜女;次甘,廩生,娶國子生陳□□□□□女;/次學光,國子生,即余婿;次龢,庠生,娶僉都□□□□/女。孫女二:長適余弟廩生丁啓汧，次適廣西□□□□/□子庠生陳元錞。曾孫四：長有則，庠生，殤；□□□□/□□忠女；次源，聘華亭知縣張繼桂男、國子生張□□，/□□□聘國子生陳元鑛女。曾孫一，皆甘出。餘未□□。/

□□□□己亥冬，體國卜葬總憲公及葉淑人於董水/□□□□□□□□□□文簡公□之矣。茲/□□□□□□□□□□□□□□許地負□向□□□□/□□□□□□□□□仍舊，乃居右。葬以崇禎甲戌五月/□□□□□□□□□不孝男獻臣泣血立石，/孫鯀書（以上第二面）。

該墓在翔安區香山街道呂塘社區董水村，數年前被盜，墓誌銘被炸碎。黑色頁岩質，原高 31 厘米，寬 59 厘米，厚 2.5 厘米。楷書陰刻。現為董水村蔡氏後人保管。

明·尤母呂孺人墓誌銘

明尤母純孝呂孺人墓誌銘（篆書銘額）
明尤母純孝呂孺人墓誌銘（楷書銘題）/

孺人出自呂，為處士南田公季女，而宋侍郎樸卿先生之裔，名賢後也。及笄，歸於衝素翁，則余之岳伯。伯性剛方，孺人捋之以/柔婉。知其昆季二人友愛篤於情也，處姒娌間睦藹亦如之。吾岳父以咕嗶過勞，早年即得不起疾，濱危時方生一女，以貽伯/也。家人奔皇急於湯劑，又值吾岳大父之喪，衰墨孔亟，雖呱呱亦不暇顧。已，孺人獨彌加痛護，鞠撫若自己出，且曰："此叔氏墳典/之寄也。"已而，知叔之終不可刀圭也，則為計曰："叔氏勵志未就，算不可期。脫不諱，何可不為？後吾有子，當自子之□可□孤女，/□以有立也。"乃言甫成，而孺人竟以舅喪憂瘁，驟為二竪苦，蓋先吾岳父三日以逝也，幾幾乎不能克厥志以瞑矣。而訣時尚有/遺言也，曰："為吾子者，為叔之子。叔若天幸，吾何慮焉？為叔女者，為吾之女，毋以吾沒而後之人不善視也。"伯固因心則友，周詳/婆幼之間，曲盡至情。而孺人之諄諄大計，吾岳母猶惓惓為吾言之也。而今舅氏有子，克紹裘箕。嫡以節著，孤以成稱，則皆孺/人貽也。

伯當盛平時，躭嗜書史，嘉志有為，於家人產不甚問也。加以其弟文藻日振，交遊漸廣，而孺人實以家督自任。齋頭賚/送之具，雜佩贈遺之需，一一躬為給理，上不以煩其姑，下不以勤阿娌，蓋毫無介蒂吝惜之意云。至其奉甘旨、侍巾櫛，和婉徽/順，俾二人俱得其歡心，君子無憂於內顧，則又人所難者。雖天靳其年，終養有憾，而伯氏執筆命諡，竟不能易乎孝之一字，而/人亦不以為私者，則淑德之大都概是矣。孺人沒後十餘年，余始獲倩於其門，而伯之統緒亦於是而漸大，但恨不及使孺人/見也。

孺人生於萬曆庚辰九月廿九日亥時，卒於丁巳三月廿五日亥時，得祀三十有八。伯常語余曰："孺人與吾甘荼半世，而/中道棄去，吾將何以慰之也！"所自出者子男二人：長坤，娶吳繼源女；次垲，娶黃啟明女，是即嗣於吾岳父者也，皆孝友能自立。/一曰埴，聘許我握女，則為繼曾氏出，而均孺人子也。女三：適林毓喬者一人，適蘇明椿者一人，許聘庠生蔡宗育子璁者一人；/而一則出自曾也。孫女五：一許聘陳可選子士瓏，一許聘庠生劉逢連子熊震，三未許。卜崇禎十二年三月初二日午時，葬於/同安瓦侖山之原，負巳揖亥，蓋伯所卜兆也。嘗云："擇塋必於與人無礙處，乃可。是坵踞山陽，上可周覽八極，而父母先人之居/可望而得也。"預治宅，殆將與孺人偕老焉。今孺人先往矣，可無片石勒於九原？蓋伯之愛余猶子也，則吾之於孺人猶岳母也。/恨弗逮事孺人，而孺人之大有造於舅氏，余因以得內助也。予夫婦其能諼之乎？丙子，余薦於鄉，伯喜甚，謂余曰："先孺人自舉/此女於地時，所望不但今日也。亟圖而大之，俾他日泉下之言，有所托以自慰，無煩別椽為也。"是為銘。

銘曰："相彼高崗，翁蘙弘崇。吉人有之，以□斯葬。厥氏伊何，係乃齊姜。十八年瘏瘁，億萬祀襜嘗。先君子以爰處兮，靜觀乎松竹之/茂，而蓀芸之郁香。繩繩振□兮，尚亦有利哉無疆。"

侄垲、舉人黃朱勛頓首拜撰；/
通家眷弟、庠生蔡宗陸頓首篆額；/
晚眷生、庠生黃朱鼎頓首書丹。/
哀子尤坤等泣血稽顙立石。

該墓誌銘出土時間、地點均不詳。灰色頁岩質，平首。楷書陰刻。現狀完好。現為民間收藏。2006年3月8日編纂者墨拓於原龍海市角美鎮，現據拓片過錄。

明·池三洲夫妻合葬墓誌銘

池氏之家中左,自宗寶公始也。宗寶生旻,旻生贈吏部文選司郎中春台公。春台公子三人,皆配封太安人葉出,伯新洲公,仲奉常明洲公,而叔則三洲翁諱浴沂,字士洁者也。

按狀:翁生而資穎,甫冠則偕奉常公及中丞王玉沙、邑宰蔡拔吾結社,而師事戶曹郎蕭見心先生於漳開元寺,共肄業焉。比癸酉,督學試公以第三名入泮,自是學益勤,試輒高等。然三入棘闈而皆不偶。時奉常公已洊歷銓郎,顯重矣,而翁不作貴介態,不輟經業,曰:"遇不遇,命也。"旋辭泮宮而遊國學,國學才藪,亦無敢白眼相覷,咸藉藉謂必賢書中人。故事:上舍歷事滿者,輒授丞簿功曹及州倅而止。公不待歷滿,慨然曰:"丈夫業屈首受書而不能揚名吐氣,奈何折腰五斗米而取譴訶於長官大吏為?"遂倦遊而歸,曰:"予弟可教也,吾不復數千人為科名計矣。"故延銓郎周愛日公、孝廉李君懋觀、葉君傳野與為師友,而朝夕程督之。癸卯,子侄顯兌輩遂與諸公後先登賢焉。翁素性愷爽,不銖銖錐刀之末。中歲以後,花朝月夕,時與二三知友引觴命酌,賡唱迭和,為愉快也。人有以是非曲直質者,得翁片言立解。內外親屬來謁,必詢其甘苦,或周其不給,無少吝嗇意。即家常稅租之入,或後時,或苦訴祈免,亦曲體而量給之無難色。蓋年九十,耄矣,然精神王而筋力不衰,中左人咸稱為地行仙云。同諸生以翁令德篤行,書其生平上之學,學上之邑,邑上之督學,將以賓禮賓之。然翁竟以起居拜揖之不便,堅辭不赴。於是邑令顏其堂曰"熙朝人瑞"。越歲九十有三,王正幾望,方庀春酒燕客盡歡,詰朝呼童進粥,粥至,不及啜而仙去矣。

前翁娶吳公女,僅舉一女;續娶兌山李公女,即孝廉懋觀女兄也,生丈夫子四。女性貞靜,寡言笑,其奉事大父母則雞鳴起,治具惟謹,其總理家政則釜竈必親,女紅必力,不以勞頓而委之臧獲;其輔佐夫君,則勤儉之,所贏餘悉以佐棘闈、道理之需,堂構、婚嫁之不足;其教育諸子,則姑息不事,課督必嚴,而無負賢父廣延師友之至意;其拊畜諸孫曾,則長者訓誨如子,而幼者含飴以弄,以故諸子若孫濟濟成立。蓋翁媼之德教居多,而彼蒼之錫類也。孺人後翁一歲歿,亦壽九十,豈非媲德齊年,而人世不可多得者哉。

蔡子曰：奉常公，吾婦翁也。吾弱冠事三洲公五十年餘矣，故知翁最詳。慨今之為貴介者，作氣勢、圖富厚，視翁之不驕不侈，不競不貪，何懸殊也。公之子顯兌舉而不壽，其孫蕈庠而不子，咸用悼惜，豈造物不可知耶？語云："天遠人邇。"今諸孫曾詵詵振振，吾將觀池氏之天勝矣。三洲翁生嘉靖壬寅年，卒崇禎甲戌。孺人生嘉靖丙午，卒崇禎乙亥。男長顯兌，庠生；次顯兗，癸卯舉人；三顯謨，庠生；四顯胤，即今以狀來乞銘者也。女二，孫男十一人，孫女九，曾孫十五人，曾孫女十六，婚娶名氏，另詳於後。墓在陽臺山之原，坐午向子，即翁用形家言預定者，合窆以崇禎十二年四月初七日戌時。

予為銘，銘曰："華封之祝，伊誰有三。翁媼偕老，亦復多男。雖辭千萬，何言石甔。慨彼書田，秀而未實。維天佑善，百年靡忒。子孫繩繩，圖南奮翼。"

錄自蔡獻臣《清白堂稿》卷十五

明·張及我夫妻合葬墓誌銘

皇明／國子生及我張公暨配孺人林氏墓誌銘（篆書銘額）

賜進士出身、文林郎、直隸蘇州府吳縣知縣、丁卯應天同考試官，眷姻弟陳文瑞頓首拜撰文；／

賜進士出身、大理寺丞、前江西道監察御史、奉／敕提督應天等府學政、巡按江西宣大兼攝學政、甲子應天同考試官，眷弟葉成章頓首拜篆蓋；／

賜進士出身、兵部職方清吏司主事，弟朝綖頓首拜書丹。／

張公及我者，余之盟社友也，居縣治之東隅，名東園。其家代有名人，祖在浯洲青嶼後，子孫徙今居焉，與余家東西相距近百里，從前未有名字相來往。余蚤歲雅好請益賢豪，壬辰年有友為余言□□／張及我賢者，余始識其名，雖未獲睹面而余臆間有□及我，及我臆間亦有余也。癸巳，學使者試泉郡，余以儒士試，及我以弟子員試，俱入郡。適市肆，相晤歡然道悃，果不負夙知。此年余幸入學，與張輔／吾同案，而輔吾之交及我，則又先余二年者也。嗣是，余三人議論相投合，意氣相期許，促膝交臂，無歲時離。雖間有分授館，而歲暮抵邑，必各攜歲所構義若干首相質證，有未相當意者輒塗抹數行，不／少忌諱。視近時會義圈圈點點，朱青黑綠相間雜者，大不同。乙未冬，余三人復持義入邑如舊約,各謬自滿意,併互相推榜,妄謂是科上將頭決當授之我輩,遂不樂為館地羈束,猛欲相與債貸,聚首以/苦作焚□計,約以先登者還此債。奈三人均食貧無可為質,獨張輔吾有大嶝地數斗,欲捐而債家嫌海隔,莫有應者,事乃寢。但是歲三人館亦相聯絡,相去僅數里許,皆得朝夕相從事。時為丙申年也。/

越一年丁酉,而輔吾竟登賢書去矣。當時余與及我私沾沾相喜,語謂輔吾既作先聲,我輩自當橫行中原。不料屢試屢蹶,及我數困場屋,余則偃蹇二十餘載,視棘圍如在天上,至戊午始得以大收觀/□舉於鄉,及我亦從此遊南國子太學焉。當及我與余三人之同處隆中也,人人自為得大將,誰肯避君三舍?迨輔吾穎脫而後,余兩人幾成沙礫,時事稍異,情景亦殊。及我每以家計為余憂,而余則不/封骰尸誓不濟河,此中有未易明言者,始信賣胡餅之不暇唱渭城,而有志事成,果不誣也。溯余三人之本末前後,其於窮達死生貧富之交情,亦略可睹矣。

大抵及我天資明敏,見識超越,蚤歲即有大/過人者,余與輔吾兩人皆遜不及。最喜交遊知名士,無貴賤顯晦大小親疏,見有能文章者,輒折節結納,以故吾邑郡每鄉會所舉辟,多為及我所物色者,如許子遜、葉國文,其最知也。余獨惜其用心於/外,使及我肯以其才其識顓精舉子業,自當無鋒不摧、無幟不拔,將天下事惟所欲為者,而竟大抱未售,齎志以歿,惜夫!公性慷慨,重然諾,自奉甚菲,而壹於接客,能赴士之阨,遇事見大義,又極其孝友。/不忍以家計遺其尊人尊堂憂,時時念若昆弟之不足,不啻手足傷也。辛亥年丁外艱,為先大父武園公;己未年丁內艱,為先太孺人康氏名勤淑。先有正懿孺人林氏、懿懿孺人彭氏,俱為公之前母,無/所出。公安葬、祭祀俱克盡禮,自通邑至鄰邑士君子鮮有不耳及我名者。

公諱春霖,字廷商,及我其別號也,行一。同胞三,次為廷沃君,邑庠生;三廷端,即邑庠生國瑚之父也。公生於戊辰年二月初六日/亥時,化於崇禎庚午年四月廿八日未時,享年六十有三,娶孺人林氏,為林厝鄉人。其岳父可大公亦吾邑右族也。勤儉宜家,能佐及我以內外無失,蓋唐女大夫云,生於丁卯年九月十八日卯時,化於/崇禎庚午年九月初二日辰時,享年六十有四。生男一,為余嫡婿名正麗,癸巳生,邑庠生,辛酉年先及我卒,僅二十九歲,葬在香山岩之右側。余嫡女寡守,遺孤二:長名震儒,邑庠生,生壬子,娶原任太倉/州知州陳白南先生之季弟、太學生諱如梲次女,為西浦人。生孫男未育;孫女一,甲戌生。次名仲儒,丙辰生,娶癸丑進士陳弼埜先生之婿□松次女,為石潯人。生孫女一,戊寅生;孫男一,名銳,庚辰生。公/與林氏生女二,適南安下吳邑庠生吴时案第三男名维祹,生孙男三,长名朱绶、次朱络、三朱绘,孙女一,许配孺人之外侄孙养观。计及我死之年距今凡十一岁,震儒以承重与余女计,欲为其大父母/营宅兆于邻乡之犀逢,负坤朝艮,以今年十一月初七日辰时吉将入葬,余念稚子未能知其先世事迹,故呼震儒、仲儒使前而语以若祖实状。盖余从甲午年与及我结儿女婚,凡有行事都在目耳,故/能志其大略如此。

因为之铭曰:"矫矫张公,修表轩容。有悬鉴珠,有映日文。孰为发型,而实南雍。孰为留良,而空北群。爰配淑德,刑于克遵。□上书授,赤松从云。百年一立,曰有山麓存。子孙依之,元会世运。"/

崇祯拾三年拾壹月　日,承重孙震儒泣血仝次孙仲儒勒石。/

该墓志铭出土于翔安区新店镇东园社区东园村。黑色页岩质,弧首,高74厘米,宽36厘米,厚2.5厘米。楷书阴刻。现状完好,现存于东园村张氏宗祠内。

明·林廷超夫妻合葬墓誌銘

明邑庠生廷超林公暨配贞淑彭孺人合葬墓志铭(篆书铭额)
明邑庠生廷超林公暨配贞淑彭孺人合葬墓志铭(楷书铭题)/
赐进士出身、观工部政,愚侄志远顿首拜撰文;/
赐进士出身、中宪大夫、广西桂林府知府、前江西南昌抚州二府知府、文林郎、广东道监察御史、管江西四川二道印务、侍/经筵、巡□奉□□、敕巡按陕西川湖督理茶马、丁卯顺天同考试官、中书舍人,通家眷弟黄其晟顿首拜篆额;/
赐进士出身、中宪大夫、奉□□敕镇江监军、浙江按察司副使、前巡视浙江等处海道兼理边储分巡宁波、整饬宁绍兵备布政使司右参议兼按察司佥事、兵部武库清吏司郎中、□□文华殿/召对、/钦授兵部主事、提督武学,通家眷弟卢若腾顿首拜书丹。/

昔欧阳文忠之志晔与颖,皆以犹子而志其叔父者也。崇祯甲申,予假归里,门弟祚张将葬其先君子而以志相属,是欲使予仿昔人之谊也,曷敢辞?
公讳一樞,字廷超。父怀衢公,讳道凝,母李孺/人。怀衢公者,太守学衢公之庶兄也。公生而甫离缫褓,出入间使能追随长者后,而不敢先。稍长,即能偕兄廷賞君共澹泊，以學問相勖，期無忝於所生。懷衢公嗜作醉鄉遊，蕭然自放，不問家中事。公悉隨事而酬應之，不以人間塵騷沓醉鄉。□化時太守艱於嗣，已愛公若出，而欲子之久矣。萬曆癸丑，太守就長山廣文，命公奉劉宜人往焉，讀書署中，遵太守訓課惟謹。一檠窗下，丙夜熒然，與齊之英秀闢題對壘。閱寅卯，太守上禮部試，公復奉劉宜人以歸。及歲在丁巳，太守成進士矣，遂□菁笠展取公為子，見之廟，告之族人，雖懷衢公泣而難之，太守臨之以祖宗而不顧也。於是，公非懷衢公之子，乃太守之子矣。太守時選期尚賒，家居者二年。公之事之也，知其胸懷浩落，日集故人舊友談燕其間，俾太守酣娛自適。後太守病疽，繼而病目，焚香哀禱，請以身代。凡藥裹一切□□事，□□□□□□春仲，太守之□於蒼梧。公以癸亥冬補邑弟子員，蓋未之從也。然氣之所感，千里心驚，投袂赴焉，太守已卒矣。辟踴幾絕，朝暮溢米，扶□長途，哀動路人。丁卯秋，劉宜人復從太守去其□。宜人者，□如□□□服除未幾，公奄踵而逝矣。時蓋崇禎辛未三月廿二日亥時，距公生萬曆丁亥六月初五日巳時，享年僅四十有五。豈不惜哉，然而世皆知公之賢矣！

蓋公為太守之子，是□家東林氏百世不遷之宗也。然公非生而為此宗，乃以五世則遷之小宗而改嗣焉。《大傳》云"別子為祖，繼別為宗"，所謂百世不遷者也。□□別子，自三一諸侯適子之弟，別於正□□□□子來自他國，別於本國不來者，三庶姓之起，於是邦為卿大夫，而別於不仕者。今公之始祖諱□壄，予祖諱□先，晉江馬平鄉人，遷於同。懌卜縣市之東為東林氏，囑卜禾島之方為塯林氏。懌數傳□溪公□□□，以永樂六年鄉貢授安遠令，遷經歷；性二傳翠崖公，生二子：長海峰公，諱□□，□□□領成化廿二年八閩解額。同之領閩解，公其始也。中弘治三年乙科，以朝例授安陸學正，遷國子監博士，□□監丞。海峰公生四子：長諱鑄，號義庵公，生東衢公，諱天德，復治《易》，中明經，□□廣東廉州推官，遷雲南路南州知州。衢公生三子：長九歲能詩文，殤矣；次即公父，兄而庶者也；次太守諱道權，洪宜人出，弟而嫡者也。太守復以《易》登萬曆三十一年賢書，越四十四年成進士，歷官大理寺評事、戶部員外郎、廣西梧州府知府。由是觀之，懌之自馬平來同也，即異姓公子來自他國，別於不來者也。□傳而官經歷、官監丞、官州牧、官郡守，即起於是□，為卿大夫而別於□仕者也。夫別子有三，自懌以至太守，於義已居其二。且所謂卿大夫者，嫡派□承，又不一而止也。□有四人焉，人之稱斯宗也，謂何寧獨百世之速哉！行見千萬世□莫能易也。夫以其宗之重若此，則嗣太守而主斯祭也。嗚呼，豈不賢之人能克亢而無愧然？使嗣太守者乃其所生子，則賢與不賢，又奚問焉？君子亦聽之而已矣。蓋子雖不賢，未見能捨而他求。乃太守固無所生，而欲□□其兄之子者也。既欲援立其兄之子，則選別之見，必緣是興。今夫匹夫匹婦，其人微，其識陋，至於□議□□□，且徘徊而躑躅，況宗祧之重，深其選別之情；高明之胸□，其選別之志，如太守□乎！然則非德足承□□國人稱願然，曰："幸哉有子，彼太守者，安肯意屬而情鍾？"

公，太守□□也，金□三人，公居其中，獨能使太守愛惜有加，痦寐饔餐念焉不置。一旦子之，且不顧其兄之泣而莫許也。世其以公為□□□□賢可知已。然太守既云欲子公久矣，竟遲遲至於長山以歸□定斯舉者，□哉！聞嘗□□徵君皇明一書，還知太守之出於此也，卓有深意。"溫陵理學"一派，徵君首列蔡介夫、次陳思獻、次即海峰公，而以林茂貞終焉。其記海峰公云："先生精於《易》，與介夫相次為解□，仕安陸□□□□□□□□□定教士法，安陸《易》盡宗之。"夫介夫、思獻為□□□□□□之分□則太守之上接乎其間，□有宗□之重，而且有《易》學之傳其子。□必長山以歸，豈非以長山古齊地，漢□□□□□興言，《易》始於齊田何，又何之徒楊叔元，即墨□□也。公之□誦其地者三年矣，聞風而奮，不惟可以承，而且可以授《易》。故儲□於□□乃決，□於一朝，此又子以□意窺之而獨得□□□□者也。歐陽文忠曰："銘其叔父於世宜詳。"予故□叔父以詳其世，然世詳而公之賢，世所共知，與予所獨得者俱見矣。嗚呼，此足以志矣！

公先娶彭君輔女，勤於女紅，善事姑嬣，劉宜人□□□□□篤愛之。生於萬曆癸巳三月十九日戌時，歸於萬曆癸丑七月廿五日未時，享年二十有□。其卒也，正當公、宜人將往長山之□。宜人曰："間關旅況，何可無一婦破我愁寂？"遂命公□□□□□，□娶黃聯甲女偕行。今彭與公同窀，黃則俟□□□。祚張□□也，於庚午遊邑庠，即是年娶庚戌進士洪覲光弟承德郎觀光女，公俱見之也。女三：長適德慶州知州陳榮祖子、太學生□□□□□生士康，次男霞舉；次適陳聖孚子、漳郡庠生□。□二：長穢，次稠，俱未聘。□女二：長許桐鄉縣知縣劉廷憲男復燕，次未許。後未有艾也。兆在縣東翔風里十二都之福場山，海抱山環，枕寅揖申。下窆於崇禎十七年十一月三十□□□。□□□玄月予戒□謁選矣。□公之窆□，予有建業□□水冷白□風寒，乃予寄以淒惻者也。

復為銘曰："嘉其籩豆，先祖是嘗。差其子姓，綴食於堂。太守曰善，惟公克當。子姓祀以勿替，先□□□□□□□□者，以□以續，有億萬世之長。而公墓上一草一木，孰得而毀傷？潮之水□落，山之□來雲往，公欣欣兮相羊。"

崇禎十七年甲申仲冬之吉旦。

該墓誌銘2005年在翔安區今馬巷街道鄭坂社區北赤山仔尾被發現。今據墨拓片抄錄，拓片高103厘米，寬58厘米。楷書陰刻。部分字跡已漫漶。

明·蔡君袞卿墓誌銘

明太學生蔡君袞卿墓誌銘（篆書銘額）
明故太學生蔡袞卿墓誌銘（楷書銘題）/

士有褆躬則敦古處，居閫則篤古倫，締友則宗古誼，揮毫則尚古詞，此豈可於今人中求之？矧世祿之家乎！王武子稱其甥為珠玉，李青/蓮稱其甥為明月。若余甥蔡袞卿之賢，鄉評無間，不藉渭陽之稱也。

甥諱謙光，字袞卿，別號六吉。先世中州人，宋十有七郎者贅浯洲平/林，因家焉。十三傳至安所公諱宜勳，贈左參政。安所公生梧州府通判兼峰公，諱宗德。兼峰公生浙江按察使肖兼公，諱貴易。肖兼公生/光祿寺少卿虛台公，諱獻臣，二十三歲舉袞卿為塚子。時光祿公尚為諸生，戊子、己丑聯登第，袞卿已五歲，甚穎異。善屬對，觀察公鍾愛/之，攜入浙署。庚子，光祿公轉禮部郎，攜入都門，袞卿已十六歲，所為文示諸同寅，莫不擊節。偶得酒，劇病，諸醫束手謝去，有浙醫曾受觀/察公厚恩，去而復來云："爾祖有德於小人，吾當報，雖不可，聊試為之。"以大黃下虛羸之症，果愈。醫云："此非小人之能，爾祖陰德之庇也。"歸/就試，以府選首名入類，屢列高等。閩闈不利，改南雍，復不利，改入北雍。交皆名士，與陳君諱瑞同筆硯八載，丙夜青燈，陳君亦遜弗及。/後陳成進士，袞卿構園於南郊，名"干雲齋"，益攻苦勵學。癸酉科主者擊節，欲收以溢額置之，遂弗屑經生業，日放情山水，邀朋延衲，談禪/賦詩。其詩清靈衝秀，每敲隻字，至忘寢餐。所刻集，觀察曹能始先生選之，大學士黃太稺先生序之。又時寫蘭石，如蕭貢之畫，矜慎不傳，/自娛而已。書則學米南宮，好石亦如之，案頭瓊笈琅函，法書古畫，龍賓墨，馬肝硯，大宗琴、小宗香羅列左右，不容人點污。值雨則手蒔花/竹，接客則躬煎茗泉，或析義音如洪鐘，又篤天倫，事光祿公與余姊池淑人極孝。淑人督子尤嚴，袞卿聞厲聲必長跽請皋，淑人為之/霽容。戊辰秋,光祿公發背瘡,王母黃太淑人病亟,衷卿率諸弟兩侍湯藥,衣不解帶者匝月,對諸弟和怡之外,時寓規切,皆師憚之。先娶／林,繼娶傅,俱賢而艱嗣。父母為置滕,亦希近之,不甚繫念。

　　崇禎丙子六月初旬,余將遊粵,衷卿攜尊為餞,飲至夜分。月杪,仲弟甘,季弟龢,／將省試,告別衷卿,談笑如平日,第言四肢疲茶,七月七日尚作書與友,次早臥化,惟三弟學光視其含殮,所嗜玩器悉以殉之。余粵回不及／面,哀哉。以衷卿英敏之才,宜青紫而名限之,其曠達之襟宜享期頤而年限之,且積厚之光,宜昌厥後而子又限之。然蘭玉之摧,勝／蕭艾之榮矣。

　　衷卿生於萬曆乙酉年正月二十四日,卒於崇禎丙子年七月初八日,年僅五十二。先娶參政林公汝詔女林氏,生於萬曆／丙戌年正月十九日,卒於萬曆甲辰年九月初三日,先葬白鶴山佛跡巖之左;繼娶中丞傅公鎮孫庠生兆榜女,乃以甘子庠生齡為嗣,／娶貢生陳世忠女,丁丑年八月卒。今以甘孫嗣齡。崇禎甲申年九月二十二日,衷卿與林合葬茲山而虛其右壙以待傅。敬抆淚而為／之銘,銘曰:有德弗顯,有才弗展,有嗣弗衍,胡天以此報善耶?行令人則,詩令人式,品令人憶。若人豈受天抑耶?噫!有盡者身,無涯者真,干／雲齋花石何如白鶴山松筠?異日有過君墓者,咸曰:"此光祿之令子,而詞壇之儔人歟?"／

　　崇禎十七年歲次甲申年仲春望日,／舉人、辱舅池顯方頓首拜撰;／

　　賜進士第、階授文林郎、知泰興湘鄉二縣事、湖廣同考試官,通家眷社弟陳瑞頓首拜篆額;／

　　賜進士第、文林郎,知高安、巨鹿二縣事,江西同考官行取考選,愚弟國光頓首拜書丹。

　　該墓誌銘現藏於同安區大同街道東山村蔡氏祠堂。黑色頁岩質,弧首,高90厘米,寬40厘米,厚3厘米。楷書陰刻。現狀完好。

明‧紀崇岩墓誌銘

皇明(篆書銘額)
明故三處士崇岩紀公墓誌銘(楷書銘題)
欽徵廷試、翰林院待詔、特簡纂修實錄、分直記注官,兄文疇撰文;

崇禎壬午科中式舉人、侄許國書丹。

弟諱文登,字崇岩,少多慧,忼慨自負。甫長,棄舉子業,學陶朱術,以此家頗饒。君有材藝,事□紛沓,日履千經,靡不畢舉。又好評隲人物,多奇中。郭元侯諸生時,嘗於筵間識其必第,竟如言。丙寅歲,君與余□履春糧,入山尋葬父地。余有"一日芒鞋兩弟兄,為滯山川慚孝名"之句,至今念之泫然焉。辛巳,余遭族難,君追隨桐城,風朝雨夕,不辭瘁苦,其天性尚義多如此。君雖不躬舉子業,然每好談詩書韜略,有伏櫪千里意。設當此國家多事之日,使效二臂,必有可觀者,而乃溘然長逝,不及舒其志,為可悲也。

君生於萬曆丁未年正月十二日,卒於崇禎癸未三月三十日,年三十七。以隆武丙戌四月十八日葬於蓮山,在先君墳右脅可二百步。君娶楊氏,未有息,以余第四子荷國為嗣。後收婢為側室,生子球,纔四歲,而君逝。君祉所被,其在後人,誠未可量乎?

銘曰:"慨慷擔事,智慧勞生。年未四十,不泯其英。歸於蓮山,塚里有聲。先君在上,夜臺溫清。"

隆武貳年四月□日。

該墓誌銘現藏於同安博物館,今據抄本轉錄。

明·黃文炤壙誌(殘)

□□□□九十二翁□□□□□□壙誌(楷書銘題)/

□□□□□□□炤,字季弢□□太僕卿,□父東□□□□/□□□□□□□□雲□□□□□四□□□□父祖/□□□□平□□黃門□府□,幼歲從王父□□□□□/城小,居城西□塔里,遂為泉郡人。至□□□□□□□/敝廬,其來星□□隱也。以久在困城之中,□□□□□□□/避難也,豈意纔五閱月,與故知二雲曾相□□□□□□□/病遂不起。□府君孝友出於天性,德□出於鄉□,□申/蜚聲黌□,□琴詩,泉石□□□興,晚愛窺性學,崇□□/室南臺,著述□樂者三十餘年。生平無一事不可對□知,無/一語不可對人言。

門徒何鏡山、維揚李巡按重其學行，□□/理學真儒，達□□□天聽，□□旨□□□□□□□□亭張/撫院掌隆覆□□時□國□□□□ □□□□□□無數/也。然府君□□以是□□□□□□素廑忠愛□□□ □□/兩經國變，撫膺感傷，□□ 是 □□□□□□□□□□（第一方）/日。悲夫！至今雖□□□□□□□□□□□□□/丙辰六月十六日□□□□□□□□□□□□□□□□□/繞膝享□□□□□□□□□□□□□□□□□□□□□/傳□□□□□□□□□□□□□□□□□□/自愧老□□□□□□□□□□□□□□□□□□□□□□□□□/老成慎重□□□□□□/□□□□□襄其事□□□□□□□□/□□□托歲月命□書□□推□待太□□□□□□□/□□領義□□□□□□□□□□□。/

　　　隆武肆年戊子□□□□□□□□□□□□□□□□□。（第二方）/

　　此明末理學鄉賢黃文炤的墓誌銘，墓葬在同安區五顯鎮遼野村。磚質墨書，共兩方，長、寬均為30厘米左右。可惜銘置於壙外，墨蹟已嚴重漫漶，加上2007年春出土時不慎破碎，終無法卒讀。但從殘餘的字跡辨讀，它確為黃文炤的墓誌銘，書於隆武肆年戊子（清順治五年，1648年）。實際上，隆武朝僅存在兩年即亡。1648年清軍在同安屠城，黃文炤很可能就死在斯役，年92歲。殘文還看到黃文炤生前和曾櫻、何喬遠的關係。儘管已經殘缺，但仍是一件有價值的文物。

明·江心仰墓誌銘

　　皇明/誥贈心仰江公墓誌銘（篆書銘額）
　　明誥贈建國總鎮、御右先鋒、掛龍驤大將軍印、少傅兼太子少師、五軍都督府左都督心仰江公墓誌銘（楷書銘題）/
　　文淵閣大學士、太子少保、吏部尚書、前工部尚書、南京工部右侍郎、奉/敕巡撫登萊江東等處都察院右副都御史、山東右布政使分守海右道、湖廣按察使分守上湖/南道、福建按察使分守福寧道、布政使司右參政分巡興泉道、按察司副使分巡汀漳道、南直常/州府知府，北京工部都水司郎中、員外、主事，辛酉科

奉/命典廣東鄉試,通家侍生曾櫻頓首拜撰;/

賜進士出身、監督剿勦軍務副使、前南京兵部主事,年家眷弟林志遠頓首拜篆額;/

欽賜進士、太僕寺少卿兼分巡汀邵等處地方監軍道,通家眷盟弟洪全斌頓首拜書丹。/

余自宦遊福省,歷任最多,而人情土俗莫不一一諄問而洞悉之也。及分巡泉州時,下車而問土俗,高浦之鄉風/習純美,余知其後必有興者。不數年而文武蔚起,迨詢人情,即田夫野叟輩,莫不多心仰先生之為人也。先/生冰雪為志,恭敬為行,處世以寬,教子以嚴,余知其後必有興者。不數年,余為文淵閣大學士、吏/部尚書時,而先生四子美奎以副將護/駕兼隨征殊勳,為先生請誥贈焉。余曰:"是先生積德訓子之報矣,而其後之興不止此也。"

先生諱一龍,字台洙,別號心仰,生萬曆辛/巳年正月十六日,卒崇禎丁丑年三月二十日。配柴氏,賢淑溫慎,舉四男,俊偉卓越。長美鯉,次美鯤,三/美通,四美奎。鯉、鯤以文從事,不意早世。自是先生力教通、奎二子以武備,教其步伐,教其弓馬,教其營/陣,教其韜略,而二子固一一俱曉,克遂先生之志焉。於是,奎以破關剿轢之功,戊子秋得/敕龍驤將軍印,少傅兼太子少師;通以入鎮隨征之勞,得受左都督。茲因班師南旋,葬先生於嘉禾上何/之山,請銘於余焉。余竊為先生慶得牛眠佳城,猶慶其二男貴顯,孫子昌隆,豈非先生積德訓子/之報耶?然其後之興尚未已也。異日通、/奎得蕩掃腥膻,分茅列土,而先生彼時得再沾/恩榮,始知積德訓子之報無窮,而後之興也,寧有艾歟?/

銘曰:/"伊世籌帷,是誰云奇?哲翁拔萃,特賴維持。偉哉謹厚,卓爾雍熙。克承祖訓,饒守倫彝。淡泊/乃志,敬恭其儀。語言咸則,出入委蛇。善繼善述,是訓是貽。義方式穀,啓後匡時。聿彼寰區,暨/厥風祈。揚鷹奮激,駿鶩驅馳。堅貞戡亂,吐氣舒眉。九扃皇考,疊/誥封貤。子心孔盡,父教實宜。孝忠食報,不察可知。"

不孝男美奎、美通,承重孫定山、定國仝泣血勒石。

該墓誌銘出土時間、地點未詳。輝綠岩質,高44厘米,寬43厘米,厚1.5厘米。楷書陰刻。現狀完好。現藏於廈門市鄭成功紀念館。

明·紀文疇墓誌銘

徵翰林院待詔、加一級、纂修國史分直記注、前試中書舍[人]南書紀公墓誌銘（銘題）

黃石齋公卓然為一代儒宗，尋以直諫顯，歷弘光、隆武，忠烈丕著，殆與日月爭光。後進從遊之士如林，紀南書其一也。南書諱文疇，號貞默，一字玄昉。先由高陽徙吳，國初遷同安。至贈君立，吾公折節攻書，稍種植自給，瓜瓞始盛。南書，其次子也。君幼而聰慧，讀書不治章句。年少為諸生，便磊磊然有上下千古之志。為人負氣節，不避權貴，遇事慷慨發憤。作為文章，極陳今古成敗得失，以指切當世是是非非，無所忌諱。自天啓初年迄崇禎季，御史台、督學、郡守以下賞識者皆海內名公，尤為湖州唐宜之所推許，聲振閩嶠。然九試棘闈皆不遇，又以正直不合流俗，自放於山水之間。嘗遊九漈，登歷石竺岩諸名勝。晨起雨甚，祝山靈，雨忽而霽。夫能霽石竺之雨，而不能邀一遇，文章憎命，自古歎之矣。

余丙子六月曾物色君於文字間，君亦諒予硜介而喜與余遊也。所敬事者同郡李宗謙、何鏡山、蔡敬夫諸賢，最後師黃石齋公。癸未春，謁公於北山，燈前聽講，以為聞所未聞。石齋公亦有"君史才匹子長，談理超郭象，詩歌似元結，氣誼似杜牧、陳亮"之稱許。明年，攜令子石青聽講焦桐山。又明年，隆武改元，石齋公疏薦君"多才博學，宜居帷幄"。主上徵詣行在。八月十六日上封事，十九日召對，復親試論一道，刻燭立就，上大稱獎，御批授中書舍人。九月，侍講陳仲謀復疏薦擢翰林院待詔。尋命獨纂《弘光實錄》兼與記注，凡兩閱月，所疏陳皆諤諤切時務。天子方思盡其才，而君以母老給假歸。未幾，石齋公抗不屈，死。閩關陷八都，君悲憤益甚。家在湄龍東津，去邑城纔十里，君率石青昆季守義不辱，以死自矢。縣官迫見，不出。余讀其義檄，詞氣壯烈，所云："誦淡庵諫書，布溫嶠討檄，足以愧對人臣而懷二心者矣。"丁亥元年，遂挈家渡鷺島，號召壯士。時熊雨殷先生南來，義師漸起。國姓公進兵攻同安，君督義師與偕，不避矢石。初，君勞瘁軍事已得病。君不顧，至是病革。

公生萬曆戊戌年十二月初六日寅時，卒永曆戊子年四月初七日未時，享壽五十有一。子八。方幸其志之稍遂，而孰知運之不留也。自為諸生以來，所著詩文有《史勺》《蓄山》《湄堂》諸集。甲申春有《復書》，丙戌秋有《尚華集》，又命纂《弘光實錄》十二卷，其詞光明俊偉，無一毫纖靡態。其刻意勵行，違俗獨立，人或迂之。然君子觀其言，察其所用心，而益見其學之不苟也。令子石青負異才，志苦而行堅，向與君同襄義舉。余接其人，如見君焉。竟君之志，將於是乎？在以今年己丑二月十八日葬君於嘉禾之蓮潯山，負丁揖癸。以故鄉擾擾，獨禾島衣冠劍履，煒然有光。窆於此，從君志也。其葬也，請銘於余，余誼不得辭。

銘曰："遇而不遇，身隱名彰，哲人之常。慨然慕義，與其坎傷。不倦且止，乃學之方。報君信友，出險臨戎，何德之光。我考其跡，勒諸墓石，表微闡幽，振古林風。"

明大學士曾櫻撰。

錄自《龍安紀姓大族譜》

明·林嘉采夫妻合葬墓誌銘

明孝廉紉庵林公暨配陳孺人合葬墓誌銘（楷書銘題）/

林氏自宋季入閩，居同安嘉禾島之湖邊。□祖弘裕公五傳而生邦玉，邦玉生廷顯，廷顯生武碩，武碩生國和，封戶部主事，世有隱德。/國和生止岩公應翔，是為公父，娶陳安人。止岩公以毛詩起家，萬曆甲午□順天鄉試，乙未成進士，曆官觀察使。止岩公筮仕甌之永/嘉，誕公於署。是日有異鳥銜青金筆架置□之脊，鼓翼而舞，邑人以為祥，因其地命名，名公曰嘉采，字景則，號則甫，紉庵其別號也。公/生未齔而陳安人卒，公哀毀如成人。幼而□敏，止岩公器之，屢從官舍，學有淵源。少補邑弟子員，戊午餼於庠。止岩公以宦成，構樓白/鶴山下，課諸子。辛酉，公長兄愓庵公龍采登賢書，里人以羊酒稱賀，止岩公笑曰："吾家尚有白眉，將重煩諸君耳。"蓋指公也。止岩公拜/□□之命而疾作，公奔侍湯藥，衣不解帶者三月。臨喪，哀毀過於禮。發篋勵學，於書無所不窺，其為文從容爾雅，不追時好。崇禎辛/巳，始以明經卒業北雍。壬午舉於北闈，為□師桐若楊先生首取士，聲名藉甚於諸公間矣。癸未，試禮部，罷歸。竊語所親曰："我在邸逾年,所見武備廢於邊,官司幸於位,無一人肯出身為天子當其事者,是何能國乎?"時惕庵公方宦湖南,以功起遷寶慶守,公遺書告以時事,若憂在旦夕者。

無何,兩京繼陷,福京建行闕,於時公車諸公十九登朝。公知不可為,堅臥不起。丙戌,乘輿遠巡,虜騎入關,公捫膺長慟,曰:"嗟乎!使吾辮髮羅拜則不可,令吾搴旗舉義又不能,吾寧蹈海以明志乎!"乃攜室入大嶝,依同年張君瀛以居,築土室一楹,僅蔽風雨。親友以書招之者,曰:"國破、家亡、身死,天之道。"示不邁也。久之,義師起,吏部葉公翼雲復同安,請公入邑城以固民志,乃遂攜室歸。不數月,虜大至,有籲公逸去者,以為不可。圍急,食且盡,而外援絕,城陷,公乃具衣冠,焚香告上帝曰:"從前祈死,今日乃得,請□。"頃有介而馳者入門,見公危坐,□之曰:"若不懼死耶?"公曰:"我固知必死矣,復何懼?"曰:"多與我金,我釋若。"公曰:"吾死,金則子之金也。"虜異之,稍入內室,見室中器仗皆具,曰:"是欲與我敵,奈何生之!"乃見害,室中十餘口,無一脫者。孺人陳氏,太學生雲紀陳公女。陳與林世為婚媾,孺人年十七歸公,夙嫻婦訓,止岩公稱曰:"新婦真出太丘家者。"與公相莊無違言,治生井井,喜施予,佐公為德,於宗黨無倦。城困時,公語孺人曰:"吾為愚夫,即事急,汝亦當為愚婦。"孺人泣曰:"以身殉節,同歸固宜。"及是,並遇害。蓋公少時,止岩公嘗呼之曰"二愚子",公曰:"自古忠孝未有不以愚成,以巧敗者。"故亦每以自稱焉。

公生萬曆丙申十月十有七日辰時,孺人生萬曆戊戌正月二十九日戌時,於永曆戊子八月一十六日未時同被難。公享年五十有三,孺人享年五十有一。生二子:元鼎、元□,俱幼殤;女七,存者三:長適邑庠生葉喬□,次適郡庠生楊玉萃,又次適邑庠生洪日棟。嗣子元升,惕庵公次子也,辰州郡庠生,娶周氏。孫四人:長承詔,聘邑庠生葉喬慶次女;次承誥、承諏、承詢,皆未聘。元升久從宦於楚,以承詔歸侍公,惕庵公已致政,以道梗未得歸□。元升遯跡郡山,惕庵遘疾歿,元升緣崖逾險,中道乞食,己丑冬始抵家,則公與孺人已於戊子秋歿矣。家人以時方匆遽,久殯非宜。承詔乃扶輀合葬□□□□院之□,墳首戌趾辰,去封主事公壟里許,則永曆己丑二月初七日寅時也。

公與余為同門生,楊先生嘗稱曰:"吾門有□□□,一為徐君,高名□人;一為林君,務實君子也。"先生器余二人過諸及門者。今楊先生已建節楚蜀,致位司馬兼大中丞,為□□□股肱之臣。公雖未仕,而不為虜屈,可謂不愧楊先生矣。嗣子元升撮公行事而乞言於予,詳而不誣,質而有章,亦可謂能子矣。

余與公/零試於禮部者一年,所時相過從,悃款肫切,未嘗慷慨矜奮語及時事,意其為長者,不知其臨難就義,不苟乃如此。據實,公精於筆法,/得二王遺意,畫墨竹似文與可。彈琴詠詩,神理蕭散,又似嵇叔夜、陶靖節。凡公之所長,余皆未能知之,則公之□於余者,多矣。又記公/墓草宿後,有一男子持斗酒隻雞,哭奠甚哀,竟去。守塚者跡之不得,不知其姓氏。公之隱德感人又如此,余安能以盡公哉?

　　銘曰:/"國寶淵淵,有光在璞。弗衿其儀,□棹□獨。孰是舉足,躓影而不致於服□,孰是安以俟命而不儷於國殤?我佩我纓,鸞鳳和鳴。子孫其/□,鬱鬱乎保茲佳城。"/

　　敕贊理直浙軍務兼理糧餉、都察院右僉都御史、前兵科給事中,年門弟徐孚遠頓首拜撰文。/不孝嗣子元升泣血勒石。/

　　該墓誌銘出土時間、地點未詳。銘石藏於同安博物館,現據廈門市鄭成功紀念館所藏拓片抄錄。拓片高80厘米,寬49厘米。楷書。無拓制銘額,個別字漫漶不清。

清・春庭鄭公暨繼室黃孺人合葬嗣誌

伯父春庭鄭公繼室慈慎黃孺人合葬嗣誌(篆書碑額)
平國公、期姪芝龍稽首拜撰文;/
定國公、期姪鴻逵稽首拜篆額;/
澄濟伯、期姪芝豹稽首拜書丹。/

　　時在乙酉,伯父春庭公捐館舍,芝龍稽首而志其藏,藏之□壙,則以厝前伯母柔勤黃孺/人其右壙,以待繼伯母。今歲庚寅,繼伯母慈慎黃孺人歿,余弟孤芝蘭與承重孫胤起將/啓右壙而奉伯母合藏焉,芝龍宜載志以竟前所未備。

　　繼伯母者,即前志中所稱宋長者/黃公護之裔,憲副似山公姪志喬公之女也。蓋前伯母無祿,今伯母繼而撫有其室,相伯/父四十餘年。二弟芝鼇、芝蘭皆其所自出,是大有造於我家,而其行誼又有足念者。伯父/初治書,家亦居約。伯母歸,辛勤佑讀,旦宵甚勄,口不言瘁。伯父搏飛之志,不言生業,一切/

文撐俱伯母力任之,而性文□敦睦。伯父與先/贈公唔咿罷而相勖於外,伯母與余/封母機杼罷而相勞於內,一門之間,藹藹雍雍。雖伯父之克友哉,亦由伯母衣韌於里者,之無/間於中也。憶余兄弟少時與二弟芝鼇、芝蘭居同堂,學同塾,伯母撫之,提攜訓誨,情等鳲/鳩。余兄弟進而問業,退而饗餐,與二弟同之。雁行中亦不辨為孰之毛裏也。前伯母有女/遺者,三伯母教而能愛,婚嫁皆名家。嗟嗟,人言為繼難,至如伯母者,果何難也。及余叨祿/於時,念伯父齏志未伸,而弟惟蘭也,纔欲使從政,伯母澹約之性,力辭徵辟。雖第五之名/不減驃騎,然其識度,豈凡流婦人哉！

今歲庚寅,壽幾七十,以是年四月廿有七日未時捐/棄恬倦,距所生萬曆戊子年五月十□□酉時,蓋已近古稀之算也。膝下三口繩繩,而其/境亦加泰,可以無憾。然其閫德有足繫人思者。歲庚寅十二月廿三日寅時,為伯母宅/壤之辰,婚婿之世譜,玄扃之頂趾,已詳伯父前志中,第泚筆而紀其生平,徵其歲月/並繫以銘。/

銘曰："吾聞之,珠以礫綴則瘨,錦以褐緝則蔫。夫雖使為伯父之配者,得一賢復/得一賢。蓋天所篤佑,故使之鸞以耦,光後以趾前。令德同歸,後公者六年。/奕達阜昌,將長發其祥於茲阡。"

不孝男芝蘭、承重孫胤起同泣血勒石。

該墓誌銘出土於南安市石井鎮,當地鄭氏宗祠收藏。黑色頁岩質,高80厘米,寬60厘米,厚4厘米。楷書陰刻。現狀完好。現錄自廈門市鄭成功紀念館所藏拓片。

明·鄭彥千鄭濤千合葬墓誌銘

皇明/欽賜/祭葬/太師/彥千/鄭公/暨弟/太傅/濤千/公墓/誌銘(篆書銘額)
皇明欽賜祭葬太師彥千鄭公暨弟太傅濤千公墓誌銘(楷書銘題)/
賜進士出身、通議大夫、兵部右侍郎、都察院左副都御史、前太常寺卿、光祿寺少卿,通家眷生王忠孝頓首拜撰文;/
賜進士出身、中憲大夫、太僕寺少卿、巡按江西監察御史、前南京湖廣道監察御史、建言賜環,盟□弟林蘭友頓首拜篆額;/

賜進士出身、嘉議大夫、都察院右副都御史、太常寺卿、前吏部文選司員外郎、廣西道監察御史，通家眷弟沈佺期頓首拜書丹。/

蓋聞之聰明正直，生而為人者，死而為神。至於捐軀殉國，忠揭日月，為人物中第一品流，則可以壽天壤於不朽，此余之所以嘖/嘖於昭明公之二子也。公姓鄭，派分滎陽，從宋始祖丞相端愍公居泉之武榮邑，家稱詩禮，代紹箕裘，彬彬盛矣。越至我明，鎮/國將軍樂齋公始卜築而地於石井之西云，再傳而為榮祿大夫西州公。西州公生三子，長益評公、次益魯公、三益漳公。漳早夭，/益評號振廷。振廷公從子貴，晉封光祿大夫，四錫誥命，則昭明公之父也。昭明公素曙大義，每譚及忠孝節義之事，未嘗不/欲歌欲泣，豎髮上指。子四人，長公諱廣英，號彥千，十四從戎，九江禦寇有功，升授鎮江遊擊將軍。十六值國變，從金陵扈/聖駕入閩，超擢左都督、錦衣衛堂上僉書，賜蟒玉、太子太師。三公諱海英，號濤千，當思文朝，奉旨漳泉總督糧餉，歷升五軍/左都督。初，虜騎入閩，昭明公義不肯臣，退居中左之濱以圖恢復，而二公亦毅然秉志不渝，嘗膽枕戈，誓不同虜天日。丁亥歲春，/焚舟登岸，連寨漳平，四方傾心響附，如雲如雨，軍聲丕振。其他無論，如復石溪、恢馬鑾、克流傳、攻長泰、復漳平、奠安溪、圍漳郡，勳/勞幾偉。此雖出昭明公之神算莫測，要亦二公汗馬之力，英雄矚目，蒼生引領。方期從茲掃蕩全閩，直抵江浙，詎意天未厭亂，奴/酋馳奏虜庭，遣五偽大人督萬騎徑趨攻圍，風鶴瓦解，而二公猶屹然據守石鎮，誓死靡去，身冒矢石，相拒半月，大小親經十餘/戰，食盡援絕。三公度勢不支，引劍刎亡。長公誼切鶺鴒，往救創躓，於是乎二公遂同日陣亡。嗚呼痛哉！天實為之，謂之何哉！

二公/以英妙之姿，受朝廷眷寵，居優處尊，獨能臨巨敵而不驚，委溝壑而弗顧，豈非貞心報國，天生性植，確乎其不可移耶？吾是以/歎昭明公之有子，為足以光史乘而壽萬祀也。《書》有之："生榮死哀。"二公其無愧是矣。二公俱出大誥夫人黃氏，長公生於己巳/季四月念七日卯時，卒於己丑年二月念二日卯時。娶呂翰英女，生男二，長忠國、次佐國，幼未聘；女二，幼未許，俱呂出。三公生於/壬申年八月十八日辰時，卒之時日則同於長公，以其遇難均也，聘禮部尚書郎許金礪侄女，未娶，厥後俟擇嗣。/今上龍飛御極，不忘勳功，各加贈恤。長公贈太師，三公贈太傅，欽賜祭葬，以示旌褒。時逢吉利，昭明公因卜宅於嘉禾山鷺門/港鄉之西北，負艮揖坤，高卑度數，照遵例式。於庚寅年三月二十日丑時，奉二公柩而合葬焉。

時請銘於余，余敬銘曰："河岳孕瑞，誕降忠貞。捐軀赴難，烈烈轟轟。北風嘶斷,玉折蘭傾。砥節立行,難弟難兄。/吁嗟徂兮,孰可與京。縹緲煙樹,儼若有聲。公洵不死,何有鯤鯨。雲騰紫氣,史載芳名。"

永曆肆年歲次庚寅三月□日,不孝男忠國、佐國仝泣血勒石。

太師太傅墓在廈門市鴻山,1994年元月遷建時出土該墓誌。灰色頁岩質,高84厘米,寬60厘米,厚4厘米。四周淺雕龍飾。楷書陰刻。現狀完好。現藏於廈門市鄭成功紀念館。

明・林開勳壙誌

吞胡伯墓誌銘(篆書銘額)
明總兵官太子少師、吞胡伯開勳林公壙誌(楷書銘題)/

公諱奇字叶吉,開勳其別號也。祖居同邑,大/方伯南塘公後,徙入鷺左,因家焉。公韶齡時/貌偉略異,每堊地聚米為戲,年十六從母舅/仕於寧波府玉山場,歷河山、經原阻,必務詳/屯伏攻守之圖。洎崇禎間,三關鎖鑰,需人孔/棘,公脫穎出,仕毛公麾下效用。慎勤武毅,著/有勞績,始薦都司。原扎林姓,從其姓為林。後/公以事歸,放遊江河,迄神京失守,公奮擊楫之志,馳入南都。時彈壓鎮/江觀音山重鎮者,乃今定遠侯鄭誼翁,金陵友人薦公與從事。公撫士恩信,制勝沉密。侯知公良,素重公,非噲/伍也,而子之,即唐鄂藩子薛定天不是過矣。/無奈中區漢儀,盡淪左衽,我/建國藩銳意澄激,盛統舟師進,公命之曰:"奴/氛劇熾,非鷹揚長子之帥。鮮乃克濟。吾兒素/大志,爾其往!"公奮然分兵五千,定策施猷,徑/取秦川。遂先平連江,次羅源,拱受寧德,義旅/雨集,蠢仇喙駃。公至城下,但效匣劍焚香,士/民喜慰,徯蘇恐後。功聞於朝,議以公克邑有眾,功懋懋賞,僉曰:"俞乃/制下,授以中權將軍之職。"公益勵大舉,所向臂/轍尾委,直□上騷除之耳。且公非特此,公知/人善任,使入寧陽,方公諱國慶率所部與公/圖事,不虞蒙難,公撫方孤猶兒。繼入秦川,/章公更負用夏之志,披肝明信,與公締為伯/仲好,公固知章,章亦善知公哉!捷奏表/聞,當寧以兩人克咸厥功,並晉伯爵。何天未/欲平治,恢地復為狡據,公乃捲甲南下,再圖/借一,詎海山叛逆中阻,公憤不復顧,竟以王/事殞生,果然。人固無如天何,然則公生有功/於世,歿亦可無聞於後。

公生萬曆乙巳歲八/月十二辰時,壽四十捌,配夫人蔡氏,生二男/一女。長男諱仕榮,年十六,襲封纘緒,聘/漳國藩服戎軍門楊公諱才之女。次男仕顯,/二歲。女團娘,四歲,未婚。二月朔越二日丙戌亥時,卜葬於嘉禾里竹坑之原,坐卯向酉。

銘曰:/"汹汹世宙,實挺名傑。歷履欽崎,雄風烈烈。/屢平寇亂,立致掀揭。恢攝所經,甘棠弗折。/勵志皇業,謀身乃拙。千載幾人,為公擊節。/竹坑之岡,允為公穴。峙流環翠,俾夫倚□。/城域鞏固,如苞繁衍。於萬斯年,令名不歇。"/

永曆庚寅歲二月吉日,賜進士第、任浙江左參政,愚弟夢官拜撰;門生蕭永拜書;門生鄭命拜篆。

1983年8月9日,徵集於當時的湖里開發區工地。黑色頁岩質,高25厘米,寬37厘米,厚4厘米。雙面楷書陰刻。現狀完好。現藏於廈門市鄭成功紀念館。

清·蔡復一妻李氏墓誌

明纍封夫人清憲蔡先生元配慈節李氏墓誌(篆書銘額)
明纍封夫人清憲蔡先生元配慈節李氏墓誌(楷書銘題)/

歲辛未冬,將奉/先外曾祖母李夫人合葬/先外曾祖清憲蔡公封塋,思勒數語壙石,以垂永久。憶相國二水張先生曩志清憲公墓有曰:"夫人贊公內政多淑德,公藉紓內顧,得一意殫精/王事。"夫以夫人淑德之多,炳憲生也晚,奚由詳悉?姑從過庭所聞祖述其概:夫人出銀同望族李姓。祖嘉靖庚戌進士、潮州守東明公諱春芳,父象/明公諱璋,為吳江尉。象明公與封中丞見南蔡公交莫逆,清憲公甫垂髫即加器重,充東床選,就傅於其家。夫人少公五歲,公捷南宮,夫人/齡甫十四,越歲奉命畢婚,鄉閭榮之。

夫人無侈容,唯以逮事見南公,得修婦職為慰。迨見南公以王少傅捐館舍,夫人佐公襄事,誠禮交至。公/揚歷中外,受鉞五省,至假尚方便宜,而淡泊類寒士,夫人甘之若素。當開府鄖陽時,一日適賓館延客,有傳進華陽王所饋酒,夫人見封口甚固,疑有異,/發出白公,當廳事啓視,則金皿也。公既怒卻之,回内署甚悦,謂是能與我共勵清操,其秉正類如此。公艱於嗣,夫人為廣置側室,熊夢莫遂。及盡瘁/王事,夫人間關萬里,夜郎鳥道中,百凡艱難,卒護抵里。公撫鄖,覃恩得蔭。没時恤典優隆,祭葬賜諡外,更予一蔭,時族中有耽耽者,夫人能承公志,/斷以大義,卒定繼嗣,而覬覦者無從,然此特所聞淑德中萬一耳。夫人仙逝,嗣祖母舅已先無禄,表叔孩幼未能執紼,先王父母姑遲有待,旋遭播遷,表叔/繼没。癸亥夏,海宇澄清,先王父方謀更置一繼為夫人送輀計,不意抱疴。秋,遂捐館。先大人讀禮三載,未遑繼志。丙寅、戊辰,炳憲兄弟復連抱屺岵之痛。今春/服闋,卜吉襄事,幸荷/將軍元侯施爵台麥舟高誼,捐奉將伯,炳憲兄弟不勝感戢。敬擇今冬十月初二日未時,奉夫人輀合葬於公封塋之右,負丑拱未兼癸丁,在同邑民安/里小盈嶺之大房山。夫人生於明萬曆壬午年六月十二日申時,卒於清順治壬辰年十一月廿三日卯時,享年七十有一,諡慈節。若乃擇嗣綿祧,無廢先志,則炳憲兄弟固不敢一日置諸懷也,謹志。

襄事總服外曾孫林炳憲、炳經稽首勒石。

墓誌石現藏於同安博物館。黑色輝綠岩質,高68厘米,寬37厘米,厚2厘米。楷書陰刻。現狀完好。

明·鄭德墓誌銘

大參戎鄭公墓誌銘(楷書銘題)/
賜進士出身、巡按福建御史,眷生路振輝頓首拜撰。/

公諱德,字伯仁。先出自福之長樂人。永樂初,以徵調居於浦。鄭之姓□為浦之望族,一派居城南,以龍嶼先生登進士起家。公之先祖派居城/東,其初時生人頎偉倜儻,但渾龐質素,未有文物冠冕之盛。雖然物先/小而後大,水必蓄而後洩,故公一派傳至六世,遂接踵龍嶼先生而生/永勝公,與之相比美焉。永勝公以佐弘光君賜是爵,嗣輔監國/魯王,進爵建國公。公是其功弟也,昆玉俱以建國公貴,兄振雄授都/閫職,公授參將函。都閫兄與建國兄為王事靡盬,征南討北,經/載弗獲/抵里,家中簿書、餉稅庶務,一以委公,公治繁理劇,井井有/條,咸愜建國意,晉接縉紳士大夫和顏怡色。復為人解紛釋/結,無不人人置之腹中也。

時際醜虜內訌,僦保乘危窺疆。公督/守城陴,日夜勤勞,祈神禱雨,虔備恪恭,無不立□,即浦中之/走童閨女,莫不口碑頌公之有功有德云。且人情□肉久而忘菜,/衣錦慣而憎布,終日享逸,輒厭奔走,而公既榮顯烜赫,復自貶損,/偕約縮腹,菲躬質素,無改古昔。噫!承樾蔭,迓鴻庥,公乎?先世乎?/先世職蓄,公職泄,而公之泄又益為蓄。然則公之貴,貴獨數世云哉!詩曰:"民之初生,自土沮漆。"而後長享八百,傳世三十,此先小後大之說也。而吾於公亦然。

公娶王氏,生男二,長夢龍、次夢熊。長聘方家,次未聘。/生女一,名西官,配周家。生於萬曆甲寅年十月念八日卯時,卒於永/曆癸巳年正月初八日卯時,於癸巳年卜葬於陳棣頭山,坐亥向巳,/以安其魄。此皆建國公命都督兄之克襄是事而報公也,故為之/銘。

銘曰:"蓄而後泄,困而復鳴。積以厚德,浚發厥英。振越鶴浦,淡然約恬。藏之深固,龍章鳳芾,必券斯銘。"

該墓誌銘1992年出土於原杏林區杏西路,墓碑題"明/驃騎將軍/雲台鄭公暨/夫人王氏墓/甲午冬吉旦,/男夢熊、夢龍仝立",現藏其後人家中。磚質墨書,共兩方。楷體。出土時其第一方下部已斷裂。

明·林開特母夫人丘氏誌銘

皇明誥封夫人丘氏誌銘(篆書銘額)

賜進士出身、通議大夫、聯絡閩浙義旅、都察院右都御史、前南京湖廣道監察御史建言、賜候補南京吏部考功司主事、升太僕寺少卿、巡按江西、山西道監察御史,制宗弟蘭友稽首拜撰文;

奉敕協理漳、定二國軍務,兵科給事中、加一級,通家眷侍生徐孚遠頓首拜篆額;

钦命总督水陆官□恢剿军务、提督水师兼提调各水师勋镇官兵、少保、忠靖伯、加三级,姻侄陈辉顿首拜书丹。

余不佞不孝,尝观人生福泽盛美,保世滋大,其得于高曾若祖祢庇恒十七八,而于慈若妣恒十二三,此其袭荫承休,盖有得全于天之数焉。既春春以思动,亦欣欣而向荣。既前事开后事之先,亦后人食前人之报。惟至玉蘖冰姿,风凄雨索;孤芳弱植,雪压霜横,如抚遗雏于缱褓,出百折于艰难,一段艰寒不字之贞,辛楚备尝之况。偏有荩臣志士,不得于回天捧日之余;一二闺阁币钗,乃得于荐胆和丸之际,则吾于余宗封母丘氏夫人有慨焉!

盖余之获知封母丘氏夫人概也,则自其冢君五军都督佥事开特君。开特君祖福,唐代以儒起家,丙辰及第、文穆公其裔也。世祖蒙迁而至赠骠骑将军,乾哲公暨子翘樊公赠世其官,即开特君父号对廷君者也。世居同之崎阳,为吾林望族。戊子秋,余以博浪锥误,揭家负先大人遵岛之嘉浯。时盖天地昼晦,日月无光,诸东西南北至者微缙绅士夫,其自王孙公子,玉浞银潢,俱皇皇莫知畢命。庚寅岁杪,余以奉新母子孤婺茕疚状闻当道。若吾徒缙绅,时盖有哀王孙而进者,独开特君破格相与,殊不类沾沾者见,余用得心识其人,异之。缘获相与,过从促谭,间及时事成败,俱恚然如指掌。盖若确有所见于衷,非苟而已者,益异之。辛卯冬,余以先大人艰卒,哭。晚过其斋,则出其二子曰慈、曰惠者,以家人子侄礼拜余斋头。余时方以孤踪别岛,遗恸终天。开特君辄多方慰藉,曰:"噫!微我伯氏先生长者,我小子参亦隐痛焉!小人有母,今年六十有八,慈而惠,时以忠孝懋勉其家。即今思其以参名命子,以慈、惠及忠名命诸孙,出其一生志尚趋向,有堪概见者。母方以笄年适我先父对廷君也。父故磊落,不事里儿被褐。先大父大母即今赠骠骑将军暨夫人梁氏者,复年浸以耄,家徒壁立,无从其饘粥,属父远事家人生产,缘有柬埔寨行。无禄,家人薄命,父以是竟陨厥躯。讣闻,母恸几绝而苏者屡。时母年二十有六,小子参生纔六岁,二白在堂、一妹在腹,欲遽赍以殉,则哑哑为谁,呱呱不子;欲起持家政,则弱媳孤婺,俯仰计诎不已,惟饮泣吞声,食贫茹苦,躬织袵佐,饔飧力操,作事甘脆。远近闻者,无不为母夫人肠几回曲。而母亦竟以是历百艰,勤以长得先大父大母欢,永世勿忝厥妇职。而参亦自是稍稍成立,节孝声啧啧闾里,以上邑长吏。长吏特扁'懿节流芳'褒嘉。方以闻部使者,冀仰荷恩旌,而天步多艰,国仇未雪。微独伯氏先朝遗老,盖小子参亦实有隐痛,厥心不独为奉新氏茕茕在疚也。"语及,复泪数行下。且曰:"人生孰不为其母于子,而吾母独罹酸辛;孰不為其子於母，而吾子實不孝無狀。即先是奉使安南，其得出一身於雕題鑿齒之間，報一命於職貢納款之日者，亦天之不忍泯棄吾母以及吾母不肖之子也。"即今觀其回溯前事，蓋有出洪濤而不驚，使四方而不辱，以自矢於母子煢煢之際者。時蓋余聞之而不覺愴然有動於心，復心識之而不覺盹然有意於言。則夫人生殷盛福澤之事，決無有無因而前，即人生靖節克孝之徵，決無有不厚食其報。非夫人母無以成開特君，抑非開特君亦無以成吾宗丘氏太夫人母也！乃去歲壬辰臘，夫人忽以卒世聞，今年癸巳三月，復以卜兆聞，而求墓誌於余。余曰："噫！"記之，是固其子開特君已先志之，余因得備述其言，備詳其事，而為之銘。

母夫人丘氏，漳鎮南人，生於萬曆乙酉年正月十五日子時，卒於永曆壬辰年十二月二十五日酉時，以今年癸巳卜葬於嘉禾之竹坑犀牛峰下，坐癸向丁兼辛丑、辛未分金。丈夫子一即開特君參，原授中軍都督府都督僉事，奉使安南，娶錦山黃衝奕君女，封夫人。男孫三，長世勳即慈，甲申入泮，乙酉拔貢，娶同安孝廉陳諱榮孫庠生諱霞起君長女，大司馬黃元眉諱其晟公之外孫女也；次孫世祚即惠，配忠靖伯陳燦珠公諱輝長女；次孫忠、女孫吉，俱未婚。女一即遺腹一娘，適錦山黃啟瑞君，男女孫各一。

銘曰："兀兀孤山，浮大澤兮。皇皇神州，持半壁兮。中有佳城，妥貞魂兮。繩繩奕奕，綿瓜瓞兮。寢昌寢熾，俾百世無斁兮！"

永曆癸巳年三月□日，孝男林參泣血勒石。

該墓誌銘1989年出土於廈門市原湖里工業區華美煙廠工地。黑色頁岩質，高81厘米，寬58厘米，厚5厘米。楷書陰刻。現狀基本完好。原件現由民間收藏。今據方友義主編《鄭成功研究》一書所載銘文抄件，重新標點、斷句。

明·楊權壙誌銘

明敕封掛奮威將軍、印贈榮祿大夫楊公壙誌銘（楷書銘題）／

運際中興，志圖恢復。蕞爾奠鼎甌之勢，彈丸開箭罟之基。拜□□□□□□／舟而濟，壓境之恥可刷，何難手劍而盟。然屬翻摩天下□□□□□□

□/有攈鱗之悲。是則天之難忱,命之匪諶者矣。公諱權,號巽以,澄之三都□□□/龍嵷,列七星而仰止;瀛江灝淼,匯四水以朝宗。川岳靈鍾,□□□□□□□□/十二年甲辰四月初九日結髮從戎,屢奏膚功,始獲知於□□□□□□□□/國誥秩以將軍,官加奮威。藩主重推轂之選。百僚讓先。□□□□□□□□/圖元勳之佐,不懼碎首之凶。礚硞逸響,迅發難防。傷□定以安眾心,興□□□/藥,卒隕厥身,薨於正寢,不死婦人。於癸巳年五月初七日□□□□□□□/四。長士焰,次燦,三煌,其四男□,乃妾曾氏所自出。藩主□□□□□□□/贈曰榮祿大夫,禮也。於甲午年正月初六日葬於澳頭□□□□□□□/人士思德業之在人,勒志銘於泉石,庶使魂遊下國,時張掃穴之威□□□□/壯犂庭之膽云爾。

銘曰:"唾手燕雲,思復故疆。黃龍未抵,岳髮衝天。連□□□□/還二帝。白馬猶行,軍聲動地。公帥水軍。如虎如貙。遭時不祥□□□□□□□/斯烈,有力斯竭。不沮不折,金石開裂。我藩知人,推誠善任。□機□□□□□/宋臣。我藩念功,廟典輝煌。春秋匪懈,享祀不忘。□□□□□□□□/聲。樹松列檟,愛遺雲礽。"

不孝男士□、□□、□□、□□謹□……

永曆捌年歲次甲午正月　日,僉議修□。

1986年1月17日出土於海滄區澳頭鼎山。磚質墨書,高30.5厘米,寬30厘米,厚2.5厘米。出土時部分墨蹟已漫漶。現藏於廈門市鄭成功紀念館。

清·劉夢潮夫妻合葬誌銘

明賜進士、廣西憲副海若劉公暨配恭人林氏合葬誌銘(篆書銘額)

明賜進士出身、中憲大夫、廣西按察司副使、□布政司參議、分守□轉運、前禮部儀制司主事、□□駙馬主客司郎中、提督四夷館、江西同考試官,海若劉/府君暨配恭人林氏合葬墓誌銘(楷書銘題)/

明賜進士出身、中順大夫、加級正議大夫、太僕寺少卿、前戶部清吏司郎中、/□□江州督核糧餉、廣東瓊州府推官,姻家表侄張璀頓首拜撰文;/

明賜進士出身、禮部主客司員外、欽改戶科給事中、前戶工二部主事、□州

□考試官,年姻家晚生林志遠頓首拜篆額;/
　　清賜進士出身、吏部觀政,年姻家晚生李其蔚頓首拜書丹。/

　　昔人三不朽,曰"立德、立功、立言",以生者之言而傳死者之德與功,此志銘之所繇設也。志銘必徵諸行實,實足以傳矣而後傳,則豈謂一諛墓言,遂足不朽?/藉其人之德功為不朽焉,實可重銘,而銘乃可重實。孝廉劉君霖任將以是年十一月初六日,葬其先憲副海若公於從順里院前石龜草塘之域,母宜人/林氏合焉。璀與憲副公為中表叔侄親,而孝廉君夙與璀為文字知,今又結兒女姻也。來徵銘於璀,璀自推言不足重公,然樂附公之不朽者以不朽吾言。/故勉遵其命。
　　謹按:公父沂東公,兄鄰蒼公,俱歷宦憲副。沂東公又以豸斧巡歷□安等處,□福□然。公子霖任、孫望齡俱名孝廉,遭易代故,未成進士,然視/制科拾芥耳。四世科第,為同望□□。四世而上之,蓋有隱德,而實中之□,自沂東公始也,蓋始顯也。公為沂東公第五子,吳安人所自出。沂東公以戊辰生,/公亦以戊辰生。生之前三日,海潮上溯五里,遠其家居。沂東公每曰:"三□□□二郎,實應其瑞。今兒生,潮至吾家,五郎允協厥祥矣。"因以夢潮名之,如餽魚/名鯉,獲□,名僑如,皆志喜也。公生十一歲,而沂東公捐館舍,又遭家難,公私耗廢,公又應出也。分產不滿中人,房屋、宗器、書籍無所與。公以孤孽自勵,而吳/安人拮据佐之,九如荻教,迄有成立,公慧而沉,百家子史無所不讀,最喜□□家言當也。□□初,洪公下車而課諸士也,見公文,輒器賞焉。洪公之文好為/詰屈贅牙,公雖以意投之。然獨抽一意,以意傳辭,辭□而意愈顯,與他人之飣餖為工者不同。積久而發,羽翼成而高飛,固其所也。壬子鄉試,出方公道通/房,主考雲間張公取中解者十日為副考,易置第二焉。己未會試,出莊公祖誥房,以□列二十,京都噪甚,以公不得元為恨。既制義行,長安紙貴,海內士爭/誦之矣。
　　公未遇時,嘗從鄰蒼公宦遊維揚,揚故才藪也。鄰蒼公以名進士俯就教職,雅好士,士亦爭慕效之。公故每與諸名士對壘,諸名士無不袒割下之/首。嗚呼!使公早得一第,登承明、讀中秘書,其於文當班、馬、歐、蘇等而屈首藝場,久乃得脫穎,殆成進士,又僅得錦而制焉。然公不屑越吏事,曰:"經術經世道/故□□。"當其令新建,一年而轉南昌也。昌為首縣,既而邑篆又兼攝□,省會盤錯,諸事慎委,公應劇若暇。益藩宗室多橫,公以禮法繩之,無抵網者。時有爵/宗構盜謀亂,豫章大□。公密蹤跡,首魁擒治具獄。詳台使者奏聞,逮送高牆,餘悉伏法。江省以寧□汊騷,巨盜劫殺,纍案不能得,公設法密擒,若捕鼠雀。援/遼兵經江省上游,諸有司概被譁侮。公就江濱部署分□,伍無譁者,蓋士紳始知公胸有甲兵云。辛酉分闈,得雋七人,如王君宏、黃君紹,悉聯捷登諫垣,□/其偉然者也。公素負山斗望,士故願出其門下。自簿書外,士以文觀者,衡量殆無虛日。公拔其尤者厚待之,然所知士亦感恩,多自愛,無敢躁冶以為公□。/公性寬和尚惇,大網漏吞舟,政不無疵□。且士元非百里才,有青眼盼之者,又或側目視之者,以故多中傷之。竟坐按台劾,□台劾固屬私憾,列款多虛,至/謂公衢行醉酒。嗚呼!彭澤來陽,豈盡以麴生被累。況公素不沾唇,即眾醉猶能獨醒者耶?然獨數靖亂之功,得從不及例,改教職。乙丑,補北京武學教授,作《孫子十三篇解》訓諸生。丙寅,擢禮部儀制司,教習駙馬。既教習,稍與內寺相關。或勸其謁魏瑁自炫,公辭焉,瑁憾之,幾以某駙馬父罪事波陷,賴同鄉解免。/烈皇帝登極,瑁正典刑。公疏列正邪,請□斥各如言。轉主客司,提督四夷館。朝鮮入貢,以故事例送土物,閱之乃璞玉也,價直五百金。公卻之。部議:朝鮮貢道,/公議成,尚書李公思誠心器之。辛未,會試,公以資望,部題分闈,有尼之者竟不得與。公悒悒不自得,作一聯云:"無個中緣,何當讀天下書,相天下士;有吾輩/骨,不許談長安事,識長安人。"遂承外補得廣西按察司副使,分守蒼梧道。九嶷之域,土瘠民貧。去長安日遠,吏以苞苴為故套。公至,飭所屬慎□署、剔弊蠹,/煥然一新。操守冰□,卻三江榷稅遊寨兵守護,更番折銀無數,歲纍千金。三院耳公名,欲以文衡屬公,俾得盡其才,故暫委署學篆,旋且即真,而公不幸以/仲冬殞矣。

公屬纊之□□手足,□僅僕數人,至親無在者。蓋公自四十七林宜人見背,遂絕妾媵。登第年尚壯,世家女多願侍中櫛者,公不再娶,至今稱為/義□云。長君霖任、次君震任皆侍公於任中。以科試,公促之歸,竟不獲視愈,痛哉!林宜人雖不及見公第,然已見公得雋矣。宜人十六歸於公,事姑吳安人/惟謹。吳安人善治家,宜人更益以勤儉佐之。以故,公□清白吏子,得不□□,益肆志於學,連□三女既又雙胎男也,而懼不育。至己亥生霖任,癸卯舉震任,/公不憂嗣續,□遊學郡城及吳越間,至經年不歸。歿六年,而長公登第。公之淡於聲色,固其天性,亦感宜人內助之賢,不忍以續絃,重□長公兄弟也。公篤/於下閫,故宜人之機可以無斷。而當公遊學他邦,宜人又日夕課長公兄弟誦讀不輟,每爇燈向白衣誦經,淚沾衣,拭淚再誦,默視夫若子卓有成立,以無/負贊助勸課之勤。蓋至公顯,而龍章鳳誥畀於九泉,宜人固已與分其榮至今日,而長公及子赫赫公車間,聲名藉甚,宜人之教澤益未艾矣。

公諱夢潮,字/國壯,別號海若。四十五領鄉薦,五十二成進士。生於隆慶戊辰年四月廿九日巳時,卒於崇禎壬申年十一月廿一日寅時,享年六十有五。宜人安溪依仁/里龍門人,廩生林思齊公女,生於隆慶壬申年六月初六日巳時,卒於萬曆甲寅年七月廿七日丑時,年四十有三。男二:長霖任,公素厚期之,在蒼梧見任/衙齋為文,曰:"盡如是,即飛騰矣。"丙子科舉人,娶己丑進士、兩浙運使柯鳳翔子、庠生柯擎霄女。次震任,□例太學生,娶舉人儋州知州陳榮選子太學生陳/春女。女三:一適庠生蘇世炳;一適辛未進士林一材子太學生林煒子、庠生林起鵬;一適舉人、思恩府同知洪日觀子,庠生洪為度。孫十:佺齡,府庠生;望齡,/順治辛卯科舉人;彭齡,庠生;玄齡,庠生;安齡、洞齡、軒齡、姒齡、造齡,俱霖任出。佺齡,娶舉人張瀚女。望齡,娶舉人莊鼎台女。彭齡,娶庚辰進士、兵部尚書盧若/騰女。玄齡,娶丙辰進士、太常寺太卿林宗載子庠生林宜杓女。安齡,娶舉人楊光堤女。洞齡,聘庠生王運期女。昌齡,震任出,聘癸未進士戶科給事中林志/遠子庠生林青軒女。孫女八:一適丁未進士、憲副蔣芳鏞子庠生蔣懋廉;一適庠生洪為度子綖;一配璀子;一配庠生陳師範子;一配太學生周士耀子。一/配舉人、廉州府同知陳大廷子庠生陳茂烞子。一配壬辰進士李其蔚弟李其華子,俱霖任出。曾孫九:運平、運輝、運升,佺齡出。運平聘庠生蔡岸女。運輝聘/儒士呂曰解女。運澄、運灝、運淑、運泓,望齡出。運澄聘丙辰進士林宗載孫、庠生林碩嫌女。運淑聘庠生葉彬女。運康、運泰,彭齡出。曾孫女五:一配兵部主事/胡本岳孫,佺齡出。一配己丑進士、光祿寺少卿蔡獻臣孫貢生蔡大壯子,望齡出。一彭齡出。一玄齡出。一安齡出。

　　黃宜人先附姑吳安人葬烏石圃山。茲林/宜人與公同穴,瓏銘曰:"人皆有癖嗜,公獨癖於書也。世皆能巧宦,公獨拙於仕。公文能垂世,該而不能逢世。故晚而得遇,公用不究其身,而於其子孫,故傳/之也久。公貌白而皙,若冠玉、若梓檀之神。神無所不之,而□焉於□里。草□芊芊,石龜嶙嶙,公與宜人於焉寄。豈曰鑿井得泉,而水專布是。"/

　　順治十一年歲次甲午十一月吉日,不孝男霖任、孫昌齡仝泣血勒石。

　　該墓誌銘2018年11月出土於同安區土樓村院前自然村,時因新福廈鐵路八標段廈門北第二動車所工地進行平整施工。黑色頁岩質,高60厘米,寬59厘米,厚1厘米。楷書陰刻。基本完好。

明·黃母莊勤孺人墓誌銘

皇明黃母莊勤孺人墓誌銘（楷書銘額）

當丙戌冬，不孝航海百粵間，仕隱十□□□，以先安人訃□，歸□里兩閱月，避地/島上，而故園不可復□矣。比者，黃黻襄其母葬事，以鎮海衛學生謝非熊狀來/求志於余。余不孝，自丙戌前□年，宦□南北，□櫬部君未□。後十年羈粵，□□母喪，/弗克臨。蓋以家□丘墟，權厝者暴露無□，酸鼻□之。不文安能為母孺人銘哉！乃/黃君自島間奉□車，揚帆達漳。復擲書□□，□詞懷切，誼不得辭，為搦管流涕，綴/述善行，使追而納諸壙中，且以自□云。

□□，孺人泉同安嘉禾里子泉公長女也，賦性/專貞，秉情和婉，年十八歸於同里黃府君應清。府君從事邑中，一切家政悉以畀之孺/人。孺人經畫厥慎，逮其事姑□以齊且媚，舅姑視之若其女然。已而，府君計上南都，銓/試入高等，以員乏假歸，意倦遊。孺人曰："丈夫弧矢四方，安能坐對匡廬蓬蒿淹人/哉？"於是，府君應記室，□□嶺外十數年。乃堂上菽水，孺人未嘗不與姒娣輩分同甘/苦也。迨諸子稍長，課之學，躬篝燈辟絖以佐讀。故其仲子袞錫，妙年受知於督學/吳公，遂以冠軍同邑。戊辰歲，府君謝世，孺人慟幾絕。尋以厥子未成立為念，更治/家敬嚴與藐，諸孤共□勗。無何，長子、仲子相踵云亡。孺人乃撫稚子黻及諸孫琮/等曰："而翁往，若責惟子，若責惟孫。盍勉乃業以紹厥家聲？"值時事多艱，黻等棄/儒業計□術，相晰夕砥切，可以奉其母孺人歡者不□。故孺人稱未亡人一十八年，得報冰/檗志於泉下矣。以己未年六月二十三日寅時疾卒於其正寢，距生萬曆壬午九月/十日未時，享年七十有四。摭其行實，諡之曰"莊勤"，宜也。

丈夫子四：長朝裳，事/思文皇帝為遊擊將軍；次袞錫，邑茂才；三黼，早逝；季黻，跌宕負英名，暨諸息表/表有林下風。女二，各能不失鳩性。孫男若干人，曰琮，朝裳出；曰珪、曰璿，袞錫出；曰壯。/□世珠胎。以孫女許配余從子胤次男，小名□者，黻出。曾孫男若干人，曰秀，琮出；曰榮，/璿出。種種蘭而雛新，是皆母飛鳩入懷、金鉤兆祥之應也。黻等以其府君先葬於/島之廈門港，其兄袞錫從焉，孺人實不克祔。用丙申年夏七月二十日申卜地□/於後所村之山,土名長春谷,負坤揖艮,出鎮海衛北郭可五六弓。其兆則卜云其/吉,環山左右,居民無不手額揚頌,謂黃君孝感致然。余猶謂非孺人德光,不及/此。安措時有野鶴朱冠,縞衣玄裳,飛翔來過。會葬者數百人,咸共異之。習青烏/家言,以為眠牛之祥不是過與!

銘曰:/"乃黃母,出同安。婦德飭,姆儀嫺。葬漳濱,凌□瀾。選往賦,表仙翰。/大□□,右其觀。死者宅,生者安。海之島,山之源。植松柏,滋蕙蘭。"/

賜進士、中憲大夫、奉/敕提督廣西學政、按察司副使、前兵部武選司員外郎、授北直隸河間府知府、/欽差典試雲南、奉/敕督理寧遠糧儲、戶部山東司郎中,姻家眷弟方文熠稽顙拜撰;/

賜鄉進士、文林郎、/行在差出、中書科中書舍人、奉/恩特晉一級,姻家生薛聯桂頓首拜書丹;/

賜歲進士、奉直大夫、/行在差出、六部職方貴吏司主事、奉/□特晉一級,弟志高頓首拜篆。/

永曆十年歲在丙申秋九月朔日,不孝男黻;/承重孫琮,上房孫珪、璿等同勒石。/

此墓誌銘具體出土時間、地點未詳。輝綠岩質。楷書陰刻。現狀完好。現為民間收藏。今據白樺先生提供的照片抄錄。

明·林朝陽墓誌銘

明賜進士、中憲大夫、山東青州府知府朝陽林公墓誌銘(篆書銘額)

明賜進士第、中憲大夫、廣西按察司副使、南寧左江道、前廣東道監察御史、巡視東城巡青、侍經筵、巡按陝西茶馬、順天同考試官、中書舍人,眷社弟黃其晟頓首拜撰文;

明賜進士、朝議大夫、奉敕督理糧運、湖廣布政使司右參議、前廣東海南道兼攝學政、兵部車駕清吏司郎中,年通家眷弟蘇寅賓頓首拜篆額;

明賜進士、禮部主客司員外、欽改戶科給事中、前京工部都水司主事、奉旨典試貴州,愚弟志遠頓首拜書丹。

古來文章道誼之士，天下望其出□如景星慶雲，爭快先睹，復如河龜龍潛見難，識者蓋未數數也。吾同里朝陽林公，萃文圃之英華以出，而尤獨秉清淑端凝之氣，超卓倫聚，雖值炎祚中微，卷懷勇退，而其敭歷中外、芳猷偉節，已足垂世教以不朽矣。

憶歲壬午，公拂衣歸自青。是秋，執太恭人喪。越歲甲申，葬其二親於蓮山之原，使余為誌墓石。居無何，余以桂林之命行，公顧甚健，恬然田園間，以詩文自娛十餘年，各天於茲。忽見季君灝觀以公之行狀及卒葬月日，馳索余言以為銘。余不勝哲萎之悼者久之。嗟嗟！余其何能銘公？獨公與余稱莫逆，而浮沉名位相等。公蚤歲臥東山，余中□而不能得，則深知公者莫余若，烏敢以不敏辭？

溯公之上世，固多達人，遐不具論。而自洛入莆，遷武安，又遷文圃之鼎美者，三十六郎肇其基，四十九郎浚其源。質彬之邁種而居，素莊江之玉蘊珠含也，知公之家學固源深而流長矣。公父為贈中憲禮吾公，以孝友聞，更汲汲行善事，廉介而好施，知公之世德，固作述而濟美矣。公幼而奇慧，長而好學，自經史之外，無足移其視聽者。故發為文章，崇閎而端亮，精奇而淵雅。讀其文，想見其為人。年長余十四，竊私心嚮往，操觚追雁行。乃余求益有日，遂先第。公不以後先墜志，惟以風木之思為終身憂。雖輒稱冠軍，以學使者未嘗見喜□色。家貧，教授，親老則不遠□□舍女·□□缺至以淑。其門弟子皆敦□倫誼，於是人多宗之，而公固凝重□舍□中。澄海陳君以高義得交族子雲蒸，以能勤修舉子業，相友善。時與公訂社盟者，不下數百人，而獨二子是□泯蝸角之爭，卻非禮之饋。端居盛服，不以寒暑易，搦管揣摩，不以數困□。居然惟□中有自到青雲意，斯中憲公之期望弗衰，至屬纘猶惓惓者，豈徒為庭階芝玉之虛願哉！公嘗謂余曰："癸酉之役，幸逢鄭羹先先生，蓋□失而後得之，更得座師劉勉之，□賞乃定。"羹先、勉之，海內稱文人，清風拂朝右，其□以得公，若天合也。

按：公登第筮任，守尚書郎，未及□而出守岩郡，甫十旬而賦歸來。吾謂公之不能安於其職者，非天也，人也。不私柄臣，則以虎窟委之；不徇權賄，則以蜑語謦之。正習尚則取訨於華士，絕□牘則修嫉於世室，又如瑜使之撓商也，巨紳之致戎也。當事者望之束手，而公挺然治之，脫若□蜩，則當日之側目公者，固無俟失款於鱟台之劾，已將有陰擠而下石之者矣，此誰為為之？觀公之至青也，殲署守之寇，自屏海外矣；戕禾稼之蟲，退飛抱樹矣；十年乾旱，百里無青，澍雨浹旬矣；十六邑之編戶逋負，轉輸如流水矣。莫戾若寇，莫冥若蟲，莫難治若民，莫難告若天，而無不惟公之格，此又誰為為之？凡皆公為之也。人不諒公,諒公者至為冥戾難治之儔,安得謂公之所能者惟天乎?故去青之日,憲使留之而辭,中丞留之而辭。公自審其身,不可復一日守此位而老親倚杖岩壑,混跡樵漁。嘗自詠曰:"繒弋漸遠,猶驚毛羽落人間。"日有涉筆,輒焚其草,非僅愛其為覆瓿也。

嗟夫!士君子砥節以完其身,博學善文詞,士宦至二千石,偉矣。乃其夙慧而晚達,潔身而寡譽,能無憾乎?惟念公之澤未周於九土,而東海甘棠,越茲而愈茂。公之德未孚於當道,而遐邇見聞,典型而山斗。且公歸而青即不守,中原陸沉,銅駝荊棘。乃優遊故園,治塋以終孝,興祠以廣仁,即有未竟,有嗣而竟之者,是天之取以成公者,何如也?今公之文已歸兜率,而猶多藏人家者,季君氏必能為傳。又季君篤學,兢兢承公志,即不盡以公之文傳,必能以文傳公而竟公之業也。德嬿種種,未卜悉數,余將別為之傳。

公諱鳳儀,字爾升,朝陽其別號。生於隆慶辛未二月初一日酉時,為禮吾公塚子,卒於丙申七月初三日申時。前一夕星殞庭前,光徹帷幕。得年八十有六。登崇禎癸酉賢書,丁丑科二甲進士,歷任北京戶部廣西司主事,山東司員外郎,督理九門鹽法兼管山東、貴州二司郎中事。崇禎辛巳,除授山東青州府知府,以致仕。歸後得覃恩授階中憲大夫,誥贈公父如其官,母許氏太恭人,元配陳氏亦封恭人,年少公二歲,壽康方永。丈夫子三,女二;孫男三,女孫四;曾孫男四,曾女孫一,詳列於後。

今季君將以丁酉十月七日,奉公葬於午峰三磜山蔡原之阿,其地負乾揖巽,乃前為贈君卜兆之穴,蔡太玄所指也,因為銘。銘曰:"文人之室,崒崔峙之。廉吏之藏,清流駛之。不爭於人兮,錫全於天。文山毓秀兮,磜山雲眠。惟固蓮山並茂,利厥嗣人兮,仁著必有後。"

公長子靜觀,邑庠生,從公之青,卒於公署,娶陳氏,繼娶何氏;次渾觀,亦先公卒,娶鄭氏;次即季君灝觀,縣庠生,娶生員劉其元女。長女適龍溪趙侍御諱懷玉胞弟懷讜;次女適吾族子邑庠生黃詢,俱母恭人陳氏出。孫男暢龔,應夔,暢泰。[泰,]邑庠生,娶泰邑戴方伯諱熺胞侄生員瑜女,繼娶大都憲戴梁崗公孫生員錫疇女;龔娶李氏女,俱靜觀出。應夔聘泰邑侍御戴公相女,渾觀出,先公殤。女孫靜觀出者一,適郡庠生呂泰階;渾觀出者三,一適漳郡庠生魏之桂,一適邑庠生傅立基次男佑,一許嘉禾陳咸觀。曾孫男曰元,未聘;曰會,聘高浦鄭氏;曰義、曰啟,俱未聘。曾女孫一,未許,俱暢出。是曾、玄者皆清白遺也,例得並志。餘尚未艾云。

太歲丁酉孟冬之吉日,不孝男灝觀泣血勒石。

該墓誌銘現藏於同安博物館，此據抄本轉錄。

明·王太孺人墓誌銘

明待贈王太孺人墓誌銘(楷書銘額)

明待贈六十壽慈懿王太孺人墓誌銘(楷書銘題)/

賜進士出身、通議大夫、都察院右副都御史、前太常寺卿、吏部文選司員外郎、巡視五城、廣/西道監察御史、巡視/皇城、兵部武選司主事，通家眷弟沈佺期頓首拜撰文；/

欽命護衛左鎮、總兵官、掛平閩將軍印、前軍都督府左都督、前右先鋒鎮，眷侄沈明篆額；/

欽命護衛陸師前提督、掛忠勇將軍印、太保、永安伯，侄廷書丹。/

人生綱常中，苟所遭不造，得直行其意以完節義而事畢矣。至於時勢萬難，不得不含垢/忍恥、曲就苟活，為承前開後計，其志更哀而行更苦，此其所全於名教者，誠當為之闡幽/而表微也。

榮初黃君母太孺人王氏產於鷺之後洋，長歸純侃彭公，公即榮初生父也。何/以稱黃母？以純侃公戰紅夷，疾卒。太孺人阻諸勸，不得捐生，家貧且值變亂，母子形影相/吊，幾不保，懼斬純侃公之祀，復歸黃樸質公，故榮初亦從母而稱黃公。榮初時甫離縫褓，/計太孺人之歸彭也數年耳，其孝翁姑、睦妯娌，諸徽懿不具論。惟以一子之故，復為黃家/婦，豈得已哉？彭氏伯仲涕泣之，言曰："若匪石矢，靡他，吾如吾侄何？若其若兒何？死與存孤，/孰易孰難？王博文幼喪父，其母適於韓家，後獨恩封，古有行之者。若其為吾侄屈乎？"余讀/行狀至斯，不禁淒然欲絕也。然倘其成我者與生我者，顧復或有異視，教養或有未周，並/如昔者饑饉喪亂時，其何以自存焉？乃如所云："樸質公娶吾母而愛余，無以異吾母之愛/余也。吾母生祿與壽，而愛余甚於愛余弟。是以吾母得安撫養不孝，無以異以歸彭之撫/養不孝也。"如是，而太孺人之志遂矣。夫其隱忍如是，而冀望得至於是者，此何如用心而/所以處之，亦必有道倫教之事，寧盡得直行其意耶？亡何，而樸質公又沒，榮初已稍長，太/孺人念二子尚幼，惟榮初是恃，勉體樸質公無異視之意，而益盡為子為兄之心。

迨閩腥/穢,義旗雲舉,/賜姓公駐師鷺島。太孺人勵以身許人,圖一命報先靈地下,遂積功、隆委任焉。今既以總鎮/屬榮初矣,二弟方剛,朝夕相從,事心力俱一指掌,懸金帶肘後,以慰純侃、樸質二公之靈,/則已至而尚意太孺人之猶有待也,乃以丙申八月卒於正寢,然太孺人亦可以無憾矣。/今歲臘月,余為先君築塋,並在哀悼中,而榮初專為太孺人卜葬,徵言於余。夫《禮》:"葬,從夫。"/太孺人變經以存祀,今榮初行權以葬母,義不敢有崇屬者,心有所不忍故也,事死如事/生,喜得之矣。

太孺人生於萬曆戊戌三月初七辰時,卒於永曆丙申八月十二卯時。子三:/長昌,即榮初,彭公出也,娶卓氏。次祿,現隨征總班,娶曹氏;三壽,聘陸氏,二三皆黃公出。孫/三:長廷捷,聘胡氏;次廷魁,三廷元,俱未聘。女孫一,未許,皆昌出也。以戊戌臘月念日卯時/葬在林後之陽。

為之銘曰:/"權能合道,母以存子也。死不合葬,禮以義起也。後之仁人君子,應傷其志,哀其行苦也。"

不孝男昌、祿、壽仝泣血稽顙;孫廷捷、廷魁、廷元仝稽首勒石。

墓主係鄭成功部屬黃昌之母王太孺人,墓在廈門市湖里區馬壠村小東山,1996年因殿前工業區建設而遷移,出土此誌。輝綠岩質,高39厘米,寬39厘米,厚2厘米。楷書陰刻。現狀完好。現藏於廈門市鄭成功紀念館。

明‧黃府蔡太孺人曾孺人合葬誌銘

黃府勤肅蔡太孺人暨仲婦端肅曾孺人合葬誌銘(篆書銘額)
黃府勤肅蔡太孺人暨仲婦端肅曾孺人合葬誌銘(楷書銘題)/
鄉進士、年家眷侄張金標頓首拜撰文;/
鄉進士、年姻家盟社侄蔡雨慶頓首拜篆;/
鄉進士、侄開泰頓首拜書丹。/

子之習識黃大子也,自金吾鄭公始。其得定僑札之分,以為生平惟也,則自今勳府忠振公客予以西席始。憶昔予館西齋,講誦暇時,/過參府,偕大子聯床道故,或至漏下不休。一夕復從大子談,語及昔人雞黍事。大子不覺撫几泣曰："嗟予之不孝也！先母棄世，予兄弟方在襁褓，恍惚儀范，莫能記憶。其行略，僅得之先祖母及先大人所口咨云。先母，蔡少尹明秉公侄女也，歸我先君，時曾祖母垂白在堂，祖母周猶然婦也。母承事晨夕，兩無間言。潔瀡柔甘，必代祖母兼諸姑，而後以兼祖母。一衣垢即自和灰，一裳綻即自紉綴，不以鈞勞於姒氏焉。故十餘年間，祖母惟知有含飴弄孫之適，而忘其雞鳴盥櫛之勞，皆母力也。先嚴弱冠，藻績玄暉，人謂往必千仞。顧數奇不遇，居恆悒悒。母輒以溫語慰之，先嚴亦為解頤。豈期文章無色，日月不長，衣抉分呲，山崩失恃之悲，嗟復何言？"嗚呼！此大子之言也，即大子為予所陳之行略也。予亦少失所恃，哀思憐病，不覺相對泣下。

今太孺人往矣。使太孺人而在也，睹其子之頭角雋穎，余知必能閉坎卜鄰；睹其子之纂組華胤，余知必能作被和丸。使太孺人而在也，睹其子之與俠客遊，與義友交，予知必能截髮剉薦，出筥列膳而不惜。今則潯陽遺鮓，莫展魚梁之書；屏風復燭，空傳草檄之文。充以德而嗇以年，何造物之畀淑人若是吝乎！余又聞之，方太孺人之捐慈幃也，大子尊翁調玉公方有召都邑，續鶯采者趾趾。大子祖母撫大子泣曰："嗟，若是乎？而母十餘年孝敬勤渠，有難為繼者。且而母先既代予為婦以養姑，予今獨不得代婦為母，以育子乎？拊畜顧復，老身實甘以故！"公感其語，遂終身不復娶。夫不知其婦，聽其姑嬋。予於太孺人之獲譽於姑，可卜思媚之忱矣。宜其有嗣，徵如曾孺人者。

孺人，泉郡曾諱於蕃公長女。幼時從父讀書，知大節。公嘗設教於大子之鄉，見大子文而奇之，歸謀諸室曰："黃氏子不愧劉延明，真快婿也。"遂妻之。於歸後，遵守婦道，恨不及見其姑，而事大父及舅必恭必恪。會家資稍索，環堵蕭然，孺人不以介意。且謂二尊人菽水足，惟不以肉帛難周給，而藉口兄嫂。以是二尊公俱於孺人是養，而二尊公亦怡然樂為孺人養也，誠龍蛇賢人。嗟大子之兄若嫂相繼仙逝，衣衾棺斂，措處維艱。孺人出簪珥以佐治，了無吝色。丙戌秋，三山失守，孺人甫產麟英，而大子又遠遊海外。時犬豕播虐，野無青草，二尊公以衰暮之年，飢渴不時。孺人獨手自拮据，承歡無倦。及大子自海外歸，以毛錐得名，為當途延置幕府，三釜留榮，稍幸自足，而二尊公竟相繼謝世，大子方鞅掌行間，孺人以一身肩重任，設靈几朝夕泣奠，蓋孝敬實出天性云。既又以叔病故，梓里懼厥遺孤，趣令叔婦僑寓共處，撫育遺孤，均如己子，識者謂大子有謝幾卿之風。予謂孺人幼知書，其亦習讀魯義姑之傳歟？嗚呼，難矣！露鴒雪雁，方悼雕棠之悲；而單鵠寡鳧，遽深僵瑟之感。所稱婺女星降必清而壽之，謂何意者？神祇有靈，知太孺人不獲身見兒孫婦孝敬，而孺人亦以不逮/事姑為恨,故相從地下湯沐,若姑得少償新婦思慕之誠,而微慰前人勤勞之意乎?

茲以是年二月十六日未時卜葬太孺人及孺人於山/柄山,坐巳向亥。大子固善成其志哉!太孺人生於萬曆丁酉年十二月廿九日丑時,卒於天啓丁卯年六月廿五日巳時,得年三十。子三:長/君堂坤、三君堂貴,俱早逝;次君諱堂壯,即予友字大子者,娶曾孺人,生於天啓癸亥年二月初四日吉時,卒於永曆丙申年又五月十四日/卯時。男孫三:惠錫,未聘,自季出;晉錫,未聘;嘉錫,聘鄭炫長女,自曾孺人出。女孫一,許陳亮次男,自曾孺人之媵出。餘未艾。

因為之銘,曰:"姑之事,婦與肩。徽之嗣,世德綿。猗嗟天,云胡則延。一姑一婦,等任姒賢。其芳可搴,是謂大年。"

永曆拾貳年貳月穀旦書。

襄事孤哀子堂壯率男晉錫、嘉錫,侄惠錫仝稽顙勒石。

該墓誌銘出土時間、地點均不不詳。青色輝綠岩質,弧首,高65厘米,寬50厘米,厚3厘米。楷書。現狀完好。現為漳州市龍海區民間收藏。

明·大總戎蘇濱泉墓誌銘

明大總戎濱泉蘇公墓誌銘(篆書銘額)

父諱毅,別號濱泉,同邑高浦人也,行一。生於萬曆甲午九月十一日寅/時,卒於永曆丁酉七月廿九日未時。大父諱順,大母陳氏,蚤棄世,不/可得而詳已。吾父子立克家,先娶龔氏,繼娶楊母,生男向桂;繼娶顏母,係顏/占梅之女,生男向秀、向實、向穎。計女子一,男子四。男長向桂,娶鄭敬唐/之女;次向秀,娶陳懷益之女;向實、向穎未婚。女適陳,早逝,此皆父派所/衍,固流長未艾者。不孝且因以溯父之源委可乎!父早具揮霍,以舟商/為事,適值當道需才,於崇禎八年選補中軍哨官,暨六年,隨征香賊,實/授千總。時值隆武帝駐蹕閩中,吾父往守杉關,晉受都司。無何,而/隆武帝蒙塵,始從王命入粵,而永曆君授都督僉事職,是乃父之/一生歷履者,距以享年六十四歲而卒。有孫男一人,名險娘,係長男向/桂出。

茲卜吉地得穴於五通嶺下、雲岳坑口,號金籠山,坐乾向巽兼戌/辰焉,窆之。窆日在永曆庚子十二月十五日辰時。公居左,而右域尚虛。/
銘曰:"誰為譜之,誰為旌之?惟眉山之苗裔,得此夜臺而窆之。"/
時歲次庚子臘月之望,孝男向桂、向秀、向實、向穎仝泣血勒石。

墓葬在海滄區古樓村,今之文圃山恩澤園內,2009年因搶救性發掘而得。千枚岩質,長、寬均為41厘米,厚0.5厘米。銘之左有三分之一為"山水圖像"(即堪輿圖)。現存廈門市博物館。

明·蔡進福墓誌銘

明統領護衛總鎮左都督、加授龍虎將軍、振西蔡公墓誌銘(楷書銘題)/

公原籍惠安縣崇武所侖後社,漢東閣祭酒之苗裔也。祖諱韜,父/諱略。公行一,諱進福,字振西。幼異□□,□早受□□。□神京蒙塵,荷/戈裹糧從/藩主矢志同仇,誓律飆雷速,神威振□;□□□□,□汗□馬,蹀月□/血。蒙拔擢至統領護衛總鎮,官封左都督。□□□□品夫人。/公生於萬曆己酉年五月念二日寅時;夫人生於己亥年六月廿九日未/時。有國器二:長諱應興,現授禮武鎮領旗營將之職,娶吳斌之/女,生孫男有二,長德官、次升官;次男應祿,聘黃細哥之女。有女二,/長適參將葉諱富,次女適副將蘇諱靖。種種國器、濟濟家珍,/公之食報,未有艾也。侄饒砢素沐盟愛,其勳跡崇業,難以/筆罄,碩德宏澤,溢於口碑。砢生也晚,不敢溢實。

謹為之銘,曰:/"塋域鳳翥,子午列星。雲山□磧,綿綿代興。"/
永曆歲次辛丑年四月十有八日,盟侄盧□砢頓首拜銘。/
孝男應興、應祿仝勒石。

該墓誌銘出土時間均不詳。磚質,高28厘米,寬28厘米,厚2厘米。楷書。墨蹟略有漫漶。現藏於廈門市鄭成功紀念館。

清·唐自明壙誌

明誥封通議大夫、兵部右侍郎自明府君壙誌（楷書銘題）/

府君唐姓，諱大章，字士一，號自明。上世繇光州固始徙莆，逮五代祖梅□□復徙仙遊之東湖，是生養齋公。養齋公二子，長三麓公。三/麓公二子，次於霖公，贈通議大夫、兵部右侍郎，則府君父也。府君未生，贈公祈夢鯉湖，得金石教場之兆。將誕，大母葉淑人見仙人扶/童子擔書下降，而府君生。甫數歲，舉止不凡，篤志好學，識者咸異之。年二十五，補邑弟子員冠軍，食餼，取科名猶掇之，而府君屢嬰善/病，病中讀《王陽明先生集》有悟，遂卓然立必為聖人之志，延同邑陳思周先生，悅意交修，上訂《六經》，旁參子史。攻苦廿餘年，寒暑晦明，/疑而悟，悟而疑，謂從萬死一生中豁然貫通，乃復《大學》原本，揭明德之宗，訂格致之訛，為洙泗薪傳，真可百世俟聖而不惑也。府君事/親至孝，終身孺慕不衰，忠愛性成，一飯不忘君上。其立身大節皎然與兩曜爭光，而細行必矜，纖毫不涬，廣大精微，一以貫之。年五十/七，應歲貢，不赴殿試。遍遊山水，參訪名賢，針芥之投，千里夙契，益信此心此理，四海同然。迨開教金石，先辨志向，次定學脈，一以《大學/闡義》指授。嘗述先賢四語相勖曰："為天地立心，為生民立極，為往聖繼絕學，為萬世開太平。"於府君一生大願力、真精神，印茲四語，確/乎無忝。學者聞風而至千有餘人，稱為"金石先生"。晚來學益化，道益彰。當滄桑變故，而華夷仰戴，膚髮無傷，洵兩報君親而無憾也。辛/卯九月十八日忽召不孝等及諸門人語之曰："行將別矣。"因置酒共歡。二十四日，寢疾。至三十日，猶沐浴，扶杖出拜禰室。越十月二日/之夕，有大星隕於門前。翌日，而府君捐舍。嗚呼痛哉！不孝等從茲何怙矣。訃聞，黃童白叟，莫不唏噓飲泣，如失所天。其死也哀，真曠世/一轍哉。

生隆慶丁卯五月二十四日，卒後辛卯十月三日，享年八十有五。以不孝悅晉秩覃恩，纍封通議大夫、兵部右侍郎，/天恩存問。配彭氏，贈太淑人，坤德備至，內助咸休，先府君十年卒，葬於善化里大井之北癸山，丁向右壙。茲以是歲十一月甲申奉府君/靈櫬，合葬左壙。子男四：長朗怕，庠生，娶吳氏，乙酉出家龍潭；次顯悅，進士，兵部戎政侍郎、加升二級、加俸一級、題推尚書，娶陳氏，贈淑/人,續娶周氏,封淑人;三洞惓,徵舉孝廉,授翰林博士終養,娶鄭氏;四煥懇,題敘功貢給兵部主事銜,娶林氏。女三:長適庠生李鼎英;次/適庠生王思燦;三適庠生陳昌毅。孫男十四:仁曾、仁普、仁貢、仁素、仁時、仁志,俱庠生;仁簡,拔貢、兵部主事、奉敕監水師、覃恩加升一/級、四品服色、給郎中銜;仁密、仁永,俱庠生;仁崇、仁學、仁寵、仁聞、仁昕,已娶者□。孫女四。曾孫男十四:覺炳、覺留、覺嵩、覺挺、覺裕、覺盤、覺/聲、覺澄、覺麟、覺統、覺遇、覺奉、覺璿、覺苞,已娶者二。曾孫女二十。玄孫女一。

　　府君□平不輕著作,所已梓者業公之海內,諸如《芳規懿行》,/種種可師,載在口碑,詳在年譜,當以侍名公巨卿表揚不朽。不孝等苫塊之□,□能殫述萬一,唯朝夕黽勉以無忝在天之靈云爾。/

　　歲德辛卯復月□日,/不孝男顯悅、洞惓、煥懇同承重嫡孫仁曾泣血立石。/

　　康熙甲辰年正月三日改葬大井之東南艮山,坤向。

　　教下姻弟陳濂頓首填諱;吳元鳳敬鐫。/

此為鄭成功兒女親家唐顯悅之父的壙誌,出土地點、時間未詳。銘石藏於同安博物館。現據廈門市鄭成功紀念館所藏拓片抄錄。拓片高93厘米,寬51厘米。楷書。中部橫裂。

明·周長庵夫妻合葬墓誌銘

　　明進士、中憲大夫、京兆尹長庵周公暨配贈恭人黃氏合葬墓誌銘(篆書銘額)

　　賜進士出身、中憲大夫、山東青州府知府、前北京戶部山東清吏司員外郎兼管廣西貴州二司事、奉差督理九門鹽法、廣西清吏司主政,致仕通家眷會弟林鳳儀頓首拜撰文;/

　　賜進士出身、通議大夫、刑部右侍郎、前太僕寺正卿、太常寺少卿、通政使司左右參議、奉/敕招撫福建兵部右侍郎兼都察院右僉都御史,通家眷弟黃熙胤頓首拜篆額;/

　　賜進士出身、朝議大夫、湖廣布政使司參議、加一級、前兵部職方車駕清吏司郎中,通家眷弟蘇寅賓頓首拜書丹。/

嘗聞偉人在世，其生有自，其出有為，故揚歷中外，茂實英聲，遂以垂世而不朽，則今京尹周公是其人哉！周之先，蓋明德之冑，邈哉不可詳也。迨繇洛入閩，歷世屢遷，而有仙岐之麓，長庵公則深源肇其基，震吾、欽齋衍其澤。故公生而有異徵，且聰穎孝友有至性，其尊人欽齋與王父震吾，固已奇之。弱冠善屬文，以質其舅溫侍御與祖叔都諫公，嘖嘖不容口。爾時，文壇之會微，獨此樸簌者，不敢雁行。即吾鄉先正康兗州、許內翰、葉學御諸公，共稱莫逆，亦無不心折者。至沈督學之拔科也，馬房師之首薦也，徐耀玉會場之俛失而復得也，蓋皆有遇之文字之外。曰"是廟堂器"，曰"是千里駒"，曰"成吾宅相"，曰"品為縉紳領袖"，豈第謂是操不律而逐電光也者。

當其筮仕於吳，發硎方新，動中理解。若均賦役、革羨餘以蘇民，剖疑獄、懲猾吏以飭法，捐俸七百金修學置田以作人，並不辭殫力為之。而搜羅才雋，尤為加意，如周蓼洲、申清門、楊維斗、馮仲先，忠精才藻，為海內望，皆所特拔士也。惟其有之，是以似之，上台卓異之，薦固藉甚焉。因以署長洲、攝滸墅，視若姑臧之潤，不苟為就。然間見弊蠹妨民，亦亟請剔之，故吳人愈益信愛公。旋以漕台周聯老且至蘇，引嫌移歙，仍移潛。潛，故衛地也，不以烹鮮少之，弛張一如其治吳時，賑饑則捐俸，折獄必剔奸；歲例千金而不取，贖鍰一切為民蠲。福藩就封經過，水陸且悉心籌畫，無俾徵發為民擾也。士願教弛，棘闈久頓，更加作興而科第聯翩。使人謂衛多君子，斯焉取斯乎！嘗題其郡齋猗猗亭云："還留淇澳當年竹，不羨河陽滿縣花。"其意固自遠爾。乙卯應順天聘，考"思得燕趙奇士以裨朝家"，所取十有一人，立便翔去為卿寺者、台省者、中秘京秩者、學使邊憲者，文武相續，與冰鑒之聲交映爾矣。乃名日起而事日蹭蹬，公顧恬然不為意。

其入長安授禮曹，值神廟有遺詔，欲冊鄭妃為后，下禮部議。公據經確奏，事竟寢。無何，嗣聖疾大漸，召侍湯劑，偕勳臣徐禮臣孫入直禁中。奉顧命，命識認太子，保護聖躬。呂相之不糊塗，韓公之善調和，公實與有力焉。且以祠司總四司務，當日大喪大慶，禮儀叢集。大宗伯惟公是酌，欽天郊祀，醫院夷館，惟公兼職以行。邊庭告警，借差規避者強半。公獨毅然曰："君父在此，身家焉往？"大司馬黃鍾梅先生深嘉之，每與籌邊，亦惟公指畫之是從。賢勞埤益，此一時也，而公意益恬然。光廟擇陵，熹聖擇婚，司讞南理，督理南糧而節制南軍，一惟小心以從事。陵得吉矣，猶請僉同再覆，慎重舉行。儲久匱而習玩也，猶請軫念官軍續命之膏，重固祖宗基業之本，立還楚糧以救垂危。此尤匪夷所思者，乃避漕臣而移歙則辭，敘陵功而掌銓則又辭。辛酉例應主文以讓之大力者,甲子俸深應主文又讓之正卿。蓋自謂無黨、無偏、無憂,於波及/亦無乘便以邀榮,斯誠稟稟德讓君子,吳延陵之風豈多遜乎!且衛武公之有斐不諼亦庶幾矣!彼衛民懷思,馱肩輿而百里;吳人崇祀,留永譽於三庠,而燕臺之上,且九蒙賜金、六加錫命,於以貽令名而廣/孝思者,於世豈數數也。吁嗟乎!其出有為,量無足憾。而生有山鳴潮應之祥,殁有山崩星隕之異,揆厥所自,亦豈偶也哉!雖其年不配德,而子姓斐然,必有竟其所欲為者,觀長公請志之行狀,纖悉畢備,藹然/可感。矧知愛之素,安忍辭也?所愧耄拙,不能悉數其德,嫓然撮其涯略,足永世矣。

公諱爾發,字子祥,別號長庵,生商之瑞,公固自志之已。己亥由科儒,即領庚子賢書,登第則庚戌,祿養弗及,素抱風木之恨,仕/終南京兆少尹、中憲大夫。父欽齋贈如公官,母溫氏贈恭人,亦足慰矣。

公生萬曆癸酉年二月十八日,卒崇禎辛未年七月十二日,得年五十有九。配恭人黃氏先公卒,葬石鼓山,其懿嫓及生卒歲月則光祿/卿蔡虛老之誌具之,可無贅也。公胞弟念劬,最所鍾愛,與配楊氏並早世,無嗣。公為葬於父母之墳前,蓋以祭掃近,可相及乎。其天性孝友無間,存沒類如此。今以康熙辛亥年十月念九日未時,奉公合葬於石鼓山,亦從治命也。

子男四:長禎槐,邑庠生,娶庚戌進士、鎮江知府翁公為樞女;次弈槐,邑庠生,娶庚子舉人莊公履萬女,繼娶恩貢、泰和縣教諭署縣事蘇公居寬孫烺女,恭人黃氏出;三鳴珂,太學生,娶壬/戌進士、桂林府知府、前御史黃公其晟女;四榮槐,娶辛酉舉人郭公浚聲女,側室孫氏出。女五:一適光祿寺署丞陳公士烴子、太學生璧;一適太學生池公起蛟子、太學生徵茂,事姑孝,舉孝婦旌表;一適庚戌進/士、御史林公一桂子,邑庠生謙得;一適庚戌進士、武進縣知縣洪公觀光子,郡庠生朱祉,俱恭人黃氏出;一適辛酉進士、都御史傅公鎮曾孫國升子福,側室孫氏出。孫男九人:長宗琳,娶庚戌進士、武進縣知縣/洪公觀光子鴻臚寺序班、文林郎朱祉女;宗琡,娶榜眼、禮部尚書、翰林院太學生文恪楊公道賓子戶部主事絅管子郡庠生升吉女;宗瑄娶郡庠生葉公璿震女;宗琜娶胡公淑紀女;宗管娶葉公埏女;宗璟娶顏公/夢榜女,俱禎槐出。天麟娶丙子舉人、儋州知州陳公榮選曾孫、邑庠生宸輔女,弈槐出;鳴珂無出。文焜、文炳俱未聘,榮槐出。孫女七人:禎槐出者四,一適己丑進士、彰德府知府陳公基虞子邑庠生元錞子,邑/庠生堯都;一適庚戌進士、武進縣知縣洪公觀光子邑庠生世綸子,邑庠生士鑣;一適辛丑進士、御史徐公緝芳子太學生潤子台擎;一未許。弈槐出者二,一適壬戌進士、瓊州府知府郭公夢得孫邑庠生叔/琳子,邑庠生文龍；一適辛未進士、大理寺寺副陳公瑞子邑庠生敬錫子是演,縣旌表節烈。鳴珂出者一,未許。榮槐出者一,適陳公子兆。曾孫六人:之華,未聘,繼嗣宗琳;之章,未聘,俱宗琡出。之駿、之騏,俱未/聘,宗瑄出。夢蘭、夢桂俱未聘,天麟出。曾孫女五人:宗琡出者二,一許李公漢臣子成,一未許。宗珽出者一,未許。宗管出者一,未許。天麟出者一,未許。餘尚未艾,仍為銘之。/

　　銘曰:"古岐山兮聖生,今岐山兮鍾英。繁彬彬兮文與行,福吳衛兮重燕京。亶人傑兮地靈,惟深源兮流清。媲麟螽兮振繩,茲石鼓兮培周禎。奕世濟美兮,岐陽石纘中興,德福申佑以崢嶸兮,桐魚出而吳石鳴。"/

　　康熙拾年歲次辛亥十月廿九日,襄事不孝承重曾孫之華泣血稽顙,期服孫宗琡、文焜、宗珽、宗璟、天麟、宗管、文炳,功服曾孫夢蘭、夢桂、之駿、之章、之騏仝稽首勒石。/

　　此誌文、篆額、書丹,先嚴時已求之,但接踵濱地繼遷,弗獲如願,憂惱可勝道哉。茲幸地靖界展,敦卜吉合葬以盡厥職。

　　該墓誌銘出土於廈門市東孚某山,出土時間、地點均未詳。黑色頁岩質,弧首,高98厘米,寬50厘米,厚4厘米。楷書陰刻。現狀完好。現為漳州市龍海區民間收藏。

明·楊雪堂夫妻壙誌

明驍騎將軍雪堂楊公暨孝慈桐夫人壙誌(篆書銘額)
明驍騎將軍雪堂楊公暨孝慈桐夫人壙誌(楷書銘題)/

　　吾父諱期㴻,字則遜,雪堂其別號也。先籍原隸河南固始,自有宋議遷入閩,初居浯州之赤庭,/六傳又徙於從順里之柑欖嶺。迄今聚國族於永寧衛中左所者,蓋自祖父邑庠生諱師管始。/祖父生父等兄弟四人,父行三,幼而英敏,長而任俠,凡所與數晨夕周還,率多皮面。家雖貧,門/悉長者車,座客常滿,儼然一富豪也。然則當其服任奮功,則勉為忠孝,在於不怠不黷,至於爽豁/諈笑,士大夫與遊者又無不滿意去,求其方員遞給,卒居佐施無恡容,則皆吾母氏桐孺人克/相夫□□德,故上而孝事二人,承悅百方,下而課督孫曾,恩嚴有典,以至謀厝先人,肩不辭力,/□□□□母氏而吾父□□□多能無内□□哉。憶吾父□□□□□□□□□言曰:"歷世/縹緗,人宜種德聿修。爾祖自膺福祉,當吾髫年,□□及見□□□□□□□□□欽鄉/賓,榮冠帶。洎祖妣黃孺人亦享年至九十有一,並壽考多福。爾祖補弟子員,雖有志莫□□□/見爾二伯父諱期演者,於崇禎庚午領鄉薦,授兵部職方司郎中。爾四叔諱期潢者,亦繇□/庠生,於隆武乙酉科中式,逐隊文賢館,仍欽賜進士,授監軍道。獨爾伯父諱期淳者聲名未著,/告殞耳。今吾亦繇弘光歲甲申授海壇遊參將,旋以羽翼/賜國姓之先藩,勤勞王室。至永曆戊子復授左都督,掛驍騎將軍印。庚寅又加宮保銜。自愧畢生/蚊負,願子若孫能起承父志,克紹箕裘,吾亦瞑目於地下矣!身後徑尺之石且漫乞銘,以俟爾母/百歲後祔葬時並誌言。"未幾,而棄秉模等去也。越七載而母氏亦告逝矣。嗚呼痛哉!

　　父生於萬/曆辛丑年七月廿一日卯時,卒於永曆辛丑年十二月廿三日亥時。越壬寅年三月廿一日戌時葬/於嘉禾之官潯山,坐戌向辰。母生於萬曆癸卯年七月廿六日申時,卒於永曆戊申年九月十九/日丑時,茲甲寅年十一月十八日辰時卜與吾父同穴祔葬焉。生男二:長秉檻年廿六歲,早歿,娶/賜光黃公季女,得男孫高煌、高燁,俱未聘。次男秉模,娶都督池公諱福長女,得男孫高鼎,聘/庠生台生葉君季女;高煥,未聘。得女孫□舍,適吏部文選司池公諱浴德姪孫中鼇,生女一,朔舍,適振素黃公次男肇煌。其餘皆未艾也。積德厚者,流澤自長,爰書片石,以為左券云。

　　永曆二十八年十一月□日,不孝孤哀子秉模泣血稽顙拜志篆額,期服孫高燁、高煥仝稽首書丹,高煌、高□□。

　　該壙誌1983年6月10日在廈門市仙岳山下的工地出土。黑色頁岩質,高41厘米,寬36厘米,厚1.5厘米。楷書陰刻。現狀完好。今藏於廈門市鄭成功紀念館。

明·紀石青夫妻合葬墓誌銘

　　明鄉/進士、禮部/祠祭/清吏/司主/事石/青紀/先生/暨配/慈懿/安人/葉氏/合葬/墓誌/銘(篆書銘題)/

公諱許國,字石青,姓紀氏,泉州府同安縣人。父文疇,邑廩生,負文名,以文成黃公疏薦,徵為翰林院待詔,/纂修國史。母葉氏,生公兄弟八人,公居長。年十六,補邑庠生。二十二,舉於鄉,為臨川揭公重熙所賞識。丙/戌,虜入閩,公與太史義不受薙,偽令危鉗劫之,不為動。丁亥,挈家渡鷺門,與太史公同舉義旗。未幾,太史/公歿,公謝兵事,以兵侍郎沈公宸荃薦,/監國魯王徵公為禮給事,不拜。/永曆皇帝正寶位,公上疏行在,閣輔路振飛疏薦,詔徵公為禮主事,督義師。公疏謝,以永曆辛丑春三月二十三/日終於鷺門。終始全膚髮,為明室全人矣!

公生天啟辛酉年二月十一日,享年四十有一。娶葉氏,生天啟/甲子年十一月十四日,卒於永曆辛丑年四月十二日,為公毀甚,故繼公、從公也。公賦質孤騫,生平酷嗜/學,樂名師勝友,昵就之。其於流俗人意,望望然離也。為文章舒卷古今人。少壯著《廣史》《焦書》,文成黃公讀/之,贈以詩曰:"合眼相君得仙骨,餐服備非人間物。不知周孔開賓筵,果有龍鱗佐清齡。"其卒章曰:"還君史,/還君經。還君淡薄稱獨醒。和平簡至鬼神聽,蒼茫千古留石青。"其推許公如此。居鷺島,著《浯浩》《弗塵》二集,/華亭徐公孚遠序之,曰:"紀子之文,始也奧邃,倘佯若先秦諸子之言,已出入於唐宋大家,皆理要之詞/也。"可謂能言公文心矣。余序之曰:"文章節義,公終身言之,終身行之,可為天下萬世師矣!"

公遭大亂,歿時子/琮幼,權厝於浦源鄉。琮念風水弗臧,泣請於/世藩殿下賜吉壤,坐樸厝鄉,為壙二,左奉公,右葉安人。墓坐亥向巳。/殿下以公文字交,為營葬事。以永曆三十一年丁巳十一月二十八日窆焉。長男琮也,現任承宣司知事,娶洪氏;/次瑚,殤;三璉,未娶。

銘曰:/"文章造化之寶玉,以人寸心為之璞。郢匠巧手恣雕刻,既有異人不失質。以寫古聖之精血,鬼神讀之喪/其魄。縱有忌者妒不得,秦漢以下推典則。韓歐蘇柳各造極,先生筆陣納風雲。始從諸子領清芬,出入唐/宋卓不群。行當破壁懸國門,足以百世享子孫。峨峨者山忠義墳,俗死松楸恥不文。"/

丁巳漢臘吉旦,莆社弟、布衣鄭郊頓首拜撰。

該墓誌銘 2007 年出土於同安區原西柯鎮龍窟東村。黑色頁岩質,高 61 厘米,寬 36 厘米,厚 2 厘米。楷書陰刻。現狀完好。現由紀氏後人捐贈給廈門市鄭成功紀念館。銘文與《龍安紀姓大族譜》相較,有個別字不一致。

明·薛濬薛進思合葬墓誌

　　明總制五軍戎政、正坐營、中軍副總兵薛公諱濬,字元哲,號穎衝,暨/胞弟親軍左武衛將軍公諱進思,字元驌,號玉衝,祖居泉州府晉江/縣二十三都蚶江鄉氏也。穎衝公生於天啓辛酉年三月二十二日/亥時,卒於永曆壬子年八月二十七日申時;玉衝公生於崇禎庚午/年十二月二十七日辰時,卒於永曆丁巳年三月二十五日未時。際/值兵燹,未能還葬祖里,乃買山於思明州同安縣二十四都林後鄉/本山,土名大湖。墳坐丁向癸兼未丑、庚午分金。卜吉於永曆三十一/年歲次丁巳五月二十一日未時安葬玉衝公在右壙,越六月十六/日午時安葬穎衝公在左壙。期恢復日榮遷祖里,因未詳誌銘,略記/其概,以垂不忘云。/
　　穎衝公舉男五、孫一,餘未艾。男常霖、常植、常樞、常機、常楇,孫璋;/玉衝公舉男三,孫未艾。
　　男常懋、常楦、常楳仝泣血勒石。

　　該墓誌出土時間、地點未詳。黑色頁岩質,高38厘米,寬31厘米,厚2厘米。宋體字陰刻。現狀完好。現藏於廈門市鄭成功紀念館。

清·紀母葉太君墓誌銘

　　紀母葉太君墓誌(篆書銘額)
　　紀母葉太君墓誌(楷書銘題)/

　　方丙戌閩事潰,七建之名士皆憤而爭死,或竄深山大澤中,匿影吞聲,齋志以殉。人莫知今去之數十年,而齊巽、林說、趙珣、顏常、林坐、洪有貞、林燕公、楊萊子之死,人且/不能盡知,況翰林二待詔涂德公仲吉、紀南書文疇之隱。然二義旗皆舉事未畢而沒,志士皆流涕。南書以怫鬱死於鷺門之江,有子石青憤益甚,乃上言達行在,所以白父節,天子驚歎,得贈官與死義者等,且謂石青烈士,以禮部郎召。其母葉太君曰:"行矣,今日不走蒼梧安之乎? 勿復以我為念。"石青性慈孝,終以母老,夷猶江上不得發,一時島人有適蒼梧詣行都者,文相君安之、金太史堡輩必問:"紀禮部安否? 何迂久不得發?"知以母故,益歎為天下偉人。

石青生而慧,母奇愛之,以為是子忠孝,遂名之曰許國,人嗟異之。十有六籍於學,二十有二舉於鄉,又四年,遂為天下偉人。抱奇節、潛荒江孤島中,誓必一髮之不動以下見先帝與先師石齋黃子於九原,一時聞者但謂其學必皆出於鄴山與其父待詔公,未有一人知為母教也。甚矣紀母之言,似劉安世、虞譚之母也。劉母之戒子也,曰:"爾當捐身報國,勿以吾老為憂。流放投荒,吾當從爾所之。"虞母之戒子也,曰:"爾當捨生取義,勿以吾老為慮。吾當脫環佩以佐軍,爾必勉之。"然而二母猶當國家無恙時,安有天下龍荒、君子陸沈如今日者? 石青一日奉二人,載圖書浪家而去,如一秋葉浮雲濤煙波汩沒中,顛連凍飢,皆鄰於死,而太君安之若命。嗚呼,謂非偉人之母乎?

黃子在鄴山時,每言石青才識,則幾於道矣。東魯西羌,無復匹者。蓋疑其所得已不在鼓篋負牆之內,亦未知其為母教也。黃子平昔但云南書負良史才,觀其所著史,上下三千年皆不為詭激之論,異日必與石青共樹龍門之業。思文皇帝初與陳侍講言之朝,遂以翰林待詔召修《聖安皇帝實錄》,旦夕且大用,而太君獨憂之,知黃子殉節後,國事已去。一日,召石青曰:"爾父子頗有盛名,不善自晦,恐艱難險阻當從此始矣。閩事當潰,能遂晏然已乎? 盡瘁臣子之大義,萬舉事一不成,吾當從爾所之,爾必勉之。"蓋其深明大義炳炳如此。嗚呼,謂非偉人之母哉!

亡何,閩事潰,遂浪家入於海。待詔公以舉事未就,憤且死。太君哭之曰:"爾死於義,可不負所學,亦不負國,吾何恨乎?"後,石青亦以十年浪家西歸,未能睹時事之日非,憤且死。太君哭之曰:"爾獲全其膚髮以下見先帝與先師石齋黃子於九原,吾亦何恨?"又二年而島潰,乃攜子若孫歸同安,潛於海隅。一日,語季子安卿曰:"地安之願,子若孫耕且讀書,勿復問世上事,以送我餘齒。"歸三十有一年乃逝。

太君生於萬曆庚子三月五日亥[時],卒於今壬申十有一月十有五日子[時],春秋九十有三。子八:長石青,曰許國,聘於葉,有孫曰琮;次磐卿,曰定國,聘於洪,有孫曰琛、曰璘,曾孫曰源、曰浩;次磐卿,曰佑國,聘於鄭,繼聘於陳,有孫曰璟,曾孫曰繼、曰統、曰綿;次渠卿,曰荷國,出嗣於叔父;次董卿,曰杏國,聘於王,有孫曰琛,早世,以琛之子為嗣,曰潮,有女子孫曰寬,未字,以死殉夫,甚烈,有司旌為烈士;次潤卿,曰璧國,聘於洪,有孫曰/客、曰復,曾孫曰健;次讓卿,曰悌國,聘於林,有孫曰琳、曰瓚;次安卿,曰保國,聘於盧,繼聘於林,有孫曰珹、曰環,曰珣,女子子二,長適於陳,次適於郭,皆名門。孫、曾孫十有八,/而女子子之孫不與焉。以是昌後,是太君之仁也。其子八,孫、曾孫十有八,猶可能也。其子若孫皆卓犖克自樹立,耕且讀書,不復問世上事,以無忝厥祖,不可能也。

　　余聞/島人云,太君性仁孝樂施,與在島中,凶歲,鄰里有飢者,輒推所食而食之,曰:"吾寧勿食也。"島人至今以為美談,宜其子姓炳蔚於後世,趾角未艾也。余以收文出海門山,/必主其家,經歲習聞其行,將為之傳,疑其尚多逸事。於是且葬,來命余志。季子安卿曰:"爾家尊徵士公在鄞山,既辱與余父遊,今吾子又辱與余兄弟遊,兄子璉又學於/吾子,以辱吾子之門。三世共硯,誼難復辭,故敢以請。"余以疏賤謝不敏者久之。初,石青有子三,一曰琮、二曰瑚、三曰璉,皆落落自奇士,以父死於義,不樂與世接。島潰後,/琮復浪跡而東,為延平郡王客,與瑚俱其遊放在王粲、管寧間。璉獨髽蓬頭,穿逢掖,入空山。太君謂璉曰:"今爾父之執有竹川石秋子尚存,宜往事之。"從余受洪圖者六/年,復浪跡而東,與瑚俱沒於海外,二十而鮮,吾黨比之董履常。今者太君之喪,歸與諸父昆弟共襄厥事,惟琮在耳,將以是冬十有一月二十有五日葬太君於龍湄之原。/琮以諸父書來請銘,繭足三百里入敬身山,訪余竹坡之上,日與坐長松,看飛瀑,談諸舊事,有懷石青,相對揮涕,忘其疏賤。

　　為之銘曰:"一丘之土,道所在也。人孰無母,獨/千載也。一丘之土,道所寄也,人孰無母,獨炳大義也。戒子若孫,勿復與仲尼為市也。苟謝君直以為夫也,忍徐元直以為子也。謂不知去就,不如其死也。謂不敬其身,是/傷其親也。謂許衡、劉殷,不如我婦人也。一丘之土,道所繫也。過之者趨,必愴然而下涕也。夫人自有美子,一丘之土,與共存之天地也。"/

　　漳海遺民洪思撰文,年家侄林思銳書篆。聚英齋鐫。

　　該墓誌銘2007年出土於同安區原西柯鎮龍窟東村。黑色頁岩質,圭角,高61厘米,寬36厘米,厚2厘米。楷書陰刻。現狀完好。現由紀氏後人捐贈給廈門市鄭成功紀念館。銘文與《龍安紀姓大族譜》相較,有個別字不一致。

清·王貴良夫妻合葬墓誌銘

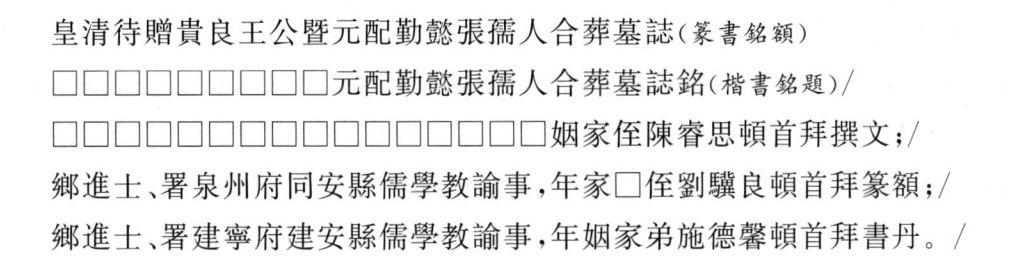

皇清待贈貴良王公暨元配勤懿張孺人合葬墓誌（篆書銘額）
□□□□□□□□元配勤懿張孺人合葬墓誌銘（楷書銘題）／
□□□□□□□□□□□□姻家姪陳睿思頓首拜撰文；／
鄉進士、署泉州府同安縣儒學教諭事，年家□姪劉驥良頓首拜篆額；／
鄉進士、署建寧府建安縣儒學教諭事，年姻家弟施德馨頓首拜書丹。／

余家居數載，得交則方王君，每晨夕□□聆其言論，殷殷以二尊人未獲窀穸為慮，孝思可掬，因熟其家世歷有隱德。未幾，則方君辭世。其胞姊乃／靖海將軍侯／誥封一品夫人也。將軍同夫人深為痛悼，遂舉數百金所購之佳域為岳翁母葬地，復賵之金，盡婿禮且□諸內弟，未竟□德，意塋如也。葬期伊邇，其孫／世祚、世祺、世禎、世禧、世祥等持狀走數千里，屬余為誌。誼不容辭。

按狀：公諱朝祿，字以天，貴良其別號也。其先自光州固始入閩，傳至延彬公刺史泉州，／後卜築泉南王田居焉，世聯科甲。傳至有禮公復卜築晉江十一都，是為丙洲開基祖。歷十數傳而生振泉公，振泉公生五子，而公居二。孝友天植，恂□／宅心，目擊時艱，決意退隱，日逐泉石為娛，歌詠自適。時往來潯海間，與／誥贈光祿大夫將軍侯達一施公相友善，因物色將軍侯妙齡倜儻，遂許東床，咸稱公有知人之鑑云。其訓子也以義方，於則修君、則方君、則符君被服儒／雅，嘖嘖有聲見之。其教女也以內則，以夫人孝行純篤，贊成大業，且善逮下麟趾，振振見之。辛丑播遷，挈家移居銀同西郭。時將軍已貴顯，公愈自□／晦，足不履城市，未嘗氣色加人，不以勢利自炫，又慷慨有大節。則方君橫遭奇禍，邑有同其姓名愛則方君者欲為移指，以圖解脫。公止之，曰："不可。素□／難行乎患難，失火殃魚，非理也。"則方君受命就理，家破身危，喬梓不為悔意。其忍人所不能忍有如此，宜乎天道昭而禍亦隨解。綜其生平，德盛於／三槐，自是公家物豈顧問哉？

元配孺人張氏，為三泉公女，即戊子舉人肇開公功姊也。性端莊靜一，年十六歸於公。事舅姑以孝，和睦妯娌無間言。□□／諸僮僕以恩，又善周恤貧乏，傾囊無懈，古稱"鍾郝儀法"兼而有之矣。與公舉案偕老，含飴弄孫，四代一堂，稱盛事焉。

公生於明萬曆丁酉正月廿四日未，/卒於皇清康熙乙卯五月二十日丑，享年七十有九。孺人生於明萬曆乙巳五月初五日巳，卒於康熙戊午十月初六日子，享年七十有四。女一，適現/太子少保、內大臣、靖海將軍、靖海侯、世襲罔替、兼管福建水師提督事務施公諱琅。男三：長宇，娶世勳黃公玉振女，生孫男一，世祚，娶庠生莫君邦瑗女；孫/女一，適左都督施公應樞男、庠生得琪。次宷，娶庚戌進士、尚寶司卿郭公諱立彥功姪挺鳳君女，生孫男二：長世禎，生員監生，娶施公肇登女，即左都督/璣公姪女；次世祥，監生，聘己丑進士、廣東憲副陳公諱基虞曾孫儒士世梃君女。三寶，娶施君應龍女，生孫男二：長世祺，娶庠生高君陞男、庠生戀祿君/女；次世禧，聘塔頭儒士林君黎俞男秉樞君女。孫女四：一適左都督顏公宗男重光，一適庠生楊君注男文遇，一許歲進士、教諭葉君純章孫徵振君男/應□，一未許。曾孫男九：永珺，聘舉人陳君文輝姪、國楨君女；永琮，聘山西憲副陳公彭姪然君女；永璸、永瑝、永璋，俱未聘，世祚出。永輝，聘世勳洪公諱旭□/太學生景芳君女；永耀，未聘；曾孫女一，未許，世禎出。永珍、永環俱未聘；曾孫女一，未許，世祺出。餘繩繩未艾。茲得吉壤於同安安仁里十一都□井□鄉/之原，負□揖寅兼坤艮。將以康熙壬申八月十五日酉時，奉待贈王公及張孺人合葬，爰為之銘。/

銘曰："仙旗發脈兮逶迤而來，四海朝宗兮襟帶瀠洄。佳氣萃聚兮保此夜臺，積厚流遠兮億萬年□。□□□□□□□□。"

□事承重孫王世祚稽顙拜□□。

□□□□世祺、世禧□□□□。

該墓誌銘出土時間、地點不詳。黑色頁岩質，高73厘米，寬44厘米，厚3厘米。楷書陰刻。據介紹，出土時部分字跡已有殘損。現為民間收藏。

清·陳太夫人王氏墓表

夫人姓王氏，陳贈公諱健之繼室，廣東右翼漢軍副都統昂之母，浙江通省提督倫炯之大母也。陳氏世為閩人，自長樂遷泉州之高浦。明末海寇滋蔓，遷濱海居民徙灌口，贈公時年六十餘矣，生計一倚長子光。光死，贈公大慟，尋卒。昂年始十有一，含斂皆夫人手之。虛室中惟雞一柵，母子號泣與雞鳴之聲相應，哀動鄰里。凶饑寇亂相乘，米至石八千。夫人拮据，日作糜半釜，瀝厚者飼子，次及女，自啜水漿，飢不可忍，則更急束要帶。昂既貴，每念兒時備見太夫人之艱辛，而不獲一日致鼎養，恨不欲生。方流離轉徙，夫人常抱木主以行，雖遇寇迫險不釋。用此，數世前，生卒、葬地，子孫猶得籍記。

閩人相傳，戚繼光禦倭寇，駐軍高浦，與僚屬遍閱山川形勢，指贈公舊居曰："是家必有興者。"以為此再世節鉞之兆也。然陳氏之遷高浦，亦近耳。前此廬其所居之地者眾矣，而陳氏熾昌，又在徙灌口之後，則非宅地之所為，決也。豈其先世故有潛德隱行及贈公之身，而胚胎已兆，故光潤先見於門閭與？嗚呼！此可即太夫人之節行以徵之矣。

倫炯始通籍，備宿衛，階甚卑，余一見即決其必拔起為大將。未數年，果建節，歷七鎮，軍民威懷，粵、閩、江、浙咸載其言。乾隆八年，以太夫人遺事請表墓，故並著閩人所傳語，使眾知家之興必由其人，而謂宅地能有助者，妄也。

太夫人父諱公榮，母某氏。女適太學生蕭湄。太夫人卒於康熙辛未年，享年七十有八，後贈公之卒凡三十一年。前夫人許氏，父諱浦，母某氏，卒年二十有七，葬於高浦之杏林社。界禁限隔，亂後邱隴不可復辨，昂及倫炯每以為恨。贈公葬於某鄉某原。太夫人以癸酉年四月二十八日葬於苧溪山之原。

江左方苞表。

錄自《方苞集》卷十三"墓表"

按：清初福建水師將領陳倫炯之父，方苞撰志及方志均作"陳昂"，但廈門高浦村的父老皆認為世代相傳為"陳昂"，呼為"陳昂爺"，而無"陳昂"其人。茲根據現有資料權作"陳昂"。

清·賴爾樞墓誌銘

皇清待贈爾樞賴公墓誌銘（篆書銘蓋）
皇清待贈爾樞賴公墓誌（楷書銘題）/

爾樞賴公，煥文外從祖也。始祖從軍中左，遂居焉。家世詩禮。大父純吾公,工文章,舉茂才。伯/祖諱愷,以文無害,司課稅,嘗謂之曰:"吾家素清淡,弟當以文學起家耳。"皇考奕然公偕伯兄/翼池公同學,翼池公進泮矣,彼竟不售。公生而穎慧,一時群從如怍駒公、友夔公皆相/繼聯翩受知於學使者。公年幼,方力學,而世事忽滄桑矣。無何,輟業養親,躬自洗腆。又/以草昧剝復,正英雄角逐之秋,捐貨結納,迄今鄉人欽其特識。至若文章一途,幼所□好,自/僑寓漳南暨還梓里三十年間,一經教子,雖家計逼迫、東西奔馳,未遂厥志,而彬彬文雅,不/墜家聲焉。

公諱廷贊,字爾樞,丰姿清秀,廉幹多才。兄弟同懷者三,公其季也。事親以孝/友聞。王父母及考妣喪葬,皆竭力經營。其為人也,言行恂恂,若不勝衣而倜儻知大體。濟人/利物,繁劇造次,未嘗疾言遽色,其天性然也。配從祖母孫氏。子男二:長元長,娶王公諱廷相/女;次元玨,娶陳公諱鎮女。子女一,適章公聚欽第五男。孫男八:文盛聘黃公諱維章女,文享/聘鄭公諱瑛俊女,文尚、文忠、文允、文全、文會尚未聘,俱元長出;文引,未聘,元玨出。孫女一,許/聘黃公仕潤次子,元長出。繩繩未艾云。

公生於明天啟丁卯年七月初八日辰時,卒/於今康熙丙子年十二月十三日巳時,享年七十歲。在庚辰九月三十日卯時卜葬於豪頭/社,坐乙向辛兼卯酉。

謹拜手獻銘曰:/"從祖之德,/宜高大其門。翕而未張,將有待於後昆。爰卜佳城,既固既安,於以利其子孫。"/

邑學生、姪孫婿林煥文頓首拜撰。/

襄事孝男元長、文玨泣血稽顙。/孝孫文盛、文享、文尚、文忠、文允、文全、文會、文引全稽首勒石。晉水四寶齋鐫。

該墓誌銘 1982 年出土於廈門市湖里區竹坑湖村。黑色頁岩質。楷書陰刻。現狀完好。現藏於廈門市博物館。

清·張天和墓誌銘

皇清待六十齡諱天和字位中號達三張府君墓誌銘(篆書銘額)
皇清待六十齡諱天和字位中號達三張府君墓誌銘(楷書銘題)/
賜進士出身、文林郎、觀吏部政、前癸酉科鄉試經元,年家姻眷弟蘇□頓首

拜篆額；/
鄉進士、文林郎、江南鳳陽府靈璧縣事，弟鯤美頓首拜書丹；/
己卯科亞魁、考選知縣，年家晚生鄭中階頓首拜撰文。/

處士張府君，諱天和，字位中，達三其別號也。張於漳為望族，世有顯人。自其世祖秉浩公贅於同，傳庠生寵舜公，遂□□於同之高/浦，再傳夢鯤公，是為府君之父。夢鯤公繼以經營起家，而課督其弟夢虬，所延皆名師，以故夢虬公十六為邑諸生。當□□□夢虬/公者，必歸美於其兄焉。蓋其詩書之澤，所自來者遠也。□君□□□不群，幼從胞叔夢虬公學，□藉謂功名可立就。無何，而兩□/人繼後。復值海濱遷延，乃綴舉子業，□以家事。然而豪爽之氣，終不少減也。嘗遙望其鄉之東皋山，慷慨自語曰："丈夫志在四方，何/必戀戀於此，作醯雞生活哉！"於是壯遊吳越，得意於四明山水，間□習陶朱之術，既有餘饒，遂挈而家焉。其天性孝友，重然諾，好施/與。兄弟三人，伯季皆不幸早卒，撫二孤侄不啻己出。宗族中有失業無依者，□撫育之，使其成立。親舊過訪，解衣推食，彌久不倦。尤/雅重儒術，每追念少年從叔父為學時，輒憮然曰："詩書吾世業也！□我於今已矣，安可令後昆輟此祖宗事乎？"乃益求賢師、折節良/友，與兒子輩切磋揣摩。時過齋頭，拈題較藝，限晷成篇，雖在齋中，恒嚴於棘闈時也。有學使臨較，必命其子歸原籍就試。今其郎君/茂，與其侄萬智並以妙齡補弟子員於漳郡，精勤嗜學，彬彬儒雅，然府君所以責望之者，猶不止於此也！

嗚呼！世人一入豪富場，擅/膏腴以自厚，無論骨肉手足皆為異體，況於宗族故□之人哉？且一操奇贏、較錙銖，市井成習，視儒生弦誦之事，不啻黑白之殊觀，/熏蕕之不相入也。如府君者，又豈多覯也耶？府君寓四明久，諸豪傑多與交，時或從外方之士登臨遊覽，梵宮丹艧，多所施捨。蓋以/閒曠之致，所旁為寄者也。易簀時，命其子曰："吾先人卜居鼇江，必歸葬□。"其子乃於庚辰年攜家扶櫬而歸。將葬，以狀請銘於余。余/與府君居同里，又與郎君有締姻之雅，其安能以不文辭？

府君娶鄉貢進士楊諱珏公兄諱鈺公女。男茂，漳郡庠生、遊太學，娶邑庠/生王諱龍珪公曾孫時祥女、庠生名世妹。女一，適歲進士楊公以仁弟以禮。男孫二：長湄，聘賜進士、中憲大夫、任廣西平樂府知府/鄭諱升公曾孫己卯科亞魁中階季女；次渚，未聘。女孫一，未受聘。府君生於崇禎庚辰年六月十一日未時，卒於康熙己卯年二月/十四日卯時，享年六十。以康熙壬午年十一月廿六日□時，葬於同安西界□□□西□石侖，坐庚向甲兼申寅。

乃為之銘曰：/"□□□□□□□山水清以傳府君於此□其□□□□□□□文。"

□□□茂泣血稽顙；□□□孫湄、渚仝稽首勒石。

該墓誌銘出土時間、地點均不詳。現為民間收藏。今據拓片的照片抄錄。

清·葉茂齋墓誌銘

皇清/貢監、候補同知茂齋葉公墓誌銘（宋體銘額）
皇清/貢監、候補同知茂齋葉公墓誌銘（宋體銘題）/
邑庠生、年家眷會弟許必達頓首拜撰文。/

公諱桐，字生奉，號茂齋，其先漳之武安人也。始祖遂成公，以正德年間卜居於泉藍之仁里。越七世，/夙知公生公兄弟二人，公居長，少以□□，百家諸子靡不博覽研究。未弱冠時，王司衡校士至漳，公以/原籍入武安，遂掇芹焉，不忘本也。嗣是而奉例廁身成均，椠戶揣摩，益肆力於詩、書。凡所交遊皆名士俊/彥，專學問以廣聲氣，又富於材，遇事能為。念祖宇為往來衝道，且險窄難行，甲子歲，請更坦夷。時有奸猾/者流藉為侵移官路，構訟謀害。當此際也，族之人皆望風股栗，公獨不避艱險，出智勇左右其間，卒之危/者安、險者平。非具大利器，能無對盤錯而束手待斃乎？不寧惟是，公之祖在武安，其來龜山也，未創冊籍，/所輸之課多在外寄。迨己巳歲，公鳩眾捐貲，建置班戶十甲，然後糧課、戶口始有所隸。凡此皆公之力，可/謂無愧於祖先而維賴於宗邦者也。他如懷二人、念同氣，以敦天倫；肯堂構、積疆畝，以裕後昆。百凡懿行，/嚇嚇在人耳目，難罄筆端。

余於公之長君舊有莫逆之好，茲將卜葬，請銘於余。余亦安能辭哉！謹按：公生/於順治甲午年五月初五日辰時，卒今康熙戊子年正月十一日酉時，享年五十有五。娶本里本鄉茂材/林諱萬輝公女，生男二：長榮祿，娶晉江縣集賢鋪周諱賡祚君長女，生男孫二，女孫一，俱幼；次榮禩，娶本/里溪洲廩生周諱日暻君次女，生男孫二，女孫一，俱幼。女一，適同安縣從順里西崗保原陝西潼關泰/將、升雲南欽州副總兵洪諱雲公三男監生斌佳。側室陳氏生男三：長榮機，聘本里山坪庠生白諱隆/蔡君女;次榮袊,娶本里梘坑周諱日榮君次女;三榮祸,未聘。女一,未許。今以康熙五十年六月初二日卯/時,葬於同安縣感化里運海鄉之梅仔坑,坐未向丑兼坤艮,辛丑、辛未分金。

為之銘曰:/"象公之貌,溫潤而澤。狀公之行,縝密以栗。創業垂□,□□□□。"

襄事不孝男榮祿、榮祺、榮機、榮袊、榮祸泣血稽顙;期服孫明玉、明佩、明夏、明商等仝稽首勒石。

該墓誌出土時間、地點不詳。拓片高60厘米,寬43厘米。宋體楷書。現據同安收藏家提供的拓片抄錄。

清·蘇巍庵夫妻合葬墓誌銘

皇清鄉進士、截選文林郎巍庵蘇公暨配孺人懿勤葉氏合葬墓誌銘(篆書銘額)
皇清鄉進士、截選文林郎巍庵蘇公暨配孺人懿勤葉氏合葬墓誌銘(楷書銘題)/

賜進士出身、大理寺右寺副、加一級、前國子監博士、吏部稽勳清吏司員外郎、文選清吏司主政、知陝西漢中府沔縣事、己卯/科鄉試同考試官,年弟林洪烈頓首拜撰文;/

壬子科舉人、署順昌縣學教諭、前長汀縣學教諭,年姻家會弟葉在茲頓首拜篆額;/

己丑科歲貢生、候選訓導,姻晚生葉道坦頓首拜書丹。/

幽宮之有誌石,所以誌先人之德行垂於不朽也,必得熟知其生平者以闡揚之。茲年侄紹祖等造廬而言曰:"先嚴先慈/葬有期矣,請為誌之。"余屬年誼,不容辭。蘇君諱峨,字眉生,巍庵其別號也,系出宋宰相崇祀名宦諱頌公,簪纓世代。歷/傳至曾祖鄉進士郡司馬喬岳公,有政績可稱。再傳至少鯤公,生雁行四,君居其次,出嗣童吉公。君生而聰穎,方質有氣,/形貌魁碩。司馬公即深器之,令從名宿周確岩先生學,講貫經史詩歌,為時文不事雕琢,而自合乎矩度,眾咸謂蘇氏繼/起有人矣。及壯,娶進士參政葉諱明元公胞侄孫女。屢試未遊泮,益篤志厲學。為浮海計,家務悉委葉孺人理之。癸亥,/王師底定臺灣,置郡建學。君遂以鳳山弟子員登丁卯賢書。昔閩之科目,歐陽詹開其先;今台之科目,魏庵開其先,俱稱盛事/焉。至若敦行篤修,事嗣祖母、生祖母孝養畢至,且有報本追遠之思,祖祠頹壞,急為鳩眾重新。處族黨言行必□在,知交/咸醉於醇,而以行己無過,學古有成,課孫子皆其身範之正也。截選報至,未膺民社以大展其才,惜哉!君既棄世,葉孺人/以母道兼父道,出自右族而天性孝慈,克勤克儉,治家皆有節法,內外肅如也。君與孺人之德行,真可垂於不朽矣。

　　生男/四:長思繩,庠生,娶萬曆乙未進士、江西憲副劉諱夢松公曾孫、儒士諱繼彰公長女;次一鳴,歲貢生,娶庠生賴諱嘉圖公/女;三紹祖,庠生,娶崇禎壬午舉人紀諱許國公胞弟、儒士諱璧國公次女;四思維,庠生,娶康熙庚午舉人、任福清縣學教/諭葉諱自南公胞弟庠生諱墀公長女。孫男八:賢夢,娶庠生呂諱暐公胞姐;賢輔,娶丘諱育成公長女;賢占,娶葉諱楚璣/公長女,思繩出。賢秀,聘崇禎壬午舉人張諱沂公孫、儒士諱於鼎公三女;賢雅,未聘,一鳴出。賢俊,未聘,紹祖出。賢標,聘康/熙庚申舉人、任仙遊縣學教諭張諱金友公次君太學生諱迪公長女;賢樽,聘太學生葉諱雲翔公女,思維出。孫女四:長/出者一,適邵諱裕浸公次君;三出者一,未許;四出者二,長未許,次許歲貢生葉諱道坦公三君。曾孫男三:允遷、允升,賢夢/出,以允升出繼賢輔;允暈,賢占出,俱未聘。曾孫女二:賢夢出者一,許庠生葉諱兆先公次君;賢輔出者一,未許。端好靜秀,/克振家聲也。

　　君生於崇禎丁丑十月初一日巳時,卒於康熙戊寅正月廿四日酉時,享年六十有二;孺人生於崇禎己卯/正月初八酉時,卒於康熙壬辰四月廿一日卯時,享年七十有四。以癸巳年七月二十七日午時合葬於翔風里十四/都後倉保洋塘鄉。墳坐壬向丙,內兼子午,用辛亥分金,外兼亥巳。

　　銘曰:"山崒海濱兮勢遠力雄,左右纏護兮穴藏其中。吉地待人兮有德之宮,鬱蒼佳氣兮啓佑蕃昌。"

　　孤哀子紹祖、思維,承重孫賢夢仝泣血稽顙;杖期孫賢秀,期服孫賢占、賢標、賢雅、賢俊、賢樽,曾孫允遷、允暈、允升稽首勒石。晉水興殖堂鑴。

　　墓主係清初臺灣第一位舉人。該墓誌銘出土於翔安區某地,時間未詳。黑色頁岩質,弧首,高67厘米,寬46厘米,厚3厘米。楷書陰刻。現狀完好。現為民間收藏。

清・陳昂墓誌銘

清廣東副都統陳公墓誌銘。

公姓陳氏，諱昂，泉州人。世居高浦，國初遷海濱居民，徙灌口。父兄相繼沒，以母寡，艱生計，遂廢書，賈海上，屢瀕死。往來東西洋，盡識其風潮土俗、地形險易。康熙癸亥，上命浙閩總督姚啓聖經略臺灣，遣靖海伯施琅統諸軍進戰，求習於海道者。公入見。時制府以水戰宜乘上風，公獨謂北風剽勁，非人力可挽，船不得成舷，不若南風解散，可按對而進。施意合，遂參機密□。將至澎湖，北風大厲，氛霧冥冥，晝面不相覷。三日，軍中恫疑。公進曰："此殺氣也。將軍毋以父兄之仇舵，欲效楚伍員倒行而逆施乎？"將軍曰："然。則吾誓天。"公手案以進。誓畢，風反日暉，遂剋澎湖，歸疾病痍傷者於臺灣，其吏卒大憙。鄭氏遂歸命，兵不血刃。策勳授蘇州城守。一調再遷，而至碣石總兵官，擢廣東副都統，皆濱海地也。嘗奏請："西洋治象數者宜定員選，毋多留；其留者，勿使布其教於四方。"自開海洋，登、萊、江、淮間海舶至，菽粟布帛即騰踴。僉曰："內地年登穀貴，職此之由。"久之，語上聞，命盡閉海洋。公聞之獨曰："南洋非此倫也。吾少歷諸番，皆習耕稼，無資於中國；或海壖毀饑，商舶尚以諸番之米至。今概絕之，則土貨滯積，而濱海之民半失作業。"欲上言，會疾作，將終，命其子以遺疏進。眾皆疑焉。叩之閩人，則曰："斯言也，其信。"

公之子倫炯介吾友楊君千木請銘，余既奇公之跡，又其言宜考信於後，乃受其請而譜之。公歷官皆能其職，有遺施在人。卒年六十有八。父諱健。前母許氏；母王氏。自曾祖以下，皆受一品錫命。夫人林氏。子三人：長倫炯，次芳，次倫焜。以某年月日葬公於某鄉某原。

銘曰："迫為生，海之涯。備諸艱危，榮遇亦由茲。志願無餘，安以反其居。"

方苞撰。

錄自《廈門志》卷九"藝文略"

清·吳英墓誌銘

誥授威略將軍、福建水師提督吳公墓誌銘。

公諱英,字為高,號愧能。世居福建泉州之黃陵,後徙大浯塘。曾祖曰賓吾,祖曰振泉,父曰登,並以公貴,纍贈榮祿大夫。妣皆贈一品夫人。公早孤。值海濱搶攘用將材,起家隨大師剋平金、廈,功授都司僉書,隸浙江提督。

歲甲寅,三蘗並興,耿精忠遣偽帥出仙霞關,犯金華、衢州,旁入江西,海寇回應,東南震動,官兵進剿。公在行間,或間公閩人不可信,提督塞公獨深契之,授公左營遊擊。公奮勵,甫視事,三日退寧海、梅坑賊,進兵雙門,解台州圍。復破水賊張拱垣於三門港,殲偽帥朱飛熊於毛頭洋,軍氣大振。既鑲藍旗貝子富公至浙江視師,提督首薦公,即命為前鋒。公引兵揚言修毛坪路,陰襲涼棚,取之,斬賊帥劉邦仁,遂復黃岩。貝子奇之,尋令復太平、樂清等縣。抵上塘,遇賊兵二萬眾,奮擊之,斬數千級。賊將許奇保殘卒據綠帳,隔河而陣。公下令,人負草一束,夜乘潮填河而濟,大破之。遂由猴孫嶺奪其堡,引大兵直至青田。偽帥連登雲以十萬眾圍處州逾二載,聞青田破,餉道阻絕,遂夜遁。曾養性者,耿逆之梟將也,擁賊兵數萬據溫州。乘王師初至,分五路夜燒我營,公急白貝子,令諸軍棄營據險,軍以不亂。公自率精兵據大羊山,阻其要道,復請分兵五百,抄伏敵後。是夜,賊衝殺數四,公力戰達曙,身中數創。士不傷者纔五十人。天明,單騎突之,大師繼進,伏兵並起。賊自相踐踏,斬獲無算。公逐賊至溫州城下,銃傷馬顛,復奮起,刃十餘人,奪賊馬以戰,貫其眾,由將軍橋以歸。初,貝子收兵,失公所在,大駭。既見公,喜且泣曰:"以一身當數萬眾,戰終夜不殆,神衛汝忠耶!"是役也,曾養性僅以身免。耿氏精銳盡矣!未幾,還守寧波中軍。適賊船二百餘艘,直臨定關。公偵得定關守備方俊受偽札為內應,請提督立斬以示賊。賊遽退守象山,公復請兵破之。旋奉檄收捕大嵐山寇,搜斬數百人,餘黨潰散。時耿逆已輸誠,而松陽、遂昌山寇遊魂出沒。貝子駐師石塘,召公捕之。賊首馮公輔屯戴火山,素讋公威名,出就撫。其別魁林惟仁、黃太相等擁眾黃鼻山,左倚懸崖,右臨深潭,以獨木為橋,山廣袤數十里,莫可蹤跡。前督撫遣人招之,輒為所殺。公令諸軍持三日糧,夜腰繩,魚貫上,席草而下，至楊梅灘，遇賊破之，降其眾。山寇悉平，而海孽復熾，陷海澄、困泉州，斷洛陽長橋以阻援兵。公以副總兵官從康親王救剿，自仙遊分兵兩路，出間道，解泉圍，奪江東橋守之。破砦十有九，遂復海澄。己未秋，擢同安總兵官。明年，率舟師合大軍進攻金門、廈門，賊棄兩島，遁回臺灣。

會靖海侯施公琅來提督海疆事，議進攻澎、臺，引公自助。遂以癸亥六月某日發銅山、取八罩，直抵澎湖。賊勢盛，前軍被圍，公單船拔出之。翼日進攻，殺賊先鋒，燒其船。公所乘船，忽為潮水衝著石上，賊船火烈，將及公，副將詹六奇駕小舟，挽公避再三。公以眾軍在船，義不獨存，堅卻之。船忽浮起，士氣益勵，戰彌力，賊大敗。毀賊船百九十餘艘，殲偽官將三百餘員，殺溺賊兵五萬計。俘者皆縱遣使歸，諭以恩信禍福。整眾臨之，賊勢窮，納款舉土降。施侯凱旋，留公鎮撫其地。自海逆負險造亂，四世歷六十年所，公與施侯合謀，七日而舉之。天子嘉公功，眷待與施公埒。尋調鎮舟山，海寇洪煥等二千餘人聞風歸命。再擢四川提督，破吳三桂餘黨楊善、師九經等，散其眾。川中洊經兵燹，千村荊杞，伏莽竊發。公嚴塘汛，懸賞購募，獲積盜三百餘人，斃其魁六十三人於杖，盜賊屏息。鎮蜀十有一年。施侯既卒，上念閩海反側，非宿將莫能鎮撫，遂調公福建陸路提督，旋改督水師。凡十餘年，前後如京師、朝行在者再，御書"作萬人敵"四字以賜，加號威略將軍，優以世職，請老不許。癸巳夏，上於熱河行宮御制七言律詩一章，將以錫公，命諸王以下大學士、扈從諸臣皆屬和。蓋追念元功，所以褒崇之者甚備。而公已於七月廿四日終於位矣。疏聞，天子軫悼，下部議恤。其孤應龍等將於某年月日葬公於某縣某地之兆，狀公事績、官階，乞余銘其幽隧。

吾聞攻毒之餌，恒出於瘴癘之區。亂之興也，其受亂之地必有人焉，足以還自救也。閩之亂亟矣！莫甚於耿與鄭。耿之平也，公既力諸原；海氛之靖，則施侯為之主，而公實贊之。蓋公所至，以功業自顯，而造功於閩為尤大。余於公同為閩人，又姻好也，知公深，誌其可以辭乎？公生於丁丑十月初七日，得年七十有六。配夫人蔡氏，前公卒。子男十人：應麟，布政使司參議、江西督糧道，亦前卒；應龍，刑部郎中、候補副使道；應鳳，壬卯舉人、戶部郎中；應鵬，福建水師提標遊擊；應鶌，辛卯舉人；應鶴，歲貢生；應樞、應權、應機、應璋俱幼。應機，余叔父永春總兵公婿也。女五人，皆適名族。孫男十二人，女十三人，曾孫五人。持身寬厚謹恪。居於家門，不縱不苟，鄉人久安焉。待族姻、朋好有恩禮，雖勳高爵大，異於古名將怙侈驕暴者，故能以功名終。著《行間紀遇》一編，所錄皆實，余嘗序而行之。茲復志公之概，而繫以銘曰："雲雷之屯，君子經綸。天造草昧,一啓厥勳。敵王所愾,綏我鄉人。保斯土者,人亦保焉。望公松楸,孰敢不尊?千秋萬歲,式固汝原!"

清李光地撰。

錄自道光《廈門志》卷九"藝文略"

清·王勿藥墓誌銘

勿藥王公墓誌銘(篆書銘額)

兄諱有喜,字升乎,中歲多病,自號勿藥庵。吾家世為泉之同安人,先王父仲章公避海氛,始定居漳上。諸／伯叔兄弟十餘輩,兄居長,少警敏,能自樹立,有不釋於懷,輒憤□竟日。十四歲,通六經、性理、綱鑒及秦漢／唐宋諸大家古文詞,貫穿融朗,無龐雜之病。十六始學為文,抒其所得,勃勃乎有淩古鑠今之氣。間或苦／志冥搜,改竄不下數稿。嚴冬暑夏,夜柝晨燈,與吾父辨難於冷碗殘杯間,神思極疲,茶弗止,以是體虛弱。／霞東諸友訂文社,兄攜余往赴,凡有遊必偕。每燕集,兄在席無偶遺餘者。戊午,補澄邑弟子員,學使力堂／周公謂其文字古奧蒼遒,列諸向□篇中。丙寅,歸籍龍溪,旋食餼。是年,余以貢北上,裒兄文及余作數十／首,合而梓之。京都一二先達遂有"天下相知惟子由"之譽。戊辰,余倦走風塵,兄早致書相促,□家後寸步／必須如形與影。今春兄授經江東,余亦假館龍岩,方期兩地互為鞭策。未幾,得家書,以兄病狀來急馳,歸／則距兄亡七日矣。先是,余在館屢得噩夢,日間輒淒然不樂。同學諸子叩之,不解所以。孰謂其兆,固先時／告乎?兄能書,幼規摹《淳化帖》,每臨池興發,指畫神□,意致落落町畦外。余同懷兄弟三人,居常非故,出無／不在二親側,若忘其年之長且壯者。吾父寡世味,惟以書卷、山水為緣,齋中舊本,必檢校幾翻,或手自抄／錄,兄取而□之陶然也。春秋佳日,步麥隴、臨清流,兄與余必偕侍。晚煙殘照,短堞危樓,在在欣逢勝趣。

嗚／呼!□自今何以慰吾父志耶?兄□質疎懶,家中財穀出入與夫米鹽零雜之務,俱弟有嘉任其勞,然每事／必諮訪而行。兄靜而籌之,無遺算;素心仁慈,不妄殺一物;閒時屢為弟妹講《感應篇》,在家重威望,然□□／甚周。歿後,內外少長無不歔欷流涕者。兄生於康熙乙未年七月初六日亥時,距卒於乾隆庚午□□□/十七日巳時,享年三十有六。嫂鄭氏,十一都南坂社貢士大榮公第三女。子三:太乙、大火□□□□□/朗婆。今將以本年十月初一日巳時,卜葬於城南琥珀嶺一面旗山之原。外局坐酉向□□□□□□/酉向卯兼辛乙,俱丁酉、丁卯分金。右壙虛,將俟嫂氏祔焉□也。

銘曰:/"□□於天,胡弗永於年?藏身孔固,山水綿綿。若魂氣無不之,其猶在吾父吾母之□□□□□。"

該墓誌銘出土時間、地點均未詳。黑色頁岩質,高55厘米,寬40厘米,厚3.8厘米。楷書陰刻。部分刻字有殘缺。現據收藏者提供的拓片抄錄。

清·吳必達夫人汪氏墓誌銘

皇清誥贈淑人顯妣吳門溫恭汪氏墓誌銘/

嗚呼!我/祖自龍溪新岱鄉,遷於同安之馬家巷,後擇邑之南/關外溪邊居焉。/外祖汪公諱承,其先同之吳村人也,亦徙溪邊與吾/家為鄰。外祖娶/外祖母陳氏,以康熙丙戌年六月廿三日辰時誕。/先妣與吾/父碧崖公諱必達同年,兩姓夙好,遂結秦晉。/先妣年十八歸吾父,事/王父王母敬愛備至,處妯娌庭無間言,佐吾父勵/志攻書,凡賓朋往來,中饋□食必極整潔。

吾/父於雍正丁未入泮,年廿二歲。越己酉,領鄉薦。/庚戌捷南宮,分廣東省候補□□要地□□,先/妣及不孝隨任,即實授廣海營守府,旋遷海口/都閫府,復升廣海營遊府。數年閱風波,經險阻,/幾於席不暇暖。然吾父所以屢膺拔擢者,亦由/先妣之賢內助也。舉不孝蒸、女弟宜。不孝娶現/任春江協都督府胡公諱增茂第三女,生女孫/一。女弟未字。先妣素虛弱,近來時常抱恙。迨/乾隆辛未七月,疾大進,百藥罔效,延至八月十/五日卯時,終於廣海署中。嗚呼,痛哉!壬申六月/謀歸計,擇馬家巷西塘鄉,地坐庚向甲,內兼申/寅,用丙申分金,坐畢十一度;外兼酉卯,用庚申/分金,坐畢三度。不孝扶柩歸里,以壬申八月二/十日子時安葬。

銘曰:"乾山起頂,申脈宛收。磅/礡盤鬱,飛鶴眠牛。推其協吉,是以奕世永休。"

不孝哀子蒸稽顙謹志;邑庠生、愚表兄黃文瀾頓首填氏。

錄自《紫雲黃氏金山先世墓誌銘》

清·許穆齋墓誌

皇清考授州司馬,太學生穆齋許府君墓誌(篆書銘額)
皇清考授州司馬,太學生穆齋許府君墓誌(楷書銘題)/

府君諱聯芳,字瑞馨,別號穆齋,以/例補國子監生考授州同。始祖諱淡,籍出河南許州,仕西漢,為左翊將軍,奉命平閩,留鎮南部,即今同安,子孫遂家焉。至有宋/時,世祖諱權,號巽齋,登治平甲辰進士,授承信大夫。再傳諱升,字順之,從學晦庵朱子為理學名儒。數傳之後,至維善/公,始卜居同之東界。復傳至進元公,入贅於嘉禾晴村林氏,因又以晴村為家。遞傳至先王父諱而鐘,別號華山,為國子/諸生,娶先大母陳孺人,生府君,行居仲,幼即端重簡默,與兒童集處,識者賞為雞群獨鶴。稍長,就傅折節讀書,娓娓不倦,/有疑難,必質辨冰釋而後已。

先王父性倜儻,雅有孔北海之風。以播遷後,田疇廬舍悉沒兵燹,豪衷逸興,弗遂於前,居恆鬱/鬱不樂。府君思養志,乃請先王父曰:"昔子朱子惠我祖順之公書有云:'順之既有家室,不免略營生理,粗有衣食之/資,便免俯仰於人,亦養氣之一助也。'今先業滌蕩無遺,若株守一經,恐將來俯仰於人,大為養氣之累。況能存心養性,雖經商/服賈,何損為真儒也。"因輟舉子業,刻意謀生。雲水舟車,不憚勤勩,所獲什一利,悉奉先王父,俾建宗室、置祀田,以妥先靈。/而座客常滿,樽酒不空,以娛晚景而樂餘年者,職由府君殫力經營,以遂其志。其孝養有如此焉。至於敦手足、收宗族,處己/則器量寬宏,待人則敬禮周摯,久為島上諸君子所稱許。且備載行狀,茲不贅述。

府君生於康熙癸亥正月十八日寅時,卒/於乾隆歲庚午三月十五日未時,享壽六十有八。娶安人陳氏。男子四,俱補國學生。長登雲,次登宇,自安人出;又次登毅,自/少母林氏出;又次登珂,自少母陳氏出。登雲早沒,娶黃氏,甲辰科舉人、銓選縣正堂諱琛公女;登宇娶黃氏,太學生諱啟/澤公女;登毅娶陳氏,鄉祭酒諱國柱公女,續娶黃氏,處士諱聯捷公女;登珂娶蔡氏,刑部湖廣司郎中諱廷魁公女。女子/三：長適兵部武選司員外王諱鳳來公男諱國時；次適太學生陳諱熙粹公男，任提標千戎諱仕輝；又次適太學生陳/諱仕彩公男，選拔貢士諱秉衡。男孫九，女孫五。餘繩繩未艾。以今乾隆歲甲戌臘月十有六日酉時，奉其靈柩，卜葬於嘉禾/里潘宅社南坪山，穴坐庚向甲兼申寅，虛其右為安人壽藏。宇等鈍拙無長，不能置身通顯以光泉壤，謹志其世次、籍貫、子/女婚娶姓氏，刻石而掩諸幽，俾世世子孫知遵守而弗替云。/

襄事孤子登宇、登珂，/承重孫捷鎮，/期服孫捷盛、捷玖、捷淇、捷璿、/捷和、捷添、捷浡、捷禧仝稽首勒石。東壁□字。

該墓誌銘為黑色頁岩質，高82厘米，寬45厘米，厚3厘米。楷書陰刻。現狀完好。現為民間收藏。

清·農官洪應聰墓誌銘

副進士、侯選儒學正堂，內侄孫林和聲頓首拜撰文。/
皇清顯考恩授農官洪公墓誌銘。/

公諱應聰，字明聽，住同安縣十二都窗東鄉。曾祖諱雲國，祖諱十三官，父諱世/珍。兄弟二，公居長。自始祖留□公徙小嶝開基，贅居斯域，一傳而生子四，以春、/夏、秋、冬列為四房，公係春房支派。閱數傳而先伯祖桐公，癸卯科中式舉人/第九名；先伯□若公，甲辰科題名□□□；胞叔祿公，奮跡異途，官任雲南四/州武德將軍。計開基歷今凡九世，而公始出。考公為人居心樸實，忠厚成家，救/苦濟難，素性靡他，尊儒重道，毫髮不□□。乾隆十七年壬申邑主明公舉為/農官。享年七十有五，配舉人、沙縣儒學正堂林諱孝□公堂姑，在堂生子四：長/名㷛，次名芯，三名壽，四名日。生女三，期服孫十。自㷛出者，長名福，次名甘；自芯/出者，長名諧，次名詒，三名謀，四名諸，五名詳；自壽出者，長名崑，次名材；自日出/者，長名仍，次名冉。孫女三，功服曾孫一，自福出者，長名淵。餘繩繩未艾。

公生於/康熙己未年十一月廿九日辰時，卒於乾隆十八年癸酉四月廿二日寅時，越/今丙子年丙申月乙酉日辛巳時，葬於十三都仁風墟之東東倉鄉面前，

坐坤/申向艮寅,辛未分金。銘曰:"廬山插後,鴻漸在堂。盤踞勝地,披拂仁風。兆符奕祀,俾熾俾臧。"/

賜進士、侯選知縣正堂、文林郎任應心頓首拜書。/

承重孫福,襄事孤子燠、壽、日全稽顙;期服孫諧、崑、冉、詳、詒、仍、材、諸,曾孫淵全稽首勒石。/

該墓誌銘出土於翔安區窗東社區,時間不詳。磚質,高、寬均為41厘米,厚3.5厘米。楷書陰刻。現狀完好。現為民間收藏。

清·水師提督林君陞墓誌銘

皇清(篆書銘蓋)
誥授榮□□□、左/都督□□□江/南□□方軍/□,□□林公墓/誌銘(篆書銘蓋)/
皇清誥授榮祿大夫、左都督府提督江南等/處地方軍務,敬亭林公墓誌銘/(楷書銘題)/
賜進士及第、資政大夫、兵部右侍郎、巡撫安/徽等處地方軍務,年家姻眷弟莊友恭/頓首拜撰文;/
誥授榮祿大夫、提督廣東全省軍務、左都督,/姻弟胡貴頓首拜篆額;/
特恩丙辰科鄉進士、文林郎、截選知縣,年姻(第一面)/眷晚生陳德厚頓首拜書丹。/

井頭林氏,銀同望族也。地抱滄海,美人、/天馬遙拱,中多偉人。其樹德懋勳、光前/裕後者,莫如提督敬亭公。公諱君升,/字聖躋,敬亭其別號也。先世積德纍仁,/餘其慶,以故曾祖諱士公,祖諱周/斐公、太翁諱國護公,俱以公貴/誥贈榮祿大夫;曾祖妣郭太夫人、祖妣/李太夫人,皆/誥贈一品夫人。惟太君劉太夫人,躬膺/寵錫,並受天祿,福至隆也。國護公有二子,長/即敬亭公。生而岐嶷,過目成誦。佔畢之/餘,兼習武略。

壯歲,遂杖策從軍。營帥見/其魁梧奇偉,拔置偏裨。康熙六十年,制/府滿公檄調帶兵押餉赴臺濟軍需,更/查臺地情形,悉合上游意。全臺底定,擢/

黃巖鎮遊擊。雍正四年，本鎮保送引/見，以公諳練水師，交制府，以水師副參題補，/賜克食，/上諭貂皮、銀兩等物，/恩至渥也。回營，制府高保題里安副將。尋奉/旨授定海總兵。一歲三遷，責任匪輕。公嚴守/禦，飭巡邏，俾沿海內外敉寧。壬子秋，大/饑，軍民乏食，公多方設法，全活甚眾。今（第二面）/上御極元年，遵例赴京/陛見，蒙/賜克食、鞍馬、迥邁等倫。二年，調鎮汀州。四年，/調鎮碣石。辛酉又歲饑，是年調鎮金門。/壬戌復遇荒，更加變通，籌畫接濟，民仍賴以甦，/天子嘉乃績。七年，以都督同知授廣東提督。/頻膺封疆重任，愈建謨猷。九年，恭請/陛見，疊覲/天顏。回任時，劉太夫人迎養署中，公瞻依膝/下，孺慕真切，裙廁愉身自洗滌，軍民稱/至孝。詎劉太夫人仙逝，公擗踊哭泣，幾/不勝喪。凡附身附棺，必誠必敬。遂移諮/制府，策公代題，扶櫬回籍，全省文武咸拜奠焉。歸閩廬墓，攀柏涕漣，樹為之枯。/服闋，遵請/陛見。荷蒙/召見，襃嘉著，暫補福建臺灣總兵，俟有提督/缺補授。具摺謝/恩，蒙/賜克食、花翎、內紗。回京赴臺，未半載，即奉/旨升補廣東提督。續奉/上諭，調補福建水師提督，桑梓地也，位隆八/座。昔人以富貴還鄉比之晝錦，其信然（第三面）/歟！旋仍調廣東提督。不半餘期，又奉/上諭，調補今職。

　　江南古稱天險之區、沿海兵/戍，公威以法，撫以恩，輕裘緩帶，指揮如/意。三年中，大江南北，無疥癬憂然。整旅/之餘，縱觀書史，以佐其經綸。常臨池，蓬/振沙飛，得草書三昧。或作大字，高徑丈。/善吟詠，從性情流露，自成一家言。旁及/星命之學，推算入神。所著《自遣偶草》及/《舟師繩墨》、《救荒備覽》等書，俱剞劂問世。/古稱儒將風流，不是過也。公族姓殷繁，/貧富互異，其敦本友于，視侄猶子，實難/企及。宗族善者獎之，惡者勸之。更憫人/之凶，凡鰥寡孤獨，及親喪訃告者，輒傾/囊助之，無怯容。種種懿行，難以枚舉。一/生知遇，三朝寵錫，歷掌四省提憲，身膺五任總戎。勳/猷爛然，可謂真將軍真福將也。至軍國/大事，條陳章奏，當採入/國史，不具贅。

　　公生於康熙戊辰年十二月/十一日子時，薨時乾隆二十年四月十/六日寅時，享年六十有八。遺本上達/宸聰，聖恩憫惻，加贈一級，並謚溫僖，遣官致祭，（第四面）/欽賜全葬，疊遇/覃恩，/誥授榮祿大夫，提督江南全省軍務、左都督。/配鄭夫人，諱連公女，/誥授一品夫人。子七：培，現任雲南昆明縣典/史，娶劉氏，原直隸文安營遊擊諱英女；/植，現任大理寺右寺丞，娶吳氏，敕授/安人，原山東濟東道諱興業女；根，太學/生，捐職候選，娶陳氏，候銓鹽庫大使諱/鼎新女；本，國學生，娶陳氏，庠生諱萬椿/女，俱鄭夫人出；紹，習儒，娶藍氏，現任安/平協遊擊諱國機女，庶洪孺人出；殷，習/儒，娶陳氏，現任直隸樂亭知縣諱金駿/女,鄭夫人出;嗣,業儒,聘黃氏,原廣東提/督諱有才女,庶洪孺人出。女三:一適黃/金鑛,現任廣東瓊州總鎮諱正綱公郎;一字貢生施諱士楫公郎;俱鄭夫人出;/一字現任廣東提督胡諱貴公郎,庶洪/孺人出。孫男六:佐正,培出;佐修,植出;佐/齊,根出;佐治,本出;佐文,紹出;佐章,殷出。/餘繩繩未艾。

山坐向艮坤兼丑未分金,/葬時乾隆丙子年十月念六日卯時也。/

余與公同仕江左,交莫逆,兼屬瓜葛,稔/公生平行誼最悉,爰搦管志之,更為之(第五面)/銘曰:/"忠君愛國,出自真誠。孝弟克盡,/本乎至情。文武兼備,羊曹齊名。/皇恩疊眷,錫齎匪輕。五任總鎮,/四掌提衡。封疆砥柱,國家干城。/欽賜祭葬,泉壤餘榮。井頭真隱,/華表崢嶸。用庇厥後,挺出奇英。/綿綿福澤,世世簪纓。"(第六面)/

不孝孤子培/植/根/本/紹/殷/嗣仝泣血稽顙;期服孫佐正、華衡,/佐修、榮永,/佐齊、臣□,/佐治、□祥,/佐文、貴□,/佐章仝稽首勒石。/

夫人鄭氏於/乾隆三十六年辛卯十二月□五日卯時合□。/傳古堂鐫。(第七面)

林君陞墓在翔安區鳳翔街道井頭社區。此墓誌銘1986年7月22日出土。黑色頁岩質,共3塊,每塊寬51厘米,高27厘米,厚1厘米。楷書正反面書刻,共6面。基本完好,現保存於同安博物館。

清·許門陳太君墓誌

皇清待贈宜人許門慈懿陳太君墓誌(篆書銘額)
皇清待贈宜人許門慈懿陳太君墓誌(楷書銘題)/

宜人姓陳氏,出浯洲望族,為外祖父諱良敬公第三女。幼即端莊婉嫕,佃習女工,閫以外之事弗省焉。終待字之年,/未嘗拂意於高堂。及笄,歸先府君穆齋公,警雞戒旦,承順無違,終府君之世,瑟琴在御,訾謣弗聞。府君於/庚午春捐館,彌留之頃,集諸媳誡之曰:"汝姑逮事吾父母,愉婉恭遜,能先意承志,得其歡心,爾等當是則是效,方為佳兒/婦。"府君壯歲志事四方,南浮黔粵,北歷越吳。宜人持家豐儉適宜。先大父謝世，遺二季猶稚，宜人撫/之如子，衣服飲食與不孝等無間異。甫弱冠，即促府君為命室。二季父迨今嘖嘖不忘。府君女兄弟五人，/宜人每遇歲時伏臘，必遣婢僕存問饋遺無缺失，其性量復極寬宏，有樛木之風。於偏房側室，不以衿裯分愛而稍拂/府君。族戚交遊頗多，稱貸之履常滿戶庭，間有負逋未能釋然者，宜人輒為寬解，勸焚券勿較。至若鄰嫗里媼有/窘急乞假者，無不稱量周畀，未嘗虛其所望。凡此皆內外遠近所稱道娓娓者也。

　　府君諱聯芳，別號穆齋，捐例入/國學，考授州司馬。宜人應例贈焉。歲甲戌臘月，不孝等將為府君築泉臺於嘉禾里潘宅社南坪山，穴坐庚向/甲兼申、寅。宜人命之曰："汝父今獲安土矣，當虛其右以待我同歸焉。"不孝等謹遵治命，以今戊寅之歲冬十有一月，/日丙申，時丁酉，奉靈輀以合葬茲土。惟是，不孝等稚魯無文，略紀其概鑴石，瘞之於幽，俾後人知所省掃以傳世無/窮也。

　　宜人生於康熙戊辰年正月二日寅時，卒以乾隆丙子歲二月十九日酉時，為壽六十有九。有男子四，俱/國學生，長登雲，早世，娶黃氏；次登宇，亦娶黃姓，皆宜人所自出；又次登毅，娶陳氏，續娶黃氏，自少母林氏出；又次登/珂，娶蔡氏，自少母陳氏出。女子三，自宜人出者二，自林氏出者一。男孫十有二人，女孫六，所婚娶皆縉紳名門，已列/載府君墓誌，茲不具贅云。/

　　襄事孤哀子登宇、登毅、登珂，/承重孫捷鎮，期服孫捷盛、捷玖、捷淇、捷三、捷璿、/捷和、捷添、捷淬、捷泗、捷禧仝稽首勒石。漳劉東壁鑴。

　　該墓誌銘出土時間、地點不詳。黑色頁岩質，高82厘米，寬45厘米，厚2厘米。楷書陰刻。現狀完好。現為民間收藏。

清·葉恕堂夫妻合葬墓誌銘

皇清/待贈邑庠生/恕堂葉公配/孺人淑順郭/氏合葬誌銘/（篆書銘蓋）
皇清待贈邑庠生恕堂葉公配孺人淑順郭氏合葬誌銘（楷書銘題）/
□□庚辰舉人、年家眷會弟柯菁莪頓首拜撰文。/

　　□□昺，字尚照，一字貞侯，恕堂其別號也，姓葉氏。余嘗譜/□□□系出佛嶺，分居蓮花山下，代有令望，蔚為時表。公/□□穎異，公父鄉賓則齋公，以大器期之。經營家務，勿令/□□。公折節讀書，有老成志，量出告反，而競競然執玉捧/□之思。與二兄及弟友愛備至，蓋自其少時而已然矣。以/淳厚淵懿之風度，溢為時文，語根質性，非徒閱華炫俗已/也。庚戌歲試，受知於文宗戴公。屢戰棘闈，未遂其志，屈/抑於諸生中數十年，未嘗一日廢學。扁其讀書之處曰"恕/堂"，所以自勵也，人即以之為公號。夫求仁必先於彊恕，以/責人之心責己，以恕己之心恕人，不患不到聖賢地位。溯/之為萬物皆備之，我擴之，於天下可通其志，求仁之方，誠/在是矣。然則公之為學，又豈徒沾沾章句已哉！宜其處家/庭則恩誼咸篤，處鄉閭則敬遜可風，古人有言："舉而措之，/亦猶是耳。"惜乎抱才未展，其行其文，不盡為時知也。至於/世有□德明章，婦□□股和藥，籲天求代其姑者，公之母/林孺人也。郡邑咸驚服為孝，即其大可知其細焉。公之孺/人淑順郭氏克承厥□，佐公以誠愨姻睦之澔，於易笵風/□□□詠睢麟，夫奚愧焉？樸戀中存肅雍，外著洵乎奢靡，/□□□而□競之砥柱也。餘慶衍而厥後昌，不亦宜乎？

公/生於康熙壬申年十一月十二日申時，卒於乾隆戊寅年/十一月初五日寅時，享壽六十七。孺人生於康熙乙亥年/□月廿六日酉時，卒於乾隆丁巳年六月廿九日午時，享/壽四十三。生男二人：長有光，國學生，娶周氏國學生諱龍/會君長女；一應升，年少，未娶而逝。女一，適國學生郭諱道/□君長男、邑庠生諱肇媯君。孫男三人，有光出者柞生、穀/老、鳳來，未聘。鳳來奉祀應升。孫女一，許國學生陳諱其宗/公長男。今乾隆辛巳年八月十八日酉時，合葬於歸得里/溝尾保撲掌林，坐壬向丙兼子午、辛亥分金。

銘曰：/"為樸茂師，為推暨則。文摘厥華，道從其朔。蓮峰之陽，於此/焉息。永庇後人，鍾彝是勒。"

襄事孤哀子葉有光泣血稽顙，/期服孫柞生、/穀老、鳳來仝稽首勒石。

該墓誌銘出土於廈門島內，具體時間、地點未詳。黑色頁岩質，高26厘米，寬45厘米，厚0.8厘米。共兩方，銘文楷書陰刻。現狀完好。現為民間收藏。

清 · 藍可齋墓誌銘

皇清誥授武義大夫、享六十有一壽三代大父可齋藍府君墓誌銘（楷書碑題）/
敕授中憲大夫、現任福建福州府、加一級、紀錄五次，愚弟覺羅四明頓首拜撰；/
賜進士出身、翰林院庶吉士，功姪孫應元頓首拜書丹。/

公姓藍氏，諱國機，字宜亭，別號可齋。世居漳之金浦長卿鄉，代有名人。父斐文公，從伯父義山公血戰平定臺澎，功授左都督。/陛辭，問及水田事誰堪任之，因奏："臣有第五弟，現任古北口參將，堪以委用。"有/旨："天津沒有參將員缺呢。"復奏云："食君之祿，當思報君之德，豈在職之高下耶？現在天津鎮中軍遊擊尚未得人，可以調補。"龍顏大悅，准以參將管遊擊事，□理水田，竣日，不次擢用。經□區處，井然不紊，彙為當道大人器重。娶馬夫人，納副王淑人。舉子四人，公居/四，自王淑人出。在孺即穎悟絕倫，舉止不凡，與伯氏邁徵相勗，共敦孝友。義山公見之，曰："此吾家千里駒也！"時加物色。稍長，能文章，貫穿/經籍，諸子百家無不涉獵，詩歌雜技曲盡其致。客遊都中，經歷山川形勝、風土人物，必洞悉默識，載諸吟詠。雍正癸卯，斐文公仙逝，訃聞，/無暇束裝，星馳數千里，血流踵趾弗知也。及里門，呼號辟踊，幾不欲生。居喪三年，盡哀盡禮。既而治葬，合之馬夫人、王淑人共為一邱，獨/出己力，不問伯仲，宗族咸以孝稱焉。服闋之日，乃奮然曰："七尺軀當為國家建不世奇勳，紹先人未終之志，寧作田舍翁虛度一生耶？"/於是，挾孫、吳策適海壇，元戎呂公一見，即以國士遇之，拔外委、把總。聞臺夷多得猖獗，赴轅請往軍前效力，水師提軍許公許之，給領到/臺帥府。呂公召見，喜曰："子來，又添吾一臂，破賊必矣！"授以方略，獻俘數十。繼又隨帥府王公重征，亦屢著功績。凱還，議敘軍功，加一/級、紀錄三次，即擢海壇把總軍政。赴省，制軍宗室德公考驗，問以事宜，悉合其意，特拔千總，調臺。任滿，送部引/見，賜緞一聯，著回本省，以水師守備補用。

乾隆辛未，/聖駕幸浙，提軍張公以公熟識水務，深明陣法，召集各標能游水兵丁，令公教習，操戈執戟，馳驟水中。公指揮之，無異於陸地。時也兼之黃/煙火炮，沿江燦爛，宛若蜃樓海市，大洽/宸衷，賜緞二、金鹿一、白金十二，其餘官兵按名給予銀牌、月餉。/天恩浩蕩，誠千載一遇也。旋即升授水師提標右營遊擊，歷署參軍。事無大小，剖判明晰，不留芥蒂，鷺島軍民咸被其澤。乙亥，調任安平遊擊，/見有海壇會館，世遠傾圮，捐俸重建，煥然一新，海壇員弁便之，踴躍歡呼，彈冠相慶，曰："若公之德，何以報稱？"爰立祿位，共祝遐齡，以志不/忘。戊寅，升銅山營參將，安平軍民莫不失恃，焚香祖餞，纏綿道左。抵任無何，忽焉染恙，公曰："銅山重地，豈容病夫尸位耶？"力請乞休。歸至/家四閱月，遂溘然長逝矣。

　　大抵公生平雖起身於行伍，絕無一點粗豪氣象，時與二三知己拈題分韻，杯酒談歡，道遙公暇，致足樂矣。居/恒以濟人利物為念，宦遊諸處，施藥施棺，力所能為，不吝也。公生康熙己卯年八月初一日酉時，卒乾隆己卯年二月十六日卯時。娶李/淑人，生子二，女一，孫男三。婚配俱閥閱名門。今以乾隆辛巳年正月十一日亥時葬於嘉禾里廿三都吳濠保麻竈社，土名溪尾坡南，/極行龍穴，坐坤向艮兼未丑，丁未、丁丑分金，虛右以待李淑人百歲之後同穴焉。請志於余，余先時從事廈門海防，始得識荊，因公計議，/語言投契，竟作莫逆，乃與防禦彭公三人結為異姓兄弟。及公調任安平，余亦守臺，朝夕同事，共相黽勉，以報/聖朝。未幾，公即升授銅山營參將，臨別依依，若遺一鑒，何期馭鶴，遂成永訣。是公畢生懿行，余所知也，不假外飾，謹詮次其概，並繫以銘。/

　　銘曰："觀音山前，金榜山脊。穹穹窿兮，永奠幽宅。以待其榮，以慰其魄。延而綿而，子孫千百。"

　　襄事孤子藍振揚、家柏，期服孫漢、洪、治同稽首勒石。

　　該墓誌銘出土時間、地點均不詳。黑色頁岩質，高61厘米，寬36厘米，厚2厘米。楷書陰刻。現狀完好。現藏於廈門市鄭成功紀念館。

清・洪母懿惠林太夫人墓誌銘

　　皇清/誥封夫人洪/母懿惠林太/夫人墓誌銘（篆書銘蓋）
　　皇清誥封夫人洪母懿惠林太夫人墓誌銘（楷書銘題）/
　　誥封朝議大夫、刑科掌印給事中加一級、前敕封儒林郎、翰林院編修加一級、鄉進士、選授四川成都府/郫縣知縣，年姻家侄陳冕世頓首拜撰文；/

欽□鎮守福建漳州等處地方總兵官、加一級,年家姻眷晚/□任澍頓首拜篆額;/

御前侍衛、鎮守江南蘇松等處地方管理沿海水師總兵官、/加一級,年家眷侄黃錫申頓首拜書丹。/

龍門協台洪公寧洲將葬其封母林太夫人於同安/長興里,請銘於余。余與洪原有世好,寧洲公祖籍同安,/近乃移居郡城,其家郎尚功君復與余胞侄高捷締結/姻誼,愈以備稔其家世,焉敢以不文辭?

按:太夫人係/出銀同右族慎密林公長女,幼嫻,內則明於大義。年/十八,歸岸軒公。岸軒公為榮祿大夫弘齋公長/子。太夫人入門,日與岸軒公躬親甘旨,左右供養/弘齋公,與楊老太夫人能得其歡心。弘齋公以/平定四島、臺、澎勞績,在外數十年,歷宦至江西袁臨副/總兵。太夫人佐楊老太夫人撐持內政,井井有條。/年方三十八,遭岸軒公辭世,太夫人操凜冰霜,節/堅松柏,唯痛自悲傷,而其愁戚之容,不敢幾微見於顏/色,以貽老人憂。所以侍養弘齋公於官舍之內,舅姑/各皆心安意適,優遊服官,以享其天年,此其純節至孝/有迥出於尋常意計之外者矣。

太夫人生七子,詩書/耕商,各令學習,無使好閒。丁弘齋公憂,服闋後,即命/寧洲公以嫡長孫承襲世職,歷任皆在浙水,自定海、乍/浦至里安協鎮,太夫人皆隨養署內,日勵寧洲公以/繩祖武而報/國恩,故其政績茂著,屢為當道卓薦,/聖眷優渥,五署溫定鎮篆。操練之暇,不廢歌詠,工於聲律,是/其文武兼優,夫非太夫人丸熊畫荻之功,有以玉成/之耶?居官居家,皆務樸素,勤於紡織。常謂食祿之家,偶/一奢侈,流弊匪淺,故躬膺褕翟而鐵簪布裙,如同寒素。/至遇祭祀必豐,待族戚以惠,處臧獲以恩,則其天性然/也。恭遇/覃恩,贈岸軒公為武功大夫,封太夫人為二品夫人。諭/諸子孫曰:"自弘齋公榮封四世,今復三世承/恩,須念祖功/國恩,世世不可忘也。"寧洲公於庚辰歲蒙/恩旨移任廣東龍門協鎮。自里安抵家,太夫人以年高不/欲跋涉長途,唯與諸子若孫住居郡城,時往來於銀同。/寧洲公不忍久離膝下,屢欲告請終養及改近缺迎養,/而上憲以海疆重地,正資宿望老臣彈壓,未獲如願。適/奉/特旨召見,因請給假,由閩便道省覲。入門見太夫人精神/稍減,遂留戀不忍行,頻進參苓,終於罔效。計在家隨侍/數十日,得盡奉藥含飯之職,豈非天鑒太夫人之孝/而假之緣,使寧洲公適逢其會,得以盡誠送終,不少留/遺憾,以成其孝。而其所以報太夫人者,當非偶然,洪/氏之世澤,其未有艾乎!

太夫人生康熙辛亥年十月/念六日辰時,終今乾隆壬午年二月念一日寅時,享壽/九十有二。生七男,皆已出:長龍,協守廣東龍門水陸副/總兵官,娶夫人楊氏、鄉飲大賓諱茂公男、邑庠生諱國/棟公次女;次鳳,娶同安營左部把總康諱仕公三女,繼/娶成諱□公女;三麟,已故,娶葉諱岑公女;四鼇,已故,娶/陳諱套公女;五麒,娶吳諱正夏公男邑庠生/諱之虎公女;六虎,已故,娶邑庠生郭諱鶴鳴公女;七彪,/娶陳諱扶公女。自長房出者,男孫三:長尚功,國學生,娶/烽火營守備俞諱天祺公次女;次尚績,娶福寧鎮中營/遊擊蕭諱錫勳君五女;三尚勛,未聘。女孫一,適廣東碣/石鎮總兵官遊諱觀光公長孫、一品蔭生諱世衍君長/郎振文。自次房出者,男孫三:長尚珠,娶□諱□公女;次/尚炎,娶□□公女;三尚挺,未聘。女孫三:長適柯,諱□/公郎、國學生觀光;次適林,諱□公郎燦;三許金諱□公/郎□□。自三房出者,男孫二:長尚和,娶浙江黃岩鎮右/營遊擊陳諱華公女;次尚在,娶浙江候補守備唐諱升/公女。女孫一,許黃岩鎮右營遊擊陳諱華公三郎三觀。/自四房出者,男孫二:長尚愛,次尚慶,俱未聘。女孫三:長/適陳田觀,次適王拱觀,三適庠生郭諱鶴鳴公郎諱奪/公男思眉。自五房出者,男孫二:長尚輝,已故,娶丙子科/舉人陳諱奕泗公大功弟、邑庠生諱龍圖君胞妹;次尚/元,未聘。女孫一,未許。自六房出者,男孫二:長尚都,聘□/諱□□公女;次尚猛,未聘。女孫一,適柯寬觀。自七房出/者,男孫二:長尚寬,次尚勤,俱未聘。女孫二:長適林諱平/公長郎睿;次適葉諱天卑公長郎澤。自長房孫尚功出/者,曾男孫三:長國昭,聘余胞弟、己酉科舉人、現任雲南/新平縣知縣旭世男國學生高捷長女;次國全,聘太學/生吳諱廷對君長女;三國顯,未聘。曾女孫五:長適浙江/寧海營參將林諱泗公郎、壬子科舉人、現任浙江鎮海/營參將諱國棟君長男日照;次許太學生陳諱隆祺君/郎諱寬奏君次男廷墀;三未許;四許福建全省水師宮/保提督施諱世驃公郎、州同知諱廷讓公郎太學生諱/國瑞君次郎克成;餘未許。自二房孫尚珠出者,曾男孫/一:國茂,未聘。自尚炎出者,曾男孫一:國旺,未聘;曾女孫/一,未許。自三房孫尚和出者,曾男孫一:國參,未聘。自尚/在出者,曾男孫二:長國義,次國夷,俱未聘;曾女孫一,未/許。自五房孫尚輝出者,曾男孫一:國魁,未聘。元孫三:棟、/柱、構,俱未聘。餘繩繩未艾。

　　茲以乾隆甲申年正月廿六/日午時,就岸軒公佳城遷移過右數武而合厝焉。穴/坐巽向乾兼辰戌。其岸軒公事蹟具載浙江寧紹觀/察葉惺齋先生前志,無庸贅云。

　　銘曰:"三秀鬱蒼,蓮花拱陽。大夫佳城,並峙相望。五十年後,伉儷合葬。

鸞誥寵錫,節孝流芳。馬鬣封高,窀穸允臧。卜云其吉,奕世熾昌。"

襄事孤哀子龍、鳳、麒、麟、彪仝泣血稽顙。孫尚功、尚和、尚□、尚在、尚都、尚炎、尚愛、尚慶、尚元、尚猛、尚挺、尚績、尚寬、尚勖、尚勤,曾孫國茂、國昭、國義、國夷、國全、國參、國昌、國旺、國顯,元孫棟、柱、構,仝稽首勒石。壁園刻字。

此墓誌銘出土於翔安區五顯鎮某村。輝綠岩質,共4方,每方高28厘米,寬54.5厘米,厚2.5厘米。單面楷書陰刻。現狀完好。現為民間收藏。

清·陳南洲夫妻合葬墓誌銘

皇清敕授儒林郎、南洲陳府君暨元配吳安人副室顏孺人墓誌銘（篆書銘蓋）
皇清敕授儒林郎、南洲陳府君暨元配吳安人副室顏孺人墓誌銘（楷書銘題）/
賜進士出身、知湖北宜昌府長樂縣事、己卯庚辰兩科同考試官、加二級,年姻家弟黃濤頓首拜撰文;
賜進士出身、順天府丞、提督學政、加三級,侄桂州頓首拜篆蓋;
賜進士出身、現吏部觀政、揀選知縣,侄元錫頓首拜書丹。

君諱西江,字君澤,南洲其別號也。以子職敕授儒林郎,唐鄉賢黯公裔。世居登瀛,以海氛遷安仁里之溪南。父贈文林郎,又贈武翼大夫。春陽公兄弟八人,君行六。家貧,恒苦艱窘。君時讀書,即奮然思創基業,為克家子以養父母兄弟也,遂輟業往臺灣刻苦營生。前後三十餘年,乃克豐財以悅親,凡生事死葬無少留憾。性友愛,兄弟合食同居,依依不忍離,以齒繁居隘,就近地營創,使各有寧宇。然居雖分而愛彌篤,鬚髮皤然猶朝夕攜杖相過從。敦行韡樂,人皆觀而慕之。自始祖黯公及上世祖瑩,年久傾頹,族姓多首事維艱,君竭力倡始,以身先之,其修高曾祖墳亦然。春陽公未有廟宇,惻然在抱,率子侄即溪南舊基興建。時年已老,每日策杖來往數四云。君自傷年少讀書不遂,其責望後起也。志甚切,擴學舍,延名師,勸勉鼓勵,故斯文蔚起,或遊泮,或入雍,或登賢書,或參戎閫,彬彬濟濟,為黨里最,此其大本卓然,宏先詔後,固人所共知者,而余獨佩服君之治家有足風者。《禮》云:"國奢示儉,國儉示禮。"今富豪之家，漸趨驕侈矣！余以世姻常造君家，牆宇修而不雕，器皿潔而不麗，子姪孫行林立，皆瞿瞿休休，無蕩檢逾閑，習非以禮，儉以身教，能之乎？世皆知君為盛德長者，豈知其可挽救近世風者不少也。

君卒今乾隆丙戌年四月初五酉時，距其生康熙己未年七月廿五日子時，享年八十有八。元配吳，徽柔安人，孝公姑、和姒娌，君外出，無內顧憂，皆其力也。後君卒今乾隆丁亥十二年廿五日未時，生於康熙戊辰二月二十日申時，享年八十歲。副室顏，敦素孺人，無非無儀，婉娩承志，亦能佐君起其家。先君卒於乾隆甲申十一月初十日子時，生於康熙丙戌三月十五日子時，享年五十有九。子九人，長建志，以州司馬授儒林郎，後君二年卒；次建義，太學生；三天明，臺灣府學歲貢生；四天球，太學生，與天明俱先卒；五元龍，臺灣府學歲貢生；六天耀，太學生；七建推，太學生，早卒；八元疇、九元享，並太學生。女子子三，孫男三十三人，嫁娶皆名門。以乾隆己丑年二月二十五日午時合葬於廈島嘉禾里庵兜鄉之龍頭山，坐午向子兼丁癸、庚午分金。

銘曰："君崛起熾昌，而不自豐也。不嘩不伐，樹型謙衝。其裴坦之家法，而王旦之門風也。持盈保泰，內助齊衷。我言無怍，惟德是崇。凡百侈泰，能不睹墓門而豁憶。"

該墓誌銘出土時間未詳。花崗岩質。楷書陰刻。現藏於廈門市博物館。今據抄件抄錄。

清·吳時亭墓誌

皇清例贈儒林郎、國學生、享六十有八壽、三代大父時亭吳府君墓誌（楷書銘題）/

府君諱曰頌，字思德，號時亭，國學生，/例贈儒林郎。始祖諱仙護公，由固始縣遷來，居晉江縣十九都之/關鎖塔山下坑東鄉，故謂坑東祖居□族。二世祖諱全公，仙/護公之第五子也，徙居南京，因而□於是焉。傳至八世祖諱榮/山公，興水木之思，將田宅里居□第三子喬祖公留籍南京，/公率長、次子回居坑東，數傳□十三世先大父/恩例禮部頂戴、鄉飲大賓恪齋□諱日鵬，聘先大母許太安人，未娶。/而外曾祖挈眷移居之廈，大父贅於廈，遂卜居於廈之鼓浪/嶼，迨府君又徙居於廈之外清社。先大父舉丈夫子四：長諱/仁侯公，次諱俊侯公，四諱捷侯公，俱國學生。府君行三/也，配吾母陳太安人，庶母陳氏。男三：長啓泰，布政經歷；次啓/芳，國學生，俱嫡母出。三啓忠，庶母出。女一，嫡母出。孫男十，孫女二，/婚嫁聘字，俱閥□名門。

府君生於康熙壬午年七月十六日寅/時，卒於乾隆己巳年三月初九日酉時，享壽六十有八。擇今乾隆/庚寅年十月十一日午時，卜葬在廈門東坪山溪仔上。穴坐甲向/庚，外兼卯酉，庚寅、庚申分金，內用兼寅申、丙申分金。虛其右/以為陳太安人百歲後壽域。謹錄其要，是為志。/

襄事不□孤子啓泰、啓芳、啓忠，期服孫珍雙、珍慶、珍果、珍煌、珍都、珍舉、珍輝、珍長、珍佑、珍淮，仝勒石。

該墓誌出土時間、地點未詳。黑色頁岩質，高46厘米，寬30厘米，厚2厘米。銘文楷書，係陰刻在正反兩面上。現狀完好。現為民間收藏。

清・陳代淵墓誌銘

皇清待贈四代大父、享壽七十有六、鄉祭酒代淵陳府君墓誌銘（篆書銘蓋，下鐫一印"登鳳派衍鷺江"）

皇清待贈四代大父、享壽七十有六、鄉祭酒代淵陳府君墓誌銘（楷書銘題）/
特恩壬申五經鄉進士、修職郎、借補福清縣儒/學訓導、前選用知縣、署江蘇揚州府同知/事，愚弟英育頓首拜撰文；/
特恩壬申鄉進士、武義大夫、廣東海口營參將、/加二級、紀錄三次，愚姪朝龍頓首拜篆蓋；/
特恩庚辰鄉進士、文林郎、山東東昌府知博平/縣事、丁酉同考試官、加三級、紀錄五次，愚/姪天民頓首拜書丹。/

族兄諱天鍾，字亦昭，別字代淵。先世以甲/第開先，居澄鳳頭，考台士公試冠邑軍/而蹶於遇，乃例入北雍，與從伯兄文學/詠千公俱以才行名世，族兄進士天寵/公為之誌銘。得男子三，長即代淵大兄，/始寓鷺島；次曰鎧，字用行,居澄,先兄卒;三/曰鑒,字雲芳,在洋生理。

兄讀書留心經/濟,文章書札,操筆立就。少為明威將軍/炳章高公所器,因妻以女,營務資以畫贊。/由是名重幕府,凡有諮決,悉中機宜,而/利人濟急,本於至誠。有海嶼為豪族所據,/橫抽漁利,居民難堪。兄為力陳當道,/移請同官,海田無禁,俾樂生業。人酬重金,/兄卻弗受。性孝友,以考妣未葬為戚,偕/嫂高孺人持齋減餐,不惜重貲充公,卜兆/於浦邑高山。先人封塋右,掘穴皆石,二人/苦之。兄仰天號泣,石起,可容兩木,人謂/孝德之感。歲時伏臘,以仲弟既喪,季弟未/來,每一念及,淚涔涔滴。又以鳳頭始祖祀/田未建,捐題唱首,為族眾勸。尊祖睦宗,孝/弟之心,令人油然而生。蓋其大義素明,故/行事如此卓卓耳。年登六秩,官舉祭酒,/觀察太史允懋蔣公額以"燕翼延慶",亦以/本行嘉之也。素嗜詩酒,座客常滿,積書以/教子孫,以立身行己為先。入兄之門,一/堂之上,父父子子、兄兄弟弟、夫夫婦婦,觀/者咸慕。嗚呼,此豈偶然也!

我兄生於康/熙癸未年正月十三日未時,卒今乾隆戊/戌年五月初八日巳時,享壽七十有六。元/配嫂高孺人與兄同庚,先兄於乾/隆辛卯年正月十九日子時卒,享壽六十/有九。以壬辰年十一月初四日卯時,葬同/邑鷺江獅山中侖,坐乙向辛,丁卯丁酉分/金。懿行亦詳族兄進士天寵南川公狀/銘中。南川公誌嫂以"兄高山祖塋/向有獅山,先大夫遂以發祥為澄邑/光。茲地獅頭朝案可踵,媺前徽為鷺島鼻祖"。/今戊戌年兄亦以十一月初四日卯時/葬同/獅山中侖,墳離嫂高孺人不過數武,/坐向分金皆同。葬雖分而若合,殆所謂天作地藏,以饋其人乎?舉男子四,女子三,皆/嫂高孺人出。男孫十有六人,女孫五人,曾/男孫四人。婚嫁聘字悉士族,不贅。

敬為之/銘曰:"慶以善而集,家以寓而立,葬以分而合。鳳/頭源長,鷺江武接。吉開自天,派衍奕叶。"/

襄事孤哀子陳應清、應時、應文、應治仝泣血稽顙拜;孫廷梅、廷桂、廷梁、廷樹、廷榜、廷榴、廷模、廷楷、廷栱、廷松、廷楨、廷楹、廷植、廷楓、廷□、廷桐揮淚稽顙拜;曾孫紹德、紹華、□初、紹哲□□稽首勒石。萃文軒刻。

該墓誌銘出土時間、地點均不詳。黑色頁岩質,共兩方,各雙面楷書陰刻,高均為26厘米,寬47厘米,厚3厘米。最後一面略有破損。現為民間收藏。2006年3月8日編纂者墨拓於原龍海市。

清·黃門陳孺人墓誌

皇清待贈黃門四代大母、享七十有二壽莊惠陳正室墓誌(楷書銘題)/

莊惠陳孺人乳名秀官,予元配正室也,係出潁川望族德彰公之次女,年十八,嬪/予門。敬事翁姑,治家勤儉,實能相予不逮焉。與予結髮五十四年,私心竊慰齊眉/偕老,豈期不測風雲,遂作幽明永訣。茲長男世輝既卜宅兆,將安厝之,欲乞於縉/紳先生。予自揣寒微,焉敢以鄙陋相瀆?但恐時移物變,亦安可不志乎?姑為略而志/之。

孺人生於康熙甲申年九月十三日子時,卒於乾隆乙未年七月十三日亥時。男/子七人:長世輝,次世章,三世晃,四世華,孺人出;五世謙,七世奇,側室張/氏出。女二人:長郁娘,適許門;四文娘,適蔡門;二、三、側室所出,俱□故。孫七人:守德、守/志、守忠、守懿、守慧、守念。曾孫三人:維載、惟丕、惟達。婚娶皆名門。餘繩繩未艾。今/擇乾隆丁酉年十月十八日酉時葬於廈門雲頂巖下婆仔坑口,坐午向子兼丙壬,/丙午、丙子分金,虛其左待予以同穴焉。/

杖期夫黃鼎榮謹志。

該墓誌銘出土時間、地點均不詳。黑色頁岩質,高48厘米,寬26厘米,厚2厘米。楷書陰刻。現狀完好。存於廈門大學人類學博物館。

清·林仁圃夫妻合葬墓誌銘

奉天敕命,/皇清敕授儒林郎、銓/選州司馬、七十二壽、五/代大父顯考仁圃林府/君暨配敕授安人七/十壽、五代大母、顯妣孝/溫陳太君合葬墓誌銘/(篆書銘蓋)

皇清敕授儒林郎、銓選州司馬、七十二壽、五代大父顯考仁圃/林府君暨配/敕授安人、七十壽、五代大母顯妣孝溫陳太君合葬墓誌銘(楷書銘題)/

賜進士出身、榮祿大夫、禮部左侍郎、前順天提督學政、翰林院編/修、加一級,年姻家侄李宗文頓首拜撰文;/
　　賜進士出身、提督福建全省水師、統轄臺澎水陸等處地方軍務/總兵官、/誥授武顯大夫,年姻家世侄吳必達頓首拜篆額;/
　　御前侍衛、/特授福建金門鎮標中軍副總府兼管左營、署理烽火營參將事、/加一級、記大功一次,侄孫朝紳頓首拜書丹。/

　　墓之有誌銘,由來久矣,然其間多過褒失實。故昔人有云:"諛/墓,金也,持而去之。"若我太姻翁生平嘉懿,郡志、廳志、邑志/並徵之矣。太姻母閫範亦歷歷可舉,如日月之經天,雖愚/者亦知其光華四照也。令郎中桂君,余祖姑夫也,以狀來/徵誌銘。余與姑夫一門重重瓜葛,知之最稔,故樂為之誌而/不嫌於諛。
　　按狀:公諱芳德,字簡卿,別號仁圃,係出莆田/樂叟公,由興入同,卜居八都蓮塘鄉。九傳至太封君樸翁/公,值海氛徙居於界內新墟。追底定之後,乃胥宇馬市而聚/國族焉。公昆季六登鄉薦、選明經、與賓筵、廁成均,丹桂已/□□□□□□□□□長秀,年三十肄業國雍,因圜橋□□/□□□□□□□□水利營田,急公助餉,例/□□□□□□□江南歲饑/□□□□□□□□□□□金助賑,叨蒙/□□□□□□□□□□樸翁公尊堂張氏、許氏及 □/□□□□□□□□□□□□□□□□□□□□□/敕贈如之,而□□人陳與公並得躬膺/綸綍。於戲!以之急公尚義,使出其而治民,其政績當不歉郲潁川/□何潤千里也。乃余叔祖酣堂公邀公晉京/謁選,贈詩云:"與君指日/朝班上,共聽金鍾侍/聖明。"公卻以雙親佳城未獲,不忍馳驅/皇路,且謂一人之宣力有限,何如合子姓以黼黻於無窮乎?故靜/守茅廬,禮延名師,嚴督孫兒,不特諸公郎或列成均,或遊泮/水,或選明經,諸蘭孫經文緯武,黌序揚聲,藝壇爭霸,將來黼/黻/皇猷,拭目可俟矣。而胞親計二百有餘人,食舊德而林立於辟雍、泮水中,□皆公之義方有訓,抑亦安人之內助能賢也。/□□□陳,幼嫻女儀,長識大義,居恒輒語公曰:"尊嫜窀穸/未安,何以為人子婦?"每朔望,與公齋戒虔禱,吉兆始獲龍/□於蓮塘祖墳左側而合厝焉。
　　家常荻教為先,紡織次之,儉/樸又次之。至遇有義舉之事,則勸公傾囊以與。大輪山舊/有文公祠,風雨剝落,丙午修葺,公獨肩其任。丙子重修,/公復出重貲董事。宗風次崖公舊旌"理學名宦"坊,久而/為□□,公與族人相舊址,鳩工庀材,煥然一新。所居馬巷有/通□□,紫陽簿同時所名,里人謀重新之,公再加倡建。/紳□□□□義取諸富，有富必有教，議就廟後築文昌樓，/推公領袖。工初興而貲告竭，公捐金五百餘成之。今巍樓/百尺，上祀五文昌，下塑朱像。晨風夕月，弦誦其中者/皆稱公好學義行，共立祿位，配享春秋。邑令張公荃高/其義，勒碑以志不忘，且贈扁曰"福壽康寧"。邑之雙溪壅漲，民/其為魚。邑侯唐公築堤順流，由溪入海，公襄其事，迄今/溪流赴壑，居民永奠，公之力不為少。鄉有關夫子廟，歲/久殿荒，公毅然重新，使俎豆馨香，青龍有色。又有玄威/池王廟，窄甚，僧苦無主持地，公慨然與以廟側，廛為朝夕/香火之資。他如郡之西南二譙樓，邑之育嬰堂、朝元觀、東岳、/尊經閣、准提閣，無不破費勞力，共成義舉。至於恤貧窮、施棺/木、蠲租稅、濟孤魂，又更僕難數。要皆安人有以勖之，故/其行善之心益堅。

性又喜締結，其在當道提台大人如黃/諱正綱公、胡諱貴公、吳諱必達公、魏諱國泰公，縉紳/先生如官石溪、富怡亭、王丹崖、蘇茂園、陳悠岩、/魏夏齋、張北拱諸公，莫不一見傾蓋，稱莫逆交云。即在/貴族，提台諱君升公，進士來鳳縣諱翼池公，中翰諱/廷沐公，孝廉諱傳芳公、孝基公、國蘭公，尤敦譜牒而/尋宗盟焉。至於歷任邑侯如蔣、王、白、陳、胡、明/諸公，聞公古處可風，深加敬禮。司鐸何公吊公詩曰："海/內共嗟龍去遠。"噫，斯言也，其以公為人中之龍乎！夫一介/密友，何世無之？乃公具北海之雅量，交遊遍名卿鴻儒。苟/非其人其行足以傾慕人心，則雖家席素封，亦曷足動盈遲/之朱履，而傾四座之金樽哉！總之，信友由於順親，而順親由/於好合。觀其齋戒與義舉兩事，而知安人之孝且賢矣。故/欲誌公者，必合誌安人，而誌安人者，正以見公之/德宜獲佳配也云爾。

公生於康熙戊辰年正月初二日卯/時，卒於乾隆戊寅年十一月十四日未時，享年七十有二。/孝溫陳孺人為北陳望族、進士刑部主事諱健公孫，業儒諱/祚燾公女，舉人諱元章公功妹，生於康熙乙亥年十二月十/二日丑時，卒於乾隆甲申年四月廿三日午時，享年七十。/公先娶朱安人，為後亭望族諱仲臧公女，國學生諱孔懷君、/諱孔昭君功姑，早逝，已卜葬八都趙崗鄉之陽。庶母李孺人/亦早逝，已卜葬於十都香山潘林鄉。舉男六、女二。長經邦，國/學生，朱安人出，娶進士□府王諱三接公侄孫、國學生諱光/彥公女，繼娶進士提學□事陳諱琛公孫諱士霍公女；次邦/彥，邑庠生，李孺人出，娶進士戶部主事陳諱睿思公郎、歲貢/生，選寧德訓導諱肇偉公郎國學生諱椿芳公女；三中桂，歲/貢生，陳安人出，娶湖廣永州鎮總兵官李諱日程公郎、山東/學院國子監司業諱光墺公女；四中錫，國學生，陳安人出，娶/文淵閣大學士李諱光地公功弟、舉人、玉山知縣諱鴻翔/公女;五幹,國學生,李孺人出,娶歲貢生胡諱登任公女、廣東/全省提督諱貴公胞侄女;六中昌,李孺人出,娶州司馬陳□/賢芳公郎、國學生諱熊泗公女,舉人諱其敬公胞侄女。長□,/李孺人出,適鄉飲賓顏諱孔輔公郎、歲貢生諱天球公男庠/生茂華君;次女,陳安人出,適刑部郎中李諱鍾份公郎諱清/篆君。孫男廿四、孫女十三。自經邦出,男二:長思廣,國學生,娶/鄉賓彭諱汝輝公郎諱朝時公女,庠生諱莊君胞姊;次元浣,/娶舉人顏諱孔嘉公侄、國學生諱朝求公郎諱文質公女。女/二:長適汀州左營守府汪諱陳鳳公郎、鄉賓諱國柱公郎士/印;次適舉人、現任福州府學教授魏諱瑚公郎士朝。自邦彥/出者,男四:長元漢,娶舉人顏諱皇求公胞侄、庠生諱茂華君/女;元濤,娶國學生黃諱光業公胞侄諱大奇公女,庠生諱永/年君功侄女;元泮,娶庠生葉諱莊猷公男諱成真公女;元沛,/娶歲貢生陳諱常吉公男、業儒諱若深君女,舉人、國子監丞/諱琅玕公胞侄孫女。女四:長適□西姚岷道黃諱志璋公郎、/拔進士諱德佑公郎國學生諱叔純公郎師瑛;次適國學生/陳諱儲英公郎、國學生諱晃公男士笑,現任水師營千總諱/先登君胞兄;三適進士鄉賢葉諱成章公孫、國學生諱國麟/公郎、舉人諱廷梅君胞弟、國學生廷椿;四適庠生顏諱茂華/公郎士會。自中桂出者,男二:長元溪,娶國學生諱倫晉公郎、/歲貢生諱常集君女;元湖,娶理學進士、刑部郎中李諱光型/公郎國學生諱必甲君女。女一,適進士、涿州□州李諱鍾俾/公郎清玠。自中錫出者,男三:元渡,娶國學生□□世華君女,/□□□□春君諱其廈君功□;元洲,娶內閣學士兵部侍/□□□清芳公功弟、國學生諱清蘭君女;元洸,聘李諱清篆/□□。□二:長適鄉賓□諱彬俊公郎、國學生諱鼎慶公郎臣/□;□適庚戌進士□諱遂公侄諱士愛君郎在茲。自幹出者,/男五:長長膏,庠生,娶庠生黃諱河清君胞弟、歲貢生諱光珪/君女;次長鶴,國學生,娶廈門中軍參府李諱若驥公郎、國學/生諱眾英公郎國學生諱士經君女;元漳、元溶、元沼,未聘。女/二:長許山東撫院、河江總督李諱清時公功弟國學生諱清/珠君郎圍世;次許國學生黃諱光選君郎國浩,舉人諱大鐘/君、諱大倫君功弟。自中昌出者男八:長元儉,未聘;次元賞,聘/舉人陳諱其敬公功侄諱士啟君女;元忠、元亭、元午、元取、元/水、元吉,俱未聘。女二:長適會元、探花及第葉諱時茂公功兄/諱寬君男山世;次許詹諱文社公男仁寶。曾孫男三十二,曾/孫女六。自思廣出者五:成詔,娶靖海將軍侯施諱琅公孫諱/邁公女;成詮,娶進士杞縣知縣潘諱思光公侄鍾蒲君女;成/讀,聘陳諱士博君女;成詣、成參,未聘。女一,許舉人陳諱錫范公侄諱士杓君郎文銓。自元浣出者男八:成謙;成詳,聘舉人/彭諱三達公胞侄諱士晃君女;成諛、成誾、成諸、成訸、成詠、成訓,未聘。女二,未許。自元漢出者男二:成陣;成集。自元濤出者/男一,成謠。女一。自元泮出者男一,成諏,俱未聘。女一,未許。自/元沛出者男一,成誰,未聘。自元溪出者男二:成謹,聘國學生/王諱大任公功弟諱世華君女;成謫,未聘。自元湖出者男二:/成琳;成誏。自元渡出者男三:成論;成詵;成誥。自元洲出者男/三:成壬;成□;成調。自長膏出者男二:成燕;成詒。自長鶴出者/男二:成讓、成嘩,俱未聘。元孫男六,元孫女一。自成詔出者男/三:昌啓、昌好、昌寶,未聘。女一,許進士陳州知州洪諱應心公/任、國學生諱君澤君胞弟諱君選君郎光綬。自成詮出者男/三:昌發、昌超、昌熾,俱未聘。餘繩繩未艾。

　　今以乾隆四十二年/十一月初五日巳時合葬於十都茶山鄉,穴負坤揖艮兼未/□分金。請南安縣象運鄉大堪輿梁諱獻蛟君主葬。銘曰:/"茶山之鄉,□□□□。鴻漸□祖,貪狼守疆。香山左□,□□□□。雙峰插耳,萬水歸堂。□□□□,□□□□。紅旗倒地,嘉名久彰。□□□□,□□□□。祖宗功德,孫子□琿。□□□□,□□□□。□□無窮。"

　　不孝孤哀子林中桂,承重孫思廣、幹、中昌仝泣血稽顙;杖期孫元漢、元渡,期服孫元淙、長膏、元泮、元洲、長鶴、元險、元洸、元漳、元賞、元忠、元亭、元取、元午、元水、元榕、元沼、元吉,齊衰三月;曾孫成詔、成詮、成讀、成謙、成詳、成謹、成燕、成閒、成陣、成源、成詣、成訸、成諸、成論、成謫、成壬、成詠、成琳、成□、成讓、成諏、成誰、成誏、成訓、成讀、成參、成調、成詒、成嘩、成計、成誥、□□、□□、昌發、昌好、昌超、昌寶、昌熾仝稽首拜勒石。

　　大清嘉慶拾貳年歲次丁卯臘月念四日再/延溪上鄉地理師郭陵松遷葬八都出米岩山邊馬池內鄉北面自己山大脊侖,坐壬向丙兼/子午,分金辛亥、辛巳。

　　銘曰:"出米名山,白雲發祖。朝對香岩,列峰環堵。/鴻漸左營,美人右輔。艮寅行龍,未坤出□。展帳開/屏,簪纓世譜。富壽瓜綿,嘉哉斯土。孫春曦泣再銘。"

　　嘉慶癸酉年臘月十一月改葬,坐丙向壬兼巳癸。

　　此乃同安民間所傳清代一方富豪"林百萬"的墓誌銘,2005年出土於翔安區某山。黑色頁岩質,共4方,各高31厘米,寬54厘米,厚2厘米。分別雙面楷書陰刻,其中一方中間斷裂,其他個別地方略有缺損。據林氏後裔介紹,此墓原在白雲飛之下塘侖,後移至大脊山之出米岩,最後遷到九都的茶山。現存馬巷林氏宗祠由林氏後嗣保管。

清·陳容齋夫妻合葬墓誌銘

　　皇清例贈文林郎、歲進士、八十二翁四代祖考容齋陳先生暨元配八十壽四代祖妣懿恭莊孺人合葬墓誌銘(楷書銘蓋)
　　鄉進士、修職郎、任延平府順昌縣儒學教諭,姻家弟張允和頓首拜撰文;
　　鄉進士、文林郎、任直隸保定府定興縣知縣事,姻弟劉先登頓首拜篆額;
　　鄉進士、揀選知縣,姻晚生楊道成頓首拜書丹。

　　惟乾隆四十二年夏,太翁容齋陳公以壽終於家。越年秋,孺人莊太君繼歿,葬有日矣。其嗣君庠生捷春、孝廉邁倫等以狀來請曰:"先君平生無遺行信於鄉黨宗族,知之莫如先生,願為之銘。"辭不獲命,喟然曰:"自余束髮與里賢士大夫遊,聿今既髦,求其全人全福,未有如公者也。"憶少與公齒相亞,入泮相續,雖城市山居,不常合併,特有針芥之投。每以公事到縣治,公昆季必造館寓敘寒溫,拜辱則邀同志數人相與酬嬉,淋漓縱談,繼燭或達旦,各散去。如是者歷數十載以為常,故知公為甚深。
　　公諱時涵,字君度,號容齋,誥贈奉政大夫樸齋公之季子也。贈公起滄桑變餘,資生之計俱在廈門,伯兄贈君遜齋公及賢嗣別駕秉義君有幹濟才,實佐之,每經年不入家門。仲兄州司馬純軒公撐持家政,用得一志問學,弱冠補弟子員,相國泰安趙撫閩,徵入鰲峰書院,吳學使冠山下車,拔冠院中秀士,利錐處囊,穎脫立見如此。後家道大豐,食指數百,綜理尤繁矣。仲兄雖秉雜□,常苦體弱,必賴公贊襄其間,群居和一。課督有諸子,相繼採芹者五六人,令嗣隨以伯仲同榜焉。公已貢成均,猶率子若侄入鄉闈,次君先雋,公遂以試事委後人矣。
　　公磊落英邁人也,詩酒之會少虛日,故文川黃先生引北海座上客滿之句為贈。然機警粟密,與放達輩不同。觀其事親孝,兄弟睦,與人交清濁無所失,而涇渭分於中,素行無瑕釁可指,范會之無猜,晏之□敬,蓋實兼之。若夫新文廟、輯縣誌、修輪山書院,皆屬義舉,特其餘緒耳。邇來齡逾八十,子孫逢吉,而孺人偕老,同德同壽,為宇宙間人瑞,固德盛致然,非造化□以優之有特厚哉。
　　孺人莊太君出邑中望族,兄弟皆在庠,猶子舉武科,登仕籍,於余有舊,故亦能悉其詳,閫述稱其以介婦肩塚婦任,得二人歡。處娣姒和而敬,待婢妾法而慈。凡祭祀賓客之需，躬親細事，俱有條理，而課子讀書，孜孜不忘者。去歲及見其孫入邑庠為慰，用能佐公成名德，非溢美也。

自余奔走南北，離別有年。迨歸老入城，公欲留一飯，竊見其步履稍艱，辭之。公曰："當日諸公袞袞，雕零大盡，存者惟吾兩人耳，奈何不再展舊歡？"酬答不異平時，豈謂此會遂為永別乎？自顧巋然一老，鶴髮雞皮，把禿筆附於幽堂，庶幾中郎於郭有道，或無愧辭云。

公生於康熙丙子年十月初一日子時，卒於乾隆丁酉年四月初五日午時，享壽八十有二。元配莊孺人生於康熙己卯年十月初七日亥時，卒於乾隆戊戌年八月十二日戌時，享壽八十。男六：長，邑增生捷春；次，乙酉舉人邁倫，自孺人出；三，太學生兆鳳，自族親出；四，日勤；五，邁茲；六，邁德，自副室蘇氏出。女三，孫男十五，孫女十，曾孫男五，曾孫女二。茲以乾隆己亥年八月廿一日□時，合葬於康榕保溪頭鄉山子美之陽，穴坐丑向未兼癸丁，丁丑、丁未分金。

銘曰："繄公純茂兮，何天之休。作與述並兮，用懋厥修。令德內孚兮，雄文外彪。育成子姓兮，為國薪樵。賢嗣先雋兮，公亦倦遊。郝鍾遺範兮，君子好逑。順存同壽兮，寧歿同邱。風水惟貞兮，世德作求。"

不孝孤哀子捷春、邁倫、兆鳳、日勤、邁茲、邁德同泣血稽顙；齊衰期服孫雄文、雍文、光萬、準文、集文、雕文、璀文、光一、學汲、光律、廷位、廷侃、光井、國佐、光鳧，齊衰五月曾孫德潤、德淵、德永、德溥、德淇，同稽首勒石。

該墓誌銘出土地點、時間均未詳。黑色頁岩質，共3方，每方高均為48厘米，寬29厘米，厚1.5厘米。楷書陰刻。現狀完好。現為民間收藏。

清·葉峻園夫妻合葬墓誌銘

皇清待贈四代祖父母、顯考國學生峻園葉公暨配林孺人合壙墓誌銘（篆書銘額）

皇清待贈四代祖父母、顯考國學生峻園葉公暨配林孺人合壙墓誌銘（楷書銘題）/

鄉進士、文林郎、現知山西稷山縣正堂事、原署山西垣曲縣事，年姻家侄莊明呈頓首拜撰文；/

鄉進士、揀選縣正堂、現會試,愚侄克明頓首拜篆額;/
　　歲進士、候選縣儒學正堂,年姻家侄王一鳴頓首拜書丹。/

　　國學生峻園葉公與其配林孺人將卜葬於蓮山之麓,其仲子邑廩生葉君照緘其考妣之狀,馳書晉中屬予銘。予與葉君交久矣,兼其猶子邑庠生戀基及昆從余兄弟遊,余深知封君與孺人素行,安敢以不文辭?公諱仰高,字及蒼,別號峻園,容齋公仲子也。少業詩書,工書畫,珍花石古玩,以容齋公豪宕□業,經營家計,歷長沙、寧德,尤邃於地理,每裹糧出遊,或彌月而返。性寬厚,接人以禮,周給不吝假貸,輸租未嘗苛刻。鄉有爭辯者,多就取質,少而犯於有司,故人以公能為人排難解紛,至今嘖嘖不置,義舉尤出性成。其伯祖時若公以進士官長興,因事落產,致烝嘗缺如,公為立祭田。參政慕同公歷任學院,神主未列於廟,公進而祀之。他如睦命塘、景福殿,修之築之,乘以志之,以及化販私、輸國課,率皆踴躍向義。既例入雍,每以詩書為念,延名宿課督兒孫,不欲以外事攖其□。尊師重道,好學之聲籍籍都人士□。故次子照辛未歲冠府軍,受知司衡,繼而食餼。其長子華力學,屢試見酬,以鐵硯賁志。遺子戀基、昆能讀父書,壬寅昆冠府軍,戀基亦奪前茅,兄弟一時並歌斯樂。公雖不及見,而其好學之報,亦足以含笑九泉矣。

　　公配孺人林氏為溝園望族爾貴公淑媛、邑諸生天駿君堂姐、國學生景慧、景豪君堂姑也。幼嫻《內則》《女史》,於歸,逮事尊嫜以孝謹。聞其相夫也,截髦為歡。喪葬諱服,蕲無憾焉。工針黹,勤紡織,處妯娌戚屬內外無間。遇臧獲有恩,畜婢及笄而嫁。眷愛兒孫,拊畜顧復之。惟讀書一節,課讀更甚於公,尤能佐公之所未逮者,如置書田、設衣巾、科舉等項,一一踵而行之。以故拾青紫如拾芥,一時子若孫三胞並列膠序,□孺人親見之,雖公之嗜學使然,亦孺人垂範閨閫之一助也。孺人私諡慎徽,舉子二:長華,早逝;次邑庠生照。女一。孫男七,自華出者二:長戀基、次昆,俱邑庠生;自照出者五:長駿,次斑,三申,四貴,五躋。曾孫男三,自戀基出者二:長朝昌,次朝欽;自昆出者曰朝階。孫女三:自華出者一;自照出者二。曾孫女一,戀基出。餘繩繩未艾,所娶皆□□閥閱名門。

　　公生於康熙戊寅年十□月六日寅時,卒於乾隆壬辰年正月初□日酉時,享壽七十有五。孺人生於康熙甲申年正月初九日辰時,卒今乾隆甲辰年二月十四日巳時,享壽八十有一。茲以乾隆甲辰年八月初九日巳時,合葬於歸得里蓮山頭王厝鄉後籠口,穴坐庚拱甲兼西卯,分金庚申、庚寅。

銘曰："籠山之背,氣象雄渾。籠山之口,掩映朝暾。五行相衍,迢遞平原。玉兔東走,金雞聲喧。納幽藏密,合乾與坤。偕椿萱以長茂兮,並桃李之無言。鍾神文與聖武兮,讓蓮花之獨尊。誦遺識於在昔兮,知安士之能敦。凡百君子,式此墓門。"

不孝孤哀子葉照,承重孫葉懋基,期服孫昆、駿、斑、申、貴、躋,曾孫朝昌、朝欽、朝階仝稽顙。

2000年5月12日出土於同安區蓮花鎮蓮雲公路拓建工地。輝綠岩質,共2方,高均為27厘米,寬46厘米,厚2厘米。楷書陰刻。現狀完好。現藏於同安博物館。

清·張紀臣墓誌銘

皇清待贈郡/庠生、五十有/六壽紀臣張/府君墓誌銘（篆書銘蓋）
皇清待贈郡庠生、五十有五壽紀臣張府君墓誌銘（楷書銘題）/
特恩己亥科舉人、揀選知□,現會試□/弟曾朝英頓首拜撰；/
漳州府龍溪縣儒學廩膳生員,愚叔/繼祖頓首拜篆額；/
泉州府同安縣儒學廩膳生員,愚侄/婿林為洛頓首拜書丹。/

郡博士紀臣張公與余居同里、籍/同郡、學同師,少壯以來,芸窗砥礪,/□□相過訪,應大小試,周旋旅寓,/□□□經三十載。今歲甲辰,余三/上公車,客臘話別,意再晤之日猶/多也。迨秋南旋,而公已於季春謝/世矣。聚散存沒,可勝嗟悼。嗣子仕/解等卜葬有日,奉伯父命請誌銘。/余方遺春榜,名銜不足為光；又不/文,不能鋪揚盛美。第昔年知交,喪/不及吊,茲將執紼,能勿數行志之？/

公諱名揚,字紀臣,派本青嶼。其世/祖欽載公,前朝正統間避難於漳/之溪邑鼇頭社,遂隸籍。至/國朝,公祖考德謙公僑居鷺門。尊考/歲進士池上公,元配鄭太孺人,繼/配黃太孺人。舉丈夫子五,公其三/也。尊考詩文為名下士,傷失怙,捨/舉業以治生。既而,公長兄克家佐/理,尊考復以國學赴棘院,貢成均。/公善承庭訓,受知於文宗李公,/補弟子員,五弟踵之,故尊考得付/青雲之志,而以吟壇樂事終也。先/墳失於兵燹,尊考四方尋訪,得之,/刻石重修。公每有他適,必迂途瞻/拜,經久不倦。公二叔父早世,今二/叔母以雙節請/旌。當時慰孀撫孤,皆尊考之績。及公/從兄弟四人,與公兄弟雋辟雍,需/詮選,尊考乃綜其所積,兒侄均分。/公昆季咸體此心,故同舍久居,不/忍析地,窄不能容,乃分構,仍擇相/近者。公遲子息,四弟甫得次子,子/之。天顯之恩,於是可想見焉。公纍/應秋闈,皆以科舉上文行兼優,數/經□□申請,學政褒嘉。家居設塾,/延師課子,以裕薪傳。美哉,一門德/業!先人啓之,後人繩之,宜昌且熾。/乃年未及耆,大器終屈式穀,猶需/後報。以乾隆甲辰年又三月十一/日酉時,疾終於正寢,距生雍正己/□年九月十五日辰時,壽五十有/六。元配黃孺人,繼配謝孺人,側室/李氏、葉氏。子四人:長仕解公,四弟/□□□□,仕殿,仕將,俱葉氏出。女/□,□李氏出;二,葉氏出。聘字悉名/門。今以甲辰年十二月初四日酉/時葬於廈門虎仔山施厝社曝粟/石,與元配黃孺人合焉,虛其右以/為謝孺人域。穴坐酉向卯兼庚甲,/丁酉、丁卯分金。

　　既誌其略,爰為之/銘,曰:"虎山欝欝,秀孕佳城。剛柔合德,/同穴維寧。人以地,踵其靈,昌厥/後而振家聲。"

　　該墓誌銘出土於廈門島內,具體時間、地點未詳。黑色頁岩質,共2方4面楷書陰刻,高26厘米,寬45厘米,厚1.5厘米。現狀完好。現為民間收藏。

清·陳門彭太君墓誌銘

　　皇清/誥贈恭人、三代/大母、六十一壽、陳門顯妣溫淑/彭太君墓誌銘(篆書銘蓋)

　　皇清誥贈恭人、三代大母、六十一壽、陳門顯妣溫/淑彭太君墓誌銘(楷書銘題)/

　　誥授朝議大夫、貴州銅仁府知府、護理貴州按察/使司、加五級,姻家弟莊有儀頓首拜撰文;/

　　御前侍衛、昆明湖正白旗水師教習、鎮守浙江溫/州等處地方總兵官、加三級、紀錄四次,姻侄/謝廷選頓首拜篆額;/

　　廣東南雄府教授,愚婿莊士昂頓首拜書丹。/

予壯歲，姻翁刑部司廳、誥贈朝議大夫陳公敬賢隨其尊人太姻翁、誥贈奉直大夫松軒公自閩商於粵，松軒公與先大夫敦桑梓歡，予三兄亦與敬賢公為莫逆交，時太姻母□宜人□□□□□□□□□□□□□□□貤贈奉直大夫簡齋公年登耄耋，俱居於閩。先兄稔敬賢公克遂四方志，無內顧憂者，實得賢內助、誥贈恭人彭姻母之力，因聘其長媛為予侄士昂婦，以故恭人壼德，予聞愈悉。今秋其令嗣貽印、貽幸等將回籍葬恭人，囑予誌其墓，爰敘所聞以應。

恭人為同邑名族處士彭□□公巽女，性行端淑，年十九歸敬賢公，眉案相莊，綽有孟光風致。敬賢公昆季七，業俱興。伯兄誥授奉直大夫鑒亭公娶嫂郭宜人，早逝，恭人以次婦肩長婦任，上奉翁姑，內總家政，下率姒娌，各盡其道。松軒公既捐館舍，喪葬畢，敬賢公偕伯兄久撐粵務，恭人在籍奉劉宜人彌謹。既念敬賢公年且老，善病，爰請劉宜人命分子女半來粵婚娶，俾敬賢公獲受朝夕養。方竣事，恭人即回籍，再為諸子女完婚嫁，以承劉宜人歡。後聞敬賢公疾革，仍奔粵治喪，奉櫬歸葬。旋慮兒婦年少在粵，囑佐篋代事劉宜人，而自來掌內政。越數歲，劉宜人在籍卒，恭人望□泣血，兼以屢次跋涉，積勞成疾，次年亦卒於粵。臨終惟以不獲送劉宜人終如送松軒公諸凡，身親為憾。囑諸子事庶祖母顏安人如劉宜人，事庶母洪氏如己，且遍呼諸婦勿虐使婢僕、吝惜施捨，率厥素行云。

夫婦人大都好逸惡勞，逸於閩即安於閩，逸於粵即安於粵。自非恭人，孰克千里賓士，不辭況瘁，俾婦道、妻道、母道交盡而罔缺者哉！人見陳氏，自前朝耀公以名進士起家，常夏公為國初名會元，厥後諸叔兄弟侄薦於鄉、貢於雍、遊於泮者踵相接，以為世德所致，而不知其內資夫閫教者，亦不少也。今恭人以令嗣急公授職，仰荷聖主錫類，龍章寵賁，身受其榮，謂非種德之報歟？況諸孫林立，書香繼起，他日紹其先世儒風，正未可量。爰為勒石，以垂不朽。

恭人生於康熙己亥年七月初九日巳時，卒於乾隆己亥年十月初二日寅時，享壽六十有一。男四，自恭人出者三。長貽印，太學生；次貽幸，太學生，即用州同知、加四級；三貽鳴，□□□□□□□□□□□□□□□□□□□□□□孫女五。自貽印出者：昆攀，昆附；女二。自貽幸出者：昆梁，昆曇；女三。自貽鳴出者：昆性，昆情。娶適聘許皆簪纓名族。時乾隆五十三年歲次戊申陰月十六日子時，葬於白雲山之雞心侖，穴坐巽向乾兼辰，丙戌分金。

銘曰：/"白雲罨藹，山留其名。屏環帳列，毓秀鍾英。於/茲卜宅，永奠佳城。千秋萬祀，人傑地靈。"/

襄事不孝孤哀子陳貽印、貽幸、貽鳴、貽算仝泣血稽顙；/齊衰期服孫昆攀、昆梁、昆性、昆曇、昆附、昆情仝稽首勒石。/

該墓誌銘出土於翔安區，具體出土時間、地點未詳。輝綠岩質。楷書陰刻。略有磨損殘缺。現為民間收藏，今據照片抄錄。

清・李敦化墓誌銘

皇清/待贈顯考國學生、三代大/父、享六十有一壽、敦化李府君/墓誌銘/（篆書銘蓋）

皇清待贈顯考國學生、三代大父、享六十有一壽、敦化李/府君墓誌銘（楷書銘題）/

特恩己酉科鄉進士、吏部揀選縣正堂、現禮部會試，愚侄/孫廷纁頓首拜撰文。

乾隆甲寅歲小陽上浣，族叔文珪郵書至，曰："不孝邁/戾於天，降割先嚴，雞斯徒跣，痛哭傷腎，干肝焦肺，不/暇遣使訃聞。茲獲牛眠，卜葬有期，賢侄雖分派廣西，/己酉叨鄉舉來廈謁祖，先嚴索行，當無不稔者，可撰/隧中石以誌焉。"纁展讀淚下，恨不得趨叩執紼，安敢/以不文辭？爰舉其大端而載之。

公諱長芝，字瑞六，/號敦化，自始祖載溪公居嘉禾上李鄉，王父基/哲公卜遷於前園社，繼又徙居城內。基哲公歿，考/鍾山公賈外洋時，公尚在稚年，伯兄長華公、仲/兄長蕃公偕公家居，事王母曾安人、母林/安人，甚得歡心。鍾山公歿，公等兄弟失怙，愈篤/友于。長華公操奇贏，行貨於粵，復久客蘇州。公/佐長蕃公，為股肱之助，內而綜理家務，外而牽車/服賈，罔不竭力代勞。庭幃內，壎篪叶奏，家計日豐。詩/曰："則友其兄，則篤其慶。"此之謂也。至於敬宗睦族，儉/以律身，寬以待人，綽有藹吉之風焉。夫人莫先於孝/弟，有子曰："孝弟也者，其為仁之本與？"公之德性如/斯，不惟為孝子悌孝，而且為仁人矣。

公生於雍正/甲寅年正月初二日酉時，卒於乾隆甲寅年五月二/十五日寅時,享六十有一壽。元配謝孺人,舉男子/三:長文珪,次文培,三文煒。男孫四人聘娶皆閥閱名/家。餘繩繩未艾。茲以乾隆五十九年甲寅十二月二/十日午時,葬於本山上李社西姑嶺內,土名金鐘坪/頂,坐辛向乙兼酉卯,丁酉、丁卯分金。

銘曰:"金鐘挺瑞,峻嶺毓靈。山明水秀,卜叶利貞。/重重玉案,欝欝佳城。俾昌俾熾,奕世簪纓。"

襄事不孝孤子李文珪、文培、/文煒仝稽顙拜;/期服孫繼善、繼升、繼盛、繼續仝稽首拜勒石。傅古堂刻。

該墓誌銘出土於廈門島內,具體時間、地點未詳。黑色頁岩質,高26厘米,寬41厘米,厚1厘米。共一方,雙面楷書陰刻。現狀完好。現為民間收藏。

清·吳霞圃父子合葬墓誌銘

皇清邑庠生霞圃吳先生祔塚男維浚誌銘(楷書銘題)/
同安縣儒學生員、芸社弟陳元章頓首拜撰並書。/

君諱蔚起,字葉人,別號霞圃,籍繫晉江也。祖考素峰公喬居鷺門,/其家世族系載在素峰公銘內,無庸贅及。君方卯角,與余同芸□/同社,前後共晨夕者十餘年,其作文清真古健,每為吾師所推許。/辛丑歲,受知於學憲石君朱公,厦之掇晉芹者自君始。君為直/齋公塚嗣,自幼追隨祖考,色養孺慕,竭誠盡慎,一以直齋公為則。/念先世祖墳未得休寧,即承直齋公之命,擇吉遷安。先尊妣李孺/人辭世,君又不憚跋涉之勞,謀宅兆於泉城故里,歲時祭掃罔懈。/迨直齋公登遐,喪葬諸務悉與弟昆備極哀誠,皆君之天性然也。/

嗚呼!以君之為人,固宜克享壽考,乃未及艾年,溘然長逝。而君之/塚嗣維浚,少從余遊,穎慧如君。余方望其克成父志,竟以失怙之/憾,構欝成疾,未服闋而歿。天之不佑如是,抑其數使然耶?茲昆季/迪人、可人將以維浚合葬,而可人亦與余同社,以余備悉生平,命/余為誌,爰舉其概而誌之。君元配陳孺人,先君卒。男三:長即維浚;/次奕齡,出嗣仲弟允明君;三奕浩,尚幼。女一,適王君錫圭長嗣士/彩君。君卒於乾隆壬子年七月廿六日午時,距生於乾隆庚午年/五月十五日辰時,享年四十有三。維浚生於乾隆辛卯年十二月/十六日未時,卒今乾隆甲寅年正月廿六日酉時,年僅二十四。以/乾隆五十九年二月初一日,合葬於廈之吳滄山,土名許師墓後/坑。穴坐辰向戌兼乙辛,分金丙辰、丙戌。

銘曰:"仁以裕後,孝以承先。慈祥藹吉,福培心田。長嗣侍護於右,安在此/地之非牛眠。"/

男吳奕浩、/出嗣男奕齡仝稽顙勒石。/

此墓誌銘出土於廈門島內,具體時間、地點未詳。黑色頁岩質,高39厘米,寬53厘米,厚5厘米。楷書陰刻。現狀完好。現為民間收藏。

清·陳心堂暨子灞亭附葬墓誌銘(殘)

皇清鄉進士、武信郎心堂陳公長子武略騎尉灞亭公祔葬墓誌銘(篆書銘額)

皇清鄉進士、例授武信郎心堂陳公長子試略騎尉灞亭公祔葬墓誌銘(篆書銘題)

賜進士出身、御前侍衛、誥授振威將軍、提督浙江全省總兵官、軍功加一級,姻侄李長庚頓首拜撰文;

誥授武顯將軍,鎮守浙江定海、舟山等處地方總兵官,署理福建金門鎮總兵官、加三級、紀大功一次,再侄羅江頓首拜篆額;

例授文林郎、戊申科舉人,吏部揀選知縣,現會試、前輪山書院掌教,姻家侄劉逢升頓首拜書丹。

鄉進士、例授武信郎心堂陳公與先大父交篤,塚嗣例授武略騎尉灞亭,余兒女親也,家居相近,往來甚密。今歲二月,公子貽克、孫大琮謀卜葬公,以灞亭附,馳書甬上,請余誌之。余以戚好,稔其家世,義不得辭也。

按:公諱廷英,字□授,號心堂。其初,漳之龍溪人,先世常夏公以會元著名。國初,高祖一鳳公避海氛,遷同安城南,因家焉。太翁誥贈奉直大夫松軒公生七子,公其四也。當松軒公捐館舍,劉太宜人在堂時,長公鑒亭、次公敬賢、三公晴圃、五公來薰俱在粵,季兩公幼,一切送終大事,公獨肩其成。洎葬、祭,靡不盡禮。服闋,應郡縣試,輒拔前茅。遇病,蹶於院,因渡臺,寄籍漳化,採其邑芹。旋領庚辰鄉薦,三上計偕,效用水師,歷署南澳、澄海、達濠等處。念太宜人年登耄耋,盡節日長,報劉日短,遂乞歸養,與昆季舞彩承歡,一庭之中,上順下友,宗黨稱之。公性朗決,優於才而果於事,見人有過,面析之無少回讓,以故弟子畏威,鄉鄰服德。辛丑,疾篤臨終,勖灝亭強力為人,以補生平未……(下缺)

該墓誌銘現藏於同安博物館,今據抄本轉錄。

清·蔡淳圃夫妻合葬墓誌銘

皇清待贈六十有四齡淳圃蔡府君暨妣恭儉邱孺人合葬墓誌銘(篆書銘蓋)
皇清待贈六十有四齡淳圃蔡府君暨妣恭儉邱/孺人合葬墓誌銘(楷書銘題)/
賜進士出身、文林郎、吏部觀政、銓選縣正堂、乙卯鄉/薦亞魁,侄鴻捷頓首拜撰文;/
歲進士、即選訓導,侄龍登頓首拜書丹篆額。/

余家青陽,與良尊公同宗分派,計以譜序,余廁/侄曹。良尊諱必達,淳圃其別號也。始祖樸素/公自晉之西源徙居上塘,以忠厚起家,代有聞人。/至復旺公始居南邑蠶壩鄉,分三房,長元麟/公,傳樸齋公,舉丈夫子三,叔其季也。自幼倜儻/不群,為樸齋公所鍾。比長,克勤家政,自肩瘁/勞,以故一門之內,數十年之間一團和氣,藹若春/風,其孝友蓋本諸天性也。夫孝友於家,吾宗族韙/之,而寬厚接物,里黨亦共稱之。叔待己其嚴而待/人必恕,毋居心好刻、毋出納或吝、毋施與不均、毋/見義不為,居然仁人長者之風焉。且尊師重學,教/督兒孫先敦本行,次以文藝,而惜乎次弟善燦能/讀書而不享年也。今俊列輩受叔訓篤,將來書香/蔚起,大有厚望焉。

叔母邱氏,同之望族,處妯娌雍/睦有聲,居家節以制度,至司蘋藻,尤善為相之人,/因頌吾叔之德,而賴叔母之助者正復不少。叔舉/男四:長善聰;次善燦,先叔而歿;三善煌;四善前。聰/娶劉宅黃諱仰園君長女,燦娶侯安許諱登第官/次女,煌娶後坑邱諱德博君次女,前娶蘇內陳諱/祖山官三女。女二:長配後坑黃諱笏官五郎乾官,/次配古宅黃諱天恩官三郎香官。孫十有二人,自/聰[出]者四:俊列、俊琴、俊排、俊□,自燦出者三:俊聽、/俊夏、俊祿,自煌出者三:俊彬、俊平、俊桃,自前出者/二:俊瓊、俊店。餘繩繩未艾。叔生於乾隆丁巳二月/二十六日未時,卒今嘉慶庚申五月初八日未時,/享年六十四齡。叔母生於乾隆丁巳九月十九日/辰時,卒於乾隆癸丑九月初七日辰時,享年五十/七齡。以嘉慶庚申十一月十八日辰時合葬於浯/山麓,穴坐庚向甲兼申寅,分金丙申、丙寅。

銘曰:"浯/山之麓,瑞卜牛眠。鴻漸福鼎,左右蜿蜒。遙屏如畫,/氣象萬千。式昌式熾,蔚起蟬聯。"

不孝孤哀子蔡善聰、善煌、善前同泣血稽顙;期服孫俊列、俊聽、俊琴、俊夏、俊彬、俊瓊、/俊祿、俊排、俊平、俊沛、俊桃、俊店同稽首勒石。

該墓誌銘出土地點、時間不詳。黑色頁岩質,共 2 方,雙面楷書陰刻,高 23 厘米,寬 28 厘米,厚 1 厘米。現為民間收藏。

清·杜靜園墓誌銘

皇清/待贈三代大父、享壽六十/四、鄉飲大賓靜園杜公墓/誌銘(篆書銘蓋)
皇清待贈三代大父、享壽六十四、鄉飲大賓靜園杜公墓/誌銘(楷書銘題)/
歲進士、候選儒學,愚叔朝錦頓首撰文;/
乙卯科舉人、/特授安徽現任潛山營守備,愚侄光玉頓首篆額;/
誥授奉直大夫、候補直隸州分州,同懷弟尚保拜書丹。/

公諱尚安,字天保,別號靜園,同之馬巒人,自先世徙/居李林久矣。父誥贈大夫藹亭公,母李氏、誥贈/太宜人。舉丈夫子四,公其塚嗣也。少時家故落拓,慨/然曰:"丈夫生,安能碌碌終牖下老哉!"偕諸功兄懷弟/泛棹東寧,經營於後壠、竹塹間,不數年,駸駸乎有陶/朱意矣。既而諸弟皆習計然,服賈乎臺灣,居奇於鷺/島,日新月異。李林封僾夥矣,公無多讓焉,何其興也/勃歟? 性恬淡,寡笑言,城府不設於胸,畛域胥忘其界。/睦族諧鄉,敦姻篤舊,而孝友尤本天植,一家之中怡/怡戚戚,古之張陳,不是過也,人言無間,宜哉! 家雖饒/

而臭銅不尚，資既裕而能訓是懷。邇來不握籌算，雅/慕槧鉛，構精舍、置書田，焚券施塚，禮聘西賓以課子/侄，視世之延師不破慳囊者，有間矣。猶見廷泰由是/冠軍遊泮，廷拔亦屢拔前茅，其餘學為鷹揚者，皆干/城選也。何莫非公之栽培者乎！然猶以為未即榮及/先人也。語及同懷衛尉尚文、太學尚鈞曰："季弟尚保，經商中人亦仕宦中人也，盍援例入官，俾吾父母榮/叨封贈乎？"癸亥秋，/綸音寵賁，先塋黃焚，觀者榮之，而公伯仲皆殂，不及見焉，/惜哉！歲在閼逢，將於九月既望葬公於李林衙口山，/坐艮向坤兼寅申，用辛丑、辛未分金。其子祥岩告余/曰："先君葬有日矣。稔其行，能述以文，不貽諛墓之譏/者，孰如老叔？敢丐銘焉。"授以涯略，雖愧不文，其何辭/之說？

公生於乾隆己未年十月十八日卯時，卒於嘉/慶壬戌年□□十七日未時，享六十四壽。原配李氏，/繼室王氏。男子□□子□□祥妙先公□，次祥戴，自/李氏出；次祥岩、次祥延，自王氏出。孫男□□，女一。餘/繩繩未艾。

銘曰："仙旗天插，蜿蜒東來。山名衙口，□□三臺。/牛眠兆協，馬鬣封開。其祥長發，慶曷有涯！"/

襄事子祥戴、祥岩、祥延仝泣血稽顙；/期服孫詩初、詩標、詩陣、詩珠、詩樹、詩森等仝稽首勒石。

該墓誌銘出土於集美區李林村，具體時間不詳。黑色頁岩質，高27厘米，寬45厘米，厚1厘米。楷書陰刻。現狀完好。現為民間收藏。

清·洪晴嵐墓誌銘

皇清待贈國學生晴嵐洪府君墓誌銘（篆書銘題）/

公柏埔人也，太學生，姓洪，諱彥，字己公，號/晴嵐，先王父鄉飲大賓文煥公第五子/也。宋始祖十九郎公知南安縣事，因家/於是。地靈人傑，科甲蟬聯，太史公、司/寇公、參政公、儼咫公，皆以名進士歷官中外，後先輝映，彬彬如也。高祖近士垚/公又以恩貢生初授蜀藩理問，晉承德郎，/任都指揮經歷，攝武緣縣正堂，興教宣化，/士民德之，立祠尸祝焉。

公生而穎異，每發/語輒驚人。弱冠廁身辟雍，先伯父太學生/貞園公嘗器之。事父母盡得其歡心,處昆弟復無間言。《書》云"惟孝友於兄弟",可為公誦矣。承先人餘業,守之以謙,行之以恕,故能與世無忤,與物無爭。《易》曰"君子卑以自牧",殆公之謂歟!若夫禮師尊、厚賓朋、睦宗族,口碑載道,尤昭昭在人耳目間也。方喜班衣可舞,何意二豎相侵,遂從赤松子遊耶?嗚呼痛哉!

公娶陳氏,生子男五:長玉帶,娶東界許氏女;次玉彝,三玉瑒,皆未娶,後公而卒;四玉琛,五玉瑗,俱未訂婚。女一:球英,適太學生郭玉麟公之子文筆。孫男三:光蕊,係玉帶出,承繼玉彝;光芸,自玉帶出;光藻,係玉帶出,承繼玉瑒。餘繩繩未艾。

公生於乾隆癸未年十二月初一日辰時,卒於嘉慶己未年八月十五日巳時,享壽三十有七。今將以嘉慶丙寅年三月四日遷葬於本里四石埔之巔,坐申向寅兼坤艮。

謹為之銘曰:"孝友成性,忠恕立身。辟雍獻策,上國嘉賓。樂邱□□,留待善人。維獅背聳,維鴻面親。水纏玄武,穴法有真。財丁與貴,永世長新。"

大清嘉慶丙寅年三月　日,孝男玉帶、玉琛、玉瑗,杖期孫光蕊、光芸、光藻仝立石。

該墓誌銘原出土於同安區。磚質,共兩方,長、寬均為36厘米,厚3.3厘米。楷書陰刻。第二方左方有斷裂,但字跡尚存。現為民間收藏,今據泉州市楊清江學兄抄件過錄。

清·李長庚墓誌銘

李忠毅公墓誌銘。

我國家多將帥材,並世所見者三人,皆官提督,皆死國事,又皆未竟厥用,曰馬忠壯全,曰花壯節連布,其一則忠毅公也。然壯節與予同官最久,忠壯亦尚及識一面,獨忠毅遠隔數千里,二十年來宦轍南北,耳其名,究未面其人也。惟屢讀邸報,見其勇猛任事,見其忠勤為國,見其出萬死不顧一生,又獨能以精誠上結主知,以為東南閫帥。有此人,小丑不足殄矣。及聞黑水洋之變,雖識與不識,無不東向哭失聲,為聖天子惜此鞠躬盡瘁之臣也。嗚呼!數十年來,使封疆大吏人人能與公同心,則盜之就擒已久。然惟公以孤忠孑立,今上親政,未及一觀。闕廷顧轉,邀不世之知,破浮言、排物議,一意任公,命為總統,功以旦夕成矣。而變出意外,遂使邊隅小丑暫緩天誅;東海蓋臣,遽淪泉壤,此則不能無恨者耳。夫忠壯剿金川酋、壯節剿銅江紅苗,皆死於事之方殷,而公獨死於功之垂就,此則尤可惜者。嗚呼!公孫述滅,光武感念岑彭;吳孫皓亡,晉武帝亦流涕曰:"此羊太傅之功也。"吾知不日海甸肅清,聖天子必軫念勞臣,以為非李長庚不至此,則公死而亦若不死矣。

　　按狀:公諱長庚,字超人,自號西岩,世為同安著姓。曾祖思拔;祖宗德;父希岸,彰化縣學生。三世皆贈如公官,妣皆贈一品夫人。贈公有五子,公次居三,幼即異常童,甫入塾學書,即振筆書唐李白句云:"天生我材必有用。"贈公大奇之,命以今名。性篤孝,年十七,母余太夫人疾,衣不解帶數月。免喪,習騎射,慨然有當世志。試補武生,舉乾隆庚寅恩科鄉試。明年成進士,授藍翎侍衛,扈蹕畿輔者三年。二十六,出為浙江衢州都司。居六年,擢提標左營遊擊。又六年,由太平參將擢樂清副將。林爽文之黨入閩,護海壇總兵,所轄南日、湄洲,故盜藪。公至,始哨其地,捕除之。會鄰境有被劫者,誤指為海壇界,落職留緝。公一不申辯,遽毀家募鄉勇出洋,擒盜首林權,又擒盜陳營等於大岞,大岞盜善火器,燎公鬚。短兵接,大獲而返。時總督為郡王福康安,訪水師將材,獨禮異公。公慷慨言曰:"長庚破家為國,船既自造,軍食器械一不資於官,惟火藥非私家物,願有請。"於是督府下檄沿海,凡李某所在調用軍火,不限多寡與之。先是,閩盜陳禮禮等闌入浙,殺浙江參將,吏莫能捕,以屬公。不三月獲之,奏起遊擊。旋署福建銅山參將。銅山戰艦徒空名,公別用選鋒,作商人裝出海,不張旗幟,見者不知為官軍也,故賊至輒得。越歲,以父憂,歸仍還署任。救象嶼商船之被劫者,賊來撲,我軍少,勢不敵。公伏不動,待賊炮盡,出不意餂過其舟,一炮殪之。日向暮,隱約又見數艇,公亟收泊,數艇者亦泊此。曉相持,公率八舟一字排列,作常山蛇形,後船插前船,巨纜緪之。賊從東來,東第一舟應之,以迄第八,西來亦如之。迴環終日,殲斃甚多,餘各分竄。自此,夷匪相戒勿入銅山境。旋補海壇右營遊擊。今上元年,即授公銅山參將。明年,擢澎湖副將,以保舉入京未至,授定海總兵。純皇帝召見,獎諭有加,命速抵任。公受事,條具緝捕事宜,以上總督。故協辦大學士書麟多如公議。前總督魁倫奏請改造同安梭船一事,亦公所創也。明年,土寇鳳尾幫誘入南安夷艇,公破之三盤嶴,拔他將被圍者出之。當是時,群盜蔡牽、林阿全等大小以百數船交海中,而當事者獨急艇匪,日夜程督。公追之浙洋,追之閩洋,又迫過閩粵交界之甲子洋,乃返。明年四月,擊蔡牽白犬洋,功最,賜花翎。五月,夷匪大入浙,巡撫阮公元奏以公為統帥,報可。六月,與黃岩鎮會剿松門,颶風作,覆賊舟殆盡,獲其偽爵倫貴利,俘斬數千人,艇患自是紓矣。計自蔡牽以外,公所捕獲有名目者,於深水洋獲李出等二十二人;於潭頭獲丁郭等十九人;於六橫獲林俊新等十五人;於徐公洋獲楊焉等十九人;於竿塘獲李車黑等十人;於旗頭獲陳帖等二十二人;於東霍山獲李廣等二十一人,斬首十級。乘勢至盡山,獲陳火燒等二十二人,斬首十一級;至三盤,獲商英等七人;於山東黑水洋,生擒蘇柳等五十餘人,斬首二十級,獲船隻、器械無算。若浮鷹之生擒五十餘人,南圮之一日夜獲八十餘人;黃攏之沉賊艘二,斃七八十人,斬首五級,數俘得五十二。是皆積年逋盜,遇公無不亡魂失魄,魚奔豕竄,陷胸抉脰相接。以是賊中口號曰:"寧遇千萬兵,莫遇李長庚!"此即公剿賊不遺餘力之大略。又計公所歷洋面,浙閩而外,南越瓊州,北至登萊。蓋自嘉慶之元迄丁卯歷十二年,凡寒暑晝夜,風霾雪雹,無一日得離海洋,亦無一日不搜海盜,鬚髮以此白,面目以此黧,而公亦誓死滅賊,不復有旋踵想矣。記曰"以死勤事,以勞定國"者,實於公一人見之。

公所創舟船營陣,曰火攻船、同安梭船,曰常山蛇水陣。其為總統也,申明條令:一定海幫兵船,居中用黃旗,總領用五色方旗;黃、溫二幫,兵船居左,用紅旗,總領用五色尖旗;閩幫兵船居右,用白旗,總領用五色尖旗。軍船日行插五色旗,夜懸三燈,遇賊船不論何幫,先見者即高張本色旗,以便後船眺望,協力剿捕。仍視之中軍旗號,指東則向東,指西則向西。入夜中軍船放火號三枝,各統領二枝,各船一枝。所攜藥彈,必待盜船既近,然後開放,故槍炮絕無虛發。蓋公號令整肅又如此。六年冬,擢浙江提督。臺灣平,調福建水師提督,旋又調浙江總統。蓋自上親政以來,又專以蔡牽事付公,閩浙水師皆屬焉。公感激上知,益思自奮。其剿蔡牽也,敗之於青龍港,覆之於斗米洋,又大蹙於鹿耳門。嗣以牽船從北汕漏出,有旨奪翎頂。繼又挫之於調班洋,又大挫之於漁山。公血戰受傷,事聞,復頂戴。又大敗之東湧,炮擊牽從子蔡添來落海。明年,又扼之於粵洋大星所,斷牽船大桅,毀其篷索。圍甚急,若使粵援即至,則牽必計日授首,而無如其不至也。牽復得脫去。上聞,切責粵帥,下部敘公功,然機已坐失矣。又與粵帥會剿澳門盜,事竣,先期請暫還理軍政,上未允,遂即日復行。冬,合金門、福寧二鎮,合擊牽於浮鷹,擒九十五人,斬級十五。十二月二十五日,至黑水洋追及之,牽所有三舟耳。公奮勇欲登舟,幾得上,忽風浪遽作,倉猝中賊炮傷咽喉、額角,遽以是日之晨隕命。嗚呼!賊瀕於死屢矣,乃桅斷不死,船毀不死,蟄之絕地不死,豈天故欲稽其誅以俟惡稔,始舉族以殲之,使一不留遺種耶?抑天欲彰公之節,故使變生不測,而賊亦旋踵即滅耶?是皆不可知者矣。督臣疏入,上震悼,為之墜淚,使撫臣迎其喪,奠醊,賜帑金千兩,續又賜帑四百兩,封三等壯烈伯,於本縣建立專祠,仍下部臣議恤,賜全祭葬,賜諡忠毅,又纍降旨申飭水師將帥為公復仇,敕督臣用所獲蔡牽義子蔡二來釁以祭公,梟其首喪次。聖代褒忠之典可謂無以加矣。非公之破家為國,忘身滅賊,不以死生利害之念稍存於中者,而能致此乎?

公生平讀書外,喜靜坐,天性知兵,尤長水師。大小經百十戰,所獲不啻千數,所獲軍裝、器械不啻萬數。他人得其一,即詫奇功,在公尚不足言。所至修學校、作義塚,見義必為,並有士大夫所不能者。

公生於乾隆十五年四月二十五日,年五十有八。配吳夫人。子二:曰廷駒,乙卯科武舉,早卒;曰廷鈺,方為公後,承其喪。吳夫人生女二:一字葉寅,在室殤;一適同縣候補同知陳大琮,今奏留浙江,欲隨大府剿賊以復公仇者也。將以十三年九月十有八日葬公於坪邊原,千里走使乞為墓誌之文。

余生平慕公而恨不得一見者也,重為之銘曰:"岷山之原,誰神於江?離堆灌口,為公之宗。閩江之南,誰神於海?高浦浯洲,公神斯在。公不滅賊賊害公,怒氣上作三天虹,雷電擊賊滄海東。公之英靈在天地,一訃傳來十州涕,除夕先膺萬家祭。公能報國死亦甘,留此正氣維東南。我銘公墓兮石作函,歷萬萬古兮詞無慚。"

洪亮吉撰。

錄自《馬巷廳志》附錄

清·蘇門葉太宜人墓誌銘

皇清誥贈宜人、五代大母、享壽七十有六、恭/順葉太宜人墓誌銘(篆書銘額)
皇清誥贈宜人、五代大母、享壽七十有六、恭/順葉太宜人墓誌銘(楷書銘題)/
鄉進士、揀選縣正堂,夫侄蘇篤志頓首拜/撰文並篆額、書丹。

吾宗葉太宜人,諡恭順,蓮坂名族媛也。其先世賜同進士,科第傳芳,無庸贅語。迨歸我潯齋公,溫柔和懿,有古/賢婦風。其相敬如賓,歷四十餘年如一/日。爾且賦性純孝,以不得長事舅姑為/恨。每逢祭祀必躬必親,至老弗倦,處妯/娌間,內外無間言,教子以義,教婦以和,禦下以寬。澋齋公年少渡臺,承掌父/業,出外日多,在家日少,上有二兄先後/辭世,遺下子女,太宜人善體公志,仍/合爨,教誨無異己子,婚嫁無分厚薄,/對諸子侄輩云:"讀聖賢書,守祖宗業,二/語最為切己事。爾輩毋畏難苟安,便能/嶄然頭角崢嶸。"自今採芹香者有人,/貢成均者有人,擢巍科者有人,勞主事、建軍功亦有人,不但子孫蕃衍,為閭/里間咸嘖嘖樂道已也。《易》曰:"積善之家,/必有餘慶。"斯固澋齋公之世德何,/非太宜人在內教督之力,有以佐之/也哉!

方期長享遐齡,躋期頤之上壽,奈/何行年七十有六,奄然長逝也。易簀之/日,遺命與公合厝。嗚呼,可哀也夫!卒/於嘉慶十五年正月初七日卯時,距其/生於雍正乙卯年九月初/一日卯時。其/子孫、世譜以及坐嚮,載在前/志。茲擇於/嘉慶辛未年十月初二日/未時,葉太/宜人祔焉,再為之銘曰:/"□山之麓,深青之□。襟水為城,環山為/郭。扶輿佳氣,欝欝磅礡。靈鍾此地,福人/可卜。公阡五載,於今合作。以安以固,/以綏後祿。"/
　　　　□□□□□□□立石。

該墓誌銘2008年6月14日發現於集美區灌口鎮。黑色頁岩質,長48.5厘米,寬30厘米,厚1厘米。現據陳雨明先生提供的文物照片抄錄。

清·許門吳孺人墓誌銘

皇清旌表節孝、五代大母、享壽八十有五許門元配□□□/墓誌銘(篆書銘蓋)
例授文林郎、揀選知縣、丁卯科舉人、現會試,夫愚侄許□韜頓首拜撰文並篆額、書丹。/

戊寅秋,余來澳水辭行晉京,族兄國忠、國彥將葬伯/母吳孺人,請誌於余。余與兄為族誼,又主仰范堂西席/者再,於伯母閫儀懿德耳熟已稔,故不敢以不文謝,/爰紀其略。
伯母者,為族伯諱志遜公,字宏謨,號丕/吉德配,鄉飲大賓吳諱日鵬公次女,而族叔祖/貤贈朝議大夫勖齋公之塚婦也。少在家婉娩聽從,有柔/惠肅恭之致。笄年歸志遜公，舉孟梁之案，循鍾郝之/規，誠女中士哉！勖齋公以族伯居長，俾襄家業，令就/番舶權子母。適外夷變芬，人地兩疏，難作保身之計，歿/在異方，洵足悲已。伯母聞訃，肝腸寸斷，不願留此未/亡人。轉思死者不可復生，生者翼其成立，矢志柏舟，同/側室孀居寡守松筠金石之操，庶足比其芳烈。而其尤/可羨者，事公姑則盡婦道，撫幼子則盡母儀，處妯娌則/盡和睦，至鳲鳩廣惠，樛木垂恩，又不待言矣。兒子寖長，/則教以親師就傅，雖巾幗女流，不忘義方之訓。塚郎、三/郎俱遊國雍，次郎早逝。塚郎才學夙飽，屢入棘闈，翼膺/鄉薦，為伯母娛而光邦家。時屯養晦韜光，尚有待焉。/自是茹苦之志，亦足以稍中矣，況乎有美必彰。嘉慶九/年，吏部右侍郎、實錄館副總裁官恩雨堂先生督學吾閩，首重節孝，令郡邑/有貞、苦節者，紳士具結，有司詳報，請/旨建坊。伯母寡守功成，塚郎國忠以"節孝"請旌。蒙贈"潛德/幽光"匾額，是不特生受旌表之榮，而沒亦垂懿範於不/朽也已。

　　孺人生於雍正十年壬子十一月初六日寅/時，卒於嘉慶二十一年丙子十月十六日巳時，享八十/五壽。男三：長國忠，次國宜，孺人出；三國彥，側室陳氏出。/女一，亦陳氏出。男孫十，自國忠出者：仕舟、仕駿、仕綱、仕/寧；自國宜出者：仕辰、仕哲；自國彥出者：仕翰、仕炳、仕波、/仕四。女孫五：國忠出者一，國彥出者四。曾孫六：有運，仕/舟出；有愛、有邦，仕駿出；有道、有緣，仕綱出；有講，仕翰出。/曾女孫六：仕舟出者二；仕駿出者一；仕綱出者一；仕辰/出者一；仕翰出者一。婚娶皆名族。其餘繩繩未艾。/茲以嘉慶二十四年己卯十月十一日酉時葬廈門南/普陀左邊鍾山腳園內。穴坐癸向丁兼子午，丙子、丙午/分金。

　　銘曰："鍾山萃脈，吉人之宅。五老為屏，泰武展壁。□神種德，元龜獻石。克昌厥後，簪纓世澤。"

　　襄事子許國忠、國彥，二房孫仕辰稽顙拜；/孫仕駿、仕翰、/仕炳、仕哲、仕波、仕四，曾孫有道、有愛、有運、/有緣、有邦、有講，元孫濟昉、濟朔仝稽首勒石。

　　該墓誌銘黑色頁岩質，高26厘米，寬47厘米，厚2厘米。楷書雙面陰刻。現狀完好。現存廈門大學人類學博物館。

清·黃植圃墓誌銘

皇清待贈三/代大父、享壽/二十有八黃/府君植圃公/墓誌銘（篆書銘蓋）
皇清待贈三代大父、享壽二十有八黃府君植圃公墓誌銘（楷書銘題）/
同安縣儒學增補弟子員、通家弟林英才拜撰；/
鄉進士、候選知縣正堂、現會試，世侄楊忠頓首拜書丹。/

黃子濟川生而穎異，少失所怙，長承季父奉直大夫志敬/君庭訓，孝友醇行，諸藝無所不通。驚心於父櫬久停，因戒/葷茹素，勵志青囊，覓求牛眠，為妥先骸計。邇乃得占地於/鼓浪嶼雞冠石山右邊，葬有期矣，請誌於予。予曰："善哉！先/封君植圃公之懿行，予知之素矣。"

憶予早歲與公之/介弟樸亭君相友善，即熟公有長者行，特未之見也。越/辛酉，設帳於公家，而公乃辭世有年。其令嗣濟濟/然四美耦具，二惠競爽，意謂厥後克昌，天之報公其在/此乎？而猶未見公之德也。聞人常得之往來行人，無論/識公不識公，互相稱公生平慷慨，飢人之飢，寒人/之寒，凡有求，莫不與，無吝心也，無德色也。天道若有知斯/人也，當得厚報，盈予耳者於今二十有一年矣，稱頌猶弗衰。/夫人非有實心實惠銘人肺腑中，能得之一二人，不能得/之千百人；能感之於當時，不能感之於異時。予於此乃知/公之德惠有以及人之普而入人之深也。墜淚之思，口碑/之勒，詎是過歟？故當其二嗣從予初握管，即決其能有成，/蓋亦決之於公之盛德，宜乎有以食其報而蒙其休也，/果也。仲子元賓、叔弟元憲，於甲戌、乙亥科歲兩試，後先受/知於督學雨園汪老夫子，遊邑庠。予方離席家居，而傳/為美談者，厥聲載路，且相嘖嘖於賢儒。人謂其推恩施惠，/濟人急、憫人窮，如詩所云"凡民有喪，匍匐救之"者，於公/更有光焉。予曰："信哉！公之懿行，恨予不及見之！"若賢壽/室之克廣德施，誠有如人言，為予所身被而熟悉之者。因/歎夫之終有以成公德也，抑又有可為公慰者：/天朝崇獎貞良，輶軒四采，公配登首選焉，/玉音旌表"節孝"，特給帑金，豎坊從祀，公之榮名得與之勒貞珉、昭志乘，並天/地壽、爭日月光，傳徽號於億萬年，豈非德彌盛而報彌無窮哉！語有之："天道福善，不於其身，必於其嗣。"然則繼公/之志，率公之行，恢公之德，揚公之名，於以迪前而/裕後，予於黃子弟昆尤所厚望也,故樂為之誌。

公諱天/栽,謚青培,植圃其別號也。派出金柄,原籍石潯,今居鼓浪嶼。/承高祖大父文吾公,/曾祖大父秉德公書香一脈,於/誥贈奉直大夫郡良公為賢孫,於/誥贈奉直大夫六吉公為肖子。昆仲四人,公行二,先六吉公/卒。降生於乾隆己卯年八月初一日戌時,仙逝在乾隆丙/午年五月十三日巳時,享壽二十有八。公元配石潯吳/耿獻公長女,生男四:長成均濟川,娶古莊盧太生公長女;/次邑庠元賓,娶漁墩庠生陳治公長女;三邑庠元憲,娶廈門港成均林瑞桂君長女;四成□母音,娶涂厝周允仁君/長女。女一,適石潯吳守靜君次□□,其君業儒。孫男六:丕/烈、丕誠、丕謨,濟川出;馬呈,元賓出;純修,元憲出;純暉,母音/出,俱□學。所娶、適、聘、許皆閥閱名家。餘繩繩未艾云。葬之/日,今道光辛巳年六月十三日巳時。葬之地在雞冠石,坐午拱□兼□丁癸三分,庚午、庚子分金。喝形"飛鳳展翼"。/

銘曰:"維天挺秀,維地效靈。穿江渡海,鹿耳升騰。龍頭右□,鼓浪西迎。來儀振彩,飛鳳成形。後屏垂武,朝雀崢嶸。山環水抱,□得佳城。"/

襄事子黃濟川、元憲、元賓、母音仝泣血稽顙,期服孫丕烈、丕誠、馬呈、丕謨、純暉、純修仝勒石。

1982年廈門鼓浪嶼"毓園"工地出土。黑色頁岩質。共四方,其中一方為"飛鳳展翼"風水圖,單綫陰刻,其餘為楷書陰刻。現狀完好。現藏廈門市博物館。

清·曾花棚墓誌銘

皇清/敕授修職郎、例授/文林郎、鄉進士、歷任甌寧漳浦臺灣縣學/署鳳山學教諭、七十二齡、三/代大父花棚曾府君墓誌銘/(篆書銘蓋)。

皇清敕授修職郎、例授文林郎、鄉進士、歷任甌寧漳浦臺灣縣學署鳳山學教諭、七十二齡、三代大父花棚曾府君墓誌銘(楷書銘題)/

例授修職郎、戊午科鄉進士、候選知縣、現任泉州府同安縣儒學教諭、加三級,年愚弟黃如霖頓首拜撰文;

例授修職郎、戊午科鄉進士、候選知縣、原任福州府侯官縣儒學教諭、加三

級,年姻弟葉廷華頓首拜書丹;

例授文林郎、戊申科鄉進士、截取即用知縣,年愚弟陳紹康拜篆額。

□諱鼎元,字肇亨,號花棚,姓曾氏。既沒踰年,世兄玉照與其□□邑庠葉君德維持茂才林君學烱所代次行狀來請,予按:所次先生生平懿行詳且悉矣,毋庸多贅。林君可謂善言德行。但行狀所以敘生平,而誌銘實以垂久遠。先生為予前輩,予與先生姻翁南池葉先生有同誼,不得不從所請。

謹考:曾氏為溫陵望族,先世魯國公公亮公與韓魏公並受顧命,光輔三朝,為宋名相。然魏公不再傳而見敗於侂冑,曾氏則世濟其美,相繼封國公者十餘代。考寬公參贊樞密、懷公燮理平章、從龍公以殿元登宰輔,俱能克追先烈,樹績立勳,故相業之盛,著於宋朝,而門第之高,甲於泉郡。

先生從龍公嫡派,世住於泉之西關內,至太封君翼堂公始徙居來同。先生,翼堂公長子也,生有異稟,幼而聰慧,自經、傳、子、史、三通、七緯外,若黃庭、龍虎、胎息、調息、南華、法華、維摩、傳燈、珠林、楞嚴、三藏、二典以及太乙、六壬、八門、九流,百家諸書無不淹博。九歲能屬文,應童子試,邑侯明公、太守鄔公拔以冠軍,大加獎賞。宗兄進士元璟公、式冕公,功兄弟孝廉元文公俱器重之外,謝西元貴愛其才,以女妻之,即德配謝孺人也。弱冠補邑弟子員,屢膺房薦,每試高等。乾隆己酉科由廩膳生登賢書,無力北上,在家教讀十餘年,一時英俊多入其門,舌耕外未嘗一毫苟取,至辛酉始赴禮闈。會試後,大挑二等,以教職用,補甌寧訓導,歷任漳浦、臺灣、鳳山教諭,所至皆以聖賢之學教人,上孚憲眷,下洽士心,政績備載於行狀中。

雖然先生之行事,紀狀得而載之,先生之道德則又浩乎不可測也。世人無識者,每以先生從事吐納玩志,高為人於二氏煉氣見性之教,不知老氏所煉者,一身之氣。先生讀書,以養之浩浩,常存煉氣,悉本養氣也。釋氏所見者不滅之性,先生窮理以盡之,物物格致,見性皆由於盡性也。昔人有言:蘇子瞻以儒參老,而不能兼佛;陸子靜以儒參佛,而不能兼老。若先生則統三教而一之。要不外乎"主靜存誠",夫孰得而測焉?先生善茹苦、安分、忍辱、潔己、好修,與人言必依於孝弟忠信。□□□之善而未嘗及其惡,不以□給取憎。故賢者悅其德,不□□服其化,所以厚風俗、正人心者,豈淺鮮哉!

先生生以乾隆己巳年十二月廿九日卯時,卒於嘉慶庚辰年三月十七日辰時。著有語錄、詩、古文若干卷,尚未付梓。享壽七十有二。德配謝孺人係謝諱元貴公女,鄉賓謝印石麟君胞妹,生平勤儉治家,善女紅,有令德。先生讀書成名，無內顧憂，得孺人贊助之力居多。舉男二，女二。長玉輝，博學高才，未婚，早逝；次玉照，善經紀，入成均，娶傅諱士淵公女，國學生印寅斗君、寅德君、寅菁君胞妹。男孫六，女孫二。長孫登科，承繼玉輝，聘適皆閥閱名家。今將以道光二年正月二十日午時葬先生於從順里甘營保劉營鄉，土名大鼎山，門人邵君印衣錦園地，穴坐巽向乾兼辰戌、丙戌分金。

因不憚固陋，而為之銘曰："嗚呼先生，主靜存誠。官箴謹飭，藝苑有聲。神識不滅，永奠佳城。龍蹯虎踞，山秀水明。地含靈氣，宅應星精。卜云其吉，窀穸告成。螽斯慶衍，麟趾祥邕。滿床積笏，奕世簪纓。"

不孝孤哀子曾玉照泣血稽顙。

前葬歸浸里大鼎山繫予誌銘，生卒時日以及居恒懿行，經已備陳勒石。茲因宅兆未叶，此道光五年十一月十三日申時，改葬先生於大輪山梵天寺東關帝後，土名山仔頂，園地係向黃家給買，穴坐壬向丙兼子午，坐危十一度，向張十三度。

世兄玉照請續誌於予。考大輪為同邑名山，峰巒奇聳如張蓋。謹附原誌之末而為之銘曰："大輪勝地，水秀山光。先生平昔，最愛此方。天作之合，夕窀是藏。夙願既遂，後嗣其昌。"

杖期孫登科泣血稽首，期服孫光在、光福、光祿、光壽、光全同抆淚稽首勒石。

同安教諭黃如霖拜志，愚內侄謝雲連書丹。

該墓誌銘現藏於同安博物館。此據抄本轉錄。

清·鍾如川夫妻合葬墓誌銘

皇清例授修職佐郎、/歲進士如川鍾公府/君暨元配端楷陳孺/人、繼配靜婉陳孺人/合葬墓誌銘(篆書銘蓋)

皇清例授修職佐郎、歲進士如川鍾公府君暨元配/端楷陳孺人、繼配靜婉陳孺人合葬墓誌銘(楷書銘題)/

例授文林郎、鄉進士、截選知縣，任連江、晉江、嘉義儒/學教諭、加三級，姻家世弟葉文舟頓首拜撰文；/

特恩甲寅科鄉進士、例授文林郎、截選縣正堂、現/禮部會試,弟南頓首拜篆額並書丹。/

道光壬午年冬,鍾姻世台如川公仙逝。余既/登堂吊奠,撰文拜輓。今者日月有時,令郎珪/君將奉公之靈柩及公元配陳孺人、繼配陳孺人靈柩安厝於同邑廈島蔡塘鄉,造/請為銘。余忝姻親世誼,不敢以不文辭。

謹按狀:/公諱瀚,字紫瀾,號如川,漳州本邑海澄人也。自/曾祖考鄉賓懷仁公始居鷺門,歷今五世,而戶/籍仍繫海澄。祖考洪綸公、祖妣黃太孺人/節孝流芳,旌表建坊,崇祀本邑節孝祠。考/璞園公以國子監學生舉應鄉飲介賓,妣葉/太孺人世以詩書為業,孝友傳家。公之尊/人孝行性成,年逾古稀,晨昏之省未嘗少懈。自/是,公之事親亦克盡其誠焉。當夫承歡膝下,/雞鳴盥櫛,問寢視膳,子職無虧。迨尊堂鶴馭/時,公哀毀成禮,堂構相承,箕裘克紹,殆所謂/以孝繼孝者與?公自幼篤習詩書,博通經史。/甫弱冠而遊泮水,當服政而列成均,文章德業/為世所稱。公昆季五人,而公居其長,秉性/和緩,平居未嘗疾言遽色。其教子弟以謹愿敦/厚為主,所以自公發軔黌宮,諸令弟聯芳/泮璧,一門濟美,戚屬咸推。至於建華屋、置書齋、延名師、課子侄,所以燕翼詒謀者,又致深且遠/矣。若夫平生義舉,如重修本邑節孝祠,增置祀/田以捐膏火於紫陽書院,此其最尤者。其餘/懿行甚多,難以枚舉,茲不具贅。

端楷陳孺人/者,公之元配也,少嫻內則,長備閨儀。自二十/二歲歸公,事舅姑至孝,處姒娌以和,鄉里籍/有賢聲。生男女各一:男奕昌,早殤;女適誥封/中憲大夫、刑部江西郎中吳自強公四郎/奉直大夫文標君。靜婉陳孺人者,公之繼/配也,秉性端莊,夙嫻閨訓,徽音克著,閫職無虧。/生男一,曰珪。公復納側室陳氏,生男二,曰琪、曰珽。男孫一,心正,自奕昌出。餘繩繩未艾云。陳二/孺人先公卒,俱已歸土。

今令郎珪君因尊/長有言,宅兆未吉,且古有合葬之禮,將遷二/孺人靈柩與公同葬焉。公生於乾隆二十七年壬午閏五月十八日辰時,卒於道光二年壬午十一月十五日午時,享六十一壽。元配陳孺人生於乾隆二十七年壬午十月二十日亥時,卒於嘉慶元年丙辰八月二十四日卯時,/享年三十有五。繼配陳孺人生於乾隆三十/六年辛卯七月初五日戌時,卒於嘉慶十六年/辛未正月二十五日巳時,享年四十有一。今以道光四年甲申六月二十三日乙卯未時葬於/同安縣廈島蔡塘社邊白曝石,穴坐亥向巳兼/乾巽,丁亥、丁巳分金。穴作三壙,公居中,元/配陳孺人居左,繼配陳孺人居右。/

銘曰："蔡塘之鄉，曝石之陽。天馬環峙，仙山拱/堂。龍舌聳秀，虎頭高張。佳城鬱鬱，為/公之藏。成均雅望，窀穸留光。誰居左右，/佳耦雙芳。牛眠叶吉，長發其祥。綿延/奕祀，俾熾俾昌。"

襄事孤哀子珪、玡，承重孫鍾心正，出嗣子琪，仝稽顙勒石。

該墓誌銘出土時間、地點均不詳，今據民間收藏家提供的拓片抄錄。拓片凡4幅，高25厘米，寬40厘米。楷書陰刻。現狀尚好。

清·黃母林孺人墓誌銘

孺人姓林氏，永寧人，隸籍同安。曾祖、祖俱布衣，考桂馥為國學生，世有令德。年二十五，歸世宜舅氏黃仲成公。公，歲進士紹山公之孫，國學士君槐公之次子也。孺人生姿令淑，性清儉。其佐仲成公也，公憂與憂，公喜與喜，椎結布裙，朝箕帚，夕井臼，人謂有孟德耀遺風焉。所生子二：仰岱、仰澤；庶子一：仰古。孺人飲食教誨之無歧，《曹風·鳴鳩》之章可詠也。胡年不副德，四十九而卒，其子仰岱、仰澤亦相繼亡。顛木由櫱，肩葬事者，惟仰古一人，嗚呼痛哉！

孺人生於乾隆丙子年九月朔日，卒於嘉慶甲子年二月十四日。即以其年葬於六世祖才通公墳側，地名大石泉，有風動石屏其右，以日者不封也，不識也，表封識正子午時，則道光六年四月始也。銘曰："豐其德，嗇其壽。本之僕，支乃茂。支之茂兮，允惟孺人樛木福履之厚。"

錄自呂世宜《愛吾廬文鈔》

清·陳從周墓誌銘

陳生官書，小名有徵，字從周，陳省軒次子。省軒痛其五弟賓卿無後，以生為之後。生少穎敏，授以書，讀一二過輒成誦。年十六入龍溪學，森森玉立，人謂陳氏有子矣。省軒沒，生叔父允集、長兄丕慶器其才，延吾師王輝山先生為之師，後復師於余，年二十矣。余告之曰："學患無質，又苦不及時。"生質美而年富,鞭策之,當出人頭地,益大有望於生也。道光甲申,生娶婦未逾月,婦病,未幾卒,生哭之慟。己丑十一月,生亦卒,年二十六。子廷琛,四歲。

嗚呼!生其已夫。夫以生之質之美,使如所望,孳孳為學,豈久居人後者。生以此終,天為之耶,抑生為之耶?祖籍漳州龍溪石碼塔社,僑居廈島,即以本年十二月某日葬於廈門塔厝鄉雪山腳。誌其墓者,同安呂世宜也。

錄自呂世宜《愛吾廬文鈔》

清·黃贊謀墓誌銘

皇清顯祖考黃府君贊謀公墓誌銘(楷書銘題)/

先祖考黃府君諱標參,字行三,號贊謀,出於石/潯鄉。始祖昌慶公,二世二房祖文莊公,三世二/房三派祖允恭公之後,四世祖□源公,五世祖/穆清公,六世祖志實公,七世祖諱錦連,號綿禎/公,先祖考贊謀公之所自出也。贊謀公配祖母/杜孺人,子一人,諱海量,名容禧,字寬度,號樸厚。/公世居同禾里石潯鄉,至樸厚公始遷居於長/興里寮野鄉。孫六人:長煌格;次煌合;三煌柔;四/煌輝;五煌存;六煌湍。先祖考贊謀公生於康熙/乙丑年正月三十日寅時,終於乾隆癸酉年四/月廿一日午時。初葬在五里塚,至道光九年十二月廿五日巳時,始遷葬在此北山欽文湖九層/石侖內。坐子向午兼癸丁,外癸丁兼子午分金。/孫煌格等謹志。

該墓誌出土時間、地點均不詳。磚質墨書,長、寬均為30厘米,厚4厘米。楷體。現狀完好。現為民間收藏。2006年3月8日編纂者在原龍海市鈔錄。

清·曾允福墓誌銘

皇清誥封授武功將軍、原任臺灣艋舺營水師參將、帶軍功加一級、尋常記錄四次,壽山曾府君墓誌銘(篆書銘蓋)/廈門周觀耀鐫

皇清誥封授武功將軍、原任臺灣艋舺營水師參將、帶軍功加一級、尋常記錄四次，壽山曾府君墓誌銘(楷書銘題)

例授修職佐郎、候選儒學訓導，愚侄戴炳奎頓首撰文。

庚寅歲，余館於厦，適曾君國華攜其先將軍行實請誌於余。余曰："此吾鄉先也，表揚先正，儒者職也，敢以不文辭？"爰掇其略而謹誌之。

公諱允福，號壽山，同之嘉禾里美頭鄉人也。其先自泉之龍山徙居銀城南溪邊鄉，家世積纍甚厚，至於公而發祥焉。公少孤，以一葦營生，嘗語其僚曰："吾與汝悉心協力，來往煙水間，異日作舟楫於國家，當復如是耶？"其僚笑而呵之。公曰："若輩雀鷃耳！"遂志而投水提標，任正舵事。時嘉慶五年也，海師方急，陳協軍首召之，共討蔡逆。杜總戎復召之，共討朱逆白犬洋、七星礁等處，纍戰有功。繼隨許總戎冒險涉危，削平海島諸醜類，再救許總戎於難。大憲因此嘉公之志，予公之才，謂公能膺折衝寄也。由金門左營外委遷左營把總，旋遷閩安水師協標右營左哨千總。李提軍忠毅公在浙，亟加獎賚，將請置諸其左右，未舉行而忠毅公沒於軍。子爵王提軍屢挾以出洋緝捕，言底可績，彌擴成勞，乃請補閩安左營守備，奉旨俞允。二十一年，晉京引見。明年，董制軍顯補南澳鎮標左營遊擊，復蒙引見。道光四年，趙制憲考察軍政，以公為諸營之最，咨部引見，回任候升。閩安故多盜，公蒞任數年而海宇肅靖，晏然無事，乃調補臺灣水師中軍遊擊。六年，宮保尚書制憲孫題請升艋舺水師參將。未期年，而有噶瑪蘭、卯鼻洋之獲。巡撫兼署總督韓甄別參、副，奉兵部密奏保，列公一等。八年，復蒙引見，回任候升，逾年疾作，竟逝。嗚呼！

自蔡、朱二逆倡亂海濱，群盜如蜂蝟，閩粵人被其毒者不可億計。迄今波恬□□，浪靜□□，公與有力焉。公秉姿英毅，賦性沉雄，持己廉而簡，居官慎以勤，赴敵奮不顧身，爭先效命，馳驅海上三十餘年，毫無倦意。嘗遭風入水，困而復蘇。被重創不敢告病，惟以滅賊為急務。垂沒猶諄訓子侄輩戰守要略，曰："天恩深厚，余未能報也，汝曾勉之！"其純篤如此。

公生乾隆己丑年十二月十四日丑時，卒道光己丑年六月十九日子時，享壽六十有一。德配孺人洪氏，繼配□氏，又側室陳氏。男五：長宰，娶原任海壇把總李公廷□女；次國華，現厦水提標外委，娶鼓浪嶼國學生黃竹圃公次□。□□、四勳、五勝，俱幼未聘。女一，適姚君黎觀。宰、國華及女均孺人出，宰先公沒。孫男三：宰出者一，曰爐；國華出者二，曰淇、曰沛。女孫一。勳，側室陳氏出；明與勝又側室陳氏出。餘繩繩未艾。今以道光庚寅年七月廿五日辰時，葬於廈金雞亭後石鼓山。穴坐庚向甲兼酉卯,分金庚甲、庚寅。

銘曰:"鼓山之麓,佳氣盤泊。峰列其屏,水繚以曲。將軍居之,虎踞龍盤。詒孫翼子,既庶且繁。"

承重孫傳爐,不孝孤子國華、光明、賜勳、光勝,二房孫定淇、定沛等,仝稽顙勒石。

該墓誌銘出土於湖里區蔡塘社區石鼓山。黑色頁岩質,高50厘米,寬28厘米,厚3厘米。楷書陰刻。現藏於蔡塘社區曾氏宗祠三省堂內。今據廈門大學石奕龍教授提供的抄件過錄。

清‧林門張孺人墓誌銘

皇清顯妣莊儉林門張孺人七十六壽墓誌銘。

孺人出自烈嶼,張諱光寶公次女,邑庠生企軒公之塚婦也。幼即端莊,長益淑慎,天性慈惠,無間外言。其自奉也,祇求粗衣淡飯;其待人也,不聞刻薄寡恩。而其佐理家務也,日夜紡織,惟克勤克儉以其成而代有終焉。他如揚人之善,隱人之過,憐人之苦,濟人之急。其平生立心制行,不惟無愧中饋之至,實足嗣徽音於前人者也。為人如是,宜乎獲吉地,俾後世子孫繼繼繩繩,共用無疆之福。所謂積善之家,必有餘慶,其在斯乎?

孺人生於乾隆庚申年六月初一日子時,卒今嘉慶乙亥年十二月初四日辰時,享壽七十六,壽配景公。長男君磹,次男君磲,女一。長婦方氏,次婦施氏。自磹出者,長孫應夢,娶傅氏;次追章,娶吳氏;三有輝,早逝;四超然、五聚慶,俱未成人。今以道光十二年九月初五日子時,添葬於洪濟內耀東鄉土名□□,寅兼坤艮,丙申、丙寅分金。

銘曰:"耀東古跡,地勢最靈。龍蟠虎踞,山秀水明。卜云其吉,宨窆告成。螽斯衍慶,麟趾呈祥。"

訓導鳳山縣學、愚侄柯頓首拜撰文。

錄自光緒年間手抄本《林氏族譜》

清·黃廉明墓誌銘

　　君諱登第,字廉明,同安金柄鄉人,自其祖遷廈文灶社,文灶黃為巨族,於是又為廈門人。祖炯雲,父邦俊,咸有隱德。君敦於倫紀,輕財而尚義。其貌頊頊,其言呐呐,其行惕惕,不問皆知為忠厚長者也。初,邦俊生三子,君其孟也,仲登瀛,季登苑。邦俊沒,仲方五歲,季三歲,窘甚,惟餘一廛。君與舅氏貨布為業,以時居積,二十餘年,貲致纍巨萬。二弟自冠而室,治第宅,市田產,納粟入官,一惟君是資。君曰:"弟分當得,余敢吝?"比析箸,仍均與之,一緡不自私。此君之篤於兄弟者。

　　祥苑吳麟,君幼所從學者,既習為賈事,執弟子禮如初。吳固廉士,有所需未嘗出諸口,君察其意,皆□□之,歲時饋獻不絕,及沒,復恤其家亦如初。此又君之篤於師友者。

　　夫自俗之偷也,尺布斗米之謠,有不堪入耳者矣。腶修壺酒之享,有取給諸一時者,其甚者好貨財、私妻子,而骨肉糊其口於四方,家貲以萬千計,延師教子弟,較錙銖,薄饘膳,一歲不能終者,往往有之。而君於師友兄弟間,所以周旋之者,殷殷懇懇如是,是又可多得哉?

　　君之子焱,縣庠生,與世宜善,屬銘君墓。世宜不獲辭,爰取人所共知於君,君不愧為人知者質言之,餘從略。君生於乾隆丙戌三十一年十一月二十四日,卒於道光壬辰十二年九月十二日,春秋六十有七,於道光某年某月某日葬於某處。子七人:曰溪,曰淮,曰龍,先君卒;曰庭經,縣庠生,後君卒;襄葬事者:長焱、次震、次烏。孫四人:傳書、心正、克贊、心楷。曾孫三人。

　　銘曰:"□□之地,山縈水紆。爾宅爾兆,龜筮叶符。君身即沒,君行可模。我銘君墓,其言匪諛。勒茲貞石,千載不渝。"

錄自呂世宜《愛吾廬文鈔》

清·陳雪航墓誌銘

陳雪航徵君墓誌銘。

君姓陳氏,諱榮瑞,字輯五,自號雪航。世為同安嘉禾人,父廷振,入《廈門志》"孝行傳"。兄弟五人,君仲也。性淵粹孝友,襲其家風。丁父憂,盡哀盡禮。少習詩書,通經術,工小楷、墨竹。弱冠,籍邑庠。越歲,食餼。尋遵例捐訓導,兩署龍溪校官,振刷士習。道光元年,舉孝廉方正,引見以知縣用,念母老,不就。歸次,山東巡撫武隆阿羅致幕中。北征,欲與偕,君以母固辭。陳光求鎮崇明,於君有舊,欲留君,亦固辭乃歸,承歡菽水,日以畫竹自娛。十二年正月二日卒,年五十有二。其友呂世宜曰:"以雪航之才與識,為縣令與民親,假尺寸之枋如司鐸龍溪時,必有所展布於時,無疑也。顧以母故,不肯以彼易此,其至性有過人者。先母而逝,未遂厥養,哀哉!"君娶楊氏,側室蔡氏。子三:簪甲、恒甲、鶴群;女二。以是年某月某日葬於東邊山大悲山之左。乃為之銘曰:"君之才,敏以達。君之識,超以脫。君之畫,清以逸。簪紱之榮,不敵其羞膳之絜。天不假年,曷其有極。"

周凱撰。

錄自《內自訟齋文集》卷七

清·王輝山墓誌銘

嗚呼!夫子今沒十年矣。世宜之初受業於夫子也,夫子進而勖之曰:"爾毋堂堂爾,爾毋烺烺爾。行者身之基,文者身之枝。有行無文僬,有文無行賊。士而賊,不如甿之僬。小子戒諸。"世宜侍夫子日久,而後知夫子之所以淑世宜者,皆其所自淑者也。夫子幼失怙恃,煢煢無所依,又自謂質魯鈍,堅苦讀書,書以外不省也。比長,益有名,然不逐時好。家貧,課生徒自給,亦以敦本務實為主,故遊其門者,率恂恂有詩禮容。為邑諸生三十年,每試輒高等,年五十始舉於鄉，夫子每當報罷，時人皆為惋惜，顧不稍介意曰："文之遇合，命也。吾勉修吾行而已。"夫子性嚴靜而和，寡言語，慎交遊。義非所應得，不濫名一錢。豪貴家每以得見夫子為重，夫子則絕跡不往。當道貴人聞夫子名，乞見顏色，非公事亦弗至焉。生平不忤人、不毀人，亦不與人狎，而人之見之者，無不肅然。邑中稱學行醇備者，必曰"王先生"。人聞稱王先生，不問而知為輝山先生也。

今葬有日矣，同學欲為銘幽之辭以屬世宜，世宜不獲辭，因謹述素所知者以傳，信使知吾夫子之所以為弟子法者，固不僅文字之工也。溪陽凌先生翰為夫子同年友，謂世宜曰："子師少年時，美豐儀，肄業玉屏書院，院之側有少女未笄，慕其才，意屬焉，正容拒之，卒未嘗為人言。余時知之，亦未嘗以聞於人也。子所書，恐未能盡子師之實行。"嗚呼！世宜侍夫子日久，自以為知夫子矣，乃夫子之不易知也竟若是哉！嗚呼！我夫子言必宗經，行必蹈道，穆然有古師儒規，克副國家作人礪士之用。雖胸所蘊蓄，未獲措施，而矜浮式靡，挽頹風而追先正，所裨於士風者匪鮮。乃既阨其遇，又不克大其年，使後生小子有所尊遵遁。若世宜者，遂自是失所依歸，是則可痛也已。

夫子氏王，諱瓊林，字玉侖，輝山號也。世居泉州之杏墩鄉，曾祖始遷廈門外清。曾祖諱□□，祖時庸，考必達，皆以篤行稱。妣□孺人，配葉孺人，先夫子卒。子化淳，女子子二。夫子卒於道光癸未六月二十五日，距生於乾隆壬辰七月十四日，春秋五十有二，與葉孺人合葬於廈門之獅山。

銘曰："挈其表，拿其裏，有道君子宅於此。蘿其牆，石其床，幽人之藏，終允臧兮。"

錄自呂世宜《愛吾廬文鈔》

清·李增階妻朱氏壙誌

皇清誥封一品夫人恭肅李門朱氏誌銘/
御前侍衛、誥授建威將軍、鎮守廣東潮州/等處地方總兵、世襲三等壯烈伯，陽/夫服弟廷鈺頓首拜書丹。/

余故從兄諱增階，號謙堂，少而岐嶷，/壯年以軍功奮跡，屢擁節鉞，兩任惠州、/虎門、全粵提督。元配從嫂夫人朱氏,/相夫以德,力贊成家,不幸於道光己丑/年十月廿九日丑時先兄而逝。越明/年,經葬本鄉大路頂。當時撰誌勒石,/余亦稍參末議。於道光甲午九月/廿一日卯時,兄以勤勞/王事,薨於虎門任上。諸姪輩扶柩歸里,卜/定吉壤在翔風里陳坂鄉之磨石山。因/兄生前有與嫂夫人合葬之言,茲擇/本年七月十五日巳時,營治宅穸,欲遷/嫂夫人靈柩以合之。諸姪輩囑余再為/壙誌。余以為嫂夫人之葬也,其閱閥/門風特□,□遷合葬,當思述巔末並年、/月、日、時以垂不朽,俾後之人知所可據,/此亦輝煌家乘之一端,而於古人"生則/同衾,死則同穴",誼有合焉。是為誌。

　　該壙誌2005年前後出土於翔安區某山。磚質墨書,高、寬均為57厘米,厚2厘米。現為馬巷李氏後人收藏。今據林進金先生抄件過錄。

清·林長清墓誌銘

　　林君墓誌銘。

　　林君諱長清,字滋卿,自號植齋。世居海澄黃亭鄉,系出隋開皇時泉州刺史孝寶,有子九人,隋唐間並為刺史,時稱九牧,比盛萬石君焉。三十一傳至拔萃,遷廈島,拔萃再傳曰正華,是為君祖。正華子諱梅峰,君生父也。生子三,君居次。梅峰有兄曰萌,早世。君幼,嗣焉。八歲喪生父,家中落,藉生母陳孺人紡績以養,棄儒習賈業,比壯,有餘績,主海舶為業,曰商行。值海賊蔡牽攻臺灣,大軍東渡,檄商船協濟,君謀於眾,倉卒立辦,並籌助緝捕諸費,以商船備巡哨。道光三年,浙江荒,令由海運米濟之,君首運五千石焉。凡島上義舉,施棺、施藥無不與。黃亭鄉宗祠圮,君雖移居,歲時必歸祭,糾族人新之。事母孝,事雖劇,必日至母所。舉動有識,鄉黨鄰里事,倚君言為重。暇好為詩。以道光四年九月十日卒,春秋五十有二。子二:徵獻,國學生;徵信,候補直隸州知州。孫八:祖錫;祖澤;祖仁;祖賜;祖耀;祖輝;祖弈;祖釗。今將以十五年某月日葬於海澄之某山。其子徵獻來請銘。余曰:"閭巷之士,托跡闤闠,逐什一之利以自益,言行豈無足稱者?惜多湮沒,未由傳述。如君者,能知急公義,向善樂施,亦足為今之人法也。"因為之銘曰:"天之所以與人者仁,人之所以獲天者勤。商賈者之逐逐,猶農者之耕耘。積其有以急君親,以庇鄉鄰。曰惟善人,宜爾子孫,幽壤之宅,永此銘言。"

周凱撰。

錄自《內自訟齋文集》卷七

清·蒲立勳墓誌銘

誥授武顯將軍、鎮守浙江溫州等處總兵官蒲公墓誌銘(篆書銘蓋)
誥授武顯將軍、鎮守浙江溫州等處總兵官蒲公墓誌銘(楷書銘題)/

公諱立勳,字希之,姓蒲氏,系出西秦/帝堅之後。始祖宋大學士尚書左丞諡恭/敏,曰宗孟。八世孫元平章政事諡忠惠,/曰崇謨,元統元年自四川富順遷福建/侯官,子曰本初,明洪武三年進士,授/編修,徙居泉州。傳七世曰毓升,為公曾/祖,徙廈門。祖曰廷耀,父曰世美,皆/誥贈武德騎尉,以公官晉贈武顯將軍。曾祖妣蘇,祖妣吳,皆太夫人。母黃氏/封太夫人。

公幼讀書,嫻弓馬,以伯、叔俱/水師官,習知水師事,入□為提督書識。/嘉慶四年,從遊擊林承□獲盜烏丘洋,/又獲盜彭厝鄉,補外委。十一年,海盜蔡牽/寇臺灣,從提督許文謨擊之鹽水港,/生擒蔡虎、尤地;又擊之竹圍尾、笨港,獲/騎馬賊陳萬、吳得,乘勢毀賊寮,斬殺無算;獲賊夥曹恭於鳳山,將軍賽衝阿壯/之,補澎湖把總,留臺效用。時蔡牽猶熾,/海山總統李忠毅公薨,/朝廷議代者,授提督王得祿總督閩/浙舟師,專事蔡牽。而公素為王總統所/知,至是,選隸麾下。十四年四月,遇鳳尾/幫賊於海壇外洋,公躍身過船,斫取首/級,總統以為勇,充巡捕,左右以之。八月,/□蔡牽於黑水洋,□之與浙江提督邱/良功夾攻,擲火斗毀牽船尾樓及舷,牽/勢窮,促炮無鉛彈,代以番錢,傷總統額,/裹創督戰益急,公傳總統命,拔所佩刀/斫舷大呼曰:"今日有不用命者死!"以所/乘艨艟撞牽船,船破,牽自沉,公亦受傷/墜海中,得救不死。事/聞,/上於名旁朱圈以千總,儘先補用,先換/頂戴,/賞銀牌,擢提標中營千總。十五年,隨總/督方維甸渡臺灣,搜捕閩粵械鬥諸犯。/公初名立芳,至是改名,總督方公字之/曰"樹堂",歸署金門左營守備。十六年,巡/哨至平海外洋,擊沉盜船一,生獲盜十,/割耳辮各一,並炮械。十□年,調署提標/前營守備金門,送者為之語曰:"給餉裕/兵儲三年,鼓腹邏巡警雪夜,萬戶安眠。"/記實也。二十二年,補福建左營守備,署/金門左營遊擊,尋實授,署銅山參將。道/光五年,保舉擢廣東海門參將,歷署澄/海副將、碣石鎮總兵。八年,擢龍門協副/將,時母黃太夫人在海門,年高,龍門道/遠,丐於總督,權署平海參將。九年,保舉/堪勝總兵,署南澳鎮,引/見/記名,授浙江溫州鎮。十一年秋,告養歸/廈門,黃太夫人年八十九矣,與兄立亨、/立和昕夕侍奉,足不履戶外,親友歲時/一見也。十三年四月二日,公卒,年五十/有三。

公歷仕三省,所至有聲,勸簡校、儲/軍實,兵民懷畏而禦盜賊尤嚴,巡邏無/分畛域。性凝靜,生平不置姬妾。篤於孝/友,歸從兄立青之柩於山東而葬之。事/二兄如父。於金門修義塚,於銅山修朱/文公祠,鄉里善舉無不與。公中年乞身/養母,猶冀後日報/國家涓埃於萬一,而遽卒,不獲遂所願,/惜哉!

配陳氏,/誥封夫人。子一,斯安。以道光丙申年葭/月朔日葬於潘宅斑鳩山之麓,墓坐坤/向艮兼申寅,分金辛未、辛丑。

請為之銘,/銘曰:/"蒲以國姓,赤翟肇基。虞讓不受,是曰蒲/衣。洪起西蜀,葛節九華。讖符草付,以啟/乃家。亦越有宋,實惟傳正。妻我元公,學/究賢聖。以元以明,纍世其昌。八閩來止,/濱居海邦。誕生我公,母兮黃姒。伯兮仲/兮,時惟季子。飛騰海外,秉鉞擁旌。東粵/西甌,不敢告勞。顧念母兮,中心切切。我/年壯仕,用堪報/國。願乞烏私,母兮九秩。曰歸曰歸,其心/孔亟。潔餐馨膳,白髮怡怡。翕和笑語,言/惟母慈。胡天不辰,先母而卒。母兮兄兮,/傷心泣血。鑒公之忱,知公之素。彌留於/邑,孝子孺慕。唯孝則吉,唯忠則祥。母兮/兄在,子兮克光。九京無閡,視茲銘章。奕/祀百世,以永餘慶。"/

賜進士出身、/誥授中憲大夫、翰林院編修、國史館提/調、分巡福建興泉永海防兵備道,富陽/周凱撰;/

壬午科舉人、同里呂世宜篆蓋。

男斯安泣血書。田君模刻石。

該墓誌銘出土時間、地點未詳。黑色頁岩質。楷書陰刻。現狀完好。現藏於廈門市博物館。今據抄件抄錄。

清·周凱墓誌銘

皇清誥授通議大夫、加按察使銜、福建臺灣道周公墓誌銘。

公姓周氏，諱凱，字仲禮，一字芸皋，浙江富陽縣人。祖諱豐，考諱濂，祖妣李氏，妣楊氏，兩世皆以公貴，封贈如其官。公生有異稟，善屬文，膽識略。嘉慶十六年辛未成進士，改庶吉士，散館授編修。二十年乙亥丁外艱，二十二年戊寅服闋，供職翰林。道光二十年壬午以京察授湖北襄陽府知府，六年丙戌遷江西督糧道，未上事，授湖北漢黃德道。七年丁亥丁內艱，十年庚寅服闋，授福建興泉永道。十三年癸巳權臺灣道，十六年丙申遷臺灣道。十七年丁酉七月三十日以疾卒於官，年五十有九。

公自編修出守襄陽及為監司於閩中，所至皆以為民興革利病為務。初，襄陽婦女不知蠶事，公據載籍證為《禹貢》荊州域，地故宜桑，為《勸種桑說》，既皆信而從矣。又為《種桑十二詠》，篇皆有序，令士民習誦，廣傳述之。有巨猾，某官莫能治，公出不意，禽致之法，民大悅。在黃州，有《疏浚漢水內外二河故道議》，以為"事之行否，非吾所得主，然吾能言其利病以備採焉，可也"。及為興泉永道，以漳、泉民俗習械鬥，弊積數百年。然苟能清其原，正其本，以實心徐圖之，未有必不可除之弊也。著《治漳泉械鬥議》萬餘言，其大綱三：曰清丈量，曰籌費用，曰重教化。重教化之目五，皆鑿鑿可見之施行，非徒剽功陳之而已。公之奉大府檄權臺灣道也，承嘉義匪徒張丙亂後，時則道光十三年七月，公搜捕餘匪，被脅者宥之。十月初，錢價一日頓長三倍，遠鄉居民紛紛徙入城，訛言四起。十九日，公偵獲賊諜林振，於道署密訊，集鎮、府、廳、縣夜宴以待，振盡輸賊情，謂已暗藏數百人城中，約二十二日舉事，於衣領、袖口辮綫各分五色為識。是夜急出大索，獲，無所逃匿。明晨，鎮軍張公帥兵撲其巢，獲賊魁許懋成，事平。十一月，歸本職，以臺地應行興革十二條上之大府焉。其明年五月，奉檄會同鎮軍竇公搜捕晉江之蓮埭、塔窟、白崎諸賊巢。時，樸兜鄉呂姓恃其族眾，恣為盜賊，劫掠安海，安海人苦之。公請於大府，偕提督馬公、鎮軍竇公以水陸兵圍之，焚其巢，獲巨盜呂石等八十餘人，斬七人，民大悅，請立生祠，公卻之。既而，復奉檄權臺灣道，以十六年九月上事。十月十八日，嘉義匪徒沈知等焚劫下加冬糧館,戒汛弁,公與鎮軍達公剿平之,餘賊謀回應者,亦旋就撲滅。即以其年十二月守臺灣道,明年三月,例出巡。時賊初平,公歷各廳縣,密事周防,不殫勞勩。葛瑪蘭地最偏,向為巡臺者所不到,公必深入其阻,雖染嵐瘴弗顧也。四月回郡,上大府數千言,詳陳利病,切中肯綮,前所上臺地興革事宜,方將次第請而舉行之,惜公之無幾何時而竟盡瘁以卒也。公雖未克大展所蘊,然其已見之施行者,可謂無負厥職,而異乎凡為郡守、為監司者之為矣。

  初,公年近弱冠時,陽湖惲君子居宰富陽,甚器公,導之執經武進張君皋文之門。二君皆以文章名世者,公承其指授,已有端倪。後在詞館與房師三韓佟公鏡堂及同志數輩講程朱之學,於文未究其業。及守襄陽,始以治事之暇兼治文。至為監司閩中,值武進劉君五山、仁和陳君扶雅並在閩,並喜為文,公時以文商榷。而光澤高君雨農方以其鄉先輩梅崖朱氏之學宣導後進,公延至廈門書院,與群士之茂異者相切劘,學日進,自視欿然若不足也。嘗因賑饑至澎湖,得蔡茂才廷蘭所上書,識拔之,為延譽,丁酉由拔貢舉於鄉,名大起。然前此荒島中竟未有人知之者。公禮士愛才,本乎天性。前在襄陽黃州時,所振拔寒素士,養之署中,周其家,俾得專志讀書,成就者且數十人,蓋亦極一時之盛矣。公詩宗蘇而時出入於白,大都以抒性靈、通諷諭為主。所著書曰《廈門志》、曰《金門志》,留閩未刊;曰《內自訟齋詩鈔》、曰《內自訟齋文鈔》,並刊行世。餘事尤精畫理,宗師造化,自成一家,故其所作諸畫,人傳最工,曰:"此亦性情之所寓也。"於此可見公之寄興清遠,非夫比俗之人所得窺其涯際矣!配羅淑人,先公二年卒。子二:曰埏;曰壤。女三,婿朱元爕、李宗楷、朱葆禾。公卒之明年,十八年戊戌五月,其孤埏、壤奉喪歸。十九年己亥七月,葬新城大唐塢。以公自撰年譜屬誌公墓。

  公於德旋固嘗有知己之言者,不可以不文辭。乃為銘曰:"逢掖論治,《周官》作航。公執其要,為杠為樑。經世之業,曰惟耕桑。歷試險劇,艱哉擊剖。陳義慷慨,孰置可否?斧柯不存,豈云袖手?策勳上矣,民有頌聲。志兼立言,匪以殉名。徵事考行,視吾斯銘。"

  吳德旋撰。

錄自道光《廈門志》卷十六"大事記‧附載"

清·李府劉安人墓誌銘

皇清例贈安人、李府四代大母、享五十有九,壽慎儉劉安人墓誌銘(篆書銘蓋)
皇清例贈安人、李府四代大母、享五十有九,壽慎儉劉安人墓誌銘(楷書銘題)/
敕授文林郎、己卯恩科進士、揀選知縣、大挑選用儒/學教諭、福州府永福縣學正堂、前臺灣府學正堂、加一級、現禮部會試,愚侄曾紹芳頓首拜撰文;/
敕授修職郎、歲進士、歷署永春州學、大田縣學、漳州府海澄縣學正堂、加二級,愚侄倪文華頓首拜篆蓋;
林舒華頓首拜書丹。/

丙申冬,余自東瀛旋里,時過從李東圃先生家。其/塚嗣巨川與余敦夙契,稱莫逆,早悉其家世。丁酉春,/將之永福,適東圃先生元配劉安人仙逝,吊/焉。東圃先生出為余述安人閫懿,余心識之。今/年夏,得巨川郵局書,謂安人卜葬有日,屬余銘,誼/不容辭。
誌曰:安人氏劉,鄉飲賓捷義公長女,乾/隆壬午科舉人錫魁公猶女也,年十八歸東圃先生。事祖姑及舅姑以孝聞,處妯娌間溫惠淑慎,蓋/其天性然也。丁卯鄉試,東圃先生報捷,以公車費/巨,艱於北上,遂中止。安人曰:"大丈夫宜乘時進取,/為國家圖報效,奈何困守牖下耶?"因勤女紅,頻年/積纍。辛未會試,東圃先生得束裝赴都,蓋安人/十指艱辛之力與有佐焉。東圃先生素尚大義,安人屢慫恿之,以故桑梓間咸知有賢內助。至其/視庶子如己出,鄰里死喪疾苦無不周之,勗兒孫以/儉,待臧獲以寬,尤巾幗中罕覯焉。迄今桂實蘭芽,揚/芬四代,方未有已,所謂有是德而宜有是福者也。
安人卒於道光十七年丁酉二月廿三日巳時,距生/於乾隆四十四年己亥六月初三日寅時,享壽五十/有九。舉丈夫子二:長,國學生巨川,安人出,娶葉,國學生文濟公四女;次,國器,娶吳,誥贈朝議大/夫、明經進士炯公四女,副室詹氏出,先安人卒。/女三:長,安人出,適國學生楊振淵公長子、邑庠生朝勳;次,字歲進士楊士僑公四男廷璜;三,未字,/俱副室王氏出。孫男五人,自巨川出者:祖欣、祖撫、祖/益;自國器出者:能靜、致遠。欣娶明經林君舒華女;/撫聘歲進士、歷任邵武府建寧縣、建寧府松溪縣儒/學正堂蘇君學浩三女;益聘邑庠生徐君舒泰/次女;靜、遠俱未聘。曾孫男一,其祥,係祖欣出。餘繩繩/未艾。茲以安人祖姑王太君於道光十九年己/亥九月二十九日午時,卜葬於東邊社前八仙圍/棋邊之尾園,遂以安人祔焉。穴全坐丁向癸兼未/丑,庚午、庚子分金。

銘曰:"普陀之陽,地脈恢張。面山背海,佳氣鬱蒼。惟此安人,閫德昭彰。依於祖蔭,獲福無疆。卜兆宅茲,山高水長。俾爾子孫,寖熾寖昌。"田君模刻。

該墓誌銘出土時間、地點不詳。黑色頁岩質,高29厘米,寬51厘米,厚2厘米。楷書雙面陰刻。現狀完好。現存於廈門大學人類學博物館。

清·吳母王太宜人墓誌銘

皇清誥封宜人吳母溫恭王太宜人墓誌銘(篆書銘蓋)
皇清誥封宜人吳母溫恭王太宜人墓誌銘(楷書銘題)/
賜進士出身、/誥授奉政大夫、浙江道監察御史、前翰林院庶/吉士、加三級、紀錄五次,姻家再侄龔文齡/頓首拜篆額;/
賜進士出身、/誥授中憲大夫、工科掌印給事中、前翰林院庶吉/士、加三級、紀錄四次,年愚侄巫宜禊頓/首拜撰文;/
賜進士出身、/誥授奉直大夫、戶部雲南陝西清吏司主事、前/翰林院庶/吉士、加一級、紀錄二次,愚再侄陳慶鏞頓/首拜書丹。/

王太宜人者,同安汜涯吳二兄同年之諸/母、府司馬問渠之生母也,賦姿莊肅,作止/有恒,年伯健堂公取其有淑質也,納為副/室。健堂公封中憲,晉贈通議,男五:長文/忠,布政司經歷加五級,以男廷齋布政司/理問加七級,封通議;次江,即汜涯,為其/叔父貤贈奉政,晉中議,自盛公嗣,與余/伯兄鞠坡同乙卯恩科榜,以男廷侯/州同知加六級,贈中議;三文徵,刑部江/西清吏司郎中,自盛公贈典其所請/貤也;四文標,候選州同知、加二級,俱封/恭人,晉贈淑人,陳太君出;五文昭,為問渠、/太宜人出。一門稱榮耀焉。

方健堂公、陳太/君無恙日,太宜人善體厥志,太君悉以家/事畀之,夙夜彌勞,所措得宜。健堂公無內/顧憂,固太君之助,亦得太宜人力多。健堂/公捐館舍事,太君尤謹越。太君謝世,綜理一切,事事恪循遺訓,家道日隆。太君倡於先,太宜人為能承厥繼矣。太君瀕訣時,諸男在側。問渠方髫歲,太君指謂太宜人曰:"是兒聰慧非常,異日必成就,宜善視之。"諸昆則延名儒為之師,太宜人時加策勉,不徇姑息,故學業日進,鷺門玉屏、紫陽兩書院試,每拔錄。嘉慶戊寅科考,學憲吳蔭華先生取入同邑庠,甫弱冠耳。太宜人勖之曰:"是上進基也。"當益赴棘闈,輒躓,太宜人亦以遲速有時勸。問渠既纍薦不售,念太宜人年邁,不乘時圖報恐無及,謹遵例授職,請封榮所生也。太宜人躬膺,揄狄恬淡如故。每悅辰諸嫡男婦,男婦洎孫曾輩五代一堂,環階舞彩。太宜人彌抑然下,殆謙而有光歟?治家本節勤,族戚中及故舊告匱者,悉副其意,而於孤寡尤加恤。處奴隸輩甚寬,有過不遽譴斥,每溫言勸導。凡此皆太君教,抑本性自然已?昔歐陽文忠公有言:"以恭儉均平訓其嗣者為賢母。"又曰:"見其嗣之賢,知其母之義方。"於太宜人得之矣。抑考《晉書》,若陶士行之母、若周伯仁之母,載在史乘,壼懿昭彰。太宜人擬之,何多讓耶?余與氾涯居隔屬,弗獲登堂拜謁,每歉焉,況氾涯久飯道山,音問遂阻。今適其佺翹崧以內史入都供職,情誼款洽,道家世甚悉,且縷述太宜人淑德。會日月有時,郵寄丐銘,闡之以貽厥後。

太宜人生乾隆三十五年庚寅二月十七日辰時,卒道光十五年乙未七月十八日寅時,與陳太君月日時同,享六十有六壽。生男文昭,邑庠生,候選府同知;文郁,早殤。文昭,取贈中憲黃朝桂公女、觀察使翔雲君胞妹,先太宜人卒。孫:廷哲,詹事府主簿,取授奉直許國升公孫女、柏江公女;廷彭,未聘。孫女三:長未字,殤;次字蔡,未適,殤;三字國學生余榮圭君長郎,俱黃宜人出。曾孫:邦逵、邦遹,廷哲出,俱幼。餘繩繩未艾,嫡派蕃衍,不及備登。

今以道光二十年庚子十一月廿六日辰時,厝本嘉禾里東山之埔林,穴坐庚向申兼申寅,分金丙申、丙寅。以黃宜人原葬兆未吉,改祔右。

銘曰:"鬱鬱東山,埔林之陌。蟺蜒來龍,洪濟發脈。卜叶牛眠,此惟與宅。少婦少姑,以休靈霸。既吉既安,為宆為穸。奕祀孫曾,鑒此冥碣。"

男文昭泣血稽顙,孫廷哲、廷彭,曾孫邦逵、邦遹,元孫維翰等同泐石。田君模刻。

　　該墓誌銘出土於廈門市某山,出土時間、地點未詳。黑色頁岩質,共兩方,四面楷書陰刻,高30厘米,寬51厘米,厚3厘米。現狀完好。現為民間收藏。

清·吴门黄宜人墓誌銘

皇清誥贈/宜人、三代/大母、吳門/元配恪穆/黃宜人墓/誌銘（篆書銘蓋）
粵東潘仕成篆蓋；
皇清誥贈宜人、三代大母、吳門元配恪穆黃宜人墓誌銘（楷書銘題）/
榕城吳慶禧書丹。

　　鏡分釵折，遺桂僅存；響寂聲沉，舊弦/誰理？宜人棄我幾寒暑矣，陰堂未卜，/靈魄安依？今獲吉於厦東山社之埔/林，穴坐向酉卯兼辛乙，辛酉、辛卯分/金。諏以道光十四年甲午七月念/日巳時厝焉。竊惟十五稔伉儷，禆益/良多。當茲埋玉之日，胡能無言以示/後人貽永久耶？爰屑涕而摭其實焉。/
　　宜人氏黃，字恪穆，例贈承德郎朝/桂公女，欽賜六品職銜太學生翔/雲女弟也。幼時朝桂公早世，岳母潘/安人命同諸兄就學家塾，字義粗/通，常借研芸窗以自適，岳伯廣文鏡/塘公呼以"櫛士"。女紅亦工絕，人或詫/為"針神"。曰："此婦職，何足齒？"蓋賦姿明/敏，有無庸姆教者。
　　及笄于歸，時余方/習舉業，中宵佐讀，鳴雞勖旦，無敢耽/逸燕值。玉屏、紫陽及塾課，必詢所錄/名次，或冠軍，即驚喜異常，更深相勸/勉，儕輩謂余得一良友。性有夙慧，書/計兼通，余與諸昆析產多年，凡內外/賬目經其手，悉整楚有序，儕輩謂余/得一記室。其家傳有食譜，嫻烹飪之/節，凡師長膳羞及賓朋燕集，雖執爨/有人，必躬自檢，致潔致豐，不辭倦，儕/輩謂余得一中饋。
　　更足多者，居恒憾/不及奉先考健堂公、妣陳太淑人，每/祀辰，悲感交集。侍生慈王太宜人，諸/凡稟而行，無自擅，妯娌間罔異言。每/朔望，持齋念佛，祝太宜人壽及余科/名蚤售，廣嗣息，十餘年如一日，戚族/中咸稱"賢婦"。余得勵志攻勤，多贊佐/力。戊寅，余入泮，且賀且規，謂此上進/階，幸箸鞭，前程遠大，未可局促安也。/越二年，竹泉倪道憲觀風各屬，蒙取/第一，送書院肄業，每課面加獎賞，宜/人益心喜。奈舊業未遂，年近強仕，猶/侘傺無狀，將奚以共慰哉！遵例以/正五品請贈，揆諸初志，當不徒爾。/夜臺有知，以為何耶？永訣時，長兒初/舞勺，今抱孫矣；次兒辦數方名矣；繼室曾宜人紹遺徽矣；箎室王氏亦佐/承堂上歡矣。九原之下，庶稍釋矣乎！/

宜人生乾隆五十九年甲寅十二月初/四日寅時,卒道光八年戊子六月廿/六日巳時,享三十五齡。男二:長廷哲,/國學生,取許;次廷彭,未聘。女二:長字/蔡,次未字。孫邦逵、邦通,餘未艾。

銘曰:/"百年佳偶成風燭,埔林山下長瘞玉。/峰自迴環水自曲,嗣世孫曾衍似續。"/

期服生吳文昭抆淚謹志,/男廷哲、廷彭,孫邦逵、邦通仝泐。

道光二十年庚/子十一月廿六/日辰時改祔太宜人穴右,/庚向甲兼申,/分金丙申、丙/寅,再誌。

該墓誌銘出土於廈門市某山,出土時間、地點未詳。黑色頁岩質,共兩方,四面楷書陰刻,高 29.5 厘米,寬 51 厘米,厚 3 厘米。現狀完好。現為民間收藏。

清·陳化成墓誌銘

陳忠愍公墓誌銘。

自英夷入寇,以提督死事者二人,廣東之虎門曰關天培,江南之吳淞則陳忠愍也。虎門之失,兵將潰散,關提軍義不欲生,自刎以殉;忠愍則炮沉夷艘六隻,斃夷醜千餘人。夷酋令懸黑旗欲遁,而一炮飛來,身受百創,洞胸者三,公遂撲而兵散。夷艘反旆,內陷寶山、上海,標下武舉劉國標負公尸匿葦蕩中。越十餘日,署嘉定縣練廷璜求得公尸,滌其泥污,面色如生,怒目未瞑,易衣入殮,吳淞數萬民遮道哭失聲,僉以公為"海國長城"。公不死,已成大功,不但吳淞不能破,寶山、上海不能陷,而夷艘斷不能破鎮江,逼江寧矣。然則公之死生關係國家甚重,豈獨江南一方哉!

或謂英夷逼吳淞時,總督牛鑒與總兵王志元守東炮臺,公守西炮臺。當炮臺互發如連珠時,牛鑒、王志元遁而西炮臺兵弁恃公無恐,奮勇前敵,咸歸罪於牛鑒、王志元之右師先遁,而公乃孤軍無援,僅以死報國也。悲夫!然公不死,則夷艘遁,公之功可成,國家之威亦振,乃功敗垂成,其中殆有天焉?

公死後,飛章入告,天容震動,淚下沾襟。每召對臣工語及公事,輒嗚咽。賜諡"忠愍",予祭葬,頒帑金二千兩經紀喪事,又命沿途文武護其喪歸,予專祠於吳、閩，蔭其子廷芳騎都尉，廷菜賞給舉人，孫世振俟及歲時再沛恩施。天子之軫恤難臣如此，其至海內聞公死事皆嗟歎哭泣，作詩以哀，盈數十卷，而吳越之民尤摯。

憶辛丑春，余僑寓吳門，公貽書曰："英夷到處猖獗，已破虎門、廈門、定海，勢必窺伺吳淞。某海上攻戰四十餘年，風濤素習，嚴兵戒備，如夷來，必能破之，以張軍威。設事機不測，亦必以死繼之，敢為故人告。"余得書愀然，然素知其忠勇過人，壯其素志，望其成功，因手書反復慰勉之。嗟乎！李光弼韡刀，雷萬春面矢，忠勇固公所素裕也。壬寅五月，余旋里，舟抵杭州，而公訃至，作詩哀之。及余奉辦理江蘇糧台之命赴吳，練大令繪公遺像徵詩，遂令再繪副冊，錄同人哀辭歸遺其孤，以存家乘。

余在吳時，江南文武官吏赴吳淞與公商事者，歸皆為余言："公守吳淞三年，戎帳中風雨霜露，與士卒同甘苦，即疾作不就溫室。公得士心，士識公意，真大海長城也。"牛督部貽余書有"公志堅金石"之語。迨和議成後，夷酋樸鼎查向江南大吏言："自到中國，所至披靡，惟吳淞力戰一晝夜，受創實深。設沿海皆如陳將軍，船炮雖堅利，無能為矣。"咸嘖嘖稱為好將軍，是敵人亦服公之忠勇，他何論焉。國家升平日久，民不見兵，一旦有警，相率而逃，安得如公數人鞏固海疆，任干城選哉！然夷氛甚惡，四省騷動，吳淞雖陷，能一軍尚足以振士氣而立國威，文武官吏臨難苟免者何可勝數。公以死繼之，尤足維千古綱常之大，其功比虎門為烈，而殉事則同。乃知二百年國家養士之報，而人心為不死矣。

茲以道光癸卯九月十二日葬公於廈門金榜山之陽，穴坐坤向艮兼未丑，分金丁未、丁丑。納幽有日，其孤廷芳以余舊知，來請誌墓。公固當代偉人，於吾鄉有光，謹就所知所見者紀之，至名諱、世系以及子孫均臚列於左，兼綴以銘曰："大澤深山，厥有龍虎。桓桓將軍，天生神武。戎帳三年，誓同甘苦。功敗垂成，皇天后土。白日墜星，吳淞之滸。天容震動，淚下如雨。美諡專祠，贈恤優溥。蔭子及孫，載在勳府。惟浩氣之盤胸兮，竟難回夫天數。瞻藏魄於榜山兮，人咸傷為傾柱。偶風雷之夜發兮，公猶張夫旗鼓。"

公諱化成，字業章，號蓮峰，世居同安丙洲。生乾隆丙申三月十二日未時，卒道光壬寅五月初八日未時，年六十有七。曾祖欽，業儒。祖青雲，邑庠生。父鳴皋，邑庠生。封贈皆如公官，妣皆一品夫人。兄弟二人，公居次。元配吳夫人，繼配曾夫人。子七人，長廷瑛，官千總；次廷華，官都司，皆公撫子，以海疆防堵，先公皆歿於王事；次廷芳，次廷菜，次廷芸，皆曾夫人出；次廷荃，次廷蔚，側室康氏出。女一，適舉人吳江孫宮璧。孫五人：振聲、振興、振作，皆廷瑛出；宜貞，廷華出；振世，廷芳出。

江南人相傳公歿為神，曾於吳淞乩示曰："將相本無種，男兒當自強。可憐臣力盡，一死誤君王。"雖杳冥不可知，然生死英靈，理或然也。

蘇廷玉撰。

錄自光緒《馬巷廳志》"附錄·上"

（《馬巷廳志》原注："此文陳氏所輯，《表忠錄》與蘇氏所刻《亦佳室文集》稍異。今存其評者以備撰傳者採拾也。"）按：《馬巷廳志》本文題目為《陳忠愍公墓誌銘》。查《表忠錄》卷一，其題目為《皇清誥授建威將軍江南提督忠愍陳公墓誌銘》。撰文者蘇廷玉，結銜稱"賜進士出身、誥授光祿大夫、兵部侍郎、都察院右副御史、四川總督，愚弟蘇廷玉頓首拜撰"。內容基本一致，惟"憶辛丑春，余僑寓吳門"一句，《表忠錄》少"憶"字。另查《亦佳室文集》，陳化成之卒日作"道光壬寅五月初六日"，早兩天。

清·陳化成神道碑

道光二十有二年五月初八日，江南提督陳公帥師防夷，戰於吳淞，死之。事聞，上震悼，命地方經紀其喪以歸，賜祭葬如禮，仍加賞帑金一千兩，賜謚忠愍，入祀昭忠祠，殉難處及原籍各建專祠，予親子廷芳騎都尉兼雲騎尉，世襲恩騎尉罔替，廷菜舉人一體會試，孫振世及歲時送部引見。天子篤念忠貞，賞延後嗣，恩禮稠疊動天下。嗚呼！黑海紫瀾，丹心碧海；雷硠霆擊，星隕雲霾。天下知與不知莫不盡傷哀慟，以為砥柱遽傾，誰挽頹波於既倒也。自英夷犯順以來，以提督死事者二人。然虎門之役，關公天培僅以師潰自刎耳。惟公在吳淞則手燃巨炮，擊沉夷船六隻，殲斃夷匪千餘人，使當時右師不奔，連營犄角，一乃心力，則剪滅鯨鯢，掃盡欃槍，在此一舉。而乃相率圖走，莫肯為一手之援，卒使孤忠者身經百創，自效命於疆場馬革間也。嗚呼！海國之局，至斯而一變矣。雖曰天意豈非人事哉！今年公子廷芳等將扶柩葬於金榜山之麓，以狀來請神道碑文。廷玉，公鄉人，又故交也，不敢以不文辭。

公諱化成，字業章，號蓮峰，泉州同安縣人。曾祖欽，有隱德。祖青雲，父鳴皋，俱邑庠生，三世贈如公官。公幼端重，智勇過人，尚氣節，嘗慨慕古名臣風烈。善論史，讀及馬伏波銅柱，則喜其成；岳忠武金牌，則恨其敗，憤懣哭泣如身為之，有擔當世宇氣概。年二十二，入伍籍，拔補水師額外，連殺賊數起，生擒三十五人，斬斃五人，馘其耳五人，功最，拔外委。嘉慶六年冬，李忠毅督閩師，一見大奇之，曰："此名將才也。"命麾下善視之。公又俘盜許飭等七人於竿塘洋，攻盜劉遏等於白犬洋，額角被盜刀傷。七年，拔把總。蔡牽等據橫山洋，公毀其船二；林以路等據田嶼洋，公獲其船五，復追捕及浙之南麂洋，擒施堅等十六人。十年又六月，李忠毅在青龍港洋面，命公戰艦隨行。公即生擒盜彭求等十八人，忠毅顧而喜之，拔千總。十一年正月，蔡牽陷鳳山，破洲仔尾，鑿巨舟塞鹿耳門，阻塞外援。忠毅扼隘口，命公登陸，繞出其腹背，夾攻之，毀其巢。牽勢蹙，乘潮發，從北汕遁。公即遍海窮搜，在崇武外洋獲其黨陳見等五人，在水澳獲巨盜蔡三來一船，在三盤外洋獲王元等五人。十二年二月，在粵洋首先銜攏蔡牽坐船，衝擲火斗，燒公兩足。四月，擊之目門洋，擒艇匪李五等八人。十一月，攻牽幫船於浮鷹洋，獲其舟一，獲其匪黃顏等二十，斬其首六級。忠毅列其事以聞。十二月，升銅山守備。是月也，忠毅以死勤事，歿於廣東黑水洋。蔡牽賊艘僅三舟，皆公協捕，出力剪其羽翼之效也。越二年，蔡逆平，敘功不及公，公恬然安之，若罔聞也，識者難之。十五年，獲盜陳順等十二人於烏丘洋，升海壇遊擊。十七年，獲盜陳煌、吳降二人於河洲嶼；獲盜陳民等十六人於樹橘洋，斬其首二，射殪一，沈其舟一，奉旨以參將記名候升。十九年，毀前村賊舟三，俘林普郎等十四人並器械、炮火無數。時有逸犯林雁、林清匿在柏頭里，巨犯郭守、林陰匿在秧厝里。公皆偵知，手擒之，置之法。補烽火參將。今上即位年，升澎湖副將。三年五月，調臺灣副將。八月，升廣東碣石總兵。十二月，調金門總兵。六年五月，臺灣匪徒滋事。公帶兵前往堵捕，旋調臺灣總兵。

　　十一年二月，授福建水師提督。公以廈門原籍，奏請回避。奉旨毋庸回避。十一年，召見四次，聖訓溫諭，有"身經百戰，勇敵萬人，宜膺重任"之語。十九年，督緝弁兵出洋，在東椗外洋獲盜匪曾勝仁等三十七人。公在廈提軍凡十年，海波不揚，即有一二小丑，皆隨時撲滅，無敢有跋浪其間者。蓋公之素以殺賊稱，能先聲奪人，有以革其心而讋其志也。

　　二十年，調江南提督。召見時，面陳"夷不足平"，天子嘉其勇，命之任。既抵吳，不入官署，即駐吳淞海口；不入行署，在戎帳中與士卒同薪膽者三年。已而，乍浦警報至，公度其必竄入吳淞也，即率偏裨與同官誓師，奮臂大呼曰："化成經歷海洋凡五十年，身在炮彈中入死出生難以數計，且人莫不有一死，為國而死，死亦何妨？我無畏死之心，則賊無不滅矣。況賊所恃在炮，我即以炮制之。西臺發炮，東臺應之，使賊亦顧此失彼，掩耳不及，勝仗可立決也！"無何，西臺火焰蔽空，而東臺望風散矣。東臺散而西臺之公死矣。效用劉國標藏公尸葦蕩中，嘉定令練廷璜募死士覓得之。逾十日而公面目如生，怒視不瞑。

嗚呼！公已死矣，而何以不瞑？公不滅賊，公之所以不瞑也。公不滅賊而竟死於賊，公之所以不瞑也。公死於賊而又念自公死後，竟無人可以滅賊，此公之所以愈不瞑也。功立垂成，敗於同官，公乃齎志而死，公乃抱恨而死，公在九原宜刺骨深痛無窮也。天語垂問臣工，屢為揮淚。丹旐所過，江南士民排巷祭，為位哭者數十百萬人。至今夷人就撫，尚讚歎不已，曰："如此好將軍，自入中華來所未見也。"

嗚呼！吾鄉自李忠毅公歿後，於今三十六年矣。公與忠毅里居相望，名位相同，而其忠烈之節亦後先相繼，豈吾鄉山川磊落之氣，代多偉人乎？抑名將之生，上關國家氣運而不得以地限之乎？

嗚呼！浩然之氣不待生而存，不隨死而亡，下則為河岳，上則為日星，而磅礴凜烈，沛乎其不可遏者，直橫塞乎蒼冥而豈有極哉！

死之日，距生之日為乾隆丙申年三月十二日，春秋六十有七。初娶吳氏，繼娶曾氏，側室康氏。子七人：長廷瑛，福建水師千總；次廷華，浙江錢塘水師都司，皆先公卒；廷芳，襲世職；廷茱，欽賜舉人；廷芸，曾氏出；廷荃、廷蔚，康氏出。女一，適舉人、吳江孫宮璧。孫五人：振聲；振興；振作；宜貞；振世。

其詞曰："天生上將，毗代作楨。東南海澨，峙為長城。天不死公，鯨鯢一空。天竟死公，罔奏膚功。天子曰吁，爾謀獨訏。爾竟授命，爾竟捐軀。茫茫巨浪，莫息天吳。有誰擊楫，有誰執枹？念爾藎臣，難贖百身。爾志何遂，爾目何瞑？昔事先皇，斬蛟重洋。廓清掃蕩，潮汐星霜。越余在位，重閫攸寄。為余腹心，豈徒指臂。環顧百僚，如爾無兩。爾支大廈，爾鳴孤掌。采薇出車，歌詩可廢。忍聽鼓鼙，興思敵愾。其命部曹，書勳書勞。鼎鐘騰美，崧岳爭高。嘉爾神勇，愍爾精忠。易名定謚，恤後飾終。匪云酬庸，用紀宗功。以勵來者，禦侮折衝。恩綸疊至，合祀專祠。公死不死，公如生時。熱血滿腔，英靈千古。國事孔殷，忠魂來補！"

蘇廷玉撰。

錄自《同安縣誌》卷二十五"藝文"

按：陳化成神道碑今已不見，1989年編纂者在廈門市廈禾路原廈門汽車運輸中心發現其墓道碑，正面楷書陰刻"皇清誥授建威將軍江南提督／特旨專祠賜謚忠愍陳公/誥封一品夫人繼配曾氏/墓道/，男廷芳、廷□、廷□泣血立石"，另有方形石柱一件，其上有楷書陰刻對聯，分鐫在其兩面，聯曰："帝不忘忠，死所馨香留正氣；公猶握節，墓門靈爽靖妖氛。"款署："玉屏書院掌教，莆田林揚祖撰。"當是陳化成墓道碑亭或神道碑亭的石構件遺物。現保存於廈門市博物館。

清·黃宜軒墓誌銘

皇清飭授儒/林郎、直隸州/分州宜軒黃/君墓誌並銘（篆書銘蓋）

皇清飭授儒林郎、直隸州分州宜軒/黃君墓誌銘（楷書銘題）/

特恩乙未科鄉進士、例授文林郎、/吏部銓選知縣、現禮部會試，年/姻家愚弟葉化成頓首拜撰文/並書丹、篆蓋。/

瑞香堂黃姓世居嘉禾里麟山/之麓，值海氛遷界，徙泉州。迨康/熙間復界，仍返舊居。其祖手植/瑞香猶存，因以名堂。至今聚族/尤盛，君其後也。

君諱克家，字爾/友，號宜軒。曾祖諱峙南，祖諱育/山，父贈君諱子培。贈君有子七/人，君序居六。性孝友，少失怙，事/母善承其意，得堂上歡。昆季之/間，塤篪相和，雍雍如也。無何，逼/於家計，棄舉子業，操陶倚術以/服賈用孝養，漸致富饒。思榮其/先人，遂遵例捐直隸州分州，祖/馳贈儒林郎，祖妣氏傅贈安人；父/飭贈儒林郎，元配妣氏陳贈安人，繼/妣氏林，君所自出，/飭封太安人。/綸褒稠疊，榮及先世焉。君篤於手足/之誼，伯仲無後者，皆以己子嗣/焉。復念黃氏聚族而居十有餘/世，而宗祠未建。爰將先世舊居/重加修葺，堂構輪奐，以為族人/烝嘗之所。及落成，族人議祀其/主，君力辭焉，乃祀其祖父母及/父母之主。迨至君卒，奉其主於/祠，以報功云。

君生乾隆五十有/七年閏四月初一日寅時，卒道/光十有六年八月十二日未時，/春秋四十有五。妻謝安人，簉室/辛氏、蔣氏。子八人：長潘智；次傳/盛，登仕郎，娶陳君宜周長女；三/傳芳，太學生，娶布政司理問林/君徵信長女；四潘禮；五自斐；六/自益；七自開；八自昉。潘智、傳盛、/傳芳、潘禮、自斐、自昉，謝安人出；/自益、自開，蔣氏出。潘智出嗣長/兄，傳盛出嗣三兄，自斐出嗣四/兄，潘禮、自益俱出嗣七弟，潘智、/潘禮俱先君卒。女二人，孫一人。/聘娶皆閥閱,繩繩未艾。

今以道/光廿四年甲辰十一月廿七日/未時,卜葬於廈門麻灶社萬壽/岩前,土名劉厝山。穴坐乙向辰/兼卯酉,丁酉、丁卯分金。

銘曰:/"紫雲華冑,穎邁前光。英宗載德,/肯構肯堂。邃彼幽室,壽岩鬱蒼。/垂蔭厥後,茂緒永昌。"/

襄事子傳芳、自開、自昉,/出嗣子傳盛、自斐、自益/仝勒石。

咸豐乙卯年花月十/五日子時。廈門章小厓刻石。

該墓誌銘出土時間、地點均不詳。黑色頁岩質。楷書陰刻,共四面。現狀完好。現為廈門黃氏後人收藏,本文根據所提供的照片資料抄錄。

清·許原清墓誌銘

誥授朝議大夫、華亭許君墓誌銘。

道光十五年冬,華亭許君卒,訃至廈門,士商設位以哭。余為輓詩八章,述君生平,兼表余兩人相知之雅,以紓余悲。明年夏,其子仲威將扶櫬歸,寓書及狀,乞為銘幽之文。曰:"卜地未可知,願先賜之言,俾不孝得匍匐就理。"仲威有俊才,幼為擘窠書,研經史,能文章,年未十六,遽遭大故,余懼無以成之也。今讀其書,而事能知豫,亦可見其知自樹立矣。

謹按:許君諱原清,字本泉,一字少鄂。先世居汴梁,明遷松江,為華亭人。曾祖紹仁,贈承德郎。祖坤,父寶樹,母張氏、屠氏,皆以君官,贈奉政大夫、宜人,晉贈朝議大夫、恭人。昆弟二,兄懋椿,試用訓導,君居次。幼從父皖江幕府,習法家言。後參撫臬幕中事,為鉅公所賞,章疏皆出君手,有國士目,就職通判。

道光元年,分發來閩。總督趙文恪公知其能,命鞫案,多平反。謂君居心公恕,必昌其後。明年,攝福清縣事,榜訟棍惡徒名於衢,拘其尤者二人,荷校庭下,使旦夕觀已聽斷。二人者愧服,訟為之息。罷催科丁役,輸賦者納無後。調署同安縣事。同安民好稱難治,君先立條約,責族正副約束。初至,有某者,父被殺,越數日,始赴控。問故,云:"貧不能具驗禮。"君疾馳驗之,禁毋得受民絲毫,獲正兇,當場判決,並諭某不必再入城。母子感泣。會日暮,宿廟中,母子走數里,執隻雞、米升許供餐。君卻之,不可,償以銀,俾資埋葬。富人林虞弒父,賄族鄰不報,廉得之,置之法。濬城中溝渠及銅魚池,俗稱八卦水,朱子為主簿時所鑿者。君在福清僅數月,在同安不及年,其措施已如是。去之日,民皆焚香遮道以送。四年,署福州糧捕通判,在省審案。今雲南巡撫蕭山何公,時為福州府,倚君如左右手,凡行省大案,皆決於君。五年,補蚶江通判,條陳海口臺運利弊數千言。其大旨曰裁口費、恤商艱、杜規避、嚴丈尺、稽次數,皆切中時要。

六年夏,臺灣彰化賊李通焚掠及嘉義,總督孫文靖公親率兵五千東渡督剿,以君從。抵鹿港,時閩粵分類械鬥,延及淡水二百里內,悉遭蹂躪。孫公曰:"烏合者日眾,非用兵不可,用兵恐多誅戮。"君曰:"宜示區別,以安民心。嘉、彰之亂,由閩人劫粵人,其焚搶者盜也。淡水以北粵人,為嘉、彰創甚,自防遂反攻,意在報復。其焚搶者鬥也。宜先盜而後鬥。"孫公然之。命君研鞫所獲犯首,戮彰化著名兇盜、人共切齒者陳進、洪泉輩六人。民乃喜曰:"總督誅盜,吾屬無憂矣。"凡爰書所定七百餘犯,皆君審擬,輕重如例。事定,奏聞,以同知直隸州用。七年,補廈防同知,調署福州府事。會回疆張格爾軍事竣,軍中曾用遣犯擊賊,有功者給功牌頂戴放還,閩犯計一百餘人,沿途騷擾,攜掠幼孩。君白大府曰:"若輩皆漳、泉積盜,免死戍邊。今恃功驕橫,必不安里閈。倘匪徒效之,大不便。且中途已犯法,請追奪功牌頂戴,安插上游諸縣。"大府入奏,允行。

八年,回廈門同知任。有吳衮者,販洋至越南國,遇佛蘭西夷船遭風破,附其舟來粵,衮利其貨,夜殺十二人於老萬山外洋。一夷跳海附木免。赴粵控訴粵東大府,以事關外夷,奏請敕閩省獲犯解審。君初抵廈門,風聞之,不待檄,追獲盜首從犯五十餘人、夷貨二百餘石。檄至,解粵伏誅。

九年,署漳州府事。積案未結者,摘傳原被一二人訊剖,各平其意,案皆結。謂所屬曰:"此即所以清械鬥也。"漳浦縣鬥氛尤甚,各村築土堡,藏銃械,輾轉相仇殺。君為社規四則,禁約八條,親往曉諭,不逾月,土堡盡拆。濬府治溝港,建太武、圭嶼二塔,修丹霞書院。十年,回廈門任。值巡道倪公卒,代行道事,經理其喪。軍船未竣工者,竣之。未三月,復署漳州府事。獲巨盜王七娘、徐保正法,盜賊斂跡。明年,修城垣。其二塔、書院皆落成。

十二年,還廈門。時余方分巡興泉永道,駐廈門,見士商欣欣然喜君至。君至帖然,亦無所事。除倉廒、臺穀積弊,裁規費,立石示禁,濬溝渠,治道路。余問故。君曰:"穢惡所積,水道淤塞,猶人身脈絡不行,必生疫癘。王政所重,故某所至，首事焉。"夏，臺販不至，米價翔貴，余發義倉穀平糶不繼，君勸捐實錢九千餘算，設四廠，選紳士公正者主之。買米循環減價糶，價平，以餘銀七千五百餘算買穀四千石，別貯於倉，曰："'義穀'以備荒。"議規條，上大府，勒捐輸者姓氏於石。君勤於聽斷，事至立剖，若無難者。民皆稱快。因名其署後園亭曰"快園"。自為之記。余暇就君講求律令，遊山林，酌酒賦詩。君時有歸志，極言三泖之樂，屬汪君志周繪《箕山歸隱圖》以見意。偶感疾，具牒乞解職，不許。會得臺灣張丙戕官之警，廈門為渡臺正口，日夜籌備兵船，運濟銀餉，接遞羽檄，遂不敢復請。陸路提督荷澤馬公以兵二千，自廈門渡。按察使滿洲鳳公，駐廈門策應。尋總督歙縣程公抵廈門，君巨細具備，咄嗟立辦，目不交睫者纍月。後從程公東渡。

十三年正月，至臺灣郡城，時張丙就擒，餘孽未淨。鳳山粵人李受假義民旂，與廖芋頭糾生番楊石老二乘間攻阿猴、阿里港諸閩莊，焚燒殺掠，慘毒殊甚。男婦被難奔郡城者千八百餘人。籌撫恤，欽差大臣、將軍瑚公至，會同程公督辦。以君曾襄臺灣軍事，多垂詢，乃陳事宜十二條。獲李受諸賊，交君訊擬。又委辦北路詹番婆搶奪之案，隨至淡水，君參贊軍事，午夜不得息，目生眚，鬚髮為白。事平，賞戴花翎，以知府即補。是年七月旋省。

十四年，署興化府事。獲積盜胡積母、匪徒李照與其黨三十餘人，解省。秋，調省勾稽內地軍需報銷事。

十五年二月，回興化，重建賢良、節孝諸祠。先農壇成。三月，兼糧捕通判事。值亢旱，溪水皆涸，步禱烈日中，為文自責。雨，民皆感泣。六月，調省勾稽臺灣軍需報銷事。卸興化府事。兼委鞫案。卯入，酉歸。簿書填委，漏三商，猶秉筆治官書，積勞成疾。十二月十三日，偶感風寒。十九日，卒。年五十。卒之前夕，夢囈中猶曰某案、某案當訊，釋若干人，不及私。

君性明敏，鎮靜有謀，耐煩劇，勤於治事。歷任大府無不器重君。要案、大案，皆相屬，日以十計。兩旁吏人雁鶩行，以卷牘進，人犯跽中庭，君目察、耳聽、心決、手判，不自休息。或勸之。君曰："一獄待質，少者十餘人，戚友覘視者倍之，淹一日，多受一日之累，傷財失業，民其怨諮，吾何敢逸為？"西渡臺灣，襄贊軍事，亦如之。人方期君以大用，而君病不十日以卒。惜哉！君與兄友愛，官興化時，迎養於署。宗族孤寡，歲寄養贍。子弟能讀書者，資膏火、敦交誼。寒士乞薦館者，無不應。又建丙舍於橫山先塋，買第宅為歸計。著有《袖石齋詩文稿》四卷、《皖江佐治錄》六卷、《閩海學治錄》十二卷。配孫氏，贈恭人。繼配侯氏，封恭人。子二：長錫，生年十二殤；次即仲威也。女四：長適仁和候補布大使錢坤;次適無錫候選從九品孫贊善;次未字;季字青浦陸宗鄭。長與季皆前卒。今歸卜地於某山某原,將以某年月日葬。

其友富陽周凱為之銘曰:"吾與君之交也以心,而知君之宅心。惟忠與恕兮,不劌、不欲。若恐不當兮而為之也駸駸。善人有後兮,知天道之非暗。吾銘爾幽兮,願爾子之克任,以光厥祚兮,其壬、其林,千秋萬世嗣德音。"

載於《內自訟齋文集》卷六

清·鍾端軒夫妻合葬墓誌銘

皇清歲進士/端軒鍾公暨/配黃孺人合/葬墓誌銘(篆書銘蓋)
賜進士出身、特授義寧知州,愚弟/曾暉春頓首拜撰文並書丹。/

壬子冬,世侄鍾振道等將營其先人/端軒公佳城,郵書囑余作誌銘。余於/端軒公契交數十年,相知最悉,不敢/以無文諉。

公諱清芳,字士量,號端軒,/先世居海澄嶼上,後移廈島,又移同/安古坑,至祖天助公始移灌口。考正/明公,授鄉飲大賓,精陶倚、善經營,家遂阜焉。/有子四人,公其長也,天資聰敏,品量/過人,以塚嗣承家,不得成舉子業,年(第一方)/十五六,即往廈門佐正明公,持籌握/算,億無不中,因此居積益饒。弱冠後,/偕次弟廷祥公造省垣之南臺,創建/水郊生理,兩處均得配船,通達南北。/於是家業大振,而正明公遂得退老/家居,扶杖攜幼,優遊以樂天年,皆公/繼志述事之孝,有以致也。

生平存心/仁厚,謙卑自牧,處棣萼、琴瑟間,毫無/間言。凡所交際往來,莫不飲人以和,/聆緒論,接容貌者,熙熙然如在春風/中也。自奉雖極儉約,及鄉有義舉,造/橋樑、修廟宇、補助困窮、憐恤孤寡,則/傾囊捐貨,未嘗少吝,古所謂富而好/行其德者,何多讓焉!性嗜學,家置書/館,延師以教子侄,必敬必誠,久而弗/怠。次子蠡東、五子秀升俱青年入泮,/人咸謂好學之報,為不爽也。援例入/歲貢,心益下,貌益恭,恂恂若宿儒也。(第二方)/□範其持之不可及,又有如此者。/□配王氏、蘇氏俱先公卒,副室王氏/尚在,繼室黃氏以是年卒,而合葬焉。/黃氏諱添娘,謚寬靜,自入公門,時公/年已在強仕之餘,氏將順承意,相敬/如賓,位屬一家之長。公兄弟四人,派/下大小百餘口,凡吉凶禮事，莫不諮/稟氏命。氏處置得宜，不奢不吝，有規/有矩，和妯娌、侍妾婢、使奴僕，靡有間/然可議。有子五、女一，視之如同自出，/衣服、飲食、饋送、應酬，必公必恕。數十/年間，長幼男女所以不聞訴誶之語，/嘻嚎之聲者，皆氏治內之力為多也。/

公生於乾隆三十一年歲次丙戌五/月十八日寅時，終於道光七年歲次/丁亥正月十九日申時，享壽六十有/二齡。黃氏生於乾隆四十二年歲次/丁酉二月初七日巳時，終於咸豐二（第三方）/年歲次壬子四月十七日巳時，享壽/七十有六齡。子五人，女一人。長振球，/捐職從九品。次蠢東，泉州府學生員。/三振道、四振雅，俱入國子監。五秀升，/臺灣學生員。女適許，□□重孫拔儒，/捐職從九品。孫男十八人，孫女一人。/曾孫男二十人，曾孫女一人。元孫男/三人。娶嫁皆閥閱名門。以咸豐二年/十一月十四日巳時葬於洋坑社尾/厝門口山鐵坂內，坐庚向甲並申寅，/用縫針分金丙申、丙寅，外坐丙向卯/兼庚申，分金丁酉、丁卯。

銘曰：/"慶餘積善，相吉者天。德同地厚，/域兆牛眠。孕靈毓秀，山水環纏。/後昆啟佑，福澤長綿。"/耕文齋刻。（第四方）

此墓誌銘現存於廈門市民間收藏家處，今據其提供的照片錄入。共有四方，均黑色頁岩質，尺寸未詳。品相基本完好。按：曾暉春（1770—1853），譜名城，字霧峰，號梅峰，閩縣人，嘉慶六年（1801年）進士，晚年居福州黃巷、安民巷。

清·呂世宜自作墓記

呂西邨自作墓記（楷書銘題）/

西邨名世宜，號不翁，廈門呂孝子謙六公之元子。嘉慶戊辰秀才，道光壬午舉人。其加/京官、翰林院典簿銜，乃友人林君樞北為之請，非其志也。性戇直，不苟同於人，尤不顧人之/是非，人曰然，翁或以為不然；人曰可，翁獨以為不可，故號曰不翁也。孝子公之歿也，翁益貧，以舌/耕而嗜古，如飢渴者之於飲食。遇古圖書、古彝器、金石刻、奇書妙畫、名研名印，必拮据致/之。積四十載，凡得書若干，藏器若干。樞北君弟小山愛之，贈以二千金，人為翁喜，翁曰：

"子謂／我幸而得之，我蓋不幸而失之。我半生有用精神盡銷磨於此也。"人又以為翁愚。翁年／四十，以隸名於時。其始，人亦非笑之，翁弗聞。嘗自言所制小字《四十九石山房帖》、大字《先君孝子／碑》《張公玉田去思碑》具得漢人意，必傳無疑，其自以為是也如此。

閱所習舉子業，輒不／滿，曰"不異人意"，毀之。刻文鈔六十餘篇，筆記三卷貽人，人無有寓目者，翁哂曰："是真不可時／施也耶？"其不自知其非也又如此。病且篤，猶以所著《古今文字通釋》十四卷、《歷代碑帖題跋》／一卷、《千字文通釋》四卷未刻，囑其友誠甫與其徒守謙，語刺刺不能休。翁殆九死而未／悔者歟？翁作斯記為咸豐四年五月十五日，年七十一矣。後莫知所終。／

（硯之左側後人補刻兩行云：）翁生乾隆甲辰五月午日午時，卒咸豐乙卯五月朔日辰時。粵七日／葬大厝山三十六間舊穴，內寅申艮坤，丙寅、丙戌分金，外艮坤寅申。

該墓記刻於一端硯之背面，原藏廈門市某君家，係呂世宜生前自作行書。硯長26.5厘米，寬16.5厘米，高8厘米。現狀完好。1988年歸金門吳鼎仁先生收藏。

清·柯立軒墓誌銘

皇清例授承德／郎、歲進士立軒／柯府君墓誌銘（篆書誌蓋）

皇清例授承德郎、歲進士、四代大父、享壽／六十四齡立軒柯府君墓誌銘（楷書誌題）／

賜進士及第、／欽點翰林院修撰、／誥授朝議大夫、廣東瓊州府知府、加一級，／姻家眷侄林鴻年頓首拜篆蓋；／

賜進士出身、／誥授奉直大夫、掌山西道監察御史、稽查／兵部翰林院六科中書科倉場、坐糧／廳大通橋通倉事務、加三級，姻愚侄／蘇學健頓首拜撰文；／

例授文林郎、歲進士、臺灣府儒學教授，姻／世侄蘇時英頓首拜書丹。／

公諱希松，字其森，號立軒，宋進士屯／田員外郎慶文公之裔焉。父／之亭公，芸窗攻苦，品學兼優，不幸早／逝。母陳安人，生公甫六閱月，矢志／柏舟。

公幼賦質穎異,長博覽群書,久/羈童子試,援例而貢成均。棘闈屢躓,/至老益堅,遂以軍功賞給六品職銜。/溯府君生平,儉約自奉,獨義所在,力/得為者無弗為。如請/旌坊表以揚母節,再造小宗以詔燕翼,重/修族譜不遺疏遠,選求吉地不惜貲/財,其卓卓可嘉有如此者。至若尊師/敬友、和鄉睦族、提攜親戚、賑恤貧窮,/始終如一,尤人所難,誠可謂當世之/偉人矣。惜乎天不假年,一二大事,莫/可遂志。坊未及立、譜未告成,而竟溘/然逝耶。嗚呼痛哉!

　　元配灌口陳孺/人,先公卒。生子二:長祖陽,娶湖內楊/氏,先喪;次國學生麟瑞,娶新安邱氏。/女三:長適邑庠生蘇君龍光;次適國/學生陳君秀東;三適業儒謝君朝英。/繼配南山陳孺人,亦先公卒,生子/一:登愉;副室趙氏、陳氏,生子二:/存恒、克恭,女一,俱幼。自祖陽出者,曰/鴻漸、鴻禧、鴻藻、鴻遠。孫女三:長適邱/姓。自麟瑞出者,曰鴻堵、鴻儒。孫女一。/餘繩繩未艾,嫁娶皆名門望族,不及/備列。

　　公生於乾隆壬子年十二月廿/三日寅時,卒於咸豐甲寅年八月十/二日子時。今咸豐七年十二月十三/日卯時,葬於海澄三都澳頭社蛤仔/山。穴坐癸向丁兼子午,正針丙子、丙/午分金。

　　麟瑞請誌於余,余忝世好,深/知其詳,因舉其概而識之。銘曰:/"山名曰蛤,陰陽聚合。漳水到堂,左右/消納。挺秀海門,圭嶼一塔。允矣牛眠,奕世簪盍。"/

　　廈門五崎下文煥堂/章小厓刻石。

　　該墓誌銘出土於海滄澳頭,具體時間、地點均不詳。黑色頁岩質,高27厘米,寬33厘米,厚3厘米。共兩方,每方正反兩面楷書陰刻。現狀完好。現為洪明章先生收藏。

清·水師提督林建猷墓誌銘

　　誥授振威將軍、福建水師提督林公墓誌銘。

　　國朝水師之將推泉州。嘉慶初年,李忠毅、邱剛勇尚矣,近則忠愍、剛勇二陳,名振華夷,勳載史冊。然各以武自奮,至於父子麾鉞,世炳旂常,則推安溪提督林公。公粵東陽江鎮總兵篤齋府君中子也。幼雋異,與群兒戲以兵法,部勒指揮。陳忠愍公見之曰:"是兒當以武顯。"壯嫻弓馬,習方略,年十七入縣學武生,由水師提標左營額外,拔外委,粟階把總、千總,以擊夷匪功,晉銅山守備,遷左營遊擊,權督標水師營參將。既除,真拜閩安協副將,歷署海壇、金門、福寧各鎮總兵,凡即篆,皆以簡軍實、明訓練為事,故所在奸宄潛蹤,軍威一振。咸豐二年,補福寧鎮總兵官。是郡環山濱海,地貧寙適,旱疫交作,而匪徒乘機煽謠,商漁裹足。公至,首唱勸糴平糶,招商赴臺灣採運接濟,步祈雨於大山,禳疫於東澳。三日雨作,疫遂息,百姓歡呼。捕通洋巨梟數十人,水陸以安。三年夏,逆匪黃位寇廈門,林俊寇仙遊,巡撫王公駐泉堵剿,公以雙溪口與賊仔澳互角,為賊竄海要津,即會師南下。越明年五月,逆舟果屯賊仔澳。公用所駕艨艟,乘上風踹入賊隊,焚其船,賊首尾橫斷,大敗奔駭。公復逆溯至長表洋,犁沉三船,追獲盜首黃煙等二十餘名,置之法。是時也,黃逆遠遁無蹤,於是閩洋稍靜,而艇匪數十復螽擾寧波、奉化等郡縣,浙洋大震。督臣薦署提督浙江,公馳至,即檄兵四百,防守鎮海。飭千總布興有分領戰艦,先攻帆礁洋,沉其艇三,生擒蓮仔帶,並逆婦八十三名,奪其艇六。公曰:"是非大創,而芟除之,不可。"乃飭象山協副將,率兵沿海兜截,俾無竄逸。時夷人素讋公名,請以火輪船從師進剿。八月初七日,會於石浦洋,適北風驟作,揮師直入,礮煙漲天,諸師無不奮呼鼓噪,海水沸揚,逼近賊壘,用火斗飛提而下,碎大小艇二十三,斬馘焚斃落海者無算,生擒馮阿瑤等四百餘名。越日,復尾追搜捕殺賊二百三十七名。浙洋自是無艇患矣。士商彩樂迎公歸,相率謳歌,紀公功於遊仙廟,額曰"永清"。初,公方倡修學宮、義塚,以踵李忠毅公遺風,而六年六月,奉福建水師提督之命,議弗果,以本籍隸伍,提督本省水師,自忠愍公而外,惟公,洵異數也。將請入覲,督部以逆氛未靖,奏留先赴新任。公感激星馳,於路受勞濕,力疾南下。時同之潘塗等鄉,素行非義,迓公,願改行為良,而公到任未幾,即以十月十一日薨於位,年五十二。諸鄉父老皆流涕,謂天其不許自申歟?其得人心若此。惜哉!

公諱建猷,字孝丕,號鴻軒,世居安溪茂林社。曾祖理月,祖道松,父志忠,即篤齋府君也,三代皆贈振威將軍。曾祖妣氏鄭,祖妣氏吳,母氏吳,生母氏蔡,皆贈一品夫人。公元配周夫人,前澎湖守備諱萬生女,先公十一年卒。繼配吳夫人,妾李孺人。子五:繼恩、廣東縣丞;繼惠,業儒,周出。繼福、繼禧,吳出。繼禎,李出。女二:適楊,適陳。以咸豐七年四月三日,扶公柩於同安紅石崙山下,啓周夫人窆而葬焉,禮也。嗚呼!公自弱冠隸戎行,慨然以韜鈐自負,既而位躋顯秩,名紀太常,然不足為公多也。惟所鎮,則軍成勁旅,遷則民表去思,而令終之日,能使群兇懾服,感激涕零,非古名將之風歟?雖年僅中壽,榮始哀終,可無憾矣。

銘曰:"九牧後昆,挺生奇傑。陽春勒勳,茂林隱潔。公也繼之,克紹世閥。名高仙霞,功炳甌粵。惟忠惟孝,曰篤不忘。翼翼桓桓,於前益光。鄞江去思,安坯砥柱。匪直才華,其德實普。吁嗟乎!大樹飄零兮眾軍欷,銘之幽宮兮金石暉。"

錄自陳慶鏞《籀經堂類稿》卷二三

清·廈門五通侖後社石氏宅買地券

天地之間,有賣有買,陰陽之理,總皆一然。是祖基者□/□□□祖業者,買賣當然。今有福建泉州府同安縣綏德□/加禾里二十一都北山保坂上社,居住□□。石□、石□□、石古文、/石□、石□、石詣等用銀數百兩正,托中張堅固、李定度□□/封侯山土地公地壹所,座落土名下路宅。上至蒼/天,下及黃泉,東至青龍,西至白虎,南至朱雀,/北至玄武,中至勾陳,四至明白為界。於□年□/□□初架造屋宇□座,並左右護厝□□,/透內坐丙向壬兼亥巳分金,架造完成。經/面□祖入宅,歸□安居數載,涓卜太歲丁巳/年三月拾貳日,仗法師修□□□□/宅安龍,謝□萬□淨宅,慶成平安,/闔家添丁進財,子孫昌盛。地基係/是明買實業,如是多年任從修/理架造,永為子孫福業,千年萬/代,富貴□繩,米穀成倉,牛羊成□,/發福無量。著此契急急如/六壬地理仙師九天玄律令。/太歲丁巳年三月十二日,后/土陰官地主武夷王證明。

此買地券出土於湖里區五通社區侖後社的"九十九間"大厝廳堂。磚質墨書,由由外及內作螺旋形環讀。查:清代干支為丁巳者有四,康熙十六年丁巳(1677年)、乾隆二年丁巳(1737年)、嘉慶二年丁巳(1797年)、咸豐七年丁巳(1857年)。暫定為咸豐七年丁巳,俟考。

清·黃崑石墓誌

　　皇清誥授中憲/大夫、欽加道銜/即選知府、戶部/浙江清吏司員/外郎、加一級，崑/石黃府君墓誌(篆書銘蓋)

　　皇清誥授中憲大夫、欽加道銜即選知府、/戶部浙江清吏司員外郎、加一級，崑石黃/府君墓誌(楷書銘題)/

　　考諱元琮，字君琬，號崑石，中憲大夫勖齋/公長子也。自昌慶公肇基潯陽，歷曾祖懋/園公諱群良、貤贈奉直大夫，曾祖妣/氏洪貤贈宜人，祖有山公諱六吉、/誥贈奉直大夫、貤贈奉政大夫，祖/妣氏許，誥贈宜人、貤贈正五品/宜人，始胥宇於嘉禾里鼓浪嶼居焉。父勖/齋公諱志敬，候選州同、加二級、誥贈/奉政大夫、晉贈中憲大夫，母氏郭，誥贈正五品宜人、晉贈正四品恭/人，繼母楊氏、陳氏俱誥贈宜人。考，郭/恭人出也，幼而岐嶷，長攻舉子業，年十六，/博茂才。越旬年，就職京曹，官戶部員外郎。/值時享太廟，獲與駿奔。比奉查越/漕，屢垂鴻烈，遂乃榮邀天寵，渥荷/褒綸，晉贈祖有山公、父勖齋公俱/為奉政大夫。未幾，夷氛告警，考以先靈未/厝為憾，即日乞假南旋，躬營窀穸焉。

　　嗣後，/會匪擾廈，復居潯陽。時籌款孔急，考毀家/以助軍食，朝廷獎其急公樂輸，/欽加道銜，以知府即選，晉贈父勖齋/公中憲大夫。溯自回籍以來，恬澹自安，無/復出山志，數椽屋，一卷書，諄諄然課督兒/曹為務。講授之餘，或藝菊煮茗，飲酒談詩，/日以自娛，娓娓不倦，其天趣有如此者。

　　考/德配吳氏，誥封正四品夫人，國學生嘉賓公長女，側室周氏。男七女四：長景濂，/次景泗，三景堯，四景濤，六景北，吳恭人出。五景南，七景荷，側室所出。景濂娶蘇氏，/得孫邦佐、邦譽，女孫二，邦佐聘林氏；景泗/娶莊氏，得孫邦俊、邦傑、邦偕，女孫二，邦偕/出嗣長兄；景堯娶吳氏，得孫邦誥、邦詮；景/濤娶陳氏，得孫邦誠；景南娶吳氏，繼娶陳/氏，側室陳氏，得孫邦令；景北娶陳氏；景荷/聘紀氏。長女、次女、三女俱已適人，惟四女/未字。餘繩繩未艾。

　　考於咸豐己未年四月/初四日辰時，以疾終潯陽正寢，距生於嘉/慶壬戌年正月初十日子時，享壽五十有/八齡。茲以咸豐九年歲次己未葭月初二/日未時，葬於嘉禾里鼓浪嶼內厝澳官宰/石下，穴坐甲向庚兼卯酉，分金庚寅、

庚申。/

　　男景濂、景泗、景堯、景濤、景南、景北、景荷仝/謹志，長孫邦佐等勒石。多文齋刻。

　　該墓誌出土於鼓浪嶼筆山，具體時間、地點未詳。黑色頁岩質，共4方，均為高26厘米，寬34厘米，厚2厘米。楷書陰刻。現狀完好。現為鼓浪嶼大夫第黃氏後裔收藏。

清·邱聯恩墓誌銘

　　咸豐九年春二月二十有五日，河南南陽鎮總兵官邱公授命於舞陽。狀聞，天子震悼，詔復原官，予騎都尉兼一雲騎尉世襲，謚武烈。中州百姓感公德，請建祠致祀。巡撫瑛棨上其事，詔於殉難地方及原籍立專祠。越二年，巡撫嚴樹森、學政景其濬題請入祀名宦祠，旨如所請。今上嗣位，賜祭一壇。公子炳忠等將葬公，請銘。三惶恐辭讓不獲，謹按狀書之曰：

　　公諱聯恩，字偉堂，泉州同安人。高祖賚臣，曾祖心易，祖志仁，以剛勇公貴，皆贈建威將軍，妣皆一品夫人。父良功仕浙江提督，平蔡牽，封三等男，謚剛勇。配吳夫人，無出。側室王夫人生公，以親子承爵，為乾清門侍衛。道光二十四年，由通州協副將調河間協副將。公以承平久，人不知兵，飯脫粟、習勞肆，教士卒搏力、句卒嬴越之法，所部成勁旅。

　　咸豐三年，粵寇竄近畿，公晝夜設防，嚴兵律、固民團，寇不敢犯。時楚皖髮捻披猖，土匪蜂起，河南當其衝。天子知公能軍，四年六月，特授公南陽鎮總兵。公赴新野防次接篆，禁無以家事關我。九月平光州、息縣捻匪。方息兵固始，而粵寇由蘄黃竄武漢。上命公嚴防楚豫要隘，即駐師西雙河。五年敘光州擒賊功，賞花翎。匪復陷光、息，掃清之。六年張落刑擾歸德。張落刑者，逆捻之桀黠也，橫行潁亳間，官兵無如何。巡撫英桂調公往剿，連破之石榴堌站，搗之雉河集老巢，薄之三河尖，追之太和境。逆回踞雉河，公復飛繞亳州，躪之。轉戰江信，溜趙旗屯，大挫之。逆窮蹙鼠竄，畏公如虎，咸稱公為老虎。適襄陽土匪起，英桂調公回救鄧、新，張落刑伺隙分寇陳州。公兵過州城，賊遁，遂進剋鄧州，剿楚匪幾盡。七年二月，赴楚光化協剿，匪由均州犯李官橋。公率輕騎星馳援鄧州,擒內鄉匪首朱中立,殲焉。方張落刑之敗也,公持之急,幾獲。因調辦襄陽,匪逆兔脫,至是,重擾光、固,分踞淮河南北岸。公自鄧州移營追剿,旬日之間,大小十餘戰,戰無不捷,斬獲甚多,光、固、襄陽兩路悉平。當道附名入告,加圖薩蘭巴圖魯,公益奮,誓不與賊俱生。偵知張落刑伏霍邱、六安,糾集殘匪,即分兵扼要。匪旋陷正陽關,公與勝保夾攻,剋之,軍威大振。忽有捻黨嘯聚泌陽,蔓至賒旗店,南陽戒嚴,民望公如望歲。公至,匪驚潰,降者宥死,不降者殲之。銀洞山事甫藏,調赴內鄉剿西山逃匪,山路峻折,過十八盤,冒雪攀藤翻越前進。匪見公至,大隊由山後遁,留者分伏岩壑,時有殺獲。英桂奏剿辦不力,摘翎頂。公料匪走山路竄回泌陽,遂統眾疾乘入角子山,生擒張汶成等,匪無漏網者。捷聞,復翎頂,命駐汝寧。八年三月,粵寇陷麻城,扼光山南沙窩集。四月,寇闌入董范店,截擊之,寇奔黃安。楚軍剋麻城,寇復北走,幾撲商城。公由徐集銀山畈越嶺騰壑,歷八晝夜追及,迭敗之,斬獲及落澗死者無數,寇喪膽不敢再窺豫。公以逆首稽誅,膚功未奏,提戈慷慨將赴陳州,約皖軍相機合剿。師至息縣,巡撫恒福以光屬空虛,調駐光州。會逆捻張落刑率眾擾周家口,分兵轟擊,賊狼狽夜逃。正在窮追而恒福調統全軍駐鹿邑,東捻劉猾為張之悍黨,擁賊突入。

九年二月十六日,公聞歸德圍急,自鹿邑督馬步四千馳抵李口,探賊數萬分布制官軍,另遣悍賊剽行竄寧陵、睢州。公掩甲疾驅,戰剋二城,賊狂奔西華,公晝夜跟追。恒福劾公剿賊遲,奪職。二十二日,在西華之夾河套逍遙集接戰兩日,斬數千級,救出難民,獲器械輜重山積。賊趨鄢城,忽分股由五溝營奔上蔡。公以汝寧吃緊,令三將穆特布分兵追躡,其大股竄舞陽之北舞渡。公恐賊擾襄城、窺汴梁,亟由鄢城之新店,繞向北舞渡,交戰於西北原。賊奔東南隅,前有沙河橫阻,冀可一鼓成擒。追至吃虎橋,伏發,我軍列隊迎敵。自辰至未,戰四時,狂風大作,天地晦暝,賊馬數千壓兩翼下。公立陣前催左右奮擊,復單騎入陣,所向披靡。而賊愈聚愈眾,圍數重。馬跌,遂歿於陣。距生於嘉慶十七年十月十七日,年四十有八,聞者無不哀慟。

公忠誠性生,行軍紀律嚴明,信賞必罰,尤不嗜殺人。兵到處,居民爭獻芻,公不受,委諸營門;酬以值,民亦不受。公所帶隊,兵常不過千,而勇或一二萬,或三四萬。勇亦感公威信,遵約束,秋毫無犯。統兵各路,廉俸悉充軍餉,署中乏食不問也。公在豫,提孤軍奔命,四涉數千里,赴蹈艱險,顧肩失股,賊反以逸待勞,往往主客不相敵,卒以致命,悲夫!

公殉難十餘日,獲尸麥地內,目怒視如生。紳民獻櫬,殮如禮,哀聲殷天。

同治元年，炳忠等扶櫬歸閩，沿途婦孺持紙錢哭奠不絕。觀豫民愛公如此之深，則公功德入豫民者益可見矣。配蘇夫人，四川總督蘇公廷玉次女；簉室袁氏。子三：炳忠；炳信；炳義。女一，適內閣中書黃貽楫。以同治七年葭月十九日葬公於嘉禾里江頭山。

銘曰："坡驚落鳳，地慘彭亡。自來名將，入險罹殃。桓桓邱公，蒲璧是將。早列虎賁，作羽林郎。壯為虎將，鎮南汝光。闞如虓虎，肅我戎行。飆發電激，誓掃櫕槍。旅軍轉進，有死無生。殺敵致果，吃虎橋橫。死綏節重，活國身戕。裹尸馬革，紀績太常。功宗曰可，登於明堂。一腔熱血，千載馨香。江頭之麓，體魄焉藏。世臣喬木，永永無疆。表茲元石，以鴻厥慶。"

陳駿三撰。

錄自《馬巷廳志》"附錄·上"

清·劉韻石夫妻合葬墓碑

清邑廩生韻石劉公暨/繼室涵江後亭珍/寶周孺人、長男閭口/要塞炮科學堂正科/畢業、署理建寧府嵐/下縣丞、廈口要塞胡/里山炮臺督臺官、磐/石炮臺臺長融臺先/生，長媳婦白沙嶺坪/金妹方恭人，辛未首夏立石。

該墓碑現存於福建省仙遊縣某鄉。花崗岩質。楷書陰刻。立於清同治十年（1871年）辛未，係清末廈門胡里山炮臺的督臺官和磐石炮臺臺長劉融台的墓碑。

清·顏母李太夫人墓誌銘

皇清誥封五/品宜人顏母/勤順李太宜/人墓誌銘（篆書銘蓋）
皇清誥封五品宜人顏母勤順/李太宜人墓誌銘（楷書銘題）/
咸豐丁巳科歲進士、即用儒學/訓導，陽夫叔祖元徽頓首拜撰文；/
鄉進士、內閣中書、前揀選知縣，/夫姻眷侄黃淑頓首拜書丹並篆蓋。/

宜人李姓，龍店社移居海/滄大路頭李君諱膽次女，/誥封奉直大夫諱清俊之內人/也。賦性柔順，慈惠寬和。自/嬪於贈君，克相所天，而主/持家政，勤儉有度。贈君家/綦貧，而宜人為之區處經/畫，俾兒女得完婚娶，其相/助之力尤匪淺也。迨後以/長子遠服賈，家稍殷實，而/宜人博為推施，凡都中、族/中義舉之事，知無不為，絕/無吝惜。至於孝舅姑，和娣/娌，又皆所優為，至今嘖嘖/人口。余不能文，以宗賢固/請，□於鄉里間知最稔，故/不得以不文辭。

贈君生於/嘉慶丁巳年正月十九日/卯時，卒於咸豐甲寅年七/月廿五日丑時，享年五十/有八。經於咸豐甲寅年十/月十九日午時安葬於東/宮社西山東岸，坐戌/兼乾巽，庚戌、庚辰分金；宜/人生於嘉慶丁卯年十二/月廿二日子時，卒於同治/庚午年八月廿二日辰時，/享壽六十有四。生子五：長/宗賢，恩授同知，娶錦里/社林；次珍寨，娶蘇店社潘；/三宗元，授翰林院侍詔，娶/敦美社張；四珍論，娶楊厝/社楊；五珍華，娶山仰社廩/膳生陳國良之女。女一，適/山後社蘇。聘娶皆名門。孫/十有二人，自宗賢出者：慶/迎，許配謝氏；慶瑞；慶濱；慶/進。自珍寨出者：慶夜；慶夏，/夏出嗣宗賢，為次子。自宗/元出者：□□；慶仁；慶春，自/□□□□□□□□/女孫五人，未字。

今以同治/壬申年正月初四日申時/改葬於文圃山之東龍門/嶺南壟仔山，坐乾向巽兼/□辰，丙戌、丙辰分金。爰為/之銘曰："閨閫毓德，溫惠慈良。采/蘋/采藻，承筐是將。胡為一逝，/幽明杳然。佳城鬱鬱，地久/天長。宜爾孫子，俾熾俾昌。/文圃之麓，雲岳之東，安知/窆兆之非隴岡之阡？"有文齋刻石。

墓誌銘出土地點、時間未詳。黑色頁岩質，共4方，均為高48厘米，寬30厘米，厚2厘米。楷書陰刻。略有殘缺。現為民間收藏。

清・吳太夫人墓表

吳太夫人墓表（篆書碑額）
吳太夫人墓表（楷書碑題）/

同治改元，粵寇將由台、括兩路犯吾溫，閩帥檄吳君春波以舟師來援，先賊一日至。賊之由樂清謀渡江者，計阻不敢進，其別踞青田者，間道入永/嘉西鄉,逾桐嶺,圍我里安。春波復分舟師入飛雲江,扼其衝,賊不得逞,遂與福建記名道張公啓煊連破賊,蹙之於馬嶼,殲焉。賊平,七月師旋。余時/治團練事畢,將還/朝,取道閩中,附舟以行,與縱論兵間事,不啻燭照而數計也。別六年,春波以署溫州鎮總兵復來,而余已罷官里居矣,乃相與過從甚樂。然春波每/自言少孤露,家徒壁立,太夫人篤志苦節,教誨成立,得有今日而竟不及見,未嘗不流涕。今年夏,其鄉人官京師者將為太夫人請旌於/朝,因出陳君為銘幽之文示余,並乞余文以揭隧上。余惟太夫人孝淑賢明,為國家薦生名將,中道稱未亡人,茹檗含辛,不殞志節,卒以子貴,受/朝廷極品封贈,於法應書,而春波之功又大有造於吾溫也,重以相知之深,其敢以不文辭?

太夫人姓曾氏,同安處士羨女,年十六歸贈振威將軍/揚萼府君。家貧而孝事舅姑盡禮,年二十九,贈公卒,遺二子,長曰大情,次鴻源,即春波,裁五齡,太夫人躬教督,笞楚不少寬。時舅姑春秋高,太夫人/仰事俯育,恃紡織以給。雞初號輒起,燈影機聲達蓬戶外,日成布一匹,贏錢百餘供饘粥僅足。而泉俗以丁繁財力相雄長,太夫人嫠居子踽,門祚/單微,外侮狎至,輒飲□吞聲不與校。春波甫冠,材勇絕人,日夜攻苦,激昂自奮,居未幾,而有舟數十艘。泉人並海居,多以操舟逐利為業,故春波於/海道要害、帆檣樓櫓之□、風濤雲色之變,靡不精習。咸豐三年,會匪踞廈門為亂,春波出家財,糾族中子弟隨官兵一戰剋之,以功賞戴藍翎加守/備銜。當是時,吳將官之舟師雄張海上,金廈間屹若巨防,雖大帥倚以為疆。太夫人夙積勞多病,然非甚劇不偃息。/春波乞假侍養,未數月,大帥急/檄出洋捕盜。/春波戀戀有難色,太夫人諭之曰:"女既出身報國,毋為女曹兒態也。"太夫人病亟,家人請啓大帥趣春波歸,又力阻之,遂卒。自是春波/往來擊賊於汀、漳、延、建、邵武、雲霄諸州郡,復東渡澎湖,靖臺灣亂民,積功至換戴花翎、賞撲勇巴圖魯名號,歷任閩安協副將、海壇鎮總兵、擢署福建水師提督。先是,廣南盜□充斥浙、閩瀕海郡縣,首尾二十餘里皆被其害。閩安地斗入海,患尤劇。春波率舟師出,環擊窮追,無一脫者,盜由是益/衰。廣南婦孺談春波名,輒膽落,其威名如此,而太夫人亦纍贈至一品夫人。春波所至廉明公勤,軍民畏懷,祿糈所入,喜施與不倦。在澎湖兩次賑/饑民十數萬口,而其事大吏不婾阿求合,是皆太夫人之教也。

太夫人卒咸豐乙卯年十一月初五日,享年六十有一。子二;女一人,適林。孫男九人:/文熊,閩安右營都司;文龍,海壇右營都司;文虎,福建補用都司;文彪;連枝;奇焱;連旭;麒麟;夢花。孫女二人:長適陳,次適孫。太夫人卒之次年,葬於廈/門嘉禾里吳村之原。

春波嘗從容為余言少賤時艱難拂逆之事悉矣,一旦以武略奮起,行陣之間,威聲播海上,為國爪牙。然非太夫人之賢,亦曷/以致此?然則世之婦人女子,境無順逆,以志節為本,而為人子孫尤不可不思所自立也,故余為論次其事以表其墓云。/

賜進士出身、通議大夫、日講起居注官、文淵閣直閣事、咸安宮總裁、翰林院侍讀學士、前提督廣西學政,愚姪孫鏘鳴撰文;/

賜進士出身、通議大夫、日講起居注官、文淵閣校埋、國史館協修、武英殿纂修、翰林院侍講、前提督福建學政,愚姪黃體芳書丹;/

賜進士出身、資政大夫、兵部侍郎兼都察院右副都御史、巡撫湖北等處地方、提督軍務兼理糧餉,兼署湖廣總督,侍生郭柏蔭篆額。/

大清同治十二年歲次癸酉孟秋。

該墓表原立於廈門市梧村山,1988年因建設需要,移藏於廈門市博物館。輝綠岩質,高189厘米,寬97厘米。楷書陰刻。現狀完好。

清·陳宗凱夫妻合葬墓誌銘

皇清誥授武功將軍、賞戴/藍翎副將銜、臺灣艋舺營參將、世/襲騎都尉兼一雲騎尉述堂陳/公暨夫人吳氏合葬墓誌銘(篆書銘蓋)

皇清誥授武功將軍、賞戴藍翎副將銜、/臺灣艋舺營參將、世襲騎都尉兼一/雲騎尉述堂陳公暨夫人吳氏合葬/墓誌銘(楷書銘題)/

光緒二十一年三月甲午,公終於臺/灣艋舺參將署。時倭夷煽亂,東侵遼/陽,南軼閩海,據澎湖諸島以窺伺臺/灣。/朝廷軫念沿海生靈,弗忍荼毒,從外國請交遣使者議和,未成。公履任方數月,/奉檄修戰守、備晨夕,感憤不遑寢食,/積勞成疾,遽殞其生。嗚呼惜哉!

謹按:/公諱宗凱,字繩武,號述堂,同安廈門/人也。承伯兄候選齎奏廳宗翰之讓,/襲尊公江南福山總鎮、追贈振威將軍、賜謚"剛勇"曉亭公世職,起家遊擊都戎,歷/官三省,守要職十餘次,五膺專閫,三/即真除,所至皆有功績,以聲於時。其/署烽火門參將也,裁陋規、浚城濠、禁/私鑄鵝眼錢,民懷其德,勒碑頌之。其任太湖遊擊也，慮營制廢弛，請增設兵船以資捕緝，噤不得用，遂移病謝職歸。繼理澎湖協鎮事，整飭營規，憫戍兵物故不能歸葬，捐廉俸、籌經費、配船付各眷屬安厝之。旋調嘉義營參將，適彰化土匪滋事，所轄戒嚴，督弁兵慎防守，俾不旁竄。事平，謀善後事宜甚備。公以名家世冑，諳熟水師營務，初襲職，隨吳公鴻源攻捕艇匪黃聯喜等，既復，從剿臺匪戴萬生，屢戰皆捷，師尅有功，以是見知上游。居官三十餘年，宦跡在江南、福建而尤著於臺灣。性和藹廉正，恪守典型，舉事孚眾論，不顧其私。故其終也，無遠邇咸悼歎，以為非近今將領所及也。

先是，公疾篤，貽書其弟孝廉宗超曰："我家世受國恩，當以身報，但體弱不能小效力疆場，雖死守亦抱恨也。孰意不克行其志而終乎？"公既終逾月，和議成，以臺澎地畀倭，臺灣紳民不忍事敵，謀所以拒之。倭夷由澎湖航海襲據基隆山，臺北兵勇遣散未盡者受間諜內亂，勢岌岌然，而公已不及見聞，得始終為朝廷職守。故公雖自云抱恨，而論者謂公誠無所歉也。

公生道光十七年，春秋五十有九。元配吳氏誥封淑人，晉贈夫人，先公卒，春秋五十，賢而有法度，能治家政，故公服官於外，常無內顧憂。繼配李氏誥封夫人。側室洪氏，以公子鎮勳職，誥封宜人。子六：長鎮忠，藍翎守備銜、候補千總；次鎮勳，花翎同知銜，遇缺選用知縣；三、四幼殤；五鎮珊；六鎮瑚。女四，皆適顯族。將以是年葭月丙辰與吳夫人合葬於後院山之原，穴坐亥向巳兼壬丙，分金辛亥、辛巳。

謹按其狀，次其崖略，為之銘曰："嗟乎！時事胡然而至於斯也。如公守正不汩沒兮，其庶幾也。方張邊覬，有遺恨兮，非所期也。浮雲變滅，無常態兮，公不及知也。公揚斧伐兮，曳三旗也。屠鯨斬鱷，復區宇兮，會有時也。窅冥同穴，銘以質之兮，將以慰公之所思也。"

敕授修職郎、候選教諭、癸巳恩科舉人，世愚弟呂澄頓首拜撰；

敕授文林郎、試用知縣、乙酉科優貢生，世愚弟歐陽冀頓首書丹並篆蓋。

風水之說，士夫弗信，然擇地葬親，古之孝子慈孫必三致意焉。亦比化者，無使土親膚已爾。鎮忠守戎、鎮勳司馬為其尊公述堂副戎暨母吳夫人合厝於後院山麓，葬有年矣。堪輿家僉謂地脈淤濕，恐非吉壤。驗之，果信。遂舁而之崛底埔之原，吉蠲而營幽宮焉。今而後，佳城蔚蔚，可壽河山矣。穴坐甲向庚兼卯酉，分金庚寅、庚申。詩曰："適彼樂郊。"其斯之謂歟！

戊申花朝後二日，世愚弟葉大年補志。廈門德文齋刻石。

該墓誌銘出土時間、地點不詳。黑色頁岩質,共4方,每方高27厘米,寬48厘米,厚2厘米。楷書陰刻。現狀完好。現收藏於廈門市溪岸陳氏後人家中。

清·耿室王恭人于貞墓碑

旌表(篆書直行碑額)
皇清誥封恭人耿室王恭人于貞墓碑(楷書碑題)/

恭人王氏,父向欣,皖南人,以君功薦授副將,權廣東碣石遊擊。光緒辛卯,恭人□□□室,/時年甫及笄。事翁姑克意承志,能得堂上歡。性尤溫淑和易,婦女無論疏戚,皆樂近之。□宅心/慈愛,凡含生負氣之倫,雖蚊蟻不忍傷其生也。甲午倭釁起,予從軍臺□,患病縈篤。時恭人侍/其母在廈,聞之,寢食不安,亟欲飛渡來從。奈日氛□甚,臺事危險異常,其母堅不令去。恭人曰:/"吾夫臥病逆旅,誰為侍藥者?況翁姑年且老,顯揚之計,實賴吾夫,關係良非淺鮮,吾能代夫/死,幸也。豈懼險哉?"遂毅然渡臺料理湯藥,心殫力痡,卒賴以轉危為安。明年,臺事平,□防還廈。/蒙今提帥楊公札委管□磐石炮臺,遂僦居營側家焉。予素性偏狹,往往遇事拂逆,□憂形/於色。恭人素諳經□,□援古寬譬,心輒為開。

己亥冬,誕一子,未彌月而夭。恭人恐傷吾心,強/顏勸慰,而其心之□痛,實甚於予也。未幾,即患乳疽,雖調養旋瘥,血氣究已內耗,漸不可為矣。/夏至後一夕,兩手忽麻木,延醫診視,僉曰:"此由心血太虧,牽制肝風所致,非和緩之所能醫也。"恭人自知不起,握手悲泣,惟殷殷以孝親睦姻、修德行善為勸,並以吾素□樗蒲之癖,尤諄諄/戒阻,嗚咽不能成聲。竟於六月初二日丑刻即世,距其生於光緒元年四月二十六日子時,年/僅二十有六。嗚呼傷哉!彌留之際,心地清明,處置後事,井井有條。歿之日,凡在戚罔不□哭/失聲,即余之同袍諸友聞之,亦為下淚。

嗚呼!恭人可謂賢哉。惟念死者不可復生,而今而後,幽/閑貞靜之容不得復接諸目矣,殷勤勸慰之語不得復聆諸耳矣。感逝神傷,其何能已!今葬於/廈門港之東邊社高明宮後山,爰和淚濡墨,立石誌墓,以寄悲懷,以奠幽室。/

光緒二十六年六月,安徽壽州耿翰臣誌並書。

碑存廈門大學校園內凌雲路後山。花崗岩質，高165厘米，寬82厘米，厚15厘米。正面鐫刻碑題，背面即此墓誌。楷書陰刻。略有殘損，基本完好。

清·黃母陳太宜人墓誌銘

皇清誥封宜人七/十齡黃母慈儉/陳太宜人墓誌銘（篆書銘蓋）
皇清誥封宜人七十齡黃母慈儉陳太宜人墓誌銘（楷書銘題）/

　　黃子潮卿葬母有期，屬文銘幽。僕與黃子兩世交，知之/詳，弗敢辭。按太宜人陳氏，籍禾山坂上鄉長春公女，歸/爵業封翁，逮事尊嫜，以孝稱；性仁儉，門無閑言，下逮臧/獲，無過責；衣敝食蔬，不以富易素，天性然也。翁賈於呂/宋，教育諸子，太宜人任之，課學綦嚴，以是黃子學尤粹。/今上初年，河南旱，命子自玉以巨貲助賑，蒙/恩予建"樂善好施"坊。比年氛祲為災，禾山一隅多罹於/瘑，貧者無措。太宜人儲藥應求，或至令黃子為具醫藥，/戚□無告者，麋資分餉無少吝，義舉之役罔弗助。嗚呼！/巾幗中悉索猥吝，不可勝道，非有賢母，烏能深明大義/若此？素不持齋、不佞佛、不為陰陽祈禱，惟蒔名卉、養禽/魚以自怡適。蓋仁則壽、儉養德，宜其貽謀孔臧，匪獨天/齎善人已。子：長光天，早世；次自玉；次文檜；次必成，潮卿/是也，以庠生援例，加中書科中書；次金田。女一，適葉孚/光。孫十三；女孫八，嫁者三。曾孫二，曾孫女二。元孫二。以/道光十四年三月二十二日生，以光緒二十九年八月/二十日卒，以十月二十日葬本山後垠頂。

　　銘曰：/"潁水清流，蔚為吾宗。觩觩女師，閨教是崇。來嬪於黃，厥/惟嘉耦。既同鴻妻，亦稱萊婦。淒淒秋露，藹藹春暉。事亡/事存，不忒爾儀。相彼夫子，芳猷淵塞。嶷嶷諸郎，教兼丸/獲。哀鴻戢翼，涸鮒傷鱗。與當其庀，豈曰煦仁。佞佛祈福，/風靡波頽。惟彼碩人，厥心弗摧。葆真養穌，期頤可致。云/何一疾，溘焉永棄。鷺門秋色，嗚咽寒潮。金萱萎謝，瓊戶/蕭條。式是高阡，欽崇懿德。載勒貞珉，山川罔極。"/

　　賜進士出身、/誥授中議大夫、欽賞花翎、三品銜、四品卿銜、刑部陝/西司郎中、前駐扎小呂宋總領事、調任古巴總領事，世/愚侄陳綱頓首拜撰文；/
　　賜進士出身、/誥授奉政大夫、刑部主事，宗愚侄黃摶扶頓首拜篆蓋；/

賜進士出身、/誥授奉政大夫、翰林院編修、加四級,姻世愚侄葉大年/頓首拜書丹。/陳煥章鐫。

該墓誌銘石出土時間、地點不詳。黑色頁岩質,高35厘米,寬48厘米,厚2厘米。楷書陰刻。現狀完好。現藏於湖里區祥店社區黃氏故家。

清·陳有文墓誌銘

陳遊戎墓誌銘。

歲甲午,中日構釁,延及臺灣,當軸者割地與講。臺之志士髮衝眥裂,合詞電爭,不允,廷旨遂嚴飭內渡。臺舊為荷蘭所闢,土著絕尠,僑此者多泉、漳二郡人。維時倉皇轉徙,變生不測,士大夫流離瑣尾,冒際(按:當是"險"字)棄家。遊戎陳君顧念同里,義形於色,必思所以翼衛之,俾復邦族。君亦掛冠拂袖,載妻孥而去。用是,知君之不安於左衽,而其識力之果,足以及人也。

君諱有文,字啓順,又字英華,閩之同安人。世為馬巷官山巨族,十二傳有惟功(按:當是"公"字)者,始遷侖頭鄉。二十五傳至君考伯千,生四子,力田者三,而年皆不永。君最幼,獨輟耕而起,蓄所抱負,銳欲以商戰競全球,不屑屑壟畝間事。遂奉嚴令,從廈門賈人航海北上,歷遊煙臺、錦州數年,值髮、捻二匪交訌,君又奮然曰:"男兒身手,奈何鬱鬱居此,令班生笑人哉?"投效鮑帥霆軍,得六品秩,從征湖北各郡縣。事平,以把總儘先補用,賞戴藍翎。旋以親老乞歸,日與歐、美才藝之士廣求方伎。

嗣聞馬江創設船廠,君既應其募,旋又捨去,而香港、而上海,落落無所諧。繼至臺北,欣然曰:"吾得所矣。"迎親以養。仍操計然術,由是積纍巨萬。時凡官於臺者,遇有製造及采辦之舉,輒以委君。自沈文肅公、赫宮保暨丁、岑、劉、邵、沈、唐諸中丞,如築鐵路、鑿煤井、置電燈、建製造廠、創商務局、設自來水、開中西學堂、用挖泥機器通河道,悉君倡之。歲甲申,法人犯臺。君於臺北形勢,瞭若指掌,提帥孫公命為嚮導。敘功,得五品秩。大府委君綜筦全臺文報,例得優獎。以丁外艱,固辭不受。臺番叛,君以墨絰從孫、劉諸軍,進剿埤南大科坎各社,兼撫未叛諸番,以功擢千總。旋匯先後獎案,准免補千總,以守備儘先補用,並加都司銜,賞換花翎。未幾,臺番復叛,大軍四出,君總後路糧台,以轉輸功,洊升遊擊,又以丁內艱,不果仕。

甲午之役,君奉檄篊帶水軍,扼守滬尾,兼理籌防、保甲等局。割地後,軍民紛紛內渡,君當其衝,護送者日常千百,市廛間一塵不擾焉。日人耳君名,授以保良局總董。君乃盡棄臺產,扶二親柩以行。告父老曰:"非光復舊物,誓不重蒞茲土也。"歸至廈門,見內河劫盜充斥,慨然集資,購小輪舟,請於當道,令商民踵辦推行,各港往還者,莫不稱便。

先是,君自謂腦質甚鈍,以故不喜讀書,於古今中西諸籍,自視常如瞽者,因謂其所親曰:"予既瞽矣,然不忍予之子孫與予同里之親戚子弟,亦或如予之終於瞽也。"爰罄其所蓄,募諸同志,集成鉅資,始創英華書院,繼設同文書院,復偕林工部建東亞書院,期於廣育人才,然皆未竟其志,論者惜之。

君性豪爽,到處揮金結客,所識皆當世名流。里人有械鬥而釀命案者,君輒為償款以解紛。他如賑饑、恤嫠、修橋、清道、復創醫院及防疫會,樂善不倦。綜厥生平,幾合魯連、孟嘗為一人焉。至於內行之修,尤非常人所及。事母孝,母怒,則長跽不敢起。門以內,雍雍如也。嗚呼,此其可銘者已。

君生道光壬寅年三月一日,卒光緒甲辰年十月八日,春秋六十又三。配李氏,封淑人,側室李氏。子五:秉源;秉圭;秉鈞;秉棟;秉鐘。孫一。以乙巳年四月九日葬君於內官鄉東邊社,後其孤乞銘於予。

銘曰:"生不必識一丁字,亦不必挽兩石弓,為鷲夫長,為秀民宗,為新學倡,為故里雄!是殆有獨立之骨幹,而獨闢之明聰乎!大屯之山,鬱嵷嵷乎!關渡之水,靜溶溶乎! 敬告後賢:嗚呼,其視此雋老之元宮乎!"

施士洁撰。

錄自施士洁《後蘇龕合集·後蘇龕文稿》卷一

清·林維源壙誌

侍郎銜、太僕寺卿林公壙誌。

先考府君以乙未年臺灣割讓後,僑居廈門。越十年乙巳,前商部右丞王公清穆奉朝命核商政,道廈,夙稔府君材藎,請於貝子尚書,特疏保創辦銀行並總理商會,恩賞加侍郎銜。府君聞命感奮,與王公籌畫勞瘁,舊恙頓發,藥弗克瘳,竟以是年六月考終於鼓浪嶼第中正寢。男爾嘉等謹視含殮,終喪如禮。惟予小子無狀,不能秉筆記載,以傳我先考府君於萬一,謹就犖犖大者,粗述其概,藏之元宮,一俟知言君子文之,以志不朽焉。

府君姓林氏,諱維源,字友逢,號時甫。先世由漳州龍溪遷臺灣淡水之枋橋。府君逾冠,先王考光祿公國芳、先伯祖考光祿公國華相繼棄養,府君與先世父巽甫公負荷先業。自先世父故,先叔父敦甫公亦中道殂,府君獨肩巨責。設育嬰,葺廢墳,平陂路,復創養濟院以恤窮黎,修《淡水志》以存文獻,闢大觀社以惠士林。大甲溪歲溺,人稱奇險,府君與諸當道造浮橋,民獲安渡。臺灣撫墾內山時,府君方以內閣侍讀學士在都供職,奉旨幫辦臺灣撫墾事務。凡築鐵道,開煤礦,建行省垣之役,賑順、直、晉、豫之荒,心力交瘁。

在臺十餘年,帝心簡在,歷遷太常少卿、通政副使、太僕正卿。甲午,中日事起,命授督辦全臺團防大臣。自募兩營,扼險固守。未幾和議,遵旨內渡。遂壹意籲請開缺,養疴廈門之鼓浪嶼。閩省疊遭水患,運金穀以賑之。晉江、南安、惠安、廈門,古塚暴露,無不葺而完之。南靖蛟水沒堞,災民無數,倡鉅款,築故堤以安全之。庚子拳匪之變,府君急欲奔赴行在,終以在臺時感瘴致疾,弗克就道,痛憤填膺,疾亦增劇。自乙巳拜侍郎之命,爾嘉等私幸國恩家慶,愛日方長。乃以垂老之年,蒿目時艱,宿疾因之不起,嗚呼哀哉!

府君生道光戊戌三月二十有一日子時,卒光緒乙巳六月十有六日卯時,春秋六十有八。越二年丁未,卜葬於漳州龍溪白石堡丁厝山之麓,穴坐壬向丙兼子午,分金癸巳、癸亥。小子爾嘉,援誌壙之典,並刊列系屬,用示來者。府君配陳氏,誥封一品夫人,江南福山鎮總兵官剛勇公勝元第三女,先府君卒。妾九人。男五人:懷訓,蚤殤;爾嘉,花翎三品銜,候補五品京堂;爾準;爾弗;爾茂。孫七人:景仁;剛義;鼎禮;崇智;履信;克恭;志寬。女一人,適南平縣學訓導陳釗。孫女四人。

施士洁撰。

錄自施士洁《後蘇龕合集·代叔臧京堂作》

清·呂緯堂墓誌銘

緯堂呂公墓誌銘（楷書誌蓋）
□□授武顯□□□□□□□□呂公墓誌銘（楷書銘題）/

□□□□字□□□□□□□□□□□□從其先大父及□/□□□□眷來□□□□□□□□□□□□□夫人□□□□□/□□□□□□□善操西語，□稅務司所愛重，勸其相□□□□/□□言文字□□□□皆通。旋□時，適因洋務初興，閩人通□□□/□□□行伍於同安□□□□水師提標前營管帶，炮船□□□□/營外委管帶□勝□□□□船多英國所製，我國初整渤海軍，□□/□勝其任也，是為公發軔之始。□□□□歷任各大憲拔補，奏保□/□人，轉而授廣東赤溪協副將，以總兵記名簡放，□賞戴花翎，/中間歷蒙派委管帶靖海、常勝、福星、安瀾、濟安、伏波各兵船，後又□/領全粵水師內外海各兵艦。陸則剿平番社，水則查探洋情，辦理海/軍，督造戰艦，在事出力，書不勝書，屢為沈、左、楊、李諸公所器重。□□/生平、功業、官階，卓卓播於中外，余不復贅述。獨怪其數奇不偶，仕途/崎嶇，有材不得竟其用，不知者遂妄相指拙，是不可不為表白也。故/他人作銘多敘功，余為公作銘獨議過，觀過知仁，余不肯為公諱矣。/

考公之被劾有三：一為同治十三年，巡洋遭風；一為光緒十年，法逆/犯順；一為二十一年，威防失守。而二者之中，尤以馬江一役為公最/不白之冤。公為人拙戇剛直，以不能賄權貴，被中炮先退之誣。楊、左/兩公知其冤，□奏留效力而不得例，遣北行軍台。卒之陷公者，□及/己身，相逢遣所而羞悔，公亦不念有□，待如常時，晏如也。嗣以期滿，/繳清台費。十八年，晉京呈繳捐復銀兩，引見給憑，丁憂，回鄉。□十一/年，公出而再委帶北洋鎮北炮船。適中日失和，以海軍提督□/□□□予□□。二十二年，隨傅相李出使各國，遇事多所贊翼，回京派/□呈貢禮□□□□□懿旨，賞給袍料一付，並註銷暫革字。□數□/本，坎坷顛連，□□□□□□□公則年□□□。二十五年，□□□/為行□□□□公洋務精通，冀可立功海國。無何，聯軍入京，□□□/奉全□議□□命，公因委充統領，不獲隨之入都。自知此後無能□之。之人且因艱險四達，灰心作歸來計矣。嗚呼,汾陽失機,見救於□舒翰;武穆紀□,稱奇於宗留守。李傅相知人善任,即公之舒翰宗□也。事相類而末□不同者,何也?則以後無知公之人,故有才不□,□/其用公,謂公數奇不偶,不其然乎?公以三十四年正月初二□□□/疾卒於家,享年七十。夫人陳氏,先公卒。有子五,長調榮,先公卒,□□氏;次調鏞,以補用縣在粵當差,聞病馳歸,親視含殮,娶林氏;三□□,/娶周氏,續娶葉氏;四盛安,娶莊氏,副將鎮藩公女也;五盛來,幼,未娶。/女一,適黃氏。孫八人:曰寶,曰忠,榮出也;曰煌,曰本,曰魁,曰□,□□□/曰陶,福出也;曰泉,安出,幼,俱未娶。榮又出女孫一,字方姓;鏞出□□/一,未字。

以本年十月二十八日,歸葬於同安南城外之坑樸本□□/名□墓,坐申□□□卯酉,分金辛卯、辛酉。皆次男鏞為之□□□□/有乎,方興未艾。□□曰:"嗟乎緯堂!質直性剛。其□乃享,其短乃長。惟其過不可掩,斯靡□□/弗彰。還源□□,歸乎故鄉。既安且固,後嗣其昌。"

賜進士出身、/欽加二品銜、賞戴□□□□廣東全省勸業□□□□陳學聖/撰文並書丹。

墓原在同安區大同街道坑樸村,近因建設遷移。墓碑楷書陰刻"皇清誥授振威將軍顯考緯堂呂府君塋/光緒戊申年陽春"。該墓誌銘係磚質墨書,高、寬均為42厘米,厚4厘米。因露置時間過長,墨蹟已漫漶。近年呂昭炎先生等呂氏後嗣將此墓誌銘捐贈給廈門市博物館。

民國·盧國樑墓誌銘

皇清誥授通議大夫、賞戴花翎盧公墓誌銘(楷書銘題)/

通議大夫盧君國樑樹都,余東君也。余年五十有/五,恭居西席,而盧君長余一歲,見雖恨晚,而心實相知。/晦明風雨,時常坐論。嘗於涼亭夜月,對酌抒懷。盧君/感慨□曰:"幼而失怙,事父未能。長而遠遊,母喪再赴。/生無以為養,祭雖椎牛何益?誠畢生憾事也。若論交友/誠,接人禮,睦宗黨、洽親戚、恤貧困、行善舉,隨力所□/□,非曰能之,願學焉。憶昔岷江營業,米價飛騰,儲積/十余萬米,乘時得利,可獲四五萬金。友人夥□咸為/余勸,余曰:'噫嘻!年凶人困,若利於己,其奈□綺之啼/兒何?兒孫自有福也,區區阿堵物何為哉?遂持平糶/糴,價遂降。當時雖不驟富,而今亦如是。'僉曰:'此則君/之實心行善。而陰德在,足矣。'夫宋公活蟻,登巍科,享/榮名。今君活人,其獲此厚福,非幸也,宜也!盧君逌□/□曰:'偶爾閒談,何堪溢美。'"時漏將盡矣,更舉□□,各/退寢所。厥後者其行事,無不與□言相符□□□□/士人猶以不市利為莫議。余又見其父母□□,慨悼/泣涕,食不下咽,□□自賣田業,□□作交輪流,誠孝/友之可□,其過於世之富□□,□不顯親□□矣。

　　□□/□四年,盧君□□□日,□□□□□□其子□誌銘(第一方)/囑余。余曰:"疏才淺學,真何能文?□義不容辭。"因還其事以誌之:盧君也,居同安古莊,來宅廈□,父□盧公誥□通議大夫,母周氏,繼母紀氏,誥封淑人。□君錫/恩,公之第四子,而紀淑人所生也。元配蘇淑人,□公/之長女,又娶於岷,曰甲實己,早卒。側室□□。□□□,/女一,誼女一。男孫四,女孫三。長曰文雅,次曰文那,三/曰文彪,六曰文彬,誼女曰碧霞,皆蘇淑人所生,□養。/四曰文源,五曰文永,皆寧氏所生,女曰紅霞,甲實己/所出。文雅娶詹氏、李氏,文那俱早卒。詹氏生家□,李/氏生家讓,文那生女查冷麟爾。又娶李氏、王氏,側室/阿梅、韭菜。文彩娶蔡氏,生家春,女家雪,側室黃氏、陳/氏。文彪娶蔣氏,生家傳。文永娶葉氏。文源、文彬均未/娶。紅霞適黃君燕,生碧霞,適曾君聰明。從茲繼繼繩/繩,正未艾也。

　　盧君生於咸豐癸丑年十二月廿一日/亥時,卒於宣統辛亥年十二月十三日亥時,葬於禾/山莊厝山之麓。穴坐巽向乾兼巳亥,分金用縫針。時/民國二年三月廿二號,即舊曆癸丑年二月十五日/□□□□。爰為銘曰:/"□□雲岩聳秀,日觀高擎。山川鍾毓,為君佳城。"

　　通家弟、增貢生翁炳文拜撰並書。(第二方)

　　該墓誌銘藏於廈門市廈港盧厝人家。磚質墨書,共2方,高、寬均為46.5厘米,厚4厘米。今字跡多已漫漶。

民國·柯母李孺人墓誌銘

　　孺人李氏，小字蓮娘，予友柯君敬堂之元室也。昔予主廈門商政，始晤敬堂，識為商界之傑；而其人善交久敬，有長者風。往還既稔，因悉其服賈之相與以有成者，蓋得之内相之力為多。歲甲寅十有二月，敬堂以悼亡來訃。予撫今追昔，不禁同病相憐，為之悒悒者久之。越歲二月卜葬，敬堂具狀，乞誌且銘之焉。

　　古之稱賢媛者，無若孟德曜、桓少君。孟之裙布衩荊與桓之挽車汲甕，若孺人者，庶幾其近之矣。先是，敬堂遠賈越南，孺人亦世僑於越，年十九來歸。敬堂先後生子男女各四，而各殤其二。自越旋廈，七年而卒。綜厥生平，儉勤而寬惠，六姻三鄰無間言。向使天假之年，其大有裨於敬堂者，正復何限，而竟止於是耶？然使閨幃以内，苟一二事足與孟、桓並稱，雖沒，猶不沒也。予以是為敬堂悲，而有為敬堂幸也。

　　孺人生於辛巳年九月二十二日，卒於甲寅年十二月十六日，年三十有四。子男二，曰基，曰添；女二，未字。以乙卯年十二月十三日，葬於思明之半山塘。

　　予為之誌，而銘之曰："希孟企桓，隴西賢媛，今之所難！我銘幽石，諒哉壺德，昭示無極。"

錄自施士洁《後蘇龕合集·後蘇龕文稿》卷一

民國·劉福園墓誌銘

　　劉府福園君諱鴻聯，字弼甫，祖籍福州府閩清縣，世居於廈門甕王，庚戌卜宅於聯溪保，得病而去。劉君係漢廷公之次子，而公乃森臨公之三子也。祖母陳氏、白氏，母曾宜人，父為前清誥授武德騎尉，好行善事，與僕為十五年前之忘年交。嗣後，劉君來入吉祥社，論父執則為世誼侄，論社會則謂社老棣。

　　聞君幼年，兄弟九人，椿萱並茂，可謂天倫之至樂，唯家計稍形困頓。十六歲，承其表親車通源君介紹，在宜隆參鋪習業，事無大小悉盡心力，東君當事咸器重之。當事揬君即君宗親，更加垂青。十八歲秋八月，復得揬君推愛，囑君之兄共理宜隆生意。兄弟所得辛俸，自比前較厚，家計由是漸昌。越年初夏，香江宜德棧乏人掌理，揬君再薦為該棧執事。纔數月，廈日本教堂突有放火自焚之變，風聲四播，居民逃避者眾。時令先君任廈團練官，巡防地方。事恐不測，即將家屬遷於禾山。君在香，突聞警耗，心切父母兄弟之憂，不俟駕而行。迨歸里，風波已息，市上貿易如常，而君父母亦遷回，相見欣然。因念一水遙隔，禍變無常，遠不可及，遂棄香仍就廈宜隆理事。時長兄尚未娶，而家有餘蓄，即請於父母，壬寅歲先為長兄完婚。越年癸卯，君乃定盟於辛家，不幸辛女未婚竟先故。甲辰，續娶李氏，先迎歸辛女神主及隨膡者，此亦君不忘初盟之妻也。丙午冬，宜隆罷業。丁未春，乃與長兄開張宜豐參鋪。幸賴諸弟輩叶力經營，是以生意日隆，諸弟輩亦循序而婚娶，未始非君一臂之力有以致之。

念君之為人，賦性純孝，恭兄友弟，謙讓下人，舉凡親朋戚屬，以及交關諸人，莫不親相敬愛。是故無多之本金，發達之速勝於千百萬之經營。己酉，令先君仙逝，而君兄弟親視收殮，臨喪盡哀，克盡孝道，時君歲二十有九矣。

竊幸慈親晚年猶健，兄弟五六成行，定省無虧，歲歲高堂祝壽，承歡有年。罔料綠葉先雕，本歲季夏一疾，未經半月，竟於六月廿六日子時作古。考其年庚，係生於光緒辛巳年九月十一日丑時降生，得壽三十有五。聞之者莫不慨然為唏噓，而歎斯人而有斯疾，曰："亡矣，不幾使人腸斷乎！"唯君之膝下三男一女，長男曰堪日，年已十二；次男曰堪慰，年纔三歲；而堪興與女尚在繈褓之中。

嗚呼！如劉君者，誠謂漢廷公之福兒，奈何財、子、壽不能全也。噫，可慨歟！今也其兄鴻濱請銘於僕，僕愧不文，而迫於世交、社誼，不得不略敘其事，而為之敬撰數語以銘之，曰："孝而友，恭而儉。富好禮，貧無賤。與事信，勤不厭。誠樸厚，不逐豔。平生志，屏邪念。良堪法，愧不贍。"

錄自民國四年刊印《鷺江劉氏家譜》

民國・新垵邱得魏墓誌銘

公諱得魏，字兆祥，閩之／海澄人。幼失學，壯丁遁／遭，遂浮海於南洋群島，／殖民地足跡幾遍。慨然／有長風萬里之志，繼至／法越南，駐於宅郡謀生／活焉。初以勤力自給，篤／誠廉儉，為行主人所器／重，舉所有商業悉委任。公於是展其長才,經營/擘畫,蔚然為越中有數/巨業,而聲譽日隆矣。以/資望之重,被推為宅郡/州會議員,興革損益,多/所建白。中外稱之,謂非/僑界中之傑出哉!

公卒/於越,時中華民國三年/二月念八日,距生於前/清道光庚戌年十一月/十九日,享壽六十有八/齡。公在唐娶氏柯,主持/家政,教督兒曹;在越娶/氏陳,贊襄商務兼綜簿/書,皆能匡公所未逮。自/古匹夫之興,端資內相,/良有以也。膝下子八,女/一適馬姓。孫滿眼匍匐,/扶柩歸梓,奄岑卜築於/文圃山前之楊厝山,坐/坤向艮兼申寅,分金辛/未、辛丑。

綜厥生平,述其/崖略,以證海內外之知/公者,並為銘曰:"覽伏波之遺墟兮,悲傷/薏苡。踵陶朱之高蹤兮,/獨不能庇其仲子。公不/以兵戰於場,獨能以商/戰於市。免憂讒之畏譏,/能成名於三徙。今則身/騎箕尾兮,而魂魄仍歸/桑梓。古之大隱在市兮,/嗚呼觀止!"/

宗愚弟緝臣、錫熙拜上。/民國五年夏月。

此墓誌銘嵌砌在海滄區新垵村邱得魏墓的墓臺前。輝綠岩質,高 56 厘米,寬 250 厘米。楷書陰刻。現狀完好。

民國·黃仲訓母鄭太夫人墓誌銘

清一品夫人/黃母鄭太夫/人墓誌銘(篆書銘蓋)
宗侍生黃培松篆蓋。
清一品夫人黃母鄭太夫人墓誌銘(楷書銘題)/

太夫人姓鄭氏,父諱清漢,為鷺江名醫。/年十七,歸同里文藻社黃秀榮封翁。家/故貧,少遊越南。歸娶,不期月,即復去。太/夫人持家十餘年,朝夕劬事,措置井井。/年三十二,封翁絜之南。於時,封翁居越/寖久,名重越中,大為西人推服,樂與共/事。封翁則觀時變、計贏朒,躃財役物,逐/什一於外;太夫人為之時起居,籩針滕/樽節於內。歷十六年之久,纍貲數十萬,/今且至數百萬而未有已焉。蓋越中有/地,曰"厚芳蘭"者,縱橫十餘萬尺,久荒不/治,莫之顧也。封翁往來相度,知為後日/商賈扼要之區,意欲得之。太夫人亦以/為治生之道既饒爭時，人棄我取，大利必歸，亟勸成之。於是薙蓬刈藋，乃疆乃理，久之，而氣象一變，車闐馬驟，鐵軌四通，頓為絕大商場，地價比之於昔，或相倍蓰，或相什百。經營未能十之一二，歲率所息不下十餘萬。為之於二十年之前，收效於二十年之後。拓此百世不敝之業，何其識之遠也。

封翁中年後，慕晉邑謠俗，自鷺江遷於城之文山境，光緒辛丑歿於越。太夫人扶櫬南旋，扃戶課子婦，動作有法，內外肅穆，自奉不逾中人，終歲無豪奢之舉，過其門者，不知其富甲南中也。愛子有方，能見其大。以根本在越，難於付託，任其中男仲讚往治之。歸有期，則使其長男仲訓代之。彼往此來，不稍寬假。蓋知前人創業之艱難，懼後人守成之不易，不欲其坐而待收。飲食衣服，恣所美好也。古人有言，曰："本富為上，末富為下。"又曰："善者因之，其次利道之。"若太夫人之動與時會，自然而然，殆所謂因者歟？得地之利，用之不竭，殆所謂本富者歟？而持之有道，濟之以人，守而勿失，其福量之宏遠，烏能測其所至也哉！民國四年乙卯四月二十日，歿於鷺江之鼓浪嶼。距生咸豐五年乙卯十月初二日，春秋六十有一。以封翁前得一品封典，誥封一品夫人。子四：伯圖，出嗣其伯父文炳，娶陳氏，生子二，曰慶初，曰慶祥；仲訓，獎四等嘉禾勳章、前邑庠生、候選訓導，娶莊氏，繼娶王；仲讚，獎五等嘉禾勳章、前花翎道銜，娶傅氏；仲評，娶王氏。女二：長適王；次未字。孫十二人，自仲訓出者：慶楠，慶榕，慶桐，慶楣；自仲讚出者：慶杉，慶樅，慶楓，慶林，慶椒，慶枚，慶杭；自仲評出者：慶榆。女孫十一人。

太夫人歿之明年十月，子仲訓等自鷺江扶喪歸泉，將以六年丁巳正月八日葬於西關外南安石坑之麓，與封翁之兆相去二百武。穴坐申向寅兼坤艮。

仲訓與增夙好，居廬相接，屬以銘，不敢辭。銘之曰："吾鄉瀕海，航路四通。僑海外者，多以財雄。疇破天荒，別具卓識。聿來胥宇，拓地萬尺。萬尺之地，寸土寸金。勖哉夫子，黽勉同心。治產居陶，有古先哲。爰始爰謀，若合符節。契龜築室，有人有天。其量百世，永錫後賢。"

世愚侄吳增撰文，宗侍生黃搏扶書丹。泉城石室居吳釗刊。

根據白樺先生 2006 年 11 月底到越南旅遊時，從黃仲訓原管家的後人處徵集而來的墓誌銘拓片照片抄錄。

民國·林彭壽墓誌銘

歲丙辰四月，兵爪林子以書來，訃於不佞曰："吾兄逝矣，禮宜銘，子其志之！"

不佞按狀：君諱爾述，字彭壽，號少敦，又曰萍叟，小潭運使之文孫，敦甫觀察之塚子也。華臚□閥，覃訐載路。駒齒未落，智百於常童；龍□獨扛，志一於雄伯。論者謂："定陵鼎族，偉節最□；高陽德里，元方實難，方之義禮之房，青紫□穆焉。"

君方佩觽韘，即廢蓼莪。三失則皋魚欲枯，風吹即倒；一縣以顏烏為號，土負成墳。無改父道，可為家督，迄今稱文強者，猶傳扇枕；泳廣微者，必補循陔。烏虖孝矣！君以姜肱大被之風，為竇群聯珠之集。魯恭字小，先令就名；王微耽書，必與共課。木多交讓，火亦同功。花有萼以相輝，荊無枯而不活。會張寬之食，和氣既盎於一堂；過薛包之門，義聲亦感於行路。烏虖弟矣！

君先世自漳州龍溪卜居臺灣。洎乙未割臺，遷於廈門之鼓浪嶼。其時人民城郭，鶴不歸遼；雲樹江天，鵑猶思蜀。君未弱冠，仲父時甫侍郎才之，特命渡臺，權笲家政。層波昏黑，急劫倉黃。駞麋竺之千僮，連鄉軌里；綜韋宙之萬頃，握竿持籌。君力於是殫矣，君體亦於是瘁矣。

歲乙巳，君之從兄叔臧侍郎總理廈門商務，偕君入都，君由司馬援例至觀察，旋加二品銜，賞戴花翎，分發浙省。時振貝子為商部尚書，以丞參許之。君抱唐衢厭世之想，蹈鄭均辭祿之節。東遊日本，歷諸名勝。伊藤公爵見而慕之，溫子升文字，吐穀購以千緡；蕭穎士才名，新羅望而再拜。返東島之仙棹，臥北山之草堂。經卷藥爐，半人一席；牙籤緗帙，諸侯百城。犯六藝三官，四部七略，金匱青囊之訣，黃支烏弋之圖，農正九扈之書，降朱五牸之術，罔弗恣奇獲，吸古腴。冥搜則腸肺欲流，詣微則雷霆不入。間以餘事，托為小吟。抉少陵之藩，闖淵明之坐，輒驚長老，足壓時流。

君家本素封，人稱俠少，宛孔氏以厚交著，壽庚侯以博施名。白骨青磷，軫若敖之鬼；練裙葛帔，收彥升之兒。以逮荒歲指困，窮檐焚券，冷竈待以舉火，涸轍因之得泉。三郳譓之，四鄰誦之。烏虖！借乘今亡，叩門弗與；如斯不吝，更屬難能。

辛亥鼎革之秋，君北望涕零，浸以以成痎。桑田滄海，詩中聞變徵之音；魏闕江湖,局外茹沸腔之血。凋梟不堪回首,梟離足以戕身。蓋至是而二豎交橫,百憂莫釋。李賀驂虬之日,病在嘔心;賈誼賦鵩之年,終於痛哭。吁其歇已!以丙辰年四月四日卒於臺灣里第,距生之初,實癸未年六月二十日,春秋三十有四。配張夫人,以澤李岡盧,為鍾禮郝法,如賓之敬,末世所希。君饒於貲,卒無婢妾之侍,周妻何肉,淨此六塵;猞鳥蠻花,付之一笑。君其有道者歟?子二:長曰忠,幼讀書;次曰聰,蚤殤。女綠薏,未字。

烏虖!食子收子,信明德有達人;祝予喪予,愴失聲於吾鄘。其友施士洁謹為銘而納諸墓。銘曰:"富而不俗天所痌,矧癖書淫劬於儒,杞憂萬古叢其軀。咄哉才奇行則庸,門內蔚然詩禮宗,中壽雖嗇澤必鍾。我聲銘詩泐貞石,怪蠚妖媚不敢觸,上訊三辰下無極。"

錄自施士洁《後蘇龕合集·後蘇龕文稿補編》,原題《萍叟林先生墓誌銘》

民國·陳炳猷墓表

君諱炳猷,字伯子,號有為,本都之侯堂人。生而穎異,誦讀勝常兒。長適越南,操商業,算無遺策,越人推巨擘焉。性孝友,事父母能先意承志。弟先君卒,撫其遺孤,教之婚之,如己出。又好施與。南靖水患,漂沒人民、牲畜無數,由安南運粟放賑,全活甚眾。鄉里窮乏,無論識與不識,向君貸資,未嘗無以應也。以丁巳十一月卒,年六十有二,孫曾繞膝。嗚呼!天之報施善人,蓋不爽矣。

此墓表現存於海滄區蓮塘別墅祖廳。輝綠岩質,高約50厘米,寬120厘米。楷書陰刻。現狀完好。

民國·陳茉莉墓誌銘

夫人姓陳氏,名茉莉,謚慈勤,福建同安縣安仁里浦邊鄉陳煌公女也。生有福相,性慈愛柔順。年十八,歸同里黃莊鄉杜子山先生,即中外所稱杜善人者是也。子山先生十六歲失怙，與幼弟泥公事太夫人連氏，深以家貧無可為養，屢欲渡洋營利而不果。自夫人來歸，代盡子職有人，遂慨然遊緬甸，操計然術，內顧無憂，基業日隆。常曰："錢財係身外之物，生不帶來，死不帶去，吾亦行吾善事耳，亦何必為兒孫作馬牛哉！"夫人深以為然。故雖家稱巨富而荊釵布裙，儉樸自持，與常人婦無異。是以子山先生將經營所得之財若救災、若賑饑，以及修橋築路、造士興學，舉凡公益事業，或二三萬金，或數千金，或數百金，不少吝惜。自三十歲以至七十歲四十年中，統計用作善舉者三十餘萬金，中外人至今嘖嘖稱頌，實賴夫人內助之力居多。

夫末世人心不古，道德日漓。殷實之家，其婦人女子常以奢侈逸樂為事，往往丈夫欲行施捨善事，多方阻撓制肘，亦誰能深明大義，慈惠贊成，為人群造幸福哉！惟夫人好善性成，與子山先生志同意合，不必習禮明詩，自然樂與為善，俾子山先生得行素志。是蓋鍾乾坤正氣，天然嘉耦，相得益彰。有夫人而子山先生之德於是立，名於是成。以視夫庸庸者之主持家政，勤儉成家，便號稱賢內助者，蓋夐乎遠矣。夫人因子山先生以玉佛晉奉清慈禧太后，並得敕授二品封典。光緒二十年五月，李傅相以子山先生賑災案奏給"樂善好施"，華夷煌煌，頌杜善人者，並稱賢夫人焉。

長子名月，早逝；次子前同安農會總理、例貢生，名繩智，最賢，現更顯達；三子名象。女一，配同里登瀛鄉職員陳雲從。孫國重、品盛、品爵、品章，均已授室；清貨、品安、品順、清彩、清龍，幼讀。曾孫金華、金鐘。夫人於民國六年十二月初八日亥時壽終正寢，享壽六十有六齡。今歲四月，繩智由緬甸回籍，將以九月三十日吉時率弟侄、子孫等扶夫人靈柩卜葬於安仁里林□鄉之原。穴坐巳向亥兼巽乾，分金丁巳、丁亥。

余曾為子山先生誌墓，茲又承繩智交來夫人行狀，謹按狀以誌不忘，並為之銘曰："（次子名大頭，早逝，父誌已明。繩智乃三子；象乃四子）從來婦女，地道無成。持家教子，以夫為名。懿矣夫人，慈愛天生。相夫行善，更表丹誠。濟人利物，願大力宏。陰合陽德，月並日明。斯稱坤德，是享恩榮。克昌厥後，視此銘旌。"

前永春縣審檢所幫審員、現思明地方審判廳律師陳清渠拜撰並書。奎文齋刻。

該墓誌銘2002年出土於同安區某山。大理石質，共2方，高、寬均為32厘米，厚2厘米。楷書陰刻。現狀完好。現藏於廈門華僑博物院。

民國·廈門翔安沈井買地券

　　立陰陽契人武夷王有地基一所,坐落福建泉郡同邑/馬巷轄仝禾里六都沈井保沈井鄉六路里居住。/奉道設醮奠安,祖宇植福。董事陳振、陳笑、陳草、陳墩/暨合房等祖先起蓋祖宇一座:東至青龍山守/木,南至朱雀山壁火,西至白虎山衛金,北至玄/武怯水,上至蒼天,下至黃泉,六至明白。/

　　昔日祖先備辦黃金壹百貳拾錠,托中恭請/武夷王尊前明買地基一所,即日仝中收訖,/地基即付祖先起蓋祖宇一座,坐壬/向丙兼亥巳分金。落成告竣,/進入祖先祿位。千秋蔭佑子孫,/奕世/永為祠宇,萬年不朽。惟子孫富貴,科/甲聯登。其地基係是武夷王/掌管,與他神無干。恐口無憑,/因辛酉年十一月廿五日修設醮禮,/安謝土府,當壇立磚契二板/為記,埋在土府座下為照。

　　陰陽人武夷王,作中人土地公,代書人張堅固,知見人李定度。

　　民國十年歲次辛酉葭月。

　　此買地券出土於翔安區沈井社區某大厝廳堂。共兩方,磚質墨書,其蓋書:"白鶴下時飛上天"(上);"黃鯉脫了入深泉"(下);"福地安居大富貴"(右);"兒孫金榜世代傳"(左)。中為"科甲聯登"及一花押的符號。買地券正文由外及內作螺旋形環讀。

民國·吳天樸墓誌銘

　　清封中憲大夫天樸吳先生墓誌銘(篆書銘蓋)
　　清封中憲大夫天樸吳先生墓誌銘(楷書銘題)/

　　自環球交通以來,營業競爭,商戰劇烈,非量物/而度時,不足以濟盈虛、酌損益也;非搏取而約/用,不足以試錯節、歷盤根也。華人商學無專家,/祇此邁往之力,冒萬險而輕一擲,幸而得之,則曰"命也"。不幸而失,並其舊得者不能保存,遂一蹶而不可復振。比年,南洋數見不鮮於此,益歎服樸齋先生之老成持重,為不可及也。

先生姓吳氏,諱世清,字文魷,別號樸齋。世居晉江之坑東鄉。父修閭公舉丈夫子三,先生序長。三歲失恃,體羸弱而雙眸炯炯有光,幼聰慧耆學,輟於家計。稍長務農,耐勞苦。弱冠後,厥考自菲島歸,為授室,倡隨間尤得繼母歡心。門以內,雍穆無閑言。既而,隨父渡菲,初試商業,有大志。父耄年有病,代勞服賈,請之歸。遂遊資於宿霧之埠,積銖纍寸,無速效,無近功,上者因之,次者利導之,業日以宏。其夙習史遷殖貨之書邪?抑所謂老成持重者,非邪?性儉樸,衣服悉寡約,見之者不知其鉅賈大賈也。至仗義而行,則風馳電掣,他人所逡巡而卻顧者,己則毅然任之。

當菲島革命時,宿霧當其衝,市廛灰燼,華僑飄零,獨遺此困厄無俚者,無所依倚。先生掃榻以容眾,設粥以賑饑,並使忘其在干戈危險中也。暨事定而田野荒蕪,粒食惟艱,則又飛舸挽粟,發平糴以安民心。惜吾鄉去歲被難之區,將填溝壑,無若先生其人者出而宏濟斯民,有心人抱痛為何如耶!

先生有德於宿霧,菲美人士居是邦者,迄今稱道弗衰,有事則尊為祭酒,咨而後行。訃至之日,華圈唁奠,絡繹於途,豈偶然哉?此蓋先生之犖犖大者,素重然諾,興學賑災,輸鉅資而不稍靳。前清時,獎至道銜。民國以來,擔任公債尤巨。北省旱災,輸將恐後。居鄉則扶危濟困,里鄰胥和;治家嚴而有恩,兒曹偶過,撲作教刑,用是家聲踵起。客秋養痾鷺嶼,春間歸來,竟以民國十年古曆六月廿六日考終里第,享壽六十有六。德配李恭人。生男三:長章蔚;次章為,長於才,尤善承父志,宿霧中推巨擘;次章安,留學香江。女二:長適南潯施能祀;次幼殤。孫男三:華輝、華明,章蔚出;華瑟,章為出。孫女四。將以是年十一月十三日卜葬於本地之鳳髻山,穴負艮揖坤兼丑未。

遠日有期,其孤奉狀丐銘,禮也。銘曰:"海有時而成田,陸有時而為淵。矧蒼狗白雲之變幻,烏可以常理測昊天?獨此忠信篤敬之舊說,可以行蠻貊之市廛。更身後而名傳,鳳崗之阡,□蓋在前。子子孫孫,勿替以永年。"

晉江施之東撰文;晉江蔡壽星篆蓋;晉江黃鶴書丹。

該墓誌銘具體出土時間、地點未詳。輝綠岩質,共四方。隸書陰刻。現狀完好。現為民間收藏,今據白樺先生提供的照片抄錄。

民國·陳允濟墓誌銘

陳公允濟,字少圭,舊東浦人也。其先代科第不/絕:高伯祖陳其春、高祖其夏、曾祖永禧、曾叔祖/奠康,皆前清武舉人;父履亨,同安縣邑庠生,望/族也。公之先,家少有,至公父而中落,又□□數/月,遽歸道山。時公七齡耳。賴太孺人□□□□/以長,力耕供母,定省無曠。既而□□□□□/載,還奔母喪。潦倒十年,始得志。□□□□□/者量多寬。公以窮苦致富,其□□□/□□□/落,常以少孤不得繼書香為□□□□□/殷勤。內以私塾培養其子孫,外以□□□□其/族眾。至其為人排難解紛,嘗一朝揮數百金而/弗吝,則其重義輕財,豈庸俗人所能比哉!若□/貽謀深遠,移居山頂頭,開聯裕典鋪,□□□□/船,財雄一方而天不假年,惜哉!

公卒於民國十/年八月初九日,壽六十有七。元配洪氏,□娶林氏、□氏/□□兒五:長劍深,故;次劍□,□□□□□;/五劍輝,不詳所出,勵同氣也。孫六人:徹、拃、沛、仰、箭,/劍深出;智,劍博出。女二:長適晉江張氏;次幼,未/字。孫女四。以壬戌年三月十八日葬於本社北/之公子泉,坐甲向庚兼寅申,而元配洪氏祔於/右。父母合塋,是亦行古之道也。

銘曰:"無憑而起,邁跡自身。卅年鍛羽,一日□/鱗。貧能奮志,富善施仁。□□□□,□/息便人。詩書嗜舊,學校□□。□移□/里,為近宗親。爰居爰處,美奐美輪。□/商斯啓,帆業維均。鄉鄰有□,彌補□/銀。共希蔭槭,曷減壽椿。髮妻同□,□/義是遵。山鍾靈秀,水會精神。配公□/勻,從今以往,孫子振振。"

民國拾壹年歲次壬戌桐月十八日。

前清翰林編修、現任廈門道尹,宗愚弟培錕撰並書。

該墓誌銘2007年3月出土於翔安區某山。磚質墨書,高35厘米,寬35厘米,厚2.5米。楷體。部分字跡已漫漶,其餘尚好。現為民間收藏。

民國 • 陳母張太君墓誌銘

陳母張太君墓誌銘(楷書銘題)/

壽母張氏，適陳，居閩南同安裔魏鄉。天性慈祥，持身恭儉，頻年勤苦，凡百迍邅，困而後亨，克見令子喜亭君之成立，安處新宅，督課肅然，迎養島居，不改此度。而喜亭君者，少本習儒，學識宏通。壯歲渡南，起家商業，對於宗邦閭里公益事，靡不盡力，於是名聞遐邇。京政府頒給五等嘉禾章，黎大總統手書"宣勤海外"匾額，"圭璋文武世，襃博魯鄒王"楹聯遙為增與，人以為榮。君乃謙退益甚，恂謹廉樸，外貌藹然，是其得力於母教者深也。

母有厚福，受君色養歷數十年，子不知耄。常航行往返南洋鄉國間，子孫追隨，視萬里途若履庭戶。近以朝市更革，鄉土多氛，隨安居於僑第。頻歲桂秋六日，恒設祝嘏盛筵，子孫拜舞乎堂前，賓朋進頌於螢幕，壽母顧而樂之。來賓林推遷君嘗舉觴語同座林秉祥君諸人曰："吾輩獨無九旬壽母可以稱慶，此際不得不羨慕喜亭君也。"四座聞之，皆為感動。

甲子生朝，忽自盛服莊嚴，肅容端坐，趣召攝影技師來，獨映一像，云："欲留此紀念，為後嗣祝福。"家人異之。迨越七日，稍有不豫，始知其神明內湛，預告歸真。然猶強延至第，孫婦入門，婚禮畢行，受其叩見，道吉祥語。翌晨含笑而逝，時民國十三年甲子秋八月十四日午刻。生前清道光十七年丁酉秋八月初六日午時，享壽八十有八齡，世嘗稱作米壽，視為人瑞者也。葬於星嘉坡麻山溪之原，坐酉向卯兼庚申，分金丁酉、丁卯。

子一，喜亭，又名雨，先配施氏素卿，不幸三十而歲終，後配蘇氏絮卿。孫七，曾孫五，元孫二。全眷環侍，世福克臻。復蒙黎大總統給匾"位列離瑜"。雲南唐省長贈匾"福壽全歸"，聯"西土蓮翻，八閩雲淡；北堂萱萎，五印濤寒"。福建薩省長贈匾"鍾郝遺風"，聯"南國遺徽，香生玉樹；北堂垂蔭，駕返雲□"。駐洋諸領事及國內外當道、名流諸公贈輓匾、聯、詩文，繽紛稠疊。出殯之日，送者凡幾千人，車徒塞路。孝子喜亭年屆六十，鬢髮皤皤，涕交於頤，匍匐而行，備極哀痛，眾咸戚然動容。既葬，依墓居廬，躬自負土，朝霧午炎，繼以風雨，歷時十旬，始畢乃事。鄉友林鏡秋君親書贈聯，稱為孝子；陳仙鍾、李光前、王會儀諸君僉謂壽母懿行,宜有銘諡。謹援名實克副之義,以閫諱恭儉為諡,而銘筆亦屬於余,余敬諾之。昔孔文舉以五十過二之年貽書曹公,慨歎所知零落殆盡,殊有傷老之意。余今行年恰與之齊,乃獲奮筆為壽母張太君志幽之文,署名珉石之末,不可謂非厚幸也已。

迨乙丑春植樹節,始克為銘,銘曰:"坤道無成而有成,維壽母賢,令子生。生事死葬,祭以誠。山溪綿綿窀穸營,世載其福永宗祊,珉石不泐視此銘。"

三等嘉禾勳章、農商部諮議、文學士,鄉世愚侄海澄邱煒萲菽園拜手撰文。

中華民國前駐扎星嘉坡兼轄海門等處代理總領事,世愚侄無錫秦汝欽亮工拜手書丹。

錄自《陳君張太君哀思錄》卷下(同安一峰山房藏版)

民國·蘇敬庭墓誌銘

清封奉政/大夫蘇敬/庭先生墓/誌銘(篆書銘蓋)
清封奉政大夫蘇敬庭先生墓誌銘/(楷書銘題)

蘇君敬庭諱爾修,守己其小字也,世居福建同安之/白石壟,幼年隨其尊甫盛泉先生來廈門營紙業,遂/家焉。盛泉先生在日,家僅中人產。及君承父業,儉以/持家,勤以處事,信以接物,用是所經營者,業日以擴,/遠及南洋群島,而家財亦日以益富。中歲以後,視察/所業,慨然有志遠行,外而星洲、檳嶼,內而長江流域,/無不有其足跡,閱歷既深,量乃彌廣。有人道堂者,慈/善之團體而兼以教育為務者也。君之友吳乾元實/綜厥事,君力贊其成,歲捐鉅金以濟之,歷久不懈,其/見義勇為有足多者。君有弟,早世,婦孺子幼,依君以/生。君教養兼隆,鴒原急難,視昔有加,不以存亡易志/也。君性木訥,與人交,落落若不相合,而實則和易可/親。歲在癸酉,南洋商業公會成立,文啟以坐辦之名/廁足會中,與君望衡對宇,昕夕過從,有疑事必以相/詢,有異物必以相餉,殷拳之意,致足繫念,是殆佛氏/所謂有夙因者與!距今四年前,君曾患偏枯之疾,賴/療治有方,幸告無恙,而頭童齒豁,老態頓增。居恒念/創業之艱難,守成之不易,鬱鬱之懷,時見顏色。文啟/勸以息勞,藉資頤養。君雖囿於環境,弗克盡用其言,/窺其心,要未嘗不韙之也。歿前兩日,文啟入問其疾。/君已憊甚,猶強起坐談。嗚呼！孰料其即為永訣耶！

君/生於前清同治己巳年六月七日,卒於中華民國十/五年夏曆六月二日,享壽五十有八。德配劉宜人舉/案相莊,垂老猶親井臼。君之致富,中饋與有力焉。有/丈夫子五:長朝燦,先娶張、繼娶柯;次朝傑,三法霖,未/娶,並先君卒;四法海,五法六,俱幼。有女子子四:長適/莊,次適洪,三適林,又次幼未字。男孫三:長宜振,燦之/子也,次宜鼎,又次宜三,君立以為傑、霖後也。女孫一,/亦燦之子也。丙寅九月望後八日,劉宜人率法海、法/六將奉君柩,卜葬於洪濟山麓之莊厝鄉,穴坐辰向/戌兼乙辛,分金丙辰、丙戌。

先期以銘幽之文來請,因/為之銘曰:"巍巍洪濟,雄峙鷺門。群山拱立,眾壑稱尊。以鍾以毓,/維墦維墩。是宜妥君之魂,而庇其子孫。"/

龍溪盧文啓撰文;/同安廖翰書丹;/同安吳錫璜篆蓋。

此墓誌銘由蘇敬庭之裔孫宜尹先生提供拓片。高33厘米,寬99厘米。楷書。

民國‧吳奕聰墓誌

清獎中憲大夫吳公墓誌(楷書碑額)

奕聰先生偉人也,魁梧俊秀,勤儉謹飭。今年七十二,步履猶壯,事無大小,親自檢察,矍鑠強健,迥別凡人,/其少年之情狀可想見矣。先生十四歲往蘇門答臘吧東胞兄店中學習商務。十八歲回家,娶元配楊氏。/二十歲再往吧東,值胞兄欲還唐,乃為經理店務,迨胞兄抵東。先生年二十一,復歸家園。二十三歲重至/吧東,則娶王氏。三十一歲回梓,適楊氏亡,繼娶邱氏。三十三歲重行吧東,自以為當植立門戶,依人作嫁/終非善計,遂別營商業,嘗曰:"不義之財,非吾所欲。吾當以善賈信用取之。"於是,商業日見發達而稱富有。/及年四十一,荷政府聞其賢,舉為雷珍蘭,繼升甲必丹,佐荷府掌理華務。

先生閔念華人散漫不振,遂組/織中華會館學校,自充一萬盾為經費,被舉為大總理。後繼中華商務總會捐二千盾,又被舉為總理。清/光緒年間粵省水災,先生捐一千元賑之。粵督岑少保春煊嘉其慷慨好義,奏請賞用花翎、知府銜。繼粵/督特派視學劉士驥視察學務,至吧東,觀先生創辦學校成績卓著,即獎以寶星,互居旬日。劉視學洞悉/先生深明大義、熱心社會、善顧國體,及歸,乃報告岑粵督,轉奏清廷,特獎道銜。民國二年,先生以總理名/義出募國民捐,並家人捐五千盾,為全埠人士倡,計得五千兩匯京,財政部獎以五等愛國徽章,嘉其見/義勇為也。嗟乎,男兒立志遠涉重洋,能以獨立自奮不因人以為貴,先生之懷抱氣概固不遜於古人矣!/且能生財以大道,施財以正義,視夫奸詐詭取,患得患失者更不可同日語也。

　　先生有此氣概,有此存心,/無怪其後之子孫昌盛,螽斯衍慶也。楊氏所出二子,邱氏一子,王氏二男五女。王氏亡,繼娶其妹,生四男/二女。寵媵一子。計十子,已婚者六。孫十,已婚者二。曾孫一。民國十一年,先生六十四歲,以年邁壽高,謝絕/世事,養頤在家。屈指全家之兒女,其三兒仍在吧東營商業,五兒現充廈大教授,孫北京法科大學畢業。/此瓜瓞相綿,承先生志,振振未艾,誰不曰:"先生美德,有以致之哉。"

　　民國十九年春,織雲舌耕於吾貫,值先/生欲營壽域,囑為墓誌。穴在塔前河路上本家園,坐巽向乾兼己亥,與原配楊太君合塋,故為書其事於/石。

　　閩南精神醫學會會長方織雲敬撰。/

　　中華民國十九年　月　日,金門長女婿蔡開國立石。

　　碑存海滄區竈冠社區。花崗岩質,高172厘米,寬75厘米,厚13厘米。楷書陰刻。現狀完好。

民國·周墨史先生墓表

　　公諱殿薰,/字墨史,周/姓。早歲明/敏,入邑庠。/光緒丁酉/與長兄同/領鄉薦,文/為主司器/異。庚戌會/考,以吏部/主事用。歸/田後,致力/教育,學子/遍閩南。歷/辦地方事,/規劃周詳。/生平湛深/經術,尤精/研哲理。家/居孝友,道/貌盎然。卒/於民國十/九年八月/六日,壽六/十有四。配/呂,繼配林,/箎室王、黃、/蘇。子七,女/四。婿黃/慶庸謹志,/歐陽楨書。

　　該墓表在廈門市某山。輝綠岩質,共三方。隸書陰刻。現據周先生之文孫周菡女士所贈照片抄錄。

民國・許卓然墓誌銘

晉江許公墓誌（楷書銘題）/
永泰黃展雲撰文；/
安溪李愛黃書丹；/
閩縣方聲濤篆蓋。/

　　許公卓然別名寄生，晉江人。父培材，/邑名諸生，以強直見重鄉里，有"鐵紳"/譽。公生而任俠好義，九歲時曾偕兒/童遊龍山寺，見一嫗將雉經，公惻然/悉所有以畀。及歸，家人因其囊貲罄/責之，公父廉得實，喜曰："孺子可教。"公/時述以語人曰："余捨身救人之志，皆/決於吾父一言奬之也。"

　　歲丙午，同盟/會成立，公來省加盟，回鄉設西隅學/校及體育會以集合同志。辛亥光復，/泉、廈剋復，公之功為多。討袁之役，公/在省運動，為李厚基偵躧，以意度從/容獲脫。護法之役，公在閩南舉靖國/軍，屢挫李逆隊伍，阻李軍入潮，功績/甚偉。十一年，偕張干之同志還閩組/自治軍，為討賊軍內應，剋復安、南、晉/各縣。迨討賊軍返旆，許汝為軍長改/編自治軍為討賊第八軍，留守後方。/孫傳芳南侵，公聯臧師與抗。我軍雖/覆而孫軍精銳挫折，不敢再進，粵境/因免逆軍之擾。公失利後陷身賊窟/者三閱月，卒以至誠之感脫於難。未/幾，奉委為中央直轄第五軍軍長，秘/聯民軍遏張毅助陳之師，陳逆死灰/難燃，黨軍得以籌備完整，則公與有/力焉。自是以後離軍事工作，致力於/黨務。第一、二次全國代表大會，公均/為福建省代表，對"赤黨"陰謀多所摘/發。北伐軍入閩，何敬之軍長辟公任/財政，公知閩政尚無可為，不就。然北/伐軍出發，經費之籌畫，公實任其勞。/最近三年來，力以調和派別意見，改/進地方秩序為己任，卒為蓄野心而/好搗亂之徒所戕害，以十九年五月/廿八日致於廈門大史巷，痛哉！公/犧牲精神出於天性，任勞將事不計/功利，急人之私不計己私。死之日，全/廈震動撫尸而哭者數千人。

　　嗚呼！公/生於民國紀元前廿七年乙酉十月/十四日，卒於民國十九年五月廿九/日，享年四十有六。夫人葉氏筱梅，遺/孤三：男祖英、祖毅，女雪卿。閩中同志/以公之始終盡瘁黨國也，為擇地於/嵩嶼大觀山之麓，將以公逝世第二/周年紀念日公葬。

展雲謹揭其要並/為銘,納諸幽宮,以垂無窮。銘曰:"閟功/利,貞艱辛。矢犧牲,作新民。古之任,今/之仁。垂遺型,永不湮。"/

孤子許祖英、祖毅,/孤女雪卿仝勒石。/福州蔣紹荃刻石。

該墓誌銘出土於晉江市安海鎮前埔,黑色頁岩質,共4方,長37厘米,寬60厘米。楷書陰刻。現狀完好。現保存於晉江博物館。出土時另附有一質地相同的銘石,長35厘米,寬50厘米,隸書陰刻。內容如下:

□□□□一九之龍漳"赤禍"作,諸同志方以嵩嶼開埠停頓,大觀山築墓無期是慮。適泉屬各界申其卜葬安海骨議,因議決推愛黃等如安察勘,既定地於前埔,遂擇本十月二日舉行公葬典禮,復以幽文重鐫之秏時浪費也,乃屬愛黃記其委,別泐石附於原石之後。同年八月廿六日,愛黃識並書。

民國·杜母曾太恭人墓誌銘

杜母曾太恭人墓誌銘(楷書銘題)/

太恭人曾氏,同安清鑾/社,四等嘉禾章、清誥授/中憲大夫四端宗叔/德配也。諱霞,謚金璧,邑/曾營世遠公長女,歲十/七,嬪於叔。時家猶嗇,無/怨言,事翁玉池公、姑王/太夫人甚孝。迨豐,又無/驕氣,善待兄嫂、姻族、臧/獲輩,更恩能逮及。郭、梅、/馮三氏簉室無妒心。凡/叔旅香港,以商起家,歷/長華商總會、閩商會、體/育會、東華醫院、團防局、/道德會、保良局、廿四行/商聯合會,及創義塚、賑/水災,俾死有歸、生有賴。/黎總統元洪特襃以"急/公好義",皆內助力焉。己/巳秋,弧帨稱觴,海內外/諸名宿、諸團體頌壽者/爭以"任姒德量""鍾郝禮/法"為言。星霜甫三易,竟/於辛未夏曆四月廿七/丑時卒鼓浪嶼住樓。生/同治癸亥二月八日申/時,積閏壽七十有二。子/男八:長其壽,年廿九,先/卒,娶林,節守;仲其熏,娶/謝卒,續娶楊;三其成,娶/鄭;四香生,娶陳;五其餘;/六香產;七香培;八香傳。/女二,長錦綢,適曾,名仰/□;次錦絹。孫男十:祖奐/□□□壽出,祖庇、祖良、/□□□□出,祖佑、祖惠/□□□□□成出,祖恭/□□□□□□其/□□□□□□□。

該墓誌銘位於原杏林區杏西路57號某廠內，墓碑鐫："清中憲大夫顯考德乾杜公、誥封恭人顯妣金璧曾氏壽域。中華民國二十年辛未孟冬卜，男其成、其壽、其熏、其餘、香培、香生、香產、香傳，孫等仝立石。"墓誌銘石置石祭桌前。輝綠岩質，高50厘米，殘寬2厘米。左側殘缺一部分。楷書陰刻。

民國・孫道仁墓碣

故福建都督孫公道仁，字靜山，晚號退庵，湖南慈利人。原任福建水陸提督諱開華、謚壯武，前清國史館有傳，原籍、立功省分有祠，公其塚子也。少喜兵法，於兵家者流無所不窺，隨宦入閩。歲甲申，法人擾臺澎，海口被鎖。公年十八，奮勇輸運軍需，自別港進，臺防以濟，壯武公奇之，重於遠嫌，獎敘弗之及。自壬子內用京府通判起家，以勞績經合肥劉壯肅、李文忠公、慶親王先後奏保，薦升道員留閩補用，大府相倚若左右手，凡營處務，軍政局教練，武備學堂各總辦，福勝、福強常備軍左右鎮，長門要塞炮臺各統領，無不屬公。新軍之創也，悉更綠營之舊制，守舊者心害其能，蜚語中傷，忽有左遷之命，旋即開復，毫不為介。無何，改授福寧鎮總兵，仍駐省垣，籌辦改編兼第一鎮統制。迨派赴河潤府閱操，因觀上海、漢陽各兵工廠，入覲之頃，多所獻替，清廷始知講求製械之久仍不足恃，遂大用公矣，拜"福"字之賜，兼襲騎都尉世職。既回任，兼常備軍第十鎮統制，迭加提督銜、陸軍副統銜，補授福建水陸提督。

辛亥革命武昌起義，東南各省應之。駐閩滿族仇視主客各軍，勢洶洶甚，雖糜爛閩城，亦所弗恤。公不善其所為，援助民軍。事平，公推為福建都督，士民安之，賴公之力為多。二年，當事議裁兵。於是，南洋巡閱使、海軍上將劉公冠雄率海陸軍來閩，甫馬江，公自解兵柄，以為所部之倡，時人嘉之有讓。事竣，晉京任總統府高等顧問，給予二等大綬嘉禾章、永威將軍，派赴甘肅、新疆兩省查勘煙禁。世不知公，公亦無悶。回籍整理先業，值長沙亂，避地來閩，應省府高等顧問聘，僑居鼓浪嶼。恒以內訌未平，外患未弭，每動撫髀之慨，於閩事感憤特甚。

以民國二十有一年四月三日壽終旅次，春秋六十有七。地方人士懷保障之前勳，聞於國府，就廈門撥地公葬，以永閩人之思。是年五月二十四日，葬於廈禾山新學社虎頭山之陽。子男一，女二；孫男一，孫女五。

銘曰："虎溪之下兮，鷺江之濱。佳城永閟兮，隨寓棲神。大樹飄零兮，遺受孔新。魂魄去兮，福我閩民。"

該墓葬位於廈門市仙岳山，為方尖柱式。碑四面，花崗岩質。正面隸書鐫刻"永威將軍、上將銜陸軍中將、福建都督孫公靜山之墓"，其餘三面環刻墓謁。高均為140厘米，寬56厘米。楷書。現狀完好。現為廈門市文物保護單位。

民國·陳耀臣墓表

聞之：生有可稱於世者，歿宜有表墓之文，古之制也。按狀：君諱國輝，號耀臣，姓陳氏，世居南安之西頭鄉。幼喪父，家貧，數斷炊，然慷慨有大志，為人沉毅，饒幹略，目光炯炯，射人如岩下電。年十四，始隸軍籍，以驍捷稱，由卒伍擢營長。民國十一年，任自治軍第一支隊統領，尋改稱討賊軍統領如故，以功最，擢第二師師長。十五年，北伐軍興，任第二團團長，領軍屬東路總指揮何君敬之。已而，奉命駐龍岩，改隸省防軍，任第一混成旅旅長，移駐泉永各屬。在任四年，銳意興革，雖未必事事盡中，志可尚也。君以教育為弭亂根本，嘗斥私財治橫舍以為倡。於是，各屬增廣校舍達四百餘所，弦誦之聲接壤相聞。泉永依山阻水，交通尤梗，君闢路二千餘里，造橋百十道以通汽車往來。其事蹟見於《泉永四屬工程匯刊》《泉永教育專號》者歷歷可考。初，君駐龍岩，改建市區，築公園、圖書館甚宏固。既返防泉永，則就南安之詩山，如前在龍岩所建設者，仿其規則而加擴焉。又興辦礦務學校於安溪，農林學校於南安。君歿未幾，悉罷廢。當□□之攻陷漳龍也，泉永密邇，皇皇不可終日。君外亟遣兵收復，內則密謀防禦，其鎮定一如平時，民以無擾。

惜乎！君不能盡年，以竟厥施也。君生平事母孝，用人能稱其才，其勤敏者推誠獎掖之，遇村氓野老，必懇摯延接，使盡其言。臨事善斷，始人或讓之，終且折服，雖忌者亦無或後言。尤禮敬有齒德學行者，嘗延吳舍人主教國學，而以南安邑志屬蘇孝廉纂成之，此皆聞諸人言者。君生民國紀元前十四年正月初五日，卒民國二十一年十二月二十三日，年僅三十五。越二年，蔡夫人瑞堂始奉君柩歸，與林夫人葉夫人擇定於六月二十日，葬於鼓浪嶼之家園。

中華民國二十三年,閩侯薩鎮冰表。

錄自《陳耀臣先生訃告》

民國·王玉深墓誌銘

僑務委員會顧/問玉深王公墓/誌銘(篆書銘額)
僑務委員會顧問玉深王公墓誌銘(楷書銘題)/
宗愚弟人驥製文;/
愚弟歐陽楨書丹。/

公諱玉琛,字玉深,其先由南安遷廈,遂家焉。曾祖實/齋公,祖榮超公,考廷能公,先世貞隱不曜。公少孤,故/貧無立錐地。事母孝,勞資所入,輒以供甘旨,故能得/母張太夫人歡。既長有大志,慕海外之陶朱,遂遠渡/南洋,居泗水,習計然術。不數年,積貲纍萬,乃擴張商/務,獲利愈豐,而業乃大進。時歐戰方醞釀,商人慮受/戰爭影響,業外貨者多停止配運。公逆料戰禍延長/則外貨來源必斷絕,亟購進大宗貨品,人多非笑之。/迨戰事開始,所囤貨物無不利市,倍蓰或什百,人以/是服公之智。蓋公具有億中之才,又善持籌握算,其/勝利固有可操左券者。噫,何其識之遠耶!

公既擁巨/貲,乃載重舶以歸,作菟裘之計,其泗水商務,則委其/長子管理。時廈門市政改革,富者爭斥資於地,公乃/乘機購地,廣建樓屋,一時賃屋而居者,無慮百數十/人,賃金悉依市價為標準,無畸重畸輕之弊,故無一/人觖望者。在泗垂四十年,中外人士咸樂與之遊,曾/任泗水總商會議員,又捐資創設保虞社以惠僑民,/僑務委員會慕公才,聘為顧問。公多謀善斷,勇於任/事,遇有排難解紛,得公一言立決。為人和藹可親,與/族人能以誠相見,對於祖宗觀念尤深。吾廈和安大/宗祠,公為財政董事,凡宗祠興革事宜,靡不擘畫周/詳,不遺餘力。前因宗祠幾遭路政拆毀,公與族人力/爭,卒獲保存。然保存必須改造,預算非十萬金不可。/公獨慨捐萬金以為之倡。族眾感公高義,頃刻間集/資數萬。公嘗語人曰:"所以為富人者,以其聚而能散/也。若僅為一身一家計,直一守財虜耳,雖多奚為?"聞者韙其言。

嗚呼!以公之熱心公益、仗義疏財如此,使/天假以年,則將來地方之建設、公共事業之進行,其將借重於公者必多,乃年甫周甲,遽赴修文。社會上頓失一聞人,吾族中又弱一巨擘,是固吾族中之不幸,抑亦社會上之不幸也。公生前捐助地方慈善事業及種種公益,指不勝屈。以至里黨之周恤、戚友之稱貸,凡有求而來者靡不如願以去。性儉樸,飲食服御無異常人。所居霞溪樓屋為其手建,顏曰"安素堂"。吁!可知公之志矣。

公生於同治十三年甲戌二月十六日丑時,卒於民國廿二年十一月十六日即癸酉九月二十九日丑時,春秋六十。配葉氏,篦周氏、陳氏、孫氏、林氏、張氏。子十人:華成、華忠、華泡,葉氏出;華泗、華彬,周氏出;華送、華賢,孫氏出;華壟,陳氏出;華通,張氏出;華住,林氏出。女三人,未字。孫男六人:履利;履元;履泉;履洋;履祥;履貞。孫女九人。公既沒之二年,其孤將以乙亥年四月初七日巳時卜葬於禾山馬壟社垵里山之原,坐南向北,分金丙午、丙子。

先期來請銘,余與公交彌篤,情彌摯,不敢以不文辭。臨穎泫然,為之志而繫以銘曰:"大道既遠,富為仁痡。毫毛之損,叢利在軀。哲入人觀,與眾殊趨。勇於公義,怯於身圖。鱗鱗鷺市,譽滿通衢。我銘其幽,訊諸士夫。貞石可泐,令名不渝。"

該墓誌銘存於王氏後人處。黑色頁岩質,共2方,高35厘米,寬50厘米,厚3厘米。正文隸書陰刻。現狀完好。今據其裔孫女王金霞女士提供的照片抄錄。

民國·陳慶琛墓表

陳公慶琛,諱獻其,同安灌口人。業儒,前清革政後,始從商,經營緬甸地,善貨殖焉。回國在廈先後經理福綿記、永福公司二行。交道接禮,信用昭然。性慈祥,當仁不讓,人咸稱之。配黃氏,早逝。續娶杜氏,繼娶林氏。子二,孫男女六。享壽六十有七。卜葬於魚孚社山仔尾崙,坐南向北,午子兼亥癸分金。民國廿四年季夏,族人清渠撰句勒石。

此墓表存於集美區灌口鎮田頭村。輝綠岩質，高48厘米，寬198厘米。今據集美區檔案館、灌口鎮田頭村村民委員會編《田頭記憶》第八章"文物"所載的書影錄入。

民國·林琢其夫妻合葬墓誌銘

皇清敕授修職、郎晉封武信郎、林府君琢翁享壽七十有五齡、五代大父暨嫡配吳太安人、享壽六十有七齡、五代大母合塋誌銘

敕授文林郎、戊午科舉人、即補縣知縣，宗愚侄豪頓首拜撰文；

敕授文林郎、己卯科舉人、即用知縣，社愚侄汪景朱拜書。

封翁名炳相，字琢其，諱迺章，吾宗叔也。道光二十一年間，捐升國子監。迨咸豐年間小刀會擾陷，助墊軍餉，□藩兩道獎賞貢生註冊，咨部令季子榮晉封武信郎。安厝有日，郵書囑余誌。忝屬一本，交深誼篤，烏容諉焉？謹按：封翁派衍錦園鄉，自乾振公移居銅魚，歷十傳而封翁生焉。翁即延齡公之次郎也，少經商金浦，長貨殖銅魚，聲名流芳，望重邦族。且有嫡配吳太安人，乃石潯鄉吳廉公之次女也，事翁姑以孝，處姒娌以和，待親戚以情，相敬如賓，琴瑟調和，白首相親，不愧於梁孟者矣。如封翁之行誼，兼有佳藕之配，非尋常所能比擬，何待余之贅述也耶！

舉夫子四：長志仁，業儒，娶李氏，續娶葉氏；次志柳，職員，娶曾氏，奉祀升輝公；三志寵，國學生，娶顏氏，奉祀升慶公；四廷會，應同治辛酉科武闈，膺揚大喜，娶方氏。現男孫十二人，自志仁出者：建斗，早卒，娶顏氏；金沙，聘陳家；金窯。自志柳出者：金在，娶葉氏；金象，聘顏家；金明，聘郭家；金糧；金坪。自志寵出者：金機，聘翁家；金鵠；金屋。自廷會出者：金鶴；金克。孫者又曾孫清江，曾孫女二人，[聘]適名家。餘繩未艾，五代同堂，兒孫滿眼，含飴繞膝，頤養天年。不意太安人於丁丑年十一月初二日丑時竟終西歸，封翁角枕獨旦，悲傷厥心，越年戊寅二月二十一日亦仙逝矣，計相去百有十日。夫婦相從壽考，即於庚辰年七月初六日巳時合葬於縣西之苧溪橋北，土名紅頭崙中崙，坐西向東，穴負辛拱乙兼卯酉，丁酉、丁卯分金。

誌竟，爰為銘曰："白帆之崗，升騰昂昂。北躍南伏，聚止端莊。屏帳之挺

秀，山水之玲瓏。隱隱隆隆，吐納宏通。今既體魄就安，卜云世世允臧。"

錄自光緒年間手抄本《林氏族譜》

民國・黃奕住先生墓誌銘

南安奕住黃先生墓誌銘（篆書銘額）
南安奕住黃先生墓誌銘（楷書銘題）/

  自海通以來，豪儁魁壘之倫，於世無所伸則高舉/遠引，附海舶、溯重洋，據其偉抱□略，因而起家，富/埒人國者，比比矣。然恒擁厚資、闢田園、立家室、長/養子孫，終身於異域，忘首禾之義，不踵旋而泯焉/以歿，君子不之取也。以余所聞而知，見而信者，若/黃君奕住則翹然異矣。
  君以名行，無字，南安樓霞/鄉人。世業農，有隱德，傳至則華公，生子三，君序居/長，少岐嶷，從塾學即斬然露頭角。壯有大志，以家/貧輟學，輒鬱鬱歎。一日，請於則華公曰："方今時代，/外僑鼓輪數萬里來商吾國者趾相錯。□而埋首/蓬顆，無桑弧之志，豈丈夫哉？吾其圖南矣乎。"則華/公韙之。君即買輪渡新嘉坡、而綿蘭、而蘇門答臘，/就時於爪哇之三寶瓏。初事負販，自力以食，久之，/習其語言，諳其民情土俗。察其地宜蔗，乃專營糖/業，歷三十年，雖間有折閱，而旋蹶旋興。蓋信義孚/乎，為裔氓引重，故終能志遂而業成也。
  時有為君/策者，曰："中原多故，不如此間樂。君雄於貨，何地非/吾土？為終焉計，不亦善乎？"君謝之曰："吾為中華民/國之國民，安能忍辱受人苛禁，托人宇下，隸人國/籍者乎？且我國地大物博，建設易為功，昀昀禹甸，/寧非樂土？天下事在人為耳。"遂括所積□，歸裝抵/廈門，曰："此地與港粵毘連，滬淞亦帶水之限，閩南/商業之樞也！"爰創立日興銀號，以與南洋群島通/呼吸。念則華公已逝，葬於南安獅頭，阿母年高，故/鄉多匪患，乃迎蕭太夫人於鼓浪嶼居焉。觀海別/墅饒水石之勝，春秋佳日，君必躬奉板輿，敘天倫/樂事。聞坄里剌華僑多泉人，金融之權操縱於外/國銀行，損失甚巨。君至，倡設中興銀行，以挽回利/權。上海為五口通商之一，外商齊聚，皆行駛其國/幣。君與商界名流組織中南銀行，自輸股金數百/萬，復別存數百萬為護本金，向財政部立案。政府/諗君才，知可倚重，遂予發行鈔幣，視中國、交通二/行，獎君歸國自效,為華僑勸也。無何,丁蕭太夫人憂,以道梗不得歸葬,即安厝於鼓浪嶼東山頂家園。每思養不逮親,輒潸然涕下。蓋君之至性過人也。

嗟乎!以君之才,使得行其志,凡有裨於國計民生者,次第舉行,其事業又惡可量?顧頻年內難間作,逮南北統一,而蘆溝之事復起。當金廈未陷時,君見幾避往滬上,蟄居寓廬,謝接見。每聞時事則悒悒不樂,謂天不相中國,降此鞠凶。呼欽書兄弟告之,曰:"吾愛國愛鄉之心,不後於人。一入國門,即思竭涓埃之報,乃卒卒未酬所志。今老矣,不能為役矣。"彌留之際,尚朗誦孔子"言忠信,行篤敬,蠻貊之邦可行"數語而逝。遐邇聞耗,哀悼同深。欽書兄弟扶柩南下,葬有期。先日伻來,以余知君審,請為麗幽之文。

余客菽莊十餘年,名園密邇,兩家均藝菊,花時恒相過從,譚鄉誼、敘平生。君每以少時失學為憾,故創辦斗南學校於樓霞鄉,慈勤女子中學於鼓浪嶼。而新嘉坡愛同學校、華僑中學、廈門大同中學、英華中學、北京大學、廣東嶺南大學、上海復旦大學,均倡捐鉅資不吝。君好義天成,四方之以慈善事業踵門勸募者,靡弗樂為之應,瑣瑣不勝枚舉也。君謙抑為懷,疊受政府二等大綬寶光嘉禾章、一等大綬嘉禾章,而院部之以顧問、委員徵聘者,皆遜謝之。惟有關於地方家國者,若創辦廈門之自來水以重衛生,協助廈門市區之開以便交通,收回鼓浪嶼日人電話權以尊國體,獨修泉州開元寺東塔以存古跡,倡建廈門江夏堂大宗以聯族誼,無不竭力為之。使天假以年,在籌議中之漳廈鐵路以及礦務航業,皆可以次第推行矣。顧不惜哉!顧不惜哉!

君卒於民國三十四年六月五日午時,農曆四月二十五日,距生於清同治七年戊辰十月廿四日戌時,享壽七十有八。配王夫人,在南洋娶者蔡夫人,箋室楊氏、蘇氏、朱氏、吳氏。生男子子十二人:欽書;鵬飛;浴沂;友情;鼎銘;天恩;德隆;德心;德坤;世哲;世禧;世華。女子子八人:寶章;玉瓊;玉杏;寶萱;金華;寶蓉;寶萃;寶芸。欽書、鵬飛、浴沂、友情、天恩、寶華,王夫人出。寶章、玉杏,蔡夫人出。鼎銘、玉瓊,楊氏出。德隆、德心、德坤、金華,蘇氏出。世禧、寶蓉、寶芸,朱氏出。世哲、世華、寶萃,吳氏出。鵬飛、鼎銘先卒。男孫三十六人,女孫十四人。曾孫六人,曾女孫三人。諏於十一月一日未時葬於鼓浪嶼九層塔之麓,穴坐巽揖乾。

銘曰:"史遷憤世傳貨殖,千百年眼光爍爍。富國之道乃在商,爰進卜式黜弘羊。外資吸取在互市,刺桐港自吾鄉始。君真健者今人豪,但憑七尺涉波濤。金豆摭拾充囊橐,乘風長謠歸國樂。盤盤才大資設施,斯人胡忍天敚之。一抔高峙延平壘,其下環以金帶水。嗟君世跡忽奄收,我昭其實備軒輶。

載筆/龍門修信史，後有作者尚視此。"

晉江蘇大山拜撰；晉江曾遒拜書；福州陳培錕篆蓋。泉州石室居□□□。

該墓誌銘根據黃奕住先生之賢外孫周菡女士惠贈拓本的照片抄錄。

現代·蔡母李太君墓誌銘

蔡母德羨李太君墓誌銘　豐子愷敬題（篆書銘額，行書款）
蔡母德羨李太君墓誌銘（楷書銘題）/

六波羅蜜所以者何？莫不曰："真實行道，成就功德矣。"究之道德為假名，惟行/與功無庸空難。蓋大慈悲，非有大願力，不能以真實革虛偽，成就慧覺於無/量無邊也。

蔡母諱端謹，法名德羨，於吾友虞竹園教授為義母行。夙耳聞言，/能笙幽寄。日郵其嬹行以屬輝，曰："摯友蔡吉堂居士令先慈李太君辛卯年/三月初七日未時歸寂，占四月十六日葬於嘉禾蓮坂社。發潛納幽，事求核/實。"謹按：母出晉江梅林李氏，父助晃先生稚笄有佛慧，即嬪蔡長瑞先生奉/帚治庖，無隙休毛棄。尚逮事先大家，已儷徽音克嗣矣。中年修福，皈依佛、法、/僧。坐所生苗而不秀，勸長瑞先生納箙室吳氏，以所生子子之逾己出，即吉/堂居士昆季也。迨夫殁，吳踵逝，吉堂居士未冠，其弟成林尚髫辰也。母裁哀/理内，積其伊蒲費，遠禮佛於洛伽，隨衲布施，為所天酬願，此六度之所攝也。/三□周旋，未嘗見其疾言厲色，四民無告，恒待以植朽蘇枯。吉堂居士以權/應身懸遷，同塵萬彙交酬業，行施捨惟機，此又六度之所攝也。

去秋，母嬰肝/癌疾，吉堂居士求醫問藥不遑寧居。閱七月餘，迄以躋梵難回大限，知其銜/恤必有逾於報所生者。聞母沾恙，屢屬節省藥資以濟貧苦。臨終遺命入龕/待窆，寧儉毋奢。昔劉虬之序《無量經》也，曰："施悲而用慈，救世之應也。"姚崇戒/泪真教曰："使蒼生安隱，是謂佛理。"皆於母今日之言可相印證。吁，可謂在家/菩薩已！聞將證果前三日，伸左手三指，殆始求可隨根而三乎？徂西之日，屢/舉手伸一指，後伸二指，將體一是真，名二是假乎？抑入解則其慧不二，險路/既息，則名一為三乎？輝鈍根，未參上乘，強為饒舌，難免被善知識者所哂。惟/空齋一叟,承以文徵;因緣三生,遑問成佛生天之先後耶?

距□靈於光緒戊/寅年十二月初一日,年逾古稀。未見吉堂居士一了向願,不無些粘着。輝則/解脫之,曰:"兜率天執手成陰陽,梵迦夷三天,男女皆禪定法喜,不在乎婚嫁/之遲蚤也。"況吉堂居士有男孫六,女孫三;成林君亦有男孫三。廈大、毓中,分/鑣競軌;雙十、省一、大同,各聲藉藉噪諸黌。雖學五明,不違佛旨。蓋以智慧火/鎔煉作新世界,金剛加行,資糧宏造,廣大人民力願所以成就於佛天者,寧/有邊量哉!

葬地名"狗殷勤",佛言知狗唯逐塊,則外道自息。穴坐午向子兼丙/壬,分金丙午、丙子,筮之通合。爰集偈語以當銘曰:"慧度菩薩母,調御菩提心。總持作園苑,大法成樹林。常以諸方便,合掌在佛前。自知當作佛,上至有頂天。"

螺陽汪煌輝謹撰;山陰虞愚敬書。黃朗山刻。

該墓誌銘為民間收藏。今據拓片抄錄。

現代・廈門大學方虞田副教授墓表

方虞田同志塋　妻朱植梅、女萱萱立石
廈門大學方虞田副教授事略(楷書碑題)/

方虞田副教授為吾姑家獨子,生於公元一九一/六年歲次丙辰十二月初五日。少善處貧,有大志。/抗日戰爭前夕,考入我校土木系,甚得師友器重。/既卒業,留校教課,兼主基建工程。解放後,於廈市/建設,殊多貢獻,被選為市人民委員。

院系調整時,/我校工學院外併。當局以基建需人,挽留之,畀以/總務要職。數年來,依靠黨,熱愛社會主義,任勞任/怨,敢想敢為,多方創造,具見崇高品質。在全國"大/躍進"中,工作尤為積極。不幸因試驗沼氣發電,親/自下坑檢查,被爆火灼傷全身。病中忍痛支持,猶/關懷校內任務。歷旬日,經專醫療救,終以傷重不/起,於一九五八年六月二日逝世。嗚呼痛哉!余向/愛其

才,嘉其志,尤欽佩其工作精神。今乃遭此意/外,實堪悲悼。爰志其生平,俾垂不朽。/

公元一九五八年秋,表兄盧嘉錫識於廈門大學。

方虞田同志墓在廈門大學後山水庫上,以四方尖花崗岩石為墓碑。盧嘉錫先生撰文、盧雨亭先生書丹的墓誌即分刻在碑的四面。每面高 120 厘米,寬 40 厘米。楷書。現狀完好。本墓表內容經盧咸池教授核對。

第九篇 其他

墓碑　墓道　神道

宋·郭岩隱安樂窩

郭岩隱/安樂窩（隸書直行）
新安朱熹為□□□家□□（右側楷書款）
節度使郭先生書□契家進士陳應文立（左側楷書款）

碑存同安區洪塘鎮郭山村。有亭。花崗岩質，高145厘米，寬67厘米，厚13厘米。正文六字為隸書。

明·宋理學先賢順之許先生墓道

宋理學先賢順之許先生墓道（楷書，正中直題）

存齋先生，紫陽高弟子也。墓在邑城西之原。今年春仲，七世孫曰稠，踵門請題其墓。/汜竊有感焉。在昔同時，都高爵而寵榮，煊赫□焰熏灼，迨奄歿澌淪於荒煙衰草間/者，不知其幾，而先生之墓巋然尚存，過者莫不起敬，豈非盛德高節，有以使然歟？汜/忝職百里教，景仰尤切，勉賦近體一章，庸伸區區之意曰："神遊八極渺難追，□仰聲/光千里垂。道得正傳探蘊奧，心無物累絕瑕疵。發明宗旨開來學，興起斯文示後儀。/撫碣重題遺澤遠，雲礽百世奉烝祠。"
弘治甲寅朔旦，儒學教諭、後學方汜謹識。

碑存同安博物館內。嵌砌牆上。花崗岩質，高161厘米，寬70厘米。楷書陰刻。表面已磨損，個別字跡莫辨。

明·陳滄江墓道碑

皇明/賜進士第、分守三郡、進階/中憲大夫、前刑部郎中/滄江陳氏暨配/封宜人慈淑宋氏墓道。

碑存同安區五顯鎮後燒村。花崗岩質。墓前有三開間牌樓式石坊一座，正面明間橫額題"錫恩褒勸"，下題年款"嘉靖丙辰陽月吉旦立"，右次間橫額題"進階大夫"，左次間橫額題"出守三郡"；背面明間題"厥績益懋，令譽孔昭"，右為"司寇正郎"，左為"榮登甲科"。現狀完好。

明·劉汝楠墓碑

皇明/賜進士、奉政大夫、湖廣按察司提學/僉事，致仕南郭劉公墓。

碑存同安區蓮花鎮美埔村下尾社。護以石墓亭。花崗岩質，高230厘米，寬53厘米，厚19厘米。楷書陰刻。現狀完好。

明·蔣鯨台墓碑

皇明賜進士出/身、中憲大夫、湖/廣按察司副使/鯨台蔣先生暨/配贈恭人蘇氏、/封恭人陳氏墓。

碑存翔安區金海街道澳頭社區。花崗岩質，高110厘米，寬123厘米，厚23厘米。楷書陰刻。現狀完好。

明·洪儼㕮(觀光)夫婦墓碑

皇明/賜進士第、文林郎、知武進縣事儼㕮洪公/暨元配孺人林氏墓。

碑存翔安區石塘村。花崗岩質,高182厘米,寬145厘米,厚30厘米。楷書陰刻。坊表與墓相距500米左右。

明·蔡貴易墓碑

崇禎甲戌五月移厝艮坤兼寅申。/明賜進士、浙江/按察使、崇祀鄉賢/名臣肖兼蔡先生/暨配淑人葉氏、黃/氏之墓。/
萬曆辛亥四月,男獻臣百拜立石。

碑存翔安區呂塘社區董水社。花崗岩質,高140厘米,寬140厘米,厚30厘米。楷書陰刻。現狀完好。

明·林璧峰暨祖母墓道

皇明/崇禎五年壬申臘月吉日。/浙江湖州府、江西彭澤縣兩學司訓/璧峰林公暨祖母吳氏、李氏墓道。

碑存思明區塔頭村中。花崗岩質,高220厘米,寬80厘米,厚16厘米。楷書陰刻。現狀完好。

明·紀石青墓碑

明/鄉進士、禮部祠祭清吏司主事/石青紀先生暨配慈懿葉安人。

碑存同安區洪塘鎮龍西村與翔安區馬巷街道交界的打埔山。花崗岩質，高108厘米，寬74厘米，厚13厘米。（其右為"紀門葉太君墓"，碑高98厘米，寬50厘米，厚11厘米）。原葬於廈門島內，後遷此。

明·承德郎李公墓道

大明敕封（楷書碑額）
故承德郎、工部/主事李公墓道。

碑存同安區蓮花鎮湖井村外。花崗岩質，高150厘米，寬80厘米，厚12厘米。楷書陰刻。完好。墓主係潮州太守李春芳之曾祖父李德宗。

清·同安水殤男女十八人墓墓碑

同安水殤男女十八人公墓（中）/
是歲康熙戊寅年四月廿八夜，水災暴作，/人民被溺，死者無數。聞之傷心，因募雇舟/工，撈尸埋葬。幸地主施地一穴，內葬男八（右）/人居左，女十人居右。弟恐年深毀壞，因□/勒石為志。倘世久或遭蹂躪，伏冀仁人修/而葺之，俾見同心云爾。廈門人立石（左）。

碑存同安區西柯街道浦頭社區。花崗岩質,高 52 厘米,寬 82 厘米,厚 16 厘米。楷書陰刻。現狀完好。

清·曾位齋夫婦神道

乾隆壬午季冬穀旦。
皇清/敕贈修職郎、鄉飲大賓位齋/曾公暨配孺人康氏神道。
男九喬等同立。

碑存同安區新民街道劉塘社西北側。花崗岩質,高 225 厘米,寬 94 厘米,厚 20 厘米。楷書陰刻。現狀完好。

清·副總兵何申侯夫婦墓道

誥授榮祿大夫,鎮守廣西梧州水陸/等處地方左都督,前總督兩廣部/院□之中軍副總兵官,協鎮湖廣、鄖陽等處地方兼轄竹溪、竹山二營/路副總兵官,都督僉事,申侯何公/暨配一品夫人李氏、汪氏墓道。

原在廈門市廈禾路文竈,現移至金榜公園內保存。花崗岩質。

清·黃晦園夫婦神道碑

皇清/誥贈資政大夫晦園黃公暨/元配夫人柔慎林太君神道。
[碑陰]榮穴在塘邊後浦山,坐/丁向癸兼丙午、丙子。

碑存廈門市江頭舊街。花崗岩質,高 220 厘米,寬 100 厘米,厚 17 厘米。楷書陰刻。外建重檐廡殿頂石亭,亭額題"業恢堂構"4 字。相隔 50 米另有一亭,外形相似,亭額題"綸音寵賜"4 字,亭聯:"馬鬣封高,水拱山環鍾地脈;龍章寵耀,露濃雨潤拜君恩。"現該地點已拆成平地。

清·陳化成墓道

皇清/誥授建威將軍、江南提督,/特旨專祠,賜謚忠愍陳公/誥封一品夫人、繼配曾氏/墓道。/男廷芳、廷菜、廷荃、廷芸、廷蔚全泣血立石。

此碑 1987 年發現於廈禾路與金榜山交界處,原存於金榜公園,今移至廈門市博物館。花崗岩質,高 252 厘米,寬 85 厘米,厚 17 厘米。楷書陰刻。現狀完好。同時發現的還有墓道坊的題聯石柱,聯文為:"帝不忘忠,死所馨香留正氣;公猶握節,墓門靈爽靖妖氛。"柱高 312 厘米,寬和厚均為 32 厘米。背面有作者提款:"玉屏書院掌教、莆田林揚祖謹撰。"林揚祖是清代名宦,清史有傳。此坊柱同時移至廈門市博物館。

清·陳化成神主牌墨書題記

陳府君,考行二,乳諱步蟾,官諱化成,字業章,號蓮峰,謚忠愍。/道光二十二年壬寅九月十二日葬府君於廈門吳倉社金榜山之陽,穴坐坤向/艮兼未丑、丁未分金,坐井十四度,向斗十度。/生於乾隆丙申年三月十二日未時,/卒於道光壬寅年五月初八日未時。/

妣氏吳,閨諱愛,謚惠裕。嘉慶二十四年附葬祖妣盧太夫人之墓於同安前埔鄉坑下埔。穴坐乙向辛兼卯酉,丁卯、丁酉分金,墳面乙辛。/生於乾隆戊戌年十月二十三日卯時,/卒於嘉慶乙卯年六月二十四日巳時。/

妣氏曾,閨諱甘,謚惠端。道光乙巳年正月初九日,附葬府君墓於廈門吳倉社金榜山之陽。/生於嘉慶癸亥年十二月二十八日巳時,/卒於道光甲辰年

九月二十八日巳時。/
　　男廷瑛、廷華、任芳、廷棻、廷荃、廷芸、廷蔚奉祀。

　　存於同安區西柯街道丙洲社區陳氏宗祠內，為神主牌內蓋之背面。木質。墨筆楷書。

民國·民主革命烈士李扁星等墓碑

　　中華民國十九年夏五月/
　　民國三年春，泉州革命軍同志等二十三□□在同安/起義，為國被難於灌口之義塚。/
　　福建第一師師長張貞、/公路局局長莊文泉同立。

　　碑存集美區灌口鎮鳳山廟內。水泥質，高153厘米，寬69厘米，厚8厘米。楷書陰刻。現狀基本完好。

坊表

明·蔡宗德妾貞節坊

貞節(明間坊額)

明鄉/進士、/梧州/府通/判、/誥贈/貴州/布政/使司/左三/政蔡/宗德/妾楊/氏。(明間額枋、背面額枋內容大致相同,僅"貴州"兩字易爲"湖廣")/
萬曆三十八年孟秋吉□□。(右次間坊額)/
泉州府署府事、同知張仲孝,/同安縣知縣李春開。(左次間坊額)

位於同安區大同街道岳口街口。為三開間牌樓式石坊表,方柱。坊額皆為輝綠岩質。

明·洪儼咫(觀光)夫婦墓道坊

萬曆庚/戌進士、/直隸常/州府武/進縣知/縣洪觀/光以子/朱祉貤/贈文林/郎曁配/孺人林/氏、黃氏/墓道。

碑存翔安區石塘村。坊表為單開間石構牌樓式結構。花崗岩質。楷書陰刻。坊表與墓相距500米左右。現狀完好。

明·蔡貴易望洋阡表

先生姓蔡,諱貴易,號肖兼,/隆慶戊辰進士。歷南京禮/部祠察司郎中、浙江按察/司按察使；元配葉，纍贈淑/人；繼配黃，纍封淑人、太淑/人。先生壽六十，萬曆己亥/□冬，合元配葬於董水獅/山之陽。庚子，祀邑學宮，又/祀崇德、寧波名宦。丙午，/貤贈嘉議大夫。墓丑未穴/而虛其左，今外向作坤，證/值□隆峰中石，其左遙望/別駕大父浯洲戴洋山塋。/

　　萬曆三十九年辛亥十/一月初二日，□/賜進士，□、錫、常鎮兵備，湖/廣按察司按察使獻臣；/男謙光、定光、學光、/孚光百拜立石並書。

　　阡表存翔安區呂塘社區董水前社，係單間石坊表。額匾（高50厘米，寬170厘米）正面刻"望洋阡"3個楷字，背面為"獅山佳氣"。右、左刻阡表文字，楷書陰刻。現狀完好。

清·"績光銅柱"思永峴碑坊

　　解賜御衣/龍袍、褒/錫詩章、太/子少保、內大臣、靖海將/軍、靖海/侯、世襲/罔替、兼/管提督/福建全/省水師/事務、統/轄澎臺/水陸官/兵、加三/級、前鎮/守同安/總兵官/、贈太子少/傅、諡襄/壯施琅。（明間坊額）

　　總督福建、浙江等處地方軍務/兼理糧餉、兵部右侍郎、兼都/察院右副都御史覺羅滿保，/巡撫福建等處地方、督理軍務、都察院右僉都御史陳繽，/提督福建學政、翰林院編修車鼎晉，/福建承宣布政使司石沙木哈，/福建提刑按察使司董永艾，/分守興泉兼攝泉州府事黃朝鳳，/同知時惟豫，/通判冀靖遠，/同安縣知縣劉興元，/儒學教諭江山甫，/訓導陳聲遠，/合郡紳矜士庶同立。（次間坊額）/

　　誥授榮祿大夫，/欽賜龍袍、御箭、書籍，/戴雀翎，提督福建/全省水師地方軍務，/統轄澎臺水陸官兵/事務總兵官，左都督，/帶餘功一次、加三次，/前提督廣東全省水/陸官兵事務，鎮守浙/江定海等處地方總兵官，男施世驃敬勒。（次間坊額）

　　位於同安區洪塘鎮頂溪頭村，係三開間重檐牌樓式石坊表。通高900厘米，總寬955厘米。其是廈門最壯觀的石坊文物。

清·提督吳陞坊額石刻

［正面］□□/□□/□□/□□/□□/□□/□□/水陸/軍務/左都/督、帶/餘功/一次/，吳諱/陞，號/澤源，/福建/漳郡/海澄/縣□/□□。/
［背面］□□/□□浙江/全省/等處/地方，/統轄/水陸/軍務，/左都/督，/帶/餘功/一次，/吳諱/□□/□□/□□/□□/□□/□□。/
［完整的全文應為：□□/□□/浙江/全省/等處/地方，/統轄/水陸/軍務，/左都/督，帶/餘功/一次，/吳諱/陞，號/澤源，/福建/漳郡/海澄/縣□/□□。］

提督吳陞原葬於同安長興里莊上鄉。此墓道坊表的坊額已流落民間。輝綠岩質。原三塊，僅存兩塊，且有一塊左邊已殘缺。其一寬112厘米，其二寬88厘米，高均為41厘米。楷書，兩面鐫刻內容一致。依《廈門海滄文史資料》第十四輯，定為清雍正六年(1728年)之文物。

清·許門江氏貞壽坊

貞壽（明間坊額）
［正面］旌百/有一/歲、五/代同/堂許/承宰/妻江/氏坊。（明間枋額）/
［背面］乾隆/丁未/年，為/百有/一歲、/五代/同堂/壽婦/許江/氏建。（明間額枋）

位於同安區汀溪鎮五峰村許厝社，為三開間牌樓式石坊。面寬540厘米，高約600厘米。右次間坊額"欽賜龍緞"；左次間坊額"恩賞帑金"。

清·許廷桂欽賜祭葬坊、墓碑

欽賜祭葬（明間坊額）
皇清／晉贈武顯將軍鼎齋許公／贈夫人勤慎聶氏／塋
男成龍、／成麟、成祿，／三房杖期孫有慶立石。

位於廈門市紫雲岩內。墓碑輝綠岩質，長、寬各 100 厘米。墓前立一座三開間牌坊式石坊。總寬 506 厘米，高約 350 厘米。柱聯兩對，其一為："賜恤報勤，國家之盛典；鞠躬盡瘁，臣子之芳蹤。"係廈門島內僅存的石坊表。

清·欽賜祭葬林君陞坊

欽賜祭葬（明間坊額）
為誥授驃騎將軍，晉／榮祿大夫，歷／鎮定海、汀、邵、碣石、金門、臺灣總兵官，提（右次間坊額）／督浙、閩、江、廣／四省軍務，左／都督、加三級，／欽賜全祭全葬、加／贈一級，諡溫僖，臣／林君陞建立。（左次間坊額）

碑存翔安區鳳翔街道井頭社區，為三開間石坊表。方柱。面寬 640 厘米，高約 500 厘米。坊後墓碑鐫"皇清／誥授榮祿大夫考敬亭林公／誥封一品夫人妣孝慈鄭氏／封塋"。

清·許門陳氏節孝坊

節孝（明間坊額）
嘉慶己未年，旌表故儒士許玉田妻陳氏坊。臘月穀旦建。（明間枋額）

位於同安區汀溪鎮五峰村，為三開間牌樓式石坊。方柱。面寬 500 厘米，高約600厘米。柱聯："松筠志操,揚芳垂兩字之褒;冰雪心肝,□節並五峰而峻。"款題："年姻弟劉逢升頓首拜。"

清·傅士淵妻貞壽之門坊

貞壽之門(明間坊額)
道光二十一年題旌同安縣故儒士傅士淵妻吳氏現年百有二歲建坊。(明間枋額)

位於同安區洪塘鎮頂溪頭村,為三開間牌樓式石坊。方柱。柱聯："鳳詔褒榮,慶百年之永錫;翟衣藹瑞,集五福以綿延。""遐福邁百年,加賜帑金揚錫類;太和聯五代,欣被龍緞拜慈悼。""甲子歷三朝,喜見龍章加錫;丁男聯五代,欣推鶴算增榮。""帝頒渥典寵鸞章,率元孫以環拜;天錫遐齡歌燕喜,慶壽母之長生。"

清·陳日升妻節孝坊

節孝(明間坊額)
旌表故儒士陳日升妻張氏坊(明間枋額)

位於同安區大同鎮磎邊街,為三開間牌樓式石坊。方柱。柱聯："奉堂上雙親,甘貧致孝;撫膝下孤子,茹苦完貞。""節宜表哉,貞心直比冰心操;孝可嘉矣,勒石堪為藥石方。"

清·王門陳氏節孝坊

節孝(明間坊額)
旌表儒士王純開妻陳氏坊(明間枋額)

福建閩浙總督部堂玉、/欽命提督學院邵、巡撫部院李、布政使司黃、(右次間坊額)/泉州府知府王、/同安縣知縣孫、/同安縣儒學傅、/同安縣儒學謝。(左次間坊額)

　　位於同安區大同街道雙溪公園,為三開間牌樓式石坊。方柱。柱聯:"魂化連枝,林下清風森翠柏;恨填介石,溪邊皓月映金沙。"(世襲伯爵、姻家侄李廷鈺題)"勁節飛霜,合天地而感格;貞心誓井,偕日月以爭光。"(邑增生、內弟陳貽紳拜題)"供九十歲老姑,竭力承歡勤婦職;撫五七齡稚子,苦心燕翼拓孫謀。"(候選知縣、外弟陳貽琨拜題)"苦節辛勤,無間宵風夜雨;貞心皎潔,有如秋月寒霜。"(邑庠生、外侄陳光寶拜題)

清·王門何氏節孝坊

　　節孝(明間坊額)

　　旌表故儒士王天佑妻何氏坊(明間枋額)

　　太子少傅,兵部尚書兼都察院右副/都御史,總督福建、浙江等地方軍/務兼理糧餉,世襲拜尼喇布勒哈番、/加一級、紀錄一次高其倬;/

　　巡撫福建等處地方提督軍務、都察/院右副都御史、加三級常賚;/

　　日講官、起居注、提督福建等處學政、翰林院侍講、加一級程元章;(以上為右次間坊額)/

　　福建等處承宣布政使司布政使、紀/錄四次趙國麟;/

　　福建分守海防興泉永道按察使司、加/一級、紀錄四次劉兩位,/同安縣知縣李蘭、/程運青,/同安縣儒學署教諭事、舉人江山甫,/訓導魏瑜。(以上為左次間坊額)

　　位於漳州市龍海區角美鎮白礁村(原屬同安縣),為三開間牌樓式石坊。

題名石刻

明·南普陀陳第、沈有容題名石刻

萬曆辛丑四月朔,/三山陳第、宛陵沈/有容同登茲山,騁/望極天,徘徊竟日。

該摩崖石刻位於廈門市南普陀寺後山西側。字幅高110厘米,寬100厘米。楷書陰刻。現狀完好。

清·雲頂岩周凱等題名石刻

大清道光十二年,/歲在壬辰七月七/日辛亥,興泉永海/防兵備道富陽周/凱、刑部郎中侯官/楊慶琛、世襲騎都/尉龍溪孫雲鴻、壬/午舉人同安呂世/宜、國子監生海澄/葉化成來遊,冒風/登觀日臺。周凱題/石。

該摩崖石刻位於廈門市雲頂岩方廣岩下。字幅高230厘米,寬400厘米。楷書陰刻。現狀完好。同內容另有一通在南普陀寺大殿後,為呂世宜隸書刻石,文曰:"大清道光十有二年歲次壬辰柒月五日己酉/富陽周凱、侯官楊慶琛、龍溪孫雲鴻、同安/呂世宜、海澄葉化成同遊,世宜泐石。"高350厘米,寬90厘米。日期相差兩天。

清·南普陀曾憲德、李成謀等題名石刻

大清同治己巳年秋月,重修/御碑亭、南普陀。芷江李成謀、京山曾憲德、/松州馬珍、鷺江曾文章泐石。

該摩崖石刻位於廈門市南普陀寺。字幅高190厘米,寬65厘米。隸書陰刻。現狀完好。

清·南普陀鄭觀應等題名石刻

光緒十又九年,歲次癸巳/中秋前五日,偕粵東鄭陶/齋官應、皖南吳劍華廣霈/來遊。坐石亭上,聽泉聲泠/然,蟬聲悠然,遂覺白日可/弄清都咫尺也。蜀西羅應/旒星潭甫題。

該摩崖石刻位於廈門市南普陀寺。字幅高135厘米,寬100厘米。楷書陰刻。現狀完好。

清·南普陀易順鼎等題名石刻

光緒乙未九日,蜀人岳嗣佺堯仙、楚人易/順鼎實父、陳昌曇粒唐同遊,時天風吹衣,/海波如鏡,感珠崖之新失,聞玉門之被遮。/匡衡之雅無功,弦高之志未竟。俯仰徘徊,/百端交集。題此以志歲月。昌曇書。

該摩崖石刻位於廈門市南普陀寺。字幅高250厘米,寬75厘米。篆書陰刻。現狀完好。

清·南普陀貝勒載洵等題名石刻

宣統紀元秋,郡王銜/貝勒載洵、海軍提督/薩鎮冰奉/天子命,興復海軍,閱視海/疆至此。從者番禺曹/汝英、大興馮恕、鶴慶/陳恩燾、新寧溫秉忠、番禺關景賢、蔡灝元。/馮恕督書。

該摩崖石刻位於廈門市南普陀寺。字幅高100厘米,寬140厘米。楷書。完好。

其他選錄

宋·海滄石室院石構件題刻

治平二年□□建。

2002年出土於海滄區石室院,為建築石構件,高54厘米,寬、厚均為21厘米。行楷陰刻,字跡不工,且已漫漶。其係廈門年代較早的宋代題刻文物。

明·海滄後井旌義民碑

大明天順二年歲次戊寅冬十二月吉日,
旌義民周世剛。
□憲大夫、漳州府知府□□□。

碑存海滄區後井村衛里社周氏家廟前。中部直裂為兩半,現已修復。花崗岩質,高170厘米,寬72厘米,厚13厘米。楷書陰刻。現狀完好。

明·溫泉銘

溫泉銘,泉在同安縣深青鎮南蓮花村(楷書碑題)/

水有溫泉,火有涼焰。陰陽互藏,至理斯驗。天啓沃澤,惠民唯深。不於城市,/不於山林。甫田之原,孔道之側。誰斧誰薪?蒸然靈液。田有農夫,揮汗鋤禾。/一浴而起,清風載過。道有行役,蒙塵觸日。滌茲芳潤,勞歌暫息。爰想驪山,/溫泉有宮。翠華遊豫,冠蓋雲從。天一生同,地殊用異。誰為重輕,泉亦有□。/世往時移,離宮已馳。泉雖猶在,榮幸莫追。唯茲靈寶,四民所共。寒暑古今,/靡日不用。盛美雖繼,近易可□。物理固爾,人口亦然。我來至止,開襟一濯。/春融氣和,與民偕樂。海波不揚,朝野晏然。沐浴皇澤,億萬斯年。

時隆慶元年丁卯冬十月,奉議大夫、溫陵郡丞、前司徒丹陽少鶴山人丁一中撰並書。

庠生王聘之校,驛丞靳求學立石。

碑存海滄區東孚街道湯岸村一側。花崗岩質,高210厘米,寬77厘米,厚15厘米。楷書陰刻。現狀完好。

明·柯挺為父卜兆並敘宦跡題刻

余昔為庠生,於嘉靖戊午年為父卜兆/此原。隆慶改元之二年戊辰,荷/推東宮恩,選入北雍。迨萬曆癸酉,首舉/順天鄉試。繼庚戌進士,知南樂縣。擢殿/中侍御史,按巡三楚。旋督學南畿。官成,/祠有志云。

萬曆丙申,柯挺書石。

這段題刻位於海滄區鍾山村外,今消防教育訓練中心圍牆內的岩石上。高116厘米,寬40厘米。字跡略有漫漶。

明·黃氏祖林垂示碑

祖林垂示碑(隸書碑題)/

始祖肇綸公手植香樟樹/林,乃造福通族之勝跡。子/孫世護勿毀。/

大明萬曆三十年歲次壬/寅冬月,裔孫文焰敬立。

碑存翔安區新墟鎮金柄村黃氏大宗祠內。花崗岩質,高95厘米,寬50厘米,厚12厘米。隸書陰刻。現狀完好。

清·欽賜祭葬林君陞碑文

御賜江南提督林君陞碑文(楷書碑題)/

　　干城作鎮,軍牙肅貔虎之林;金石書名,天冊下龍鸞之字。播隆恩於奕叶,褒成績於當年。爾原任江南提督林君陞,奮績戎行,致身閫寄。總糾桓於三省,風振牙旗;授節鉞於兩江,霜凝玉帳。當金湯之永奠,督組練以彌勤。豈期宣力方殷,論沮忽告。既榮施於加奠,更殊錫以易名。諡曰溫僖,光於策命。於戲!聽鏗鏘於鐘磬,思封疆立武之臣;被糺縵於松楸,昭綸綍酬庸之典。欽茲恩禮,式爾後昆。
　　乾隆二十年六月二十日。

位於翔安區鳳翔街道井頭社區林君陞墓前碑亭內。花崗岩質,高208厘米,98厘米,厚12厘米。楷書陰刻。基本完好。

清·儒門芳節碑

儒門芳節(中)/
文林郎、知同安縣事朱奇珍為(右)/黃節母九十齡趙太孺人立。(左)/

碑存翔安區東界村石塘社。俗稱"四里牌",碑前昔為劉五店至馬巷之古道。花崗岩質,高189厘米,寬78厘米,厚12厘米。楷書陰刻。現狀完好。

清·明監國魯王墓碑陰

　　王諱以海，字巨川，明太祖十世孫，崇禎甲申襲封魯王，乙酉監國。紹興師潰，鄭彩自舟山迎王入閩，居中左所，鄭成功修寓公之禮。戊子，居閩安，頒監國三年，歷有興化以南二十七州縣，旋失。癸巳，去監國號，居金門凡十年。壬寅，成功死，海上諸臣議復奉王監國，會王得哮疾，於十一月十三日薨。生於萬曆戊午五月十五日，年四十五。葬於城東王所嘗遊地。野史載成功沉王於海，又稱王手書海外，皆傳訛也。沈太僕光文輓王詩序云："墓前有大湖。"按之，即今鼓崗湖。去墓里許，湖南多石，鐫王手書"漢影雲根"四字，並鐫從亡諸臣題詠，知王嘗遊息於此，則墓在金門無疑，惜久湮失。林君樹梅訪得之，巡道周公凱書墓碑，禁樵蘇，加封植焉。世宜懼其久而復湮也，為記於碑，願吾鄉人歲時祭掃共護之。

　　道光壬辰　月　日，同安舉人呂世宜謹書。

錄自呂世宜《愛吾廬文鈔》

清·書明監國魯王墓碑

　　此周觀察所表明監國魯王墓碑也。王，明太祖十世孫，諱以海，字巨川，崇禎甲申襲封魯王。乙酉監國。紹興師潰，入閩依倚鄭成功，由是而居中左所、居閩安、居金門，崎嶇凡十年。壬寅，成功死，王亦得哮疾，以十一月十三日薨，年四十五，葬於茲，蓋王所嘗遊地，地名鼓崗。山石勒"漢影雲根"字，王手書也。諸從亡題詠俱在，歲久湮失。道光某某年，林君樹梅訪得之，伐石樹碑，有觀察書其陽，囑世宜書其陰，蓋慎也。若王事蹟本末，觀察有考，林君有圖有記刻石浯江書院，此不復記。

　　道光十五年，嘉禾里人呂世宜記。

錄自呂世宜《愛吾廬文鈔》

清·小桃源碑記附林鶴年題跋

小桃源(隸書橫題)/

永春州,一名桃源。嘉/慶庚申冬,長兒占鼇/隨余官學正,課士之/暇,問山尋水,依然靖/節記中景色也。轉瞬/間閱今二十六年,而/長兒復蒞是州學正。/此中奇緣,殆有前定?/余雖未獲再至其地,/而嚮往之情猶戀戀/焉。因以小桃源名之。
道光丙戌秋七月,鏡叟。
避氛內渡築園,得呂不翁書小桃源石刻,人以/為識。爰嵌諸壁。
光緒丙申夏,林鶴年跋。

碑存鼓浪嶼福建路24號怡園別墅。嵌砌牆上。花崗岩質,高72厘米,寬125厘米。隸書陰刻。林鶴年跋二行行書。現狀完好。

清·皇帝井詩碑

閑尋甘釀訪前/皇,好並龍泉次第嘗。向日淩雲堪/比潔,新闌舊井祇同芳。千家挹/注晨昏鬧,百畝糇鋤灌溉常。峽/水調符終有羨,/恩波無限與天長。陳上章

碑存集美區後溪鎮蘇營社皇渡庵前。嵌砌牆上。花崗岩質,高75厘米,寬30厘米。旁之井邊另立一碑,上刻"古唐皇帝井,/道光庚子年重修"。

清·日光岩記事石刻

咸豐乙卯,余秋試不第,來廈省/視祖妣先節孝墳,路經仙洞,值/蒙范成侯飛乩示句云:"來景無/如此景佳,筆花夢出別一天。林/弟子可喜可賀無疑。"又云:"留心/添種福,不愧錫陰功。"詩機確驗。/余即鳩題,圖新天界,所捐淡薄,/不足經營。迨同治戊辰,感慨洞/天福地基址倒塌壞殘,大士避/英亂。次卅年,余亟囑里老洪泰、/黃獅董其事,躬詣范公請駕,恩/准光臨,遂竣亭榭,專建文昌宮,/又得華洋樂助者數十員,余自/湊捐三百餘金,以得落成。更感/聖靈諸方顯應,理並擇吉恭請/菩薩、范侯帥府福祿壽仙祖同/赴洞天,永受香煙,長保俗我鄉/民子孫,永熾永昌,萬世無疆。

時/同治戊辰冬十二月吉日也。

此石刻在鼓浪嶼日光岩寺之旁岩石上,2018年發現。花崗岩質。楷書陰刻。內容涉及鴉片戰爭時期,日光岩寺曾遭英軍破壞,同治戊辰(1868年)重修,除闢有亭榭外,還建有文昌宮。遺憾的是,此石刻沒拓下"林弟子"名款。

清·同安馬巷界址碑

馬巷廳　　馬巷廳洪
光緒元年肆月重建/　交界碑/　立
同安縣　　同安縣黃

碑存同安區洪塘鎮三忠村。花崗岩質,高120厘米,寬50厘米。現置村外塘邊,為水閘底板。

清·蘇頌故里碑

宋熙寧三舍人、丞相、正簡蘇公故里。(中)/大清光緒六年荷月吉旦,(右)/知同安縣事八十四敬立。(左)

碑存同安區大同街道碧岳村甘露亭邊。花崗岩質,高170厘米,寬60厘米,厚13厘米。中行為宋體字,左、右款字為楷書。現狀完好。

清·雲岫庵立界碑

雲岫後界(楷書碑額)
宣統庚戌年孟冬/弟子林經五建造。

碑存湖里區塘邊社區觀音亭上。花崗岩質,高140厘米,寬59厘米,厚14厘米。楷書陰刻。現狀完好。

民國·日光岩鄭成功墨蹟題跋石刻

予昔領桐郡,浪嶼亦舊治之一也。戊午秋,/重至鷺門,予友黃君鐵彝方營別/墅於嶼上,有石巋然,曩所謂鄭王水/操臺者,今不可識矣。鐵彝嗜古之士,縋/幽釣奇,為跡其故址,勒之石焉。旋得鄭/王手書一詩,並壽此石,以詒來者。嗟夫!/琅環寶笈,猶睹吉光;玄都桃花,重來禹/錫。予既與江山舊識,而復贄鐵彝存古/之功為不朽也。輒歡喜讚歎,綴其崖略/如右。古滇李增蔚謹識並書。

位於鼓浪嶼日光岩。高250厘米,寬130厘米。楷書陰刻。現狀完好。

民國・建立日本領事館警察署碑記

　　在廈門日本帝國領事館警/察署其他復舊及附屬便所、/新築本館修繕工事/總請負金額:拾貳萬三千五百五拾九円。/警察署之部:五萬五千八拾円;/宿舍之部:三萬貳千百五拾円;/炊事之部:四千八百円;/便所之部:壹萬壹千七拾円;/本館之部:壹萬三千五百五拾円;/電燈之部:六千九百○九円。/

　　工事監督員:相德定雄、許尊泉;/會計役:浦和四郎;/請負者:安武安兵衛、林秀;/電燈工事:新田隆昭;/衛生工事:崛田商會;/現場代人:高谷勇次郎、鄭鑒洲;/頭棟:宮崎楢太郎、石田宇吉;/石材請負者:蔣泮水。

　　昭和四年四月落成。

　　碑原在鼓浪嶼原日本領事館內,現藏於廈門市博物館。輝綠岩質,高31厘米,寬60厘米,厚10厘米。隸書陰刻。現狀完好。昭和四年:民國十八年,1929年。

後　記

　　《廈門碑志滙編(增訂本)》即將問世。整整二十年之前,我將用工餘時間走遍廈門山山水水所調查、抄錄、錘拓或拍攝所得的碑碣和墓誌銘的文字,整理成書稿,在廈門市文化局文物處的支持下,出版《廈門碑志滙編》一書。書出版後,得到學術界同人的廣泛認可,成為關於廈門歷史文化研究的資料性參考讀物,甚至"一書難求",當然這也實現了我作為一名文物博物館工作者為地方史研究添磚加瓦的夙願。從事這項工作的辛苦勞累自不待言,但其中的欣慰喜樂也是無法用語言表達的。

　　從事這項工作之始,我已臨近退休的年紀。記得曾經告訴過朋友:"這種田野工作不趁早去做,等晚年腿腳不方便,就祇能看着文物乾瞪眼了。"殊不知一語成讖,退休後我果然老病纏綿,飽受二豎之困。我在參與鼓浪嶼申請世界文化遺產和整理、校注閩南古籍文獻工作的同時,絲毫沒有忘記我所熱愛的石刻文物。我知道隨着廈門城市化建設的不斷推進,必然有不少古石碑和墓誌銘、壙志會被發掘、發現。於是,在同人朋友的幫助下,我不斷收集一些新發現的石刻文字。二〇二四年,再次得到市文旅局的指導和資助,將這部《廈門碑志滙編(增訂本)》交付廈門大學出版社出版。

　　本書基本上按照原刊本的篇章結構,即同樣分為銘功紀念、社會建置、學宮·官廨、宗教寺院、宮廟殿宇、宗祠家廟、示禁鄉規、墓誌墓表、其他九大門類,將新增加的內容根據類別,按年代順序分別補充進去。經初步統計,這部增訂本共收錄碑刻、墓誌共七百四十一通,比原刊本多出一百九三十通。其中墓誌、墓表一百八十五通,新增加九十九通(其中一部分由本人和吳鶴立編撰的《廈門墓誌銘匯粹》一書轉錄)。因此,基本上把現今已發現的碑刻文物輯錄於此。但肯定還有滄海遺珠之憾,特別是掩埋於地下的墓誌墓表之類,祇能有待於今後的發掘、發現。

在增補過程中,我要特別感謝鄭東、黃國富、楊志剛、廖藝聰、蔡少謙、陳滄山、王科武、江煥明、顏繼興、林葉靈、朱智強和林進才等同人的無私鼎助。海滄區政協文化文史和學習委員會的廖藝聰等先生為我提供了他們與海滄區檔案館合編的《海滄碑記考錄》(《海滄文史資料》第十三輯),讓我查核(包括糾誤、斷句等)、選錄,補充了不少之前所忽略的碑刻遺存。

我要衷心感謝廈門市文旅局二級巡視員李雲麗女士為本書所寫的序言,她在序言中對本人不忘初心、忠於職守的信念,以及於此書所付出的勞動給予了肯定和鼓勵。至於這部書的學術意義,在二十年前著名學者楊國楨教授和汪毅夫先生為原版所作的序中已有體現。

我還要衷心感謝著名的文化學者陳丹青先生為本書題寫了書名。

當然,最必須真誠感謝的是廈門大學出版社的編輯章木良老師,她的編校水準和超乎想象的認真細緻,為本書糾正了不少謬誤。

狃於本人學養不足等因素,本書"魯魚亥豕"等不盡人意處肯定存在,望有道進而教之。

何丙仲
二〇二四年九月二十日記於一燈精舍